中国年鉴精品工程
High Quality Project of China's Yearbook

绍興年鉴 2023

总第24卷

绍兴市地方志编纂室　编

方志出版社
Publishing House of Local Records

图书在版编目（CIP）数据

绍兴年鉴. 2023 / 绍兴市地方志编纂室编. —北京：方志出版社，2023.12
ISBN 978-7-5144-3893-2

Ⅰ. ①绍… Ⅱ. ①绍… Ⅲ. ①绍兴— 2023 —年鉴
Ⅳ. ① Z525.53

中国版本图书馆 CIP 数据核字（2023）第 253117 号

责任编辑：王娜
责任校对：张玉霞
责任印制：梅中英
出 版 者：方志出版社
地　　址：北京市朝阳区潘家园东里 9 号（国家方志馆 4 层）
邮　　编：100021
网　　址：http://www.zgfzcb.cn
发　　行：方志出版社图书营销中心（010-67110500）
印　　刷：绍兴市越生彩印有限公司
开　　本：889 毫米 ×1194 毫米 1/16
印　　张：28.5
字　　数：1210 千字
版　　次：2023 年 12 月第 1 版
印　　次：2023 年 12 月第 1 版 印刷
定　　价：280.00 元

《绍兴年鉴》编辑部

序

国务院办公厅2015年8月印发的《全国地方志事业发展规划纲要(2015—2020年)》(以下简称《规划纲要》)要求,到2020年要做到地方综合年鉴一年一鉴,公开出版,实现省、市、县三级综合年鉴全覆盖。《规划纲要》还要求,坚持存真求实,正确处理质量与进度的关系,将精品意识贯穿于年鉴编纂出版工作全过程。2015年12月,中国地方志指导小组办公室启动中国年鉴精品工程,将其与先期实施的中国志书精品工程视为姊妹工程,一道作为加强地方志质量建设的重要抓手。

实施中国年鉴精品工程有助于推动中华优秀传统文化传承发展。近年来,在党中央、国务院的高度重视和关心支持下,全国地方志事业发展迎来最好的发展时期。年鉴编纂发端于欧洲,鸦片战争后被引入我国,在我国走过了100多年的发展历史。在长期的编纂中,年鉴在内容和形式上不断发展,逐渐演变成为适合反映中国国情、具有鲜明中国特色的一种文化载体,并在改革开放后出现了快速发展的局面。2006年5月,国务院《地方志工作条例》颁布施行,明确将地方综合年鉴纳入地方志工作范畴,年鉴工作走上了有法可依的轨道。《规划纲要》出台,为从依法编鉴转变到依法治鉴指明了方向。2016年12月,中国地方志指导小组印发《全国年鉴事业发展规划(2016—2020年)》,更进一步明确了到2020年全国年鉴事业的任务书、时间表、路线图。经过多年的发展,年鉴工作已经成为地方志工作的重要组成部分,成为中华民族优秀文化传统的有机组成部分,其存史、育人、资政作用日益彰显。实施中国年鉴精品工程,是年鉴工作者紧扣时代脉搏、坚持创新发展的一项重要举措,对于坚定文化自信,传承弘扬好中华优秀传统文化意义重大。

实施中国年鉴精品工程有助于为全面建成小康社会提供更多智力支持和历史借鉴。党的十八大作出全面建成小康社会的战略部署。党的十八届五中全会提出到2020年如期实现全面建成小康社会的目标要求。完成《规划纲要》确定的目标任务是年鉴工作者的神圣使命,更是年鉴工作者以自身力量为全面建成小康社会献上的厚礼。一方面,可以更好地利用年鉴这种年度资料性文献,及时记录各地区在全面建成小康社会伟大征程中每年取得的新成绩和新经验、出现的新情况和新问题、涌现的优秀人物和典型事迹等;另一方面,可以更好地积累地情、国情资料,为推动经济社会发展和深化改革提供智力支持,为推进国家治理体系和治理能力现代化提供历史借鉴。

实施中国年鉴精品工程有助于全面推进地方志事业转型升级。地方志不是单纯修志编鉴工作,而是全体方志人“修志问道,以启未来”的一项事业,这项事业包含着巨大的时代担当与使命追求。地方志工作要在“五大建设”总体布局和“四个全面”战略布局中发挥与其自身价值、功能相匹配的作用,就要因时而谋、乘势而上、顺势而为,全面推进地方志事业转型升级。转型升级,当下最重要的目标就是完成“两全”目标，包括“年鉴全覆盖”目标；长远的目标就是基本形成地方志编修体系、理论研究和学科建设体系、质量保障体系、资源开发利用体系、工作保障体系“五位一体”的地方志事业发展综合体系，包括“五位一体”的年鉴事业发展综合体系。中国年鉴精品工程是一项探索工程，也是一项创新工程，是推进地方志事业转型升级的重要内容。通过实施中国年鉴精品工程，不仅有助于确保年鉴质量，不断编纂出版具有鲜明时代特征、年度特点和地域特色的精品年鉴，也有助于推动年鉴工作适应经济社会发展形势和时代需要，不断改革创新，与时俱进。

多年来，在中国地方志指导小组办公室的指导和全国各级地方志工作机构的共同努力下，年鉴种类数量快速增长，年鉴成果粲然可观，为实施中国年鉴精品工程奠定了坚实的基础。实施中国年鉴精品工程，就是要在全国地方志系统起到示范作用，进一步培育精品意识，打造精品年鉴，以点带面，在提高年鉴质量方面探索出一条切实可行之路，使这项探索工程和创新工程能够积累经验，发挥引领作用。

“万山磅礴，必有主峰；龙衮九章，但挈一领。”实施中国年鉴精品工程，是筑牢地方志事业特别是年鉴事业发展根基之举，其意义与价值不言而喻。但编修出年鉴精品佳作，绝非朝夕之功，需要付出长期艰辛的努力。希望通过实施中国年鉴精品工程，能够进一步推进年鉴质量建设，使年鉴真正成为传承中华民族优秀传统文化的重要载体，成为展示中国国情、地情的重要窗口，成为“为当代提供资政辅治之参考、为后世留下堪存堪鉴之记述”的资源宝库，在全面建成小康社会过程中作出更大贡献。

是为序。

中国社会科学院原副院长
原中国地方志指导小组常务副组长

编 辑 说 明

一、《绍兴年鉴》是由绍兴市地方志编纂室组织编纂的年度资料性文献。首卷出版于2000年,《绍兴年鉴(2023)》为第24卷。

二、《绍兴年鉴(2023)》以马克思列宁主义、毛泽东思想、邓小平理论、“三个代表”重要思想、科学发展观、习近平新时代中国特色社会主义思想为指导,坚持辩证唯物主义和历史唯物主义的立场、观点和方法,如实记录全面贯彻中共十八大、十九大、二十大精神,统筹推进“五位一体”总体布局,协调推进“四个全面”战略布局,扎实推进五大发展理念和省委“八八战略”在绍兴的实践。

三、《绍兴年鉴(2023)》记述起讫时间原则上为2022年1月1日至2022年12月31日。为保持内容资料的完整性和连续性,部分文字资料适当上溯,部分图片选用了2022年之前资料。

四、《绍兴年鉴(2023)》依据绍兴行政区域经济社会发展特点,参照《国民经济行业分类》(GB/T 4754—2017),采用分类编排法,设类目、分目、条目,个别分目下设次分目,条目为基本记述单元。以不同字体、字号标识,条目统一用黑体字加【 】表示。全卷前有卷首彩页,后有附录、索引,主体部分设有42个类目,分别为特载、专文、大事记、市情概览、中国共产党绍兴市委员会、绍兴市人民代表大会、绍兴市人民政府、中国人民政治协商会议绍兴市委员会、中共绍兴市纪律检查委员会 绍兴市监察委员会、民主党派·工商联、人民团体、法治、军事、共同富裕示范区建设、经济管理、数字经济、中国黄酒之都、农业、工业、建筑业、商贸服务业、金融业、旅游业、房地产业、开放型经济、功能区建设、交通、水利、城市建设、乡村振兴、区域发展、生态环境建设、科学技术、教育、绍兴古城保护、文化、卫生健康、体育、社会生活、应急管理、县(市、区)概况、人物·荣誉。设分目292个、次分目14个、条目2060条,随文图片236幅、表格129张、图19张。

五、《绍兴年鉴(2023)》与上卷相比，新增共同富裕示范区建设、经济管理、数字经济、中国黄酒之都、乡村振兴、旅游业、区域发展、绍兴古城保护、应急管理等类目，新增历史人文、城市标识、十大民生实事、营商环境建设、绍兴市青年联合会、绍兴市归国华侨联合会、仲裁、金融监管、价格管理、知识产权保护、信用体系建设、种业、农业科技、农业机械化、农业产业化、农产品质量建设、专业市场、批发零售业、住宿餐饮业、粮食和物资储备、物流业、会展业、服务业、市政设施、园林绿化、生物多样性保护、鉴湖保护、曹娥江保护、绍兴科创走廊建设、产学研合作、行业科技、越文化研究、大众传媒、“一廊三带”建设、医政药政管理、人口家庭、就业创业、收与消费等分目，进一步突出绍兴地方特色和时代特征。

六、《绍兴年鉴(2023)》部分交叉和相关内容采用参见法；个别条目设有“延伸阅读”“政策解读”，收录相关资料，以扩展信息量。

七、《绍兴年鉴(2023)》稿件资料由市级各有关部门和单位、各县(市、区)政府组织专人撰写，并经各撰稿单位负责人审阅。图片资料由各供稿单位、市新闻传媒中心、市摄影家协会等提供，统计资料由市统计局提供。

八、《绍兴年鉴(2023)》数字用法、标点符号用法分别采用国家标准《出版物上数字用法》(GB/T 15835—2011)、《标点符号用法》(GB/T 15834—2011)，计量单位采用国家技术监督局1993年12月发布的《量和单位》系列国家标准。“亩产”等部分约定俗成的单位名称保持原貌。一次文献中人称、数字、计量单位等用法保持原状。由于来源、口径等不同，数据使用时以市统计局提供的全市经济社会主要指标为准，统计部门未提供的以相关主管部门提供的为准。部分数据因四舍五入等因素，总计和分项之间存在合理范围内的误差。关于时间的表述，1912年1月1日之前的使用朝代年号纪年，括注公元年份；1912年1月1日之后的使用公元纪年。区域名称“市区”，包括越城区、柯桥区、上虞区。附录中设有“组织机构及负责人名录”。

九、《绍兴年鉴(2023)》设有详细目录和正文索引、表格索引。

地图审核号：浙绍S（2022）9号

绍兴市自然资源和规划局　编制

城市荣誉

首批全国历史文化名城

中国优秀旅游城市

全国科教兴市先进市

全国科技进步先进市

全国双拥模范城市

国家环境保护模范城市

国家园林城市

全国社会治安综合治理工作优秀市

中国人居环境奖和联合国人居奖

全国无偿献血先进市

国土资源节约集约模范市

国家森林城市

全国文明城市

国家卫生城市

中国品牌经济城市

中国黄酒之都

东亚文化之都

平安中国建设示范市

国家生态文明建设示范区

全民运动健身模范市

数说绍兴

总面积 8279 平方千米

年平均气温 18.4℃

年降水 1365.1 毫米

年日照时数 1628.2 小时

空气质量优良天数比例 90.7%

PM2.5 浓度年均值 28 微克 / 立方米

全市Ⅰ～Ⅲ类水比例 100%

县级及以上饮用水水源水质达标率 100%

常住人口 535.3 万人

户籍人口 445.82 万人

人口自然增长率 -3.04‰

地区生产总值 7351 亿元

三次产业结构比 3.3：49.0 ：47.7

财政总收入 822 亿元

一般公共预算收入 540 亿元

一般公共预算支出 805 亿元

私营企业 269555 家

个体工商户 490117 户

三次产业就业人员总数 329 万人

规模以上工业企业 5263 家

规模以上工业企业总产值 8775.92 亿元

AAA 级以上旅游景区 57 处

农林牧渔业增加值 247 亿元

工业增加值 3029.53 亿元

建筑业总产值 5057 亿元

固定资产投资增长率 11.0%

社会消费品零售总额 2586 亿元

进出口总额 3692 亿元

货物运输总量 1.97 亿吨

旅客运输总量 801.40 万人

民用汽车保有量 197.43 万辆

年专利授权量 33181 件，其中发明专利授权量 3500 件

研究与试验发展经费支出占地区生产总值比例 3.01%

公共图书馆 7 个，藏书量 877 万册

文化馆（站）、博物馆 160 个

全国重点文物保护单位 32 处

国家级非物质文化遗产 26 项

国家湿地公园 2 个，国家森林公园 5 个

城镇常住居民人均可支配收入 76199 元

农村常住居民人均可支配收入 45709 元

累计上市公司 94 家

各类医疗卫生机构 2914 个，其中医院 102 个

基本养老保险参保人数 374.65 万人

基本医疗保险参保人数 456.89 万人

城镇失业保险参保人数 138.73 万人

养老机构 121 个，儿童福利机构 4 个

（市统计局　提供）

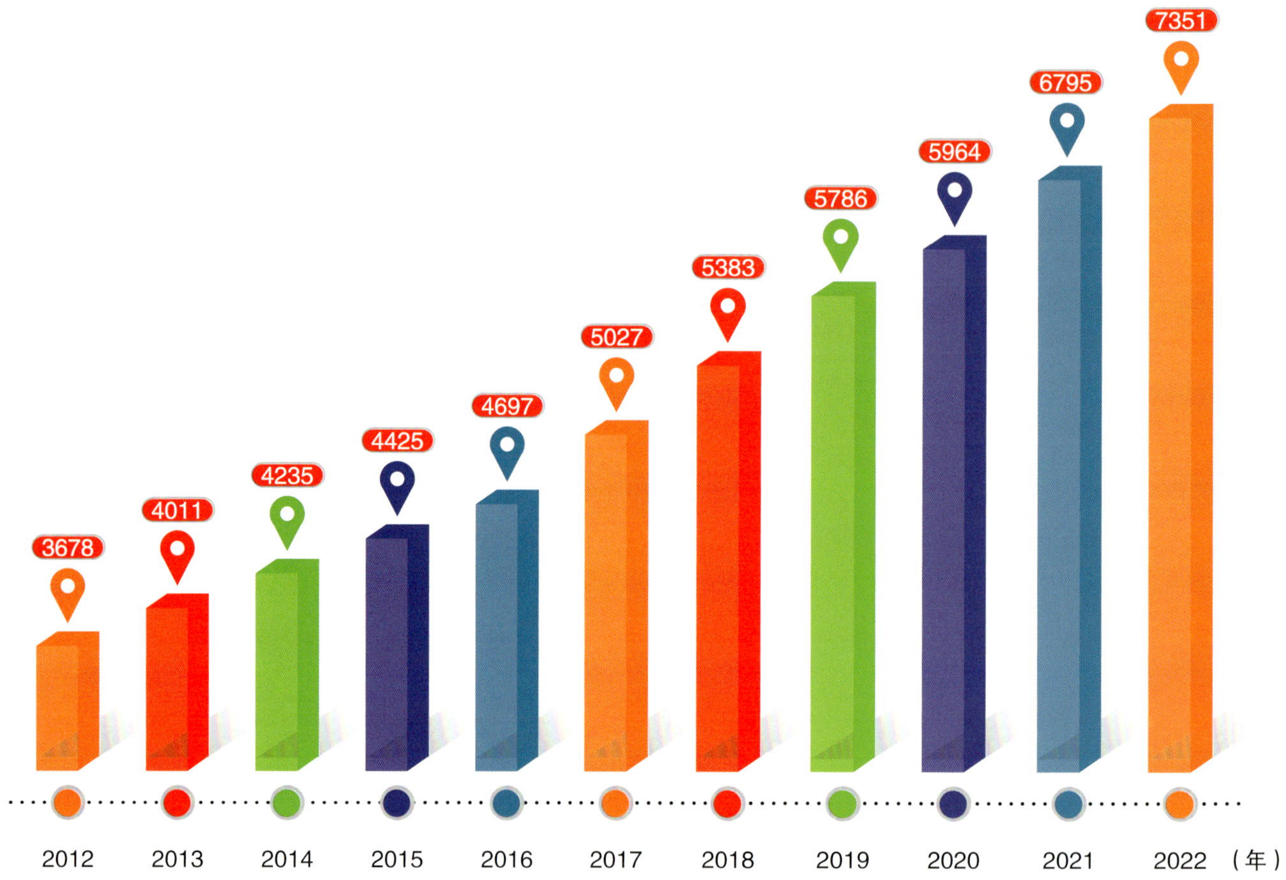

2012—2022 年绍兴市地区生产总值（亿元）

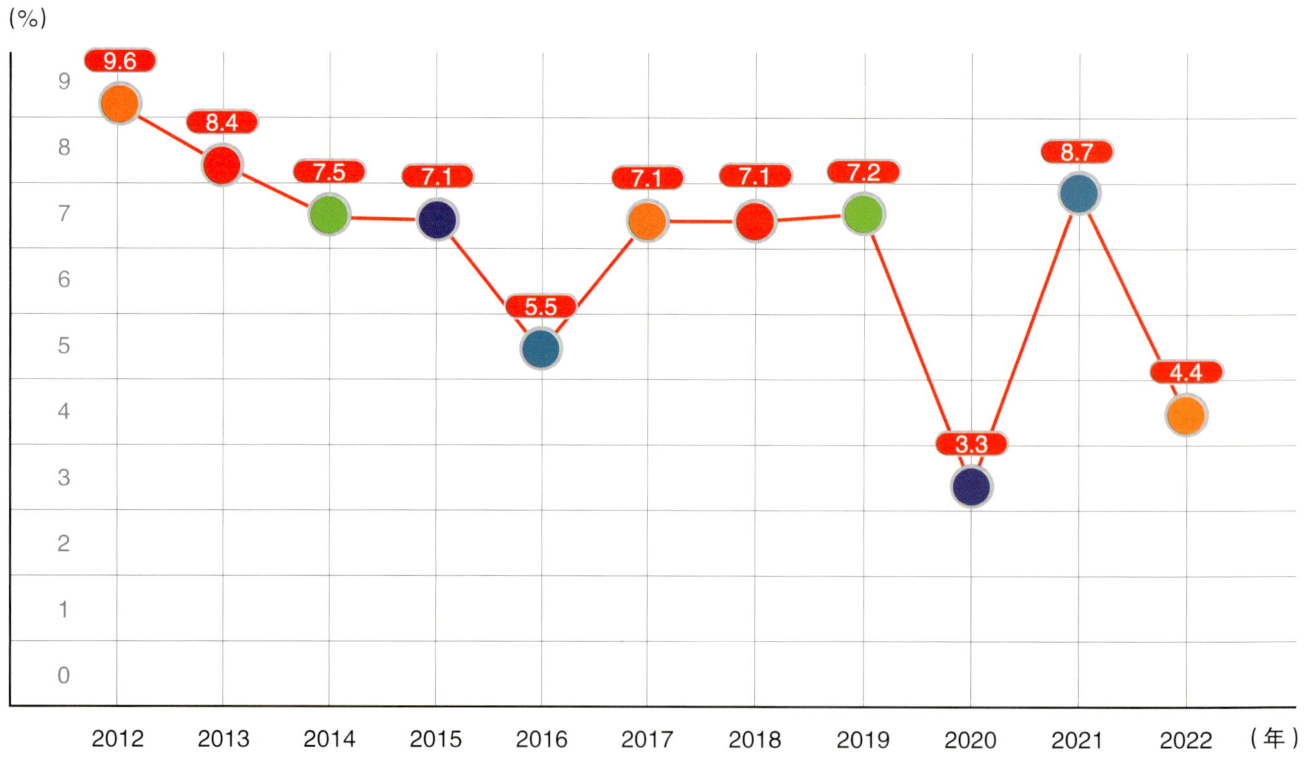

2012—2022 年绍兴市地区生产总值增速

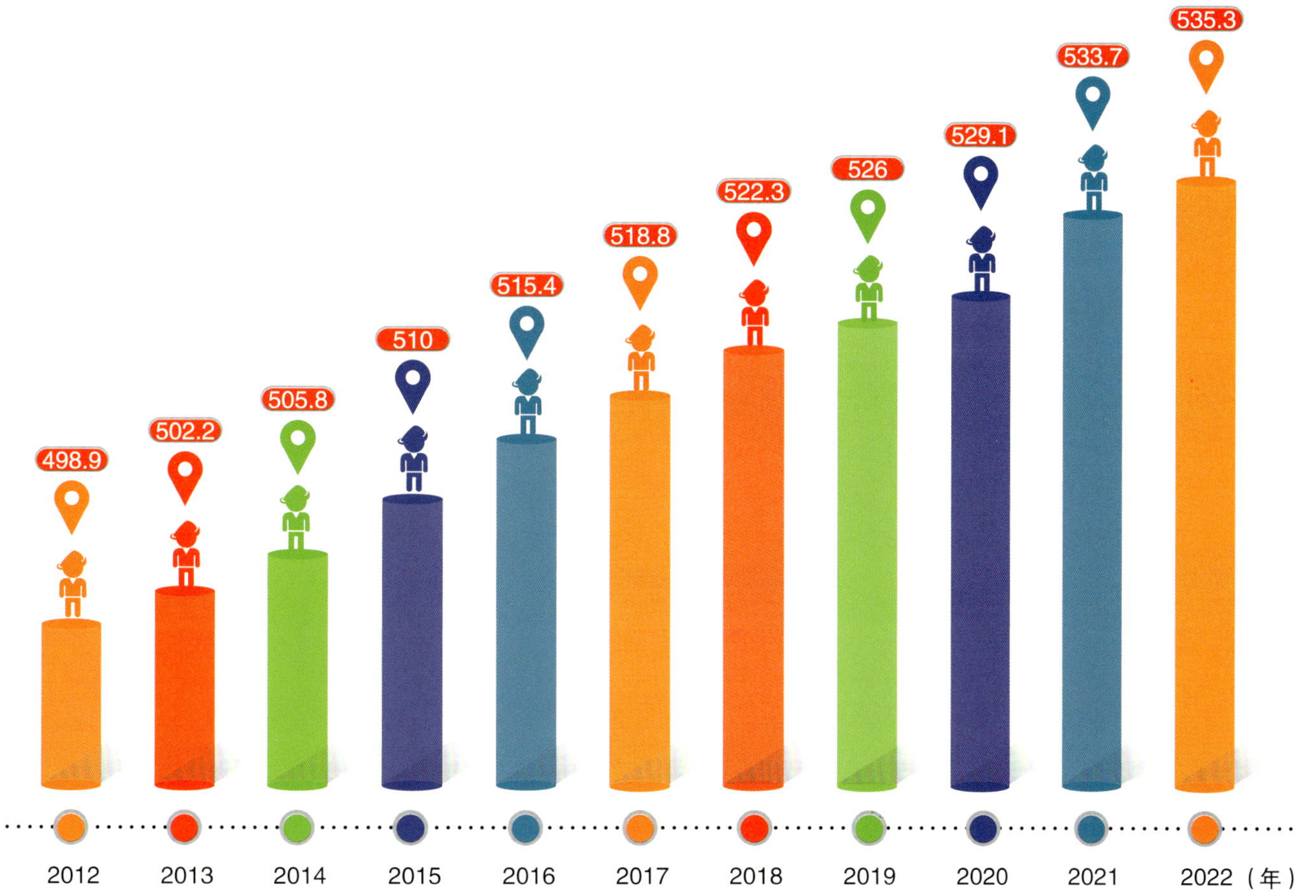

2012—2022 年绍兴市常住人口（万人）

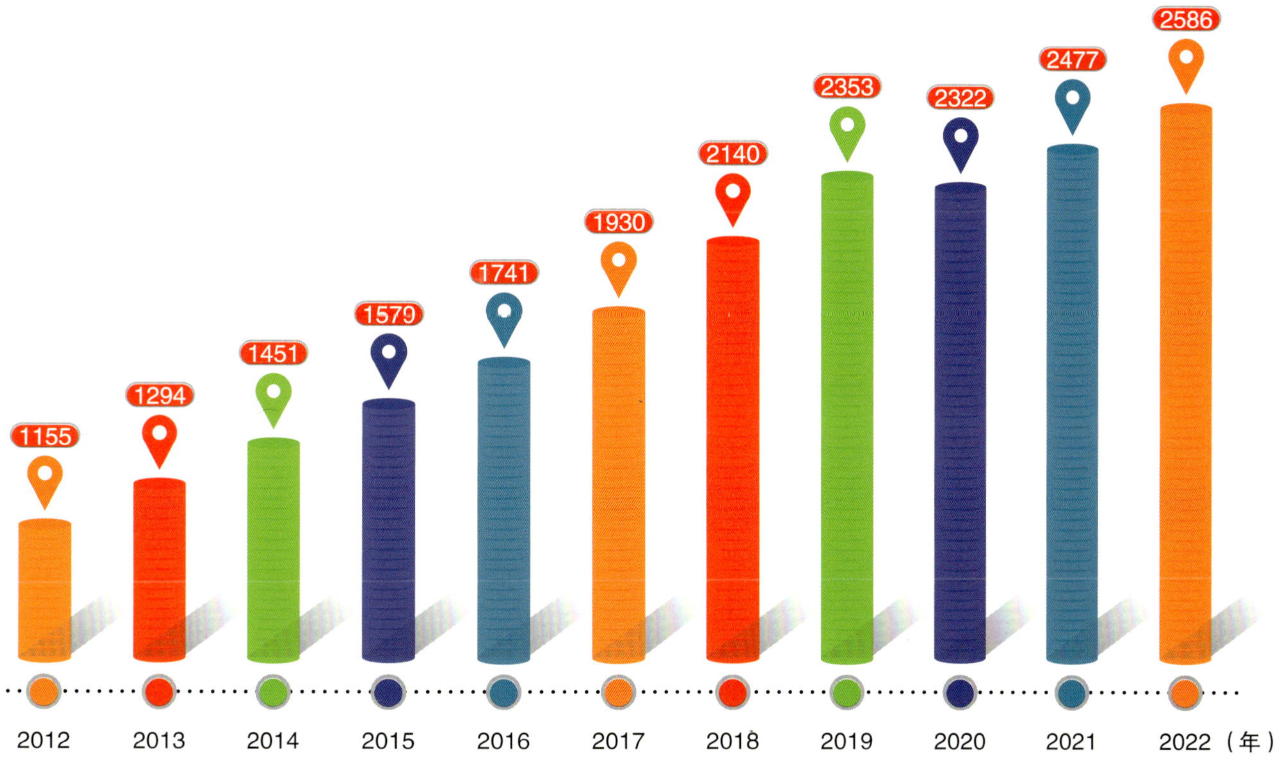

2012—2022 年绍兴市全社会消费品零售总额（亿元）

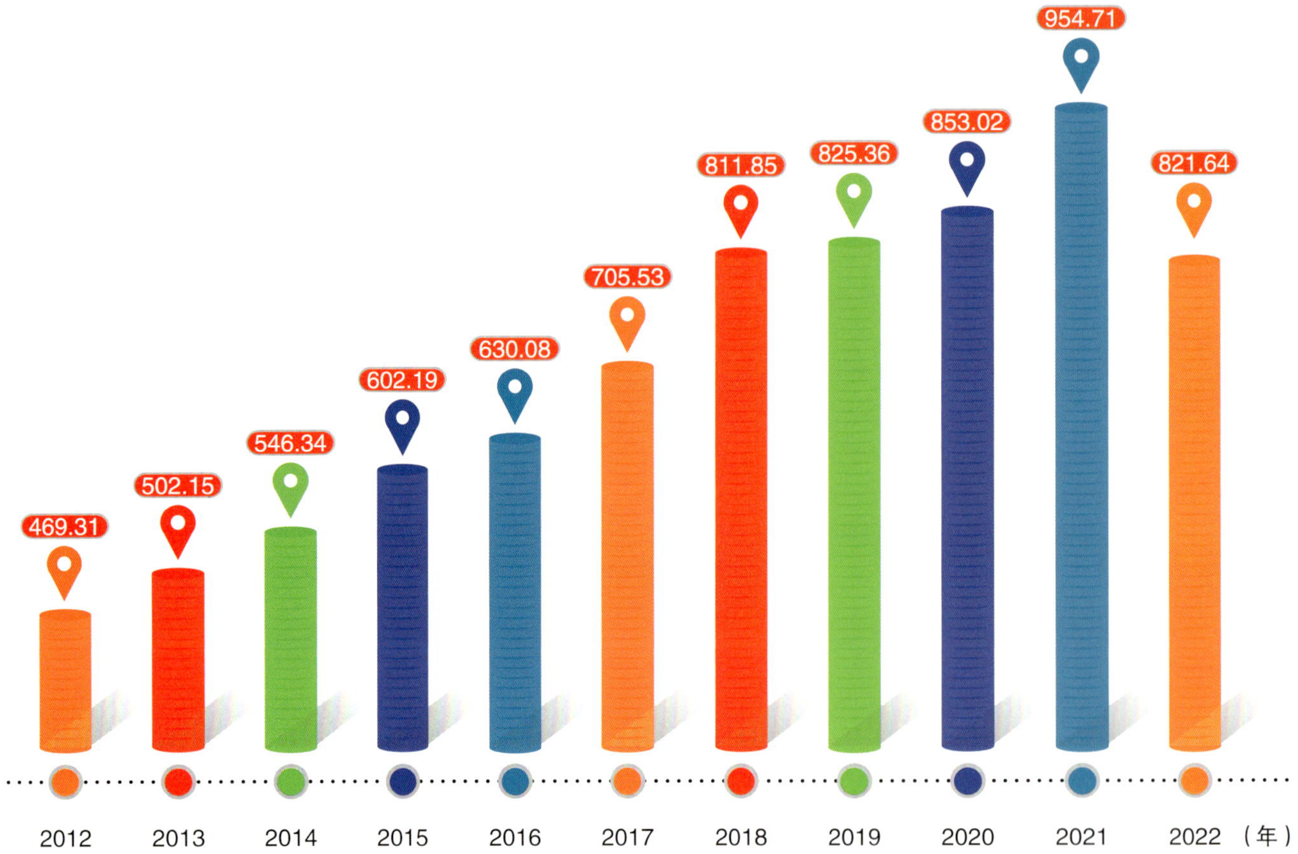

2012—2022 年绍兴市财政总收入（亿元）

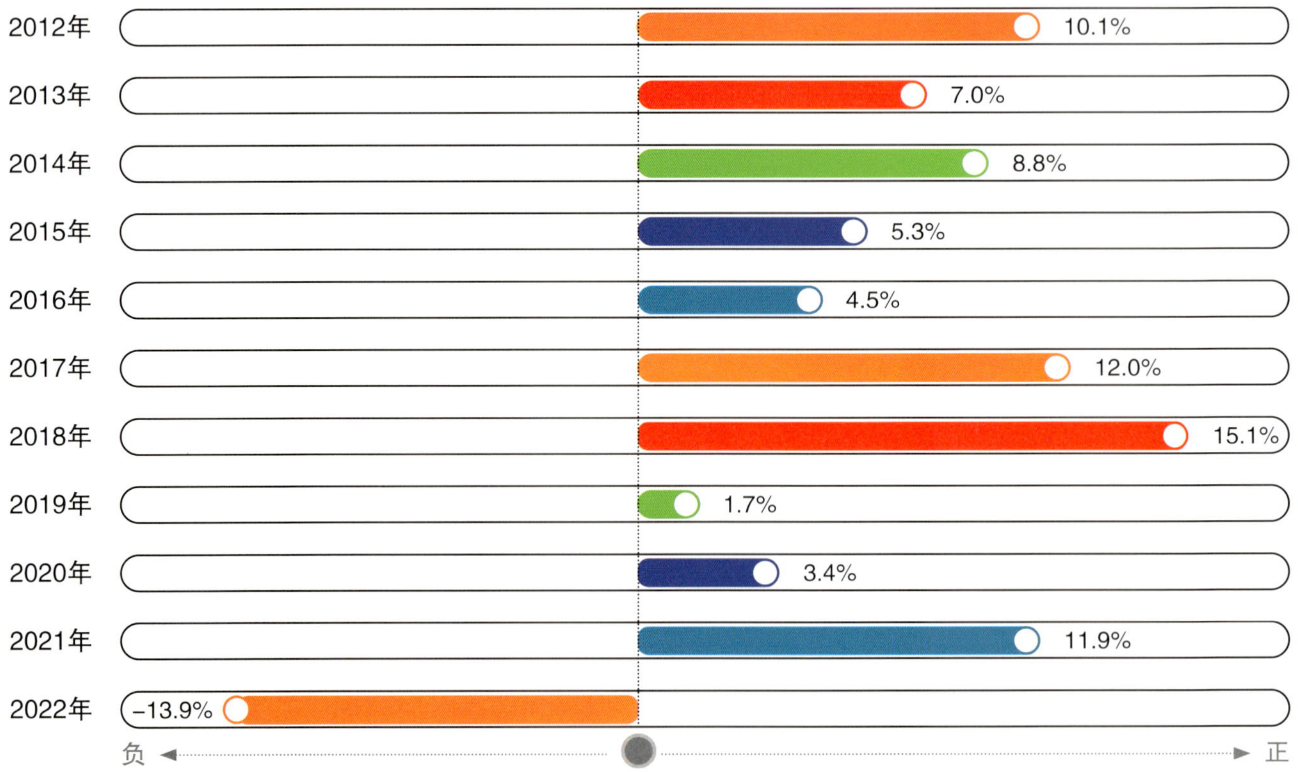

2012—2022 年绍兴市财政总收入增速

	城镇常住居民人均可支配收入（元）	农村常住居民人均可支配收入（元）
2012年	36101	19230
2013年	39567	21307
2014年	43167	23539
2015年	46747	25648
2016年	50305	27744
2017年	54445	30331
2018年	59049	33097
2019年	63935	36120
2020年	66694	38696
2021年	73101	42636
2022年	76199	45709

2012—2022 年绍兴市城镇(农村)常住居民人均可支配收入

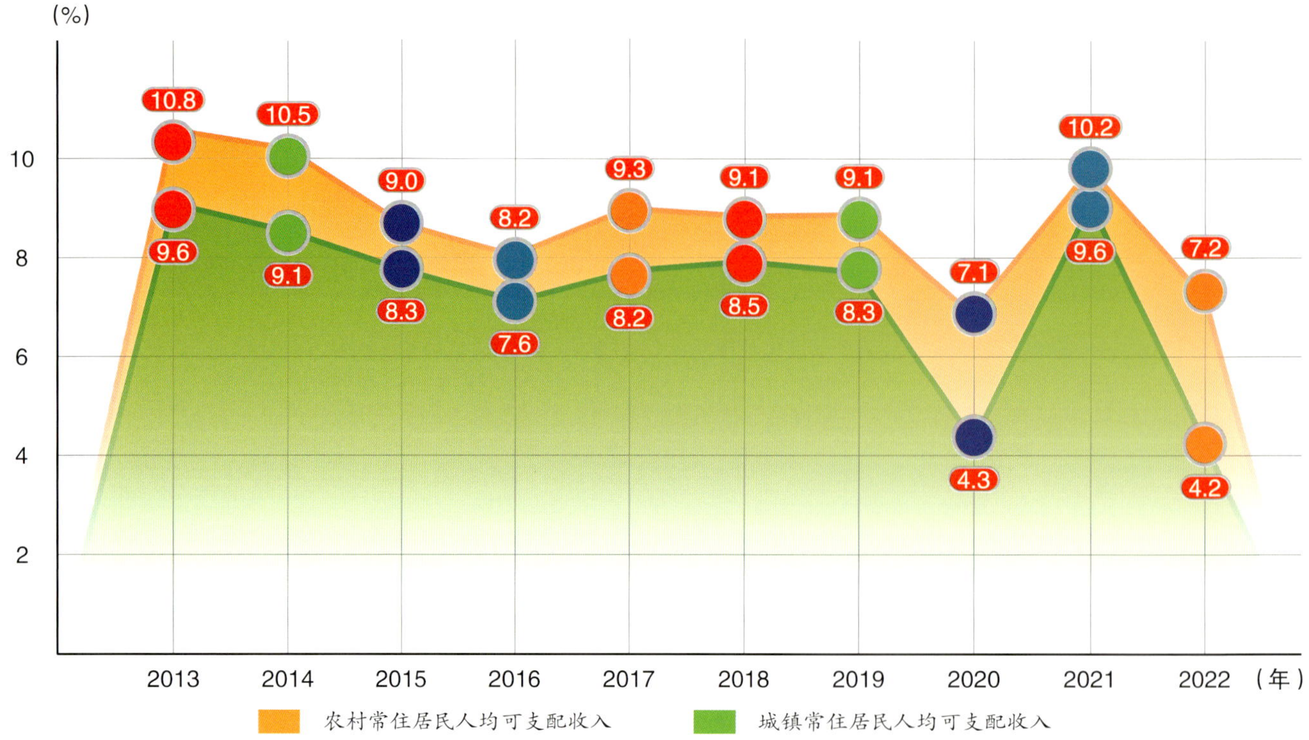

2013—2022 年绍兴市城镇(农村)常住居民人均可支配收入增速

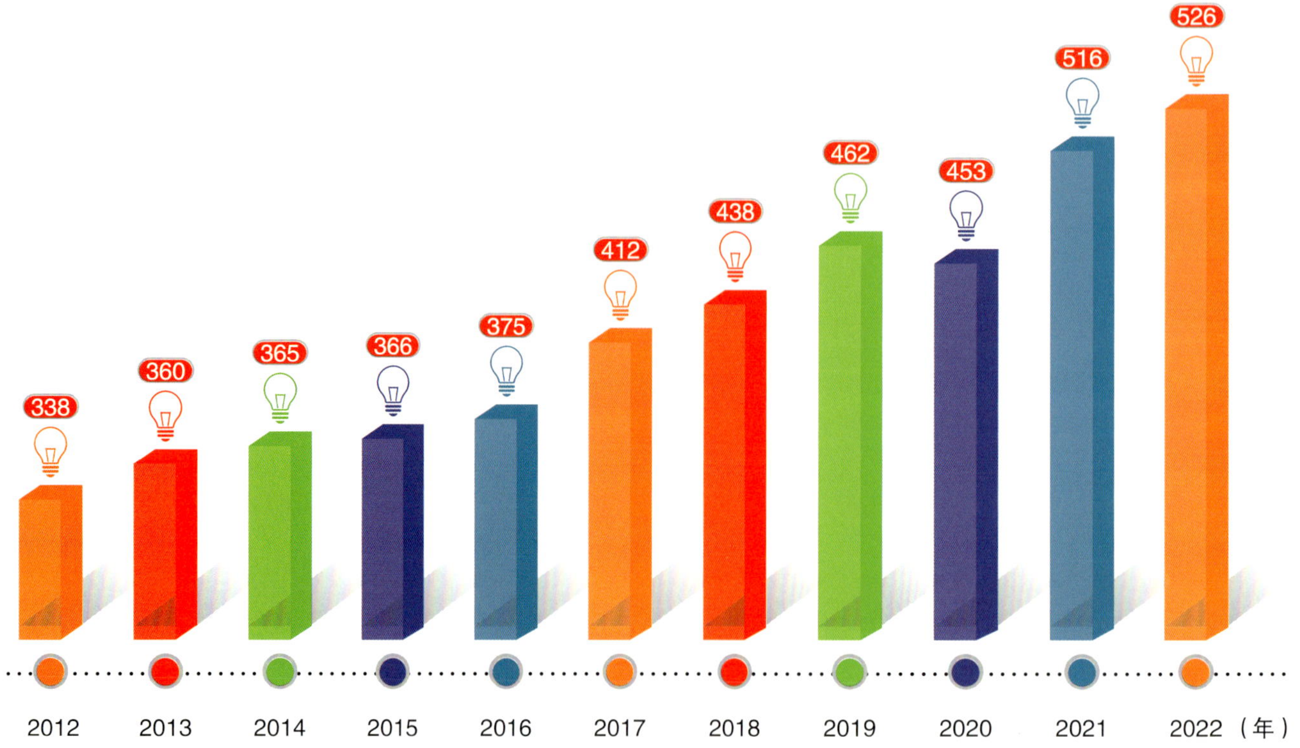

2012—2022 年绍兴市全社会用电量(亿千瓦时)

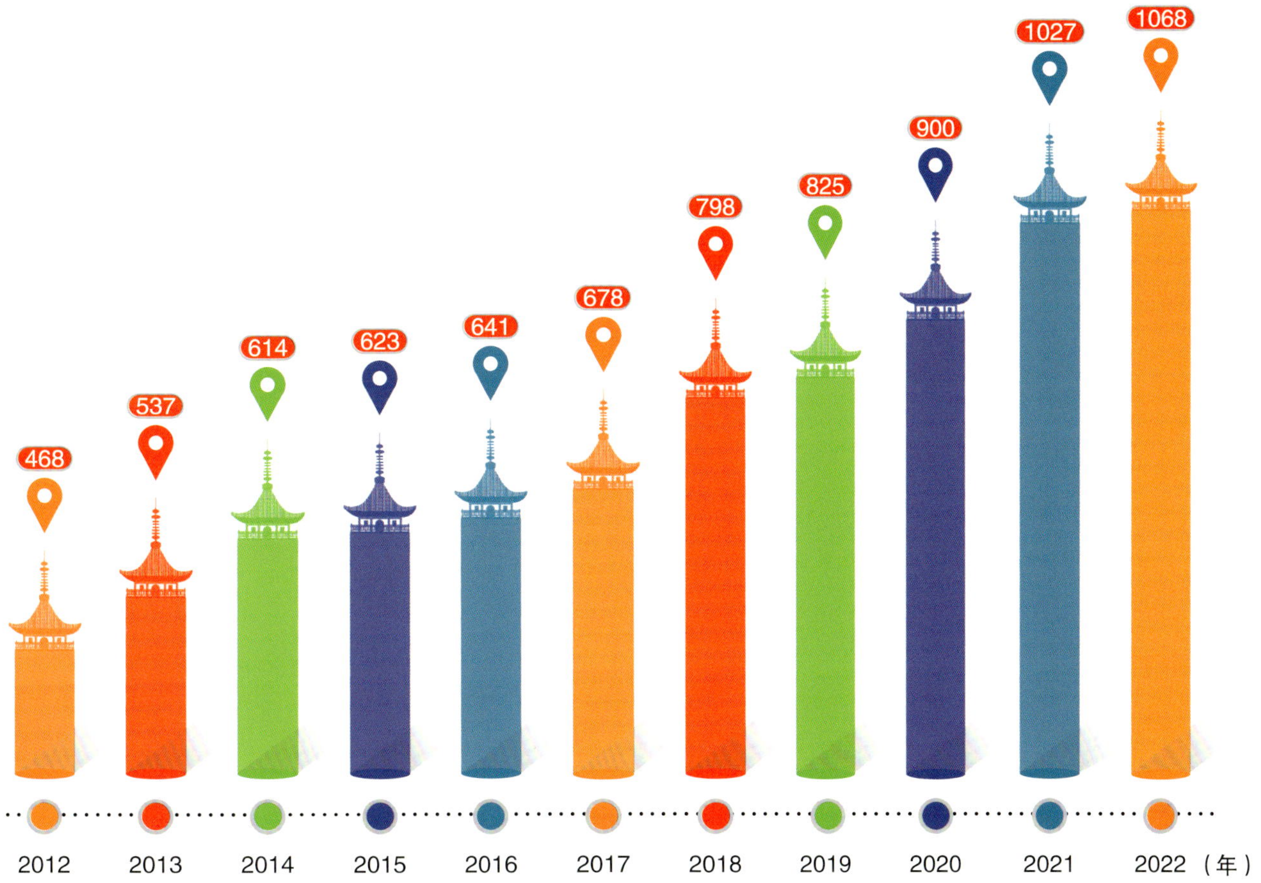

2012—2022 年绍兴市房地产开发投资（亿元）

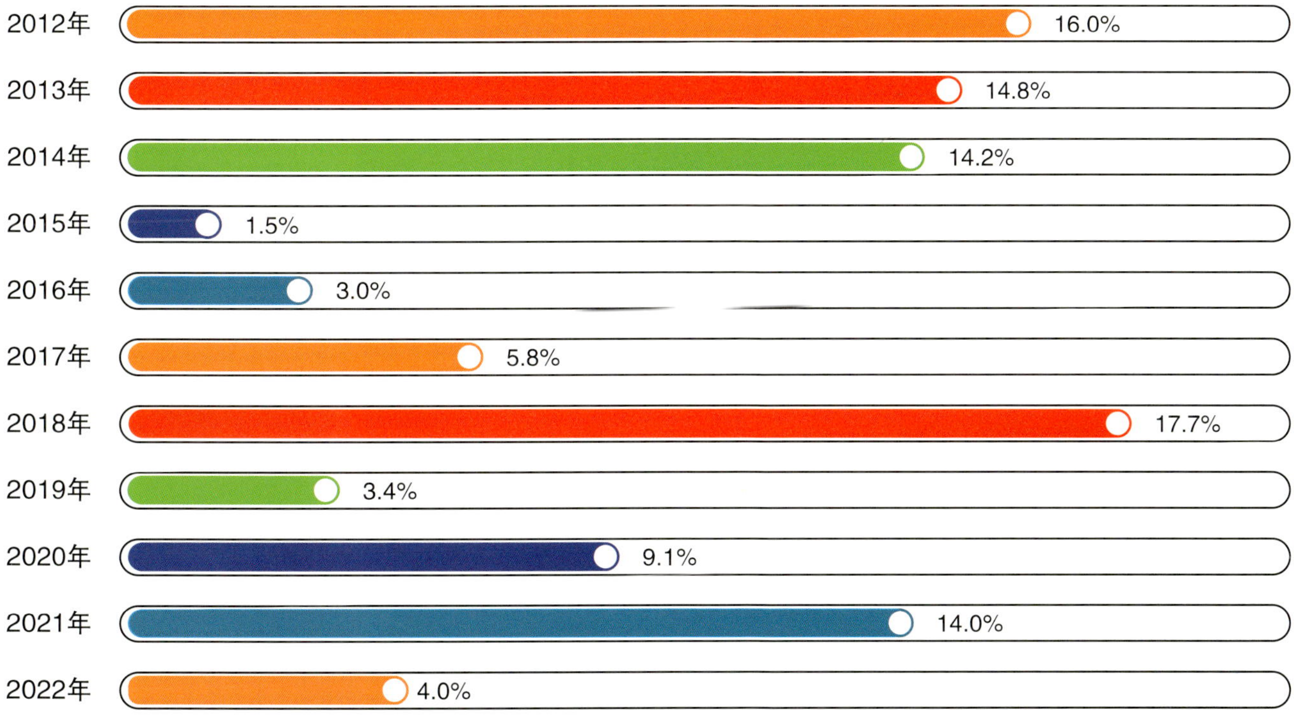

2012—2022 年绍兴市房地产开发投资增速

党的十八大以来，绍兴市高举习近平新时代中国特色社会主义思想伟大旗帜，深入学习贯彻习近平总书记对浙江、对绍兴工作重要指示精神，全面落实中央和省委、省政府决策部署，坚持“八八战略”总纲领总方略，扛起“五个率先”新使命新担当，一张蓝图绘到底，一任接着一任干，经济社会发展取得非凡成就，城乡环境面貌发生深刻变化，人民生活水平得到跨越提升，高水平全面建成小康社会，高起点开启“两个先行”新征程。

新时代绍兴这 10 年，在历史长河中留下了浓墨重彩的光辉印迹，推动千年古城绽放出熠熠生辉的夺目光彩。

千年古城　十年蝶变

绍兴古城新姿(骆海森　摄　　市委宣传部　供图)

越强 创新之城

坚持“腾笼换鸟、凤凰涅槃”，按下创新之城“快进键”。深入践行习近平总书记对绍兴提出的“尽早转变发展理念”“推进‘腾笼换鸟’，实现‘凤凰涅槃’”要求，主动适应经济发展新常态，接续实施传统产业改造提升省级试点、“双十双百”集群制造行动，实现产业转型升级，连续10年荣获全省“腾笼换鸟”考核先进市称号，获得国务院“推动先进制造业集群发展”督查激励。

2021年，诸暨市珍珠产业工程师协同创新中心成立（市投资促进中心　供图）

2018年，绍兴市启动新一轮印染化工产业跨区域集聚提升行动（市委宣传部　供图）

2018 年 9 月 20 日，2018 首届世界布商大会——“丝路柯桥 · 布满全球”启动仪式在柯桥区举行(袁　云　摄)

2018 年 11 月 7 日，第 24 届绍兴黄酒节暨首届中国(国际)黄酒产业博览会在中国轻纺城会展中心开幕(袁　云　摄)

2019年,中芯绍兴项目通线投片(绍兴中芯公司　供图)

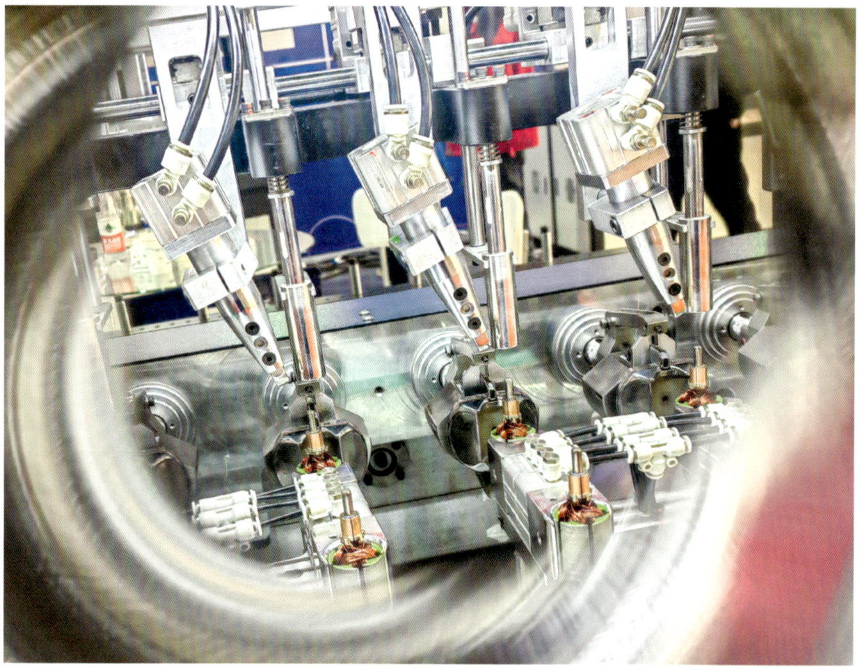
2022年6月,第十五届中国(嵊州)电机·厨具展览会上展出的科技产品(张亮宗　摄)

2019年，万丰控股自行研发的万丰钻石PA40飞机(新昌县府办　供图)

绍兴加大数字经济创新提升“一号发展工程”。2018 年以来,成功引进中芯国际、长电科技、豪威科技等重大制造业项目,创建全国首个海峡两岸(绍兴)数字经济产业合作区。图为绍兴中芯国际和长电科技一角(市委宣传部　供图)

2017 年 7 月,国内首个“超稀土”电机转子在嵊州研发成功(张亮宗　摄)

浙江长鸿生物材料有限公司控制室内景（张亮宗　摄）

位于嵊州经济开发区的绍兴弗迪电池有限公司厂区（市委宣传部　供图）

2022 年 7 月 13 日,第五届中日韩工商大会在绍兴市召开。图为绍兴等 5 个城市获评“2022 中日韩营商环境示范城市奖”(市投资促进中心　供图)

2022 年 7 月，2022 浙江·台湾周——海峡两岸（绍兴）数字经济产业合作峰会在绍兴举行（袁　云　摄）

2022 年 11 月 30 日，浙江本土民营跨国公司"丝路领航"三年行动计划（2023—2025 年）在绍兴正式启动（市新闻传媒中心　供图）

越新 开放之城

坚持面向全国、走向全球,驶入开放之城“快车道”。持续推进古城新城联动发展和融杭联甬接沪战略,推动县域经济向都市区经济转型,城市建成区面积从 286 平方千米扩展到 380 平方千米,城镇化率提升至 71.5%。积极融入长三角一体化发展,镜湖新区成为地标性核心新城区,高水平建设海峡两岸(绍兴)数字经济产业合作区和杭绍临空经济一体化发展示范区绍兴片区等开发平台。深化“千村示范、万村整治”,全域开展“五星 3A”创建,城乡面貌焕然一新。

2014 年 12 月 29 日,绍兴科技馆新馆开馆(绍兴摄协　供图)

2018 年，绍兴市行政中心迁至镜湖新区（胡卓君 摄）

绍兴古城内的仓桥直街历史文化街区（市委宣传部 供图）

绍兴古城内的鲁迅故里（市委宣传部 供图）

2016 年 5 月 25 日,绍兴市首届国际友城大会举办。图为开幕式上发布《绍兴倡议》(袁　云　摄)

2019 年 5 月 7—10 日，第二届“香港 · 绍兴周”系列活动在香港举行。图为香港民众参观绍兴非遗展台（袁　云　摄）

2019 年 8 月 18—21 日，“深圳·绍兴周”活动在深圳举行。图为绍兴传统小吃制作（袁　云　摄）

2021年8月3日,曹娥江大闸枢纽工程入选浙江省十大最美水利工程。图为曹娥江大闸俯瞰图(市水利局　供图)

2013年7月18日,嘉绍大桥建成通车(谷　嘉　摄)

2017 年 3 月 17 日，新昌县钦寸水库下闸蓄水（新昌县府办　供图）

2022 年，绍兴港嵊州港区中心作业区码头（张亮宗　摄）

2021 年 12 月 24 日，杭绍台高速柯岩互通至鉴湖枢纽段通车（市交通运输局　供图）

2022 年 1 月 8 日，杭台高铁嵊州新昌站正式运营（嵊州市府办　供图）

2019 年 7 月 10 日，绍兴轨道交通城际线与宁波至余姚城际铁路贯通运营（市轨道交通集团　供图）

2021 年 6 月 28 日，绍兴轨道交通 1 号线柯桥段正式开通（市轨道交通集团　供图）

越富 生活之城

坚持以人为本、全面进步，奏响生活之城“最强音”。深入践行习近平总书记对绍兴提出的“要有一个为人民服务的出发点和政绩观”要求，坚持以人的全生命周期美好生活需要为导向，累计财政民生支出突破3600亿元，基本公共服务均等化实现度全省领先。

2018年，“真爱一生圆梦今朝”公益拍摄活动举行。图为参加活动人员合影（市民政局　供图）

2022 年，镜湖新区风光（镜湖新区管委会　供图）

2018 年 7 月，参加“同唱一首歌，同听一堂课”海峡两岸大学生文化交流活动的台湾大学生在越城区参观（袁　云　摄）

2021 年 10 月 10 日，越城区鉴湖街道中心幼儿园举行“喜迎冬奥我运动我快乐”活动（市教育局　供图）

2018 年，浙江大学医学院附属医院专家为越城区东湖街道社区卫生服务中心签约的病人义诊（袁　云　摄）

2019 年，医共体总院疾病管理师、健康管理师参与家庭医生签约团队上门服务（市卫生健康委　供图）

2022 年 5 月 31 日，“共同富裕地 温暖幸福家”绍兴市首届家文化节启动（市妇联　供图）

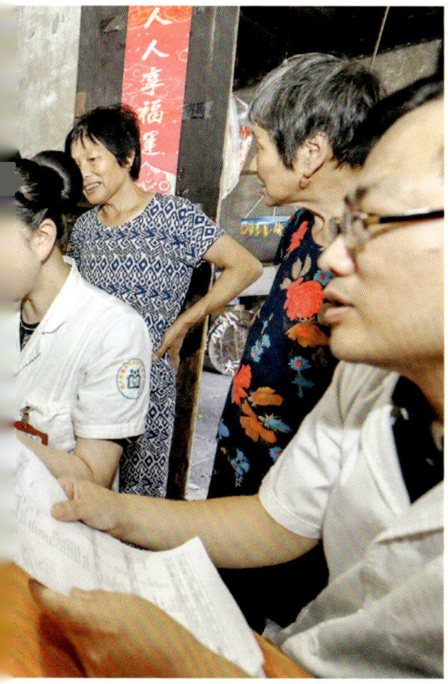

2018 年 12 月 30 日，首届“绍兴·阿瓦提文化旅游周”开幕（袁 云 摄）

2022 年，绍兴市在高校开展“活力绍兴 智引全球”人才招引会（黄 霄 摄）

至2019年底，绍兴市实现“全省教育基本现代化县”100%全覆盖。图为2020年10月20日，新昌县城关中学教育集团开展“互联网+”城乡互动教研活动（市教育局　供图）

2022年11月9日，新昌县鼓山小学举行金色秋风体育节活动（市教育局　供图）

2017 年 4 月，浙江越秀外国语学院镜湖校区图书馆开馆（市委宣传部　供图）

2019 年 9 月，绍兴博雅国际学校开学（镜湖新区管委会　供图）

2017 年 11 月 11 日，2017 喜临门绍兴国际马拉松赛开跑。这是绍兴市首次举办国际马拉松赛(袁　云　摄)

2018 年 9 月 22 日，2018 国际划联皮划艇马拉松世界系列赛暨东方水城嘉年华在绍兴迪荡湖公园开幕（市体育局　供图）

2018 年 12 月 4 日，2018 年世界女子排球俱乐部锦标赛在绍兴市奥体中心开幕（章　斌　摄）

越美 品质之城

坚持人文为魂、生态塑韵,展现品质之城“新魅力”。深入践行习近平总书记对绍兴提出的“把历史文化名城这篇文章做好”“做到人与自然和谐相处”要求,提升文化软实力,绘好全域美丽图。推进新时代文化绍兴工程,提速建设绍兴文创大走廊和浙东唐诗之路、浙东运河、古越文明三大文化带,出台《绍兴古城保护利用条例》,建成城市规划馆、浙东运河博物馆、徐渭艺术馆等重大文旅项目,实现农村文化礼堂行政村全覆盖。树立“绿水青山就是金山银山”理念,打好污染防治攻坚战,完成全国“无废城市”建设试点,生态环境质量公众满意度跃升至 85.4 分。

浙东唐诗之路·穿岩十九峰（市委宣传部　供图）

2014 年，"中国大运河"申报世界遗产成功。浙东运河（绍兴段）成为绍兴市的第一个世界文化遗产（市委宣传部　供图）

2020 年 12 月，中国绍兴市、中国敦煌市、日本北九州市、韩国顺天市共同当选 2021“东亚文化之都”。图为 2021 年 3 月 31 日“东亚文化之都·中国绍兴活动年”开幕式上，文化和旅游部副部长张旭（前左）为绍兴授牌（袁 云 摄）

2021 年 9 月 24 日，鲁迅长孙、鲁迅文化基金会会长周令飞（前排左二）为绍兴鲁迅小学新开园的“百草园”揭幕，并在“三味书屋”为学生上第一课（袁 云 摄）

1995 年，浙江省人民政府和绍兴市人民政府联合举行公祭大禹陵典礼，是中华人民共和国成立以来对大禹陵的第一祭。2007 年，文化部与省政府共同主办公祭大禹陵典礼，祭禹典礼升格为国家级祭祀活动。图为 2015 年公祭大禹典礼（袁 云 摄）

1990 年第 1 届中国绍兴黄酒节创办，至 2022 年已举办 28 届。图为 2019 年第 25 届绍兴黄酒节上，张崇和(右)代表中国轻工业联合会、中国酒业协会向绍兴市授予“中国黄酒之都”称号(何　雯　摄)

1985 年第 1 届兰亭书法节创办，至 2022 年已举办 38 届。30 余年来，每到农历三月初三，海内外书坛名家雅集兰亭，研讨书学，泼墨挥毫，流觞赋诗。图为第 35 届兰亭书法节活动现场(章　斌　摄)

2022 年 7 月 15 日，全民艺术大舞台暨第五届绍兴市群众音乐大赛在绍兴市文化馆举行（市文广旅游局　供图）

2022 年 11 月，全民艺术普及系列活动暨 2022 年度绍兴市群文精品节目展演在越城区举行（市文广旅游局　供图）

2022 年,“越向未来　越音澎湃　越向未来　越向四海”第五届中国越剧艺术节在绍兴举行。图为在嵊州越剧小镇举行的闭幕式(市文联　供图)

2022 年,第四届、第五届中国戏曲电影展推优表彰盛典在绍兴举行。图为嘉宾入场(市文联　供图)

2022 年 10 月 31 日，绍兴阳明故里建成开放（市文旅集团　供图）

2021 年 5 月 19 日，徐渭艺术馆建成开放（市文旅集团　供图）

2022 年，绍兴市规划馆、美术馆、民间博物馆落成（镜湖新区管委会　供图）

2017 年，越城区南村村获评第五届全国文明村镇（袁　云　摄）

2013 年，柯桥区棠棣村入选首届“浙江最美村庄”（袁　云　摄）

2017 年，上虞区东澄村获 2017 中国最美村镇生态奖（市建设局　供图）

2019 年，诸暨市枫源村入选第一批国家森林乡村（袁 云 摄）

2018 年，嵊州市白雁坑村被命名为全国首个地质文化村（嵊州市石璜镇 供图）

2019 年，新昌县外婆坑村被列入第五批中国传统村落名录（市建设局 供图）

越和 善治之城

坚持全域覆盖、上下贯通,锻造善治之城“金钥匙”。深入践行习近平总书记对绍兴提出的“适应改革发展的新形势,不断探索新途径,创造新形式,建立新机制”“把‘枫桥经验’坚持好、发展好”要求,全面深化改革,一体推动法治绍兴、平安绍兴建设。充分发挥数字化改革牵引作用,打造“一照通用”、浙里兴村治社、执行“一件事”综合集成改革、历史文化名城保护传承等具有绍兴味、改革味的重大应用。

2022 年 7 月 2 日,“民情日记”实践中心在嵊州市揭牌。图为实践中心外景(嵊州市府办　供图)

2018 年 11 月，位于诸暨市枫桥镇的枫桥经验陈列馆建成开馆。图为陈列馆外景（市委党史室　供图）

2021 年 4 月，柯桥区谢家坞村驻村指导员制度传承馆建成开放（柯桥区府办　供图）

2019 年 3 月，越城区书圣故里社区与蕺山小学举行“两地报到　人人契约”签约仪式(市委组织部　供图)

2021 年 6 月 2 日，诸暨市人民法院开展环境资源巡回审判(市中级人民法院　供图)

2022 年，公安民警在公共场所开展社会面巡防(市公安局　供图)

2019 年，诸暨市枫桥镇老杨调解中心成功调解纠纷（市司法局　供图）

2022 年，绍兴市检察机关持续加强未成年人检察工作，保护未成年人权益。图为检察官通过“星海守望”平台，开展未成年人违法犯罪预防治理（市检察院　供图）

2016 年 7 月 1 日，上虞区崧厦镇祝温村党总支获“全国先进基层党组织”称号（袁　云　摄）

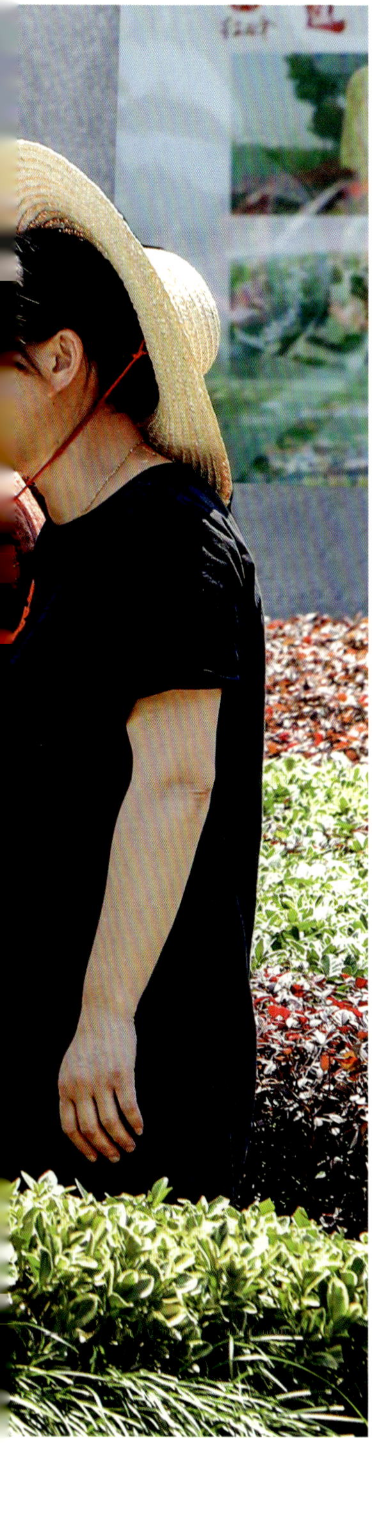

2019 年，驻村指导员下乡助农（柯桥区府办　供图）

2020 年 7 月 2 日，绍兴市越城区"台门汇"微宣讲团成员在塔山街道青藤社区"台门党校"开展党史宣传（袁　云　摄）

2022 年 2 月 28 日，中国共产党绍兴市第九次代表大会在绍兴大剧院开幕（袁　云　摄）

2022 年，"润青春　泽自然"党的二十大精神宣讲活动在嵊州市雅安村举行（市自然资源和规划局　供图）

2022 年 11 月 10 日，学习贯彻党的二十大精神省委宣讲团到绍兴开展宣讲（市新闻传媒中心　供图）

2022 年 11 月 5 日，“宣讲进车间　同心跟党走”申科股份学习党的二十大精神报告会在企业车间举行（诸暨市史志室　供图）

目　录

特　载

专　文

大事记

市情概览

中国共产党绍兴市委员会

绍兴市人民代表大会

绍兴市人民政府

中国人民政治协商会议绍兴市委员会

中共绍兴市纪律检查委员会 绍兴市监察委员会

民主党派 · 工商联

人民团体

法　治

军 事

共同富裕示范区建设

经济管理

数字经济

中国黄酒之都

农 业

工 业

建筑业

商贸服务业

金融业

旅游业

房地产业

开放型经济

功能区建设

交　通

水 利

城市建设

乡村振兴

区域发展

生态环境建设

科学技术

教 育

绍兴古城保护

文　化

卫生健康

体 育

社会生活

应急管理

县(市、区)概况

人物·荣誉

附　录

索　引

特　载

建设高水平网络大城市　打造新时代共同富裕地
率先走出争创社会主义现代化先行省市域发展之路

（2022 年 2 月 28 日，在中国共产党绍兴市第九次代表大会上的工作报告）

市委书记　盛阅春

同志们：

现在，我代表中共绍兴市第八届委员会向大会作报告。

中国共产党绍兴市第九次代表大会是在喜迎二十大、奋进新征程关键时刻召开的一次重要会议。

大会的主题是：坚持以习近平新时代中国特色社会主义思想为指导，忠实践行“八八战略”、奋力打造“重要窗口”，聚焦聚力“五个率先”，动员全市各级党组织和广大党员干部群众，坚定不移做“两个确立”忠诚拥护者、“两个维护”示范引领者，加快建设高水平网络大城市，全力打造新时代共同富裕地，率先走出争创社会主义现代化先行省市域发展之路。

一、过去五年工作

市第八次党代会以来的五年，是绍兴发展史上极不平凡的五年。这五年，习近平总书记两次亲临浙江考察，赋予我省“努力成为新时代全面展示中国特色社会主义制度优越性的重要窗口”重大使命，亲自谋划定题、亲自部署推动我省“高质量发展建设共同富裕示范区”重大决策，为我们推动各项事业发展指明了前进方向、提供了根本遵循。这五年，省委针对绍兴发展进程和发展水平，先后赋予我市打造全省高质量发展重要增长极、率先走出争创社会主义现代化先行省市域发展之路的使命任务，为我们提供了战略指引、注入了强大动力。这五年，市委全面贯彻落实中央和省委省政府决策部署，坚持一张蓝图绘到底、一任接着一任干、一以贯之抓落实，团结带领全市上下干在实处、走在前列、勇立潮头，完成了市第八次党代会确定的目标任务，城市综合经济实力重返全国“30 强”，交出了高水平全面建成小康社会的优异答卷，在“重要窗口”中展现了靓丽的绍兴风景。

我们成功应对风险挑战，发展基础更加厚实。积极应对百年变局和世纪疫情交织叠加的复杂局面，统筹疫情防控和经济社会发展，统筹发展和安全，以数字化改革引领高质量发展、竞争力提升、现代化先行，全面深化各领域改革，顺利完成华越、滨铁、平铜改制，持续完善“1+9”政策体系，扎实推进“六稳”“六保”等工作，凝心聚力防疫情、促发展、增动能、补短板、惠民生、保平安，全市经济社会发展经受住了空前考验，高质量发展之路越走越稳，社会长治久安局面更为巩固。

我们大力推进转型升级，经济实力更加强劲。全市地区生产总值 6795 亿元，年均增长 6.7%；一般公共预算收入 604 亿元，年均增长 9.1%。传统产业改造提升纵深推进，印染、化工产业跨区域整合取得实质性进展，集成电路等新兴产业迅速崛起，服务业增加值占比达到 49.2%，粮食播种面积、粮食产量居全省前列。招商引资和项目建设成果丰硕，中芯国际、长电科技等重大牵引性项目落户。成功创建国家创新型城市，绍兴科创走廊纳入省级战略布局，鉴湖实验室入选省现代纺织技术创新中心，研发经费支出占地区生产总值比重提升至 2.9%，累计引进和入选国家引才计划人才 241 名，“鲲鹏计划”实现“零”的突破，城市人才吸引力居全国第 24 位。开发区（园区）整合提升经验全省推广，“2+7+N”平台体系加快形成。成功创建三大国家级开放平台和三大省级“万亩千亿”新产业平台。

我们深化融杭联甬接沪，城乡品质更加优良。积极融入长三角一体化发展，杭绍台高速、杭台高铁等重大工程建成投运，实现“县县通高铁”。轨道交通 1 号线柯桥段贯通杭城。甬绍共建钦寸水库投运通水。理顺市域协同发展体制机制，实施亚运城市行动计划，智慧快速路网初步成形，镜湖新区初具规模，古城、古镇、古村落保护利用持续加强。系统推进美丽城市、美丽城镇、美丽乡村建设，小城镇环境综合整治成效明显。以“五星 3A”引领乡村振兴，农村宅基地制度改革列入全国试点，基本消除年经营性收入 30 万元以下行政村。扎实做好东西部协作和对口支援、山海协作工作。

我们持续优化人文生态，特色优势更

加彰显。全面推进“一廊三带”建设，宋六陵列为“十四五”国家大遗址，浙东运河文化园列入大运河国家文化公园标志性项目，建成一批重大文化项目和公共文化设施，农村文化礼堂行政村全覆盖，荣获全国文明城市创建“三连冠”，获评“东亚文化之都”，3个县(市、区)入选全国新时代文明实践中心建设试点。生态环境持续改善，$PM_{2.5}$平均浓度下降40%，Ⅲ类及以上水质断面保持100%，连续6年夺得“大禹鼎”，圆满完成全国“无废城市”试点，森林覆盖率超过55%，单位GDP能耗下降17.4%，成功创建省级生态文明建设示范市，获评“中国气候宜居城市”。

我们扎实推进社会建设，人民生活更加幸福。财政民生支出比重超过76%，基本公共服务均等化实现度居全省首位。城乡居民收入分别达73101元和42636元，城乡居民收入倍差降至1.71，均居全省前列。社会保障水平稳步提高，基本医保实现市级统筹，低保标准实现全市统一。学前教育普及普惠水平全省领先，全国义务教育基本均衡县、全省教育基本现代化县实现全覆盖，高校数和在校生数均居全省第三位。健康浙江考核连续3年市县优秀“满堂红”，新引进省级医院4家，新增三甲医院2家，人均预期寿命达82.87岁。获评全国居家和社区养老服务改革试点优秀市。在全省率先实现体育强县全覆盖。残疾人、红十字、慈善事业不断发展，困难群体得到有效帮扶。

我们积极创新市域治理，社会大局更加和谐。坚持和发展新时代“枫桥经验”，圆满承办纪念毛泽东同志批示学习推广“枫桥经验”55周年暨习近平总书记指示坚持发展“枫桥经验”15周年大会。平安绍兴建设全面深化，夺得“平安金鼎”，获评平安中国建设示范市，县(市、区)实现“平安金鼎”满堂红。三级矛调中心全面建成，“主官办信”深入推进，信访积案有效化解、生态持续优化。政法队伍教育整顿取得积极成效，枫桥警务模式全面拓展，现代警务体系全面构建，社会治安防控体系更加严密，常态化开展扫黑除恶斗争成效明显，群众安全感满意度持续提升。安全生产责任体系不断完善，防灾减灾救灾能力进一步提高。加强国防动员和后备力量建设，实现全国双拥模范城“六连冠”。

我们一以贯之从严治党，政治生态更加清朗。推进“两学一做”学习教育常态化制度化，认真开展“不忘初心、牢记使命”主题教育和党史学习教育，坚定不移做“两个确立”忠诚拥护者、“两个维护”示范引领者。落实意识形态责任制，意识形态阵地安全稳固。大力建设高素质干部队伍，打好“上下管育爱”组合拳，深化“两个担当”良性互动，干部队伍精气神不断提升。深入推进基层党建“五星”系列创建，深化驻村指导员、社区党建“契约化”共建、“民情日记”等做法，“堡垒指数”“先锋指数”考评持续显效。严格落实中央八项规定及其实施细则精神，“四风”问题得到持续纠治。一体推进“三不”，反腐败斗争压倒性胜利不断巩固发展。“五廉并举”打响清廉文化品牌。创造性发展运用新时代“枫桥经验”，走出基层纪检监察监督新路径。深化派驻机构改革，派驻监督质效有力提升。以“七张问题清单”推进党建统领整体智治，坚决抓好中央和省委巡视反馈问题整改，高质量实现八届市委

大运河国家文化公园标志性项目——浙东运河文化园 (市委宣传部 供图)

巡察全覆盖，全面从严治党成效度居全省前列。

五年来，八届市委充分发挥总揽全局、协调各方作用，坚持和完善人民代表大会制度，支持人大及其常委会依法履行职权，充分发挥代表主体作用，制定出台一系列地方性法规，人大监督组合拳实效不断彰显。推动法治政府建设，建立健全府院、府检联动机制，依法行政水平进一步提高。坚持中国共产党领导的多党合作和政治协商制度，支持政协充分发挥专门协商机构作用，打造“请你来协商·有事好商量”等特色履职品牌，委员参政议政、建言献策成效明显。巩固壮大爱国统一战线，深入开展“不忘合作初心·继续携手前进”主题活动，扎实做好民主党派、工商联、无党派人士、民族宗教、港澳台及侨务等工作。群团改革持续深化，人民团体政治性先进性群众性进一步增强。

同时，我们也清醒看到发展中存在的问题：产业层次、创新能力有待提升；城市能级品质不高，市域综合竞争力不强；“人文＋生态”叠加优势彰显不够，生态环境改善任务艰巨，人文生态资源优势转化为发展优势还要下更大功夫；优质公共服务供给不足、结构不优问题仍然存在，社会事业发展仍有短板；矛盾纠纷和风险隐患依然较多，基层治理体系有待进一步完善；干部队伍能力素质仍需加强，党风廉政建设任重道远。我们一定要高度重视这些问题，采取有力举措，切实加以解决。

成绩来之不易，靠的是以习近平同志为核心的党中央举旗定向、掌舵领航，靠的是省委的坚强领导、人力支持，靠的是历届市委打下的坚实基础，靠的是全市各级党组织和全体绍兴人民的团结奋斗。在此，我代表市委，向全市共产党员和广大干部群众，向老领导、老同志，向各民主党派、人民团体和各界人士，向解放军和武警驻绍部队、消防救援队伍，向各驻绍单位，向所有关心支持绍兴发展的海内外朋友们，表示衷心感谢和崇高敬意！

总结五年工作，我们深切感受到：

——必须以新思想定向领航。五年来，我们坚持深入学习贯彻习近平新时代中国特色社会主义思想，学好用好习近平总书记对绍兴工作重要指示批示这一宝贵财富，坚持不懈从中找思路、找答案、找办法，坚定不移沿着“八八战略”指引的路子走下去，确保各项事业始终沿着正确的方向前进。

——必须以新理念引领发展。五年来，我们坚持完整、准确、全面贯彻新发展理念，把高质量发展、竞争力提升、现代化先行和共同富裕要求贯穿经济社会发展各领域全过程，相继就现代化强市建设、市域治理现代化、“重要窗口”建设、“十四五”发展、共同富裕作出部署，突出“四个体系”建设，打好高质量发展组合拳，城市综合实力不断提升。

——必须以新动能塑造优势。五年来，我们坚持创新驱动、数字赋能，确立人才强市创新强市首位战略，制定实施传统产业改造提升、新兴产业培育、数字经济发展等系列政策，持续激活传统产业活力，壮大新兴产业引擎，催生新技术新产业新模式新业态，推动绍兴经济质量变革、效率变革、动力变革。

——必须以新答卷造福人民。五年来，我们坚持以人民为中心的发展思想，顺应人民群众日益增长的美好生活需要，坚持和发展新时代“枫桥经验”，建立健全智慧民意感知体系和公共服务体系、社会保障体系、社会治理体系，下大力气解决好群众关心的民生大事、关键小事、急盼难事，努力实现富民和强市有机统一。

——必须以新境界干事创业。五年来，我们坚持胸怀“小干部干大事业”的豪气，鼓足“办法总比困难多”的勇气，坚定“在表扬声中干工作”的志气，涵养“功成不必在我”的大气，致力营造“唯实惟先、善作善成”的团队文化，持续激发创造性张力，放大“滚雪球效应”，不断取得突破性成果。

二、未来五年奋斗目标和重大任务

未来五年，是绍兴全面推进社会主义现代化强市建设、奋力向第二个百年奋斗目标进军的关键时期。我们要站在新的历史起点上，把握大势、厚植优势、乘势而上，抢抓重大机遇，勇担重大使命，不断谱写新时代绍兴发展新篇章。

中央和省委对绍兴发展高度关注、寄予厚望。习近平总书记在浙江工作期间，先后27次亲临绍兴考察调研，对绍兴工作作出了一系列重要指示批示，嘱托绍兴“要努力谱写新时期的‘胆剑篇’”，提出“绍兴这块土地曾经在历史上创造了辉煌，相信将来能够创造更大的辉煌”“绍兴有这么好的优势条件，有这么好的基础，要站得更高一些，看得更远一些，思路更清一些，不断开拓，大踏步前进，争取为全国全省的发展作出更加突出的贡献”，等等，这是总书记对绍兴的如山厚爱，是我们的宝贵财富和强大精神动力。踏上新征程，省委从浙江改革发展大局出发，赋予绍兴“继续秉持与时俱进的浙江精神和‘胆剑精神’，率先走出争创社会主义现代化先行省的市域发展之路”这一重大使命，并提出“五个率先”的具体要求，充分体现了省委对绍兴工作的高度肯定和对绍兴未来的殷切期望。我们要牢记重要嘱托，感恩奋进、争先创优，加快实现“五个率先”，把习近平总书记的关怀厚爱、把中央和省委的决策部署转化为奋进新征程的强大力量。

——牢记重要嘱托、实现“五个率先”，我们要提高站位、把牢方向。忠诚拥护“两个确立”、坚决做到“两个维护”，自觉在思想上政治上行动上同以习近平同志为核心的党中央保持高度一致，认真贯彻落实中央和省委省政府决策部署，构建以年度评估报告为标志的“五个率先”抓落实机制，加快取得突破性进展、打造标志性成果、创造普遍性经验，努力在新时代新征程新的赶考之路上，交出率先发展的优异答卷。

——牢记重要嘱托、实现“五个率先”，我们要把握机遇、应对挑战。当前，百年变局和世纪疫情交织激荡，外部环境更趋复杂，但我国经济长期向好的基本面不会改变，当前的绍兴，正面临长三角一体化、共同富裕示范区、数字化改革等重大战略机遇，产业布局、区位优势、开放格局将得到系统重塑、整体跃升，发展机遇千载难逢、前所未有。我们必须抢抓机遇、化危为机，赢得更大空间、实现更大发展。

——牢记重要嘱托、实现“五个率先”，我们要找准路径、强化抓手。当前，区域竞争日益加剧，要在百舸争流中脱颖而出，关键在于破除传统城市发展模式和县域经济路径依赖，构建以多主体协同、多层次联动、多特色互补、多空间拓展的网络形态为特征，以未来社区、未来乡村为基本单元的未来城市，全面提升市域综合竞争力。这是理论也是实践，既是经验更是规律。我们要统一思想、统一行动，汇聚起建设网络大城市的强大合力。

——牢记重要嘱托、实现“五个率先”，我们要争先进位、担当作为。肩负“创造更大的辉煌”“为全国全省发展作出更加突出的贡献”的重要嘱托，承担“五个率先”的重大使命，我们要牢固树立“没有走在前列也是一种风险”的忧患意识，提高标准、拉高标杆，争当改革者、奋进者、领跑者，让赶超成为常态，让率先变为现实，奋力创造不负历史、不负时代、不负人民的新业绩。

未来五年，全市工作的指导思想是：坚持以习近平新时代中国特色社会主义思想为指导，学好用好习近平总书记对绍兴工作重要指示批示这一宝贵财富，立足新发展阶段，贯彻新发展理念，服务构建新发展格局，坚持稳中求进工作总基调，以高质量发展为主题，以数字化改革为牵引，以满足人民日益增长的美好生活需要为根本目的，忠实践行“八八战略”、奋力打造“重要窗口”，秉持“胆剑精神”，聚焦“五个率先”，加快建设高水平网络大城市，全力打造新时代共同富裕地，率先走出争创社会主义现代化先行省市域发展之路。

未来五年，全市工作的主要目标是：

——综合实力上争先进位。力争地区生产总值突破1万亿元，一般公共预算收入突破1000亿元，人均生产总值达到发达经济体中等水平，研发经费支出占地区生产总值比重达到3.5%，高新技术产业增加值占规上工业增加值比重达到三分之二，产业数字化、数字产业化水平跃居全省第一方阵。

——发展格局上争当节点。市域一体协同更加深化，杭甬“双城记”金扁担作用更加突出，“融杭联甬接沪”格局更加优化。常住人口城市化率达75%以上，城市融合度、贸易开放度、消费活跃度、要素集聚度、通道顺畅度全面提升，城市综合能级实现跃升。

——共同富裕上争树标杆。力争全体居民人均可支配收入突破10万元，城乡居民收入倍差缩小到1.6、地区人均可支配收入最高最低倍差缩小到1.2、低收入农户收入占农民收入比重达50%以上，形成中等收入群体为主体的橄榄型社会结构，人的全生命周期美好生活需要普遍得到更高水平满足。

——人文生态上争做样板。历史文化名城、东亚文化之都、稽山鉴水“金名片”更加响亮，人文生态资源优势加快向发展优势转化，文化产业增加值占生产总值比重位居全省第一方阵，生态环境质量根本改善，文化气质、生态颜值全面彰显，成为全域文明城市、国家生态文明建设示范市。

——发展环境上争创一流。党建统领整体智治格局全面形成，数字化改革成效充分显现，新时代“枫桥经验”实现更高水平发展运用，市县镇村四级治理体系更加完善，群众安全感满意度保持全省前列，打造全国市域治理现代化标杆市。

未来五年，重点抓好五方面工作：

（一）率先走出腾笼换鸟、凤凰涅槃的智造强市之路，建设充满活力的创新之城。产业是城市经济发展的根基，以产业链为基础的产业协作体系是网络大城市的重要基石。要坚持人才强市创新强市首位战略，聚焦产业链、创新链、人才链深度融合，深化“双十双百”集群制造行动，推进产业基础高级化和产业链现代化，提高市域产业网络韧性。

1. 构筑协同产业链。科学优化主导产业布局，形成科学分工、错位互补的产业一体化发展格局。积极引进和培育“链主”企业，提升产业链竞争力、控制力。深化传统产业改造提升，全面完成印染、化工产业跨区域集聚提升，基本形成现代纺织、绿色化工世界级制造业集群。支持黄酒、珍珠、丝绸等经典产业传承创新，打响“中国黄酒之都”“国际珠宝中心”“中国丝高地”品牌。发展工厂化制造、装配式建筑，做强现代住建产业体系。突出高端装备、新材料、电子信息、现代医药四大领域，聚焦集成电路、生物医药、高分子新材料，布局第三代半导体、超高清视频、氢能及燃料电池等前沿产业，发展壮大新兴产业。深化数字经济“一号工程”，发展工业互联网，分行业建设“产业大脑＋未来工厂”，全面推进企业智能化改造。积极发展信息、研发、数贸、金融、物流、文旅、健康等现代服务业，推动现代服务业和先进制造业深度融合发展。实施质量提升行动，推动发展提质增效。

2. 建设产业大平台。深度融入沪杭甬湾区经济创新区，打造滨海新区、杭绍临空经济一体化发展示范区绍兴片区高能级战略平台，提升“2+7+N”开发区（园区）平台体系。支持诸暨、嵊州创建国家级经开区，支持新昌创建国家级高新区。实施制造业大平台能级提升行动，实现四大新兴产业领域“万亩千亿”新产业平台全覆盖。加快推动特色小镇迭代升级，推进小微企业园高质量可持续发展。深化开发区（园区）全域治理，提高土地节约集约利用水平。

3. 做强科创大走廊。高水平建设迪荡湖科技CBD、镜湖科技城、越城智汇芯城、滨海科技城、金柯桥科技城、上虞曹娥江科技城、东鉴湖科技城，协同推进诸暨G60创新港、嵊州剡溪创新带、新昌智造科创走廊建设，深化与G60、杭州城西、宁波甬江等科创走廊战略合作，把科创大走廊建设成为高能级科创主平台。支持新昌迭代科技创新经验，开展科技创新支撑共同富裕试点。加快建设绍芯集成电路、曹娥江新材料、长三角碳中和等高能级实验室，争创省实验室（技术创新中心），建成国家集成电路产业创新中心。布局建设各类新型研发机构、产业创新研究院，实现创新源头强基跃升。

4. 打造人才蓄水池。加快建设新时

代“名士之乡”人才高地，打造世界重要人才中心和创新高地战略支点市域范例。建立更积极更开放更配套的人才政策和服务体系，深化“名士之乡”引才计划，大力引进“鲲鹏计划”等高层次人才，统筹抓好优秀年轻人才、卓越工程师、名师名医名家名匠、乡村振兴人才等各类队伍建设，加强本土人才培育，全方位培养、引进、用好、留住人才。深化滨海新区人才管理改革试验区建设，做强浙江绍兴人才创业园、工程师协同创新中心、院士之家、海归小镇等高能级平台。分类实施集成电路、黄酒等重点产业人才服务专项，迭代升级“人才管家”和“浙里工程师”等重大应用，优化人才全生命周期管理，办好人才“发展大事”“关键小事”“同城难事”，营造最优人才生态。

（二）率先走出面向全国、走向全球的高效循环之路，建设内聚外联的开放之城。高效循环是网络大城市的本质特征和前提条件。要重塑全市空间布局，深化融杭联甬接沪，加快形成“市域一体协同、全域深度开放”的发展格局，打造成为畅通国内国际“双循环”的重要节点。

1. 推动市域一体协同。编制实施国土空间总体规划，分层次打造城市功能节点，全市域提升基础设施网络化水平，构筑多层次、多节点、开放型的网络城市空间体系。支持越城“中心崛起”、柯桥“东融西同”、上虞“拥江西进”、诸暨“杭绍同城”、嵊新协同发展。加快三区融合，提升市区、诸暨、嵊新组群之间的紧密度，增强市域综合竞争力。优化新城新区、开发区、中心镇（小城市）、微城市等功能节点布局，加快重点区块开发，提高城市综合承载力。

2. 加快全域深度开放。深入贯彻落实长三角一体化发展国家战略，全面接轨上海，推进杭绍甬一体化，积极融入义甬舟开放大通道。深化柯诸萧协作区、四明山生态文旅休闲体验区、义甬舟嵊新临港经济发展区、嵊新奉特别合作区建设。高标准建设综合保税区等高能级开放平台，争创浙江自贸区绍兴片区。全面融入“一带一路”，推动中日韩、中非等地方国际经贸合作。用好 RCEP 红利，积极扩大外贸出口，培育壮大数字贸易、进口商品免税店等新业态新模式。实施新一轮跨国公司培育行动，支持浙江（新昌）境外并购合作产业园和国际合作产业园建设。高质量办好中国会展经济国际合作论坛(CEFCO)、中国国际黄酒产业博览会等重大展会，支持世界布商大会、世界珍珠大会打造全球行业盛会，建设国际展会目的地城市。念好新时代“山海经”，用心用情加强东西部协作、对口支援、山海协作，携手对口地区走好共同富裕新征程。

3. 强化内需支撑作用。实施新一轮扩大有效投资行动，力争五年完成重大项目投资 1 万亿元。积极推进内外贸一体化发展，降低企业市场转换成本。推动中国轻纺城、华东国际珠宝城等大型专业市场迭代升级。积极培育中高端消费，拓展多层次、个性化和多样化需求，持续培育养老、文化、旅游、体育运动、健康、托育服务等消费热点。实施数字生活新服务行动，培育数字消费新业态。丰富夜间业态，激发夜间消费潜力。大力发展地铁经济，高标准建设一批现代核心商圈，打造区域消费中心城市。

4. 完善综合基础设施。加快金甬铁路、杭州萧山机场站接线工程、轨道交通二期建设，推进市域铁路、杭诸城际建设，谋划推动沪嘉绍金城际铁路。建成杭绍甬高速、柯诸高速、杭州中环绍兴段、市区智慧快速路网，加快推进诸义高速、诸嵊高速、甬金高速扩容、甬金衢上高速、杭甬高速市区段部分抬升等重大工程，形成“镇镇联高速、县县通高铁、三区有地铁、融杭快速路、杭甬通勤线”的快速交通网络。高品质建设国省道、“四好农村路”。积极推进杭甬运河三级航道整治等重大工程，谋划建设出海码头，构筑海河联运优势。高质量建设 5G 网络，实现行政村 5G 网络全覆盖。加快推进镜岭水库、安华水库扩容提升等工程，构建全市域水库群联网联调体系，谋划城市污水跨区域协作处理，打造高质量“绍兴水网”。

（三）率先走出以人为本、全面进步的共同富裕之路，建设温暖幸福的生活之城。城乡区域一体化是网络大城市的基本特征和内在要求，是共同富裕的关键所在。要坚持以人的全生命周期美好生活需要为导向，突出扩中提低、城乡协同、全域均衡，构建高水平一体化的公共服务体系。

1. 大力提高生活富裕水平。深入实施《奋力打造浙江高质量发展建设共同富裕示范区市域范例行动方案》，深化共同富裕示范区现代化基本单元、精神文明高地、缩小收入差距等领域试点，突出抓好扩中提低重点改革事项，确保城乡居民收入继续领跑全省全国，家庭年可支配收入 10 万～50 万元、20 万～60 万元群体比例持续高于全省平均，基本形成以中等收入群体为主体的橄榄型社会结构。实施更加积极的就业创业政策，支持多渠道灵活就业、重点人群就业，开展职业技能提升行动，构建“产教训”融合、“政企社”协同、“育选用”贯通的技能人才培育体系。健全生产要素参与分配机制，多渠道增加城乡居民财产性收入。完善收入分配制度，健全工资正常增长机制，实施农民收入万元新增工程，推动城乡低收入群体精准识别机制落地见效，确保共同富裕“不落一户、不落一人”。

2. 健全多层次社会保障体系。实施全民参保计划，健全新业态从业人员和灵活就业人员社会保障制度，实现企业职工基本养老保险、基本医疗保险法定人群全覆盖。做实基本医保市级统筹，支持发展商业补充医疗保险。完善低保标准动态调整机制。创新社会救助服务模式，大力发展残疾人、红十字、公益慈善事业，打响“大爱绍兴”品牌。完善退役军人全生命周期服务保障体系。积极应对人口老龄化，建立健全鼓励三孩生育配套政策，服务好“一老一小”，构建老年友好型、育儿友好型社会，争创国家儿童友好城市试点。坚持精准调控，加快完善以公租房、保障性租赁住房和共有产权住房为主体的住房保障体系，保持房地产市场健康平稳发展。

3. 推动公共服务优质共享。坚持教育优先发展，深化“双减”工作，推进学前教育优质普惠、义务教育优质均衡、高中教育优质多元、职业教育产教融合、高等教育内涵提升、独立学院稳妥转设,支持和规范民办教育发展,全力创建绍兴大学,市域教育现代化水平位居全省前列。深化“三医联动”“六医统筹”集成改革,完善城市医联体和县域医共体建设,建成投用一批高水平医院,推进公立医院高质量发展,重大疫情和突发公共卫生事件防控救治能力达到国内领先水准。联动实施公共文化体育惠民计划,打造新时代文化地标,建成新博物馆、美术馆、新传媒中心、越剧博物馆等标志性文化设施。加快建设“15 分钟公共服务圈”“15 分钟品质文化生活圈”。深化国家体育消费试点城市、国家文化和旅游消费试点城市建设,创建全国全民运动健身模范市。高标准协办杭州亚运会,办好“越马”等重大赛事,打造国际赛事目的地城市。

4. 推进乡村全面振兴。健全城乡融合发展机制,推动基础设施和公共服务向农村延伸。联动实施“双非”整治、“双强”行动,严格保护耕地,提升农业综合生产能力,保障粮食等重要农产品有效供给。统筹抓好全国农村宅基地制度改革整市试点、闲置农房激活改革、新时代乡村集成改革,完善农村产权流转交易市场体系,持续深化“三位一体”农合联改革,发展新型农村合作经济。开展低收入农户和村级集体经济“双增”攻坚行动,深化乡村经营,完善“两进两回”机制,促进城乡资源要素平等交换、双向流动。推动“五星 3A”迭代升级,以未来乡村建设为抓手,全域推进农村人居环境整治和新时代美丽乡村建设,打造整体大美格局。

(四)率先走出人文为魂、生态塑韵的城市发展之路,建设近悦远来的品质之城。“蓝脉绿网”纵横交错、文化瑰宝“串珠成链”是网络大城市的绿色本底和独特优势。要充分发挥“人文 + 生态”资源优势,厚植文化软实力,绘好全域“美丽图”,让群众有更多幸福感、更高满意度。

1. 提升城市品质品位。对标“一线城市”标准推进镜湖新区国际化品质新城建设,加快湖东片区、高铁站前区等重点片区和镜湖中央公园、国际金融活力城等重大项目建设,打造大城市核心区和中央活力区。持续优化古城功能、修复山水风貌、保护利用文化遗存,创造条件启动古城申遗。按照基础设施社区化理念,推进未来社区建设,积极实施古城全域未来社区试点,建设海绵城市、韧性城市。加强老旧小区改造,以“绣花功夫”提升城市精细化智慧化管理水平。

2. 打造文化文明高地。深入推进新时代文化绍兴工程,打响越文化、运河文化、书法文化、诗路文化、宋韵文化等品牌,进一步彰显绍兴文化在全国全省文化版图中的地位。办好公祭大禹陵典礼、兰亭书法节、阳明心学大会、中国越剧艺术节等文化节会。编撰《绍兴大典》,推动越剧申报人类非物质文化遗产代表作,全面繁荣新闻出版、广播影视、文学艺术、哲学社会科学、新型智库、档案等事业。深化“一廊三带”建设,推动文旅深度融合,加快把文化资源优势转化为文化产业优势。加强城市品牌凝练传播,打造“德润越地 · 文明绍兴”道德品牌,深化新时代文明实践,争创全国文明典范城市。

3. 擦亮稽山鉴水颜值。全域推进城乡风貌整治,建立健全生态环境分区管控体系,构建“一心、三江、四绿廊”蓝脉绿网风景线。深入打好治水治气治土治废治塑攻坚战,推进曹娥江全流域全要素系统治理,建设全市域“无废城市”。以会稽山国家森林公园、鉴湖国家湿地公园为核心,建设“稽山鉴水”生态功能区,加强生物多样性保护,全域建设国家森林城市。扎实开展碳达峰碳中和行动,严格落实能耗“双控”,加快构建清洁低碳、安全高效的现代能源体系,创建减污降碳协同创新示范区。

(五)率先走出全域覆盖、上下贯通的整体智治之路,建设高效和谐的善治之城。数字变革为网络大城市治理提供了最为有效的手段。要以数字化改革牵引治理模式创新,坚持和发展新时代“枫桥经验”,加强全市域协调沟通合作,打造共建共治共享的市域治理新格局。

1. 纵深推进数字化改革。按照“一年出成果、两年大变样、五年新飞跃”总体要求,更加注重数字化改革的系统性、整体性、协同性,持续放大数字化改革的含金量和牵引力。迭代升级数字化改革体系架构,统筹数据平台和各大系统应用开发,聚焦重点领域,强化“大脑”建设,开发重大应用,实现解决方案的整体智治、量化闭环,做到多跨协同的制度重构、流程再造、系统重塑。建成“掌上办事之市”“掌上办公之市”,实现群众企业办事“掌上办不用跑”。强化对城市整体状态的即时感知、全局分析和智能处置,建设“智慧城市”,实现城市运行“一网统管”。

2. 打造一流营商环境。坚持以数字化改革为牵引、以优化营商环境为基础,全面深化各领域改革,构筑改革全景图。加快建设高标准市场体系,深化“亩均论英雄”改革、市场主体全生命周期改革、要素市场化配置改革、“一件事”集成改革、国资国企改革,推进极简审批许可、便利开办登记,打造市场机制最活、营商环境最优城市。深化融资畅通工程,壮大资本市场“绍兴板块”。深化文化金融改革,争创全国文化金融改革试验区。建立健全减负强企长效机制,完善“1+9”政策体系,深化“枫桥式”护企优商模式,推动企业“长高长壮”。

3. 提升市域治理现代化水平。积极争取并高质量承办“枫桥经验”60 周年纪念大会,在更高层次、更广领域不断深化新时代“枫桥经验”实践创新,丰富发展网上“枫桥经验”,深化“枫桥式”系列创建,全方位系统性重塑市域治理体系。深化“县乡一体、条抓块统”改革,完善市县镇村四级治理体系,迭代推广“浙里兴村(治社)共富”应用,激活基层社区每一个细胞。深化社会治理综合指挥中心和运行体系建设,建强村社专职工作者、基层网格员队伍,深化乡贤参与基层治理机制,健全“党建 + 信访”工作体系,完善矛调中心运行机制,持续加强社会矛盾纠纷多元预防调处化解。

4. 建设更高水平法治绍兴平安绍兴。加强党对法治建设的统一领导,一体推进法治政府、法治社会建设,加快形成“大综合一体化”行政执法新格局。全面深化政法改革，完善执法司法制约监督体系，支持公安机关、检察机关、审判机关、司法行政机关各司其职、开展工作。实施“八五”普法规划，落实“谁执法谁普法”责任制。拓展和运用数字法治改革成果，着力解决执法司法领域突出问题，让人民群众在每个案件中感受公平正义。完善风险闭环管控大平安机制，健全社会治安防控体系、反诈工作体系，常态化开展扫黑除恶，巩固深化政法队伍教育整顿成果，持续迭代现代警务体系，打造现代警务全国标杆。扎实推进疫情常态化防控，落实落细“七大机制”，织密疫情防控网。完善安全生产责任制，扎实开展消防隐患排查治理，构建“大安全、大应急、大减灾”应急管理体系，打造最具安全感城市。

三、扎实推进新时代党的建设新的伟大工程

事业发展，关键在党、关键在人。要全面贯彻新时代党的建设总要求，加快构建党建统领整体智治体系，为率先走出争创社会主义现代化先行省市域发展之路提供坚强政治保证。

1. 永葆绝对忠诚政治品格。坚持把政治建设摆在首位，增强“四个意识”、坚定“四个自信”、做到“两个维护”，始终胸怀“两个大局”、心系“国之大者”，确保在政治立场、政治方向、政治原则、政治道路上同以习近平同志为核心的党中央保持高度一致。坚持和加强党的全面领导，充分发挥党委议事机构职能作用，把党的领导贯穿全市工作的各领域各环节，不断提高把方向、管大局、保落实能力。严明党的政治纪律和政治规矩。抓紧抓实“七张问题清单”，形成“问题发现靠党建、问题发生查党建、问题解决看党建”新格局。

2. 淬炼坚如磐石理想信念。深入学习贯彻习近平新时代中国特色社会主义思想，学深悟透习近平总书记对绍兴工作重要指示批示精神，与时俱进擦亮驻村指导员、社区党建“契约化”共建、“民情日记”等“金名片”。实施传承红色基因薪火行动，厚植越地儿女爱国情怀。建立完善党史学习教育长效机制，加强宣讲员队伍建设，打响“越讲越响”宣讲品牌。全面落实意识形态工作责任制，有效防范化解各类意识形态风险，牢牢掌握意识形态工作的领导权主动权。

3. 构建坚强有力战斗堡垒。贯彻落实新时代党的组织路线，以提升组织力为重点，全面实施“红色根脉强基工程”，迭代升级基层党建“五星”系列创建，推动基层建设全面进步、全面过硬。巩固提升新业态、新就业群体党建工作试点成果，推动新兴领域党建工作体制机制更加优化。深化学校、公立医院党委领导下的校长和院长负责制，健全内部党建管理体制。加强基层党组织带头人队伍建设，全面实施“领雁计划”，推动广大党员在各项事业发展中争当标杆、争做表率。严把党员发展入口关，强化党支部对党员的教育、管理、监督和服务，不断提升党员队伍先进性、纯洁性。

4. 锻造全面过硬干部队伍。大力推进变革型组织建设，提升党员干部塑造变革能力。坚持新时代好干部标准和省委“五项标准”，推进干部队伍系统性重塑。始终把政治标准放在第一位，坚持德才兼备、以德为先、任人唯贤。注重在网络大城市和共同富裕地建设、数字化改革等重大斗争、重大战略、急难险重任务中选拔使用干部，真正把政治过硬、能力过硬、业绩过硬、作风过硬的好干部选出来、用起来。大力选拔和使用优秀年轻干部，用好各年龄段干部，注重选拔优秀女干部和党外干部，推动干部队伍年龄梯次合理、功能结构优化。着力提升干部队伍能力素质，引导党员干部养成“四气”境界。完善干部考察评价机制，加强干部监督管理，打好“精准问责、容错纠错、澄清正名”组合拳，建立健全从严管理干部体系。

5. 涵养风清气正政治生态。坚持管党治党“两个责任”同向发力，健全“四责协同”机制，完善主体明晰、有机协同、层层传导、问责有力的责任体系。坚持“三不”一体推进，牢牢把握严的主基调，始终保持反腐败高压态势。坚持纠“四风”树新风并举，严格落实中央八项规定及其实施细则精神，推动党风政风社风民风持续向上向好。深化纪检监察体制改革，提升派驻监督质效，高质量推进巡察全覆盖，促进各类监督贯通协同。创造性发展运用新时代“枫桥经验”，深化乡镇（街道）纪检监察工作规范化建设，推动监督下沉、监督落地。加强对“一把手”和领导班子监督，引导各级领导干部带头严守纪律规矩，严格家风家教，做清正廉洁的表率。纵深推进清廉绍兴建设，“五廉并举”打造清廉文化高地。

6. 汇聚团结奋进磅礴力量。充分发挥党总揽全局、协调各方作用，坚持和完善人民代表大会制度，支持和保证人大及其常委会依法行使职权，不断发展全过程人民民主，创造性做好立法、监督等工作，营造良好法治环境、制度环境和发展环境。坚持和完善中国共产党领导的多党合作和政治协商制度，发挥政协专门协商机构作用，打造“同心向党”党建品牌，建好用好“委员会客厅”等平台，强化政治引领，提高双向发力质效。不断巩固和发展最广泛的爱国统一战线，积极为民主党派、民族宗教、港澳台侨、新的社会阶层人士建言献策创造条件、提供保障，努力画好最大同心圆。深入推进群团组织改革，强化党管武装，深化双拥共建，扎实做好老干部、乡贤、新绍兴人工作，最大限度地凝聚共识、凝聚力量。

各位代表、同志们，越是美好蓝图，越要努力拼搏！让我们更加紧密地团结在以习近平同志为核心的党中央周围，在省委的坚强领导下，勇向潮头立、敢为天下先，加快建设高水平网络大城市，全力打造新时代共同富裕地，率先走出争创社会主义现代化先行省市域发展之路，努力创造更大辉煌，为全国全省发展作出更加突出贡献！

（市委办　傅　江）

坚持“八八战略”总纲领　走好“五个率先”奋进路

——新时代绍兴发展成就

绍兴作为历史文化名城、民营经济大市、改革开放前沿,在高质量发展征程上,必须勇挑大梁、勇扛重担、勇争一流。党的十八大以来,全市上下高举习近平新时代中国特色社会主义思想伟大旗帜,深入学习贯彻习近平总书记对浙江、对绍兴工作重要指示精神,全面落实中央和省委省政府决策部署,坚持“八八战略”总纲领总方略,扛起“五个率先”新使命新担当,一张蓝图绘到底,一任接着一任干,经济社会发展取得非凡成就,城乡环境面貌发生深刻变化,人民生活水平得到跨越提升,高水平全面建成小康社会,高起点开启“两个先行”新征程。新时代绍兴这10年,在历史长河中留下了浓墨重彩的光辉印迹,推动千年古城在新时代绽放出熠熠生辉的夺目光彩。

这十年,绍兴党员干部感恩奋进,干出了“两个维护”新境界。习近平总书记对绍兴情深似海、厚爱如山,在浙江工作期间,先后27次到绍兴考察调研,作出一系列重要指示批示,寄望绍兴“创造更大辉煌”“为全国全省发展作出更加突出的贡献”。绍兴广大党员干部始终满怀忠诚之心、感恩之心、爱戴之心,以高度的政治自觉、强烈的使命担当、昂扬的奋斗状态,紧跟总书记、奋进新征程、建功新时代,以实际行动争做“两个确立”忠诚拥护者、“两个维护”示范引领者。

这十年,绍兴综合实力稳进提质,打开了整体跃升新局面。地区生产总值从2012年的3620亿元,连续迈过4000亿元、5000亿元、6000亿元三个千亿大关,今年将突破7000亿元,以全国万分之八的土地面积,创造了全国千分之六的生产总值,城市经济综合实力跃升到全国第29位。人均地区生产总值从7.3万元提升到12.8万元,是全国的1.6倍。一般公共预算收入达到604亿元,社会消费品零售总额达到2477亿元,均实现翻一番。外贸出口全国份额由12.5‰提升至14.4‰。

这十年,绍兴人民群众增收致富,迈上了美好生活新台阶。城乡居民人均可支配收入分别从2012年的3.7万元、1.8万元上升到2021年的7.3万元、4.3万元,城乡收入倍差降至1.71,全体居民人均可支配收入跃居全国第11位、地级市第3位,越城区、柯桥区、上虞区全体居民人均可支配收入全部进入全省县域30强,诸暨市、嵊州市、新昌县全体居民人均可支配收入全部进入全国县(市)30强。金融机构存贷款余额双双超万亿,人均住户存款突破10万元,居全国第13位。

这十年,绍兴各项事业开拓进取,擦亮了城市发展新名片。获批跨境电商综试区、市场采购贸易方式试点、绍兴综合保税区三大国字号开放平台和集成电路、高端生物医药、先进高分子材料、智能视觉四大省“万亩千亿”新产业平台。被命名为“东亚文化之都”,实现全国文明城市创建“三连冠”,荣获中国首批研学游目的地城市、国家文化和旅游消费试点城市。成功创建国家森林城市、中国气候宜居城市。获评平安中国建设示范市,实现县(市、区)“平安金鼎”满堂红。

这十年,我们坚持以党建统领推动高质量发展,把政治建设摆在首位,落细落实管党治党主体责任,推动全面从严治党向纵深发展,各级党组织创造力、凝聚力、战斗力明显增强,干部队伍精气神显著提升,经受住疫情防控、稳进提质等大战大考的淬炼,解决了许多长期想解决而没有解决的难题,办成了许多过去想办而没有办成的大事,主要体现在以下5个方面:

1. 坚持腾笼换鸟、凤凰涅槃,按下创新之城“快进键”。我们深入践行习近平总书记对绍兴提出的“尽早转变发展理念”“推进‘腾笼换鸟’,实现‘凤凰涅槃’”要求,主动适应经济发展新常态,接续实施传统产业改造提升省级试点、“双十双百”集群制造行动,打破产业发展“天花板”,走出转型升级“阵痛期”,连续10年荣获全省“腾笼换鸟”考核先进市,获得国务院“推动先进制造业集群发展”督查激励。传统产业破旧立新,印染化工企业“跨域整合”、搬迁搬出新天地,新增技改投资530亿元,新增产值近1000亿元。新兴产业异军突起,成功引进中芯国际、长电科技、比亚迪等头部企业,形成航母战斗群,昔日的“酒缸、酱缸、染缸”转变成今日的“芯片、药片、刀片电池”,滨海新区提档升级跻身全省高能级战略平台。分类实施企业长高长壮行动,市场主体从30.3万户增加到70万户,规上工业企业达到近5000家,上市公司今年有望突破100家。深入实施人才强市创新强市首位战略,高标准打造国家级集成电路创新中心、高能级实验室体系和区域性人才高地,高新技术企业超2200家,引进培育省级以上领军人才超850人,年新增就业大学生数量从2.6万名大幅提升到14.2万名,城市人才吸引力居全国第27位,成功入选国家创新型城市。

2. 坚持面向全国、走向全球,驶入开放之城“快车道”。我们深入践行习近平总书记对绍兴提出的“自觉放到‘长三角’范围内审视你们的发展地位”“跳出绍兴发展绍兴”要求,持续推进古城新城联动发展和融杭联甬接沪战略,推动县域经济向都市区经济转型,城市建成区面积从286平方千米扩展到380平方千米,城镇化率从60.3%提高到71.5%。拓展“一带一路”的“朋友圈”,积极融入长三角一体化发展,加快全域深度开放,镜湖新区拔地而起成为地标性核心新城区,高水平建设海峡两岸(绍兴)数字经济产业合作区和杭绍临空经济一体化发展示范区绍兴片区等开放平台。大力推进基础设施建设,轨道交通1号线、杭绍台高速、杭台高铁、嘉绍大桥、钦寸水库等重大项目建成投运，智慧快速路网初步成形，实现“县县通高铁、融杭快速路、杭甬通勤线”，杭甬“双城记”金扁担作用日益显现。深化“千村示范、万村整治”，全域开展“五星3A”创建，城乡面貌焕然一新。

3.坚持以人为本、全面进步，奏响生活之城“最强音”。我们深入践行习近平总书记对绍兴提出的“要有一个为人民服务的出发点和政绩观”“促进人的全面发展”要求，坚持以人的全生命周期美好生活需要为导向，累计财政民生支出突破3600亿元，基本公共服务均等化实现度全省领先。用心用情守护好“一老一小”，认真办好民生大事、关键小事、急盼难事，推动社保扩面提标、基本医保市级统筹，全国义务教育基本均衡县、全省教育基本现代化县全覆盖，实现“县县有高校”“县县有三甲”，人均预期寿命达82.9岁。高水平举办国际马拉松、世界女排俱乐部锦标赛、皮划艇马拉松赛、全国棒球冠军杯赛等重大赛事，5个亚运场馆投入使用，成为杭州亚运会协办赛事最多的城市，人均室内体育场地面积居全省第1位。积极改善城乡居住条件，建设保障性住房22.7万套。坚决打好低收入百姓增收攻坚战，基本消除年经营性收入30万元以下行政村，低收入农户人均可支配收入超过1.8万元。

4.坚持人文为魂、生态塑韵，展现品质之城“新魅力”。我们深入践行习近平总书记对绍兴提出的“把历史文化名城这篇文章做好”“做到人与自然和谐相处”要求，提升文化软实力，绘好全域美丽图，擦亮最亮底色和最美风景。深入推进新时代文化绍兴工程，提速建设绍兴文创大走廊和浙东唐诗之路、浙东运河、古越文明三大文化带，打响宋韵文化、越文化、阳明文化、大禹文化等文化品牌，出台《绍兴古城保护利用条例》，对标世界文化遗产标准保护利用绍兴古城，建成新博物馆、美术馆、城市规划馆、浙东运河博物馆、徐渭艺术馆等重大文旅项目，实现农村文化礼堂行政村全覆盖。牢固树立“绿水青山就是金山银山”理念，打好污染防治攻坚战，圆满完成全国“无废城市”建设试点，严格落实能耗“双控”，加强生物多样性保护，擦亮稽山鉴水颜值，空气质量优良天数比例上升到93.4%，$PM_{2.5}$均值浓度降至27微克/立方米，生态环境质量公众满意度从55.4跃升到85.4。

5.坚持全域覆盖、上下贯通，锻造善治之城“金钥匙”。我们深入践行习近平总书记对绍兴提出的“适应改革发展的新形势，不断探索新途径，创造新形式，建立新机制”“把‘枫桥经验’坚持好、发展好”要求，全面深化改革，一体推动法治绍兴、平安绍兴建设。充分发挥数字化改革牵引作用，打造“一照通用”、浙里兴村治社、执行“一件事”综合集成改革、无废城市、历史文化名城保护传承等具有绍兴味、改革味的重大应用。全面推进全国农村宅基地制度改革整市试点、“亩均论英雄”等重大改革，抓深抓实“七张问题清单”，深化基层党建“三张金名片”统领网格智治，全力打造塑造变革新高地。坚持和发展新时代“枫桥经验”，圆满承办“枫桥经验”55周年纪念活动，迭代升级基层治理“141”体系，深入开展矛盾纠纷大排查大化解大整治，纵深推进常态化扫黑除恶工作，为高质量发展提供了安全和谐稳定的社会环境。

千年古城十年蝶变，让我们更加深刻认识到习近平总书记的领航掌舵、高瞻远瞩和运筹帷幄，更加深刻认识到“八八战略”的思想魅力、实践力量和时代价值，更加深刻认识到省委省政府对绍兴发展的高度重视、关心厚爱和殷切期望。我们将高举习近平新时代中国特色社会主义思想伟大旗帜，对标“两个先行”，奋进“五个率先”，在高质量发展中加快建设高水平网络大城市，努力把绍兴打造成为世界级大湾区的闪亮明珠。

（市委办 傅 江）

坚持发展新时代“枫桥经验”

绍兴市针对基层治理中的“碎片化”“形式化”“盆景化”等问题，推动新时代“枫桥经验”全市域体系化、全域化、法治化、数智化、专业化提升，着力推动治理优势转化为绍兴勇闯中国式现代化市域实践新路子、打造高效和谐善治之城的实践效能。

（一）推动新时代“枫桥经验”体系化提升

针对治理“碎片化”导致实践中的重复探索等问题，绍兴借力加快建设高水平网络大城市的历史契机，体系化提升新时代“枫桥经验”，着力推动“碎片化”治理向整体性治理转变。

1.着力强化党的统筹领导

加强市域层级统筹需要党建统领，要发挥好各级党组织的强大动员能力、组织能力和执行能力。健全党委领导责任落实机制。定期召开专题会议，协调解决试点创建中的难点、堵点、痛点问题，确保创建任务落实落细落地。建立“专班运作”式办事机构。由市委市政府主要领导牵头，高规格组建市域社会治理现代化试点创建领导小组，并专班运作。健全党建项目引领机制。实施“党建引领市域社会治理提升工程”，同步布局党建引领制度建设、基层党组织全覆盖、党员能力素质提升等项目，推动党建统领整体智治格局逐渐形成。全市累计创建“五星达标村”1509个、“3A示范村174个”、“五星达标社区”229个、“和美家园社区”41个，推动城乡面貌全面改善提升。

2.着力强化市域顶层设计

抓好市域社会治理顶层设计，推动制度机制迭代升级。率先制定政策和创建方案。先后出台《绍兴市创建全国市域社会治理现代化试点标杆城市工作方案》等政策，明确了创建全国市域社会治理现代化试点88项“规定动作”、浙江省4项

"自选动作"以及绍兴市"10大牵引性项目"的"任务书""路线图""时间表""责任人"。强化政策升级衔接。制定出台了《绍兴市市域社会治理现代化"十四五"规划》,实现试点项目迭代升级成为市域社会治理的六大系列工程,共计22个具体项目。抢抓纪念大会契机推动市域治理变革重塑。当前,全市以筹备"枫桥经验"60周年系列纪念活动为契机,优化市域顶层设计。

3. 着力强化全域制度统筹

从市域层面健全制度机制,构建"纵向到底、横向到边"的制度体系。建立协同落实机制。分年度确定任务、责任单位、责任人、完成时限,形成党委领导、政府负责、各部门齐抓共管的创建格局。配套建立责任落实、项目牵引、定期会商、信息报送、督导督办、考核评价等六大机制。建立特色亮点"晾晒机制"。创设《简报》,及时刊登各地各部门在推进全国市域社会治理现代化试点过程中涌现出来的特色亮点,以《简报》为平台构建"晾晒机制",营造创先争优的氛围。建立考核"赛比机制"。把市域社会治理现代化试点创建纳入各地各部门年度综合考核。

(二)推动新时代"枫桥经验"全域化提升

针对不同地区和部门在推进理念、措施、方式、策略、成效等方面的不均衡等问题,绍兴以新时代"枫桥式"系列创建为牵引,全域化提升新时代"枫桥经验",及时提炼推广各地各部门的实践创新,推动点状"盆景"向遍地"风景"转变。

1. 开展新时代"枫桥式公安派出所"创建

坚持面向基层、依靠群众,创造"123456"枫桥警务模式,打造了"红枫义警""邻舍服务""越警管家"等警务服务品牌。诸暨市公安局枫桥派出所、越城区分局府山派出所入选全国新时代"枫桥式"公安派出所。深化"枫桥警务"模式。实施"破小案""办小事""解小忧""帮小忙""惠小利"等"为民工程",实现"矛盾不上交、服务不缺位、平安不出事"。打造义警品牌。采取建立制度、搭建平台、经费支持、民警帮带等措施,培育义警组织188支、义警队员3万余人、义警基金8只,体现了"警力有限,民力无限"的理念。创建"越警管家"品牌。把公安警务服务搬上网,开发"服务、平安、警务"三大模块,实现警务数据在警务通、手机App、"12345"市长热线等平台间互联互通,24小时向群众提供网证推送、安全提醒、在线咨询、平安公告、预约民警、网上调解等功能,提升了警务服务,改善了警民关系。

2. 开展新时代"枫桥式退役军人事务中心(站)"创建

"枫桥经验"依靠群众、源头治理、靠前服务等理念契合了退役军人服务保障需求。2020年浙江省率先在全国开展新时代"枫桥式退役军人事务中心(站)"创建,当年全省建成功2.68万个,实现了阵地建设标准化全覆盖。2021年,全国各地掀起创建热潮。提升服务标准。持续提升服务标准,力争建成退役军人之家,让退役军人"话有处说""难有人帮""事有地管",增强退役军人的归属感和认同感。加强阵地建设。把新时代"枫桥经验"内涵融入退役军人事务中心(站)创建之中,坚持把中心(站)打造成为教育管理主阵地、权益维护暖心地、人才成长培育地以及服务保障示范地。探索构建组织管理和常态化联络服务机制,基本实现"矛盾不上交,平安不出事,服务不缺位"。加强队伍建设。大力培养"兵支书""领头雁""技术能手",引导退役军人坚定理想信念,永葆军人本色,在各条战线上再立新功。

3. 开展新时代"枫桥式"平安系列创建

2004年,时任浙江省委书记的习近平同志提出了包含政治安全、社会治安、经济安全、安全生产、文化建设、人民生活、生态环境、重点部位等八个方面内容的平安浙江建设。近二十年来,绍兴自觉扛起"枫桥经验"发源地的使命担当,在平安系列创建中嵌入"枫桥经验"元素,坚持平安创建为了群众、平安创建依靠群众、平安创建由群众评判,同步从12个领域全面开展新时代"枫桥式"平安乡镇(街道)、乡村(社区)以及新时代"枫桥式"平安企业(国企)、校园、工地、交通、旅游、医院、食品药品、金融、家庭等新时代"枫桥式+"系列平安创建,为建设更高水平的平安中国和平安浙江作出"枫桥经验"发源地的贡献。

此外,还组织了新时代"枫桥式人民法庭"、新时代"枫桥式派驻检察室"、新时代"枫桥式综合行政执法中队"等系列创建,推动新时代"枫桥式+"创建成为全域覆盖的政策载体。

(三)推动新时代"枫桥经验"法治化提升

2003年11月,时任浙江省委书记的习近平同志在诸暨出席纪念毛泽东同志批示"枫桥经验"40周年大会时指出,要把"坚持依法治省、以德治省"作为浙江学习推广"枫桥经验"的特点之一,并强调"创新'枫桥经验',必须营造法治环境,在依法治省中取得明显成效"。十多年来,绍兴认真贯彻落实习近平同志"把学习推广'枫桥经验'与贯彻依法治国基本方略、推进依法治省各项工作有机结合起来"的指示精神,从立法、执法、司法、守法等环节深化法润绍兴,推动传统治理向依法治理转变。

1. 高质量构建地方法规体系

有法可依是建设和谐善治之城的前提条件。建立健全立法工作格局。绍兴紧扣中心、彰显特色、求真务实,推动形成了"党委领导、人大主导、政府依托、各方参与"的地方立法格局。2020年,制定出台了《法治绍兴建设规划(2021—2025年)》,成为全省首个编制法治建设规划的地市。完善地方立法体制机制。出台《绍兴市制定地方性法规条例》,完善地方立法体制机制,健全和把握地方立法程序、重点环节和关键步骤,建立立法项目库,形成了"前期研究、组织把关、调查研究、深入论证、充分讨论、征求意见、备案审查"紧密衔接的地方立法机制。加快重点领域立法进程。聚焦上位法律法规供给"短缺",六年内出台了《绍兴古城保护利用条例》《绍兴市居家养老服务条例》《绍兴市"枫桥经验"传承发展条例》等15部地方性法规,充分体现了"枫桥经验"源头治理、依靠群众以及“四治融合”等理念。

2. 高标准推进法治政府建设

坚持法治国家、法治政府、法治社会同步建设。加强重大决策合法性审查。认真落实重大决策前专题学法要求，推动完善重大决策合法审查机制，发布年度《市政府重大行政决策事项目录》，确保各项政策于法有据。加强党内法规制度建设，健全完善多部门、多领域联审机制，探索建立合法性审查“府院衔接”机制，出台《绍兴市镇乡（街道）合法性审查工作实施细则》，实现镇乡（街道）合法性审查全覆盖。加强行政执法监督规范化建设。积极推进“大综合一体化”行政执法改革，实现“一支队伍管执法”。加强行政执法部门与司法监督部门协作，建立府院联动、府检衔接机制，法院行政诉讼案件调撤率和行政复议调撤率大幅提升，府检联席会议制度得到最高检肯定。实现市县乡三级政府和市县两级重点执法部门外聘法律顾问全覆盖。加快数字法治建设进程。综合运用政法智能化建设成果和信息化手段，强化执法司法大数据应用，推动整体智治。“安心支付”“智慧民意感知体系”等一大批场景化应用在全省全国推广。

3. 高要求保障人民合法权益

积极回应人民群众新要求新期待，大力构筑公正司法同心圆。及时回应民众需求。建设“智慧民意感知体系”，对服务过的群众开展全量访评、分析研判、全面整改，精准绘制民意画像。注重运用法治方式解决涉及群众切身利益的“关键小事”，推动实施部门间“最多跑一次”、司法拍卖“一件事”等改革，部门间办事时间压减70%，政务事项掌上可办率达95%。持续推动营商环境法治化。坚持把法治作为衡量营商环境的最重要指标，同步推进信用政府和信用社会，深入实施“531X”工程，扎实开展全国企业信用风险分类管理试点，率先建立以行业信用评价和分级分类为基础的行业信用监管机制。发挥行政执行、司法审判、司法执法的积极作用，妥善审理了一批典型案例，有力维护市场秩序和企业合法权益。深入开展“法润绍兴”行动。成功创建国家级民主法治示范村（社区）15家、省级335家、1074家，县级实现全覆盖。开始“送法进农村”“送法进社区”，培育“法治带头人”6250人，“法律明白人”20066人，“尊法学法守法用法示范户”1.6万余户，覆盖全市所有行政村（社区）。

（四）推动新时代“枫桥经验”数智化提升

数字赋能是推进市域社会治理现代化的时代要求。随着数字化元素逐渐增多，“技术壁垒”“信息孤岛”“手机App多”等弊端逐渐暴露出来。为此，绍兴市以打造高质量数字化场景应用为抓手，借助数字工具全面推动经验型治理向数智化治理转型。

1. 以数字化改革赋能治理创新

以数字化理念、数字化工具、数字化认知推动治理体系整体性变革重塑。加快推进多跨协同场景化应用。按照“需求—场景—改革”推进机制，迭代更新“三张清单”，开发“浙里兴村治社”“越快兑”“文明轻骑兵”等一批硬核成果，带动数字赋能市域治理整体跃升。以数字化改革推动制度重构。借助数字赋能，打破“条块分割”管理体制壁垒，实现市域社会治理由经验依赖型决策向数据支撑型决策转变，由事中事后的被动处置向事前的主动发现转变。深化“县乡一体、条抓块统”改革，强化数据赋能、流程再造、方法创新，构建基层整体智治新格局。开发“枫桥经验·平安共富”应用。构建“一库一图三模块”为重点的“113”应用构架，汇集事件数据、基础数据、物资数据等数据资源，实现“小事不出村、矛盾不上交、服务不缺位”数字化呈现，构建日常业务—监测预警—指挥督导的全链条工作体系。

2. 创新发展网上“枫桥经验”

坚持走好新时代网上群众路线，不断创新发展网上“枫桥经验”。着力构建组织领导体系。构建党委领导、政府负责、部门协同、社会参与、技术治网、线上线下同步的属地管理格局。健全网信、政法、公安等部门协同治理制度。完善网络舆情信息收集、定期会商、风险评估、分级处置的闭环处置机制。着力构建用网治网工作体系。优化提升“互联网＋政务服务”“互联网＋矛盾化解”“互联网＋群众参与”“互联网＋社区治理”等“互联网＋”，充分发挥互联网促进市域社会治理现代化的功能作用。着力构建网络空间治理体系。围绕落实党委政府中心任务，实施年度系列主题宣传活动，主动设置议题，强化网络传播正能量，把好网络意识形态源头关。打好网络舆情监测“组合拳”，着力把好“源头关”“监测关”“管控关”“责任关”，努力做到网络舆情早重视早发现早预警早处置。走好网上群众路线，从源头上预防化解社会风险。着力构建线上线下协同治理体系。坚持重点守护和定期检测相结合，压实网络安全主体责任，强化网络安全应急管理。实施新时代好网民培育计划，加强网民“网德”建设。探索把网络失信和违法行为列入征信管理。

3. 着力构建多元“枫桥指数”

针对差异化治理情境和精细化、小众化、多样化社会需求，开发多元化“枫桥指数”。开发运用市域社会治理“枫桥指数”。开发市域社会治理“枫桥指数”，将中央政法委和省委政法委确定的“规定动作”具体化为指标体系，引导各地各部门对标达标。定期公布各地各部门任务进度，倒逼各项创建任务落细落实落地。开发运用公安治理“枫桥指数”。开发公安治理“枫桥指数”，构建了包括“一个中心统筹、一个口子到底、一张清单管控、一个平台评价、一套机制保障”的闭环管控体系。配套制定评估办法及实施细则，“一张表”列清“忠诚、稳定、安全、亲民、公正、幸福”等6个核心指数、30个二级指数、110个三级指数。统筹各种治安要素，对全市99个派出所分三类评估排名，推动公安领域率先进入数字智治2.0时代。开发县域社会治理“枫桥指数”。诸暨市采用构建三级指标体系，开发出县域治理新时代“枫桥指数”。借助全流程闭环平台，实时评估县域治理动态，以反映社会需求和治理短板，更好促进县域社会治理现代化。

（五）推动新时代“枫桥经验”专业化提升

专业化是现代科层制组织的重要优势，能够提升技能熟练程度，减少不必要的时间和效率损耗，提升治理能力和治理效率。然而，现代社会的复杂性不仅增加了治理的难度，同时对专业化治理和协同治理提出了更高要求。为此，绍兴积极推动新时代“枫桥经验”的创新发展、展示传播、队伍保障等全市域专业化发展，着力推动简约化治理向专业化治理转变。

1. 推动矛盾化解专业化

努力把三级社会治理中心打造成化解社会矛盾纠纷专业平台。着力把村级中心打造成源头防范“前哨所”。重塑城乡社区三级网格体系，建立网格内解决和“网格报问题、镇村化问题”的双层闭环，筑牢“首道防线”。着力把镇级中心打造成矛盾解决“主阵地”。坚持关口前移，充实人民调解力量，综合信息指挥室入驻镇级中心，实行统一办公、调度、考核。整合常驻基层站所力量，建立行业性专业调委会联系制度，让群众“进一扇门、办所有事”。加强县级力量下沉指导，建立镇级中心流转办理闭环流程，理清镇街内设线办职责分工、办事路径、运转程序，建立群众诉求依法分类处理机制，支持群众依法有序维权。着力把县级中心打造成问题上行“终点站”。按照矛盾化解、事件处置、风险研判三位一体功能定位，信访部门整体入驻县级中心，具体负责中心管理。成建制入驻人民来访接待、诉讼服务、公共法律服务、行政争议调解、检察服务、“12345”等线下线上平台力量。常驻纪委监委、公安部门、人力社保、自然资源、城乡建设、农业农村、综合执法等重点部门，其他部门力量轮驻和随叫随驻，吸收重点行业调委会和品牌调解室。同时，构建建立“631”工作机制。力争在村域化解占总量约60%的一般性矛盾纠纷，在镇域化解占总量约30%的重大疑难矛盾纠纷，在县域化解占社会总量约10%的“疑难杂症”和民生积案，防止外溢和上行。

2022年3月18日，诸暨市人民法院共享法庭（东盛社区）第二期调解员培训

（市政法委　提供）

2. 推动展示传播专业化

打造“枫桥经验”展示、研学、传播的标志性阵地。新建“枫桥经验”陈列馆。在新建的“枫桥经验”陈列馆，全面展示自1963年“枫桥经验”诞生以来的发展脉络与典型做法。建设标准化的解说队伍、解说流程、解说词，全面推动新时代“枫桥经验”展示与传播标准化。“枫桥经验”陈列馆已经累计接待各地考察人员10万余人次。建设绍兴枫桥学院。能满足每年300班次、1.5万人次培训需求的绍兴枫桥学院，力争建设成为全国基层干部培训和政法干部培训的重要基地。建设网上“枫桥经验”展示长廊。在浙江越秀外国语学院网络传播学院建设全国首个网上“枫桥经验”展示长廊，全面展示“网上＋网下”同步治理的绍兴做法。

3. 推动网格治理专业化

根据中央和省委部署，结合上虞抗疫经验，依托三级网格体系织密源头防控网络。以行政村（社区）为单位建设一级网格，以自然村（小区）为单位建设全科网格，以一定区域（楼栋）为单位建设微网格，在工业园、科技园、文创园、商务楼宇、商业街，以及拆迁人口较多的社区、流动人口数量较多且集中的居住区等特定区域建立专属网格。全市共划分为7218个网格和42920个微网格。深化推广“支部建在小区（网格）上”等做法，推动党建网、治理网、服务网、应急网、民生网等“多网合一”。

（市委政法委　章利丰）

专文

绍兴市“腾笼换鸟”攻坚行动纪实

绍兴市根据习近平总书记对绍兴经济发展的指示要求，持续实施“两业经”战略，即大力度改造提升传统制造业和大力度引进培育新兴产业，经过十多年的不懈努力，实现了从“酒缸、酱缸、染缸”向现代制造业体系的跃升，高质量发展指数显著提升，绍兴产业结构的嬗变具有重要意义和借鉴价值。2022 年，绍兴市持续深化推进“腾笼换鸟、凤凰涅槃”，强弱项、补短板、固底板、扬优势，进一步完善现代产业体系，夯实制造业强市的产业集群支撑，建设制造业强市。

一、工作基本情况

把新一轮制造业“腾笼换鸟、凤凰涅槃”攻坚行动作为“一把手”工程来抓，建立健全行动方案、工作专班、考核办法、配套政策和交流督查等工作推进机制，形成“市县联动抓、部门协同推、镇街试点干”的强大工作合力。

1. 高规格出台一个行动方案。坚持“规定动作做到位、自选动作做出彩”，以市政府名义正式印发实施行动方案。充分吸纳省行动方案精神要义，在贯彻落实省淘汰落后、创新强工、招大引强、质量提升等四个攻坚行动的基础上，创新实施园区工业全域治理攻坚行动，编制工作清单。

2. 个性化制定一个考评办法。借鉴省考核办法主要内容，结合我市实际，制定出台《绍兴市新一轮制造业“腾笼换鸟、凤凰涅槃”攻坚行动考核评价办法》，压紧压实各级责任，切实构建市对县考核机制。

3. 专班化组建一套工作班子。参照省工作专班架构，制订《绍兴市新一轮制造业“腾笼换鸟、凤凰涅槃”攻坚行动工作专班组建方案》，组建并高效运行工作专班，由市政府分管领导任组长，下设 7 个工作专项组，建立专门工作联络钉钉群，实现统分结合、责任到位。

4. 精准化制订一揽子配套政策。市级层面出台《关于实施“4151”计划 打造先进制造业强市的意见》及 4 个配套文件《深化“双十双百”培育行动 打造十大重点产业集群的实施方案(2022—2026 年)》《深入实施“长高长壮”行动 加快培育一流企业的实施方案(2022—2026 年)》《深入实施“长高长壮”行动 加快培育一流企业的实施方案(2022—2026 年)》《先进制造业优质优品发展行动计划》《加快推进工业经济高质量发展若干政策》《加快科技创新若干政策》《金融支持经济高质量发展若干政策》《鼓励支持开放型经济发展若干政策》《绍兴市制造业企业“长高长壮”专项激励政策》《关于加快发展保障性租赁住房的实施意见》等促进制造业高质量发展的系列配套政策，以及集成电路、生物医药两大“万亩千亿”级产业专项扶持政策。落实各县(市、区)出台工业全域治理、提升工业项目用地效率、工业资金池、工业用地分割管理、(工业项目)地价差异化、工业用地有机更新实施办法、“标准地”出让等配套政策。

5. 大手笔落实一笔专项资金。根据财政体制实际，由各县(市、区)建立“腾笼换鸟”专项经费，重点用于存量工业用地盘活土地、收储、征地拆迁、基础设施配套等支出，2022 年已落腾笼换鸟专项经费 3.54 亿元，占全市土地出让收入(2022 年除市本级外全市土地出让总收入为 693 亿元)的 5.1%。

6. 成果化提炼一批最佳案例。《绍兴新昌轴承产业中小企业数字化转型“学样仿样推广法”实践》在《智造强国研究》(第 23 期)刊登，获国务院副总理刘鹤批示。产业“跨域整合”的绍兴模式获时任省委书记袁家军和省长王浩、副省长卢山批示肯定。连续获浙江省“腾笼换鸟”考核优秀“十连冠”。“开发区(园区)工业全域治理”被评选为市政府十大难事之一，“企业码”做法被评选为市政府十大新事之一。同时，聚焦高耗低效企业整治和低效土地腾退，总结提炼各类治理实践案例 36 个。

二、2022 年度目标任务完成情况

1. 以“稳增长”为首要任务，主要工业指标逆势增长。2022 年全市实现规模以上工业增加值 2119.5 亿元，同比增长 10%，居全省第二位，分别高于全国、全省 4.8 个、6 个百分点；工业投资同比增长 36.4%，居全省第二位，高于全省平均 17.4 个百分点，连续 19 个月保持两位数增长；技改投资同比增长 25.7%，居全省第三位，高于全省平均 9.4 个百分点；规模以上工业研发费用占营业收入比重 3.8%，连续 3 年居全省第一位。

2. 以“高质量”为主题，吹响先进制造

业强市建设号角。出台《关于实施“4151”计划 打造先进制造业强市的意见》及产业集群、一流企业、上市企业、优质优品等4个配套文件，召开全市新一轮制造业“腾笼换鸟、凤凰涅槃”攻坚行动现场会暨“4151”计划部署会。

3. 以“数智化”为牵引，推动发展模式持续创新变革。深入实施数字经济“一号工程”，制定了《绍兴市深入实施数字经济一号工程“升级版”若干意见》，产业数字化水平居全省第二位，建成国家级智能制造示范工厂3家、省级未来工厂2家。

4. 以“全域治”为抓手，打开现代产业体系发展空间。按照全省新一轮制造业“腾笼换鸟、凤凰涅槃”攻坚行动部署，深化工业全域治理行动，纵深推进“跨域整合”，搭建“一码管地”“园区管家”数字应用，创新探索出回购回租、连片治理、余缺对接等十种治理模式。

5. 以“强链群”为支撑，促进产业集群培育走深走实。对标国家先进制造业集群和省“415X”先进制造业集群培育要求，制定《关于深化“双十双百”培育行动 打造十大重点产业集群的实施方案(2022—2026年)》，推动上虞绿色新型化工新材料产业集群争创国家中小企业特色产业集群，推动现代纺织、精细化工、集成电路、生物医药4个产业集群争创全省先进制造业集群核心区，装备制造·浙江新昌、纺织印染·浙江柯桥、纺织(袜业)·浙江诸暨三大国家新型工业化产业示范基地获四星评价，绍兴集成电路产业园获2022中国集成电路高质量发展优秀园区。

6. 以“建梯队”为主体，持续推进企业“长高长壮”。落实“一企一策”培育方案，培育一批具有行业话语权和全球竞争力的一流企业。累计获评国家级单项冠军企业(产品)16家、专精特新“小巨人”84家(其中国家级重点“小巨人”企业15家)；拥有“2022中国制造业企业500强”9家、“2022年中国民营企业制造业500强”12家，海亮集团连续三年跻身“世界500强”；累计培育上市企业94家，数量居全国同类城市第四，其中“跑步上市”的绍兴中芯集成电路制造股份有限公司拟首发募资125亿元，是年内科创板第三大IPO。

7. 以“固安全”为底线，统筹疫情防控和经济发展。建立“大物防”专班，坚持人防、物防、技防，建立“常态化+”联防联控工作体系和以“五色预警图+运行实时图+运行监测指数”为核心的运行智控体系。依托“企业码”开发“码上防疫”应用，成为全省“工业物防链”多跨应用建设试点单位。建立企业“白名单”制度，纳入“白名单”企业1017家。

8. 以“优服务”为宗旨，营造高质量发展良好环境。面对严峻复杂经济形势，绍兴积极开展“万名干部助万企”“驻企服务、助企纾困”系列暖心活动，下沉驻企服务员4197名，组建专家团组65个，为企业提供政策解答3000余次。建设惠企政策综合服务平台，推进“一站式”直达服务，试行预兑直兑快兑制度，不折不扣执行各级稳增长一揽子政策，完成减负降本247.5亿元，完成率108.5%，中小企业无分歧拖欠款项已全部化解。

三、主要举措和成效

(一)聚焦高耗低效整治和园区全域治理，打好淘汰落后攻坚战。一是实施“2+7”开发区(园区)工业全域治理。二是全力整治出清高耗低效企业。三是攻坚推进印染化工跨域整合提升。四是率先实施全域能效综合创新改革严控“两高”项目。五是全面提升产业平台能级。

(二)聚焦科技攻关转化和企业长高长壮，打好创新强工攻坚战。一是聚力开展制造业技术攻关。二是大力扶持创新主体“长高长壮”。三是着力推动创新成果转化。四是全力建设提创新平台。

(三)聚焦产业链精准招商和引擎项目支撑，打好招大引强攻坚战。一是制造业重大项目量质齐升。二是重大外资项目多点开花。三是资本重组项目落地见效。四是项目全周期管理服务提质赋能。

(四)聚焦产业提质和产品升级，打好质量提升攻坚战。一是开展特色产业提升行动。二是开展先进贯标提升行动。三是开展制造品牌培育行动。四是开展知识产权护航行动。五是开展产业技术改造行动。六是推进节能低碳技术改造。七是构建绿色制造体系。

四、政策落实

1. 腾笼换鸟专项经费的落实情况。根据省市制造业“腾笼换鸟、凤凰涅槃”攻坚行动有关部署，会同市经信局制定印发了《绍兴市新一轮制造业“腾笼换鸟、凤凰涅槃”攻坚行动方案》《关于加强“腾笼换鸟”专项经费使用管理的指导意见》，建立起专项经费使用管理协调机制。截至2022年底，全市各区县均及时出台本地行动方案和专项经费使用管理办法，每月按比例足额提取专项经费，全市共提取“腾笼换鸟”专项经费3.54亿元，支出2.7亿元，治理亩均低效企业和违法违规企业7055家，盘活土地1300余公顷，有力支持了企业整治提升、保障性租赁住房、产业园区配套设施等相关重点领域设。

2. 工业用地控制线管理的落实情况。制定实施《工业用地控制线管理情况(文件另附)》，部署落实各地在国土空间规划编制完善工作，充分考虑工业用地的布局和发展空间，强化土地用途管控，稳定工业用地总量。2022年全市出让工业用地840余公顷，工业用地占出让用地比例66%。

3. 新增宿舍型保障性租赁住房情况。新增宿舍型保障性租赁住房3830套(间)。

4. 其他特色政策保障情况。实施《绍兴市建材行业重点领域节能降碳技术改造工作方案》，对建材行业水泥熟料、平板(光伏)玻璃等重点领域企业的生产设备、生产线进行技术改造，确保2025年底，能效标杆水平产能占比50%以上。实施《关于推进工业全域治理规范存量工业用地有机更新项目管理的实施意见(试行)》，对低效用地、集中连片闲置用地，采取“3+N”模式推动工业用地有机更新。指导柯桥区制定《印染企业全域提升评分细则》《工业厂区(园区)“低散乱污”整治提升补充意见(试行)》《低效工业用地“二次开发”操作细则的补充意见》《省生产制造方式转型示范项目(绿色化方向)省级财政专项资金使用分配方案的管理办法》。

(市经信局　端木丽浩)

绍兴市实施"河长制"10 周年纪实

"镜湖水如月，耶溪女似雪。"在诗仙李白的笔下，越城的美丽如梦如幻。穿越千年，再度凝望浙江绍兴，既有水道交错时，乌篷船摇橹而过的江南水乡柔情，又具会稽山伫立千年的威严肃穆。如此美景，是绍兴持续深入推进河湖长制工作，壮士断腕般打响消灭水污染之战的成果。绍兴的美丽河湖正续写新的诗篇。

绍兴是典型的江南水乡，河网密布，纵横交错。全市共有河流 7032 条，总长度 11575 千米。2012 年 10 月，绍兴成为全省第二个推行河长制的地级市；2017 年 7 月，在全省率先推行湖长制；2018 年，完成了全国首个河湖长制市级地方标准的制定、发布与实施，并成功列入"浙江省标准化试点项目"，全面开启了"依标治水"的新阶段；2022 年，建立绍兴市全面推行河湖长制工作联席会议制度。

十年积极探索，河长制创新实践，涌动治水活力；十年成绩斐然，绍兴市连续 6 年获得浙江省治水最高奖"大禹鼎"，全面消灭了劣Ⅴ类水体，全市 128 个县控及以上断面Ⅰ～Ⅲ类水比例和功能区达标率均达到 100%，河湖"四乱"（乱占、乱采、乱堆、乱建）问题实现"动态清零"，累计建成"美丽河湖"85 条 837 千米……绍兴市的"稽山鉴水"金名片持续擦亮。

十年，织好治水"三张网"河湖长制亮点纷呈

十年来，绍兴市不断完善河湖管理体制机制，着力构建长效机制，不断探索创新性，以"三化"治水为抓手，织好治水"三张网"，不断提升河湖管理的能力与水平，推动河湖长制从"有名有责"走向"有能有效"。

——标准化建立制度保障网。2018 年，绍兴发布全国首个河湖长制地方标准《绍兴市河长制工作规范》《绍兴市湖长制工作规范》；2019—2020 年，出台河湖巡查、水污染防治、水域岸线空间管理等 5 个核心技术规范，完成全省唯一河湖长制标准化管理试点，有力推动各级河湖长履职尽责。

绍兴构建起了总河湖长带头，市、县、乡、村四级河湖长"一级带动一级"的治理管护格局，全市共设置河长 4130 名、湖长 916 名，实现每一个水体都有人管护。36 位市领导分别认领一个片区河道和一个重点湖库，制定"一河（湖）一策"治理方案，实行项目化、清单化、绩效化、考评化管理。

——信息化构建精准监管网。一张图，做到信息广覆盖。绘制绍兴河湖长制管理"一张图"，展示每一条河湖的河湖长、水质、水工程、河湖等级、河湖划界等基础信息，为各级河湖长履职提供第一手资料。

一平台，实现履职全监管。升级河长制监督平台，强化任务跟踪督办功能，对镇级以上河湖长"一河一策"年度治理任务进行跟踪统计分析和进度实时督办。

一地图，提供参与新渠道。开发河湖长电子地图小程序。市民只需打开小程序，即可实时定位，全面了解该段河湖的各级河湖长、水情、水质等情况。同时，在小程序增设投诉举报功能，为社会公众参与河湖管护治理提供新渠道。绍兴还创新推出"美丽河湖电子地图""河湖健康码"等应用，对河湖实行动态管护。

——社会化织密全民治水网。每年 10 月为绍兴河湖长制工作宣传月，市河长办组织各级河湖长开展"进村入企"大走访等活动。把爱水、护河（湖）志愿活动纳入"主题党日活动"，发动党员争当"党员河湖长"；大力组建"企业河湖长""乡贤河湖长""村嫂河湖长""河小二"等护水志愿者队伍。

绍兴创新河湖管理模式，推进市级河长制监督平台与浙江省"基层治理四平台"信息系统、村级"河长通"App 等有效衔接、融合运行，充分发挥基层治理网格员力量，与基层河湖长形成合力。2021 年，全市"碧水联盟"护水志愿者注册人数达 52 万余人，累计发现问题近 2.8 万个。

十年，紧扣"截清治修"四大环节幸福河湖成果全民共享

自 2014 年以来，绍兴紧扣"截、清、治、修"四大环节，重点实施了河湖库塘清淤、"清三河"、"剿灭劣Ⅴ类水"以及入河排放口专项整治等行动。以高质量打赢了"清三河"和"剿灭劣Ⅴ类水"两大标志性战役。

绍兴还以高标准重塑山水格局，展现了城水相融的美丽幸福画卷。按照以水为脉、连线成片的思路，打造全域大景区大花园。投资 500 亿元实施"双十"重大防洪排涝工程，形成"两江一网"全市域水城格局，构建"四大河流、五大古镇、九大湖区"中心城市水域框架。

经过多年实践，绍兴市 85 条省级美丽河湖遍布广袤城乡，人民群众乐享美丽河湖建设成果。作为数字化改革先行地，绍兴在标准化建设的基础上，通过数字化赋能，将现代技术融入美丽河湖建设，让全民共享治水成果。

回望十年，绍兴市河湖长制工作硕果累累，2014—2020 年群众治水幸福感指数实现"七连升"，历年来均居全省前列。下一步，绍兴市将继续以习近平生态文明思想为指引，深入学习贯彻落实党的二十大精神，按照对标"两个先行"、奋进"五个率先"要求，高标准深化河湖长制，高品质建设幸福河湖，为打造"新时代共同富裕地"增添亮丽水色彩。

（市水利局　孟宇婕、祁一鸣、陈平安）

大事记

1月

1日 《区域全面经济伙伴关系协定》（简称RCEP）生效实施。浙江海丰生物科技股份有限公司办理绍兴首票RCEP原产地证书。

同日 绍兴2021年全年空气质量指标数据发布：全市8个国控点$PM_{2.5}$平均浓度降至27微克/立方米，AQI（空气质量指数）优良天数比例93.4%，刷新2012年空气环境质量新标准颁布以来最好成绩。

4日 绍兴市基层党建工作会议召开。市委书记盛阅春出席会议并讲话，市委副书记、代市长施惠芳主持会议。会议表彰一批先进基层党组织、优秀共产党员、担当作为好干部、强基先锋、担当作为好支书等先进，宣读关于追授崔煜忠"市优秀共产党员"称号、"最美绍兴人"特别奖荣誉、追记二等功，追授楼建勇"最美绍兴人"特别奖荣誉、追记二等功的有关决定。

5日 省委、省政府举行2022年全省扩大有效投资重大项目集中开工仪式。绍兴市共有27个项目参加开工，总投资398亿元，其中投资50亿元以上项目3个。

6日 市委召开专题学习会，深入学习贯彻习近平总书记关于推动长江经济带发展的重要讲话和指示批示精神。

7日 2021"绍兴好人"发布暨颁奖典礼在市奥体中心举行，张炯等60人入选。

8日 杭台高速铁路通车，省委书记袁家军在省主会场出席通车仪式并宣布杭台高速铁路开通。杭台高速铁路是中国第一条建成通车的民营控股铁路，连接杭州、绍兴、台州，全长266.9千米，设计时速350千米，总投资440.3亿元。全线设杭州东、绍兴北、上虞南、嵊州北、嵊州新昌、天台山、临海、台州、温岭等9个车站。杭台高速铁路的开通，结束了嵊州、新昌区域不通铁路的历史。

9日 市委召开八届十二次全体（扩大）会议。市委常委会主持会议。市委书记盛阅春讲话，市委副书记施惠芳部署2022年经济工作。会议听取和讨论市委书记盛阅春受市委常委会委托作的工作报告，审议通过《中国共产党绍兴市第八届委员会第十二次全体会议关于深入学习贯彻党的十九届六中全会精神坚定不移做"两个确立"忠诚拥护者"两个维护"示范引领者的决议》。

12—14日 第十七届中国会展经济国际合作论坛在福建福州召开。会议决定，绍兴市成为下一届中国会展经济国际合作论坛的主办城市，成为国内第二个承办该项论坛的地级市。

14日 以"习近平法治思想与新时代'枫桥经验'"为主题的第三届新时代"枫桥经验"高端峰会在诸暨召开。会议发布新时代"枫桥经验"指数指标体系。

15日 绍兴开展消费券发放活动，消费券分"虞你同行""普惠民生""新绍兴人"三类。首轮"虞你同行"消费券于当日发放。

同日 长电绍兴300毫米集成电路中道先进封装生产线投料运行，标志着绍兴又一集成电路"链主型"项目投产。

17日至2月25日 2022年春运共40天。据统计，全市公路水路共运送旅客29.72万人次，其中：公路运送旅客27.38万人次，比2021年同期下降27.59%；全市客运站共运送旅客12.21万人次，下降45%。全市水路累计客运量2.34万人，下降85%。全市961条公交线路运营正常，日均投入公交车3064辆次，共有1636.2万人次乘坐公交出行，下降18.4%；绍兴轨道交通1号线柯桥段运送旅客51.11万人次，每日发送216列次，共发送8640列次。全市高速公路出口车流量累计495.41万辆，日均12.39万辆，减少4.12%；入口车流量累计497.48万辆，日均12.44万辆，减少4.35%。

19日 杭州亚运会、亚残运会2021年度"十大场馆"评选活动结果揭晓，绍兴柯桥羊山攀岩中心获"建筑特色奖"。

20日 被国家文物局列入全国文物消防安全百项重点工程之一的嵊州市崇仁村建筑群消防工程通过验收。

22日 绍兴市召开党史学习教育总结会议。

28日 市纪委八届七次全会召开。市委书记盛阅春出席会议并讲话，市委常委、纪委书记、监委主任陈灿主持会议。会议传达学习十九届中央纪委六次全会、省纪委十四届七次全会精神，观看警示教育片。陈灿代表市纪委常委会作题为《把握运用百年历史经验　坚定不移正风肃纪反腐　以优异成绩迎接党的二十大胜利召开》的工作报告。

同日 市委召开2021年度全市基层党建和人才科技工作述职评议会。市委书记盛阅春出席会议并讲话。施惠芳、杜旭亮和其他市委常委及市人大、市政府有关领导参会并现场评议。

杭州亚运会“建筑特色奖”——绍兴柯桥羊山攀岩中心　　（市体育局　供图）

同日　市自然资源和规划局发放矿业权出让登记同级管理后的首本采矿权证——浙江冰川灵泉饮料有限公司上虞章镇矿泉水矿。该矿泉水属富含锶等微量元素偏硅酸型优质矿泉水，设计年开采规模为67.35万吨，产量规模位居全省首位。

29日　市举行市区印染产业“跨域整合”袍江区域印染企业关停退仪式。浙江七色彩虹印染有限公司、浙江庆茂纺织印染有限公司等越城区33家印染企业实现关停退出。

2月

1日　绍兴市个人诚信分应用上线。绍兴市个人诚信分信息由基础信息、承诺履约信息和荣誉、慈善捐赠、志愿服务等其他信息组成，总分1000分。根据分数高低获得不同“诚信码”，享受不同信用额度。

8日　全国爱卫会通报2021年度国家卫生城镇复审结果。绍兴通过国家卫生城市复审，诸暨市和嵊州市被重新确认为国家卫生城市（区）。

同日　市委召开全市干部大会。会议表彰工作目标责任制考核优秀单位，人才工作目标责任制和科技进步目标责任制考核优胜单位，改革开放创新发展突出贡献奖先进集体、先进个人。

9—10日　省委副书记、省长王浩在柯桥区、上虞区开展“助企开门红”活动。

10日　由绍兴市负责组织实施的杭绍台高速绍兴金华段全线通车，绍兴金华段全长115.37千米。

11日　省教育厅、省人民政府教育督导委员会公布2021年浙江省现代化学校名单，绍兴35所学校上榜。

14日　绍兴滨海新区管委会与万向钱潮股份有限公司汽车零部件数智产业新基地战略合作签约仪式在市行政中心举行。市委书记盛阅春出席并见证项目签约。

15日　柯桥区举行“老绍兴回归工程”启动暨第一批重大项目集中签约仪式。20个重大项目计划总投资510.85亿元。市委书记盛阅春出席。

16日　绍兴市举行2022年文化和旅游重大项目开工仪式。开工项目27个，涉及全域旅游、景区提升、酒店建设、休闲度假等领域，总投资281.98亿元。

18日　中共绍兴市委八届十三次全体会议举行。全会决定中国共产党绍兴市第九次代表大会于2月28日召开。

同日　绍兴市举行最后一批市区化工产业跨区域集聚提升项目开工仪式。

22日　在省委农村工作会议暨粮食安全工作会议上，上虞区居“2021年度浙江省产粮大县”榜单第一位。诸暨市、嵊州市同时入榜。

25日　绍兴市2022年网络餐饮“阳光行动”启动仪式在柯桥举行。自3月1日起，市市场监管局根据《浙江省电子商务条例》规定，对不使用“外卖封签”的商家可处最高500元罚款。

同日　斯凯孚（SKF）高精密轴承产业园及研发中心项目合作签约仪式在绍兴举行。

27日　中国在文昌航天发射场使用长征八号运载火箭成功将22颗卫星发射升空，创造中国一箭多星新纪录。天链测控公司分别在北京、诸暨、西安远程协同开展工作，承担19颗卫星的测控任务。

29日　中共绍兴市委九届二次全体（扩大）会议召开。

3月

2日　绍兴市纪委第九届纪律检查委员会第一次全体会议召开。

3日　绍兴综合保税区封关运作仪式在综保区举行。

5日　绍兴滨海新区管委会与敏实控股集团、联峰集团、复合半导体集团举行数字经济产业合作园项目签约仪式。

7日　国家医疗保障信息平台全省上线仪式在绍兴市举行，标志着浙江省“智慧医保”平台全面上线。

9日　绍兴市数字人大应用场景集中上线仪式在市人大代表联络总站举行。

10日　2022年度绍兴市深化杭绍甬一体化发展推进网络大城市建设推介会召开。

11日　市四套班子领导与部分机关干部参加“我为亚运种棵树”义务植树活动。

同日　省人民政府办公厅发布2021年度县乡法治政府建设“最佳实践”项目，柯桥区“纺织产业知识产权‘全链条’保护”和上虞区“法治保障集体土地征收”项目入选。

14日　绍兴市“大综合一体化”行政执法改革工作推进会召开。

15日　2022年度绍兴招才引智专列启动暨驻外招商引智出征仪式举行。

同日　2022年度省级重点工业互联网平台项目名单公布，上虞区电机产业大脑工业互联网平台和新昌县捷昌智能家居工业互联网平台入选，绍兴市入选数量居全省第二位。

16日 绍兴市政府与浙江大学全面深化医学合作签约仪式举行。

17日 柯桥区不动产登记服务中心颁发绍兴市首张居住权登记证明，标志着居住权登记在绍兴市落地实施。

19日 绍兴市首条智慧快速路——于越快速路通车。

24日 《绍兴市地方立法白皮书》发布。

28日 绍兴市政府与国网浙江省电力有限公司战略合作协议签约仪式举行。

29日至4月1日 政协绍兴市第九届委员会第一次会议在绍兴大剧院召开。

30日至4月2日 绍兴市第九届人民代表大会第一次会议在绍兴大剧院召开。

是月 绍兴市连续6年获浙江省实行最严格水资源管理制度考核优秀，柯桥区、上虞区、诸暨市、新昌县4个县（市、区）均达到国家级节水型社会建设标准，成为全省首个节水型社会和节水型城市建设全覆盖地市。

4月

2日 在浙江省建设平安浙江工作会议上，绍兴市被授予“平安牌”，新昌县被授予“一星平安金鼎”，越城区、柯桥区、上虞区、诸暨市、嵊州市被授予“平安牌”。绍兴市连续14年入选平安市。

6日 绍兴市城市宣传片《名城绍兴 越来越好》在央视综合频道、新闻频道播出。

7日 省委书记袁家军在诸暨市调研经济运行情况，并主持召开一季度经济形势调研座谈会。

同日 省水利厅、省生态环境厅公布2021年度县级以上集中式饮用水水源地安全保障达标评估结果，绍兴市7个县级以上饮用水水源地（不含备用水源地）均被评为优秀。

8日 市政府九届一次全体会议召开。主要任务是以省委对绍兴发展“五个率先”要求为指导，围绕市第九次党代会提出的“建设高水平网络大城市、打造新时代共同富裕地”奋斗目标，全面部署市“两会”精神，动员政府系统干部埋头苦干，狠抓落实，以优异成绩迎接党的二十大胜利召开。

2022年4月29日，绍兴地铁1号线主线开通运营。图为开通当日市民争相乘坐地铁

（市轨道交通集团　供图）

11日 绍兴市道路应急救援服务中心揭牌成立，并入驻于越快速路。

13日 “之江创客”2021全球电子商务创业创新大赛总决赛暨颁奖典礼在绍兴举行。

15日 绍兴棒（垒）球体育文化中心启用，总投资18.54亿元，是杭州亚运会规模最大的新建场馆。

同日 绍兴市融合型大社区大单元党建推进会在上虞区举行。

16日 零时起，杭绍台高速公路镜湖互通至鉴湖枢纽段（涉及镜湖、柯岩、福全收费站）及绍诸高速公路绍兴南互通至兰亭互通段（涉及绍兴南、兰亭收费站）实行差异化收费：行驶上述路段进入上述5个收费站之间，安装并使用ETC记账卡的浙D牌照一类客车免费通行。

同日 绍兴市第九次党代表精神青年巡讲活动启动。

19日 绍兴市建设平安绍兴工作会议暨全国市域社会治理现代化试点城市迎检、“除险保安”和亚运维稳安保工作动员部署会召开。

20日 2022年公祭大禹陵典礼在绍兴大禹陵祭祀广场举行。

同日 教育部公布义务教育优质均衡先行创建县（市、区、旗）名单，柯桥区入选。

25日 国务院、省政府先后召开党风廉政建设和反腐败工作电视电话会议。绍兴市领导在绍兴分会场参加会议。

28日 绍兴市召开庆祝“五一”国际劳动节劳模先进代表座谈会。

同日 第三十八届兰亭书法节开幕式在兰亭书法博物馆举行。

同日 市委书记、市总河（湖）长盛阅春，市委副书记、市长、市总河（湖）长施惠芳共同签发绍兴市2022年第01号总河（湖）长令——《关于绍兴市2022年全面深化“河湖长制”工作的通知》。

29日 绍兴地铁1号线主线开通运营。

5月

7日 新昌县成立兴村富民股权投资基金，总规模10亿元。

9日 “绍兴马拉松”被国家体育总局授予国家体育产业示范项目。绍兴市实现国家体育产业示范基地、示范单位、示范项目三类体育产业领域最高规格荣誉全覆盖。

同日 市委召开全市巡察工作会议暨九届市委第一轮巡察工作动员部署会。对市发展改革委、市经信局、市科技局、市财政局、市商务局、市文广旅游局、市金融办、市统计局等8家单位党组织开展常规巡察;对第19届亚运会绍兴市筹办工作开展专项巡察。

同日 市委召开全市农村工作会议暨强村富民推进会。

12日 敏实生物农业示范园项目启动暨一期交地签约仪式在越城区孙端街道举行。项目总投资3亿美元,为农业全产业链、农文旅融合发展项目,被列入"海峡两岸乡村振兴基地暨现代生物农业示范园"。

16日 "越心守'沪' 同'申'共长"系列活动启动仪式暨绍兴—上海高校招才引智云对话活动在绍兴举行。

18日 "风雅宋——最是宋韵在绍兴"文物展在绍兴博物馆举行。

同日 绍兴市文史研究馆开馆,并举办"'恰是风华正茂——迎接党的二十大胜利召开'省文史馆员中国人物画小品展"展览。市文史研究馆成立于2019年9月,由市政府委托市政协筹建管理,为全省设区市成立的第一家文史研究馆,位于越城区张马弄17号。

19日 中国绍兴第四届国际友城大会通过"线下+线上"模式召开,15个国际友城和4个国际友好组织设分会场。

20日 柯桥区老年教育联盟成立,是全省首家县级老年教育联盟。

24日 省政府正式发文批复同意设立杭绍临空经济一体化发展示范区绍兴片区。

26日 上虞区岭南乡东澄村、新昌县澄潭街道梅渚村获省首批未来乡村称号。

28日 省委社会建设委员会公布浙江省高质量发展建设共同富裕示范区最佳实践(第一批)名单,绍兴市"全域推进宅基地制度改革,激发强村富民新活力"、新昌县"打造科技人员创富新样板,探索共富'扩中'新路径"、柯桥区"传承发扬驻村指导员制度,打造推进共富'硬核'队伍"案例入选。

同日 上虞区举行何云烈士牺牲80周年纪念活动。

31日 越东快速路先行段(于越中路至前赵大桥段)和山会高架路先行段(润沁路至越东路段)通车。

同日 市政府与中国农业银行浙江省分行举行协同打造高质量发展建设共同富裕示范区市域范例战略合作框架协议签约仪式。

同日 "共同富裕地、温暖幸福家"绍兴市首届家文化节在越城区袍江文化体育广场开幕,活动持续至9月。

同日 上虞区东关街道担山村乡村民法馆落成开放,这是绍兴市首个乡村民法馆。

31日至6月1日 省委副书记、省长王浩到诸暨、新昌、嵊州检查指导稳增长稳市场主体保就业工作,调研了解中央及省稳经济一揽子政策措施落实情况。

6月

7日 绍兴市经济稳进提质攻坚大会召开。

9日 绍兴市基层智治暨城乡社区工作会议召开。

10日 浙江省山区26个县高质量发展暨山海协作工程推进大会举行,绍兴市山海协作"产业飞地"项目(上虞区投资60亿元的卧龙智慧新能源装备产业化项目、滨海新区投资15亿元的钠离子电池正极材料项目)签约,签约项目数量居全省首位。

同日 绍兴市新一轮参保城乡居民免费健康体检启动。市区参保城乡居民健康体检频次为65周岁及以上居民每年开展1次,其他健康体检对象每两年开展1次,愿检尽检。

同日 "嘉绍大桥杯"2022年全国业余棋王争霸赛启动仪式在绍兴市举行。比赛项目分为围棋、象棋、国际象棋、国际跳棋和五子棋。

10—12日 2022中国绍兴柯桥国际纺织品面辅料博览会(春季)在绍兴国际会展中心举行,542家企业参展,参展面料40万余款。

11日 市人大常委会践行全过程人民民主基层单元建设视频推进会召开。

13日 市委、市政府召开全市企业家座谈会。

同日 2022绍兴"云上茶博"举行。

同日 浙江省重货行业绿色低碳推进会暨"碳效码"金融产品发布会在绍兴市举行,标志着全省交通运输领域首批"碳效码"应用落地。

14日 比亚迪新能源动力电池生产基地项目通线仪式在嵊州市举行。

15日 绍兴市第一次市级总林长第一次会议召开。

16日 绍兴市民营经济暨制造业高质量发展大会召开。

同日 绍兴大型央企党建合创联盟成立仪式在中国移动绍兴分公司举行。

17日 《2022年市区高中招生实施办法》公布。

18日 省民俗文化促进会授予兰亭民俗馆"浙江省优秀民俗文化传承基地"称号。

20日 康佳半导体华东总部暨先进制造产业园项目开工仪式在新昌高新园区小微产业园举行,项目总投资50亿元。

同日 绍兴市首单农产品地理标志保险在新昌县落地,"小京生"投保地理标志被侵权损失保险。

21日 第四届全国县域旅游研究成果《全国县域旅游研究报告2022》暨"2022年全国县域旅游综合实力百强县"名单发布,诸暨市、嵊州市、新昌县分列县域旅游综合实力百强县第16、39、55位。

23日 市委分别召开常委会会议和全市领导干部会议,传达学习贯彻省第十五次党代会精神,动员部署全市学习宣传贯彻工作。

24日 环杭州湾创新联盟成果展示对接活动在绍兴举行。浙江清华长三角研究院和市政府签订共建鉴湖碳中和实验室框架协议,举行联盟启动仪式,进行政策资源推介、创新成果展示和院企需求对接。

同日 绍兴开放大学揭牌仪式在绍兴市职教中心举行。

同日 省发展改革委2021年度"万亩千亿"新产业平台建设考评结果公布,绍兴集成电路产业平台、滨海新区高端生物医药产业平台分列第一名和第四名。

28日 省委、省政府举行全省促进经济稳进提质重大项目集中开工暨三门核电二期开工仪式。绍兴市有35个项目参加全省"两个先行"集中开工,总投资641亿元,项目数量居全省第四位。

同日 2022绍兴名品国际贸易云展会启动仪式暨绍兴国际商会RCEP专题论坛开幕。

同日 绍兴诸暨智能视觉产业平台入选第四批浙江省"万亩千亿"新产业平台培育名单,是绍兴市第四个入选省"万亩千亿"新产业平台培育名单的平台。

29日 中国绍兴首届"乡村人才振兴"全球创新创业大赛总决赛在中关村绍兴水木湾区科学院闭幕。在14个竞选项目中评选出一等奖1名、二等奖3名、三等奖8名,获奖项目落地后分别获最高500万元、300万元和200万元创业资助。

同日 市政协"同心教育基地"(周建人历史资料陈列馆)揭牌仪式举行。

同日 首批"绍兴文明代言人"名单公布。

同日 上虞区曹娥江舜江大桥拼宽工程建成通车。大桥系国内首座大跨度非对称异形八面体拱桥,于2019年起建设,全长1267米。

30日 2022年中国百强城市排行榜发布,绍兴列第29位。

同日 嵊州漕河泾长三角协同发展产业园线上揭牌仪式举行。

6—8月 绍兴市高温综合强度为有气象记录以来最强,35℃以上高温日数56.8天,38℃以上高温日数32.4天,均创历史最多,40℃以上酷热日数11.6天,仅次于2013年的12.2天,其中8月高温日数26天,居历史第一位。各县(市、区)极端最高气温均在40℃以上,极端高温强度仅次于2013年。

7月

1日 绍兴市发布全国首个公共图书馆数字化领域地方标准——《公共图书馆数字媒体服务规范》。

同日 省第十次党史工作会议在杭州举行。中共绍兴市委党史研究室、绍兴市柯桥区史志研究室获全省党史和文献部门先进集体,2人获全省党史和文献工作先进个人,10个项目获优秀科研成果奖。

同日 省"十链百场万企"系列对接活动之集成电路产业链专场活动在绍兴举办。在活动现场,5个项目签约落地;4家银行与企业达成金融合作协议,融资对接总金额200亿元。

同日 温州市绍兴商会成立大会暨温州市绍兴商会第一届一次会员大会在温州市举行。温州浙江万瑞建设集团有限公司董事长周洪峰当选为创会会长。

4日 国家发展改革委、交通运输部联合印发《国家公路网规划》,绍兴市新增2条国家级高速公路,分别为G9221杭州湾地区环线高速并行线和G9903杭州都市圈环线高速。

同日 新疆阿瓦提县政协考察团到绍兴考察调研,并与绍兴市政协开展座谈交流。

同日 绍兴市高校课程思政建设联盟集中备课会在浙江理工大学开幕。全市12所高校100余名课程思政建设教师参会。

6日 四川省乐山市党政代表团到绍兴考察,并对接东西部协作相关工作。

同日 中国主要信用评级机构之一——东方金诚国际信用评估有限公司将绍兴市镜湖开发集团有限公司主体信用等级及相关债券评级由"AA+"上调至"AAA",成为继市城投集团、市交投集团后第三家"AAA"等级国有平台企业。绍兴市成为全省除杭州、宁波外首个拥有3家"AAA"等级国有平台企业的地级市。

6—8日 2022绍兴名品纺织机械行业(巴基斯坦)、大健康产业(RCEP)、纺织新材料行业(中亚)国际贸易云展会相继举行。有125家绍兴本土企业,300余家来自巴基斯坦、RCEP、中亚国家的行业采购商参展,配对洽谈445次,整体意向成交额956万美元。

7日 绍兴市举行驻外招商引智项目签约仪式,新能源电池一体化项目、龙芯半导体投资项目、良机封装测试智能装备项目等12个产业项目,江苏独步生物再生医学项目、靶向DNA修复通路抗肿瘤创新药研发项目、中科致良锂电池正极安全添加剂项目等3个人才项目签约落户,个体项目投资额均超10亿元。

8日 省水利厅出具《关于绍兴市镜岭水库工程规模有关意见的函》,标志着镜岭水库工程正式进入可行性研究阶段。工程是省"十四五"期间唯一一座报请国家部委审批的大型水库工程,是绍兴市有史以来投资最大的水利工程。

同日 全省建设新时代美丽浙江推进大会暨生物多样性保护大会在杭州召开。绍兴市获三星级标准的设区市荣誉,上虞区、新昌县获三星级标准的县(市、区)荣誉,并受颁"清源杯"。

10日 亚洲杯女子三人篮球赛在新加坡落幕,中国女篮绍兴籍队员万济圆随队首次获得三人篮球亚洲杯冠军。

11日 绍兴市24项科技成果在全省科技创新大会2021年度浙江省科学技术奖评选中获奖,其中以第一完成单位牵头的项目共14项(一等奖2项、二等奖2项、三等奖10项)。

12日 省委宣讲团到绍兴宣讲省第十五次党代会精神。市委书记盛阅春主持会议。

同日 浙江省现代纺织技术创新中心暨鉴湖实验室成立仪式在绍兴市行政中心举行。

同日 兰亭书会成立40周年纪念暨"抚今追昔"书法作品展开展仪式在绍兴兰亭书法博物馆举行。

13日 第五届中日韩工商大会在绍兴举行。

同日 浙江省数字经济高质量发展大会在杭州召开。越城区获"大力发展数字经济成效明显督查激励县(市、区)”表彰,入选省级数字经济创新发展试验区。

同日 绍兴市地名委员会公布绍兴市第三批地名文化遗产名录,越城区大通学堂、柯桥区中国轻纺城、上虞区丰惠镇谢桥村、新昌县外婆坑村等 20 个红色地名入选。

14 日 中国印染行业协会发布“2022 年度中国印染企业 30 强”,绍兴市有 6 家企业上榜,其中柯桥区 3 家、上虞区 2 家、诸暨市 1 家。

同日 “九三学社中央全国传统教育基地”金善宝纪念馆在诸暨市枫桥镇乐山村揭牌。

15—16 日 绍兴市召开首届浙江生命健康大会暨第三届中国(绍兴)生命健康产业峰会及院士专家恳谈会。

16 日 中国网发布“2022 美丽中国样板”成果,绍兴市获“中国文旅融合创新典范城市”“美丽中国首选旅游目的地”称号,柯桥区获“中国最美全域旅游典范区”称号,柯桥区、嵊州市获“中国文旅融合创新典范区(市)”称号,柯桥区齐贤街道、新昌县儒岙镇获“中国乡村振兴示范镇(街)”称号,柯桥区夏履镇、新昌县儒岙镇获“中国践行绿色发展典范镇”称号。

17 日 绍剧《喀喇昆仑》获“戏剧中国”2021 年度优秀剧目线上展演活动“优秀剧目”,并入选文化和旅游部“艺术数字资源库”。

19 日 2022 浙江·台湾周——海峡两岸(绍兴)数字经济产业合作峰会举行,共有 14 个项目签约。

同日 中国贸促会(中国国际商会)绍兴调解中心揭牌成立。

同日 市卫健委、市教育局、市财政局联合出台省内首个地市托育机构补助政策,符合条件托育机构最高可获 20 万元财政补助,每个托位每月最高可获 900 元补助。

20 日 “礼赞华夏 立足传承——‘中国天气’节气金名片资源发布会”在哈尔滨举行。绍兴市被授予 2021 年度“最受关注的天气预报城市(宜居宜游)”称号。

21 日 由市委宣传部、市委改革办(政研室)、市社联联合主办的绍兴市新型智库联盟成立,首批成员单位 38 家,包括党政部门智库、党校智库、高校智库、社会智库等多家智库型研究机构。

22 日 绍兴市“历史文化名城保护传承”“一码找订单”等两项数字化改革多跨场景应用参加第五届数字中国建设成果展览会。

同日 2022 全国唐诗之路文旅融合高质量创新发展大会在新昌县举行。

25 日 市政府与省海港集团深化战略合作协议签约仪式在绍兴市举行。

同日 各族青少年交流计划启动仪式暨 2022 年浙江省各族青少年夏令营开营仪式在绍兴大禹陵举行。

同日 浙江经济职业技术学院嵊州校区战略合作协议签约仪式在嵊州举行。

同日 绍兴市召开除险保安百日攻坚行动工作推进会,市委书记盛阅春出席会议并讲话,市委副书记、市长施惠芳主持会议。

26 日 “数智引领,创赢未来”绍兴好项目 2022 中小企业创新创业大赛绍兴市级总决赛举行,有 20 个项目参加决赛,10 个项目入围获奖。

27 日 诸暨市青少年“枫桥经验”传承基地揭牌,这是绍兴市首个全国关心下一代党史国史教育基地。

28 日 在县(市、区)委书记工作交流会暨全省经济稳进提质攻坚行动工作例会上,100 名“浙江省担当作为好干部”受表彰。绍兴市的方林苗、郑建军、胡旭东、姚建炜、潘超英上榜。

同日 “绍兴数智礼堂”应用在“浙里办”App 启用,应用包括“服务点单、视频点播、互动共享、互联直播”等功能模块。

29 日 市委召开九届二次全体(扩大)会议。出席全会的市委委员 56 名,候补委员 10 名。大会听取和讨论盛阅春受市委常委会委托所作的工作报告,审议通过《中共绍兴市委关于忠实践行“八八战略”坚决做到“两个维护”奋力争当“两个先行”排头兵的决议》《中共绍兴市委关于加快建设高水平网络大城市的实施意见》。

同日 绍兴市越城区解放大道北延项目高架全线贯通。项目起于解放大道与329国道交叉口,终于荷东大桥主线桥,全长 3.4 千米,从南至北依次跨越荷湖江、康宁路、汤公路、王斗公路、三江路等道路与河道。

同日 绍兴市首单“1210”模式(即“保税跨境零售电子商务”)跨境电商商品顺利通关。

31 日至 8 月 20 日 第五届中国越剧艺术节在绍兴市举行。

8月

1 日 “致敬越剧改革 80 周年研讨会暨袁雪芬诞辰 100 周年纪念”活动在绍兴市举行。

2 日 《绍兴市全民健身实施计划(2022—2025 年)》发布。

3—4 日 十三届全国人大代表浙江第二小组到绍兴,调研经济社会发展及共同富裕示范区建设相关情况并召开座谈会。

4 日 绍兴市强村富民比赛暨未来乡村(先行村)建设工作推进会在新昌县召开。

同日 嵊州市厨具产业质量基础设施“一站式”服务平台启用,是全省首个厨具产业质量基础设施“一站式”服务平台。

同日 省农业科学院和市供销合作总社签署共建绍兴市共富研究院战略合作协议。

5 日 市政府召开九届二次全体会议。主要任务是高举习近平新时代中国特色社会主义思想伟大旗帜,全面贯彻省第十五次党代会、省政府第十一次全体(扩大)会议和市委九届二次全体(扩大)会议精神,总结上半年政府工作,部署下半年任务。

同日 诸暨市“游客出行一件事”应用上榜省交通与旅游融合发展试点名单。

同日 市自然资源和规划局上虞分局完成全市第一宗大体量存量水工建筑用地不动产权证书办理工作,该证土地使用权面积796464.63平方米，建筑总面积269931.08平方米，其中主坝、副坝、泄洪渠等构筑物面积261051平方米，用途为水工建筑。

5—6日 “清白泉·兰亭杯”全国大中小学生廉洁文化书法创作大赛颁奖和“清白泉·娥江颂”清廉主题文化活动在绍兴市举行。

6日 绍兴市首个铁路口岸启动建设。口岸位于柯桥区钱清街道南钱清村萧甬铁路钱清货运站北侧地块。建成海关监管区后，外贸出口货物可直接报关。

8日 由于持续高温，市汤浦水库连续47天单日供水突破100万立方米，打破历史纪录。

9日 斯凯孚(新昌)三期项目开工，项目占地约76公顷。

9—10日 绍兴市第八次归侨侨眷代表大会召开，选举产生侨联第八届委员会主席、副主席、秘书长、常委和全体委员。

11日 绍兴市入选国家知识产权强市建设试点示范城市。

同日 “‘人口、经济和共同富裕’主题研讨暨马寅初诞辰140周年纪念”活动在绍兴市举行。

12日 浙江省服务业高质量发展大会在杭州召开。绍兴市有3个服务业重大项目签约，5个创新发展区入围现代服务业创新发展区，1家企业被授予省冷链物流骨干基地。

同日 国家知识产权局公布首批国家知识产权强县建设示范县名单，柯桥区入选。

15日 诸暨市政府与浙江大学、浙大控股集团共建浣江实验室签约仪式在诸暨举行。

15—16日 重庆市涪陵区政协主席杜海波一行到绍兴开展对口支援交流合作学习考察。

16日 浙江省老年教育资源整合试点工作推进会在柯桥区召开。

17日 省工商联公布2022浙江民营企业研发投入100强榜单，绍兴市有16家企业上榜，上榜数量居全省第二位。

同日 绍兴市召开残疾人事业发展大会暨助残促富推进会。

18日 绍兴公交首条联甬线路690路开通投运。线路由上虞区惠丰镇公交站开至余姚市梁弄镇公交站，票价实行全程2元一票制。

18—19日 全国人大调研组到绍兴调研学前教育立法和义务教育改革发展工作，征求学前教育法(草案修改稿)意见建议，指导推动绍兴落实国家“双减”政策等工作。

18—19日 辽源市委副书记、市长程宇率党政代表团到绍兴考察，举行绍兴市—辽源市对口合作工作座谈会，共商深化对口合作工作。

19日 中国先秦史学会大禹文化研究分会成立授牌仪式在浙江越秀外国语学院举行。

同日 浙江省最大用户侧熔盐储能项目——浙江天圣控股集团有限公司熔盐储能项目通过竣工验收，项目总投资约2.7亿元，占地0.87公顷。

22日 中共绍兴市委农村工作领导小组办公室挂牌仪式在市农业农村局举行。

同日 越城区第三代半导体入围首批省级未来产业先导区培育创建名单。

同日 绍兴市第一中学高三(2)班朱毅轩同学在第十五届国际天文与天体物理奥林匹克竞赛大赛中以队内最优成绩获国际金牌。

23日 九届市委第二轮巡察工作动员部署会召开。对市台办、市直机关工委、市委老干部局、市司法局(行政复议局)、市自然资源和规划局(林业局)、市建设局、市交通运输局、市水利局、市农业农村局、市综合执法局(城管局)、市公积金管理中心、市援疆指挥部、市供销总社等13家部门(单位)党组织开展常规巡察，其中巡察市自然资源和规划局(林业局)时一并巡察市国土空间规划研究院。

同日 “越企出海 电商赋能”2022绍兴市跨境电商服务季启动仪式在越城区举行。

同日 市慈善总会启动“绍兴市外来建设者重大疾病关爱”项目。项目资金来源于2021年市本级“慈善一日捐”捐赠，为符合条件的患重大疾病、家庭困难的外来建设者及其同住绍兴的家庭成员提供救助。

24日 上海交通大学绍兴新能源与分子工程研究院揭牌仪式暨能源电子产业发展战略研讨会举行。

24—26日 香港特区政府驻浙江联络处主任刘铭德一行到绍兴访问。

25日 第八届鲁迅文学奖在北京揭晓，绍兴籍作家艾伟《过往》获第八届鲁迅文学奖中篇小说奖。

同日 金甬铁路新昌县大庄隧道贯通。隧道全长5795米，是全线地质条件最复杂的高风险隧道。

同日 新昌县人民法院共享法庭医保基金监管服务站投运，是省内首个医保系统共享法庭。

26—28日 以“美美与共 珠耀未来”为主题的2022世界珍珠大会在诸暨市举行。

27日 越东快速路(杭甬高速口至于越快速路段)开放交通，实现市区“高架接高速”。

29日 绍兴市委举行“‘浙’十年·绍兴”主题新闻发布会。市委书记盛阅春，市委副书记、市长施惠芳出席发布会，并答记者问。发布会以“坚持‘八八战略’总纲领，走好‘五个率先’奋进路”为主题，聚焦10年伟大变革在绍兴的生动实践和丰硕成果。

9月

1日 全省新一轮制造业“腾笼换鸟、凤凰涅槃”攻坚行动现场会暨“415X”产业集群推进会在绍兴召开。

5日 2022年绍兴市“慈善一日捐”活动启动仪式在市行政中心举行。

6日 省数字经济发展领导小组办公室公布全省首批中小企业数字化改造试点县(市、区)创建名单，柯桥区、嵊州市、新昌县入选，试点行业分别为印染、智能厨电和轴承。

同日 中国企业联合会、中国企业家联合会发布“2022中国企业500强”名单，绍兴市海亮集团、中成集团分列第132位、第460位。

6—7日 绍兴市开展“互看互学互比”活动，市四套班子领导分赴6个县(市、区)走访考察12个重点项目。

8日 绍兴市数字政府建设推进会召开。

同日 绍兴袍江创业建设发展有限公司发行8亿元中国(上海)自由贸易试验区离岸人民币债券，期限3年，在中华(澳门)金融资产交易所上市交易，是滨海新区发行的首单自贸区离岸人民币债券。

同日 省教育厅公布第13批特级教师评审结果，绍兴市新增特级教师19名。全市累计有特级教师协会会员91人。其中，高中39人，初中18人，小学27人，学前4人，中职3人。

9日 市政府与之江实验室助力绍兴网络大城市建设合作框架协议签约仪式在市行政中心举行。

同日 柯桥区外贸共享客厅揭牌成立，是省内首个外贸共享客厅。“外贸共享客厅”整合原产地签证、金融、信保、调解、货代等各类服务资源，满足小微企业“就近办”需求。

同日 绍兴市2022年全民阅读盛典活动在市文化活动中心举行。

10日 2022“同心·越城”大会举行，越城区发布“剑胆书心、越古超今”新时代越城精神和城市形象标识。

12日 市委、市政府召开台风“梅花”防御工作会议。

同日 国网嵊州市供电公司在35千伏新港3K20线路“铺设”无人机智慧型航道。这是全市首条35千伏线路无人机智慧型航道。

13日 绍兴市举行“百侨助百村”结对签约活动，6个村社组织代表和6个侨企(侨团)代表结对签约。

14日 绍兴市防指启动防台风Ⅰ级应急响应，防御台风“梅花”。

15日 绍兴市召开科技创新大会。会议公布有关先进名单并颁奖，一批重大科技攻关项目、领军人才和创新平台签约，新昌县、迪荡湖科技CBD、省现代纺织技术创新中心、浙江晶盛机电股份有限公司、上海交通大学绍兴新能源与分子工程研究院、浙江帕瓦新能源股份有限公司、浙江巴贝集团有限公司负责人作交流发言。

同日 市政府与浙商银行股份有限公司举行全面战略合作协议签约仪式。

同日 以“赋能双碳战略，引领绿色能源”为主题的2022首届能源低碳发展战略高层论坛(绍兴)在会稽山阳明酒店举行。

16日 2022年“创青春”浙江省青年创新创业大赛结果公布，金柯桥科技城人才企业——浙江瀚为科技有限公司水系锌离子电池项目获总冠军，是绍兴青年创业项目连续第3次获得该赛事冠军。

同日 省农业高质量发展大会在省人民大会堂召开。会议公布全省农业“双强”行动“赛马”激励地区名单，柯桥区入选名单。

19日 铁路杭州萧山机场站枢纽及接线工程海宁观潮站以南段初步设计获省发展改革委批复，线路途经嘉兴海宁市，杭州钱塘区、萧山区以及绍兴柯桥区，绍兴市涉及项目线路均在此次批复范围内，总里程10.36千米。

同日 金甬铁路最长铁路隧道——千石岩隧道贯通，是浙江省在建最长铁路隧道，刷新国内矿山法隧道施工独头掘进最长纪录。千石岩隧道总长14684米，横穿奉化区和嵊州市，单洞双线铁路隧道。

同日 浙江帕卡新能源股份有限公司在上交所科创板上市，证券简称“帕瓦股份”，证券代码“688184”。该企业是绍兴首家登录科创板企业。

20日 全国博士后管理委员会办公室印发《关于2022年第一批次博士后科研工作站新设站备案情况的函》，浙江中成控股集团有限公司、浙江自立控股有限公司、宝业集团股份有限公司获批设立国家级博士后科研工作站。至此，全市累计有国家级博士后科研工作站29家，居全省第三位。

23日 2022绍兴市跨境电商服务季启动仪式在越城区举行。

同日 鲁迅文化基金会、绍兴鲁迅纪念馆、鲁迅小学教育集团在绍兴鲁迅纪念馆举行“纪念鲁迅先生诞辰141周年系列活动”。鲁迅先生长孙周令飞，鲁迅美术学院以及绍兴以鲁迅名字命名的学校代表等参加活动。

24日 上海交通大学绍兴新能源与分子工程研究院揭牌仪式暨能源电子产业发展战略研讨会在滨海新区举行。

26日 浙江省“人民满意的公务员”“人民满意的公务员集体”表彰大会在杭州举行，绍兴市7名个人、3个集体受到表彰。

28日 第四届“最美绍兴人”颁奖典礼举行。楼建勇(已故)、崔煜忠(已故)获“最美绍兴人”特别奖；诸暨“2·14”灭火群体等11名(个)个人(团体)获评“最美绍兴人”个人(团体)，阿瓦提县鲁迅小学援疆教师团队等9个个人(团队)获评“最美绍兴人”提名个人(团体)。

同日 市委书记盛阅春，市委副书记、市长施惠芳看望被选树为第四届“最美绍兴人”的先进人物(家属代表)。

同日 绍兴技师学院微电子学院揭牌成立。

同日 “高古奇骇——陈洪绶书画作品展”在徐渭艺术馆开展，展出陈洪绶书画作品、文献手稿及其师友后学书画古籍等共计100件(组)。

28—29日 诸暨市委、市政府与中国三峡建工(集团)有限公司、中国电力工程顾问集团有限公司就诸暨抽水蓄能电站项目、压缩空气储能电站项目推进事宜以及全面战略合作举行签约仪式。

30日 绍兴市党政军领导与社会各界代表在府山革命烈士纪念碑前，举行烈士纪念日敬献花篮仪式。

同日 山会高架路、轻纺城高架路和绿云高架路先行段等多条快速路通车。

同日 2022年度中国政府友谊奖颁奖典礼在北京人民大会堂举行。卧龙集团外籍专家前谷达男获中国政府友谊奖，受到国务院总理李克强接见。

10月

8日 省“三改一拆”行动领导小组办公室通报省2021年度无违建创先争优示范名单。诸暨市入选2021年度无违建创先争优示范县(市、区),上虞区入选2021年度十佳“清零”示范典型,柯桥历史文化街区拆改项目(一期)上榜2021年度十佳拆改示范典型名单。

9日 杭绍临空经济一体化发展示范区绍兴片区揭牌仪式在柯桥区举行。示范区规划面积115平方千米,空间范围包括柯桥区华舍街道、钱清街道、杨汛桥街道。

10日 柯桥区被确定为首批国家级典型地区再生水利用配置试点城市。

同日 交通运输部、国家邮政局联合公布第三批农村物流服务品牌,嵊州市“推动客货邮深度融合 多方合力助推农村物流创新发展 探索共同富裕之路”入选。

同日 嵊州举行绿色共富项目(一期)启动仪式,中国农业发展银行嵊州市支行向嵊州市交投集团授信9.5亿元。这是绍兴首笔“GEP生态价值贷”。项目由政府主导、社会协同、企业参与。贷款主要帮助贵门乡打通“断头路”、升级乡道林道、发展林下经济、茶园更新等,提升百姓生活质量和文化旅游吸引力。

11日 省人力资源和社会保障厅公布2022年度浙江省博士后科研项目择优资助人员名单,绍兴市8位博士后入选名单,资助项目研究领域主要集中在智造、纺织、建筑、新材料等市重点产业。

15日 第132届广交会在线上开幕,绍兴市490家参展企业“云”亮相,上传展品近4万件。

17日 绍兴二环西路智慧快速路二期工程全线贯通。

24日 市人力社保局等9个部门联合印发《绍兴市维护新就业形态劳动者劳动保障权益实施办法》,办法从12月1日起实施。

25日 工业和信息化部公布2022年国家技术创新示范企业名单,浙江三花智能控制股份有限公司入选名单。

27日 绍兴市社会组织党群服务中心(慈善基地)启用。该中心由市民政局建设,是省内第一个实体化运行的地市级社会组织和慈善综合服务平台。

同日 在健康绍兴建设暨国卫城市巩固工作推进会上,喻光懋、陆敏佳、吕鹏被聘为首批“健康绍兴行动形象大使”,沈彪、傅佳瑜、谢伟萍被选为首批绍兴市“健康达人”。

29日 省委改革办(省数改办)公布2022年数字化改革“最系列”成果。绍兴市“企业破产一件事”应用、绍兴市“村社减负增效”应用、柯桥区“纺织品花样数治”应用、诸暨市“网络安全智治”应用获评“最佳应用”。

31日 王阳明550周年诞辰纪念暨阳明故里开放仪式举行。

同日 绍兴滨海新区管委会与富士康工业互联网股份有限公司举行合作签约仪式,共建工业富联系统封装自动化服务平台项目,项目计划总投资10亿元。

是月 市委常委会、市人大常委会党组、市政府党组、市政协党组分别召开会议,传达学习贯彻党的二十大精神,研究部署贯彻落实工作;市委召开全市领导干部会议、副处以上离退休干部会议,传达学习党的二十大精神。

11月

1日 《绍兴市“枫桥经验”传承发展条例》颁布实施,是全国首部以“枫桥经验”为主题创制性地方性法规。

同日 绍兴市党史工作会议召开,市委书记盛阅春出席会议并讲话。会议举行绍兴市第四批党史教育基地授牌仪式。

同日 科迪华显示技术(绍兴)有限公司OLED半导体显示装备项目投产。是绍兴综合保税区首个投产的保税加工制造项目,总投资6000万美元。

同日 省院士专家工作站建设协调小组办公室公布2022年度浙江省院士工作站和重点支持省级院士工作站名单,浙江新和成股份有限公司院士工作站入选。

2日 浙江省举行稳进提质金融工具重大项目集中开工活动。市委书记盛阅春在绍兴分会场报告现场开工项目情况。参加此次集中开工活动的金融工具项目4个,总投资248亿元,已投放基金23亿元。

同日 《2021绍兴福利彩票社会责任报告》发布,2021年全市共销售各类福利彩票8.9亿元,比2021年增长2.5%,增幅居全省第四位。

3日 学习贯彻党的二十大精神中央宣讲团到浙江省宣讲党的二十大精神。市领导盛阅春、施惠芳、谭志桂、魏伟等在绍兴分会场参加。

同日 由中国电影家协会、浙江省文学艺术界联合会、绍兴市人民政府联合主办的第四届、第五届中国戏曲电影展推优表彰盛典在绍兴举行。

4日 《绍兴科创走廊发展规划》发布。

同日 “智行合一·网络大城市”智慧快速路解决方案全国首发暨自动驾驶产业发展论坛在绍兴举行。

同日 “枫桥经验”基层应急和消防安全融合“绍兴实践”成果研讨论证以线上线下结合形式举行,在绍兴、北京分别设立会场。

6日 第二届中国·绍兴“万亩千亿”新产业平台人才全球创业大赛结束。大赛面向全球引进数字经济领域、装备制造领域和智能视觉领域创业人才项目,分设越城区数字经济系列赛专场、上虞区装备制造系列赛专场和诸暨市智能视觉系列赛专场。632个创业项目报名参赛,37个项目晋级总决赛,24个项目分别获得一、二、三等奖,获10万元、5万元、3万元赛事奖金。获奖项目落地后,经审核通过,可认定为绍兴“名士之乡”英才计划A类、B类、C类项目,分别给予500万元、300万元、200万元项目资金资助。

7日 2022中国国际黄酒产业博览会暨第28届绍兴黄酒节在东浦黄酒小镇开幕。

同日 绍兴市农业高质量发展大会召开。

同日 2022年绍兴市退役士兵返乡专场招聘会在浙江工业职业技术学院举行，招聘会提供岗位2500个。

8日 2022中国·绍兴"名士之乡"人才峰会开幕，300余位院士专家、科技企业代表等参会。

同日 省政府下发《浙江省人民政府关于给予蒲元强等16位见义勇为先进人物记功奖励的决定》，绍兴市蔡祖宁、郑待赎荣立一等功。

10日 第四届绍兴人力资源发展大会开幕。

同日 学习贯彻党的二十大精神省委宣讲团到绍兴开展宣讲。

同日 绍兴交易分团在第五届中国国际进口博览会现场签订1.11亿美元采购订单。

11日 绍兴市·富士宫市建立友好交流关系25周年庆祝活动以视频连线方式举行。

同日 绍兴市人才创业股权投资基金成立。基金群总规模50亿元，首期规模2亿元，以战略性新兴产业为主要投资领域，聚焦集成电路、生物医药、高分子新材料、智能视觉、高端装备制造等方向。

11—13日 "宋韵腔调·非遗新潮"——第八届绍兴非遗集市在越城区迪荡湖畔举行。

12日 第五届绍兴马拉松赛在市奥体中心开赛。共设置竞赛项目3个，分别是42.195千米的男、女马拉松，21.0975千米的男、女半程马拉松，以及6.5千米的男、女迷你跑。张立钢获马拉松男子冠军。赵亚丽获马拉松女子冠军。傅煜杰获男子半程马拉松第一名，商卫丽获女子半程马拉松第一名。

14日 绍兴市服务业高质量发展大会召开。市委书记盛阅春出席会议并讲话，市委副书记、市长施惠芳主持。会议表彰全市服务业重点行业"亩均效益"领跑者企业，10个服务业重大项目现场签约。

15日 2022中国(绍兴)第九届工业设计大赛颁奖典礼举行。公布2022中国(绍兴)第九届工业设计大赛的获奖名单、组织工业设计项目台签约。大赛共收到参赛作品935件，评出产品设计组金奖4件、银奖8件、铜奖15件，创意设计组金奖4件、银奖8件、铜奖15件。

16日 2022中国绍兴柯桥国际纺织品博览会(秋季)在绍兴国际会展中心开幕，同期举行第五届世界布商大会主题大会。

同日 首届绍兴市民间工艺美术大展在绍兴市文化馆开展。150余件(组)作品参展，涵盖根雕、木雕、石雕、铜雕、竹雕、花雕、砖雕、青瓷、泥塑、竹编、剪纸、漆艺、拓印、紫砂、金银器皿首饰等工艺美术门类。

同日 绍兴滨海新区纪检监察工作委员会揭牌成立。

同日 第十五届中国(嵊州)电机·厨具展览会开幕。

同日 "安心出行，一码就行"公交三码合一防疫便民举措发布会举行，绍兴市成为全省首个实现"一次亮码，解决三个核验"城市。

17日 绍兴市2022年度民主党派、工商联负责人和无党派人士学习贯彻党的二十大精神读书会举行。

18日 萧甬铁路钱清货运站中欧班列"柯桥号"开通运行。

同日 生态环境部发布第六批生态文明建设示范区名单，绍兴市入选名单。

18—19日 市委书记盛阅春率绍兴市党政代表团赴四川省乐山市考察对接东西部协作工作。

19日 第十届中国生态文明论坛在江西省南昌市召开。杭州湾上虞经济技术开发区被授予"生态文明建设示范区(生态工业园区)"称号。

同日 绍兴市安全生产工作紧急会议召开，分析柯桥马鞍"11·18"事故成因，研究部署下阶段安全生产工作。

20日 中国·绍兴皮划艇邀请赛在越城区迪荡湖举行。

22日 全国首例农村宅基地"集体权票"线上竞拍在诸暨市浬浦镇五美村成功拍出，总计面积680平方米，总成交额343.7万元。

同日 诸暨市人民政府与华东政法大学在上海签署合作框架协议。

23日 2022阳明心学大会在绍兴举行。

同日 绍兴市外商投资企业协会第七次会员代表大会暨2022外商投资政策宣讲会召开。

同日 高水平开放型数字经济建设研讨会暨"RCEP"数字贸易产业学院揭牌仪式在绍兴举行。全国首个"RCEP"数字贸易学院由中国贸促会商业行业委员会与浙江越秀外国语学院签约共建。

同日 工业和信息化部直属单位赛迪研究院赛迪顾问发布《先进制造业百强市(2022)研究报告》，绍兴列第24位。

25日 绍兴市人民政府印发《绍兴市"一老一小"整体解决方案》，加快养老托育服务优化升级。

同日 第四届新时代"枫桥经验"高端峰会在诸暨市举行，新时代"枫桥经验"指数成果发布。

同日 首届浙江省产权交易共同市场建设座谈会在绍兴举行。

同日 绍兴市首笔二手房"带押过户"业务在柯桥区行政服务中心办理。

26日 浙东唐诗之路与共同富裕示范区建设高峰论坛在绍兴举行。

28日 绍兴市高水平网络大城市建设工作推进会召开。

28日至12月5日 第八届中国拼布创意设计大赛作品展在柯桥美术馆举行，共展出作品1000余件。

29日 2022年绍兴市—大柴旦行政区、绍兴市—阿瓦提县对口支援工作会议先后以视频形式召开。

30日 市人民政府和省文物局联合举办"守望——两宋皇陵考古成果展"开展仪式。

同日 第五届浙江本土跨国公司成长论坛暨"丝路领航"新三年行动计划启动仪式在绍兴召开。

12月

1日 国家体育总局发布第一批全民运动健身模范市(区)和全民运动健身模范县(市、区)的决定,绍兴市获第一批全民运动健身模范市(区)称号。

6—7日 住建部新城建试点项目——绍兴市区供水智能化项目通过验收。

7日 浙江镜岭水库先行工程(澄潭江上游分洪洞工程)动工仪式在新昌县举行。

同日 绍兴市召开2023年“开门稳、开门红”支持企业稳岗留工政策意见新闻发布会,制定出台支持企业稳岗留工十条意见。

8日 绍兴市“大综合一体化”行政执法改革大会暨“行政行为码”应用现场推进会召开。

同日 绍兴市人民医院互联网医院上线。

9—10日 浙江省在沪集成电路产业人才专家绍兴行活动举行。

12日 2022年绍兴市—辽源市对口合作、绍兴市—比如县对口支援工作交流会议以视频形式召开。

同日 浙江省发布全国首个绿电金融团体标准《绿电金融评价导则》,该标准由国网浙江省电力有限公司联合绍兴供电公司、中国人民银行绍兴市中心支行共同起草。

13日 市委书记盛阅春率市党政代表团到衢州考察,并出席绍兴—衢州山海协作工作联席会议。

同日 “之江创客”2022全球电子商务创业创新大赛年度总决赛在绍兴举行。12个项目参加总决赛,其中柯桥区“中链跨境——东南亚品牌出海专家”项目是绍兴市唯一入选项目。

14日 省委副书记、省长王浩到绍兴调研推进重大产业项目建设工作。

同日 绍兴市举行“万名干部走万企”专项行动出征仪式。

2022年12月30日,绍兴城际线迪荡站开通运营　　(市交通局　供图)

同日 绍兴市老龄工作暨“浙里康养”推进会召开。

同日 新昌南岩过江隧道开通。

15日 由市商务局组织的首批“抱团出海”团组启程赴迪拜,参加2022年第十三届中国(阿联酋)贸易博览会。

16日 绍兴市委议军会暨国防动员委员会全体会议召开。

18日 绍兴大湖头遗址、嵊州下方山及周边墓群遗址入选2022年度浙江考古重要发现。

21日 市人民代表大会常务委员会第七次会议通过《关于加强知识产权保护工作的决定》。

22日 赛迪研究院发布“城市新区发展潜力百强(2022)”榜单,绍兴滨海新区列第12位。

23日 在第六届世界浙商大会上,绍兴市6家企业入选“高质量发展领军企业”。

24日 绍兴市“越宅通”数字化管理服务系统上线。该系统以宅基地基础信息调查为基础,归集农业农村、自然资源和规划等部门(单位)20类600余项数据,以“一宅一码”贯通宅基地全链条管理闭环,实现“码上服务”“码上监管”。

26日 绍兴市在全市范围开展2023年“普惠民生”消费券活动,总计投放资金1.5亿元,分三轮投放,第一轮于12月30日10时进行。

27—28日 省委书记易炼红到绍兴调研。

27—29日 绍兴市第九届人民代表大会第二次会议在绍兴大剧院召开。

29日 交通运输部、国家发展改革委发布《关于绿色出行创建考核评价达标城市名单》,绍兴市入选名单。

30日 市委召开九届三次全体(扩大)会议,市委书记盛阅春代表市委常委会作报告。市委副书记、市长施惠芳部署2023年经济工作。大会审议通过《中共绍兴市委关于深入学习贯彻党的二十大精神　在建设高水平网络大城市中勇闯中国式现代化市域实践新路子的决定》。

同日 绍兴城际线迪荡站开通运营。

同日 越东快速路(前赵大桥至涂山东路以南)、绿云高架路(山会大道至洋江西路段)通车。

(市地方志编纂室　整理)

市情概览

自然环境

【位置与面积】 绍兴市位于浙江省中北部、杭州湾南岸。东连宁波市，南邻台州市和金华市，西接杭州市，北隔钱塘江与嘉兴市相望，位于北纬 29° 13′ 35″～30 ° 17 ′ 57 ″、东 经 119 ° 53 ′ 03 ″～121° 13′ 37″，属于亚热带季风气候，温暖湿润，四季分明。全境域东西长 130.68 千米、南北宽 119.83 千米，海岸线长 40 千米，陆域总面积 8279.07 平方千米，市区面积 2965.05 平方千米。全市建成区面积 432.68 平方千米，其中市区建成区面积 287.34 平方千米。

【地质地貌】 绍兴市全境处于浙西山地丘陵、浙东丘陵山地和浙北平原三大地貌单元的交接地带，地势南高北低，形成群山环绕、盆地内含、平原集中的地貌特征，地形骨架呈“山”字形。地貌可概括为“四山三盆二江一平原”，而在面积分配上，则表现为“七山一水两分田”，全境地势由西南向东北倾斜而下，最高点为位于诸暨境内海拔 1194.1 米的会稽山脉主峰东白山，最低点为海拔 3.1 米的诸暨“湖田”地区，中部多为海拔 500 米以下的丘陵地和台地。北部平原地表地貌比较单调，但地下空间比较复杂，发育了分布较复杂的淤泥层、软土层和硬土层，为地表建筑提供了多样的建设基础。在地质上，境内以纵贯市域的江山—绍兴拼合带（柯桥区平水镇至诸暨市璜山一线）为界，西北部和东南部分属扬子准地台、华南褶皱系这两个一级构造单元，分属江南（西北区）和华南（东南区）两个地层区。由于历史上经历了大量的地质活动，留下了丰富而比较齐全的地质结构。境内的西北区自中元古界至新生界第四系地层发育较齐全，有大量沉积层出现；东南区以中生界和新生界地层为主，火成岩发育，地层缺失较多。绍兴市全境地质构造属于元古界、古生界、中生界和新生界的各个地质时期，在境内大部分都有露头。境内有平原、盆地、丘陵、山地、台地五种地表地貌。

（市自然资源和规划局　单　亮、孟菲菲、潘远见）

【气候】 绍兴市属亚热带季风气候区，季风显著，气候温和，光热较优，湿润多雨，灾害性天气较多。气候地区性差异明显，小气候资源丰富。北部水网平原具有明显的水体效应，“三大盆地”气候各有不同，山地气候垂直差异显著。常年平均气温 17.4℃左右，年平均降水量 1449.9 毫米，年平均日照时数 1729.3 小时。

气温　2022 年，全市年平均气温 18.4℃，比常年异常偏高 1℃。全市年极端最高气温为 41.4℃（诸暨 8 月 12 日和嵊州 8 月 23 日），年极端最低气温为 -4.5℃（嵊州 12 月 19 日）。最高气温 ≥ 35.0℃的高温天数全市平均为 59.6 天，比常年平均(32.8 天）偏多 26.8 天，破历史极值，其中最多为新昌气象站(65 天）。极端最低气温低于 0℃的冰冻天数平均为 14.4 天，比多年平均值(23.0 天）偏少 8.6 天，其中最少为柯桥气象站(13 天）。

日照　2022 年，全市平均年总日照时数为 1628.2 小时，较多年平均偏少 5.8%。其中 3 月、4 月、7 月、8 月的日照数，较多年平均偏多，其余月份较多年平均偏少。全市年总日照时数 1443 ～ 1702 小时，各地分布不均，呈东多西少态势，最多为新昌 1702.4 小时，较多年平均偏少 3.7%；最少为诸暨 1443.1 小时，较多年平均偏少

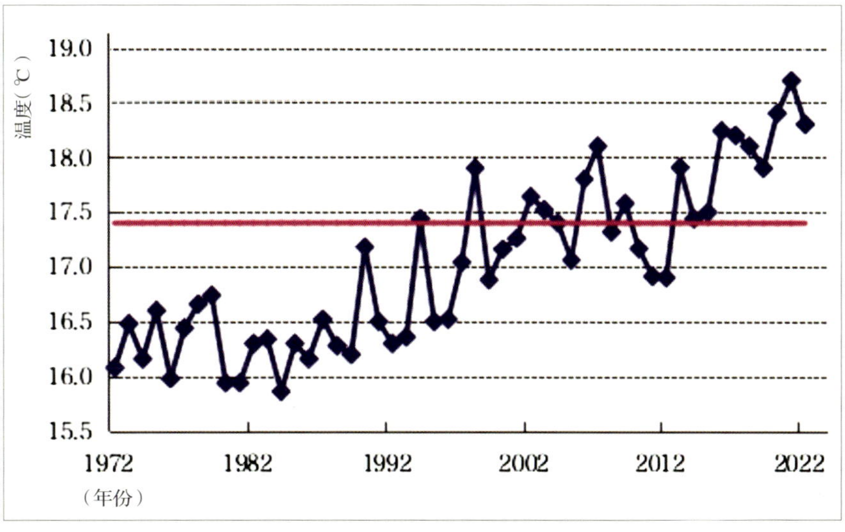

图 1　绍兴市 1972—2022 年年平均气温

表 1

2022 年绍兴各站气象要素统计表

	气温（℃）			降水量（毫米）			降水日数（天）			日照（小时）		
	2022 年	2021 年	常年	2022 年	2021 年	常年	2022 年	2021 年	常年	2022 年	2021 年	常年
柯桥区	18.9	19.2	17.6	1412.8	2053.7	1518.6	142	169	155.9	1620.9	1651.8	1787.6
诸暨市	18.6	18.9	17.5	1314.6	1940.0	1427.1	151	170	156.1	1443.1	1452.4	1719.8
上虞区	18.3	18.6	17.5	1499.4	1774.2	1526.1	145	164	155	1692.2	1713.2	1676.1
新昌县	18.1	18.4	17.2	1292.1	1772.8	1422.5	147	169	157.3	1702.4	1682.3	1767.2
嵊州市	18.1	18.4	17.3	1306.6	1843.9	1355.1	147	165	152.4	1682.5	1662.4	1695.9
全　市	18.4	18.7	17.4	1365.1	1870.9	1449.9	146.4	167.4	155.4	1628.2	1632.4	1729.3

注：本表采用的气象资料常年值为 1991—2020 年。

（市气象局　朱哲君）

16.1%。

降水　2022 年，全市平均年降水量为 1365.1 毫米，与多年平均相比偏少 5.8%。全市总雨量时空分布不均匀，各月相差较大。其中 1—3 月、9 月、11 月较多年平均偏多，其他月份偏少。降水日数全市平均 146.4 天，较多年平均偏少 9 天，比 2021 年偏少 21 天。全市年总降水量 1292 ~ 1499 毫米，各地分布不均，东北多西南少，最多为上虞 1499.4 毫米，较多年平均偏少 1.7%；最少为新昌 1292.1 毫米，较多年平均偏少 9.2%。全年共出现暴雨 12 站次，最大日降水量 110.9 毫米，出现在嵊州站(9 月 13 日)。

风　2022 年，全市年平均风速每秒 1.8 米。全市极大风速为每秒 40.1 米，出现在嵊州溪北(6 月 24 日)。以柯桥气象站为例，全年平均风速每秒 1.5 米，最多盛行风向为东东北风。

酸雨　2022 年，全市年酸雨率为 39.8%，低于历史值。降水 pH 值年平均为 5.71，降水酸度减弱。

霾　2022 年，全市年平均霾日数为 27.6 天，比 2021 年(17.4 天)增多 10.2 天。从时间分布上看，第一季度霾日数最多，为 17.4 天；第三季度霾日数最少，为 0.6 天；第二季度、第四季度霾日分别为 6.4 天和 3.2 天。

雷电　2022 年，绍兴市雷暴日共计 68 天，初雷日在 3 月 14 日，终雷日在 11 月 29 日。全年雷电活动主要集中在 6—8 月。

【水文】

雨情　2022 年，绍兴市面平均雨量 1415.5 毫米，比多年平均(1504.4 毫米）偏少 5.9%。汛期(4 月 15 日至 10 月 15 日）全市面平均雨量 829.3 毫米，比多年平均(997.8 毫米）偏少 16.9%；汛前(1 月 1 日至 4 月 14 日）降雨量 428.3 毫米，比多年平均(349.8 毫米）偏多 22.4%；梅汛期全市面平均雨量 110.2 毫米，比多年平均(253.6 毫米）偏少 56.5%；第 11 号“轩岚诺”、第 12 号“梅花”台风影响全市，强降雨落区高度重合且雨量较大，“风雨潮洪”四碰头。在第 11 号台风“轩岚诺”影响期间，曹娥江干流河道水势较平稳，没有产生暴涨暴落的洪水过程，平原河网面雨量共计 116.9 毫米。绍兴平原河网绍兴站最高水位 3.93 米，出现在 9 月 6 日 20 时。在第 12 号台风“梅花”影响期间，对曹娥江干流未产生较大洪水，除上虞东山站和黄泽江超警戒水位以外，其他站点均在警戒水位以下。绍兴平原河网绍兴站最高水位 3.90 米，时间为 9 月 15 日 6 时 5 分；最低水位 3.67 米，时间为 9 月 14 日 14 时 10 分。

水情　2022 年，绍兴市江河水势较为平稳，全市 15 个主要河道站均无超保证水位，其中有 2 个站超警戒水位，曹娥江上虞东山站 9 月 15 日 3 时 25 分出现最高水位 8.53 米，超警戒水位 0.03 米；黄泽站 9 月 14 日 20 时 35 分出现最高水位 27.77 米，超警戒水位 0.27 米。梅雨期降雨量明显偏少，曹娥江、浦阳江、绍兴平原河网和水库水情较为平稳，均未出现超警戒水位。

（市水利局　孟宇婕）

【自然资源】

土地资源　绍兴市有各类土地总面积 827907 公顷，其中农用地 660264 公顷，占 79.8%；建设用地 124910 公顷，占 15.1%；未利用地 42733 公顷，占 5.1%。在农用地面积中，耕地 120178 公顷，占土地总面积的 14.5%；园地 97757 公顷，占土地总面积的 11.8%；林地 391933 公顷，占土地总面积的 47.3%；其他农用地 50396 公顷，占土地总面积的 6.1%。在建设用地面积中，城镇村及工矿用地 105741 公顷，占土地总面积的 12.8%；交通运输用地(扣除农村道路）15807 公顷，占土地总面积的 1.9%；水利设施用地 3362 公顷，占土地总面积的 0.4%。

（市自然资源和规划局　孟菲菲）

矿产资源　绍兴市境内矿产总体呈北东—南西向带状分布，形成 3 条成矿带：中间的江绍拼合带，形成了浙江省最有前景的贵金属和有色金属成矿带；西北侧在江南古陆基底上形成的古生代沉降带和中生代岩浆活动，形成了以漓渚矽卡岩型铁矿为代表的黑色金属矿产和以寺坞岭多金属矿为代表的金属矿，以及分布于应店街等地的石煤和石灰岩；南东侧元古界变质基底，是具有寻找贵金属和多金属矿产前景的地区。另外，中生代火山岩分布区提供了萤石等非金属矿产和建筑石料矿产。境内能源矿产有褐煤、泥煤、石煤、地热等；金属矿产主要有铁、铜、铅锌、金银等；非金属矿主要有萤石、硅藻土、石灰岩、陶瓷土、高岭土、花岗岩、大理岩、玄武岩、叶蜡石等；水气矿产已发现矿泉水源地多处。

（市自然资源和规划局　潘远见）

动植物 绍兴地处中亚热带区域，动植物资源较为丰富。有过记录的野生动物近480种。其中，鸟类354种，两爬类（两栖类和爬行类）72种，兽类50余种，其中国家一级保护动物17种、国家二级重点保护动物83种。有自然植被879种，其中，国家一级重点保护野生植物3种、国家二级重点保护植物16种。

森林资源 全市分布有阔叶林、针叶林、灌木林、混交林、竹林和盐生等6类，2022年，全市森林面积38.88万公顷（国家核定口径），覆盖率46.97%（国家核定口径），森林蓄积量2609.36万立方米（国家核定口径）。

（市自然资源和规划局　周　润）

水资源 2022年，绍兴市总水资源量65.82亿立方米，比多年平均（63.02亿立方米）偏多4.4%，比2021年偏少35.3%。其中，地表水资源量63.66亿立方米，占总水资源量的96.7%；地下水与地表水资源不重复计算量2.16亿立方米，占总水资源量的3.3%。全市19座大中型水库年末蓄水总量5.51亿立方米，比2021年末增长0.6%，占正常库容的64.3%。人均水资源量1229.6立方米。全市总用水量17.37亿立方米，比2021年减少0.6%。万元GDP用水量（可比价）25.6立方米、万元工业增加值用水量（可比价）16.8立方米，较2020年分别下降12.1%和12.6%。

（市水利局　孟宇婕）

历史人文

【建置沿革】 绍兴从新石器时代中期的小黄山文化开始，至今已有约9000年历史。越国古都建于公元前490年，距今已有2500多年建城史。据史载：大禹治水告成，在境内茅山会集诸侯，计功行赏，死后葬于此山，因更名茅山曰“会稽”，是为会稽名称之由来。春秋时期，於越民族以今绍兴一带为中心建立越国，成为春秋列国之一。战国初，越王勾践大败吴国，越国疆域拓展至江淮地区。秦王政二十五年（前222），定江南，降越君，以吴越地置会稽郡，治吴县（今苏州市）。秦始皇二十六年（前221），全国统一，实行郡县制，会稽郡先后辖山阴等二十余县。西汉元封五年（前106），全国置十三州刺史部，督察各郡，会稽郡受督于扬州刺史部，并增辖剡、余暨两县，时会稽郡领二十六县。东汉永建四年（129），分会稽郡置吴郡，今钱塘江以南仍为会稽郡。三国时，会稽郡属于吴，治山阴。魏黄初二年（221），会稽郡领县增至三十一县。吴太元二年（252），再增永康、武义、建平三县，并改上虞县为侯国。吴太平二年（257）、永安三年（260）、宝鼎元年（266），先后分会稽郡置临海、建安、东阳三郡，会稽郡辖山阴、上虞侯国和诸暨、余姚、永兴、始宁、剡、鄮、鄞、句章八县。西晋太康二年（281），以会稽地封于骠骑将军孙秀，以郡为国，称会稽国。南朝宋永初二年（421），复设会稽郡，置东扬州。南朝陈永定年间（557—559），会稽郡析山阴置会稽县，两县同城而治。隋开皇九年（589），废会稽郡，改东扬州为吴州，并山阴、永兴、上虞、始宁为会稽县，并余姚、鄞、鄮入句章县，设吴州总管府，治会稽县，辖会稽、诸暨、剡、句章四县，总管原东扬州诸郡。隋大业元年（605），废吴州，以原吴州境置越州，治会稽。大业三年（607），复为会稽郡。唐武德四年（621），改会稽郡为越州。南宋建炎四年（1130），宋高宗驻跸越州，下诏从公元1131年正月起改元绍兴，并升越州为绍兴府。元至元十三年（1276），改绍兴府为绍兴路。至正二十六年（1366），复置绍兴府。清宣统三年（1911），并山阴、会稽为绍兴县。1912年2月，中华民国废府、州、厅旧制，实行省、县两级制，原绍兴府辖县均直属浙江省军政府。1914年于省县间设会稽道。1935年，置绍兴行政督察区。1936年，改绍兴为第三行政督察区。1948年，改名为第二行政督察区。1949年5月，绍兴全境解放。6月，设为浙江省第十专区。10月，改为绍兴专区，并析绍兴县城区置绍兴市、析绍兴县置会稽县，辖一市七县。1952年1月，撤销绍兴专区，原所辖绍兴、诸暨、萧山三县及绍兴市改由省政府直属，上虞、嵊县、新昌划属宁波专区。1953年2月，省辖诸暨县划入金华专区，省辖绍兴市、绍兴县划入宁波专区；5月，绍兴市复为省辖，委托宁波专署代管。1957年8月，省辖萧山县划归宁波专区；9月，诸暨县由金华专区划归宁波专区。1958年1月，撤新昌县并入嵊县。1959年1月，萧山县由宁波专区划归杭州市。1961年12月，复置新昌县。1962年12月，撤绍兴市并入绍兴县。1964年9月，复设绍兴专区，驻绍兴县，辖绍兴、上虞、嵊县、新昌、诸暨五县。1968年5月，改名绍兴地区，并成立绍兴地区革命委员会。1978年9月，改名绍兴地区行政公署。1983年7月，撤销绍兴地区，改设省辖绍兴市，置越城区，下辖越城区、绍兴县、上虞县、嵊县、新昌县、诸暨县。1989年9月，所辖诸暨县改设诸暨市（县级市）。1992年8月，所辖上虞县改设上虞市（县级市）。1995年12月，所辖嵊县改设嵊州市（县级市）。2013年，国务院批复同意绍兴市调整部分行政区划：撤销绍兴县，设立绍兴市柯桥区；撤销上虞市，设立绍兴市上虞区；将原绍兴县的孙端镇、陶堰镇、富盛镇划归越城区管辖。绍兴市从原来的“一区五县（市）”调整为“三区三县（市）”。

【市名演变】 夏称於越，亦称大越，简称越。春秋时期，於越民族以今绍兴一带为中心建国，称越国。秦王政二十五年（前222），降越君，称会稽郡。西晋称会稽国，南朝复设会稽郡，并置东扬州。隋开皇九年（589）改置吴州。大业元年（605）起称越州，此后越州与会稽郡名称交替使用。南宋高宗赵构取“绍奕世之宏休，兴百年之丕绪”之意，于公元1131年改元绍兴，升越州为绍兴府，是为绍兴名称之由来，并沿用至今。

（市地方志编纂室　整理）

【行政区划】 至2022年末，绍兴市辖越城区、柯桥区、上虞区、诸暨市、嵊州市、新昌县。有49个镇、7个乡、47个街道，1585个行政村，563个（社区）居民委员会。其中越城区有1个镇、16个街道，201个行政村，151个（社区）居民委员会；柯桥区有5个镇、11个街道，214个行政村，126

表 2

2022 年绍兴市镇（乡、街道）及村委会调整情况表

地区	镇		乡		街道		行政村		（社区）居委会	
	2021 年	2022 年	2021 年	2022 年	2021 年	2022 年	2021 年	2022 年	2021 年	2022 年
越城区	1	1	—	—	15	16	201	201	151	151
柯桥区	5	5	—	—	11	11	214	214	125	126
上虞区	10	10	3	3	8	7	281	279	82	84
诸暨市	17	17	1	1	5	5	397	397	118	118
嵊州市	10	10	1	1	4	4	241	241	48	51
新昌县	6	6	2	2	4	4	253	253	31	33
合计	49	49	7	7	47	47	1587	1585	555	563

（市民政局　孙　洁）

个（社区）居民委员会；上虞区有 10 个镇、3 个乡、7 个街道，279 个行政村，84 个（社区）居民委员会；诸暨市有 17 个镇、1 个乡、5 个街道，397 个行政村，118 个（社区）居民委员会；嵊州市有 10 个镇、1 个乡、4 个街道，241 个行政村，51 个（社区）居民委员会；新昌县有 6 个镇、2 个乡、4 个街道，253 个行政村，33 个（社区）居民委员会。

（市民政局　陈　洁）

【人口】 至 2022 年末，全市有户籍人口总户数 1658947 户，总户籍人口 4458228 人，其中男性 2211712 人、女性 2246516 人，分别占总户籍人口的 49.61% 和 50.39%，性别比为 98.45（女 =100）。有少数民族 49 个，少数民族人口 30 余万人，其中有绍兴户籍少数民族 2.98 万人。

（市公安局　斯校坤）

【宗教】 绍兴市有佛教、道教、伊斯兰教、天主教和基督教。至年末，共有登记在册的宗教活动场所 486 处，其中佛教场所 287 处、道教宫观 9 处、天主教堂点 6 处、基督教堂点 184 处，另有伊斯兰教临时聚会点 5 处和登记编号的民间信仰活动场所 1458 处。有宗教教职人员 756 人，其中佛教 543 人、道教 121 人、伊斯兰教 4 人、天主教 3 人、基督教 85 人。有宗教团体 24 个，其中市级宗教团体 5 个，分别为市佛教协会、市道教协会、市天主教爱国会、市基督教协会、市基督教“三自”爱国会。

（市委统战部　徐露洁）

【风俗】 绍兴风俗起源于距今 6000 年的河姆渡文化时期。春秋战国时期，由于地理环境和历史条件影响，越人形成了断发文身、勇悍尚武、习水便舟的习俗。秦始皇统一中国后，多次将越人迁徙至他地，又将北方人口迁至山阴，力图推行中原文化。至汉代，儒学一统，越地与中央交流日渐密切，出现“会稽儒风之盛，冠于东州”的景象，形成好诗文、尚教化、图仕进、重廉耻、谨祭祀、崇节孝等民风习俗。东晋时期，士族南迁越地，开创了玄远淡泊的文化新走向。随着中原族群不断迁入，与绍兴本土越俗发生繁复互动，最终促使后世的绍兴风俗内容丰富、包罗万象。

绍兴传统节日文化丰富，有“廿三夜送灶”“立夏食蚕豆”“冬至馄饨夏至面”“八月十八看大潮”等习俗。在生产经贸方面，绍兴黄酒酿制技艺、嵊州竹编、越窑青瓷烧制技艺、石桥营造技艺入选国家级非物质文化遗产。在文体技艺方面，越剧、嵊州吹打、新昌调腔、绍兴平湖调、绍兴莲花落、绍剧、绍兴摊簧、绍兴宣卷、绍兴词调、调吊入选国家级非物质文化遗产。在信仰祭祀方面，大禹祭典、兰亭修禊、舜王庙会等具有鲜明地域特色。

【方言】 绍兴方言以古代越语为方言底层，以古代汉语为方言源头，具有悠久历史，属吴语区太湖片临绍小片。广义的绍兴方言包括绍兴市所辖 6 个县（市、区）及其邻近地区的方言；狭义的绍兴方言则仅指绍兴“东头埭”土语。“东头埭”与“西头埭”相对，前者为旧会稽县属地，后者为旧山阴县属地。绍兴城区所使用方言以“东头埭”土语为主，杂以“西头埭”土语，其语音在个别字上至今仍存差异。绍兴方言内部在语音、词汇、语法等方面均有差异。上虞话与绍兴话较接近，新昌话与绍兴话相差较大。绍兴方言通过越剧、绍剧、莲花落等戏曲形式和鲁迅、周作人等名家作品以及客居外地的绍籍乡人，传播于国内外。20 世纪 80 年代以来，由于大量外来人员涌入、普通话推广和广播电视影响，绍兴方言在语音、语法、语汇上发生显著变化。其中语音部分变化最明显，1990 年后出生的人所使用的绍兴话（简称“新派方言”）与 20 世纪 50 年代以前出生的人所使用的绍兴话（简称“老派方言”）相比，其声母、韵母和声调简化。

（市地方志编纂室　整理）

城市标识

【水乡】 绍兴境内河湖密布、水道成网，绍北平原为鉴湖水系，曹娥江、浦阳江贯穿全境、汇入杭州湾，是典型的江南水乡，素有“三山万户巷盘曲，百桥千街水纵横”之称。至 2022 年，全市有大小河流 8000 余条、有千亩以上湖泊 14 个，是全国同类城市中水资源最丰富的城市之一，水域面积近 500 平方千米，中心城市水域面积占 14.7%，其中镜湖新区达 22.9%，居全省第一位。全市国考（国家地表水考核断面）、省控断面（省级监控水体水质监测断面）实现Ⅰ～Ⅲ类水质全覆盖。市内有浙东

大运河文化带——黄酒小镇东浦老街风景 （市发展改革委 供图）

运河、鉴湖、东湖、五泄、浣纱溪、剡溪、百丈飞瀑、沃洲湖、潜溪等水乡胜景。

世界文化遗产——大运河（绍兴段）。2014年，在第38届世界遗产大会上，中国大运河项目入选世界文化遗产名录。中国大运河由通济渠段、卫河（永济渠）段、淮扬运河段、江南运河段、浙东运河段、通惠河段、北运河段、南运河段、会通河段、中河段等十大河段组成。大运河（绍兴段）位于中国大运河最南端，流经柯桥、越城和上虞3个区，是绍兴最长的线性文物。运河最早开通于春秋晚期，至西晋末年基本形成，于宋代进入全盛时期，全长101.4千米。其中，被列入全国重点文物保护单位和世界文化遗产保护范围内的河道总长77.6千米，包含浙东运河（杭州萧山—绍兴段）、浙东运河（上虞—余姚段）、浙东运河古纤道（渔后桥段、皋埠段、上虞段）、曹娥江两岸堰坝遗址（含梁湖堰坝遗址、拖船弄闸口遗址、老坝底堰坝）、虞余运河水利航运设施（含五夫长坝及升船机、驿亭坝）等文物遗存。

【桥乡】 绍兴境内河湖交织，自古以来就有修筑桥梁的传统。至2022年，全市有桥梁1万余座，其中清以前古桥600多座，被称为“万桥之乡”。陈从周在《续越州吟》中形容绍兴的桥“垂虹玉带门前事，万古名桥出越州”。在600多座古桥中，有宋以前古桥13座，元明时期古桥41座，清代古桥550座。始建于唐代的百孔纤道桥如长龙卧波，造型美观，为国内仅有。重修于南宋嘉泰年间的八字桥，被誉为中国最早的城市立交桥。绍兴桥梁造型各异、种类繁多，有拱桥、梁桥、廊桥、庙桥、折边桥、拱梁组合桥等，不少古桥桥身和望柱上，雕刻图案精美，具有极高的艺术价值。2008年6月，绍兴的“石桥营造技艺”被列入国家级非物质文化遗产名录。2013年，绍兴古桥群入选全国重点文物保护单位。绍兴古桥群包括八字桥、光相桥、广宁桥、泗龙桥、太平桥、谢公桥、题扇桥、迎恩桥、拜王桥、接渡桥、融光桥和泾口大桥，分布于越城区和柯桥区。

纤道桥。位于柯桥区柯桥街道阮社，与浙东运河（萧绍运河）平行，东西向顺运河而建。始建于唐元和十年（815），明清、民国均有修缮。1983年、1989年再行重修。据清《纤道桥碑记》记载：“自太平桥至板桥止，所有塘路以及玉、宝带桥计贰百八十洞。”纤道桥约占整条古纤道的1/3，全长500余米，各桥墩均用条石纵横错缝叠砌，桥墩上平铺三拼青石石梁为面，道宽1.5～2.0米，孔跨2.5～3.0米，孔距水面约半米，两旁临河，多孔低梁桥连接而成，中间也有高孔梁桥，可通小舟。纤道桥主要用于纤夫拉纤，也可用于大风大浪时船只避风，为船舟在浙东大运河的航行提供了便利。1988年1月，古纤道被国务院公布为全国重点文物保护单位。

八字桥。位于越城区八字桥直街东端三河交汇处，为石柱礅梁式石桥，桥上置石栏，间有望柱，柱上刻有造桥捐资者的姓名，上雕覆莲。金刚墙用条石叠砌。主桥孔两侧各立石柱九根与金刚墙连接，其两侧第五根石柱上镌刻“时宝祐丙辰冬吉日建”题记。主桥东西向，跨稽山河，两侧有东西两条小河。八字桥陆连三路，水通南北，解决了一桥跨三河的交通问题，被称为中国最早的立交桥，是绍兴最有名的古桥之一。八字桥始建于南宋嘉泰年间（1201—1204），宝祐四年（1256）重建，清乾隆四十八年（1783）维修，1982年再行加固性修缮。2013年，入选全国重点文物保护单位。

（市地方志编纂室 整理）

【酒乡】 黄酒是中国本土最古老的酒种，是东方酿造的典型代表，与葡萄酒和啤酒并称为世界三大古酒。绍兴酿酒历史非常悠久，文字记载可追溯至春秋战国时期。东汉会稽太守马臻修筑鉴湖，为绍兴的酿酒业提供了优质、丰沛的水源。绍兴黄酒酿制技艺源于春秋、成于北宋、兴于明清。至明朝中叶，出现了以“孝贞”“叶万源”“田德润”“章万润”为代表的大酿坊。至清代，有“天下黄酒源绍兴”之说。绍兴黄酒酿制技艺是第一批国家级非物质文化遗产。绍兴黄酒呈琥珀色，透明澄澈，酒香馥郁浓厚，主要品种有元红酒、加饭酒、善酿酒、香雪酒四大类型。《调鼎集》对绍兴酒品质作“味甘、色清、气香、力醇之上品唯陈绍兴酒为第一”的概括。袁枚《随园食单》称赞“绍兴酒如清官廉吏，不参一毫假，而其味方真又如名士耆英，长留人间，阅尽世故而其质愈厚”。1915年，云集信记酒坊生产的绍兴酒获美国巴拿马太平洋万国博览会金奖。1929年，沈永和酒坊生产的绍兴酒获杭州西湖博览会金奖。1963年，绍兴黄酒在第二届全国评酒会中获“国家名酒”称号，并入选国宴专用酒。2010年，15家绍兴黄酒企业获中华人民共和国“原产地域产品专用标志”使用权，及“绍兴老酒”“绍兴黄酒”证明商标使用权。2021年，《中华人民共和国政府与欧洲联盟地理标志保护与合作协定》生效，绍

至 2022 年末绍兴市部分名人故里（故居、祖居、旧居）一览表

表 3

故里（故居、祖居、旧居）名称	地　址	故里（故居、祖居、旧居）名称	地　址
鲁迅故里	越城区鲁迅中路	叶天底烈士故居	上虞区丰惠镇谢家桥村
书圣故里	越城区蕺山街	经亨颐故居	上虞区驿亭镇新力村
徐渭故里	越城区后观巷	吴觉农故居	上虞区丰惠镇庙弄社区西大路 11 号
阳明故里	越城区上大路	谢晋故居	上虞区谢塘镇晋生村
秋瑾故居	越城区和畅堂 35 号	马一浮旧居	上虞区长塘镇长塘村
蔡元培故居	越城区笔飞弄 13 号	曹仲兰故居	上虞区梁湖街道外梁湖村
周恩来祖居（纪念馆）	越城区劳动路 369 号	倪元璐故居	上虞区小越街道倪梁村
陈建功旧居	越城区人民中路 354 号	徐光宪故居	上虞区汤浦镇舜岸村
范文澜故居	越城区绍兴饭店内	俞秀松故居	诸暨市次坞镇溪埭村
章学诚故居	越城区辛弄 19 号	汪寿华故居	诸暨市赵家镇泉畈二村
徐光宪旧居	越城区宣化坊	徐道政故居	诸暨市璜山镇东庞黄畈阳村
徐锡麟故居	越城区东浦街道孙家溇	何燮侯故居	诸暨市赵家镇花明泉村
陶成章故居	越城区陶堰街道陶堰村	宣侠父故居	诸暨市店口镇侠父村
邵力子故居	越城区陶堰街道陶堰村 188 号	马寅初故居	嵊州市浦口街道名人街
俞明震故居	越城区斗门街道百盛溇村 117 号	王金发故居	嵊州市崇仁镇温泉湖村董郎岗自然村
陆游故居遗址	越城区东浦街道三山	袁雪芬故居	嵊州市甘霖镇小黄山村上杜山自然村
陈伯平故居	柯桥区平水镇双井头	傅全香故居	嵊州市崇仁镇镇南村
王秉璋故居	柯桥区杨汛桥街道仁里王村中王	任光故居	嵊州市剡湖街道东前街
许寿裳故居	柯桥区福全街道赵家畈村	王文娟故居	嵊州市黄泽镇甲青村坑边自然村
竺可桢故居	上虞区东关街道	梁柏台故居	新昌县沃洲镇银星村
胡愈之故居	上虞区丰惠镇南门村		

（市地方志编纂室　整理）

兴酒成为首批中欧地理标志协定产品。至 2022 年，全市有黄酒制造企业 75 家，年产黄酒 49.96 万吨。

（市地方志编纂室、市黄酒协会　整理）

【名士之乡】 绍兴人杰地灵，名人辈出。悠久历史和厚重文化，孕育了一大批名人大家，被毛泽东称为“鉴湖越台名士乡”。华夏始祖大禹在此会盟诸侯，并葬于会稽；越王勾践在此卧薪尝胆，成就春秋霸主；绍兴还造就了王阳明、王充、范文澜等哲学思想家，钱三强、竺可桢等科学家，陆游、嵇康、鲁迅等文学家，王羲之、徐渭、王冕等书画大家，任光、袁雪芬等音乐戏曲家，辛亥革命期间涌现出以徐锡麟、秋瑾、陶成章为代表的一大批革命志士，以及何燮侯、蔡元培、蒋梦麟、马寅初 4 位北大校长。周恩来同志也自称“我是绍兴人”。至 2022 年末，绍兴仍保存有阳明故里、书圣故里、陆游故里、蔡元培故居、鲁迅故里、周恩来祖居（纪念馆）等名人故居。历史上，绍兴曾出过文武状元 27 名、进士 2238 名；当代绍兴仍是名家辈出，至 2022 年末，两院院士中有绍兴籍院士 84 人。

【书法之乡】 绍兴有着悠久的书法艺术传统。从春秋时期越王勾践剑上的“鸟虫文”，到秦代“会稽刻石”，到东晋王羲之写就“天下第一行书”——《兰亭序》，产生了许多弥足珍贵的书法艺术精品。回眸中国书法史，王羲之、王献之、智永、虞世南、徐浩、贺知章、陆游、杨维桢、徐渭、陈洪绶、赵之谦、罗振玉、马一浮等彪炳中国书法史册。被《中国书法家大辞典》收录的绍籍书法名家多达 143 位。中华人民共和国成立后，绍兴市在书法创作、书法理论研究、书法教育、书法活动上走在了全国前列。自 1985 年始，绍兴市在每年的农历三月初三举行“兰亭书法节”。2004 年，浙江省人民政府批准建立绍兴文理学院二级学院——兰亭书法艺术学院，面向全国培养书法高等专业人才。2008 年，绍兴市被中国书法家协会命名为“中国书法名城”。2013 年，当代书法艺术领域的最高奖项“中国书法兰亭奖”长期落户绍兴。2021 年，沈定庵被中国文联评为“中国文联终身成就书法家”。至 2022 年，全市有中国书协会员 134 人、省书协会员 427 人、市书协会员 965 人。

（市地方志编纂室、市文联　整理）

【戏曲之乡】 绍兴是传统戏曲艺术的重镇，戏曲传统绵长，剧种、曲种多样，作家、艺人辈出，在中国戏曲史上具有重要地位。唐时，越州即有参军戏。宋、明间，杂剧和南戏在越地民间流行。明嘉靖年间（1522—1566），绍兴戏剧进入演绎的勃发期和丰收期，形成了以徐渭、王应遴、湛然等为代表的越中曲派，绍兴传奇、杂剧创作和演出风行。至清乾隆年间（1736—1795），绍兴戏剧悄然转型，传奇、杂剧创作和演出式微，绍兴乱弹、调腔、京剧、摊簧和 20 世纪初兴起的越剧日益兴盛，成为绍兴戏曲发展的新潮流。中华人民共和国成立后，绍兴戏曲事业日趋繁荣，有绍剧、越剧、新昌调腔、诸暨西路乱弹、绍兴

绍兴市花——兰花　（市委宣传部　供图）

目连戏五大剧种及绍兴莲花落、绍兴平湖调、绍兴摊簧、绍兴词调、绍兴宣卷五大曲种，并全部被列入国家级非遗项目，越剧成为中国第二大剧种。绍兴戏曲名家众多，绍剧名家有王桂发、陈鹤皋、邢胜奎、章艳秋、六龄童、筱兰芳、钱慧韵、罗萍、赵秀治、刘建杨、姚百青，越剧名家有尹桂芳、周宝奎、袁雪芬、傅全香、范瑞娟、吴小楼、王文娟、吴凤花、陈飞、吴素英、黄美菊，调腔名家有赵培生、杨荣繁、吕月明、章华琴、蔡德锦等，曲艺名家有胡兆海、倪齐全、郑关富、王玉英、宋小青、何云根、汪嘉宝、潘家富等，有多人获"梅花奖""文华奖""白玉兰奖"等国家级奖项。戏曲团体主要有浙江绍剧艺术研究院、绍兴市柯桥区小百花越剧艺术传习中心、诸暨市文化艺术中心、上虞区公共文化服务中心、新昌县调腔保护传承发展中心。《大禹治水》《西施断缆》获全国精神文明建设"五个一工程"奖，《真假悟空》获文华奖特别奖，《越女三章》《天道正义》《李慧娘》《大漠骊歌》获中国越剧艺术节金奖。2006年，绍兴成功举办首届中国越剧艺术节，至2022年已承办3届。至年末，绍兴市有专业剧团8家，在职演艺人员460余人，戏曲学校2家。

（市地方志编纂室、市文广旅游局　整理）

【市花】 兰花。绍兴是中国植兰最早的地区之一。据《越绝书》记载："勾践种兰于渚山。"绍兴以盛产春兰与蕙兰闻名于世。优越的地理环境和气候特征，具备了兰花生长得天独厚的自然环境，为绍兴兰花发展提供优良且丰富的种质资源。绍兴兰花品种繁多，其花形、色彩、香味独特。明代书画家徐渭有咏《兰》诗云："莫讶春光不属侬，一香已足压千红。总令摘向韩娘袖，不作人间脑麝风。"兰花传统名种宋梅、环球荷鼎、苍岩素、楼梅等，均出自绍兴。1988年，在首届中国兰花博览会上，绍兴新育名兰"菊瓣蝴蝶""金边玉衣""春兰银边"获金质奖牌。1984年1月22日，绍兴市第一届人民代表大会常务委员会第二次会议通过决议，确定兰花为绍兴市花。2006年，绍兴兰花栽培技艺列入"绍兴市非物质文化遗产名录"。2015年，绍兴市委、市政府印发《关于做好市花市树推广工作的意见》。至2022年末，全市拥有以柯桥"花香漓渚"为中心的兰花培育基地80余公顷，培育兰花250余万盆。中国春兰样品园、浙江省蕙兰样品园、彩云涧兰花有限公司、国兰家庭农场、兰樵花卉有限公司、华良兰苑、多友兰苑、柳岸兰花基地等多次参加全国、浙江省兰蕙博览会，获金奖200余个，一批新、优、名兰花脱颖而出，2022年有登记在册的春兰与蕙兰新老品种800余个。

（市地方志编纂室、市兰花协会　整理）

【市树】 香榧。绍兴是中国香榧原产地和主产区。2000余年前，绍兴先民从野生榧树中人工选择和嫁接培育成了香榧，在现存的古香榧树基部多有显著的"牛腿"状嫁接疤痕。绍兴市的古香榧树主要分布在柯桥区、诸暨市、嵊州市的交界地带。2013年5月，绍兴会稽山古香榧群入选联合国粮农组织全球重要农业文化遗产名录，被评价为"世界上第一个以山地经济林果为主要特征的农业文化遗产利用系统"。2014年，绍兴市第七届人民代表大会常务委员会第十九次会议通过决议，确定香榧为绍兴市树。2019年3月1日，《绍兴会稽山古香榧群保护规定》颁布实施，开创了浙江省为单一植物实行地方立法保护的先河。在总面积402平方千米的会稽山古香榧群中，有百年以上古香榧树7.8万株，千年以上近百株。2021年，依托会稽山古香榧群打造"稽山古榧"区域公共品牌，根据古香榧树树龄开发"隋榧、唐榧、宋榧"等系列产品。至2022年末，全市有香榧种植面积2.35万公顷，产量520万千克，产值16.82亿元。

（市地方志编纂室、市自然资源和规划局　整理）

经济社会发展

【经济建设】 2022年，绍兴市实现地区生产总值7351亿元，人均地区生产总值137522元（按年平均汇率折算为20446美元）。三次产业结构由2021年的3.3∶47.5∶49.2调整为3.3∶49.0∶47.7。财政总收入822亿元，一般公共预算收入540亿元。一般公共预算支出805亿元，其中民生支出570亿元，增长8.0%，占比70.8%。全年为市场主体减负纾困266亿元。固定资产投资比2021年增长11.0%。其中民间项目投资增长14.9%，生态环保、城市更新和水利设施投资增长9.8%，高新技术产业投资增长48.2%，制造业投资增长33.9%，交通投资增长1.5%。实现社会消费品零售总额2586亿元。全社会用电量526.39亿千瓦时，其中城乡居民生活用电量68.83亿千瓦时。实现货物进出口总额3692亿元。居民消费价格比2021年涨1.7%，新增城镇就业人员23.2万人，城镇失业人员实现再就业6.2万人。全体居民人均可支配收入

2022年，越城区迪荡湖风光　　（谷志峰　摄）

65760元，其中，城镇常住居民人均可支配收入76199元，农村常住居民人均可支配收入45709元，城乡居民人均可支配收入比值为1.67。

【政治建设】 2022年，中共绍兴市委坚持把政治建设摆在首位，深入学习贯彻习近平新时代中国特色社会主义思想，学深悟透习近平总书记对绍兴工作重要指示批示精神，与时俱进擦亮“枫桥经验”驻村指导员、社区党建“契约化”共建、“民情日记”等“金名片”。实施“红色根脉强基工程”，推动基层建设全面进步、全面过硬。推进变革型组织建设，提升党员干部塑造变革能力。坚持管党治党“两个责任”同向发力，健全“四责协同”机制，完善主体明晰、有机协同、层层传导、问责有力的责任体系。纵深推进清廉绍兴建设，“五廉并举”打造清廉文化高地。发挥党总揽全局、协调各方作用，坚持和完善人民代表大会制度，坚持和完善中国共产党领导的多党合作和政治协商制度，不断巩固和发展最广泛的爱国统一战线，深入推进群团组织改革，最大限度地凝聚共识、凝聚力量。

【文化建设】 2022年，绍兴市深入推进新时代文化绍兴工程，打响越文化、运河文化、书法文化、诗路文化、宋韵文化等品牌，彰显绍兴文化在全国全省文化版图中的地位。办好公祭大禹陵典礼、兰亭书法节、阳明心学大会、中国越剧艺术节等文化节会。编撰《绍兴大典》，推动越剧申报人类非物质文化遗产代表作，繁荣新闻出版、广播影视、文学艺术、哲学社会科学、新型智库、档案等事业。深化“一廊三带”建设，推动文旅深度融合，加快把文化资源优势转化为文化产业优势。加强城市品牌凝练传播，打造“德润越地·文明绍兴”道德品牌，深化新时代文明实践，争创全国文明典范城市。

【社会建设】 2022年，绍兴市社会事业发展全面进步。社会保障提标扩面。出台“稳岗留工”十条举措，城镇新增就业23.2万人。加大欠薪整治力度，迭代升级“业安薪”平台。深化基本医保市级统筹，户籍人口基本医保参保率99%以上。织牢社会保障网，城乡居民基础养老金、低保标准分别增加到每人每月290元和1050元，未成年人救助保护机构实体化运行率100%。完成89个老旧小区改造，筹集保障性租赁住房8432套。文体事业提速发展。实施亚运城市行动计划，建成开放5个亚运场馆，组织“水陆双马”和全国棒垒球冠军杯赛，省运会团体排名创历史最好成绩，成为全国首批全民运动健身模范市。宋六陵国家考古遗址公园立项，鉴湖旅游度假区晋升国家级旅游度假区，率先实现省级全域旅游示范县（市、区）全覆盖。公共服务提质增效。高质量完成省、市民生实事。成立绍兴开放大学，在全省率先实现国家义务教育优质均衡发展县省级验收超50%、国家学前教育“普及普惠县”省级验收全覆盖。创建省中医药综合改革先行市，连续两年获评全国健康城市建设样板市，基层医疗卫生机构绩效考核居全省首位。推进“浙里康养”，完成老年人自理能力筛查，建成老年友善医疗机构127家。创建婴幼儿照护服务示范城市，千人托位数3.52。加快建设城乡现代社区，每万城镇常住人口拥有专职社工18.4人。工会、妇女儿童、青少年、慈善、残疾人、红十字等事业取得新进步。

【生态建设】 2022年，绍兴市推进全域城乡风貌整治，建立健全生态环境分区管控体系，构建“一心、三江、四绿廊”蓝脉绿网风景线。创成国家生态文明建设示范区，实现省级生态文明建设示范区县域全覆盖。全域建设“无废城市”，加强生物多样性保护，连续3年获美丽浙江建设考核优秀。环境质量巩固提升。抓好第二轮中央生态环境保护督察反馈问题整改，开展环保专项执法，$PM_{2.5}$浓度每立方米29微克，县控及以上断面、县级及以上饮用水源地水质达标率均为100%，重点建设用地安全利用率100%。低碳转型步伐加快。推进印染行业环境统计与排污许可管理、环评审批与排污许可证发放衔接融合国家试点。实施节能降碳技改项目270个，淘汰“两高一低”企业447家，规模以上工业单位增加值能耗下降10.9%。以会稽山国家森林公园、鉴湖国家湿地公园为核心，建设“稽山鉴水”生态功能区，加强生物多样性保护，全域建设国家森林城市。开展“碳达峰碳中和”行动，落实能耗“双控”，构建清洁低碳、安全高效的现代能源体系，创建减污降碳协同创新示范区。

（市地方志编纂室　整理）

中国共产党绍兴市委员会

综　述

【学习贯彻党的二十大精神】 2022年，中共绍兴市委旗帜鲜明讲政治，推动党的二十大精神落地生根。按照中共中央《关于认真学习宣传贯彻党的二十大精神的决定》和省委通知精神，围绕全面学习、全面把握、全面落实要求，持续兴起热潮。市委迅速召开常委会会议、全市领导干部会议、市委理论学习中心组“学习贯彻党的二十大精神”专题学习会等，先学一步、学深一层，党员市领导带头赴高校、基层联系点、基层党组织开展专题宣讲，第一时间把党的二十大精神传达到每个支部、每名党员。深入开展“六学六进六争先”学习实践活动，不断创新学习宣传贯彻的平台、载体、抓手，发挥好绍兴论坛、夜学讲坛、周一夜学、数智礼堂等平台载体作用，坚持线上线下相结合，推动党的创新理论深入党员心、飞入百姓家。组建市委宣讲团和青年骨干宣讲团，持续打响“越讲越响”理论宣讲品牌，开展各类宣讲活动近7万场次。坚持领导干部领学领训，全面提升各级干部思想能力水平。特别是对标党的二十大重要思想、重要观点、重大战略、重大举措，逐条逐项研究贯彻落实的具体思路、具体路径、具体抓手，推动党的二十大精神在绍兴落地生根，引领推进各项工作迈上新台阶。

【政治建设】 2022年，中共绍兴市委学深悟透党的二十大精神，持续激发忠实践行“八八战略”、坚决做到“两个维护”强大动力。深刻领悟“两个确立”的决定性意义，深刻理解其历史逻辑、理论逻辑、实践逻辑，不断提高政治判断力、政治领悟力、政治执行力，坚定不移在思想上政治上行动上同以习近平同志为核心的党中央保持高度一致，确保“总书记有号令、中央和省委有部署、绍兴见行动”。始终坚持把学习贯彻习近平总书记重要讲话和指示批示精神作为“第一议题”，制定《关于忠实践行“八八战略”坚决做到“两个维护”奋力争当“两个先行”排头兵的决议》，完善习近平总书记对绍兴工作重要指示批示精神“四张清单”机制。召开28次市委常委会会议、18次市委理论学习中心组学习会，做到学深悟透、落实落地，推动全市党员干部坚定不移做“两个确立”忠诚拥护者、“两个维护”示范引领者。压紧压实管党治党政治责任，强化总揽全局、协调各方的作用，支持和保证人大及其常委会依法履职，打好人大监督“组合拳”，充分发挥代表主体作用，全面推进全过程人民民主基层单元建设；支持政协发挥专门协商机构作用，紧扣建设高水平网络大城市中心任务，深入开展专题调研，加快构建政协协商民主体系；召开市委统战工作会议、市委民族宗教工作会议，巩固和发展爱国统一战线；强化党管武装，完成国防动员体制改革。贯彻落实市委关于加强自身建设的决定，健全完善市委议事决策机制，规范权力运行，严肃党内政治生活，认真落实楼堂馆所专项整治，履行“一岗双责”，切实做好示范、当好标杆。大力弘扬“胆剑精神”和“四气境界”，坚持问计于民、问需于民、问政于民，带头当好改革促进派和实干家。

【全面从严治党】 2022年，中共绍兴市委坚决扛起管党治党政治责任，把党的领导全面落实到各领域各方面各环节，构建党建统领整体智治体系格局。充分发挥“七张问题清单”引领性作用，建立健全主动发现问题、量化闭环管控、共性问题解决、举一反三建章立制等机制，把“问题清单”转变为“成效清单”。深入实施“红色根脉强基工程”，持续深化党建引领社区“契约化”共建、“民情日记”、驻村指导员等“金名片”，推动基层党组织政治功能和组织功能不断增强、党员先锋作用更加彰显。加强领导班子政治建设，推进干部队伍系统性重塑，深化实施“稽山鉴水”计划，推进上挂、下派、招商“三个一百”行动，打造“胆剑”品牌实战实训实考平台，推动年轻干部能力迭代、数量跃升。深化“两个担当”良性互动，推进干部“能上能下”，为53名干部澄清正名，70余名在新冠疫情防控等重点任务中表现突出的干部得到优先提拔使用或晋级晋职，10余名不适宜担任现职的干部受到组织处理。做深做实政治监督，高质量完成九届市委第一轮巡察。加固中央八项规定精神堤坝，坚决向“四风”问题亮剑，一体推进不敢腐、不能腐、不想腐，强化以案促改、以案促治，扎实做好“后半篇文章”。深化乡镇（街道）纪检监察工作规范化建设，探索建立“枫桥纪检监察指数”，创新推进开发区纪检监察体制改革。纵深推进清廉绍兴建设，持续打造以“清白泉”品牌为引领的市域廉洁文化高地，“五廉并举”做法被中央纪委编入一体推进“三不腐”专刊。

【统筹协调疫情防控和经济社会发展】2022年，中共绍兴市委落细落实国家和省一系列措施，以防控战略的稳定性、防控措施的灵活性有效应对疫情形势的不确定性，做到“管得住、放得开”“打一仗、进一步”，实现多目标平衡，最大程度保护人民生命安全和身体健康，最大限度减少疫情对经济社会发展的影响。选派24批次2400名医务人员支援外地疫情防控。同时，以超常规思维、力度和举措，稳住经济大盘、增强经济韧性，全面打赢稳进提质攻坚战。承接国家、省稳经济一揽子政策，出台稳经济43项措施，开展“大走访、大调研、大服务、大解题”“万名干部走万企”等行动，创新惠企资金直兑、快兑、预兑机制，兑现资金126亿元，落实退减缓免税费支持283.6亿元。承办全省新一轮制造业“腾笼换鸟、凤凰涅槃”攻坚行动现场会，实施先进制造业强市“4151”计划，规模以上工业增加值增速居全省第二位，获国务院工业稳增长和转型升级督查激励。开展“2335”外贸保稳提质行动，外贸出口占全国出口总值比重由2021年的12.68‰提高至2022年的14.22‰。获批海峡两岸(绍兴)数字产业合作区、杭绍临空经济一体化发展示范区绍兴片区、RCEP高水平开放合作示范区等高能级平台，义甬舟嵊新临港经济区入选首批义甬舟开放大通道综合性战略平台，绍兴综保区封关运营，智能视觉入选省“万亩千亿”新产业平台名单，集成电路、生物医药平台考评居全省第一位和第四位。新引进10亿元以上产业项目63个，其中引进比亚迪新能源动力电池及功率半导体等100亿元以上项目5个。深化国家创新型城市建设，绍兴科创走廊纳入省级重大创新平台布局，“国家引才计划”人才入选人数位居全省首位、全国同类城市首位，全年新增过会上市公司5家并实现科创板上市“零的突破”。

【网络大城市建设】2022年，中共绍兴市委优化布局提能级，网络大城市建设扎实开局。高质量完成“三区三线”划定，优化“一核六心多节点”空间布局，设立100亿元城市更新基金，开展跨乡镇土地综合整治，实施棒球未来社区等40个重点片区建设，创建37个未来社区、28个未来乡村和7个省级城乡风貌样板区。坚持世界文化遗产标准，深化古城保护利用总体设计方案，阳明故里等一批重大文商旅融合项目建成投用，千年古城保护传承体系更加完善。强化镜湖核心区高端产业培育和城市功能配套，高铁站前片区项目群、国际金融活力城等建设进展顺利。综合立体交通体系不断完善，杭绍甬智慧高速、柯诸高速、金甬铁路、杭州中环绍兴段等项目加快建设，于越快速路等6条快速路顺利通车，轨道交通1号线主线开通运营，2号线一期实现“轨通”“电通”，成功创建国家绿色出行城市、“四好农村路”省级示范市。实施打造国内最清洁城市“410”行动，创建省级“高品质示范街区”6个、“席地而坐”精细保洁示范区域12个，无物业小区实现“清零”，城市品质稳步提升。

【党政机关整体智治系统建设】2022年，绍兴市高质量统筹推进党建统领整体智治系统和基层智治系统建设，取得了阶段性成效。组建党建统领整体智治系统工作专班，整体协调推进系统建设；建立绍兴市党建统领整体智治系统建设分片组联系制度，形成全面覆盖、合力推动工作格局。建立任务清单动态管理、协同执行、闭环管理、迭代完善和数据开发利用的重大任务执行链管理“五项机制”，确保各项工作落地落实、闭环有效。承接的13项省级重大应用，均按要求有序推进。其中，“七张问题清单”应用，承接省级问题164个、整改105个，市级问题682个、整改453个。突发快响应用，市、县、乡三级已全部贯通，配置有效账号3670个，通过突发快响上报紧急突发敏感事件701件。公权力大数据监督应用，承担7个领域(系统)12个监督应用建设工作，全市分办处置红色预警5029条，办结4611条，查实3134条，转移问题线索812条，处理1588人次，留置3人，挽回经济损失344.58万元，发出纪检监察建议书60份，推动专项治理44项，推进制度完善15项。“浙里人才之家”应用，累计办理人才在线服务9.8万件，提供“无感智兑”2.16亿元，绍兴“人才码”领码14.6万人。打造一批具有绍兴辨识度的标志性成果。其中，村社减负增效应用(浙里兴村治社)上线以来，全市103个乡镇2122个村社2万余名镇社干部使用，村社书记常态日活跃保持在98%左右；累计下派事项72万余件，完成率97.4%；开展揭榜挂帅事项526项，揭榜率100%，获评2022年浙江数字化改革“最佳应用”。枫桥纪检监察指数应用，共采集2021年12月以来各类监督数据250余万条，归类风险问题6581个，其中2022年9月平台正式上线以来共发出“修复台”预警提醒510条、“清枫令”督办通知360条，相关做法和初步成效被省委改革办《竞跑者》刊登介绍。国企房产公权力大数据监督应用，已在全市11家市管国企全面推广使用，共挽回损失276.98万元，推动重塑制度22个，推进专项治理3项。“民族e家亲”应用，打通8套跨部门、跨层级系统，构建“一图两端两场景”应用，切实提升民族事务治理法治化水平。

【基层减负】2022年，中共绍兴市委认真贯彻落实中央八项规定及其实施细则精神，贯彻落实《关于贯彻党的二十大部署要求锲而不舍落实中央八项规定精神深化纠治“四风”工作的意见》，持续有力纠治“四风”。健全考核检查、会议管理、重大任务集成落实等制度机制，巩固文山会海治理成效，优化考核体系、精简考核项目、减少考核频次，从严管控责任状签订事项，切实为基层松绑减负。市委共印发三类文件27件，数量始终保持在低位区间；召开一类会议22个，较2021年减少40%，切实减少会议数量、提升会议实效。坚决破除指尖上的形式主义，共整改22个不符合要求的移动互联网应用程序。深入开展“三服务(三驻三服务)”活动，持续提升群众获得感幸福感。每季度组织参加县(市、区)委书记工作交流会，召开乡镇(街道)党(工)委书记“弘扬‘胆剑精神’，勇争‘五个率先’”工作交流会，开展“互看互学互比”活动，进一步营造“你追我赶、比学赶超”的发展氛围。

【中央巡视反馈问题整改】 2022年，中共绍兴市委聚焦聚力“五个率先”的重大使命，坚决扛起中央巡视反馈问题整改的政治责任，以踏石留印、抓铁有痕的坚决态度，狠抓问题整改落地落实，明确“四张清单”，开展“六大行动”，落实“五项机制”，全市28个具体整改问题，108条整改措施已全部完成，出台相关制度规定96个，中央巡视反馈问题整改工作取得了明显成效。

（市委办　傅　江）

重要会议

【市第九次党代会】 2022年2月28日至3月2日，中国共产党绍兴市第九次代表大会召开。大会的主题是：坚持以习近平新时代中国特色社会主义思想为指导，忠实践行“八八战略”、奋力打造“重要窗口”，聚焦聚力“五个率先”，动员全市各级党组织和广大党员干部群众，坚定不移做“两个确立”忠诚拥护者、“两个维护”示范引领者，加快建设高水平网络大城市，全力打造新时代共同富裕地，率先走出争创社会主义现代化先行省市域发展之路。

会议听取和审查市委书记盛阅春代表中国共产党绍兴市第八届委员会所作的工作报告，审查中国共产党绍兴市第八届纪律检查委员会工作报告（书面），选举产生中国共产党绍兴市第九届委员会、中国共产党绍兴市第九届纪律检查委员会和绍兴市出席中国共产党浙江省第十五次代表大会的代表。

会议全面回顾市第八次党代会以来的工作，提出未来五年奋斗目标和重大任务。号召全市各级党组织、共产党员和广大人民群众要更加紧密地团结在以习近平同志为核心的党中央周围，坚持以习近平新时代中国特色社会主义思想为指导，坚定不移做“两个确立”忠诚拥护者、“两个维护”示范引领者，聚焦聚力“五个率先”，加快建设高水平网络大城市，全力打造新时代共同富裕地，在新的赶考之路上书写更加绚丽的绍兴篇章，以优异成绩迎接党的二十大胜利召开。

大会应到代表476人，实到473人。大会开、闭幕式在绍兴大剧院举行。

【市委全体会议】 2022年，中共绍兴市委共召开市委全体会议4次，即市委八届十二次、十三次全体（扩大）会议和市委九届二次、三次全体（扩大）会议。

中共绍兴市委八届十二次全体（扩大）会议 2022年1月9日在市区召开。会议坚持以习近平新时代中国特色社会主义思想为指导，深入学习贯彻党的十九届六中全会、中央经济工作会议精神，按照省委十四届十次全会、省委经济工作会议部署，推动全市党员干部坚定不移做“两个确立”忠诚拥护者、“两个维护”示范引领者，奋力展现“五个率先”新担当新作为新气象，以优异成绩迎接党的二十大胜利召开。审议通过《中国共产党绍兴市第八届委员会第十二次全体会议关于深入学习贯彻党的十九届六中全会精神坚定不移做“两个确立”忠诚拥护者“两个维护”示范引领者的决议（草案）》。出席全会的市委委员38名，候补委员10名。绍兴市委常委会主持会议。市委书记盛阅春讲话。

中共绍兴市委八届十三次全体（扩大）会议 2022年2月18日在市区召开。会议审议通过中共绍兴市委第八届委员会向第九次党代会的报告，决定提请市第九次党代会审查。审议通过中共绍兴市纪律检查委员会向市第九次党代会的工作报告，酝酿通过九届市委委员、候补委员、市纪委委员候选人预备人选名单，通过市第九次党代会主席团常务委员会建议名单。市委常委会主持会议，市委书记盛阅春通报市第九次党代会筹备工作情况并讲话。

中共绍兴市委九届二次全体（扩大）会议 2022年7月29日在市区召开。会议高举习近平新时代中国特色社会主义思想伟大旗帜，全面贯彻省第十五次党代会和市第九次党代会精神，动员全市党员干部群众忠实践行“八八战略”、坚决做到“两个维护”，在“两个先行”“五个率先”新征程中勇担使命、勇毅前行，在高质量发展中加快建设高水平网络大城市，以优异成绩迎接党的二十大胜利召开。审议通过《中共绍兴市委关于忠实践行“八八战略”坚决做到“两个维护”奋力争当“两个先行”排头兵的决议（草案）》《中共绍兴市委关于加快建设高水平网络大城市的实施意见（草案）》。出席全会的市委委员56名，候补委员10名。市委常委会主持会议。市委书记盛阅春代表市委常委会作报告，并在全会结束时讲话。

中共绍兴市委九届三次全体（扩大）会议 2022年12月30日在市区召开。全会坚持以习近平新时代中国特色社会主义思想为指导，深入学习贯彻党的二十大、中央经济工作会议和省委十五届二次全会暨省委经济工作会议精神，听取和讨论盛阅春受市委常委会委托作的工作报告，审议通过《中共绍兴市委关于深入学习贯彻党的二十大精神　在建设高水平网络大城市中勇闯中国式现代化市域实践新路子的决定》，推动全市上下更加深刻领悟“两个确立”的决定性意义，更加坚决做到“两个维护”，努力创造更大辉煌，为谱写中国式现代化浙江篇章贡献更多绍兴力量。出席全会的市委委员44名，候补委员10名，市委常委会主持会议。市委书记盛阅春代表市委常委会作报告，并在全会结束时讲话。

【市委常委会会议】 2022年，中共绍兴市委共召开常委会会议37次。

1月13日会议 传达学习贯彻习近平总书记在中央政治局第三十五次集体学习时的重要讲话精神；传达学习贯彻习近平总书记对做好“三农”工作的重要指示和中央农村工作会议精神；传达学习习近平总书记在全国宗教工作会议上的重要讲话精神以及全省宗教工作会议精神，听取绍兴市贯彻落实意见的汇报；传达学习习近平总书记对党内法规工作的重要指示和全国党内法规工作会议以及省委理论学习中心组专题学习会精神，听取绍兴市贯彻落实意见及党内法规工作情况的汇报;传达学习贯彻习近平总书记对全国老干部工作的重要指示精神;传达学习贯彻县(市、区)委书记工作交流会暨疫情防控工作部署会精神;传达学习省委信访工作会议精神,听取绍兴市贯彻落实意见的汇报;传达学习全省民营经济发展大会精神,听取绍兴市贯彻落实意见的汇报;传达学习省第19届亚运会和第4届亚残运会工作领导小组第一次例会精神,听取绍兴市贯彻落实意见的汇报;传达学习省委副书记黄建发在绍开展“助企开门红”活动时的讲话精神;听取市人大常委会、市政府、市政协、市中级人民法院、市检察院党组工作汇报;听取市纪委八届七次全会方案及报告起草情况的汇报。

1月14日会议 听取省第十五次党代会代表候选人初步人选考察对象和二十大代表候选人推荐人选的汇报;研究有关人事议题。

1月25日会议 传达学习习近平总书记在十九届中央纪委六次全会上的重要讲话精神,听取绍兴市贯彻落实意见和全市纪检监察工作情况的汇报;传达学习贯彻习近平总书记在省部级主要领导干部学习贯彻党的十九届六中全会精神专题研讨班开班式上的重要讲话精神;听取提交市第九次党代会的八届市委工作报告、纪委工作报告起草情况的汇报;听取关于2021年度“改革开放创新发展突出贡献奖”评选推荐工作情况的汇报;听取关于2021年度工作目标责任制考核及国企和金融机构考核情况的汇报;听取关于2021年度企业评部门、群众评行风情况的汇报;研究有关人事议题。

2月15日会议 传达学习习近平总书记对政法工作的重要指示和中央政法工作会议、省委政法工作会议精神,听取绍兴市贯彻落实意见和全市政法工作情况的汇报;传达学习全国公安厅局长会议及全省公安局长会议精神,听取绍兴市贯彻落实意见和全市公安工作情况的汇报;传达学习全国宣传部长会议及全省宣传思想工作会议精神,听取绍兴市贯彻落实意见和全市宣传思想工作情况的汇报;传达学习全国统战部长会议及全省统战部长会议精神,听取绍兴市贯彻落实意见及全市统战工作情况的汇报;传达学习全省高质量发展建设共同富裕示范区推进大会精神,听取绍兴市贯彻落实意见的汇报;传达学习贯彻省委副书记、省长王浩在绍调研时的讲话精神;传达学习贯彻2022年度领导干部报告个人有关事项工作的政策精神;听取关于2021年全市食品药品安全工作情况的汇报;听取关于市委八届十三次全体(扩大)会议方案的汇报;听取关于绍兴市出席党的二十大代表候选人初步人选推荐名单和省第十五次党代会代表候选人预备人选名单情况的汇报;听取关于市级部门(单位)和县(市、区)领导班子、市管干部2021年度考核等次建议等有关事项的汇报;研究有关人事议题;听取关于2022年市管干部退休情况的汇报;听取关于九届市委委员、候补委员、市纪委委员人事安排建议方案的汇报;听取关于市委推荐到县(市、区)和驻绍部队参选的市九届人大代表候选人建议方案等有关事项的汇报。

2月18日会议 传达学习省委书记袁家军有关批示精神,听取关于《绍兴市推进“大综合一体化”行政执法改革方案》等起草情况的汇报;听取关于镜岭水库前期工作及建设管理机构设置建议的汇报;听取关于《绍兴市城乡风貌整治提升行动实施方案》起草情况及专班组建方案的汇报;听取关于2022年市政府民生实事候选项目情况的汇报;听取关于市九届人大一次会议、市政协九届一次会议安排情况的汇报;听取关于2022年市委常委会工作要点及分工方案起草情况的汇报;听取关于提交市第九次党代会的八届市委工作报告、纪委工作报告修改情况的汇报;听取关于市第九次党代会筹备工作情况和大会日程安排(草案)的汇报;听取关于市委九届一次全会方案、市纪委九届一次全会方案和《中共绍兴市委关于加强自身建设的决定》起草情况的汇报;听取关于《中国共产党绍兴市第九次代表大会选举办法(草案)》《中国共产党绍兴市第九届委员会第一次全体会议选举办法(草案)》《中国共产党绍兴市第九届纪律检查委员会第一次全体会议选举办法(草案)》起草情况的汇报;听取关于市第九次党代会代表选举和代表资格初步审查情况的汇报;听取关于市管党费收缴使用情况的汇报;听取关于市第九次党代会组织机构建议名单的汇报。

3月2日会议 研究市委常委分工;听取关于《中共绍兴市委常委会议事决策规则》起草情况的汇报。

3月7日会议 传达学习贯彻习近平总书记在中央党校(国家行政学院)中青年干部培训班开班式上的重要讲话精神;传达学习贯彻习近平总书记在中央政治局第三十六次集体学习时的重要讲话精神;传达学习全国、全省组织部长会议精神,听取绍兴市贯彻落实意见和全市组织工作情况的汇报;传达学习全省数字化改革推进大会精神,听取绍兴市贯彻落实意见的汇报;传达学习全省公安有关会议精神,听取绍兴市贯彻落实意见的汇报;听取关于开展全国市域社会治理现代化试点合格城市创建迎检“六大专项行动”有关情况的汇报;听取关于2022年经营性土地出让计划安排情况的汇报;听取《关于加快建设新时代“名士之乡”人才高地的实施意见》及2022年度人才工作重点任务清单、人才服务“十件实事”起草情况的汇报;交流市委常委2月工作完成情况和3月重点工作安排。

3月18日会议 传达学习习近平总书记在中央政治局常委会会议上的重要讲话、全国新冠疫情防控工作视频会议精神,听取绍兴市贯彻落实意见的汇报;听取关于绍兴市承接落实省稳进提质“5+4”政策情况的汇报;听取关于绍兴市驻外招商引智管理办法起草情况的汇报;听取关于市人大常委会、市政府、市中级人民法院、市检察院提交市九届人大一次会议的工作报告和市政协常委会提交市政协九届一次会议的工作报告起草情况的汇报;听取关于绍兴市人民代表大会议事规则、绍兴市人大常委会2022年立法计划和2022—2026年立法调研项目库起草情况的汇报;听取关于政协绍兴市委员会全体会议工作规则和市委、市政府、市政协2022年度协商工作计划起草情况的汇报;

听取关于2022年全市基础设施、服务业重点建设项目和市级政府(平台)投资项目计划编制情况的汇报;听取关于绍兴市2021年国民经济和社会发展计划执行情况与2022年国民经济和社会发展计划草案的报告起草情况的汇报;听取关于2021年全市和市级预算执行情况及2022年全市和市级预算草案报告起草情况的汇报;研究有关人事议题;听取关于九届市政协委员建议名单及有关情况的汇报;听取关于市九届人大、政协常委会及人大各专门委员会组成人员建议方案的汇报;听取关于市九届人大一次会议各套组织机构名单及人民代表大会、政协会议列席人员建议名单的情况汇报;听取关于市政协九届一次会议各套组织机构名单及选举事项的情况汇报。

4月6日会议 传达学习贯彻《习近平同志在浙江工作期间关于举办重大活动的重要论述与精彩实践》精神;传达学习全国、全省安全生产电视电话会议精神,听取绍兴市贯彻落实意见和全市安全生产工作情况的汇报;传达学习全国巡视工作会议暨十九届中央第九轮巡视动员部署会、十四届省委第十四轮巡视工作动员部署会和中央办公厅《关于加强巡视整改和成果运用的意见》、省委办公厅《关于进一步加强巡视整改和成果运用的实施意见》精神,听取绍兴市贯彻落实意见的汇报;传达学习全国、全省党史和地方志部门负责人会议精神,听取绍兴市贯彻落实意见的汇报;听取市总工会、团市委、市妇联工作情况的汇报;交流市委常委3月工作完成情况和4月重点工作安排;研究有关人事议题。

4月18日会议 传达学习贯彻县(市、区)委书记工作交流会精神;传达学习全省建设平安浙江工作会议精神,听取绍兴市贯彻落实意见的汇报;听取关于杭绍临空经济一体化发展示范区绍兴片区建设方案及管理机构设置情况的汇报;听取关于《落实省委全面从严治党主体责任抽查反馈意见整改责任分工方案》起草情况的汇报;听取关于2022年劳动模范、模范集体推荐工作情况的汇报;听取有关案件情况的汇报;通报有关情况。

4月25日会议 传达学习中央、省委保密委员会全体会议精神,听取绍兴市贯彻落实意见的汇报;传达学习全省制造业高质量发展大会精神,听取绍兴市贯彻落实意见的汇报;传达学习贯彻省委副书记黄建发在绍兴调研时的讲话精神;传达学习贯彻省委常委、组织部部长王成在绍兴调研时的讲话精神;传达学习全省老干部工作"双先"表彰大会、全省老干部局长会议暨数字化改革推进会精神,听取绍兴市贯彻落实意见的汇报;传达学习《关于2021年度全省各级党委(党组)落实意识形态工作责任制综合情况的通报》精神,听取绍兴市贯彻落实意见的汇报;传达学习《关于2021年度绍兴市委意识形态工作责任制落实情况重点检查的反馈意见》精神,听取绍兴市贯彻落实意见的汇报;听取关于全市2021年度落实意识形态工作责任制检查情况的汇报;听取关于全市一季度经济形势和社会稳定形势的汇报;听取关于《进一步加强统计基层基础建设的意见》起草情况的汇报;听取关于《2022年度市委、市政府和市级有关单位与市各民主党派、工商联及无党派人士政党协商实施计划》起草情况的汇报;听取关于2022年市政府重大行政决策事项建议目录的汇报;听取关于《2022年全市性督查检查考核年度计划》起草情况的汇报。

5月5日会议 传达学习贯彻中央政治局会议精神;传达学习贯彻习近平总书记在中国人民大学考察时的重要讲话精神;传达学习贯彻习近平总书记致首届大国工匠创新交流大会贺信精神;传达学习习近平总书记致首届全民阅读大会贺信精神,听取绍兴市贯彻落实意见和全市全民阅读工作情况的汇报;传达学习全省金融工作座谈会精神,听取绍兴市贯彻落实意见的汇报;传达学习全省数字化改革推进会精神,听取绍兴市贯彻落实意见的汇报;传达学习全省基层治理系统建设推进会精神,听取绍兴市贯彻落实意见的汇报;传达学习《信访工作条例》精神,听取绍兴市贯彻落实意见和全市信访积案"百日攻坚"有关情况的汇报;听取关于规范民办义务教育发展工作有关情况的汇报;听取关于《2022年度工作目标责任制考核办法》有关情况的汇报;交流市委常委4月工作完成情况和5月重点工作安排。

5月18日会议 传达学习中央政治局常委会会议和国务院联防联控机制电视电话会议精神,听取绍兴市贯彻落实情况的汇报;传达学习贯彻习近平总书记在庆祝中国共产主义青年团成立100周年大会上的重要讲话精神;传达学习《中国共产党机构编制工作条例》及其配套法规制度的主要精神,听取绍兴市贯彻落实情况的汇报;传达学习中央办公厅、国务院办公厅《关于更加有效发挥统计监督职能作用的意见》精神,听取绍兴市贯彻落实意见的汇报;传达学习贯彻中央办公厅《关于当前意识形态领域形势的通报》精神;传达学习全省城乡社区工作会议精神,听取绍兴市贯彻落实意见的汇报;听取关于《绍兴市生态文明建设规划》修编情况的汇报;听取关于《绍兴市综合立体交通网规划》编制情况的汇报;听取关于《绍兴市人才发展集团有限公司组建实施方案》起草情况的汇报;听取《关于调整黄酒集团、浙江古越龙山绍兴酒股份有限公司管理体制的实施意见》起草情况的汇报。

5月30日会议 传达学习全国稳住经济大盘电视电话会议及省续会精神,听取绍兴市贯彻落实意见的汇报;传达学习贯彻省委常委、省纪委书记、监委主任许罗德在绍兴调研时的讲话精神;听取《关于深化基层党建"三张金名片"统领网格智治的实施意见》起草情况和成立市现代社区建设领导小组有关情况的汇报;交流市委常委5月工作完成情况和6月重点工作安排;听取关于第三批浙江省担当作为好干部推荐人选情况的汇报。

6月2日会议 传达学习贯彻省委副书记、省长王浩在绍兴调研时的讲话精神;传达学习贯彻全省经济稳进提质攻坚行动工作推进会精神;传达学习全省共同富裕现代化基本单元建设工作推进会精神,听取绍兴市贯彻落实意见的汇报;听取关于2021年度贯彻落实习近平总书记对绍兴重要指示批示"四张清单"情况的汇报。

6月16日 传达学习贯彻习近平总书记在中央政治局第三十八次集体学习时的重要讲话精神；传达学习贯彻习近平总书记在庆祝中国国际贸易促进委员会建会70周年大会暨全球贸易投资促进峰会上的致辞精神；传达学习贯彻习近平总书记致2022年“6·5”环境日国家主场活动的贺信精神；传达学习贯彻省委副书记、省长王浩会见比亚迪股份有限公司董事长王传福时关于深化绍兴市与比亚迪公司双方合作的指示精神；传达学习全省消防安全大排查大整治暨安全生产工作视频会议精神，听取绍兴市贯彻落实意见及安全生产形势的汇报；听取关于中共中央《关于加强和改进新时代市县政协工作的意见》和省委《中共浙江省委办公厅关于加强和改进新时代市县政协工作的实施意见》精神贯彻落实情况的汇报；听取关于全省“万名干部助万企”精准服务活动动员会精神贯彻落实情况的汇报；听取关于《绍兴市2022年“五水共治”“河湖长制”工作实施方案》起草情况的汇报；听取关于全省“共享法庭”建设推进会精神及绍兴市贯彻落实意见的汇报；听取关于校园性侵害犯罪情况及绍兴市下一步加强预防校园性侵害工作意见的汇报；研究有关人事议题。

6月23日会议 传达学习贯彻省第十五次党代会精神。

7月4日会议 传达学习贯彻习近平总书记在中央政治局第三十九次集体学习时的重要讲话精神；传达学习贯彻省委副书记黄建发在绍宣讲省党代会精神并调研时的讲话精神；听取关于《绍兴市2022年上半年政治生态建设自评自查报告》起草情况的汇报；听取关于《中共绍兴市委巡察工作规划(2022—2026年)》起草情况的汇报；听取关于《绍兴市深入推进“五个率先”三年行动计划(2022—2024年)》《绍兴市深入推进“五个率先”指标体系(2022—2026年)(试行)》起草情况的汇报；听取关于“枫桥经验”60周年纪念活动筹备工作情况的汇报；听取《关于进一步加强残疾人工作促进共同富裕的若干意见》起草情况的汇报；交流市委常委6月工作完成情况和7月重点工作安排。

7月27日会议 传达学习贯彻《中共中央办公厅关于印发〈领导干部配偶、子女及其配偶经商办企业管理规定〉的通知》精神；传达学习全国、全省安全生产电视电话会议精神，听取绍兴市上半年安全生产工作情况和下一步工作安排的汇报；听取关于2022年上半年经济运行情况的汇报；听取《中共绍兴市委关于加快建设高水平网络大城市的实施意见》起草情况的汇报；听取关于市委九届二次全会方案、报告和《中共绍兴市委关于忠实践行“八八战略”坚决做到“两个维护”奋力争当“两个先行”排头兵的决议》起草情况的汇报。

8月1日会议 传达学习贯彻中央政治局会议精神；传达学习全省建设新时代美丽浙江推进大会暨生物多样性保护大会精神，听取绍兴市贯彻落实意见的汇报；传达学习全省第十次党史工作会议精神，听取绍兴市贯彻落实意见的汇报；听取关于2022年上半年全市社会稳定形势的汇报；听取关于2022年上半年全市公安工作情况的汇报；听取关于2022年上半年全市法院工作情况的汇报；听取关于2022年上半年全市检察工作情况的汇报；听取关于《绍兴市开发区(园区)纪检监察机构设置方案》《关于全面加强绍兴市开发区(园区)纪检监察工作的实施意见》起草情况的汇报；听取《关于调整市本级与越城区交通运输领域相关事权的实施意见》起草情况的汇报；交流市委常委7月工作完成情况和8月重点工作安排。

8月19日会议 传达学习贯彻中央统战工作会议精神；传达学习贯彻全省各级人大常委会主任学习会精神；传达学习全省数字经济高质量发展大会精神，听取绍兴市贯彻落实意见的汇报；传达学习全省巡视巡察工作会议暨十五届省委第一轮巡视动员部署会精神，听取绍兴市贯彻落实意见的汇报；听取市“七张问题清单”上半年工作情况的汇报。

8月25日会议 传达学习贯彻习近平总书记在中央政治局第四十一次集体学习时的重要讲话精神；传达学习贯彻全国宣传部长电视电话会议、全省宣传部长专题视频会议精神；传达学习贯彻省委常委、宣传部部长王纲在绍调研时的讲话精神和全省宣传文化系统专题研讨班会议精神；听取《绍兴市人民代表大会常务委员会关于加快建设高水平网络大城市的决定(草案)》起草情况的汇报；听取关于制定《绍兴市“枫桥经验”传承发展条例》情况的汇报。

9月5日会议 传达学习《领导干部接到请托事项记录报备制度(试行)》及省纪委《解读》精神；传达学习全省新一轮制造业“腾笼换鸟、凤凰涅槃”攻坚行动现场会暨“415X”产业集群推进会精神，听取绍兴市贯彻落实意见的汇报；听取《关于全市域建设高能级战略平台的指导意见》起草情况的汇报；听取关于《绍兴市加快农民增收促进共同富裕行动方案(2022—2025年)》《绍兴市加快农民增收促进共同富裕若干政策》起草情况的汇报；听取《关于促进社会组织高质量发展助力共同富裕示范区建设的若干措施》起草情况的汇报；交流市委常委8月工作完成情况和9月重点工作安排。

9月16日会议 传达学习中共中央办公厅《关于推动党史学习教育常态化长效化的意见》、中共浙江省委办公厅《关于推动党史学习教育常态化长效化的实施意见》精神，听取绍兴市贯彻落实意见的汇报；传达学习全省清廉浙江建设推进会精神，听取绍兴市贯彻落实意见的汇报；传达学习全省统一战线暑期读书会精神和省委常委、统战部部长邱启文在绍调研时的讲话精神，听取绍兴市贯彻落实意见的汇报；传达学习省人大代表换届选举工作会议精神，听取绍兴市贯彻落实意见的汇报；听取全市涉恐形势分析及下步工作措施的情况汇报；听取《关于实施“4151”计划打造先进制造业强市的若干意见》及系列方案(计划)起草情况的汇报；听取关于设立绍兴市稳保基金有关情况的汇报；听取关于《〈绍兴大典〉编纂出版工作实施方案》起草情况的汇报；听取关于2022年市本级营级及以下转业军官安置方案的情况汇报；听取有关案件情况的汇报；研究有关人事议题。

9月27日会议 传达学习贯彻中共中央办公厅《关于浙江省嘉兴市违规改扩建南湖宾馆问题查处情况的通报》精神。

9月30日会议 传达学习贯彻中央办公厅《关于加强新时代市县党政正职队伍建设的意见》《推进领导干部能上能下规定》文件精神；传达学习全省农业高质量发展大会精神，听取绍兴市贯彻落实意见的汇报；传达学习海洋强省建设推进会精神，听取绍兴市贯彻落实意见的汇报；传达学习浙江省“人民满意的公务员”和“人民满意的公务员集体”表彰大会精神，听取绍兴市贯彻落实意见的汇报；传达学习《关于当前我省意识形态领域形势的通报》精神，听取绍兴市贯彻落实意见和《关于当前绍兴市意识形态领域形势的通报》起草情况的汇报；交流市委常委9月工作完成情况和10月重点工作安排。

10月9日会议 传达学习贯彻习近平总书记在参观“奋进新时代”主题成就展时的重要讲话精神；传达学习贯彻习近平总书记为《复兴文库》作的序言《在复兴之路上坚定前行》的重要精神；传达学习全省“大综合一体化”行政执法改革大会精神，听取绍兴市贯彻落实意见的汇报；听取关于《高标准建设绍兴市能源基础设施网络总体方案》起草情况的汇报；研究近期有关工作。

10月24日会议 传达学习贯彻党的二十大精神；听取关于《深入学习宣传贯彻党的二十大精神广泛开展“六学六进六争先”学习实践活动工作方案》起草情况的汇报；听取关于召开绍兴市第九届人民代表大会第二次会议有关情况的汇报。

10月28日会议 传达学习贯彻习近平总书记在中共中央政治局第一次集体学习时的重要讲话精神；传达学习中共中央办公厅、国务院办公厅《关于加强新时代高技能人才队伍建设的意见》精神，听取绍兴市贯彻落实意见的汇报；传达学习省委统战工作会议精神，听取绍兴市贯彻落实意见的汇报；听取关于全市三季度经济形势和社会稳定形势及二十大维稳安保工作情况的汇报；听取关于《绍兴市产业项目“比、看、干”晒比活动实施方案》起草情况的汇报；听取关于《绍兴市“2335”外贸保稳提质行动方案(2022—2025年)》《绍兴市推动外贸保稳提质若干政策》《关于〈绍兴市推动外贸保稳提质若干政策〉的补充通知》起草情况的汇报；交流市委常委10月工作完成情况和11月重点工作安排；听取有关案件情况的汇报。

11月14日会议 传达学习贯彻习近平总书记在瞻仰延安革命纪念地时的重要讲话精神；传达学习中央政治局常委会会议以及全国、全省新冠疫情防控工作电视电话会议精神，听取绍兴市贯彻落实意见的汇报；传达学习贯彻习近平总书记在第五届中国国际进口博览会开幕式上的致辞精神；听取关于浙江越秀外国语学院“请求重点支持和帮助解决有关问题”的情况汇报；听取《关于建立健全分层分级精准防控末端发力终端见效工作机制 推动食品安全属地管理责任落地落实的实施方案》起草情况的汇报；传达学习省政协换届人事安排工作座谈会精神，听取绍兴市省政协委员推荐方案的汇报；听取关于绍兴市十四届全国人大代表候选人拟推荐人选名单的汇报。

11月17日会议 听取关于绍兴文理学院建设发展情况的汇报；听取《关于支持绍兴文理学院高质量发展助推建设高水平网络大城市打造新时代共同富裕地的若干意见》起草情况的汇报；研究有关人事议题。

12月2日会议 传达学习习近平总书记对河南安阳市凯信达商贸有限公司火灾事故的重要指示精神，听取绍兴市贯彻落实意见的汇报；传达学习全省深化“千万工程”建设新时代美丽乡村现场会精神，听取绍兴市贯彻落实意见的汇报；传达学习全省深化党建联建机制暨党建引领“共富工坊”建设全面助力共同富裕现场会精神，听取绍兴市贯彻落实意见的汇报；传达学习省委常委、省纪委书记傅明先在绍调研时的讲话精神，听取绍兴市贯彻落实意见的汇报；听取《中共绍兴市委2022年度落实全面从严治党主体责任报告》起草情况的汇报，研究全面从严治党工作；听取市委常委会其他成员履行“一岗双责”情况的汇报；听取关于《绍兴市深化国防动员体制改革实施方案》起草情况的汇报；听取《关于打造新时代高技能人才高地助力先进制造业强市建设的实施意见(2022—2025年)》起草情况的汇报；听取关于县级党校分类建设工作情况的汇报；交流市委常委11月工作完成情况和12月重点工作安排。

12月3日会议 传达学习中央、省委有关文件精神，部署绍兴市做好江泽民同志治丧工作事宜。

12月9日会议 传达学习习近平总书记致2022年世界互联网大会乌镇峰会贺信精神，听取绍兴市贯彻落实意见的汇报；听取2022年度全市网信工作情况的汇报；听取关于《深化实施数字经济“一号工程”升级版行动计划》起草情况的汇报；听取市直机关党建工作情况的汇报；听取关于《绍兴市浙东唐诗之路文化资源保护和利用条例》制定情况的汇报；听取关于《绍兴市人民代表大会常务委员会关于加强知识产权保护工作的决定(草案)》起草情况的汇报；听取关于绍兴市省十四届人大代表候选人拟推荐人选名单的汇报；听取关于绍兴市省政协委员协商推荐工作情况的汇报。

12月15日会议 传达学习贯彻习近平总书记对非物质文化遗产保护工作的重要指示精神；传达学习贯彻中共中央政治局会议精神；传达学习贯彻省委副书记、省长王浩在绍调研时的讲话精神；听取关于市九届人大二次会议各套组织机构名单及列席人员名单的情况汇报；研究有关人事议题。

12月23日会议 传达学习贯彻习近平总书记纪念现行宪法公布施行40周年文章《谱写新时代中国宪法实践新篇章》精神；传达学习省新冠疫情防控工作领导小组会议精神，听取绍兴市贯彻落实意见的汇报；听取关于市委九届三次全体(扩大)会议方案、报告及《中共绍兴市委关于深入学习贯彻党的二十大精神在建设高水平网络大城市中奋力推进中国式现代化市域实践的决定》起草情况的汇报；听取市人大常委会、市政府、市政协、市中级人民法院、市检察院党组工作汇报；听取关于《绍兴市打造最清洁城市"410 行动"实施方案》起草情况的汇报；听取《关于推进服务业高质量发展的实施意见》起草情况的汇报；听取关于《绍兴市碳达峰实施方案》起草情况的汇报。

12 月 29 日会议 传达学习贯彻习近平总书记在中央农村工作会议上的重要讲话精神；传达学习贯彻习近平总书记对爱国卫生运动作出的重要指示精神；传达学习贯彻省委书记易炼红在绍兴调研讲话精神；传达学习全省市域社会治理现代化试点工作推进会精神，听取绍兴市贯彻落实意见的汇报；传达学习省现代社区建设领导小组第二次会议精神，听取绍兴市贯彻落实意见的汇报；听取市纪委监委、市委组织部、市委宣传部、市委统战部、市委政法委 2022 年工作完成情况及 2023 年重点工作安排的汇报；听取关于召开绍兴市第九届人民代表大会第三次会议和政协绍兴市第九届委员会第二次会议有关情况的汇报；交流市委常委 2022 年 12 月工作完成情况和 2023 年 1 月重点工作安排。

（市委办　傅　江）

【市委议军会】 12 月 16 日，中共绍兴市委召开议军会暨国防动员委员会全体会议。市委书记、军分区党委第一书记盛阅春参加会议并讲话。传达学习中央和省委有关会议精神，听取市委改革办关于深化国防动员体制改革有关情况汇报，总结讲评全市武装工作情况，表彰全市第三届"十大最美民兵"，宣读新任县（市、区）人武部党委第一书记任职决定，讨论审议有关事项。

（绍兴军分区　朱小强）

【市委其他重要会议】

绍兴市基层党建工作会议 2022 年 1 月 4 日召开。会议强调，要深入学习贯彻习近平总书记关于基层党建的重要论述精神，深入贯彻新时代党的建设总要求和党的组织路线，大力弘扬伟大建党精神，扎实推动基层党建工作质量整体跃升，为建设高水平网络大城市、打造新时代共同富裕地，率先走出争创社会主义现代化先行省的市域发展之路打牢坚实基础、提供坚强保证。会议表彰一批先进基层党组织、优秀共产党员、担当作为好干部、强基先锋、担当作为好支书等先进，宣读关于追授崔煜忠为市优秀共产党员、追记个人二等功、追授"最美绍兴人"特别奖，追记楼建勇个人二等功、追授"最美绍兴人"特别奖的有关决定，6 位先进代表做交流发言。市委副书记、代市长施惠芳主持，市委书记盛阅春出席会议并讲话。会议以视频形式举行，各县（市、区）设分会场。

绍兴市经济稳进提质攻坚大会 2022 年 6 月 7 日召开。随后每个月召开工作例会。会议深入贯彻中共中央、国务院关于稳住经济大盘的重大决策部署和全省经济稳进提质攻坚行动工作例会精神，研究部署绍兴市以超常规力度和举措推动经济企稳回升、稳进提质。市领导小组办公室通报指标晾晒排名情况；市发展改革委通报经济运行情况；"8+1" 专班分别汇报推进情况，有关县（市、区）作交流发言。市委副书记、市长施惠芳主持，市委书记盛阅春出席会议并讲话。会议以视频形式举行，市设主会场，各县（市、区）设分会场。

绍兴市民营经济暨制造业高质量发展大会 2022 年 6 月 16 日召开。会议强调，要深入学习贯彻习近平总书记关于民营经济发展和制造强国战略的重要论述精神，贯彻落实全省民营经济发展大会和全省制造业高质量发展大会精神，围绕市第九次党代会部署，扛起智造强市新担当、续写民营经济新辉煌，为建设高水平网络大城市注入强劲动力。市委副书记、市长施惠芳主持，市委书记盛阅春出席会议并讲话。会议以视频形式举行，各县（市、区）设分会场。

绍兴市高水平网络大城市建设工作推进会 2022 年 11 月 28 日召开。会议强调，要深入学习贯彻习近平总书记关于城市工作的重要论述，全面贯彻落实党的二十大精神，按照省第十五次党代会和市第九次党代会、市委九届二次全会部署要求，坚持以城市发展方式转变带动经济发展方式转变，加快形成高水平网络大城市建设破竹之势，奋力探索中国式现代化市域实践。会议通报全市网络大城市建设工作推进情况，2 个重点片区和 3 个共富单元作交流发言，市发展改革委、市水利局、市交通运输局、市科技局、市委宣传部、各县（市、区）作书面交流。市委副书记、市长施惠芳主持，市委书记盛阅春出席会议并讲话。会议以视频形式举行，各县（市、区）设分会场。

（市委办　傅　江）

深化改革

【概况】 2022 年，绍兴市认真学习贯彻习近平总书记关于数字化改革的重要论述精神，围绕市党代会提出的"建设高水平网络大城市、打造新时代共同富裕地"目标，扎实推动全面深化改革与数字化改革、共同富裕重大改革任务全面融合。以数字化改革为总牵引，高质量推进全面深化改革各项工作。共承接并推进省级及以上重大改革试点 458 项，其中，国家层面 50 项，包括深改 43 项，数改 7 项；省级层面 408 项，包括深改 144 项，数改 264 项。年内，召开市委深改委会议 4 次、数改例会 5 次、数改办主任例会 8 次。迭代升级数字化改革"1612" 工作体系，市委改革办牵头推进基层治理"一件事" 集成改革，承担市政府职能转变和"放管服" 改革牵头抓总和协调推进工作，参与好农村宅基地改革试点工作，牵头开展全市深化国防动员体制改革工作。

【九届市委全面深化改革委员会会议】

九届市委全面深化改革委员会第一次会议 2022 年 3 月 11 日召开。会议传达学习中央、省委深改委有关会议精神，听取市委组织部关于推进人才科创体制改革，市发改委关于加快构建“2+7+N”平台体系，柯桥区、诸暨市关于“县乡一体、条抓块统”改革试点工作进展情况汇报；审议并原则通过《关于建立“四项机制”、加强改革项目（场景应用）系统化谋划推进的实施意见》《全面推进“县乡一体、条抓块统”县域整体智治改革实施方案》《绍兴市应急管理综合行政执法改革实施方案》；听取越城区委、新昌县委主要负责人关于改革工作述职汇报，书面听取其他县（市、区）委主要负责人改革述职。

九届市委全面深化改革委员会第二次会议暨市数字化改革领导小组第八次全体（扩大）会议 2022年5月13日召开。市委书记、市委全面深化改革委员会主任、市数字化改革领导小组组长盛阅春在会上强调，要深入学习贯彻中央深改委第二十五次会议精神，认真贯彻落实全省数字化改革推进会精神，不断强化使命担当，突出实战实效，纵深推进数字化改革。市委副书记、市长施惠芳主持，市领导谭志桂、魏伟等参加。

九届市委全面深化改革委员会第三次会议暨市数字化改革领导小组第九次全体（扩大）会议 2022年8月9日召开。市委书记、市委全面深化改革委员会主任、市数字化改革领导小组组长盛阅春在会上强调，要深入学习贯彻中央深改委第二十六次会议、省委改革委第一次会议、全省数字化改革推进会精神，聚焦改革突破、实战实效、能力提升，全方位纵深推进数字化改革，加快打造重大改革标志性成果。市委副书记、市长施惠芳主持，市领导魏伟、杜旭亮等参加。

九届市委全面深化改革委员会第四次会议暨市数字化改革领导小组第十次全体（扩大）会议 2022年11月29日召开。会议传达学习中央、省委有关会议精神；书面审议有关文件；听取市委改革办有关工作情况汇报；“6+1+1”牵头单位和7家单位作书面汇报。

【重点改革项目推进】 2022年，绍兴市确定10个由市领导领衔、40个由市级各专项小组（系统）领衔的重点突破改革（应用）项目，并在《中共绍兴市委全面深化改革委员会2022年工作要点》中予以明确。全年，市委、市政府领导研究谋划市级重点改革突破项目87次。至年末，重大改革推进有力有序，总体进展良好。

【数字化改革推进】 2022年，绍兴市以“进入全省第一方阵”为目标，“6+1+1”系统（平台）和各县（市、区）对准跑道加速跑，打造一批特色“硬核”成果。

应用成果方面。新增省部级以上试点18项，4个应用入选全省“最佳应用”，列全省第三位。诸暨市获省政府数字化改革督查激励，“网络安全智治”应用在省数字化改革推进会上演示。获省改革突破奖7项，“数字孪生曹娥江”列入水利部试点，“安心码”警银协作、“阅卷精灵”获全国公安基层技术革新奖一等奖、二等奖，“非标油”偷逃税监督模型应用在全国检察大数据法律监督模型竞赛中获一等奖。“历史文化名城保护利用传承”“一码找订单”应用在第五届数字中国建设峰会展示。

理论成果方面。“历史文化名城保护利用传承”“浙里兴村治社”“网络安全智治（诸暨）”“宅基地制度改革”等应用做法，分别在中央改革办简报、《党建要报》、《网络安全工作》、《宅基地改革与管理》上刊发。“电机产业大脑”应用、“网络安全智治”应用在省领跑者刊发，省竞跑者刊发10次，省数字化改革各类专栏简报刊发18次，中央电视台、《人民日报》等国家级媒体报道76次。全市获中央部委或省领导批示51次。宅基地制度改革相关做法获第一批全省高质量发展建设共同富裕示范区最佳实践。“电机产业大脑”案例入选《数字化改革概论》。

制度成果方面。印发《绍兴市“枫桥纪检指数”评价办法（试行）》《绍兴古城保护利用数字管理平台共建共享实施方案》《关于深化基层党建“三张金名片”统领网格智治的实施方案》《数字政府系统工作机制方案》《府院联动推进企业破产便利化工作意见》《深化“县乡一体、条抓块统”改革推进基层智治系统建设的实施方案》《关于建立预防青少年新型违法犯罪联席机制的通知》《政务信息技术服务网络安全管理规定（试行）》等文件，制定《绍兴市农村宅基地资格权人认定办法（试行）》等6个宅基地制度改革规范，制定数字化改革应用谋划推进“四项机制”“三精”实施方案等一批制度规范。

【数字化改革“一本账”管理】 2022年，绍兴市实行市级数字化改革项目一体化、标签化、清单化管理，形成绍兴市数字化改革重点多跨场景应用“一本账S0”目录，

表4

2022年度省改革突破奖获奖情况（绍兴市）一览表

序号	成果名称	牵头单位	获奖等级
1	坚持和发展新时代“枫桥经验”全面推进村社减负增效改革	绍兴市	银奖
2	构建县域网络安全“三清三不”智治体系	诸暨市	银奖
3	花样数治——纺织行业知识产权保护与发展新机制	柯桥区	铜奖
4	大型科研仪器开放共享“一网办”“一指办”	省科技厅、绍兴市、绍兴市越城区	提名奖
5	深耕社区“契约化”共建 打造新时代城市版“枫桥经验”	越城区	提名奖
6	数字赋能中小企业转型升级模式创新	新昌县	提名奖
7	链主型企业数智转型 推动大中小企业融通发展	上虞区卧龙控股集团有限公司	提名奖

（市委改革办 顾逸仙）

共96项。主动承接省级试点，形成全市重点多跨场景应用"一本账S1"，新增22项，共116项应用。在"一本账S1"基础上，迭代升级形成"一本账S2"，纳入150个应用，其中迭代升级14项，新增37项。至2022年末，全市13个应用入选省"一地创新、全省共享""一本账S0"，入选数居全省第一位。

（市委改革办　顾逸仙）

组织工作

【概况】 2022年，绍兴市组织系统深入学习贯彻习近平新时代中国特色社会主义思想，践行新时代党的建设总要求和新时代党的组织路线，立足中国式现代化的省域布局、市域实践，扛起配强班子、选好干部、夯实基础、集聚人才重要职责，多项工作获中央、省委领导批示肯定。

（市委组织部　汤汶龙）

【基层党建】 2022年，绍兴市深入实施"红色根脉强基工程"，试点开发"红色根脉强基指数"，推动各领域基层党组织建设提质增效。优化网格智治体系，建设7215个网格、41984个微网格，选优配强"1+3+N"网格团队（"1"即1名网格长；"3"即1名专职网格员、1名兼职网格员、1名网格指导员；"N"即网格内的"两代表一委员"、其他包联干部、基层党员干部、在职党员、志愿者等）。推进"爱心卡"制度、社区应急体系改革、"上统下分、强街优社"改革、"强社惠民"集成改革、社区社会组织发展体系改革等5项省级试点，全市2155个小区实现党组织全覆盖，146个小区实现党支部书记和业委会主任"一肩挑"，社区、业委会和物业服务企业三方交叉任职、共同办公、联动议事。固化实施基层党建双月例会制度，"一例会一主题"推进基层党建重点工作。

（市委组织部　陈华铭）

【党员发展】 2022年，中共绍兴市委组织部抓实党员队伍建设，试点农村发展党员档案县级组织部门保管工作，完成发展党员排查整顿，建立流动党员信息库，探索设置流动党员服务中心，全市共摸排出流动党员6968人（其中流出党员4653人），2115人完成纳管登记。全市新发展中国共产党党员5500余名。至年末，全市有中国共产党党员37.6万余名，其中女党员12万余名，45岁以下党员15万余名。有基层党组织2.1万余个，其中，乡镇党委56个，街道党工委47个，行政村党组织1585个，国有企业党组织1000余个，事业单位党组织2300余个，机关单位党组织2300余个。

（市委组织部　方成杰）

【干部选拔任用】 2022年，绍兴市严格执行《干部任用条例》和有关规定，建设坚强领导班子和过硬干部队伍，全年共调整任用市管干部359人。

（市委组织部　金　辉）

【干部教育培训】 2022年，绍兴市组织各级干部认真学习《习近平谈治国理政》第四卷和省第十五次党代会精神。举办领导干部政治能力进修班4期，调训2018年以来未参加系统理论教育、严格党性教育或2019年以来新提任的市管领导干部近200名。举办提升疫情防控能力、稳住经济大盘推动高质量发展、网络大城市产业链精准招商等各类脱产培训班26期，培训干部约2000人次，举办线上培训班8期，培训干部近6000人次。实施年轻干部理想信念宗旨教育计划，举办中青年干部培训班1期、年轻干部"胆剑训练营"4期。

（市委组织部　俞　丹）

【干部管理监督】 2022年，市委组织部出台《关于组织部门加强巡察整改监督的实施办法》，对全市所有单位党委（党组、工委）"一把手"落实任职公开、年度公开情况实现监督检查全覆盖。督查指导各地各单位党史学习教育专题民主生活会。实施领导干部有关亲属经商办企业"三色"规范管理。优化完善干部选任"三会"（会前报告、会前审核、会议列席）监督制度，全年受理审核会前报告354批次，完成6个县（市、区）及滨海新区省委巡视选人用人问题整改情况对账检查，对20家市级部门开展选人用人检查，对69个市级部门和6个县（市、区）开展干部选任工作"一报告两评议"。构建精密智控干部大监督机制，推动市、县两级干部立体监督应用场景全域贯通运行，试点开发干部选任在线智能预审系统。

（市委组织部　陈锦涛）

【公务员管理】 2022年，市委组织部组织2.7万余人参加四级联考等公务员考录遴选工作，新录用公务员436名（不含公安定向招录105人），考录人数连续3年正增长。录用选调生82人，其中市级37人、县乡级45人，清北学生8人，硕博研究生67人。推出遴选计划43个，首次单独组织市级机关公开遴选公务员。开展"公务员队伍结构体检"，发布队伍健康指数"五色预警"。统筹开展公务员、选调生初任培训，组织2021年、2022年共145名选调生到村任职锻炼。举办2期任职示范培训班，调训市级部门新提任科级公务员92人。开展"大综合一体化"行政执法改革参照公务员法管理执法单位重新认定工作，"绍兴市实施行政执法队伍激励保障'八条'"获评全省"大综合一体化"行政执法改革"最佳实践"。评选公务员平时考核市级示范点8个、市级联系点18个。7名公务员和3个集体分别获评全省"人民满意的公务员（集体）"。

（市委组织部　杨　笋）

【人才工作】 2022年，绍兴市召开市委人才工作会议，新入选国家级领军人才123人，居全省第一位；入选省"鲲鹏行动"计划2人，有持AB类工作许可外国人才1088人，较2021年净增长458人。组建环杭州湾创新联盟，成立浙江大学绍兴研究院、上海交通大学绍兴研究院。新建院士（专家）工作站20家。实施重点人才工作推进例会制度，破解海外引才、高技能人才培育等45项难题。人才企业挂牌27家，其中帕瓦新能源在科创板上市。推进人才安居工程，建成绍兴国际青年人才社区、绍兴人才之家，落实人才健康体检，惠及人才 345 人。开展一线高层次人才和科技工作者代表疗休养 2 批次。

（市委组织部　张天雄）

【组织系统数字化改革】 2022 年，绍兴市委组织部推进数字化改革，“村社减负增效（浙里兴村治社）”应用、干部选拔任用全程纪实、“‘智’在‘掌’控，以数智赋能推动‘全面立体透视’看干部、选干部、用干部”、深耕社区“契约化”共建推动基层治理现代化、浙里工程师推动产才融合双向赋能、浙里兴村治社应用构建党建统领基层整体智治新格局项目被列入全省数字组工“四个好”系列。市委组织部获评 2022 年度“共同富裕示范区市域范例建设突出贡献奖”数字化改革先进集体称号。

（市委组织部　韦宗龙）

【“村社减负增效”应用】 2022 年，市委组织部迭代开发“村社减负增效（浙里兴村治社）”应用，涉镇、涉村事项分别减少 47% 和 32%，完善上情下达落地流程和民情上传回应流程，重构“民情日记”数字化办理体系，收录民情日记 6.7 万余篇，问题办结率 97%。至年末，应用累计下派任务单 74.9 万余项，完成 73.5 万余项，完成率 98.1%。相关做法被《党建要报》推介，并获得省委主要领导批示肯定。获评 2022 年省数字化改革最佳应用，入选全国社会治理创新案例(2022)、“‘一地创新、全省共享’一本账”。《坚持和发展新时代“枫桥经验”全面推进村社减负增效改革》获得 2022 年度浙江省改革突破银奖。

（市委组织部　汤杭颖）

【“三年创优、整体跃升”工程】 2022 年，绍兴市按照“两新”党建“每年有突破、2 年大提升、3 年整体优”要求，推进“三年创优、整体跃升”工程，调整市级双管“两新”党组织 50 家，实现“三联三会”（党组织书记联系企业出资人，党组织班子成员联系经营管理人员、车间班组和普通党员，每名党员联系职工群众；定期召开民主恳谈会、党群议事会、党企联席会）、“第一议题”制度全覆盖，建立市委“两新”工委成员单位联系制度，规模以上企业党组织覆盖率 60% 以上，全市创建标杆园区 10 个、标杆楼宇 19 个、标杆互联网企业 30 个、标杆“两新”组织 46 个。在全省率先实现市县两级交通运输行业党委全覆盖。

（市委组织部　胡银松）

【“胆剑”擂台】 2022 年，市委组织部举办“弘扬‘胆剑精神’，勇争‘五个率先’”胆剑擂台赛，在县（市、区）和市级部门、乡镇（街道）、村（社区）等层面，每季度确定主题组织开展实绩比拼，组织召开乡镇（街道）党（工）委书记交流会 3 次，有 30 名（街道）党（工）委书记上台交流，互学互比。举办村（社区）党组织书记领雁擂台赛 2 期，评选绍兴市级“兴村治社好书记”30 名。

（市委组织部　陈华铭）

【助企服务】 2022 年，绍兴市开展“驻企服务、助企纾困”专项行动，有近 5000 名驻企服务员下沉一线，走访企业 3 万余次，破解企业难题 4000 余个。组建涉及投资兴业、数字经济等 10 方面专家团 65 个，提供政策解答 2600 余次。依托“企情日记”等平台上传记录 2.7 万余条，通过“企业码”提交涉企问题 3500 余个。开展驻企服务培训 113 次，受训 9200 余人次，近 100 名在服务经济稳进提质中表现优异的干部得到提拔使用或晋升职级。

（市委组织部　何江涛）

【2022 中国绍兴“名士之乡”人才峰会】

2022 年，绍兴市举办 2022 中国·绍兴“名士之乡”人才峰会，组织“才·赋”产业人才论坛、“才·荟”专家绍兴行、“才·智”人才交流合作、“才·创”创业创新大赛等 35 项活动，邀请 21 名中外院士、1100 余名高层次人才和 870 余家企业共谋发展，现场签约项目和揭牌平台 36 个，达成合作意向项目 112 个，超 100 万人在线观看开幕式。峰会期间，举办第七届中国·绍兴海内外高层次人才创新创业大赛、第二届“万亩千亿”新产业平台全球高层次人才创新创业大赛，推动首届世界女科学家大会、首届国际先进制造青年科学家大会落户绍兴。

（市委组织部　张天雄）

【青年人才创业最温暖城市品牌】 2022 年，绍兴市连续第 5 年开行招才引智专列，覆盖 40 余个城市、400 余所高校，举办招聘会 752 场，签订人才合作协议 80 余份，新增就业大学生 14.5 万人，新引进博士 508 人。发放 2000 万元越心守“沪”人才消费券，达成引才意向超 2000 人。首次举办教育卫生系统“千名硕博”全球引才活动，引进教育类人才 1326 人、医学类人才 1310 人。绍兴青年创业项目连续 3 年获得“创青春”浙江省青年创新创业大赛总冠军，城市人才吸引力指数居全国第 27 位。

（市委组织部　张天雄、汤汶龙）

宣传工作

【概况】 2022 年，在市委坚强领导下，全市宣传文化思想战线紧紧围绕迎接、宣传、学习、贯彻党的二十大和省、市党代会精神主题主线，担负起举旗帜、聚民心、育新人、兴文化、展形象的使命任务，守正创新、担当有为，各项工作有序推进，为奋力探索中国式现代化的市域实践新路子提供思想保证、舆论支持和精神动力。拍摄制作《名城绍兴　越来越好》城市形象宣传片登陆中央广播电视总台，累计触达观众 17.6 亿人次，城市对外知名度和影响力提升。持续打造“绍兴名人文化年”活动品牌，带动年游客访问量超 800 万人次。年内，2 个团队、6 名个人获评省基层理论宣讲成绩突出先进，1 个工作室获评省首批理论宣讲名师工作室。2 名宣讲员获得省“共同富裕·青年说”宣讲挑战赛总决赛一等奖和二等奖。2 组宣讲员获得省持续擦亮浙江“三农”金名片宣讲大赛一等奖（全省共 4 名），1 个视频获得优秀宣讲作品一等奖（全省共 3 个），市委宣传部获得优秀组织奖（唯一地市级宣传部）。

【宣传系统党的二十大精神学习贯彻】 2022年，全市宣传思想文化系统围绕学习传达贯彻党的二十大精神，专题召开部务会理论学习中心组（扩大）会议，学习传达贯彻党的二十大精神。作为学习宣传宣讲党的二十大精神的牵头部门，明确把深入学习宣传贯彻党的二十大精神作为宣传思想文化系统当前和今后一段时期的首要政治任务，按照“六学六进六争先”学习实践活动工作方案，切实发挥理论宣讲作为党的好声音扩音器、传声筒的重要作用。发挥“绍兴样板”融媒体传播优势，以新闻报道、专题访谈、新媒体作品等形式和载体，展现全市干部群众贯彻落实党的二十大精神的生动实践，持续营造浓厚学习宣传氛围。牢牢把握党的二十大精神在文化领域的重心要点，持续做强“外国人眼中的绍兴”宣传品牌，充分展示中华传统文化创造性转化、创新性发展的最新成果。坚持以生动多样的宣传形式，切实加强党的二十大精神学习宣传贯彻各项工作，持续凸显绍兴特色元素，推动党的二十大精神“深入党员心”“飞入百姓家”。

（市委宣传部　陶佳楠）

【理论学习和宣传】 2022年，绍兴市全力做好习近平新时代中国特色社会主义思想、党的二十大精神学习宣传宣讲工作，开展“六学六进六争先”学习实践活动。组织各级党委（党组）中心组专题学习会，其中市委中心组学习18次，常态化推进中心组学习巡听旁听60余次。持续打响“越讲越响”理论宣讲品牌，开展各类宣讲活动近7万场次，其中青年宣讲1.58万余场次。综合运用“报、台、网、端、微、屏”等载体和“会飞的好声音”等线上平台，开设“共富青年说”“党代会回响”等专栏，累计点击量超过650万人次。

围绕习近平新时代中国特色社会主义思想、党的二十大精神、习近平总书记对绍兴工作的重要指示批示精神开展原创性研究，进一步挖掘传承习近平总书记留给绍兴的宝贵思想理论财富；聚焦“八八战略”实施20周年、“枫桥经验”60周年等重要节点，加快形成网上“枫桥经验”等一批研究成果。

（市委宣传部　蒋钊杰）

【意识形态工作】 2022年，绍兴市贯彻落实中央、省委关于意识形态工作的决策部署，分层分类制定意识形态工作责任制任务清单，构建意识形态量化考核指标体系，压紧压实全市各级党委（党组）主体责任。加大督查检查力度，对市属国有企业、在绍兴高校以及县（市、区）开展意识形态工作责任制落实情况年度重点检查，推动两轮市委巡察意识形态专项检查，全年累计检查33家单位。加强全市意识形态综合分析研判，召开全市意识形态领域风险研判会，排查风险漏洞，提高防范风险能力，印发绍兴市意识形态领域形势通报，全市意识形态领域情况总体平稳向好。

（市委宣传部　王　丽）

【新闻宣传】 2022年，市政府新闻办召开新闻发布会29场。市委宣传部协调市县两级媒体持续做好党的二十大、市第九次党代会、市两会、共同富裕、疫情防控、杭州亚运会等宣传报道，推出“学习贯彻党的二十大精神”“党代表在基层”“沿着总书记的足迹”“建设高水平网络大城市　打造新时代共同富裕地”“名城绍兴越来越好”“奋进新征程　建功新时代”“喜迎二十大”等50余个专题专栏，刊发新闻报道3.1万余篇（条），其中在省市及海外各类媒体平台刊发党的二十大主题稿件5000余篇（条）。落实“时代楷模”钱海军、“浙江好人·疫线面孔”等典型宣传，配合文化节会做好2022年公祭大禹陵、第38届兰亭书法节等重点节会活动宣传报道。开展绍兴地铁1号线、反恐防恐、市域治理现代化、教育“双减”等重点工作宣传。

（市委宣传部　刘　向）

【文化事业】 2022年，市委宣传部深入实施绍兴文化研究工程，与国家部委、机构联合举办公祭大禹陵典礼、第38届兰亭书法节、阳明心学大会（升格到省政府举办）、第五届中国越剧艺术节、王阳明550周年诞辰暨阳明故里开放仪式、袁雪芬100周年诞辰暨越剧改革80周年、马寅初140周年诞辰、陈洪绶书画展、第四届第五届中国戏曲电影展等系列活动。打造高质量文艺精品，越剧《核桃树之恋》等6个项目获省“五个一工程”奖，西路乱弹《梅花催春》等3部作品获评省“群星奖”。实施宋韵文化传世工程，宋六陵国家考古遗址公园被国家文物局立项为国家考古遗址公园，举办“最是宋韵在绍兴”“两宋皇陵展”文物展览、陆游诗歌节等系列活动。

（市委宣传部　朱正浩）

【全国文明城市创建】 2022年3月，绍兴市印发《关于开展全国文明城市常态化创建工作的通知》，明确8项常态化举措，分

2022年8月11日，“‘人口、经济和共同富裕’主题研讨暨马寅初诞辰140周年纪念”活动在绍兴举行

（市委宣传部　供图）

解落实网上申报任务清单1398项，建立"每月一小结、每季度一汇总报送"机制，落实重要节点和月度工作提醒函制度。召开深化创建全国文明城市工作推进会、全国文明城市常态化创建工作现场推进会，组建6个联合督查组，下发督查通报142篇，形成专项督查周报19期。抓好迎亚运百日攻坚"洁美行动"，围绕"城市家具""重点污染路段"等8个方面城市管理痛点开展实地督查54次，累计下发简报11期，排查问题678个，派发工作提示单245期，工作提示889条次，问题整改率100%。开展文明窗口、文明农贸市场等文明示范典型创建活动，培育打造示范点位120余个。强化媒体监督，开设《舆论直击》《一线直击》《共建文明城市　共享美好生活》等专栏，持续报道文明城市创建先进典型、及时曝光不文明行为，累计报道180条次。上线"文明随手拍"，深化"你拍我改"群众监督平台建设，累计整改问题400余个，新闻采访曝光41条。"你拍我改"群众监督平台入选省域文明新实践典型案例。

【文明单位创建】 2022年2月，绍兴市印发《2022年度绍兴市文明单位创建工作任务清单》，加强文明细胞培育，量化考核省、市级文明单位，对1家全国文明单位和11家省级文明单位予以警告。完成2019—2021年度群众性精神文明创建，新命名绍兴市级文明镇5个、文明村94个、文明单位85家、文明校园25所、文明家庭30户。组织文明单位(村镇)创建经验展示交流活动，推进803家市级以上文明单位结对共建行政村，签署3年共建协议。开展"爱心驿站"礼迎亚运宣传工作，指导31家爱心驿站做好"爱心驿站　清凉一夏"主题活动。至年末，绍兴市有全国文明镇4个、文明村21个、文明单位26家、文明校园2所、文明家庭3户；浙江省文明镇16个、文明村118个、文明单位249家、文明校园43所；绍兴市文明镇29个、文明村449个、文明单位528家、文明校园173所。

【家庭家教家风建设】 2022年，绍兴市组织文明家风培育弘扬行动、好家庭创树引领行动。举办绍兴市首届家文化节，成立好家庭联盟和礼遇好家庭爱心单位联盟，发布六大好家庭公益服务项目和六大礼遇项目。开展"写家书、诵家训、传家风"主题活动，在1659个行政村悬挂家风家训住户比例35%以上。组织"越文明越风尚"家书传情活动，编印《2022年"越文明越风尚"家书传情100封真情家书精选》。

【新时代文明实践】 2022年，绍兴市深化新时代文明实践中心、所、站三级体系建设，由试点探索转为全面展开。至年末，建成文明实践中心6个、实践所103个，实践站1963个，实现中心、所、站100%覆盖，拓展实践点(基地)214个。统一设计制作新时代文明实践中心(所、站)记录本，结合浙江有礼、文明城市创建等工作，推动台账资料规范化。开展新时代文明实践中心建设标语口号征集活动，征集标语口号30条，入选省标语口号库4条。开展"文艺送万家，文明助共富"活动，开设专题专栏，刊发文章23篇。开展新时代文明实践中心建设市县两级评估，加强文明实践指数测评、发布动态管理。"爱心食堂"入选第一批浙江有礼为民办实事项目。推广村级关爱基金，全市累计筹资1.9亿元，使用1.8亿元，惠及群众44.5万余人。挖掘"水乡孩子会游泳""文明轻骑兵"等公益性特色品牌，《以文明实践彰显"人文之美"——诸暨以新时代文明实践拓展共同富裕新路径》获得省委主要领导批示肯定。整合"爱心联盟"资源，发动文明实践志愿者参与有礼关爱活动。

【先进典型宣传】 2022年，绍兴市开展身边好人推荐选树活动，共选树"绍兴好人"74例，推荐上榜"浙江好人"23例、"中国好人"2例。在"越牛新闻"开设好人事迹巡礼专栏，组织典型事迹宣讲活动100余场。在广场、公园、商业街、公交车站开展道德模范社会宣传。举办第20个"公民道德宣传日"主题宣传、"绍兴好人"发布活动。开展"绍兴文明代言人"推荐选树工作，聘请王怡、王贤琴、王国洋、庄园、吴凤花、骆海燕、董国光、鲁江锋、谢震业、潘旗龙为首批"浙江有礼·德润越地"绍兴文明代言人。

【志愿服务】 2022年，绍兴市拓展建设浙江省"志愿浙江"平台绍兴专区，增加新时代文明实践等功能，推动各县(市、区)志愿服务和新时代文明实践平台重构，完成数据统一归集。将志愿服务纳入个人诚信分内容，推动各县(市、区)整合区域特色资源出台积分、保险等礼遇机制。加强志愿服务，突出"迎亚运讲文明树新风"主题，部署开展五大文明实践志愿服务行动，依托新时代文明实践中心(所、站)开展"点赞身边志愿者"等主题实践活动3000余场次，服务人民群众超40万人次。策划微博话题"益起迎亚运，为文明点赞"，阅读量近8000万人次，2000余人次参与话题讨论。邀请体育大咖、网红达人等城市志愿者举办"直播迎亚运·疫情宅家动"在线直播活动20余场。联合市红十字会组建"我为亚运护航"救在身边志愿服务队，开展"救在身边·志愿同行"博爱送万家文明实践行动。推选产生"最美疫情防控志愿者"142名。组织参与浙江省"五个20"志愿服务最美(最佳)典型推选活动，刘丽佳入选最美志愿者，梁春锋、林国旗入选最美志愿服务工作者，诸暨市壹加壹公益发展服务中心、柯桥区爱心娘子军公益中心入选最佳志愿服务组织，"'青春契约'——大学生志愿者融入基层治理志愿服务项目"入选最佳志愿服务项目，新昌县南明街道钟楼社区入选最美志愿服务社区。

【未成年人思想道德建设】 2022年，绍兴市组织中小学校开展"清明祭英烈""学习争做好少年""童心向党""向国旗敬礼""扣好人生第一粒扣子"等主题教育实践活动，在《绍兴晚报》开设专栏，系统宣传主题教育实践活动成果。举办"绍兴市新时代好少年"颁奖典礼，评选表彰20名绍兴市"新时代好少年"，其中2人入选

2022 年 6 月 16 日,2022 年绍兴市少先队主题队日活动暨“新时代好少年”颁奖典礼在绍兴市北海小学教育集团梅山校区举行
（市文明指导中心　供图）

“浙江省新时代好少年”。开展文明校园创建工作,确定 49 所学校为 2022—2024 年度创建规划单位。上报“文博课堂进校园助推‘双减’政策落地”项目首次入选 2022 年全省未成年人思想道德建设十件实事项目。开展网络游戏“防沉迷”专项整治行动,推广使用网络游戏防沉迷应用,加强未成年人心理健康指导工作。开展“护苗行动”,为困境未成年人及家庭提供帮助,救助 41 人,发放助医、助困、助学帮扶资金 10 余万元。

【推进移风易俗规范文明婚丧】 2022 年 1 月 10 日,市文明委开展从严管理婚丧嫁娶“回头看”,通过镇村统计核查、县级自查督查、市级随机抽查等形式,组织督查组检查各地操办白事备案情况、红事举办情况、文化礼堂(家宴中心)承办宴席情况、村(社区)婚丧嫁娶工作监管员落实情况、红白理事会运行情况。运用多种载体宣传移风易俗内容,倡导文明新风。

【公益宣传】 2022 年,绍兴市制定全市亚运形象景观总体规划方案,征集公益广告作品 283 件,深化城市公益广告共创设计项目,新创“景区”“台门”“名人”3 个系列作品,择优刊播作品 107 幅。加强对亚运场馆周边、城市门户等重点区域公益广告展示刊播,在城市广场等场所巨型 LED 显示屏投放公益视频,每屏每天循环播放 200 次以上,在 1000 余辆公交车载电视、1400 余辆出租车灯箱广告上滚动播放亚运宣传公益广告。

（市文明指导中心　王凌霞）

【“德润越地·文明绍兴品牌”打造】 2022 年 5 月,市文明委制定《“浙江有礼·德润越地”市域文明新实践实施方案》,实施有礼铸魂、有礼实践、有礼品牌、有礼生态和有礼标识工程,开展科学理论走心行动、核心价值观践行行动、全民学礼有礼赞礼行动等十五大行动。完成省纪委“浙江有礼”落实情况专项督查。加强市域文明新实践品牌矩阵建设,打造“幸福越城”“柯桥有爱”“虞尚十礼”“枫尚诸暨”“文明嵊行”“礼润新昌”等“有礼”品牌。征集“浙江有礼·德润越地”品牌标识和系列公益广告,发布《“浙风十礼”你听我说》《走在文明风景里》等主题曲。开展“文艺进万家·文明助共富”系列活动,推出专题报道 18 篇。

【“越讲越响”宣讲平台建设】 2022 年,市委宣传部围绕党的二十大、省市党代会、共同富裕等主题开展青年巡讲 20 余场次,创作莲花落《越州大地春来早》、绍兴评话《习书记在绍兴》等优秀文艺宣讲作品。创新开展“共同富裕·青年说”——万名青年学习调研宣讲、“‘越讲越响’看浙里‘两个先行’我来说”——青年宣讲新秀大赛、沿着总书记绍兴足迹跨市域名师骨干宣讲走亲等活动。参与拍摄的“共同富裕·青春之声”宣讲视频在央视频、中国蓝新闻、“越牛新闻”等平台展示,全网播放量超 300 万人次。

（市委宣传部　蒋钊杰）

统战工作

【概况】 2022 年,绍兴市统一战线系统认真学习贯彻习近平新时代中国特色社会主义思想,推进各领域统战工作。海峡两岸(绍兴)数字经济产业合作区创建工作列入《国务院台办关于支持浙江高质量发展建设共同富裕示范区的若干措施》。投资 5 亿元的“绍兴市侨商大厦”开工建设。

【民主党派和无党派人士统战工作】 2022 年,绍兴市组织开展政党协商活动 10 次,其中市委书记主持 4 次、市长主持 3 次。建立健全党外人士建言“直通车”工作机制,全市 6 个民主党派报送“直通车”建言均获市委、市政府主要领导批示。制定《2022 年市各民主党派、工商联和无党派人士“助力共同富裕”专项民主监督工作实施方案》,召开专题协商座谈会,听取市各民主党派、无党派人士意见建议。

【非公有制经济领域统战工作】 2022 年,绍兴市出台《绍兴市践行亲清新型政商关系的实施意见》,成立“稽山古樵”品牌推广联盟,出台统一战线助力经济稳进提质八条举措,成立中小微企业工作委员会,建立企业家法治会客厅,健全企业家教育培训体系,实施“青蓝接力工程”,建立新生代企业家传承导师制。全年累计举办“亲清直通车·政企恳谈会”16 场,为 201 家企业提供信贷支持 124.5 亿元。

【新的社会阶层人士统战工作】 2022 年,绍兴市知联会、网联会、新联会实现市县两级全覆盖,开展爱国奋斗宣讲报告会、寻美绍兴活动、共话“四个自信”活动,“e 创同行”工作品牌被评为省级“同心共富三服务”优秀品牌。建立网络界人士统战工作实践创新基地，出台绍兴市网络界人士统战工作实践创新基地制度，强化网络界人士统战工作。

【港澳台统战工作】 2022年，绍兴市搭建海峡两岸（绍兴）数字经济产业合作区新平台。发挥海外同乡会作用，在党的二十大、省市党代会等重要节点开展主题教育。完成旅港同乡会换届工作，组织开展港澳台青年“伙伴”活动25场，覆盖450余人次。

【对侨统战工作】 规范海外引才联络站运作、评价和奖励工作，加大引进海外高层次人才力度。推进“绍兴市侨商大厦”建设，提供“服务惠侨”“金融助侨”“法律护侨”服务，累计服务重点侨商、侨界专业人士3528人次。

【党外代表人士统战建设】 2022年，绍兴市完善组织部、统战部党外干部工作联席会议制度，分析研究换届后全市党外干部情况，优化党外干部储备库，配备党外干部做到应配尽配。举办全市党外干部培训班、市级民主党派、工商联负责人和无党派人士读书会，支持党外人士实施“同心同廉”工程，加强党外代表人士发现培育管理。

【民族、宗教工作】 2022年，绍兴市出台《贯彻落实中共浙江省委浙江省人民政府〈关于推进浙江新时代党的民族工作高质量发展建设铸牢中华民族共同体意识示范省的实施意见〉责任分工》，开展各族群众发展计划、各族青少年交流计划、旅游促进各民族交往交流交融计划，承办各族青少年交流计划启动仪式暨2022年浙江省各族青少年夏令营开营仪式。开展城市民族流动人口“网格化”服务管理，依托“民族e家亲”应用为在绍各族群众提供全生命周期“一站式”服务。出台《关于推进宗教中国化和宗教事务治理现代化建设的实施意见》，开展主题教育实践、“我看浙江新发展”活动，举办“之江问道”文化讲堂，建立宗教界爱国主义教育阵地12个。出台《佛教教职人员和场所负责人管理办法》，开展各类普法宣讲座活动176场，辐射信众5万余人次，创建省级普法示范点2个、省级普法教育基地6个。

2022年7月25日，各族青少年交流计划启动仪式暨2022年浙江省各族青少年夏令营开营仪式在绍兴大禹陵启动 （市委统战部 供图）

【“天南地北绍兴人”品牌建设】 2022年，绍兴市开展“天南地北绍兴人”新乡贤典型选树宣传活动，在绍兴电视台新闻综合频道推出《天南地北绍兴人》专栏24期，在“抖IN绍兴”抖音号、微信视频号和“越牛”新闻客户端等平台同步推送，全年各类新媒体平台点击量约48.3万次。

【市欧美同学会成立】 2022年11月27日，绍兴市欧美同学会成立大会在越城区召开。会议选举产生绍兴市欧美同学会第一届理事会。理事会聘请英国工程技术院院士、国际欧亚科学院院士、北京理工大学原副校长冯长根为绍兴市欧美同学会名誉会长。

【全省民主党派基层组织建设现场交流活动】 2022年10月20日，全省民主党派基层组织规范化标准化建设现场交流活动在上虞区举行。在交流活动中，与会人员观看绍兴市民主党派基层组织规范化标准化建设宣传片，绍兴市委统战部、临海市委统战部、民盟绍兴市上虞区基层委作交流发言。与会人员考察徐光宪纪念馆、春晖中学以及上虞区党外人士之家，调研上虞开展民主党派基层组织规范化标准化建设情况。省委统战部党派处负责人、全省民主党派工作研讨班学员、各民主党派省委会组织部负责人等40余人参加活动。

（市委统战部 徐露洁）

网信工作

【网络信息安全防护】 2022年，绍兴市召开全市数字化改革网络安全工作暨党的二十大、省第十五次党代会网络安保工作部署会，召开网络安全、网络舆情工作部署会，印发《护航党的二十大、杭州亚运会网络安全检查工作方案》《服务保障党的二十大“回头看”专项检查工作方案》，指导各地各部门健全网络安全机制。组织开展“护网2022”网络安全攻防演练，发现多处网络安全隐患和数据泄露风险。数字化改革浙里网络安全智控应用入选绍兴市2022年度数字化改革“最佳应用”，诸暨“数字化改革政务网络安全体系建设”项目获评省委网信办十佳数字化改革网络安全优秀案例，诸暨构建县域网络安全“三清三不”智治体系获得2022年度浙江省改革突破奖银奖。

（市委网信办　王瑞耀）

【网络综合治理】 2022年，绍兴市召开依法治网体系建设工作推进会，印发《2022年依法治网体系建设20项重点任务》《2022年依法治网体系建设重点工作清单任务安排表》。开展“之江净网”“打击整治养老诈骗”等40个网络生态专项整治工作。培育122家网络文明实践基地，开展“两新”群体文明创建、志愿服务、“文明轻骑兵”“先锋小哥”等活动480余次，受众人群10万余人。

（市委网信办　石恩东）

【网上舆论宣传】 2022年，绍兴市在网络媒体开设“沿着总书记的足迹”专栏，推送报道100余篇次，阅读量56.9万人次。开设“网络安全法实施五年以来”等专题18个，推送稿件1235篇，点击量567.8万次。推送涉疫、暖心、辟谣稿件1500余篇，被新华网等国家级媒体录用20多篇次。深化“会飞的好声音”品牌建设，增设“聆听二十大”专栏，推出作品321篇，阅读量2900万人次。

【网络文化主题活动】 2022年，绍兴市围绕助力乡村振兴，开展“百名网红走进女儿红”“走近瓷之源”活动，举办“走进绍兴新农村，感受江南旧年味”抖音直播活动10余场，启动“乡村振兴直播基地”培育选树工程。拓展“互联网＋公益”“互联网＋志愿服务”模式，发动互联网企业、网络公益组织、网络公益平台、网民参与网络公益实践，服务群众10万余人次。实施“中国好网民”“浙江好网民”工程，通过活动创设、教育培训等方式，组织“青年好网民”等活动，“浙江好网民”专栏投稿400余篇。

【网上绍兴形象宣传】 2022年，绍兴市策划“名城绍兴　越来越好”城市形象网络传播活动，“抖IN绍兴”相关话题阅读量达103.3亿人次，账号点赞量超94万个。“名城绍兴　越来越好”话题登上新浪微博热搜。联动全网传播《寻越》MV，播放量超680万次，总曝光量超6000万次。组织策划“穿越千年　寻路古城”情景剧、“1元坐地铁游绍兴”活动，全网阅读量超3000万人次。

【国际网络传播】 2022年，绍兴市开展“打卡名城绍兴”国际传播工作，挖掘绍兴乡村美景、古镇风貌、越风习俗，在Facebook（脸书）、Twitter（推特）、Instagram（照片墙）发稿66篇，总阅读量超141.36万人次，总互动量超5.04万人次。邀请美国网络视频博主郭杰瑞策划GIF（图片格式）互动游戏、美食系列海报，宣传绍兴美食美景，单期视频播放量228万次。策划春节文化国际传播，拍摄洋女婿留绍过年系列短视频5集，其中《法国小伙做了绍兴女婿，他们今年在绍兴过年！》报道获9.1万次海外传播。全市开设国际机构账号11个、海外个人账号472个，其中拥有超万人粉丝核心账号11个。

【互联网行业党建工作】 2022年，绍兴市开展互联网企业党建工作底数排查工作，制定《绍兴市互联网企业党企共学共商规定（试行）》《绍兴市互联网企业党的建设和重大情况报告规定（试行）》，派出驻企服务员46人参与重点企业指导帮扶工作，组织全市102家互联网企业党组织、职工群众学习党的二十大精神，开展“党课开讲啦，人人做主讲”活动。

（市委网信办　徐悦来）

【网信工作数字化改革】 2022年，绍兴市出台《绍兴市网络强市建设三年行动计划2022年重点工作清单》，收集汇总2022年全市IPv6规模部署和应用工作重点工作清单。全市网络安全协调指挥平台重点数据汇聚工作被纳入全省网络安全数据汇聚工作试点。诸暨市“网络安全智治”应用，构建县域网络安全综合治理工作新模式，相关做法被中央网信办刊发推广。

（市委网信办　王瑞耀）

机构编制管理

【概况】 2022年，绍兴市机构编制工作以深化数字化改革为牵引，构建现代化党政机构职能体系和机构编制配置管理体系，“智慧编办”建设情况在中央编办调研座谈会、全省编办主任会议上作经验交流。创建权责清单数字化指标评估体系，引导规范权力运行，获评全省“大综合一体化”行政执法改革“最佳实践”、省政府年度县乡法治政府建设“最佳实践”，经验做法被中央编办《中国机构编制》杂志刊发，受到省委主要领导肯定。

【编制审核调整】 至2022年末，绍兴市委编办完成市委工作机关、市政府各部门及派出机构调整51项、行政编制调整38名、领导职数调整35名。完成市属事业单位机构调整46项、事业编制调整776名、领导职数调整74名。审核县级党委、政府工作部门及副科级以上行政机构设置和调整16项。审核县（市、区）相当于副科级以上事业单位的机构设置和调整事项29个。审核人民团体机关的编制调整22名。核准用编计划1674名，办理出（入）编2131人次，信息变更9208人次。核准编外用工使用计划2931名，办理编外用工增加784人次，减少725人次，信息变更459人次。

【行政执法体制改革】 2022年，绍兴市按照“1+8”（即综合执法＋市场监管、生态环境、交通运输、文化市场、农业农村、应急管理、自然资源、卫生健康）总体框架，构建“大综合一体化”行政执法体系，精简执法队伍33支、执法编制305名，实现91.76%的执法力量在县乡，其中乡镇（街道）执法力量占73.89%。8月，印发《绍兴市行政执法队伍履职绩效评估办法（试行）》，围绕6个要素58个指标，构建行政执法履职绩效评估体系，优化执法编制资源配置和统筹执法人员使用。5月，印发《关于深化部门执法人员和编制“县属乡用”的实施意见（试行）》，入选全省“大综合一体化”行政执法改革制度成果 50 例。绍兴市柯桥区被列为全省唯一执法综合改革试点。

【基层治理体制机制改革】 2022 年 9 月，绍兴市印发《关于加强乡镇（街道）编制统筹管理深化基层管理体制改革的实施意见》，差异化配置 103 个乡镇（街道）职能职责和机构编制资源，其中特大乡镇（街道）38 个，占比 36.9%。对准 4 条跑道（即党建统领、经济生态、平安法治、公共服务），制定岗位管理办法，推行乡镇（街道）岗位化、平台化运行机制。加大人员力量下沉力度，下沉编制 149 名，下沉部门派驻机构人员 1821 名，合计下沉比率为 8.18%。建立乡镇（街道）编制“周转池”，统筹 436 名编制用于保障重点乡镇（街道）和重点领域用编需求。推动“七张问题清单”等 10 个省级重大应用全面贯通，审核评估市级 26 个应用场景 30 个贯通事项申请。推动人员力量下沉社区。至年末，全市明确 35 名编制、280 名人员下沉 46 个省定融合型大社区大单元。

【重点工作专班清理规范】 2022 年 4 月，《绍兴市重点工作专班管理办法》印发，明确规定专班设立、运行管理、撤销以及人员抽调等事宜。市委组织部、市委编办联合对市本级 23 个重点工作专班进行清理规范，专班精简比例达 30.43%，推动工作专班从阶段性协作向常态化协同变革。

【事业单位机构编制管理】 2022 年，绍兴市探索推进事业单位数字化改革，按照“1+3+N”整体框架，对准行政服务、产业服务、民生服务跑道，梳理事业单位数字化改革应用场景 68 项，收回或统筹调剂部门事业编制 354 名，优化事业机构设置 17 家，完成 447 个登记服务项目 1108 家单位章程备案。

【教育事业编制管理】 2022 年，市委编办开展中小学教职工编制配置和执行情况评估，研判中小学在校生数变化趋势，通过空编收回、借调人员清理、“民转公”、市县统筹等措施，优化调整全市中小学教职工编制 1130 名。

2022 年 2 月 20 日，“掌上编办”正式运行使用　（市委编办　供图）

【公共卫生机构编制管理】 2022 年 12 月，绍兴市深化公立医院改革，印发《绍兴市市属公立医院机构编制管理规定》，优化医院结构和资源配置，盘活公立医院事业编制 90 个，规范运行管理体制机制，满足常态化疫情防控需要和人民群众卫生健康服务需求。

【编外聘用人员管理】 2022 年，绍兴市推进编外聘用人员管理全周期“一件事”改革，实现财政供养人员职业生涯“一件事”全流程闭环管理全覆盖。至年末，全市核减编外用工控制数 1681 名，超额完成省下达的“十四五”核减任务。

【机构编制绩效评估】 2022 年 9 月，绍兴市印发《绍兴市市级机构编制绩效评估办法（试行）》，围绕部门履职绩效、机构编制资源配置、机构编制纪律执行，构建“3+10+23”三级指标体系。选择水利局、文广旅游局、大数据局和所属 21 个事业单位开展机构编制绩效评估，形成评估报告和问题整改清单，实现机构编制动态调整转、精准配置。

（市委编办　姚伟慧）

对台事务

【概况】 2022 年，绍兴市以习近平新时

延伸阅读

“3+10+23”三级指标体系，即机构编制绩效评估三级指标体系。其中，3 个一级指标，即履职绩效、机构编制资源配置、机构编制纪律执行；10 个二级指标，即综合考评情况、推动职能转变、机构管理、职数管理、编制使用、职能管理、严格落实党管机构编制原则、严格执行部门“三定”规定的有关机构编制文件、实名制管理情况、编外用工管理情况；23 个三级指标，即工作目标责任制考评、职责调整落实情况、重大改革落实情况、政府购买服务情况、内设机构设置合理度、领导职数配比及使用率、编制使用率、人员在编在岗情况、业务处室人员配备情况、人员结构、权责清单情况、“三定一评”制定情况、配合协作机制、报告制度落实情况、条条干预情况、机构设置、领导职数、职责履行、计划审核、系统维护、控制数管理、分类执行情况、动态管理。

代中国特色社会主义思想为指导,贯彻落实新时代党解决台湾问题的总体方略,创建海峡两岸(绍兴)数字产业合作区,开展绍台文化、青年、基层交流,促进绍台经济社会融合发展。至年末,全市新增台企21家,重大台资项目投资额130亿元。绍台贸易额5.8亿美元,比2021年增长14%。绍台基层交流活动30余场,台胞参与6000余人次。

【人文交流】 2022年,绍兴市发挥国家历史文化名城和"东亚文化之都"优势,举办绍台书画艺术交流节、绍兴摄影展走进南投、绍台学生携手寻迹浙东唐诗之路研学等交流活动20余场,向台胞宣介绍兴,展现绍兴优秀传统文化,增进台湾同胞民族和文化认同。

【台企"三服务"】 2022年,绍兴市开展台企"三服务"100余次,向台企宣传党的二十大精神和惠台政策措施,协助解决台企台商生产、生活困难60余个,帮助10家台企享受减费退税缓税近800万元。举办2022台商政策大讲堂活动,40余名在绍兴重要台商参加。向在绍兴台商台胞提供抗原检测试剂、N95医用口罩、药品等防疫物资。

【海峡两岸(绍兴)数字经济产业合作峰会举行】 2022年7月19日,2022浙江·台湾周——海峡两岸(绍兴)数字经济产业合作峰会在绍兴召开。省市有关领导、海峡两岸数字经济企业代表、专家学者、业界知名人士等260余名嘉宾与会,探索绍台数字经济产业合作对接新方式,深化海峡两岸融合发展。活动期间,有14个新项目和新平台签约,总投资155亿元。

(市台办 朱立元)

市直机关党建

【概况】 2022年,市直机关党建工作以习近平新时代中国特色社会主义思想为指导,弘扬伟大建党精神,学习宣传贯彻党的二十大和省第十五次党代会、市第九次党代会精神,贯彻落实"红色根脉强基工程"和"六大强基行动"部署要求,推进"双建争先"工程,开展"五星迭代、多跨联建"行动,打造新时代机关党建高地绍兴样板。至年末,市直机关工委直属党组织75个,机关基层党组织641个,其中党委58个(直属机关党委42个),党总支36个(直属机关党总支14个),党支部547个(直属党支部19个)。共有党员10472名,其中,在职党员7703名,占73.56%;离退休党员2766名,占26.41%;其他3名,占0.03%。

2022年7月19日,2022浙江·台湾周——海峡两岸(绍兴)数字经济产业合作峰会在绍兴召开
(市台办 供图)

【基层组织建设】 2022年,市直机关工委实施党建联建工作机制,确定首批市直机关党建联建项目14个,建立健全工作机制,开展联建活动100余场,协调解决各类难题35个。制定临时党支部工作指引,组建临时党支部11个,在重大项目、重点任务、服务窗口和工作专班上发挥战斗堡垒作用。开展新任职党委(党组)书记走访制,督促落实机关党建第一责任人职责,全年走访20名新任职党委(党组)书记。构建完善督责机制,分片组对74个市直机关党组织开展全覆盖督促指导,通过现场指导、现场整改、现场推进,督促落实党建责任。加强党务干部队伍建设,健全常态化教育培训体系,全年共举办各类培训6班次,450余名学员参加党性教育和业务培训。

【学习教育】 2022年,市直机关工委组织开展学习宣传贯彻党的二十大和省、市党代会精神,举办党代会精神宣讲会,组织机关党组织书记带头讲党课,累计宣讲600余场次;开展"七个一"活动,组织机关党组织依托"三会一课""主题党日"等形式,读报告、悟精神、谋发展;开展集中调研解难题活动,发动机关党员在助力共富、基层治理等中心工作中打头阵、当先锋。分众化开展学习教育,领导干部层面,开展中心组理论学习巡听旁听工作20次;机关党员层面,用好"周一夜学""夜学讲坛"等学习平台,举办"新平台、新领域、新产业"等专题报告会10场;青年党员层面,深化推进"越学越明——越读荟",开展专题教育8场,全年累计3000余人次参加集中教育。

【服务中心工作】 2022年,市直机关工委发动全市各级机关党组织投身"破百难、助共富"活动,5个共富难题成功入选全省首批项目,并依托机关党建数字化平台,动员开展"我为基层办实事"活动。发动机关党员干部开展访企进网记民情"三千行动""万名干部走万企"专项行动,推动落实各项稳经济举措、为民服务政策。健全市级部门与社区结对共建工作机制,推广"人人契约"等志愿服务应用场景,发挥

58个党员教育活动联系点的平台作用，帮助解决群众"急难愁盼"问题。

【清廉机关建设】2022年，市直机关工委推进清廉机关建设，建立健全评价指标体系，制定工作要点，清单式推进创建任务，选树全市清廉单元建设示范单位4个。加强机关纪委建设，做好"七张问题清单"整改工作，制定机关纪委建设责任清单，推动机关纪委聚焦主责主业开展监督执纪问责。开展正风肃纪，落实"1+X"监督机制，元旦、春节等节假日期间组织市直机关正风肃纪工作，出动人员38人次，检查各类场所50余个，督促改进机关作风。

【机关群团工作】2022年，市直机关工委推进活力机关建设，以"喜迎二十大，机关增活力""亚运绍兴·越来越好"为主题，举办环城河健步走、市直机关工间操、游泳、羽毛球、篮球等迎亚运系列比赛，1.3万余人次参与各类活动。举办"七一"主题活动，开展"四季暖心"系列活动，为机关干部减压赋能。组织开展劳动模范、三八红旗手、巾帼文明岗、最美职工等先进集体及个人评选活动，获评1家市级劳模集体，3名省部级劳动模范、2名市级劳动模范，有19名市直机关青年职工被授予绍兴市青年岗位能手。

（市直机关工委　何国良）

信访工作

【概况】2022年，绍兴市诉求类信访总量(含信、访、网，不含咨询件和意见建议类)5.3万件(人)次，其中来信2994件次，来访4222人次，网上信访4.55万件次。群众反映主要集中在卫生健康、城乡建设、科技与信息产业、劳动和社会保障、政法等五大领域，占诉求类总量的76%。全市年度信访工作考核列全省优秀，市"12345"政务热线被评为2022年度全国最佳政务服务示范单位，诸暨市被评为全国信访工作示范县。

【工作责任落实】2022年，绍兴市全面开展三级"主官办信"、部门主要负责人阅批信访件、领导干部下访接访和接听来电工作。至年末，全市共呈送三级"主官"批阅信访件2.93万件，市县两级领导干部接待群众1254批次。加强信访局与纪委、监委、市委办、组织部、巡察办协作联动，建立重大信访问题清单管理制度、各级各部门(单位)信访工作"十条责任清单"和村级组织信访工作"十条负面清单"，巡察机构与信访部门开展信访工作联合督导，将信访工作履职情况作为衡量党建工作指标。

【源头防范治理】2022年，绍兴市推行接诉即办工作，实行政务热线服务质效评价机制，媒体每月公开服务指数，定期曝光典型案例，以指数评价把牢"信访源头"。深化信访事项办理"2211"工作机制[即主要领导"两签"(交办签、办结签)，信访事项"两办"(代办、督办)，每周一会商、每件一回访]，规范事权单位内部流程，实现初信初访"闭环"治理。创新建设人民建议征集"浙智汇"数字场景，分类设置日常征集、主题征集、专题征集、民意调查4类征集方式，吸收群众意见。从8月上线以来，全市累计发布109个征集主题、74个征集专题、56份民意调查，收到建议2.8万余条，除直接答复外，7654件进入正式办理阶段，其中，采纳781件，部分采纳530件，落实转化1292件。

【积案化解】2022年11月，绍兴市开展信访积案化解"百日攻坚"行动、"再战40天、积案早清零"行动，推动信访积案攻坚化解。市领导亲自包案，分管领导督导推动，各地各部门协同联动，通过"三走进"活动(走进信访人社会关系、走进信访人家里、走进信访人心里)，推进治理重复信访、化解信访积案专项工作，推动走访总量下降。

【《信访工作条例》宣传】2022年11月，绍兴市印发《贯彻落实〈信访工作条例〉推动信访工作现代化的通知》，开展理论学习中心组专题学、宣讲团巡回学、网上知识竞赛检验学、社会宣传推广学，累计组织宣讲近70场、参与答题近3万人次、专题报道40余次，印制《信访工作条例》4700余份、海报4500余份、手册2.8万余份、折页7500余份，发送短信100余万条，制作微视频20余个。

（市信访局　高银舒）

老干部工作

【概况】2022年，绍兴市有离休干部355人。按单位性质分，行政117人，事业

2022年4月27日，柯桥区首届法治文化节在瓜渚湖北岸公园举行。图为工作人员向群众宣传《信访工作条例》

（市信访局　供图）

120人,企业118人;按职级分,享受地(厅)级待遇6人,县(处)级135人,科级及其他214人;按参加革命时间分,抗日战争时期48人,解放战争时期307人。市委老干部局管理的离休干部有116人,其中,市直105人,省部代管6人,到绍安置5人。有副市级以上离退休干部50人,其中,离休干部1人,正市级离退休干部6人。全市单设离退休党支部568个,其中市直离退休支部94个。全市有离退休党员21649人,其中市直离退休党员3666人。

【老干部学习贯彻党的二十大精神】2022年,绍兴市组织离退休干部开展“喜迎二十大”系列活动。举办“建言二十大”及“助力省党代会”金点子征集活动,收集整理“建言”及“金点子”200余条。开展热议市党代会、“我看中国特色社会主义新时代”专题调研,召开座谈会50余次,专访老干部近150人次,组织网上学习交流120余次。举办“翰墨丹青绘伟业·同心喜迎二十大”全市老干部书画摄影展,展出作品600多件,其中9件入围全省老干部书画摄影展优秀作品。

【思想政治工作】2022年,绍兴市组织离退休干部学习习近平新时代中国特色社会主义思想和党的二十大精神。举办市级机关副处以上离退休干部会议、市级老领导专题读书会、离退休干部支部书记专题培训班、老党员驿站“红色大讲堂”活动。组织市、县两级“银辉”红色讲师团和“五老”报告团,开展红色宣讲1500场。全市离退休干部党组织开展学习党的二十大精神主题党日活动500余场。

【政策落实】2022年,绍兴市加强离休干部“一人一策”精准服务,分层分类召开工作座谈部署会,强化老干部工作部门、原单位、社区、子女“四方联动”机制。制定“一人一策”清单,以走访慰问、查档问卷形式对离休干部信息进行分析研判和分类管理。开展离休干部生活待遇落实情况专项督查,全市532名离休干部待遇全部按标准落实到位。

【志愿服务】2022年,绍兴市开展“党建统领 银助共富”实践行动,组织全市158支志愿服务队近3.5万名“银耀”志愿者,参与红色物业、矛盾调解、法律咨询、环境整治、关心下一代志愿活动。开展全市“银色人才”推荐工作,新增银领矛调工作室、志愿服务团队51个,新增“银色人才”320人。

【“银领五星”党建品牌建设】2022年,绍兴市继续开展“银领五星”离退休干部党支部规范化建设“三年争创”行动,完成第二批创建评定和第三批创建申报工作。至年末,全市创建示范支部470个,创建率92%,超额完成省下达任务。印发绍兴市《关于进一步加强新时代离退休干部党的建设工作的通知》。

【“银尚乐活”品牌建设】2022年,绍兴市开展“银尚乐活”品牌建设,升级打造“乐活驿站”综合体,建成“乐活驿站”50个,有11名个人和4个团队获省级“银尚达人”称号,7个家庭获省级“银尚之家”称号,7个“乐活驿站”获省级“乐活驿站”称号。

(市委老干部局 徐梦蝶)

党校工作

【概况】2022年,中共绍兴市委党校以人才培育驱动教研咨一体纵深发展,以数字化改革牵引上下贯通多跨协同,各项工作取得新进展。持续推进习近平新时代中国特色社会主义思想课程体系建设,新增《习近平谈治国理政》第四卷导读”等6门课程;推进全面从严治党能力培训教学提升工程,推出“习近平关于全面从严治党重要论述”等5门课程,初步形成具有系统化、特色化的培训课程体系。通过组建全市党校系统教研创新团队、国家课题攻坚组、组织调研沙龙等形式,省、市级课题立项35项。成立党校青年宣讲团,先后开展各类宣讲活动200余场,受众2万余人。全年引进博士3名,硕士1名,2名教师获评正高级专业技术职务,1名教师获聘二级教授。

【教学工作】2022年,市委党校全年举办主体班次41期,线上线下培训学员5000人。完成对外培训班次190期,培训学员17244人。组织开发新课40门,重大招标课程20门,案例教学3门。“在中国式现代化道路中扎实推进共同富裕”获省委党校精品课程精品奖,“学习习近平总书记关于做好新时代党的统一战线工作的重要思想”获评全省社院统战理论精品课程,“坚持制造业强市建设共同富裕

2022年度绍兴市获省级“银尚达人”“银尚之家”“乐活驿站”一览表

表5

项　目	获奖名单
银尚达人(个人)	孙丽珠(越城区)、傅素娟(柯桥区)、孙柏钱(上虞区)、毛仲木(诸暨市)、王刘明(嵊州市)、盛晓虹(嵊州市)、张海洋(新昌县)、徐乐安(新昌县)、胡卓君(绍兴文理学院)、谢玲玲(绍兴艺术学校)、叶向东(绍兴市电力公司)
银尚达人(团队)	越城区“红润小路”团队、柯桥区“农民画”团队、上虞区老年书画研究会、诸暨市老干部“暨阳之声”团队
银尚之家	高维英家庭(越城区)、葛紧跟家庭(柯桥区)、楼建华家庭(上虞区)、蔡其墉家庭(诸暨市)、俞汝林家庭(嵊州市)、俞伯忍家庭(新昌县)、赵秀治家庭(浙江绍剧艺术研究院)
乐活驿站	绍兴市税务局老干部活动中心乐活驿站、越城区府山街道越都社区乐活驿站、柯桥区钱清街道乐活驿站、上虞区百官街道文化社区乐活驿站、诸暨市陶朱街道友谊社区乐活驿站、嵊州市老年大学乐活驿站、新昌县白云书院乐活驿站

(市委老干部局)

的绍兴实践与思考”“青年习近平的成长之路”“农业农村现代化与绍兴乡村振兴”等3门课程入选全省党校系统2022年“浙里好课”课程库，其中《农业农村现代化与绍兴乡村振兴》通过视联网在全省党校系统各类班次直播。完成省委党校和南京农业大学共205人教学管理工作和南京农业大学110人报名工作。

【科研咨政工作】 2022年，市委党校持续实施课题带动战略，组织设立校级课题42项，获省、市课题立项35项，其中省规划课题3项、省社科联1项、省委党校课题10项、省社会主义学院课题5项。编辑出版集体著作2部，个人专著3部。在权威和核心期刊（报纸）发表论文15篇。15项成果在省级层面获奖，14项在市级层面获奖。组建全市党校系统教研创新团队、国家课题攻坚组，定期组织月度调研沙龙，持续推进编者眼中的好文章、专家眼中的好标书、智库眼中的好咨政系列培训。《人民日报》理论版发表署名文章《中华民族文化基因一脉相承　伟大抗疫精神彰显中华文化时代价值》，《光明日报》理论版发表署名文章《发挥国有企业在数字经济高质量发展中的引领作用》，实现《人民日报》理论版、《光明日报》理论版发文“零的突破”。33项咨政成果刊发于各级各类咨政类刊物，其中《开发区（园区）全域治理的创新理念及建议》获省领导批示肯定，3项成果获市主要领导批示肯定，11项成果获其他市领导批示肯定。《坚持和发展新时代“枫桥经验”全面建设共同富裕示范区的对策建议》《开发区（园区）全域治理的创新理念及建议》分获全省党校（行政学院）系统优秀决策咨询成果省市组评选一等奖、二等奖。持续推动“乡村振兴先行村”“缩小收入差距”“打造精神文明高地”“建设共同富裕现代化基本单元”“党建引领共同富裕”“建设高水平网络大城市”研究专班开展常态化调研。

2022年绍兴市委党校主要科研成果一览表

表6　　单位：篇（项）

类　别	级别		数量
课题立项	省级课题		19
	市哲学社科规划课题		16
决策咨政	省领导批示肯定		1
	市领导批示肯定		14
成果获奖	全省党校（行政学院）系统理论研讨会	一等奖	1
		二等奖	2
		三等奖	8
	全省党校（行政学院）系统优秀决策咨询成果评选	一等奖	1
		二等奖	1
	全市社科系统评奖	一等奖	3
		二等奖	1
		三等奖	7
文章发表	重要期刊（报纸）发表		15
	一般期刊（报纸）发表		56
著作出版	集体	《共同富裕先行的绍兴实践》	
		《绍兴蓝皮书：2022年绍兴发展研究报告》	
	个人	徐志伟：《新时代党校教育十讲》	
		李　萍：《社会治理现代化背景下的社会群体心态研究》	
		吕鸣章：《基于认同的主体性研究》	

（市委党校　鲁　菲）

【迎接党的二十大召开系列学术活动】 2022年，市委党校组建“乡村振兴先行村”“建设高水平网络大城市”等6个研究专班并开展常态化调研。出版集体著作《共同富裕先行的绍兴实践》，举办全市党校系统“深入学习贯彻党的二十大精神　加快建设高水平网络大城市”学术研讨会暨新书发行仪式。开展喜迎二十大“筑梦新时代　奋进新征程”线上知识竞赛、月度调研沙龙等活动。在校刊《绍兴研究》开辟《学习党的二十大精神笔谈》专栏，刊登相关学习文章，并常设《学习悟践》栏目，选登学习习近平新时代中国特色社会主义思想的优质文章。在中共绍兴市委党校微信公众号上开辟“求是轩”专栏，开设“学习贯彻党的二十大精神进行时”和“解读党的二十大报告原文”专题，组织专兼职教师发表理论文章。

（市委党校　鲁　菲）

绍兴市人民代表大会

综　述

【市人大机构设置】 2022年，绍兴市第九届人民代表大会常务委员会有组成人员51人，其中，主任1人，副主任7人，秘书长1人，委员42人。市九届人大设法制委员会、监察和司法委员会、财政经济委员会、教育科技文化卫生委员会、民族宗教外事侨务委员会、农业与农村委员会、城乡建设与环境资源保护委员会、社会建设委员会8个专门委员会，常委会设有办公室、研究室2个办事机构和法工委、监察司法工委、财经工委、教科文卫工委、民侨工委、农经工委、城建环保工委、社会建设工委、代表工委9个工作委员会。

【人大代表构成】 2022年，绍兴市第九届人民代表大会实选代表425名，由各县（市、区）人民代表大会及中国人民解放军驻绍部队等7个选举单位选举产生。其中，连任代表149人，占35.1%；妇女代表147人，占34.6%；工农代表101人，占23.8%；专业技术代表138，占32.5%；领导干部129人，占30.3%；中共党员267人，占62.8%；民主党派39人，占9.2%；群众119人，占比28%。至12月15日，市九届人民代表大会实有代表424名，九届人大一次会议以来补选代表7名，减少代表8名。

【市人大常委会自身建设】 2022年，绍兴市人大常委会深入学习贯彻党的二十大精神和习近平新时代中国特色社会主义思想，履行宪法和法律赋予的职责，召开常委会会议10次、主任会议20次，听取和审议“一府一委两院”专项工作报告31个，制定地方性法规2部，组织专题视察2次，作出决议决定15项，检查6部法律法规执行情况。加强“四个机关”建设，组织常委会党组专题学习16次，组织集中学习48次。执行向市委请示报告工作制度，全年累计请示汇报60余次。强化常委会党组在人大工作中的领导作用，召开党组会议20次，研究重要议题49项。

【“智汇民情系统”建设】 2022年，绍兴市人大常委会借助数字化手段，打造“智汇民情”系统，多跨整合市长热线、基层治理四平台等16个平台的民情数据，梳理分析民情数据170余万条，出具民情报告27份，推送热点民情1000余条次，为市委决策、人大履职提供精准服务，“智汇民情”系统获省人大“与时俱进特别奖”。开发建设“智能议事”等系统，全年开展网上民主议事活动134场次；组织常委会会议、专题询问会网上直播，超20万人次收听收看，线上互动2000余人次。

【全过程人民民主基层单元建设】 2022年，绍兴市人大常委会制定《深化打造人大践行全过程人民民主基层单元实施意见》，推动联络站点全覆盖，构建市、县、镇、村四级代表联络站。围绕重点立法、重大决定项目，开展专项调研，下沉核心业务110项，收集意见建议8.29万条。推动履职全参与，组织动员各级代表、市县两级局长、街道议政会成员走进联络站，全市网上联络站用户8700余户。推动建议办理全闭环，集成打造“数字人大”驾驶舱，推广代表码、联络站码，实现群众“一码找代表、一屏提建议、一键转问题”。全年通过基层单元收集并解决问题6.91万个。

（市人大常委会办公室　邵森燕）

重要会议

【市九届人大一次会议】 2022年3月30日至4月2日，绍兴市第九届人民代表大会第一次会议在绍兴大剧院召开。会议听取和审议绍兴市人民政府工作报告，审查和批准绍兴市2021年国民经济和社会发展计划执行情况的报告及2022年国民经济和社会发展计划，审查绍兴市2021年全市和市级预算执行情况的报告及2022年全市和市级财政预算草案，批准绍兴市2021年市级预算执行情况的报告和2022年市级预算。听取和审议绍兴市人民代表大会常务委员会工作报告、绍兴市中级人民法院工作报告、绍兴市人民检察院工作报告，并通过相关决议。审议通过《绍兴市人民代表大会议事规则（草案）》。会议票决产生绍兴市人民政府2022年度民生实事项目。会议依法选举谭志桂为绍兴市第九届人民代表大会常务委员会主任；施惠芳为绍兴市人民政府市长；陈灿为绍兴市监察委员会主任；姚海涛为绍兴市中级人民法院院长；程曙明为绍兴市人民检察院检察长；邵全卯、余利明、傅陆平、金辉、朱建和、马国灿、袁立江为绍兴市第九届人民代表大会常务委员会副主任；陶关锋、王涛、俞流江、胡敏、罗延发、鲁霞光、陈伟军为绍兴市人民政府副市长；闾小锋为绍兴市第九届人民代表大会常务委员会秘书长；王欣、王文伟、王利民、王法根、王秋丽、方朝阳、石璐、吕永江、吕智飞、朱如华、朱耿才、李宗怿、李爱军、杨娣、吴绍庆、吴勤波、陈扬、陈泉标、陈爱莲、罗继红、金星、金一鸣、金德财、周树森、郑晓丹、郑德均、单国君、项良、胡仲飞、胡妙丹、俞乐女、俞继抗、俞锦宾、袁海平、钱建军、徐金泉、徐建璋、唐国忠、涂智高、黄文刚、董友庆、裘红波为绍兴市第九届人民代表大会常务委员会委员。表决通过绍兴市第九届人民代表大会各专门委员会主任委员、副主任委员、委员名单。

【市九届人大二次会议】 2022 年 12 月 27 日至 29 日，绍兴市第九届人民代表大会第二次会议在绍兴大剧院召开。会议选举于丽丽、马林云、马高祥、马越波、王文序、王书娟、王海芳、邢遵胜、吕祖善、朱立新、朱梦黎、乔建军、任团结、许燕君、阮伟祥、孙祥军、李招红、李旺荣、李勇、时嵩、邱启文、何东梁、沈亚璐、张利菊、张昆仑、陈龙、邵中、邵永明、邵全卯、范国伟、金进富、周圆、孟智启、赵义、赵奇、胡行正、恽燕春、姒健敏、袁建、莫慧英、顾伟娣、钱伟、钱煜明、倪锦锦、徐荻、徐爱华、陶春风、黄黎明、戚祝英、盛阅春、蒋裕燕、傅海林、裘云庆、裘建勇、谭志桂为绍兴市出席浙江省第十四届人民代表大会代表。

【市人大常委会会议】

2022 年市八届人大常委会第四十三次会议 1 月 27 日召开。会议由市人大常委会副主任王继岗主持，市人大常委会主任谭志桂，副主任孙云耀、傅陆平、王水君、金辉、朱建和，秘书长袁立江及委员共 36 人出席会议。列席会议的有市政府常务副市长陶关锋，市纪委副书记、市监委副主任陈可，市中级人民法院副院长周剑敏，市检察院副检察长丁飞，市委组织部、市府办等主要负责人，市人大常委会机关副局级以上领导等。会议审议丁晓燕要求辞去绍兴市人大常委会副主任职务的请求，决定接受丁晓燕辞去绍兴市人大常委会副主任职务，报绍兴市人民代表大会会议备案。会议审议唐学兵要求辞去绍兴市中级人民法院院长职务的请求，决定接受唐学兵辞去绍兴市中级人民法院院长职务，报绍兴市人民代表大会会议备案。会议听取审议市政府常务副市长陶关锋、市中级人民法院副院长周剑敏所作的有关人事任免议案的提请报告，通过有关人事任免事项。会议听取审议市人大常委会主任谭志桂所作的提出决定绍兴市中级人民法院代理院长的议案，决定姚海涛为绍兴市中级人民法院代理院长。

市八届人大常委会第四十四次会议 2 月 24 日召开。会议分别由市人大常委会主任谭志桂、副主任孙云耀主持，副主任王继岗、傅陆平、王水君、金辉、朱建和，秘书长袁立江及委员共 35 人出席会议。列席会议的有市政府副市长鲁霞光，市纪委副书记、市监委副主任孙建焕，市中级人民法院代理院长姚海涛，市检察院代理检察长程曙明，市委组织部、市府办、市外办等主要负责人，市人大常委会机关副局级以上领导等。会议听取审议市政府副秘书长朱润晔所作的关于 2021 年度市政府十方面民生实事项目完成情况的报告，进行现场满意度测评。会议听取审议市外办主任金莉所作的关于 2021 年“绍兴市荣誉市民”推选及候选人基本情况的报告，作出授予阿里·嘉法理等为绍兴市荣誉市民的决定。会议听取审议市人大常委会秘书长袁立江所作的关于召开绍兴市第九届人民代表大会第一次会议决定草案的说明，审议并表决通过相关决定，决定于 3 月 30 日召开市九届人大一次会议。会议听取审议市人大常委会主任谭志桂、市政府副市长鲁霞光所作的有关人事任免议案的提请报告，通过有关人事任免事项。

市八届人大常委会第四十五次会议 3 月 22 日召开。会议分别由市人大常委会主任谭志桂、副主任傅陆平主持，副主任王继岗、孙云耀、王水君、金辉、朱建和，秘书长袁立江及委员共 39 人出席会议。列席会议的有市委常委、市政府副市长王涛，市纪委副书记、市监委副主任孙建焕，市中级人民法院代理院长姚海涛，市检察院代理检察长程曙明，市委组织部、市府办、市发展改革委、市财政局等主要负责人，市人大常委会机关副局级以上领导等。会议听取市人大常委会秘书长袁立江所作的关于市九届人大一次会议筹备工作情况的报告，审议市九届人大一次会议各套名单方案，表决通过会议列席人员名单。听取市人大常委会副秘书长、研究室主任朱耿才所作的关于市人大常委会工作报告的起草说明，审议并表决同意将工作报告稿提交市九届人大一次会议审议。听取市人大法制委员会主任委员、常委会法工委主任胡仲飞所作的关于《绍兴市人民代表大会议事规则（草案）》的起草说明，审议并表决同意将《议事规则（草案）》提交市九届人大一次会议审议。听取市人大常委会代表资格审查委员会副主任委员、代表工委主任俞锦宾所作的关于绍兴市第九届人民代表大会代表资格的审查报告的说明，审议审查报告。会议征求“一府两院”工作报告稿，计划、预算报告稿，市政府 2022 年度民生实事候选项目的意见，同意将这些工作报告稿提交市九届人大一次会议审议。会议听取审议市人大常委会主任谭志桂，市纪委副书记、市监委副主任孙建焕，市中级人民法院代理院长姚海涛，市检察院代理检察长程曙明所作的有关人事任免议案的提请报告，通过有关人事任免事项。

市九届人大常委会第一次会议 4 月 8 日召开。会议由市人大常委会主任谭志桂主持，副主任邵全卯、余利明、傅陆平、金辉、朱建和、马国灿、袁立江，秘书长闾小锋及委员共 50 人出席会议。列席会议的有市政府副市长陈伟军，市纪委副书记、市监委副主任孙建焕，市中级人民法院院长姚海涛，市检察院检察长程曙明，市委组织部、市府办等主要负责人，市人大常委会机关副局级以上领导等。会议听取审议市人大常委会副秘书长、研究室主任朱耿才所作的《绍兴市人民代表大会常务委员会关于进一步加强自身建设的决定（草案）》的说明，表决通过该决定。听取审议市人大常委会秘书长闾小锋所作的关于《绍兴市人民代表大会常务委员会议事规则(修订草案)》修改情况的说明,表决通过该议事规则。听取审议市人大常委会秘书长闾小锋所作的关于《绍兴市人民代表大会常务委员会人事任免办法(修订草案)》修改情况的说明,表决通过该办法。听取和审议市政府副市长陈伟军、市检察院检察长程曙明、市人大常委会主任谭志桂所作的有关人事任免议案的提请报告,通过有关人事任免事项。

市九届人大常委会第二次会议 4月27日召开。会议分别由市人大常委会主任谭志桂、副主任邵全卯主持,副主任余利明、傅陆平、金辉、朱建和、马国灿、袁立江,秘书长闾小锋及委员共50人出席会议。列席会议的有市政府副市长俞流江,市纪委副书记、监委副主任柴凌凌,市中级人民法院院长姚海涛,市人民检察院检察长程曙明,市委组织部、市府办、滨海新区等16个部门、单位主要负责人,各县(市、区)人大常委会领导,部分市人大代表,市人大常委会机关副局级以上领导等。会议听取审议副市长俞流江受市政府委托所作的关于2021年法治政府建设情况的报告。听取和审议市生态环境局局长方林苗受市政府委托所作的关于2021年全市生态环境状况和生态环境保护目标完成情况的报告。听取市人大常委会代表工委主任黄文刚所作的关于提请审议设立绍兴市第九届人民代表大会常务委员会代表资格审查委员会议案的说明,审议有关设立市第九届人大常委会代表资格审查委员会的议案和相关决定(草案),表决通过该决定。听取审议市政府副市长俞流江、市检察院检察长程曙明所作的有关人事任免议案的提请报告,通过有关人事任免事项。

市九届人大常委会第三次会议 6月29日召开。会议分别由市人大常委会主任谭志桂、副主任余利明主持,副主任邵全卯、傅陆平、金辉、朱建和、马国灿、袁立江,秘书长闾小锋及委员共45人出席会议。列席会议的有市政府副市长罗延发,市纪委常务副书记、监委副主任孙建焕,市中级人民法院副院长周剑敏,市人民检察院副检察长丁飞,市府办、滨海新区、市委政法委、市司法局等11个部门、单位主要负责人,各县(市、区)人大常委会领导、部分市人大代表、市人大常委会机关副局级以上领导等。会议听取审议副市长罗延发受市政府委托所作的关于全市乡村振兴工作情况的报告。听取审议市司法局局长梁中受市政府委托所作的关于《绍兴市"枫桥经验"传承发展条例(草案)》的说明,审议《绍兴市"枫桥经验"传承发展条例(草案)》,审议市人大监察和司法委员会关于《绍兴市"枫桥经验"传承发展条例(草案)》的审议报告。

市九届人大常委会第四次会议 7月28日召开。会议分别由市人大常委会主任谭志桂、副主任傅陆平主持,副主任邵全卯、余利明、金辉、朱建和、马国灿、袁立江,秘书长闾小锋及委员共48人出席会议。列席会议的有市委副书记、市长施惠芳,市政府副市长罗延发,市纪委常务副书记、市监委副主任孙建焕,市纪委副书记、监委副主任柴凌凌,市中级人民法院副院长周剑敏,市人民检察院检察长程曙明,市府办、滨海新区、市发展改革委、市经信局等18个部门、单位主要负责人,各县(市、区)人大常委会领导,部分市人大代表,市人大常委会机关副局级以上领导等。会议听取审议市委副书记、市长施惠芳所作的市政府关于上半年全市经济社会发展情况和下半年重点工作安排的报告,审议关于2022年上半年绍兴市国民经济和社会发展计划执行情况的报告、关于绍兴市2022年1月至6月财政预算执行情况的报告。听取审议市财政局局长金水法受市政府委托所作的关于2021年市级财政决算草案的报告,审议市卫健委、市统计局2021年部门决算。听取审议市审计局局长周巍受市政府委托所作的关于2021年度市级预算执行和其他财政收支的审计工作报告。听取审议市人大财经委员会主任委员、常委会财经工委主任董友庆所作的关于2021年市级财政决算草案审查结果的报告,审议关于批准绍兴市2021年市级财政决算的决议(草案),表决通过该决议。听取审议市人民检察院检察长程曙明所作的进一步加强新时代检察机关法律监督工作情况的报告,审议市中级人民法院、市公安局、市司法局关于接受和支持检察机关法律监督的情况报告。听取审议市中级人民法院副院长周剑敏所作的有关人事任免议案的提请报告,通过有关人事任免事项。

市九届人大常委会第五次会议 8月30日至31日召开。会议分别由市人大常委会主任谭志桂、副主任金辉主持,副主任邵全卯、余利明、傅陆平、朱建和、马国灿、袁立江,秘书长闾小锋及委员共46人出席会议。列席会议的有市委常委、市政府常务副市长陶关锋,市政府副市长罗延发,市纪委常务副书记、市监委副主任孙建焕,市纪委副书记、市监委副主任陈可,市中级人民法院院长姚海涛,市中级人民法院副院长胡坚,市人民检察院检察长程曙明,市府办、市委组织部、市委宣传部、市委政法委等18个部门、单位主要负责人,各县(市、区)人大常委会领导,部分市人大代表,市人大常委会机关副局级以上领导等。会议听取审议市委常委、市政府常务副市长陶关锋受市政府委托所作的关于全市第二轮安全生产综合治理三年行动推进情况的报告。听取和审议市委宣传部副部长、市文广旅游局局长何俊杰受市政府委托所作的关于《绍兴市浙东唐诗之路文化保护利用条例(草案)》的说明,审议《绍兴市浙东唐诗之路文化保护利用条例(草案)》,审议市人大教育科技文化卫生委员会关于《绍兴市浙东唐诗之路文化保护利用条例(草案)》的审议报告。听取审议市中级人民法院院长姚海涛所作的关于全市"共享法庭"建设情况的报告。听取和审议市人大法制委员会主任委员、常委会法工委主任吴绍庆所作的关于《绍兴市"枫桥经验"传承发展条例(草案)》审议结果的报告和关于《绍兴市"枫桥经验"传承发展条例(草案修改稿)》修改情况的说明,表决通过《绍兴市"枫桥经验"传承发展条例》,并依法提请省人大常委会批准。听取审议市人大城建环资委员会主任委员、常委会城建环保工委主任唐国忠所作的关于《绍兴市人民代表大会常务委员会关于加快建设高水平网络大城市的决定(草案)》的说明,表决通过该《决定》。听取审议市人民检察院检察长程曙明所作的有关人事任免议案的提请报告,通过有关人事任免事项。

市九届人大常委会第六次会议 10月28日召开。会议分别由市人大常委会主任谭志桂、副主任朱建和主持,副主任邵全卯、余利明、傅陆平、金辉、马国灿、袁立江,秘书长闾小锋及委员共44人出席会议。列席会议的有市委常委、市政府常务副市长陶关锋,市纪委常务副书记、市监委副主任孙建焕,市中级人民法院院长姚海涛,市人民检察院检察长程曙明,市委组织部、市委人才办、市府办、滨海新区等14个部门、单位主要负责人,各县(市、区)人大常委会领导,部分市人大代表,市人大常委会机关副局级以上领导等。会议听取审议市委常委、市政府常务副市长陶关锋受市政府委托所作的关于2021年度全市企业国有资产管理情况专项报告,审议市政府关于2021年度全市国有资产管理情况综合报告。听取审议市政府副秘书长袁乐受市政府委托所作的关于发挥外侨资源优势推动开放之城建设的报告。听取审议市财政局局长金水法受市政府委托所作的关于提请审议2022年市级财政预算调整的议案,表决通过关于同意调整2022年市级财政预算的决议。听取审议市财政局局长金水法受市政府委托所作的关于提请审议2022年市级新增地方政府债务限额的议案,表决通过关于批准2022年市级新增地方政府债务限额的决议。听取审议市人大常委会秘书长闾小锋所作的关于召开绍兴市第九届人民代表大会第二次会议决定(草案)的说明,表决通过该决定。听取审议市中级人民法院院长姚海涛、市人大常委会主任谭志桂所作的有关人事任免议案的提请报告,通过有关人事任免事项。

市九届人大常委会第七次会议 12月21日召开。会议分别由市人大常委会主任谭志桂、副主任邵全卯主持,副主任余利明、傅陆平、金辉、朱建和、马国灿、袁立江,秘书长闾小锋及委员共38人出席会议。列席会议的有市委常委、市政府常务副市长陶关锋,市纪委常务副书记、市监委副主任孙建焕,市中级人民法院院长姚海涛,市人民检察院副检察长丁飞,市委组织部、市府办、滨海新区、市发展改革委等21个部门、单位主要负责人,市人大常委会机关副局级以上领导等。听取审议市委常委、市政府常务副市长陶关锋受市政府委托所作的关于2022年度市政府十方面民生实事项目完成情况的报告,进行满意度测评。听取审议市委常委、市政府常务副市长陶关锋受市政府委托所作的关于市九届人大一次会议以来代表建议办理工作情况的报告。听取审议市审计局局长周巍受市政府委托所作的关于2021年度市级预算执行和其他财政收支审计查出问题整改情况的报告。听取审议市人大常委会委员、法工委主任吴绍庆所作的关于《绍兴市浙东唐诗之路文化资源保护和利用条例(草案)》审议结果的报告和关于《绍兴市浙东唐诗之路文化资源保护和利用条例(草案)》修改情况的说明,表决通过《绍兴市浙东唐诗之路文化资源保护和利用条例》,并依法提请省人大常委会批准。听取审议市人大常委会委员、法工委主任吴绍庆所作的关于2022年度规范性文件备案审查情况的报告。听取审议市人大常委会委员、监察司法工委副主任金星所作的关于对市中级人民法院部分法官和市人民检察院部分检察官履职评议的情况报告,审议王朝阳等8名法官、检察官履职报告,进行满意度测评。听取审议市人大常委会委员、社会建设工委副主任朱如华所作的关于《绍兴市人民代表大会常务委员会关于加强知识产权保护工作的决定(草案)》的说明,表决通过该决定。听取审议市人大常委会秘书长闾小锋所作的关于市九届人大二次会议筹备工作情况的报告,表决通过市九届人大二次会议各套名单方案。听取审议市人大代表资格审查委员会副主任委员、常委会、代表工委主任黄文刚所作的关于个别代表的代表资格的报告,表决通过该报告。听取审议市中级人民法院院长姚海涛、市人民检察院副检察长丁飞、市人大常委会主任谭志桂所作的有关人事任免议案的提请报告,通过有关人事任免事项。

（市人大常委会办公室　邵森燕）

人大立法

参见“法治·人大立法”。

人大监督

【经济工作监督】 2022年,市人大常委会开展半年度经济运行情况专题监督,听取审议国民经济和社会发展情况,加强重点项目建设情况跟踪监督,促进经济稳进提质。重视产业转型升级和动能转换,审议监督高新园区发展和科创平台建设情况的报告,出台关于加强知识产权保护的决定,跟踪监督打造先进制造业强市“4151”计划实施情况,调研督查工匠培育和职业技能提升工作。关注开放型经济发展水平,围绕“发挥外侨资源优势、推动开放之城建设”开展专项审议,监督推进绍兴综保区、跨境电商综试区、海峡两岸(绍兴)数字经济产业合作区建设。

【预算审查监督】 2022年,市人大常委会加强预算审查监督,重视全口径预决算闭环式审查监督,开展重点上会部门预决算审查,强化对支出预算和政策的审查监督,开展“1+9”高质量发展政策兑现专项督查,组织开展民生实事项目财政资金绩效监督。开展地方政府债务管理情况专项审议,推动提升政府债务管理水平。加强与审计部门协同,对审计发现问题整改情况开展联合督查。听取审议国有资产管理情况综合报告和企业国有资产管理情况专项报告,督促推进国企改革三年行动计划,规范国有资产管理运行。

【城市建设监督】 2022年,市人大常委会围绕建设高水平网络大城市重大决策部署,组织开展镜湖国际化品质新城建设专题调研和审议,跟踪督查古城保护利用情

2022 年 10 月 20 日，市人大代表视察全市海塘安澜工程建设情况

（市人大常委会办公室　供图）

况，开展《绍兴古城保护利用条例》立法后评估。围绕交通畅通，开展智慧快速路建设通行情况专项督查。关注亚运筹备和场馆建设工作，督查迎亚运百日攻坚“三大行动”。开展《绍兴市大运河世界文化遗产保护条例》执法检查，督查历史文化遗存保护利用工作。

【生态环境监督】 2022 年，市人大常委会践行绿色低碳发展理念，创新实施生态环境报告“1+1”制度，听取审议综合情况报告和大气污染防治专项报告。开展环境保护法执法检查，协同推进《浙江省生态环境保护条例》宣传贯彻实施，督促政府细化权责举措，完善配套制度。开展生态保护补偿机制建设情况专题调研，督促碳达峰碳中和、施工扬尘污染管控、秸秆综合利用、湿地保护管理等工作，助力绍兴市成功创建全国第六批生态文明建设示范区。

【法治绍兴监督】 2022 年，市人大常委会听取审议法治政府建设情况，探索届期内政府部门依法履职评议全覆盖，对 7 个部门开展评议，对 5 名法官和 3 名检察官履职情况进行评议。听取审议“共享法庭”建设、新时代检察机关法律监督工作等情况，出台《关于加强市人大司法监督与市人民检察院法律监督相衔接的工作办法（试行）》，监督推进依法行政、公正司法。

【社会治理监督】 2022 年，市人大常委会审议大数据管理、农产品和进口冷链食品安全、电信网络新型违法犯罪治理等工作，督查第二轮安全生产综合治理三年行动计划推进情况，组织社会应急救援队伍建设情况调研。重视多元共治，开展《浙江省综合行政执法条例》执法检查，督查“越满意”政务服务、妇女参与基层社会治理、“枫桥式”镇街社工站建设和社会工作人才培养工作。督查《浙江省少数民族权益保障条例》《浙江省宗教事务条例》贯彻落实情况，举办“在绍国际友人走进人大”活动。关注监察工作，做好人大信访、市领导信访包案化解工作。

【民生事业监督】 2022 年，市人大常委会组织开展《关于促进和保障高质量发展建设共同富裕示范区市域范例的决定》贯彻情况专题审议。听取审议《绍兴市物业管理条例》《绍兴市居家养老服务条例》贯彻情况，听取审议义务教育“双减”政策落实情况。开展就业促进法、《浙江省医疗保障条例》执法检查，组织疫情防控和基层公共卫生服务体系建设专题询问。调查在绍高校大学生、退役军人和持证残疾人等特定群体就业创业情况，实施就业稳岗“云上查”，开展“联动监督码上行、五级代表评养老”、物业管理等满意度测评。健全“征集、提出、审议、票决、实施、监督”全链条工作闭环，加强季度调研评析、年中集中督查、年底审议测评，完善为民办实事常态长效机制，人民代表大会票决的十方面民生实事项目均如期完成。

【农业农村监督】 2022 年，市人大常委会推进全市乡村振兴战略实施工作，开展乡村振兴“一法一条例”执法检查，跟踪督促现代农业高质量发展，视察海塘安澜工程建设情况。开展农村宅基地制度改革进程、村级经济薄弱村和低收入农户增收、水利项目推进情况监督。围绕传统特色产业发展壮大，调研茶产业高质量发展情况。

（市人大常委会办公室　邵森燕）

重要决定和人事任免

【关于进一步加强自身建设的决定】 2022 年 4 月 8 日，市九届人大常委会举行第一次会议，表决通过《绍兴市人民代表大会常务委员会关于进一步加强自身建设的决定》。加强各级领导班子自身建设，是中央和省委、市委的一贯要求。历届市人大常委会高度重视这项工作。鉴于新时代、新任务对人大及其常委会工作的新要求，2022 年，绍兴市人大常委会依法作出关于进一步加强自身建设的决定。决定共 15 条，从全面加强政治建设、能力建设、制度建设、作风建设、廉政建设五个方面，就加强新时期人大常委会自身建设作出全面部署。

【加快建设高水平网络大城市的决定】 2022 年 8 月 31 日，市九届人大常委会举行第五次会议，表决通过《绍兴市人民代表大会常务委员会关于加快建设高水平网络大城市的决定》（以下简称《决定》）。2022 年，绍兴市人大常委会依法作出关于加快建设高水平网络大城市的决定，为市委重大决策部署提供有力的民意支撑和制度保障。《决定》共7条,第1条强调加快建设高水平网络大城市重要意义;第2条至第4条为指导思想、目标任务、空间布局及抓手载体,提出“一核六心多节点”的空间布局,优化基本单元、片区、平台、廊道、基础设施及城市治理体系建设;第5条至第7条为落实人大、政府、监委、法院、检察院以及社会各界责任。

【加强知识产权保护工作的决定】 2022年12月21日,市九届人大常委会举行第七次会议,表决通过《绍兴市人民代表大会常务委员会关于加强知识产权保护工作的决定》。知识产权是国家发展的战略性资源和国际竞争力的核心要素。绍兴作为入选国家知识产权强市建设试点城市,出台关于加强知识产权保护工作的决定,有利于激发全社会创新活力,提升区域经济核心竞争力,打造充满活力的创新之城。决定共30条,围绕加强组织领导、构建知识产权保护共治格局、打造知识产权纠纷治理绍兴模式、加强知识产权保护的保障体系建设、营造知识产权保护的良好社会氛围五个方面提出要求,特别强调要将新时代“枫桥经验”原则要求贯彻于知识产权保护工作,立足“三治融合”,让知识产权纠纷治理更有绍兴辨识度。

【人事任免】 2022年,绍兴市人大常委会任免131人次(决定任命36人次,决定免去6人次,任命50人次,免去39人次),其中决定任命市人民政府组成人员36人次,任命常委会工作机构主任、副主任24人次,任命市监察委员会副主任、委员1人次,任命市中级人民法院副院长、审判委员会委员、审判员、庭长、副庭长等21人次,任命市人民检察院检察委员会副检察长、检察员等4人次。决定免去市人民政府组成人员6人次,免去市人大常委会工作机构主任、副主任22人次,免去市中级人民法院副院长、审判委员会委员、审判员、庭长14人次,免去市人民检察院检察员3人次。

(市人大常委会办公室 邵淼燕)

代表工作

【代表议案建议办理】 2022年,在绍兴市九届人大一次会议期间,市人大代表围绕共同富裕示范区建设、网络大城市建设、数字化改革、城市交通建设、5G网络规划建设、外贸经济、人才引进培养、集成电路、制造业转型升级、企业纾困帮扶、医疗保障、养老服务、未来社区、食品安全、自然灾害、无障碍环境建设、社区工作者队伍建设等方面,提出建议318件,交由57家机关、组织或机构研究办理。其中,市人大常委会机关主办1件,市政府系统主办282件,市中级人民法院主办1件,市委有关部门、群众团体等其他机关和组织主办34件。318件建议均已办结并答复代表。代表对办理工作满意317件,基本满意1件;对办理结果满意316件,基本满意2件。

【代表主题活动】 2022年,绍兴市人大常委会开发推广代表主题活动应用场景,深化“局长·代表面对面”活动,实现线上线下融合推进,“面对面”会商8000余人次,“键对键”交流2500余人次,协调解决问题1490个,满意率99.5%,具体做法被纳入全省人大基层单元建设指导意见。围绕建设高水平网络大城城市、经济稳进提质,组织各级代表走访服务1889人次,收集意见建议1028条,助推解决问题926个。

(市人大常委会办公室 邵淼燕)

表7

2022年绍兴市人大代表重点建议一览表

市政府领导	建议	案号	代表	案 由	牵头部门
施惠芳	建议	52	金明光	关于将新能源汽车充电设施纳入城市基础设施建设的建议	市发展改革委
		94	吕 钢	关于加快出台支持绍兴市生物医药产业高质量发展政策的建议	市经信局
陶关锋	建议	219	邸彦林	关于进一步加强民房领域消防安全综合治理的建议	市应急管理局
		248	陈爱莲	关于完善惠企助企政策的几点建议	市发展改革委
王 涛	建议	95	胡仁昌	关于完善知识产权立法,提高执法效率助力企业科技创新的建议	市市场监管局
		107	胡柏刿	关于加大基础研究支持助推企业高质量发展的建议	市科技局
俞流江	建议	203	陈国仁	关于完善我市律师业发展扶持政策促进我市律师行业高质量发展的建议	市司法局
		290	许国潮	关于要求加强杭甬高速孙端互通连接线启圣路沿线平交口交通安全管理的建议	市公安局
胡 敏	建议	37	裘珂可	关于在高质量发展中提升我市基层医疗卫生综合服务能力水平的建议	市卫生健康委
		292	唐海峰	关于加快宋六陵遗址公园地块保护性利用开发的建议	市文广旅游局
罗延发	建议	251	陈爱莲	关于加快我市社会养老服务事业发展的几点建议	市民政局
		270	袁海平	关于加快建设绍兴市大型农产品批发市场和冷链智慧物流中心的若干建议	市供销合作总社
鲁霞光	建议	47	单国君	关于大力推进绍兴5G网络规划建设的建议	市经信局
		267	王一峰	加大对外贸行业扶持的建议	市商务局
陈伟军	建议	71	沈 伟	关于加强规范出租车管理全面提升城市文明形象的建议	市交通运输局
		74	曹 峰	关于加强绍兴地铁运营期间保护区管理工作的建议	市交通运输局

(市人大常委会办公室 邵淼燕)

绍兴市人民政府

综　述

【产业发展优势塑造】 2022年，绍兴市组织实施先进制造业强市“4151”计划，全年规模以上工业增加值2119.5亿元、增速居全省第二位，连续2年获国务院工业稳增长和转型升级督查激励。聚力攻坚印染、化工企业跨域整合，5大印染组团全面投产，18个化工项目开工建设，打造以“泛半导体+”产业为主体的“绍芯谷”。推进开发区（园区）工业全域治理，盘活土地3773.33公顷。深入实施智能制造五年提升行动，推进7个省级产业大脑试点，技改投资增长25.7%、居全省第三位。获批海峡两岸（绍兴）数字产业合作区、杭绍临空经济一体化发展示范区绍兴片区。诸暨智能视觉产业平台入选省“万亩千亿”新产业平台，四大新兴产业实现“万亩千亿”平台全覆盖，其中集成电路、高端生物医药产业平台考评分别居全省第一位、第四位。柯桥经济开发区入选第二批省高能级战略平台，越城区第三代半导体纳入省首批未来产业先导区培育名单。

【城市开放提升】 2022年，绍兴市开展“2335”外贸保稳提质行动，义甬舟嵊新临港经济区入选首批义甬舟开放大通道综合性战略平台，获评省RCEP高水平开放合作示范区，绍兴综保区封关运营，开通中欧班列“柯桥号”，举办第五届中日韩工商大会。外贸出口3409亿元，同比增长23.7%、居全省第三位。

【城市能级提升】 2022年，绍兴市设立100亿元城市更新基金，实施棒球未来社区等40个重点片区建设，创成省级城乡风貌样板区7个、未来社区4个、未来乡村25个。深化古城保护利用总体设计方案，建成开放阳明故居及纪念馆。镜湖新区加快开发，高铁站前片区项目群、国际金融活力城等建设进展顺利，城市展示馆等29个项目竣工。落实亚运城市绿色与智慧交通年建设行动，创成国家绿色出行城市、“四好农村路”省级示范市。杭绍甬智慧高速、柯诸高速、金甬铁路等加快建设，于越快速路等6条高架顺利通车。轨道交通1号线主线开通运营，2号线一期实现“轨通”“电通”。实施打造国内最清洁城市“410行动”，创建省级“高品质示范街区”6个、精细保洁示范区域12个，修整绿地175万平方米，新建绿道80千米。城市“综管服”平台实现省市县三级联网，贯通搬家、养犬、违停处理等“一件事”应用，无物业管理小区实现“清零”。

【乡村振兴推进】 2022年，绍兴市完成粮食生产功能区“非粮化”整治1.91万公顷，新建高标准农田4533公顷，柯桥区、诸暨市获全省农业“双强”赛马激励。建成“共富工坊”567家、“强村公司”150家，实施集体经济发展项目206个，消除年经营性收入50万元以下行政村，低收入农户人均收入增长14.7%。推进农村宅基地制度改革全国试点，激活闲置农房72.3万平方米。深化“千村示范、万村整治”工程，提前完成

柯桥坂湖宜居城市新区风貌样板区　　（市建设局　供图）

"五星3A"迭代升级三年任务,新增美丽乡村示范乡镇9个、特色精品村29个,建成新时代美丽乡村共同富裕示范带2条。

【生态环境提升】 2022年,绍兴市创成国家生态文明建设示范区,实现省级生态文明建设示范区县域全覆盖。全域建设"无废城市",加强生物多样性保护,连续3年获美丽浙江建设考核优秀。抓好第二轮中央生态环境保护督察反馈问题整改,开展环保专项执法,$PM_{2.5}$浓度每立方米29微克,县控及以上断面、县级及以上饮用水源地水质达标率均为100%,重点建设用地安全利用率100%。推进印染行业环境统计与排污许可管理、环评审批与排污许可证发放衔接融合国家试点。实施节能降碳技改项目270个,淘汰"两高一低"企业447家,规模以上工业单位增加值能耗下降10.9%。

【文化文明高地建设】 2022年,绍兴市实施亚运城市行动计划,建成开放5个亚运场馆,精心组织"水陆双马"和全国棒垒球冠军杯赛,省运会团体排名创历史最好成绩,成为全国首批全民运动健身模范市。举办公祭大禹陵典礼、兰亭书法节、绍兴黄酒节、中国越剧艺术节、阳明心学大会。宋六陵国家考古遗址公园立项,《绍兴大典》启动编纂。鉴湖旅游度假区晋升国家级旅游度假区,率先实现省级全域旅游示范县(市、区)全覆盖。

【共同富裕建设】 2022年,绍兴市出台"稳岗留工"十条举措,城镇新增就业23.2万人。加大欠薪整治力度,迭代升级"业安薪"平台。深化基本医保市级统筹,户籍人口基本医保参保率99%以上。城乡居民基础养老金、低保标准分别增加到每人每月290元和1050元。未成年人救助保护机构实体化运行率100%。完成89个老旧小区改造,筹集保障性租赁住房8432套。成立绍兴开放大学,在全省率先实现国家义务教育优质均衡发展县省级验收超50%、国家学前教育"普及普惠县"省级验收全覆盖。创建省中医药综合改革先行市,连续2年获评全国健康城市建设样板市,基层医疗卫生机构绩效考核居全省首位。推进"浙里康养",完成老年人自理能力筛查,建成老年友善医疗机构127家。创建婴幼儿照护服务示范城市,千人托位数3.52。加快建设城乡现代社区,每万城镇常住人口拥有专职社工18.4人。工会、妇女儿童、青少年、慈善、残疾人、红十字等事业取得新进步。

【政府自身建设】 2022年,绍兴市人民政府坚持把政治建设摆在首位,深入开展"六学六进六争先"学习实践活动,推动党的二十大精神落地见效。依法接受人大监督,自觉开展民主协商,认真办理人大代表建议282件、政协提案461件。实施法治政府建设补短提升工程,全市行政诉讼案件败诉率降至2.76%、全省最低,诸暨市获评全国法治政府建设示范地区。加强政府债务管理,控制非重点、非刚性支出,财政民生投入资金占比70.8%。落实中央八项规定及其实施细则精神,强化重点领域廉政风险防范,努力建设人民满意政府。

(市府办 袁科斌)

重要会议

【市政府全体会议】 2022年,绍兴市人民政府召开全体会议2次,即九届市政府一次、二次全体会议。

九届市政府一次全体会议 4月8日举行。主要任务是以省委对绍兴发展"五个率先"要求为指导,围绕市第九次党代会提出的"建设高水平网络大城市、打造新时代共同富裕地"奋斗目标,全面部署市两会精神,动员政府系统广大干部认清形势,振奋精神,埋头苦干,狠抓落实,奋力谱写高质量发展新篇章,以优异成绩迎接党的二十大胜利召开。市长施惠芳讲话。常务副市长陶关锋主持会议并部署全年政府重点工作。副市长王涛、俞流江、胡敏、罗延发、陈伟军,秘书长王永明参加。

会议指出,今后五年发展目标和2023年工作任务都已明确,要认清形势、提高站位,奋勇争先、善作善成,以实干的作风、管用的举措,高标准高质量抓好新一届政府开局之年的各项工作,推动美好蓝图不断转化为生动实景。

会议强调,面对严峻复杂发展形势、艰巨繁重改革任务,要咬定目标,以"抓铁有痕、踏石留印"的劲头狠抓落实,推动各项工作朝前赶、见成效,努力创造更加优异的成绩。要围绕重大部署抓落实,实施清单化管理、项目化推进、专班化运作,领好任务书、绘好路线图、量化硬指标、细化颗粒度,确保各项重点任务一抓到底、抓出实效。要围绕重大项目抓落实,聚焦招商引资和项目推进,建立完善重大项目"五比五赛"机制,用心用情用力服务,推动项目提速提质,打响有效投资攻坚战,充分发挥重大项目对经济增长的"压舱石"作用。要围绕人民所需抓落实,始终坚持人民至上,牢固树立以人民为中心的发展思想,坚定不移走好新时代群众路线,真心实意倾听群众呼声,不折不扣兑现民生承诺,久久为功促进共同富裕,坚决守住安全底线,努力实现人民对美好生活的期待。

会议要求,要建立健全保障机制,确保抓落实有坚强的组织领导、严格的制度执行、有力的监督检查、鲜明的考核导向。要以上率下促落实,各级领导干部要带头转变作风、带头高效做事、带头攻坚克难,争做抓落实的引领者和示范者。要严督实查促落实,秉持"小切口、大督查"理念,坚持"重点突出、有序推进、直达现场、严督实查"原则,发挥督查在抓落实、强执行中的"利器"作用。要真评实考促落实,科学制定评价标准,完善考核评价体系,以鲜明的导向更好推动各项工作深入开展,为率先走出争创社会主义现代化先行省的市域发展之路提供坚强保障。

九届市政府二次全体会议 8月5日举行。主要任务是高举习近平新时代中国特色社会主义思想伟大旗帜,全面贯彻省第十五次党代会、省政府第十一次全体(扩大)会议和市委九届二次全体(扩大)会议精神,总结上半年政府工作,部署下半年任务,动员全市政府系统广大干部坚定信心、攻坚克难,奋力完成全年目标任务,以优异成绩迎接党的二十大胜利召开。市长施惠芳讲话,常务副市长陶关锋主持,副市长王涛、俞流江、胡敏、罗延发、鲁霞光、陈伟军,秘书长王永明参加会议。

会议指出,2022年以来,面对超预期疫情影响和经济下行压力,全市各级政府部门深入贯彻习近平总书记"疫情要防住、经济要稳住、发展要安全"重要指示精神,认真执行上级重大决策,以超常规思维、超常规力度、超常规举措,打好稳进提质组合拳,经济运行稳中向好,发展动能持续增强,融合发展纵深推进,民生福祉不断改善,除险保安成效明显,有力稳住经济社会发展基本盘,交出"半年稳"高分答卷。当前全市经济下行压力加大、要素制约依然明显、创新支撑仍需强化、除险保安任务仍然艰巨等问题挑战。各级各部门要坚持问题导向,强化责任落实,努力攻坚克难,进一步夯实发展基础、壮大发展优势。

会议强调,2022年是党的二十大召开之年,是"十四五"规划承上启下之年。全市政府系统要深入贯彻省第十五次党代会提出的"两个先行"奋斗目标、市第九次党代会作出的"建设高水平网络大城市、打造新时代共同富裕地"战略部署、市委九届二次全体(扩大)会议审议通过的《中共绍兴市委关于忠实践行"八八战略"坚决做到"两个维护"奋力争当"两个先行"排头兵的决议》和《中共绍兴市委关于加快建设高水平网络大城市的实施意见》,对标"两个先行"、奋进"五个率先",扎实推进高水平网络大城市建设,在新征程上展现新担当、干出新业绩。

会议强调,要打赢稳进提质攻坚战,细化目标任务,提升指标、开拓市场、抓好招商、推进项目,奋战三季度、决战四季度,确保实现"三季红""全年红"。要打好智造强市"组合拳",实施新一轮"腾笼换鸟、凤凰涅槃"攻坚行动,制定实施先进制造业强市"1+5"计划,做强产业链群、做大产业平台、做实创新驱动、做优企业主体,着力提升制造业和实体经济竞争力。要推动城市能级新提升,坚持内聚外联,深化融杭联甬接沪,着力推进片区开发,加快城乡一体融合,搭建高水平网络大城市"四梁八柱"。要擦亮城市文化"金名片",坚定文化自信,彰显古城魅力,扩大文化供给,促进文商旅深度融合,打造具有绍兴辨识度文化品牌。要勇当深化改革探路者,一体推进共同富裕示范区改革、数字化改革和重点领域改革,加速破除制约高质量发展障碍,加快形成更多改革硬核成果。要争创生态文明样板地,以国家级生态文明建设示范市创建为牵引,强化节能降碳、污染防治,推动生态环境持续向好。要提升民生保障满意度,坚持以人民为中心,办好各类民生实事、健全社会保障体系、推进公共服务优享、深化"平安绍兴"建设,不断增强群众获得感、幸福感、安全感。要争当善作善成实干家,深化政府系统政治建设,处理好"走"与"跑"、"破"与"立"、"吃堑"与"长智"三对关系,奋力争先进位,全力塑造变革,坚决守住纪律底线,着力打造勤政为民、廉洁高效政府,奋力交出本届政府开局之年高分报表。

【市政府常务会议】 2022年,绍兴市人民政府召开常务会议22次,即八届市政府第一百零九次常务会议至第一百一十三次常务会议、九届市政府第一次至第十七次常务会议。其中,八届市政府第一百零九次常务会议至第一百一十三次常务会议由代市长施惠芳主持,九届市政府第一次至第十七次常务会议由市长施惠芳主持。

八届市政府第一百零九次常务会议 1月7日召开。会议听取市总工会党组书记陈泉标《关于进一步完善和落实劳动模范医疗补助待遇的通知》起草情况的汇报;听取市气象局局长王德鸿关于《绍兴市极端天气"村安工程"三年行动计划(2022—2024年)》起草情况的汇报;听取市人力社保局局长张荣社关于给市残联等单位和单永刚等行政奖励及为楼建勇、崔煜忠追记二等功的情况汇报;听取市生态环境局局长方林苗、市司法局局长黄文刚关于《绍兴市柴油动力移动源排气污染防治办法(草案)》起草及审核修改情况的汇报;听取市商务局局长金立耿关于《中国(浙江)自由贸易试验区绍兴联动创新区建设实施方案》编制情况的汇报;听取市民政局局长吴绍庆关于适度放宽低保边缘认定标准的情况汇报;听取市自然资源和规划局局长陈伟军关于绍兴市第三次全国国土调查成果的情况汇报。

八届市政府第一百一十次常务会议 1月25日召开。会议听取市建设局局长毛红卫《关于加快发展保障性租赁住房的实施意见》起草情况的汇报;听取市建设局局长毛红卫关于《绍兴市城乡风貌整治提升行动实施方案》及《专班组建方案》起草情况的汇报;听取市发展改革委主任何坚刚关于2021年度"改革开放创新发展突出贡献奖"表彰奖励评选推荐工作情况的汇报;听取市发展改革委主任何坚刚关于《绍兴市海洋经济发展规划(2021—2025年)》编制情况的汇报;听取市水利局局长张宪疆、市委编办主任王辉关于镜岭水库前期工作、管理机构设置的情况汇报;听取市市场监管局局长王永明关于2021年全市食品药品安全工作的情况汇报;听取市经信局局长孙君关于《绍兴市新一轮制造业"腾笼换鸟、凤凰涅槃"攻坚行动方案》起草情况的汇报;听取市综合执法局局长丁松勇关于《绍兴市推进"大综合一体化"行政执法改革方案》及综合行政执法事项扩展目录起草情况的汇报;听取市发展改革委主任何坚刚关于《义甬舟开放大通道建设绍兴市五年行动方案(2021—2025年)》起草情况的汇报;听取市外办主任金莉关于2021年度绍兴市荣誉市民推荐评选工作情况的汇报;听取市公安局常务副局长潘益民关于2021年全市公安工作情况和2022年工作思路的汇报。

八届市政府第一百一十一次常务会议 2月26日召开。会议听取市自然资源和规划局局长陈伟军关于全市2022年经营性土地出让计划安排情况的汇报;听取市交投集团董事长张永春关于杭绍台高速公路城区段实施差异化收费政策的情况汇报;听取市安委办主任黄立枫关于2021年全市安全生产工作情况和2022年重点工作安排的汇报;听取市金控公司董事长孙永国关于组建市产业基金公司的情况汇报；听取滨海新区管委会副主任祝国金关于中芯绍兴二期项目的情况汇报；听取市财政局局长金水法关于《绍兴市城市轨道交通项目资金筹措办法》起草情况的汇报；听取市财政局局长金水法关于绍兴市融资担保有限公司增资扩股的情况汇报；听取市政府副秘书长、办公室主任闾小锋关于2022年市政府民生实事候选项目情况的汇报。

八届市政府第一百一十二次常务会议 3月11日召开。会议听取市发展改革委主任何坚刚关于2022年全市基础设施、服务业重点建设项目和市级政府(平台)投资项目计划的情况汇报；听取市发展改革委主任何坚刚关于全市承接落实省稳进提质"5+4"政策的情况汇报；听取市投资促进中心主任郑华关于《绍兴市驻外招商引智管理办法》起草情况的汇报；听取市农业农村局局长王浩萍关于2021年全市乡村振兴先行村创建情况的汇报；听取市农业农村局局长王浩萍关于绍兴市茶叶区域公共品牌创设情况的汇报；听取市财政局局长金水法关于《2021年全市和市级预算执行情况及2022年全市和市级预算草案报告》起草情况的汇报；听取市政府副秘书长朱润晔关于《政府工作报告(讨论稿)》起草情况的汇报；进行集体学法活动，由浙江省自然资源厅政策法规处处长钱影解读《中华人民共和国土地管理法实施条例》《浙江省土地管理条例》。

八届市政府第一百一十三次常务会议 3月16日召开。会议传达学习全国两会精神；听取市道交办副主任谢晋关于全省道路交通安全工作电视电话会议精神传达及全市贯彻落实意见的汇报；听取市发展改革委主任何坚刚、市委编办主任王辉关于杭绍临空经济一体化发展示范区绍兴片区建设方案、管理机构设置情况的汇报；听取市发展改革委主任何坚刚《关于绍兴市2021年国民经济和社会发展计划执行情况与2022年国民经济和社会发展计划草案的报告》起草情况的汇报；听取市消防救援支队支队长邸彦林《关于切实加强消防安全工作的实施意见》起草情况的汇报；听取市政府副秘书长朱润晔关于《政府工作报告》起草情况的汇报。

九届市政府第一次常务会议 4月6日召开。会议听取市安委办主任俞少楼关于全国、全省安全生产电视电话会议精神和《河南郑州"7·20"特大暴雨灾害调查报告》有关情况及全市贯彻落实意见的汇报；听取市政府副秘书长王洪海关于《绍兴市人民政府工作规则》《绍兴市人民政府关于进一步加强政府自身建设的意见》起草情况的汇报；听取市政府副秘书长朱润晔关于2022年市政府重点工作清单制订情况的汇报；研究并明确新一届市政府领导分工。

九届市政府第二次常务会议 4月22日召开。会议听取市发展改革委主任何坚刚关于一季度经济运行情况的汇报；听取市发展改革委主任何坚刚关于全省助企纾困暨重大项目建设工作会议精神传达及全市贯彻落实意见的汇报；听取市发展改革委主任何坚刚关于《进一步促进服务业市场主体纾困解难十条意见》起草情况的汇报；听取市委依法治市办副主任梁中关于法治绍兴(法治政府)建设情况的汇报；听取市统计局局长丁美玲关于《进一步加强统计基层基础建设的意见》起草情况的汇报；听取市发展改革委主任何坚刚关于绍兴市天然气保供及成本分摊情况的汇报；听取市发展改革委主任何坚刚关于《绍乐东西部协作重大事项合作协议》起草情况的汇报；听取市司法局局长梁中关于绍兴市人民政府2022年立法计划编制情况的汇报；听取市应急管理局局长俞少楼关于开展巨灾保险试点工作的情况汇报；听取市金融办主任夏九英关于绍兴市人民政府与中国农业银行浙江省分行签订战略合作协议相关情况的汇报；听取市交通运输局局长何建关于2021年度绍兴市"四好农村路"示范乡镇创建考核工作的情况汇报；听取市政府副秘书长、市政府办公室主任朱润晔关于2022年市政府重大行政决策事项建议目录的情况汇报；进行集体学法活动，由省文物局文物安全与督察处处长李俏解读《中华人民共和国文物保护法》。

九届市政府第三次常务会议 5月13日召开。会议听取市统计局局长丁美玲关于贯彻落实《关于更加有效发挥统计监督职能作用的意见》精神的情况汇报；听取市生态示范创建办常务副主任胡华良关于《绍兴市生态文明建设规划》修编的情况汇报；听取市交通运输局局长何建关于《绍兴市综合立体交通网规划》编制情况的汇报；听取市体育局局长钱勇军关于《联合打造"中国棒垒球之城"，推进浙江棒垒球项目发展，支持棒球垒球国家队建设合作框架协议》起草情况的汇报；听取市国资委主任徐洪关于《绍兴市人才发展集团有限公司组建实施方案》起草情况的汇报；听取市国资委主任徐洪《关于调整黄酒集团、浙江古越龙山绍兴酒股份有限公司管理体制的实施意见》起草情况的汇报；听取市消防救援支队支队长邸彦林关于柯桥区杨汛桥街道河西岸居委会21号民房"2·7"较大火灾事故调查报告的情况汇报；听取市金融办主任夏九英关于《金融助企纾困服务稳进提质除险保安的二十条意见》起草情况的汇报；听取市卫生健康委主任王宏达关于申请创建省中医药综合改革先行市的情况汇报；听取市农业农村局局长陈建勇关于2022绍兴"云上茶博"总体方案的汇报。

九届市政府第四次常务会议 5月26日召开。会议传达学习习近平总书记重要文章《正确认识和把握我国发展重大理论和实践问题》、在中央财经委员会第十一次会议上的重要讲话精神，以及全国、全省稳住经济大盘电视电话会议精神；听取市发展改革委主任何坚刚、市财政局局长金水法、市统计局局长丁美玲关于1—4月经济运行情况的汇报；听取市经信局局长张永明《关于进一步减负纾困助力中小微企业和个体工商户发展的若干政策意见》起草情况的汇报；听取市委政法委常务副书记徐凯盛和市司法局局长梁中关于《绍兴市"枫桥经验"传承发展条例(草案)》起草及审核修改情况的汇报；听取市政府副秘书长、办公室主任朱润晔关于市政府领导领办市两会建议提案工作的情况汇报。

九届市政府第五次常务会议 6月14日召开。会议听取市残联理事长徐善斌《关于进一步加强残疾人工作促进共同富裕的若干意见》起草情况的汇报;听取市交通运输局局长何建关于国家公交都市创建申报有关情况的汇报;听取越城区人民政府区长钱林江关于绍兴旗滨玻璃有限公司搬迁征收有关情况的汇报;听取市治水办专职副主任吴靖关于《绍兴市2022年"五水共治""河湖长制"工作实施方案》起草情况的汇报;听取市科创办主任徐丽东关于《绍兴科创走廊发展规划》编制情况的汇报;听取市城投集团董事长方维炯关于越东路一期和二环北路快速路PPP项目涉铁费用有关情况的汇报;进行集体学法活动,由市中级人民法院行政庭庭长张靓解读《中华人民共和国行政诉讼法》。

九届市政府第六次常务会议 6月29日召开。会议听取市民政局局长华珺关于动态调整全市城乡低保标准情况的汇报;听取市发展改革委主任何坚刚关于1—5月经济运行情况的汇报;听取市发展改革委主任何坚刚关于《绍兴市深入推进"五个率先"行动计划》《绍兴市深入推进"五个率先"指标体系(试行)》编制情况的汇报;听取市委依法治市办副主任梁中关于《绍兴市法治政府建设实施方案(2021—2025年)》起草情况的汇报;进行集体学法活动,由绍兴文理学院法律系副主任徐肖东解读《中华人民共和国行政处罚法》。

九届市政府第七次常务会议 7月6日召开。会议听取市提升办主任张永明《关于推进市区印染化工产业改造提升工作的补充意见》起草情况的汇报;听取市交通运输局副局长秦国平《关于调整市本级与越城区交通运输领域相关事权的实施意见》起草情况的汇报;听取市投资促进中心主任郑华关于《绍兴市人民政府与比亚迪股份有限公司城市合伙人战略合作框架协议》《绍兴市人民政府与正威国际集团有限公司战略合作框架协议》《绍兴市人民政府与珠海华发集团有限公司战略合作框架协议》起草情况的汇报;听取市交通运输局二级调研员许国荣关于《绍兴市人民政府与浙江省海港投资运营集团有限公司深化战略合作协议书》起草情况的汇报;听取市综合执法局局长丁松勇关于《绍兴市2022年新增综合执法事项目录》《建设领域调整事项目录》起草情况的汇报;听取市水利局局长张建良关于《绍兴市"十四五"期间解决防洪排涝突出薄弱环节实施方案》起草情况的汇报;听取市政府副秘书长、办公室主任朱润晔关于2022年省、市民生实事半年度进展情况的汇报。

九届市政府第八次常务会议 7月26日召开。会议传达全国、全省安全生产电视电话会议精神,听取市应急管理局局长俞少楼关于全市上半年安全生产工作情况的汇报;听取市发展改革委主任何坚刚关于上半年经济运行情况的汇报;听取市自然资源和规划局局长马海明《关于落实最严格的耕地保护制度全面推行田长制的实施方案》起草情况的汇报;听取市财政局局长金水法关于《绍兴市城市更新基金组建工作方案》《绍兴市城市更新基金管理暂行办法》起草情况的汇报;听取市发展改革委主任何坚刚关于《宁波市与绍兴市共融长三角共建都市区合作框架协议》起草情况的汇报;听取市体育局局长钱勇军关于《绍兴市全民健身实施计划(2022—2025年)》起草情况的汇报;听取市财政局局长金水法《关于2021年市级财政决算(草案)的报告》和《关于绍兴市2022年1—6月财政预算执行情况的报告》起草情况的汇报。

九届市政府第九次常务会议 8月4日召开。会议听取市民政局局长华珺《关于贯彻落实〈绍兴市居家养老服务条例〉的实施意见》起草情况的汇报;听取市发展改革委主任何坚刚《关于全市域建设高能级战略平台的指导意见》起草情况的汇报;听取人行绍兴市中心支行行长孔祖根关于《绍兴市"活力币赢"数字人民币消费红包活动实施方案》起草情况的汇报;听取市商务局局长金立耿关于全市"欢乐盛夏·越享生活"暑期促消费活动的情况汇报;听取市商务局局长金立耿关于全市省级以上经济开发区整合提升工作的情况汇报;听取市文广旅游局局长何俊杰、市司法局局长梁中关于《绍兴市浙东唐诗之路文化保护利用条例(草案)》起草和审核修改情况的汇报;听取市人力社保局局长张荣社关于2021年度绍兴市行政奖励项目有关情况的汇报;听取市建设局局长毛红卫《关于推动绍兴建筑业改革创新高质量发展的实施意见》起草情况的汇报;听取市消防救援支队支队长邸彦林《关于加强全市消防救援队伍建设的实施办法》起草情况的汇报;听取市自然资源和规划局局长马海明《关于开展市属国有企业土地房产历史遗留问题处置和确权登记工作的通知》起草情况的汇报。

九届市政府第十次常务会议 8月23日召开。会议传达学习习近平总书记关于防汛抗旱抢险救灾工作的重要指示精神,听取市防指办主任俞少楼关于全市贯彻落实意见的情况汇报;听取市轨道交通集团总经理周怀治关于绍兴城际线先行开工段结算情况的汇报;听取市市场监管局局长黄立枫关于2022年上半年全市食品安全及国家食品安全示范城市创建工作情况的汇报;听取市农业农村局局长陈建勇关于《绍兴市加快农民增收促进共同富裕行动方案》《绍兴市加快农民增收促进共同富裕若干政策》起草情况的汇报;听取市政府副秘书长、大数据局局长孙彦关于《绍兴市人民政府与之江实验室助力绍兴网络大城市建设合作框架协议》起草情况的汇报;听取市金融办主任夏九英关于绍兴市人民政府与浙商银行股份有限公司签订全面战略合作协议相关情况的汇报;听取市城投集团董事长方维炯关于越东路及南延段智慧快速路二期Ⅰ标处置工作有关情况的汇报;听取市财政局局长金水法关于《绍兴市级党政机关办公用房租用管理办法(试行)》起草情况的汇报。

九届市政府第十一次常务会议 9月15日召开。会议传达全省新一轮制造业"腾笼换鸟、凤凰涅槃"攻坚行动现场会暨"415X"产业集群推进会精神,听取市经信局局长张永明关于全市贯彻落实意见的情况汇报;听取市经信局局长张永明《关于实施“4151”计划打造先进制造业强市的若干意见》及系列方案(计划)起草情况的汇报；听取市镜岭水库工程建设指挥部总指挥盛林炳关于《镜岭水库项目公司组建方案》起草情况的汇报；听取市国资委主任徐洪关于《绍兴市汤浦水库有限公司等相关股权划转方案》的情况汇报；听取市发展改革委主任何坚刚关于《绍兴市促进新能源汽车消费的若干政策》起草情况的汇报；听取市卫生健康委主任王宏达关于申报全国婴幼儿照护服务示范城市的情况汇报；听取市综合执法局局长丁松勇关于《绍兴市新增综合行政执法事项统一目录(2022年)》《绍兴市综合行政执法建设领域调整事项目录》起草情况的汇报；听取市退役军人事务局局长陈永葆关于2022年市本级营级及以下转业军官和符合政府安排工作条件退役士兵安置方案的情况汇报；听取市社联主席王静静关于《〈绍兴大典〉编纂出版工作实施方案》起草情况的汇报。

九届市政府第十二次常务会议 9月28日召开。会议听取柯桥区政府常务副区长丁贵关于柯岩B-48住宅地块处置的情况汇报；听取市财政局局长金水法关于《绍兴市盘活存量资产扩大有效投资实施方案》起草的情况汇报；听取市司法局局长梁中关于《绍兴市行政执法协调监督工作办法(草案)》起草的情况汇报；听取市发展改革委主任何坚刚关于《高标准建设绍兴市能源基础设施网络总体方案》起草的情况汇报；听取市无废办常务副主任方林苗关于《绍兴市全域“无废城市”建设实施方案(2022—2025年)》起草的情况汇报；听取市见义勇为工作领导小组副组长项万林关于为见义勇为人员申报记功的情况汇报。

九届市政府第十三次常务会议 10月14日召开。会议传达全省“大综合一体化”行政执法改革大会精神，听取市综合执法局局长丁松勇关于全市贯彻落实意见的情况汇报；传达海洋强省建设推进会精神，听取市发展改革委主任何坚刚关于全市贯彻落实意见的情况汇报；听取市治水办副主任方林苗关于《2022年度绍兴市“五水共治”(河湖长制)工作考核评价指标及评分细则》起草的情况汇报；听取市财政局局长金水法关于《进一步加强市级党政机关办公用房建设与使用管理的意见》起草的情况汇报；听取市文明办主任金立锋关于全市未成年人思想道德建设工作的情况汇报；听取市发展改革委主任何坚刚关于《绍兴市创建国家社会信用体系建设示范区工作方案》起草的情况汇报。

九届市政府第十四次常务会议 10月26日召开。会议听取市政府秘书长王永明、市发展改革委主任何坚刚关于经济稳进提质和三季度经济运行情况的汇报；听取市水利局局长张建良关于《绍兴市水库山塘系统治理实施方案(2022—2025年)》起草的情况汇报；听取市医保局局长裘凯音关于完善绍兴市基本医疗保险有关政策的情况汇报；听取市投资促进中心主任郑华《关于进一步规范招商引资工作流程管理的若干意见》起草的情况汇报；听取市投资促进中心主任郑华关于《绍兴市产业项目“比、看、干”晒比活动实施方案》起草的情况汇报；听取越城区人民政府区长钱林江关于越城区则水牌7-2号地块处置的情况汇报；听取市国资委主任徐洪关于《绍兴市市管企业股权投资基金监督管理暂行办法》起草的情况汇报；听取市经信局局长张永明关于《绍兴市人民政府与中国酒业协会绍兴黄酒产业高质量发展全面合作协议》起草的情况汇报；听取市财政局局长金水法关于2022年市级财政预算调整和新增地方政府债务限额的情况汇报。

九届市政府第十五次常务会议 11月7日召开。会议听取市人力社保局局长张荣社关于调整2022年城乡居民基本养老保险基础养老金标准的情况汇报；听取市市场监管局局长黄立枫《关于建立健全分层分级精准防控末端发力终端见效工作机制 推动食品安全属地管理责任落地落实的实施方案》起草的情况汇报；听取市科技局局长徐丽东关于《绍兴市人民政府与中国机械工业集团有限公司全面合作协议》起草的情况汇报；听取市人力社保局局长张荣社《关于打造新时代高技能人才高地助力先进制造业强市建设的实施意见(2022—2025年)》起草的情况汇报；听取市司法局局长梁中关于《绍兴市行政许可事项清单(2022年)》起草的情况汇报；听取市体育局局长钱勇军关于打造中国棒垒球之城，高水平人才引进培养相关协议的情况汇报；听取市财政局局长金水法关于绍兴市级政府债务管理的情况汇报；进行集体学法活动，由绍兴文理学院商学院副教授葛天博解读《中华人民共和国安全生产法》。

九届市政府第十六次常务会议 11月22日召开。会议听取市发展改革委主任何坚刚关于《绍兴市“一老一小”整体解决方案》起草的情况汇报；听取市自然资源和规划局局长马海明关于《进一步规范土地储备工作的意见》起草的情况汇报；听取市自然资源和规划局局长马海明关于《绍兴市征收集体所有土地管理办法》起草的情况汇报；听取市建设局局长毛红卫关于《绍兴市区国有土地上房屋征收与补偿实施办法(修订)》起草的情况汇报；听取市财政局局长金水法关于《绍兴市区智慧快速路二期项目建设资金保障实施方案》起草的情况汇报；听取市市场监管局局长黄立枫关于《绍兴市标准创新贡献奖管理办法》《绍兴市知识产权强市建设纲要实施意见(2022—2035年)》起草的情况汇报。

九届市政府第十七次常务会议 12月15日召开。会议传达全省深化“千万工程”建设新时代美丽乡村现场会精神，听取市农业农村局局长陈建勇关于全市贯彻落实意见的汇报；听取市消防救援支队支队长邸彦林《关于切实加强全市基层应急和消防安全管理“四大体系”建设的实施意见》起草的情况汇报；听取市城管办主任丁松勇《关于绍兴市打造最清洁城市“410行动”实施方案》起草的情况汇报；听取市投资促进中心主任郑华关于《绍兴市人民政府与北京百度网讯科技有限公司城市合伙人战略合作框架协议》起草的情况汇报；听取市委宣传部副部长杨颂周关于《中国戏曲电影展合作协议》起草的情况汇报;听取市政府办公室副主任蒋小芸关于《绍兴市加快推进数字政府建设实施方案》起草的情况汇报;听取市政府副秘书长王洪海关于《绍兴市人民政府决策咨询委员会工作规则》起草情况和第四届市咨询委组成人员建议名单的汇报;举办集体学法活动,由绍兴文理学院副教授陈国和解读《浙江省实施〈中华人民共和国节约能源法〉办法》。

【市政府其他重要会议】

绍兴市招商工作会议暨项目落地攻坚动员会 2022年7月7日召开。会议强调,要牢固树立"项目为王"理念,依托平台优势,聚焦重点产业领域,对接优质企业,力争全年新引进10亿元以上产业项目50个,其中50亿元以上10个。强化"一把手"招商,深化乡贤招商,推进驻外招商。优化发展环境,以数字化改革为牵引,稳步探索规划、施工、消防"多合一"办理,简化流程、缩短周期,让市场主体少跑腿。抓好政策配套和人才支撑,完善产业平台功能配套,加大人才公寓供给,营造宜居宜业环境。市委副书记、市长施惠芳出席会议并讲话,副市长陶关锋、王涛、俞流江、罗延发、鲁霞光、陈伟军参加。

绍兴市城市精细化管理工作现场会 2022年9月21日召开。会议强调,要深入贯彻习近平总书记关于城市管理重要论述精神,全面落实市委九届二次全会部署,以打造国内最清洁城市为目标,提升城市精细化管理水平,建设品质之城、幸福家园。市委副书记、市长施惠芳出席会议并讲话,市领导罗延发、陈伟军参加。会前,与会人员赴越城区本觉路全心路口、二环北路与中兴大道交叉口、迪荡湖公园和宋梅桥公园,实地观摩卫生、通行、夜景、园林环境等工作推进情况。

绍兴市新一轮制造业"腾笼换鸟、凤凰涅槃"攻坚行动现场会暨"4151"计划部署会 2022年9月29日召开。会议强调,要深入学习贯彻习近平总书记关于制造强国重要论述,全面落实省委、省政府和市委决策部署,以"4151"计划为载体,准确把握先进制造业强市的主要目标、支撑体系、重点任务,为建设高水平网络大城市、打造新时代共同富裕地,提供坚实支撑和强劲动力。市委副书记、市长施惠芳出席会议并讲话,市领导鲁霞光主持会议。

绍兴市土地综合整治工作推进会 2022年12月14日召开。会议强调,要深入贯彻党的二十大关于"构建优势互补、高质量发展的区域经济布局和国土空间体系"部署精神,聚焦网络大城市重点片区建设需求,科学谋划今后五年全市土地综合整治目标任务,打造"浙江示范、绍兴样板"。市委副书记、市长施惠芳出席会议并讲话,副市长陈伟军参加。

(市府办 江 南)

十大民生实事

【重点人群疾病筛查工程】 2022年,绍兴市完成流行病学调查134907人次、CT筛查诊断38718人次,开展前列腺癌筛查200630人、老年痴呆筛查160298人。

【体育惠民工程】 2022年,绍兴市新建"体育+公园"项目20个、社会足球场10个、多功能运动场10个、百姓健身房50个,完成健身步道(环浙步道)311.1千米、绿道66.8千米,开展免费游泳培训10064人。

【"育工匠、促共富"工程】 2022年,绍兴市完成技能培训19.33万人次、特色产业技能人才培训3949人、新增高技能人才3.46万人。绍兴技师学院微电子学院投入使用,2个市级公共实训基地完成建设。

【全民反诈行动】 2022年,绍兴市完成全民反诈平台建设、推广、应用、验收等工作,完成反诈宣讲8950场,全市电信网络诈骗发案率、损失,比2021年分别下降16.01%和26.03%。

【城乡交通平安畅通综合治理工程】 2022年,绍兴市完成新建公交候车亭161个、电子站牌55个,新增(调整配套)高铁站和地铁站周边公交站点42个、接驳公交线路28条、较大自然村公交线路21条,新增(更新)公交车318辆、新能源出租车619辆,新建ETC停车场14个,养护提升农村公路365.74千米,完成25座桥梁"桥头跳车"整治,修复道路坑洞17447处,完成"越安行"精准管控平台二期建设,完成对52处事故多发道路点段省、市级挂牌整治,完成对12个道路交通事故隐患突出乡镇(街道)市级挂牌整治,完成对12家主体责任不落实道路运输企业市级挂牌整治,排查治理道路交通隐患4021处,改造重点交通堵点15处,建成交通安全宣传站和劝导站103个。

2022年4月21日,越城区消防轻骑兵开展宣传活动 (余昌龙 摄)

【消防安全提升工程】 2022年，绍兴市完成330个高层住宅小区增配智能防控设备，完成270个高层住宅建筑5271台电梯安装电瓶车管控系统，完成60个老旧高层住宅小区电气线路和消火栓系统改造提升，完成6000户农村老旧民房增配漏电保护装置，建设消防取水口200个，完成500个村级义务消防队提档升级。

【青少年活动中心提档升级工程】 2022年，绍兴市完成市青少年活动中心镜湖中心项目方案编制等前期工作，基本完成诸暨市青少年宫新宫主体建设，建成“童玩空间”5家，建成“红领巾E站”17家，开展青少年校外教育公益服务活动607场，培育市级以上精品社团20个。

【构建食品安全保障体系】 2022年，绍兴市食品小作坊登记建档率100%，新培育“5S”现场管理食品小作坊60家，新培育传递民俗和传承文化食品小作坊31家，小作坊食品抽检合格率99.7%，完成全市2115个村（居委会、社区）集体聚餐、政府性重大保障活动、节假日群体性活动投保。

【全民应急救护能力提升工程】 2022年，绍兴市建设标准应急救护培训基地18个，新建校园“救护培训工作坊”7个，新建国家AAAA级旅游景区救护站4个，新增公共场所AED（自动体外除颤仪）133台，举办师资培（复）训班9期，普及应急救护知识240672人，新增救护员18834人，通过AED数字化应用管理系统平台验收。

【城乡居民水安全保障行动】 2022年，绍兴市完成水库除险加固40座、病险山塘整治63座、市级美丽河湖12条，完成汤浦水库清淤扩容200万立方米。

（市府办 王 成）

政务服务

【政务督查】 2022年，市政府办公室完成市政府199项重点工作、164个市级政府（市直国有企业）投资项目的督查督办。累计开展督查46次，派出140个小组450人次，督查项目460个、各类民生工程200个次，形成专报（通报）46期，获市政府主要领导批示33次。获国务院督查激励2项、省政府督查激励10项。

【政务公开体系建设】 2022年，绍兴市政府门户网站公开政府信息33814条，其中市政府及市政府办公室文件48个，市政府及市级部门规范性文件20个，人事信息246条，政策图解36个，主动回应社会关切36条。加强重要政务专题专栏建设，发布疫情防控信息597条、数字化改革信息85条、常务会议信息36条、民生实事信息18条、环保督察信息14条，人大建议189件、政协提案269件、两会信息101条，意见征集209件。全年编辑出版人民政府公报12期，公开政府规章2个，公开市政府、市政府办公室文件及部门规范性文件148个，依托市政府门户网站同步做好政府公报电子版线上公开工作。全市各级行政机关共办理答复信息公开申请1833件，发生行政复议160件、行政诉讼111件。

【建议提案办理】 2022年，绍兴市政府系统主办省人大代表建议1件，会办省人大代表建议3件、省政协提案3件；主办市人大代表建议282件、市政协提案461件。办理工作共涉及6个县（市、区）和55个政府部门。所有建议提案都在规定期限内办结，按时办结率100%。代表和委员对办理过程、办理结果均表示满意。

（市府办 李植文）

【行政审批服务模式创新】 2022年，绍兴市加快推进“放管服”改革、数字化改革，行政审批服务模式不断创新。市政务服务办件量2748.99万件，其中即办件2132.71万件，占比77.58%；全市政务服务2.0平台“一网通办”收件数突破200万件，收件率90.2%；“红色代办员”扩充至2955人，提供帮办代办23万件次；政务服务大厅“好差评”满意率99.96%，企业群众获得感、满意度持续提升。同时，绍兴市经济高质量发展政策兑现系统“越快兑”，在全省率先接通省财政一体化平台，实现涉企政策资金财政直兑，全年兑现政策资金超80亿元，助推经济稳进提质有关工作被《新华每日电讯》头版推介。

【“一件事一次办”改革】 2022年10月，绍兴市印发《关于做好〈国务院办公厅关于加快推进“一件事一次办”打造政务服务升级版的指导意见〉贯彻落实工作的通知》，建立定期会商、报送对接、督查通报等工作机制，实现“一件事一次办”工作全过程闭环管理。市、县两级政务服务大厅开设“一件事一次办”综合受理窗口，11个国办发文规定的“一件事”实现可办。根据群众需求下沉事项，如将“公民身后一件事”等设在到村（社区）窗口。推出一批个性化“一件事”，如“搬家一件事”“车辆注销一件事”。

【“跨省通办”改革】 2022年11月，绍兴市印发《关于做好〈国务院办公厅关于扩大政务服务“跨省通办”范围进一步提升服务效能的意见〉贯彻落实工作的通知》，推进“跨省通办”改革工作。至年末，国办发文公布3批162个“跨省通办”事项，绍兴市涉及的可办事项为147项，已全部实现通办。此外，聚焦外来人口输入地情况，拓展点对点“跨省通办”至14个省56个市、县。

【涉企“中介超市”平台管理】 2022年，绍兴市加强网上“中介超市”一张网管理，完善“备案管理”机制和“优胜劣汰”机制，入驻涉审中介机构920家，受理中介服务4329项。入驻的涉及企业投资项目审批的各类中介机构实现全市互认，执行统一的服务承诺时间、收费标准、服务标准，接受各级政务服务部门的量化考核和办件的全过程监督。

【基层便民服务中心建设】 2022年3月，绍兴市制定《关于进一步加强乡镇（街道）、村（社区）政务服务标准化建设的指导意见》,升级市、县两级政务服务大厅“三区一中心”,实现“网上预约”等个性化服务,“示范性”“标准型”村级便民服务站占86.2%。延面拓展办事渠道,116项智能秒办事项上线“浙江政务服务网”“浙里办”,33个网上受理大厅办事要素完善;与绍兴邮政、浙江农商联合银行绍兴管理部开展“政银企社”合作,在315个基层银行网点设置政务服务2.0平台,85项高频事项可办。

【“越快兑”惠企政策兑现平台升级】 2022年7月,绍兴市制定《绍兴市政策兑现工作操作指引》,对接省“5+4”稳进提质政策跑道,完成政策事项赋值、平台适配,全面落地稳经济一揽子43条政策措施,全年兑现政策资金超80亿元,惠及企业21991家次、服务群众18539人次。绍兴市经济高质量发展政策兑现系统“越快兑”打通财政系统,在全省率先试行惠企政策资金财政快兑;开展“政策兑现集中宣传100天”活动,实现全市23万个市场主体全覆盖。

【公共资源平台交易】 2022年,绍兴市公共资源交易平台共完成交易项目5650项,成交金额993.7亿元,增效节资74.1亿元,增效节资率7.0%。其中,建设项目成交1444项,中标价505.8亿元,节资率11.1%;政府采购项目3143个,成交金额56.3亿元,节资率7.3%;累计完成各类产权交易657个标的,成交额10.1亿元,增值率9.3%;土地公开出让406宗,成交价421.5亿元,增值率1.4%。

【公共资源交易监管】 2022年10月,绍兴市印发《关于开展2022年全市工程建设项目招投标领域突出问题专项整治工作的通知》,建立重点项目日常检查机制,综合监管进场交易的工程建设招标项目1444场,处理投诉14件,排查工程建设招投标领域案件线索109件,移交执法部门有效线索16件,查处涉案企业7家。印发《省重点项目建设领域突出问题自查通知》,对全市的省重点项目有关情况开展全面自查。规范招投标信息公开制度,招标文件公示率100%。

(市政务服务办 叶思佳)

营商环境建设

【概况】 2022年,绍兴市持续贯彻落实党中央、国务院和省委省政府优化营商环境有关决策部署,以数字化改革为牵引,深化各项改革,加快构建高标准市场体系,激发各类市场主体活力,打造具有绍兴辨识度的一流营商环境。年内,绍兴市多跨协同破解营运车辆办事“多头跑”、诸暨市打造直播电商服管融合“云端治理”营商环境入选2022年全省营商环境优秀实践案例。

【优质服务共享】 2022年,绍兴市发展改革委等28个部门联合印发《绍兴市基本公共服务标准(2021年版)》,首次体系化明确11个大领域94项基本公共服务项目内容和标准,助推经济社会发展成果全民共享。制定绍兴市基本公共服务体系建设工作要点和推动生活性服务业补短板上水平提高人民生活品质重点工作清单,争创国家区域医疗中心。

【社会建设统筹推进】 2022年,绍兴市聚焦解决好人民群众“急难愁盼”问题,统筹推进社会事业、社会保障、社会结构、社会单元和社会政策变革,探索机制性制度性创新模式,奋力推进中国式现代化市域实践。年内,群众教育满意度居全省第一位,成功创建全国首批全民运动健身模范市(全省唯一),入选全国健康城市建设样板市。

(市发展改革委 李诗洁)

【电子证照应用国家试点】 2022年,绍兴市深化电子证照应用国家试点工作,扩展“越行证”电子证照社会化应用场景,上线应用“亮码乘车”“诚信分”场景。支持柯桥中心试点电子证照个人金融场景应用,实现个人消费贷款精准投放。

(市大数据局 陈丹莹)

【用电营商环境优化】 2022年,绍兴电力局出台支撑经济稳进提质28项服务举措,推动欠费不停供、低压接入标准放宽等政策落地。促成建立电力接入工程费用分担机制,投运全省首台产权分界设备,落地53个项目、降低办电成本2.41亿元。推广水电气过户联办,在“浙里办”App上线“搬家一件事”应用。推动“充电难”专项治理,推进个人充电桩接入配套改造工程,联合市建设局、市发展改革委制定绍兴个人充电设施报装指南。实施老旧小区改造充电桩建设,完成224个老旧小区充电桩配套改造。

(绍兴电力局 何毓勤)

【法治营商环境优化】 2022年,绍兴市检察机关严厉惩处侵犯企业和企业家权益犯罪,批捕起诉245人。越城检察院办理的某电商企业运营人员职务侵占案,入选全国检察机关典型案例。市检察院联合市委统战部、市工商联打造“企业家法治会客厅”,获评省高质量发展建设共同富裕示范区最佳实践。落实最高检“对企业负责人涉经营类犯罪,依法能不捕的不捕、能不诉的不诉”司法政策,不批捕47人、不起诉169人。深化涉案企业合规改革,在全省率先开展简式合规,对8家涉罪企业开展合规建设,经考察整改到位的依法从宽处理,其中4家企业已实现“司法康复”。

【“枫桥式”护企优商】 2022年,绍兴市公安机关构建“枫桥式”护企优商模式,落实项目(企业、市场)警官制,涉及警力1021人,排查化解涉项目矛盾风险175起,建成“11087(即110帮企)为企服务站”7个、警企联络站(室、点)268个。严打经济金融领域违法犯罪活动,侦办经济犯罪案件570起,抓获境外在逃犯罪嫌疑人27人,挽回经济损失5.8亿元,“猎狐行动”绩效、打击涉税犯罪集群战役发起数居全省同类地区第一位。承办全省公安机关践行“枫桥经验”助推营商环境现场会。

(市检察院 吕玉博)

【公平竞争审查】 2022年，绍兴市强化公平竞争审查，优化营商环境，“重大政策措施公平竞争审查会审”和“公平竞争审查指数”入选国家市场监管总局试点。2022年开展破除地方保护和市场分割专项行动，全市共对511个增量文件开展公平竞争审查，其中修改12件，未出台6件；共自查存量文件1266件，涉及废止修订43件。开展全市地方保护和市场分割政策措施交叉检查，共检查县级部门36家，检查文件444件，查实问题文件21件。

（市市场监管局　徐雪扬）

外事工作

【概况】 2022年，绍兴市强化党管外事，健全外事归口管理工作机制，拓展对外交流合作，提高涉外管理服务水平，与27个国家54个城市结好，与33个国外城市签订发展友好交流关系备忘录。至年末，全市接待来访团组18批次300余人次。全年，共向220名外籍人员签发来华邀请函件，处理驻华使领馆照会10起，涉外案（事）件15起，海外领保事件18起，举办在绍国际友人中秋茶话会，开展领保政策宣讲10余场，向企（事）业及个人发放领保宣传品近千份，指导20名在乌克兰的绍兴籍人员安全撤离高风险地区。

【因公出国管理】 2022年，绍兴市落实全省因公出国（境）“一件事”改革，开发“绍兴市因公出国（境）管理系统”数字化平台，实现全市因公出国审批和护照签证网上“一站式”受理，事前、事中、事后全流程监管服务。制定全市因公出国（境）团组境外疫情应对指南，保障疫情期间全省首个省管干部团组——柯桥区区长经贸团赴瑞士、法国出访任务。

【因私签证管理】 2022年，绍兴市共办理APEC商务旅行卡114张，领事认证30批56份，涉外文书翻译88份，因私签证受理167批177人。

【重要来访】 2022年，绍兴市接待重要来访7批次。

4月21日，驻柬埔寨大使王文天一行2人到绍兴访问考察，副市长胡敏会见来宾，介绍市情及全市统筹疫情防控与经济社会发展举措，交流绍兴与柬埔寨合作意见。

7月12日至13日，日本驻华大使馆参赞水谷准到绍兴访问，参加第五届中日韩工商大会及产业论坛。市长施惠芳出席活动。

8月11日至12日，印度尼西亚驻沪总领馆社会文化处领事蒙娜一行4人到绍兴访问，与市外办领导、在绍兴印度尼西亚籍商人会谈。

8月26日，巴基斯坦驻上海总领事侯赛因·海德到绍兴市新昌县访问，参加巴基斯坦—绍兴新昌纺机行业对接会，考察新昌纺机企业。

9月5日至7日，瑞士驻华参赞毕亚楠一行10人到绍兴访问，考察市龙山书院培训中心项目。

11月7日，匈牙利驻华大使馆农业和环境事务参赞柯来忆、塞浦路斯驻华大使馆商务参赞欧阳路到绍兴访问，参加2022中国国际黄酒产业博览会暨第28届绍兴黄酒节。

【“外事为民服务月”活动】 2022年8月，绍兴市开展“外事为民服务月”系列活动，赴6个县（市、区）开展专场宣介，重点介绍外国人来华、海外领事保护、相关国家签证政策，以及APEC商务旅行卡信息。现场参与企业288家300余人次。

【中国绍兴第四届国际友城大会】 2022年5月19日，中国绍兴第四届国际友城大会在绍兴召开。大会以“与世界携手、促共同发展”为主题，邀请6个国家15个友城、4个国际友好组织、3个国家驻华使馆官员线上参会，设线上窗口31个。市委书记盛阅春、市长施惠芳、市人大常委会主任谭志桂、市政协主席魏伟，以及在绍兴荣誉市民、友协海外理事、国际友人，本地企业、高校代表、新闻媒体等150余人在绍兴主会场参会。市委书记盛阅春致辞，中国人民对外友好协会副会长袁敏道、马里驻华大使迪迪埃·达科、毛里求斯驻华大使王纯万、哥伦比亚驻华大使馆一秘路易斯·桑阿通过视频致辞。市长施惠芳与6个友城或国际组织代表作交流发言，签订友城、体育、旅游、教育、经贸等涉外合作项目10个，共同发布《绍兴倡议》。

【日本西宫市“绍兴周”活动】 2022年2月9日至15日，日本西宫市举办“绍兴周”活动，展示绍兴越窑青瓷、《兰亭集序》、绍兴美食、特色民宿，促进文化交流。活动吸引近千人参观。

【市海外领事保护服务联络站启动仪式】
2022年9月8日，绍兴市举办海外领事保护服务联络站启动仪式。活动以“延伸海外领保服务 维护海外合法利益”为

2022年9月8日，绍兴市海外领事保护服务联络站启动仪式举行　（市外办　供图）

主题，市人大常委会主任谭志桂、副主任余利明，市政府副市长胡敏，市政协副主席吕丙出席活动。在活动中，举行绍兴市海外领事保护服务联络站揭牌仪式，向各联络站站长授予聘书，市外办与各联络站签署《绍兴市海外领事保护服务联络站备忘录》。绍兴市首批海外领事保护服务联络站分别设在澳大利亚、斐济、意大利、吉尔吉斯斯坦、尼日利亚、菲律宾、俄罗斯、南部非洲、阿联酋、美国、新西兰、比利时。

【绍兴市外事发展促进中心设立】 2022年9月，经绍兴市委编委会批复同意，设立绍兴市外事发展促进中心（挂绍兴市外事翻译中心牌子），系全额拨款事业单位，公益一类，核实事业编制3名。同步撤销绍兴市外事服务中心，系自收自支事业单位，公益二类。

【绍兴·富士宫结好25周年庆祝活动】

2022年11月11日，绍兴·富士宫结好25周年庆祝活动以视频连线方式举行。市委书记盛阅春、省外办副主任陈江风，富士宫市市长须藤秀忠、议长铃木弘，日本驻沪总领馆领事渡边直朗等致辞。活动期间，签署两市《面向新时代深化友好交流合作共同宣言》，播放宣传片，回顾友好交流历史，展示双方线下庆典活动，并交换纪念品。

【“同上一堂课”教学活动】 2022年，绍兴市外办推进与日本、澳大利亚学校师生“同上一堂课”活动，鼓励大家线上交友，介绍家乡特色、美景美食，培育两地友好交往后续力量。全年，绍兴市元培小学与日本西宫市安井小学等4对姐妹学校开展线上交流活动5场，双方共有500余名师生参加活动。

（市外办　屠国芳）

人事管理

【概况】 2022年，绍兴市招聘事业人员3119名，其中博士70名、硕士701名。

2022年8月10日，2022年浙江省就业援助“暖心活动”启动仪式暨专场招聘会在市海智汇·国际人才创业创新服务中心举行

（市人社局　供图）

开办事业单位工作人员培训班，组织2021年度新进市直事业单位人员岗前培训和事业单位领导干部培训，培训851人。完成全市274家事业单位岗位设置审核审批，办理全市事业单位4293人岗位聘任。

（市人社局　潘洲彬）

【海外高层次人才引进】 2022年，绍兴市举办第二届中国·绍兴“万亩千亿”新产业平台全球创新创业大赛，面向全球引进集成电路、先进高分子材料、生物医药、高端装备、数字经济、智能视觉领域创新创业人才项目，设立“万亩千亿”新产业平台全球创新赛道，新增博士后专场赛道；分设越城区数字经济系列赛专场、上虞区装备制造系列赛专场和诸暨市智能视觉系列赛专场创业赛道，吸引846个海内外创新创业项目参赛，有57个项目晋级总决赛，32个项目分获一、二、三等奖。

（市人社局　祝　烨）

【人事考试培训】 2022年，绍兴市组织实施考试30多项，服务考生23.4万余人次，其中招录类考试8.2万人次、资格类考试15.2万人次。全市6个县（市、区）全部完成人事考试保密库房建设，并通过省人事考试院和省保密局联合检查验收。

（市人社局　韩军峰）

【第四届绍兴人力资源发展大会】 2022年，绍兴市召开第四届人力资源发展大会，发布绍兴市人力资源服务业研究报告及2021年绍兴市人力资源服务业榜单，66家人力资源服务机构、园区参会设展，与200家企业对接洽谈，达成初步合作意向84项，合作内容主要包含劳务派遣、外包与招聘、猎头。

（市人社局　祝　烨）

市直机关事务管理

【概况】 2022年，绍兴市机关事务服务中心坚持勤俭办事业，以数字化改革为引领，以集中统一管理为方向，在市级党政机关办公用房管理、公务用车管理、公共机构节能管理等工作上的效能得到提升。

【公共机构节能管理】 参见“生态环境建设·节能减排”。

【市级办公用房管理】 2022年，市机关事务服务中心持续推进办公用房“五统一”管理，制定《绍兴市党政机关办公用房租赁管理暂行办法（试行）》等制度，优化办公用房使用管理。年内，完成绍兴市推进党政机关办公用房信息“一房一档”数字化管理，共计测绘、录入72家市级党政机关的39处院落83幢楼宇9418间办公室，总测绘建筑面积600442.22平方米，录入部门在编人员定位信息5631条，形成以图形与数据两个维度构建的数字化信息管理平台。

（市机关事务服务中心　王绣敏）

中国人民政治协商会议绍兴市委员会

综　述

【市政协机构概况】 至2022年末，政协绍兴市第九届委员会设置有办公室、研究室、提案委员会、经济委员会、人口资源环境委员会、教科卫体委员会、社会法制和民族宗教委员会、文化文史和学习委员会、港澳台侨委员会、农业与农村委员会、委员工作委员会。

【政协委员构成】 2022年，政协绍兴市第九届委员会有委员427名，其中常务委员会组成人员74人。主席1人，副主席9人，秘书长1人，常务委员63人。

【市政协常委会自身建设】 2022年，绍兴市政协开展“矢志不渝跟党走　同心奋进新征程”主题活动。完善以政协党组理论学习中心组为引领的学习体系，严格执行“第一议题”制度，认真落实习近平新时代中国特色社会主义思想学习座谈会制度，深入学习领会《习近平谈治国理政》《习近平在浙江》等，跟进学习贯彻习近平总书记重要讲话精神。完善政协党的组织体系，成立党员委员履职临时党委，加强对专委会履职临时党支部领导，建立党组成员联系相关界别党员委员和党员委员联系党外委员制度机制，实现党组织对党员委员全覆盖、党的工作对政协委员全覆盖。开展“同心向党”活动。开展贯彻落实中共中央和省委、市委政协工作会议精神进展情况“回头看”，制订和修订政协全体会议工作规则、主席会议工作规则等13项工作制度，提高政协工作制度化规范化程序化水平。

【政协工作数字化改革】 2022年，绍兴市政协落实数字政协“162”体系架构要求，特色化建设绍兴数字政协委员履职得分排行榜、争先创优荣誉榜、重大履职成果智慧榜、重要工作进度榜、优秀委员风采榜等“五大榜单”。“委员履职画像”子场景应用入选省政协“委员履职在线”3个一级应用场景之一，在全省推广。

【民生服务】 2022年，绍兴市政协承办省政协第32次民生协商论坛。会同市工商联等组织258家民营企业开展“百企千岗促就业”活动，发布招聘岗位1300余个，应聘8000余人。围绕“扩中”“提低”“一老一小”整体解决方案等，组织委员300余人次走访农村（社区）100余个，慰问低收入农户600余户。

【团结联谊】 2022年，绍兴市政协健全主席会议成员走访民主党派、市政协机关与民主党派机关联席会议等制度，支持民主党派在政协开展履职活动。密切与党外知识分子、非公有制经济人士、新的社会阶层人士、新就业群体沟通联络，构建亲清政商关系。新搭建“绍兴乡音”团结联谊平台，深化港澳台和外资企业服务月活动。升级改版市县政协网站和微信公众号，协助省政协编撰《浙江城市名片》，出版《红色文化根脉》《二十五史中立传的绍兴人》《绍兴宋韵》。绍兴市文史研究馆启用，推动文史研究、文史创作、文史传播、文史教育。指导市墨华书画院、摄影协会等社团开展活动。

（市政协办公室　徐翱翔）

重要会议

【市政协九届一次会议】 2022年3月29日至4月1日，政协绍兴市第九届委员会第一次会议在绍兴举行，魏伟代表政协绍兴市第八届委员会常务委员会做工作报告。凌芳作市政协八届常委会关于提案工作情况报告。会议通过《中国人民政治协商会议绍兴市第九届委员会第一次会议决议》《政协绍兴市第九届委员会提案审查委员会关于九届一次会议提案审查情况的报告》，大会选举产生政协绍兴市第九届委员会主席、副主席、秘书长、常委，听取13名委员大会发言。市委书记盛阅春、代市长施惠芳等分别参加“加快建设高水平网络大城市”“奋力打造高质量发展建设共同富裕示范区市域范例”专题界别协商会。市政协九届一次会议与会中共党员参加市两会中共党员大会。

【市政协常委会会议】 2022年，绍兴市政协共召开常委会会议7次，即绍兴市八届政协第二十七次、二十八次常委会会议，绍兴市九届政协第一次、二次、三次、四次、五次常委会会议。

政协绍兴市第八届委员会第二十七次常委会会议　1月11日召开。会议深入学习贯彻市委八届十二次全体（扩大）会议精神，听取市政府主要领导关于全市经济社会发展形势任务报告；听取市政协八届五次会议以来政府口提案办理工作情况的通报（书面）；审议通过《关于政协绍兴市第九届委员会规模和界别设置的决定》。

政协绍兴市第八届委员会第二十八次常委会会议 3月21日召开。会议深入学习贯彻全国两会精神、市第九次党代会精神；听取市政府工作报告（征求意见稿）起草情况的说明；审议通过九届市政协委员名单；审议通过召开市政协九届一次会议有关事项；授权主席会议审议市政协八届常委会第二十八次会议未尽事宜。

政协绍兴市第九届委员会第一次常委会会议 4月7日召开。会议审议通过《政协绍兴市第九届委员会常务委员会关于进一步加强自身建设的决定》；审议通过有关人事事项。

政协绍兴市第九届委员会第二次常委会会议 7月15日召开。会议传达学习《中国共产党政治协商工作条例》精神、省第十五次党代会精神；协商讨论“实施新一轮‘腾笼换鸟、凤凰涅槃’，推进工业园区企业整治和袍江搬迁企业用地更新利用”课题；审议通过《政协绍兴市委员会全体会议工作规则（修订稿）》。市政协主席魏伟主持会议并讲话。市政府副市长鲁霞光到会听取意见建议并就实施新一轮“腾笼换鸟、凤凰涅槃”情况作报告。

政协绍兴市第九届委员会第三次常委会会议 7月22日召开。会议学习贯彻省第十五次党代会精神，就市委九届二次全会有关重大决策部署进行专题政治协商，听取各民主党派市委会、市工商联主要负责人和市政协常委意见建议。

政协绍兴市第九届委员会第四次常委会会议 11月3日召开。会议学习贯彻党的二十大精神；围绕“助推高水平网络大城市建设”开展专题议政协商发言；通过有关人事事项。

政协绍兴市第九届委员会第五次常委会会议 12月16日召开。会议听取市政府主要领导关于全市经济社会发展形势任务报告。

【市政协主席会议】 2022年，绍兴市政协召开主席会议14次。

政协绍兴市第八届委员会第七十三次主席会议 1月24日召开。会议听取全市党风廉政建设和反腐败工作情况通报，审议《2022年市委市政府市政协协商工作计划（送审稿）》。

政协绍兴市第八届委员会第七十四次主席会议 2月22日召开。会议听取《绍兴奋力打造浙江高质量发展建设共同富裕示范区市域范例行动方案（2021—2025年）》落实情况通报；审议筹备召开市政协九届一次会议的有关事项。

政协绍兴市第八届委员会第七十五次主席会议 3月21日召开。会议审议九届市政协委员名单（草案）；审议召开市政协九届一次会议有关事项（草案）；审议通过召开市政协八届二十八次常委会会议有关事项；审议《关于授权政协绍兴市第八届委员会主席会议审议政协绍兴市第八届委员会常务委员会第二十八次会议未尽事宜的决定（草案）》；审议通过市政协八届五次会议以来优秀提案名单；审议有关人事事项。

政协绍兴市第九届委员会第一次主席会议 4月6日召开。会议审议《政协绍兴市第九届委员会常务委员会关于进一步加强自身建设的决定（草案）》；审议通过九届市政协主席会议成员分工；审议《政协绍兴市第九届委员会常务委员会关于设置专门委员会的决定（草案）》；审议《政协绍兴市第九届委员会专委会联系界别活动组名单（草案）》；审议通过召开市政协九届一次常委会会议有关事项；审议有关人事事项。

政协绍兴市第九届委员会第二次主席会议 5月27日召开。会议传达学习2022年第10期《求是》杂志发表的习近平总书记重要文章《正确认识和把握我国发展重大理论和实践问题》精神；审议通过九届市政协委员量化履职考核方案；审议通过九届市政协委员工作室建设方案；审议通过九届市政协委员县（市、区）联络组组长、副组长名单；审议通过九届市政协协商智库成员名单；审议通过市政协九届一次会议重点提案名单及督办安排；审议通过市政协反映社情民意信息工作实施办法（修订稿）；审议通过“绍兴数字政协”建设总体方案2.0；听取九届市政协第一次“界别活动月”开展情况汇报。

政协绍兴市第九届委员会第三次主席会议 6月1日召开。会议传达学习习近平总书记主持中共中央政治局会议审议《中国共产党政治协商工作条例》时的重要讲话精神、在中央政治局第三十九次集体学习时的重要讲话精神；就“宋六陵国家考古遗址公园建设”开展“请你来协商”活动。

政协绍兴市第九届委员会第四次主席会议 7月1日召开。会议审议《关于加快提升我市高等教育发展水平　实现大学与城市双向赋能的建议》；审议《政协绍兴市委员会全体会议工作规则（修订稿）》；审议通过《政协绍兴市第九届委员会同心教育基地名单（第三批）（草案）、同心教育基地工作机制（草案）》；审议召开市政协九届二次常委会会议有关事项。以“国家生态文明建设示范市创建”为主题，开展“请你来协商”活动。

政协绍兴市第九届委员会第五次主席会议 7月20日召开。会议传达学习习近平总书记在新疆考察时的重要讲话精神；审议“平安建设突出问题专项整治”民主监督报告；审议推进全市“富民强村兴三农”工作的意见建议；听取民生议事堂和协商驿站工作情况汇报；审议召开市政协常委会九届三次会议有关事项。

政协绍兴市第九届委员会第六次主席会议 8月29日召开。会议审议“关于启动‘15分钟应急救援圈’新三年行动计划提升全域应急救援能力的建议”；审议通过《市政协主席会议工作规则（修订稿）》；审议通过市政协闭会期间提案工作办法（试行）。以“厚植文化软实力”为主题，开展“请你来协商”活动。

政协绍兴市第九届委员会第七次主席会议 9月29日召开。会议审议全市数字化改革推进情况民主监督情况报告；审议市政协“融杭联甬打造网络大城市”专题协商月活动情况报告。以“关于绍兴加快‘农业双强’建设推动农业高质量发展的建议”为主题，开展“请你来协商”活动。

政协绍兴市第九届委员会第八次主席会议 10月27日召开。会议专题学习党的二十大精神；以“推进全市域水资源联网联调”为主题开展“请你来协商”活动；审议“2+6园区工业企业整治提升”专项集体民主监督报告；审议有关人事事项；审议召开市政协常委会九届四次会议的有关事项。

政协绍兴市第九届委员会第九次主席会议 11月29日召开。会议以“请你来协商”形式专题协商“城市片区开发建设”；审议《关于落实教育“双减”政策的民主监督报告》；审议通过2022年度“促进政协协商与基层协商相衔接”以奖代补项目优胜单位名单。

政协绍兴市第九届委员会第十次主席会议 12月13日召开。会议审议通过召开市政协九届常委会第五次会议有关事项。

政协绍兴市第九届委员会第十一次主席会议 12月26日召开。会议听取市中级人民法院、市检察院2022年以来工作情况通报；听取市政协九届一次会议以来政府口重点提案办理情况、课题协商意见及社情民意领导批示落实情况、2022年政府重点民生实事完成情况通报；书面听取各专委会换届以来工作情况及2023年工作计划汇报。

（市政协办公室　徐翱翔）

政治协商

【概况】 2022年，市政协聚焦市委、市政府中心工作协商议政，组织全市政协系统开展“融杭联甬打造网络大城市”专题协商月活动，举行专家协商会、政企协商会，围绕抓实网络大城市空间基本单元和主要节点问题提出协商意见，被市委九届二次全会审议的《中共绍兴市委关于加快建设高水平网络大城市的实施意见》采纳。围绕工业园区企业整治和袍江搬迁企业用地更新利用等召开专题议政性常委会会议，提出针对性意见建议。围绕实施“4151”计划推进制造业强市建设，组织“1+4”政策调研宣讲，助力企业解决实际问题。市委、市政府主要领导对市政协报送71个履职材料作出批示。相关建议在全国政协“深入实施新时代人才强国战略”专题协商会上做发言。

【专题政治协商】 2022年1月29日，市委书记盛阅春主持召开专题政治协商、政党协商会议，征求对市第九次党代会报告的意见建议。7月22日，市政协举行九届三次常委会专题政治协商会暨各民主党派、工商联负责人和无党派人士代表座谈会，学习贯彻省第十五次党代会精神，就市委九届二次全会有关重大决策部署进行专题政治协商，听取各民主党派市委会、市工商联主要负责人和市政协常委意见建议，市委书记盛阅春出席会议并讲话。12月22日，市委全会征求意见座谈会暨市政协常委会专题政治协商会举行，会议就市委九届三次全体（扩大）会议暨市委经济工作会议有关重大决策部署进行专题政治协商，听取各民主党派市委会、市政协专委会和各界别组意见建议，市委书记盛阅春出席会议并讲话。

【专题议政性常委会会议】 2022年7月15日，市政协召开九届二次常委会会议，专题协商讨论“实施新一轮‘腾笼换鸟、凤凰涅槃’，推进工业园区企业整治和袍江搬迁企业用地更新利用”课题。11月3日，市政协召开九届四次常委会会议，围绕“助推高水平网络大城市建设”开展专题议政协商发言。

【“请你来协商”活动】 2022年，市政协围绕“提升绍兴高校建设水平”“宋六陵国家考古遗址公园建设”“富民强村兴‘三农’”“国家生态文明建设示范市创建”“厚植城市文化软实力”“加快农业‘双强’建设，推动农业高质量发展”“建设15分钟复合宜人社区生活圈”“推进全市域水资源联网联调”“城市片区开发建设”议题，组织9场“请你来协商”活动。

【“有事好商量”协商活动】 2022年，市政协围绕坚持“消防安全提升工程”“育工匠，促共富工程”“加快绍兴中医药传承创新发展——助推中医药综合改革先行市建设”“城乡居民水安全保障行动”“提升海塘、水库、山塘安全水平”“聚焦打造15分钟 品质文化生活圈”开展6场“面对面”协商活动，助推省市民生实事落实落地。

【“民生议事堂”平台建设】 2022年，市政协推进民生议事堂、委员工作室、社情民意信息联系点“三位一体”建设。至年末，建成委员工作室164家，社情民意信息联系点103个。“民生议事堂”实现全市103个乡镇（街道）全覆盖。

（市政协办公室　徐翱翔）

民主监督

【概况】 2022年，市政协发挥协商式监督作用，围绕落实减税降费政策、疫情防控“七大机制”“大综合一体化”行政执法改革、国家级生态文明示范区创建、落实教育“双减”政策、数字化改革推进情况等开展专项集体民主监督，市县政协联动监督。

【疫情防控工作专项集体民主监督】 2022年3月上中旬，市政协按照市委统一安排，组织100余名市政协委员，通过线上提出意见，线下视察监督、座谈协商交流等方式，围绕基层疫情防控组织领导、指挥体系、联防联控、医疗服务、物资储备、进口冷链食品检测、国际邮件和快递防疫等方面，进行专项集体民主监督。形成《市政协一季度疫情防控工作民主监督情况报告》，经审议，报市委、市政府。

【行政执法改革工作专项集体民主监督】

2022年5—6月，市政协专门成立民主监督小组，对全市“大综合一体化”行政执法改革推进情况开展专项集体民主监督，赴柯桥区、嵊州市、新昌县实地调研和座谈，形成《“大综合一体化”行政执法改革民主监督情况报告》，经审议，报市委、市政府。

【平安建设专项集体民主监督】 2022年6月至7月，市政协围绕“护航二十大”主题主线，就全市多部门、多领域平安建设工作开展专项集体民主监督，形成《市政协民主监督平安建设突出问题专项整治情况报告》，经审议，报市委、市政府。

【数字化改革专项集体民主监督】 2022年6月至9月，根据省政协围绕全省数字化改革推进情况开展三级政协联动专项集体民主监督部署安排，市政协对全市数字化改革推进情况开展专项集体民主监督。形成《关于全市数字化改革工作民主监督情况报告》，经审议，报市委、市政府。

【园区工业企业整治提升专项集体民主监督】 2022年9月至10月，绍兴市政协开展“2+6”开发区(园区)工业全域治理专项集体民主监督，赴越城区、柯桥区、上虞区、嵊州市、新昌县监督调研，形成《关于“2+6”开发区(园区)工业全域治理的民主监督情况报告》，经审议，报市委、市政府。

【落实教育“双减”政策专项集体民主监督】 2022年10月至11月，市政协开展落实教育“双减”政策专项集体民主监督，重点调研校外培训机构规范整治、校内课后服务减负提质、家校社联动协同“双减”的成效及意见建议，形成《关于落实教育“双减”政策的民主监督报告》，经审议，报市委、市政府。

(市政协办公室　徐翱翔)

委员履职、委员活动

【提案、立案与交办】 2022年，市政协九届一次会议审查立案496件提案，其中集体提案87件，承办单位93家。市政协机关加强与市委办、市府办配合，衔接分办、办理、回复、评价等各环节工作，及时协调处理办理过程。市政协常态化开展提案办理协商，提升提案办理质效，提案全部办结，满意率98%。

【重点提案办理】 2022年，绍兴市政协确定33件提案作为重点提案。其中，22件由市委、市政府领导领办，市政协领导协办；11件由市政协领导督办。7月5日，市委书记盛阅春主持召开专题会议，研究领办《打造区域一体化城市网络化空间支点》《关于高质量推进杭绍临空经济一体化发展示范区绍兴片区建设的建议》提案。

【提案工作质量管理】 2022年，绍兴市政协密切与党委、政府和相关部门联系，协同办理单位、提案人等力量，推动提案高质量办理。市委、市政府领导亲自领办重点提案，召开提案办理会议，现场深入调研，制订落实工作举措，推动提案建议落地见效。深化市政协领导督办重点提案工作。发挥委员和承办部门间的桥梁纽带作用，推动保障提案高质量办理。

【《闭会期间提案工作办法(试行)》发布实施】 2022年，市政协出台《闭会期间提案工作办法(试行)》，明确平时提案的原则、提交、审查、交办、办理等规则和程序。全年，审查立案平时提案12件。

【委员读书活动】 2022年，市政协出台《政协绍兴市委员会关于进一步深入开展委员读书学习的实施意见》《绍兴市政协“同心向党、同心爱党、同心跟党”委员读书活动暨省政协崇学书院(绍兴)市县群实施方案》，完善知行书院、知行讲坛、知行书房、知行沙龙读书体系，推进书香政协建设。在全市政协系统开展以“同心向党”为主题的“六讲六做”大宣讲活动，举办5期“知行讲坛”。举办九届市政协委员履职培训会、市政协委员履职能力提升轮训班、委员学习贯彻党的二十大精神专题培训班。新建同心教育基地4家，实施“委员学习必到、党派教育必到、干部培训必到、主题宣传必到、外来考察必到”的“五必到”机制，《打造同心教育基地》被评为2022年全省政协工作“创新案例”。

(市政协办公室　徐翱翔)

2022年绍兴市政协委员视察调研活动一览表

表8

日期	视察调研内容
1月15日	调研“亚运项目与亚运城市”建设情况
2月18日	调研“奋力打造高质量共同富裕示范区市域范例”推进情况
3月28日	会前集中视察全市部分重点工程、重点项目
4月24日	调研全市乡村振兴、共同富裕及企业发展等情况
4月25日	调研轨道交通和浙东运河文化园
4月26日	调研绍兴综合保税区建设运行情况
5月10日、12日	调研全市宗教团体和宗教场所规范化建设情况
5月20日	调研消防安全提升工程
6月14日	调研企业生产经营、创新发展及稳住经济一揽子政策落实情况
7月18日	调研全市全民健身和体育惠民工作
7月25日至26日	调研“培育生物经济新动能”情况
8月1日	调研“15分钟应急消防救援圈”建设情况
8月19日	调研全市科协工作
8月31日	调研全市民生实事“城乡居民水安全保障行动”开展情况
9月13日、19日	调研“绍兴创办一所高水平大学”情况
9月15日	调研“发挥综保区作用，推进高新集成电路小镇片区建设”情况
10月20日	调研市区有关文旅项目
11月2日	调研新昌县园区企业
11月9日	调研人防综合体建设运行情况
12月15日	调研市区部分河段水环境治理工作

(市政协办公室　徐翱翔)

中共绍兴市纪律检查委员会
绍兴市监察委员会

综　述

【清廉绍兴建设】 2022年9月30日，中共绍兴市委召开全市清廉绍兴建设推进会，市委书记盛阅春出席会议并讲话。会议肯定清廉绍兴建设取得成效，要求全市各级各部门对标打造新时代党建高地和清廉建设高地目标，推动清廉绍兴建设向更高水平迈进。市纪委市监委制定下发《市纪委市监委监督推动清廉绍兴建设重点工作和责任分工》。至年末，全市共有7家单位被评为全省清廉建设成绩突出单位，4家单位被命名为浙江省廉洁文化教育基地，60家单位被评为全市清廉单元建设示范单位，20家单位被命名为绍兴市廉洁文化教育基地。

【乡镇（街道）纪检监察工作规范化建设】 2022年，绍兴市发展运用新时代"枫桥经验"，深化乡镇（街道）纪检监察工作规范化建设，全市乡镇（街道）纪（工）委、监察办通过日常监督发现问题13115个，处置问题线索6225件，比2021年分别增长257.3%和90.3%；27个片区协作小组开展会商2527次，联动监督1893次，联解疑难信访530件，联办案件264件，基本消除乡镇（街道）年度自办案件"零立案"。

【纪检监察队伍建设】 2022年，绍兴市纪委、市监委组织开展"讲政治守规矩 勇担当走在前"作风教育整顿，深入开展检视整改，落实意识形态责任制，树立正确用人导向，贯彻《中国共产党纪律检查委员会工作条例》，从严落实请示报告、安全保密等制度，聘请第二届特约监察员，自觉接受严格监督和约束。

（市纪委、监委　余欢君）

重要会议

【市纪委八届七次全会】 2022年1月28日，市纪委召开第八届纪律检查委员会第七次全体会议。会议深入学习贯彻习近平新时代中国特色社会主义思想，全面贯彻落实中共十九大和十九届二中、三中、四中、五中、六中全会精神，总结绍兴市2021年党风廉政建设和反腐败工作，部署2022年工作任务。全会审议通过市委常委、市纪委书记、市监委主任陈灿代表市纪委常委会所作的题为《把握运用百年历史经验 坚定不移正风肃纪反腐 以优异成绩迎接党的二十大胜利召开》工作报告，向绍兴市第九次代表大会所作的题为《在新征程上不断开创全面从严治党新局面 为绍兴率先走出争创社会主义现代化先行省市域发展之路提供坚强纪律保障》的工作报告。

【市纪委九届一次全会】 2022年3月2日，市纪委召开第九届纪律检查委员会第一次全体会议。会议认真贯彻落实市第九次党代会精神，选举产生中国共产党绍兴市第九届纪律检查委员会常务委员会委员和书记、副书记。

（市纪委、监委　余欢君）

党风廉政建设

【概况】 2022年，市纪委、市监委高标

2022年1月28日，中国共产党绍兴市第八届纪律检查委员会第七次全体会议召开

（市纪委　供图）

准落实中央八项规定及其实施细则精神，查处“四风”问题509起，处理648人，其中党纪政务处分314人。全市共处置问题线索8663件，比2021年增长64.5%；运用“四种形态”处理9150人次，其中第一、第二种形态分别占比74.9%和17.54%。

【党风廉政建设责任制建设】 2022年，市纪委、市监委协助做好市对县、市级单位党委（党组）主体责任抽查，督促12家被抽查单位抓好反馈整改，牵头完成省对市主体责任抽查反馈整改，代拟市委履行主体责任情况报告。开展对“一把手”和领导班子监督自查，通过省对市各项检查。深化运用“七张问题清单”机制，每季分析研判全市党风廉政建设和反腐败工作，落实问题整改闭环。细化落实2022年度对县（市、区）和市级部门（单位）党风廉政建设考评细则，严格“一案双查”，全年问责党员干部527人，倒逼责任落地。

【规范领导干部从政行为】 2022年，市纪委、市监委贯彻落实《关于加强监督执纪问责 进一步推动构建亲清政商关系的通知》，分解委内外36项重点工作清单，强化监督检查，督促抓好周江勇案，推动出台正面、负面、倡导“三张清单”，加快构建亲清政商关系。

【专项清理】 2022年，市纪委、市监委开展违规发放津补贴奖金、违规建设楼堂馆所、酒驾醉驾及背后“四风”问题、统计造假等专项治理，做好省纪委下转疑似烟酒问题线索核查，集中整治、查处和规范。紧盯重要假日节点，下发廉洁过节通知，深化“1+X”专项督查，市县联动、常态化高频度开展正风肃纪。

【“清白泉”清廉文化品牌建设】 2022年，市纪委、市监委以“诗书传清白·喜迎二十大”为主题，举办“清白泉·兰亭杯”第六届全国大中小学生廉洁文化书法创作大赛，出版《新时代清风廉路图》，改造

2022年8月5日，绍兴市“清白泉·兰亭杯”第六届全国大中小学生廉洁文化书法创作大赛颁奖活动举行。图为嘉宾为获奖选手代表颁奖 （市纪委 供图）

升级廉洁文化阵地56个，组织群众性廉洁文化活动2800余场次。绍兴市以“清白泉”品牌为引领加强廉洁文化建设相关做法，作为全国唯一地级市入选中央纪委一体推进“三不腐”（不敢腐、不能腐、不想腐）专刊。

【公权力大数据监督应用场景】 2022年，绍兴市纪委、市监委深化纪检监察数字化改革，放大公权力大数据监督平台综合功能，牵头开展全省教育、人社领域监督应用场景建设，参与水利工程、国企房产、“大综合一体化”行政执法等领域数智监督，有7个场景获评省纪委“最佳场景”，18个监督模型获评省“最佳模型”。全市处置红色预警5068条，转问题线索918条，处理1697人次，推动制度重塑27个，数字化改革总体成效居全省前列。其中，上虞区、诸暨市参与协作的省“建立健全公权力大数据监督机制”获评浙江省改革突破奖金奖。

【群众利益维护】 2022年，市纪委、市监委开展漠视侵害群众利益问题专项治理，共查处群众身边腐败和作风问题377起470人，其中党纪政务处分194人，移送司法机关11人。开展重复检举控告“清零”专项行动，全市纪检监察机关共接收信访举报2296件次，其中检举控告1249件次、重复举报296件次、农村涉纪信访640件次，实现“四年四连降”提升。

【“抓提升促三不”活动】 2022年，绍兴市纪委、市监委开展信访举报“抓提升促三不”活动，提高信访举报办理质效，优化检举举报平台应用，全市信访举报量、检举控告量、重复举报量、农村涉纪信访量比2021年分别下降15.03%、23.33%、43.40%和24.84%。

（市纪委、监委 余欢君）

监督执纪

【概况】 2022年，市纪委、市监委制定全市政治监督方案，细化监督措施，运用“双月报告进展、半年小结通报、年度分析评估”工作机制，推动监督下沉、监督落地。

【专项督查】 2022年，市纪委、市监委聚焦贯彻重大决策部署，加强对共同富裕、粮食安全、杭州亚运会、长三角一体化、“双碳”、新时代“枫桥经验”、防汛防台等“10+N”项目落实情况监督。开展“除险保安”专项监督，整改各类风险隐患问题433个。监督稳进提质政策落实情况，落实惠企资金兑现126亿元。

【政治监督】 2022年，市纪委、市监委完善督办落实机制，组织开展专项政治监督，梳理明确12项工作清单、92项重点任务，开展疫情防控监督，动态调整监督重点，全市累计出动检查人员42978人次，发现并督促整改问题28858个，处理103人。严肃问责上虞侵占耕地挖湖造景、柯桥建筑业统计造假等问题，共处理70人，其中党纪政务处分22人。

【“一把手”和领导班子监督】 2022年，市纪委、市监委对照市委“五张责任清单”（市委书记第一责任人责任清单、市委主体责任清单、市委常委会其他成员责任清单、市纪委专责监督责任清单、市委组织部职能监督责任清单）和19项制度规定，牵头开展“一把手”和领导班子监督，协助起草2022年党风廉政建设和反腐败工作组织领导与责任分工，将62项任务细化分解到16名市领导，并发函督促提醒。对县（市、区）和市级部门“一把手”任职廉政谈话全覆盖，全市查处落实“两个责任”不力问题456起，问责处理527人。各级纪检监察机关累计对280名“一把手”开展任职廉政谈话，实现对县乡党政正职、市县部门（单位）“一把手”谈话及市县两级“五张责任清单”两个全覆盖。

【贯通“四项监督”】 2022年，市纪委、市监委健全明责、履责、督责、问责责任链条，推进纪律监督、监察监督、派驻监督、巡察监督统筹衔接。市级派驻机构共处置问题线索283件，立案33件。滨海新区纪检监察工委揭牌成立，开发区纪检监察体制改革形成绍兴模式。编制九届市委巡察工作五年规划，完成九届市委第一轮、第二轮巡察，巡察党组织39个，出台巡察整改工作措施9项。

（市委巡察办 杨 鑫）

审查调查

【概况】 2022年，市纪委、市监委始终保持反腐败高压态势，创建监督检查、正风肃纪、审查调查等8项月通报机制，全市纪检监察机关共处置问题线索8663件。运用“四种形态”处理9150人次，其中第一、第二种形态分别占比74.9%和17.54%。立案2254件，增长32.6%，其中县处级14人，党纪政务处分2231人，留置39人，移送司法机关50人。

【案件查处情况】 2022年，绍兴市本级及6个县（市、区）全部办理同级党委管理干部留置案件，严肃查处绍兴市城投集团原党委书记、董事长朱某祥，绍兴市中级人民法院审判委员会原委员、三级高级法官孙某等腐败案件。高质量办结最高人民法院原二级高级法官王某飞案、全省融资租赁领域系列案等上级指定管辖案件，形成分析报告，获中央纪委领导和省委、省纪委、驻最高法纪检监察组主要领导批示肯定。

2022年绍兴市查处违反中央八项规定精神问题情况一览表

表9　　　　单位：件

时期	项目	总计	级别：省部级	级别：厅局级	级别：县处级	级别：乡科级及以下	形式主义、官僚主义问题：贯彻党中央重大决策部署有令不行、有禁不止，或者表态多调门高、行动少落实差，脱离实际、脱离群众，造成严重后果	形式主义、官僚主义问题：在履职尽责、服务经济社会发展和生态环境保护方面不担当、不作为、乱作为、假作为，严重影响高质量发展	形式主义、官僚主义问题：在联系服务群众中消极应付、冷硬横推、效率低下，损害群众利益，群众反映强烈	形式主义、官僚主义问题：文山会海反弹回潮，文风会风不实不正，督查检查考核过多过频、过度留痕，给基层造成严重负担	形式主义、官僚主义问题：其他	享乐主义、奢靡之风问题：违规收送名贵特产和礼品礼金	享乐主义、奢靡之风问题：违规吃喝：违规公款吃喝	享乐主义、奢靡之风问题：违规吃喝：违规接受管理和服务对象等宴请	享乐主义、奢靡之风问题：违规操办婚丧喜庆	享乐主义、奢靡之风问题：违规发放津补贴或福利	享乐主义、奢靡之风问题：公款旅游以及违规接受管理和服务对象等旅游活动安排	享乐主义、奢靡之风问题：其他
2022年1月至2022年12月	查处问题数	509			5	504	2	309	7	—	2	91	14	16		47	—	21
	批评教育帮助和处理人数	648			8	640	8	413	7	—	2	95	18	24		56	—	25
	党纪政务处分人数	314			2	312	7	185	2	—	1	64	7	13		21	—	14
说明	享乐主义、奢靡之风“其他”问题包括：违规配备和使用公车、楼堂馆所问题、提供或接受超标准接待、组织或参加用公款支付的高消费娱乐健身等活动、接受或提供可能影响公正执行公务的健身或娱乐等活动、违规出入私人会所、领导干部住房违规																	

（市纪委、监委 余欢君）

【案件审理繁简分流机制试行】 2022年，市纪委、市监委全域试行案件审理繁简分流制度，划定“三类简案”，市、县、乡三级联动，围绕委机关、派驻、乡镇，实现简案扩面。推进“合并报批，一表审批”“减缩流程，一链办理”。通过一张负面清单、双向流转机制、三项补充制度，发挥“简、快、灵”制度优势，打造具有绍兴辨识度审理标志性成果。

（市纪委、监委　余欢君）

巡察工作

2022年9月23日，九届市委第二轮巡察工作动员部署会召开　（市委巡察办　供图）

【概况】 2022年，绍兴市委巡察机构深入贯彻习近平总书记关于巡视工作的重要论述以及对绍兴工作的重要指示批示精神，有效开展政治巡察，巡察监督质效不断提升。

【政治巡察】 2022年，市委巡察机构编制九届市委巡察工作五年规划，确定巡察全覆盖对象和任务，紧盯被巡察党组织职能责任、紧盯全面从严治党阶段性特征、紧盯“一把手”和领导班子、紧盯人民群众反映强烈的突出问题，发现和纠正政治偏差。组织九届市委第一轮、第二轮巡察，对20家单位党组织开展常规巡察，对第19届亚运会绍兴市筹办工作开展专项巡察，对8家单位党组织落实巡察整改情况开展回访检查，共发现问题800个，移交问题线索27件。

【巡察整改工作】 2022年，市委巡察机构落实中央《关于加强巡视整改和成果运用的意见》和省委实施意见精神，制定加强巡察整改和成果运用责任清单，协助市委出台高质量做好巡察整改工作9项措施（将巡察整改落实情况纳入被巡察单位年度考核、纳入领导干部述责述廉内容、纳入被巡察党组织年度民主生活会内容、纳入市委书记专题会议议题、纳入纪检监察机关和组织部门日常监督重要内容、纳入集中整治和专项治理内容、纳入约谈提醒事项、纳入干部使用管理重要考量、纳入问责追责情形），提升巡察整改质效。至年末，市委巡察整改问责处理党员干部257人，其中党纪政务处分5人，挽回经济损失1706.1万元。聚焦“重大巡视问题清单”，强化分析报告、约谈督促、跟踪落实，市县联动完成6个省委重大巡视问题整改销号，10个典型案例入选省示范榜。

【巡察规范化和信息化建设】 2022年，市委巡察机构出台制度24项，修订《市委巡察人才库建设及管理实施办法》，新增工程招投标、政府采购、土地管理、国有资产管理等专业人才50名，巡察人才库总人数增加至300名。建立巡察政策咨询专家库，聘请财政、审计、招投标等领域30余名业务骨干担任专家。推进巡察信息化建设，市纪检监察信息服务中心增挂市巡察数据信息中心牌子，核增事业编制6名。

【县（市、区）巡察工作】 2022年，市委巡察机构组建市委巡察指导督导组，对6个县（市、区）巡察工作开展指导督导，督促县（市、区）党委认真履行巡察工作主体责任，推动巡察办规范履行职能，指导巡察组提升精准发现问题能力。6个县（市、区）共巡察党组织90个，巡察村（社区）331个，发现问题4423个，移交问题线索99件，处理党员干部1353人，其中党纪政务处分44人，移送司法机关9人，挽回经济损失6527.78万元。

（市委巡察办　杨　鑫）

民主党派·工商联

民革绍兴市委会

【概况】 2022年，中国国民党革命委员会绍兴市委员会（简称民革绍兴市委会）领导和组织全市党员参与政党协商、民主监督、参政议政、祖统联谊、社会服务等活动。至年末，民革绍兴市委会有基层委7个，基层党支部27个，党员650人，其中新发展党员36人。民革绍兴市委会被民革中央评为民革全国宣传思想工作先进集体、民革全国祖统工作先进集体；13个民革基层组织、14名党员获民革浙江省委会年度单项表彰，6个民革基层组织、21名党员获民革浙江省2017—2021年度先进；党员沈润溥获“浙江省有突出贡献中青年专家”称号，党员骆越峰获“浙江民革骄傲人物”称号。

【组织建设】 2022年，民革绍兴市委会优化基层组织结构，举办民革绍兴市上虞区总支部、嵊州市总支部更名授牌仪式，两地民革组织由总支部委员会更名为基层委员会，实现县（市、区）基层委员会全覆盖。以换届后组织架构调整为契机，选优配强专委会工作班子，组建专业化、年轻化党员队伍。开展年度课题调研和特色活动，调整基层组织及党员评优评先办法、参政议政成果激励机制，激发基层组织和全体党员干事创业热情。出台《民革绍兴市委会老党员关心关爱制度》，推荐16名党员参加省级培训，举办2022年新党员培训班、新党员座谈会暨青圃营开营仪式，加大新党员“传帮带”培养力度。

【思想政治建设】 2022年，民革绍兴市委会深入学习贯彻中共二十大精神和省第十五次党代会精神，主要领导带头宣讲，各级基层组织积极响应，举办各类主题宣传、集中学习、辅导讲座20余场次，实现学习教育全覆盖。开展“矢志不渝跟党走、携手奋进新时代”主题教育和“观故居，走多党合作之路”活动，赓续多党合作优良传统。

2022年11月15日，民革绍兴市委会组织市委委员到诸暨市枫桥镇参观枫桥经验陈列馆
（民革绍兴市委会　供图）

【参政履职】 2022年，民革绍兴市委会领导参加各类协商会、通报会、座谈会10次，分别就《政府工作报告》、党代会报告、优化法治营商环境及党风廉政建设工作提出意见建议。在绍兴市政协九届一次全会上，民革绍兴市委会提交集体提案12件，被选为大会发言1件，书面发言2件。市委会各县（市、区）基层组织向当地政协会议提交集体提案25件，民革党员中的各级人大代表、政协委员提交提案建议18条、提案131件。全年报送社情民意信息197篇，录用142篇次，其中被全国政协录用1篇，民革中央录用8篇；1篇信息全文刊登在市委办内刊《决策参考》；党员屠世超被民革中央评为民革十三大以来全国参政议政工作先进个人。

【社会服务】 2022年，民革绍兴市委会开展结对帮扶攻坚行动，组织党员企业家赴结对村新昌县镜岭镇大古年村，考察调研村集体经济消薄、低收入农户增收情况，提供帮扶资金10万元。助力贵州省纳雍县董地乡教育事业，发起公益助学行动，为当地困难学生送助学礼包。揭牌市政协民革界别委员工作室，开展法律咨询、法律援助、农业农技、医疗卫生服务。

【祖统联谊】 2022年，民革绍兴市委会加强与台办、台胞台属联谊会合作，探索开展疫情常态化形势下对台交流活动,召开“迎中秋·促祖统”座谈会,调研海峡两岸(绍兴)数字经济产业合作园区,参观绍(兴)台(湾)女子书画交流展,举办海峡两岸暨台湾青年共度“云上端午”活动。协助民革浙江省委会祖统联谊委员会对接绍兴市台商协会,形成《建设海峡两岸数字产业合作园区的几点建议》调研报告,被民革中央列为团体提案。

(民革绍兴市委会　孙奇伟)

民盟绍兴市委会

【概况】 2022年,中国民主同盟绍兴市委员会(简称民盟绍兴市委会)高举习近平新时代中国特色社会主义思想伟大旗帜,推进新时代高素质中国特色社会主义参政党地方组织建设。新发展盟员36名,平均年龄37.28岁。至年末,民盟绍兴市委会有基层委员会7个、总支部委员会3个、市直支部委员会15个,盟员1012人。其中,大学以上学历占85.8%,具有副高以上职称占43.%,中上层人士占86.5%,在职盟员占77%。民盟绍兴市委会被民盟中央评为2022年度民盟思想政治建设和宣传工作先进集体,被民盟省委会评为2022年度盟务工作先进单位,被市政协评为反映社情民意信息工作一等奖单位。盟员汪薇被评为民盟中央2022年度思想政治建设和宣传工作先进个人,盟员黄昕被评为民盟中央2022年度反映社情民意信息先进个人。

【组织建设】 2022年,民盟绍兴市委会首次开展市委会委员履职考核画像反馈,开展班子成员“双走访”活动,走访覆盖率100%。完成绍兴文理学院委员会届中调整和新昌县基层委换届工作。创建“双十佳”基层组织,柯桥区基层委员会被评为模范基层组织,市直机关总支部被评为十佳示范基层组织,嵊州市基层委员会被评为十佳特色基层组织。建立“新盟员成长营”,创新建立临时支部并设立主委,建立导师制,开展高频次培训。

【思想政治建设】 2022年,民盟绍兴市委会领导班子开展专题学习、全市各级民盟组织开展集中学习60余次。开展“矢志不渝跟党走、携手奋进新时代”政治交接主题教育,全市各基层组织围绕主题开展活动80余次。6月2日,全国人大常委会副委员长、民盟中央主席丁仲礼率队到绍兴开展政治交接主题教育现场活动,策划开展“盟心芳华”口述历史系列活动,走访7名老盟员。拍摄“从前的先生”微电影4部,宣传胡愈之、徐光宪、沈肃文、邵鸿书等民盟先贤事迹。上线“绍兴民盟”微信公众号。

【参政履职】 2022年,民盟绍兴市委会向市政协九届一次会议提交团体提案15件、个人提案39件,单磊代表民盟市委会作题为“打造区域一体化、城市网络化空间支点”大会发言,《深化“大综合一体化”改革助力整体智治的建议》作为大会书面发言材料。8件提案被列为重点提案,其中5件由5位市领导领办,4件提案被列为优秀提案。向市人大九届一次会议提交个人建议7件,1件被列为优秀建议。承担省委会调研课题3项,向民盟中央提交论文5篇,向中共绍兴市委提交“建言直通车”材料3件,均获市委主要领导批示。报送各类社情民意信息250余件,其中全国政协录用1件,省政协录用3件,省委统战部录用1件,民盟浙江省委会录用166件,获省委主要领导批示1件、市委市政府主要领导批示2件。参与省级课题5项,开展市委会重点课题申报立项21个。

【社会服务】 2022年,民盟绍兴市委会推进嵊州谷来基地建设,千年香榧林下套种项目扩展至33公顷,在谷来镇卫生院建立“民盟同心·名医服务站”开展定期义诊。深化东西部协作帮扶,向乐山沐川、马边2所学校提供帮扶资金10万元,开展“王冕学画”“闰土刺猹”场景项目建设,协助乐山市、诸暨市加速实施中职教育“蓝鹰工程”。发挥界别作用,开展群众文艺、书画下乡活动10余次。

【民盟传统教育基地建设】 2022年6月2日,徐光宪纪念馆“民盟传统教育基地”揭牌仪式在上虞区汤浦镇举行。全国人大常委会副委员长、民盟中央主席丁仲礼,省副省长、民盟浙江省委会主委成岳冲,市委常委、统战部部长叶卫红,市政协副主席、民盟绍兴市委会主委凌芳共同为传统教育基地揭牌。徐光宪纪念馆布展面积约370平方米,总投资约146万元,展馆由“光辉典范”“故土情深”“艰苦求学”“赤忱报国”“良师楷模”“一清如水”“霞光辉映”“永恒之光”8个板块组成,并设有“徐光宪与民盟”展室。11月4日,沈肃文纪念馆“浙江省盟员传统教育基地”揭牌

2022年4月24日,民盟市委会在嵊州市谷来镇卫生院建立“民盟同心·名医服务站”

(民盟绍兴市委会　供图)

仪式在柯桥区钱清街道举行。民盟省委会专职副主委毛伟民，柯桥区委常委、统战部部长方优美共同为沈肃文纪念馆揭牌。沈肃文纪念馆布展面积 200 平方米，总投资 50 余万元，分展厅和会议室两部分。展厅包括“肃文传略”“肃文与民盟”“肃文与浙光中学”“浙光延绵”4 个部分。

【民盟浙江省委会助力乡村振兴实践基地揭牌】2022 年 6 月 9 日，民盟浙江省委会助力乡村振兴实践基地揭牌仪式在嵊州市谷来镇中学举行。民盟浙江省委会专职副主委毛伟民，市政协副主席、民盟市委会主委凌芳，浙江民盟企业家联谊会会长夏赛丽，嵊州市委常委、统战部部长商肖城等参加。浙江民盟企业家联谊会向位于谷来镇的“雏鹰 · 关爱之家”捐赠 20 万元，支持山区儿童发展。民盟浙江大学华家池总支、谷来镇人民政府、民盟嵊州市基层委员会三方签署校地合作共建民盟助力乡村振兴实践基地协议书。

（民盟绍兴市委会　包小琴）

民建绍兴市委会

【概况】2022 年，中国民主建国会绍兴市委员会（简称民建绍兴市委会）突出参政议政，推进民主监督。至年末，民建绍兴市委会有基层组织 55 个，其中越城区、柯桥区、诸暨市、嵊州市、新昌县设基层委员会，上虞区设支部，市直支部 18 个。有会员 1079 人，2022 年新增会员 50 人，大专以上学历占 90.1%，经济界人士占 85.4%，有各级人大代表和政协委员 184 人。

【组织建设】2022 年，民建绍兴市委会调整内设机构设置，集中 112 名会员成立参政议政、理论研究、妇女委员会、老龄工作委员会 4 个专委会，指导基层组织开展换届工作，完成市直机关一支部、财贸金融一支部、财贸金融三支部、新华支部、越州支部支委班子增补。开展甬越舟三地民建机关工作交流，助推绍兴—乐山东西部协作建设。

2022 年度民建绍兴市委会入选民建浙江省委会参政议政优秀成果评选一览表

表 10

序号	成果名称	奖项
1	《关于有效促进人口增长的建议》	一等奖
2	《关于深化推进我省山海协作“产业飞地”建设的建议》	
3	《畅通产学研互动融合链条，推进人才培养供给侧改革》	
4	《关于数字赋能种业强省建设的建议 》	
5	《关于推进我省“两高”行业绿色低碳转型的建议》	二等奖
6	《关于加快打造具有更高浙江辨识度全球数字变革高地的建议》	
7	《改善科技成果转化机制，促进中小企业健康发展》	三等奖
8	《关于我省分层分类创新新时代救助体系的对策建议》	
9	《推动煤炭消费结构调整，有效控制二氧化碳排放》	

（民建绍兴市委会　莫丹凤）

【思想政治建设】2022 年，民建绍兴市委会认真学习贯彻中共十九大、二十大精神，习近平总书记系列重要讲话，省第十五次党代会精神及民建省委会精神，健全领导班子理论学习中心组学习制度，创设学习专栏，组织集中学习 4 次，在微信公众号发布 5 期会员热议“学习贯彻中共二十大精神”推文。邀请民建浙江省委会副主委、省社科院公共政策研究所所长钟其宣讲中共二十大、浙江省第十五次党代会精神。开展“矢志不渝跟党走、携手奋进新时代”主题教育，组织会员学中共党史、听专题讲座、写理论文章、创艺术作品、训履职技能、评年度人物。市直新兴二支部报送《初心传递 使命接力　永远跟党走》短视频入选省民建“初心传递 使命接力”优秀短视频。举办“喜迎二十大 同心绘共富”书画作品公益展，公益义卖作品 91 幅，1000 余人次观展。

【参政履职】2022 年全国两会上，民建绍兴市委会参与民建中央《关于有效促进人口增长的建议》团体提案。在省两会上，参与民建省委会《关于加快打造具有更高浙江辨识度全球数字变革高地的建议》集体提案，提交委员个人提案 6 件、代表建议 1 件，其中有 2 件被评为省政协重点提案、1 件被评为省政协优秀提案。在市两会上，提交集体提案 10 件，大会发言 2 件，委员个人提案 34 件，代表建议 9 件。全年编发社情民意信息 309 篇，被录用或批示 219 篇，其中全国政协录用 12 篇、民建中央录用 19 篇、中央统战部录用 1 篇、省政协录用 9 篇、省委办录用 4 篇、省委统战部录用 18 篇、民建浙江省委会录用 79 篇，民建绍兴市委会获民建浙江省委会 2022 年度信息工作先进集体三等奖。在省参政议政优秀成果评选中，民建绍兴市委会获一等奖 4 篇、获二等奖 2 篇、获三等奖 3 篇，民建绍兴市委会被民建浙江省委会评为参政议政先进集体二等奖。

【社会服务】2022 年，民建绍兴市委会结对丰宁县，捐款 3 万元；结对新昌县儒岙镇南山村，拨付扶贫资金 10 万元；协助民建浙江省委会青年企业家工作委员会帮扶 5 名困难会员。绍兴民建基层组织连续 8 年开展走进社区公益活动；市直机关一支部陈强投资 80 万元建立“长城残疾人之家”，为 57 名残疾人提供生活照料、生存技能培训。柯桥区基层委成立“柯桥民建　生命关爱”基金，5 年拨付 100 万元用于配置户外救援队装备、应急物资采购和设立公益体验课程。诸暨市基层委为 16 名贫困学生送上助学慰问金。

【民建绍兴市委会十届二次全体（扩大）会议】2022 年 3 月 12 日，民建绍兴市委会十届二次全体(扩大)会议在绍兴饭店召开。会议学习传达中共绍兴市第九次党代会精神。会议通过民建绍兴市委十

2022 年 7 月 6 日，“绍兴民建慈善基金”成立仪式在市行政中心 6 号楼会议室举行

（民建绍兴市委会　供图）

届二次会议工作报告，审议通过民建绍兴市委会十届二次监督委员会工作报告，表彰 2021 年度市委会先进集体和个人，聘请浙江图胜数字科技有限公司董事长李文龙博士为民建绍兴市第十届委员会特聘专家。

【绍兴民建慈善基金成立】 2022 年 7 月 6 日，绍兴民建慈善基金成立仪式在绍兴市行政中心 6 号楼会议室举行。该基金由绍兴民建企业家协会捐资，是绍兴市本级首家由民主党派冠名的慈善基金，基金规模 40 万元，用于定向救助困难会员、扶贫帮困、抗疫助医、支持共同富裕建设等工作。

（民建绍兴市委会　莫丹凤）

民进绍兴市委会

【概况】 2022 年，中国民主促进会绍兴市委员会（简称民进绍兴市委会）以民进“信息化”主题年工作为中心，加强自身队伍建设，提高履职能力，积极参政议政，开展社会服务活动，取得成效。至年末，全市有基层委员会 5 个，支部 38 个 ，会员 784 名。民进绍兴市委会被民进中央授予“信息化建设先进集体”称号，被民进浙江省委会授予“学习宣传工作先进单位”“参政议政工作先进单位”称号，获第六届开明教育论坛征文优秀组织奖。

【组织建设】 2022 年，民进绍兴市委会发展新会员 40 名，有 2 名市委会委员擢升处级干部。柯桥区基层委俞小炜获民进中央“信息化建设先进个人”称号。上虞区基层委、市直文艺支部、柯桥区基层委职教支部获 2022 年度“民进全省优秀基层组织”称号。上虞区基层委章颖芳、市直文艺支部喻革良、越城区基层委陈海虹、柯桥区基层委金海华获评 2022 年度“民进全省优秀基层组织负责人”。诸暨市基层委葛勇军获评 2022 年度“民进全省优秀支部委员”。

【思想政治建设】 2022 年，民进绍兴市委会巩固共同思想政治基础，利用网络化平台学习习近平新时代中国特色社会主义思想。11 月 25 日至 12 月 8 日，民进绍兴市委会主委华小洋等领导班子分别到越城区、柯桥区、上虞区和诸暨市基层组织系统开展中共二十大精神宣讲。拓展宣传渠道，12 篇新闻被新浪网刊登，5 篇新闻被《联谊报》、民进中央网站刊登。

【参政履职】 2022 年，民进绍兴市委会向市委报送直通车建言 3 件，均获市委主要领导批示。聚焦共同富裕基本单元建设、消防提升工程等民生实事开展民主监督。向民进浙江省委会提交课题报告 2 项，有 6 项参政议政成果获省级奖项。2 件集体提案获市政协重点提案。全年，报送社情民意信息 93 条，在全市政协系统中获二等奖，其中全国政协录用 6 篇，民进中央录用 16 篇，省委统战部录用 6 篇。有 6 篇论文在浙江省开明教育论坛征文比赛中获奖。

【社会服务】 2022 年，民进绍兴市委会推广“开明公益”系列活动，“开明金柯”高考志愿填报公益讲座点击量达 32 万余次。参与民进中央“安龙消费帮扶周”活动，消费帮扶 1.6 万元。结对新昌县小将镇五埠村，推进低效毛竹林改造共富路建设项目。向迪荡社区养老服务中心和特困家庭捐献价值 2 万元的慰问物品和慰问金。开播线上“翰墨讲堂”，在昌安实验中学、塔山中心小学等 5 所中小学开展“科技进校园助力‘双减’”活动，参与学生数达 1 万人次，创办“同心共富实践基地”。

【“数字开明嘉苑”】 2022 年，民进绍兴市委会在民进柯桥区基层委试点，将线下“开明嘉苑”升级为“云上嘉苑”“会员 e 家”，并与“柯桥民进”微信公众号互联互通，打造教育、管理、服务、履职一体化阵地。

【周建人历史资料陈列馆】 2022 年 12 月 27 日，民进绍兴市委会在鲁迅故居举行“中国民主促进会会史教育基地”——周建人历史资料陈列馆开馆仪式。民进中央常务副主席、全国政协常委、副秘书长朱永新，省政协副主席、民进省委会主委蔡秀军等出席开馆仪式。周建人历史资料陈列馆由民进中央主席蔡达峰冠名，列入民进全国第二批会史教育基地，陈列馆总建筑面积 221.8 平方米，投入资金 360 万元，馆藏从“自学成才、投身教育”“传播科学、践行民主”“积极从政、赤诚为民”3 个视角，结合照片、实物、绘画、雕塑、视频等形式，反映周建人思想发展轨迹，同时建有数字化展馆。

【绍兴民进企业家联谊会第二次会员大会】 2022 年 7 月 16 日，民进绍兴市委会召开绍兴民进企业家第二次会员大会。市政协副主席、市委会主委华小洋致辞。省委会社会服务部部长韩依群，浙江民进企业家联谊会副会长余文科参会。选举产生冯琴为第二届会长，林作溪为常务副会长，苏忠合、金荣标、谢卫、吴伟强、方泉、李卫、崔继平、胡朝娟、腾颖颖为副会长，崔继平兼任秘书长。55名企联会会员参会。

【周建人研究会成立仪式暨首场学术研讨会】 2022年11月9日，民进绍兴市委会在周建人历史资料陈列馆举行周建人研究会成立仪式暨首场学术研讨会。北京师范大学教授、周建人女儿周蕖，著名教育家、周建人女婿顾明远等家属及省委会、市委会、鲁迅纪念馆领导，鲁迅研究会代表、周建人研究会代表等参加活动。

（民进绍兴市委会　闫树立）

农工党绍兴市委会

【概况】 2022年，中国农工民主党绍兴市委员会（简称农工党绍兴市委会）领导和组织全市党员发挥参政议政、民主监督、参加中国共产党领导的政协协商作用，各项工作取得新成绩。全年新发展党员47名。至年末，全市有市委会1个、县级委员会2个、基层委员会5个、总支委员会4个、支部委员会47个、支部2个，党员1191名，其中女党员597名。

【组织建设】 2022年，农工党绍兴市委会出台《农工党绍兴市委会班子走访联系工作实施办法（试行）》《农工党绍兴市委会下属县（市、区）组织年度工作评价办法》《农工党绍兴市委会所属党员市人大代表、政协委员履职评价办法》，对党派工作全过程实行清单式管理和量化考评。开展市、县两级政协委员和人大代表推荐工作，全市党员中有市政协委员34人，县（市、区）政协委员83人；市人大代表8人，县（市、区）人大代表16人。5月30日，诸暨市委会完成换届工作，选举产生农工党诸暨市第十届委员会。9月30日，成立农工党上虞区组织，选举产生农工党上虞区第一届总支部委员会。

【思想政治建设】 2022年，农工党绍兴市委会开展“矢志不渝跟党走、携手奋进新时代”主题教育，开展中共二十大精神宣讲活动，坚持理论学习中心组学习制度，制作《听老党员讲故事》专访视频，邀请农工党浙江省委会主委葛明华作中共浙江省第十五次党代会精神宣讲。至年末，农工党浙江革命活动史料陈列馆接待参观人员94批1986人次。

【参政履职】 2022年，农工党绍兴市委会在市两会上提交集体提案11件，有5件提案被列为市政协重点提案，有4件提案被评为市政协优秀提案。8月9日，挂牌设立农工党界别委员工作室。组织开展“建言直通车”调研活动，报送直通车建议3件。全年，上报社情民意信息195篇，其中全国政协录用2篇，省委统战部录用7篇，省政协录用2篇，农工党省委会录用29篇。农工党绍兴市委会获农工党省委会社情民意信息工作第三名。

【社会服务】 2022年，农工党绍兴市委会组织开展“2022年环境与健康宣传周”活动，举办环境与健康知识宣讲、医疗服务、科普讲座等活动10余次，线上参与人数1万余人，线下提供医疗服务、健康、法律、环境咨询等服务1200余人次。6月9日，农工党中央专职副主席曲凤宏到绍兴开展社会服务工作调研。6月29—30日，农工党浙江省委会“喜迎二十大 助力共富路”建设高质量社会服务基地推进会暨全省社会服务工作会议在嵊州市召开。

【农工党中央社会服务基地挂牌】 2022年7月，农工党嵊州市贵门乡社会服务基地被授予首批农工党中央社会服务基地，为省内第一家农工党中央社会服务基地。农工党在医疗、教育、文化、共富方面精准助力贵门。至年末，共开展名师示范课、听课把脉等活动4场，捐赠书籍、古筝、非洲鼓等物品价值约5万元，结对师徒中有2名青年教师被评为嵊州市教坛新秀，选派26名具有高级职称的党员名医下沉一线，在乡卫生院设立“农工党名医工作室”，开展下乡助医活动9次，受益人群400余人次。依托南宋鹿门书院，重开“鹿门讲坛”，每月开展一期“书院本草”或“宋韵贵门”主题活动，开展“鹿门讲坛”研学游活动12次，受教学生1000余人次。组建“百人专家团”及环境生态、产业帮扶、消费帮扶等5支小分队，在项目申报、旅游规划、农产品宣传推介等方面进行指导。

（农工党绍兴市委会　徐若飞）

2022年4月26日，绍兴市政协农工党界别活动组开展“助力贵门、强村富民”调研活动

（农工党绍兴市委会　供图）

九三学社绍兴市委会

【概况】 2022年，九三学社绍兴市委员会（简称“九三学社绍兴市委”），围绕绍兴市委决策部署，深入调查研究，致力参政为民，各项工作取得新成效。九三学社绍兴市委获全省2022年度参政议政先进市级组织、优秀地方组织称号。全年发展新社员30名，平均年龄39.13岁。至年末，

九三学社绍兴市委有基层委(委员会)6个、支社30个,社员790人。

【组织建设】 2022年,九三学社绍兴市委有1人当选省人大代表、2人当选省政协委员,6人当选市人大代表、28人当选市政协委员,19人当选县(市、区)人大代表、55人当选县(市、区)政协委员。九三学社柯桥区基层委获评九三学社全国社会服务先进集体,九三学社上虞区基层委获评九三学社全国思想工作先进单位。

【思想政治建设】 2022年,九三学社绍兴市委开展“矢志不渝跟党走、携手奋进新时代”主题教育,构建长效性常态化学习教育机制,跟进学习中共二十大精神,全市各级组织开展学习活动80余场次。开展主题教育专项督查,通过监督委员会成员牵头督查、平级监督等交叉检查方式,夯实基层组织社务工作基础。

【参政履职】 2022年,九三学社绍兴市委围绕绍兴改革发展、科技创新、共同富裕等内容,开展重点课题调研。课题“深入推进‘县乡一体、条抓块统’改革,加快打造全国基层治理现代化示范区”,在浙江省政协十二届五次会议上作为集体提案进行大会发言;课题“大力建设先进高分子材料新产业平台,助推浙江省打造新材料科创高地”,作为省政协九三学社界别组集体提案。在市政协九届一次全会上,提交集体提案10件,其中获书记批示1件,市政协领导督办2件。提交市委“直通车”课题3件,其中获书记批示2件。各区(县)基层委提交集体提案17件,社内省、市、区(县)人大代表、政协委员在各级两会上提交建议和提案137件。

【社会服务】 2022年,九三学社绍兴市委开展“同心九三·共筑越企”主题系列服务活动,服务企业10家,组织2家企业参加九三学社浙江省委“同舟·经济圆桌论坛”。成立市政协九三学社界别医疗服务委员工作室,组织为民医疗服务120人次,开展“九三健康大讲堂”40余场次。组织志愿者赴平水镇、稽东镇开展贫困户慰问,送出慰问金1万元。九三学社越城区基层委与富盛镇签约,助推“硒望富盛”土壤环境提升项目。九三学社柯桥区基层委在平水镇小舜江村开设社会服务基地,为老年村民免费巡诊;九三学社上虞区基层委在梁湖街道新花浦村建立社会服务基地,为村民提供医疗、科技服务180余人次,赠送药品价值8000多元。

2022年7月14日,九三学社浙江省委组织社员参观金善宝纪念馆

(九三学社绍兴市委员会　供图)

【九三学社全国传统教育基地金善宝纪念馆揭牌】 2022年1月,金善宝纪念馆入选第四批九三学社全国传统教育基地。7月14日,九三学社全国传统教育基地金善宝纪念馆在诸暨揭牌。九三学社浙江省委主委叶正波,专职副主委丁晓燕,九三学社绍兴市委主委、市政协副主席张宪疆等出席活动。金善宝纪念馆位于诸暨市乐山村石峡口自然村梓山小学旧址,展厅面积约500平方米,重点展示中国现代小麦科学主要奠基人金善宝生平事迹。

【“越九三·越温暖”项目设立】 2022年6月28日,九三学社绍兴市委、绍兴市红十字会联合设立“越九三·越温暖”项目,完成初始资金募集10.9万元。该项目旨在向因病、因灾或其他特殊情况造成困境人士提供人道关爱,对相关经济薄弱村给予资金扶持,助力乡村振兴。

【“同心聚力共同富裕”新春走访调研】 2022年春节期间,九三学社绍兴市委响应省委统战部和九三学社省委号召,开展“同心聚力共同富裕”新春大走访大调研专题实践活动,制定九三学社绍兴市委《助力建设高水平网络大城市,打造新时代共同富裕地重点工作清单(2022—2025)》,围绕“科技”“乡村”“服务”“资政”“文化”赋能5个方面落实。九三学社绍兴市委主委张宪疆率队走访浙江兴华利化纤有限公司、浙江技立新材料股份有限公司两家社员企业,了解企业发展历程,破解企业发展难题。

【科技服务月助企活动】 2022年7月14—15日,九三学社浙江省委主委叶正波率杭州城西科创大走廊创新服务联盟新材料领域专家4名,到绍兴开展科技服务助企活动。专家组走访调研浙江天恩太阳能科技有限公司、浙江中科恒泰新材料科技有限公司、浙江新和成特种材料有限公司、浙江技立新材料股份有限公司、绍兴虹鑫激光材料科技有限公司、绍兴福膜新材料有限公司,了解企业生产经营、创新研发、人才队伍、科技需求等情况。

(九三学社绍兴市委员会　詹林芳)

绍兴市工商业联合会(总商会)

【概况】 2022年,绍兴市工商业联合会(简称市工商联)把握“两个健康”工作主题,聚焦“强化政治引领、助力共同富裕、助推高质量发展、提升工作辨识度”工作重点，强化担当、主动作为、靠前服务，奋力助推新时代绍兴民营经济实现新飞跃。至年末，市工商联（市总商会）有会员企业36054家；商会组织249家（市本级24家），其中行业商会45家，市场商会1家，乡镇商会80家，在绍异地商会96家，其他商会27家；联系指导在外绍兴商会61家（市本级32家），认定市“四好商会”10家。年内，全市有12家企业入围“中国民营企业500强”，12家企业入围“中国民营企业制造业500强”，16家企业入围“浙江省民营企业研发投入100强”。海亮集团和卧龙控股集团获“浙江省同心共富榜样企业”称号，米果果小镇、华瀛竹木制品有限公司等助力共富优秀案例被全国工商联宣传推广。

【非公有制经济人士思想政治建设】 2022年，市工商联聚焦政治引领，以“永远跟党走·奋进新征程”为主题开展理想信念教育，学习宣传贯彻中央、省、市系列重要会议和重要讲话精神，累计举办宣讲活动近30场；结合“三个大走访”活动，分组分地域进企业、进商会宣讲重要精神上百次，20余名民营经济代表人士围绕二十大精神谈感悟作分享。弘扬新时代企业家精神和越商精神，挂牌成立绍兴市首批13家民营经济人士理想信念教育基地。实施“商会党建提升”工程，成立市工商联社会组织党委，建立健全统战工作联络员制度，商会党的组织和工作覆盖率提升至72.7%；开展“喜庆二十大 奋进助共富”系列直属商会主题活动50余场。

【民营企业助力共同富裕】 2022年，市工商联聚焦共同富裕，召开“百企百会助共富”推进会，32家在外绍兴商会成立“稽山古榧”品牌推广联盟，促成18家企业和商会与18个香榧村结对；绍兴市温州商会、柯桥区纺织绣花商会等30余家商会到嵊州谷来等地开展项目投资、慰问困难群众等考察帮扶活动；引导民营企业在参与污染防治实现绿色发展、支持公益慈善事业履行社会责任、关爱员工构建和谐劳动关系中勇担责任、主动作为。在市政协九届一次大会期间，市工商联界别的大会发言《关于重视和发挥民营企业在实现共同富裕示范区建设中重要作用的几点建议》获市委书记批示，2名界别委员在“奋力打造高质量发展建设共同富裕示范区市域范例”专题界别协商会上发言；开展“商会乡村结对共建 精准助力共同富裕”主题界别活动，促成广东省新昌商会与新昌县城南乡姚宫村结对共建。

【助推民营经济高质量发展】 2022年，市工商联聚焦服务赋能，全面助推民营经济稳进提质。联动举办“亲清直通车·政企恳谈会”，市县两级共举办政企恳谈会16场，166名企业家参加线下座谈，2万余名企业家线上观看并参与互动，收集汇总并帮助协调解决问题及意见建议260余件。全市219家营收5亿元以上民营企业参与上规模民营企业调研，比2021年增长66.67%；开展民营经济人士思想状况、季度经济运行状况、劳动关系监测等系列调研。联合开展“大走访+”行动，宣传解答《绍兴市全面落实稳住经济一揽子政策措施实施意见》及配套政策；累计为220余家技术流企业提供信贷支持近200亿元；开辟“云上促就业”线上招聘直播间，帮助570余家企业招聘人才超8000人次。创新发展“枫桥式”护企优商模式，推进商会和企业警务联络室制度建设，实现所属商会法律顾问全覆盖，推进商会“共享法庭”建设。发挥总商会人民调解委员会作用，参与案件调解超50起，涉案标的近千万元；全省首推“企业家法治会客厅”，发挥涉案企业合规第三方机制管委会作用，全年办结案件1起，在办案件6起。

【“温馨之家”建设】 2022年，市工商联聚焦关心关爱，提档升级民营经济人士“温馨之家”建设。市本级167名执常委企业家划分成12个家庭小组，开展“学习辅导员、联络服务员、健康专员”进家活动，完善落实“企情日记”2.0版，做实做优“每周一走访、人手一日记”，全年累计开展家庭小组活动10余场，走访企业和商会1800余家次，协调解决困难建议超300件。开展“您的健康、我来呵护”系列健康活动。

【民营经济人士队伍建设】 2022年，市工商联实施“品质越商提升工程”“青蓝接力工程”。调整吸收企业家常执委5名，涵盖农业、制造业、建筑业等行业，民营经济代表人士队伍结构不断优化。开展新生代企业家“双传承”培训提升专题调研，建立新生代企业家传承导师制，促进越商政治、事业新老交接和有序传承。

【商会改革与发展】 2022年，市工商联聚焦建管并重，加快推动商会改革与发展。建立健全在外越商资源信息库，引导乡贤企业家助力招商引资工作，全年招引项目100余项，签约金额超1200亿元。成立石家庄、温州等在外绍兴商会，推进山东、安徽绍兴商会成立，谋划在湖北武汉等重要城市成立绍兴商会。规范推进市内商会发展，筹备成立绍兴市衢州商会、绍兴市辽宁商会，推动筹建绍兴市工商企业文化协会，明确绍兴市电动车行业协会规范管理；探索建立市直所属商会联席会议制度。至年末，已成立乡镇街道商会91个，覆盖率85.9%；注册登记69个，登记率75.8%。

【清廉民企建设】 2022年，市工商联统筹推进清廉民企建设。联合15个部门建立工作专班，在全省率先制定清廉民企建设导则，完善评价标准，以工作动员部署会、协调推进会、互学互促等形式有序推进全市清廉民企创建，以构建“责任共同体”为目标，会同银行、公检法司、文化等部门营造良好氛围。承办全省清廉民企建设理论与实践研讨会，新和成获评全省清廉建设成绩突出单位，浙江医药、梅轮电梯、卧龙控股等6家民企获评全市清廉单元建设示范单位。

（市工商联 陈 娟）

人民团体

绍兴市总工会

【概况】 2022年，绍兴市总工会贯彻落实习近平总书记关于工人阶级和工会工作的重要论述，推动工会工作取得显著成效。扩大非公有制企业产改试点覆盖面，全市有县级以上产改试点企业682家，柯桥区产改经验做法入选全省推进非公有制企业产改十大样板。选树市级产改示范单位30家，精工钢构“心福工程”、海亮股份“蓝领工程”入选全省非公有制企业产改案例。开展服务留绍职工暖心过年活动，慰问留绍过年职工1.9万人，拨付慰问金530余万元；发放夏季防暑慰问品229万元，惠及职工2.47万人。举办招聘会58场次，为2081人次提供转岗再就业培训。实施全市工会“除险保安”百日攻坚专项行动，开展重点行业、领域职工队伍稳定情况排查，排查矛盾纠纷578起并全部有效化解。完善劳动关系监测预警和信息报送机制，实现镇（街道）以上劳动关系信息员全配备。推动县级工会职工服务窗口全部进驻矛调中心，健全访、调、裁、诉劳动争议多元化解机制。规范劳动用工行为，创建国家级劳动关系和谐企业1家、市级和谐企业52家。

【职工思想政治引领】 2022年，绍兴市出台《关于在全市深化企业职工思想政治工作组织开展“守好红色跟脉·班前十分钟活动”的通知》，在全市县级以上产改试点开展“守好红色根脉·班前十分钟活动”4800余场次。启动实施“人人有乐·创享品质”职工文化建设行动，103个乡镇（街道）全部建立职工活动中心，选树首批星级镇（街道）职工活动中心17家，职工“悦享家”10家，职工文体活动标杆社团10个、优秀社团53个。

【工会表彰】 2022年4月28日，绍兴市召开庆祝“五一”国际劳动节劳模先进代表座谈会。会前，市委书记盛阅春，市委副书记、市长施惠芳等看望参加会议的劳模先进代表并合影。张晓鸿等4人获“全国五一劳动奖章”，竺慧江获“浙江省五一劳动奖章”，董学君等84人被评为“绍兴市劳动模范”，绍兴市高速公路运营管理有限公司等23家单位被评为“绍兴市劳动模范集体”，张文炯等48人被评为“2022年浙江工匠”，马群飞等100人被评为“2022年绍兴工匠”。

【劳动技能竞赛】 2022年，绍兴市有2个项目入选2022—2023年省级重点工程立功竞赛，8个集体、13名个人受到省政府立功竞赛先进表彰。1个单位被授予“全国五一劳动奖状”，3个班组被授予“全国工人先锋号”，1个单位被授予“省五一劳动奖状”，8个班组被授予“省工人先锋号”。举办市级职业技能竞赛72场次，带动基层举办竞赛超1000场次，10场竞赛入选全省百场最受好评镇街特色技能竞赛。开展职工技术创新活动，获全国职工优秀创新成果奖1个。

【工会普惠服务】 2022年，绍兴市优化职工疗休养政策，推出假期疗休养优惠活动，投入280.24万元组织5094名一线职工疗休养，全年共有15.75万名职工参加疗休养，带动消费4.3亿元。开展“工会佳缘”交友联谊活动74场次，形成新昌县“娘家说媒”交友活动品牌。新增四星级以上“妈咪暖心小屋”71家，累计352家。举办暑期“爱心托班”129班次，托管职工子女近4000人。举办市级示范性职工文体活动10场次，带动基层举办活动1000余场次。开展“乐活乐学”公益培训、暑期职工子女培训、“送文化下基层”等超百场，服务职工1万余人。

【基层工会建设】 2022年，绍兴市试行新建会单位工会运转启动资金补助制度，下发《关于加强基层工会“推优入党”工作的实施意见》，制定《绍兴市星级基层工会选树实施办法（试行）》，恢复成立绍兴市推行厂务公开工作领导小组，推动《浙江省职工代表大会操作规程（试行）》落地。全市新建基层工会1139家，覆盖单位3250家，新增会员8万余名。

【劳模工作】 2022年，绍兴市印发《关于进一步完善和落实劳动模范医疗补助待遇的通知》，实现劳模医保卡“一站式”结算和市级以上劳模医疗补助待遇财政兜底。推出“劳模贷”专属金融产品，最高授信150万元，为64名劳模工匠发放贷款2751.72万元。新增省级以上劳模（工匠）创新工作室6家、市级创新工作室25家。组织开展劳模工匠志愿服务42场次，其中参与助力山区26个县劳模工匠志愿服务4场次。

【新就业形态劳动者工会工作】 2022年，绍兴市实施新就业形态劳动者温暖行动，投入120万元专项资金向2万名新就业

2022 年 9 月 1 日，2022 年绍兴市劳模工匠进课堂暨开学第一课活动在绍兴市北海小学举行
（市总工会　供图）

形态劳动者、新入会会员赠送职工医疗互助保障，明确一线职工疗休养奖补政策向新就业形态劳动者倾斜。推进户外职工爱心驿站建设，申报并获评省级以上站点 14 家，完成市级 20 家“品质站”和 90 家“标准站”授牌。全市新建新业态工会 50 家，覆盖企业 223 家，发展会员 5150 人。

【和谐劳动关系构建】 2022 年，绍兴市召开全市劳动争议多元化解现场会，推广越城区“八字桥”联动平台等“枫桥式”劳动争议多元化解样板。建立能级工资集体协商机制，国家级、市级、县级产改试点开展率分别为 100%、94.7% 和 67.7%。全市签订集体合同 1053 份，覆盖企业 1338 家，嵊州市通过开展能级工资集体协商实现职工工资增长 5% ~ 8%。

【工会工作数字化改革】 2022 年，绍兴市职工医疗互助保障接入市、省智慧医保平台，实现报销无感化，超 6.9 万人次获得补助。开发上架“越温暖·城市困难群众智能感知”场景应用，通过 5 个大类 40 多项数据对职工家庭进行精准画像，实现第一时间帮扶。

【“我心向党·劳动创造幸福”主题宣教活动】 2022 年，绍兴市深化“我心向党·劳动创造幸福”主题宣传教育活动，落实“我心向党”全市职工思想政治引领、“劳动创造幸福”全市职工素质提升、“迎亚运”全市职工健康促进三大工程 20 项子活动，获评省第二届工会改革创新优秀成果。以“劳动创造幸福百场宣讲”为载体进企业、进课堂、进机关、进村社、进家庭，开展宣讲 1050 场次，其中劳模工匠宣讲 575 场次。绍兴劳模工匠馆接待参观团体 190 个，服务职工 4 万余人次。开展“开学第一课”活动，邀请劳模范静波在全市 458 所中小学进行直播宣讲，组织越城区 40 余万名中小学生与四川马边 1400 余名学生共上“开学第一课”。

（市总工会　徐丽萍）

共青团绍兴市委员会

【概况】 2022 年，共青团绍兴市委实施“青春·先锋”四大工程，建立“全员、全天候、全过程、全方位、全身心”的“五全”服务青年工作体系，推动团的工作实一点再实一点，团的组织离青年近一点再近一点，团的自身建设严一点再严一点。推进“红领巾争章”应用场景、“青燕归巢”数字化项目、“小哥在线”平台推广使用、共青团助力“双减”常态化托管志愿服务 4 个省级试点工作，承办志愿服务、少先队、直播助农等省级活动，有关工作被《新华每日电讯》《光明日报》等各级媒体报道 200 余篇次。“厕所革命”——解决农村低保空巢老人“如厕难”等 4 个项目获第六届中国青年志愿服务项目大赛一金两银一铜，智能无感扩声精灵项目获第九届“创青春”中国青年创新创业大赛数字经济赛道初创组铜奖，绍兴市快递物流行业团工委、上虞区自然资源和不动产登记中心团支部、新昌县农商银行机关团支部等集体获评“全国五四红旗团委（团支部）”，蒋裕燕获评第 26 届中国青年五四奖章，阮海良获评第 21 届全国青年岗位能手标兵，李智慧获评第 21 届全国青年岗位能手，盛文斌获评“全国向上向善好青年”。

（团市委　丁一民、邵砺冰）

【党的二十大精神宣传活动】 2022 年，团市委分层分类开展“喜迎二十大、永远跟党走、奋进新征程”主题教育实践活动，全市 1.22 万个团支部近 23 万名团员参与实践活动。开辟“我在窗口写青春·青春献礼二十大”等绍兴青年新媒体专栏，举办党的二十大精神青年巡讲、青年宣讲新秀选拔大赛等活动。11 月 24 日，市共青团系统学习宣传贯彻党的二十大精神青年联学活动在绍兴市光明馆举行，党的二十大代表、团省委副书记徐川子出席活动并进行党的二十大精神现场宣讲。

（团市委　桑文钧、叶城波）

【重要讲话精神学习】 2022 年 5 月 12 日，市委召开学习习近平总书记在庆祝中国共产主义青年团成立 100 周年大会上重要讲话精神座谈会。市委书记盛阅春寄语全市广大青年要深入学习贯彻习近平总书记重要讲话和全省座谈会精神，以奋进者姿态，秉持“胆剑精神”，弘扬“四气”境界，找准跑道、塑造变革，在青春的赛道上奋力奔跑，努力成为堪当民族复兴重任的时代新人，为建设高水平网络大城市、打造新时代共同富裕地贡献青春力量。

（团市委　邵砺冰）

【基层团组织建设】 2022 年，团市委制定“枫桥式”基层团组织建设评估指导标准，聚焦青年集聚度高、流动性强的新兴业态,在镇(街)、村(社)、机关、企业、高校、中学、新兴行业等领域建成“枫桥式”基层团组织200家,实施办小事、解小忧、帮小忙“三小行动”。至年末,全市有中国共产主义青年团团员229989人,其中学生团员77275人,机关事业单位团员15314人,非公有制企业团员31105人,国企团员3044人,新社会组织团员6477人,城市社区团员18746人,农村团员78028人;团组织13393个,其中团的领导机关7个,团委862个,团工委86个,团总支225个,团支部12213个。

(团市委　桑文钧)

【青少年思想政治建设】 2022年,团市委开展“青春领航计划”“一月一讲”等活动,邀请挪威工程院院士郁志新等高层次人才走进校园宣讲;开展“团干部学产业经济”系列活动,组织全市团干部学习集成电路、纺织印染等产业经济知识;搭建“青年宣讲员成长在线”数字化应用场景,全市开展青年宣讲15585场次,覆盖青少年135万余人次;示范性举办全市高校共青团思政工作座谈会、绍兴市“青马”暨“青苗”训练营等活动。

(团市委　叶城波、王　富)

【青少年关爱帮扶】 2022年,团市委联合市中院、市妇联,开展家庭教育指导令活动,联合公安部门推进“警暖少年”涉罪不起诉青少年优秀帮扶项目,加强青少年心理疏导帮扶,累计接听“12355”青少年服务热线1641个,举办“轻松备考‘12355’与你同行”中高考减压活动65场,覆盖考生9600余人。

【青少年权益维护】 2022年,团市委开展全国青少年模拟政协提案征集活动,聚焦青少年权益维护等社会热点问题形成提案300余份。绍兴市第一初级中学龙山校区作品《关于关爱孤独症患儿家庭的建议》及共青团绍兴市柯桥区委员会作品《关于改进研学实践的建议》获评全国中学组和全国职业青年组“最佳模拟政协提案作品”。

(团市委　王赛栋、朱申琪)

【青年创新创业】 2022年,全市各级团组织累计开展16场创新创业赛事;吸纳129名青年创业导师结对服务创业青年,其中17名获评省级青年创业导师;联系凝聚40余个青创组织,打造14个青年之家·众创空间,其中4家被评为省级示范性青年之家·众创空间。聚焦全市青年创业主体数字库(35周岁以下个体工商户18万户;企业法人8万户),联合人民银行绍兴市中心支行等单位推出“春潮行动”,累计对36113户青年创业主体发放贷款718.01亿元,其中对4625户青年创业主体首贷户发放贷款68.72亿元。推出“越青创”数字化应用,累计发放越青卡17393张,为创业青年量身定做“越青金捷贷”“越青经营贷”“越青农创贷”等多款专属优惠金融产品,线上授信29351万元,实际放贷12038万元,提升额度5334万元。绍兴青年创业项目获2022年度“创青春”浙江省青年创新创业大赛决赛唯一总冠军,实现该项赛事三连冠。

(团市委　史永军)

【青年人才引育服务】 2022年,团市委升级清华大学乡村振兴绍兴站,推出“看绍兴有young”专题H5向市内外青年推介绍兴。联合市人力社保局等部门举办“青春在稽,与越同行”绍兴悦才系列活动6场。开展全市域、跨县域的“越青恋”青年人才婚恋交友品牌活动36场,其中高层次人才联谊活动11场。实施“留绍·筑绍·兴绍”青年就业计划,推出2000余个就业岗位;连续6年开展“家燕归巢·引凤筑巢”大学生暑期进机关、企业实习活动,推出岗位1948个,录用1502人。出台“小哥租房中介费全免”政策,对接1万余套房源上线平台,新建上线126个“小哥驿站”平台。

(团市委　桑文钧、王　富)

【“青年发展型城市”建设】 2022年,团市委完成绍兴市十大民生实事“青少年活动中心提档升级工程”;继续推出青少年心理健康服务、青年信用体系建设等8项绍兴青年民生实事;联合市统计局首次建立涵盖57项指标的全市青年发展规划统计监测机制。上虞区入选全国青年发展型县域试点。绍兴市青年发展型城市建设相关做法在省青年发展规划中期评估督查中获肯定。绍兴市获评浙江青年发展综合指数优秀等次城市,上虞区、诸暨市获评综合指数优秀等次县(市、区)。

(团市委　邵砺冰)

【少先队工作】 2022年,全市少先队工作以喜迎党的二十大为主线,开展爱国主义教育、优秀传统文化教育、社会实践能力提升等活动,推进全市少先队事业实现新发展。举行“你好新学期”、集中分批入队仪式、“我的14岁集体生日”主题教育暨离队入团仪式、1013建队节暨少先队争章技能比赛以及18岁成人礼等,以仪式教育为抓手,形成党、团、队一体化链条

2022年7月22日,清华大学乡村振兴工作站绍兴站实践见面会召开。图为与会人员合影

(团市委　供图)

式育人体系。深化“红领巾学院”品牌项目，新建“红领巾 e 站 1013”阵地 14 个；推广“浙江红领巾公益基金”，深化“红暖一冬”专项行动，实施面向农村留守儿童的微公益项目；开展绍兴市少先队课题研究，其中 5 项被列入省级课题并全部完成结题；加强网上少先队工作建设，完善全国少工委、省网上少先队等系统信息，实现“红领巾爱学习”中队全覆盖，红领巾争章获省级数改试点。联合市文明办开展“新时代好少年”学习宣传活动，选树少年儿童身边可亲、可学的市级新时代好少年 20 名。开展 2021—2022 年绍兴市少先队“红领巾奖章”三星章推报活动，其中个人三星章 300 名、集体三星章 48 个，并推荐 30 位少先队员和 6 个集体为 2021—2022 年浙江省少先队“红领巾奖章”四星章。34 个组织成功申报全国红领巾中队集体，2 名少先队员获评全国优秀少先队员，1 名辅导员获评全国优秀辅导员，2 个集体分别获评全国少先队优秀大队、全国少先队优秀中队。

（团市委　王　富、邵小刚）

【青年志愿服务】 2022 年，团市委组织开展“幸福来敲门”帮扶行动，帮扶残疾青年人、问题青少年等六类困难群体 3388 名，开展帮扶 2889 次。完成亚运会绍兴赛区 2160 名赛会志愿者面试选拔预录用工作，组织 2070 名青年志愿者服务“越马”赛事。举办 2022 年绍兴市志愿服务项目大赛培训班，承办 2022 年浙江省青年志愿服务项目大赛，绍兴推送项目获 2 枚银牌、3 枚铜牌。发布倡议书动员全市团员青年积极应对疫情，开展疫情防控志愿服务 1667 场，累计参与志愿者 10.67 万人次，服务时长 59.4 万小时。

（团市委　王赛栋、朱申琪）

【“名校学子绍兴行”活动】 2022 年，团市委共组织开展“名校学子绍兴行”活动 2 期。其中，8 月 1 日至 5 日，团市委联合北京大学元培学院开展“在百年团史寻访和社会治理创新中的青年印迹”主题团日活动，北大元培学子分组到诸暨市、嵊州市进行为期 3 天的实践调研。7 月 22 日至 8 月 8 日，团市委联合清华大学召开清华大学乡村振兴工作站浙江绍兴站实践见面会，清华学子到越城区、柯桥区开展为期 19 天的暑期社会实践活动。

（团市委　王　富）

绍兴市妇女联合会

【概况】 2022 年，绍兴市妇女联合会围绕中心大局做强引领，聚焦主责主业做实联系，面向妇女儿童家庭做优服务，团结凝聚广大妇女为建设高水平网络大城市、打造新时代共同富裕地贡献力量。1 个集体获评全国三八红旗集体，4 家单位创建成全国巾帼文明岗，3 名个人被评为全国巾帼建功标兵，1 个集体获评全国巾帼建功先进集体，1 名个人被评为第十三届全国家庭工作先进个人，3 户家庭被评为第十三届全国五好家庭，3 户家庭被评为“2022 年全国最美家庭”，16 户家庭被评为浙江“最美家庭”，8 户家庭被评为浙江“绿色家庭”，23 家单位成功创建省巾帼文明岗，11 名个人被评为省巾帼建功标兵，创建省级美丽庭院特色村 7 个、省级巾帼农创基地 2 个，2 家工作室入选省级巾帼科技创新工作室，绍兴市妇联特设“共享法庭”被纳入全市第二批“枫桥式共享法庭”名单。市妇联获第十三届全国家庭工作先进集体。

【“巾帼心向党　喜迎二十大”群众性宣传教育活动】 2022 年，全市妇联系统深入学习宣传贯彻党的二十大精神，开展“六学六进六争先”学习实践活动，召开学习宣传贯彻党的二十大精神部署会暨“传习党的二十大精神　争做‘有心’的妇联人”座谈会，“越地女儿”大宣讲开讲 132 场，覆盖妇女群众 18 万人次；发动各类好家庭学金句、悟金句，参与家庭 2160 户。年内，以“共同富裕地　越地女儿行”为主题，市县联动举行第二届“越地女儿”活动周，开展“共同富裕地　越地女儿行”主题展示会等系列活动 50 余场，覆盖妇女群众 47.2 万人次。

【妇女就业创业服务】 2022 年，市妇联围绕“共同富裕地　越地女儿行”主题，开展多形式的妇女就业创业服务活动。出台“共同富裕巾帼在行动”实施方案，开展“共同富裕地　越地女儿行”主题行动，各县（市、区）妇联认领实施“共同富裕巾帼在行动”项目。成立共同富裕“妇”字号双服务双联盟，市妇联、市女企业家协会与柯桥区漓渚镇棠棣村、诸暨市浣东街道东盛社区巾帼共建未来乡村（未来社区），市新闻传媒中心（传媒集团）、市文旅集团与上虞区岭南乡东澄村等 11 个乡村巾帼共建乡村振兴先行村，创建成越城区孙端街道村头村等 7 个省级美丽庭院特色村、瑞丰农业等 2 家省级巾帼农创基地。

召开“巾帼助力共同富裕·政企银企

2022 年 3 月 7 日，“共同富裕地　越地女儿行”主题展示会暨第二届“越地女儿”活动周开幕式举行。图为绍兴市“共同富裕巾帼在行动”计划发布　　（市妇联　供图）

面对面”座谈会，帮助女企业家对接13个相关部门，闭环解决优化营商环境、产业转型升级等18个方面问题。助力“扩中”“提低”，着力孵化培育来料加工式“巾帼共富工坊”，打造“巾帼共富工坊”样板间，举办“巾帼共富工坊　创造美好生活”妈妈的味道市集，为妇女群众架起家门口的“致富桥”。开展“春风送岗位”行动，为女大学生提供就业和实践岗位4547个。开展就业技能培训74班次，覆盖2882人次。举行“越地女儿行　逐梦奔共富”巾帼电商创业创新直播大赛，参与4万余人次。

【家庭家教家风建设】 2022年，绍兴市贯彻落实《中华人民共和国家庭教育促进法》，探索构建家庭教育工作机制，成立市家庭教育工作领导小组，制定《绍兴市家庭教育工作领导小组成员单位工作职责》《2022年绍兴市家庭教育工作要点》，举办绍兴市首届家庭教育微课大赛。建设家庭教育专家智库、家庭教育志愿者队伍，开办家庭教育指导者能力提升培训班。推进学校家庭社会协同育人机制，打造“智慧父母大讲堂”家庭教育工作品牌，开展“智慧父母大讲堂”百场家教进驿站进学校进社区活动，共开讲36场公益讲座，参与家长6.4万人次。推进“越好家”家庭建设综合行动，市县镇村四级联动寻找“浙礼”好家庭，寻找2022年绍兴市“最美家庭”100户、绿色家庭50户。

【基层妇联组织建设】 2022年，绍兴市妇联抓组织、建队伍、强阵地，加强基层妇联组织建设，发挥妇联组织在新形势下的作用，推动妇女工作和妇女事业高质量发展。召开全市变革型枢纽型妇联组织建设工作推进会暨乡镇（街道）妇联换届工作部署会，推进变革型枢纽型妇联组织建设，重塑妇联组织新形态。开展乡镇（街道）妇联组织集中换届工作，全市88个乡镇（街道）全部完成换届，选举产生乡镇（街道）妇联班子35周岁以下约占40%，执委35周岁以下约占29.4%，乡镇（街道）妇联领导班子中本科及以上学历占比81.4%，执委中本科及以上学历占52.4%，实现综合素质、梯次结构、战斗活力跃迁升级。成立市交通运输行业妇工委，成立市公安局、市税务局、市消防救援支队妇联。

【“科技创新　有我巾帼”行动】 2022年9月28日，绍兴市女科技工作者协会成立大会暨“科技创新　有我巾帼”启动仪式举行，聘请邱爱慈、李兰娟、黄荷凤3位绍籍女院士为名誉会长，吸纳首批会员124人。

【市首届家文化节】 2022年5月31日，以“共同富裕地　温暖幸福家”为主题的绍兴市首届家文化节启动。在启动仪式上，发布“好家庭双联盟双服务”机制，成立好家庭联盟和礼遇好家庭爱心单位联盟。首届家文化节至9月结束。家文化节期间，通过市县联动、部门协同、社会支持、家庭参与，在全市妇联系统开展寻找“最美家庭”、征集新时代“一封家书”等系列活动2000余场，参与26万余人次。

【“枫桥经验”妇联实践】 2022年，绍兴市妇联运用新时代“枫桥经验”，持续擦亮“越地女儿”以家为本参与基层社会治理“金名片”。6月7日，市人大常委会召开第四次主任会议，专题听取市妇联关于妇女参与基层社会治理工作情况汇报。至年末，全市共建成“枫桥式”妇女之家2121个，系统集成村（社区）妇儿维权站、婚姻家庭调解室等功能，提升有形阵地的有效服务。市县镇村四级妇联特设共享法庭服务站，构建起一贯到底且具有妇联特色的“共享法庭”模式，在全省率先实现市县全覆盖、村社“零的突破”。

（市妇联　罗慧婷）

绍兴市科学技术协会

【概况】 2022年，绍兴市科学技术协会强化党建引领，突出创新驱动，全面打造“五个科协”（红色科协、实干科协、为民科协、数智科协、品牌科协），市科协被评为2022年全国科普日活动优秀组织单位，获市委、市政府人才工作和科技进步目标责任制考核双优胜。新昌县入选2022“科创中国”浙江省级试点县，绍兴科技馆、绍兴市气象台、浙江“米果果小镇”入选2021—2025年首批全国科普教育基地，绍兴科技馆被命名为国家防震减灾科普教育基地。至年末，绍兴市科学技术协会有6个县（市、区）科协，50个市级学（协）会、研究会和582个企（事）业单位科协。

【科学技术活动】 2022年，市科协以柯桥区、新昌县打造“科创中国”省级试点样板间为契机，围绕重点产业，集聚中国科协、省科协等资源，举办高层次论坛10余个，为多家企业对接引进一批前沿技术。承办2022年第四届医疗创新与产业发展论坛暨检验新技术交流会、浙江省纺织装备创新论坛、“科创中国”院士专家论坛暨2022全国纺织科技成果转化与合作大会。邀请方家熊、朱诗尧、杨树锋、管晓红、吴汉明、郑津洋等12位中外院士出席2022中国·绍兴“名士之乡”人才峰会开幕式。自2008年举办首届院士专家绍兴行以来，已连续15年开展此项活动。

【学会管理】 2022年，市科协推动市级学会标准化建设，确定AAAAA级学会7家，AAAA级学会7家，AAA级学会5家，党建示范学会2家，科技服务示范学会3家。完成所有市级学会年检工作。以“学无止境、会览天下”为主题，创设“学会大讲堂”，先后举办活动5期。

【“一家三站”建设】 2022年，市科协牵头，与市委人才办、市教育局出台博士创新站建设与管理办法，推进院士之家与院士专家工作站、博士创新站、学会服务站建设，完善立体式全覆盖的“一家三站”创新创业平台体系，新建院士（专家）工作站20家、省级以上学会服务站4家、博士创新站81家，获评首批省级重点支持院士工作站2家、建成省级博士创新站2家，全年累计引进26所高校近百位青年博士与本地中小微企业建站合作。至年末，全市累计有院士之家1家、院士专家工作站164家、博士创新站91家，学会服务站45家。

【科技服务高质量发展】 2022年，市科协制定助力经济稳进提质十条举措，成立人才帮扶团、科技服务队，组建生命健康、乡村振兴、智能制造3家学会联合体，开展"五个一帮扶行动""百名专家进百企""千博助千企""科技赋能乡村振兴"等行动，开通"人才＋企业"服务热线，累计帮请专家1230余人次，服务企业1580余家次，摸排需求570余条，培训技术人员、推荐科技人才1200余人次。深化政会银企合作，给予院士（专家）工作站建站企业授信支持600亿元。编报院士建言9份，编印《一会一建言》4期。市科协牵头组建"绍兴市科技文化场馆联盟"，组织科技专家进企业、进社区、进学校、进乡村开展科学普及、技术服务，实现资源、信息和成果"三共享"，营造开放共享科技文化生态。

【弘扬科学家精神】 2022年，市科协围绕"让科学家精神看得见、摸得着、在身边"目标要求，传承红色基因，打造基地群落。竺可桢故居入选2022年度全国科学家精神教育基地，竺可桢故居、绍兴气象博物馆、绍兴科技馆、陈建功旧居、徐光宪纪念馆入选第一批浙江省科学家精神教育基地。组织科学家精神进校园、进机关、进学会系列活动，开展"红色印记"科学家精神寻访打卡。组织"我眼中的科学家"主题征文比赛，391所中小学学校参加，入围作文1112篇。开发以竺可桢、邢球痕、景益鹏、许绍燮等院士为主题的弘扬科学家精神系列课程，开设线上科学家精神专栏4个、VR展览9个，推出绍兴科学家群落数字地图，完成科学家精神大道一期建设。10月20日，市科协与绍兴文理学院合作协议签约暨绍兴市科学家精神研究中心揭牌仪式在绍兴文理学院举行，全面推进集"展教、宣讲、研究、推广、展陈"等功能于一体的全国首个地级市科学家精神研究中心建设。

【全民科学素质行动规划纲要实施方案】

2022年3月31日，市政府办公室印发《绍兴市全民科学素质行动规划纲要实施方案(2022—2025年)》，明确绍兴市"十四五"期间公民科学素质建设的总体要求、重点任务和保障措施，提出在"十四五"时期聚焦整体提升青少年科学素质、广泛提升农民科学素质、深度提升产业工人科学素质、大力提升老年人科学素质、全面提升领导干部和公务员科学素质5项提升行动和扎实推进科技资源科普化、积极推动科普数字化赋能、着力加强科普基础设施建设、切实提高基层科普能力、加速推进科学素质合作促进5项重点工程。至年末，绍兴市公民科学素质比例15.7%。

【绍兴市"全国科技工作者日"活动】 2022年5月，市科协开展以"创新争先、自立自强"为主题的2022年绍兴市"全国科技工作者日"活动。活动期间，《绍兴日报》刊发市委、市政府致全市科技工作者的慰问信，市领导及各县（市、区）党委政府领导走访慰问科技工作者代表，市科协联合相关部门开展"优秀科技工作者新媒体视频宣传""科技赋能促共富""百名专家进百企"科技服务等，组织"院"聚越台 赢未来——院士专家面对面、学会联合体建设、"传承科学家精神 担当新时代使命"——弘扬科学家精神联合行动、长三角青少年科普盛典等各类活动16项。

【首届浙江生命健康大会】 2022年7月16日，以"科创互融 健康共富"为主题的首届浙江生命健康大会暨第三届中国（绍兴）生命健康产业峰会在绍兴饭店召开。张伯礼、陈香美、陈凯先、李兰娟等14位两院院士参会，200余名生命健康领域专家、省级学会代表和企业家到会，视频直播受众累计150万余人次。大会签订省市合作共建协议4个，签约生命健康领域重点项目10个，总投资170亿元。

【绍兴科技馆】 2022年，绍兴科技馆入选2021—2025年首批全国科普教育基地，被命名为第一批浙江省科学家精神教育基地，被中国科技馆列为科技场馆助力"双减"试点城市之一（全国共6家）。科技馆辅导员在国家级、省级赛事中获全国一等奖5个、二等奖2个，省级一等奖1个、二等奖2个，实验项目"盘月摆鱼"以第一名成绩获全国科学实验展演会演一等奖。"馆校结合"相关工作经验及成果多次受邀在全国学术研讨会上做分享。累计200余所学校超22万人次中小学生到科技馆开展"馆校结合"活动，年接待观众36万余人次。策划实施首届长三角青少年科普盛典和"双减"之下全国科普场馆教育创新与发展论坛，牵头成立绍兴市科技文化场馆联盟。建设绍兴籍院士展区，收藏院士捐赠的珍贵实物137件，40位院士手模和48位院士寄语。举办浙江"科学玩家"青少年科学才能挑战赛、校园科学达人比赛等10余个品牌活动，推出科学快乐学等100余场教育活动。围绕绍兴传统文化和特色产业，自主策划并推出"东方织彩"纺织印染科普展和"点石成金 芯创未来"集成电路科普展。

（市科协 宣懿范、赵 琴）

绍兴市归国华侨联合会

【概况】 至2022年末，绍兴市建成基层侨联组织118个，有境外同乡会33个，绍兴市侨商协会、绍兴市新侨人才联谊会等7大侨属社团。

【基层组织建设】 2022年，绍兴市侨联推进侨联基层组织建设，新增1个社区级、1个街道级、4个片区侨联组织，新增1个村级、9个镇（街）级、3个企业"侨胞之家"。推进"星级侨胞之家"建设，12家单位获评2022年度省侨联系统"星级侨胞之家"，其中，越城区新中文化艺术交流中心、柯桥区会稽山麓侨之家获评五星级"侨胞之家"。推进"乡村侨舍"建设，培育"乡村侨舍"12家，其中，平水·会稽山麓侨之家等3家入选省级"乡村侨舍Top50"。

【经济合作与交流】 2022年，市侨联推进侨界创新创业基地建设，海智汇绍兴国际人才创业创新服务中心、柯桥区科技园、上虞区e游小镇、海亮教育园、浙江新和成股份有限公司5家单位被评为第三批浙江省侨联侨界创新创业基地。7月

12—15日,举办第三届“海燕集结行动”暨侨青创业营活动,美国、加拿大、英国、法国、澳大利亚、俄罗斯、韩国、马来西亚、泰国等11个国家和地区25所高校海外留学人员参加,聘请优秀侨资企业家作为创业导师,创建“海燕集结创新创业实践基地”7家。9月13日,举办“百侨助百村”结对签约暨侨资企业“面对面”活动,现场有6个村(社区)组织代表和侨企(侨团)代表结对签约。

【文化交流】 2022年,绍兴市侨联推进华侨国际文化交流基地建设,大禹陵、竺可桢故居、凤凰山考古遗址公园被评为第四批浙江省华侨国际文化交流基地。7月25—29日,举办“小侨看绍兴”暨2022“亲情中华 为你讲故事”网上夏令营,开设“锦绣中华、盛景中华、声韵中华、笔墨中华、底蕴中华”“五个中华”越文化系列直播课程,141名海外华裔青少年参加活动。组织1万余名在校学生参加由中国侨联、全国台联、《人民日报》海外版、《快乐作文》杂志联合主办第二十二届“世界华人学生作文大赛”,产生特等奖1名、一等奖5名、二等奖24名、三等奖24名。

【为侨服务】 2022年,市侨联推动涉侨矛盾纠纷多元化解,上虞区成立涉侨法律纠纷调解工作室。协调处置涉侨突发事件,配合做好绍兴籍在乌克兰同胞撤侨工作。走访抗击疫情先进侨领侨胞、侨界代表人士及眷属,慰问侨界空巢老人和困难群众等242人。

【市侨商大厦建设】 2022年5月8日,绍兴市侨商大厦开工建设。项目总投资5亿元,占地面积6735平方米。

【市第八次归侨侨眷代表大会】 2022年8月9—10日,绍兴市第八次归侨侨眷代表大会召开。省侨联副主席姚君明、市委书记盛阅春出席开幕式并讲话。大会听取并审议通过绍兴市侨联第七届委员会工作报告,选举产生市侨联八届委员会主席、副主席、秘书长、常委和全体委员,刘伯福当选为市侨联八届委员会主席。

【市城市展示馆侨情区建设】 2022年,市侨联参与绍兴市城市展示馆侨情区建设。场馆总面积600余平方米,分为序厅、“同根同魂 侨情侨声”、“以侨架桥 联通海外”、“同根海联 心怀家国”、尾厅五个部分,重点展陈绍兴市基本侨情、重点侨团、侨贤事迹、侨捐项目、历届省“爱乡楷模”、市荣誉市民、侨务工作开展情况,展示绍兴籍海外侨胞对家乡经济及社会发展作出的贡献。

(市侨联 贺一烽)

绍兴市青年联合会

【概况】 2022年,绍兴市青年联合会围绕“学习二十大、永远跟党走、奋进新征程”主题,组织开展学习宣传贯彻党的二十大精神系列活动,市、县两级青联委员深入社区、企业、学校,开展“强国志 青春说”青联大讲堂主题活动14场,“青联读书社”书目推荐、读书交流活动17场,组织习近平总书记在庆祝中国共产主义青年团成立100周年大会上的重要讲话精神学习、研讨活动43场,坚定紧跟党走的思想自觉和行动自觉。发挥青联委员的示范带动作用,建立省级青联委员工作室1个,筹建市级青联委员工作室10个,拓展委员联系青年的渠道载体。实施“青联组织服务千村”计划,依托青联委员服务团开展送“第二课堂”进校园等志愿服务。严格执行“三上三下”“人事调整”等重大事项请示报告制度,指导新昌县完成青联换届工作,推动青联委员中民主党派、无党派人士和群众的比例达60%以上的改革要求落地。在2022年度省青年联合会履职考核中,获“优秀会员团体”称号。至年末,绍兴市青年联合会有13个界别,有青联委员212人,其中常委33人。

【党的二十大精神学习宣传活动】 2022年,市青年联合会组织“喜迎二十大、永远跟党走、奋进新征程”主题活动,以座谈交流、调研走访等形式在全市各级青联展开。10月16日,全市各级青联委员统一组织观看中国共产党第二十次全国代表大会开幕会,在绍兴青年微信公众平台开辟“全市青联委员热议党的二十大报告”专栏,在绍兴市青联界别委员中引发热烈反响。

【市青联七届五次常委会】 2022年6月29日,市青年联合会召开七届五次常委会。会议认真学习领会习近平总书记在庆祝中国共产主义青年团成立100周年大会上的重要讲话精神和中国共产党浙江省第十五次代表大会会议精神,回顾总结绍兴市青年联合会七届四次常委会以来的工作开展情况,并对下一阶段工作进行谋划部署,审议通过绍兴市青年联合会第七届委员会指定席位委员、常委赵浪平,常委林佳宇卸职,审议通过由金一鸣替补指定席位委员、常委,楼嘉敏替补副主席、常委,改选通过由金一鸣担任绍兴市青年联合会主席。

(市青联 王赛栋、宋申琪)

2022年5月8日,绍兴市侨商大厦奠基盛典暨开工仪式在越城区迪荡街道项目地块举行

(市侨联 供图)

法 治

人大立法

【概况】 2022年,绍兴市人大强化地方立法引领保障作用,制定《绍兴市"枫桥经验"传承发展条例》《绍兴市浙东唐诗之路文化资源保护和利用条例》地方性法规2部。审查市政府规范性文件23件,市中级人民法院规范性文件7件,市检察院规范性文件8件,审查各县(市、区)人大常委会决议决定3件,对6件规范性文件提出纠正意见,维护宪法权威和国家法治统一。

【《绍兴市"枫桥经验"传承发展条例》制定】 2022年8月31日,《绍兴市"枫桥经验"传承发展条例》经市九届人大常委会第五次会议审议通过,成为全国首部以"枫桥经验"为主题的创制性地方法规;9月29日,经省十三届人大常委会第三十八次会议审议批准通过,于2022年11月1日起施行,该条例共26条。

【《绍兴市浙东唐诗之路文化资源保护和利用条例》制定】 2022年12月21日,《绍兴市浙东唐诗之路文化资源保护和利用条例》经市九届人大常委会第七次会议审议通过,首开跨市域协同立法全省先河。该条例共6章、32条,报送省人大常委会审议批准。

【规范性文件审查】 2022年,全市人大一体化备案审查信息平台建设全面推进,报备单位通过信息平台报备系统进行在线提交达到100%,实现电子报备全覆盖和常态化。所有审查环节纳入信息平台,实现审查工作全过程、各环节电子化。省级平台覆盖到市府办、市两院及下辖各县(市、区),在本行政区域内实现互联互通。市人大常委会依法开展依职权审查和移送审查工作。向省人大常委会报送备案2件,其中绍兴市地方性法规1件,市人大常委会决定1件,全部通过省人大常委会的审查。接收报备41件,其中市政府规范性文件23件(含规章2件),市中级人民法院规范性文件7件,市检察院规范性文件8件,各县(市、区)人大常委会决议决定3件。对市中级人民法院《关于进一步加强涉企刑事案件审判服务保障经济稳进提质的工作指引》等15个规范性文件进行重点审查。对存在问题的6个规范性文件,通过督促自行修改、书面函告提醒、提出工作建议等方式进行纠错。收到省人大常委会移送审查建议文件1件,即《绍兴市网络预约出租汽车经营服务管理实施办法》,经审查认定该办法第五条关于网约车驾驶员需具有本市户籍等限制性规定与《中华人民共和国行政许可法》第十五条第二款规定相抵触,制定机关根据审查意见对该规范性文件进行修改。

(市人大常委会办公室　邵淼燕)

2022年11月1日,《绍兴市"枫桥经验"传承发展条例》实施新闻发布会在诸暨枫桥学院召开

(市人大常委会办公室　供图)

政法委与综治

【概况】 2022年,绍兴市政法系统深入贯彻习近平总书记关于政法工作重要论述,坚持发展新时代"枫桥经验",创新矛盾纠纷化解体系,镇(街道)、村(社区)"共享法庭"实现全覆盖,全市县级社会治理中心受理矛盾纠纷类事项28418件,办结率97.10%。行政诉讼负责人出庭率100%,行政诉讼败诉率下降至2.76%,排名居全省第一位。"黄赌毒"警情、电诈发案,比

2021年分别下降14.17%和16.01%。市公安局、市中级人民法院均实现上级交办信访积案全省率先"清零"。全市法院新收各类案件10.46万件,比2021年下降8.64%。全市群众安全感、满意率分别达99.66%和99.04%。

【平安绍兴建设】 2022年,绍兴市健全市、县、镇(街道)、村(社区)四级维稳安保指挥体系,贯彻指挥调度、情报报送、信息研判、交办反馈、检查督导、值班值守六大机制,维护党的二十大期间社会安全稳定。完善风险闭环管控大平安工作体系,14项专项工作指标考核排名全省第一位,平安建设考核排名全省第二位,获得"一星平安金鼎"。

【市域社会治理】 2022年,绍兴市制定《2022年绍兴市市域社会治理现代化试点创建各成员单位工作目标清单》,梳理问题清单和整改措施清单,建立定期会商机制,召开试点创建迎检工作推进会3次,下发工作提示单6期,启用市域社会治理现代化试点创建考核管理系统,实时晾晒考核指标。1月14日,完成"雪亮工程"建设项目市级综合性验收;8月2日,通过中央验收评估组现场考核验收。

【政法队伍建设】 2022年,绍兴市开展全市政法领导干部政治轮训,开展市级政法单位贯彻落实政法工作条例情况自查行动,启动首次纪律作风督察巡查,对越城区检察院等5个政法单位进行驻点督查。出台《巩固深化政法队伍教育整顿成果实施意见》,以清单形式明确6个方面21项工作、96项具体任务。坚持典型引领,评选党的二十大代表梁晓丽、全国法院先进个人纪平、浙江省人民满意公务员周锋等先进典型。

【法学研究工作】 2022年,绍兴市评审2021年度论文150篇,开展应用法学研究2022年度课题立项,上报研究课题15个,被省法学会立项2个。举办长三角法学论坛、法治浙江论坛、山区经济法治论坛、海洋经济法治论坛征文活动,上报论文78篇。组织市、县、乡三级党政机关相关人员参加"法治服务一号台"应用功能需求调研座谈会。组织非物质文化遗产知识产权研讨会。开展"枫桥经验"地方立法调研论证。绍兴市法学会、诸暨市法学会、浙江大学新时代"枫桥经验"研究院等13家机构共同组建新时代"枫桥经验"研究联盟,举办"枫桥经验"与乡村振兴、基层治理、民主法治村建设、共青团基础建设、民主法治社区、青少年新型违法犯罪等7场新时代"枫桥经验+"系列研讨会。

【第四届新时代"枫桥经验"高端峰会】 2022年11月25—26日,第四届新时代"枫桥经验"高端峰会在诸暨市举行,来自全国各地政法工作者、专家学者约200人与会。峰会以"新时代'枫桥经验'与中国式现代化"为主题,发布2022年浙江省新时代"枫桥经验"指数样本县测评结果和法治样本县测评结果,启用"枫桥经验"数据库。第十三届全国人民代表大会宪法和法律委员会副主任委员、中国法学会副会长江必新,省新时代"枫桥经验"研究院院长、浙江大学新时代"枫桥经验"研究院院长金伯中,浙江警察学院党委副书记、教授黄兴瑞出席会议并发言。

(市委政法委 章利丰)

2022年6月15日,绍兴市组织开展刑事诉讼涉案财物取证管理处置联合督查

(市委政法委 供图)

法治政府建设

【概况】 2022年,绍兴市全面推进科学立法、严格执法、公正司法、全民守法。诸暨市创成全国法治政府示范县(市、区),实现全国示范创建"零的突破"。诸暨市、上虞区、新昌县获评法治浙江建设优秀县(市、区)。行政复议进入全省前列,行政复议与诉讼比值、行政复议调撤率、复议后起诉率、复议后败诉率等主要指标均进入全省前三位。行政执法机关违法问题线索处置率、群众满意度均居全省第一位,柯桥区被确定为全省"大综合一体化"行政执法改革唯一综合试点。

【行政立法】 2022年3月1日起,绍兴市施行首部政府规章《绍兴市柴油动力移动源排气污染防治办法》。完成《绍兴市浙东唐诗之路文化保护利用条例》草案审核修改,进入报批环节。《绍兴市"枫桥经验"传承发展条例》、全国首个行政执法协调监督立法成果《绍兴市行政执法协调监督工作办法》颁布实施。组织开展全市2023年度立法项目建议征集活动,启动2023年绍兴市人民政府立法计划制订。

【行政复议】 2022年,绍兴市拓展行政复议网上受理口,延伸基层司法所行政复议指导服务,行政复议申请量大幅度上升,行政复议与行政诉讼比值1.85,比2021

年提高1.23，居全省第三位。开展督促履行行政复议法律文书专项行动，规范行政执法行为，纠错率10.4%，比2021年下降11个百分点。行政复议调撤率66.5%，居全省第一位；复议后起诉率7.4%，居全省第一位；复议后败诉率为0，居全省第一位。

【执法监督】 2022年，绍兴市印发《绍兴市重点领域执法工作专班工作方案的通知》《关于联合推进穿透式行政检察监督和行政执法监督协作机制的意见》，出版《重点执法领域行政处罚情况通报》4期，增强行政检察与行政执法监督。开展掌上端亮证执法（电子执法证），全市统一归集执法主体326个，实现掌上端亮证执法全覆盖。建立全市行政处罚事项自由裁量基准，全市12家主要执法领域实现高频处罚事项自由裁量基准细化100%。

【政府法律事务】 2022年，绍兴市印发《关于进一步加强行政规范性文件合法性审核和监督管理工作的通知》《2021年报送市政府备案的行政规范性文件审查纠正案例选编》，严格备案主体、备案范围、备案时限和备案形式，推动合法性审查全覆盖。执行《浙江省重大行政决策程序规定》，实现重大行政决策目录化管理和合法性审查"全覆盖"。全市重大行政决策目录化管理应编制单位总数251家，实编制251家，目录化覆盖率100%。对2020—2021年市政府重大行政决策主办单位开展决策档案全覆盖式专项检查。

【行政诉讼"双下降、双提升"攻坚行动】 2022年，绍兴市开展行政诉讼"双下降、双提升"攻坚行动，全市收案下降10.76%，降幅居全省第一位；败诉减少102件，降幅居全省第一位；败诉率下降7.25个百分点，降幅居全省第一位，败诉率居全省第一位；行政机关负责人出庭应诉率100%，居全省第一位。

【行刑"两法衔接"】 2022年，绍兴市在全省率先建成"两法衔接"信息分析研判平台，出台《绍兴市两法衔接工作监督办法》《绍兴两法衔接信息分析研判平台操作细则》《关于绍兴两法衔接信息分析研判平台研判机制的若干规定》《绍兴市行政执法与刑事司法衔接工作考核细则（试行）》，汇集全市28个行政执法平台18万条执法数据，实现执法数据资源共享互用，各级行政执法机关移送涉嫌犯罪案件比2021年增长62%。

2022年11月30日，绍兴市中级人民法院一审开庭审理一起行政诉讼案件，市长出庭应诉 （市司法局 供图）

【"大综合一体化"行政执法改革】 2022年，绍兴市在全省率先建成市、县、乡、队四级法制审核工作体系，市、县两级和103个镇（街道）成立合法性审查中心，76个赋权乡镇（街道）执法队建立法制室。实现全市省统一行政处罚办案系统应用率100%，部门参数配置完成率居全省第一位。推广轻微违法行为告知承诺制，全市12个主要执法领域269个处罚事项全部实现轻微违法免罚事项清单具体化、标准化。

【法治绍兴建设工作会议】 2022年8月19日，市委、市政府召开法治绍兴建设工作会议，研究法治绍兴建设十大问题。市委书记盛阅春到会讲话，市委副书记、政法委书记杜旭亮通报并部署工作。市领导丁如兴、王琴英、陶关锋等参加，市中级人民法院、市检察院、市自然资源和规划局、市建设局、越城区、柯桥区在会上交流发言。全年，市委、市政府主要领导对法治建设工作作出重要批示33次，市委常委会、市政府常务会议听取法治建设相关工作汇报21次，印发《绍兴市法治政府建设实施方案（2021—2025年）》，出台《法治绍兴（法治政府）建设八大机制（试行）》，制定实施土地房屋征收安置补偿工作法律服务保障、政府信息公开负面清单制度等政策文件。开展5轮法治浙江考评自评预评估，编发通报16期、督办单169件。

【市长出庭应诉】 2022年11月30日，绍兴市中级人民法院一审开庭审理一起行政诉讼案件，市长施惠芳作为行政机关负责人出庭应诉，是绍兴首例由市长作为行政机关负责人出庭应诉的行政案件。全国人大代表、副市长、市直各部门主要负责人及区县长等50余人到场旁听庭审。

（市司法局 金 凯）

公 安

【概况】 2022年，绍兴市绍兴公安机关坚持发展新时代"枫桥经验"，构建现代警务体系，推进"十防"（防渗透、防暴恐、防极端、防较大、防集聚、防非访、防输入、防炒作、防违纪、防流失）工作，开展"金盾"系列、"除险保安"行动。共接报刑事治安警情11.3万余起，立刑事案件19442起，侦破7813起，其中55起五类案件全部侦破。2起部标案件被列入全国集群战役，破获部省目标案件量居全省同类地区第一位。实施"净网""护网""瞭望哨"工程,检查互联网应用单位7785家次,整改安全漏洞3500余个,预警处置恶性案(事)件线索112起。全市群众安全感、满意度分别达99.66%和99.04%。66项工作得到上级推广、批示肯定,其中“公安大脑”、执法办案管理中心建设、民情智访、驻村守望、“云帮办”“一网通办”工作得到省公安厅主要领导批示肯定。绍兴市公安局获2022年度省公安厅综合实绩评估“四连冠”。诸暨枫桥交警中队被评为全国公安机关爱民模范集体,越城区府山派出所、市公安局技侦支队被评为全国优秀公安基层单位,诸暨市公安局被评为全国公安机关执法示范单位、全省模范公安局,越城区公安分局被评为全省优秀公安局,新昌县公安局出入境管理大队大队长梁晓丽被评为全国最美基层民警并当选为党的二十大代表,越城区公安分局党委委员、刑侦大队兼涉网犯罪侦查大队大队长杨建哲被评为全国特级优秀人民警察。全市有4个集体、1名个人立一等功,14个集体、17名个人立二等功,42个集体、147名个人立三等功。

【社会治安管理】 2022年,绍兴市公安机关推进社会治安防控体系建设。组建4支243名专职铁路护路队,未发生“危行”案事件及涉铁路交通事故。化解矛盾纠纷4.1万余起,化解信访积案897起,完成北京冬奥会冬残奥会、全国两会、党的二十大等重点时期维稳工作,保障204场大型活动、20批警卫勤务。全国社会治安防控体系建设示范城市创建成绩居全省第一位。

【刑事案件侦查】 2022年,绍兴市公安机关升级“六必”(每线必核、每案必研、每案必侦、每人必研、每逃必追、有赃必缴)应用平台,抓获各类犯罪嫌疑人13481名,常态化开展扫黑除恶、命案积案攻坚、追逃及电诈、缉毒、网络贩枪、传统侵财打击绩效居全省前列,越城“2·24”莆田籍医保诈骗专案获省委主要领导批示,诸暨“南亚科技”案、嵊州系列性盗掘古墓案获公安部贺电表扬。

【社会治安防控体系建设】 2022年,绍兴市公安机关建成联勤警务站20个、未设派出所乡镇警务站12个。2021个警务室全部融入村(社区),779名社区民警、2463名辅警(流管员)与社区干部同址办公,社区民警下沉社区时间超80%,警民熟悉率78.6%。借力大综合一体化改革,协同开展基层治理活动10260场次,“枫桥式”协同治理做法获新华社报道。

【开展全民反诈行动】 2022年,绍兴市公安机关挂牌整治电诈高发重点镇(街道)14个,预警劝阻潜在受害人163.09万人次,拦截资金5400余万元,组织反诈宣讲8950余场次。移诉电诈犯罪嫌疑人1846人,百万元以上案件全破,缅北诈骗窝点回流人员打击“维加斯”专案获公安部贺电表扬。电诈发案数、损失数比2021年分别下降16.01%、26.03%,市人大民生实事满意度测评居第二位。

2022年,绍兴市社会治安防控体系建设再上新台阶,“枫桥式”协同治理做法获新华社报道。图为7月10日,柯桥区公安民警开展夜市巡逻 (市公安局 供图)

【经济犯罪案件侦办】 2022年,绍兴市公安机关开展打击涉众、涉企、涉税类专项行动,立案侦办各类经济犯罪案件636起,抓获犯罪嫌疑597人,挽回经济损失6.1亿元。其中侦办涉众型案件129起、恶意“逃废债”案件121起、涉税案件289起,抓获境外在逃犯罪嫌疑人27人,移送侵企犯罪嫌疑人134人。破获诸暨“3·1”合同诈骗案、嵊州“中林”案等一批大要案件。

【道路交通安全管理】 2022年,绍兴市公安机关推动城乡道路平安畅通综治工程纳入市政府民生实事项目,完成52处省市级挂牌事故多发点段及2.3万处道路安全隐患整治,改造15处重要交通堵点,化解84878处重点车辆隐患,现场查处交通违法90万余起,淘汰备案未满7年非标电动车144万余辆,“两客一危”车辆亡人事故“零发生”,生产经营性交通事故亡人数比2021年下降31.25%;成立黄酒小镇站派出所,未发生影响地铁运营安全案事件。

【户政管理】 2022年,绍兴全市省外迁入12506人,省内迁入5222人,迁往省外4279人,迁往省内10211人,人口机械增长3238人,机械增长率0.73‰;全市出生登记22158人,死亡注销35708人,自然增长-13550人,自然增长率-3.04‰。

【出入境管理】 2022年,绍兴市公安机关出台《绍兴市公安局关于进一步加强新时代公安出入境管理工作的意见》,建立海外利益保护联席会议制度,深化“枫桥式”涉外基层治理,开展打击妨害国(边)境管理犯罪“獴猎”行动。至年末，共签发出国境证件12558人次，外国人签证、居留证件2225人次，为外籍人才办理永久（长期）居留32人次；侦办刑事案件105起（其中部督案件2起、省督案件1起），查获犯罪嫌疑人171名，查处“三非”案件188起，遣送出境19人。

【公安线上线下服务机制改革】 2022年，绍兴市公安机关承接全省公安网办中心试点任务，开展“云帮办”“一窗办”“就近办”“跨省办”等线上线下服务机制改革。180个服务事项“一站”进驻市县两级网办中心，高频民生事项网办率85%。建立代办点2223个、助跑小队15支。办理户籍业务“跨省办”9万余件、“电子居住证+互认转换”1.6万本。“云帮办”模式、“车辆注销”一件事改革获得省公安厅主要领导批示肯定。

【“枫桥式公安派出所”创建】 2022年，绍兴市公安机关推进“枫桥式派出所”、交警中队、“110”、监所等创建工作，省市县三级联合蹲点调研组在诸暨枫桥调研并形成调研报告，越城区府山派出所被评为第二批“国枫所”，5个“省枫所”被省委省政府通报表扬，3个交警中队入选第二批“省枫中队”重点培育单位。重复报警环比下降23%，一审认罪认罚率97.87%，非正常死亡事件现勘“零舆情”“零信访”。

【“公安大脑”建设】 2022年，绍兴市公安机关承接省厅“公安大脑”试点，建立“1+3+5+277”（“1”即全市《“公安大脑”建设实施意见》、“3”即“三轮驱动”子方案、“5”即“五大跑道”分方案、“277”即277项重点改革任务清单）体系，推动现代警务体系成熟定型，支撑合成作战6.1万起，组织指挥重大案事件411起。全民反诈平台获评浙江省改革突破铜奖、最佳应用，“微访问新域名”反诈模型获得全国刑侦部门情报数据建模大赛一等奖，“一照通用”“越安行”“浙里人口全息管服”、车辆注销“一件事”平台获评省级系统“好应用”，“安心码”“阅卷精灵”分获全国公

2022年8月15日，毛泽东同志批示学习推广“枫桥经验”60周年暨习近平总书记指示坚持发展“枫桥经验”20周年联合蹲点调研专班启动仪式在诸暨市枫桥学院举行

（市公安局 供图）

安基层技术革新奖一、二等奖。12月14日，浙江省“公安大脑”建设第三次推进会暨“市县主战、派出所主防”机制建设现场会在绍兴市公安局召开。

【执法规范化建设】 2022年，绍兴市公安机关开展执法公信力提升年活动，实施“三查三纠三提升”40项举措，规范公正文明执法。市公安局连续3年行政败诉、复议撤变、无罪不捕、无罪不诉“零发生”，在省厅执法质量考评中居全省第一位，获评全省普法与依法治理工作先进集体。依托执法办案管理中心建设，刑事案件快办率提升10.3%，案件首访满意率98.2%，上虞区执法办案管理中心获评全国建设应用成效突出执法办案管理中心。

【公安队伍建设】 2022年，绍兴市公安机关实施优秀年轻干部培养工程、人才队伍建设工程、先进典型培育工程，落实清廉公安建设、队伍大监督格局构建、爱警惠警等12项工作。动态调整1249名专业人才，提任优秀年轻干部库成员14人，1160人晋升职务序列，35周岁及以下科级干部占比16.5%。1个团体获公安部比武一等奖，2个团体获省公安厅比武一等奖。查处违法违纪案件21起24人、“一案双查”30人。解决22名民警异地分居，2名特别优秀辅警被特招为民警，“绍兴公安群蓝星”微信公众号连续两年入选中央政法委“四个一百”优秀政法新媒体榜单。

（市公安局 斯校坤）

检 察

【概况】 2022年，绍兴市检察机关学思践悟习近平法治思想，忠诚履职，检察工作综合考核连续4年居全省前三位。中央、省、市领导对全市检察工作批示肯定40次。11个案件获评全国检察机关典型案例，32个案件获评全省检察机关典型案例、精品案例。136个集体和干警获评省级以上荣誉。6项数字检察成果在全国大数据法律监督模型竞赛中获奖，其中2项进入全国五佳。数字检察、公益诉讼等经验做法在全国、全省检察工作会议上交流分享。

【刑事检察】 2022年，绍兴市检察机关推动宽严相济刑事司法政策落地，不批捕360人，不起诉3526人，诉前羁押率仅为21%。全面适用认罪认罚从宽制度，适用率89.5%，确定刑量刑建议采纳率99.4%，上诉率仅2.1%。加强刑事诉讼监

督，健全完善侦查监督与协作配合机制，依法监督侦查机关立案 246 人、督促撤案 120 人，纠正漏捕 26 人、漏诉 73 人。探索刑事判决类案监督和即时监督模式，通过数字检察手段排查已判决生效案件，对其中确有纠正必要的 17 件刑事案件展开监督。刑事执行监督，开展看守所和社区矫正巡回检察、“判实未执、应收未收”专项清理等活动，257 名“判实未执”人员被收监执行，确保“应收尽收”。

【民事检察】 2022 年，绍兴市检察机关加强民事诉讼监督，受理案件 443 件，提出抗诉或发出再审检察建议 223 件，对于作出不支持监督申请的决定，向申诉人充分释法说理，引导服判息诉。加强民事执行监督，在车辆查封扣押、司法网拍、调解协议司法确认等领域开展专项行动，助力破解“执行难”。部署开展劳务合同、知识产权等专项监督，提出抗诉或再审检察建议 216 件，获再审改判 194 件。支持弱势民事主体维权，对追索赡养费、抚养费、劳动报酬等民事案件，依法支持起诉 86 件，追回薪资 200 余万元。

【行政检察】 2022 年，绍兴市检察机关受理生效行政裁判结果监督案件 61 件，向人民法院提出再审建议 2 件，实现“零的突破”。市检察院向市委、市政府呈送开展行政违法行为法律监督报告，向 8 个行政执法机关发出 18 份行政违法监督检察建议，均得到回复和整改落实。对行政执法短板盲区、社会治理薄弱环节开展专项行动。化解涉拆迁安置、土地征用等案件 21 件。创新探索“检察监督 + 行政执法”一体推进机制。

【公益诉讼检察】 2022 年，绍兴市检察机关立案办理各类公益诉讼案件 259 件。依托“益心为公”云平台，市检察院联合相关单位出台公益诉讼志愿者工作机制。部署开展“服务保障乡村振兴”专项行动，督促治理 433 公顷基本农田及耕地、保护古树名木 400 余棵。在国有财产保护、国有土地使用权出让领域开展专项行动，督促收回各类流失税款和资金 6600 余万元。越城区人民检察院办理的钱塘江海塘防洪安全刑事附带民事公益诉讼案，入选全国检察机关典型案例；柯桥区人民检察院支持市黄酒协会依法对张某某等人侵犯“绍兴老酒”“绍兴黄酒”注册商标提起民事诉讼，加强地域品牌公益保护。

【未成年人检察】 2022 年，绍兴市检察机关对侵害未成年人权益犯罪保持“零容忍”，批捕起诉 127 人。市委出台加强预防校园性侵害工作十条意见，确保强制报告、入职查询等制度落地。对 132 名涉罪未成年人依法不起诉，市检察院与市关工委建立线索移送、关爱协作机制，成立“检爱·银发”志愿服务队。贯彻落实《未成年人文身治理工作办法》，相关做法被中央电视台《法治在线》报道。持续开展“法治进校园”活动，检察官走进校园为学生上法治课 143 场。市柯桥区人民检察院原创课程“爱的城堡”获评全国检察机关“法治进校园”精品网课二等奖。

2022 年 6 月 29 日，在全国检察机关数字检察工作会议上，绍兴市检察院汇报演示车辆保险理赔监督模型
（市检察院　供图）

【深化数字检察建设】 2022 年，绍兴市检察机关坚持“数字赋能监督、监督促进治理”，推动一批社会难题得到系统治理。开展医保基金诈骗、燃气危化品安全、“逃废债”虚假诉讼等数字专项监督。“空壳公司”治理等 3 项应用获评全国政法智能化建设智慧检务创新案例，未成年人违法犯罪预防治理平台等 7 项成果进入全省数字化改革跑道，刑罚交付执行监督系统获评全省“数字法治好应用”，柯桥区、诸暨市检察院被确定为全省数字检察示范院。与拉萨、厦门等 10 余家检察院开展数字模型共建。嵊州市检察院投入研发的“非标油”综合治理大数据监督模型，被最高人民检察院部署在浙江、北京试点应用，追缴税款 3.6 亿元，工作成效获中央和最高人民检察院肯定，写入最高人民检察院工作报告。

【维护社会安全稳定】 2022 年，绍兴市检察机关护航党的二十大召开，开展风险隐患“大排查、大起底、大整治”等专项行动。从严惩处故意杀人、抢劫、贩卖毒品等严重犯罪，批捕起诉 378 人。常态化开展扫黑除恶斗争，批捕起诉涉黑恶犯罪 123 人。推进打击整治养老诈骗专项行动，依法从严惩处侵犯老年人权益犯罪 117 人。防范化解区域金融风险，批捕起诉金融诈骗、破坏金融管理秩序犯罪 332 人，依法办理“中林集团”组织领导传销、“中实公司”非法吸收公众存款、集资诈骗等重大案件。绍兴市人民检察院、诸暨市人民检察院控告申诉部门被评为第十届全国检察机关文明接待室。

【优化法治营商环境】 参见“绍兴市人民政府·营商环境建设”。

（市检察院 吕玉博）

法 院

【概况】 2022年，绍兴市中级人民法院新收各类案件10.46万件，办结10.57万件，其中市中院收案9264件，办结9164件，案件质量综合指数居全省第二位。13个案例入选《中国法院2022年度案例》，“大数据杀熟案”获评全国“新时代推动法治进程2022年度十大提名案件”，写入最高人民法院工作报告。推动“万人成讼率”纳入乡镇（街道）考核，“万人成讼率”比2021年下降10.2%。创建“枫桥式人民法庭”，诸暨市人民法院枫桥法庭入选新时代人民法庭建设案例。

【刑事及职务犯罪案件审判】 2022年，市中级人民法院坚持宽严相济惩治犯罪，审结一审刑事案件4964件，判处罪犯7794人，比2021年分别下降7.1%和10%。审结杀人、抢劫、重伤害等案件377件；审结涉黑恶犯罪案件22件118人，五年以上重刑率30.5%，严惩袭警犯罪19件19人。审结贪污贿赂、渎职犯罪案件37件43人，其中副处级以上7人。严惩重大责任事故、重大劳动安全事故犯罪案件7件。严惩危害食品药品安全、非法集资、危险驾驶、电信网络诈骗、侵犯公民个人信息等犯罪案件1044件。诸暨市人民法院审理朱某某妨害药品管理案，入选全国打击医美违法犯罪典型案例。严惩侵害未成年人犯罪案件86件。开展打击养老诈骗专项行动，严惩投资骗老、保健坑老等坑害老年人犯罪。依法审理刘某等34人冒充苗医兜售家传秘方诈骗案，为100余名受害人全额挽损。深化认罪认罚从宽制度改革，对3979名轻微犯罪被告人依法判处缓刑等非监禁刑，对6人免予刑事处罚。推进刑事案件律师辩护全覆盖，为1991名被告人指定辩护律师。规范减刑假释、暂予监外执行工作。

【民商事案件审判】 2022年，市中级人民法院推进民事案件繁简分流，适用小额诉讼程序9210件，普通程序独任审理4892件。依法审结涉及教育、医疗、住房、社保、就业、养老等一审民事案件2.6万件。审结婚姻家庭案件4489件，发布人身安全保护令、家庭教育令1053份。发挥商事审判保障产权、稳定预期职能作用，审结一审商事案件2.9万件，涉案标的额282亿元。为205家企业修复信用，减轻诉讼对企业正常生产经营影响。在全国率先以府院联动视角出台企业预重整规程，审结企业破产案件357件，“破产收回债务所需时间”优于世界银行评估最优值，优化不良金融资产162亿元，盘活土地114.27公顷、房屋114万平方米，保障2100余名员工就业岗位。

【行政案件审判】 2022年，市中级人民法院会同市政府开展行政诉讼“双下降、双提升”攻坚行动。新收一审行政案件1261件，比2021年下降10.8%。554件进入诉讼纠纷通过调解和解方式解决，一批涉及重点工程、重大项目行政争议得到妥善处理。推进行政机关负责人出庭应诉全覆盖，市长施惠芳亲自出庭应诉。

【知识产权案件审判】 2022年，市中级人民法院审结一审知识产权案件1064件，比2021年增长21.6%。探索“枫桥式法护知产”协同保护模式，推广柯桥“版权AI智审”市场端应用，破解知识产权维权“举证难、周期长、赔偿低”等难题。加大对侵犯商标权等行为刑事打击力度，全年审结22件，共处罚金556.6万元。

【环境资源案件审判】 2022年，市中级人民法院审结一审环境资源案件1502件，其中环境资源刑事案件70件，判刑141人；审结环境公益诉讼案件31件。上虞区人民法院办理审判阶段探索涉案企业合规改革第一案。越城区人民法院审结王某某等非法买卖危险物质案被联合国环境规划署网站刊登。推动设立全省首个环境资源纠纷专业化调解组织，建立农村土地承包纠纷仲裁、诉讼衔接机制，深化曹娥江流域一体协同保护，发出“护鸟令”“放养令”“禁止令”“修复令”等56份。

【执行工作】 2022年，市中级人民法院贯彻《综合治理执行难“一件事”集成改革实施意见》，开通“执行畅联直通车”，公开执行法官办公电话、手机号码，建立“来电必接、漏话提醒、专员回访、督办回复”及“执行局长固定接待日”机制。开展执行领域突出问题集中整治，规范财产保全、财产调查、案款管理、终本案件管理等工作机制，执结案件3.2万件，执行到位

2022年5月23日，绍兴市中级人民法院在一起未成年人抚养案件中发布全市首份家庭教育指导令

（市中级人民法院 供图）

金额 265 亿元。加大拒执打击力度，拘留、罚款 3.2 万人，判刑 184 人，比 2021 年分别上升 16% 和 104%，1.6 万余人迫于惩戒压力主动履行义务。破解刑事裁判涉财执行积案经验做法，受到最高人民法院肯定推广。市中级人民法院执行局被省委、省政府授予全省“人民满意的公务员集体”称号。

【共享法庭建设】 2022 年，市中级人民法院建成“共享法庭”2303 个，联合人大、政协、妇联共建特设“共享法庭”134 个，开展普法宣传活动 1 万余场，指导调解 2 万件次，化解矛盾纠纷 1.6 万件。

【审判监督】 2022 年，市中级人民法院加强对全市法院审判工作监督指导，建立健全专业化审判、类案强制检索和改判、发回重审案件跟踪管理机制，促进类案裁判标准统一、法律适用统一。强化院庭长对办案工作管理、指导和监督责任，完善“四类案件”监管机制，常态化开展长期未结案件、超期未发案款专项清理活动，规范办案行为、防范办案风险。开展司法质量监督大检查，完善二审、再审案件随案评查机制，追究瑕疵责任案件 38 件 17 人，一审服判息诉率由 84.7% 上升至 90.6%，二审后达 98%。

【审判改革】 2022 年，市中级人民法院深化法官员额制改革，推动法官员额能进能出、动态调整。完善审判委员会、专业法官会议、合议庭运行机制。推进刑事诉讼制度改革。推进法院审级职能定位改革，实现审判重心合理下沉，重大典型案件提级管辖有效激活。

【诉讼服务体系建设】 2022 年，市中级人民法院优化“一站式”多元纠纷解决和诉讼服务体系建设，提供立案、交费、调解、开庭、执行等“一网通办”服务。诉前化解纠纷 3180 件，受理涉企纠纷案件 1033 件，对符合条件的依法准予缓交诉讼费用 219 件 556 万余元，准予免交诉讼费用 3 件 10592 元。诸暨市人民法院被最高法院评为“为群众办实事示范法院”。

【“全域数字法院”建设】 2022 年，市中级人民法院聚焦传统模式下破产案件审理难点、痛点，创新研发“破产一件事”应用，获评全国政法智能化建设创新案例、浙江省数字化改革“最佳应用”。针对虚假诉讼识别难困境，创新研发“虚假诉讼协同智治”应用，获评省“数字法治好应用”。迭代综合治理执行难“一件事”改革，获评全国社会治理创新案例。

【除险保安】 2022 年，市中级人民法院构建“1+8+N”（除险保安工作体系：绍兴市中级人民法院构建“一个领导小组 +8 个工作专班 +N 个动态风险处置工作组”除险保安工作体系，着力推动“一个指挥系统、一张工作清单、一套工作体系”统筹落实机制，全力护航党的二十大、杭州亚运会）除险保安工作体系，妥善审理一批重大、涉众涉稳案件，配合做好涉金融、征地拆迁等领域风险化解。聚焦“保交楼、保民生、保稳定”，稳妥审结房地产纠纷案件 5516 件，诉前化解纠纷 3600 余件。发送司法建议、大数据分析报告、审判白皮书 326 份。

（市中级人民法院　方若昕）

司法行政

【概况】 2022 年，绍兴市司法行政机关坚持以习近平新时代中国特色社会主义思想为指导，抓好普法宣传、人民调解、公共法律服务、戒毒管理、社区矫正等工作，开展政治轮训 2 期，覆盖机关全体干警。举办年轻干部“周一夜学”微交流活动 7 期，机关干警国家法考网上培训班 1 期，组织开展全市司法行政系统岗位技能比武。13 个集体和 55 名个人获评市级以上先进，柯桥区司法局丁周权获得“全国司法行政系统先进工作者”称号。

【普法宣传】 2022 年，绍兴市发布《2022 年普法与依法治理工作要点》和守法普法协调小组成员单位普法责任清单，明确全市 67 个部门 6 个共性项目和 202 个个性项目。开展领导干部和公务员年度法律知识测试，参考率和通过率均为 100%。开展国家、省、市级民主法治村（社区）创建工作，创成国家级 6 家、省级 115 家。培育“法治带头人”10307 名，“法律明白人”27821 名，“学法守法示范户”26220 家。开展宪法宣传周和现行宪法颁布 40 周年纪念活动。在“越牛新闻”“法润”频道开设“部门普法亮晒台”“防疫法律法规”“师爷说法”“民法典律师说”等板块，阅读量

2022 年 2 月 24 日，普法访谈节目《师爷说法》“走进《民法典》之侵权篇”录制现场

（市司法局　供图）

980万人次。录制《师爷说法》访谈栏目12期、"民法典律师说"16期。嵊州市以"九斤姑娘"担任普法代言人的宣传片,在央视11频道《梨园周刊聚有戏》中播出。《绍兴名贤与传统法律文化》出版发行。"百名律师进文化礼堂"作为全省唯一普法项目,入围全省文化礼堂赋能共同富裕引领计划创新项目。

【人民调解】 2022年,绍兴市开展"法护平安"专项行动,调解矛盾纠纷4.3万余件,比2021年增长17.7%,成功率99.1%。全市申报省级金牌人民调解工作室5家,入围数量居全省前列。培育打造上虞"虞悦调"调解品牌、诸暨"小单元,大治理——江大姐品牌调解"、嵊州"融调解"品牌。开展人民调解员等级评定,评选"连续高温中暑 抢救难挽生命 人民调解化争议"等"十佳"人民调解优秀案例,绍兴市医患纠纷人民调解委员会等"十佳"人民调解组织,周丽平、邓秋耀、王香红等"十佳"人民调解员评选活动。

【戒毒管理】 2022年,绍兴市建立"同心渡"调解工作室,确立每年8月安全警示月机制,绍兴市九里强制隔离戒毒所实现连续38年安全生产目标和连续26年"六无"目标,分列全省系统第一位、第二位。实现戒毒企业安全生产标准化三级达标,通过省级智慧戒毒所验收。

【社区矫正】 2022年,绍兴市通过组织工作人员收看视频、开展业务培训等方式,学习贯彻执行《中华人民共和国社区矫正法》,培训367人次。推进社区矫正执法规范化建设,开展"矫务公开"活动,接受"两代表一委员"、法治监督员和广大群众监督。开展执法检查12次,发出督察通报2次,发布社区矫正执法信息1591条。出台《绍兴市监地协作工作三年行动计划(2022—2024年)》,加强与省内外监狱协作,办理监狱委托审前调查439

2022年绍兴市"十佳"优秀人民调解案例一览表

表11

案例名称	调解组织	调解员
妥善化解退保纠纷 保险机构送锦旗表感谢	绍兴市银行业保险业人民调解委员会	朱宏丽、蒋英
连续高温中暑 抢救难挽生命 人民调解化争议	绍兴市越城区北海街道人民调解委员会	钱高升、钟良
邢某与服务外包有限公司销售提成争议调解	绍兴市柯桥区劳动争议调解委员会	洪利芳
谢某某与朱某某等7户之间的赔偿纠纷调解	上虞区岭南乡泰岳村人民调解委员会	朱堃太
情系民工伸援手 及时帮扶促和解,成功调解7名河南籍建筑工人向分包商追索劳动报酬	诸暨市总商会人民调解委员会	宣华
情理法并用成功调解一起股权纠纷	诸暨市金融纠纷人民调解委员会	钟玩君
嵊州市王某与周某邻里纠纷调解	嵊州市甘霖镇人民调解委员会	张建达、陈传标
嵊州市俞某某家属与陈某某损害赔偿纠纷调解	嵊州市浦口街道人民调解委员会	钱力、喻永翔
新昌县孙某某与其子女的房产继承、分割纠纷调解	新昌县人民调解委员会海燕工作室	潘海燕、吴晓翠
新昌县张某乙等人和张某甲、张某丙的劳务纠纷及遗产继承纠纷调解	新昌县澄潭街道人民调解委员会	金威林、陈益生

2022年绍兴市"十佳"人民调解组织一览表

表12

调解组织	调解组织
绍兴市医患纠纷人民调解委员会	上虞区下管镇人民调解委员会"娘家人"调解工作室
越城区孙端街道人民调解委员会外婆家调解工作室	诸暨市浣东街道人民调解委员会"暖心"调解工作室
柯桥区兰亭街道人民调解委员会尚明调解工作室	诸暨市东白湖镇人民调解委员会"茶和"调解工作室
柯桥区平水镇人民调解委员会夕阳红调解工作室	嵊州市人民调解委员会九斤姑娘调解工作室
上虞区崧厦街道人民调解委员会"老书记"调解工作室	新昌县澄潭街道人民调解委员会"老街坊"调解工作室

2022年绍兴市"十佳"人民调解员一览表

表13

姓名	工作单位	姓名	工作单位
周丽平	绍兴市医患纠纷人民调解委员会调解员	徐善德	诸暨市学生伤害纠纷人民调解委员会调解员
邓秋耀	越城区富盛镇人民调解委员会调解员	俞玉娟	诸暨浣东街道东盛社区人民调解委员会金钥匙调解队调解员
王香红	柯桥区湖塘街道人民调解委员会调解员	钱爱武	嵊州市人民调解委员会"九斤姑娘"调解工作室调解员
陈黎翔	柯桥区钱清街道人民调解委员会老兵调解工作室调解员	王楚根	嵊州市三界镇人民调解委员会阿楚调解工作室调解员
朱文龙	上虞区劳动争议人民调解委员会调解员	张玉燕	新昌县妇女婚姻纠纷人民调解委员会调解员

(市司法局 金 凯)

件，实现司法所监地远程视频申请点全覆盖，安排接待亲属会见2698人次。联合绍兴开放大学签订全市社区矫正对象学历教育及技能提升合作框架协议，开设高中学历以上文化教育及护理、茶艺、厨艺等技能培训课程。上虞区司法局社区矫正教育帮扶“点亮一盏灯”入选省级精品项目。

【司法鉴定】 2022年，绍兴市组织开展全市司法鉴定机构及司法鉴定人全面评查工作，组建评查工作专班，组织评查工作培训，覆盖全体司法鉴定人。评查业务领域涵盖法医病理鉴定、法医临床鉴定、法医精神病鉴定、法医物证鉴定、交通事故痕迹物证鉴定。全市司法鉴定机构申请评查业务通过40项，全市司法鉴定人申请评查业务通过332项。全年，司法鉴定机构承办司法鉴定案件1万件，在公共法律服务中心提供咨询6722件、检查3238件。

【国家统一法律职业资格考试】 2022年，绍兴市做好2021年度考试合格人员资质审查和证书发放，第一批国家法律职业资格申请人员367人，第二批申请人员120人，经审核全部符合资格条件，发放证书。2022年度国家统一法律职业资格考试绍兴考区报名考生2139人，报考人数比2021年增长25%，于9月17—18日在浙江越秀外国语学院镜湖校区考点分两批次进行考试。

【司法行政数字化改革】 2022年，绍兴市“社区矫正精准帮扶一件事”“智慧司法所综合应用”等6个项目被列入全省试点。“助企帮民”“基层法治一网通”“法润青苗青少年学法用法平台”3项应用列入2022年全省重大改革(重大应用)“一本账S2”，“双员智治”应用列入2022年全省重大改革(重大应用)“一本账S3”，“助企帮民”应用获评浙江省司法厅“数字司法好应用”。推进“后事智办”贯通应用，办理全省首例在线海外推选遗产管理人公证业务。

【“枫桥式”司法所建设】 2022年，绍兴市实现省级“枫桥式”司法所县域全覆盖，出台司法所综合改革试点实施方案，柯桥区司法局、上虞区司法局入选全省试点单位。在全省率先探索基层法治风险闭环管理，创新司法所“基层法治问题发现和汇总”与“基层法治问题解决情况跟进和监督”职能。试点开展跨域式“云上虞”司法所建设，解决跨区域协作难点。

【公民法治素养行动】 2022年，绍兴市搭建“公民法治素养观测平台大脑”，制定绍兴版公民法治素养评价指标体系，发布全省首个《绍兴市公民法治素养观测办法》，针对国家工作人员、青少年、村居民、企事业单位人员等不同对象，设立市级以上公民法治素养观测点30个，公民法治素养观测点管理系统应用被全省推广。

（市司法局　金　凯）

仲　裁

【概况】 2022年，绍兴仲裁院围绕市委、市政府中心工作，开展融入经济社会发展大局、融入社会矛盾纠纷多元预防调处化解大局、融入优化营商环境大局、全面提升仲裁公信力“三融入一提升”工程，推进和谐仲裁、法治仲裁。

【仲裁管理】 2022年，绍兴市出台《助企纾困量身打造精准仲裁服务措施》，完善涉企仲裁服务费用反馈机制，调整仲裁案件常规处理费收费标准，减轻市场主体争议解决费用负担。探索仲裁案件全周期数字化应用新模式，实现“一本账”管理，规范仲裁线上流程，优化仲裁网上庭审，受理线上咨询、立案327件，网上庭审72件。

【劳动仲裁】 2022年，绍兴市各级仲裁机构立案受理劳动人事争议案件6245件，审结案件6180件，涉案金额1.97亿元。调解结案3208件，裁决1406件(其中一裁终局958件)，其他1566件，结案率95.5%、调解成功率86.7%。在全市范围探索开展劳动人事争议类案同裁规则研究和制定，争取统一全市劳动人事争议案件裁决标准，规范仲裁案件审理，加大案件处置力度。

【民商事仲裁】 2022年，绍兴市受理各类民商事仲裁案件1374件，比2021年增长27.81%，涉案争议标的额14.84亿元，增长4.51%；结案率83.84%，和解、调解率46.61%，裁决率27.95%，撤回率25.44%；连续5年无被人民法院撤销或不予执行的案件。

（市司法局　金　凯，市人社局　董银红）

军事

绍兴军分区

【概况】 2022年,绍兴军分区党委贯彻省军区党委决策部署,坚持把迎接贯彻党的二十大精神作为鲜明主线,组织党史学习教育总结,开展"强军有你有我,岂敢选择躺平"自主教育。组织承办省军区师团单位党委书记120余人理论集训,自主开发的民兵思想政治教育"一网连"系统平台在此次培训会上介绍经验,做法被《中国国防报》头版头条登载。组织参加省军区政治教员岗位练兵比武,荣获第一名。开展"大学习、大交流、大提升"活动,组织群众性战法创新活动,召开俄乌军事冲突研讨会,参加军地联合演习,完成部队过境保障任务,承担区域保障中心开设和动员物资跨市输送任务,构建完善动员行动战法体系。军地联合印发《绍兴市"十四五"时期民兵建设发展计划》,强化各类队伍能力建设。依托3所高校开展优质兵员预征预储试点,承办全省女兵役前教育训练。开展国防动员基础潜力数据调查,为战时动员提供支撑。制定《专武部长工作实绩考评细则》,完成12天77名专武干部训考。遴选招聘17名专职教练员,壮实施训队伍。推进"四严四整"教育整训活动,开展军地交叉地带问题纠治,发挥基层风气监督员作用,严肃查纠违规饮酒等违规违纪问题,形成有效警示震慑。开展"迎接二十大、创建安全年"活动,组织"加强政治建设、严守政治纪律"专项巡视问题整改,常态化开展警示教育和作风督查。

【重要会议】 2022年,绍兴市多次召开重要会议,深入学习贯彻党的二十大精神和习近平强军思想,确保党管武装工作正确方向。1月29日,绍兴军分区召开党委八届七次全会,传达学习上级党委扩大会议精神,研究分析军分区全面建设形势,各人武部围绕狠抓落实存在问题做检讨反思。8月19日,绍兴军分区召开党委八届八次全会,分析半年工作形势,梳理上半年可比性工作完成情况,部署下半年工作。

【思想政治建设】 2022年,绍兴军分区以迎接党的二十大、学习贯彻党的二十大精神为主线。有重点、分步骤、多波次开展学习宣传领会活动,有关做法在"军委国防动员部网站'部队动态'"栏目发布。建立"党委常委+业务处"挂钩帮带团级党委制度,主官带工作组到建设基础薄弱人武部蹲点帮带。探索推进党建工作量化考评和精准执纪问责试点。制定党史学习教育常态化长效化贯彻机制,深化"忠诚维护核心、矢志奋斗强军"主题教育,军地联动开展"工行杯"双拥暨庆祝建军95周年书画摄影等系列活动,组织官兵参加"9·30"公祭日活动。

【军事训练】 2022年,绍兴军分区组织师团两级指挥机构同步参加省军区开训动员活动,全员传达开训动员令,依令完成紧急出动和指挥作业。组织展开第24期专武干部集中训练,采取理论辅导、业务培训、技能训练、参观见学等形式,完成军事理论、基本技能、基本业务、组织指挥等4个方面33个课题的训练和考核。组织新(预)任参谋集训,强化军事理论、识图用图、要图标绘、指挥作业等内容,有效提

2022年,绍兴军分区组织开展军事训练活动。图为第五届民兵岗位练兵比武暨军事体育竞赛现场 (绍兴军分区 供图)

升履职能力。组织全省第二期军职教育骨干集训，采取在线学习、技能培训、集智攻关和研讨交流等方式，对微课制作、设备操作、软件应用等内容进行现场辅导。组织第五届民兵岗位练兵比武暨军事体育竞赛活动，围绕紧急出动、重要目标防卫、应急搜救、战场救护、野战炊事、轻武器分解结合和首长机关3000米跑、手枪射击9个课目展开比武竞赛，有效检验首长机关和民兵分队训练水平。军分区机关带人武部参加东部战区指挥演练。

【国防动员】 2022年，绍兴市统筹军地资源，深挖融合潜力，加快构建具有绍兴特色的现代化国防动员体系。制定民兵建设“十四五”规划，编实建强各类队伍，党员、退役军人、专业对口比例明显提升，探索民兵组织、党建、训练、管理等新模式，应急应战能力不断提升。开展基础潜力数据调查统计，完成重点潜力资源调查核准，动态更新、实时保鲜相关数据，为上级专项任务国防动员准备提供潜力支撑。

【兵员征集】 2022年，绍兴市出台《关于进一步完善大学毕业生应征入伍优待政策的通知》，制定高级技工学校和技师学院毕业生享受大学生一次性奖励政策，外地籍大学应届毕业生额外奖励2万元，理工类专业大学毕业生奖励金在现有基础上增发30%的政策。利用微信、抖音等媒体，实时发布征兵动态，推送优抚政策，提升征兵工作知晓率。召开全市征兵工作推进会，开展体检、政审业务培训，全程把牢“六道关口”，有效确保兵员质量。

【后勤保障】 2022年，绍兴军分区完成第二批军队资产两个坐落的移交工作，做好2名危房住户搬迁工作。推进“守护戎装”专项行动，每季度军地联动组织现地检查督导，有效维护市场秩序，防止军装流入市场随意买卖。推进后勤重点行业领域专项整肃治理。推动资产打码贴签暨资产“两年累积性问题处置”工作落实。

【“八一”光荣榜】 2022年8月1日，绍兴军分区在《绍兴日报》专版发布“八一”光荣榜，公布绍兴籍官兵自2021年4月至2022年3月在部队立功受奖名单和简要事迹介绍。

（绍兴军分区　朱小强）

武警绍兴支队

【概况】 2022年，武警绍兴支队党委把握迎接、保卫、学习、贯彻党的二十大主线，完成看守目标执勤、维稳处突、反恐突击、抢险救援、联勤巡逻等任务。

【思想政治建设】 2022年，武警绍兴支队学习贯彻党的二十大精神，严格程序组织党的二十大代表推荐提名和武警部队党代表会议代表选举，召开党史学习教育专题民主生活会。深化武警部队巡察问题整改，严把战备训练、物资采购、工程建设、军地交往等关口，支队党委挂钩包干，整治基层风气。组织“红肩章理论服务走基层”活动，赴12个基层单位开展党的二十大理论宣讲。挖掘驻地红色资源，组织官兵清明节祭扫革命烈士墓，邀请革命前辈、先进典型开展面对面交流。打造“一队一品”特色文化，文艺轻骑兵送文化下基层，完成第一期“书香军营”建设。

【战备执勤】 2022年，武警绍兴支队开展新时代执勤安保规范化集训，录制执勤形势分析示范片，组织执勤隐患排查治理6次，完成目标单位人行通道辊闸门、人脸识别系统安装等隐患整治。送教下基层，组织各类集训，抓好阶段考评。组织重大节会时期战备和抢险救援准备工作，防御台风“轩岚诺”“梅花”，全年累计出动3100余人次，完成各类勤务50余起。

【基层建设】 2022年，武警绍兴支队制定“一队一策”，试行“三帮”（帮建支部、帮带干部、帮抓骨干）效能，安排8批次党委工作组下基层蹲点帮建、当兵蹲连，帮基层理思路、推工作、查隐患、促安全。开展“四反”教育和隐蔽斗争形势宣讲。开展涉网涉密集中教育整治，基层每周自查、管控平台每月抽查、地方公安定期联查，支队被武警部队表彰为安全工作“六无”单位。

【后勤建设】 2022年，绍兴市修订完善保障方案，组织卫勤、装备、运输、财务等集训，重难点课目参训率80%以上，后装训练水平稳步提升，在年度军事考核中成绩靠前。加强携运行物资配备和人才队

2022年，武警绍兴支队促进实战化军事训练有效落实。图为武警绍兴支队在12月组织开展实战化极限训练

（李　搏　供图）

伍储备，采购大队后勤携运行物资器材，20余人通过驾驶、装备等各类职业鉴定。开展“后勤管理年”活动，推进资产可视化和累积性难题“两年攻坚行动”。

（武警绍兴支队　陈　博）

人民防空

【概况】 2022年，绍兴市深化国防动员体制改革，加快推动人防事业高质量发展。市国动办以全省考核第一名的成绩获评“2022年度全省人防工作先进单位”，“绍兴活化利用早期人防工程融入古城保护助力共富”“绍兴探索提高战时化工类产业集聚区防护能力”案例入选“全省人民防空最佳实践案例”，6个单位和项目入选省办“五个专项示范评选”。对绍兴古城内早期人防工程开展安全检测评估和活化利用，助力古城申遗。12月15日，绍兴市国防动员办公室挂牌成立，完成机构挂牌、“三定规定”印发和人员划转工作。

【人防工程产权制度改革】 2022年，绍兴市制定人防工程产权制度改革市级实施意见1个，县(市、区)实施方案6个，实现全市域及全出让地块“双覆盖”。

【人防工程建设】 2022年，绍兴市本级和诸暨市、嵊州市、新昌县人防专项规划编制完成，并通过属地政府审批。对近期拟重点开发建设的区块进行人防专题研究，并通过属地政府审批。镜湖新区某人防控规被评为全省城市控规单元落实人防设施配置典型项目。

【人防工程事中事后监管】 2022年，全市国防动员系统会同综合执法部门通过案件移送、综合执法等形式，处理行政处罚案件9起，向省办报送行政执法优秀案例2个，“双随机、一公开”监管任务全面完成，共抽查任务44个，完成44个，到期任务按时完成率97.73%，掌上执法应用率100%，应用信用规则95.14%。完成轨道交通一号、二号线兼顾人防工程的质量监督和验收工作。组织开展2次人防工程专项抽测检查工作。开展“迎亚运人防安全生产百日攻坚”行动，组织召开3次安全生产专题会议进行2次安全生产专项督查。

【人防指挥体系建设】 2022年，绍兴市国动办启动人防组织指挥建设“三年行动”。印发市人民防空指挥部年度工作要点，调整市人民防空指挥部组成人员，召开全市人民防空工作暨人民防空指挥部指挥长工作会议，建成指挥所6个。组织参加“宁波都市区”跨区域联动演习，市本级及6个县(市、区)人防指挥部同步完成系列演习。完成“5·12”“9·18”“12·6”全市防空防灾警报试鸣任务，全市鸣响率100%。至年末，市本级、柯桥区、诸暨市、嵊州市、新昌县全部完成新标准下人防指挥部改造升级，是全省首个完成指挥所升级改造任务的地级市。

【重要经济目标防护】 2022年，绍兴市在省内率先完成对市内所有重要经济目标单位走进工作，省、市、县级人防办“三级联动”共同指导监督辖区内重要经济目标单位开展防护建设，超额完成省办年度考核指标。确定全市第一批9家重要经济目标防护建设示范单位。

【人防疏散体系建设】 2022年，新昌县被列为市人防疏散体系建设试点单位。完成新昌县疏散体系规划、人防疏散预案编制、沃洲镇疏散地域接收安置方案编制、人防疏散基地、疏散地域建设。通过演习，对实施方案、安置对接方案和保障措施可行性进行验证，形成试点成果专题片和《统筹建设试点先行扎实推进人防疏散体系建设》报告。

【人防演习】 2022年，绍兴市本级及6个县(市、区)人防指挥部同步完成系列演习，主要围绕人口接收安置工作、电力系统战时防护工作等进行演练。组织参加“宁波都市区”跨区域联动演习，开展指挥所开设与等级部署转进，跨区域联动筹划与行动协调，疏散接收安置与联动保障等行动。

【人防宣传教育】 2022年，绍兴市结合“3·1”国际民防日、“5·12”全国防灾减灾日和开学季等重要时间节点，通过线上线下结合方式，对全市250所中小学、8万名学生开展人防教育。实现243个村、334个社区、240个在建人防工程人防普法宣传全覆盖。绍兴人防融媒体平台年点击量

2022年8月30日，市人防办联合建功中学教育集团开展“安全伴我成长——人防救护技能小竞赛”活动　（费　妍　摄）

100 余万次,比 2021 年增长 25%。塔山人防教育基地作为市委党校教育点之一,接待 100 余家机关单位 1000 余名党员开展主题党日活动。

【人防数字化改革】 2022 年,市国动办完成"人防工程开发利用应用场景"建设。通过"浙里人防""绍兴智慧人防"平台,全市所有人防工程、人防警报器实现网格化管理,共实施工程巡检 2900 余次,警报巡检 1700 余次,人防工程质量监督项目申报 240 余次。多个人防自建工程内部状态实现在线维管。

(市国动办 董建岚)

退役军人事务

【概况】 2022 年,绍兴市全面落实《中华人民共和国退役军人保障法》,打造新时代崇军共富地,推进退役军人工作高质量发展。绍兴市退役军人事务局被省退役军人事务厅评为优秀等次,居全省设区市第一名。绍兴市军休干部"两个待遇"高质量保障到位,市本级军休所获 2022 年度全省军休工作成绩突出集体称号。

【"三建融合"党建品牌】 2022 年,绍兴市退役军人事务局制定"三建融合"红色根脉强基工程实施意见,打造"机关党建、队伍联建、契约共建""三建融合"党建品牌。深化"崇军+"党建品牌建设,开展"崇军大宣讲"系列活动 300 余场;以队伍联建为平台,加强机关干部和退役军人思想政治工作,深化"越州兵锋"志愿服务品牌,退役军人活跃在抗疫和基层治理一线;以契约共建为平台,全面全域开展双拥共建,持续深化"大双拥"服务品牌。

【退役军人移交安置】 2022 年,绍兴市完成转业军官和退役士兵安置,安置质量居全省前列。随军家属、军休干部及时对口接收安置到位。

2022 年 9 月 2 日,绍兴市为荣立一等功现役军人家庭送喜报(市退役军人事务局 供图)

【退役军人就业创业】 2022 年,绍兴市印发全省首个市级退役军人创业园认定管理办法,明确建园标准、入驻条件、考核办法和奖补政策,列入全市"5+4"政策包,市县两级退役军人创业园共孵化军创企业 73 家。通过组织开展"订单式"培训、线上线下就业招聘会、国企定向招聘大学生退役士兵和就业创业援助、帮扶上岗等"稳就业、强创业"系列活动,全市退役军人失业率从年初的 3.18% 下降至年末的 0.27%,实现退役军人"零就业"家庭"动态清零"。成立全市退役军人就业创业促进会,吸收首批会员单位 93 家。顾问单位和协作单位 36 家。新昌县退役军人盛文斌入选"全国退役军人创业光荣榜",柯桥区浙江北辰物业服务集团有限公司入围全国退役军人创业带动就业光荣榜。

【退役军人权益维护】 2022 年,绍兴市 159 家基层退役军人服务站成功创建全省"枫桥式"服务站,乡镇级创建比例达 60% 以上,居全省前列。12 家乡镇(街道)退役军人服务站成功创建市"双示范型"服务站,落实奖补资金 36 万元。完成退役军人及其他优抚对象建档立卡,发放优待证,新昌县完成省级试点任务(包括退役军人和其他优抚对象建档立卡、优待证申领工作)。

【抚恤优待】 2022 年,绍兴市制定全省首个以市政府名义发布的军人军属、退役军人和其他优抚对象基本优待目录清单,实施全市退役军人公交和文旅免费优待政策,签约 280 余家崇军单位并公开优待项目,兰亭、柯岩 2 个国有景点在全省率先免费向全国退役军人开放。常态化开展"四尊崇、五关爱、六必访"("四尊崇"即新兵入伍做好欢送仪式,举行座谈,挂光荣牌,拍集体照;"五关爱"即退役返乡做好迎接仪式,谈心谈话,宣讲政策,推介岗位,高效办事;"六必访"即日常关怀做好退役返乡必访,立功受奖必访,英模典型必访,重要节日必访,遇到困难必访、重大变故必访)活动,并发放各类慰问金(慰问品)。

【军地共建】 2022 年,绍兴市双拥服务中心挂牌成立,军地机制性合署办公基本实现,签订军民共建协议 40 个,全面完成海军"绍兴舰"绍兴元素植入工作,舰校、舰企双拥共建取得进展。

【"绍兴市最美退役军人"学习宣传活动】 2022 年 7 月 27 日,绍兴市举行"庆祝建军 95 周年·老兵永远跟党走——'最美退役军人'事迹报告会暨'工行杯'双拥书画摄影获奖作品巡展"启动仪式,宣讲优秀退役军人事迹,展现退役军人风采。傅小华等 10 人被评为绍兴市"最美退役军人"。

(市退役军人事务局 郑 燕)

共同富裕示范区建设

综　述

2022年是共同富裕示范区建设"机制创新年、改革探索年、成果展示年"。绍兴市认真贯彻落实中央、省委战略部署，把推动共同富裕作为现代化先行的重大实践，定目标、建体系、抓改革，形成一批标志性成果和机制性制度性创新模式。注重上下贯通全域一体，完善工作推进机制。强化闭环推进。对准省"1+7+N"重点工作和"1+5+N"重大改革主跑道，明确15项标志性成果、69项重点工作和38项重大改革。建立"每月有重点、双月全覆盖"督查体系。强化试点示范。实施共同富裕试点全生命周期管理，评选市级共同富裕试点、最佳实践。多项做法入选省首批共同富裕最佳实践。强化宣传引导。推出"探索共同富裕一年间""走一线，看共富"等系列宣传活动，央视、《人民日报》、新华社等媒体对绍兴的共富实践行动进行报道。强化共建共享。探索企业、金融机构、学校、医院等社会主体共商共建共享路径，启用绍兴市社会组织党群服务中心(慈善基地)，设立市慈善共同富裕基金，启动"百企百会助共富"村企结对兴乡村行动。

绍兴市聚焦全域优质均衡共享，打造一批标志性成果。塑空间促均衡，缩小三大差距。一是缩小地区差距，建立"产业飞地"，带动集体经济薄弱村"消薄"；新挂牌2个未来社区、2个未来乡村、3个城乡风貌样板区。二是缩小城乡差距，组建100个乡村共富党建联盟，年经营性收入50万元以上行政村占比达62.2%，"消薄"水平居全省前列。三是缩小收入差距，动态清零"零就业"家庭。城乡居民人均可支配收入比值1.67，居全省第四位，比2021年缩小0.04。塑场景惠民生，促进服务共享。一是探索"15分钟公共服务圈"，完成全市公共服务设施数据归集，构建"要素全局掌控、资源一体配置"的公共服务智治底图，开展"家庭码"实践探索。二是破题"一老一小"，承接省"老年人精准画像"试点，率先完成老年人自理能力评估，上虞区入选全国青年发展型县域试点。三是迭代数字社会，"关键小事"办件量位居全省前三，4个应用列入"关键小事"新增事项。"数字家庭医生"入围"一地创新、全省共享"名单。彰特色提品质，推动精神共富。一是提升文化服务品质，推进"宋韵文化传世工程"，宋六陵陵园遗址入选"新时代浙江考古十大发现"。建成"15分钟品质文化生活圈"700个。二是开展市域文明实践，全力打造"德润越地"绍兴文明实践新标识，构建主城区"15分钟志愿服务圈"，诸暨市在全国新时代文明实践"先行试验区"建设中的有关做法，3次获省委主要领导批示肯定。三是提升社会治理品质，获批创建"全国网络市场监管与服务示范区"，首创"枫桥指数"评价体系，"浙里兴村治社"应用已覆盖全市镇村(社区)全体干部，入选"全国社会治理创新案例"。

绍兴市深化机制性制度性创新，探索一批共富新模式。优化收入分配机制。一是深化"小县大科技"模式，新昌县全面推进科技创新支撑共同富裕试点工作，入选省首批共富最佳实践案例。二是探索共富型统计监测体系，在全省率先推出"共同富裕观察点"。"共同富裕基础数据库建设"试点(越城、新昌)取得阶段性成果。三是实施金融支持强村富民

2022年，绍兴市开展未来社区建设。图为诸暨东盛未来社区　　（市建设局　供图）

模式集成改革,在全省率先建立"金融支持强村共富联合体"服务模式,向243名致富带头人及其辐射带动主体发放贷款10.14亿元。构建网络化协同机制。一是深化跨区域共建共享,谋划建设义甬舟嵊新临港经济区,创新嵊新规划协同、产业协同、招商协同机制,共同打造共富县域协同新样板。杭绍临空经济一体化发展示范区绍兴片区挂牌成立。二是创建古城全域未来社区,编制古城全域未来社区创建规划,探索"统一社区运营商"一体化运营模式。三是深化宅基地整市改革。全国首创"集体权票""保障权票""保留权票"。拓展服务应用场景。一是"越惠保"防范因病致贫返贫模式,上线以来为91.3万余人次减轻医疗费用5.81亿元,患病群众医保综合保障水平年均提升约5.8个百分点。二是探索"家庭码"场景应用,为超1.2万名特殊人员提供贴心暖心服务;新昌县上线"接送码"应用。三是"一照通用"助推证照行业服务治理模式迭代升级,实现人像照片"公安采集、全域共享,一人一照、一生通用"。创新社会治理模式。一是嵊州市推进"林权碳汇",启动试点乡镇(贵门乡)GEP核算,获得省农发行过会后同意给予授信9.5亿元。二是推广党建+治理"双网融合"助推社区治理模式,实现信息实时归集、指令一贯到底、运转高效顺畅;创设"无物业小区清零""社区服务阵地集成"等行动。三是实践村级关爱基金模式,诸暨市在全国首创"村村有、人人用"村级关爱基金模式,基金总规模超1.95亿元,惠及群众27.6万余人,476个村(社)全覆盖。

绍兴市聚焦普遍性难题新题,谋划一批重大改革方案。聚焦九大类重点人群,制定出台"扩中""提低"行动方案,配套编制低收入农户、残疾人等特殊群体专项激励政策;在全省率先印发实施强村富民行动方案,出台全省首个地市托育机构补助政策,率先出台惠民型商业补充医疗保险全流程经办管理工作规程等。加快编制"一老一小"整体解决方案,提出实施养老兜底提标、托育普惠扩容、共富单元落地、医养医育融合、产业生态培育、数字智慧赋能六大行动,明确"四个重大"载体支撑;编制《绍兴市创建国家儿童友好城市行动方案》,在国家提出的五大行动基础上,实施绍兴特色的文化友好、生态友好、成长友好行动;基本完成义甬舟嵊新临港经济发展区规划、古城全域未来社区创建规划、未来社区建设标准,构建具有绍兴网络大城市特质的场景单元。加强与省级部门衔接沟通,争取政策授权,研究谋划三孩生育专项支持政策、优生优育健康服务扩面增项实施方案、3岁以下婴幼儿照护服务设施专项规划导则、足球改革发展方案、全民健身设施建设计划、社会组织高质量发展助力共富若干措施等,在共富型大社保体系、财税政策体系、进城农民工共同富裕等领域深化谋划,形成"共性+个性"政策工具箱,推动发展型制度政策加快向共富型制度政策跃升转变。

(市发展改革委　李诗洁)

机制创新

【概况】2022年,绍兴市深化党建联建机制和党建引领"共富工坊"建设,出台《关于全面打好"引联帮带促"组合拳高质量推进基层党建引领共同富裕的实施意见》,建立党建联建联席会议制度和工作规则,细化《深化党建联建机制任务清单》《推进"共富工坊"建设任务清单》,推动村社、机关企事业单位、两新组织等党组织因地制宜开展联建,打造"共富越工坊"。全市启动党建联建项目483个,打造"共富越工坊"495家,吸纳农村剩余劳动力2.5万余人,人均月增收2300余元,消除年经营性收入50万元以下相对薄弱村。

(市委组织部　黄昶盛)

【工作体系建设】2022年,绍兴市在成立市共富领导小组的同时,组建共富工作专班,建立"领导小组会议、领导小组专题会议、年度推进会议、领导小组办公室月度例会"机制,基本建立与省共富领导小组相衔接的议事机制。编印《绍兴市高质量发展建设共同富裕示范区2022年工作要点》,明确15项标志性成果、69项重点工作和38项重大改革,67个督查指标。建立"常规+专项""每月有重点、双月全覆盖"督查体系,对标志性成果、重点工作、重大改革从系统架构图、政策体系、评价体系、试点示范等进行多维度晾晒,同时开展短板指标、专项政策制定、基本单元推进、理论创新等专项督查。

(市发展改革委　李诗洁)

【政策体系建设】2022年,绍兴市通过实施一批政策、完善一批政策、谋划一批政策的方式,高质量推进共富政策体系建设。制定实施《科技创新券改革先行试点方案》《基本公共服务标准(2021年版)》《高质量发展建设"浙里康养"工作方案》《"浙有善育"民生实事项目指导意见》《全市域组建"帮促共富"党建联盟方案》《村级关爱基金五年提升计划》等。完善编制"一老一小"整体解决方案和《绍兴市创建国家儿童友好城市行动方案》,基本完成义甬舟嵊新临港经济发展区规划、古城全域未来社区创建规划、未来社区建设标准。研究谋划三孩生育专项支持政策、优生优育健康服务扩面增项实施方案、3岁以下婴幼儿照护服务设施专项规划导则、足球改革发展方案、全民健身设施建设计划、社会组织高质量发展助力共富若干措施等。

(市发展改革委　操顾娜)

实践探索

【概况】2022年,绍兴市按照"率先走出以人为本、全面进步的共同富裕之路"要求,突出扩中提低、城乡协同、全域均衡,加快完善工作机制、推进重点任务、创新共富试点,取得成效。在全省开展共同富裕示范区建设最佳实践评选工作中,全市有7个案例入选省第一批、第二批共富最

2022 年绍兴市入选省第一批、第二批共富最佳实践案例一览表

表 14

序号	试点名称	领　域	试点单位
1	全域推进宅基地制度改革　激发强村富民新活力	城乡区域协调发展先行示范	绍兴市
2	“产业飞地”助山区奔富	城乡区域协调发展先行示范	绍兴市
3	传承发扬驻村指导员制度　打造推进共富“硬核”队伍	社会治理先行示范	柯桥区
4	以“共富星村”省级试点，助推强村富民乡村集成改革	城乡区域协调发展先行示范	柯桥区
5	建设“产业大脑＋未来工厂”，推动电机产业高质量发展	经济高质量发展先行示范	上虞区
6	创新爱心食堂长效体系，探索文明共富新路径	公共服务优质共享先行示范	诸暨市
7	打造科技人员创富新样板探索共富“扩中”新路径	收入分配制度改革先行示范	新昌县

（市发展改革委　操顾娜）

佳实践案例名单。

【全域推进宅基地制度改革】 2022 年，绍兴市按照统一宅基地管理的基本政策、统一宅基地审批程序、统一城乡一体的住房产权体系、统一宅基地流转交易机制、统一宅基地信息管理系统建设、统一宅基地工作管理体系“六统一”要求，聚焦住有所居，构建农村住房新体系；聚焦百姓受益，激活宅基地财产价值；聚焦风貌整治，挖掘乡村建设新内涵；聚焦数字赋能，提升宅基地管理效能。激活闲置农房 20476 幢、宅基地 252.85 万平方米，分别增加村集体、农民财产性收入 3.51 亿元、6.65 亿元。

【“产业飞地”助山区奔富】 2022 年，绍兴市贯彻落实省委省政府加快山区 26 县跨越式高质量发展的决策部署，先行先试建设山海协作“产业飞地”。已建立滨海新区—开化、滨海新区—仙居、柯桥—江山、上虞—文成 4 个山海协作“产业飞地”，招引项目 7 个，投资额 212 亿元，为解决区域发展不平衡不充分问题，增强协作地区内生发展动力、开辟税源增收渠道、实现强县富民提供“绍兴样板”。

【“产业大脑＋未来工厂”建设】 2022 年，上虞区聚焦电机全产业链，以“产业大脑＋未来工厂”建设为核心，以要素资源重组、产业生态重构、管理方式重塑为重点，推动电机企业数字化、智能化改造，推进电机产业高质量发展。电机大脑已辐射全国 29 个省、20 余个行业，服务企业 3262 家，接入未来工厂 6 家；帮助企业提升生产效率 50% 以上，降低生产运营成本 25% 以上，减少故障停机时间 80% 以上；为 566 家中小企业提供 35.41 亿元授信总额度、直接融资 10.33 亿元；为 1871 家企业提供供应链采购协同，实现成交额 1.57 亿元，跑出产业大脑赋能中小企业的“第一棒”，为电机产业共享共富提供“上虞经验”。

【“共富星村”省级试点】 2022 年，柯桥区高效建设“共富星村”省级试点，以“一组一办一团一中心六专班”组织体系系统推进试点建设，实施“红色强基、强村公司、人才引流、改革探索”工程，下派专职共富指导员 260 名、金融指导员 132 名，帮助引进富农产业 12 个、农村现代化项目 132 个，形成 97 个“共富·先行”案例，成功探索 30 余个联建模式。在全省率先打造党建统领“区级引领、镇街主抓、村级主体”三级强村公司共富矩阵，启动运营全市首个乡村人才创业园。

【爱心食堂长效体系探索】 2022 年，诸暨市创设爱心食堂文明实践点，创新“五位一体”“五个一点”“五福共享”长效运行体系，打造文明共富“诸暨样板”。至年末，建成爱心食堂 176 家，招募志愿者 3700 余名，服务 257 个村社 8300 余名老人。建立规模超 2 亿元村级关爱基金，收到各类定向捐赠 2360 余万元，统筹 5000 万元民政居家养老专项经费保障奖补。爱心食堂成为功能多样、社工驻点、便民下沉、志愿服务、邻里互助的“一站式”养老综合体。

【科技人员创富新样板探索】 2022 年，新昌县在高新技术企业中全面推行科技人员协议薪酬制度。深化股权激励改革，以技术成果入股公司获得股权激励，引导上市公司扩大人才持股范围和持股份额。深化进阶管理改革，推行科技人员“准员工”计划，在新昌技师学院及企业开展匹配性高职学生实践式培训。

【驻村指导员制度传承】 2022 年，柯桥区构建驻村指导员信息库，实现“因村派人、因人定村”，将驻村指导员制度延伸至城市楼宇、企业领域，创新选派金融指导员、共富指导员。推动基层问题化解，建立完善区、镇、村三级民情分析会制度，通过“三服务小管家”系统，驻村指导员实时做好民情录入上报。开展初任公务员全职驻村，机关优秀年轻干部下派驻村；建立优秀领导干部、业务骨干、工作经验丰富的老干部等多类型人才“导师库”。

（市发展改革委　操顾娜）

共富成果

【概况】 2022 年，绍兴市围绕浙江省十大标志性成果，结合资源禀赋和自身优势，在建设区域医学高地、普惠托育服务、创建国家儿童友好城市建设试点、智慧养老、省级未来社区试点、省级未来乡村试点、深化山海协作助力山区 26 个县高质量发展、强村富民、高质量就业促富、慈善

助力三次分配、家庭型共富改革财政政策试点、我为绍兴文明代言、关键小事智能速办、高水平公共文化服务体系、全域无废城市等方面先行突破，打造具有绍兴辨识度和引领度的标志性成果。

(市发展改革委　李诗洁)

【区域医学高地建设】 2022年，绍兴市深化院校合作平台，加强市政府与浙江大学医学院“市校合作”、市人民医院与邵逸夫医院战略协作，搭建医学交流、高层次人才培育、科研技术转化平台，建成省级中医重点学科2个，入选省级卫生人才14人，立项省医药卫生科技计划112项，连续两年居全省第三位。培育专科医疗平台，建设绍兴市人民医院神经外科国家临床重点专科，建设绍兴市人民医院神经外科、普外科、呼吸内科、神经内科和绍兴市妇幼保健院产科等浙东区域专病中心，建设浙东区域产科联盟、身心专科联盟、骨伤科专科联盟、脂肪肝专科联盟等跨区域专科联盟。优化人才政策，针对博士、高级专家等高层次人才制订“一人一策”职业发展规划。深化“千名硕博”全球引才行动，全年累计引进医学类人才1347名，其中硕博士及高级专家473名，比2021年增长73.26%。兑现高层次人才政策奖励300万元。

(市卫生健康委　王栩栩)

【普惠托育服务】 2022年，绍兴市新增托位5006个，新增普惠托位3750个，完成率分别为122.10%和152.44%。有托育机构422家(含幼儿园托育部296家)，提供托位18764个，千人托位数3.52个。在全省率先出台普惠托育运行补助政策，加强对备案托育机构建设和普惠运行进行经费补助。其中，新增托班一次性补助10万～20万元；对经认定符合三级、二级、一级标准普惠托育机构，按每月500～900元人均标准予以补助。全市对备案托育机构建设经费补助587万元，婴幼儿照护服务点建设经费补助742万元。各县(市、区)均出台相关支持政策，投入近0.16亿元推进“浙有善育”民生实事项目，建设婴幼儿照护服务设施。新昌县入选全省首批普惠托育基本公共服务试点。

【智慧养老】 2022年，绍兴市探索“居家＋社区机构＋智慧养老”模式，完善市、县智慧养老服务平台，建成7家智慧公办养老院，106个乡镇(街道)居家养老中心完成配备智能服务终端工作。依托智慧养老综合服务平台，通过“线上申报＋综合评估”，评定五星级乡镇(街道)级居家养老中心23家，四星级乡镇(街道)级居家养老中心46家。借助物联网、互联网技术健全“系统＋老人＋终端”的智慧养老服务模式，实现老人与子女、服务机构、照护人员的信息交互，对老人身体状况和日常活动进行有效监控，及时满足老人生活、健康、安全、娱乐等方面需求。

(市民政局　李　峰)

【促进残疾人共同富裕专项行动】 2022年，绍兴市印发省内地市中第一个助残共富新政策《关于进一步加强残疾人工作促进共同富裕的若干措施》。每年增加政策性惠残资金5000余万元，开展残疾人就业创业增收、托养照护升级、精准康复服务、精神富有、权益保障、智慧助残、特殊教育质量提升、残疾预防八大行动。建立残疾人就业保障金专项调剂金制度，实行统一管理、统筹调剂，统筹比例为各县(市、区)残保金的5%，全年共统筹2349万元，用于对各县(市、区)残疾人就业创业、服务机构建设和助残民生实事项目补助。打造残疾人全生命周期服务、就业创业增收致富、全市域无障碍环境建设、越商爱心助残促富、残疾人精神富有、“枫桥式”基层残联创建6张共富“金名片”。在国内首创残疾人创业产品“进超市”行动，首期有6名残疾人创业者的42件创业产品免费进驻浙江供销超市10家门店；市残联与建设银行、浙江供销超市、浙江圆通速递公司签订战略合作协议，支持残疾人就业创业；发动企业投资创办残疾人之家、残疾儿童康复机构等；全市爱心企业和社会人士助残捐资捐物450余万元。

(市残联　沈东军)

【未来社区、未来乡村建设】 2022年8月16日，绍兴全域未来社区试点列入“浙江省高质量发展建设共同富裕示范区试点建设”，作为全省唯一的全域未来社区创建试点城市。至年末，有57个社区入选省级未来社区试点(创建)名单，其中，第一批试点项目1个，第二批试点项目4个，第三批试点项目5个，第四批试点项目8个，第五批试点项目19个，第六批试点项目20个。诸暨东盛社区、柯桥大渡社区、越城外滩社区、柯桥下市头社区、柯桥新未庄社区、上虞南丰社区通过省级验收，东盛、外滩、南丰社区获2022年度最暖家园称号。全市共建成25个省级未来乡村，其中5个村优秀(上虞区2个，柯桥区、诸暨市、新昌县各1个)，上虞区东澄村、嵊州市雅璜村、新昌县梅渚村等入选省未来乡村建设十大模式典型案例。

(市建设局　宣哲琦，市农业农村局　褚文蔚)

【“强村富民”乡村集成改革】 2022年，绍兴市制定强村富民行动方案(2022—2025年)，设立绍兴市强村富民乡村集成改革工作工作专班与常态化工作机制。柯桥区、上虞区列为省强村富民乡村集成改革实践试点。实施《绍兴市城乡公益性岗位扩容提质行动实施方案》，突破公益性岗位年龄限制，允许向超龄低收入农户提供公益性岗位。实现村级集体经济经营性收入31.09亿元，比2021年增长15.15%，农民人均可支配收入45709元，增长7.2%，城乡居民收入倍差1.67。

(市农业农村局　陈　丰)

【高质量就业促共富】 2022年，绍兴市落实国家和省关于就业创业工作决策部署，推进高质量就业促共富行动和稳就业惠民生攻坚行动，扩大就业规模、优化就业结构，推进就业增收，实现就业形势总体平稳向好。全市城镇新增就业23.18万人，帮扶就业困难人员就业8.87万人，新增人力资源服务机构64家，举办招聘活动近1000场，服务企业1.7万家次。推动创业带动就业工作成效明显，搭建一批创业创新孵化载体，创新设立创业担保基金1100万元，新增发放创业担保贷款8826.5万元，实现“人才、项目、资金、市场、政策、服务”等资源集聚。

（市人力社保局　章卫国）

【慈善助力三次分配】2022年，绍兴市建立“1+1+X”［市级相关部门单位横向到边，市、区（县）、镇（街）、村（社区）慈善服务平台建设纵向到底，以慈善总会为龙头全社会共同参与的慈善工作体系］的慈善工作机制，发挥慈善事业在第三次分配的作用，强化“大慈善”工作格局，全省首家地市级实体化运作慈善基地投用，推进市县镇村四级慈善平台建设；加快慈善总会向枢纽型、服务型、行业型慈善组织转型，发挥示范引领作用，梳理整合、做大做强品牌项目，加大慈善组织扶持培育力度，鼓励支持社会力量参与慈善活动，实现县（市、区）慈善信托全覆盖，本市备案“零的突破”；宣传推广人人慈善理念，推动“互联网+慈善”模式创新，开展“慈善一日捐”等活动。至年末，全市建成市、县两级慈善基地7家，乡镇（街道）社会工作站（镇街慈善基地）103个，以“爱心驿站”为代表的村（社区）慈善服务点627家，其中柯桥区、诸暨市和嵊州市3家慈善基地被评为“省级示范型慈善基地”。市慈善基地引进慈善组织或公益慈善类社会组织9家，对接落地浙江九阳公益基金会“食育工坊”等5个省级基金会项目，合作推出“公益厨房”“慈善商店”“公益体验坊”“公益书吧”4个基地落户项目。

（市民政局　谢　晶）

【家庭型共富改革财政政策】2022年，绍兴市财政部门聚焦破解低保边缘户标准以上中等收入以下家庭共同富裕的普遍性难题，以家庭收入、财产、支出、保障和风险等多维度分析扩中家庭状况，构建动态监测模型，精准识别扩中家庭目标人群及其针对性政策需求，取得有效样本907个。市财政局、市民政局等八部门联合制定《绍兴市支持“扩中家庭”共同富裕行动方案》，确定工作目标，提出促就业、助创业、减负担、强公益四方面15个政策探索方向。制定《关于印发绍兴市城乡公益性岗位提质扩容行动实施方案的通知》《绍兴市创业担保贷款实施办法》等10余个政策，推出“共富家庭担”系列产品，对有创业意愿重点群体提供开业指导、政策兑现等“一条龙”创业服务。基本构建起一个家庭综合信息库、一套“扩中家庭”立体画像、一个数据分析管理平台和N项惠民服务为基本框架的“共富家庭”数字化应用系统。对多家庭需求侧和基本公共服务、担保政策扶持、其他金融政策、公益慈善为主体的政府供给侧实行系统集成。至年末，全市城镇新增就业23.18万人。实现具备劳动能力的零就业家庭动态“清零”，发放职业培训补贴1.22亿元，培训19.33万人次。“扩中家庭共同富裕财税政策改革探索”入选全省财政系统高质量发展建设共同富裕示范区“小切口”改革最佳实践案例。

（市财政局　吕佳青）

【关键小事智能速办】2022年，绍兴市聚焦托育、健康、救助等数字社会建设8条跑道，深耕“关键小事智能速办”“浙里基本公共服务一键达”等省级重大应用，办件量位居全省前三位。聚焦群众所需、基层所能、全省能学，打造一批地方创新应用，其中“数字家庭医生”入围“一地创新、全省共享”，“车辆注销”“数字家庭医生”“搬家一件事”应用入选全省数字社会“最佳应用”，6项应用列入省数字社会案例集，“一照通用”“数字家庭医生”获省《数字化改革工作动态》刊登。

（市发展改革委　章菲菲）

【“绍兴数智礼堂”应用】2022年，市委宣传部运用数字化技术手段对文化礼堂管理模式、制度机制、工作流程等进行系统性重塑和创新性变革，提升农村文化礼堂使用效能。7月28日，“绍兴数智礼堂”在“浙里办”应用上线推广，激活市县2500项优质文艺资源和志愿服务下沉1569个农村文化礼堂，文化礼堂平均效能指数列全省第二位。“绍兴数智礼堂”获评全省数字文化系统优秀应用、全省宣传文化系统共同富裕优秀案例、绍兴市共同富裕优秀案例。

（市委宣传部　张烨斌）

【高水平公共文化服务体系】2022年，绍兴市推进“浙文惠享”省民生实事工程，打

2022年7月28日，绍兴数智礼堂启用仪式暨“名家进礼堂”活动在柯桥区齐贤村文化礼堂举行　（章　斌　摄）

2022年,绍兴市聚焦源头减量和资源化利用,促进形成绿色低碳发展方式。图为11月16日,在2022第五届世界布商大会开幕式上,《中国印染行业绿色发展报告》正式发布

(章 斌 摄)

造“15分钟品质文化圈”,高品质建设城市书房、文化驿站;依托“礼堂家”平台开展联享式服务、互动式教学,拓展文化礼堂文艺教学等行动,构建高质量城乡一体化公共文化服务体系。至年末,建成“15分钟品质文化圈”700个,建成城市书房97个、乡村图书馆58家。组织送戏下乡1815场、送书下乡68.48万册、送展览(讲座)下乡1175场,文化走亲128场,文化大巴70场,“越乡莲歌”48场。举办各类主题性群众文化活动近3000场。全市2000余家公共文化场馆全部入驻“浙江智慧文化云”绍兴站,公共文化服务数据实现无缝对接。公共图书馆、文化馆、非遗馆、博物馆等开展线上服务1087场次,参与1993万人次。

(市文广旅游局 常守林)

【全域“无废城市”建设】 2022年,绍兴市坚持生态塑韵,统筹推进一般工业固体废物、危险废物、生活垃圾、建筑垃圾和农业废弃物污染防治,聚焦源头减量和资源化利用,强化全链条治理,推进减污降碳协同增效,促进形成绿色低碳发展方式和生活方式,持续提升城市精细化管理水平。至年末,完成全域“无废城市”四张清单工作任务,完成661个“无废细胞”建设,柯桥区润昇新能源有限公司生物质高温热解汽化和中温热解汽炭联产技术获省级优秀案例。绍兴市及上虞区、新昌县成为全省第一批三星级标准“无废城市”,获得“清源杯”。绍兴奥体中心体育馆被省无废办授牌全省首批“无废亚运场馆”。

(市生态环境局 陈 樑、章佳颖)

【山海协作深化】 2022年,绍兴市围绕平台合作,深化山海协作,助力山区26县高质量发展。至年末,共落实山海协作援建资金2661万元,完成省定任务的166.31%。优化布局滨海新区—开化、滨海新区—仙居、柯桥—江山、上虞—文成等4个“产业飞地”。上虞区投资60亿元的卧龙智慧新能源装备产业化项目和滨海新区投资15亿元的钠离子电池正极材料项目在省山海协作推进会上签约,签约项目数量居全省首位。

(市发展改革委 刘素芳)

督查考评

【评估体系建设】 2022年,绍兴市制定《2022年度绍兴市高质量发展推动共同富裕示范区建设考核办法》和考评细则,对15项标志性成果、69项重点工作、38项重大改革、67个核心指标和其他重点工作任务进行督查考核。按照“常规督查+专项督查+年度评估”开展考评,常规督查从系统架构图、政策体系、评价体系、试点示范等进行多维度晾晒,专项督查针对短板指标、专项政策制定、基本单元推进、理论创新等开展督查,年度评估根据“自查+第三方测评+复核”形成年度共富督查考核评价结果。共富考核结果纳入《2022年度工作目标责任制考核办法》,在县(市、区)考核指标中占5分、市级部门(单位)考核指标中占6分。

【督查体系建设】 2022年,绍兴市形成“常规+专项”和“每月重点督、季度全”的共同富裕督查体系,形成“架构清晰+计划明确”挂图作战机制、“螺旋上升+迭代完善”动态调整机制、“督查+考核”互为补充机制、“两办联动+部门协同”合力推进机制、“注重实效+锻长补短”闭环管理机制、“形式多样+数字赋能”综合评价机制六大机制。

(市发展改革委 操顾娜)

【共富建设突出贡献奖评选】 2022年,绍兴市对在经济建设、网络大城市建设、社会事业、人才科技金融、共同富裕、攻坚创新(包含数字化改革、节能降碳)、市域社会治理等七个领域中,为奋力打造浙江高质量发展建设共同富裕示范区市域范例作出突出贡献的集体(含机关事业单位、企业、民间组织等)和个人进行表彰奖励。中国绍兴黄酒集团有限公司、绍兴市金融控股有限公司、浙江中成控股集团有限公司等100个集体被评为2022年度“共同富裕示范区市域范例建设突出贡献奖”先进集体;吴海明、吴莹霞、朱燕飞等200名个人被评为2022年度“共同富裕示范区市域范例建设突出贡献奖”先进个人。

(市发展改革委 周亦文)

经济管理

宏观经济调控

【概况】 2022年，绍兴市面对复杂严峻的国内外环境，坚持稳中求进工作总基调，统筹疫情防控和经济社会发展，推进稳经济一揽子政策及接续措施落地见效，全市经济持续回稳向好，内生动能增强，实现质的有效提升和量的合理增长。实现生产总值7351亿元，按可比价格计算，比2021年增长4.4%，增速居全省第三位。三次产业结构由2021年的3.3：47.5：49.2调整为3.3：49.0：47.7。农、林、牧、渔业增加值247亿元，增长3.5%。规模以上工业增加值2119亿元，增长10.0%，增速高于全省平均5.8个百分点，居全省第二位。服务业增加值3509亿元，增长3.2%。进出口总额3692亿元，增长23.3%，增速高于全省10.2个百分点，居民人均可支配收入65760元，增长5.2%，居全省第三位；社会消费品零售总额2586亿元，增长4.4%。

【经济运行监测】 2022年，绍兴市推进经济稳进提质攻坚行动，制定专班组建方案，构建“1+9+1”专班体系。落实“周监测、月晾晒、季目标”节点攻坚机制，提升经济运行监测分析精准度。迭代升级绍兴“经济调节e本账”，上线经济感知、预测预警、评价反馈、战略管理、成果运用五大模块，利用数字化手段提升经济监测分析质量。规模以上工业增加值、外贸出口、居民人均可支配收入、固定资产投资、全社会消费品零售总额等主要经济指标均高于全省平均水平。

（市发展改革委　祝如意）

【固定资产投资】 2022年，绍兴市固定资产投资比2021年增长11.0%，获2022年全省投资“赛马”激励。其中，民间项目投资增长14.9%，生态环保、城市更新和水利设施投资增长9.8%，高新技术产业投资增长48.2%，制造业投资增长33.9%，交通投资增长1.5%。

（市发展改革委　韩力球）

【产业发展动能接续转换】 2022年，绍兴市“先进制造强市”建设进阶发力，服务业实施逆周期调节，创新势能加速壮大，居全国先进制造业百强市第24位。入选首批国家知识产权强市建设试点市。绍兴科创走廊纳入省级重大创新平台布局，现代纺织技术创新中心入选首批省级技术创新中心，设立全省首家宽禁带半导体特色工艺产业创新中心，引进浙江大学等研究院5家，新昌县成为国家首批创新型县。发起设立环杭州湾创新联盟，加快打造绍芯集成电路、曹娥江新材料、浣江航天航空等高能级实验室。实施“尖兵”“领雁”关键核心技术攻关计划28项，规模以上工业企业研发活动覆盖面83.1%，28项成果获省科技进步奖，新增高新技术企业380家、省科技型中小企业1262家，获省政府科技创新工作督查激励。实施人才平台强基提能造峰等特色工程，新建院士（专家）工作站20家，城市人才吸引力指数居全国第27位。推进新一轮“腾笼换鸟、凤凰涅槃”攻坚行动，连续十年获全省“腾笼换鸟”考核先进市，连续两年获国务院工业稳增长和转型升级督查激励。获批海峡两岸（绍兴）数字产业合作区，柯桥经济技术开发区入选省第二批高能级战略平台培育名单。集成电路、高端生物医药“万亩千亿”平台考评居全省第一、第四位，智能视觉平台进入省级培育名单。实施节能降碳技改项目270个，淘汰“两高一低”企业447家，规模以上工业单位增加值能耗下降10.9%。累计实现企业上市94家，科创板实现“零的突破”。创建省级服务业创新发展区2个、省冷链物流骨干基地1个，完成省物流新业态新模式、物流提质增效试点园区验收工作。入选“全国网络市场监管与服务示范区”创建单位，全省率先实现省级以上全域旅游示范县（市、区）全覆盖。新引进100亿元以上产业项目5个。

（市发展改革委　祝如意）

【重大项目建设】 2022年，绍兴市坚持“全生命周期”理念，省市县联动形成合力，省“4+1”重大项目、省集中开工项目、省市县长项目均达到100%开工。全市14个项目入选全省重大产业项目，获新增建设用地指标奖励267.13公顷，占全省的25.6%，居全省首位；30个项目获得制造业中长期贷款支持，实际投放64.35亿元，居全省第二位；26个项目获设备购置与更新改造贴息贷款，投放资金11.05亿元，居全省第二位；落实中芯二期等53个重大制造业项目能耗指标353万吨标煤，项目能耗保障目标完成率100%。获2022年全省投资“赛马”激励，获评2022年度省重点建设项目推进工作成绩突出设区市。

（市发展改革委　韩力球）

【服务业市场主体纾困解难】 2022年，绍兴市制定《进一步促进服务业市场主体纾困解难十条意见》,在全面顶格承接省服务业纾困“53条”基础上,制定具有绍兴标识度的特色纾困政策10条,针对交通运输、文化旅游、商贸流通等受新冠疫情影响最严重的领域,落实减税降费、缓缴社保、金融支持等有力举措,落地资金约25亿元,有效稳住服务业市场主体发展。

(市发展改革委　周　烽)

【惠企政策“一站直达”机制】 2022年,绍兴市全面承接省稳进提质“5+4”(即扩大有效投资、减负强企、科技创新、稳外贸稳外资促消费、民生保障“五大政策包”,财政、自然资源、金融、能源“四张要素清单”)政策体系,出台留工稳岗、小微纾困、促进消费、文旅激活等30条特色政策助推复工复产。承接国家、省稳经济一揽子政策和接续政策,出台绍兴市稳经济43项政策举措和115项接续政策举措。迭代升级“1+9”(“1”即《关于促进民营经济高质量发展的若干意见》;“9”即涵盖农业、工业、服务业、建筑业、人才、科技、金融、文化、开放型经济等九大领域扶持政策)政策体系,打造“越快兑”3.0平台,兑现资金126亿元,惠及企业近1.8万家。实行“全年常态即时兑现”,创新实施“先预兑后结算”,预兑资金20.3亿元。

(市发展改革委　徐　杰)

自然资源管理

【概况】 2022年,绍兴市自然资源系统紧盯“五个率先”(率先走出“腾笼换鸟、凤凰涅槃”的智造强市之路;率先走出面向全国、走向全球的高效循环之路;率先走出以人为本、全面进步的共同富裕之路;率先走出人文为魂、生态塑韵的城市发展之路;率先走出全域覆盖、上下贯通的整体智治之路),开展自然资源“强保障、优配置、优服务”专项行动,推出12条助力稳经济“超常规举措”,强化用地保障。推进土地供应,协调解决供地难题。开展《绍兴市土地综合整治规划纲要》编制,跨乡镇土地综合整治试点项目入选数量居全省第一位。“三区三线”成功获批并启用。

(市自然资源和规划局　程寅啸)

2022年,绍兴市开展永久基本农田集中连片整治工作。图为上虞区上浦镇舜江村等两村永久基本农田集中连片整治项目　(市自然资源和规划局　供图)

【国土空间总体规划编制】 2022年,绍兴市自然资源和规划局在“三区三线”划定成果的基础上,立足绍兴市自然资源禀赋和经济社会发展实际,从增量规划向存量规划转变,强调土地利用模式由粗放向集约转变,整体谋划市域国土空间开发保护格局,编制形成《绍兴市国土空间总体规划(2021—2035年)(草案)》。县级国土空间总体规划编制工作同步进行。

【“三区三线”划定成果】 2022年,绍兴市“三区三线”(“三区”指城镇空间、农业空间、生态空间三种类型的国土空间;“三线”分别对应在城镇空间、农业空间、生态空间划定的城镇开发边界、永久基本农田、生态保护红线三条控制线)成功获批并启用。最终划定永久基本农田10.62万公顷、生态保护红线14.65万公顷、城镇开发边界8.68万公顷(其中建设用地7.23万公顷),增量空间1.45万公顷。争取新增建设用地规模7600公顷,其中市区4466.67公顷,居全省第三位。

(市自然资源和规划局　骆丁冲)

【资源要素保障】 2022年,全市争取新增建设用地指标1606.67公顷,供应国有建设用地,比2021年增长39%;推动经营性用地有序出让,完成经营性用地出让金396亿元;持续开展做地储备,完成做地1149公顷;全面推行新增工业用地“标准地”出让制度,共出让“标准地”812公顷;加大存量土地盘活利用力度,消化批而未供土地719公顷,处置闲置土地111公顷,完成低效用地再开发674公顷,盘活存量建设用地920公顷。

(市自然资源和规划局　李张萍)

【自然资源统一确权登记】 2022年,绍兴市自然资源统一确权登记工作全面展开,以不动产登记为基础,利用“三调”成果、集体土地所有权更新成果、自然资源专项调查成果,清晰界定产权主体。按照全市自然资源统一确权登记项目三年(2021—2023年)计划方案,完成27个确权项目,确权面积8395.26公顷。

【自然资源调查监测】 2022年,绍兴市自然资源系统组织开展全市森林、草原、湿地专项调查监测,城市国土空间监测和年度国土变更调查。至年末,完成2021年度国土变更调查,按期完成国家和省级下发的4.8万块图斑的县级调查任务和100%市级核查。上虞区成功申报自然资源调查监测专题技术研究与第二批技术体系试点。

(市自然资源和规划局　孟菲菲)

【耕地和基本农田管理】 2022年，绍兴市自然资源部门会同农业农村部门贯彻执行市委、市政府“坚决制止耕地‘非农化’防止耕地‘非粮化’稳定发展粮食生产”的决策部署，全面实施永久基本农田特殊保护，推进“非农化”问题整改，有序开展耕地恢复补充，取得一定成效。全面落实最严格的耕地保护制度。至年末，全市完成41个、形成6251公顷“百千万”永久基本农田集中连片整治项目选址、设计和立项，整治区总规模7908公顷。

（市自然资源和规划局 施鸿菲）

【地质矿产资源管理】 2022年，全市完成2宗石料矿采矿权出让，3宗地热探矿权出让，完成2宗探转采。市自然资源部门完成对18家金矿区的洗硐排查。对23家绿色矿山进行“回头看”实地核查，动态调整绿色矿山名录库，摘除3家绿色矿山称号。抓好中央环保督察废弃矿山生态修复问题整改，坚持“宜建则建、宜耕则耕、宜林则林、宜景则景”治理思路，按照因地制宜、“一矿一策”治理方式，完成废弃矿山生态治理20个。

（市自然资源和规划局 潘远见）

【不动产登记】 参见“房地产业·房地产中介服务”。

【自然资源领域防灾减灾管理】 2022年，全市有10个乡镇（街道）完成地质灾害防治风险调查，新建30处专群结合监测点和300个雨量筒，完成地质灾害综合治理26处。柯桥区“无人机+森防天眼”感知应用场景项目和林业有害生物“检疫监管”一件事被省林业局列为建设试点，上虞区太平山—雪花谷防火巡护道和农村公路共建项目在全省防火巡护道与农村公路共同建设现场会作经验交流。

（市自然资源和规划局 潘远见、陈 慧）

【农民住房财产权（含宅基地使用权）价格体系建设】 2022年，市自然资源和规划局会同市农业农村局，启动实施“绍兴市区农民住房财产权（含宅基地使用权）基准价格评估研究项目”课题研究，完成市区农民住房财产权（含宅基地使用权）基准价格内涵与基准条件、基准价格一览表、宗地价格评估模型等成果。

（市自然资源和规划局 李张萍）

【城市地下市政基础设施普查】 2022年，绍兴市开展城市地下市政基础设施普查工作，共投入1.02亿元，完成普查面积710.8平方千米，地下管线普查长度30876千米，地下通道、地下公共停车场、人防工程等地下空间类普查1419万平方米。其中，市自然资源和规划局投入378万元，统一建设全市城市地下市政基础设施管理信息系统，统一布设区县普查数据库。

（市自然资源和规划局 单 亮）

【自然资源执法监察】 2022年，绍兴市自然资源系统围绕卫片执法、督察整改、违法案件查处等重点工作，多措并举强化自然资源执法监管，有效提升自然资源保护效能。构建全省首个以部卫片图斑为重点、年度变更调查图斑为补充、市级月度卫片图斑为基础的“天巡网”，全部实地核实完成2021年度自然资源部下发的13631个卫片执法图斑。制定历年土地例行督察发现问题全市整改方案，整改完成问题145个，整改率83.8%，全面梳理、逐类分解2021年耕地保护督察发现问题，向各县（市、区）下发问题清单，全部整改完成。全市自然资源系统共立案查处各类违法用地案件120起，涉及土地面积31.20公顷，责令拆除构建物4.32万平方米，没收构建物6.95万平方米，罚没款2406.79万元。立案查处矿山违法案件94起，罚没款250.15万元。

（市自然资源和规划局 何兴华）

【测绘市场监管】 2022年，绍兴市自然资源和规划局结合信用管理加大成果质量监管力度，开展“双随机”检查，共抽取测绘资质单位12家，测绘项目24个，合格单位11家，合格率91.7%。安全生产纳入测绘行业“双随机”检查内容，开展安全生产大检查。开展省级测绘成果使用情况核查，核查全市466家领用单位、821批次成果，实现全市历年省级基础测绘成果分发的闭环管理。组织全市111家涉密测绘地理信息申领单位和46家测绘资质单位进行自查，实地抽查部分单位，保障涉密测绘地理信息数据安全。印发《关于进一步加强地图监管工作的通知》，加强对亚运会和亚残运会等重大活动场馆、重要展会、新闻媒体等公开登载地图的审核。

【测绘地理信息公共服务】 2022年，绍兴市自然资源和规划部门以省域空间治理数字化平台建设运用为抓手，围绕“支撑经济社会发展，支撑自然资源管理，不断提升测绘地理信息工作能力和水平”工作定位，提升基础测绘核心供给能力，探索新型基础测绘体系建设。全市基础测绘经费投入约1.1亿元，组织实施完成70个基础测绘项目。完成0.5米卫星影像、0.2米航空影像、1∶2000数字线划图全市域更新，1∶500数字线划图（DLG）测制更新1027.4平方千米，0.5米分辨率地形级大场景全市域覆盖，倾斜三维实景模型建设1614平方千米，累计覆盖2903平方千米，市三区基本实现覆盖，机载激光点云建设1759平方千米，累计覆盖2233平方千米。年内，累计对外共享分发基础成果79批次，其中1∶500管线图（含地形）2954幅，共计184.6平方千米；1∶2000地形图23019幅，共计22932平方千米；0.2米分辨率航空影像3122平方千米，0.5米卫星影像24825平方千米；测量控制点资料90个；倾斜三维成果9.8平方千米，公共地图（含电子地图）1000余份，节约财政资金约1.5亿元。绍兴市地理信息公共服务平台支撑空间治理数字化平台应用13个，支撑党委政府部门应用20个。完成公共服务标准地图更新109张。

（市自然资源和规划局 单 亮）

国有资产监管

【概况】 2022年，绍兴市国有资产监管工作围绕“稳进提质、除险保安、塑造变革”,持续深化国有企业改革,提高国资监管和服务保障水平,国有经济运行实现稳中有进。至年末,12家市管企业实现营业收入219.64亿元,比2021年增长17.9%;资产总额2046.55亿元,增长7.9%;净资产859.14亿元,增长10.9%。市管国有企业当年计划投资300亿元,涉及柯诸高速等159个项目,其中亿元以上项目70个,实际完成投资328.54亿元。全年选树“五星双强”标杆企业25家。

【国企改革三年行动】 2022年6月,绍兴市印发《绍兴市决战决胜国企改革三年行动实施方案》。市国资委强化跟踪督办,全方位、定量化推动三年行动落地见效,各市管企业和县(市、区)国资监管机构形成上下贯通、一体推进的工作闭环。至年末,完成国企改革三年行动44项重点改革任务。

【国有资本运作】 2022年,市国资委持续推进国有控股上市公司高质量发展。重新建立由12家资产质量、市场前景、经营业绩较好的企业组织的上市培育储备库;推动水联环科IPO(首次公开募股)启动工作,明确上市时间节点计划和重难点项目突破方案;推动设立规模10亿元的市国改创新股权投资基金,重点投资运营具有前瞻性、战略性、创新性的高端装备、智能制造、生物科技等战略性新兴产业;支持汤浦水库试点开展公募REITs项目申报,鼓励绍兴饭店开展私募REITs(不动产投资信托基金)项目,形成较为完善的REITs项目申报梯队。

【国有存量资产盘活】 2022年,绍兴市推动国有企业盘活存量资产。在市文旅集团先行先试取得成效基础上,各市管国业和县(市、区)深化推广。至年末,市管国企累计完成权证补办和规划调整1516宗,涉及土地面积154.87万平方米,建筑面积47.84万平方米,企业增加净资产约55亿元;各县(市、区)累计盘活资产180宗,涉及土地面积102.42万平方米,房产面积17.98万平方米。开展国资国企低效无效资产处置专项行动,完成清理“僵尸型企业”15家,处置市管企业闲置经营性房产120处。

【国资国企综合监督】 2022年,绍兴市制定《关于进一步加强市管企业综合监督体系建设的实施意见》,推进建立“业务监督、内审监督、监事会监督、责任追究”四位一体国资监督工作闭环,建立覆盖国资系统的综合监督工作体系和工作机制。年内,围绕重点领域对市管企业开展专项审计,发现企业财务会计核算、资产管理、招标采购、内控制度执行等方面问题287个,涉及账务调整金额11.68亿元。

【国资经营风险管控】 2022年,市国资委健全债务风险预警机制,实行资产负债分类管控,严格企业债券发行审批,加强债券全生命周期管理。制定《绍兴市市管企业股权投资基金监督管理暂行办法》,规范投资基金管理,防范基金投资风险。

【混合所有制改革】 2022年,市国资委坚持市场化手段,支持企业通过引资重组、产权转让、合资新设、投资并购等形式引进非公资本,支持、鼓励企业继续与处于行业领先的民营资本合资合作,实现优势互补、共同发展。新增混合所有制企业9家。至年末,市管企业及下属企业共组建混合所有制企业141户(含参股企业),整体混改面44.5%。

【国资国企数字化改革】 2022年,市国资委迭代升级国资监管平台,梳理市管企业产业数字化标杆、数字产业化培育、数字化管控提升三大工程重点项目36个,其中,震元股份公司的“中药饮片溯源”、公用事业集团的“水务数智控漏”被推荐为全省国企数字化转型典型场景。黄酒集团“数字化改革为历史经典产业发展赋能”入选“中国改革2022年度地方全面深化改革”典型案例,文旅集团国企领域公权力大数据监督应用场景建设全省试点,交投集团城市公交数字出行“云服务”获浙江国企“最佳改革实践案例”。

【黄酒集团数字化改革】 2022年,黄酒集团成立数字化改革领导小组,建立数字化改革工作专班,坚持“系统集成、流程再造、制度重塑”理念,按照“一个中心、五个平台”(即一个数字化管控中心以及资产数字化、生产数字化、管理数字化、营销数字化、园区数字化五个平台)的总体方案,推动产品质量“越来越优”、品牌营销“越来越强”、市场拓展“越来越快”、推动工程建设“越来越好”、改革创新“越来越多”、内部运转“越来越顺”。

【绍兴产权交易公司】 2022年,绍兴产权交易公司围绕“做大做强产权交易公司,打造国有资产交易总门户”目标,基础业务开展稳中提质。累计挂牌项目4132个,挂牌金额42.22亿元,成交项目1790个,成交金额31.12亿元,平均溢价率7.51%,累计溢价2.17亿元,项目挂牌宗数、成交宗数列全省各分中心第一位。绍兴市产权交易公司成为全省首家完成全市域国有资产交易数字化整合的地市级平台;实现县(市、区)实体服务窗口全覆盖。

(市国资委　仇亚雯)

财　政

【概况】 2022年,绍兴市实现财政总收入821.64亿元,扣除留抵退税因素后同口径下降3.2%,自然口径下降13.9%。市区完成财政总收入552.61亿元,扣除留抵退税因素后同口径下降1.7%,自然口径下降14.4%。为市场主体减负纾困265.66亿元,其中,增值税留抵退税160.73亿元。惠企政策资金兑现提速。在省内率先开发“财政资金直兑接口”,政策兑付平均提速9.9天,全市累计兑现惠企政策资金126亿元。累计争取新增债券额度合计265.34亿元,其中专项债券额度245.24亿元,比2021年增长33.5%;一般债券额度20.10亿元,增长54.6%,有力支持绍兴综合保税区、绍兴市妇幼保健院、柯桥临空示范区等重大建设项目。全市各级产业基金到位资金144.06亿元，投资项目458个，项目投资总额1487.60亿元，撬动社会资本1568.37亿元投向重点产业发展领域，其中，高端装备制造业、医药健康产业、数字经济产业总投资占比分别为29.0%、23.2%和26.8%。

【一般公共预算收支】 2022年，绍兴市实现一般公共预算收入540.09亿元，为调整后预算的95.3%，扣除留抵退税因素后同口径下降2.1%，自然口径下降10.6%，占财政总收入的65.7%。全市一般公共预算支出804.86亿元，完成调整后预算的98.3%，增长12.6%。市区一般公共预算收入360.87亿元，为调整后预算的94.5%，扣除留抵退税因素后同口径下降1.2%，自然口径下降11.3%；一般公共预算支出506.24亿元，完成调整后预算的98.7%，增长13.7%。全市及市区一般公共预算收支平衡。

【政府性基金收支】 2022年，绍兴市政府性基金收入727.73亿元，为调整后预算的96.8%，下降37.0%；政府性基金支出932.15亿元，完成调整后预算的95.0%，下降20.1%。市区政府性基金收入409.08亿元，为调整后预算的94.1%，下降51.6%；市区政府性基金支出561.68亿元，完成调整后预算的91.4%，下降36.0%。全市及市区政府性基金预算收支平衡。

2022年绍兴市一般公共预算收入执行情况统计表

表15

预算科目	2022年（万元）	2021年（万元）	增长（%）	预算科目	2022年（万元）	2021年（万元）	增长（%）
一般公共预算收入	5400896	6038029	−10.55	二、非税收入	1288532	1129468	14.08
一、税收收入	4112364	4908561	−16.22	1. 专项收入	596832	570009	4.71
1. 增值税	1124442	1804823	−37.70	其中：教育费附加收入	94642	109319	−13.43
2. 企业所得税	749359	775469	−3.37	地方教育附加收入	63059	73093	−13.73
3. 个人所得税	276056	260619	5.92	残疾人就业保障金收入	47818	42665	12.08
4. 资源税	5117	5458	−6.25	教育资金收入	234094	229701	1.91
5. 城市维护建设税	215185	249374	−13.71	农田水利建设资金收入	149820	109888	36.34
6. 房产税	314807	242581	29.77	森林植被恢复费	6712	4356	54.09
7. 印花税	73478	80569	−8.80	其他专项收入	687	987	−30.40
8. 城镇土地使用税	160606	110907	44.81	2. 行政事业性收费收入	161308	116979	37.89
9. 土地增值税	634200	614209	3.25	3. 罚没收入	146769	176923	−17.04
10. 车船税	54733	51872	5.52	4. 国有企业政策性亏损补贴	−3700	−22000	−83.18
11. 耕地占用税	70226	79123	−11.24	5. 国有资源（资产）有偿使用收入	354706	262810	34.97
12. 契税	430233	628777	−31.58	6. 捐赠收入	4138	—	—
13. 环境保护税	3189	3645	−12.51	7. 政府住房基金收入	21426	20629	3.86
14. 其他税收收入	733	1135	−35.42	8. 其他收入	7053	4118	71.27

2022年绍兴市一般公共预算支出执行情况统计表

表16

预算科目	2022年（万元）	2021年（万元）	增长（%）	预算科目	2022年（万元）	2021年（万元）	增长（%）
一般公共预算支出	8048576	7144995	12.65	12. 交通运输支出	580987	189532	206.54
1. 一般公共服务支出	809238	812586	−0.41	13. 资源勘探信息等支出	299469	280710	6.68
2. 国防支出	10123	7884	28.40	14. 商业服务业等支出	123420	64263	92.05
3. 公共安全支出	503252	482766	4.24	15. 粮油物资储备及金融支出	31573	43494	−27.41
4. 教育支出	1570741	1462258	7.42	16. 援助其他地区支出	21626	15308	41.27
5. 科学技术支出	418552	355868	17.61	17. 自然资源海洋气象等支出	94152	85088	10.65
6. 文化旅游体育与传媒支出	157713	165682	−4.81	18. 住房保障支出	170044	156647	8.55
7. 社会保障和就业支出	1170191	1087178	7.64	19. 灾害防治及应急管理支出	52628	50883	3.43
8. 卫生健康支出	912839	739866	23.38	20. 预备费	—	—	—
9. 节能环保支出	118089	137114	−13.88	21. 债务付息支出	154827	157099	−1.45
10. 城乡社区支出	366431	367607	−0.32	22. 债务发行费支出	772	825	−6.42
11. 农林水支出	478304	480833	−0.53	23. 其他支出	3605	1504	139.69

（市财政局　吕佳青）

2022 年 10 月 13 日，贯彻落实全省清廉财政建设推进会精神暨“喜迎二十大 · 财悦读　诵清风”绍兴站活动举行　（市财政局　供图）

【国有资本经营收支】 2022 年，绍兴市国有资本经营收入 4.44 亿元，为调整后预算的 103.9%，下降 31.5%；国有资本经营支出 4.44 亿元，完成调整后预算的 103.9%，下降 31.5%。市区国有资本经营收入 2.33 亿元，为调整后预算的 105.5%，增长 55.8%；市区国有资本经营支出 2.33 亿元，完成调整后预算的 105.5%，增长 55.8%。全市及市区国有资本经营预算收支平衡。

【社会保险基金收支】 2022 年，绍兴市社会保险基金收入 270.03 亿元，为调整后预算的 107.4%，增长 7.4%；社会保险基金支出 237.75 亿元，完成调整后预算的 102.6%，增长 12.4%。市区社会保险基金收入 208.38 亿元，为预算的 109.2%，增长 8.0%；市区社会保险基金支出 174.62 亿元，完成预算的 103.7%，增长 9.7%。

【组织财政收入】 2022 年，绍兴市建立“精诚共治”机制，成立财税“精诚共治”工作专班，每月召开收入分析例会，形成“政府牵头、财税主导、部门联动”的收入提质增效机制。强化财源培育，加大对重点税源企业帮扶，出台 5 项激励措施，分类管理、精准施策。全市一般公共预算收入占地区生产总值的 7.3%，税收收入占一般公共预算收入的 76.1%。强化非税收入征管，定期进行非税收入及土地出让金收缴情况及趋势分析研判，按规定做好非税收入缴库、拨付、清算等工作。全市实现纳入一般公共预算管理的非税收入 128.85 亿元，增长 14.1%。

【财政保障民生】 2022 年，全市民生支出 569.61 亿元，增长 7.9%，占一般公共预算支出的 70.8%。在社会保障和就业方面，全市社会保障和就业支出 117.02 亿元，保障落实“支持企业稳岗留工”十条举措，城镇新增就业 23.2 万人。提高城乡居民基础养老金标准至每人每月 290 元，低保标准至每人每月 1050 元。在保障教育方面，全市教育支出 157.07 亿元，保障支持校舍新建、续建、改扩建项目 75 个，继续推进“明眸亮睛”工程，精准落实困难家庭学生的资助政策、义务段“两免一补”等教育资助政策。连续设立专项资金支持绍兴大学创建。在保障健康方面，全市卫生健康支出 91.28 亿元，建成老年友善医疗机构 127 家。筹措落实疫情防控资金 34.09 亿元。在支持文体方面，全市文化体育支出 15.77 亿元，推动打造“15 分钟品质文化生活圈”；支持全民健身工程，保障体育公园、多功能运动场、百姓健身房等体育设施建设资金，加快形成“10 分钟健身圈”。

【财政改革】 2022 年，绍兴市深化全口径预算改革，制定《关于进一步深化预算管理制度改革的若干意见》，推进零基预算改革，出台 18 条过紧日子举措，全市非重点、非刚性支出较 2021 年压减 8.4%。清理收回结转结余资金 16.01 亿元。推进绩效管理提质增效，构建预算绩效一体化闭环管理新模式，开展绍兴文理大学“十三五”专项资金、古城保护基金等重点领域绩效评价，提出问题 98 条、对策建议 73 条，结果应用于新一轮政策修订、预算资金安排。打造变革型组织，创建变革型组织实施导图，创新谋划“一县（市、区）一特色”“一处室一亮点”，推动打造具有财政特色的标志性成果。

【财政监管】 2022 年，绍兴市稳妥化解隐性债务，累计化债进度 73.2%。全面推进降本降息，制定《国有企业降本降息专项行动实施方案》，全市通过签订补充协议或借新还旧置换高息债务 2304 笔，促进国企节省利息，金融机构反响平稳。深化国有金融资本监管，在全省率先实现金融企业监管办法“一企一策”全覆盖，依托专业机构开展金融企业经营业绩核查，实施三年任期目标规划和年度业绩目标设置并轨，加大经营效益、资产质量、风险管控等质量类指标及权重。推进构建协同共治监督体系，联合印发《关于建立市委巡察机构与市财政局协作机制的意见（试行）》，加强业务统筹和成果共享。

【盘活存量扩大有效投资省内率先推进】 2022 年，绍兴市在全省率先出台《绍兴市盘活存量资产扩大有效投资实施方案》，清底市级存量资产 13546 处、实现价值 1605.8 亿元；确权问题资产 38 处、提升价值 45.10 亿元；创新利用 REITs（不动产投资信托基金）、ABS（资产证券化）等盘活手段，形成 11 个资产盘活方案。

（市财政局　吕佳青）

税　务

【概况】 2022 年，绍兴市全面落实全国、全省税务工作会议精神，税收征管改革扎实推进，促成市政府成立财税“精诚共治”工作专班，33 个单位 92 类涉税数据纳入信息共享范围。拓展“浙里绿税”多跨评价体系，支持“一码管地”贯通落地，打造“一码评税”综合智评平台。建成7个“办问协同”智税中心，全市综合网上办税率98.1%。初步构建“0543”基层税务分局（所）治理模式，税务“创枫”元素入选枫桥经验陈列馆展陈。全市税务部门依法依规组织税收收入718.1亿元。

【征收管理】 2022年，绍兴市全面落实税收征管改革，取得改革创新做法和成果12项，“揭榜挂帅”试点工作中4个挂帅项目获阶段性成果。夯实税收征管基础，自行编制数据治理指标65个。对长流程业务事项开展“一件事”归集，编制《欠税管理“一件事”工作规范》并构建全市欠税纳税人精准监管模型。诸暨市、越城区借鉴上虞模式相继完成出租车发票电子化，确立绍兴地铁“出站自开为主、窗口兜底为辅”的发票开具模式。

【税收风险监管】 2022年，绍兴市税务部门组建风险分析、研判与数据管理团队，“精准＋闭环”推进税收风险管理，以重线索收集、重齐头并进为要求，项目化组织与严密的“一户式”分析相结合，使风险项目开展更具指向、更为精准。“共治＋稳妥”推进数据管理，“精诚共治”工作开新篇，成立绍兴市财税“精诚共治”工作专班，共37个部门及县（市、区）参与专班。

【纳税服务】 2022年，绍兴市税务部门持续开展“便民办税春风行动”，推出七大类27项135条便民服务措施。按照“全面顶格＋第一时间”原则，创新推出4方面19项税务服务举措助力稳住经济大盘。完善税务服务“好差评”工作机制，全市办税缴费好评率99.97%。在全市7个全职能局(6个县市区和滨海新区)，优化精细服务。拓展“掌上办”业务范围，推动“非接触式”办税缴费拓展升级。成立外贸新业态税务专家团队，保障3个“国字号”平台涉税业务顺畅运作，获批综保区增值税一般纳税人资格试点。策划并承办全省走进RCEP启动仪式暨日本专场活动。落实缓缴税费、计税毛利率调整等税收支

2022年绍兴市税收收入情况统计表

表17　　单位:亿元

项目	2022年度
税收总收入	729.38
(一)税务部门组织收入	718.11
其中:1. 国内增值税	242.22
2. 国内消费税	15.29
3. 企业所得税	177.41
4. 个人所得税	70.02
(二)海关代征	11.27

（市税务局　徐泽炜）

持房地产风险防控政策，保障房地产市场健康平稳发展。

【税务稽查】 2022年，绍兴市税务稽查部门共立案检查475户，查补税款总额4.96亿元。打击骗取增值税留抵退税违法行为，护航大规模留抵退税政策落实落地，共查处骗取留抵退税361.2万元，违规退税1038.92万元，其他税款1745.13万元。

【依法治税】 2022年，绍兴市初步构建“1543”（指1个总体原则、5个始终坚持、4个建设体系、3类抓手）基层税务分局（所）治理模式，在全省率先命名首批新时代“枫桥式”税务分局（所）及创新实践点，设立5家研习基地，建成1个展示中心，在全省新时代“枫桥式”税务分局（所）建设工作现场会作典型发言。推行行政执法三项制度，编制《税收执法权力和责任清单》，完善涉税争议处理化解机制。不断优化执法方式，推进说理式执法，试点推行非强制性执法方式和执法尽职免责制度，落实首违不罚372件。深化“禹越·税律说”品牌建设，首创公职律师与基层税务分局（所）结对，强化公职律师队伍建设。深化内控机制建设，制发《执法环节一案双查指引》。承接省税务局大企业重点风险任务，分析成效居全省第一位。联合市发展改革委等部门开展成品油生产企业检查，严控成品油生产企业偷逃税增量风险；制定《企业所得税核查通用工作项目目录指引》等5项指引，升级房地产税种联动管理风险管理模型；创新耕地占用税税源管理模式，绘制“耕地占用税税源地图”；完成土地增值税“两必清”项目224个，完成其他清算项目140个。

【支持市场主体创新创业】 2022年，绍兴市税务部门优化税收营商环境。连续第九年开展“便民办税春风行动”，落实135条便民办税缴费措施。开展“大走访大调研大服务大解题”“春雨润苗”“一把手走流程”等活动。在2022年全国纳税人满意度调查中，越城区、柯桥区分列全国第13位和第20位。强化税企沟通，市县联动开展“亲清直通车·政企恳谈会”“局长·代表面对面”以及网上直播、纳税人学堂等活动超百场。深化“银税互动”，帮助近1.7万户小微企业获得信用贷款215.6亿元。有关做法在全市驻企服务专家团工作交流会上作典型发言。

（市税务局　徐泽炜）

金融监管

【金融风险防范化解】 2022年，绍兴市银行业运行总体稳健，呈现“总量持续稳健增长、资源配置效能提高、信贷成本有序下降、资产质量持续改善”态势。至年末，全市银行业金融机构不良贷款余额85.87亿元，较年初增加1.47亿元；不良贷款率0.62%，较年初回落0.1个百分点，不良贷款率总体保持近年来低位。强化法人银行流动性实时监测系统的应用和推广，落实清单制、动态化的法人银行风险管理机制，开展金融风险“排雷”专项行动，完成“亚健康”机构风险化解任务。推进企业

风险监测预警体系,持续关注大型民营企业风险处置进展,坚持股权质押企业、大型有问题企业、大型民营企业等风险分类“名单制管理”,提升企业风险预测水平,防范企业风险向金融系统传导。

【银行业风险防控】 2022年,绍兴市加强区域信用风险防控,制定风险防控实施方案,建立表内外投资业务月度监测机制,强调准确分类、真实反映、提足拨备,全年累计处置不良贷款15.69亿元。成立防范财政金融风险工作专班,专题研究绍兴银行股权历史遗留问题,加快精功集团破产重整,促成恒信农商行增资扩股。处置柯桥联合村镇银行异常取款事件。6次召开村镇银行主发起行联动监管会谈,逐家指导制定固本强基提升方案。构建绍兴银保监分局监管、纪委、机构纪检协作机制,强化全流程廉政风险防控,实施“越合规·越清廉”系列活动,指导银行业协会成立专委会,建立合规清廉红黄牌评估机制。开展行政许可、行政处罚专项整治,全年处罚机构27家次,24人次给予警告等处罚处理,处罚金额1326.5万元。开展打击整治养老诈骗专项行动,打击代理退保、“人伤黄牛”行为,向公安部门移送线索850条。

【保险业风险防控】 2022年,绍兴市开展“消保工作质效提升年”活动,成立消费者权益保护工作专班,开展信访领域突出问题专项整治,扭转信访投诉总量较快增长态势。在全省率先建立“警保通”数据中台,促进轻微物损交通事故“现场快撤、责任快定、损失快赔”。建立保险业自然灾害应急协作机制,制定全市农险重大自然灾害快速理赔预案。制定加快农业保险高质量发展实施意见,推动农业保险提标扩面增品,全市开展政策性农业保险品种51个、商业性农险11个,全省特批高粱种植保险、茶叶溯源保险全国首单落地。

【信用风险防控】 2022年,人民银行绍兴市中心支行为防范异常取款、挤兑风险等风险突发事件,提前部署全市12家法人金融机构编制应急预案,并组织辖内6家法人机构、14家银行市级分行开展应急演练,提升应急处置能力。深化存款保险制度,开展资产质量真实性评估,严格投保机构费率管理,组织存款保险宣传活动。

【地方金融行业监管】 2022年,绍兴市地方金融监管部门落实“7+4”(“7”指小额贷款公司、融资担保公司、区域性股权市场、典当行、融资租赁公司、商业保理公司、地方资产管理公司;“4”指地方各类交易场所、开展信用互助的农民专业合作社、投资公司、社会众筹机构)监管责任,开展地方金融组织年审和评级工作,制定《绍兴市地方金融组织规范发展实施细则》,引导推动地方金融组织规范发展。排摸村镇银行资产负债期限、结构匹配风险与资产质量真实情况,制定《地方法人银行风险防控处置工作机制》;推广法人银行流动性实时监测系统,开展金融风险“排雷”专项行动,完成“亚健康”机构风险化解任务。加强信用风险防控工作,提升应急处置能力。深化存款保险制度,严格投保机构费率管理。做好涉房地产金融风险监测,按月摸排并报告风险情况。通过上门约谈、多渠道信贷情况整理、资金缺口分析等,指导银行做好贷款展期。

【重点领域风险防控】 2022年,绍兴市加强对房地产、新型电信网络诈骗、跨境赌博等领域金融风险防控。对出现风险的房地产企业,金融机构迅速反应,全面掌握企业债权债务情况,按月摸排并报告风险情况,配合地方政府做好“保交楼”工作。人民银行绍兴市中心支行、市公安局联合开展新型电信网络诈骗、跨境赌博等领域金融风险防控,应用“开户码”“预警码”,提高识别风险账户准确率,提升技术反制措施,发案数、损失数“双下降”,全年涉案账户数低于全省平均数。

【金融生态环境】 2022年,绍兴市制定防范和处置非法集资工作机制,累计查处非法集资案件16起,涉案金额1.02亿元。持续开展私募投资基金风险防范处置,拟定私募基金综合研判会商机制工作指引。加强虚拟货币交易及其利用虚拟货币开展违法犯罪活动线索摸排,对第三方财富公司特别是政信类产品销售机构开展风险排查整治工作,累计走访排查74家涉风险机构。用好“浙里访”等风险大数据平台,及时做好矛盾纠纷排查化解。做好“中实专案”“中海微银”“中油溢家”等风险事项的后续平稳处置工作,配合做好豫皖村镇银行储户信访接待工作。

(市金融办 张 西、戴 怡,绍兴银保监分局 陆小丰,人民银行绍兴市中心支行 许江枫)

审 计

【概况】 2022年,绍兴市审计机关完成审计(专项审计调查)项目137个(其中专项审计调查项目41个),查出主要问题金额273.91亿元,其中违规金额5.04亿元;移送司法机关、纪检监察机关和有关部门处理事项50件,移送处理人员40人;审计促进整改落实有关问题金额14亿元,推动被审计单位制定整改措施1221项,促进被审计单位建立、健全规章制度121项;审计提出建议559条,被采纳559条;向社会公告审计结果125篇。全市有1个项目获全国审计机关优秀审计项目一等奖,3个项目获全省审计机关优秀审计项目表彰,其中一等奖1个、二等奖1个、三等奖1个。

【市委审计委员会第六次会议】 2022年7月14日,绍兴市委审计委员会第六次会议召开。市委书记、市委审计委员会主任盛阅春主持会议并讲话,市委副书记、市长、市委审计委员会副主任施惠芳参加会议。会议传达学习习近平总书记关于审计工作的重要指示精神、省委审计委员会第七次会议决策部署及《浙江省内部审计工作规定》,听取上半年工作情况和下半年工作重点汇报,讨论审议2021年度市级预算执行和其他财政支出审计情况的审计报告、深化推进研究型审计工作的实

2022年绍兴市审计工作情况统计表

表18

审计机关	完成审计项目(个)	审计查出主要问题金额(万元)	审计发现非金额计量问题(个)	审计期间整改金额(万元)	出具审计报告和审计调查报告(篇)	审计处理情况		审计促进整改落实有关问题资金(万元)	审计提出建议(条)	提交审计信息(篇)
						审计处理处罚金额(万元)	移送处理事项(件)			
绍兴市市本级	27	2183595	533	465298	36	85216	9	8178	80	101
越城区审计局	14	26232	268	1641	22	21998	18	25917	52	32
柯桥区审计局	21	54282	214	4225	32	50048	20	56528	61	161
上虞区审计局	23	140888	274	4158	41	12528	2	11213	78	24
诸暨市审计局	14	61505	198	118	23	46443	0	10109	149	18
嵊州市审计局	23	219283	352	7047	42	5783	0	5783	74	22
新昌县审计局	15	53349	123	21693	32	22672	1	22223	65	14
合计	137	2739134	1962	504180	228	244688	50	139951	559	372

（市审计局　胡梦婕）

施意见，研究部署下阶段审计工作。会后，印发《关于深化推进研究型审计工作的实施意见》。

【政策落实情况跟踪审计】 2022年，绍兴市开展越城区乡村振兴相关政策和资金审计，查出管理不规范资金5069.95万元；实施绍兴市本级推动“1+9”（“1”即市委办公室、市政府办公室制定的促进民营经济高质量发展的纲领性政策文件，“9”即“三农”、工业、服务业、建筑业、科技、文化、人才、金融、开放型经济9大专项政策）惠企政策落地见效促进高质量发展专项审计调查，推动市政府出台《加快现代服务业高质量发展若干政策》等制度7个，6个县（市、区）党委政府出台“1+9”惠企政策54个。

【财政审计】 2022年，绍兴市开展2021年度市本级预算执行和决算草案审计，促进资金规范支出5.8亿元，推动4个部门（单位）修订制度10项；开展柯桥区人民政府2021年财政决算审计，查出违规金额388.74万元，管理不规范金额1.04亿元；实施市级部门2021年预算执行情况专项审计，推动预算单位上缴历年利息等结余资金2597.95万元。

【民生审计】 2022年，绍兴市开展全市教育均衡化建设情况专项审计，查出违规金额2212.94万元，推动市县两级共16个部门（单位）制定、修订制度机制12项；开展就业补助资金和失业保险基金情况审计，促进资金规范支出47.27万元，推动1个市级部门（单位）建立健全制度机制3项。

【领导干部经济责任审计】 2022年5月，绍兴市召开2022年度市管领导干部经济责任审计和自然资源资产任中审计集中动员会，通报2022年度经济责任审计和自然资源资产任中审计总体安排及要求。年内，共完成85名领导干部经济责任审计，促进增收节支2533万元，提交审计建议286条，采纳率100%。

【固定资产投资审计】 2022年，绍兴市开展重大项目推进情况专项审计调查，退回违规收取涉企保证金2000万元；开展市本级（含越城区）住房与城市建设专项资金使用及绩效专项审计调查，查出管理不规范金额953.06万元，提升投资行为规范化管理水平。

【农业与资源环保审计】 2022年，绍兴市开展市本级和越城区储备粮管理情况专项审计调查，推动市、县部门（单位）制定、修订制度机制15项；开展绍兴市钱塘江流域水生态保护专项审计调查，查出管理不规范资金2000余万元，推动诸暨市4家部门（单位）制定、修订制度机制7项。

【审计整改】 2022年，市委审计办牵头印发贯彻落实审计整改长效机制责任清单。至年末，累计发送专题整改督办函40份，开展专项现场督查15次，涉及整改责任单位76家，整改解决问题52个，促进各部门（单位）制定整改举措61项，出台完善制度机制102项。

【审计服务】 2022年，绍兴市开展“审计‘四本清单’进百家、强内审、防风险”活动［四本清单为：审计发现共性问题清单，党政部门、乡镇（街道）、国有企业领导干部履行经济职责重点风险防范清单］，向全市100家市级一级预算单位和市属国有企业提供上门宣讲服务。年内，开展指导讲座24次、宣讲服务100余次。

（市审计局　胡梦婕）

统　计

【概况】 2022年，绍兴市统计部门围绕中心工作，做好统计监测、分析、预警和服务工作，报送政务信息235篇，两办信息304篇，撰写统计信息25篇、分析48篇、专报8篇，其中18篇信息（分析）得到市委、市政府主要领导批示，10篇素材被国办录用，其中5篇得到国务院领导批示。

【统计基层基础建设】 2022年，绍兴市统计局开展统计基层基础规范化建设，由市

2022 年 11 月 21 日,市统计局服务业统计处到绍兴醇美贸易有限公司开展贸易统计业务辅导 (市统计局 供图)

委办、市府办印发《关于进一步加强统计基层基础建设的意见》,从组织建设、制度体系、管理模式、业务能力、考核评价、工作保障等方面建章立制,各县(市、区)层层压实基层基础和数据质量责任,相继研究出台推进统计基层基础建设配套政策,全年评定 2021 年度全市统计人员合格等次 10326 人、优秀等次 3033 人。成立市基层统计网格智治工作领导小组,制定《关于开展基层统计网格智治工作的指导意见》,推动全市基层统计网格智治工作落实。全市 103 个乡镇(街道)全部挂牌设立统计工作办公室,配备 1 名中层待遇的专职统计负责人;按照“1+X+N”[“1”即明确一名专职统计负责人,享受中层待遇;“X”即配备一定数量的专职统计人员,原则上辖区内“四上”企业(单位)和投资项目数量在 40 家(个)及以下的,配备统计人员不少于 1 人,每增加 40 家(个)增配 1 人;“N”即根据实际需要充实相应统计人员]模式增配乡镇(街道)统计人员 51 名;划分统计网格 609 个,建成“统计之家”85 个。

【统计法治建设】 2022 年,市统计局与市委巡察办联合印发《关于建立市委巡察机构与市统计局协作机制的意见(试行)》,与国家统计局绍兴调查队联合印发《关于深入贯彻〈关于更加有效发挥统计监督职能作用的意见〉的实施方案》。年内,对 526 家单位开展统计执法检查,其中“双随机”检查 485 家,完成涉外执法和部门联合执法,承办统计违法案件 46 件,办结 29 件。

【统计数据质量管理】 2022 年,市统计局建立健全“四位一体”(即“面、线、块、点”一体式防控体系)数据质量防控体系,强化统计数据生产环节质量管控。围绕重点领域、难点问题加强数据质量审核,加强分地区、分行业综合数据审核,加强基础数据与电力等部门的数据比对,对数据异常波动、有异常修改痕迹、指标数据不匹配的源头数据,逐一核实到每家企业、每个项目,杜绝虚假、空壳调查单位和投资项目,形成“审核—查询—核查—执法检查—整改—复核”闭环式数据质量管控模式。开展工业、投资、服务业、贸易等八大专业数据质量核查,累计查询审核单位 1.2 万余家,完成 350 余家企业的数据现场核查,推动数据质量提升落地见效。

【社情民意调查】 2022 年,绍兴市统计局以信息化手段推动社情民意调查,利用 CATI 系统开展“绍兴市生活垃圾分类调查(按季开展)”“绍兴市双拥公众满意度调查”等部门委托调查 8 项。开展教育“双减”政策落实成效感知度、地铁乘客满意度等 24 项社情民意专项调查,5 篇调查报告获市政府主要领导批示。开展“3·15”绍兴消费者权益、绍兴两会你最关心什么、“共同富裕”群众关注度、俄乌局势对纺织产业影响等 30 余项自主调查,在“浙江调查在线”平台开展绍兴市居民阅读状况、绍兴市居民家庭消费意愿等网络调查 50 余项。

【统计服务】 2022 年,市统计局紧跟社会时势,聚焦民生热点,针对新冠疫情对经济发展的冲击,迅速启动疫情对相关行业影响的快速调查,为职能部门破解难题出谋支招。深入一线开展“体检式”服务,帮助规范统计流程,协调解决统计难题。3 月 5 日,在市委党校举办领导干部统计工作专题培训班,帮助近 200 名新任县、乡领导干部充实理论、厘清思路、提升能力。9 月 20 日,在上虞区城市阳台举办第十三届中国统计开放日,以“视频 + 展板 + 资料”形式,宣传统计法律法规知识,通过“绍兴统计”微信公众号开展现场直播,44 万名网民在线观看。

【国家统计调查】 2022 年,市统计局按照国家、省统计部门部署,严格执行国家统计标准,加强企业“一套表”调查单位审核。开展综合、核算、工业、商贸业、建筑业、房地产业、固定资产投资、重点服务业、农业、能源、基本单位、劳动工资、人口、科技等专业的月报、季报、年报工作。

【统计数字化创新】 2022 年,市统计局稳步推进数字化改革,成立由主要领导任组长的数字化改革工作领导小组,建立“季通报、月例会、周会商”制度,发动各县(市、区)按照“小切口、大场景”思路,因地制宜谋划多跨协同项目,以“项目化、专班制、清单式”推动落实落地。“农数惠”“共同富裕”“限下贸易抽样调查”项目列入全省试点,平台开发进展顺利;浙企“最多报一次”“统计单位全生命周期管理”“一体化统计监督”等十大应用全域推广成效明显,部分应用贯通率、注册率、活跃率居全省前列。

(市统计局 蔡 莉、赵 珂)

价格管理

【价格调控】 2022年，绍兴市价格管理部门以群众日常生活必需、价格波动影响较大的商品为重点，建立重要民生商品调控目录清单，调控目录清单包括大米（稻谷）、面粉（小麦）、食用植物油、猪肉（生猪）等。牵头建立保供稳价企业名单库，包括35家企业构成的全市生活必需品应急保供网络、6家国家级生猪产能调控基地、10家市级粮食保供稳价骨干企业。全年在“e价通2.0”公开价格信息2000万条。

【价格监测】 2022年，绍兴市价格管理部门采集各类价格监测数据49万条，其中，主副食品监测数据47万条、工业类监测数据3000条、农业类监测数据1.7万条。上报国家和省价格监测数据3.5万条，其中，上报国家价格监测数据1.5万条、省价格监测数据2万条。上报各类分析材料116篇。其中《我市瓶装液化气价格创近年来新高》《生猪企业盈利遇双向挤压》《6月中旬我市大宗商品价格持续高位运行》等6篇信息被市委办、市府办录用。

【工业生产资料价格监测】 2022年，受国际、国内大环境影响，绍兴市工业生产资料价格行情偏弱。其中，黑色金属全线下跌，有色金属以涨为主，化工产品涨跌互现，建材产品以跌为主，油气价格全线上调。

黑色金属：全线下跌。全市列入重点监测的10种黑色金属产品价格全线回落，平均跌幅12.16%，其中，圆钢（Φ16，HPB300）均价每吨4808元，年均价格比2021年下跌12.91%；热轧卷板（4，Q235）均价每吨4666元，年均价格下跌16.57%；不锈钢板（1.2，304/2B冷轧）均价每吨20444元，年均价格下跌5.42%。

有色金属：以涨为主。全市列入重点监测的6种有色金属价格为五涨一跌，其中，铝（AOO铝锭）均价每吨19953元，年均价格比2021年上涨5.74%；锌（0号锌锭）均价每吨24961元，年均价格上涨12.85%；锡（1号锡锭）均价每吨246722元，年均价上涨12.22%；镍（1号）均价每吨192917元，年均价上涨40.6%，铜（1号电解铜，阴极铜）均价每吨67042元，均价下跌1.15%。

化工产品：涨跌互现。全市列入重点监测的10种化工产品价格为六涨四跌，其中，聚酯切片（颗粒）均价每吨7227元，年均价格比2021年下跌14.94%；二甲苯（含量≥96%）均价每吨8500元，年均价格上涨27.39%；盐酸（31%合成酸）均价每吨1520元，年均价格上涨40.31%；烧碱[液碱（离子膜法）含量≥30%]均价每吨1425元，年均价格上涨45.38%；甲醇（精甲醇）均价每吨3186元，年均价格下跌6.98%；天然橡胶（国产1号标胶，全乳胶）均价每吨12789元，年均价格下跌6.05%。

建材产品：以跌为主。列入重点监测的4种建材产品价格为一涨三跌，其中，国产胶合板（普通1220毫米×2440毫米×5毫米）均价每张为58元，年均价格比2021年下跌14.93%；普通硅酸盐水泥（42.5强度 散装）均价每吨517元，年均价格下跌9.13%；浮法平板玻璃（5毫米）均价每平方米49元，年均价格下跌0.28%。

油气价格：全线上调。绍兴市成品油价格共经历13次上调、10次下调、1次搁浅，从全年均价看，绍兴市汽、柴油批零价同比全线趋涨，且涨势明显。以92号汽油为例，批、零均价分别为每吨10403元、每吨11092元，分别上涨24.16%、26.30%。受其影响，绍兴市液化气购进价在每吨5500～7600元间宽幅波动，波幅38.19%，年均零售价为137元/罐（14.5～15千克），上升22.96%。

【重要民生商品价格调控】 2022年，市发改、市财政局、市农业农村局、市商务局、市市场监管局联合印发《关于完善重要民生商品价格调控机制的实施意见》，聚焦调控范围、产销能力、政府储备、应急机制、民生保障、监测监管、保障措施等八大环节，提出18条举措，提升全链条各环节价格调控能力和水平。完成各类价格机制文件汇编，涵盖机制启动条件、操作流程、文件依据。开展《绍兴市“十四五”时期“双碳”目标下深化价格机制改革研究》，并形成调研报告。强化政府储备保障作用，针对生猪价格过度上涨进入一级预警区间情形，加快政府猪肉储备投放，累计三轮投放510.9吨，超额完成省下达投放任务。完善社会救助和保障标准与物价上涨挂钩联动机制，落实《省发展改革委等部门关于阶段性调整价格补贴联动机制加大对困难群众物价补贴力度的通知》要求，累计发放困难群众基本生活价格补贴3305.3万元，惠及56.4万人次。

【重点领域价格改革】 2022年，绍兴市价格管理部门优化汤浦水库原水成本测算，以原水价格为杠杆，遵循“准许成本+合理收益”原则，将原水价格从0.66元/立方米调整至0.86元/立方米，助推全国首单水利基础设施REITs发行，为绍兴市“十四五”省级重大工程项目镜岭水库建设创造融资渠道。做好原水调价成本疏导，暂不传导至终端用户，绍兴市终端供水价格排名全省第九位。

【降本减负】 2022年，绍兴市价格管理部门建立天然气采购增加成本分摊机制，将天然气高价采购增加成本分摊至上下游城燃企业及属地财政，不传导至终端用户；制定电力接入工程费用分担机制实施细则，进一步优化用电营商环境，减轻全社会电力接入环节负担；完成绍兴风情旅游新干线城际铁路新增迪荡站开通相关运价的批复，明确客运计价方式；制定嵊州市非居民生活垃圾处理收费标准，建立计量收费、差异化收费机制。

年内，累计减免企业电力接入工程费用1.3亿元。水资源费按现行收费标准的80%执行，累计为企业减负0.29亿元、惠及企业约3.4万家，气价、到户水价下调10%，惠及用户1.0万家，优惠合计3281万元。

开展涉水涉气领域价格行政规范性文件专项清理，废止行政规范性文件9件。开展水电气领域涉企违规收费专项整治，惠及用户663家，涉及金额62万元。

（市发展改革委　周潮洋）

【民生领域价格监管】 2022年，绍兴市市场监管部门开展教育收费专项检查，检查各类学校、培训机构、关联第三方等单位323家，查处违法案件24起，违规金额31.86万元，清退上缴多收价款共194.2万元，罚没金额148.64万元。围绕重点民生商品和防疫物资价格监管，启动防疫物资价格应急执法监测，加大对哄抬价格等违法行为的查处打击力度，立案查处6起，查封经营场所责令停业整顿1起，行政告诫3起。推进电动自行车综合治理集中改革，市本级出动执法人员580人次，检查电动车经营者367家次，约谈经营者69家，查处违法案件30起，罚没款1.6万元。

（市市场监管局　徐雪扬）

市场监管

工商行政管理

【市场主体登记】 2022年，绍兴市新设市场主体11.77万户，比2021年增长2.20%，其中个体工商户8.83万户，增长6.49%。至年末，全市在册市场主体总量73.33万户，增长6.31%。在册企业23.81万户，增长6.31%，其中在册内资企业23.46万户，增长6.39%，在册外资企业0.36万户，增长1.05%；在册个体工商户49.01万户，增长6.43%。市场主体三产结构为2.5∶20.1∶77.4，其中制造业、批发和零售业、住宿和餐饮业、租赁和商务服务业、居民服务、修理和其他服务业等5个行业数量占全部的83.52%。

（市市场监管局　冯　晶）

【市场秩序管理】 2022年，绍兴市运用"专业市场防疫在线"，落实专业市场"七个一"（一家不漏、一户不漏、一人不漏、一件不漏、一天不漏、一项不漏、一地不漏）管控要求，执行农贸市场"四个一律"（市场一律清洗消毒、市场经营人员一律戴口罩、市场一律张贴和滚动播放防控宣传资料、市场主办方一律签订防控责任状）管理规定，落实进口冷链食品"一报告三凭证"（进口商品入场报告和入境检验检疫证明、消杀证明、核酸检测阴性证明）、"三专"［专业通道进货、专区存放、专区（柜）销售］制度，确保364家进口冷链食品经营单位、1823家进口水果经营单位，1636名一线从业人员"全受控、无遗漏"。打击冷链食品违法行为，办理冷链食品、进口水果案件204件。在全省首创"越市安"平台，对170家农贸市场1万余名从业人员实现精密智控。引导市场方设立智能道闸82路，实时抓拍违规行为17.39万起，对235家情节严重经营户扣除信用保证金14.7万元。形成《绍兴专业市场转型发展调研报告》《绍兴市农贸市场调研报告》。在全国首个省域专业市场综合贡献度指数中，绍兴市专业市场综合贡献度指数排名居全省第二位。

（市市场监管局　何　威）

【广告监管】 2022年，省、市两级广告监测中心对绍兴市21家传统媒体、43家网络媒体开展全媒体、全时段、高实时监测。监测传统媒体广告19.18万条次，发现违法广告0条，违法率为0；抽检网络媒体广告2.86万条次，发现违法广告3条次，违法率为0.1‰，广告市场秩序持续向好。开展漠视侵害群众利益问题网络直播营销违法违规行为专项治理行动，出动执法人员3966人次，查办案件221件，罚没款278万余元。开展医疗美容行业突出问题专项治理工作，出动执法人员1260人次，查办案件184件，罚没款488.50万余元，央视《每周质量报告》对绍兴市查办相关典型案例进行专题报道。

【网络交易监管】 2022年，绍兴市以诸暨市为试点，在全省率先开发上线"浙里直播共富"应用，归集抖音、快手、淘宝等6个主流直播平台6123个直播间信息，对网络直播行为实现精准高效监管。该应用获数字政府系统特色创新应用全省第一名，并入选省委改革办"一地创新、全省共享""一本账"S0。推动"浙江公平在线"落地应用，处置省局下发风险线索477条，风险线索闭环处置率100%，其中立案查处302件，成案率63.3%，提供监测模型48个，相关指标位居全省前列。部署开展防疫用品、进口水果、燃气灶具等网络专项监测10次，发现违法线索90条，有效净化网络经营环境。9月28日，国家市场监督管理总局批复同意绍兴市创建为"全国网络市场监管与服务示范区"。

（市市场监管局　顾卓君）

【服务中小微企业纾困】 2022年，绍兴市印发《关于进一步减负纾困助力中小微企业和个体工商户发展的若干政策意见》，出台12条"补丁"条款，配套1.37亿元资金。开展小微主体金融纾困行动，联合人民银行绍兴市中心支行开展融资破难行动，以"贷款码"为银企对接载体，推广小微数字金融服务，普惠型小微企业贷款平均利率4.64%，比2021年下降0.38个百分点，持续保持在较低水平。为29.9万户个体工商户开展增信评级，推动银行主动授信。对近40万家小微主体开展数字金融增信评级，发放信用贷款104.4亿元。

（市市场监管局　冯　晶）

【企业信用风险分类管理】 参见"经济管理·信用体系建设"。

【消费者权益保护】 2022年，市市场监督管理局、市中级人民法院、市消保委出台《关于进一步加强全市消费者权益保护"共享法庭"建设工作的实施办法》，建立"共享法庭"14家，在全省率先实现市县两级消费者权益保护"共享法庭"全覆盖，并延伸至城区主要街道，调处重大（典型）投诉案件60件，挽回经济损失600余万元。通过两级"共享法庭"开展培训34期，内容涉及装饰装修、网络购物、预包装食品等消费领域。至年末，共受理投诉举报38594件，咨询2577件，举报投诉总量较2021年减少21.38%，为消费者挽回经济损失1200余万元。推进消费纠纷在线和解机制建设，全市共培育消费维权ODR

2022 年 12 月 5 日，越城区鹤池苑农贸市场改造完成后重新开市　　（何　雯　摄）

（在线调解）企业 451 家，推动消费纠纷多元化解，实现小事不出店（企业）。

（市市场监管局　陈　炜）

【农贸市场改造提升】　2022 年，绍兴市加大农贸市场改造提升力度，以“消费环境放心、食品安全放心、管理服务放心、诚信经营放心、价格计量放心”为重心，创建省放心农贸市场 38 家、“五化”（便利化、智慧化、人性化、特色化、规范化）市场 9 家、星级文明规范市场 48 家。

（市市场监管局　何　威）

【“双随机、一公开”检查】　2022 年，绍兴市拓展“双随机、一公开”监管事项范围，扩大覆盖领域，加强部门协同，提高考核指标比例，提升监管效能。至年末，全市完成“双随机”抽查任务 4394 个，抽查检查 5.98 万户次，其中，市场监管部门完成“双随机”抽查任务 1910 个，抽查检查 3.29 万户次，到期任务完成率、抽查事项覆盖率、检查结果公示率等指标均为 100%。

（市市场监管局　赵建忠）

【放心消费在绍兴行动】　2022 年，绍兴市继续实施“放心消费在绍兴”行动，探索开展“放心直播间”创建试点工作，发展放心消费直播间 14 个，打造放心家装、放心景区、放心高速服务区、放心乡村精品示范。至年末，年共发展放心消费单位 15395 家（其中无理由退货单位 6307 家），放心工厂 4367 家，打造放心消费商圈 26 个，放心消费乡村 14 个，放心高速服务区 8 对。

（市市场监管局　陈　炜）

质量技术监督

【“标准化＋战略”实施】　2022 年，绍兴市聚焦新智造、数字化、共同富裕领域示范项目标准化综合改革试点，验收通过国家级标准化试点项目 1 个，省级标准化试点项目 3 个，市级标准化试点项目 6 个。

【“浙江制造”标准制定】　2022 年，绍兴市新增“浙江制造”标准 42 项，其中《电脑无缝针织内衣机》《医用外科口罩》《高压消防水带》等 16 个标准入选省市场监管局发布的全省制造业百个重点标准研制攻坚清单，数量列全省第一位。

（市市场监管局　周明耀）

【特种设备安全监管】　参见“应急管理·安全生产监督”。

【特种设备智慧监管】　2022 年，绍兴市深化特种设备安全周期“一件事”集成改革，推进“浙江特种设备在线”应用。全市新安装“智慧电梯”9337 台，比 2021 年增长 212%。69 家企业 3.48 万台地产特种设备 100% 赋码，14.27 万台在用特种设备完成赋码，赋码率 99.9%；实现扫码作业率 95%、规范扫码维保率 95%，高风险隐患处置率 100%。督促 1.52 万家企业应用特种设备使用安全分类评价标准、1.74 万家企业应用特种设备重大风险日志，在线开展特种设备安全风险自辨自控、隐患自查自改。

（市市场监管局　王　洁）

【国家检验检测高技术服务业集聚区建设】　2022 年，绍兴园区有检验检测机构 132 家，总营业收入 9.47 亿元，设备原值 12.81 亿元，实验室总面积 31.22 万平方米，新增检验检测机构 9 家，新引进培育营业收入过亿元检验检测机构 1 家，新增 2000 万元以上业务收入企业 3 家（浙江聚森检测科技有限公司、浙江恒祥检测技术服务有限公司、绍兴市柯桥区车辆检测中心有限公司），筹建国家纺织化学品中心。浙江禾兴检测成功落户滨海新区，浙江环质环境检测、浙江聚森检测等企业通过高新技术企业初步评审。

（市市场监管局　李　瑛）

【居民生活领域“低碳生活”创新试点】

2022 年，绍兴市探索建立“低碳生活”数字化应用体系，出台《绍兴市居民生活领域“低碳生活”创新试点建设方案》《嵊州市“低碳生活”创新试点行动方案》，起草《居民生活领域碳排放等级评定规范》市级地方标准，搭建“1+2+N”居民生活领域“低碳生活”数字化平台（1 个大脑、两级平台架构、N 个应用场景）。嵊州市作为试点地区先行开展“低碳生活”创新试点相关工作。

（市市场监管局　周明耀）

【先进制造业优质优品发展行动计划】

2022 年，绍兴市出台《贯彻落实“4151”计划助推先进制造业强市建设实施方案（2022—2026 年）》，布局以“三强一创”（质量强基、质量强链、质量强企、千企创牌）为特色的先进制造业优质优品锻造体系。

优化质量基础设施建设,加快升级先进标准体系,完善知识产权公共服务体系,培育179家企业,推进29个攻坚项目。年内,新增"同线同标同质"产品63个,新增"品字标"浙江制造企业47家;新增"浙江制造"标准42项,制造业产品质量合格率超96%,品牌企业和实施浙江制造标准企业销售占比超50%。

【质量基础设施"一站式"服务平台建设】 2022年,绍兴市发挥质量基础设施"一站式"服务平台在集成质量基础设施要素资源、融合线上线下综合服务链路等方面作用,新建童装、化纤、伞件、水暖五金、电脑刺绣机、领带、制冷配件七个平台,全部通过省局验收,培育省级"一站式"服务示范点4家,示范点县(市、区)覆盖率列全省第一位。

(市市场监管局　沈　婷)

【计量管理】 2022年,绍兴市新建社会公用计量标准21项。落实计量器具强检、到期轮换等职责,检定能力能满足本地区强检计量器具检定需求,计量器具强制检定约检、受理、流转和结果上报等全程网办,强制检定完成率100%。

(市市场监管局　周明耀)

【检验检测】 至2022年末,绍兴市有各类检验检测机构189家,较2021年增长5.59%。全省有通过审核的各类检验检测机构2263家,绍兴市机构数量占全省的8.35%,列全省第四位。检验检测有从业人员5647人,拥有仪器设备37729台(套)。年内,向社会出具具有证明作用的数据、结果报告8250394份,比2021年同期增长102%。

(市市场监管局　李　瑛)

【医疗器械监管】 2022年,市市场监管局以全国首创的跨区域监管联盟为基础,开发"医疗器械跨区域监管平台",并在8月上线1.0版。至年末,新疆维吾尔自治区、河南省、浙江省的139家企业加盟使用"医疗器械跨区域监管平台"。该应用作为2022年绍兴市数字政府重大应用推荐项目,在全省数字政府专班第二十次例会上做典型经验介绍。9月,被省数字政府建设服务专班收录于《数字政府优秀案例集(第一批)》。

(市市场监管局　何　岚)

【标准化服务】 2022年,绍兴市标准化研究院开展"浙江制造"标准研究18项,参与制定国家标准2项、省级地方标准1项、市级地方标准4项、省协会团体标准2项,开展省级标准化试点项目2项。组织开展质量和标准化培训班2期,培训400余人次。举办绍兴市优秀质量管理小组(QC小组)活动成果发布和评选活动,共发表市级优秀质量管理成果210个,其中50个获省级优秀成果奖。创建科普宣传新模式,开展馆院、院校合作,共建标准化科普基地2个、举办标准化科普展览5场,利用微信公众号、抖音等媒介推送科普宣传文章88期。

(市市场监管局　孙一栋)

【质量绍兴建设】 2022年,绍兴市新增市级政府质量奖企业4家,个人创新贡献奖1人。浙江阳光照明电器集团股份有限公司、万丰奥特控股集团有限公司、浙江洁丽雅股份有限公司、浙江精工钢结构集团有限公司获中国质量奖提名奖;浙江三花股份有限公司、浙江盾安人工环境股份有限公司、浙江菲达环保科技股份有限公司、浙江万丰奥威汽轮股份有限公司、浙江亿田智能厨电股份有限公司、浙江亚厦装饰股份有限公司、浙江古越龙山绍兴酒股份有限公司获省政府质量奖,获奖数居全省第二位。

(市市场监管局　沈　婷)

【工业产品质检服务】 2022年,绍兴市质量技术监督检测院完成省、市、县(区)三级产品监督抽检2475批次,其中省级监督抽查消防类11种产品139批次;市级监督抽查纺织、轻工、化工、建材、冶金、机械等六大类168种产品1986批次;县(区)级定期监督抽查纺织、轻工、化工、建材、冶金、机械等六大类34种产品350批次。

(市市场监管局　张永亮)

【特种设备检测服务】 2022年,绍兴市特种设备检测院成立"机电+承压"检验突击队,关注全市化工产业、制造业稳链促产,服务杭绍台高速、亚运场馆、绍兴地铁、浙江圆锦新材料有限公司大型球罐安装监检等重大项目技术保障和服务。年内,定检特种设备83576台(辆),其中锅炉1701台,压力容器13089台(辆),电梯45306台,起重机械7249台,场(厂)内专用机动车辆16231辆;各类特种设备安装监检和验收检验17646台;产品监督检查26403台;工业锅炉介质化验1303台次;安全阀校验48813只。发出各类联络单及意见书219份。

(市市场监管局　郑小腾)

【能效测试服务】 2022年,绍兴市检定能源计量器具78056台套,完成煤样、生物质等能源物质委托检测185批次,在用锅炉能效检测245台次,锅炉能效监督抽查200台次,锅炉大气污染物排放检测97台,节能量审核6家,重点用能单位能源计量审查36家,能评项目6个。新制订《设备采购管理制度》《横向科研课题绩效奖励分配办法》,修订《薪酬组成及绩效考核管理办法》等4项制度。完成《采血电子秤》计量标准授权考核及《重力式自动装料衡器》新建标考核。1项市局课题("专项授权的法定计量检定机构证后长效监管机制的探索和研究")、2项省局项目("静态容积法水流量标准装置智慧检定系统研究""基于锅炉尾气检测的FGR低氮燃烧自动控制系统研究")通过验收。取得发明专利1项、实用新型专利5项、计算机软件著作权5项;参与编写专著《电气工程与电气自动化控制研究》《电力系统自动化与控制技术研究》;参与制定省级地方标准《JJF(浙)1190—2022食品快速综合分析仪校准规范》、浙江制造标准《T/ZZB 2785—2022导电锦纶6牵伸丝》;发表核心论文1篇。

(市市场监管局　陈　斌)

食品药品监督管理

【国家食品安全示范城市创建】 2022年，绍兴市对1847个明察点位进行提升，对各县（市、区）开展“国创”联合督查，下发通报9期，交办问题1500余个，全部问题整改到位。年内，累计投放国创宣传品20万份；拍摄宣传片《越享食安　越来越好》，网络点击量32.8万次，该片被评为第四届全国市场监管“三微大晒”年度钻石作品。至年末，完成国家食品安全示范城市创建系统申报。

（市市场监管局　叶　玲）

【特色食品作坊集聚区创建】 2022年，绍兴市建立食品小作坊数字化监管平台，构建小作坊食品安全追溯体系，引导食品作坊板块式集聚，在全省首创“六个一”（建设一个特色食品作坊智慧共治系统、成立一个行业协会、制定一个标准规范、建立一支管理队伍、设立一个智慧共享检测室、建立一套评价认证机制）核心特色食品作坊集聚发展智慧共治区。全市建成五大特色食品作坊集聚区，覆盖287家特色作坊，推动小作坊由“小散低”向“精特美”转型升级。绍兴市深化食品小作坊综合治理改革案例入选2022年度健康浙江行动示范样板，成为全省唯一入选食品安全放心行动。

（市市场监管局　丁颖芹）

【药品安全监管】 2022年，绍兴市通过日常监管、专项检查和飞行检查3种监管模式，检查药品经营企业2660家次，检查药品使用单位685家次，其中，市级飞行检查药品经营企业13家，发现缺陷62项（主要缺陷33项，一般缺陷29项）。高温期间，出动检查人员2280人次，检查批发企业19家次、零售连锁总部15家次、零售药店961家次、医疗卫生机构324家次，发现问题53家次，责令改正53家次。开展第二类精神药品专项检查，检查第二类精神药品批发企业7家次，检查第二类精神药品使用单位72家次。

（市市场监管局　李钢彬）

2022年11月18日，市市场监管局执法人员在麦德龙（绍兴商场店）开展保健食品专项检查

（市市场监管局　供图）

【化妆品安全监管】 2022年，绍兴市在化妆品生产和流通领域接受省级飞行检查3次，组织市级飞行检查13次，完成省级规定抽检任务158批次，完成市级和县（市、区）级抽检277批次，抽检合格率99.8%。组织“线上净网线下清源”专项整治，打击网络市场化妆品交易批号异常、虚假宣传（非特殊化妆品宣传功效性用语）、侵犯消费者权益、价格欺诈、不正当竞争等违法行为。建成化妆品“百千万”示范经营单位140家、示范商场16家、示范街1条。报送化妆品不良反应监测报告893例，不良反应事件报告数每百万人168份，做出行政处罚决定案件77件，罚没款216.6万元。

（市市场监管局　孙一栋）

【黄酒产业GM2D“一件一码”落地贯通】 2022年，绍兴市推动黄酒产业GM2D“一件一码”落地贯通，以黄酒生产龙头企业“古越龙山”为试点企业、以年销售额最大、销售范围最广单品“清醇三年”为试点品种，围绕识码、编码、派码、赋码、用码、管码环节，进行“单品码”转码。首批5万瓶“清醇三年”黄酒产品于10月27日起销往全国各地，并亮相首届全球数字贸易博览会。绍兴市起草《黄酒生产企业“单品码”转码操作规程》，为全省黄酒行业推广使用提供“绍兴模板”。

（市市场监管局　丁颖芹）

【校园食品安全智治行动】 2022年，绍兴市在全市1118家中小学和幼儿园食堂、16家校园食材配送公司、4家校外集体供餐单位应用校园食品安全智治。累计安装配备智能设备和物联感应装置近8000套，生成各类数字台账352万余条，AI抓拍及物联监测示警1.56万次。在全市10所学校试点使用校园智慧安心点餐系统。构建全市统一食材标准库，形成11大类33种食材标准，推进食品安全沉浸式教育，对学校分管负责人、食品安全管理人员等近7000人进行培训。

（市市场监管局　吴　丹）

【“铁拳”“亮剑2022”保障民生安全综合执法行动】 2022年，绍兴市加大对保健食品、婴幼儿配方食品、固体饮料领域违法行为执法力度，加强对学校食堂、集体用餐配送单位食品安全执法力度，严厉打击各类违法行为。年内，重点领域案件立案4983件，结案4686件，罚没款3025.52万元；移送公安机关立案41件。有22件案件入选全省“铁拳”行动和“亮剑2022”综合执法行动典型案例。

（市市场监管局　方观雄）

【打假治劣"药剑"行动】 2022年,绍兴市开展打假治劣"药剑"行动,涉及药品、医疗器械、化妆品领域,检查药械化生产经营企业和使用单位近2.22万次、网络销售企业162次,发现案源158件,办结违法案件155件,移送公安机关涉嫌犯罪案件22件,案件线索移送卫健部门1件,责令改正问题企业22家,罚没款482.9万元。

(市市场监管局 王培培)

【"守查保"专项行动】 2022年,绍兴市推进食品安全"守查保"专项行动,检查食品主体10.32万户,闭环处置问题风险1.24万个,作出食品案件行政处罚决定4181起,案值208万元,罚没金额940万元,移送公安34件,有14起案件入选全省典型案例。

(市市场监管局 叶 玲)

【跨区域协同监管】 2022年8月,绍兴市上线医疗器械跨区域监管平台,有139家企业加盟使用。9月,医疗器械跨区域监管平台被省数字政府建设服务专班收录于《数字政府优秀案例集(第一批)》。

(市市场监管局 何 岚)

【"三防三化"应用场景建设】 2022年,绍兴市针对原料药生产企业"三多一少"(特种设备多、危险化学品多、人工操作多、安全管理专业人员少)风险高发特点,探索原料药生产企业安全生产"三防三化"工作机制(人防措施制度化、物防设施标准化、技防手段数字化),推进安全生产制度化和规范化,淘汰"三损两失"仪表设备,推进工艺流程数字化和监控预警数字化,提高安全事故可检测性。全市25家原料药生产企业实现"三防三化"建设全覆盖。

(市市场监管局 王培培)

【食品药品化妆品检测服务】 2022年,绍兴市开展食品检验8842批次,其中,酒类产品国转移抽检349批次,食品省转移抽检558批次、市级抽检1610批次,食品委托检验6325批次;药品、医疗器械、化妆品检验2985批次,其中药品监督检验1129批次、委托检验1560批次、药品快检206批次、化妆品市级抽检90批次。药品不良反应报告审核评价每百万人1128份,医疗器械不良事件审核评价每百万人441份,化妆品不良反应报告审核评价每百万人167份。市市场监管局成为全省食药检系统内首家引入GB/T 33250—2016《科研组织知识产权管理规范》部门;通过由美国权威机构举办的国际实验室药品(GC—FID异丙醇测定能力)检测能力验证和英国FAPAS(分析实验室能力验证)组织的食品(苯甲酸、山梨酸、糖精)国际能力验证。全年获专利4项(高效率的液萃取装置、食品检测用防堵塞的高通量全自动固相萃取装置、食品检测提取装置、食品检测仪),完成检验机构资质认定(CMA)扩项评审,新增检测项目参数643项,累计拥有CMA资质3381项,国家实验室(CNAS)资质462项。

(市市场监管局 王彩霞)

知识产权保护

【知识产权强市战略实施】 2022年,绍兴市在全国知识产权行政保护工作绩效考核中列第八位,连续3年被国家知识产权局通报表扬。绍兴市、柯桥区入选首批国家知识产权强国建设试点市、示范县;柯桥区入选全国第一批知识产权纠纷快速处理试点(全国仅3个县区)。在省政府督查激励考核中,新昌县入选知识产权保护工作成效明显的县(市、区)。

(市市场监管局 庞 冲)

【专利申请】 2022年,绍兴市高价值发明专利拥有量达6899件,总量居全省第四位。每万人高价值发明专利拥有量13.09件,比2021年增长57.05%,增幅居全省第二位。上虞区专利融入标准省级试点通过验收;4个知识产权预警分析项目通过省级立项。

【知识产权服务】 2022年,绍兴市全国首创"知管家"知识产权托管模式,入选2022年度全国知识产权服务业典型案例,编入全国服务业发展年度报告,系全省唯一。布局知识产权信息公共服务网点,"浙江省通用砂浆研究院"成功备案2022年度省知识产权信息公共服务网点,系全市首家。

(市市场监管局 何甜甜)

【版权保护】 2022年,市委宣传部联合网信、公安、文广旅游等部门开展冬奥版权保护集中行动。组织开展"护苗·绿书签"活动,分发版权保护海报1万余份、"绿书签"10万余张,推出相关活动报道20余篇次,发布公益广告60余条。加大网络文化市场侵权盗版行为查处力度,协调办理行政案件和刑事案件各3起。发挥柯桥区知识产权保护中心在纺织面料花样版权服务上的优势,打造具有绍兴特色的高质量版权登记作品,全市版权作品自愿登记量9192件,居全省第二位,每百万人拥有版权作品登记量1722.32件,居全省首位。依托全国首家纺织知识产权快速维权中心,打造纺织品花样知识产权司法协作应用"版权AI智审",并应用于省内人民法院办案办公系统,供全省法官进行比对取证。

(市委宣传部 黄 亮)

【商标品牌保护】 2022年,市市场监管局与新昌县市场监管局联合办理"浙江中野农机装备有限公司侵犯注册商标专用权案"入选市场监管总局十大典型案例。该案处罚款1055万元,是绍兴近5年来首起罚没额突破千万元案件,也是浙江省近年来知识产权领域罚没额最高案件。

(市市场监管局 庞 冲)

【知识产权人才培养】 2022年,绍兴市开展各类知识产权宣传培训活动8场次,其中线上2场,培训6150人次;线下6场,培训691人次。培训活动中涉及企业知识产权贯标内审员培训,合格率100%。

【知识产权宣传】 2022年4月,市市场监管局在世界知识产权日前后,连续7天面

2022 年 4 月 26 日，绍兴市保险担保助力知识产权运营（质押融资）战略合作协议签订仪式在绍兴咸亨酒店举行 （市场监管局 供图）

向全市市民开展知识产权网络竞答活动，宣传专利、商标、版权、商业秘密等政策法规、科普知识产权维权知识，吸引 13872 人参与，累计答题 57234 人次；举办"浙江知识产权在线""知识产权代理服务机构工作""知产与企业面对面"等培训 20 余场，共 1000 余人参加。

【知识产权共享法庭和巡回审判点建设】 2022 年，市市场监管局联合市中级人民法院设立全省首个依托知识产权人民调解委员会的共享法庭，通过数字化平台，加强诉讼与非诉讼调解衔接，引导知识产权纠纷诉前化解。"共享法庭"借助知识产权人民委员会 40 个调解员、100 个专家库入库专家、187 个技术调查官等人才优势，全年调解案件 53 件，成功 5 件，涉案金额 294.2 万元。此外，市市场监管局联合宁波知识产权法庭设立绍兴巡回审判点，实现知识产权"跨城诉讼"到"家门口诉讼"，提高维权效率、降低维权成本。

（市市场监管局 刘 毅）

【市知识产权全链条保护合作框架协议制定】 2022 年 4 月，绍兴市发布《绍兴市知识产权全链条保护合作框架协议》，在政策制定、信息共享、协作调研、推进司法裁判、统一行政执法标准方面形成机制，推动知识产权纠纷化解从单向性向多元治理转变，将知识产权纠纷消灭在萌芽、化解在基层。

（市市场监管局 庞 冲）

【知识产权质押融资】 2022 年，绍兴市构建"财政贴息 + 政府补偿"知识产权质押融资政策性风险补偿体系，全市知识产权质押融资金额 240 亿元，比 2021 年增长 105%，惠及企业 937 家。推动全省首笔以集成电路布图为标的物的知识产权质押融资落地，入选全省十大知识产权金融创新典型案例。创新"保险 + 政策性担保 + 银行"知识产权质押融资保证保险新模式，落地全省首笔知识产权质押融资保证保险。

（市市场监管局 何甜甜）

【护航亚运特殊标志知识产权保护专项行动】 2022 年 5 月，绍兴市印发《绍兴市第 19 届亚运会和第 4 届亚残运会知识产权保护工作方案》，成立市保护小组，分发《第 19 届亚运会和第 4 届亚残运会知识产权保护指导手册》200 份，全市 900 多辆公交车和地铁 1 号线滚动播放亚运相关知识产权宣传视频。

（市市场监管局 庞 冲）

【市知识产权保护十大典型案例发布】 2022 年知识产权周期间，绍兴市在新华网、《中国市场监管报》、科技金融网、绍兴网、《绍兴晚报》等媒体上发布《知识产权保护十大典型案例》，包括绍兴某某风机有限公司恶意注册商标案，浙江某某农机装备有限公司生产销售近似小鹿注册商标商品案，江西某某铝业有限公司傍名牌侵犯"风铝"注册商标专用权案，越城区某某通信器材商行侵犯"华为"商标专用权案，崔某某非法制造、销售"Sleemon 喜临门"注册商标标识案，浙江某某电器股份有限公司违规使用奥林匹克标志案，上虞某某影像器材厂侵害外观设计专利权案，潘某侵犯商业秘密案，王某侵犯纺织品花样著作权案，朱某某等盗版图书作品侵犯著作权案例。内容涉及恶意注册商标、侵犯商标专用权、违规使用奥林匹克标志、侵害外观设计专利、侵犯商业秘密、侵犯纺织品花样著作权（版权）领域。

（市市场监管局 祁 立）

信用绍兴建设

【概 况】 2022 年，绍兴市实施信用"531X"工程（即聚焦企业、自然人、社会组织、事业单位和政府机构 5 类主体，构建公共信用指标体系、信用综合监管责任体系、公共信用评价及信用联合奖惩体系 3 个大体系，完善全省统一的公共信用信息平台，推进信用体系在若干重点领域创新应用），创建全国社会信用体系建设示范区，迭代完善平台网站基础建设，推进信用业务协同，拓展"信用 +"惠民便企应用，开展信用专项治理，做好信用信息修复，举办诚信宣教活动，国家城市信用监测排名首进前 12 名，社会信用体系建设总体水平迈上新台阶。

【信用"531X"工程】 2022 年，绍兴市聚焦企业、自然人、社会组织、事业单位和政府机构 5 类主体，建立完善市公共信用信息平台，信用数据库累计归集 117 类公共信用数据 2.5 亿余条，共享数据 2277 万条。按照全省统一的公共信用指标体系、信用综合监管责任体系、公共信用评价及信用联合奖惩体系，推进越城区、上虞区省级"信用 + 社会"试点建设，拓展个人诚信分、文明交通应用场景,探索信用在支付、金融、交通运输、税收等领域的激励应用,在市场监管、农产品生产、建筑招标、司法、快递等领域推行以信用评价和分级分类为基础的行业信用监管机制。

【公共信用信息平台与部门业务系统协同】 2022年,绍兴市全面实施省政府数字化转型信用应用业务协同,绍兴市不动产登记信息管理系统、公共资源交易服务平台等32个部门业务系统实现与公共信用信息平台互联互通,在公共服务、审批服务、公共资源交易等领域累计进行信用协同应用39.2万余次,查询反馈率100%,实行评先评优、政策兑现等信用核查12.8万余次。

(市发展改革委　操顾娜)

【信用监管】 2022年,绍兴市制订信用规范性文件推进社会信用高质量发展,建立健全考核机制抓好信用制度落实,制订社会信用体系建设责任分工,明确部门单位重点任务。聚焦重点行业领域信用监管,归集共享行业信用评价结果,以创新社会治理模式、提升风险监测预警能力为目标,实施信用分级分类监管。在市场监管、农业、建筑领域出台多项政策实施分级分类监管。生态环境、交通运输、应急管理、公安、税务等部门结合自身职责,探索和推行以信用评价和分级分类为基础的行业信用监管机制。

【信用服务】 2022年,绍兴市按照省级标准开展"信用绍兴"网站集约化迁移和手机版改造,完善公共信用信息数据共享应用支撑能力,推进"信用+社会治理"省级试点建设,在全市范围内开展以个人诚信分为基础的"信易+"激励应用,持续做好公共信用信息平台与部门业务系统的协同、反馈工作,常态化做好"信用中国""信用浙江"网站不良信息修复工作。

【守信激励和失信惩戒】 2022年,绍兴市建立和完善守信联合激励和失信联合惩戒制度,加快推进社会诚信建设,在市场监管、交通运输、税务、建筑等领域探索和推行守信激励、失信惩戒的信用监管机制。实施《绍兴市个人诚信分管理办法(试行)》,依法科学界定守信和失信行为,"信用绍兴"平台累计公示守信红名单信息109345条,失信黑名单信息1522条。开展诚信宣教,拓展"信易+"应用场景,推进国家社会信用体系建设示范区、国家信用示范城市创建。

(市发展改革委　操顾娜)

【企业信用风险分类管理】 2022年,绍兴市推进"监管+风险+信用"监管模式,实施企业信用风险分类监管,把企业信用风险分类结果同"双随机"抽查、重点领域专项整治等手段相结合,按不同信用风险等级实施差异化监管,提高对失信企业的抽查比例,提升精准监管水平。至年末,全市4311个"双随机"抽查任务中,应用信用规则率98.23%,其中市场监管部门发起955个"双随机"抽查任务中,应用信用规则率99.05%,远超省定70%指标要求。

(市市场监管局　赵建忠)

【建筑企业信用评价】 2022年,绍兴市出台《绍兴市建筑施工企业信用管理办法(试行)》,全市2212家房建企业、2280家市政企业参与信用评价。自11月1日起,信用分正式应用于工程招投标,在招投标100分中占5分。实施信用评价后,投标企业数量大幅度下降,原先市本级一个项目有约300家企业"摸球",采用新规后则下降至80家。

(市建设局　宣哲琦)

【农产品质量安全信用建设】 2022年,市农业农村局开展食用农产品生产主体信用综合监管工作,印发《绍兴市农业农村局关于加强食用农产品生产主体信用综合监管工作的通知》,明确市、县对食用农产品生产主体信用综合监管责任,市农业农村局重点负责本级的食用农产品生产主体信用综合监管工作的监督、协调、审核等;各县(市、区)农业农村局负责本级的食用农产品生产主体信用综合监管相关信息的归集、录入和审核等,依申请对食用农产品生产主体信用评价结果进行复核、对评价不良信息进行信用修复,以及对列入或移出严重失信名单进行认定、审核和上报,全市合力推进食用农产品生产主体信用综合监管工作。至年末,全市有1835家农业主体参加全省信用评价工作,其中有19家农业主体信用等级被评为省级A级。

(市农业农村局　李　萍)

数字经济

综　述

【数字经济发展】 2022年，绍兴市以"数字变革"为牵引，贯彻落实全省数字经济高质量发展大会精神和"两个先行"新征程中实施数字经济"一号工程"升级版的有关文件要求，制定《绍兴市深入实施数字经济一号工程"升级版"若干意见》，明确对标"升级版"绍兴市的发展目标思路和主要任务。制定《绍兴市加快推进数字政府建设实施方案》，以建设"数智绍兴·现代政府"为目标，重构全市资源，激发数字活力，加快构建政务管理协同高效、便民惠企智能创新、市域治理精准泛在，更具城市吸引力、创造力和竞争力的网络大城市。推进《绍兴市智能制造五年提升行动方案(2021—2025)》实施，推广"产业大脑＋未来工厂"新模式，通过"算力换人力"，加快构筑实体经济与数字技术融合发展的现代产业体系。年内，绍兴市实现数字经济核心产业增加值321亿元，比2021年增长20.8%，增速居全省第4位，高于全省平均13.4个百分点。数字经济核心产业增加值占地区生产总值的比重为4.4%，较2018年提升1.4个百分点。在2022数字经济城市发展百强榜中，绍兴排名全国第37位，排名增长11位，在全省11个地市中排名第4位。

【数字产业生态构建】 2022年，绍兴市围绕要素集聚激活保障，加快构筑形成良好的数字产业生态。修订完善数字经济和智能制造补助政策，每年安排4亿元资金，加大对产业数字化项目、工程服务商引育的支持力度。建立常态化政银企合作机制，引导在绍金融机构加大数字经济领域产业项目的支持力度。金融机构全年提供数字经济相关信贷支持120亿元。

【数字经济产业集群培育】 2022年，绍兴市制定《绍兴市加快推进集成电路产业发展的若干政策(试行)》，实施《绍兴市集成电路产业专项人才规划(2021—2025)》，规划6.38平方千米，打造集成电路"万亩千亿"新产业平台，引导集成电路产业"全链式"发展。以头部企业、引擎项目招引为关键突破口，豪威科技、中芯绍兴、长电科技等产业链链主企业相继落户，累计签约落户重大集成电路产业项目50余个，实到总投资超600亿元，储备项目超百个。累计引进浙大绍兴微电子研究中心等创新机构(平台)8家；设立100亿元的集成电路产业母基金，专项支持集成电路产业重大项目；盘活空间容量，基于集成电路产业项目用地实际，完成用地性质规划调整，累计盘活存量用地64.33公顷，完成出让37.8公顷。

2022年3月5日，绍兴滨海新区管委会与敏实控股集团、联峰集团、复合半导体集团在绍兴饭店举行数字经济产业合作园项目签约仪式。根据协议，数字经济产业合作园项目将按照"共同谋划规划、共同建设投入、市场化招商运营"模式，打造从上游半导体材料、设备，中游设计、制造、封测，到下游汽车、医疗、通信等产业应用的国际一流产业集群和产业生态。

【民生普惠数字化提升】 2022年，绍兴市围绕数字赋能民生普惠，推进"数字＋城市"建设，建成全市城市大脑通用平台，为政务服务、数字交通、古城保护等数十个应用提供综合服务支撑。推进"数字＋贸易"，实现跨境电商网络零售增长50%以上。推进"数字＋金融"，全面推进移动支付(含银联标准)建设，提升移动支付水平，全市移动支付活跃用户数突破400万人次。推进"数字＋养老"，深化国家智慧养老应用试点建设，完善五大功能服务监管平台，建立老龄人口数据库、服务主体数据库、政府管理数据库。推进"数字＋出行"，构建交管数据融合汇聚的大数据平台，建立交通一体化分析研判机制，实现三区交管数据的互联互通。推进"数字＋医疗"，实施"联网＋医疗健康"试点工程、医疗健康数据共享和互联互通提升工程，全面建成医保经办"15分钟服务圈"，落地医保电子凭证。

【数字经济建设成果】 2022年1月，据浙江省数字经济系统建设专班测评，绍兴市获全省数字经济系统建设工作"优秀"(设区市)。在细分产业大脑考核评价中，绍兴市主建的电机产业大脑、织造印染产业大脑和联建的化工产业大脑均获优秀成绩。在优秀理论、制度成果评比中，绍兴市编写的《"产业大脑＋未来工厂"建设若干思考——基于绍兴试点的实践与体会》《大型科研仪器开放共享重大应用建设方案》分获省数字经济系统首批优秀理论成果、首批优秀制度成果。绍兴市牵头参与建设的浙里关键核心技术攻关、浙江知识产权在线、电机产业大脑、职务成果转化在线、浙里工程师、企业研发服务在线应用入选；绍兴市牵头建设的纺织品花样“版权数治”、浙里绿税应用入选第一批省级优秀地方特色应用。8月，省数字经济系统建设专班办公室遴选出首批41个地方特色应用，绍兴市的国网绍兴供电公司主建的浙里绿税、市科学技术局和越城区科学技术局主建的绍兴市大型科研仪器设备开放共享一指办、越城区商务局主建的一码找订单、新昌县农业农村局主建的新昌茶卫士、新昌县商务局主建的“天姥管家”数字生活新服务、诸暨市公安局主建的“警企云”产业链预警研判平台入选，入选数量列全省第一位。

【数字经济创新发展试验区建设】 2022年，新昌县围绕“浙江省数字经济创新发展试验区”建设，以产业数字化工作成效为基础，推进数字经济系统建设。至年末已备案信息化项目60余个，备案总投资额超1.4亿元，企业数字化改造项目数量比2021年增长30%以上；规模以上工业数字经济核心产业增加值32.58亿元，增长12.4%，绝对值和增速均列全市前三位。数字产业化项目加快落地，招商引资项目60%以上为数字经济产业项目。以“新昌轴承产业”数字化转型做法为主要内容的《浙江工业中小企业数字化转型“学样仿样推广法”实践》获国务院领导批示。捷昌驱动应用“微特电机声纹质检创新应用”被工信部列入智能化制造方向创新领航应用案例名单。“天姥管家”数字生活新服务被列入2022年度数字经济系统最佳应用。

【“企业码”应用推广】 2022年，绍兴市经信局依托“企业码”开发“码上防疫”应用，成为全省“工业物防链”多跨应用建设试点单位。疫情期间，建立企业“白名单”制度，纳入“白名单”企业1017家，加强“白名单”企业闭环生产管理，建立“一企一策一预案一诉求一协调”工作机制，确保生产不停、链条不断、产能不减、秩序不乱。迭代升级“企业码”绍兴专区，升级“企业码—驻企服务”应用场景，拓展开发诉求办理“绿色通道”。建设惠企政策综合服务平台，推进“一站式”直达服务，试行预兑直兑快兑制度，完成减负降本247.5亿元。全省首创上线“一码找订单”应用，实现外贸订单“一屏监测、一键订单、全程掌控”，组织“十业百团千企”出海拓市场活动，打造“代参展”+“一码找订单”新场景，助力企业抢订单、拓市场、稳预期。强化高端人才供给，新入选国家“启明计划”105人，占全省的22.5%、全国的约10%，数量超北上广深等一线城市，蝉联全国第一位。

（市经信局　端木丽浩，市科技局　陈家楠）

数字基础设施建设

【概况】 绍兴市围绕数据流通、畅通、增值，数字新型基建全面提档升级。先行先试数字新基建，超前布局建设5G网络，在全省率先制订5G建设导则、促进5G基础建设和应用发展的若干意见等，深化推进5G基站建设“一件事”集成改革，实施“5G赋能千行万业行动”。至2022年末，累计建成5G基站16262座，创建5G融合应用示范项目30个。按照“一区域一平台、一行业一朵云”创建目标，全力打造企业级、行业级、区域级工业互联网平台，新培育省级工业互联网平台12家。其中轴承行业级工业互联网平台被工信部列为国家新型工业化产业示范基地数字化转型提升试点项目名单，环思智慧、陀曼云计算入选国家首批财政支持中小企业数字化转型试点平台。

（市经信局）

【绍兴电信数字基础设施建设】 2022年，绍兴电信打造5G精品网络，深化5G共建共享，推进3.5G/2.1G/800M高中低频协同组网，实现全市主城区、县城、重点乡镇的5G网络连片覆盖及重点场景、地铁线路的深度覆盖。构建全市“四区六轴八枢纽、多通道、分区辐射”的骨干光缆大动脉。布局万兆光网能力，全市6个县（市、区）均达到千兆城市标准。布局“天翼云”一城一池，打造分级算力部署、高速互联的分布式云，建设5G+工业互联网产品体系和队伍体系，结合5G云网和外部生态，形成适合渠道拓展的平台产品方案。围绕工业、教育、医疗、交通物流等，推进边缘云、5G、工业PON（无源光纤网络）定制组网。构建“2+11”分布式、全覆盖的安全能力池，夯实网络、信息、数据安全底座；打造“云网端数用边”六端安全运营体系。坚持绿色低碳发展，推进光伏发电、削峰填谷等节能技术，打造绿色云网。

（电信绍兴分公司　代　敏）

【绍兴移动数字基础设施建设】 2022年，中国移动绍兴分公司，建成5G基站超1万个，实现城区、县城、重要乡镇连续覆盖，行政村网络全覆盖。算力网络方面，以算为中心、网为根基，通过网络连接算力，为用户提供“用水用电”级别的信息技术服务。打造“1+3+N”数据中心集群，即袍江省级数据中心，越城、诸暨、嵊新市级数据中心，510个边缘数据节点中心；构建“同城1ms+区域3ms+全省5ms”低时延圈，中心算力达41万核vCPU（虚拟中央处理器），边缘算力达2300核vCPU。

（移动绍兴分公司　莫思恬）

【绍兴联通数字基础设施建设】 2022年，绍兴联通加快新型数字信息基础设施建设，加大四张精品网建设力度。移动网深化推进共建共享，构建高中低频协同、覆盖与容量双优的5G网络，实现乡镇以上重点区域5G网络连续覆盖。宽带网加快区域布局覆盖，实现区县城区主要业务节点的万兆能力。加大数字化基础设施投入，提供可信赖的算网一体化运营服务，助力绍兴网络大城市建设。深度参与卧龙电气数字互联工厂建设，赋能柯桥迎丰科技5G未来工厂建设。绍兴联通参与的电机产业大脑、轴承产业大脑和织造印染产业大脑入选省第一批30个成功揭榜的产业大脑项目。以易用管用的数字乡村平台为抓手，辐射绍兴地区6个县（市、区）70余个村。

（联通绍兴分公司　俞雅萍）

【IPv6 规模部署和应用】 至 2022 年末，绍兴电信完成全网基础设施 IPv6 改造，新建网络默认开启 IPv4 和 IPv6 双栈。完成绍兴市电子政务出口 IPv6 改造，市本级 sx.gov 域名解析 IPv6 改造，协助市政府门户网站、市卫健委门户网站等完成 IPv6 改造。增强 IPv6 环境下物联网、车联网、云计算、大数据、人工智能等领域网络安全保障能力。中国移动绍兴分公司的城域数据网已全面开启 IPv6 业务承载功能，支持 IPv4 和 IPv6 双栈业务访问，CDN（内容分发网络）节点全部完成 IPv6 升级改造，新增 CDN 节点默认支持 IPv6。同时，参与拓展行业融合应用改造，配合国网浙江省电力有限公司绍兴供电公司、市教育发展中心、柯桥区大数据发展管理中心等进行数据中心和门户网站的 IPv6 改造。绍兴联通在完成全网基础设施 IPv6 双栈改造、实现全网支持 IPv6 应用基础上，进步 IPv6 网络安全监测能力，部署 IPv6 流量清洗能力，实现针对有害网络应用的反制能力，提高全网安全性。获"负载调整方法与设备"国家专利一个；5G 切片和 MEC 的医共体智慧医疗边缘数据中心获得"国家新型数据中心"典型案例。至年末，全市教育系统全面完成教育网 IPv6 改造，教育网内电脑均可依托 IPV6 网络流量出口，此项工作列全省前列。

（电信绍兴分公司　代　敏，移动绍兴分公司　莫思恬，联通绍兴分公司　俞雅萍）

数字产业化

【概况】 2022 年，绍兴市抓住头部企业招引落地快投产、早达产，形成以集成电路为代表的新一代信息技术产业集群。绍兴中芯一期及一期扩建项目完成实际投资 130 亿元（月产能 10 万片），二期项目总投资 174 亿元，其中"8 英寸硅基芯片"项目已通过"窗口指导"并启动建设；长电绍兴实际完成投资超 20 亿元，2022 年 1 月通线投片。

【软件产业】 至 2022 年末，绍兴市有纳入统计监测的软件企业 54 家（软件业务收入达到主营业务收入 30% 以上），累计实现软件业务收入 65.7 亿元，产业规模居全省第六位，比 2021 年增长 2.8%；实现利润 24.1 亿元，增长 30.4%，盈利能力持续向好；吸纳从业人员 4762 人。

【数字游戏产业】 2022 年，绍兴市以上虞 e 游小镇为核心培育数字游戏文化产业，实现游戏软件业务收入 44.8 亿元，增长 10%，占全市软件业务比重的 68.2%。有营收超亿元数字游戏企业 7 家，其中，上虞世优网络实现业务收入 13.1 亿元。

【数字产业技术创新】 2022 年，绍兴市依托装备制造产业基础，在嵌入式软件领域开展技术创新。至年末，累计培育陀曼智造、精工钢构、晶信机电、迪捷软件、晶盛机电 5 家首版次软件产品企业。其中，晶盛机电的"CCS900D-ZJS 环线开方机控制系统软件 V1.0"列入全省首版次软件目录。

【新型架构类工业软件开发】 2022 年，绍兴市着力发展以工业互联网及工业 App 为代表的新型架构类工业软件，42 家工业互联网平台入选省级培育名单，11 家平台创建成省级工业互联网平台，各级各平台连接工业设备（产品）500 万台，开发集成工业 App3000 余款，服务工业企业 5000 余家，大幅度提升产业链协同创新水平。织造印染、电机、轴承、袜业、智能厨电、化工、生物医药 7 个细分行业产业大脑列入全省试点。

（市经信局　端木丽浩）

【2022 智能视觉产业峰会】 2022 年 9 月 23 日，2022 智能视觉产业峰会暨第二届中国・绍兴"万亩千亿"新产业平台人才全球创业大赛智能视觉系列赛专场颁奖典礼在诸暨市经济开发区举行。会议包括启示远眺、极目远眺、集智远眺、不凡远眺环节，会上发布诸暨智能视觉产业平台品牌 logo（标志）及宣传片，华为、科大讯飞等智能视觉企业发布新品，有 8 个获奖项目集中签约全部落地诸暨，活动受到 150 余万人次关注。

（诸暨市史志室　张卓杰，诸暨市府办　祝添乐）

产业数字化

【概况】 2022 年，绍兴市从细分行业入手，推动织造印染、轴承、袜业、厨具、茶叶、黄酒、珍珠等产业大脑试点建设。柯桥区攻坚印染行业关键环节数字化改造，建成"织造印染产业大脑"；上虞区打造化工行业数字化改造新模式，建成"电机产业大脑"；诸暨市主攻金属加工和袜业两大产业的数字化改造，打造"袜业大脑"；嵊州市以厨具龙头企业为突破口，打造"智能厨具大脑"；新昌县完成轴承、纺织纺机行业智能化改造，建成"轴承产业大脑"。深化培育打造"未来工厂"，推进"产业大脑＋未来工厂"融合发展，推进制造业数字化转型，凸显数字化创新引领作用，在质量提升、动能转换、结构优化、绿色转型等方面取得成效。

（市经信局　端木丽浩）

【"产业大脑＋未来工厂"建设】 2022 年，绍兴市围绕经济治理现代化，打造以"产业大脑＋未来工厂"为核心的数字经济系统，促进构建实体经济与科技创新、现代金融、人力资源协同发展现代化经济体系，数字经济系统考核评价列全省第一位。织造印染、电机、轴承、袜业、智能厨电、化工、生物医药等 7 个细分行业产业大脑入选省级试点，黄酒、珍珠等历史经典产业和茶叶、香榧等特色农业产业大脑建设率先突破。产业大脑建设进展连续获评优秀，居全省前二位。织造印染、电机产业大脑获评 2022 年度数字经济系统产业大脑优秀案例。按照"数字生产线—数字化车间—智能工厂—未来工厂"培育路径，梯次推进制造业数字化转型智能化升级。全市累计入选省级未来工厂 3 家、智能工厂 19 家、数字化车间 35 家；累计入选省级数字工厂2家，省级未来农场1家、数字农业工厂（含数字农场、数字牧场、数字渔场）19家。

【数转智改工作】 2022年，绍兴市推行全行业智能制造五年行动，通过“智能增效能”，全面提升制造业智能化、绿色化水平。推进规模以上工业企业智能化改造全覆盖、中小企业数字化改造全覆盖、工业互联网重点产业全覆盖。智能化改造由13个传统产业扩展到集成电路、生物医药等33个细分领域。累计有在役机器人18172台，机器人密度提升至每万人278台。浙江新柴股份有限公司的基于工业互联网平台的智能制造能力、浙江康立自控科技有限公司的康立纺织智慧工厂建设方案入选工信部公布的2022年新一代信息技术与制造业融合发展试点示范名单，浙江大豪科技有限公司、浙江康立自控科技有限公司入选省数字工厂标杆企业名单。

（市经信局　端木丽浩）

【农业数字化】 2022年，绍兴市实施农业产业提升计划，建立数字化改革项目清单，推动农业“两区”（粮食生产功能区、现代农业园区建设）、特色农业强镇、规模化种植养殖基地等数字化转型。以“农业产业大脑＋未来农场”为核心模式，推动建设农业产业大脑“一县一大脑”工程，5个县级农业产业大脑完成省乡村大脑对接工作。迭代升级数智保险平台，打通农业农村、气象等部门及保险公司数据通道，实现投保全流程线上“零跑办理”。雾耕农业、一景牧业、佰瑞拉等19家农业企业被省农业农村厅认定为数字农业工厂（含数字农场、数字牧场、数字渔场），陌桑现代茧业人工饲料数字化养蚕未来农场创建成全省首批未来农场，新昌茶卫士入选全省数字经济“一地创新、全省共享”项目。

（市农业农村局　马月夏）

【化工产业数字化】 2022年，绍兴市贯彻落实数字经济“一号工程”和传统产业智能化改造行动，化工领域累计创建省级工业互联网平台7个，创建省级智能工厂（数字化车间）6家，省级上云标杆企业5家。上虞区以“标准化、数字化、智慧化”为引领积极打造“4+2”综合监管服务系统，布设前端感知点位20.8万个，集成省、市、区三级系统管理平台12个。

（市经信局　端木丽浩）

【纺织业数字化、智能化】 2022年，绍兴市织造印染产业“产业大脑＋未来工厂”体系基本建成，试点建设成效初步显现，产业链上下游更趋协同，已有超过50家织造印染企业和400余家贸易企业接入“织造印染产业大脑”，形成质量、设备、工艺、贸易、订单等数据近300万条。从接入企业情况看，厂商与贸易商间信息沟通时间可减少50%～80%，跟单效率提升30%～50%，订单逾期率降低5%～10%，用工成本减少10%～20%，制造周期缩短8%～15%。

【服务业数字化】 2022年，绍兴市实施服务业数字赋能工程，以数字赋能催生服务业新业态新模式发展，加速一、二、三产深度融合，打造现代服务业创新发展区等高能级平台，绍兴古城数字文旅创新发展区、上虞经开区新材料科技服务业创新发展区创建成省级现代服务业创新发展区。

（市发展改革委　程洁丽）

【工业互联网建设】 2022年，绍兴市继续加快工业互联网建设。在第二届绍兴市工业互联网应用大赛上，浙江宝业现代建筑工业化制造有限公司“宝业现代建工装配式建筑工业互联网平台项目”，浙江舜云互联技术有限公司、中国联合网络通信有限公司浙江省分公司“舜云互联未来工厂（应接尽接）平台项目”，浙江梅轮电梯股份有限公司“梅轮电梯5G+工业互联网平台项目”获一等奖，展示了绍兴在工业互联网发展领域的实力和潜力。上虞区电机产业大脑工业互联网平台、新昌县捷昌智能家居工业互联网平台入选2022年度省级重点工业互联网平台项目名单，入选数量居全省第二位；绍兴市轴承行业工业互联网平台入选国家新型工业化产业示范基地工业互联网平台赋能数字化转型提升试点项目。

【RCEP数字贸易学院成立】 2022年11月23日，由绍兴贸促会、浙江越秀外国语学院与浙江大学中国数字贸易研究院联合举办的2022年高水平开放型数字经济建设研讨会暨RCEP数字贸易产业学院揭牌仪式，在浙江越秀外国语学院举行。会议以线上线下结合方式召开，由中国贸促会商业行业委员会与浙江越秀外国语学院共建的全国首个RCEP数字贸易产业学院正式成立。阿里巴巴研究院、中国社会科学院数量经济与技术经济研究所、对外经济贸易大学中国WTO研究院、北京点石出海科技有限公司、浙江越秀外国语学院的专家围绕“数字赋能高质量发展与新发展格局”主题进行了研讨。

浙江越秀外国语学院数字贸易学院（跨境电商创业学院、阿里巴巴数字贸易学院）位于浙江越秀外国语学院镜湖校区，学院现有在校生近1300人。2022年6月，中国贸促会商业行业委员会与浙江越秀外国语学院共建“RCEP数字贸易产业学院”落户数字贸易学院。数字贸易学院与跨境电商创业学院、阿里巴巴数字贸易学院、RCEP数字贸易产业学院联合实行“四块牌子一个机构”运作模式。电子商务专业为绍兴市重点专业，国际经济与贸易专业为浙江省“十二五”新兴特色专业和浙江省一流本科专业建设点。

（市经信局　端木丽浩）

集成电路产业

【概况】 至2022年末，绍兴市有集成电路产业链企业123家，从业人数26847人，实现产值534.7亿元，比2021年增长27.4%，实现主营业务收入426.7亿元，增长18.4%，实现利润62.3亿元，增长44.9%。实施重点集成电路项目30个，计划总投资458.5亿元，年度完成投资

111.6 亿元。产值超 10 亿元企业 13 家，其中，中芯绍兴、晶盛机电等龙头企业增势迅猛，中芯绍兴生产满负荷运转，累计出片 100 万片，月产攀升至 17 万片，全年实现产值 40.9 亿元，增长 60.7%；晶盛机电实现产值 173.4 亿元，增长 77.4%，新签晶体生长设备和智能加工设备订单超 200 亿元。绍兴集成电路产业园获中国集成电路高质量发展优秀园区。

【集成电路产业链】 2022 年，绍兴市集成电路设计、制造、材料、装备、封测、电子器件及应用产业链分别实现产值 4.6 亿元、43.8 亿元、109.4 亿元、174.2 亿元、24.6 亿元、178.1 亿元。产业结构持续优化，其中制造、封测、装备环节比重持续加大，产业链产值增速分别为 55.7%、54.4%、76.8%，保持了均衡快速发展态势。产业链加速整合，中芯绍兴、长电集成等链主企业带动作用逐渐显现，通过集聚上下游中小企业，联动推进采购供应、企业合作和产品推广，逐步形成以制造业和封测业为基础，以设计业为引领，以设备、材料、EDA（电子设计自动化）及器件应用为支撑的各环节协同发展的优质产业链。

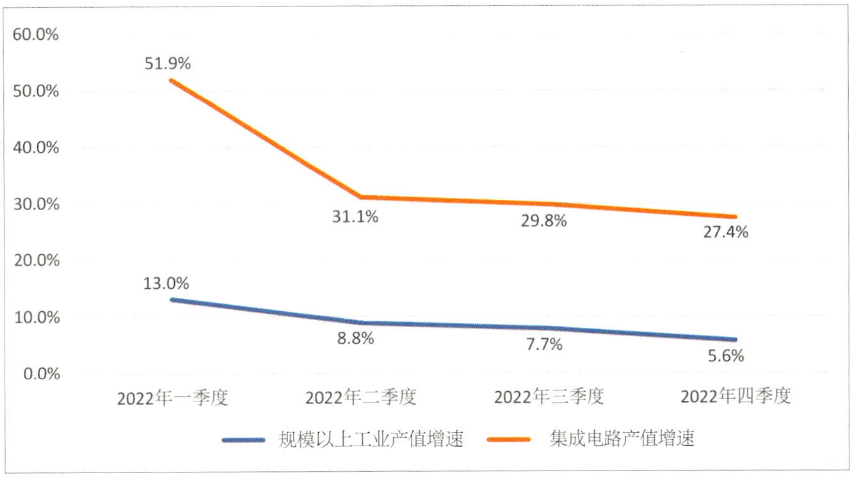

图 2 2022 年绍兴市集成电路产业与规模以上工业产值增速对比情况图

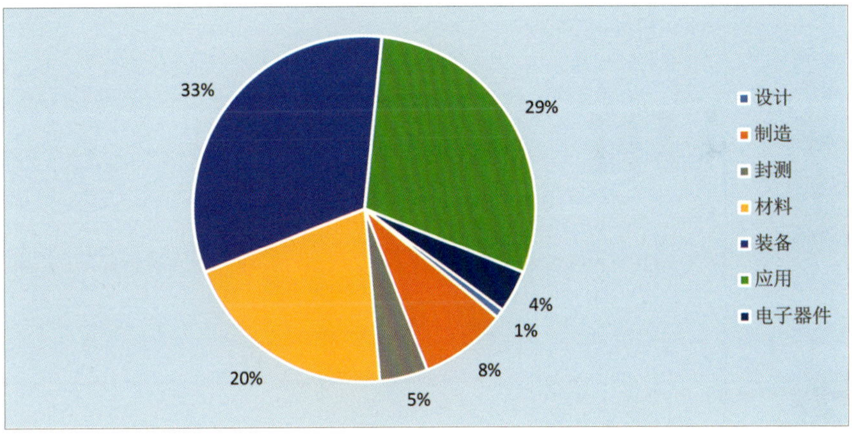

图 3 2022 年绍兴市集成电路产业链细分环节构成图

【集成电路产业创新体系培育】 2022 年，绍兴市依托西安电子科技大学等高等院校开展高端芯片技术攻关，启动 500 多项产品的开发和验证。“绍芯实验室”“浙江省宽禁带半导体特色工艺产业创新中心”“宽禁带半导体国家工程研究中心绍兴分中心”相继在越城区揭（授）牌。累计引进浙江大学绍兴研究院、北大信息技术科创中心等创新机构 8 家。开展集成电路人才专项服务计划，成立集成电路产业咨询顾问委员会，对接院士团队。深化校企合作，杭州电子科技大学绍兴校区开工建设、绍兴文理学院微电子专业招生扩容、绍兴技师学院微电子学院新设，强化人才本土供给能力。

【浙江省宽禁带半导体及特色工艺产业创新中心】 2022 年，浙江省宽禁带半导体及特色工艺产业创新中心（绍兴集成电路省级产业创新中心）被省发展改革委认定为省级产业创新中心，是绍兴市首个省级产业创新中心。该产业创新中心由绍兴集成电路产业园管委会牵头组织，中芯绍兴作为实施主体，联合长电绍兴、绍兴韦豪、浙江大学、西安电子科技大学、杭州电子科技大学等单位共同组建，以研发生产制造宽禁带半导体为核心，整合产业链、价值链、创新链力量，形成宽禁带半导体从芯片设计到封装测试的全产业链创新能力。

【省“十链百场万企”系列对接活动】 2022 年 7 月 1 日，由省经信厅和市政府共同主办的浙江省“十链百场万企”系列对接活动之集成电路产业链专场活动在绍兴举办。活动围绕集成电路产业链重点，组织上下游企业开展供需对接，通过项目签约、银企签约、产教签约为集成电路产业链企业提供要素支撑，赋能产业发展。长电绍兴、卧龙电驱、全兴精工等 6 家企业代表在会上发言。会上，3 个代表性集成电路重点项目正式签约，2 个集成电路产业人才合作项目成功落地，4 家银行与企业达成金融合作协议，融资对接总金额 200 亿元；发布《浙江省集成电路产业链产品供需手册》。省内集成电路龙头企业和整机企业负责人，有关高校和金融机构代表，省内集成电路相关行业协会、联盟代表受邀参加活动。

【绍兴集成电路产业发展论坛】 2022 年 9 月 23 日至 26 日，由市委人才办、市科协承办的“半导体与集成电路产业发展论坛”在绍兴召开。潘德炉、吴宜灿、房建成、邱爱慈、夏佳文等 15 位院士专家聚焦各自领域，先后就国际局势对于科技发展影响、前沿科技应用创新等内容作专题报告。

（市经信局　端木丽浩）

表 19

2022 年绍兴市集成电路产业链主要经济指标统计表

区　域	企业数（家）	产值		主营收入		利润	
		实绩（亿元）	增长（%）	实绩（亿元）	增长（%）	实绩（亿元）	增长（%）
全市	123	534.7	27.4	426.7	18.3	62.3	44.9
重点服务企业	59	358.9	51.3	286.3	48.4	45.5	92.2
越城区	76	143.6	9.6	152.7	17.6	4.2	454.7
柯桥区	8	26.3	14.4	22.0	21.8	2.5	118.8
上虞区	23	297.8	52.9	209.3	46.7	50.1	39.4
诸暨市	11	40.1	−9.2	17.7	−60.4	2.2	−44.4
嵊州市	2	2.7	56.4	2.6	57.7	0.4	198.9
新昌县	3	24.2	−2.6	22.4	−4.5	2.9	−6.5

表 20

2022 年绍兴市集成电路产业链各细分环节主要经济指标统计表

产业	企业数（家）	产值		主营收入		利润	
		实绩（亿元）	增长（%）	实绩（亿元）	增长（%）	实绩（亿元）	增长（%）
全市	123	534.7	27.4	426.7	18.3	62.3	44.9
芯片设计	28	4.6	13.7	4.4	9.3	0.2	−73.7
芯片制造	6	43.8	55.7	59.4	107.8	1.7	123.2
芯片封测	7	24.6	54.4	23.9	2.3	−0.4	−581.5
半导体材料	20	109.4	33.9	103.0	31.7	16.5	32.2
装备	5	174.2	76.8	92.6	83.4	28.2	595
应用	42	156.9	−5.9	122.3	−20.0	14.0	−17.4
电子器件及其他	15	21.2	−13.5	21.1	−8.1	2.1	−18.1

（市经信局　端木丽浩）

通信业

【中国电信绍兴分公司】 2022 年，中国电信绍兴分公司完成电信业务收入 19.58 亿元，比 2021 年增长 9.75%。移动电话用户数 184.16 万户，增长 24.92%。互联网用户数（不含手机上网用户）94.37 万户，下降 2.68%。新增 5G 基站 438 个，基本实现全市主城区和重要镇街 5G 网络全覆盖。参与浙江数字化改革“1612”体系架构、共同富裕示范区建设“1+7+N”重点工作体系和“1+5+N”重大改革体系建设。成立绍兴电信 IT 与研发中心，围绕云网融合、网络安全、数字化平台等关键领域开展科技攻关，实现关键核心技术的自主可控。绍兴电信承建全市 100% 的政务网、70% 的政务云，独家承建市信创云，主导或参与全市 10 余个数改应用，其中跨场景“预防青少年犯罪应用”获省级改革突破奖；柯桥“城市生命线”项目成为省级试点，入围全省数字化改革“一地创新、全省共享”S0 目录。深度参与“大脑”建设，集合自研体系智能领域专家、AI 能力，为党建统领大脑、法治大脑、基层大脑、安全大脑、科技大脑等积极输出能力，加快“大脑”落地进程。全面注智赋能，以三花智控 5G 定制网 + 工业 PON 等标杆案例为引领，为工业企业量身打造 5G+ 数据采集、机器视觉、AGV（自动导引运输车）小车、无线网络备份等典型场景的解决方案。推动现代数字技术与城乡生产生活生态全面整合，开展乡村振兴“数智助力行动”，全市累计签约数字乡村建设 519 个村。

（电信绍兴分公司　代　敏）

【中国移动绍兴分公司】 2022 年，中国移动绍兴分公司实现通信服务收入 45.58 亿元，增长 9.1%。新增 5G 基站 2058 个，实现城区、县城、重要乡镇连续覆盖，行政村网络全覆盖，千兆覆盖用户数 251 万户，助力全市达成“千兆城市”网络评价标准；构建“1+3+N”数据中心集群，“立体泛在、异构多样”的算力布局基本成型；累计落地 5G 项目 150 个，11 个项目获绽放杯专题赛道奖项，3 个项目获评 2022 年绍兴市“5G+”融合应用优秀案例。累计参与 40 余个数字化改革项目，建设数字经济、数字社会综合门户，打造浙里无废、数字人大、黄酒大脑、发改大脑、医疗器械跨区域协同治理等重点多跨场景应用；联合市文广旅游局共建“文旅大数据实验室”。完成党的二十大通信服务和网络安全保障工作；构建稳定可靠的亚运赛事公专网，实现主要交通线路、比赛场馆 4G/5G 全覆盖，完成全国女子垒球冠军杯赛和男子棒球冠军杯赛测试赛保障。迭代优化“基于大数据微访问新域名模型的网络反诈系统”，自动发现封堵涉诈网站 50 余万个，主动预警劝阻受骗用户 63 万余名，公司获省打击治理电信网络新型违法犯罪工作成绩突出集体；开展全省首个地市级大型央企“党建合创”联建，助推共同富裕；实施“七大乡村数智化工程”，参与建设上虞岭南乡东澄等 8 个未来乡村建设。打造“枫桥式”网格，构建“枫桥式”网格评价指数，成果获 2022 年中国企业改革发展优秀成果二等奖。

（移动绍兴分公司　莫思恬）

【中国联通绍兴分公司】 2022 年，中国联通绍兴分公司完成主营收入 6.58 亿元，比 2021 年下降 4.7%。其中通信服务收入 5.86 亿元。手机出账用户中 5G 化用户 26.3 万户，渗透率 49.4%，比 2021 年同期增长 14.8 百分点；实现宽移融合用户新增 19333 户，宽移融合渗透率 47.5%。持续聚焦一体化智能化公共数据平台、数字政府、数字经济、数字法治、数字社会等领域，新增 5G 基站 1032 个，累计获得项目 100 余个，项目金额超 2 亿元。深化 5G“高目标引领、高水平运营、高质量发展”，开展五大专项行动，提升 10 大核心能力，致力于成为 5G 时代的数字基础设施建设者。探索 5G+ 工业互联网工作，工业互联网新签项目 172 个，新签合同额 1674 万元。

（联通绍兴分公司　俞雅萍）

【中国铁塔绍兴分公司】 2022 年，中国铁塔股份有限公司绍兴市分公司实现营业收入 3.35 亿元，增长 10%。全市新建、改造 5G 基站 3528 个。至年末，共有通信基站 7678 座，平均每站租户数 1.83 户，实现 5G 全区域高质量覆盖。承建杭州亚运会 4 个比赛场馆和 1 个训练场的无线信号覆盖。杭绍铁路沿线红线内外 126 千米公网覆盖项目全线开通运营。部署 5G 数字化改革，加快从行业共享迈向社会共享。完成越城区中兴路和阳明路的“多杆合一”建设，将原有的 719 杆件整合至 369 杆件，整体减杆率 49%，其中路口减杆率超过 60%。完成迪荡湖公园等 6 座特型塔建设，累计建设 5G 数字特型塔 14 座。完成高位监控站址 1433 座，累计部署规模 2625 座，覆盖行业 31 个。完成铁塔换电网络深度覆盖和骑手之家建设，累计建设智能换电柜 271 个，为外卖小哥、快递等服务业提供换电服务 328 万次。2022 年，铁塔绍兴换电运营中心获全国总工会“最美工会户外劳动者服务站点”称号。在新昌县试点投放运营共享电单车 1500 辆，日服务次数超 4000 次。

（铁塔绍兴分公司　金珂珂）

2022 年 9 月 17 日，市无管局在越秀外国语学院考点开展 2022 年国家统一法律职业资格考试无线电安全保障　（市无线电管理局　供图）

【无线电监管】 2022 年，绍兴市共完成无线电管理行政许可审批 247 件，其中无线电频率使用许可审批 26 件，指配频率 66 个 / 对；无线电台站设置和变更审批 195 件，新设台站 106943 个，其中公众移动通信基站 106449 个；无线电台识别码核发审批 10 件，核发无线电台识别码 10 个，无线电注销审批 16 件。完成全市 39 家设台单位的频占费收缴工作，共计 13.26 万元。推进绍兴电信、移动、联通等 3 家运营商开展基站申报工作，协调做好中广电与绍兴移动联合建设 700M 基站建设工作。共核发 4 家运营商的 5G 基站扇区执照 22504 个（含中国广播电视网络集团有限公司 700M 基站扇区 3441 个）。完成国家、省各类无线电监测任务 22 项，上传监测报告 30 份。全年累计开展监测 27500 余小时，标注信号 511 个，外出监测 980 余小时，行程 15900 余千米。全年累计受理用户干扰申诉 17 起，主动发现不明信号 168 起，干扰查处率 100%。其中公众移动通信干扰 12 起，航空干扰 1 起，铁路干扰 1 起，黑广播 1 起，微功率免许可设备干扰 2 起。完成无线电行政处罚案件 20 起，没收无线电发射设备 12 台，共计罚款 42925 元；做好各类监督检查工作，通过浙政钉掌上执法开展监督检查 79 项，发现问题 26 项，发现问题率 32.9%；开展无线电发射设备专项检查，共检查淘宝、京东、政采云等网络平台商户 70 家，颐高数码城等实体商铺 15 家，发现并上报 2 起违法线索，对 5 起违法线索立案调查。完成公务员考试、高考、工程监理师、建造师、法律执业资格证等重大考试无线电保障任务 15 场次，累计保障 23 天，出动 108 人次，出动监测车 50 余次，启用各类监测设备 200 余台次。完成或参加党的二十大、世界互联网大会乌镇峰会、国际论坛、绍兴马拉松等重大活动无线电安全保障任务。完成射频电磁分析仪购置项目和市区中心站更新改造项目，获省无线电监测技术培训暨信号分析专项演练集体一等奖。

（市无线电管理局　景勇祥）

数字化公共服务

【概况】 2022 年，绍兴市发挥一体化智能化公共数据平台作用，建设党建统领整体智治、数字政府、数字经济、数字社会、数字文化、数字法治六大系统，通过基层治理系统，完善理论体系和制度规范体系，提升一体化智能化公共数据平台智慧化支撑水平，有5个县（市、区）跻身全省一体化平台考核排名前20名。诸暨市网络安全智治应用获省委主要领导批示肯定，入选省数字化改革“最佳应用”。

【智能化公共数据平台】 2022年，绍兴市编制《数据库查探工具操作手册》《“应用系统”数据资源编目、归集工作流程图》，规范数据库探查工具使用方法。开展信息系统登记和数据目录编制工作，推进“亚运在线”“绍兴场所码”等13个重点应用场景和“人口基础数据”“信用数据”“企业码”等30余个部门重点数据归集。至年末，全市在IRS登记应用系统1221套，新增353套，编制公共数据目录16284类，归集数据8380类653.95亿条。公共数据开放平台开放数据集776个，数据项9416个。组织2022浙江数据开放创新应用大赛绍兴赛区选拔，其中“农工帮”获省数据开放创新应用三等奖，“公用事业生活服务站”获优胜奖。

【政务服务2.0应用】 2022年，绍兴市完善浙政钉通讯录，累计排除风险行为510个。至年末，全市共激活用户120712人，激活率99.07%，日均活跃率84.81%。梳理、改造本地微信端办事服务，实现政务服务和公共服务从“浙里办”同源发布至微信。绍兴本地应用145个，注册用户数435万户，日均活跃用户数24万户。

【数字化改革门户建设】 2022年，绍兴市升级改造电脑端“数字绍兴”门户网站，扩大全视角用户范围，在手机移动端上线优秀应用栏目，其中市本级应用8个，县（市、区）应用21个。

【国家绿色数据中心建设】 2022年，绍兴市行政中心机房降低供电损耗，提升设备效能，年度电能利用效率（PUE）1.34，相对设计值降低20%。3月，被确定为公共机构领域国家绿色数据中心（全国共5家）。

2022年10月，绍兴市电子政务网络安全运营中心开始实体化运行 （市大数据局 供图）

【政务网络安全运营中心运行】 2022年9月底，绍兴市电子政务网络安全运营中心进入实体化运行，建立政务网络安全运营“1+2+5+N”架构（即1个实体运营中心、2个大运营目标、5类安全服务能力、N套管理规范和流程）。至年末，共参与各级攻防演练5次，开展业务上线前检测196次。

【“一地创新，全省共享”应用】 2022年，绍兴市深化“一地创新、全域共享”理念，复用共享优秀应用。“柯桥区浙里地下生命线应用”入选省首批“一地创新、全省共享”一体化智能化公共数据平台“一本账S0”。嵊州市数字家庭医生系统、柯桥区浙里基财智控应用、上虞区公安“民情智访”系统、上虞区乐虞助残系统、越城区集成电路产业科研仪器设备开放共享一指办应用、越城区一码找订单应用实现跨域共享或提级上升省统建应用。共享复用舟山交通公众出行信息服务、温州市文成县为侨全球通系统、金华市小流域山洪灾害预警与应急联动（数字河湖）系统等10个其他地区应用。

（市大数据局 陈丹莹）

【数字政府】 2022年，绍兴市推动数字化改革与全面深化改革、共同富裕示范区重大改革一体融合，推进数字政府系统建设。构建现代政府体制改革目标、工作、政策、评价“四个体系”，推进政府职能转变，增强群众、企业获得感。形成“一把手”主抓、专班统筹、六大跑道牵头部门分领域推进的工作体系，建立工作例会机制、项目管理机制、赛马激励机制、督查督办机制、经验推广机制。新增“农宅通”应用、“曹娥江流域预报调度一体化”应用等国家试点8项。承接省级重大改革，如“亚运在线”对接完成亚运城市体征指标256项，推出交通“碳效码”，启动建设“减污降碳协同增效数智”应用，建设上线“三维立体一张图”应用等。抓实省38个重大应用在绍兴贯通，已有32个应用贯通，28个应用数据已回流。全市有3个应用在省数字政府建设例会上演示，2个应用被列入全省“一地创新、全省共享”“一本账S0”，4个应用列入省数字政府建设50个大案例集。“越快兑”应用上线市定政策812项，县（市、区）特色政策884项，“补贴补助资金兑付率”102%。“学驾一件事”应用累计服务学员2.9万人，学时有效率从68.9%提升到98.7%。推进实现“一地创新、全省共享”，复制共享“安心充电”等应用26个。建设“医疗器械跨区域协同

2022年8月19日，市政务服务办承办"未来已来·数字政府开放日"政务服务专场活动。图为参加活动人员观摩体验政务服务跑道应用（市政务服务办 供图）

治理"应用，成立全国首个医疗器械跨区域监管联盟，实现跨省审批用时从60天缩减到10天，远程"非现场"检查节约时间60%以上；建设"浙里直播共富"应用，形成"服务+监管""媒体+平台""直播+产业"的全流程直播电商云端治理新模式。诸暨市直播销售额224亿元，比2021年增长21.1%，从业人员增至2.5万人，电商主体增长43.3%。累计形成制度成果100余项，获国家部委、全国性协会肯定和推广的16项，改革成果在国家简报、期刊、新闻媒体刊发的21项。

12月30日，市人民政府印发《绍兴市加快推进数字政府建设实施方案》，提出到2025年，基本实现政府履职核心业务数字化全覆盖，政府履职数字化、智能化水平显著提升。到2035年，数字政府体系框架更加成熟完备，高水平建成整体协同、敏捷高效、智能精准、开放透明、公平普惠的"整体智治、唯实惟先"的现代政府，为推进政府治理体系和治理能力现代化提供有力支撑。

（市府办 裘科斌）

【数字生态】2022年，绍兴市成立数字政府生态保护跑道工作专班，举办"数字政府开放日"生态保护专场活动，建立进度月报、工作专报、月度例会、通报晾晒四大机制，定期会商重点应用推进难点。"无废城市在线""浙里蓝天""生态示范创建""数智蓝网"等多个应用进入省生态环境数字化改革"一本账"。优化"无废城市"信息化平台，梳理"无废大脑"、新污染物管理平台、尾矿库管理平台原型架构和建设方案。"浙里蓝天"形成"1+8+4"（1个总驾驶舱、8个省级场景、4个市级场景）总体架构。

（市生态环境局 陈 樑、章佳颖）

【数字法治】2022年，绍兴市承接全省数字法治整体架构，培育全市"五个一批"（示范引领一批、迭代省级一批、实战落地一批、启动实施一批、谋划推进一批）重点应用43个，其中有3个应用入选全省"一地创新、全省共享""一本账S0"，有9个应用得到省部级以上表彰肯定，2个应用得到国家部委试点推广，13个应用得到省级部门试点推广，1个应用入选省数字化最佳应用，5个应用入选省数字法治好应用。

（市委政法委 章利丰）

【数字人社】2022年，绍兴市县联动、专班运作，推进数字化改革应用建设，获省人力社保厅网络安全在线（人社数据分类分级）和人力资源医药产业协同平台建设试点。"退休小管家""职业培训券全流程""人力资源医药产业协同平台"被省人力社保厅评为最佳应用。"退休小管家"入选数字社会"一地创新、全省推广"项目清单，"就业资管家"应用成为2022年全省公权力监督第一个上线"点亮"试点项目。

（市人力社保局 陈 剑）

【数字交通】2022年，绍兴市共有16项场景入选全省交通数字化改革应用基层和社会实践试点的9个跑道，在11个地市中排名并列第一位。9个交通场景入选绍兴市数字化改革重点多跨场景应用"一本账S2"目录数字政府系统试点。柯桥区农村公路"路长制"等3个项目入选全省2022年交通数字化改革"最佳实践"，"学驾一件事"应用被评为2022年度全市数字化改革"最佳应用""营运车辆进出一件事"应用获评"全省优化营商环境十佳创新案例"，诸暨市"危货两外车辆精准治理"入选"一地创新、全省共享"典型案例，"危货企业信用分级精密智控场景""蓝黄橙"三色赋码、分级监管措施被固化为《浙江省道路运输条例》新修订内容并入选省委改革办"最优规则"。

（市交通运输局 王奕楚）

【科技创新数字化改革】2022年，绍兴市迭代升级"科研仪器设备开放共享一指办""成果转化追踪""企业+人才揭榜挂帅"3大试点应用。其中"一指办"应用列入全省"一地创新、全省共享""一本账S0"清单，被评为全省数字经济系统地方特色应用、最佳应用和全省改革突破提名奖，并在10月28日召开的省数字化改革推进会上获省委主要领导表扬。

（市科技局 陈家楠）

【数字教育】2022年，绍兴市启动中小学智慧校园标杆学校建设，首批产生8个特色创新发展方向31所标杆学校建设校，初步形成智慧校园三级建设体系。上虞区入选中央电化教育馆虚拟仿真实验全国首个试点区；柯桥区入选全国人工智能规模化应用试验区；越城区青藤艺术互联网学校入选省区域创新试点。上虞区、嵊州市获省空间应用优秀区域，省优秀区域达到4个，入选比例全省第一，绍兴市鲁迅小学、柯桥区华舍小学获全国"人人通"优秀学校。诸暨市、越城区入选国家智慧教育平台浙江试点区域，9所学校入选国家智慧教育平台浙江试点学校。柯桥区平水镇中心小学"唐诗之路少儿研究院"入选省新型教学空间十大典型范例。

（市教育局　石聪聪）

【数字医疗】 2022年，绍兴市开展全市卫生健康数字化改革应用建设，形成《绍兴市医疗机构数字化改革实施方案》，贯通落地"浙医互认""浙医护理""中医处方一件事"等省级应用，HIS（医疗机构信息系统）实时贯通实现全覆盖。建设"院前急救一件事扩面""智慧托育云""健康家校关爱（校健康）"等场景应用，其中"5G+院前急救一件事扩面"入选第一批全省卫生健康数字化改革优秀案例，嵊州市"数字家医"纳入省首批"一地创新、全省共享"S0项目。以绍兴市人民医院为中心，建立全省首个地市级区域影像人工智能诊断平台，接入绍兴市66家医疗机构，应用于老年人肺癌筛查，累计筛查老年高危人群40928例，发现肺部（6毫米以上）结节等阳性病例6958人，发现率17%。"健康绍兴"应用年服务群众600万人次以上。通过县（市、区）区域卫生信息平台国家区域全民健康信息互联互通标准化成熟度四级测评。绍兴市卫生健康信息化发展总指数列全国第15位、全省第二位，其中应用水平分指数列全国第六位、全省第一位。

（市卫生健康委　王栩栩）

【数字文旅】 2022年，绍兴文旅大数据实验室成立，探索用数字化手段研究文旅统计新方向、破解旅游统计难问题。打造"研学游一件事""文物守望者"应用场景上线运营。其中，"文物守望者"应用场景入选全市数字化改革"最佳应用"。"不可移动文物智慧管理服务系统"在省数字化改革会议中作典型路演。"古城信息展示系统""诗E柯桥数字化体验馆"等7个全市文旅数字化特色项目亮相未来数字

2022年4月28日，"绍兴文旅大数据实验室"成立　（移动绍兴分公司）

文旅大会暨首届数字文旅产业展，"越安游·团队出行一件事"等4个应用项目入选省文旅厅第二批数字化改革试点。市文化部门精准对接群众文化需求，提供更多动态、便捷的公共文化数字化服务。全市2000余家公共文化场馆全部入驻"浙江智慧文化云"绍兴站，公共文化服务数据实现无缝对接。数字图书馆、电视图书馆、移动图书馆并行发展，建成覆盖全市的公共阅读数字服务体系。全市公共图书馆、文化馆、非遗馆、博物馆等开展线上服务1087场次，参与活动近1993万人次。

（市文广旅游局　陈宗祥）

【税费征管数字化建设】 2022年，绍兴市拓展"浙里绿税"多跨评价体系，支持"一码管地"贯通落地。提升重大应用"两端四率""浙里办票"企业端应用数量位列全省第一位。参与金税四期工程建设，推进数电发票扩围试点，推进交通运输、医疗卫生等重点领域电子发票社会化应用。建成7个"办问协同"智税中心；越城区税务局建成e体化税情感知中心，探索"一户式"服务画像。推广非接触式办税，实现跨境电子缴税和数字人民币缴退库业务场景应用。

（市税务局　徐泽炜）

【交易数字化】 2022年，绍兴市整合交易、服务、监管三大平台，集成优化交易服务应用，推动各类服务和监管"一网式"协同。在电子交易系统，上线应用省房建市政施工招标文件示范文本；在公共服务平台，完成移动和介质数字证书（CA锁）全省统一互认，实现跨平台、跨部门、跨地区的统一认证；在电子监管系统，打造交易监管"驾驶舱"，通过关键指标雷同分析等手段，监测分析交易活动，精准处置交易异常行为。4月25日，绍兴市协同湖州、嘉兴完成全省首场政府采购远程跨市多点评标项目——湖州市第五中学办公家具采购项目。

（市政务服务办　叶思佳）

【退役军人事务数字化建设】 2022年，绍兴市制定全省首个地市级退役军人事务数字化改革实施意见，全面推行退役军人全生命周期数字化管理保障模式，市县乡村四级全面贯通使用"军人e家"应用，实现"一件事"办理事项全覆盖，累计办理各类事项1.3万件。与"浙里老兵"全面贯通，老兵码覆盖率96.5%，数字化改革多项指标居全省第一位。建成应用"老兵专属公交码""岗位智推""兵呼我为"等多个子场景，访问量突破250万人次，相关做法编入《绍兴市数字化改革重大应用优秀案例六十例》。

（市退役军人事务局　郑　燕）

中国黄酒之都

综　述

【绍兴黄酒酿制历史】 绍兴黄酒，自河姆渡文化时期发源，至春秋越国勃兴，经秦、汉、唐、宋、元、明、清，经久不衰。绍兴酿酒历史有文字记载可追溯至春秋战国时期。绍兴黄酒产地主要分布在鉴湖水系区域，其中绍兴市越城区为主产地。《吕氏春秋·顺民》载："越王苦会稽之耻，欲深得民心……有甘肥，不足分，弗敢食；有酒，流之江，与民同之。"东汉永和五年，会稽太守马臻发动民众围堤筑成鉴湖，从而为绍兴的酿酒业提供了优质、丰沛的水源，为提高绍兴酒质奠定基础。魏晋南北朝时期，绍兴出产的黄酒已被列为贡品。梁元帝萧绎(508—554)在其所著《金楼子》一书中记载："有银瓯一枚，贮山阴甜酒。"唐宋时期，绍兴酒酿造技艺进入全面发展阶段，并成为天下闻名的"酒乡"；酒税成为朝廷重要财政来源。《文献通考》记载：北宋神宗熙宁十年(1077)地方所缴纳的酒税，越州为"十万贯以上"，较邻近各州高出1倍。元明清时期，绍兴酿酒业呈现出快速发展之势。清初，沈永和、云集、王宝和等大型酿坊创立。康熙《会稽县志》有"越酒行天下"之说。中华人民共和国成立后，国家重视对绍兴酒这一传统产业的保护和发展。20世纪50年代初，国家拨款兴建"绍兴酒中央仓库"。2006年，"绍兴黄酒酿制技艺"被列入国家首批非物质文化遗产保护项目。绍兴黄酒品种按糖度分有4种，分别是元红酒、加饭酒、善酿酒、香雪酒。

【绍兴黄酒产量】 据绍兴市志记载，2013年至2019年，全市规模以上黄酒企业生产总量分别为37.82万吨、43.32万吨、37.82万吨、35.42万吨、31.99万吨、33.71万吨和30.72万吨。2020年至2022年，据市黄酒协会统计，全市黄酒企业产量分别为46.41万吨、49.73万吨和49.96万吨。

【黄酒酿造企业及从业人员】 至2022年末，绍兴市共有黄酒生产企业75家，从业人员8416人。至年末，有黄酒生产龙头企业4家，分别为中国绍兴黄酒集团有限公司、会稽山绍兴酒股份有限公司、浙江塔牌绍兴酒有限公司、绍兴女儿红酿酒有限公司。14家地理标志证明商标授权企业分别为中国绍兴黄酒集团有限公司、会稽山绍兴酒股份有限公司、浙江塔牌绍兴酒有限公司、绍兴女儿红酿酒有限公司、中粮孔乙己酒业有限公司、绍兴白塔酿酒有限公司、浙江圣塔绍兴酒有限公司、浙江大越绍兴酒有限公司、浙江东方绍兴酒有限公司、绍兴咸亨酒业有限公司、浙江越王台绍兴酒有限公司、绍兴师爷酒业有限公司、绍兴市越山仙雕酿酒有限公司、浙江王宝和绍兴酒有限公司。有市级以上非遗传承人(绍兴黄酒酿制技艺)13人；省级以上酿酒大师19人，其中国家级6人；有高级(一级)酿酒师200余人，高级(一级)品酒师近百人。

【荣誉】 在2019年上海第十四届中国国际酒业博览会上，绍兴市获"世界美酒特色产区"称号。在2019年第25届绍兴黄酒节暨"一带一路"中国(国际)黄酒产业博览会上，中国轻工业联合会、中国酒业协会授予绍兴"中国黄酒之都"称号。同年，绍兴鉴湖黄酒作坊入选第三批国家工业遗产名单。2020年，"绍兴酒"和茅台、五粮液共同被列入中欧地理标志保护与合作协定保护名单。同年，商务部批准同意绍兴举办"中国国际黄酒产业博览会"。

（市黄酒行业协会　陈幼良、章　升）

黄酒原料

【糯米】 糯米是绍兴黄酒酿造的主要原料之一，有"酒之肉"之称。绍兴黄酒特别重视对糯米品种和质量的选择。一般选用上等优质糯米，要求精白度高、颗粒饱满、黏性好、含杂质少、气味良好，并尽量选用当年产的上等精白糯米为原料，质量符合GB 1354规定二等以上，符合"精""新""糯""纯"的要求。

【小麦】 小麦是绍兴黄酒酿造的主要原料之一，用来制作麦曲，有"酒之骨"之称。麦曲是酿造绍兴酒的辅料，其主要功用不仅是液化和糖化，而且是形成酒的独特香味和风格的主体。小麦选用颗粒饱满、淀粉含量多、黏性好、杂质少、无霉变的当年产优质黄皮小麦，质量要求符合GB 1351规定二等以上。

【水】 鉴湖水是黄酒酿造的主要原料之一，有"酒之血"之称。绍兴黄酒属于低度酿造酒，水分占80%，水质的优劣直接影响着酒的品质，绍兴酒酿造所用的水一般都取自境内的鉴湖水。鉴湖水系区域(越城区、柯桥区、上虞区、诸暨市、嵊州市、新

糯米是绍兴酒酿造的主要原料，有“酒之肉”之称。图为2022年，古越龙山绍兴酒鉴湖糯稻基地
（章　斌　摄）

昌县，北纬29° 13′ 35″ ~ 30° 17′ 30″、东经119° 53′ 03″ ~ 121° 13′ 38″）的水质优良，形成了绍兴酒的独特品质。清人梁章钜在《浪迹续谈》中说：“盖山阴、会稽之间，水最宜酒，易地则不能为良，故他府皆有绍兴如法制酿，而水既不同，味即远逊。”

【鉴湖糯稻基地】 古越龙山绍兴酒鉴湖糯稻基地，位于绍兴越城区陶堰街道，由中国黄酒龙头企业古越龙山与鉴湖湿地公园管委会联合打造，首批糯稻种植面积67公顷。鉴湖湿地公园位于绍兴古城东部，为古鉴湖遗存，园内生态良好，生物多样性高，拥有150余种植物和160余种动物。古越龙山绍兴酒鉴湖糯稻基地区域泥煤层全覆盖，有利于糯稻等农作物的生长。鉴湖糯稻基地以“生态化种植、数字化展示”为目标，开通24小时慢直播系统，消费者可以通过手机链接央视网（www.cctv.com）、央视直播或者“央视影音”App，搜索“直播中国古越龙山”或“直播中国鉴湖湿地”，观看糯稻生长情况。糯稻基地还建立数字化追溯体系，包含用料、种植、加工等环节，实现全过程展示。

（市黄酒行业协会　陈幼良、章　升）

黄酒工艺

【制药工艺】 制白药，夏至后割取野生辣蓼草及新早籼米，于三伏天，经磨粉、拌粉、舂粉、压块、裁块、接种、滚药、培养、出窝、上蒸房、晒药等工序而成。

【制曲工艺】 制麦曲，用当年产的红皮冬小麦，于秋分前后，经轧麦、拌麦、踏曲、裁曲、堆坯、保温培养、堆曲等工序而成。

【酿制、压榨、煎酒、封坛】 摊饭酒，指将蒸熟的米饭摊在竹席上，使米饭在空气中冷却，然后再加入麦曲、酒母（淋饭酒母）、浸米浆水等，混合后直接进行发酵。淋饭酒，是指蒸熟的米饭用冷水淋凉，然后拌入酒药粉末，搭窝，糖化，加水发酵成酒，口味较淡薄。这样，酿成的淋饭酒，有的工厂是用来作头酒母的。即所谓的“淋饭酒母”，采用当季新糯、麦曲和酒药，于冬酿生产前，以浸米、捞米、淋米、蒸饭、淋饭、落缸拌饭、搭窝、保温培养、加曲放水、开耙、灌坛、堆垒等工序酿制而成，供整个冬季摊饭酒酿造使用。压缩、封坛，指立春至谷雨，将冬酿的酒醅，加以压榨、澄清、煎酒、灌坛、包坛口、泥头、入库等工序操作，俗称“春榨”。

【贮藏陈酿】 绍兴酒的贮藏又称“陈酿”，刚酿出来的新酒口味粗糙，闻香不足，较刺激，不柔和，通过“陈酿”可以促进酒精分子与水分子缔合，促进醇与酸之间的酯化，使酒味变得柔和、馥郁。

【黄酒勾兑工艺】 将新酿黄酒经过一定时间的陶坛或不锈钢大罐贮存，再经重新勾兑、澄清、过滤、灌装、杀菌、冷却后再进行包装出售的过程，包装容器包括玻璃瓶、陶瓷瓶（坛）、塑料桶等，这种成品包装运输、携带、保存方便，产品质量稳定，品种繁多，外观整洁漂亮，能满足消费者对绍兴酒的不同需求。

【成品包装】 指将不同质量特点或不同品种的发酵原酒进行组合和调整，达到稳定和提高产品质量、增加品种和产品档次的目的，现多指瓶装黄酒在装瓶前根据成品质量要求将原酒进行重新组合、调整的过程，以保证成品酒批次间质量稳定。

【黄酒技艺传承】 黄酒酿制技艺起于春秋，成于两宋，盛于明清。传统绍兴黄酒酿制技艺于2006年被国务院列入首批国家非物质文化遗产。作为传统技艺，黄酒酿制技艺多以“师带徒”、技能培训等形式进行传承。

【黄酒制造技术改进与创新】 绍兴黄酒坚持“守正创新”，保持传统工艺不变，通过持续提升酿造装备自动化水平、优化酿造工艺控制技术、筛选优良发酵菌种等，实现黄酒优质、安全、清洁、高效、标准化、智能化酿造。

1979年前，绍兴黄酒业以摆脱笨重体力劳动为目标，采用新技术，改造旧设备。最初从设备单项革新开始，在20世纪60年代试制成功板框式空气压滤替代繁重的木榨榨酒。20世纪70年代初，试制成功卧式连续蒸饭机代替木桶蒸饭；成品杀菌从产量较小的锡制圆盘肠改进成列管式杀菌器。20世纪80年代初革新成薄板式热交换器，提高煎酒产量和质量，并节约能源；浸米工序用大铁罐代替陶缸；前、后发酵用金属大罐代替陶缸、陶坛等。20世纪80年代中期起，绍兴主要黄酒企业引进国内外先进设备，将各项单项设备革新，组成整体设计，完善从原料到成品全过程一条龙生产作业线。绍兴市酿酒总公司、东风酒厂、上虞酒厂、中国绍兴黄酒集团有限公司等，分别从比利时、联邦德国、日本等国家，引进玻璃瓶全自动生产线、自动化灌装流水线等,进一步提高绍兴黄酒的产量。近年来,绍兴黄酒企业在黄酒酿造工艺上取得了新进展,一批研究成果取得发明专利,如一种披发糖多孢菌来源的可降解生物胺的含铜胺氧化酶及其应用、一株降低生物胺的霍氏糖多孢菌及其应用、具有酯香酵母反应器的黄酒生产工艺、一种富含硒的绍兴黄酒酿造工艺等,绍兴黄酒品质得到进一步提升。

(市黄酒行业协会　陈幼良、章　升)

黄酒种类

【概况】 根据GB 17946《绍兴酒》国家标准中根据加工工艺及所含糖分的不同,将绍兴酒分为绍兴元红酒:属干黄酒,含糖分每升15克以下;绍兴加饭酒:属半干黄酒,含糖分每升15.1～40克;绍兴善酿酒:属半甜黄酒,含糖分每升40.1～100克;绍兴香雪酒:属甜黄酒,含糖分每升101克以上。

【绍兴元红酒】 又称状元红,因过去在坛壁外涂刷朱红色而得名,是绍兴黄酒的代表品种和大宗产品之一。元红酒发酵完全,含残糖少,酒液色泽橙黄透明或呈琥珀色,具有独特的绍兴酒醇香,口感柔和,鲜美,落口爽净,受到嗜酒者普遍喜爱。是干型黄酒的典型代表。2022年,全市生产元红酒约3.08万吨。

【绍兴加饭酒】 属绍兴黄酒中的上等品。与元红酒相比,在原料配比中,加水量减少,而饭量增加。加饭酒酿造发酵期长达90天,其醪液浓度大,成品酒度高,酒色透明晶莹,香气浓烈,酒质丰美,风味醇厚,俗称"肉子厚"。视加入饭量多少又分为单加饭和双加饭,现全部生产双加饭,外销称为"特加饭"。加饭酒酒液如琥珀,橙黄带红,透明晶莹,醇香浓郁,味醇甘鲜,深受中外消费者青睐,是半干型黄酒的典型代表,也是绍兴酒中产、销量最大、影响面最广的品种。2022年,全市生产加饭酒约43.04万吨。

【绍兴善酿酒】 善酿酒以存储1～3年的陈年元红酒代水酿制而成,又称为酒中之酒。善酿酒酒色呈深黄色,香气浓郁,质地特浓,口味鲜甜,是绍兴酒中之佳品。除中国外,世界上没有一个国家生产过这种酒。此酒在清代由沈永和酿坊创始。该坊在酿酒同时酿制酱油,酿酒师傅从酱油酿制中得到启发,即以酱油代水做母子酱油的原理来酿制绍兴黄酒,以提高品质,得以成功。善酿酒是品质优良的母子酒,酒度比元红酒稍低,糖分含量较高,是半甜型黄酒的典型代表,最宜妇女及初饮者。2022年,全市生产善酿酒约0.46万吨。

【绍兴香雪酒】 用糟烧酒代水落缸酿制而成,是一种双套酒。这样,酿得的高糖、高酒度的黄酒,酒液淡黄清亮,芳香幽雅,味醇浓甜,为绍兴酒的特殊品种。陈学本《绍兴加工技术史》记述:1912年,东浦乡周云集酿坊的吴阿惠师傅和其他酿师们,用糯米饭、酒药和糟烧,试酿了一缸绍兴黄酒,得酒12大坛,以后逐年增加产量,出而应市。试酿成功后,工人师傅认为这种酒由于加用了糟烧,味特浓,又因酿制时不加促使酒色变深的麦曲,只用白色的酒药,所以酒糟色如白雪,故称香雪酒。这种加工方法提高了酒精含量又抑制了酵母发酵,是甜型黄酒的典型代表。2022年,全市生产香雪酒约3.38万吨。

(市黄酒行业协会　陈幼良、章　升)

黄酒品牌

【概况】 2000年,"绍兴酒"成为中华人民共和国第一个原产地域保护产品。同年,国家质量技术监督局发布公告,通过了对中国绍兴黄酒集团公司、绍兴东风酒厂提出的绍兴酒原产地域产品专用标志使用申请的审核,成为首批获得原产地域产品保护的单位。至2007年,共有15家绍兴黄酒企业获准使用"绍兴酒"原产地保护产品专用标志使用权。2007年,绍兴市黄酒行业协会向国家工商行政管理总局商标局提出注册"绍兴黄酒""绍兴老酒"地理标志证明商标的申请并获得批准。

至2022年末,有14家企业(同使用"绍兴酒"原产地保护产品专用标志企业)准许使用"绍兴黄酒""绍兴老酒"地理标志证明商标。拥有中国驰名商标9个,分别为古越龙山、会稽山、女儿红、咸亨、绍兴黄酒、大雕、塔牌、白塔、圣塔;中国名牌4个,分别为古越龙山、会稽山、塔牌、沈永和;中华老字号7家,分别为古越龙山、会稽山、女儿红、沈永和、王宝和、塔牌、鉴湖牌。

【古越龙山公司黄酒品牌】 至2022年末,公司拥有"一山一水一儿一女永相和"五大黄酒品牌,即"古越龙山""鉴湖""状元红""女儿红""沈永和"。公司品牌群中,拥有2个中国驰名商标:"古越龙山""女儿红";4个中华老字号:"古越龙山""女儿红""沈永和""鉴湖"。"古越龙山"定位中国高端黄酒,聚集"国酿1959""好酒不上头""青花醉"等三大系列10余款中高端产品,是中国黄酒行业标志性品牌,1988年成为钓鱼台国宾馆国宴专用黄酒,是唯一入选亚洲品牌500强的黄酒品牌。"女儿红""状元红"品牌具有丰富文化内涵,其中"女儿红"聚集"桂花林藏""上好的女儿酒""女儿红老酒"三大系列10余款产品。始创于清康熙三年(1664)的"沈永和"专注大众市场和高端料酒市场,"鉴湖"是绍兴黄酒第一个注册商标、浙江省著名商标,浙江省及行业首个入选的国家工业遗产。

【会稽山绍兴酒股份有限公司黄酒品牌】

会稽山绍兴酒股份有限公司创建于清乾隆八年(1743),原名"云集酒坊"。1915年,"云集酒坊"生产的绍兴黄酒在美国旧金山举办的"巴拿马太平洋万国博览会"上为绍兴酒获得第一枚国际金奖。至2022年末,公司拥有"会稽山""乌毡帽""西塘""唐宋"等知名品牌,是中国黄酒业中少数集"中国驰名商标""中华老字号""国家地理标志保护产品"于一体的企业之一。企业主推"大师兰亭""名士兰亭""国潮兰亭"高端产品和"会稽山

至2022年末获准使用"绍兴酒"原产地保护产品专用标志使用权的企业一览表

表21

企业名称	企业名称	企业名称
中国绍兴黄酒集团有限公司	绍兴王宝和酒厂	绍兴咸亨酒业有限公司
会稽山绍兴酒股份有限公司	绍兴白塔酿酒有限公司	浙江越王台绍兴酒有限公司
浙江塔牌绍兴酒有限公司	浙江圣塔绍兴酒有限公司	绍兴师爷酒业有限公司
绍兴女儿红酿酒有限公司	浙江大越绍兴酒有限公司	绍兴市越山仙雕酿酒有限公司
中粮孔乙己酒业有限公司	浙江东方绍兴酒有限公司	

（市黄酒行业协会）

1743""纯正五年""冻藏冰雕"等中端产品，开发"八道酿"料酒，并进行料酒品牌前期培育。

【浙江塔牌绍兴酒有限公司黄酒品牌】 至2022年末，公司拥有三大系列黄酒，分别是传统型系列黄酒、丽春系列黄酒和本系列黄酒。传统型系列黄酒包括传统年份酒、出口酒和手工冬酿黄酒等；丽春系列包括丽春品牌的所有特型黄酒；本系列黄酒包括黄九鲜、塔牌本美、塔牌本原酒和塔牌本酒等。有注册商标121个，包括"塔牌""丽春""塔牌本""黄九鲜""小本"等。有发明专利7项，实用新型专利8项，外观专利56项，版权登记71项。

【绍兴女儿红酿酒有限公司黄酒品牌】 至2022年末，公司拥有高端酒"大师酿1919"系列、次高端"桂花林藏"系列、核心产品"来一坛"和基础型"女儿红老酒"系列品牌。

【中粮孔乙己酒业有限公司黄酒品牌】 至2022年末，公司拥有"流觞亭"牌加饭酒和花雕酒等著名品牌。产品是中国企业家博鳌论坛指定用酒。孔乙己"茴"字酒获国家发明专利，获中国传统发酵食品年度新品金奖。

【历史上的绍兴黄酒品牌】 绍兴黄酒生产历史悠久，诞生诸多著名品牌。

余氏贞孝酒坊　位于东浦，创设于明朝初年，因酿制竹叶青酒闻名。东浦孝贞酒坊用传说中乾隆皇帝钦赐"金爵"标记作商标。民国时，东浦镇上还有孝贞升记、孝贞可记的酿坊，分别为余氏后代余嘉祁、余昌善所开。

鹤兴酒坊　位于东浦马车溇鹤兴台门内，创设于清代。酒坊由台门里的几户沈姓人家执掌，设有"连记""木记""豹记"等小品牌。

严裕昌酒坊　位于东浦鲁东村，酒坊属清代建筑，主要从事黄酒酿造，并自行销售，所酿黄酒多数销往上海、杭州等地，品名为"严裕昌老酒"。

汤源元酒坊　位于东浦镇老街区陆家溇，创建于清初，酒坊又称春记台门，历史悠久，黄酒以质取胜，远销福建及港澳地区。

云集酒坊　位于东浦东周溇，创建于清乾隆八年(1743)，创始人为周佳木。有"东浦之酒，云集最著"之誉。东浦云集信记在上海、广州、天津、北京等地设分售所。1915年，云集信记酒坊生产的"绍兴周清酒(善酿)"在巴拿马万国博览会上获金牌奖，是绍兴酒获得的第一枚国际金奖。

绍兴沈永和酿坊　位于绍兴新河弄妙明寺3号，清康熙三年(1664)由江苏吴兴人沈良衡创立。光绪十六年(1890)，绍兴沈永和酿坊创新酿造工艺，酿制成"善酿酒"。绍兴城区沈永和墨记酒坊以"老寿星"图案为商标，配"卫生善酿酒"文字。

章东明酒坊　约在清道光年间创建，并在上海、杭州等地开设酒行，又经漕运、海运销往京、津、香港，以及新加坡等地。道光二十八年(1848)，在上海小东门闸北开设南北酒坊。

马钰记酒坊　位于当时的嵊县浦口，由嵊县人马赓良创设。后与堂弟马六公开设茂记酒坊，与堂弟马逮生开设树记酒坊。1931年，配制成"谷粹酒"。

谦豫萃绍酒厂　位于马山赏家村，以"梅鹤"为记，配五彩花草装饰图案作商标。

（市黄酒行业协会　陈幼良、章　升）

黄酒市场与营销

【黄酒出口】 2022年，绍兴市黄酒生产企业累计完成出口额1.62亿元，比2021年上升37.29%。主要出口日本、美国、韩国以及东南亚国家等。

【参加中国国际黄酒产业博览会】 2022年7月15日，第17届中国酒业博览会在四川泸州举行。其间，举行中国绍兴黄酒馆开馆仪式，21家绍兴黄酒企业共同发布"绍兴黄酒是一家　同心合力铸品牌"。中国酒业协会理事长宋书玉、泸州市委副书记封安、绍兴市黄酒行业协会会长徐明光、中国酒业协会副秘书长刘振国等参加绍兴黄酒馆开馆仪式。

【第28届绍兴黄酒节】 2022年11月7日，由中国酒业协会与市人民政府共同举办，以"中国黄酒之都、传承国粹经典"为主题的2022中国国际黄酒产业博览会暨第28届绍兴黄酒节在东浦黄酒小镇开幕。开幕式上，发布黄酒产业大脑架构思路、主要场景及功能特色，举行市人民政府与中国酒业协会战略合作、中国国际黄酒产业博览会永久落户东浦黄酒小镇及中华国酿《只此青玉》全球主题曲创作签约仪式。现场还为全国黄酒品酒技能大师赛、2022绍兴黄酒酿酒职业技能竞赛及花雕制作技能竞赛获奖人员颁奖，10余家黄酒企业共同发布中国黄酒绍兴宣言，并举行黄酒开酿仪式。黄酒节是商务部批准全国唯一黄酒类国际性展会，成为传承黄酒文化、展示发展成果、促进合作交流的重要窗口。

【首届会稽山兰粉节】 2022年8月25日，以“享约会稽·国粹兰亭”为主题的首届会稽山兰粉节暨新品上市发布会在绍兴举行。活动中，百年会稽山在书法圣地兰亭会“兰粉”，在黄酒之源鉴湖河畔品“兰亭”，通过沉浸式兰亭文化之旅、兰亭黄酒文化分享等活动，让黄酒“动”起来、“活”起来。

【绍兴黄酒品鉴馆落户上海】 2022年11月29日，古越龙山绍兴酒品鉴馆在上海开业，品鉴馆位于上海市浦东竹园路168号，以“文化＋酒、美食＋酒”的形式，带来场景式、体验式黄酒之旅。为中国绍兴黄酒集团在国内开设的第40个绍兴黄酒品鉴馆。以上海为中心的长三角地区历来是黄酒主产区和主销区，其中绍兴黄酒集团旗下五大品牌“古越龙山、鉴湖、状元红、女儿红、沈永和”，在上海市场年销售额5亿余元。

【“只此青绿”联名款全球首发】 2022年4月9日，中国绍兴黄酒集团有限公司与中国东方演艺集团在北京联袂向全球首发“只此青绿 只此青玉”联名款黄酒，让“青绿”“青玉”融合，赋予黄酒和歌舞新神韵。发布会上，中国东方演艺集团与中国绍兴黄酒集团签署战略合作协议，中国酒业协会理事长宋书玉、绍兴市黄酒行业协会会长徐明光等出席。

【塔牌与新浪开展战略合作】 2022年3月23日，浙江塔牌绍兴酒有限公司与品商会·新浪网高端品牌俱乐部宣布达成全面战略合作，新浪绍兴授予品商汇高端企业家俱乐部成员之塔牌绍兴酒战略合作牌匾。

【安徽女儿红品牌运营有限公司成立】

2022年6月20日，由绍兴女儿红酿酒有限公司、百川名品供应链股份有限公司合作成立的安徽女儿红品牌运营有限公司揭牌仪式在安徽省合肥市举行，是黄酒行业厂商合作模式的创新。

2022年9月4日，绍兴市友协举办国际友人走进古越龙山活动　　（市外办　供图）

【古越龙山25周年发展大会】 2022年5月16日，古越龙山2021年度股东大会暨上市25周年发展大会举行。会上，古越龙山首次发布“只此青绿　只此青玉”联名款品质密码和香港回归25周年“只此青绿　只此青玉”纪念酒；同时，“蟹太太”等6家知名企业和商会与古越龙山战略签约。

【国际友人走进古越龙山活动】 2022年9月4日，绍兴市友协举办国际友人走进古越龙山活动，邀请17个国家52位在绍兴国际友人参与活动，体验黄酒文化，感受绍兴文化底蕴。市人大常委会副主任、市友协常务副会长余利明出席活动。

【国际友人黄酒品鉴会（上海）】 2022年9月30日，国际友人黄酒品鉴会在上海举办。活动由绍兴市友协和市黄酒行业协会主办，邀请日本、委内瑞拉、土耳其、印度尼西亚、澳大利亚、白俄罗斯、韩国等19个国家驻华使领馆30余名外交官（其中总领事13名、副总领事3名）参加活动。市人大常委会主任、市友协会会长谭志桂，驻华使领馆代表印度尼西亚总领事戴宁致辞。中国酒业协会副理事长、市黄酒行业协会会长徐明光，日本驻华大使馆公使衔参赞、总务部长冈田胜，绍兴黄酒集团董事长孙爱保作演讲。

（市外办　屠国芳，市黄酒行业协会　陈幼良、章　升）

黄酒重点企业

【中国绍兴黄酒集团有限公司】 浙江古越龙山绍兴酒股份有限公司创建于1951年。1951年10月，地方国营绍兴酒厂成立，当年冬酿生产绍兴酒16.4吨，由此开启中华人民共和国成立以后绍兴酒发展的新篇章。2018年7月16日，越城区与黄酒集团合作成立绍兴黄酒小镇文化投资有限公司，总注册资本10亿元，黄酒集团占49%。致力促进产城融合、产旅融合发展，打造“中国黄酒之都·绍兴”。

1997年5月16日，古越龙山股票在上海证券交易所挂牌交易，成为中国黄酒第一股。至2022年底，黄酒集团拥有全国黄酒行业唯一国家级黄酒工程技术研究中心、唯一国家级博士后科研工作站、唯一国家工业遗产、唯一入选“亚洲品牌500强”的黄酒品牌、唯一获“十三五”中国酒业科技突出贡献奖、唯一轻工大国工匠、行业唯一全国人大代表；全国黄酒行业第一家上市公司、黄酒行业第一品牌、第一个中国酿酒大师；全国最大黄酒酿造基地、全国最大黄酒博物馆、全国最大黄酒酒库。2022年，公司生产黄酒24.23万吨，实现销售收入24.59亿元，利润2.39亿元。

【会稽山绍兴酒股份有限公司】 会稽山绍兴酒股份有限公司是一家百年老字号

企业,创建于清乾隆八年(1743),1951年政府接收后更名为地方国营云集酒厂,1969年更名为绍兴东风酒厂,1993年与香港益通食品工业有限公司合资组建成立东风绍兴酒有限公司,1998年公司与上市公司中国轻纺城集团股份有限公司实行强强联合。2002年,中国精功集团成为中国轻纺城集团股份有限公司最大股东,东风绍兴酒有限公司随之成为中国精功集团旗下企业。随着“会稽山”商标被评为中国驰名商标,从2005年12月12日起,公司更名为会稽山绍兴酒有限公司。2007年9月29日,公司再次更名为会稽山绍兴酒股份有限公司,正式启动股份制进程。2022年,公司生产黄酒10万吨,实现销售收入8.69亿元,利润1.88亿元。

【浙江塔牌绍兴酒有限公司】 浙江塔牌绍兴酒有限公司是浙江省粮油食品进出口股份有限公司投资创办的大型黄酒酿造企业,成立于1995年,是“中华老字号”和中国“传统纯手工工艺绍兴黄酒酿造示范基地”。公司以塔牌文化中心、《国酿》杂志和手工黄酒立冬开酿庆典为媒介,宣传中国传统黄酒文化,为客户提供定制酒服务,深受海内外客商喜爱。2022年,公司生产黄酒4.7万吨,实现销售收入5.09亿元,利润5729万元。

【绍兴女儿红酿酒有限公司】 绍兴女儿红酿酒有限公司历史悠久,创建于1919年,是绍兴东路酒的代表,是一家拥有自营进出口权的生产型企业,是中国黄酒行业骨干企业之一,中国酒业协会黄酒分会副理事长单位。“女儿红”商标是中国驰名商标、中华老字号、浙江省著名商标、浙江省知名商号、浙江省商标示范企业。2022年,公司生产黄酒9.6万吨,实现销售收入4.26亿元,利润6850万元。

【中粮孔乙己酒业有限公司】 明清时期的东浦,贤良桂记酒坊、周云集酒坊、汤源元记酒坊等已名声在外。中华人民共和国成立后合并为谦豫萃大酒坊。1950年9月,东浦酿酒公会重组东浦422个酿酒坊。1979年9月,根据浙江省革命委员会创办社队企业号召,成立了东浦酿酒厂和鉴湖酿酒厂。1995年8月,鉴湖酿酒厂被中粮集团有限公司收购,改名为中粮绍兴酒有限公司。2020年6月,改名为中粮孔乙己酒业有限公司,现为中粮酒业投资控股有限公司的全资子公司。公司是首批获得“绍兴酒原产地域保护产品”称号的14家企业之一。2022年,公司生产黄酒1.09万吨,实现销售收入6148万元,利润49万元。

(市黄酒行业协会 陈幼良、章 升)

2022年,绍兴黄酒小镇管委会开展数字化应用工作。图为11月14日绍兴黄酒小镇·数字驾驶舱截图

(黄酒小镇管委会 供图)

黄酒小镇

【概况】 绍兴黄酒小镇(东浦)位于有千年酒乡、水乡、桥乡和名士之乡之称的越城区东浦街道,小镇东起绿云路(31省道),西至绍齐公路,南至凤林西路,北至群贤路,规划面积约4.6平方千米(其中,含水面约1平方千米)。绍兴黄酒小镇(东浦)以抓项目推进为主线,围绕“老房子、新业态、黄酒味、夜经济、年轻力”关键词进行开发建设。以黄酒为魂、文化为核、生活为本、古镇为基,营造“醉里水乡、戏里水乡、梦里水乡”三大主题场景,激活“酒经济、旅经济、夜经济”,形成世界级黄酒文化旅游目的地,演绎“世界黄酒之都,绍兴城市封面”新形象。2022年,绍兴黄酒小镇获省特色小镇高质量发展最佳实践案例,中国国际黄酒产业博览会永久落户绍兴黄酒小镇(东浦),绍兴黄酒酒器展示馆入选第二批省级乡村博物馆。

【黄酒产业】 2022年,黄酒小镇(东浦)融合酒类打造产业,引进绍兴本地古越龙山、会稽山、女儿红等10余家知名黄酒企业,构建黄酒“南绍北代”战略合作,引入“代州味道”,计划引进更多异地酒类品牌,打造多元化酒类产业。年内,共计招商面积1.5万余平方米,新增开业店铺28家,提档店铺9家。

【黄酒文化旅游目的地建设】 2022年,黄酒小镇发展古镇生态游、传统文化游、工业创新游和智慧品质游等多种旅游形态,重点打造红妆坊、民国坊、黄酒会客厅、数字化综合停车楼及民国风情街等旅游项目。举办东浦微醺节、酒仙会市、开酿节、封坛节、水龙节等酿酒相关的传统民俗活动。

【黄酒产业数字融合】 2022年,黄酒小镇(东浦)探寻小镇数字化改革思路,打造绍兴黄酒小镇数字应用场景,构建绍兴黄酒小镇数字驾驶舱。建设全域沉浸式数字展厅,通过三维立体的“光影布置”,再现小镇黄酒工坊、码头、剧场、风情街、水街、居住区等场景。

(黄酒小镇管委会 王 静)

黄酒文化与传播

【酒俗】 绍兴黄酒除了典故多，千百年来，与酒有关的酒俗也很多，按不同类别大致可分为七类。

岁末年时的酒俗：绍兴旧时有许多岁时酒俗，从腊月“请菩萨”的“散福酒”到大年三十夜晚的“分岁酒”（又称“吃年夜饭”或称“团圆酒”）；从正月初三至初五探亲访友的“迎客酒”，到正月十八日“落像酒”。这些酒俗都是发生在春节前后，带着节日的喜庆，所以人称“岁时酒”。

四时八节的酒俗：这些酒俗在绍兴名目繁多，主要有正月十五的“元宵酒”，三月初三清明节祭扫祖坟的“清明酒”（也称“上坟酒”），五月初五端阳节的“端午酒”，七月十五中元节（俗称“鬼节”）的“七月半酒”，八月十五中秋节的“八月半酒”（又称“中秋酒”），九月初九重阳节（今称“老年节”）的“重阳酒”，一年之中夜晚最长的冬至节给死者送寒衣、寒食的“冬至酒”等，这些都称为“时节酒”。

婚嫁喜庆的酒俗：绍兴旧时从女儿出生开始做“女儿酒”，到媒人说亲成功的“订婚酒”（俗称“会亲酒”），取送女家生辰八字和再纳采（绍兴俗称“发二把”）的“送庚酒”，举行婚礼的“结婚酒”。男方在办结婚酒中又有隔壁邻居的“邻居酒”，亲朋好友送礼的“酬情酒”，结婚第一天早晨的“头聚酒”，洞房时的“交杯酒”，结婚第三天的“三朝酒”，女婿女儿拜望丈人丈母的“回门酒”等。绍兴旧时的嫁娶要办三天喜酒，让亲朋好友欢喜而来，满意快乐而去。

生寿丧的酒俗：在绍兴，出生、祝寿、丧亡的每个阶段，都要与酒发生联系，或庆贺，或预祝，或祭祀。有孩子出生满月的“剃头酒”“满月酒”，孩子长到一岁的“得周酒”，人生逢十为“大寿”的寿酒。人丧亡的“丧葬酒”（绍兴人称为吃“豆腐饭”），丧葬酒中又有“入殓酒”“出殡酒”“回丧酒”“头七酒”“五七酒”“六七酒”，以后还有死者忌日的“忌日酒”，祭祀扫墓的“上坟酒”等酒俗。

农事生产的酒俗：旧时绍兴人大多从事农业生产，为期盼农业丰收，六畜兴旺，很讲究农事酒俗，都有摆宴请人喝酒的习俗。有春耕开始的“春牛酒”，农家开秧门的“插秧酒”，春花大小麦收割的“麦收酒”，稻谷登场丰收进仓的“庆丰酒”等酒俗。

商业利市的酒俗：自南宋以来，绍兴的商业比较发达，酱园、油坊、酒坊、米行、药行、茶栈、绸庄、当铺、钱庄、南货店、酒店、旅馆等工商业遍及城乡。于是，就有新店开张营业的“开业酒”，开拓经营业务的“利市酒”，年底结账有盈利，给股东分利的“分红酒”，商业行会召开同业会员会的“行会酒”，还有在年终或端午、中秋节要辞退店员的“谢伙酒”，招财进宝的“财神酒”等商业酒俗。

日常生活中的酒俗：绍兴人的日常生活也与酒密切相连。修建房屋的“造屋酒”（造屋中又可以分为动土的“奠基酒”，架梁的“上梁酒”，落成的“落成酒”，亲友帮助造屋的“酬谢酒”，乔迁新居的“进屋酒”）。绍兴旧时富裕人家买田、买屋的“置产酒”，有了纠纷调解了结的“和解酒”。人遇急难之事，财力不济，就邀亲友集资的“兜会酒”；亲友动身出行的“送别酒”；子女考上大学的“谢师酒”；遭遇不测，得到亲友帮助的“谢情酒”等。

多样的酒俗在千百年悠长的历史中与黄酒相融合，在绍兴人眼里，这些祖辈留下来的习俗十分珍贵吉祥，能够庇护和顺安康。

【绍兴黄酒博物馆】 2007年10月，由中国绍兴黄酒集团有限公司投资2.8亿元建设的中国黄酒博物馆建成并开馆运行。博物馆位于越城区下大路557号，建筑面积1.8万平方米，其中展厅1.2万平方米。博物馆展厅由序厅、酒史厅、酒俗厅、酒业厅、馆藏厅、酒技厅、古越龙山厅、花雕演示、酒窖、黄酒体验中心等组成；展厅内部陈列设计以书面史料与实物并重，各种展品达1000余件。实物展品中一坛1928年酿制的绍兴酒是20世纪50年代初地方国营绍兴酒厂旧仓库改造时偶然发现的，是黄酒博物馆的“镇馆之宝”。展品展示按照中国历史发展顺序展开，以中国黄酒历史文化内容发展为主线，陈列内容立足绍兴涉及全国，体现了天下黄酒源绍兴、越酒行天下的历史画卷。2020年，黄酒博物馆再次投资2000余万元对黄酒博物馆一楼各展厅进行提升改造，突出了体验与互动效果，使旅游观光与体验有机结合，博物馆的展示宣传更具可看性、参与性、互动性，得到广大游客的喜爱。黄酒博物馆的广场设计也别具一格，采用三块花岗岩巨石垒砌成“品”字形雕塑。“品”代表酿造黄酒三要素：血、肉、骨。血是鉴湖水，肉为糯米，骨乃小麦。品也可解读为品黄酒、品人生、品文化。

【绍兴市黄酒行业协会】 绍兴市黄酒行业协会是绍兴市黄酒生产经营企业和相关行业及有关部门人员自愿结成的行业性、地方性、非营利性的组织，业务主管部门是市经信局，登记管理机关是市民政局。成立于1994年，2021年1月23日召开第五届会员代表大会换届，市政府原副市长徐明光当选新一届会长。协会自成立以来，会员从单一黄酒生产加工企业扩容到商贸流通、饭店餐饮、文化研究、科研开发、品牌传播、文创策划、包装设计等新领域。协会拥有“绍兴黄酒”“绍兴老酒”证明商标专利。现有会员单位239家（其中黄酒企业80家），五届理事会成员100人，非理事会成员139人。换届以来，协会注重黄酒宣传与传播。带领绍兴黄酒企业借助开展“跨界合作”“酒企抱团”“越酒再行天下”等系列活动，宣传和推广绍兴黄酒，助力黄酒产业发展。央视新闻、新华网、人民网、中国网、中国新闻网、澎湃号、全国党媒信息公共平台、“学习强国”学习平台、中国经济网、凤凰网、网易、腾讯、今日头条、浙江在线、越牛新闻等100余家媒体、网站对绍兴黄酒的宣传推广活动进行报道。协会联合市场监管部门开展“绍兴黄酒”“绍兴老酒”线上线下维权工作，为保护“绍兴黄酒”知识产权做出努力。

（市黄酒行业协会　陈幼良、章　升）

农业

综述

【农业发展】 2022年，绍兴市实现农林牧渔业总产值356.3亿元，按可比价格计算，比2021年增长3.7%。其中，农业产值237.46亿元，增长0.9%；林业产值32.12亿元，增长28.4%；牧业产值36.39亿元，增长11.2%；渔业产值44.71亿元，增长4.8%；农林牧渔服务业产值5.62亿元，增长10.0%。农林牧渔业增加值246.53亿元，增长3.5%。新建高标准农田553.33公顷。累计建成高标准农田14.43万公顷。全年认证省级稻麦绿色高产创建千亩示范方11个、旱粮百亩方8个、水稻高产攻关方4个，累计建成省级数字农业工厂（未来农场）20家。完成森林质量精准提升面积6800公顷，“一村万树”示范村26个。年末生猪存栏60万头，比2021年末增长8.6%。水产品产量13万吨，与2021年持平。

【现代农业发展】 2022年，绍兴市累计建成国家级现代农业产业园1个、国家级农业产业强镇2个、省级现代农业园区4个、省级特色农业强镇9个、省级示范性农业全产业链7条。基本建成茶叶、水稻、菊花、兰花四大品种园，培育省级以上特色农产品优势区10个。

【农产品增产保供】 2022年，全市实现粮食总产量71.71万吨，比2021年下降9.56%；油料作物4万吨，增长1.2%；园林水果31万吨，增长1%；水产品13万吨，与2021年同期持平。建立国家级生猪产能调控基地6家，市级生猪产能调控基地6家。全市生猪存栏59.72万头，其中能繁母猪6.33万头，分别增长8.64%和23.15%。

【农业“双强”行动】 2022年，绍兴市柯桥区、诸暨市获全省农业双强“赛马”激励；舜达种业建立胡培松院士工作站，早稻新品种“舜达135”测产数据达到超级稻认定标准；上虞大通、诸暨里联、嵊州三界3家农事服务中心入选首批省级现代化农事服务中心创建名单（全省20家）；土壤污染修复示范、优质白羽肉鸭推广等2个项目获省农业科技奖励（丰收奖）一等奖；“杂交稻精量机插秧及全程机械化技术集成研究与应用”列入全省农业“双强”十大重点突破试点项目，获省财政1000万元资助；浙江国伟科技有限公司入选国家种业阵型企业名单；计划总投资3亿美元的敏实生物农业示范园等一批重点项目有序推进。

【农业保险】 2022年，绍兴市推动农业保险“扩面、增品、提标”，扩大“米袋子”“菜篮子”“果盘子”保险覆盖面。从4月起，

2012—2022年绍兴市农林牧渔业总产值统计表

表22　　单位：万元

年份	农林牧渔业总产值	农业	林业	牧业	渔业	农林牧渔服务业
2012	2787681	1754108	240244	520909	254000	18420
2013	2912077	1832284	251963	531127	276581	20122
2014	2969532	1924238	261538	462836	299512	21408
2015	3032473	1980509	269055	439031	319983	23895
2016	2943018	1945744	279175	364178	327624	26297
2017	2946200	1994848	290750	296075	334629	29898
2018	2950972	2006715	288770	270709	351193	33585
2019	3138524	2084570	303143	345254	367576	37981
2020	3313897	2139430	297114	448890	385679	42784
2021	3397943	2315513	271560	335970	424746	50154
2022	3562980	2374597	321209	363896	447088	56190

（市统计局　徐琼琰）

绍兴市政策性农业保险主承保单位由人保财险调整为太平洋财险，农业农村部门会同财政部门积极做好衔接，承保工作平稳顺利推进。至年末，全市共计承保中央品种8个、省定品种10个，投保合计1.01亿元，提供风险保障34.17亿元。其中，水稻、小麦粮食作物投保面积覆盖率72.33%，育肥猪保险覆盖面100%。提标扩面地方特色产业保险。新开发生猪价格指数保险项目，市、县两级累计开发地方特色险种16个，其中，市级层面5个，县级层面11个，全市地方特色产业保险保费规模1677.8万元，为各类农业产业提供风险保障共计1.95亿元。

【农业综合执法】 2022年，绍兴市农业农村部门组织开展"绿剑"行动、"中国渔政亮剑2022"行动、全市屠宰行业"强监管保安全"行动、初级水产品质量安全"双百日"行动等执法行动，推进"肥药减量"问题整改、"配方肥代替平衡肥"、农药废弃包装物回收处置、"肥药两制"改革示范农资店配套系统建设等其他专项工作，加强重点领域执法监管，打击违法违规行为。至年末，全市共立案334件，结案279件，移送公安机关12件，查获各类物资3114.54千克，罚没款108.08万元。

（市农业农村局 张 凯、谢 军）

种植业

【概况】 2022年，绍兴市进一步加大政策扶持力度，巩固提升粮食产能，引导优质稻米产业化开发、病虫害绿色防控、农作制度创新示范，着力推进粮食生产转型升级，提高粮食生产效益，保障粮食安全和农民增收。粮食作物播种面积11.99万公顷，下降2.6%。其中，冬小麦种植面积0.9万公顷，增长3.4%；早稻面积1.6万公顷，增长16.2%；晚稻面积5.3万公顷，下降22.0%；冬油菜籽播种面积1.1万公顷，增长1.3%。粮食总产量71.71万吨，下降9.6%。茶叶总产量3.78万吨，下降0.9%。绍兴市万国农场有限公司选送的"上师大19号"被评为2022全国稻渔综合种养优质米评比粳米组金奖。承办2022浙江·长江下游水稻新品种大会。诸暨市苍象湖粮食专业合作社、嵊州市石璜镇钱潇家庭农场等6家单位选送的稻米产品入选2022年度绍兴市"越乡好稻米"。

【粮食生产】 2022年，全市粮食播种面积11.99万公顷，居全省第二位。其中，早稻1.58万公顷，单季晚稻3.43万公顷，连作晚稻1.83万公顷，小麦0.89万公顷，玉米0.98万公顷，大豆1.04万公顷，其他杂豆0.33万公顷，马铃薯0.34万公顷，番薯1.04万公顷，其他旱粮作物0.53万公顷。全市粮食总产量71.71万吨，居全省第二位。其中，早稻10.52万吨，单季晚稻27.33万吨，连作晚稻12.66万吨，小麦3.82万吨，玉米4.21万吨，大豆2.67万吨，其他杂豆0.95万吨，马铃薯1.34万吨，番薯6.15万吨，其他旱粮作物2.06万吨。诸暨市、上虞区获浙江省第四届"河姆渡杯"粮食生产先进县（市）金奖、银奖。

【茶叶生产】 2022年，全市茶叶总产量3.78万吨，比2021年下降1.44%，总产值35.35亿元，增长5.47%；其中名优茶产量1.56万吨，产值33.58亿元，分别增长6.44%和9.52%。

【蔬菜生产】 2022年，全市蔬菜生产总体平稳有序，播种面积5.26万公顷，增长1.05%；产量163.47万吨，增长1.16%；产值44.79亿元，减少1.63%。主要种植绿叶菜类、瓜菜类、根菜类、茄果类等13个品类36种作物。

【水果生产】 2022年，全市水果生产实现提质增效，种植面积2.01万公顷，产量23.04万吨，减少4.4%；产值22.85亿元，增长2.4%。

【中药材生产】 2022年，全市中药材生产保持稳定，种植面积0.32万公顷，产量0.43万吨，减少5.6%；产值3.08亿元，增长0.44%。

【花卉生产】 2022年，全市花卉生产保持平稳，种植面积0.13万公顷，其中鲜切花类0.1万公顷。累计销售额2.85亿元，与2021年基本持平，其中鲜切花类实现销售1.18亿元。

【农业植保】 2022年，全市创建省级农作物病虫害绿色防控示范区15个，市级续建水稻病虫害绿色防控展示示范区18个，推广绿色防控技术面积6.54万公顷，实现农药减量24.12吨；培育市级示范性统防

2022年，绍兴市蔬菜生产平稳增长。图为浙江飞翼生态农业有限公司叶菜基地

（市农业农村局 供图）

统治服务组织9家,推广主要农作物统防统治面积5.63万公顷。

【植物防疫检疫】 2022年,全市开展检疫性有害生物监测,共送检1275批次,未发现可疑疫情;完成对绍兴市主城区重点区域红火蚁疫情监测调查工作,共监测调查1.26万亩次,包括亚运场馆周边、苗木基地及调运交易场所、美丽乡村建设绿化等共81个重点区域,诱集及踏查均未发现红火蚁疫情。通过科学监测和防治,阻截外来有害生物加拿大一枝黄花4532.8亩次(其中化学防治905.8亩次,机械铲除1281亩次,复耕复种2238亩次,绿化造林108亩次)、清除植物疫情黄瓜绿斑驳花叶病毒病68.4亩次、扶桑棉粉蚧54.5亩次、豚草425亩次。

【2022绍兴"云上茶博"】 2022年6月13日,以"云享越茶、共富茗城"为主题的2022绍兴"云上茶博"开幕,"云上茶博"线上线下共设茶文化体验、茶云上直播等内容。活动期间,发布市级区域公用品牌——越茗及品牌logo,首批10家茶企获品牌授权;"越茶香"茶叶气象指数保险数字平台上线;举办茶产业主题论坛;发布中国茶叶企业产品品牌价值榜单,其中浙江省诸暨绿剑茶业"绿剑"、浙江华发茶业有限公司"皇帝"品牌跻身品牌价值榜前20强。

(市农业农村局 周宇尘、邢 海)

林 业

【概况】 2022年,绍兴市围绕土地整治复垦、废弃矿山生态修复、国土绿化美化、林业富民产业等工作,推进国土空间生态修复和乡村振兴,完成要素保障和保护修复相关工作。全市实现林业总产值421.4亿元(据国家林草局林草产业总产值统计),增长10.62%。完成森林质量精准提升面积6987公顷,"一村万树"示范村26个。柯桥区巷深竹缘农庄创建成省级康养基地,诸暨市禾兮中药材种植林下经济示范基地获评"第五批国家林下经济示范基地"。

【林业龙头企业发展】 2022年,绍兴市围绕省政府稳定发展油料生产统一部署,持续开展油茶保供任务落实工作,新增油茶种植面积140公顷,低改面积(抚育)269.2公顷,油菜籽产量790吨。创建省级森林人家14家,省级森林氧吧12家,省级龙头企业3家,省级康养基地3家,省级林业特色产业强镇1家。

组织第15届义乌国际森林产品博览会筹展,75家林企组团参展,展位112个,产品涉及七大类100余个品种,参展产品获金奖17件;在木(竹)雕艺术"中工杯"创新艺术大赛中,获金奖1件、银奖5件、铜奖3件,冠军香榧企业获"浙山珍"省级优质林产品区域公共品牌授权。

(市自然资源和规划局 杨佩颖)

【千村万元林下经济增收帮扶工程】 2022年,绍兴市采取林禽、林苗、林药、林菜、林茶等多种模式,持续做好千村万元林下经济增收帮扶工程。共验收通过千村万元林下经济增收帮扶工程15个,其中2021年项目5个,2022年项目10个,累计建成示范基地面积439.33公顷。浙江禾兮中药材股份有限公司"林下道地中药材产地加工及炮制一体化经营模式"入选省"一亩山万元钱"十大共同富裕典型案例。

(市自然资源和规划局 程团结)

【"稽山古榧"品牌建设】 位于绍兴境内的会稽山古香榧群,是全球重要农业文化遗产,分布着百年以上树龄的古香榧树7.81万株。自2021年7月始,绍兴市开展由市自然资源部门牵头,市香榧协会配合,授权企业参与的古香榧品牌建设推广

延伸阅读

"一亩山万元钱"科技共富模式——林下道地中药材产地加工及炮制一体化经营模式。

浙江禾兮中药材股份有限公司以诸暨市陈宅镇野生药用植物资源收集、保存、开发为重点,大力推广标准化林下中药材生产和管理技术,建设林下杭白芍、前胡、杭麦冬等"浙八味""新浙八味"多种珍贵中药材基地333.33余公顷,并与浙江中医药大学进行深度合作,开发道地中药材林下智能栽培技术体系,建立林下中药材产地初加工技术体系,实现林下中药材产业生态化、规模化、标准化发展。2022年,林下采收中药材100余吨,实现产值600余万元。

浙江禾兮中药材股份有限公司以陈宅镇开化村股份经济合作社为纽带,通过林农土地入股的形式组建村集体经济组织,并签订合作协议,通过集体劳务输出、订单种植等模式,创新发展"公司+合作社+基地+林农"与"村集体+林农+企业"等多种形式与当地农户建立紧密利益联结机制,在保证林农保底收益基础上,将节省的林地长期租用成本回馈给村集体和林农,形成林农增收长效机制和共赢局面。发展林下种植以来,开化村集体经济收入由35万元提高到60万元;农户年收入也提高了1.5万余元。

浙江禾兮中药材股份有限公司以建设林下道地中药材全产业链发展体系为核心,在保护原生态药用植物基础上,筛选优异种质资源,因地制宜种植道地中药材品种。累计投入资金1.6亿元,流转林地2000公顷发展林下经济。一期已开展林下生态套种216.67公顷,其中板栗林套种杭白芍40公顷、浙贝母40公顷、多花黄精30公顷、天麻23.33公顷、重楼20公顷;香榧幼林套种前胡40公顷、浙麦冬23.33公顷。并通过林下中医药实训基地、林下草本景观园、本草文化体验园和功能性体验馆等场馆的筹建,将林业文化内涵进一步深化拓展,把禾兮打造成学生素质拓展、文化学习、亲子教育、爱国主义教育等为一体的综合社会活动教育基地,让青少年在参与体验中学习林业知识和中医药文化,持续发展"深加工+""旅游+""文化创意+""培训教育+"等多种模式,实现林下道地中药材产品加工业前延后伸,延长产业链、提升价值链、拓宽增收链,促进一、二、三产业紧密连接、协同发展,形成林下中药材产业多业态发展的新格局。2021年,被授予浙江省农村产业融合发展示范园。

2022 年 11 月 5—8 日，第 15 届中国义乌国际森林产品博览会召开。图为“稽山古榧”特装馆
（市自然资源和规划局 供图）

工作。注册“稽山古榧”区域公共品牌，根据古香榧树树龄长短对应的朝代，品牌旗下设想开发“隋榧、唐榧、宋榧、明榧、清榧”五款系列产品。至 2022 年末，已开发出“稽山古榧”品牌——“隋榧、唐榧、宋榧”三款产品。产品先后参加“市百企百会助共富、首届‘稽山古榧’千年圣果开摘仪式暨‘榧王树’祭典活动”、“第 15 届中国义乌国际森林产品博览会”等活动。“隋榧”入选“2022 年第三届浙江特色伴手礼”，“宋榧”入选 2022 年世界互联网大会乌镇峰会接待香榧，“唐榧”“宋榧”成为第五届会稽山讲坛·第十四届文化中国讲坛暨浙江名山公园活动伴手礼。

（市自然资源和规划局 王家源）

畜牧业

【概况】 2022 年，绍兴市全力推进生猪稳产保供，累计新建万头以上规模猪场 10 家，新增产能 45.6 万。至年末，全市生猪存栏 59.72 万头，其中能繁母猪 6.33 万头，出栏 71.52 万头，猪肉产量 7.86 万吨，比 2021 年增长 5.57%。加强对畜禽粪污资源化利用计划和台账的技术指导，确保畜禽粪污去向可追溯，规模化畜禽养殖场粪污处理设施配套比例 100%，畜禽粪污资源化利用和无害化处理率 92%。

【生猪稳产保供】 2022 年，全市贯彻落实《浙江省生猪产能调控实施方案(暂行)》，围绕“保重点、保先进产能、保种猪”目标，以能繁母猪存栏量变化率为核心调控指标，保持能繁母猪合理存栏水平和规模猪场保有量总体稳定。落实农业农村部和省农业农村厅相关工作部署，建立 6 家国家级生猪产能调控基地和 6 家市级生猪产能调控基地。制定《绍兴市生猪价格指数保险实施方案》《绍兴市生猪引种补贴实施细则》，强化基础产能保护，稳定生猪产业发展。

【牛羊养殖】 2022 年，全市牛存栏 9068 头，出栏 3873 头。有规模羊场 26 家，羊存栏 8.46 万只，增长 3.88%，出栏 6.55 万只，减少 3.12%。一景牧业继续增产，年末奶牛存栏 5760 头，比 2021 年增长 16.36%，牛奶产量 2.35 万吨，增长 10.50%。

【家禽养殖】 2022 年，全市有规模禽场 114 家，家禽总存栏 550.97 万羽，比 2021 年增长 0.69%，出栏 1500.66 万羽，减少 7.26%。其中，肉鸡出栏 1112.47 万羽。禽蛋总产量 1.86 万吨，减少 5.16%。嵊州市温氏公司全年出栏肉鸡 980 万羽。

【饲料生产】 2022 年，绍兴市有饲料和饲料添加剂生产企业 35 家，饲料产品年产能 77.85 万吨，饲料添加剂年产能 8.35 吨，全市饲料行业年总产量 86.60 万吨，产值 118.07 亿元。

【兽药生产】 2022 年，绍兴市有兽药生产企业 10 家，年产值 16.01 亿元，其中超亿元企业 3 家，兽药经营企业 72 家，兽药产品全部实行二维码追溯管理。

【屠宰加工管理】 2022 年，绍兴市继续加强畜禽屠宰行业监管和肉品安全保障工作。制定《绍兴市牛羊定点屠宰行业发展规划》，全面部署启动牛羊定点屠宰、集中检疫工作。开展生猪屠宰环节“强监管、保安全”等专项行动。加强屠宰行业管理，督促全市 13 家生猪屠宰企业强化质量安全全过程管控，规范委托屠宰行为；强化日常监管和畜产品监测与抽检，全年屠宰环节风险监测 63 批次，监督抽检 30 批次，风险监测和监督抽检合格率 100%；实行动物产品检疫合格证无纸化出证，实现“浙农码”与“浙食链”无缝对接。引导屠宰企业转型升级，全市生猪屠宰厂(场)点从 2015 年的 42 家压缩到 2022 年的 12 家，1 家小型生猪屠宰点(嵊州市食品有限公司甘霖分公司)主动关停。打击生猪私屠滥宰和违规调运等行为，办理违法案件 28 起，结案 28 起，罚没金额 10.26 万元。开展全市生猪屠宰环节病死猪无害化处理专项检查，累计屠宰生猪 103.42 万头，屠宰环节病死(害)猪无害化处理 3424.67 头，其中屠宰环节共检出病害猪及产品(按 90 千克一头标准折算成相应头数)处理 2469.67 头，待宰前死亡生猪处理 955 头，全部按要求进行无害化处理，处置率 100%。

【畜禽养殖场标准化建设】 2022 年，绍兴市持续推动畜牧业转型升级，累计创建成国家级畜禽养殖标准化示范场 3 家、省级美丽牧场123家、数字牧场7家。深化兽用抗菌药减量化和饲料环保化行动,在已有三年试点行动的基础上,分层次、梯度式推进规模养殖场兽用抗菌药减量化和饲料环保化技术应用全覆盖,累计创建"两化"示范试点场80家。

【重大动物疫病防控】 2022年,全市6个县(市、区)均出台犬只免费免疫政策,并向社会公布免费免疫点,除自愿采用非政策性疫苗免疫的外,基本实现全域犬只免费免疫。越城区、柯桥区、嵊州市、新昌县列为省级强制免疫"先打后补"试点县;嵊州市作为全省强制免疫"先打后补"数字化平台推广三个试点县之一,在年内完成301家规模畜禽场系统备案与上传数据,组建7家第三方动物免疫服务机构为中小规模场和散养户提供免疫和数据上传服务,工作进度全省领先。至年末,全市有334家规模场完成"先打后补"数字化平台免疫计划备案,上传免疫数据信息1542条。市农业农村局指导越城区、柯桥区与上虞春晖固废病死畜禽无害化处理场做好对接,出台跨区域病死畜禽无害化处理方案。全市全年无害化处置病死猪15.93万头,其中专业化处置14.79万头。

(市农业农村局 吴 浩)

渔 业

【概况】 2022年,绍兴市开展水产养殖绿色专项行动,推进健康养殖示范,强化数字渔业建设,开展科研技术开发。至年末,全市有水产养殖面积22193公顷,其中稻田养殖面积3989公顷。实现水产品总产量12.74万吨,比2021年增长0.01%;渔业产值44.71亿元。

【海洋捕捞】 至2022年末,全市有海洋捕捞渔船10艘,总功率222千瓦,分布在越城区、上虞区,作业区域为钱塘江绍兴段水域。实现海洋捕捞产量625吨,比2021年减少13.79%。捕捞主要品种为甲壳类、鱼类、贝类,以蟹、虾、梭鱼、鲻鱼、贝类等为主,主要作业方式为张网、刺网和其他渔具捕捞。

【淡水捕捞】 至2022年末,绍兴市有内陆机动捕捞渔船351艘,总功率2664千瓦;非机动捕捞渔船1093艘。捕捞区域为全市所有允许渔业捕捞生产的内陆公共水域。全年实现淡水捕捞产量10854吨,比2021年增加2.43%。捕捞主要品种为鲫鱼、鲤鱼、餐条鱼、河虾、鲢鱼、鳙鱼等常规鱼虾。

【淡水养殖】 2022年,绍兴市实现淡水养殖产量115931吨,比2021年减少0.13%,其中青鱼、草鱼、鲢鱼、鳙鱼、鲫鱼、鳊鱼等常规鱼养殖产量74274吨,占养殖产量的64.1%;名特优新水产品产量41657吨,占养殖产量的35.9%。

【省溪流性鱼类产业技术服务团队成立暨交流培训会】 2022年8月24日至25日,浙江省溪流性鱼类产业技术服务团队成立暨交流培训会在新昌县召开。会上,省溪流性鱼类产业技术服务团队正式成立,并开展相关技术交流和培训,为进一步发展省溪流性鱼类产业、促进共同富裕提供重要技术支撑;各市交流本地区溪流性鱼类养殖情况;讨论《浙江省溪流性鱼类产业技术服务团队建设实施方案(2022—2025)》。参会人员实地考察浙江欣潮渔业发展有限公司、浙江品晟渔业科技有限公司生产基地。

(市农业农村局 伍媛媛、杨庆满)

种 业

【概况】 "十三五"期间,绍兴市加快推进以糯稻、绍鸭等特色种质资源为重点的现代生物育种研究,其中糯稻优质高产育种研究、超级稻引进试验示范、名优茶开发技术等处于国内先进水平,绍兴麻鸭选育和工厂化养蚕达到国际先进水平。加快柯桥海丰国家级菊花种质资源圃、诸暨国伟国家级绍鸭保种场、绍兴中华鳖国家级原种场、新昌品晟光唇鱼省级原种场、嵊州浙系长毛兔良种繁育基地、嵊州中茶所嵊州综合实验基地、柯桥"花香漓渚"兰花品种园等建设,构建系统完备、科学规范的种质资源保护和利用体系。发布《2022年绍兴市农业主导品种和主推技术》。聚焦设施蔬菜、特种水产、特色畜禽、优质名茶等重点产业领域,支持农业科技园区、农业龙头企业联合高校、科研院所建设一批技术创新服务平台,在集聚创新人才、开展项目攻关和服务产业方面发挥积极作用。至2022年末,全市有亚单位动物疫苗研发、低值珍珠高附加值开发、人工饲料工厂化养蚕等3家省级重点科技创新团队。获评省级农业科技园区1家、国家级"星创天地"6家、省级"星创天地"9家,培育创建诸暨珍珠、绍兴黄酒、新昌茶叶等3家省级产业创新服务综合体,建设省级外国专家工作站5家。

【品种选育】 2022年,绍兴市育成"京立8号""小京生"花生新品种2个。全市建立稻麦繁种基地1333.33公顷,年生产稻麦种子1000余万千克;建立玉米生产基地85公顷,年生产玉米种子25.6万千克。全市共储备种子93万千克。其中市本级12.125万千克。及时掌握各地种子余缺情况,做好余缺调剂,保证足量供种。

【种子种苗生产加工】 至2022年末,绍兴市有农作物种子生产企业5家;主要农作物制繁种基地60个,其中,企业基地11个,合作社1个,家庭农场1个,受托个人生产者47个,主要分布在越城区、上虞区、诸暨市、嵊州市、新昌县等地。有种子经营门店700余家。有种畜禽场20家。其中,国家级畜禽遗传资源保护场3家,保护品种为绍兴鸭和嵊州市花猪;省级遗传资源保护场1家,保护品种为金华两头乌(猪)。有注册水产苗种场31家。其中,越城区3家、柯桥区3家、上虞区5家、诸暨市3家、嵊州市3家、新昌县14家。按苗种生产品种分,常规鱼类(鲢鱼、鳙鱼、草鱼、鲫鱼等)苗种场8家、龟鳖苗种场3家、南美白

表 23

2022 年绍兴市农业主导品种一览表

水稻	早籼稻：中早 39、甬籼 15、中嘉早 17、中组 18、舜达 135 常规晚粳稻（糯）：浙粳 99、秀水 14、秀水 121、嘉 67、浙辐粳 83、浙粳 96、宁 84、绍糯 9714 杂交晚稻：甬优 1540、甬优 15、甬优 7850、嘉丰优 2 号、浙优 18、浙粳优 1578、华浙优 1 号、中浙优 8 号、春优 927、早优 73
玉米	糯玉米：新甜糯 88 甜玉米：雪甜 7401
大豆	鲜食春大豆：浙农 6 号、浙鲜 12 号 鲜食秋大豆：衢鲜 5 号
大小麦	小麦：扬麦 23、扬麦 24 大麦：浙皮 10 号
油菜	浙油 50、浙油 51、浙大 630、浙大 622、越优 1203、浙油 505
豌豆	浙豌 1 号
甘薯	浙薯 13、心香
马铃薯	浙薯 956
蔬菜	番茄：浙樱粉 1 号 甜瓜：翠雪 7 号 南瓜：翠栗 6 号 瓠瓜：浙蒲 9 号
水果	梨：翠玉
蚕桑	桑树：强桑 1 号 蚕：秋丰 × 白玉、中 2016× 日 2016
家禽	绍兴鸭、浙东白鹅
肉羊	湖羊
兔子	浙系长毛兔
鱼类	加州鲈、黄颡鱼（全雄 1 号、杂交黄颡鱼）、鳜鱼、溪流性鱼类（光唇鱼、马口鱼）、异育银鲫、翘嘴鱼白（全雌 1 号、杂交鲂鱼白）
甲壳类	南美白对虾、罗氏沼虾（南太湖 2 号）、青虾、红螯螯虾、克氏原螯虾
龟鳖类	中华鳖（日本品系、清溪乌鳖、浙新花鳖）

（市地方志编纂室　整理）

2022 年 6 月 19 日，第四届湖塘杨梅文化旅游节举行。图为“杨梅王”评比现场

（章　斌　摄）

对虾苗种淡化场 5 家、青虾苗种场 1 家、山区溪流性鱼类（光唇鱼、马口鱼等）苗种场 14 家。有原良种场 3 家，其中，国家级中华鳖原种场 1 家，省级中华草龟良种场 1 家，省级光唇鱼原种场 1 家。诸暨浦阳江黄尾密鲴省级水产种质资源保护区、越城省级中华草龟良种场是第一批省级水产种质资源保护单位。

【种业执法和监督】 2022 年，全市农业农村部门共出动执法人员 1662 人次，检查种子种苗生产经营企业、种子经营门店和生产基地 941 家次，种畜禽生产经营单位 20 家，印发宣传资料 1000 余份，抽取种子样品 142 个，立案 6 起，结案 7 起（含 2 起跨年案件），涉案种子 27.9 千克，处罚金额 1.44 万元。违法违规行为主要集中在制售假劣种子、标签不符合规范等方面，未发现恶意侵权等违法违规行为。

【保护种业知识产权专项整治行动】 2022 年 8 月至 11 月，为严厉打击侵害种业知识产权违法违规行为，切实强化种业创新发展，根据《浙江省农业农村厅关于开展 2022 年全省保护种业知识产权专项整治行动的通知》要求，市农业农村局组织开展 2022 年全市保护种业知识产权专项整治行动。专项行动主要检查农作物种子企业和生产基地、秋季农作物种子市场和秋季种畜禽市场。对检查发现的侵犯知识产权行为查处率 100%。

【“舜达 135”通过超级稻认定验收】 “舜达 135”是绍兴市舜达种业有限公司与中国水稻所联合育成的早稻新品种。2019 年通过浙江省品种审定，属早熟常规早籼稻。2021 年在诸暨市实割测产示范方平均亩产 704.2 千克，通过农业农村部超级稻认定第一年验收。2022 年，农业农村部再次组织专家，对绍兴地区育成的早稻新品种“舜达 135”进行超级稻认定第二次验收。专家组对种植在越城区皋埠街道金仕林家庭农场种植的“舜达 135”百亩示范方进行实割测产验收，最终测得示范方平均亩产 683.37 千克，通过农业农村部超级稻认定第二年验收,成为绍兴市第一个自主知识产权的超级稻品种。

(市农业农村局　周宇尘、张　凯、伍媛媛)

农田水利

【概况】 2022年,绍兴市计划更新改造农村供水管网100千米,累计完成189千米,新增受益人口5.26万人。编制完成"十四五"1500座农业灌溉工程更新升级实施方案,发挥水利工程的经济、文化效益。水利民生实事6项任务提前1个月超额完成全年任务,完成率146%,列全省第一位。推进规范化水厂建设,上虞丰树坪、泰山供水站等3座水厂入选省级规范化水厂名录。编制完成《绍兴市较大偏远自然村供水规划(送审稿)》,启动《绍兴市农村供水共富提质规划》编制工作。至年末,全市有大中型水库19座,小型水库533座,山塘2666座,一线海塘9座,堤防207条,水闸176座,泵站85座,闸站2座,闸坝20座,大中型灌区25个。

【农业水价综合改革】 2022年,绍兴市结合实际开展农业综合水价改革示范创建工作。其中,越城区印发《农业水价综合改革精准补贴和节水奖励实施细则》,确保补贴和奖励资金发放到位;柯桥区以农业水价综合改革智慧管理平台为载体,完善村级台账,落实管水责任等。全市共投入农业水价综合改革资金3400余万元,提升改造农村泵站机埠、堰坝水闸335处,灌溉水有效利用系数提升至0.61。共完成335座农业灌溉泵站机埠、堰坝水闸更新升级改造,其中完成198座民生实事任务,完成率128.6%,提前半年完工发挥效益。36座水利工程入选全省"五个一百"优秀典型案例,越城区农业水价综合改革工作入选全国农业水价综合改革典型案例。

自2019年起,绍兴的农业水价综合改革工作已连续4年获评省级优秀,越城区、柯桥区、上虞区、诸暨市被评为2022年度省农业水价综合改革工作绩效评价优秀县(市、区)。

【水电站安全生产】 2022年,绍兴市水利系统按照《浙江省农村水电站安全生产标准化达标评级实施办法》,加强小水电生态流量日常监管,逐站落实生态流量泄放,完成小水电标准化复评12座,小水电站生态流量及时率、完整率均保持99%以上,风险隐患排查问题整改率100%。

【农村水利工程建设数字化应用】 2022年,绍兴市农村水利工程结合系统治理、除险加固等,加快建立工情自动感知体系。依托"浙水安澜'工程运管'"模块,加强工程数字化应用,省级以上管理平台水利工程数据准确率100%。持续完善提升"浙水好喝"场景应用建设,加快数字供水感知体系建设。至年末,实现千人以上供水工程实时在线监测全覆盖,构建完善从源头到龙头的"监管+服务"体系。

(市水利局　孟宇婕)

农业科技

【概况】 2022年,绍兴市落实省《实施科技强农机械强农行动大力提升农业生产效率的行动计划》,对标补齐科技创新短板,整合农业领域科技创新资源,推进农业"双强"。市科技局、市农业农村局联合制订《关于实施科技强农机械强农大力提升农业生产效率的实施意见》《绍兴市加快推进农业"双强"行动若干政策意见》等政策,聚焦种子种苗、粮食安全、数字农业、农机装备、农产品加工等重点领域,落实农业"双强"行动2022年重点任务清单。

【农业核心技术攻关】 2022年,绍兴市建立全市农业"双强"研发项目储备库,新立项2022年市"揭榜挂帅"产业关键技术攻关项目3项[黄酒醇酯比共酵调控关键微生物选育及应用、新型动物基因工程亚单位疫苗的研制、高效农药解毒剂二氯噁嗪酮(解草酮)连续加氢关键技术研究与产业化],市农业类公益研究项目6项[基于碾茶流水线的小型名优茶机械的研发与推广、覆盆子提取物对黄酒发酵中氨基甲酸乙酯的抑制作用及调控机制研究、基于过氧化钙—硬脂酸复合纳米颗粒的池塘养殖水体磷负荷和蓝藻水华同步削减技术研究、基于多组学的二都杨梅酿酒酵母和乳杆菌协同发酵关键技术研究、优质高产黄酒专用糯稻新品种(系)选育、设施农业植保机器人关键技术改进及应用研究],安排财政资金430万元。一景牧业、沃土农业科技、海丰生物科技、冠军香榧以及诸暨市农技推广中心、嵊州市农技推广中心等单位参与的项目获2021年度浙江省科技进步二等奖2项、三等奖3项。

【农业技术推广】 2022年,绍兴市实施科技强农、机械强农行动,加强农业新技术推广应用,在全省农业主导品种和主推技术基础上,结合绍兴实际,产生2022年全市农业主推技术91项。其中,水稻主推技术11项,旱粮主推技术9项,油料主推技术6项,蔬菜主推技术5项,水果主推技术9项,茶叶主推技术5项,蚕桑主推技术2项,中药材主推技术2项,花卉主推技术1项,畜牧业主推技术19项,渔业主推技术11项,综合类主推技术11项。引进农业新品种19个,推广示范1.35万公顷;新建农业科技示范基地353.33公顷。科技特派员开展服务266次,服务企业(合作社)137家、农户1321户,服务基地面积698公顷,引进、推广新品种(新技术)372个(项),解决技术难题61个,培训辅导农民1561人次。

【农业科创平台建设】 2022年,绍兴市制订《绍兴市重点农业企业研究院管理办法(试行)》《绍兴市星创天地管理办法(试行)》,新认定市重点农业企业研究院3家、市星创天地5家,新申报省重点农业企业研究院2家。全市已培育市级以上重点农业企业研究院13家、星创天地20家。

【科技特派员推广队伍体系建设】 2022年,绍兴市启动2022—2023年度市、县科

2022年绍兴市农业主推技术一览表

表24

水稻主推技术	水稻简易控温浸种催芽技术、水稻叠盘出苗育秧技术、水稻机插侧深施肥技术、杂交稻精准播种机插技术、水稻"两壮两高"栽培技术、优质稻产加销一体化关键技术、稻—青虾轮作绿色种养技术、稻—豆轮作高效栽培技术、水稻育秧中心机械化集成技术、水稻机收减损技术、水稻机械化烘干贮藏加工一体化技术
旱粮主推技术	大小麦全程机械化生产技术、糯玉米机械播种高效栽培技术、甘薯大垄稀植机械化轻简技术、秋冬季设施马铃薯高效生产技术、鲜食春大豆绿色高产增效栽培技术、鲜食大豆机械化种植收获技术、鲜食玉米促早栽培技术、高粱"一种两收"提质增效栽培技术
油料主推技术	油菜稀植绿色栽培技术、油菜直播轻简化栽培技术、油蔬兼用型油菜生产技术、油菜与高粱轮作高产高效栽培技术、油菜机械化种植收获技术、鲜食花生双季促早熟高效栽培技术
蔬菜主推技术	蔬菜集约化育苗技术、蔬菜(设施蔬菜)机械化移栽技术、蔬菜水肥一体化技术、设施蔬菜连作障碍生态防控技术、大棚草莓优质清洁栽培技术
水果主推技术	水果避雨设施栽培技术、果品采后商品化处理与贮藏物流技术、桃"Y"字形省力优质整形技术、基于花期调节的枇杷避冻稳产栽培技术、梨棚架栽培技术、柑橘完熟栽培技术、葡萄控产提质技术、果园生草栽培技术、柑橘果园有机肥料绿色安全使用技术
茶叶主推技术	茶园生产全程机械化技术、优质绿茶机采配套技术、名优茶连续自动化加工技术、生态茶园建设与管理技术、茶园病虫害绿色防控技术
蚕桑主推技术	大蚕条桑省力化饲养技术、桑树病虫害绿色防控技术
中药材主推技术	浙产道地中药材生态化生产技术、铁皮石斛全程标准化生产技术
花卉主推技术	切花菊设施优质高效栽培技术
畜牧业主推技术	生猪节本增效配套技术、规模猪场精准消毒技术、生猪无疫小区 主要疫病净化技术、规模猪场腹泻病综合防控技术、规模猪场数字化集成技术、养殖场综合减臭技术、蛋鸭饲料替抗和旱养技术、蛋禽主要传染病综合防控技术、规模蛋鸡机械化养殖技术、湖羊精细化饲养技术、湖羊批次化繁育配套技术、牛羊布鲁氏菌病综合防控技术、健康犊牛培育技术、中蜂病虫害绿色防控技术、中蜂设施果蔬授粉技术、畜领取遗传资源保种利用技术、畜禽粪污治理与资源化利用技术、兽药减量化 饲料环保化养殖技术、主要农作物秸秆饲料化利用技术
渔业主推技术	稻渔综合种养技术、配合饲料替代幼杂鱼养殖技术、淡水池塘养殖尾水生态治理技术、淡水池塘多营养层级养殖技术、溪流性鱼类养殖技术、池塘内循环流水槽养殖技术、虾类设施大棚养殖技术、陆基帆布池/圆桶养殖技术、工厂化循环水养殖技术、大水面生态渔业技术、水产养殖数字化技术及装备
综合类主推技术	农田氮磷生态拦截沟渠系统建设技术、水稻受污染耕地安全利用技术、冬绿肥全程轻简化生产技术、水稻重大病虫害全程绿色防控技术、粮油作物高效绿色施肥技术、农作物秸秆基料化利用技术、水田保护性耕作技术、田间轨道运输机械化技术、标准化钢架棚搭建技术、农机智能化操控技术、农业设施物联网技术

(市农业农村局 张 凯、邢 海)

至2022年末绍兴市重点农业企业研究院一览表

表25

名 称	级别	认定时间	属地
巴贝工厂化养蚕研究院	省级	2017年	嵊州市
御茶村抹茶产业研究院	省级	2019年	越城区
长生鸟珍珠精深加工企业研究院	省级	2022年	诸暨市
丰岛花卉省级重点农业企业研究院	省级	2022年	新昌县
长生鸟珍珠精深加工企业研究院	市级	2018年	诸暨市
浙江今晖新材料股份有限公司企业研究院	市级	2018年	上虞区
丰岛食品市级重点农业企业研究院	市级	2018年	新昌县
得恩德天然药物市级重点农业企业研究院	市级	2018年	新昌县
蓝莓种苗繁育与深加工研究院	市级	2018年	诸暨市
会稽山黄酒研究院	市级	2019年	柯桥区
蛋鸭现代育种与开发研究院	市级	2019年	诸暨市
丰岛花卉市级重点农业企业研究院	市级	2019年	新昌县
绍兴市生物基材料研究院	市级	2019年	嵊州市
浙江小精农机制造有限公司企业研究院	市级	2019年	上虞区
东湖高科植物生长调节剂重点农业企业研究院	市级	2022年	越城区
银邦农药重点农业企业研究院	市级	2022年	上虞区
天伟结冷胶重点农业企业研究院	市级	2022年	诸暨市

(市科技局 沈德胜)

技特派员轮派工作。新下派市级科技特派员团队31个161人，越城区、上虞区、柯桥区、新昌县完成新一轮科技特派员下派。至年末，全市累计派遣三级特派员638人，入驻服务乡镇(街道)覆盖面80%。

(市科技局 沈德胜)

农业机械化

【概况】 2022年，绍兴市结合产业结构特点，通过政策推动、产业共建、功能互补、优势叠加，全方面推进农业"机器换人"，投入补贴资金3822.42万元，补贴农机具9991台(套)。至年末，全市农机总动力170.86万千瓦，水稻耕种收综合机械化率91.34%，主要农作物机械化率79.45%，全市实现农机安全"零事故"。

【机械"强农"行动】 2022年，绍兴市开展"一县三基地"(农业"机器换人"高质

2022年3月15日,位于嵊州市三界镇的中国农业科学院茶叶研究所内,科研人员调试名优茶采摘机器人 (张亮宗 摄)

量发展先行县,农机服务中心,全程机械化应用基地,农机创新试验基地)建设,着力提高农业生产机械化应用水平。上虞区创建成"机器换人"水稻、畜牧、茶叶产业高质量发展综合县,诸暨市水稻产业、新昌县茶叶产业创建成特色产业农业"机器换人"高质量发展先行县,建成14个农机服务中心、27个全程机械化应用基地、6个农机创新试验基地。

【农机技术推广】 2022年,绍兴市通过农艺农机融合,推动机械化全程全面发展。水稻机插面积2.64万公顷;无人植保机飞防面积超5.33万公顷;粮食批次烘干能力超2万吨。在推进粮食产业"机器换人"基础上,拓展蔬菜、水果、茶叶等产业的"机器换人"。绍兴木客村茶业专业合作社陡坡茶园(绍兴日铸茶)机械化生产模式与典型案例入选农业农村部第二批特色经济作物全程机械化生产模式与典型案例推介名单。

【农机维修服务】 2022年,绍兴市农机管理部门加强对农机合作社与维修网点的农机维修指导和信息技术咨询服务,提升农机维修服务体系安全生产能力和水平。组织开展市农机修理工技能竞赛,提升农机修理技术人员技能水平。至年末,全市有各类农机维修厂及维修点178个,其中,一级维修点2个,二级维修点5个。

【农机安全管理】 2022年,绍兴市未发生拖拉机道路交通安全甲方事故,与2021年同期相比,事故起数、受伤人数、直接经济损失下降100%。全市农机管理部门开展农机生产主体、操作员安全培训教育9次、285人,农机主体签署农机安全责任书345份。开展隐患排查入户检查111次,出动检查人员519人次,检查主体265家,发现农机安全隐患59个,并全部整改消除。开展路面联合检查64次,出动检查人员249人次,查处拖拉机违法载人、报废机车上路、脱检脱保、无证驾驶等违法违规行为16起。全市办理农机证件55本,上牌295辆。年检上道路拖拉机493辆。免费实地检验农田作业拖拉机和联合收割机2180台。开展老旧农机报废,6个县(市、区)全部实施中央报废补贴,报废拖拉机9台、联合收割机61台、其他农机38台,受益农户94户,申请中央报废补贴资金108.75万元。

【数字化红茶加工流水线】 2022年,绍兴市以"政府部门+技术团队+制造企业+生产主体"模式,加快补齐丘陵山区农机研制使用短板,研发成功数字化红茶加工流水线,实现日产500千克精品(干)红茶、高等级茶比例大于80%的目标,填补国内大宗、特色、优质精品红茶数字化、机械化、清洁化、标准化茶机装备空白,获专利11项,成为第一个进入市装备制造业重点领域首台(套)产品名单的农机产品。

(市农业农村局 吴 浩)

农业产业化经营

【农业龙头企业】 2022年,绍兴市修订《绍兴市市级重点农业龙头企业认定与监测管理办法》,开展市级农业龙头企业监测工作。全市新增省级农业龙头企业10家、市级农业龙头企业17家。至年末,全市有各级农业龙头企业138家,其中,国家级农业龙头企业5家、省级49家、市级84家。

【家庭农场】 2022年,绍兴市创建县级及以上示范性家庭农场108家,其中,省级14家、市级20家、县级74家;创建县级及以上示范性农民专业合作社9家,其中,国家级1家、县级8家。至年末,全市创建县级及以上示范性家庭农场457家,其中省级177家;创建县级及以上示范性农民专业合作社395家,其中国家级9家,省级45家;全市工商登记在册家庭农场3757家,纳入名录库管理5820家。柯桥区宏芳家庭农场入选第二批全国家庭农场典型案例,13家家庭农场入编全省"百佳"家庭农场典型案例。

【农业合作社】 2022年,绍兴市开展村经济合作社运行问题专项治理,重点整治机构设置、民主决策、收益分配、并村并账等六大方面不规范问题,查出并整改问题4919个。全面消除年经营性收入50万元以下行政村,创建省善治(示范)村175个。至年末,全市有农民专业合作社3645家,其中,国家级示范社9家、省级示范社45家。累计创成全国乡村治理示范镇1个、示范村9个,浙江省善治(示范)村798个。

(市农业农村局 陈 丰)

绍兴境内的会稽山古香榧群是全球重要农业文化遗产。图为嵊州市石璜镇白雁坑村的榧农踩着“蜈蚣梯”采摘古香榧树青果
（杨小东　供图）

农产品质量建设

【概况】 2022年，绍兴市围绕中央、省、市决策部署，健全农产品质量安全监管体系，严格农业执法检查，明确生产主体责任，守住农产品质量安全“底线”，农产品质量安全形势总体平稳，全市农产品省级抽检合格率99.8%。

【农产品质量安全监管体系建设】 2022年，市农业农村局印发《关于调整市农业农村局农产品质量安全工作领导小组的通知》，建立农产品质量安全工作领导小组，形成农产品质量安全共建共治的协作监管工作机制。至年末，全市有69个乡镇开展农产品质量安全网格化管理工作，占全市乡镇总数的67%。

【产地农产品质量安全追溯体系建设】 2022年，绍兴市2562家规模农产品生产经营主体全部纳入省追溯平台开具合格证；推进食用农产品承诺达标合格证与生产记录检测相关联，关联率25.95%；77家兽药经营企业兽药经营二维码全部在追溯系统注册入网，活跃度100%。年内，45家主体被评定为绍兴市市级农产品质量安全追溯示范点，并获政策奖补。

【农产品质量监管】 2022年，绍兴市继续加强农产品日常监测和专项整治工作。加大县镇两级监测力度，扩大抽检范围，实现抽检行业及品种的全覆盖，市级完成例行监测、专项监测、监督抽查等定量检测1200批次。监督抽查批次占定量监测总批次的50.4%，监督抽查问题发现率1.42%，省级风险专项监测问题发现率4.3%，省级监测问题处置率100%。重点对蔬菜、畜牧、水产等问题较为突出的15种食用农产品实施专项整治。开展牛蛙、杨梅等重点品种专项整治，全市15家蛙类生产经营主体基本信息全部纳入省农产品质量安全追溯平台。增加蔬菜、畜禽、水产重点品种的抽检批次，全市重点品种抽检占比22%。开展农药使用、“瘦肉精”、生鲜乳违禁物质、兽用抗菌药、畜禽屠宰、农资打假等重点领域执法查处工作，全市食用农产品质量安全行政执法案件查办数18件，县均值3件。加强污染耕地安全利用和严格管控，年度受污染耕地安全利用率93%。

【农业绿色认证】 2022年，绍兴市新申报绿色食品28个。至年末，全市有有效期内绿色食品190个、国家地理标志农产品18个、无公害农产品609个，绿色优质农产品认证率59.97%。

【农产品标准化生产】 2022年，绍兴市公布越城区越娃子家庭农场等26家生产主体的标准化生产绩效评价结果。推荐绍兴御茶村茶业有限公司等6家生产主体参加省级A级评审，其中3家生产主体获省级A级评定。全市完成78家“两化”场（兽用抗菌药减量化、饲料环保化）创建，其中，兽用抗菌药减量化场54家、饲料环保化场24家。绍兴天圣牧业有限公司、科盛生态农业有限公司、浙江新苗农牧发展有限公司、绍兴市上虞区丰惠镇灏天家庭农场、诸暨市高伟畜禽养殖有限公司、浙江意达牧业有限公司、嵊州市六顺农牧养殖场、嵊州市赵汝平养猪场、新昌县沙溪镇宋良才养殖场、新昌县华顺畜牧有限公司通过省级美丽牧场创建验收。

（市农业农村局　季　萍）

工业

综述

【工业经济运行分析】2022年，绍兴市锚定先进制造业强市主跑道，对标浙江省"415X"产业集群赛道，全面启动"4151"计划，综合施策、精准发力，推进先进制造业强市建设。至年末，绍兴市列全国制造业高质量发展50强城市第15名、中国先进制造业百强城市第24名、数字经济城市发展百强榜第37名。连续两年获国务院工业稳增长和转型升级督查激励。

工业生产稳中向好。工业生产总体呈现"高开、回落、稳进"特征，规模以上工业增加值连续7个月当月增速保持在9.5%及以上，工业经济回升向好势头巩固。实现规模以上工业增加值2119.5亿元，比2021年增长10%，居全省第二位，增速分别好于全国和全省平均6.4个和5.8个百分点，排名全省第二位，累计增速已连续15个月保持全省前三名。

运行质量提升，企业盈利水平好转。全市规模以上工业企业营收利润率6.58%，高于全省平均1.15个百分点，居全省第二位。规模以上工业每百元营业收入成本、利润均居全省前三位。规模以上工业单位增加值能耗下降10.9%，降幅居全省第一位。规模以上工业研发费用占营业收入比重3.8%，连续3年位居全省第一位；向工信部申报"国家启明"计划人才725人，入选105人，居全国第一位。

工业投资高位上扬。工业投资连续20个月保持两位数增长，全年增长36.4%，居全省第二位，高于全省平均17.4个百分点，连续19个月保持两位数增长。

延伸阅读

"4151"计划支撑体系是：在"双十双百"集群培育、企业"长高长壮"培育基础上，以"2+6+N"平台体系为"梁"、以"10+2"产业集群为"柱"，推动空间布局、产业格局、企业主体、发展动能、发展模式"五个重塑"，加快制造业发展质量变革、效率变革、动力变革。

"4151"计划的主要目标是：到2026年，全部工业增加值突破4000亿元，形成10个左右具有全国竞争力的重点产业集群，培育500家优质制造业企业，每年实施100个左右投资10亿元以上重大项目，制造业高质量发展水平居全省前列，力夺"浙江制造天工鼎"，成为全国"腾笼换鸟、凤凰涅槃"样板地、全省全球先进制造业基地引领区。

其中，制造业、技改投资分别增长33.9%和25.7%，高于全省平均16.9和9.4个百分点，均列全省第三位。共实施10亿元以上项目93个、100亿元以上8个，413个市级重点项目完成投资585亿元，比亚迪新能源动力电池、中芯绍兴MEMS和功率器件芯片制造及封测、中芯绍兴二期晶圆制造三个项目合计拉动工业投资增长21.6个百分点。

产业结构持续优化。新兴产业增势明显，全市新兴产业增加值比2021年增长16.1%，占规模以上工业增加值的比重达到39.3%。其中，规模以上战略性新兴产业、装备制造业、高新技术产业制造业增加值分别增长16.1%、13.1%和10.4%，增速快于整体平均。传统产业支撑有力，现代纺织、绿色化工等五大传统产业实现规模以上工业增加值950.9亿元，增长2.6%，占全市规模以上工业增加值的44.9%。

企业发展分化明显。头部企业领跑竞跑，全市482家大中型企业实现规模以上工业总产值4672.9亿元，比2021年增长7.8%，高于全市平均2.1个百分点，特

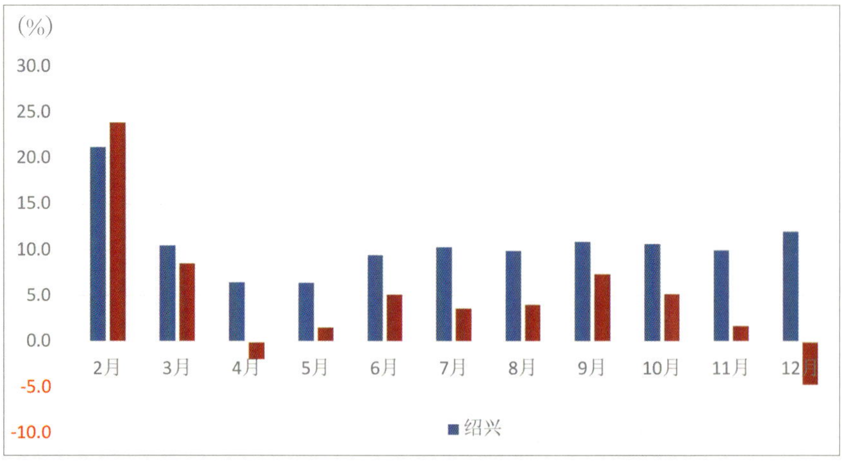

图4　2022年绍兴市2—12月规模以上工业增加值增速及其与全省的比较柱状图

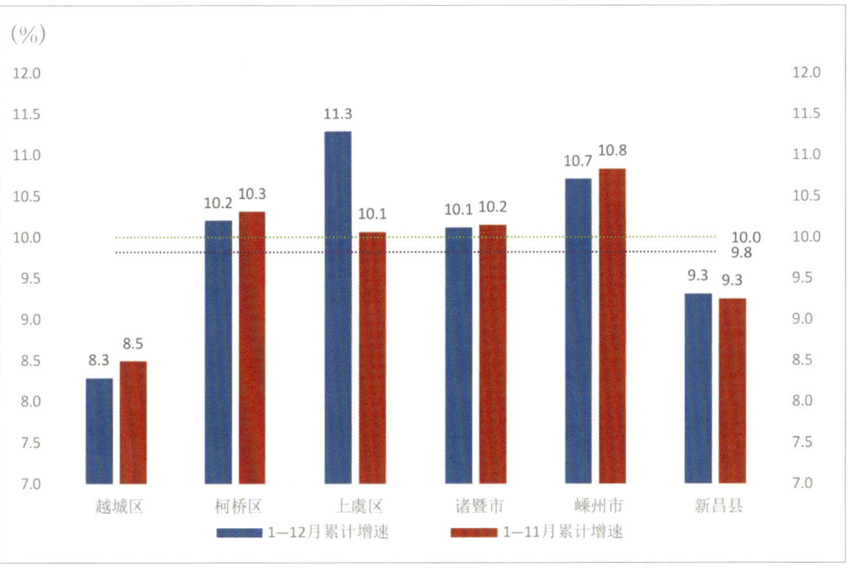

图 5　2022 年 1—12 月绍兴市各县(市、区)工业增加值增速柱状图

别是以“雄鹰企业”“链主企业”为代表的龙头企业表现抢眼，在产业链供应链协同创新、数字化改革等方面发挥带头引领作用。小微企业增长乏力，4594 家小微型企业实现规模以上工业总产值 4316.3 亿元，增长 3.4%，低于全市平均 2.2 个百分点；全市规模以下工业增加值仅增长 2.8%，低于全市平均 7.2 个百分点。

区域增长趋于均衡。全市 6 个县(市、区)工业生产处于齐头并进态势，增速差距逐步缩小。1—12 月，越城区规模以上工业增加值增长 8.3%、柯桥区增长 10.2%、上虞区增长 11.3%、诸暨市增长 10.1%、嵊州市增长 10.7%、新昌县增长 9.3%，增速最高的与增速最低的相差 3 个百分点，比 2021 年缩小 9.9 个百分点。

【工业政策全生命周期管理】 2022 年，绍兴市重点聚焦省级十百千和千亿技改等重大制造业项目，每月开展投资建设跟踪统计，紧盯签约、供地、开工、入统、竣工、投产、达产节点，以实地走访和数字化常态式跟踪相结合形式，以数字化改革牵引项目建设、办事、服务流程优化。深化“五色图”创新应用，引入用电监测、用工管理等维度预警，提升项目问题分析综合性，破解“五未”项目难题。落实投资项目“赛马”机制，加快地方“大好高”项目建设，加强跟踪服务，加快形成制造业重大项目早开工、早建设、早投产、早见效的良性循环、滚动发展格局。

绍兴滨海新区项目投资迈入“全生命周期”管理时代，实行用地履约监管制度，对项目在用地期限内的利用状况做到全过程动态评估和监管，推行“滴灌式”分期精准供地，倒逼企业及时用地、集约用地。

【“腾笼换鸟、凤凰涅槃”攻坚行动】 2022 年，绍兴市按照全省新一轮制造业“腾笼换鸟、凤凰涅槃”攻坚行动部署，深化工业全域治理行动，纵深推进“跨域整合”，搭建“一码管地”“园区管家”数字应用，创新探索出回购回租、连片治理、余缺对接等 10 种治理模式。产业“跨域整合”的绍兴模式获省委、省政府主要领导批示肯定。全市治理低效工业用地 1306.67 公顷，超额完成省定目标任务，连续 10 年获省“腾笼换鸟”考核优秀。9 月 1 日，全省新一轮制造业“腾笼换鸟、凤凰涅槃”攻坚行动现场会暨“415X”产业集群推进会在绍兴召开，省长王浩出席会议并讲话。

针对袍江区块腾退空间，绍兴滨海新区管委会设立规模 100 亿元的“绍芯谷”城市更新基金，是绍兴首个创新型城市更新基金，并助力“绍芯谷”打造成为新一轮制造业“腾笼换鸟、凤凰涅槃”全国试点和产城融合的全国样板。规划建设以“泛半导体 +”为主体的“绍芯谷”，已成功落户比亚迪车规级芯片等 20 余个优质项目。

全市累计销号高耗低效企业 823 家，腾出土地 1033.87 公顷，腾出用能 119.7 万吨标煤。分别完成省定目标的 206%、344% 和 664.7%。新增国家高新技术企业 380 家，省科技型中小企业 1262 家，单项冠军 3 家，专精特新“小巨人”企业 56 家；29 个省市县长项目落地率 100%，列全省第一位。

【印染化工产业集聚提升】 2022 年，绍兴市持续推进印染化工产业集聚提升工作。越城区累计保障用地 418.27 公顷，其中，印染用地 43.67 公顷，化工用地 374.60 公顷；新增制造业投资 71 亿元，其中，印染项目投资 53.2 亿元，化工项目累计统计入库 18.3 亿元；政府累计投入资金 58 亿元，其中，印染征收支付 12 亿元、化工征收支付 46 亿元。1 月 29 日，绍兴举行市区印染产业“跨域整合”袍江区域印染企业关停退出仪式，越城区袍江区域 33 家拟搬迁集聚或退出的印染企业按期实现关停退出；2 月 18 日，绍兴举行最后一批市区化工产业跨区域集聚提升项目开工仪式，9 个市区化工产业跨区域集聚提升项目开工。

越城区有涉改印染企业 47 家，其中 32 家企业整合成国周、七色彩虹、宜滨、一川、鸿大等 5 个组团，集聚落户柯桥并实现投产。15 家未组团企业实施兼并重组或关停退出，净节约土地 221.67 公顷，新增产值 100 亿元。涉改的 35 家化工企业全部签订退出协议。推动埃斯特维华义制药、浙江医药维生素厂达成收购协议，古纤道绿色纤维公司启动评估工作。

上虞区实施 18 个集聚提升项目区领导“一对一”挂联行动，推动 18 个项目全部用地或部分用地摘牌，14 个项目统计入库，圆锦新材、昌北生物等重大项目建设持续加快，东湖化学等先行项目进展顺利。杭州湾上虞经开区集中供热规划制定完成，并在省发展改革委网站上通过公示，码头项目建设已完成前期相关工作。

【开发区(园区)工业全域治理】 2022 年，绍兴市实施“2+7”[“2”指做强绍兴滨海新区、杭绍临空经济一体化发展示范区绍兴片区两大引领型平台。“7”指做优柯桥经济技术开发区、杭州湾上虞经济技术开发区、上虞曹娥江经济开发区、诸暨经济开发区、诸暨高新技术产业园区、嵊州经济开发区、新昌高新技术产业区7个开发区(园区)高质量骨干平台］开发区(园区)工业全域治理。制定实施《全市“2+7”开发区(园区)工业全域治理行动方案》,成立市级工作专班,创新探索形成出回购回租、连片治理、二次开发等10种治理模式。围绕工业企业用地底数不清、土地资源余缺信息不对称等难点,开发“一码管地”数字化平台,贯通企业数据27879家、宗地信息1.97万公顷,并基本实现地、企空间对应。

2022年,“2+6”(“2”指绍兴滨海新区、杭绍临空经济一体化发展示范区绍兴片区2个引领型平台;“6”指柯桥经济技术开发区、杭州湾上虞经济技术开发区、上虞曹娥江经济开发区、诸暨经济开发区、嵊州经济开发区、新昌高新技术产业园区等6个骨干型平台)平台累计治理完成各类违法违规企业4945家、亩均5万元以下企业3531家,累计盘活工业用地4333.33公顷,拉动制造业投资增速36.4%,连续19个月实现高位增长。筛选汇编全市攻坚行动最佳案例,总结提炼关停退出、改造提升、回收盘活、集聚入园、兼并重组、功能转型、整体回租等各类创新实践案例36个。

【产业集群发展】 2022年,绍兴市对标国家先进制造业集群和省“415X”先进制造业集群培育要求,研究制定《关于深化“双十双百”培育行动　打造十大重点产业集群的实施方案(2022—2026年)》,推动上虞绿色新型化工新材料产业集群争创国家中小企业特色产业集群,推动现代纺织、精细化工、集成电路、生物医药等四个产业集群争创全省先进制造业集群核心区,装备制造·浙江新昌、纺织印染·浙江柯桥、纺织(袜业)·浙江诸暨三大国家新型工业化产业示范基地获四星评价,绍兴集成电路产业园获2022中国集成电路高质量发展优秀园区。上虞区氟精细化工产业集群入选国家中小企业特色产业集群,集群内有规模以上企业31家,其中,制造业单项冠军4家、国家专精特新小巨人11家,产值规模超过250亿元,年均增速12.5%。

建立“链长+链主”协同机制,累计签约落户重大集成电路产业项目百余个,实到总投资超600亿元。形成以中芯集成为核心的制造产业集群,以长电集成、芯云半导体为核心的封装测试产业集群,以韦豪半导体、汉天下为核心的设计产业集群,以最成半导体、盛吉盛(绍兴)为核心的材料产业集群,以晶盛机电、宏邦电子为核心的设备产业集群,以中科通信为核心的光通信产业集群。1—12月,共引进签约10亿元以上项目70个,其中百亿项目5个,推进绍兴弗迪比亚迪动力电池、中芯绍兴MEMS和功率器件芯片、中芯绍兴二期晶圆制造等重大项目加快建设。

【一流企业培育】 2022年,绍兴市聚焦优势领域,制定“一企一策”培育方案,共培育“链主”企业2家、“雄鹰企业”13家、“2022中国企业500强”2家、“2022中国制造业企业500强”9家、“2022年中国民营企业制造业500强”12家,海亮集团连续3年跻身“世界500强”。累计培育上市企业94家,数量居全国同类城市第四位。其中,绍兴中芯集成电路制造股份有限公司拟首发募资125亿元,是年内科创板第三大IPO。长电集成电路(绍兴)有限公司入选2022年浙江省第一批未来工厂名单,浙江三花智能控制股份有限公司入选2022年国家技术创新示范企业名单。

2022年12月23日,第六届世界浙商大会在杭州开幕,绍兴市的三花控股集团有限公司、卧龙控股集团有限公司、万丰奥特控股集团有限公司、浙江新和成股份有限公司、海亮集团有限公司、绍兴中科通信设备有限公司被授予“高质量发展领军企业”称号。

【小微企业培育】 2022年,绍兴市统筹推进“专精聚焦战略”“特新差异战略”,小微企业培育取得新进展。全市获评国家级专精特新“小巨人”企业56家,重点“小巨人”企业4家,获评数量分别居全省第四位、第五位。累计获评国家专精特新“小巨人”企业83家、重点“小巨人”企业15家、省级专精特新中小企业221家。加大潜在上规企业挖掘力度,推动规模以上工业企业数与绍兴市制造业地位相匹配,累计新增“小升规”企业659家,完成年度目标的132%。

【传统制造业改造提升】 2022年,绍兴市作为全省唯一的传统产业改造提升综合试点,继续聚焦印染和化工两大传统产业,运用“市场机制主导+政府因势利导”机制,大力推进越城区67家印染、化工企业跨域集聚,腾退用地666.67余公顷。整合形成的五大印染组团已全部投产,18个大型化工项目已全部开工,实现企业发展、产业优化、城市提升多赢共赢。

上虞区探索建立异味评价体系,对区域异味污染可评价、可预警、可溯源,成为化工产业转型升级的“助推器”。在2022年1月举办“2021全国环境互联网会议”上,上虞区的相关做法入选全国十大智慧环保创新案例。卧龙电驱集团投资近2亿元上线BLDC高效无刷直流电机智能制造黑灯工厂,获评省级未来工厂,生产效率提升79%,生产运营成本下降33.5%,产品不良率从2.5%降到1.2%,产品研制周期从28.4天降到16.8天。

【新兴产业发展】 2022年,绍兴市完成新兴产业增加值832.3亿元,比2021年增长16.1%,占规模以上工业增加值的比重达39.3%;完成高新技术产业增加值1303.6亿元,增长10.4%;完成装备制造业增加值693.9亿元,增长13.1%。从县(市、区)情况看,完成新兴产业增加值、高新技术产业增加值、装备制造业增加值最多的是上虞区,分别为202.1亿元、378.2亿元和182.4亿元。新引进10亿元以上重大新兴产业类项目53个,其中,电子信息项目13个,现代医药项目7个,高端装备项目21个,新材料项目12个,计划总投资额1274.52亿元。

【平台能级提升】2022年，绍兴市按照“一个平台、一个主体、一套班子、多块牌子”原则，完成高新区和经开区等机构整合，已构建形成“2+7+N”开发区（园区）平台体系，四大省“万亩千亿”新产业平台考评均居全省前列。绍兴滨海新区入选省首批高能级战略平台，绍兴综保区建成并通过国家部委验收，浙江上虞曹娥江经济开发区获省政府批复，杭绍临空经济一体化发展示范区绍兴片区和义甬舟嵊新临港经济发展区加快推进。上虞区、新昌县的两家高新区入选全省高新区亩均效益领跑者名单，入选数居全省第二位。全面开展“三类园区”摸排整治，183个“两园一点”通过动态调整、有机更新等全部撤销退出。155家小微企业园开展各类督导检查72次，检查园区155家次，排查问题隐患130处，整改完成130处，整改率100%。

（市经信局　端木丽浩）

表 26

2022年绍兴市传统产业主要指标数据统计表

行业	规模以上企业数（家）	增加值		出口交货值		新产品产值	
		总量（亿元）	增长（%）	总量（亿元）	增长（%）	总量（亿元）	增长（%）
规模以上工业	5076	2119.5	10.0	990.0	6.2	4029.7	15.8
八大传统产业	2934	1036.6	2.0	562.6	2.9	2227.1	13.8
五大传统产业	2691	950.9	2.6	468.2	5.8	2015.9	14.9
1. 纺织	1856	523.5	6.4	266.4	−2.2	846.0	12.6
印染	215	218.9	20.9	27.6	−33.7	204.6	−6.3
织造	1002	178.5	−2.5	104.3	0.1	244.1	14.6
服装服饰	403	43.5	1.2	107.0	9.0	91.0	8.5
化纤	236	82.5	−11.0	27.5	−3.3	306.3	29.8
2. 金属加工	413	116.6	−16.7	61.2	−4.6	513.2	12.6
3. 化工	403	296.4	−1.9	139.1	33.1	647.0	19.7
4. 黄酒	11	13.4	−0.5	1.0	12.6	9.1	50.2
5. 珍珠	8	1.0	20.5	0.4	29.4	0.5	112.7
6. 电机	113	16.1	−55.6	37.6	−10.5	112.3	−5.8
7. 厨具	31	35.0	−1.2	24.2	−26.4	41.5	4.5
8. 轴承	99	34.7	6.8	32.6	11.3	57.5	30.8

表 27

2022年绍兴市四大新兴产业主要指标数据统计表

行业	规模以上企业数（家）	增加值		产值		出口交货值		新产品产值	
		总量（亿元）	增长（%）	总量（亿元）	增长（%）	总量（亿元）	增长（%）	总量（亿元）	增长（%）
医药制造业	103	143.2	11.6	378.9	10.1	84.9	−11.4	246.6	12.0
数字经济核心产业制造业	265	180.6	13.5	789.4	25.1	94.2	13.9	561.2	40.0
高端装备制造业	1137	426.3	9.5	1849.2	16.6	242.2	16.3	1075.8	24.6
新材料	562	283.4	1.1	1768.3	3.8	119.0	1.5	731.0	9.5

表 28

2022年绍兴市规模以上工业企业主要工业产品总量统计表

主要产品	1—12月产量	增长（%）	主要产品	1—12月产量	增长（%）
饲料（吨）	705560	11.9	水泥（万吨）	896	−15.4
精制茶（吨）	103775	12.6	平板玻璃（万重量箱）	835	0.5
纱（吨）	178738	−2.7	钢材（吨）	1312483	−37.8
布（万米）	149859	8.5	铜材（吨）	379615	3.3
印染布（万米）	2323790	−4.8	金属切削（成形）机床（台）	19412	−3.5
无纺布（吨）	44808	−24.9	数控机床	12826	−5.3
领带（万条）	2036	23.6	滚动轴承（万套）	129715	17.6
袜子（万双）	293821	−1.8	风机（台）	965742	15.3

续表 28

主要产品	1—12 月产量	增长（%）	主要产品	1—12 月产量	增长（%）
服装（万件）	31526	1.2	交流电动机（万千瓦）	1600	-42.8
家具（件）	7775644	-7.1	工业机器人（套）	2014	78.1
机制纸及纸板（吨）	818544	2.4	家用燃气灶具（台）	1871491	-5.9
纸制品（吨）	647403	-44.3	灯具及照明装置（万套、万台、万个）	18297	-9.4
染料（吨）	671079	1.0	集成电路（万块）	168376	-14.5
合成纤维聚合物（吨）	1149937	4.2	汽车仪器仪表（万台）	163	101.8
化学药品原药（吨）	129071	-12.0	发电量（万千瓦时）	1141568	-3.5
中成药（吨）	4112	-20.3	黄酒（千升）	325362	-3.4
化学纤维（吨）	4522897	4.4	伞类制品（万把）	11499	16.9
塑料制品（吨）	1606880	-5.1			

2022 年绍兴市及各县（市、区）规模以上工业主要经济指标统计表

表 29

区 域	企业数（家）	工业增加值		营业收入		利润总额		利税总额		出口交货值	
		累计（亿元）	增长（%）	累计（亿元）	增长（%）	累计（亿元）	增长（%）	累计（亿元）	增长（%）	累计（亿元）	增长（%）
全市合计	5076	2119.5	10	8204.6	5.8	539.9	-7.4	747	-5.9	990	6.2
市 区	2803	1430.7	10.1	5394.9	7.7	373	-4.9	523.5	-3	612.2	4.2
越城区	648	406.5	8.3	1352.3	4.9	52	-35.2	85.4	-24.5	230.9	-7.7
柯桥区	1319	497	10.2	2087.8	6.8	126.4	-14.1	197.9	-9.1	133.7	-1.2
上虞区	836	527.2	11.3	1954.9	10.6	194.6	18	240.2	15	247.6	22.5
诸暨市	1244	359.3	10.1	1590.5	-0.3	52.5	-38	83.6	-28.7	172.4	4.9
嵊州市	673	149.4	10.7	574.2	5.4	20.2	-37.3	31.3	-36.9	67.2	18.2
新昌县	356	180.1	9.3	645.1	6.7	94.2	28.1	108.7	25.2	138.3	12.1
滨海新区	577	365.9	8.9	1279.6	6.1	49.7	-33.1	81.2	-22.3	214.5	-7

2022 年绍兴市工业指标在全省排序情况统计表

表 30

地 区	规模以上工业增加值		工业用电		自营出口		出口交货值		新产品产值	
	绝对值（亿元）	增长（%）	绝对值（亿千瓦时）	增长（%）	绝对值（亿美元）	增长（%）	绝对值（亿元）	增长（%）	绝对值（亿元）	增长（%）
浙江	21899.8	4.2	3800.3	0.9	5158.0	10.7	16783.1	8.2	42984.3	12.3
杭州	4197.5	0.3	422.0	-4.7	773.9	7.6	2620.5	7.9	7473.4	4.5
宁波	5339.4	3.8	674.7	0.0	1237.4	4.9	4133.8	-0.1	8102.5	6.9
温州	1467.8	4.7	286.2	-2.3	375.7	19.3	921.6	15.9	3036.2	18.1
嘉兴	2815.6	3.9	495.8	1.2	481.9	11.2	2832.5	16.0	7158.8	11.5
湖州	1324.9	3.0	247.2	-0.4	225.2	7.3	873.9	-3.7	3073.7	5.0
绍兴	2119.5	10.0	383.3	-2.6	511.5	19.9	990.0	6.2	4029.7	15.8
金华	1205.6	3.6	312.0	0.3	895.3	8.6	1678.6	11.9	3143.4	18.1
衢州	609.7	9.6	166.8	3.9	60.2	23.1	267.3	16.5	1191.0	42.2
舟山	889.5	21.0	142.3	45.8	173.4	44.7	544.2	60.6	2479.6	61.0
台州	1538.7	0.3	251.0	-3.3	380.1	11.8	1715.7	7.3	2532.4	5.3
丽水	399.6	5.0	81.3	-4.9	43.4	-2.3	205.1	5.1	763.7	9.8
位次	4	2	4	8	4	3	6	8	4	5

（市经信局 端木丽浩）

纺织工业

【概况】 2022年，绍兴市纺织行业总体呈现“一季度平稳开局、二季度波动前行、三季度承压下行、四季度有所回暖”的运行特点。凭借产业链完整、产业韧性足、“印染＋市场”等优势，纺织行业运行总体平稳，特别是在12月，随着防疫管控措施不断优化，纺织行业稳步复苏，印染产能发挥到七成左右，化纤下游用户备货意愿逐步增强，原料价格进入提价周期，企业库存加快消化释放，盈利有所好转，袜厂开工率基本保持在80%～90%。其中，恒鸣化纤库存从11万吨下降至9万吨，港龙织造订单量环比增长25%，海外订单环比提升近50%。全市1856家规模以上纺织企业实现增加值523.6亿元，比2021年增长6.4%；实现利润79.4亿元，下降37.6%。

【重点项目建设】 2022年，绍兴市新增纺织类重点项目9个，计划总投资13.05亿元，1—12月累计投资额3.63亿元。浙江腾逸纺织有限公司年产9000吨高端经纱生产线项目提前投产运行，实现年销售额8000万元；绍兴吉圣贸易有限公司年产1000万条床上用品“新眠计划”建设项目已进入厂房竣工阶段，投资进度超30%。

【“柯桥纺织”成为价值千亿级区域品牌】

2022年，中国纺织工业联合会品牌工作办公室联合有关专业机构，以《区域品牌价值评价 产业聚集区》(GB/T 39905—2021)等国家标准、国际标准为基础技术依据，对绍兴市的“柯桥纺织”“青山湖针纺”“震泽蚕丝”等区域品牌开展价值评价。经评估，“柯桥纺织”区域品牌价值为2912.36亿元，是中国纺织行业首个价值千亿级区域品牌。

【浙江省现代纺织技术创新中心成立】

2022年7月12日，浙江省现代纺织技术创新中心成立仪式在绍兴市行政中心举行。省现代纺织技术创新中心是全省首批六家技术创新中心之一，以绍兴市政府主导，柯桥区政府和浙江理工大学双牵头。计划通过5～10时间，建设重点面向医卫、交通、国防军工、海洋工程等产业用纺织品的公益性高能级技术创新平台，成为现代纺织领域国内一流、国际领先，具有重大影响力的科技创新策源地和成果转化公共服务平台。

2022年，绍兴市纺织行业稳步复苏。图为2月15日，浙江迎丰科技股份有限公司新年第一批外贸布料下线 (何 雯 摄)

【柯桥区纺织工业创意设计基地入选工信部示范园区】 2022年，柯桥区纺织工业创意设计基地入选工信部第一批纺织服装创意设计示范园区(平台)，成为全国9个示范园区之一。该基地2017年入选全国首批试点(平台)，到2022年，建设形成“一核两中心”功能布局，即以创意大厦、中国轻纺城创意园、中纺大厦、中纺国际时尚中心等为核心的纺织创意设计“时尚谷”，蓝印时尚小镇为主体的染整艺术中心和以绍兴纺织装备特色产业基地为主体的纺织装备设计创新中心。2022年，创意设计基地企业设计服务性营收3.79亿元，比2021年增长8.1%，带动服务对象创收449.23亿元，增长8.2%。

(市经信局 端木丽浩)

装备制造业

【概况】 2022年，绍兴市装备制造业实现产值1849.2亿元、增加值426.3亿元，增速分别为16.6%和9.5%，分别占规模以上工业的20.6%和20.1%；出口交货值15.99亿元，增速16.3%。拥有规模以上装备制造企业1137家。至年末，全市汽车制造业规模以上企业158家，比2021年增加30家；完成规模以上工业总产值197.1亿元，增长20.1%。其中，整车制造企业2家，全年整车产量926辆；全市机器人全产业链实现规模以上产值489亿元，增长10.2%，出口交货值124亿元，增长13.6%；全市数控机床领域拥有规模以上企业76家，实现规模以上总产值84.2亿元，增长4.9%。绍兴市的27家企业上榜2022年度“浙江制造精品”。

【制造业首台(套)提升工程】 2022年，绍兴市加大首台(套)产品政策扶持力度，发布《关于加快首台(套)产品发展的实施方案》《绍兴市装备制造业重点领域首台(套)产品认定管理办法》，组织开展市级首台(套)产品认定工作，新增省级以上首台(套)产品20台(套)。市首台(套)装备认定工作收到申报产品92个，共认定市级首台(套)产品49项。至年末，全市共获认定省级及以上首台(套)产品175项。其中，国内首台(套)装备10项，省内首台(套)装备154项，国内首批次新材料5项、省内首批次新材料1项、省内首版次软件5项。

【装备制造业标志性产业链建设】 2022年，绍兴市围绕“双十双百”集群培育，深化群(链)长、重抓产业链稳链稳供、强化

2022年,绍兴市实施智造企业"长高长壮"行动,分类建立培育库,推动企业梯度登高。图为12月22日,"隐形冠军企业"浙江双鸟机械有限公司生产车间 (张亮宗 摄)

群(链)建设评价考核,继续推进集成电路、金属加工、装备及关键零部件等3个装备相关集群和汽车整车及零部件、人工智能、节能环保、智能电机、医疗器械等5条装备相关产业链建设。加强产业链企业梯队建设,实施《绍兴市智造企业"长高长壮"行动方案》,分类建立培育库,强化培育激励,推进"专精特新'小巨人'、放水养鱼优质企业、隐形冠军、单打冠军、雄鹰企业"梯度培养链,推动企业梯度登高。围绕行业共性技术难题、产业链"卡脖子"问题,实行揭榜挂帅,开展共性关键技术独立或合作攻关。7月29日,浙江省"十链百场万企"系列活动之绍兴市智能纺织装备产业链专场在新昌县举行。

【绍兴国际纺织机械智能制造展览会】

2022年11月16日至18日,由中国机械国际合作股份有限公司、绍兴市商务局、中国国际贸易促进委员会绍兴市委员会、中国国际商会绍兴商会主办,中国纺织品进出口商会、中国国际贸易促进委员会浙江省委员会指导,西麦克国际展览有限责任公司承办,以"智能纺机 绿色发展"为主题的2022年绍兴国际纺织机械智能制造展览会在绍兴国际会展中心举行。中国恒天集团、经纬纺机、恒天重工、立信印染、苏美达、日发纺机等100余家纺织机械行业企业参展。展会融合"线下+线上"模式,以绍兴为中心,辐射浙江、长三角乃至全国,从纺纱机械、针织机械、织造机械,到染整机械、化纤机械、非织造布机械,再到终端缝纫设备和相关软件、自动化技术等,为纺织全产业链智造升级打造信息对接平台。展会集中展现纺纱机械、针织机械、织造机械、染整机械、印花机械、数码印花机械、绣花机械、缝制机械、化纤机械及配件、化纤原材料、辅助机械与非织造机械、纺织原材料、各类染料、有机颜料及纺织化学品、纺织相关自动化、智能化设备及配件等展品。

(市经信局 端木丽浩)

食品工业

【概况】 2022年,绍兴市食品制造行业有规模以上企业82家,实现销售产值125.3亿元,实现营业收入124.4亿元,利润7.4亿元,利税11.8亿元。其中,农副食品加工业完成销售产值57.5亿元,利润2.5亿元;食品制造业完成销售产值13.3亿元,利润0.4亿元;酒、饮料和精制茶制造业完成销售产值54.5亿元,利润8.9亿元。全市有10家企业被新认定为省级骨干农业龙头企业,44家省级骨干农业龙头企业监测合格,继续保留称号。其中,新晋省级骨干农业龙头企业——绍兴咸亨食品股份有限公司,实现营业收入1.47亿元,增长3.89%,归母净利润3114.24万元,增长0.27%。绍兴市人民医院、绍兴文理学院、国家黄酒工程技术研究中心共同完成的"黄酒功能因子在心脑血管疾病防治中的应用"项目获2022"中国食品工业协会科学技术奖"一等奖。

【黄酒产业品牌宣传与推介】 参见"中国黄酒之都·黄酒市场与营销"。

【"绍兴腐乳"获批地理标志证明商标】

2022年,经国家知识产权局核准公告,"绍兴腐乳"获批地理标志证明商标。绍兴腐乳以黄豆为主料,黄酒为汤料,经过数百年酿制技艺的积累、继承和创新,形成了独特的风味,品质尤佳,是明清两代的贡品腐乳,代表着浙江乃至国内腐乳制造最高水平。2019年,《绍兴腐乳》"浙江制造"团体标准正式发布实施。"绍兴腐乳"是第五个以"绍兴"为前缀的地理标志证明商标。

【2022食品工业职业教育产教融合创新发展论坛】 2022年8月22日至23日,由全国食品工业职业教育教学指导委员会主办、浙江工业职业技术学院承办的新一届全国食品工业职业教育教学指导委员会成立大会暨2022食品工业职业教育产教融合创新发展论坛在绍兴举行。大会包括全国食品工业职业教育教学指导委员会成立大会、2022食品工业职业教育产教融合创新发展论坛、绍兴市黄酒产业与浙江工业职业技术学院产教融合重大项目现场参观考察、浙工院产教融合教育教学现场观摩与学术交流四项内容,旨在加快推进食品工业职业教育产教融合提质加速。全国食品工业行指委委员、食品产业园区和有关政府部门领导、省级食品行业协会代表、国内开设食品类专业的院校代表及企业代表等180余人参加会议。

【市首届茶业职业技能竞赛】 2022年4月26日,由市人力社保局、市总工会、团市委联合主办,以"汇聚技能力量,助力共同富裕”为主题的绍兴市首届茶业职业技能竞赛暨2022年市级技能大赛在越城区迎恩门水街举行。来自市内的炒茶师、专业茶艺师、茶艺爱好者现场开展炒茶、评茶、茶艺等技艺比拼。在启动仪式上，进行茶文化实践基地授牌和“技能服务进乡村”活动授旗。同时，还举办“越茶飘香，共享生活”茶艺技能、“巧手逐梦，悦享美食”美食技能等活动。参与技能大赛的选手，总成绩第一名，将被授予“绍兴市技术能手”荣誉称号；总成绩前三名，将被授予“绍兴金蓝领”荣誉称号；总成绩前三名且年龄在35周岁（含）以下的，将被授予绍兴市“青年岗位能手”荣誉称号。

（市经信局　端木丽浩）

化工产业

【概况】 2022年，绍兴市化工产业规模列全省第四位，拥有规模以上化工企业403家，实现规模以上总产值和增加值分别为1203亿元和296.4亿元，占全省总量的7.3%和7.9%（全省化工产业产值为16467亿元，增加值为3746.1亿元，根据25、26、29行业统计口径测算）。实现营业收入1089.4亿元，利税151.8亿元，其中利润124.1亿元。化学原料及化学制品业完成营业收入846.0亿元，利润107.6亿元。绍兴市化工产业受行业特性限制，产值规模基本持平，但产业链附加值持续提升，相较于“十三五”期间，营业收入、利润分别年均增长2.7%和2.1%。上虞区成为全球最大的染料系列产品基地、亚洲最大的过碳酸钠系列产品生产基地、全国最大的氟喹诺酮抗生素生产基地。

【化工产业创新体系】 2022年，全市规模以上化工企业R&D经费41.3亿元，比2021年增长16.9 %，占营业收入比重3.8%，分别高于全市传统产业平均水平1.0个和0.34个百分点；实现新产品产值647亿元，新产品产值率53.8%，高于全省平均水平。创新平台形成体系，上虞区创建成省级绿色环保化工产业创新服务综合体，拥有院士专家工作站10家，省级企业研究院17家、研发中心67家、省级以上企业技术中心28家，高新技术企业113家，其中4家企业入选浙江省创造力百强企业。浙江工业大学上虞研究院在科技项目联合攻关、高端人才共享等方面开展校地合作，与浙江中欣化工、上虞颖泰精细化工等企业联合组建药物中间体、新型农药等研发中心，全面投运杭州湾（上虞）绿色化工人才公共实训基地。

【化工重点项目建设】 2022年，绍兴市新增绿色化工类重点项目7个，计划总投资123.15亿元，1—12月累计投资额3.74亿元。其中，中化蓝天氟材料有限公司年产15200吨三氟乙酰氯、10000吨三氟乙酸及罐区改扩建项目已进入TFAC车间土建收尾阶段。

【重点化工企业培育】 2022年，绍兴市深入实施“凤凰行动”“雄鹰行动”，加快推动形成“五企”融通发展新格局。在染料助剂、化学原料药、化工新材料等领域涌现出龙盛、闰土、新和成等一批行业头部企业，市场占有率全球领先。细分领域竞争优势明显增强，新和成特种材料成为国内首家量产高温尼龙（PPA）产品的企业，中科恒泰的聚甲基丙烯酰亚胺（PMI）复合材料处于市场龙头地位，国邦医药的头孢类大宗原料药市场占有率超过40%，京新药业的脑血管类、精神类特色原料药产能居全球第一位。5家化工企业入围2021年中国石油和化工企业500强；培育化工

2016—2022年绍兴市化工产业主要经济指标统计表

表31

年份	规模以上企业（家）	产值（亿元）	增长（%）	营业收入（亿元）	增长（%）	利润（亿元）	增长（%）
2016	274	1016.5	−1.4	930.0	−2.5	109.7	34.5
2017	275	869.5	−14.5	855.7	−8.0	101.0	−7.9
2018	338	942.8	8.4	908.3	6.2	91.6	−9.3
2019	342	1036.1	9.9	1004.1	10.6	103.3	12.8
2020	360	1026.1	−1.0	892.6	11.1	121.6	17.7
2021	359	1132.36	10.8	1008.86	13.2	118.61	−3.3
2022	403	1203	7.6	1089.37	8.6	124.05	9.4

2022年绍兴市化工产业空间布局情况一览表

表32

区　域	主要园区	重点领域	龙头企业
上虞区	杭州湾上虞经济技术开发区	染料、高分子材料、电子化学材料、化学药品制剂	龙盛、闰土、新和成特种材料、吉泰新材料、国邦药业、新和成生物化工
越城区	绍兴现代医药高新技术产业园区	聚丙烯、化学药品制剂、生物技术药物	三圆、三锦石化、浙江医药、震元制药
柯桥区	绍兴柯桥滨海工业区化工集聚区	PTA（精对苯二甲酸）、高性能分散染料	华彬石化、双冠染料、万丰化工
嵊州市	嵊州经济开发区城北化工园区	化学药品制剂、医药化工中间体	昂利康制药、康牧药业等
新昌县	新昌经济开发区大明市新区化工集聚区	化学药品制剂、医药化工中间体	新和成股份、浙江医药

（市经信局　端木丽浩）

上市企业 5 家、国家制造业单项冠军企业（产品）3 家、国家级专精特新“小巨人”企业 2 家、省“雄鹰行动”企业 2 家、省级隐形冠军企业 3 家。

【化工产业绿色制造体系建设】 2022 年，绍兴市坚持绿色理念、生态优先，推进化工生产“密闭化、管道化、连续化、自动化”升级，资源利用水平持续提升，绿色、低碳发展成效显著。累计创建 12 家国家级绿色工厂，1 个国家级绿色园区，15 个产品被认定为国家级绿色设计产品。杭州湾上虞经济技术开发区入选国家级绿色园区和绿色化工园区，并在省级循环化改造试点园区验收中获评优秀等级，列入全省绿色石化世界级先进产业群“三区二基地”布局。

【绿色化工产业集聚区建设】 2022 年，绍兴市对标“绿色高端化工集聚区”目标，推进化工产业升级式、“一园式”、跨域式集聚，生产力布局优化。化工产业跨区域集聚提升取得重大突破，上虞区率先实现产业“一园式”发展，有序推动越城区化工企业集聚至杭州湾上虞经济开发区。全市共有 5 个园区（集聚区）通过省级化工园区认定，其中上虞区、滨海新区承载的先进高分子材料、高端生物医药（含化学原料药）产业平台入选省“万亩千亿”新产业平台，并在省级年度综合评价中名列前茅，杭州湾上虞经济开发区连续 5 年入选“中国化工园区 30 强”，2018 年至 2022 年，排名从第 27 位上升至第 10 位。

（市经信局　端木丽浩）

医药产业

【概况】 2022 年，绍兴市医药制造业 103 家规模以上企业实现销售产值 378.9 亿元，比 2021 年增长 10.1%，实现营业收入 357.9 亿元，利税 66.7 亿元，利润 53.3 亿元。实现规模以上工业增加值 143.2 亿元，增长 11.6%。从主要指标看，规模以上生物医药产业实现工业增加值 145.6 亿元，增长 11.2%；营业收入 367.3 亿元，增长 8.6%；出口交货值 88.52 亿元，增长 −11.1%。从区域分布看，规模以上医药制造业工业产值规模居前三位的是越城区 157.4 亿元、新昌县 88.3 亿元、上虞区 77.5 亿元。其中，越城区产业核心区作用明显，占全市生物医药产值比重为 41.8%。从产值增速看，柯桥区、上虞区增速相对较快，分别为 61.7% 和 41.2%。新和成、鼎晶生物入选“2022 第八届中国最具影响力医药企业百强榜”，分列第 18 位、第 94 位。

【医药产业重点项目】 2022 年，绍兴市共有实施类生物医药项目 46 个，计划投资 45.5 亿元，1—12 月累计投资 51.3 亿元，完成年度计划投资总额 112.7%，14 个项目已投产，占总项目数 38.8%，项目推进速度超预期。部分项目建设投资超计划节点，其中，浙江柏明胜医疗科技有限公司总投资 10.7 亿元的高分子医疗耗材产业园项目 2022 年计划投资 1 亿元，完成投资 2 亿元，超额投资进度达 200%；浙江鼎持生物制品有限公司总投资 5 亿元的 GMP（药品生产质量管理规范）生产基地建设项目 2022 年计划投资 1 亿元，完成投资 1.5 亿元，超额投资进度 150%。

【生物医药科技创新】 2022 年，绍兴市共有省级以上生物医药研发平台 57 个，其中国家级企业技术中心 3 家（京新药业、新和成、浙江医药），省级产业创新服务综合体 2 家（现代医药、医疗器械），省级重点实验室 6 家（浙江医药、京新药业、振德

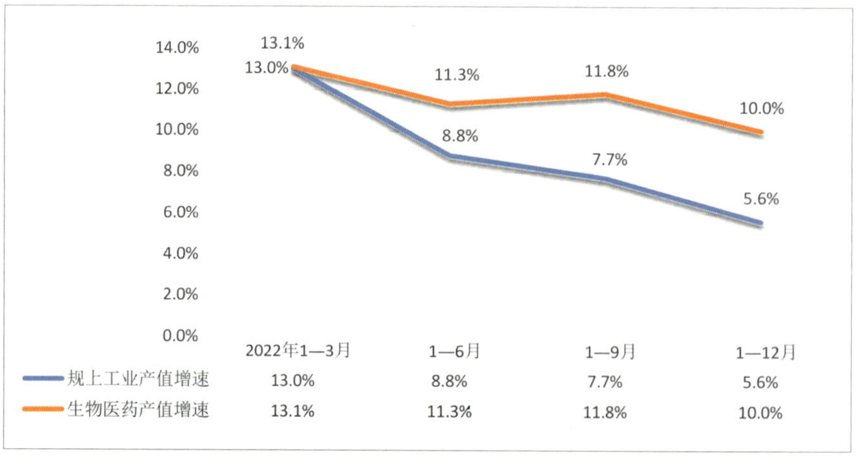

图 6　2022 年，绍兴市生物医药产业与规模以上工业产值增速对比情况图

至 2022 年末，绍兴市有国家级生物医药企业技术中心 3 家。图为京新药业研究院实验室

（市委党史室　供图）

医疗、震元制药、景岳堂药业、绍兴文理学院），国家级高新技术企业26家。年内，绍兴市规模以上医药制造业研发费用占营业收入比重为6%，比2021年提高0.4个百分点。绍兴市新药注册申请28件，其中创新药2件（京新药业的evt201原料药、地达西尼胶囊）、仿制药申请26件；获得药品批件18件；9个品规药品通过一致性评价。在创新医疗器械方面，1个入选国内首台（套）产品（普施康产品），1个二类创新医疗器械获批上市（浙江达美的脑卒中风险辅助筛查软件）。

【应急医疗物资保障】 2022年，绍兴市加强医疗物资调配，加强政府实物储备和生产保供工作。共调配防疫医疗物资954.9万件，救治药品800余万片。印发《绍兴市市级医疗物资储备管理办法》，建立完备的计划、储备、调用、轮库和资金管理制度。开展"万名干部走万企"行动，向重点生产保供企业派出驻企服务员，支持企业全力以赴稳产达产、扩大产能，保障社会群众用药需求。浙江医药、振德医疗、福清卫生用品有限公司等企业全力生产保供。

【生物医药平台建设】 2022年，绍兴市依托龙头企业建设一批多层次、高水平的创新载体，推进越海百奥生物医药产业化服务平台、浙江科兴直线质子医疗系统及肿瘤诊疗一体化中心等平台建设，推动大项目向大平台集聚，打造产业发展新引擎。其中，绍兴滨海新区集聚医药和医疗器械相关企业163家，实现工业产值326.1亿元，比2021年增长19.2%。

【第三届中国（绍兴）生命健康产业峰会】

2022年7月16日，2022浙江生命健康大会暨第三届中国（绍兴）生命健康产业峰会举行。会上，发布《浙江省生物医药产业发展趋势报告》《浙江生命健康大会绍兴宣言》；举行产业项目签约仪式，10个生命健康领域地方重点项目现场签约，总投资170亿元，涵盖了创新药物、再生医学、肿瘤消融、医疗器械、健康食品等生物健康创新领域。14位两院院士通过线上线下方式参会，省、市相关领导出席峰会。

（市经信局 端木丽浩）

冶金工业

【概况】 2022年，绍兴市冶金工业168家规模以上企业实现销售产值857.5亿元，实现营业收入1041.2亿元，利税18.8亿元，利润9.0亿元。其中，黑色金属冶炼和压延加工业完成销售产值96.8亿元，利润3.2亿元；有色金属冶炼和压延加工业完成销售产值760.6亿元，利润5.8亿元。

【海亮有色智造】 海亮有色智造工业园于2018年开工建设，总投资61.28亿元，建设用地66.67公顷。园区由一期年产40万吨铜及铜合金棒材智能化节能减排异地改扩建项目、二期年产15万吨精密铝材建设项目和三期有色金属加工领域上下游延伸项目及创新实验平台建设项目组成。海亮有色智造工业园项目生产达到国际领先水平，装备具有自动化、智能化、低能耗等特点，工艺具有清洁、短流程、智能化控制等特色，产品具有精密、环保、"零缺陷"等优势，符合国家有色金属加工产业发展战略与低能耗发展要求。至年末，海亮股份浙江基地、上海基地、安徽基地、重庆基地、广东台山基地、广东中山基地的分布式光伏发电项目总装机容量达63.3MWp，当年累计减少二氧化碳排放39869.146吨。

【中国有色金属工业科学技术奖获奖项目】 2022年1月，由中国有色金属工业协会、中国有色金属学会组织评选和审定的"2021年度中国有色金属工业科学技术奖"公布，位于上虞区的浙江新时代中能循环科技有限公司"废旧动力锂电池因材施策高值清洁化回收技术及产业化"项目获"2021年中国有色金属工业科学技术一等奖"。作为全市唯一一家从事退役锂电池循环利用的企业，连续两次通过国家高新技术企业评审，取得工信部《新能源汽车废旧动力蓄电池综合利用行业规范条件》合规企业（白名单）双资质。

（市经信局 端木丽浩）

建材工业

【概况】 2022年，绍兴市非金属矿物制品业191家规模以上企业实现销售产值301.0亿元，实现营业收入307.5亿元，利税35.7亿元，利润25.7亿元。规模以上企业生产水泥896万吨，比2021年下降15.4%；生产平板玻璃835.1万重量箱，上升0.5%。全市在产新墙材企业96家，生产新墙材31.82亿标砖，销售25.7亿标砖，产值29.08亿元，销售额23.49亿元，实现利润1.75亿元。固定资产累计投入4.19亿元，有从业人员4029人，全行业统计消纳各种固废361.13万吨。其中，加气混凝土砌块企业14家，总产量13.86亿块标砖，销售额5.38亿元；混凝

2022年，绍兴市金属加工产业稳健增长。图为海亮有色智造生产车间

（市委党史室 供图）

土砖类企业53家，总产量5.71亿标砖，销售额2.88亿元；烧结类企业17家，产量11.21亿标砖，销售额2.69亿元；板材类企业12家，产量0.44万标砖，销售额12.54亿元；其他产品0.6亿标砖。

【建材重点项目建设】 2022年，全市新增建材类重点项目4个，分别为中远清建装配式建筑有限公司年产700万平方清华大学TUS装配式建筑产业化项目、绍兴市中富新材料有限公司新型建材智能制造生产基地项目、宝业（浙江）绿色建筑研究开发检测有限公司宝业住宅全产业链智能制造产业园项目、诸暨市天峰新型建材有限公司天峰新型建材的纸制品生产新建厂房建设项目，计划总投资26.8亿元，1—12月累计投资4.1亿元。

【绿色建材】 2022年，绍兴市按照《绍兴市严格能效约束推动重点领域节能降碳工作实施方案》《绍兴市建材行业重点领域节能降碳技术改造工作方案》，对全市建材行业水泥熟料、平板（光伏）玻璃等重点领域企业的生产设备、生产线进行技术改造，推进旗滨玻璃、友谊新材料、兆山水泥、上峰建材4家企业开展节能降碳技术改造。投入技改资金14.62亿元，累计投资21.87亿元（计划总投资125.37亿元），技改完成后预计节约能耗1.44万吨标准煤。

（市经信局 端木丽浩）

电力工业

【概况】 至2022年末，绍兴电网共有110千伏及以上变电站206座，变电容量5864.80万千伏安，线路6196.36千米。其中：1000千伏线路14.37千米；800千伏变电所1座，容量800万千伏安；500千伏变电站7座，容量1675万千伏安，线路1107.94千米；220千伏变电站37座，容量1728万千伏安，线路2170.25千米；110千伏变电站161座，容量1661.80万千伏安，线路2903.81千米。全市全社会用电量526.39亿千瓦时，增长2.1%，其中工业用电量383.55亿千瓦时，下降2.5%；城乡居民生活用电量68.83亿千瓦时，增长25.3%。全市售电量491.81亿千瓦时，增长1.6%。全市线损率2.1%，下降0.3%。全市供电最高负荷887.10万千瓦，下降3.6%。城市综合电压合格率99.99%，城市供电可靠率99.99%；农网综合电压合格率99.82%，农网供电可靠率99.98%。

（绍兴电力局 赵淑敏）

【电网建设】 2022年，全市电力系统累计完成电网投资21.25亿元，投产110千伏及以上变电容量99万千伏安、线路长度141.05千米。滚动调整绍兴电网"十四五"规划，绍兴中北部电网优化工程开工建设，220千伏西南部电网补强等11项工程按期投运。

（绍兴电力局 何毓勤）

【发电】 至2022年末，全市有水、火、太阳能发电厂24167座，其中，越城区4536座、柯桥区1671座、上虞区5018座、诸暨市5639座、嵊州市4485座、新昌县2818座。发电容量在6000千瓦及以上的发电厂28座，其中，越城区3座、柯桥区8座、上虞区7座、诸暨市3座、嵊州市4座，新昌县3座。发电容量334.33万千瓦，其中，越城区44万千瓦，柯桥区103.11万千瓦，上虞区61.23万千瓦、诸暨市46.62万千瓦，嵊州市48.69万千瓦，新昌县30.68万千瓦。年发电量73.91万千瓦时，其中，越城5万千瓦时，柯桥区32.67万千瓦时，上虞区14.82万千瓦时，诸暨市7.44万千瓦时，嵊州市9.47万千瓦时，新昌县4.51万千瓦时。

（绍兴电力局 赵淑敏）

【电网安全运行】 2022年，绍兴电力局细化安全责任落实98条措施，创建44个标准化现场，严重违章数量为省公司系统最少。完成党的二十大、世界布商大会、柯桥乡贤大会等重大活动保电。开展亚运保电应急演练暨绍兴地铁1号线电力反事故演习。全市电网运行总体平稳。

【新型电力系统建设】 2022年，绍兴电力局编制《新昌"县域碳最优"新型电力系统规划》，打造新型电力系统体制机制县域示范。建成全省首个行业"电—能—碳"标准模型库，上线"能源双碳数智"平台，建成柯桥、新昌"全域无人机自主巡检"示范区，试点自主越障巡线机器人，完成全省首例配网不停电一体化检修。《绍兴镜湖多能耦合直流配电示范工程》《"绿色低碳"中亚工贸园综合能源服务光储充项目》列入省2022年新型电力系统试点项目计划。

【"供电＋能效"服务】 2022年，绍兴电力局成立市县两级电力负荷管理中心，

表33

2022年绍兴市各县（市、区）用电情况统计表

区域	用电量（亿千瓦时）	占总量比例（%）	增长（%）	工业用电量（亿千瓦时）	增长（%）	居民用电量（亿千瓦时）	增长（%）
越城区	89.45	17.0	−0.7	52.46	−10.6	14.51	26.5
柯桥区	175.04	33.3	−1.9	145.42	−5.0	13.83	26.7
上虞区	81.72	15.5	10.7	60.89	8.6	9.92	26.8
诸暨市	109.03	20.7	1.3	78.32	−3.2	17.14	24.6
嵊州市	39.70	7.5	12.8	24.51	9.3	8.36	22.3
新昌县	28.02	5.3	4.7	18.52	−0.02	5.08	22.2

表 34

2022 年绍兴市用电分类情况统计表

分 类	用电量（亿千瓦时）	占总量比例（%）	增长（%）
全社会用电量	526.39	100.0	2.1
一、行业用电合计	457.56	86.9	-0.7
（一）按产业分			
1. 第一产业	3.27	0.6	27.1
2. 第二产业	390.90	74.3	-2.5
3. 第三产业	63.38	12.0	10.5
（二）按行业分			
农、林、牧、渔业	4.07	0.8	25.2
工业	383.55	72.7	-2.5
建筑业	7.65	1.5	0.5
交通运输、仓储和邮政业	7.16	1.4	19.3
信息传输、软件和信息技术服务业	4.66	0.9	11.2
批发和零售业	15.40	2.9	9.0
住宿和餐饮业	3.59	0.7	2.3
金融业	0.96	0.2	5.2
房地产业	10.75	2.0	7.8
租赁和商务服务业	1.93	0.4	16.6
公共服务及管理组织	17.83	3.4	11.0
二、城乡居民生活用电合计	68.83	13.1	25.3
（一）城镇居民	29.30	5.6	7.6
（二）乡村居民	39.53	7.5	42.6

（绍兴电力局　赵淑敏）

先行先试空调负荷“无感响应”，建成 14 万千瓦负荷“无感响应”资源池，促进电力供需平衡。编制八大行业“供电 + 能效”提升方案，深入开展全流程生产工艺调研与试点探索，完成电机改造等 33 个节能项目，平均能效提升 15%，年度节省费用约 1500 万元。

【全国首个 35 千伏中压直挂式储能电站投运】 2022 年 6 月 17 日，全国首个 35 千伏中压直挂式储能电站——绍兴市上虞区 35 千伏红墟储能电站并网运行。电站采用磷酸铁锂电池作为储能单元，由 2 个配套电力设备舱和 9 个电池储能单元舱组成，最大功率为 6 兆瓦。

【绍兴首座“一键顺控”220 千伏绿色基建变电站投运】 2022 年 12 月 21 日，220 千伏荷湖变电站部分投产，是绍兴市首座利用“一键顺控”技术投运的变电站。荷湖变电站位于绍兴滨海地区，总用地面积 7182 平方米，本期投运 240 兆伏安主变压器 2 台，220 千伏出线 6 回，110 千伏出线 8 回，35 千伏出线 6 回。“一键顺控”是变电站设备智能运检新模式的具体实践。工作人员只需一键点击操作，计算机程序就自动完成一系列设备遥控操作，显著提升运检工作效率。

（绍兴电力局　何毓勤）

2022 年 12 月 21 日，绍兴首座“一键顺控”220 千伏荷湖变电站投产（绍兴电力局　供图）

建筑业

综　述

【建筑业发展】 2022 年,《绍兴市人民政府办公室关于推动绍兴建筑业改革创新高质量发展的实施意见》制定并实施,明确 30 条具体举措和“1+9”政策体系。对建筑业招投标机制作出探索,施工企业信用评价正式实施,出险企业全面解困。制定《绍兴市促进建筑业高质量发展若干政策》,从鼓励企业做优做强、科技创新、工业化发展等 6 个方面,68 个奖补事项给予企业奖励,全年累计实现资金奖补 9052 万元,兑现率 105.4%。创成“鲁班奖”2 项、省级“钱江杯”11 项。

2022 年绍兴市建筑企业生产情况统计表

表 35

指　标	总　计
建筑业总产值(亿元)	5056.65
建筑工程	4408.02
安装工程	546.95
其他产值	101.68
竣工产值(亿元)	2742.41
房屋建筑施工面积(万平方米)	36635.02
本年新开工面积	11516.53
房屋建筑竣工面积(万平方米)	10823.64
自有机械设备年末总台数(台)	135732
自有机械设备年末总功率(万千瓦)	260.2
自有机械设备净值(亿元)	57
从事建筑业活动的平均人数(万人)	125.27

(市统计局　徐琼瑛)

【建筑业产值】 2022 年,绍兴市实现建筑业总产值 5057 亿元,居全省第二位。其中,省内产值 3130 亿元,比 2021 年增长 12.6%;建筑业增加值 569 亿元,增长 5.5%,占地区生产总值比重的 7.7%;完成税收 61.86 亿元,占全市税收的 8.6%。

政策解读

政策名称:《绍兴市人民政府办公室关于推动绍兴建筑业改革创新高质量发展的实施意见》。

起草背景:建筑业是绍兴市支柱产业、富民产业。“十三五”期间,累计实现产值 31584.12 亿元,占全省的 25.9% 左右,居全省第一位,累计实现税收 240.5 亿元,建筑业增加值占 GDP 比重及建筑业税收占全部税收比例均在 8% 左右;累计获得“鲁班奖”“国家优质工程奖”等国家级奖项 15 个,获得“钱江杯”“白玉兰杯”等省级奖项 195 个,树立“建筑强市”的品牌。在行业稳步发展的同时,绍兴市建筑业也面临一些突出问题,行业发展瓶颈的掣肘愈发凸显,尤其是招投标模式、新型建筑产业化发展、建筑产业链、企业转型升级、科技创新、市场拓展、产业工人培育等方面的问题亟待解决。根据全省建筑业高质量发展工作要求,有必要出台更有力的措施,促进建筑业产值进一步加快提升,为全市经济稳增长发挥更大的作用。

制定目的:深入贯彻落实中央、省、市相关会议精神,奋力打造产业创新升级,巩固提升建筑业在全市经济社会发展中的支柱地位,以改革创新引领建筑业高质量发展,进一步彰显“绍兴建筑”品牌效应,打造成为全国建筑业发展排头兵,成为展示浙江省新型建筑工业化的“重要窗口”。

主要内容:《实施意见》明确了今后一段时期绍兴市建筑业高质量发展的主要目标、重点举措和保障措施。主要目标:提出产业发展树立新优势,行业治理能力实现新突破,建筑工业化实现新发展,绿色建筑迈上新台阶,品牌建设再上新高地,科技创新实现新跨越,产业队伍形成新方阵,质量案例保障创新新机制。重点举措:完善政府组织模式,推动行业转型发展;推广新型建造方式,促进建筑工业化发展;丰富产业发展模式,拉长绍兴建筑产业链;擦亮“绍兴建筑”品牌,支持企业做优做强;依托新技术、新标准,推动企业创新发展;加大引进培育力度,构建现代产业人才队伍;深入实施质量安全标准化,推进建筑业安全发展;实施“走出去”战略,帮助企业拓展市场。

《实施意见》自 2022 年 10 月 10 日起施行,有效期至 2025 年 12 月 31 日。

2022 年绍兴市“国家级装配式建筑产业基地”一览表

表 36

序号	地区	单位名称	序号	地区	单位名称
1	柯桥区	宝业集团股份有限公司	4	柯桥区	浙江建业幕墙装饰有限公司
2	柯桥区	浙江精工钢结构集团有限公司	5	越城区	华汇工程设计集团股份有限公司
3	上虞区	浙江亚厦装饰股份有限公司	6	柯桥区	浙江勤业建工集团有限公司

2022 年绍兴市“浙江省建筑工业化示范基地”一览表

表 37

序号	地区	单位名称	序号	地区	单位名称
1	柯桥区	浙江宝业现代建筑工业化制造有限公司	7	越城区	绍兴宝城建筑工业化制造有限公司
2	柯桥区	浙江建业幕墙装饰有限公司	8	柯桥区	浙江元筑住宅产业化有限公司
3	诸暨市	浙江耀华建设构件科技有限公司	9	越城区	浙江环宇建设集团有限公司
4	上虞区	绍兴市永坚建筑科技有限公司	10	越城区	浙江越宫钢结构有限公司
5	柯桥区	浙江勤业建工集团有限公司	11	越城区	绍兴市城投建筑工业化制造有限公司
6	越城区	绍兴职业技术学院	12	越城区	浙江中成建工集团有限公司

（市建设局　宣哲琦）

【建筑企业】 至 2022 年末，绍兴市有建筑业企业 2798 家，其中特级企业 21 家，占全省 1/4，规模居全省第一位，总承包一级企业 138 家。浙江中联建设集团有限公司、中厦建设集团有限公司绍兴分公司、华升建设集团有限公司、五洋建设集团有限公司、浙江八达建设集团有限公司、中程建工集团有限公司绍兴分公司全面解困，基本恢复生产经营。

【建筑产业工人培育】 2022 年，绍兴市依托全省首个装配式建筑产业工人教育培训基地（绍兴职业技术学院）和四个产业工人培育先行企业（浙江中成建工集团有限公司、浙江宝业建设集团有限公司、浙江勤业建工集团有限公司、浙江亚厦装饰股份有限公司），加快推进新时代建筑产业工人队伍建设。完成装配式建筑领域产业工人培训、考核鉴定 332 人次。开展“三类人员”、特种作业人员培训考试 12 次、共 8178 人次；建设领域施工现场专业人员职业培训考试 34 次、共 7352 人次；组织建筑领域工人参加省建设厅线上继续教育 22958 人次，线下继续教育 2834 人次。举办市第三届建筑信息模型 BIM 工程师技能大赛和“中设杯”绍兴市第五届装配式建筑职业技能竞赛，选拔优秀“大国工匠”参加“鸿翔杯”第五届浙江省装配式建筑职业技能竞赛。全市建筑领域累计获国家级技能比赛一等奖 1 个、优胜奖 2 个，省级比赛一等奖 8 个，“浙江金蓝领” 10 个、“浙江省装配式建筑技术能手” 25 人。

【产业结构优化】 2022 年，绍兴建筑业结构优化调整，延伸产业链布局，培育勘察、设计、监理、造价咨询企业，初步形成勘察、设计、施工、监理、造价咨询、产品生产等各环节贯通一体的建筑产业现代化产业链。推行全过程工程咨询管理服务模式，为建筑企业转型升级搭建平台。至年末，全市累计在建全过程工程咨询项目 88 个，全咨合同总额 9.3 亿元。加快引进建筑设计人才，培育一批勘察设计大师、建筑大师、建筑工匠，提升企业核心技术骨干实力。召开全省“建筑工人保障在线”应用现场推进会，该应用在全市 246 个在建工地覆盖使用，签订电子劳动合同 2.3 万余份。

【国内市场拓展】 2022 年，绍兴市省外百亿级省级市场有江苏、上海、安徽、山东、河南、江西等。省外产值占建筑业总产值

2022 年 9 月 2 日，绍兴市第五届装配式建筑职业技能竞赛举行　（市建设局　供图）

比例从2018年的71.64%降至2022年的38%。绍兴市建筑企业建设工程领域单一，承建项目75%集中在房建领域，地下空间、水利水电、轨道交通等细分市场业务占比较少。在巩固本地市场的基础上，贯彻落实《浙江省建筑业企业走出去发展三年行动方案(2022—2025年)》，组织建筑企业赴“长三角”“京津冀”“海南”等地开展“走出去”推介活动。实现省外产值1926亿元，省外比重占38%。

【“走出去”发展战略实施】 2022年，绍兴建筑业企业坚持开拓国际市场，32家建筑企业取得境外承包工程资格，宝业建设、精工钢构、华汇建设等企业在日本、卡塔尔、塞舌尔等国家承揽施工业务。其中，精工国际公司承接沙特等国家的卢赛尔体育场、赖扬体育场项目，卢赛尔体育场是世界杯足球赛主场馆。精工总工程师刘中华获评2022年度“浙江骄傲”。

【新型建筑工业化】 2022年，绍兴市加快推进新型建筑工业化，发展装配式建筑，推动建筑业转型升级和提质增效。连续五年获评浙江省建筑工业化“优秀设区市”荣誉。至年末，全市累计完成装配式建筑面积5194万平方米，累计投产产业化基地35个。其中，装配式预制构件产业基地13个，钢结构产业基地10个，国家级装配式建筑产业基地6家，浙江省建筑工业化示范基地12家。

【“住＋建”数字化建设】 2022年，绍兴市住房和建设部门以数字化改革为牵引，围绕群众高频需求、企业共性需求，打造一批智慧高效的“住＋建”数字化应用场景。其中，“房地产风险智防”应用聚焦购房人权益维护，打造“安心住”场景；“浙里安居”应用聚焦青年住房难题，打造“放心住”场景；“未来社区建设”“越智慧物业管理”应用分别聚焦群众便捷生活和现代物业服务，打造“舒心住”场景；“浙里工程建设现场管控”应用聚焦建设工程项目全过程监管，打造“智慧建”场景。

【绍兴市建筑业高质量发展大会】 2022年7月1日，绍兴市建筑业高质量发展大会在市行政中心召开。市委副书记、市长施惠芳出席会议并讲话。会上，对先进单位及个人进行表彰，解读建筑业高质量发展政策文件，明确绍兴市“十四五”期间建筑业发展主要目标，部署落实重点任务等。

（市建设局　宣哲琦）

勘察设计

【工程勘察】 2022年，全市住房和建设部门督促指导全市18家勘察企业完成勘察项目1200余项，完成勘探孔10万余个，取岩土样26万余件。指导勘察专委会开展飞行检查8次、现场傍站督查68次，对77个项目进行现场督查。

【建筑设计】 2022年，全市住房和建设部门指导协会开展优秀设计成果认定，62个勘察设计项目被认定为2022年绍兴市勘察设计优秀成果。推荐24个项目参加2022年度浙江省勘察设计行业优秀勘察设计成果展示和技术交流活动，5个项目获省勘察设计行业优秀勘察设计成果奖项。

【勘察设计质量管理】 2022年，全市住房和建设部门组织开展全市勘察设计市场和质量监督专项整治行动，对全市勘察设计单位、施工图审查机构按照企业自查、各地检查、全市抽查程序进行全面排查。全市企业自查项目4563项、涉及自查企业86家，各地共检查项目76个、涉及单位54家，全市共抽取项目18个、涉及单位32家。发现问题540个，整治问题540个。全市的施工图审查一审平均用时7天，勘察设计单位一审修改图纸平均用时4天，审核效率高于省建设厅工作要求。

（市建设局　宣哲琦）

建筑施工

【概况】 2022年，全市有在建建设工程2016个，其中房屋建筑工程1741个，建筑总面积7852.76万平方米，市政基础设施工程240个，总造价330.31亿元，轨道

2022年绍兴市获省级以上优质工程奖一览表

表38

序号	工程名称	主承建单位	获奖情况
1	瑞丰银行大楼	浙江宝业建设集团有限公司	鲁班奖 钱江杯
2	大禹陵景区(公祭典礼)提升项目二期	浙江中成建工集团有限公司	钱江杯
3	浙江医药股份有限公司质检系列车间项目	阳光建设工程有限公司	钱江杯
4	中纺时代大厦	浙江宝业建设集团有限公司	钱江杯
5	珍珠客厅(博物馆)及珍珠文化街区项目	浙江诸安建设集团有限公司	钱江杯
7	绍兴南部综合交通枢纽建设工程	浙江精工钢结构集团有限公司	钱江杯
8	中信银行大厦建设工程	浙江天工建设集团有限公司	钱江杯
9	华舍中学改扩建工程	绍兴柯桥现代建筑工程有限公司	钱江杯
10	绍兴枫桥学院	浙江展诚建设集团股份有限公司	钱江杯
11	新昌县人民医院提升工程一期综合大楼	华锦建设集团股份有限公司	钱江杯

（市建设局　宣哲琦）

交通工程 35 个，总造价 166.02 亿元。共有 925 个工程项目通过竣工验收，其中，房屋建筑工程 797 个，建筑总面积 2236.26 万平方米；市政基础设施工程 128 个，总造价 147.69 亿元，一次性竣工验收合格率 100%。市住房和建设部门监督市直管项目 50 个，其中城市轨道交通工程 32 个，工程总投资 322.77 亿元；智慧快速路工程 16 个，工程总造价 235.92 亿元；房屋建筑工程 2 个，工程造价 23.88 亿元。

【装配式建筑】 2022 年，绍兴市新开工装配式建筑面积 1050 万平方米，完成年度目标任务的 110%，比 2021 年增长 4%。其中，新开工装配式住宅面积 554 万平方米，完成年度目标任务的 146%；新开工钢结构装配式住宅面积 53.2 万平方米，完成目标任务的 133%；装配式建筑占新建建筑面积的 34.8%，超额完成年度目标任务 2.8 个百分点。

【建筑创优工程及标化工地评选】 2022 年，绍兴市有 40 个建筑工程被评为县级优质工程奖，69 个工程被评为市级优质工程奖(市政 4 项，房屋 19 项，电力 2 项，交通 2 项，园林绿化工程 24 项，园林绿化养护 18 项)，11 个工程被评为省级优质工程奖，1 个工程获“鲁班奖”。

开展 2022 年度绍兴市建设工程施工安全生产标准化管理优良工地考评和省级建筑施工安全生产标准化管理优良工地申报推荐工作。68 项工程被评为市级标化优良工地，27 项工程被评为省标化优良工地。

【建筑材料质量监管】 2022 年，绍兴市住建部门以构建长效协同监督机制为目标，联合市场监督、生态环境等部门，在建筑材料生产、经营、储存、运输、使用等方面协同推进监督。利用省建设厅“浙里建”数字化监管平台，将预拌混凝土质量监管纳入平台予以监督，在试验室管理、原材料管理、混凝土出场质量等方面加强源头管控，实现从生产到使用全过程追踪和可追溯。开展预拌混凝土、盾构管片和快速路预制构件生产企业质量专项检查 4 次，检查企业 36 家次，发现质量隐患 287 项，开展质量延伸检查 37 次。抽检钢筋、水泥、砂、石等各类材料 136 次，合格率 99.3%。对市直工程供应企业实现全覆盖，对质量管理制度不健全、原材料抽测不合格的 3 家企业进行约谈。

2022 年，位于越城区洋江西路 550 号的瑞丰银行大楼获中国建设工程“鲁班奖”

(市建设局　供图)

【施工现场扬尘治理】 2022 年，全市建设部门结合迎亚运“洁美”“清朗”行动，开展施工现场扬尘治理。全市 669 个符合安装标准的工地，视频联网完成率 96%、扬尘联网完成率 92%，其中越城区、市直、滨海新区、上虞区全部完成。建设系统累计巡查 6678 次，下发整改单 1566 张，停工单 121 张，处罚 32.7 万元。

(市建设局　宣哲琦)

行业管理

【概况】 2022 年，绍兴市以施工企业信用评价管理办法为抓手，制定《关于进一步规范全市建筑工程五方责任主体项目负责人变更管理的通知》等政策，加强建筑市场管理，规范建筑市场秩序，提升建筑工程施工发包与承包管理，优化建筑业发展环境，遏制违法发包、转包，违法分包及挂靠等行为，促进全市建筑业高质量发展。

【建筑市场管理】 2022 年，绍兴市以施工企业信用评价管理办法为抓手，持续加强建筑市场管理，规范建筑市场秩序，提升建筑工程施工发包与承包管理，优化建筑业发展环境，遏制违法行为，促进全市建筑业高质量发展。市建设局开展全市房屋市政安全生产治理行动督导检查 2 次，市直属工程市场行为检查 4 次，发出整改通知单 48 份，发出责令改正建议函 2 份，对 1 家存在转包行为企业进行行政处罚。完成“绍兴市实名制管理公共服务平台”升级改造项目终验。至年末，平台共归集建设工程 5697 个，在场建筑工人 27.7 万人，日均考勤人数 6 万余人。授予 23 个项目“绍兴市建设工程实名制管理优胜工地”称号。组织开展根治欠薪专项行动，协调处理欠薪信访 1020 起，涉及人员 3700 余人，追发工人工资 1.27 亿余元。

【建筑工程质量管理】 2022 年，绍兴市制定《关于进一步规范全市建筑工程五方责任主体项目负责人变更管理的通知》，全市建筑工程质量总体受控，质量水平稳中有升，工程质量常见问题得到治理。全市建设部门针对建筑工程质量，开展日常检查 12939 次，专项检查 349 次，发现质量安全隐患 27673 项，签发整改通知单 4915 份，停工通知单 588 份，并督促落实整改。下发行政处罚书 60 份，对 32 家单位和 11 名个人进行行政处罚。实施信用

政策解读

政策名称:《关于进一步规范全市建筑工程五方责任主体项目负责人变更管理的通知》。

起草背景:近年来,随着各级政府和行业主管部门对建筑工程的质量管理进一步加强,相继出台了落实五方责任主体项目负责人终身责任制,规范人员变更条件及流程的相关文件,旨在提高现场管理水平,保证工程建设质量。为规范绍兴市建筑市场管理,促进建筑行业健康平稳发展,特编制本通知。

政策依据:根据《中华人民共和国建筑法》《注册建造师执业管理办法(试行)》《建筑工程五方责任主体项目负责人质量终身责任追究暂行办法》《房屋建筑和市政基础设施项目工程总承包管理办法》等文件要求。

主要内容:一是对各方责任主体原则上不得变更项目负责人,如遇特殊情况确需变更的,须经建设单位同意并按规定履行变更备案手续的基本原则予以明确;二是对必须进行项目负责人变更的特殊情况予以明确;三是对项目负责人的变更备案流程、变更备案主管部门、备案过程中需要核查的材料予以明确。

适用范围:适用项目,绍兴市行政区域内依法取得施工许可证的房屋建筑工程和市政基础设施工程(含城市轨道交通工程)。适用人员,建筑工程五方责任主体项目负责人,即承担工程项目建设的建设单位项目负责人、勘察单位项目负责人、设计单位项目负责人、施工单位项目负责人、监理单位总监理工程师。

施行日期:自2022年12月1日起施行。

惩戒14起,对17家单位和5名个人实施信用惩戒,通报违法违规典型案例2起。

年内,组织开展住宅工程分户验收和专项治理,验收在建住宅工程561个、建筑面积3463.06万平方米,通过验收工程92个、建筑面积698.05万平方米,进行分户验收工程92个、建筑面积697.75万平方米,分户验收抽测户数和合格户数均达到规范标准,分户验收率100%。开展专项治理住宅工程274个,建筑面积2205.62万平方米。

【建设工程安全监管】 2022年,全市建设施工领域安全生产形势总体可控,共发生亡人事故1起,死亡1人。印发《关于进一步加强我市建筑基坑工程安全管理的通知》《关于使用盘扣式等工具式模板支撑体系的通知》等规范性文件,强化深基坑管理。运用"七张问题清单"工作机制,主动发现并完成整改销号省级问题3个;对发现存在重大隐患或违法违规行为的20个工程项目进行挂牌督办。开展系列安全治理行动8次,常态化开展"除险保安"排查整治、迎亚运"百日攻坚"行动等,累计发现并整改隐患9694条,下发行政处罚建议书25份。

【房屋安全鉴定】 2022年,绍兴市建设部门城镇危房省定任务完成实质性解危并销号132处,完成率130.69%,市定任务完成实质性解危并销号156处,完成率100.65%。排查初判存在安全隐患自建房2403栋(含经营性自建房59栋),完成鉴定2403栋,鉴定完成率100%。台风"轩岚诺""梅花"期间,均未发生人员伤亡情况。开展"房屋所有权人是房屋安全第一责任人"主题宣传活动,推送宣传短信25189条、张贴宣传海报1000份、悬挂横幅577条,宣传、培训群众约53万人次。

【工程检测管理】 2022年,绍兴市按照《关于进一步加强建设工程质量检测监管平台管理工作的通知》等文件要求,完善建设工程质量检测监管平台,对市直管工程的检测业务落实延伸管理。组织开展全市域检测机构检查2次,发现问题61个,均已落实整改。

【施工许可与竣工验收备案】 2022年,市建设局遵循"最大便利、最少材料"原则,采用不见面线上审批模式,施工许可和竣工验收备案均纳入省政务服务3.0系统。至年末,全市依法办理施工许可证1230件,受理竣工验收备案事项申请158件。

【建筑业资质管理】 2022年,因资质标准改革,根据省统一部署,市级建筑业企业资质审批暂停,省级建筑业企业资质上报省建设厅151家。各级建设部门开展批后监管工作,对辖区内的市级资质建筑业企业开展动态核查,通过"双随机"掌上执法、实地核查等方式核查企业168家,其中65家企业注册建造师、中级职称等企业主要人员未满足资质标准要求,下发限期整改书,均已整改完成。

【工程造价管理】 2022年,市建设局检查走访38个政府采购支持绿色建材促进建筑品质提升试点项目,完成《工程结算推进中存在的难点及应对策略》调研课题报告。赴企业实地调查钢材、砂浆、混凝土、防火门窗、防水材料、塑料管材、铝合金门窗等建材价格,每月25日发布全市建材价格信息,拓展发布品种90余项。至年末,全市有造价咨询AAAAA级企业6家、AAAA级企业9家,全省排名第三位。浙江卓宏建设项目管理有限公司造价工程师张金花入选2022年浙江省最美造价人。绍兴市获省第四届工程造价技能竞赛总决赛团体第二名,3家企业获最佳风采奖。市造价站专业人员参加省建设厅《建设工程造价指标采集标准》《建设工程计价成果文件数据标准》评审验收工作。全市建设部门开展行政争议调解13次,调解金额1.2亿元。诸暨市建设局、诸暨市财政局获省优秀基层"红色调解驿站"。

【全过程工程咨询服务】 2022年1月,市建设局印发《全市城镇老旧小区改造建设中开展全过程工程咨询的指导意见》,发挥全过程工程咨询服务在老旧小区改造中的支撑作用,并在6月、11月,分别召

2022 年绍兴市施工总承包特级资质建筑企业一览表

表 39

序号	企业名称	序号	企业名称
1	浙江中成建工集团有限公司	12	浙江舜江建设集团有限公司
2	浙江环宇建设集团有限公司	13	中鑫建设集团有限公司
3	长业建设集团有限公司	14	浙江海滨建设集团有限公司
4	禹天建设有限公司	15	浙江中富建筑集团股份有限公司
5	浙江鼎盛交通建设有限公司	16	浙江舜杰建筑集团股份有限公司
6	浙江宝业建设集团有限公司	17	五洋建设集团股份有限公司
7	中设建工集团有限公司	18	华升建设集团有限公司
8	浙江勤业建工集团有限公司	19	浙江展诚建设集团股份有限公司
9	浙江天工建设集团有限公司	20	浙江八达建设工程集团有限公司
10	中厦建设集团有限公司	21	华汇建设集团有限公司
11	精工绿筑科技集团有限公司		

（市建设局　宣哲琦）

开全市老旧小区全过程工程咨询现场会、全过程工程咨询项目现场观摩会。至年末，全市共有 51 个在建全过程工程咨询项目，全咨合同总额 7.6 亿元。

【建筑业招投标管理】 2022 年，全市建设部门依法依规推进招标投标监管，完成亚运城市提升镜水路综合管廊及配套工程等 12 个重大项目的招投标监管，工程造价 20.8 亿元。印发《绍兴市房屋建筑与市政基础设施工程招标文件备案指导意见》《浙江省房屋建筑和市政基础设施施工招标文件示范文本（绍兴版）》《绍兴市房屋建筑和市政基础设施工程建筑施工企业信用评价招投标应用标准（试行）》等制度文件。厘清市建设局、市政务服务办招投标监管职能职责。

【"建筑工人保障在线" 平台】 2022 年，绍兴市作为全省试点地区，率先落地"建筑工人保障在线"平台，新昌县建设局牵头开发"建筑工人保障在线"应用场景。2 月，"建筑工人保障在线"应用上线。至 12 月底，已在全市 234 个在建工地覆盖使用，签订电子劳动合同 2.1 万余份。

（市建设局　宣哲琦）

政策解读

政策名称：《全市城镇老旧小区改造建设中开展全过程工程咨询的指导意见》。

起草背景：国务院办公厅《关于全面推进城镇老旧小区改造工作的指导意见》指出，要高质量推进城镇老旧小区改造工作，要求到"十四五"期末，结合各地实际，力争基本完成 2000 年底前建成的需改造城镇老旧小区改造任务。老旧小区改造是一个系统性工程，涉及面广，具有集成度高、连续性强、工期短等特点，采用全过程工程咨询管理模式可以有效提高老旧小区改造项目的组织管理效率，提升老旧小区改造项目的建设质量。为此，出台《全市城镇老旧小区改造建设中开展全过程工程咨询的指导意见》，充分发挥全过程工程咨询服务的技术支撑作用。

政策依据：根据国务院办公厅《关于全面推进城镇老旧小区改造工作的指导意见》、浙江省人民政府办公厅《关于全面推进城镇老旧小区改造工作的实施意见》《国家发展改革委　住房和城乡建设部关于推进全过程工程咨询服务发展的指导意见》等法律法规和《全过程工程咨询服务标准》等标准规范，制定本指导意见。

主要内容：一是明确采用全咨服务对象范围及老旧小区改造原则；二是明确全咨服务的委托方、受托方及选择全咨单位应通过招标等方式；三是明确工程建设全过程咨询组织模式即"1+N"组织模式；四是明确全过程工程咨询服务酬金计取方式；五是鼓励全咨服务的委托方将投资决策综合性咨询一并委托全咨单位承担，提升投资决策综合性咨询水平；六是明确合同内容及全咨单位在人员、设施等方面的要求；七是要求主管部门强化监管。

适用范围：全市城镇老旧小区改造项目开展全过程工程咨询服务适用本意见。

施行日期：自 2022 年 1 月 12 日起施行。

商贸服务业

商贸流通

【概况】 2022年，绍兴市贯彻落实省、市经济稳进提质工作要求，发挥"两稳一促"专班和消费专班作用，通过消费券发放、政策引领、活动谋划等举措，多管齐下促进消费企稳回升。全年社会消费品零售总额2585.9亿元，比2021年增长4.4%，居全省第四位。批零住餐4项商贸业指标分别增长23.8%、10.9%、10.4%和5.6%，分别居全省第二、第一、第二和第七位。

【商贸流通体系建设】 2022年，绍兴市商务部门推动高品质步行街、智慧商圈、夜间经济集聚区提升，迎恩门风情水街等3条步行街入围省级高品质步行街试点，入围数量居全省第一位。至年末，全市共有市级高品质步行街4条、市级智慧商圈6家、市级夜间经济示范集聚区试点(培育)单位8家。诸暨市入选省级供应链创新与应用试点城市。

【商贸主体培育】 2022年，市商务部门采取"产转法""主辅分离""电商纳统"等手段培育商贸主体。新增限额以上批零住餐企业843家，其中，月度新增限额以上企业271家，比2021年同期增长84.4%，居全省第四位。至年末，全市有限额以上批零住餐企业4097家，其中批发业3002家，零售业650家，住宿业135家，餐饮业310家。

【市场建设】 2022年，绍兴市有纳入统计的商品交易市场273个，实现成交额3906.46亿元。其中，消费市场实现成交额2614.27亿元，生产资料市场实现成交额1292.20亿元。在消费品市场成交额中，消费品综合市场实现成交额177.98亿元，农副产品市场445.36亿元，工业消费品市场1990.93亿元。在生产资料市场成交额额中，生产资料综合市场实现成交额328.07亿元，工业生产资料市场964.13亿元。绍兴市以"消费环境放心、食品安全放心、管理服务放心、诚信经营放心、价格计量放心"为重心，创建省放心农贸市场38家、"五化"(便利化、智慧化、人性化、特色化、规范化)市场9家、星级文明规范市场48家。

【夜间经济】 2022年，绍兴市以文商旅深度融合为抓手，结合各县(市、区)资源优势，开展夜购、夜赏、夜娱、夜演、夜展、夜游、夜学等活动，推动夜间经济发展。越城区重点塑造"'越'夜风情"夜游品牌，推动"迎恩门风情水街""鲁迅故里高品质步行街""璀璨夜迪荡""咸亨新天地""时尚夜银泰"等夜间经济示范集聚区、夜间文化和旅游消费集聚区建设；柯桥以夜鲁镇和东方山水为核心，联动柯桥历史文化街区和安昌古镇，推进万达、笛扬、宝龙等

2012—2022年绍兴市及各县(市、区)社会消费零售额统计表

表40　　单位：万元

年份	全市	越城区	柯桥区	上虞区	诸暨市	嵊州市	新昌县
2012	11551344	3307961	1704841	1944807	2540248	1261995	791492
2013	12943402	3451724	1999165	2206485	2877975	1484369	923684
2014	14513322	3867086	2184916	2457991	3272881	1699846	1030600
2015	15786837	4085024	2353635	2725389	3563789	1910160	1148841
2016	17406794	4531318	2639872	3091689	3754064	2132945	1256906
2017	19303885	5106674	2956158	3561041	3914172	2366610	1399230
2018	21396350	5674368	3279632	3962221	4323729	2613725	1542676
2019	23525571	6216932	3620995	4368745	4754372	2862029	1702497
2020	23224953	6205553	3543457	4524131	4624624	2667409	1659779
2021	24770555	7226077	3836152	4021487	5005381	2854106	1827352
2022	25859143	7483581	4010715	4160253	5263478	2981273	1959843

(市统计局　徐琼琰)

商圈优化，打造柯桥夜间消费系列品牌；上虞区重点打造以历史、文化、风俗、农业观光等地方特色的现代都市精致生活、休闲为主题的现代都市生活商圈，创新发展夜间经济。至年末，全市有夜间经济示范集聚区6家、夜间经济特色门店160家，省级夜间文化和旅游消费集聚区2家。

【老字号保护】 2022年，市商务局开展《绍兴老字号保护与发展办法》立法调研、起草，委托浙江中行律师事务所开展具体工作。已完成立法调研并起草法规草案建议稿。至年末，全市共有中华老字号13家、浙江老字号38家、绍兴老字号103家。

【供应链创新与应用试点企业】 2022年，全市共认定会稽山绍兴酒、一景乳业、汇通达、白云人家配送、罗森供应链等市级供应链创新与应用试点企业16家。诸暨市入围第三批省级供应链创新与应用试点城市。浙江仁本、黄酒集团、中国轻纺城、金蝉布艺、震元股份等17家企业入选省级供应链重点企业。

【消费券发放】 2022年，绍兴市利用消费券"杠杆效应"，撬动消费市场潜能。1月16日，市首轮消费券发放，是全省最早发放消费券的地市。消费券发放紧扣春节、"五一"、暑期等"消费旺季"，涉及批零住餐、文娱休闲等企业超6.9万家，全市累计发放消费券超6.5亿元，核销金额5.8亿元，拉动消费超18.2亿元，消费券发放延伸到乡镇级。8月5日，诸暨市牌头镇发放首轮镇级数字人民币专项消费券。

【消费补贴】 2022年，绍兴市以汽车消费为重点，发挥大宗消费提振带动作用。全市开展多轮汽车消费补贴，安排资金近2亿元，200余家车企共同参与，拉动汽车消费超58亿元。同时，配套"第45届绍兴汽车博览会""轻纺城汽车博览会"等系列车展活动，拉动汽车消费市场活力。

【促消费活动】 2022年，绍兴市围绕"越惠悦生活"主题，分别开展4月"消费促进月"、8月"欢乐盛夏·越享生活"、10月"金秋购物节"、12月"嗨购金兔年"等活动，采取市县联动、部门协同、政企携手模式，抓住"五一"、"6·18"年中大促、暑期、国庆、"双11"、元旦、春节等消费热点，围绕品牌消费、新兴消费、大宗消费、餐饮消费、休闲消费、信息消费六大消费领域，开展贯通线上线下、涵盖商品服务、面向城市乡村、融合商旅文娱的多场特色促消费活动，做到"千企万店、全城动员、日日有活动、周周有亮点"。

【商贸管理】 2022年，市商务局完成商务领域各类办件业务119件。其中，拍卖企业及分支机构设立变更审批5件，成品油零售经营资格审批及变更57件，机电产品自动进口许可4件，企业境外投资备案30件，自由类技术进出口合同登记13件，单用途商业预付卡（规模发卡企业）备案3件，报废汽车回收（拆解）企业资格认定2件等。

【生活必需品市场保供】 2022年，市商务局依托全市"6+8+1+N"［6个县（市、区），8个专班，1个龙头保供国企+N个保供企业］保供体系，完善以33家重点商超和2家市场占比最高的农批市场为核心的全市生活必需品应急保供网络，实行生活必需品监测日报和异常情况随时报制度，确保生活必需品市场保供。

【单用途商业预付卡监管】 2022年，市商务局探索部门多跨数字化改革创新举措，加强单用途商业预付卡监管，推进"商＋警"平台"安心预付"系统共建，在越城区6个街道800余家企业开展试点，相关行业消费类投诉求助警情比2021年下降23.2%。

【重点行业监管】 2022年，市商务局创新开发加油站散装汽油严管严控、二手车销售登记"安心码"核验系统，全市98家销售散装汽油的加油站和15家二手车市场全面落实智能化监管，打造重点行业监管"见质见效"的绍兴模式。

【再生资源回收体系建设】 2022年，市商务局优化完善回收网络建设，全市累计建成城镇固定回收站点1165个。城镇生活垃圾回收利用率61.76%，完成标准化再生资源分拣中心提标改造3个。获批承建"浙里好家政"全省应用推广试点，率先实现应用"省—市—县"三级贯通。

【商贸行业信用制度建设】 2022年，市商务局开展全市商贸行业诚信自律建设，发布重点行业"红黑榜"。组织职责范围内商贸行业"双随机"检查和部门联合抽查，对涉及73个检查事项、306个检查对象实现"一次检查、全面体检"。创新"商贸管理微课堂"宣教模式，上线26期主题宣教课程，开发"商贸行业重点人员在线法规业务考核系统"，全市1692名一线重点从业人员受训并通过考核。

（市商务局　沈　炜、俞继成）

专业市场

【概况】 绍兴是专业市场大市，专业市场基础雄厚、发展灵动、韧性强劲，是创业创新的承载器、吸纳就业的蓄水池，是"扩中提低"的关键一环。2022年10月10日，省市场监管局发布浙江省专业市场综合贡献度指数，以全省985家专业市场数据为基础，联动专业市场主办方、市场经营户和统计、商务、人社等部门，精炼35项特色指标，从现代化发展贡献、双循环贡献、共同富裕贡献三个维度构建起指数体系。2021年，全省专业市场综合贡献指数为120.9点。从现代化发展贡献、双循环贡献、共同富裕贡献分析，其中，市场现代化指数为125.7点，共同富裕贡献指数为116.2点，双循环贡献指数为118.5点。据指数显示，全省专业市场整体呈现梯队式发展格局，金华市、绍兴市、杭州市遥遥领先。其中，市场现代化指数，金华市、绍兴市、杭州市分列前三位；"双循环"贡献指数，金华市、绍兴市、宁波市分列前三位；共同富裕贡献指数，杭州市、金华市、宁波市分列前三位。

2022年,受外部需求不旺、社会消费需求下滑、传统产业发展受限等多重因素影响,绍兴商品市场生存经营面临困难。绍兴市围绕"稳住市场主体,激发市场活力,扎实应对冲击"的工作目标,持续推动市场经营环境恢复,发展行稳致远。至2022年末,全市共有正常经营的商品交易市场273家。市场经营走出低谷,上半年绍兴商品市场因多重原因陷入经营困境,成交额比2021年同期均有不同程度的下滑。随着疫情防控的逐步向好、外部需求恢复等因素,市场经营状况在第三季度引来改善,第四季度迎来爆发,整体成交额扭亏为盈,实现全年正增长。各县(市、区)发展不平衡进一步持续,越城区、柯桥区、上虞区、诸暨市、嵊州市、新昌县的专业市场成交额分别占全市的16.1%、66.6%、2.1%、11.0%、1.8%、2.3%,与2021年相比,柯桥区商品交易市场成交额占比进一步增加。农贸市场"线上"交易进一步扩大,传统农贸市场交易额不断下降,绍兴农贸市场为适应新消费需求、增加销量纷纷采取自建平台或与第三方平台合作等方式积极参与线上交易。专业市场网络直播功能进一步丰富。华东国际珠宝城、中国轻纺城、新昌茶市、上虞区大通农批等专业市场纷纷通过新建设直播电商孵化中心、电商直播产业基地,提供一站式直播解决方案,以开展电商直播、电商运营特训营等方式,不断丰富专业市场网络直播功能。至年末,全市专业市场已建立电商孵化中心2个,电商直播产业基地3个,网络直播从业人员持续增加。

(市市场监管局 韩 璐,市地方志编纂室)

【中国轻纺城市场】 中国轻纺城始建于1988年,位于柯桥区,是全国首家以"中国"冠名的专业市场。市场群总建筑面积390万平方米,包括南部传统交易区、中部国际贸易区、北部市场升级区、西部钱清原料交易区、东部物流配套区,拥有营业用房2.8万余间,经营户3.6万余户,是全球规模最大、经营品种最多的纺织品集散中心。2022年,市场群实现成交额2501.76亿元,比2021年增长6.96%,其中面料市场成交额1826.38亿元,增长8.38%;轻纺城网上实现成交额809.13亿元,增长15.31%。

【钱清中国轻纺原料城市场】 钱清中国轻纺原料城始建于1993年,位于柯桥区钱清街道104国道与钱陶公路交叉口,占地面积28公顷,营业房2300余套,经营面积28万平方米,入驻经营户约1280家,被评为"全国诚信示范市场""全国生产资料十大市场""中国最大化纤原料交易市场""中国十强创新市场""浙江省五星级文明规范市场"等称号。2022年,市场成交额675.38亿元,比2021年增长3.31%,上缴税费7813.73万元。

(柯桥区府办 祝申达)

【诸暨华东国际珠宝城】 诸暨华东国际珠宝城位于诸暨市山下湖镇,成立于2006年,总规划面积120万平方米,为全国最大珍珠专业市场,集设计、加工、销售于一体,涵盖珍珠、黄金彩宝、翡翠玉石等全品类珠宝供应链云仓,有入驻商家1400多户,珍珠交易量占全国的85%以上,市场交易辐射美国、日本、俄罗斯等60余个国家和地区。2022年,华东国际珠宝城与抖音、快手、淘宝等平台合作举办"云帆计划""世界珍珠大会——云上珍珠节""春节不打烊"等3000余场大型直播活动,珍珠产业公共直播基地直播账号超3000个,全年线上销售额243亿元,比2021年增长24.61%。线下客流量295万人次,增长9.25%。与浙江农林大学中国珍珠学院开展校企合作,培养珍珠设计、珍珠营销和珍珠生态养殖与开发等领域人才300余名。

【浙江大唐袜业城】 浙江大唐袜业城位于诸暨市大唐街道开元西路328号,占地面积36.67公顷,建筑面积26.6万平方米,经营范围包括轻纺原料、袜子、纺织机械、货物托运及相关配套业务经营、信息咨询和物业管理,下辖大唐轻纺原料市场、中国针织原料市场、大唐袜机市场。浙江大唐袜业城市场是"全国文明市场""全国百强市场""中国优秀示范市场""中国五星级商品交易市场""全国百佳公众信赖著名市场"。2022年,有各类商铺2500余个,经营户1740户,市场年交易额130亿元,上缴税收6300余万元,公司年营业收入8427余万元,上缴税收375万元。

(诸暨市史志室 张卓杰,诸暨市府办 祝添乐)

【浙江石狮商贸城】 浙江石狮商贸城创建于1998年,位于杭甬高速公路上虞出

2022年6月10日,中国绍兴柯桥国际纺织品面辅料博览会(春季)开展。图为博览会参展展位

(章 斌 摄)

口，占地25.33公顷，建筑面积50万平方米，包括第六空间大都会石狮家居广场、石狮家私灯具馆、石狮购物中心、石狮建材装饰广场、浙江长三角农贸城，拥有商铺3000多间，入驻商户1800家，代理经营高端家居建材、服装百货、家电软装、农副产品等国内外近万种知名品牌批发零售，是集展示展览、电子商务、现代物流、商务办公于一体大型商贸综合体。2022年，浙江石狮商贸城成交额约18.17亿元。

（上虞区府办　陈仕清）

【浙东农副产品物流中心】 浙东农副产品物流中心原名浙东农副产品批发市场，创办于1998年。2017年，在嵊州鹿山街道新市村异地新建，更名为嵊州市浙东农副产品物流中心，总投资逾7亿元，总建筑面积19.82万平方米，其中地上建筑面积16.57万平方米，地下建筑面积3.25万平方米。物流中心内设水果交易区，副食、粮油、日用品交易区，蔬菜、水产品及其他农产品交易区，物流仓储、冷冻食品区。商圈辐射台州、宁波、金华等地。2022年，市场总交易金额35亿元。

【浙江嵊州(中国)领带城】 浙江嵊州(中国)领带城兴建于1992年1月，同年12月18日开业，1993年10月更名浙东领带服装城，1995年5月更名浙江嵊州(中国)领带城，占地面积3.5万平方米。2020年4月1日，搬迁至领带精品展销中心，改造后设有摊位149个，主营领带、围巾、领带面辅料及相关配套产品。2022年，成交额51122万元，比2021年增长1.87%。销售遍及美国、日本、澳大利亚、俄罗斯等80余个国家和地区。

（嵊州市府办　金明洋）

【中国茶市】 中国茶市位于新昌县七星街道，是全国最大龙井茶交易市场，于2008年3月开业，总投资约9.5亿元，总用地面积15.33公顷，总建筑面积24.6万平方米，拥有商铺1500间、交易摊位800余个，入驻茶商800余家，销售遍布全国30余个省市150个销地茶叶市场，带动周边县市茶农100余万户，辐射茶园面积6.66万公顷。2022年，中国茶市交易总量16624.74吨，交易总额62.96亿元。

【新昌县羊毛衫兔毛市场】 新昌县羊毛衫兔毛市场位于新昌县七星街道104国道南面，占地面积约3.25万平方米，建筑面积约3.45万平方米，1991年10月开业。经营范围包括服装、针织品、床上用品、小商品、鞋业等日用百货、饰品销售。2022年，有各类经营户899户，年租金724.4万元，市场年销售额约7亿元。

（新昌县府办　王家乐）

批发零售业

【概况】 2022年，绍兴市实现限额以上批发和零售业商品销售额6523.49亿元。有限额以上批发零售贸易企业3652家，其中国有控股80家。按地区分，越城区873家，柯桥区1641家，上虞区297家，诸暨市556家，嵊州市164家，新昌县121家。按登记注册类型分，有内资企业3578家、港澳台商投资企业28家、外商投资企业46家。在内资企业中，有私营企业3354家。在限额以上批发零售企业商品零售额中，按占比从高到低，汽车类零售额增长8.8%。其中，新能源汽车销售持续旺盛，增长293.5%；石油及制品类下降15.9%；服装、鞋帽、针纺织品类增长18.2%；家用电器和音像器材类下降13.5%；粮食、食品类增长24.7%；金银珠宝类增长18.0%；中西药品类下降11.9%。

【批发业】 至2022年末，全市有限额以上批发企业3002家，其中农林牧渔产品批发企业16家，食品、饮料及烟草制品批发企业69家，纺织、服装及家庭用品批发企业1966家，文化、体育用品及器材批发企业106家，医药及医疗器材批发企业43家，矿产品、建材及化工产品批发企业615家，机械设备、五金交电及电子产品批发企业150家，贸易经纪与代理企业2家，其他批发企业35家。

全市限额以上批发企业实现营业收入5098.51亿元(主营业务收入5055.97亿元)，其中，农、林、牧、渔产品批发营业收入21.2亿元，食品、饮料及烟草制品批发营业收入188.24亿元，纺织、服装及家庭用品批发营业收入2179.76亿元，文化、体育用品及器材批发营业收入196.18亿元，医药及医疗器材批发营业收入119.53亿元，矿产品、建材及化工产品批发营业收入2069.08亿元，机械设备、五金交电及电子产品批发营业收入264.03亿元，贸易经纪与代理营业收入0.72亿元，其他批发营业收入59.78亿元。

【零售业】 至2022年末，全市有限额以上零售企业650家，其中综合零售企业57家，食品、饮料及烟草制品专门零售企业30家，纺织品、服装及日用品专门零售企业9家，文化、体育用品及器材专门零售企业41家，医药及医疗器材专门零售企业25家，汽车、摩托车、零配件和燃料及其他动力销售企业291家，家用电器及电子产品专门零售企业58家，五金、家具及室内装修材料专门零售企业33家，货摊、无店铺及其他零售企业106家。

全市限额以上零售业实现营业收入625.18亿元(主营业务收入612.52亿元)，其中，综合零售营业收入101.97亿元，食品、饮料及烟草制品专门零售营业收入18.29亿元，纺织品、服装及日用品专门零售营业收入2.3亿元，文化、体育用品及器材专门零售营业收入16.18亿元，医药及医疗器材专门零售营业收入25.58亿元，汽车、摩托车、零配件和燃料及其他动力销售397.39亿元，家用电器及电子产品专门零售营业收入15.62亿元，五金、家具及室内装修材料专门零售营业收入6.79亿元，货摊、无店铺及其他零售41.05亿元。

（市商务局　沈　炜）

住宿餐饮业

【住宿业】 至2022年末，全市有限额以上住宿企业135家。其中，旅游饭店60家，一般旅馆68家，民宿旅馆5家，其他2家。限额以上住宿企业实现营业收入22.95亿元。其中，旅游饭店实现营业收入17.96亿元，一般旅馆实现营业收入4.71亿元，民宿服务实现营业收入194万元。

【餐饮业】 至2022年末，全市有限额以上餐饮企业310家，其中，正餐服务296家，快餐服务9家，饮料及冷饮服务2家，其他餐饮业3家。限额以上餐饮企业实现营业收入38.04亿元。其中，正餐服务实现营业收入35.97亿元，快餐服务实现营业收入9730万元，饮料及冷饮服务实现营业收入7912万元，其他餐饮业实现营业收入3042万元。

【绍兴菜"名店、名师、名菜"评选】 2022年，为打造绍兴餐饮品牌，弘扬绍兴饮食文化，提升绍兴菜整体形象，助力扩内需促消费，市商务局组织开展"绍兴菜特色名店""绍兴菜金牌名师""最具绍兴特色名菜"评选活动。经申报与推荐、审核与评选、公示与认定等程序，评选出"绍兴菜特色名店"10家、"绍兴菜金牌名师"10位和"最具绍兴特色名菜"20道。

【餐饮行业可燃气体报警装置安装】 2022年，绍兴市县镇村四级联动，在"力量整合、底数摸排、对标检查、规范提升"四个方面取得实效。创新建立"在线检查表单系统"，组建全市餐饮燃气安全专家库，全市共摸排检查使用燃气的餐饮企业16241家，可燃气报警装置实现全覆盖安装。

（市商务局　沈　炜）

电子商务

【概况】 2022年，绍兴电子商务工作实现新突破，成为畅通国内国际"双循环"的关键动力。实现网络零售额921.2亿元，比2021年增长7.6%。成功创建数字生活新服务先行市，累计培育省级电商专业村92个，省级新零售示范企业20家，省级直播电商基地8家，省级电子商务产业示范基地3个。诸暨市、嵊州市、柯桥区、上虞区分列"2022年度县市电商竞争力百佳样本"榜单第25、62、77和92位。

【电商引育工程】 2022年，绍兴市商务部门围绕资源整合，壮大培育"生活北海""网上轻纺城"等数字服务信息平台，培育"越淘网"等新零售平台，累计引育的15个重点平台稳步壮大。围绕百姓消费、便民服务、文化生活等生活服务，先后推出"诸事帮""天姥管家""飞狗惠生活"等22个数字生活新服务重点应用场景，助推数字便民惠民。

【数字生活新服务"先行先试"创建】 2022年，绍兴市创建成第二批省数字生活新服务先行市，越城区、新昌县创建成第二批省数字生活新服务样板县，北海街道、柯桥街道等8个镇街创建成第二批省数字生活新服务特色镇。

【"之江创客"2022全球电子商务创业创新大赛】 2022年4月，"之江创客"2022全球电子商务创业创新大赛启动。作为首届全球数字贸易博览会的子活动之一，本届大赛以"赋能双创　助推共富"为主题，设立省内、省外、海外三大赛区和8个分赛区，累计征集优质项目1000余个，涵盖电子商务、工业制造、大数据、人工智能等多行业多领域。经层层比拼，12个优秀团队进入总决赛。12月13日，"之江创客"2022全球电子商务创业创新大赛总决赛暨颁奖典礼在绍兴闭幕。欧税通、基于深度学习的智能化服装选款平台夺得"之江创客"2022全球电子商务创业创新大赛总决赛冠军。绍兴市的中链跨境—东南亚品牌出海专家项目获大赛三等奖。

【第四届"双品网购节"绍兴专场】 2022年4月28日至5月12日，由市商务局主

表41　2022年绍兴市获国家钻级酒家名单一览表

级　别	企业名称	属地
国家白金五钻级酒家	绍兴市咸亨酒店	越城区
	绍兴柯桥永泰柯岩酒店	柯桥区
	浙江舜泉上虞锦悦大酒店	上虞区
国家五钻级酒家	绍兴市东方御花园酒店	越城区
	绍兴市鑫洲海湾大酒店	
	君澜·绍兴鉴湖大酒店	柯桥区
	绍兴柯桥永泰望湖酒店	
	浙江东方御花园绍兴柯桥分公司	
	上虞舜泉海鲜城北店	上虞区
	绍兴上虞舜泉凯丽大酒店	
	浙江天玥酒店管理有限公司（上虞天玥开元大酒店）	
	诸暨菲达酒楼	诸暨市
	诸暨祥生世纪酒店	
	诸暨市宇峰海鲜宫大酒店	
	诸暨市华明壹号院	
	诸暨大酒店	
	嵊州市柏星仟代大酒店	嵊州市
	嵊州宾馆	
	嵊州市保罗大酒店	
	嵊州市国际大酒店	
	嵊州市柏星超级大酒店	

（市商务局　沈　炜）

表 42

2022 年绍兴市省级直播电商基地一览表

序号	基地名称	所属区县	序号	基地名称	所属区县
1	诸暨山下湖珍珠产业快手直播基地	诸暨市	5	浙江多看看直播基地	柯桥区
2	中国轻纺城公共服务中心直播基地	柯桥区	6	新动能直播基地	诸暨市
3	华东国际珠宝城珍珠产业电商直播基地	诸暨市	7	新昌县电子商务综合服务中心直播基地	新昌县
4	星达汇直播基地	诸暨市	8	嵊州市金天得电商产业园	嵊州市

（市商务局　金佳丽）

办的“品牌融‘e’购　品质惠生活·2022 绍兴市第四届双品网购节暨非洲好物网购节”举行。本次活动联合阿里本地生活、美团、抖音等第三方平台，通过直播引流、平台发券、单品秒杀等形式开展线上促销活动。累计发放满减红包、店庆红包 1000 余张，触达用户超万人。联动绍兴本地主播、网络 KOL 等网红达人，开展直播带货百余场。其中，新昌县大佛龙井春茶直播带货大赛，成交 10788 单，销售额 220.36 万元；嵊州市举办首届十大电商主播评选大赛，实现销售 39.6 万元。诸暨市珍珠企业在亚马逊、Tiktok 等跨境平台开展线上跨境直播带货活动。累计开展农特优产品直播电商 100 余场，实现直播电商交易额 655.5 万元。新增农产品电商平台直播间 15 个，累计直播时间长超 60 小时，下单数 3862 单，实现销售额 39.6 万元。柯桥区举办“云上品茗平水日铸茶直播推荐会”，诸暨市举办“西施故里醉美樱桃女神节”直播活动。网购节期间累计直接带动销售额 1.29 亿元，其中直播电商交易额 655.54 万元。

【大佛龙井春茶直播带货大赛颁奖仪式】 2022 年 6 月 21 日，2022 大佛龙井春茶直播带货大赛颁奖仪式暨“双百”行动之茶产业直播提升培训专场启动会在新昌县电子商务综合服务中心举行。本次直播带货大赛共有 30 家新昌本地茶商企业报名参加，大赛成交单量超 1 万余单，销售额超 220 万元。最终，11 家企业分别获得本次大赛的一等奖(1 名)、二等奖(2 名)、三等奖(6 名)和带货能手奖(2 名)。活动现场还举行“双百”行动之茶产业直播提升培训启动会。

【农村电商培训班举办】 2022 年 9 月 8 日，由市商务局和绍兴农业商贸职业学院联合举办的“汇聚电商人才　赋能乡村振兴”2022 绍兴农村电商培训班在海智汇国际路演厅举办，来自电商企业、在绍兴高校的 60 余名学员参加培训。培训围绕抖音电商运营策略、短视频剪辑应用技术、抖音直播带货运营模式等内容展开。

（市商务局　金佳丽）

粮食和物资储备

【概况】 2022 年，绍兴市贯彻落实国家粮食安全战略，实施市应急物资(粮食)综合应急保障库建设、越城区中心粮库建设、诸暨市粮食应急保障中心建设、市粮油质量检测站检测能力提升等工程，提高科学储粮水平和品质保障能力，保障区域粮食安全。以粮食安全考核为抓手，执行省收购工作规范，收储工作不断增强；粮油市场监管有力，市场价格平稳、供应有序；应急保供基础更为稳固，“粮源、监测、供应网点、加工能力、运输能力”落实到位；仓储设施优化升级，绿色储粮能力、信息化水平持续提升；应急物资储备足额落实，储备物资数量明显增加、品种结构不断优化，全市粮食安全保障能力得到提升。

【粮食安全责任制】 2022 年，绍兴市实施国家粮食安全战略，建立党政同责“三张清单”长效机制，“产购储加销”全链条协同发力，粮食安全保障能力稳步提升。市委、市政府领导专题调研或会议研究粮食安全工作 20 余次、批示 40 余次，粮安责任书签订延伸到乡镇一级，粮食安全纳入年度平安建设、乡村振兴等专项考核。严守耕地红线，深化“两非”整治，支持南繁基地建设，推动“肥药两制”和农业水价综合改革。足额落实种子、农资及新增粮油储备，实施“域内订单共享”等惠农强储政策。持续推动市县两级粮食物资保障库建设，贯通全市中心粮库数字化平台。修订粮食物资供给应急预案操作手册，落实应急粮源和供应网点，提升应急加工及运输能力。推进产销合作和优质粮食工程，粮食工业总产值实现“三连增”。

【粮食收储】 2022 年，绍兴市落实省定最低收购价、订单奖励和优质优价政策，实行带订单奖励余缺调剂制度，实现早稻储备粮源 100% 在市域内落实。

（市发展改革委　谢吉达）

【粮食流通基础设施建设】 至 2022 年末，绍兴市有列入省级国有粮食流通基础设施保护清单名录粮库(站)66 个。全市在用粮食库点 42 个(含上虞虞北库，该库 2022 年尚未列入保护清单)，不使用库点 25 个。在用库点中，粮食承储库点 31 个，收购但无储备粮库点 11 个。有星级粮库 7 个，其中，四星级粮库 1 个，三星级 4 个，二星级 2 个，柯桥区立岱粮食储备库是全市第一个四星级粮库。

【粮油质量监管】 2022 年，绍兴市粮油质量监管部门开展储备粮食质量安全抽检，共送检样品 151 份，其中质量调查样品 95 份，安全监测样品 21 份，品质测报样品 35 份，品种覆盖小麦、早籼稻、晚籼稻、粳稻。全市开展储备粮食质量安全抽检，委托有资质的第三方粮油监测机构，按照抽检样品总代表数量不低于储备规模30%的要求实施检测，抽检样品73份，代表储备粮数量12.78万吨。建立储备粮质量安全长效机制，制定绍兴市超标粮食收购处置流程图，对超标粮食严格实施定点收购、分类储存、定向销售、闭环处置，严防超标粮食流向口粮市场。至年末，全市共培育"放心粮油"示范企业13家，其中省级认定10家，培育"放心粮油"供应店92家，其中，越城区10家、柯桥区27家、上虞区11家、诸暨市22家、嵊州市12家、新昌县10家。

【粮食市场监管】 2022年，绍兴市开展粮食流通执法督察438次，检查企业1037个次，出动检查人员1761人次。其中，综合检查69次，粮食收购资格检查14次，政策性粮食收购检查33次，市场化收购检查11次，最低最高库存政策实施检查17次，粮油库存检查49次，政策性粮食销售出库66次，粮食统计制度执行情况检查40次，粮食质量检查43次，其他专项检查96次。

【粮食市场发展】 2022年，绍兴市有粮食批发市场3家，分别为绍兴市粮食批发市场、浙江亚太粮食批发交易物流市场、上虞区粮油批发交易市场，全年交易量合计40.91万吨，销售额5.22亿元。全市企业在省外建立粮源基地2.66万公顷，市级拨付产销合作补贴40.22万元；省外调粮入绍补贴由每吨3元提至每吨10元，拓展粮源渠道，确保市场有效供应。

【应急物资储备】 2022年，绍兴市构建形成以政府实物储备为基础，企业责任储备、产能储备、协议储备以及家庭储备等协同互补的多元储备模式，应急救援能力、保障能力和防范化解能力持续提升。其中，粮食储备规模基本能满足全市150天以上消费需要；应急救灾物资储备由机构改革前的12个品种2.3万件，增至25个品种36.3万件。

【粮食和物资储备发展"十四五"规划】 2022年1月，市发展改革委印发《绍兴市粮食和物资储备发展"十四五"规划》。规划由"十三五"取得的成效、"十四五"发展面临的机遇和挑战、指导思想和基本原则、"十四五"主要目标和任务、三项重大政策、四个重大项目、政策措施与组织保障等七章构成，对绍兴市粮食和物资储备事业的治理方式、发展质量、保障能力等方面加快转变提升作出规划。

【粮食和物资储备行业整体智治】 2022年，绍兴市以"浙江粮仓"应用为突破口，推进粮食物资数字化改革工作。建立粮食物资数字化改革工作专班和省、市、县粮食物资局、收储公司、中心粮库五级联动推进工作群；建立"晾晒"激励机制，每周编发粮食物资数字化改革专刊《壹周数改》，对"浙江粮仓"建设、"浙政粮安"应用贡献度、贯通率、活跃度及考核排名情况进行晾晒评比，对落后事项进行督办；督促各县(市、区)中心库完成"浙江粮仓"基础信息、储备规模、收购管理、轮换管理、库存管理等基础数据录入，提前完成省下达的"浙江粮仓"建设要求。

（市发展改革委　王亦薇）

供销合作

【概况】 2022年，绍兴市供销社系统实现经营收入和销售收入分别为329.54亿元、255.15亿元。其中，市本级80.51亿元、78.27亿元；柯桥区供销社39.04亿元、21.90亿元；上虞区供销社159.23亿元、104.22亿元；诸暨市供销社3.59亿元、3.59亿元；嵊州市供销社45.84亿元、45.84亿元；新昌县供销社1.33亿元、1.33亿元。全市批零贸易业实现销售总额153.63亿元，其中，乡村销售13.28亿元、连锁销售31.19亿元、电商销售9.41亿元。实现农资销售7.62亿元，比2021年增长7.78%，其中，化肥4.24亿元，增长1.92%；农药1.72亿元，减少27.73%。实现化肥销售17.39万吨，增长2.66%；农药销售7386吨，减少10.09%。

【基层组织建设】 2022年，绍兴市创建省级百强基层社8个。至年末，全市供销系统有基层社47家，其中，市本级(越城区)7家，柯桥区6家，上虞区10家，诸暨市5家，嵊州市17家，新昌县2家。有村级综合服务社399家，其中，市本级(越城区)32家，柯桥区105家，上虞区121家，诸暨市44家，嵊州市77家，新昌县20家。有产业农合联68家，其中，市本级21家，越城区5家，柯桥区9家，上虞区9家，诸暨市8家，嵊州市9家，新昌县7家。

【为农服务】 2022年，绍兴市供销总社对系统内农资企业开展助农纾困工作，农资价格让利674万元，赠送等价值农资产品或化肥85吨，免费送货到田间3900吨。落实化肥应急储备1.2万吨，农药应急储备49吨。开展春备耕农资商品价格走势调研工作，提前部署春备耕农资供应，为辖区种粮大户送农资、送农技、送金融。

【市场保供稳价】 2022年，绍兴市供销系统加强动态监测，对下属11家农贸市场落实"一场一专员"，关注疫情发展动态、商品供应渠道、农副产品购销库存、商品供应价格、雨雪冰冻天气等对保供产生影响信息，执行日报告制度。与公安、市场监管等部门开展联合执法，依法查处哄抬物价、价格欺诈行为。开展食品检测，组建"市场主体+第三方检测机构"2支快检队伍，对农贸市场内所有经营品种实现每月全覆盖快检，实现数字化闭环管控；组织开展"你送我检"服务暨食品安全宣传科普活动，每月检测食用农产品约4500个品种。检测大米、面粉等品类粮油15个质量指标931批次。在市区大江、大云、东街农贸市场探索开展平价菜直销机制，试点设立绍兴市供销合作总社平价菜专柜，销售菜品较市场价格每斤平均优惠0.5～1元。粮油批发市场做好大米、面粉和食用油储备。

2022 年，绍兴市供销系统设立平价菜专柜加强市场保供。图为 3 月 17 日，绍兴市港澄农贸市场内的平价菜供应摊位 （市供销社 供图）

【农村实用人才培训】 2022 年，绍兴市供销总社根据农民实际需求，适配专家授课，实行“线上学理论 + 线下学实操”模式，开展农民技能培训和各类农业技术知识培训，提升农民生产营销能力，对高校开展考核鉴定服务工作。全年，开展农村实用人才培训鉴定 7 期，培训农村实用人才鉴定发证 652 人，其中，中级农产品经理人培训班 1 期 56 人，初级肥料配方师培训班 1 期 53 人，中级网络营销师培训班 5 期 543 人。为农商院开展鉴定服务 984 人，举办产业农合联农技培训 5 期(2 期樱桃、1 期鲜桃、1 期香榧、1 期粮油）共 120 人。

【数字供销建设】 2022 年，绍兴市创新市供销社及直属企业信息化有序管理，启动建设财务、项目、资产、人力资源等“数字供销”平台。启动数字庄稼医院建设。浙农服(数字农合联)绍兴子平台及“浙农服”微信小程序掌上应用平台，基本实现省、市、区三级贯通，注册农合联会员 4642 人，专家 237 人(省级 92 人、市级 50 人、县级 95 人)，总访问量 34834 人次。

【“三位一体”农合联改革】 2022 年，绍兴市构建生产、供销、信用“三位一体”农民合作经济组织体系，建立覆盖市、县、乡三级农合联组织 83 个，吸纳会员 6899 个。组建茶叶、香榧、水产等各类产业农合联 68 家，基本覆盖全市特色农业产业。推进基层社振兴工程，累计创建全国基层社标杆社 8 个，全国农民合作示范社 11 个。

【社企治理体制改革】 2022 年，绍兴市供销社在社属企业中开展深化社有企业管理体制改革，围绕为农服务主责主业，探索市供销社社有企业“一企一策”发展路径。在市粮批市场开展社有企业改革试点工作，推进社有企业管理制度建设，出台 18 项制度并汇编成册，探索建立社有企业治理“绍兴模式”，推广至市社本级各个企业。配套成立工程招标(资产招租)阳光中心、财务共享中心、律援助中心，分别挂靠市社资产处、财务处、办公室，加强内控机制建设，推动依法行政工作。至年末，全市系统所有者权益比 2021 年增长 4.44%，市社本级所有者权益增长 38.97%。

【再生资源回收平台】 2022 年，绍兴市供销总社承接政府民生项目——城乡再生资源回收体系建设。至年末，全市新建 20 个乡镇级和 400 个村级回收站点。累计建成再生资源回收站点社区 206 个、农村 1597 个、乡镇 104 个，分拣中心 9 个，引进公司 20 家，回收废旧物品 197.79 万吨。

【对口支援消费帮扶】 2022 年，绍兴市供销社深化山海协作、东西部协作和对口支援体系合作，通过拓展线下网点、共建线上平台和开办专场展销，全市系统实现消费帮扶 3735.7 万元，其中对口帮扶四川省 1323.46 万元，对口支援新疆维吾尔自治区 677.2 万元，山海协作 661.5 万元，乐山等其他地区 1073.54 万元。全市供销系统与对口地区签订《农林产品购销意向书》，累计签订合约 10 份，达成意向金额 600 万元。5 月 10 日，新疆阿克苏地区阿瓦提县绍兴前置仓(冷库)在绍兴市粮食批发市场启用，总面积约 300 平方米，可储存鲜果类农产品约 450 吨，牛羊肉畜产品约 80 吨。上虞供销社与丽水市景宁县景南乡签订高山茭白产销合作协

2022 年绍兴市省级百强基层社一览表

表 43

序号	基层社名称	序号	基层社名称
1	上虞区崧厦供销合作社	5	上虞区章镇供销合作社
2	上虞区东关供销合作社	6	柯桥区华清公司
3	上虞区百官供销合作社	7	嵊州市城关供销合作社
4	柯桥区柯桥供销合作社	8	柯桥区齐贤供销合作社

（市供销社 高 卉）

议,打造高山茭白示范基地。四川省乐山市金口河农产品入驻上虞供销(商贸)系统"三位一体"共富平台App。供销电商公司线上销售对口支援地区优质农产品超1388万元。

【市农资公司与农资龙头企业开展战略合作】 2022年3月5日,绍兴市农资公司与先正达集团(中国)投资有限公司、美国富美实公司、拜耳作物科学(中国)有限公司、河北威远生物化工有限公司和以色列化工集团开展合作,围绕农资新零售、数字化营销、数字化农技服务领域,完善数字化农业生态,扩大优质农资产品可及性,开展科普教育和人员培训,建设农作物全生长周期综合服务体系,探索产业农合联下单、科研平台研发、农资企业生产配送服务机制,推进全市农资流通行业供给侧结构性改革。

【上虞第一宗"整村流转"土地承包经营权签约】 2022年4月16日,绍兴市上虞区供销合作总社(大通集团公司)下属绍兴大通现代农业有限公司与丰惠镇祝家庄村、渔门村签订80余公顷土地承包经营权流转协议。根据协议,绍兴大通现代农业有限公司向祝家庄村流转进土地面积81.6公顷,土地涵盖丰惠镇祝家庄村和渔门村,其中77.73公顷土地权属人为祝家庄村、渔门村农户,3.87公顷为祝家庄村村集体土地。为上虞区第一宗"整村流转"土地承包经营权。

【共富研究院合作协议签署】 2022年8月4日,绍兴市供销总社与浙江省农科院签署共建"绍兴市共富研究院"战略合作协议,省农科院参与市供销总社人才培养计划,派驻专家开展农村实用人才和产业农民技术培训,提供农业服务咨询、科技研究、技术指导、科技成果转化支持,组织专家为各级农合联组织、会员单位、专业合作社、家庭农场主开展技术攻关服务,建立示范载体(基地)6家。

(市供销社 高 卉)

2022年4月16日,绍兴大通现代农业有限公司与上虞区丰惠镇祝家庄村签订"整村流转"土地承包经营权协议

(市供销社 供图)

专营专卖

【食盐专营】 浙江省盐业集团绍兴市盐业有限公司是绍兴市唯一一家拥有食盐定点批发许可证书的企业。2022年,全市共销售各类盐产品29424吨,其中小包装食盐12905吨。市盐业公司完成市本级及各县(市、区)食盐政府储备任务,其中小包装食盐2470吨,食品加工用盐1770吨,腌制用盐2500吨,确保在应对突发事件时,食盐的稳定供应。

(市盐业有限公司)

【烟草专卖】 2022年,绍兴市烟草专卖局(公司)推进卷烟市场生态化建设,坚持稳字当头,注重质的提升,持续保持良好市场状态。加快推动卷烟零售终端数字化改造升级,逐步推广卷烟零售户经营管理智能设备,累计建成现代终端7960户,占比25%,铺设双屏机8383户、电子标价签1573户、刷脸无感支付6054户、手持标签打印机1010户。推进卷烟市场智慧化监管,通过数据赋能、云上监管,优化升级打假打私、市场监管、内管监督、政务服务,提升专卖管理效能,共查处各类涉烟违法案件2110起,查获违法卷烟38.69万条,增长47.22%,破获涉烟网络案件10起,其中破获"4·9"全市首例公安部、海关总署双部督网络案、"4·7"全市首例假冒电子烟网络案。实施新版《绍兴市烟草制品零售点合理布局规定》,受理许可证申请1.91万件,网上办证率99.95%,服务保持"零差评"。

[市烟草专卖局(公司) 吴焕苗]

【成品油销售】 2022年,绍兴市成品油零售总量154.43万吨,比2021年减少3.2万吨,下降2.0%。其中,汽油108.06万吨,减少6.18万吨,下降5.4%;柴油46.37万吨,增长2.98万吨,上升6.9%;零售总量中石化占74.32%,中石油占16.09%,社会占9.59%。

(市商务局 俞继成)

邮　政

【概况】 2022年,绍兴市完善邮政基础设施建设,加强邮政快递市场监管,加强邮政快递从业人员职业技能人才培训,邮政事业得到发展。至年末,绍兴市邮政快递行业有邮政企业1家、邮政普遍服务营业场所157个、快递法人企业及在绍分公司86家、分支机构480家、快递末端网点559家。有邮政邮路171条,邮路总长度(单程)22999千米,有邮政农村投递路线597条,邮政城市投递路线472条,快递服务网路条数 902 条。有邮件快件分拨中心 5 家（其中投资超亿元的 1 家）、智能快递箱 3269 组。邮政行业寄递业务量完成 12.06 亿件，比 2021 年增长 6.3%；行业业务收入完成 64.81 亿元（不包括邮政储蓄银行直接营业收入），增长 12.1%。累计完成快递从业人员培训 911 人次。

绍兴市快递物流行业团工委被授予“全国五四红旗团委”称号（全国快递行业内首个获该荣誉称号的集体）；中国邮政集团有限公司绍兴市分公司揽投员阮海良获全国五一劳动奖章、全国青年岗位能手标兵等荣誉称号，当选浙江省第十五次党代会代表和第十五届团省委委员；3 家快递企业党组织被评为省快递物流行业党建示范点。

【邮政基础业务】 2022 年，绍兴市邮政行业寄递业务量累计完成 12.06 亿件。其中，快递业务量累计完成 9.36 亿件，增长 5.5%；邮政寄递服务业务量累计完成 2.71 亿件，增长 9.0%。邮政行业业务收入（不包括邮政储蓄银行直接营业收入）累计完成 64.81 亿元。全市同城、异地、国际及港澳台快递业务量分别占全部快递业务量的 6.8%、93.0% 和 0.2%；业务收入分别占全部快递收入的 4.4%、63.3% 和 13.2%。持续巩固全市建制村百分之百直接通邮成果，巩固县城主城区党报百分之百的当日见报率。绍兴邮政公司开展黄酒、茶叶、山下湖珍珠、嵊州桃形李等 10 余个本土农特产品进城项目，农特产品寄递业务量累计 173 万余件，销售额 8300 余万元。

【邮政普遍服务】 2022 年，绍兴市邮政函件业务累计完成 454.6 万件，比 2021 年增长 147.0%；包裹业务累计完成 7.9 万件，增长 4.8%；报纸业务累计完成 10991.9 万份，下降 6.6%；杂志业务累计完成 289.7 万份，增长 2.3%；汇兑业务累计完成 2.1 万笔，下降 0.9%。

【快递业发展】 2022 年，绍兴市邮政管理局推动快递“两进一出”工程，全市累计投入 1000 余万元构建农村寄递物流体系，建设县级处理场地 1 个，乡镇级处理场地 8 个，“共富驿站” 125 个，依托“交邮合作”模式，新开通“客货邮”合作线路 6 条，八品牌快递企业进村服务覆盖率 92.9%，累计培育超百万件以上寄递服务现代农业项目 3 个、10 万件以上项目 3 个，带动农产品销售额超 9 亿元。培育重点服务项目 1 个，协作企业 241 家，支撑制造业产值 127 亿元。新增省级公共海外仓 1 个。全市邮政业已累计开通东南亚、中东国际专线等海外专线 10 余条，建设海外仓 21 个。

【平安邮政建设】 2022 年，市邮政管理局围绕省、市关于第二轮安全生产综合治理三年行动计划年度任务要求，完成 51 家寄递企业处理场地的规范化提升。开展“迎亚运　保安全　促提升”百日攻坚、“除险保安”百日攻坚等专项行动，做好党的二十大等重大活动期间寄递渠道安保工作，保障寄递安全。加强监测预警，每月摸排行业舆情风险点，共处理 2 起企业经营不畅快件滞留舆情事件。开展快递业矛盾纠纷排查化解专项行动，做好末端网点纠纷处置工作。年内，市、县两级邮政管理部门共检查寄递企业（网点）2332 家次，发现问题、隐患 800 余个，全部完成整改，共立案查处 107 起，其中依据《中华人民共和国反恐怖主义法》处置 2 起。

【“绿色邮政”建设】 2022 年，绍兴市邮政管理局实施“9917”工程，推进快递包装绿色治理工作，在全市邮政业创建“绿色网点” 2 个、绿色分拨 1 个。全市邮政业网点禁止使用一次性塑料袋和编织袋。年内，全市邮政业采购使用符合标准的

2022 年绍兴市邮政行业发展情况统计表

表 44

指标名称	单位	2022 年累计完成	增长（%）
一、邮政行业寄递业务量	万件	120634.8	6.3
1. 快递业务	万件	93581.8	5.5
其中：同城	万件	6341.4	−18.3
异地	万件	87039.2	7.8
国际 / 港澳台	万件	201.2	−6.7
2. 邮政寄递服务	万件	27053.0	9.0
其中：函件	万件	454.6	147.0
包裹	万件	7.9	4.8
订销报纸累计数	万份	10991.9	−6.6
订销杂志累计数	万份	289.7	2.3
汇兑	万笔	2.1	−0.9
二、邮政行业业务收入	万元	648127.3	12.1
1. 快递业务	万元	507834.3	9.7
2. 邮政寄递服务	万元	33995.1	21.3

注：1. 2022 年邮政行业业务总量计算使用 2020 年不变单价；

2. 邮政行业业务收入中未包括邮政储蓄银行直接营业收入。

2022年绍兴市快递业务发展情况统计表

表45

指标名称	单位	2021年累计完成	增长(%)	2022年累计完成	增长(%)
一、快递业务量	万件	88702.9	32.2	93581.8	5.5
其中:同城	万件	7760.0	27.4	6341.4	-18.3
异地	万件	80727.2	33.0	87039.2	7.8
国际及港澳台	万件	215.7	-33.6	201.2	-6.7
二、快递业务收入	万元	462738.9	23.8	507834.3	9.7
其中:同城	万元	22779.5	4.1	22529.0	-1.1
异地	万元	281967.8	29.2	321398.2	14.0
国际及港澳台	万元	62896.6	8.4	66871.0	6.3
其他	万元	95095.0	25.7	97036.2	2.0

2022年绍兴市分县(市、区)快递业务发展情况统计表

表46

地 区	快递业务量				快递业务收入			
	2021年累计完成(万件)	增长(%)	2022年累计完成(万件)	增长(%)	2021年累计完成(万元)	增长(%)	2022年累计完成(万元)	增长(%)
越城区(市本级)	9567.2	8.6	11796.2	23.3	136976.3	10.8	167643.9	22.4
柯桥区	10618.5	15.7	10230.6	-3.7	99086.3	25.6	93976.7	-5.2
上虞区	8763.3	26.9	6461.0	-26.3	64238.8	21.2	49414.8	-23.1
诸暨市	56727.9	42.5	62074.8	9.4	131235.0	40.6	163606.4	24.7
嵊州市	2087.3	46.3	2275.3	9.0	19254.5	22.5	21909.9	13.8
新昌县	938.7	-4.6	743.9	-20.8	11948.0	29.3	11282.6	-5.6
合计	88702.9	32.2	93581.8	5.5	462738.9	23.8	507834.3	9.7

注:部分数据因四舍五入的原因,存在着与分项合计不等的情况。

(市邮管局 贺双双)

包装材料比例95.0%,规范包装操作比例98.0%,可循环快递箱(盒)使用量11万个次,回收复用瓦楞纸箱207万个,回收一次性塑料制品7302千克,配置新能源汽车812辆。

【邮政便民服务】 2022年,绍兴市共有村邮站1941个(其中信息化村邮站723个),便民服务站99个。信息化村邮站叠加移动、电信、联通话费充值,水、电、燃气、有线电视费代缴等服务项目。村邮站累计办理便民服务44.28万笔,金额5139.45万元;便民服务站累计完成交易7.44万笔,交易金额772.04万元。绍兴邮政公司继续开展"政邮""税邮""警邮"合作,现有警税法邮等邮政政务服务网点109个。

【从业人员关爱】 2022年,绍兴市快递从业人员社保和单一工伤保险参保率基本完成全覆盖,80名快递小哥获总工会困难补助。市邮政管理局、团市委等部门联合开展"暖蜂行动"40余次,向快递从业人员发放慰问品30余万元,推动快递员群体申领疫情专项保险4931份,向近2000名快递小哥发放高温慰问品,为见义勇为、获奖小哥发放奖励金7.66万元。组织快递从业人员职业技能培训,累计完成培训911人次,争取补贴资金91.5万元。开展快递工程职称评审,13名快递从业人员获初级专业技术职务任职资格。开展"应变局强信心、解难题促发展"驻企服务暖心行动,指导快递企业减免税费2825.26万元,联合台州银行绍兴分行推出"快递贷"产品,授信2亿元。

(市邮管局 贺双双)

物流业

【概况】 2022年,绍兴市物流业整体规模不断扩大,物流行业处于整体上升阶段。其中,物流服务迭代发展,交通运输、仓储和邮政业实现增加值147.1亿元。绍兴市物流行业发展呈现"541"特征:矿物性建筑材料、水泥、煤炭及制品等矿石性大宗货物货运量占比约50%;纺织品、厨具、轴承、领带、医药产品等特色产成品货运量占比约40%;石油、天然气及制品、农、林、牧、渔业产品等生产生活必需物资占比约10%。货物流出地以长三角区域为主,其中省内流出流入运输占比75.9%,基本形成了杭嘉湖甬浙北运输通道、丽温台浙南运输通道。英特集团(绍兴上虞)公共医药物流基地被评为省级冷链物流基地(园区)(第二批)。完成省物

流新业态新模式、物流提质增效试点园区验收工作。

【运输结构】 2022年，绍兴市推动各种交通运输方式融合，提升综合运输效率。多式联运稳步发展，水路货运量1874.6万吨，比2021年增长2.5%，完成港口吞吐量1975.3万吨，集装箱吞吐量9.2万标箱，“公转水”货运量123.6万吨；邮政行业快速发展，业务总量达88.18亿元，增长9.7%，居全省第三位。诸暨市开通首条连接嘉兴乍浦港、宁波舟山港的内河外贸集装箱船舶航线。抓好水运扶持政策兑现，累计兑现集装箱补贴47.34万元、购置船补贴217.6万元，内河船舶平均装载吨位达到558.7吨，增长3.5%。

（市发展改革委　周　烽，市交通运输局　王奕楚）

【农村客货邮融合物流】 2022年，绍兴市继完成全市所有行政村“村村通公交”后，继续推进“村村通公交”向较大自然村延伸，新增200人以上较大自然村公交线路21条，城乡公交一体化率89.7%。诸暨市实现100人以上自然村公交通达全覆盖，新昌县“让山区群众搭上共富班车”纳入全省第一批交通服务共同富裕试点。累计新建县级共同配送中心4个、乡镇客货邮融合综合服务站16个、村级农村物流服务点49个，优化农村客货邮融合发展线路10条，嵊州“农村电商＋城乡融合＋解决‘最后一公里’新体系”农村物流品牌被评为交通运输部第三批物流服务品牌，嵊州市被评为省级客货邮融合发展三星级样板县。

【嵊州市物流品牌入选第三批农村物流服务品牌】 2022年，嵊州市采取以客运公司为主要运营主体、多家快递物流企业共同合作的模式，搭建三级农村物流网络，共用城乡公交、货运线路和运力资源，依托物流信息平台和电子商务平台，开展农村物流配送服务，打造“一路嵊风”农村物流品牌，推动当地农村物流创新发展。年内，嵊州市快递进出村量77万件，增长25%；嵊州市“推动客货电商深度融合 多方合力助推农村物流创新发展 探索共同富裕之路”入选全国第三批农村物流服务品牌，是浙江省3个入选案例之一，也是绍兴市唯一入选案例。

（市交通运输局　王奕楚）

2022年，绍兴市推进“快递进村”工程。图为快递员在诸暨市东白湖镇进村送件

（市邮政管理局　供图）

【长三角农产品智慧冷链及农批市场项目土地证获批】 2022年，长三角农产品冷链智慧物流中心及农批市场项目首宗3.33公顷土地获批土地证。该项目获国家发展改革委国家中长期贷款授信，总投资约21亿元，选址滨海新区致远大道中段和南滨路交会处，总用地44.33公顷，其中建设用地27.53公顷，总建筑面积342604.49平方米，其中地下面积28140.87平方米、冷库建筑面积约10万平方米，包括多温区冷链物流中心、农产品批发交易中心、加工中心、公用辅助配套、商业及生活配套设施、停车场等。计划到2025年建成全面投入运营。

（市供销社　高　卉）

【英特集团(绍兴上虞)公共医药物流基地】 英特集团(绍兴上虞)公共医药物流基地位于上虞区曹娥街道永仁路168号，占地6公顷，总建筑面积近8万平方米，其中现代药品物流库近6万平方米(含高架立体库近4500平方米)，2021年12月投入使用，设计库存容量40万件，自动分拣系统效率每小时6000箱，支持年吞吐量1350万件。基地集互联网智慧信息流、医疗应急物资储备、医药商流和现代物流配送于一体的综合医药物联网产业中心，是浙江省国家医疗应急物资储备保障单位。2022年，物流基地吞吐量289万件，实现营业收入2138万元。

（市发展改革委　周　烽）

会展业

【概况】 2022年，绍兴市以“打造国际会展目的地”为目标，共举办各类会展83项。全省首创“一码找订单”应用，迭代升级绍兴数字外贸平台，借助“代参展”模式，支持外贸企业在人员不出境情况下展品出境，组织323家次企业参加境外“代参展”展会12场，达成意向成交额1.08亿美元。组织“十业百展千企”拓市场攻坚行动，全面摸排外贸企业出境参展、商务洽谈需求，组织动员企业“走出去”抢订单，组织近百家企业赴阿联酋、日本、德国等国参展拓市，共组织企业参加境内外展会125场，累计参展企业2229家次。

【会展场馆】 至2022年末，绍兴市累计建有主要会展场馆5个，总建筑面积

49.08万平方米,可供展览的室内面积13.18万平方米。其中,绍兴国际会展中心于2022年4月建成并对外运营,总建筑面积28.08万平方米,可供展览室内面积8.83万平方米。

【会展企业】 至2022年末,绍兴市有会展企业110余家,业务范围涵盖会议咨询、酒店服务、文化创意、办展服务、商务服务等会展业全产业链。有会展从业人员267人,其中高级职称7人。

【会展业政策扶持】 2022年,绍兴市有会展业政策七大项20小项,作为《加快现代服务业高质量发展若干政策》的重要内容,纳入全市"1+9"政策体系,从会展规模、引进知名会展项目和会展公司、展会品牌培育及认证、展馆及配套服务、会展服务信息化和会展人才等各方面给予政策扶持。根据相关政策,对展期不少于3天、标准展位数大于300个或面积大于5000平方米的产业展会,企业最高可获120万元的政策奖励,若为新兴产业有关题材的展会或国际性展会,可在此基础上分别提高30%和20%的奖励。柯桥区针对纺织类产业展会加大补助力度,最高可达230万元。2022年,全市共拨付奖励资金1900余万元。

【会展企业和人才培育】 2022年,绍兴市商务局通过举办RCEP专题论坛、"全球共赢 汇及万家"宣讲会、"走进新昌"企业"走出去"经验交流会等10余场相关活动,加强对会展企业与人才的培训。

11月29日,绍兴市首期会展人才高级研修班在浙江越秀外国语学院酒店管理学院(绍兴会展人才培训基地)召开,旨在集结绍兴会展业各方力量,实现优势互补、资源共享、互惠共赢,全面推动绍兴会展业高质量发展。全市会展主管部门负责人、办展主体企业代表、会展服务企业代表等60余人参加,线上参会近2000人。

【展会活动】 2022年,全市共承办会展83项,举办冠名"国际"的展览10项,其中,中国(绍兴)纺织新材料展获得UFI(国际展览联盟)认证,是绍兴市首个获得UFI认证的展会。承接上海溢出展会,推动上海(夏季)珠宝首饰展览会(诸暨站)、上海国际袜业采购交易会(诸暨站)和中国(上海)电子展等落地绍兴,其中第100届中国(上海)电子展以"创新强基 应用强链"为主题,展出面积1.3万平方米,超300家优质展商参展。

2022绍兴国际纺织机械智能制造展览会 11月16日至18日,在绍兴国际会展中心举办。展出面积7500平方米,吸引120余家纺机企业参展,设置展位421个,超过5000名专业观众线下到场观展,同期线上展访问量超5万人次,展会意向成交额1.8亿元。"国字号"中国恒天集团携14家各级子公司、中国通用集团旗下北京中丽制机工程技术有限公司参展。展会同期组织中国国际化纤产业创新与发展论坛、绍兴国际纺织机械智能制造高峰论坛两场配套活动。

2022绍兴国际服装供应链博览会 11月16日至18日,在绍兴国际会展中心举办。展出面积约4000平方米,共吸引100余家企业参展,设置展位213个,超过2500人到场观展,线上观众34万人次,配套15场商贸对接活动,意向成交额超2800万元。

【组织企业抱团参展】 2022年,市商务局组织60余家企业参加中国纺织新材料展、环球资源品质生活时尚产品展等11场境内外展会,展位101个,展出面积870余平方米。组织企业参加线上展会,举办2022绍兴名品国际贸易云展会启动仪式,来自"一带一路"、RCEP国家的东盟—中国工商总会、中国泰国商会、缅甸工商联等20个境外商协会嘉宾200余人参与。展会系列活动为期6个月,针对不同行业、面向不同海外市场,累计举办纺织机械行业(巴基斯坦)、大健康产业(RCEP)等线上展会12场,有2000余家境外专业采购商与绍兴500余家参展企业进行线上对接洽谈,意向成交额5000余万美元。

第二十二届中国国际投资贸易洽谈会 9月7日至9日在福建厦门召开。绍兴市招商投资促进中心组织6个县(市、区)及4个驻外办事处招商人员参会,参加2022中国国际工业互联网创新发展大会,对接海尔卡奥斯物联科技有限公司、中天互联、腾讯云智能等互联网龙头企业高管。

第五届中国国际进口博览会 11月5日至10日在上海召开。市招商投资促进中心组织6个县(市、区)及4个驻外办事处招商人员参会,组缤乐中国区总部暨组缤乐健康科技运营中心及产业化项目在浙江省重大项目签约活动上进行现场签约。

第132届中国进出口商品交易会 10月15日以线上形式举办,展期10天。绍兴市组织490家企业参展,其中品牌展位19家,参展企业主要分布在纺织原料面料、男女装、家用纺织品和服饰及配件等展区。

(市商务局 周磊晶、邓 刚,市贸促会 冯 铮、王慧健、黄文洁)

新兴服务业

【法律服务】 至2022年末,全市有律师事务所110家,律师2317人,比2021年增长21.4%,律师人数居全省第五位。全市律师万人比4.34,居全省第四位。有执业律师1639人、公职律师635人、公司律师27人、法援律师16人。有市级涉外律师人才49人。

聘请10名律师为新一届市人民政府法律顾问,出台《绍兴市人民政府法律顾问考核办法》,建立市政府法律顾问"一事一评价"制度。全年,开展法治体检10.14万家次,帮助企业解决实际问题1.8万个。开展"百所联百会"活动,组织百家律师事务所与全市各级工商联及所属百家商会建立合作关系。开展"做与党同心同德的人民律师"系列党建活动,选派律师事务所管委会主任、律师事务所主任、副主任、合伙人、骨干律师担任党支部书记,"一肩挑"比例91.5%。有18家律师事务所党支部市委组织部命名为全市"五星双强""两新"组织。开展公益法律服务护航民生工程,推荐1名律师参与"1+1"中国法律援助志愿者行动。市律协被授予绍兴市红十字"博爱贡献奖"(综合类)称号。

(市司法局　金　凯)

【人力资源服务】 至2022年末,绍兴市有人力资源服务机构467家,全年营业收入114亿元。诸暨市人力资源服务产业园、新昌人力资源产业园均建成开园,完成柯桥人力资源产业园规划,省级人力资源服务产业园入驻机构86家、营收32.4亿元,其中浙江绍兴人力资源服务产业园海智汇园区和上虞园区入选2022年省人力资源服务产业园评估优秀等次名单。开展市级优秀人力资源服务机构评选,首批10家人力资源服务机构入选;3家产业园、机构和4人入选全省人力资源服务业高质量发展工作成绩突出集体和个人。在《浙江省人力资源服务业发展白皮书(2022)》中,绍兴3家人力资源服务机构入围全省综合100强,1家入围全省猎头100强,3家入围全省人力资源服务外包100强,6家入围全省劳务派遣100强,1家入围全省人力资源管理咨询10强。

(市人社局　祝　烨)

【广告业】 至2022年末,全市有广告经营主体4693户,其中,广告企业2584户,个体工商户2076户,事业单位及社会组织33户。省、市两级广告监测中心对绍兴全市21家传统媒体、43家网络媒体开展全媒体、全时段、高实时监测。监测传统媒体广告19.18万条次,违法率为0;抽检网络媒体广告2.86万条次,违法率为0.011%,广告市场秩序持续向好。

(市市场监管局　顾卓君)

【拍卖业】 至2022年末,绍兴市有拍卖企业19户,举行拍卖会206场次,成交额7.32亿元。按委托对象分,政府部门委托1.26亿元、金融资产机构委托0.28亿元、其他机构委托5.78亿元。按拍卖标的分,房地产类拍卖成交额3.94亿元,占全年拍卖成交额的53.83%。完成当年度信息公示的拍卖企业16家,未参加信息公示的拍卖企业1家,已注销工商登记拍卖企业1家。

(市商务局　俞继成)

【公证服务】 至2022年末,全市有公证机构7家,有公证员51人、公证员助理63人、行政辅助人员137人。全年办理各类公证事项58419件。年内,司法行政部门对全市7家公证处开展公民涉外投资公证排查,排查涉外公证5292件。打击车险理赔市场"人伤黄牛"损害当事人合法权益行为。提升公证机构在线办证能力,公证书归集率100%。在浙里办绍兴区域开通公共法律服务专区,在浙政钉贯通市县公共法律服务工单督办监管,打通各类公共法律服务平台。

(市司法局　金　凯)

2022年5月22日,2022年绍兴市电工(智能电气检测)职业技能竞赛举行(市人社局　供图)

【会计服务】 至2022年末,绍兴市有会计师事务所33家。其中,有限责任公司事务所11家,合伙制会计师事务所21家,分所1家。全市会计师事务所完成并报备鉴证类业务1.84万项,全市注册会计师行业实现业务收入2.60亿元。有代理记账机构358家。年内,有2.33万人报名参加初级、中级、高级会计师职称及注册会计师考试。其中,报考初级、中级、高级会计师职称18192人,报考注册会计师考试5157人。59人获高级会计师职务任职资格。开展行政事业单位初任财会人员素质提升培训80人,会计职称考试初、中、高级考试辅导培训197人,会计高端人才培养98人次,注册会计师非执业会员继续教育490人。市财政局、市会计学会联合举办绍兴市会计领军(后备)人才选拔培训项目入围2022年绍兴市社会品牌项目(活动)。

【资产评估服务】 至2022年末,绍兴市有资产评估机构42家,实现综合业务总收入(含房地产评估收入)1.46亿元。350人报名参加资产评估师考试。

(市财政局　张　挺、陈　阳)

【工业设计】 至年末,绍兴市建成省级工业设计中心12家、设计基地3家、工业设计及相关企业1000余家,引进集成电路、纺织印染等领域高端设计人才1500余人,集聚相关产业院士专家工作站9家。举办以"创新引领 赋能未来"为主题2022中国(绍兴)第九届工业设计大赛,大赛,935件作品参赛,获奖作品113件,当场签约合作3件,其中获金奖的创意设

2022年9月16日,绍兴市召开"浙里康养"工作例会暨绍兴市养老服务联席会议,研究部署"浙里康养"工作（市民政局 供图）

计作品"多功能机械康复手臂"与绍兴市工业设计基地签约。

（市经信局 端木丽浩）

【科学研究和技术服务】 至2022年末,绍兴市有规模以上科学研究和技术服务业企业71家,从业人员9361人,实现营业收入46.69亿元,比2021年下降1.0%,实现利润4.78亿元。

（市统计局 徐琼瑛）

【家政服务业】 2022年,绍市培育省级"三强"家政企业7家,为全市2035名家政服务员建立信用档案。至年末,全市有规模以上家政服务企业32家,实现营业收入6.37亿元。

（市统计局 徐琼瑛）

【养老服务业】 至2022年末,全市有养老服务机构2194家,新评定三级养老机构3家,五星级乡镇(街道)级居家养老中心23家,四星级乡镇(街道)级居家养老中心46家。每万老年人拥有持证护理员22.1人,护理型床位占比58.71%。印发《关于贯彻落实〈绍兴市居家养老服务条例〉的实施意见》,编制《绍兴市区养老设施专项规划》,成立"浙里康养"工作专班,制定并落实工作方案和重点任务清单。以省民生实事推进为契机,建成智慧公办养老院7家,为106家乡镇(街道)居家养老中心配备智能服务终端,新增认知障碍照护专区床位690张,新增持证养老护理员850人。率先在全省启动并完成老年人自理能力筛查工作。成功创建"老年人精准画像"省级试点,完成三大画像驾驶舱模块开发。诸暨市老年人防走失等应用场景被纳入2022年省民政系统数字化改革重大应用建设试点。

（市民政局 李 峰）

【托育服务】 2022年,全市有托育机构422家(含幼儿园托育部296家),提供托位18764个,千人托位数3.52个。完成省民生实事项目新增托位5006个,新增普惠托位3750个,完成率分别为122.10%和152.44%。在全省率先出台普惠托育运行补助政策,加强对已备案托育机构的建设经费和普惠运行经费补助。新增托班给予一次性补助10万~20万元;对经认定符合三级、二级、一级标准的普惠托育机构,分别按每月500~900元的生均标准予以补助。各县(市、区)均出台相关支持政策,推进"浙有善育"民生实事项目。新昌县入选全省首批普惠托育基本公共服务试点。

（市卫生健康委 王栩栩）

金融业

综　述

【金融业发展】 2022年，绍兴市金融系统贯彻稳健货币政策，稳住经济大盘。全市金融运行呈现总量持续稳健增长、资源配置效能提高、信贷成本有序下降、资产质量持续改善态势。金融机构不良贷款率总体保持近年来低位。至年末，全市社会融资规模新增3302.5亿元，比2021年增加234.5亿元；各项存款余额14339.47亿元，较年初新增2048.89亿元，增加691.78亿元，余额增长16.67%，增速较2021年同期上涨4.26个百分点。全市各项贷款余额13866.1亿元，较年初新增2149.37亿元，增加567.51亿元，余额增长18.34%，增速较2021年同期上涨2.73个百分点。普惠小微企业、制造业贷款分别较年初新增578.8亿元和320.9亿元，分别增加79.0亿元和86.6亿元，余额增长24.9%和13.7%，均保持10%以上增长速度。跨境收支总额509.84亿美元，增长8.54%。其中，跨境收入422.33亿美元，增长10.01%；支出87.51亿美元，增长1.97%。收支顺差334.82亿美元，增长12.32%，收支顺差规模保持增长态势。证券资金账户199.46万户，较年初增加7.88万户，比2021年增长4.11%；证券交易金额5.68万亿元，减少1.01万亿元，缩减15.05%。实现保费收入219.42亿元，增长11.54%。其中，产险收入75.49亿元，增长9.89%；寿险收入143.93亿元，增长12.98%。各类保险赔偿70.74亿元，比2021年增加0.19亿元。

【货币信贷】 2022年，人民银行绍兴市中心支行用好普惠小微贷款支持工具，累计提供激励资金4.53亿元，撬动新增普惠小微贷款256亿元。再贷款再贴现余额262.2亿元，支持市场主体1.7万户，推动6项结构性货币政策工具落地。推动银行机构贷款市场报价利率改革(LPR)落地，全市一般贷款利率4.66%，比2021年下降0.35个百分点。至年末，共发行债务融资工具398.2亿元，其中民企55亿元，增长223.5%。推广跨境人民币使用，至年末，全市跨境人民币结算422.3亿元，其中新增跨境人民币"首办户"1066家。推动金融支持传统产业2.0版，至年末，全市五大传统产业贷款余额1509.34亿元，比2021年增长16.1%。出台新兴产业信贷指引，累计对高端装备、电子信息、现代医药、新材料四大新兴产业企业发放贷款707.31亿元。构建"5+4"绿色金融服务体系，推动排污权、碳排放权、用能权、用水权等

至2022年末绍兴市金融机构本外币存、贷款余额基本情况统计表

表47　　　　单位：万元

指标	全市	指标	全市
一、各项存款	143394704	二、各项贷款	138660962
(一)境内存款	143043897	(一)境内贷款(万元)	138655953
1. 住户存款	70666422	1. 住户贷款(万元)	47021190
(1)活期存款	20030238	(1)短期贷款(万元)	10239290
(2)定期及其他存款	50636184	(2)中长期贷款(万元)	36781900
2. 非金融企业存款	50377891	2. 非金融企业及机关团体贷款(万元)	91524764
(1)活期存款	18958958	(1)短期贷款(万元)	34524814
(2)定期及其他存款	31418934	(2)中长期贷款(万元)	50503513
3. 广义政府存款	17531958	(3)票据融资(万元)	6491027
(1)财政性存款	1477528	(4)融资租赁(万元)	—
(2)机关团体存款	16054430	(5)各项垫款(万元)	5409
4. 非银行业金融机构存款	4467626	3. 非银行业金融机构贷款(万元)	110000
(二)境外存款	350808	(二)境外贷款(万元)	5009

(市统计局　徐琼琰)

4 类环境权益类抵押贷款扩面增量，至年末，累计发放贷款 80.27 亿元。创新科技金融服务模式，联合认定首批 6 家科技特色支行，出台科技贷款贴息政策。开展金融支持“专精特新”专项行动，累计向 190 户“专精特新”企业发放贷款 127.7 亿元。创新农村产权新型融资，牵头制定风险补偿办法，配套地方财政 20% 风险补偿政策。全年农民住房财产权抵押贷款 1.42 亿元、消薄贷款 14.5 亿元，助力乡村振兴。

【经理国库业务】 2022 年，市人行绍兴市中心支行办理各类国库收支业务 1663 万笔、8512 亿元；办理增值税留抵退税 3.8 万笔、162 亿元。推动国库业务电子化进程，全面止用待缴库税款账户，办理跨省异地电子缴税 909 笔、4686 万元。推进数字人民币涉国库业务领域试点应用，办理数币收入业务 2450 笔、41.6 亿元，退库业务 31 笔、6707 万元。在乡村地区开展储蓄国债宣传，县级及以下地区销量 1.6 亿元，占全市总销量 57.9%。开展储蓄国债到期提醒兑付专项行动，完成提醒兑付 60 笔、140 万元。举办绍兴市银行业金融机构代理国库业务知识竞赛。

【外汇金融服务】 2022 年，国家外汇管理局绍兴市中心支局推广外汇政务服务网上办理系统，办理行政许可审批 2004 件，其中名录登记业务及收付汇事前审批等经常项目行政许可审批 1929 件，外债、境外放款等资本项目行政许可审批 92 件，结售汇业务许可审批 10 件。搭建汇银联合服务企业平台，全辖 554 名联络员走访 6363 家外贸企业。落实跨境贸易投资便利化措施，推动 10 家银行、189 家企业参加省货物贸易收支便利化试点；参加省资本项目收支便利化试点，办理便利化业务 1363 笔，金额 7.02 亿美元；指导银行建立特殊个人外汇业务处置机制，办理留学和薪酬便利化业务 95.24 万美元、特殊外汇处置业务 17.94 万美元。

【支付结算管理】 2022 年，人行绍兴市中心支行汇集金融机构、银联资源，推广移动支付在公交地铁、高校、食堂、菜场、重点商圈等场景应用。银行业移动支付交易 5.74 亿笔，比 2021 年增长 9.87%；手机银行交易笔数 5.63 亿笔，增长 9.70%；云闪付交易笔数 1100.69 万笔，增长 19.68%。督导银行机构降低开户费、支付手续费等，全市银行机构累计对小微企业和个体工商户支付手续费降费让利 7900 余万元，惠及市场主体约 31.9 万户。加快全市亚运会支付服务环境建设，至年末，全市重点区域特约商户外卡受理率 98.54%，重点区域 ATM 机具外卡受理率 100%，银行业统一标准移动支付 100% 覆盖。

【共同富裕金融服务提升工程】 2022 年，市人行绍兴市中心支行创建 87 个“枫桥式”金融服务站，新增 18 家五星级银行卡助农服务点，开展“移动支付助力乡村振兴”活动。

【金融领域数字化改革】 2022 年，绍兴市“越信融”金融信用信息服务平台聚焦数字经济发展新要求，构建“一舱总览、三端联动、十库贯通、N 策应用”2.0 版数字化应用场景，打造具有绍兴特色和核心竞争力的现代化数字金融新生态。至年末，汇集 359 款金融产品，培育“首贷户”8345 家，成功撮合银企融资超 2534.21 亿元。

【文化金融改革创新点推广】 2022 年，人行绍兴市中心支行深化文化金融创新示范点建设，建设首个“文化金融数字大脑”，开发“越文贷”产品，为全市文旅企业提供线上“一站式”金融服务。至年末，全市建立越城黄酒、柯桥花样版权、上虞民宿、诸暨香榧、嵊州越剧、新昌旅游、茶叶等 11 个文化金融改革创新示范点，支持文旅产业发展。

【数字人民币应用场景建设】 2022 年，绍兴市推进数字人民币试点工作，全国首个专业市场数字人民币智能合约项目落地中国轻纺城市场。人行绍兴市中心支行率先完成人民银行系统内第一笔数字人民币缴税，使用数字人民币缴纳个人社保费，使用数字人民币缴纳土地出让金，实现医保定点药店数字人民币全覆盖，实现三甲医院、亚运会定点医院及社区卫生服务中心和乡镇卫生院数字人民币全覆盖，实现公交出行支持数字人民币展码支付且支持所有运营机构钱包（新昌县），搭建亚运会数字人民币展示区（绍兴市棒垒球体育文化中心数字人民币展示区）。全年，数字人民币缴纳土地出让金超 40 亿元，规模居全省第一位；5000 万元“活力币赢”数字人民币红包活动，核销率 94.37%，居全省第一位；首创“扫场所码抽数币红包活动”。

【“越贸贷”融资业务】 2022 年，国家外汇管理局绍兴市中心支局推广“越贸贷”融资业务及跨境金融服务平台增量扩面。至年末，全市有 17 家银行拓展“越贸贷”融资业务，累计发放贷款资金 10.72 亿美元。全市 959 家企业通过平台开展应收账款贸易融资 11.11 亿美元，办理出口信保保单融资业务 180 笔、金额 3163.1 万美元。

（人行绍兴市中心支行　许江枫）

【金融服务实体经济高质量发展】 2022 年，绍兴市成立金融服务实体工作专班，出台支持智造强市实施意见，建立“浙里碳效贷 + 节能减碳技改贷”机制，推进养老和新市民金融服务。各项贷款增速居全省第二位，制造业中长期贷款、普惠小微企业贷款等快速增长。首创“金融支持强村富民联合体”金融服务模式，启动“十百千万”工程，形成“金融支持强村共富联合体”30 余个；建立“乡村产业致富带头人 +”金融服务模式，向 243 个致富带头人及其辐射带动主体发放贷款 10.14 亿元，提供保险保障金额 4917.9 万元。全年，全市涉农贷款比 2021 年增长 18.5%；涉农贷款余额占各项贷款余额比例达 37.6%。对 6 个县（市、区）开展金融助企纾困“面对面”活动。

（绍兴银保监分局　陆小丰）

银行业

【概况】 2022年，绍兴银行业总体发展较为迅猛，资产负债规模持续高速增长。至年末，绍兴银行业表内资产余额17222.27亿元，比2021年增长17.05%。各项贷款余额13866.1亿元，增长18.34%。表内负债余额16552.51亿元，增长17.35%，连续4年保持两位数高速增长。各项存款余额14339.47亿元，增长16.67%。2022年末，投资业务余额1687.45亿元，增长21.49%。其中，债券投资余额1290.95亿元，增长31.48%，占投资规模的76.5%。年末全市同业资产（存放同业、拆放同业、买入返售）余额235.6亿元，减少11.76%。绍兴银行业表外业务余额6726.36亿元，比年初增加1600.58亿元，增长31.23%，高于2021年同期增速19.09个百分点。表外业务相当于表内资产的39.06%，高于2021年同期4.26个百分点。担保类表外业务余额1927.9亿元，增长63.02%，较2021年同期上升46.02个百分点。辖内银行业金融机构不良贷款余额85.87亿元，比年初增加1.47亿元；不良率0.62%，比年初下降0.1个百分点。

至年末，全市有政策性银行1家、国有商业银行6家、股份制商业银行12家、城市商业银行12家、农村商业银行8家、村镇银行5家、外资银行1家。绍兴市国有大型商业银行各项贷款余额6045.51亿元，比年初增加941.72亿元，增长18.45%；贷款余额占全市贷款余额的43.6%，与2021年基本持平。各项存款余额6091.32亿元，比年初增加814.48亿元，增长15.44%；存款余额占全市存款余额的42.48%，比2021年下降0.42个百分点；全市股份制商业银行各项贷款余额2581.23亿元，比年初增加255.21亿元，增长10.97%。贷款余额占全市贷款余额的18.62%，比2021年下降1.28个百分点。各项存款余额2054.2亿元，比年初增加222亿元，增长12.12%。存款余额占全市存款余额的14.33%。下降0.57个百分点；绍兴市城市商业银行各项贷款余额2170.84亿元，比年初增加467.81亿元，增长27.47%；贷款余额占全市贷款余额的15.66%，比2021年同期上升1.16个百分点。各项存款余额2178亿元，比年初增加403.91亿元，增长22.77%；存款余额占全市存款余额的15.19%，比2021年同期上升0.79个百分点；绍兴市农村商业银行各项贷款余额2691.54亿元，比年初增加435.37亿元，增长19.3%。贷款余额占全市贷款余额的19.41%，比2021年同期提高0.4个千分点。各项存款余额3685.45亿元，比年初增加637.17亿元，增长20.9%。存款余额占全市存款余额的25.7%，比2021年同期提高0.9个百分点。

【农业发展银行绍兴市分行】 2022年，农业发展银行绍兴市分行累计投放各项贷款127.57亿元，年末贷款余额264.87亿元，净增53.55亿元，增幅25.3%。投放农发基金项目7个，占全市基金项目总数的58%，金额11.29亿元。

【工商银行绍兴分行】 2022年，工商银行绍兴分行加大对制造业、民营、普惠、绿色、科创金融投放，通过“稳经济大盘”“金融助企纾困面对面”活动，提升服务实体经济质效。至年末，各项贷款余额1388亿元，较年初增加268亿元，增幅24%。

【农业银行绍兴分行】 2022年，农业银行绍兴分行加大政策资源投入，全年县域贷款增速16.51%、涉农贷款增速15.87%、普惠型涉农贷款增速20.97%、农业贷款增速17.06%、乡村产业贷款增速29.31%，新创建金融自治村17个、信用村29个，累计建设“惠农通”服务点1893家。

【中国银行绍兴市分行】 2022年，中国银行绍兴市分行年末本外币时点存款余额1066.44亿元、本外币日均存款余额1050.30亿元；普惠贷款余额222.67亿元，增长38.80%；批复重大项目54个，批复金额340.05亿元，投放214.26亿元，创历史新高。

【建设银行绍兴分行】 2022年，建设银行绍兴分行加大制造业等重点领域信贷投放力度，为8家企业提供超5亿元设备更新改造专项再贷款，降低市场主体融资成本；盘活闲置厂房，建设“建芯公寓”保障性住房标杆示范项目，可提供住房309间（套）；依托“建行生活”App，承接800万元政府消费券投放。

【交通银行绍兴分行】 2022年，交通银行绍兴分行全年对公实质性贷款、普惠“两增”贷款余额分别增长9.64%和23.9%；为“专精特新”企业发放贷款超20亿元，为“中芯国际”投放先进制造业贷款22.47亿元，投放交行系统内首笔基础设施基金配套贷款，发放首笔碳排放权抵押贷款2000万元。

【邮储银行绍兴市分行】 2022年，邮储银行绍兴市分行重点攻坚城市有机更新、安置房、未来社区等共富项目，全年获批共富项目5个，金额54.5亿元，落地系统内全国首单“共同富裕”北金所债融自营投资业务4亿元；小微企业贷款增速35.3%，高于各项贷款增速11个百分点，全年向小微企业及个体工商户减费让利超160万元，惠及小微主体客户近4500户。

【中信银行绍兴分行】 2022年，中信银行绍兴分行推进“科创e贷、订单e贷、经销e贷、出口e贷”等线上中信易贷产品，普惠公司客户增加105户，贷款增速连续3年超20%；推出新型低融资成本“信福充电宝”产品，服务用电企业70家，金额8.68亿元。

【浦发银行绍兴分行】 2022年，浦发银行绍兴分行加大对科创企业支持力度，全年新增科创授信企业55户，净增贷款31.22亿元，列系统内首位。年末公司中长期贷款余额55.67亿元，较年初增加21.91亿元，增长达64.9%。应对疫情风险，落地专项保供物资授信2亿元。

【招商银行绍兴分行】 2022年，招商银行绍兴分行年末制造业贷款余额69.99亿元，增长 39.86%；制造业中长期贷款余额 53.51 亿元，增长 55.8%；发放普惠型小微企业贷款年化利率较 2021 年下降 0.26 个百分点。

【华夏银行绍兴分行】 2022 年，华夏银行绍兴分行战略性新兴产业贷款、绿色贷款大幅度增长，设备更新改造贷款投放居同业前列；推出“易融通”等信用贷款产品，加大对小微企业精准滴灌力度。

【浙商银行绍兴分行】 2022 年，浙商银行绍兴分行成立绍兴市金融顾问工作室，为省内首家落地金融顾问工作室分行。电机产业大脑数字信用凭证“舜智云证”融资余额突破亿元大关。

【兴业银行绍兴分行】 2022 年，兴业银行绍兴分行年末绿色金融贷款余额 123 亿元，比年初增加 38 亿元，增长 45 %；涉农贷款余额 134 亿元，比年初增长 10 亿元，增长 8%；普惠型小微企业贷款余额 17 亿元，比年初增加 4 亿元，增长 30%。

【光大银行绍兴分行】 2022 年，光大银行绍兴分行针对科创企业轻资产、重研发、高成长等特点，落地“投联贷”产品，试行积分制审核、差异化审批机制，支持高新技术产业发展；为浙江省工业领域首个应用熔盐储能技术项目投放贷款 1 亿元。

【民生银行绍兴分行】 2022 年，民生银行绍兴分行年末科技金融贷款加并购贷余额为 17.86 亿元，比年初增加 0.22 亿元；专精特新客户授信获批 12 户，授信金额 6.77 亿元。

【恒丰银行绍兴分行】 2022 年，恒丰银行绍兴分行推出“排污权抵押 + 项目贷”绿色信贷模式，累计投放印染企业排污权抵押贷款金额 7.95 亿元。

【渤海银行绍兴分行】 2022 年，渤海银行绍兴分行不良资产余额、不良贷款率实现双降，不良率压降至 0.28%，比年初下降

2022 年 3 月 3 日，绍兴银行越城支行在越都社区开展反电信诈骗、人民币知识等宣传活动 （单时青　供图）

2.52 个百分点。

【广发银行绍兴分行】 2022 年，广发银行绍兴分行年末制造业贷款余额 13.23 亿元，较年初增长 21.39%；民营企业贷款余额 21.48 亿元，较年初增长 19.59%；普惠小微企业贷款余额 8.35 亿元，较年初增长 14.29%，普惠小微企业贷款客户 432 户，较年初增长 53.74%。

【平安银行绍兴分行】 2022 年，平安银行绍兴分行年末绿色贷款余额 10.6 亿元，实现“零”的突破；普惠小微信贷余额 16.54 亿元，较年初增长 4.67 亿元，增长 39.34%。

【绍兴银行】 2022 年，绍兴银行有集镇支行 61 家，其中绍兴区域 43 家，集镇支行个人存、贷款规模占比达 1/3 和 1/4。与新昌回山镇开展“一镇一行”服务对接，落地“金融服务强村共富联合体”，推广“薄云茶叶”特色品牌。开展新昌会墅岭村兢山柿子线上直播，从项目消薄向产业消薄转变。

【杭州银行绍兴分行】 2022 年，杭州银行绍兴分行实现全市服务网点全覆盖，至年末制造业贷款余额 55.41 亿元，增幅 22.89%；新增园区小微企业开户数 226 户、新增小微园区客户贷款 5.55 亿元；全年为 108 户中小出口外贸新增企业信用授信 2.1 亿元，累计为 75 户外贸企业放款近 2.5 亿元。

【北京银行绍兴分行】 2022 年，北京银行绍兴分行年末普惠金融余额 33.59 亿元，较年初增加 5.63 亿元，增幅 20.14%；绿色贷款 22.43 亿元，较年初增加 12.46 亿元，增幅 124.97%；科技金融余额 21.78 亿元，较年初增加 6.6 亿元，增幅 43.48%。

【上海银行绍兴分行】 2022 年，上海银行绍兴分行年末存贷款余额 296.04 亿元，较 2021 年同期增加 14.6 亿元，增长 5.19%；各项贷款余额 214.08 亿元，较年初新增 19.56 亿元，增长 10.06%；与绍兴袍江医院合作，投入使用智能终端 29 台。

【民泰银行绍兴分行】 2022 年，民泰银行绍兴分行年末贷款余额 38.20 亿元，较年初增加 15.74 亿元，增长 70.10%。

【嘉兴银行绍兴分行】 2022 年，嘉兴银行绍兴分行年末贷款余额 86.06 亿元，较年初增长 18.59%，其中科技贷款余额 10.42 亿元，较年初净增 1.86 亿元，增长 21.71%；存款余额 83.84 亿元，较年初增长 26.70%。

【宁波银行绍兴分行】 2022年，宁波银行绍兴分行年末普惠小微贷款余额增长49.83%，制造业贷款余额增长42.89%；为近300家优质头部企业提供数字化改革服务，向4000余家小微企业客户提供数字化服务，访客超13万人次，解决企业需求近1000个。

【泰隆银行绍兴分行】 2022年，泰隆银行绍兴分行年末累计发放延期还本付息贷款7.42亿元，为793户客户缓解资金周转压力；政策性低息贷款余额12.72亿元，专项扶持物流、餐饮等疫情困难行业；年末知识产权质押贷款余额1.75亿元。

【台州银行绍兴分行】 2022年，台州银行绍兴分行年末贷款余额43.92亿元，较年初增加6.62亿元，其中小微企业贷款余额37.75亿元，占贷款总余额的85.95%，推出“快递贷”产品，针对批发零售行业客户推进易收款“T+0”服务，加大园区易贷、园区租金易贷以及购建厂房企业等中长期贷款投放，推出“e购贷”授信产品。

【温州银行绍兴分行】 2022年，温州银行绍兴分行至年末贷款余额119.61亿元，比年初增加36.67亿元，增长44.22%；普惠小微贷款余额16.92亿元，比年初增加5.89亿元，增长53.38%；制造业贷款余额32.08亿元，比年初增加9.51亿元，增长42.14%；民营企业贷款余额39.77亿元，比年初增加11.95亿元，增长42.95%。

【稠州银行绍兴分行】 2022年，稠州银行绍兴分行签约208个整村授信村开展“乡村振兴贷”产品，签约笔数2725笔，授信金额35881.1万元，贷款笔数609笔，贷款余额7352.48万元。

【宁波通商银行绍兴分行】 2022年7月29日，宁波通商银行绍兴分行揭牌成立并对外营业，为国内首家由外资银行改制，政府主导、民营主体、市场化运作、财政直接管理的混合所有制地方法人银行。年末贷款余额15.29亿元，存款余额14.66亿元。

【恒信农商银行】 2022年，恒信农商银行新增普惠小微企业贷款16.27亿元，个体工商户贷款3.69亿元；推进三代社保卡批量换发激活，发放三代社保卡11.84万张。

【瑞丰银行】 2022年，瑞丰银行成立绍兴市首个共富基金“瑞丰共富”基金，累计捐款1.05亿元，其中补助低保户5万余户次，“助村”捐赠金额超3200万元，受益学子超3700人次。

【上虞农商银行】 2022年，上虞农商银行授信100亿元助力强村富民，授信5亿元助力乡村旅游发展，推出“共富·民宿贷”产品；支持村级集体项目67个，金额2.55亿元；向12个乡镇（街道）62个经济相对薄弱村派驻17名金融联络员进行帮扶。

【诸暨农商银行】 2022年，诸暨农商银行发放全国首单宅改“权票”专项质押贷款，发放全省首单“政银保”知识产权质押融资贷款，至年末为259家企业办理知识产权质押贷款15.34亿元；发行三代社保卡27.31万张，新增待遇入卡6.2万户。

【嵊州农商银行】 2022年，嵊州农商银行设助企纾困专项信贷资金50亿元，灵活运用无还本续贷、宽限期、延期还本付息等惠企政策，年末各项贷款余额280.61亿元，比年初增加45.61亿元。

【新昌农商银行】 2022年，新昌农商银行成立新昌县内规模最大“农商共富”慈善冠名基金，走访企业13614家，小微企业贷款日均余额69.09亿元，小微企业贷款1335户，其中拓展“首贷户”361户。

【天津滨海农商银行】 2022年，天津滨海农商银行绍兴支行实现净增小微企业17户、3707万元；全年净增涉农贷款1900万元，净增收单商户675户。

【义乌农商银行绍兴柯桥支行】 2022年，义乌农商银行绍兴柯桥支行开展普惠金融工作，全年提供“连续贷＋灵活贷”机制贷款7.27亿元。

【华侨永亨银行绍兴分行】 2022年，华侨永亨银行绍兴分行联合集团母行新加坡华侨银行，为20余家浙江“走出去”企业提供约8.37亿元人民币授信总额（资金来源于新加坡华侨银行），搭配汇率锁定以及利率掉期互换等衍生工具，帮助企业避免汇率风险以及利率波动风险，降低企业的财务成本。年末，各项存款人民币3.32亿元，各项贷款人民币9.45亿元。

【村镇银行】 至2022年末，绍兴市有村镇银行5家，分别为浙江嵊州瑞丰村镇银行股份有限公司、浙江新昌浦发村镇银行有限公司、浙江诸暨联合村镇银行股份有限公司、浙江柯桥联合村镇银行股份有限公司、浙江上虞富民村镇银行股份有限公司。各项贷款余额126.1亿元，比年初增加10.14亿元，增长8.7%；各项存款余额132.02亿元，比年初增加17.46亿元，增长15.24%。

（绍兴银保监分局　陆小丰）

保险业

【概况】 至2022年末，绍兴市有各类保险机构295家，其中市级机构60家（财产险28家、人身险32家），县级及以下机构235家（财产险145家、人身险90家）。市级机构包括市级分公司2家、中心支公司53家、营销服务部4家、营业部1家，县级及以下机构包括支公司103家、营业部33家、营销服务部99家。全年，全市保险业实现保费收入225.59亿元，比2021年增长11.29%，其中财产险公司保费收入75.46亿元，增长8.91%；人身险公司保费收入150.13亿元，增长12.53%。全市保险企业提供34.88万亿元风险保障，其中财产险公司保障28.8万亿元，人身险公司保障6.08万亿元。累计支付各类赔款和给付74.76亿元，增长2.64%，其中财产险公司赔款金额47.25亿元，下降2.73%；人身险公司赔付金额27.51亿元，增长 10.97%。保险业加大“互联网 +”技术、大数据、云计算、物联网等新技术，AI 技术卫星遥感、无人机等新应用，应对新冠疫情，推广“空中客服”和“无接触”线上服务，运用视频连线、远程认证等科技手段，发展非现场核查、核保、核签等方式，引导消费者通过互联网、手机 App、微信公众号等信息化人工智能平台途径办理保险业务。完善推广“区块链 + 线上商保理赔”保险理赔操作方式。

【财产险业务】 2022 年，绍兴市财产险公司保费收入 75.46 亿元，比 2021 年增长 8.91%，其中车险保费收入 52.6 亿元，增长 6.25%；非车险保费收入 22.86 亿元，增长 15.58%。全市财产险公司赔付支出 47.25 亿元，赔付率 62.62%，其中车险赔款支出 36.82 亿元，下降 1.66%，赔付率 70.01%；非车险赔付支出 10.43 亿元，增长 2.31%，赔付率 45.83%。全市实现承保利润 3.83 亿元，其中车险盈利润 1.27 亿元，非车险盈利 2.56 亿元。全市 27 家公司中 18 家实现盈利，盈利面 66.67%。全市综合成本率、综合赔付率、综合费用率、手续费率分别为 94.29%、71.92%、22.37% 和 7.39%。其中，车险综合成本率、综合赔付率、综合费用率、手续费率分别为 97.44%、77.53%、19.91% 和 4.13%；非车险综合成本率、综合赔付率、综合费用率、手续费率分别为 85.4%、56.1%、29.29% 和 14.91%。车险保费收入占比 69.71%，减少 1.74 个百分点；非车险业务发展稳定，其中船舶险、健康险、货运险、责任险和企财险分别增长 59.64%、27.42%、26.43%、7.51% 和 3.89%，信用险、家财险、保证险、农业险、意外险和工程险分别下降 78.09%、63.86%、39.94%、26.71%、6.7% 和 3.62%。中国人民财产保险股份有限公司绍兴市分公司、中国太平洋财产保险股份有限公司绍兴中心支公司和中国平安财产保险股份有限公司绍兴中心支公司发展较为稳定，公司保费收入增长 10.23%，增速高于市场平均水平 1.33 个百分点，市场占比 76.89%，上升 0.93 个百分点。保费规模 1 亿元以上公司 5 家，比 2021 年增加 1 家，保费收入增长 18.82%，增速高于市场平均水平 9.92 个百分点，市场占比 14.92%，上升 1.25 个百分点；其余 19 家公司保费收入下降 14.09%，增速低于市场平均水平 22.99 个百分点，市场占比 8.31%，下降 2.18 个百分点。

【人身险业务】 2022 年，绍兴市人身险公司保费收入 150.13 亿元，比 2021 年增长

表 48

2022 年绍兴市财产险公司基础数据统计表

公司	保费收入（万元）	增长（%）	市场占比（%）	赔款金额（万元）
人保财险	305039.78	9.14	40.41	193656.38
太平洋产险	127979.50	13.48	16.95	75656.90
平安产险	147378.81	9.77	19.52	88217.15
天安财险	10444.37	18.25	1.38	4813.89
华泰财险	3497.64	11.35	0.46	2245.96
中华财险	26573.92	12.11	3.52	15117.65
大地保险	9766.78	−0.75	1.29	8260.34
华安财险	2444.28	24.41	0.32	1245.25
永安保险	5555.22	−5.50	0.74	3493.15
太平财险	9397.00	−3.24	1.24	5787.22
大家财险	1617.57	49.07	0.21	936.97
都邦保险	2756.49	46.18	0.37	1205.86
安盛天平	2137.93	−12.07	0.28	1601.43
阳光财险	10267.67	−0.11	1.36	9762.12
亚太财险	1587.06	13.47	0.21	851.50
国寿财险	50687.78	7.90	6.71	30693.60
中银保险	4057.66	−14.80	0.54	3209.64
永诚保险	1590.45	−4.95	0.21	193.44
渤海财险	756.25	89.75	0.10	170.91
长安责任	5809.94	−22.97	0.77	5593.28
安诚财险	1802.56	−21.63	0.24	996.60
太安农险	803.09	43.87	0.11	447.10
浙商保险	15095.87	6.33	2.00	14155.08
紫金财险	1078.41	2.71	0.14	867.51
国任保险	1049.38	−28.17	0.14	918.28
英大财险	3644.83	0.49	0.48	1152.57
众诚保险	2048.88	6.23	0.27	1680.35
合　计	754869.12	8.91	100.00	472930.13

表 49

2022 年绍兴市分县（市、区）财产险公司保费收入统计表

地区	保费收入（亿元）	排名	增速（%）	排名	全市总额占比（%）
越城区	27.18	1	13.19	2	36.01
诸暨市	13.17	2	1.95	6	17.44
柯桥区	12.17	3	13.16	3	16.12
上虞区	10.68	4	2.00	5	14.15
嵊州市	6.80	5	6.85	4	9.00
新昌县	5.49	6	14.36	1	7.27
合　计	75.49	—	8.91	—	100.00

（绍兴银保监分局　陆小丰）

12.53%。人身险公司赔付支出27.51亿元，增长10.97%。其中，满期给付11.73亿元，增长33.81%；赔付支出4.47亿元，下降12.33%；年金给付5.45亿元，增长1.52%；死伤医疗给付5.86亿元，增长5.44%。

分产品看，2022年全市人身险公司人寿险、健康险、意外险保费收入分别为113.39亿元、28.06亿元和2.48亿元，分别增长14.36%、9.96%和-8.85%，业务占比分别为78.78%、19.50%和1.72%。分渠道看，全市人身险公司个险、银保、团体和新渠道实现保费收入分别为91.76亿元、44.63亿元、7.03亿元和0.45亿元，分别增长4.96%、41.43%、-10.11%和-13.50%，业务占比分别为63.75%、31.01%、4.89%和0.31%。分新单看，全市人身险公司新单保费51.57亿元，增长25.21%，业务占比35.83%。新单期缴率53.51%，下降0.62个百分点。续期保费占比64.17%，下降3.5个百分点。全年保费收入亿元以上公司19家，增加1家，保费收入增长12.8%，增速低于市场平均水平0.18个百分点，市场占比96.5%，下降0.16个百分点；保费收入亿元以下1000万元以上公司11家，减少1家，保费收入增长17.55%，增速高于市场平均水平4.57个百分点，市场占比3.46%，上升0.13个百分点；保费收入1000万元以下公司2家，增加1家，保费收入增加175.8%，增速高于市场平均水平162.82个百分点，市场占比0.04%，上升0.3个千分点。

【企业财产保险业务】 2022年，绍兴市保险业为2.32万家企业提供财产保障。为杭州至绍兴城际铁路工程及绍兴市城市轨道交通1号线全线工程提供综合风险保障500亿元，为柯桥至诸暨高速公路项目提供综合保险保障75亿元，为杭金衢至杭绍台高速联络线提供风险保障65亿元，为于越智慧快速路提供风险保障39亿元，为329国道上虞至临安公路柯桥钱清至萧山界段改建工程提供风险保障14.92亿元，为亚运城市提升镜水路综合管廊及配套工程提供风险保障7.86亿元，为上虞区、嵊州市和新昌县的公路提供综合保险保障100.88亿元，继续为嘉绍大桥及地方支柱产业和重点企业提供财产风险保障，为重大技术装备、首台套、重点新材料首批次应用等提供风险保障33.8亿元，为科创型企业提供知识产权类和高层次人才保险保障4亿余元，为小微企业和个体工商户提供风险保障7000亿余元。

【出口信用保险业务】 2022年，中国出口信用保险公司绍兴营业部、中国人民财产保险股份有限公司绍兴市分公司、中国太平洋财产保险股份有限公司绍兴中心支公司为绍兴市出口企业提供842.56亿元出口信用保险，200余家企业报损金额4000万余美元，支付赔款1588.64万美元，追偿海外欠款约2462万美元。在各县（市、区）分别建立政府小微联保平台，保费由财政全额支付，受益小微企业6809家次；联合相关职能部门支持企业“走出去”，定期、免费发布咨讯服务，为企业进行政策和防范风险培训，为330余家企业提供资信调查和评估3300余次。中国出口信用保险公司绍兴营业部承保企业海外投资项目4个，承保金额7300万美元；出口工程项目2个，承保金额1774.5万美元。

【“三农”保险业务】 2022年，绍兴市保险业继续开展水稻、生猪、林木等14个品种政策性农业保险，茶叶低温气象指数保险、叶菜成本价格保险、生猪价格指数保险、农业机械损失保险、花卉苗木种植保险、杨梅气象指数保险、桃形李种植保险、水蜜桃种植保险、高粱种植保险和羊养殖等14个地方特色品种保险，生猪强制扑杀保险、能繁母猪养殖扩展保险金额保险、鲈鱼养殖保险等7个商业性农业保险业务，其中新增开展新增水稻完全成本保额补充保险、高粱种植保险、现代农业生产主体养殖业保险等业务。全年政策性农业保险金额19.74亿元，向4731户受灾农户支付赔款2404.43万元；农房保险金额225.88亿元，参保农户100.41万户，赔付513.3万元。

【商业大病养老保险和特殊人群意外伤害保险业务】 2022年，绍兴市扩大“大病再保险”项目，各县（市、区）开展商业大病保险工作，覆盖456.89万人。支持政府购买服务，开展基本医疗保险经办业务，覆盖全市各县（市、区）456.89万人；继续开展上虞区基本医疗保险意外伤害保险经办业务，覆盖约73万人；新增柯桥区工伤保险政保合作项目，覆盖29.95万人，继续开展上虞区和新昌县工伤保险政保合作项目，分别覆盖14.51万人和41.94万人。开展专属商业养老保险工作，满足新产业、新业态从业人员和各种灵活就业人员及农村群体养老需求。保险业为全市残疾人提供人身意外伤害保障，为老年人提供出行平安意外保障。中国人寿保险股份有限公司绍兴分公司为全市3.42万名低收入农户建档立卡，提供健康保障125.56亿元，为3147名全市计生特殊困难家庭人员提供健康保障。中国人民财产保险股份有限公司绍兴市分公司为40955名儿童因意外伤害进行牙齿修复提供保险给付保障1.45亿元，为全市48个乡镇（街道）185万人口提供政府救助及扶贫救助保险保障6.7亿元。

【“浙里医保·越惠保”业务】 2022年，由中国太平洋人寿保险股份有限公司浙江分公司为主承保人，中国人民财产保险股份有限公司绍兴市分公司、中国人寿保险股份有限公司绍兴分公司、中华联合财产保险股份有限公司浙江分公司、平安养老保险股份有限公司浙江分公司为共同保险人，市政府指导的普惠型商业补充医疗保险产品“越惠保”升级为“浙里医保·越惠保”，缴费标准仍为每人每年100元，全年参保325.81万人，参保率71.15%，较2021年提高4.18个百分点，获赔人数超12万人。产品责任降低免赔额为4000元、调整高额药品品种48种。为129423个家庭568586人次减轻医疗费用负担29435.58万元，赔付率90.35%，提升患病群众医保保障水平5.77个百分点。优化参保理赔流程，实现“一单式参保”“一站式结算”“一窗式服务”“一键式送达”。延伸增值服务，开展6期健康教育云课堂，分区域选取典型案例走访慰问,对困难人员个人负担医疗费用5万元以上部分开展“贫困托底保障”行动。

【责任保险业务】 2022年,绍兴保险业在全市继续推广校园方责任险,覆盖全市750余所大、中、小学校和幼儿园,保障金额301.91亿元。开展公路客运和道路危险货物承运人责任保险,保障金额1595.29亿元。为107家医疗机构提供医疗责任保险,为越城区、柯桥区、上虞区和嵊州市的投保人支付赔款1348.74万元。组建共保体统一推广电梯安全责任险,承保电梯5716台,保障金额约429.99亿元。开展食品安全责任保险,保障金额19.16亿元;推动安全生产责任保险覆盖面,从危化品生产、矿山、烟花爆竹、金属冶炼、建筑施工等高危行业领域,向一般工贸行业延伸,为1.3万家次企业和项目提供337.66亿余元的风险保障。继续开展与环境污染、火灾、养老机构、道路、雇主、重点新材料首批次应用等相关责任保险。

【资金融通功能】 2022年,中国人民财产保险股份有限公司绍兴市分公司、信泰人寿保险股份有限公司绍兴中心支公司、华夏人寿保险股份有限公司绍兴中心支公司等10家公司通过信托、购买企业债券、债权投资计划等形式,累计在绍兴投资65.34亿元。泰康人寿保险有限责任公司绍兴中心支公司争取总公司资源,引入险资在绍兴直投建设高品质养老社区项目进入选址阶段。绍兴保险业发展保证金替换类保证保险,以工程建设和公共资源交易为重点领域,深化保证金领域商业保险机制运用。全年出具工程领域保证金替换类保单约48.48万笔,释放建筑企业保证金327.11亿元;出具关税保证保险保单20笔,释放企业保证金0.42亿元;出具诉讼财产保全责任保险296笔,释放企业保证金10.06亿元。中国出口信用保险公司绍兴办事处、中国人民财产保险股份有限公司绍兴市分公司与银行签订信保融资合作协议,利用保单为企业提供融资增信,累计提供增信金额28.96亿元。人身险公司利用保单质押贷款功能,推出保单借款服务,23家公司达成9.17万余件保单借款,涉及款项41.23亿余元。

【事故快速处通平台建设】 2022年,绍兴市升级“事故快处通”平台,打造“警保通”数据互通中台,集成省金融综合服务平台、市大数据局IRS平台、市事故快处通平台、绍兴辖内各保险公司理赔平台4个系统,构建“业务监管、事故快处、保险反诈”3个子场景,通过多部门之间数据加工、接入、应用、运维等工作协同,汇聚交通事故“报警”“出警”“定责”和保险“受案”“查勘”“定损”“赔付”等多节点数据,实现轻微物损交通事故“现场快撤、责任快定、损失快赔”。平台搭建完成后,活跃注册用户11.73万名,累计视频报警案件15.78万起,视频在线定责2.2万起,办理保险1.69万件,快赔4875万元。该平台被纳入2022年全省重大改革(重大应用)“一本账S2”,在全省推广。

【涉保险业违法犯罪行为打击】 2022年,绍兴保险业成立绍兴市保险行业协会反保险欺诈工作站,强化与公安、司法机关协作,深入运用大数据技术,推进保险反欺诈工作。向公安系统提供疑似保险欺诈线索138起,涉及195人(汽车修理厂)次、900余条疑似保险欺诈数据;向市检察院提供疑似保险欺诈线索近170起,涉及310人(汽车修理厂)次、1500余条疑似保险欺诈数据。

【保险业支持强村富民联合体】 2022年,绍兴保险业在全省率先建立“金融支持强村共富联合体”服务模式,以村和产业为单位,由1家金融机构牵头,吸纳产业发

2022年绍兴市新增企业上市情况一览表

表50

公司简称(股票代码)	总股本(万股)	流通股本(万股)	上市时间、地点	募资总额(万元)
金道科技(301269)	10000.00	2500.00	2022-04-13,深圳	78000.00
帕氏股份(688184)	13400.00	2721.40	2022-09-19,上海	174288.79

2022年绍兴市证券营业部交易金额一览表

表51

单位:亿元

营业部	交易金额	营业部	交易金额
财通绍兴迪荡湖路营业部	50.94	华林证券柯桥营业部	124.76
财通证券柯北大道营业部	25.23	华龙证券柯桥营业部	6.86
财通证券柯桥湖西路营业部	2241.93	华泰证券绍兴营业部	2923.86
财通证券钱清营业部	885.80	华西证券绍兴营业部	70.30
财通证券上虞营业部	896.52	华鑫证券绍兴营业部	506.41
财通证券绍兴分公司	135.08	金元证券绍兴营业部	41.64
财通证券绍兴解放大道营业部	1192.54	开源证券柯桥营业部	52.28
财通证券绍兴袍江营业部	29.54	开源证券绍兴分公司	21.32
财通证券绍兴人民路营业部	1859.76	开源证券绍兴营业部	256.17
财通证券嵊州营业部	248.80	联储证券柯桥营业部	58.01

续表 51

营业部	交易金额	营业部	交易金额
财通证券新昌营业部	2646.78	民生证券绍兴营业部	27.18
财通证券诸暨滨江北路营业部	391.01	平安证券绍兴营业部	397.85
财通证券诸暨店口营业部	126.59	山西证券柯桥营业部	122.50
东北证券柯桥营业部	309.57	山西证券绍兴营业部	274.63
东方财富证券柯桥营业部	51.57	山西证券诸暨营业部	11.70
东方财富证券绍兴营业部	116.63	上海证券新昌营业部	129.37
东方财富证券诸暨营业部	79.41	申万宏源证券绍兴营业部	819.57
东方证券上虞营业部	254.59	首创证券绍兴营业部	30.04
东方证券绍兴营业部	335.05	天风证券柯桥福全营业部	126.40
方正证券柯桥营业部	67.45	万和证券绍兴营业部	203.73
方正证券绍兴营业部	1468.03	万联证券绍兴营业部	551.40
方正证券嵊州营业部	38.23	五矿证券上虞营业部	102.43
方正证券新昌营业部	531.18	湘财证券绍兴平江路证券营业部	13.11
方正证券诸暨营业部	233.72	信达证券绍兴解放大道营业部	211.25
光大证券柯桥营业部	72.63	兴业证券柯桥营业部	40.98
光大证券上虞营业部	81.42	兴业证券绍兴分公司	297.02
光大证券绍兴营业部	498.48	兴业证券新昌营业部	138.13
光大证券嵊州营业部	70.97	银河证券柯桥营业部	439.71
广发证券绍兴营业部	1131.20	银河证券上虞营业部	868.22
广发证券诸暨营业部	1173.63	银河证券绍兴营业部	3251.76
国海证券绍兴营业部	33.79	银河证券新昌营业部	37.69
国金证券绍兴营业部	58.00	银河证券诸暨营业部	174.73
国融证券绍兴营业部	90.61	银泰证券绍兴营业部	186.18
国盛证券绍兴营业部	174.89	银泰证券新昌营业部	71.62
国泰君安绍兴营业部	765.33	长江证券绍兴营业部	190.92
国信证券柯桥营业部	110.48	招商证券绍兴营业部	95.12
国信证券绍兴分公司	500.85	浙商证券解放北路营业部	1237.59
国信证券嵊州营业部	304.32	浙商证券柯桥营业部	927.45
国元证券柯桥营业部	625.58	浙商证券钱清营业部	176.83
国元证券上虞营业部	109.30	浙商证券上虞营业部	251.86
国元证券绍兴营业部	146.53	浙商证券绍兴分公司	2797.66
国元证券嵊州营业部	142.85	浙商证券绍兴平江路营业部	164.54
国元证券诸暨营业部	121.51	浙商证券嵊州营业部	263.31
海通证券上虞营业部	2155.53	浙商证券诸暨营业部	767.72
海通证券绍兴营业部	2507.40	中金财富证券绍兴营业部	1.31
海通证券嵊州营业部	1657.26	中山证券绍兴营业部	123.79
海通证券新昌营业部	220.90	中泰证券绍兴营业部	526.22
海通证券诸暨营业部	333.81	中天证券绍兴营业部	37.89
恒泰证券绍兴解放大道营业部	47.33	中信建投证券绍兴营业部	300.39
恒泰证券绍兴胜利路营业部	109.48	中信证券柯桥营业部	1232.25
宏信证券上虞营业部	34.77	中信证券上虞营业部	2552.90
华安证券绍兴营业部	282.38	中信证券绍兴分公司	1551.34
华福证券柯桥营业部	51.49	中信证券绍兴中兴南路营业部	141.58
华福证券绍兴分公司	30.78	中信证券嵊州营业部	456.44
华福证券绍兴人民路营业部	185.18	中信证券诸暨大桥路营业部	144.85
华福证券诸暨营业部	56.57	中信证券诸暨暨东路营业部	2258.38
合计	56890.38		

2022 年绍兴市期货机构(营业部)交易金额一览表

表 52

单位:亿元

机　构	交易金额	机　构	交易金额
大越期货股份有限公司	2846.30	国海良时期货越城营业部	829.67
永安期货绍兴分公司	2455.71	浙商期货绍兴营业部	660.02
中信期货绍兴营业部	1941.34	南华期货绍兴营业部	817.90
华泰期货绍兴营业部	2703.97	大越期货诸暨营业部	982.33
大越期货股份上虞营业部	2150.28	国海良时期货绍兴营业部	660.08
新世纪期货有绍兴营业部	1289.92	大地期货诸暨营业部	611.00
永安期货诸暨分公司	1505.46	大越期货柯桥营业部	605.62
合计	20059.60		

(市金融办　胡克锋)

展相关市场主体,以“联合体”模式聚集各类要素注入乡村产业。中国平安财产保险股份有限公司绍兴中心支公司围绕新昌县镜岭镇外婆坑村高山茶产业,在提供溯源服务和茶叶质量安全责任保险基础上,引入相关市场主体建立联合体,赋能农产品销售、农村品牌宣传、就医难和因病返贫 3 项工作。中国人民财产保险股份有限公司绍兴市分公司建立嵊州桃形李、越城叶菜、柯桥和上虞杨梅,诸暨高粱及同山烧、新昌茶叶产业 6 个强村富民联合体,共计为各类产业提供风险保障 8737.91 万元。

(绍兴银保监分局　陆小丰)

资本市场

【概况】 2022 年,绍兴市实施“凤凰行动”2.0 版,推广企业上市“一件事”集成改革试点,推动企业快捷进入多层次资本市场。浙江金道科技股份有限公司、浙江帕瓦新能源股份有限公司(绍兴市首家科创板上市企业)2 家企业成功上市,绍兴中芯集成电路制造股份有限公司、浙江同星科技股份有限公司、浙江斯菱汽车轴承股份有限公司 3 家企业过会待发。至年末“绍兴板块”累计实现上市企业 94 家,其中境内 79 家、境外 15 家,居全省地级市首位,全国同类地市第四位;新增首发上市融资额 25.23 亿元,再融资 79.86 亿元,累计实现上市融资 1426.03 亿元。

【上市公司并购重组】 2022 年,绍兴市有 10 家上市公司开展 17 起并购重组,涉及资产价值 37.70 亿元。至年末,全市累计开展并购重组 320 次,涉及金额 1461.57 亿元,其中跨境并购 56 次,涉及金额 239.29 亿元。

【产权交易】 2022 年,绍兴市本级公共资源交易中心累计完成各类产权交易 33 宗,成交 86 个标的,底价(起拍价)2417.04 万元,成交额 3105.24 万元,比 2021 年增长 28.47%。

【证券期货业】 2022 年,绍兴市有证券营业部 112 家,期货机构营业部 14 家,其中大越期货股份有限公司总部注册在绍兴。全市证券开户数为 1994568 户,期货开户数为 22722 户。完成证券交易金额 56890.38 亿元,比 2021 年下降 14.84%。期货交易金额 20059.60 亿元,下降 5.17%。

(市金融办　汪海兰)

其他非银行金融机构

【小额贷款公司】 2022 年,绍兴市有小额贷款公司 32 家,合计注册资本 67.04 亿元。发放贷款 8697 笔、265.35 亿元;实现营业收入 5.38 亿元,实缴税收 1.13 亿元。至年末,贷款余额 5574 笔、69.47 亿元。

【融资担保公司】 2022 年,绍兴市有融资担保公司 18 家,合计注册资本 37.24 亿元。开展担保 10798 笔、136.18 亿元;实现营业收入 1.17 亿元。至年末,在保 14331 笔、165.35 亿元,其中政府性融资担保在保 13712 笔、160.49 亿元。

【典当公司】 2022 年,绍兴市有典当公司 30 家,合计注册资本 4.52 亿元。典当总额 13.64 亿元,2960 笔。至年末,典当余额 3.01 亿元。

【民间融资服务中心】 2022 年,绍兴市有民间融资服务中心 5 家,合计注册资本 3 亿元。至年末,撮合 791 笔、12.12 亿元。

(市金融办　戴　怡)

旅游业

综　述

【旅游接待和收入】 2022年，据省国内旅游抽样调查结果测算，绍兴市共接待游客2557.5万人次，比2021年下降7.8%；实现旅游总收入402.5亿元，下降9.5%。其中，接待国内游客2557.1万人次，国内旅游收入402.4亿元。

（市文广旅游局　陈玲紫）

【国家文旅消费试点城市建设】 2022年，绍兴市持续推进国家文旅消费试点城市建设，全面激活文旅市场。实施《绍兴市推进国家文化和旅游消费试点城市建设三年行动方案(2021—2023年)》，推出“纾困补贴、激活奖补、精准发放文旅消费券、实施‘安心游绍兴计划’、推出‘虞你相约’系列活动”等政策，奖补企业400家、资金825.5万元，兑付率100%；暂退质保金3474万元，暂退率100%，推进文旅企业复工复产和复苏振兴。加大对到绍兴旅游团队的扶持力度，举办文化和旅游消费季等活动，全面激活文旅消费。开展“5·19中国旅游日”“爱绍兴·游绍兴”“诗画浙江·百县千碗”“绍兴文旅好物节”“‘吴越同舟行 越夜越精彩’2022绍兴文旅(苏州)路演推广”等助企惠民活动。组织全市1067余家文旅企业参与2022文旅消费券发放活动，投放金额1亿元、核销8863.87万元，拉动消费约2.16亿元。举办“名城绍兴 越来越好”“爱绍兴·游绍兴”“诗画浙江·百县千碗·绍兴佳肴”“2022旅行商走进绍兴暨绍兴旅游产品采购会议”“旅游商品大赛”等系列主题活动，4个消费案例入选省《文化和旅游消费创新案例选编》，数量居全省第一位；评定夜间文旅消费集聚区8家，其中国家级培育1家、省级1家；新增省级高品质步行街2条。紧抓亚运举办年契机，实施联合营销、高铁地铁营销、智慧营销、节庆营销等行动，扩大城市形象宣传推介力度与广度，促进文旅消费。

（市文广旅游局　陈宗祥）

【全域旅游发展】 2022年，绍兴市围绕旅游资源高质量转化利用，全域旅游品质不断跃升。越城区获评省全域旅游示范区，在全省实现省级以上全域旅游示范县(市、区)全覆盖，景区城创建率100%，AAA级及以上景区镇覆盖率超90%；新增AAAA级景区镇7家、国家乡村旅游重点镇(乡、街道)1个。启动全市域文旅资源普查，整理全市文化和旅游资源单体数量共2590个，优良级资源单体占比24.67%。制定《绍兴市浙东唐诗之路文化资源保护和利用条例》，增设唐诗之路遗迹景点60个。鉴湖旅游度假区成为全市首个国家级旅游度假区，5家景区列入AAA级旅游景区创建预备名单，5家旅游度假区通过省级旅游度假区考核，新增“银宿”7家。鲁迅故里步行街、安昌古镇历史街区、迎恩门历史文化街区获省级旅游休闲街区培育单位。全市有景区镇93家、省A级景区村庄1291家。

（市文广旅游局　俞立帆）

【文旅融合】 2022年，绍兴市在文化旅游工作上持续做好以文塑旅、融合创新工作，实现旅游资源的外延拓展、内涵深化和升级转型。推进“旅游+”工作，加强旅游与文博、新型城镇、现代农业、教育研学、特色工业、商贸、康养、体育、信息化、生态经济等相关产业的相互渗透，拓展旅游发展空间，催生旅游新产品和消费新方式，通过文旅深度融合带动社会经济转型。深化“文旅+金融”合作，召开文旅企业金融帮扶专班座谈会，推荐省文旅产业投融平台拟融资企业数826家。申报“文旅+”基地，新增省“工业+”产业融合基地2家、省文旅融合示范IP1个、创建级

表53　2022年绍兴市各县(市、区)旅游主要指标情况统计表

地区	指　标			
	旅游总人次(万人次)	同比增长(%)	旅游总收入(亿元)	同比增长(%)
全市	2557.5	−7.8	402.5	−9.5
越城区	573.3	−3.2	81.2	−13.5
柯桥区	503.5	−11.4	75.7	−9.8
上虞区	413.6	−14.6	66.0	−15.9
诸暨市	420.1	−8.9	70.2	−5.5
嵊州市	215.1	−8.1	39.3	−5.0
新昌县	431.9	−0.6	70.2	−4.0

（市文广旅游局　陈玲紫）

表 54

2012—2022 年绍兴市接待游客情况统计表

年份	国际游客接待量（万人）	外国人（万人）	华侨、港澳台胞（万人）	国内游客接待量（万人次）	旅游总收入（亿元）	国内旅游收入（亿元）
2012	68.68	41.69	26.99	4866	—	491.11
2013	69.63	43.33	26.30	5614	—	569.25
2014	70.21	42.12	28.10	6255	652	636.73
2015	73.48	43.31	30.17	7202	762	746.12
2016	82.47	48.19	34.28	8288	891	871.14
2017	89.13	51.52	37.61	9541	1028	1006.61
2018	14.72	11.21	3.52	10879	1184	1179.42
2019	15.25	12.94	2.31	11473	1307	1301.78
2020	1.04	0.80	0.24	9721	1074	1073.90
2021	0.71	0.50	0.21	2757	381	380.64
2022	0.34	0.22	0.13	2557	402	402.37

（市文广旅游局　陈玲紫）

IP3 个、省国际人文交流基地 1 个、文化产业示范基地 1 家、省级体验店（旗舰店）25 家；新增省文旅企业梯度培育领军型企业、骨干型企业、新锐型企业 21 家，省数字文化企业梯度培育领军企业、骨干企业、新锐型企业 3 家。举办“2022 旅行商走进绍兴暨绍兴旅游产品采购会议”，拓展国内重点客源地、巩固省内及周边客源市场。越城区、柯桥区入选 2022 浙江文旅融合十佳县（市、区）；柯桥十二风雅集入选 2022 浙江文化和旅游十大烟火市集。

（市文广旅游局　陈宗祥）

旅游资源

【国家 A 级景区】　至 2022 年末，绍兴市共有国家 A 级旅游景区 83 家，国家 AAA 级及以上景区 57 家，其中，国家 AAAAA 级景区 1 家，国家 AAAA 级景区 18 家，国家 AAA 级景区 38 家。有国家级旅游度假区 1 家，省级旅游度假区 5 家。

【文旅资源普查】　2022 年，绍兴市文广旅游局按照“力争形成浙江样板，成为全国范例”的要求，委托绍兴文理学院组成 6 个调查组，对全市 103 个乡镇（街道）开展文化和旅游资源普查工作，调查、整理全市文旅资源单体 2590 个，其中四、五级资源单体 105 个（其中特品级 7 个），三级资

表 55

2022 年绍兴市主要旅游资源一览表

国家 AAAA 级以上旅游景区			
序号	景区名称	等级	所在县（市、区）
1	鲁迅故里・沈园景区	AAAAA	越城区
2	大禹陵景区	AAAA	越城区
3	兰亭风景区	AAAA	柯桥区
4	东湖风景区	AAAA	越城区
5	绍兴柯岩风景区	AAAA	柯桥区
6	绍兴大香林乡村休闲旅游区	AAAA	柯桥区
7	绍兴市乔波冰雪世界旅游区	AAAA	柯桥区
8	绍兴酷玩小镇・东方山水乐园	AAAA	柯桥区
9	绍兴安昌古镇	AAAA	柯桥区
10	绍兴上虞中华孝德园	AAAA	上虞区
11	杭州湾海上花田景区	AAAA	上虞区
12	上虞覆卮山景区	AAAA	上虞区
13	诸暨五泄风景区	AAAA	诸暨市
14	绍兴市诸暨西施故里旅游区	AAAA	诸暨市
15	诸暨珍珠小镇景区	AAAA	诸暨市
16	米果果小镇	AAAA	诸暨市
17	新昌大佛寺	AAAA	新昌县

续表 55

国家 AAAA 级以上旅游景区			
序号	景区名称	等级	所在县（市、区）
18	绍兴新昌县十九峰景区	AAAA	新昌县
19	绍兴市新昌丝绸世界旅游区	AAAA	新昌县
国家级、省级旅游度假区名录			
序号	旅游度假区名称	级别	所在县（市、区）
1	会稽山旅游度假区(面积 10.8 平方千米)	省级	越城区
2	鉴湖旅游度假区(面积 47.32 平方千米)	国家级	柯桥区
3	曹娥江旅游度假区(面积 59.9 平方千米)	省级	上虞区
4	诸暨西施故里省级旅游度假区(面积 42 平方千米)	省级	诸暨市
5	嵊州温泉旅游度假区(面积 20 平方千米)	省级	嵊州市
6	天姥山·十里潜溪省级旅游度假区(面积 21.2 平方千米)	省级	新昌县

（市文广旅游局 杨菊萍）

2022 年绍兴市文化和旅游资源分类、分级统计表

表 56

类别	级别					
	五级	四级	三级	二级	一级	合计
A 地文景观	1	5	39	47	65	157
B 水域景观	1	9	33	61	71	175
C 生物景观	0	1	16	35	50	102
D 天象与气候景观	0	0	4	17	20	41
E 功能建筑与现代设施	9	27	207	328	391	962
F 历史遗存	9	19	172	332	362	894
G 文化和旅游购品	0	6	35	59	49	149
H 人文活动与文化标识	9	9	28	34	30	110
合 计	29	76	534	913	1038	2590

注:四、五级资源单体等级需经过文旅部、省文旅厅进行评审评定,上述统计数据为绍兴市资源普查调查上报数据。

（市文广旅游局 俞立帆）

源单体 534 个,一、二级资源单体 1951 个。

【鲁迅故里·沈园景区】 鲁迅故里·沈园景区位于越城区鲁迅中路,是绍兴古城内 AAAAA 级旅游景区。鲁迅故里是绍兴市区保存最完好、最具文化内涵和古城水乡经典风貌的历史街区之一,拥有鲁迅故居、百草园、三味书屋、鲁迅祖居、土谷祠、长庆寺、鲁迅笔下风情园、鲁迅生平事迹陈列厅等人文古迹。沈园由古迹区、东苑和南苑(陆游纪念馆和连理园)组成,集绍兴历史文化、古典园林艺术于一体,是江南名园。2022 年,鲁迅故里·沈园景区累计接待游客 134.62 万人,其中鲁迅故里 97.89 万人,沈园(白天)34.02 万人,沈园之夜 2.71 万人。景区完成讲解 10514 批,其中鲁迅故里 9205 批、沈园景区 1309 批。

【东湖风景区】 东湖风景区位于越城区皋埠街道云东路,是国家 AAAA 级旅游景区。景区占地面积 33.5 公顷,水域面积 8.13 万平方米,是江南地区迄今保存最完整、规模最大的古代采石场遗迹,以崖壁、岩洞、石桥、湖面巧妙结合的著名园林,包括陶公洞、仙桃洞、喇叭洞等景点。从清末建园以来,园内遗留下大量古建筑群、石碑、名人遗迹及摩崖石刻等。2022 年,景区接待游客 11.9 万人次,总营收 259.06 万元。

【柯岩风景区】 柯岩风景区位于柯桥区柯岩大道 558 号,是国家 AAAA 级旅游景区。景区总面积 6.87 平方千米,以古越文化为内涵,古采石遗景为特色,融绍兴水乡风情、古采石遗景、山林生态于一体,包括柯岩、鉴湖、鲁镇和香林四大景区。柯岩风景区推出天幕露营烧烤、草坪婚礼等产品,打通柯岩、《鲁镇社戏》资源共享通道,推动《鲁镇社戏》产品宣传及销售。与抖音达人、小红书红人开展合作,其中“柯岩下午茶”内容浏览量超 17 万次,“天幕烧烤”活动达人矩阵视频累计播放超 140 余万次。2022 年,景区接待游客约 33.5 万人次,总营收 2845 万元。

【中华孝德园】 中华孝德园位于上虞区舜耕大道 593 号,是国家 AAAA 级旅游景区。景区以“孝德文化”为主题,依托

虞舜和孝女曹娥进行构建,主要景点包括大舜庙、虞舜宗祠、般若寺、中国孝德文化馆、舜耕群雕、神州舜迹等,核心区域面积37.5公顷。2022年,景区接待游客18.44万人次,讲解接待370余次。

【西施故里旅游区】 西施故里旅游区位于诸暨市苎萝东路2号,是国家AAAA级旅游景区。景区占地面积1.44平方千米,由两个开发阶段组成。一期主要以西施殿景区为核心,以西施文化为主题,依浣纱江逶迤排开,包括西施殿、名媛馆、范蠡祠、民俗馆、郑氏宗祠等景点,展示古越文化和故里风情。二期景点以西施滩生态湿地公园为主。2022年,景区接待游客人数40.57万人次,总营收897.47万元。

【嵊州越剧小镇】 嵊州越剧小镇位于嵊州市甘霖镇施家岙村问越路1号。景区占地面积3.68平方千米,以"万年文化小黄山、千年剡溪唐诗路、百年越剧诞生地"为特色,是国内第一个以戏剧剧种命名的文旅小镇,是省第三批特色小镇。小镇内有越剧博物馆、越剧剧院、越剧艺术学院。2022年,接待游客21.71万人次,旅游收入496万元。

【大佛寺景区】 大佛寺景区位于新昌县人民西路117号,是国家AAAA级旅游景区、全国重点文物保护单位、全国重点开放寺院。景区总面积25平方千米,以石窟造像为特色,始建于东晋,主要景点包括千佛禅院、大雄宝殿、栖光净院、放生池、般若谷等,拥有被誉为"江南第一大佛"的石弥勒佛,是中国南方仅存早期石窟造像。2022年,接待游客1.14万人次,总营收10.5万元。

(市文广旅游局 杨菊萍)

规划建设

【文旅项目建设】 2022年,绍兴市优选推进重点文化和旅游项目233个,计划总投资1785.12亿元,当年计划投资369.3亿元,实际完成投资433亿元,完成率117.25%,完成工作任务目标200亿元的216.5%。旅游业"微改造、精提升"项目入库省微改造项目全生命周期管理系统共1580个,总投资44.86亿元。全年计划投资39.85亿元,实际完成投资41.33亿元,完成率103.70%,发现问题24913个,解决问题25012个。

【重大项目集中开工仪式】 2022年2月16日,2022年浙江省文化和旅游重大项目集中开工仪式(绍兴分会场)暨绍兴市文化和旅游重大项目集中开工仪式举行,全市27个重大文旅项目开工建设,主要涵盖全域旅游、景区提升、酒店建设、休闲度假等领域,总投资281.98亿元,计划投资80.91亿元。

【"微改造、精提升"行动】 2022年,绍兴市开展文旅行业"找问题、微改造、精提升"专项行动,瞄定"以人为本、以质取胜、以点带面、以小见大、以文塑旅"方向,建设时时美丽、处处精致的文旅环境,打造全域旅游精品。依据《浙江省文化和旅游厅关于开展浙江省旅游业"微改造、精提升"示范点认定工作的通知》要求,206个项目被认定为全市首批旅游业"微改造、精提升"示范点。至年末,共完成"微改造、精提升"示范点建设206个。

(市文广旅游局 俞鹏炯)

旅游业态

【研学旅游】 绍兴市在2003年推出"跟着课本游绍兴"研学品牌,是全国最早发端研学旅行的城市之一。2021年被评为"全国十大研学旅游热门城市"之一。2022年,绍兴市持续打造"中国研学旅行目的地"城市,做强做亮绍兴研学旅行。举办"爱绍兴·游绍兴"主题旅游年暑期研学旅行等系列活动。新增研学旅游基地(营地)19家,其中省级5家。在《浙江省人民政府关于推进文化和旅游深度融合高质量发展的实施意见》中,把绍兴定位为"中国研学旅行目的地"。《绍兴研学旅行标准化发展及地方实践》获评"全国文化和旅游系统年度优秀调研报告"。

(市文广旅游局 蔡 彦)

【红色旅游】 2022年,绍兴市继续推进红色旅游教育基地建设,周恩来祖居(纪念馆)创建成第六批省级红色旅游教育基地、入选《全国红色旅游经典景区名录》。邵力子故居、中共绍兴独立支部纪念馆、许岙红色国防教育基地、新四军浙东游击纵队金萧支队纪念馆、中共浙江省工委旧址、梁柏台红色旅游教育基地6家单位创建为第二批"绍兴市红色旅游教育基地"。举办"红动绍兴"绍兴文化旅游推介暨文艺展演系列活动,发挥优秀文艺作品的引领示范作用,展示绍兴旅游特色和民俗风情。举办"红动绍兴"全市红色旅游讲解员大赛,并选拔优秀人员参加省第二届红色故事讲解员大赛,绍兴鲁迅纪念馆周洁获金牌专业讲解员,上虞区陈溪石笋山旅游开发有限公司姚瑶获金牌志愿讲解员。

(市文广旅游局 杨菊萍)

【乡村旅游】 2022年,绍兴市立足全域旅游建设、新时代美丽乡村建设,以景区村庄、景区镇(乡、街道)创建为抓手,推进乡村休闲旅游发展,打造高品质乡村文旅,助推强村富民。上虞区岭南乡获评第二批全国乡村旅游重点镇(乡)。新增省等级民宿7家、文化主题民宿1家。累计创建省等级民宿52家,其中,白金宿2家,金宿6家,银宿44家;文化主题民宿2家,非遗主题民宿3家。打造具有浙江标志的乡村民宿伴手礼,组织参加省第三届乡村民宿伴手礼大赛,安昌酱味(律行慈舍)、爱莲说文创系列伴手礼(宿心民宿)获综合奖,推动民宿高质量发展。

(市文广旅游局 陈芳敏)

【工业旅游】 绍兴市工业旅游整体起步较晚,主要依托黄酒、丝绸、珍珠等特色工业企业,通过省级工业旅游基地创建逐步

2022年绍兴市研学实践教育基(营)地、红色旅游教育基地、工业旅游基地一览表

表57

序号	基地名称	属地	级别
研学实践教育基(营)地			
1	鲁迅故里景区	越城区	省级
2	兰亭景区研学基地	柯桥区	省级
3	杭州湾海上花田景区	上虞区	省级
4	越剧小镇	嵊州市	省级
5	会稽山研学国际营地	柯桥区	省级
6	稽山鉴水研学基地	柯桥区	省级
7	瓷源文化小镇研学实践教育营地	上虞区	省级
8	大禹陵研学实践教育基地	越城区	省级
9	十九峰诗路研学实践教育基地	新昌县	省级
10	绍兴军旅文化园	柯桥区	省级
11	诸暨米果果小镇	诸暨市	省级
红色旅游教育基地			
1	鲁迅故里	越城区	省级、市级
2	周恩来祖居(纪念馆)	越城区	省级、市级
3	邵力子故居	越城区	市级
4	中共绍兴独立支部纪念馆	柯桥区	市级
5	浙东新四军后勤基地纪念馆	上虞区	市级
6	浙东新四军北撤会议旧址	上虞区	市级
7	许岙红色国防教育基地	上虞区	市级
8	俞秀松纪念馆	诸暨市	省级、市级
9	宣侠父故居	诸暨市	市级
10	新四军浙东游击纵队金萧支队纪念馆	诸暨市	市级
11	中共浙江省工委旧址	嵊州市	市级
12	梁柏台红色旅游教育基地	新昌县	市级
工业旅游基地			
1	达利丝绸(浙江)有限公司	新昌县	省级
2	天使之泪	诸暨市	省级
3	中国绍兴黄酒集团有限公司	越城区	省级
4	万丰奥特控股集团有限公司	新昌县	省级
5	会稽山绍兴酒股份有限公司	柯桥区	省级
6	浙江梅轮电梯股份有限公司	柯桥区	省级
7	浙江珍珠生活科技有限公司	诸暨市	省级
8	浙江东方缘针织有限公司	诸暨市	省级

(市文广旅游局　蔡　彦)

提升工业旅游发展水平。2022年,浙江汇明织锦文化股份有限公司(柯桥区)、台格控股股份有限公司(新昌县)被评为2022年省工业旅游示范基地,累计有省级工业旅游基地8家。中国绍兴黄酒集团利用自身丰富的黄酒文化旅游资源,对下属的中国黄酒博物馆、古越龙山中央酒库、鉴湖酒坊等进行提升改造,建立自成一体、具有特色的“一馆四点”的“古越龙山绍兴黄酒之旅”工业旅游线路,提升绍兴黄酒工业旅游的可赏性、互动性和体验性,2022年接待旅游10.2万人,营收1000余万元。

(市文广旅游局　蔡　彦)

旅游宣传推广

【概况】 2022年,市文广旅游局通过“活动引流”,瞄准上海、苏州、杭州、宁波等重点旅游市场,先后组织、参加“名城绍兴 越来越好”绍兴文化旅游(杭州、宁波)推介、“2022中国国际旅游交易会”、“2022中国—东盟博览会旅游展”、“‘缤纷夏日 浙里好玩’2022诗画浙江夏日文旅巡回推介”、“2022文旅市集·宋韵奇妙夜”等推广活动,并依托文旅宣推矩阵,展示绍兴文旅资源品牌,以东亚文化之都为平台,推动绍兴文化“出海”。

【文旅新媒体宣传】 2022年,市文广旅游部门创新打造“国内新媒体宣传+海外推广+地推”全矩阵宣推平台,提升绍兴旅游影响力和知名度。“东亚文化之都·绍兴”“越音缭绕绍兴城”“一元地铁游绍兴”等系列主题宣传获央视、《人民日报》、《新华每日电讯》等众多主流媒体报道,“绍兴文旅发布”多次入选全国市级文旅新媒体综合传播力指数TOP10榜单,中宣部海外媒体平台“发现美丽中国”等连续29次向全球网友推荐绍兴文旅资源、品牌。

(市文广旅游局　傅一群)

【旅游推介活动】 2022年,市文旅部门开展各类旅游推介活动28次。其中,“名城绍兴　越来越好”绍兴文化旅游(杭州、宁波)推介会,以“名城绍兴　越来越好”为主题,围绕绍兴生态山水、民俗文化、研学旅游资源等元素,通过城市宣传片播放、特色文旅资源推介、研学主题推介、绍剧等形式,展现绍兴独特魅力,同时加速推进绍兴融杭联甬接沪产业布局,发挥杭绍、甬绍两地文化旅游资源联合优势。

【对外交流合作活动】 2022年,市文广旅游部门加强与东亚文化之都城市、友好城市间的交流合作,开展“名家迎亚运、走诗路、赏文都”2022中国名家走进绍兴活动,参加2021“东亚文化之都·中国敦煌

活动年”闭幕式，2022中日文化旅游（大连）交流大会，“东亚交融·文化共赏”东亚风筝文化交流展（潍坊），“东亚文化之都”书法艺术家作品邀请展（温州）等活动。在中国绍兴第四届国际友城大会上，与日本、韩国有关机构签订合作协议，联合开发特色旅游线路产品，实现资源互用共享。同时，利用线上线下相结合的手段开展融媒体营销，针对性宣传推广绍兴文化旅游资源，加大文都城市间的交流互鉴，助推绍兴城市国际化。

【绍兴文化旅游日韩推广中心设立】 2022年5月，在中国绍兴第四届国际友城大会上，设立绍兴文化旅游（日本）推广中心、绍兴文化旅游（韩国）推广中心，与日本华人文联（社）、韩中文化友好协会签署合作协议，围绕黄酒文化、书法文化、阳明文化、鲁迅文化、大禹文化五张“金名片”，以东亚文化之都为平台，加强绍兴与中日韩文都当选城市和友好城市间的文旅沟通交流与合作，开展绍兴文旅品牌、资源推广。

【旅游宣传片亮相北京冬奥会】 2022年，绍兴旅游目的地宣传片作为宣传推介“东亚文化之都”绍兴的重要成果之一，展示绍兴文旅的独特魅力。1月23日至4月30日，在北京冬奥村、张家口冬奥村宣传屏循环滚动展播，并在视频账号Nihow China同步播出。

（市文广旅游局　李亚清）

【中国旅游日系列活动】 2022年“5·19”中国旅游日期间，市文广旅游部门组织开展云游直播推广活动、“全国网红主播绍兴采风推广”专题活动、三大通信运营商“5·19”短信专题宣传活动等，累计发送祝福短信超133万条，位列全省第一位。组织全市五类400余家旅游企业参与“爱绍兴·游绍兴”企业惠民活动，推出景区打折、旅游助老助残、抗疫工作者和劳动模范等先进群体旅游惠民等举措50余项，推出“优惠一日游”“研学惠游”等折扣产品606款。

（市文广旅游局　傅一群）

2022年12月23日，绍兴市文化广电旅游局在宁波国际会展中心参加2022宁波国际旅游展

（市文广旅游局　供图）

【旅行商走进绍兴暨绍兴旅游产品采购会议】 2022年9月16日，市文广旅游局举办“2022旅行商走进绍兴暨绍兴旅游产品采购会议”，旨在拓展国内重点客源地、巩固省内及周边客源市场，提高到绍兴游客消费率及过夜游客流量，助力绍兴推进国家文化和旅游消费试点城市建设，促进绍兴文化和旅游产业稳进提质，打造文旅融合高质量发展新格局。会上，市旅行社行业协会、市饭店协会和市烹饪业和餐饮协会等10家行业协会联合发布“百业同心　共创辉煌”旅行社合作宣言；市旅行社协会分别与温州市旅行社协会、上海市金山区旅游协会、安徽省旅行社协会签订客源互送协议；市游客中心分别与浙江盛途国际旅行社有限公司、江苏上游文化和旅游发展有限公司等相关旅行商代表签署景区门票合作协议；绍兴市的旅游企业与全国优秀合作旅行商代表，长三角旅游联盟、相关省市旅行社协会等举行旅游产品采购对接会等。会议采用线上、线下结合的形式举行，省、市相关领导和全国优秀合作旅行商代表、长三角旅游联盟，主要景区、酒店、旅行社代表等近百人参加会议。

（市文广旅游局　傅一群）

【旅游商品大赛】 2022年11—12月，市文广旅游局、市经信局、市教育局、市农业农村局联合举办第七届绍兴市旅游商品大赛。大赛以绍兴文化五张“金名片”为主题，面向全国范围进行作品征集，共征集作品397件，产生金奖6名、银奖8名、铜奖10名。此外，全年推荐、获评全省“2022文创产品和旅游商品”金奖1件（套）、银奖2件（套）、铜奖4件（套）。

（市文广旅游局　蔡　彦）

旅游管理

【旅游景区管理】 2022年，市文广旅游局组织开展全市AAA级旅游景区景观质量评审，徐渭故里、白马春晖景区、羊山景区、蓝印时尚小镇、天姥山景区通过评审。9月，对部分A级旅游景区实地明察暗访，共摘牌2家（绍兴方圆农业观光园景区、上虞凤鸣山旅游风景区），降级1家（嵊州市十八都江风景旅游区），责令整改3家（百丈飞瀑景区、大唐街道袜艺小镇景区、新昌中国茶市景区）。

【旅游饭店管理】 2022年，绍兴市新增国家级金树叶级绿色旅游饭店1家，省级金桂级品质饭店1家、银鼎级特色文化主题饭店1家。组织开展"制止餐饮浪费、倡导绿色消费"主题宣传,引导和督促旅游饭店做好垃圾源头减量和垃圾分类投放管理,推行公筷公勺,践行餐桌文明。至年末,全市有星级饭店36家,其中,五星级10家、四星级11家、三星级12家、二星级3家。

【旅行社管理】 2022年,市文广旅游部门举办旅行社品质提升与创新发展活动,发布旅行社年度二十强、融合创新奖、行业推广奖及旅行社行业优秀文旅人、优秀导游名单,推进旅行社行业转型升级与创新发展,提振行业信心,引导旅行社创新产品和服务。年内,绍兴市游客中心有限公司、浙江绍兴金柯桥文化旅游服务有限公司、浙江仙人掌海外国际旅游有限公司3家旅行社入选2021年度浙江省百强旅行社。支持旅行社行业纾困发展,切实做好旅游服务质量保证金暂退工作,全市142家旅行社完成暂退或缓交,暂退总金额3474万元。至年末,全市有旅行社174家,其中,出境社19家。有品质旅行社45家,其中,五星级1家、四星级24家、三星级20家。

【导游管理】 2022年,市文广旅游部门开展导游素质提升培训4场,参训500余人次,绍兴亚都国际旅行社导游王能成为全国"金牌导游",选送2名导游参加"迎亚运、展行业风采"浙江省导游大赛,分获二等奖和优秀奖。做好全国导游资格考试绍兴考区工作,55人通过资格考试。完成导游证换发695人次。至年末,全市有在册导游1623人。

【旅游安全监管】 2022年,由绍兴市旅游安全专业委员会办公室牵头,组织建设、自然资源和规划、市场监管、体育、消防救援等部门,摸排旅游新业态项目86个,开展两轮联合专项检查,发现并消除安全隐患182处。印发《绍兴市旅游新业态项目安全监管市级部门职责分工(试行)》《绍兴市旅游新业态项目多部门联合监管实施方案》,将旅游新业态安全监管工作列入市对县(市、区)人民政府专项考核指标,形成职能部门、属地镇街、经营单位三方管理机制。

(市文广旅游局 宋 冰)

旅游公共服务

【文旅特色党建联盟】 2022年,市文广旅游局在越城区、柯桥区、上虞区下辖12个村建立"高质量推进公共文化服务基层联系点",打通公共文化服务"最后一米"。联系点以基层党组织为主体,组建文旅特色党建"多跨联盟",形成"党建联盟、文化走亲、抱团发展"新模式,将各村文化遗产、文化活动、红色景点、民间人才、人文景观等资源有机串联,实现文化共通、景点共串、资源共享、精神共富,提升整体社会影响力。鼓励企业家、乡贤等社会各界广泛参与乡村文化建设,探索开放多元、活力公共文化服务供给和运行机制。年内,围绕"一村一策"开展文旅惠民活动,惠及群众3万余人次。

(市文广旅游局 杨菊萍)

【旅游基础设施建设】 2022年,绍兴市完善旅游公共服务体系建设,创建12家等级旅游驿站,其中一级旅游驿站2家。以省、市民生实事工程为抓手,打造700个"15分钟品质文化生活圈",建成16家城市书房、9家文化驿站。

(市文广旅游局 常守林)

【"乡村旅游景区监管一件事"应用】 2022年12月1日,越城区"乡村旅游景区监管一件事"——鉴湖国家湿地公园数字化场景应用上线省"大综合一体化"执法监管数字应用中"改革创新"——标志性成果展示专栏。该应用通过整合鉴湖国家湿地公园现有的软硬件资源,从日常协同监管和事件巡查处置两方面入手,线上监管和线下巡查相结合,实现"问题发现—流转—协同—处置—反馈"有效闭环;依托省"大综合一体化"执法监管数字应用、基层治理四平台等,融合物联、视联感知,实现对公园内水污染、空气污染、秸秆焚烧、违法建设、非法捕鱼等痛难点问题的跨区域跨部门高效管控;搭建街道、综合执法、湿地公园三级驾驶舱,集成预警赋能、综合调度、实景指挥等模块,强化"监管一件事"场景管理、掌上执法端适配等功能,实现湿地公园全貌一屏掌控,线上线下实时指挥响应,预警监管信息多维统计分析,打造纵向到底、横向到边,"服务+监管+执法"的鉴湖国家湿地公园数字化场景应用。

(市综合执法局 韩文强)

房地产业

土地市场

【概况】 2022年，受经济下行、疫情反复以及融资难度加大等因素影响，全国土地市场形势持续低迷，市场观望氛围浓厚，土地成交面积和金额大幅度萎缩，绍兴市土地市场情况与面上整体形势基本一致。为抓好土地市场稳控，围绕"稳地价 稳预期"工作目标，通过优化出让政策、有序合理出让、加大招商推介、向社会公布市区存量住宅用地信息等措施，维护土地市场平稳健康运行。

【土地收储】 2022年，全市总计收储地块13宗，总面积83.91公顷。12月，市人民政府办公室印发《关于进一步规范土地储备工作的意见》，规范土地储备行为，构建"批—征—储—供—用"全链条管理体系，建立"统一管理、属地负责、整合资源、滚动运作"土地储备新模式。

【土地出让】 2022年，绍兴市共出让土地416宗，面积1251.73公顷，实现出让金445.37亿元。其中，经营性用地出让138宗，面积410.53公顷，出让金395.79亿元；工业用地出让278宗，面积841.20公顷，出让金49.58亿元。

【深化杭绍甬一体化发展推进网络大城市建设推介会】 2022年3月10日，2022年绍兴市深化杭绍甬一体化发展推进网络大城市建设推介会以"线上＋线下"组合方式举行。市委副书记、代市长施惠芳出席并致辞，市委常委、常务副市长陶关锋等市领导参会。会上，播放绍兴城市宣传片，发布《2022，房地产市场判断和应对》报告，介绍绍兴市深化杭绍甬一体化发展推进网络大城市建设工作开展情况及规划情况、镜湖核心区建设情况、绍兴市土地市场和2022年重点推介地块情况。

（市自然资源和规划局　徐　伟、李张萍、林宇子）

房地产开发

【房地产开发投资】 2022年，绍兴市房地产开发投资1067.9亿元，比2021年增长4.0%，总量和增速分列全省第四位、第五位。其中，越城区447.1亿元，增长4.8%；柯桥区207.9亿元，增长3.9%；上虞区127.9亿元，增长10.6%；诸暨市172.0亿元，增长3.4%；嵊州市75.1亿元，下降8.4%；新昌县37.9亿元，增长5.4%。

【房屋施工面积】 2022年，绍兴市房屋施工面积4819.5万平方米，比2021年下降6.8%。其中，越城区1573.5万平方米，增长3.3%；柯桥区1057.2万平方米，下降10.3%；上虞区652.3万平方米，增长7.8%；诸暨市763.6万平方米，下降17.0%；嵊州市402.1万平方米，下降25.6%；新昌县370.8万平方米，下降7.8%。

【市区国有土地上房屋征收与补偿实施办法】 2022年12月7日，《绍兴市区国有

政策解读

政策名称：《绍兴市区国有土地上房屋征收与补偿实施办法(修订)》。

起草背景：房屋征收事关广大人民群众切身利益，对于优化人居环境、推动城市空间结构优化和品质提升、构建和谐社会有着重要意义。《绍兴市区国有土地上房屋征收与补偿实施办法》(绍政发〔2016〕15号)，自颁布施行以来，对推进市区房屋征求工作起到决定性作用。经过近几年的实践，尤其是省政府推出"最多跑一次"和市政府机构改革后，对征收管理提出新的要求，有必要完善现行的房屋征收补偿政策体系，以保障房屋征收与补偿工作的依法进行。

制定目的：为进一步完善市区国有土地上房屋征收政策体系，规范征收程序，促进征收补偿的公平化、阳光化，确保全市行政诉讼发案量、败诉率实现"双下降"。

政策措施：因机构改革和《浙江省国有土地上房屋征收与补偿条例(2020年修正)》的公布，对《绍兴市区国有土地上房屋征收与补偿实施办法》第六条、第十条、第十二条、第十五条、第十八条、第三十三条中涉及的行政机构名称和职能均做了相应修改。新增比准价格确定规定，新增对不可移动的设备、设施和无法恢复使用的机器设备评估相关规定。

适用期限：自2023年1月15日起施行。

2022年绍兴市分县(市、区)房地产开发投资情况统计表

表58

指标	全市	越城区	柯桥区	上虞区	诸暨市	嵊州市	新昌县
单位数(个)	612	149	121	101	140	47	54
计划总投资(万元)	60820718	26485469	12287017	7098739	7661040	3917113	3371340
本年完成投资(万元)	10678934	4470627	2079265	1278825	1719794	750955	379468
土地购置费	4554074	2284943	682071	506238	755164	229904	95754
住宅	7856354	3422714	1412747	850199	1344453	522275	303966
房屋施工面积(万平方米)	4819.48	1573.47	1057.2	652.33	763.58	402.1	370.8
住宅	3140.22	1058.21	660.69	373.11	534.2	281.59	232.42
新开工(万平方米)	680.84	173.42	276.48	73.8	85.52	27.1	44.54
住宅	388.87	107.16	156.07	41.36	51.12	13.84	19.32
竣工面积(万平方米)	1006.36	287.49	241.89	69.82	237	12.33	157.84
住宅	674.47	207.95	160.47	40.24	153.59	7.75	104.47
商品房销售面积(万平方米)	783.9	222.07	178.18	94.41	167.74	67.16	54.33
住宅	513.27	175.34	95.91	54.31	113.37	41.21	33.13
待售面积(万平方米)	141.83	23.8	10	27.97	49.45	28.33	2.27
住宅	26.58	5.33	3.68	6.2	8	3.31	0.07
商品房销售额(万元)	11637474	4453383	2526103	1270197	2128043	664173	595575
住宅	9394467	3916680	1796493	975711	1739773	484104	481706

(市统计局　徐琼琰)

土地上房屋征收与补偿实施办法(修订)》印发。该实施办法经过重大决策社会风险评估报告备案、社会公众意见征询和反馈、起草说明、建设局内部合法性审查、专家论证、市司法局合法性审核等各环节后,11月22日经市政府常务会议通过,2023年1月15日正式施行。

(市建设局　宣哲琦)

房地产销售

【商品住房销售】 2022年,绍兴市商品住房销售面积513.3万平方米,比2021年下降38.0%。其中,越城区175.3万平方米,下降29.0%;柯桥区95.9万平方米,下降43.6%;上虞区54.3万平方米,下降42.1%;诸暨市113.4万平方米,下降36.0%;嵊州市41.2万平方米,下降49.9%;新昌县33.1万平方米,下降42.2%。

【商办用房销售】 2022年,绍兴市商办用房销售面积156.5万平方米,比2021年增长80.9%。其中,越城区43.0万平方米,增长269.4%;柯桥区44.2万平方米,增长80.4%;上虞区25.4万平方米,增长113.2%;诸暨市26.0万平方米,增长48.9%;嵊州市14.3万平方米,下降17.8%;新昌县3.6万平方米,增长8.2%。

【存量住房销售】 2022年,绍兴市存量住房销售面积343.3万平方米,比2021年下降22.2%。其中,越城区59.1万平方米,下降46.1%;柯桥区57.5万平方米,下降35.5%;上虞区44.8万平方米,下降40.2%;诸暨市101.9万平方米,下降0.4%;嵊州市45.2万平方米,下降35.3%;新昌县34.8万平方米,增长9.5%。

(市建设局　宣哲琦)

2022年9月30日,越城金秋房地产博览会在越城区体育中心健身广场举办。这是越城区推出房产新政"18条"之后的第一场房地产博览会　(章　斌　摄)

房地产业中介和租赁服务

【不动产登记】 2022年，全市累计办理不动产登记业务543309件，提供查询服务653214（人）次。实现不动产登记电子证书（证明）应用全覆盖，累计生成电子证书263047本，电子证明196953本。累计解决不动产登记历史遗留问题474个（宗），涉及5482套房产和10126人。

【二手房交易】 2022年，绍兴市持续规范二手房市场秩序，探索推行全市统一的二手房监管服务平台和“带押过户”登记服务，优化交易流程，加大联合执法力度，规范中介经纪行为。年内，二手房销售面积566.4万平方米，比2021年下降11.3%。其中，越城区84.6万平方米，下降32.6%；柯桥区134.2万平方米，增长9.3%；上虞区93.9万平方米，下降26.8%；诸暨市140.5万平方米，增长7.9%；嵊州市66.5万平方米，下降17.3%；新昌县46.8万平方米，下降8.9%。

【市首笔二手房“带押过户”业务办理】 2022年11月25日，全市首笔二手房“带押过户”业务在柯桥区行政服务中心办理。“带押过户”是指将抵押注销、房产转移、抵押新设三个环节整合为一项抵押权变更与不动产转移登记的并联业务，该模式破解传统“先还贷后过户”模式所带来的交易成本高、群众来回跑、流程环节多、转贷成本高等问题。为确保资金交易安全，防范交易过程中的风险，交易资金实行公证提存的第三方监管方式，一旦交易失败资金将原路退回。

（市自然资源和规划局　孟菲菲）

【房地产经纪机构】 2022年，绍兴市房地产管理部门对全市房地产经纪机构开展专项检查行动，对发现的公示材料不全、委托合同不规范等问题要求企业立即整改，并督促未备案的经纪机构及时到相关主管部门进行登记备案，有效提升全市经纪机构备案率。据不完全统计，至年末，在全市各级住房城乡建设（房产）部门备案的房地产经纪机构以及门店共1007家。

【中介服务市场管理】 2022年，绍兴市房地产管理部门加强对中介市场的数字化监管服务，推进全市统一的二手房监管系统建设，实现对中介机构、从业人员、房源和交易资金的全面监管；以诸暨市为试点，在“浙里办”上线“房小二”微应用，全方位服务中介市场。

（市房地产管理中心　毛泽民）

2022年11月25日，柯桥区行政服务中心办理绍兴市首笔二手房“带押过户”业务现场

（市自然资源和规划局　供图）

【公租房保障】 2022年，绍兴市发挥公租房保障“扩中”“提低”作用，全面覆盖城镇中等偏下及以下收入住房困难家庭。市区公租房补贴上限提高至每月每平方米每月30元标准，最低每月发放300元。至年末，公租房在保1万户，发放租赁补贴1522万元。

【保障性租赁住房】 2022年，市人民政府办公室印发《关于加快发展保障性租赁住房的实施意见》，明确“十四五”期间筹建保障性租赁住房6.5万套（间）目标任务。至年末，累计筹集建设保障性租赁住房3.2万套（间），缓解新市民、青年人住房困难。

（市建设局　宣哲琦）

房地产市场监管

【概况】 2022年，绍兴市坚持“房住不炒”定位，精准落实“一城一策”，围绕“保交楼、保民生、保稳定”，全面推进房地产业稳进提质，精准有效防范化解房地产领域风险，持续规范整治房地产市场秩序，促进房地产业平稳健康发展。

【房地产市场调控机制和措施】 2022年，绍兴市成立房地产市场平稳健康发展攻坚行动工作专班，制定《房地产市场平稳健康发展攻坚行动方案》，建立信息互通、会商研判、督促落实、通报晾晒等机制，制定专班指标评价指数体系，明确目标任务，定期召开专班会议，引导房地产市场预期，有力处置房地产风险，加强房地产市场调控。先后7次出台61条具体调控政策，并于2022年底前将全部鼓励性政策时效延长至2023年底。出台土拍预申请制、取消双限、全装修不做强制要求、降低起拍价等政策，提升房地产开发企业拿地积极性。在全省率先放开限制性购房措施，取消限购、限售，全市域实施购房契税补贴，定期举办房交会、房产夜市，拉动住房消费。加大住房按揭贷款力度，首套房最低首付款比例下调至20%、二套房

30%，首套房贷款利率低至 4.1%；两次提高公积金贷款额度，单职工家庭贷款最高额度上调至 70 万元，双职工家庭上调至 100 万元，多孩家庭上浮至 120 万元。

【购房政策】 2022 年，全市域实施购房契税补贴，共惠及 7983 户，补贴金额 6227 万元。全市域推行房票安置政策，共发放房票 6925 张，价值 112 亿元。从房票使用范围、使用期限、奖励幅度、兑付比例、兑现周期等方面优化房票激励政策。

【资金监管】 2022 年，绍兴市根据住建部、省建设厅关于规范商品房预售资金监管的意见，细化制定《关于进一步规范商品房预售资金监管的实施意见》，同步推广新的预售资金监管系统，并通过招投标确定 35 家预售资金监管银行，确保预售资金“应入尽入”“专款专用”。在全市推广建立二手房监管系统。

（市建设局　宣哲琦）

【土地评估与地价监测】 2022 年，绍兴市完成市区集体建设用地基准地价、农用地基准地价编制和城镇标定地价更新工作，健全市区公示地价体系，为土地评估提供支撑。在国有建设用地使用权出让前，由各县（市、区）自然资源和规划部门委托具备评估资质的土地估价机构对出让地块进行地价评估，为出让起始价的确定提供科学依据。绍兴市住宅地价比 2021 年下降 1.98%，实现地价稳控，有效维护土地市场健康发展。

（市自然资源和规划局　李张萍）

【市房地产稳保基金建立】 2022 年，全省首个房地产纾困基金——绍兴市稳保基金建立，该基金由市房地产专班牵头、市产业集团具体实施，通过“国企出资 + 金融机构并购贷款”的方式设立，稳保基金规模 100 亿元。9 月，基金首个纾困项目落地诸暨市祥生城市之光，增加项目资金流动性，确保项目如期交付。至年末，已落地 3 个纾困项目并陆续拨付资金。

（市建设局　宣哲琦）

2022 年，绍兴市房地产市场平稳健康发展　　（市建设局　供图）

物业管理

【物业服务企业】 据不完全统计，至 2022 年末，全市有物业服务企业 521 家，其中，本地企业 450 家，市外企业 71 家，物业管理从业人员 3.8 万人，物业服务年度总产值近 22 亿元。

【物业服务企业管理】 2022 年，绍兴市建设局组织物业服务企业开展省级信用评定，强化一般不良信息和严重失信信息在“浙里物业服务监管应用”平台的认定、录入工作。年内，获评省级信用 A 级及以上企业 14 家，评定结果在“越智慧物业管理应用”平台发布。创建年度省级“红色物业”30 个，市级物业管理优秀住宅小区（大厦）11 个。

【物业行业招投标管理】 2022 年，绍兴市规范物业管理招标投标活动，修订《绍兴市物业管理招标投标管理办法》《物业管理项目评标准则》《绍兴市物业管理项目招标文件（示范文本）》，促进市场公平竞争。“‘越’智慧物业管理应用”集成社区端物业招投标管理栏目功能；市物业协会加强对协会网站招标公开栏目、中标信息等 9 项公告发布的管理。

【“越”智慧物业管理应用】 2022 年，绍兴市强化“‘越’智慧物业管理应用”落地，归集 145 家物业服务企业在应用平台注册，项目备案 1018 个，完成 3 个小区业主公共事务电子投票试点。制定《业主大会议事规则》《管理规约》等推荐使用示范文本，并在“‘越’智慧物业管理应用”实现电子化管理。

【房屋专项维护资金管理】 2022 年，绍兴市归集物业专项维修资金约 6.7 亿元，使用 0.29 亿元，年末维修资金归集总额 68.1 亿元。市、县（市、区）两级开展维修资金管理系统开发建设工作，市级建设完成可供各地统一使用的“越智慧”物业电子信息平台维修资金查询功能模块，上虞区、诸暨市完成区级应用建设并上线。同时，为方便线下用户，各地设有办理窗口，接受业委会、业主对居住小区维修资金使用审核、资金使用去向等信息申请查询业务，全面实现维修资金信息公开化、透明化。

（市建设局　宣哲琦）

开放型经济

参与"一带一路"建设

【共建"一带一路"国家投资】 2022年，绍兴市对共建"一带一路"国家实施投资项目38个，其中，中方投资额1.9亿美元，比2021年增长31.81%，主要集中在泰国、新加坡、越南等国家和地区，较大项目为浙江凯利新材料股份有限公司在越南的橡胶和塑料制品项目，中方投资额4680万美元，主要从事BOPP（双向拉伸聚丙烯）薄膜生产以及销售。对外承包工程营业额7366万美元，比2021年增长90.73%，主要集中在泰国、乌兹别克斯坦、孟加拉国等国家和地区。

【共建"一带一路"国家贸易】 2022年，绍兴市对共建"一带一路"国家实现进出口1652.74亿元，比2021年增长32.53%。其中，出口1607.47亿元，增长33.91%。共建"一带一路"国家中，对印度、越南、印度尼西亚分别出口154.40亿元、148.56亿元和125.54亿元，分列出口额前三位。纺织原料及纺织制品、贱金属及其制品和机器、机械器具、电气设备及其零件分别列出口产品的前三位，累计出口分别为734.21亿元、289.02亿元和206.25亿元。

【开放平台培育】 2021年，浙江省全面启动中国—中东欧国家经贸合作示范区联动区（以下简称联动区）创建工作并开展联动区评审工作。新昌县作为6家联动区之一，围绕宁波中国—中东欧经贸合作示范区，在"一核多元"大格局下，聚焦生命健康、通用航空等产业领域，依托境外并购产业合作园，打造中国—中东欧国家产业合作、贸易畅通、制度创新、科技人文交流的合作典范。至2022年末，浙江（新昌）境外并购产业合作园实现规模以上工业总产值142.19亿元，增长17.26%；实现工业增加值41.63亿元，增长11%。签约亿元以上项目13个，总投资342.7亿元。斯凯孚一期、二期，万丰航空小镇、美力科技等项目顺利投产，三花控股一期、新和成一期部分投产。实现企业研发费用增长17.6%，企业荣获省技术发明一等奖1项（新和成），省科技进步二等奖1项（新和成）。

【柯桥中欧班列项目】 柯桥中欧班列项目是绍兴融入"一带一路"的重要平台，总投资约2.2亿元，主要包括铁路口岸建设、沿河道路新建及铁路货场改造。2022年11月14日，柯桥铁路口岸海关监管点验收完成，是绍兴市首个铁路海关口岸。柯桥区铁路出口货物可直接通过该口岸报关，实现陆港与海港间的快速运转，为纺织品外销开辟了国际贸易物流新通道。11月18日，中欧班列"柯桥号"正式首发，首趟"柯桥号"满载着50个集装箱货柜、价值450万美元的面料发往中亚国家。该班列从柯桥区萧甬铁路钱清货站出发，经金华南站中转，运往"一带一路"沿线的哈萨克斯坦、乌兹别克斯坦、塔吉克斯坦等中亚国家，每周一列。

【第五届浙江本土跨国公司成长论坛暨"丝路领航"新三年行动计划启动仪式】 2022年11月30日，以"培育发展新动能　跨国领航向未来"为主题的第五届浙江本土

2022年11月18日，中欧班列（义新欧）"柯桥号"首发仪式举行　（绍兴海关　供图）

跨国公司成长论坛暨“丝路领航”新三年行动计划启动仪式在绍兴举办,此次论坛是第六届世界浙商大会的专题活动之一。论坛期间,省商务厅发布2022年度浙江本土民营跨国公司“领航企业”名单,绍兴市的浙江龙盛集团股份有限公司、卧龙控股集团有限公司、三花控股集团有限公司、海亮集团有限公司、万丰奥特控股集团有限公司、浙江阳光照明电器集团股份有限公司入选,上榜企业数居全省地级市第一位;发布中国进出口银行浙江省分行等12家跨境服务机构支持浙江本土跨国公司行动方案。

【“丝路护航”绍兴·越城专场活动】 2022年11月30日,省、市、区三级联动举办“丝路护航”绍兴·越城专场活动。活动聚焦境外安全,邀请境外投资服务机构,就境外安全与风险防范为企业现场答疑解惑;组织企业参加“丝路护航”境外投资合作风险防范系列培训,加强境外合规经营指导。

【人文交流】 绍兴是全国首批历史文化名城,多年来,通过开展对外文化交流,主动融入“一带一路”建设。其中,由鲁迅文化基金会发起的“大师对话”活动,开展了与法国(雨果)、俄罗斯(托尔斯泰)、印度(泰戈尔)、日本(夏目漱石)等国的名人文化交流和对话活动;《兰亭的故事》《阳明的故事》《一座千年古城的光影记忆》等展览在全国巡展的基础上,到意大利、斐济、新西兰等开展巡展;越剧明星版《梁祝》到中东欧参加第24届锡比乌国际戏剧节演出,并在多个国家开展巡演。举办中日韩工商大会、中非经贸合作发展绍兴峰会等活动。举办2021东亚文化之都·中国绍兴活动年,打造国际文体旅游目的地。2022年,浙江越秀外国语学院英语学院成为中宣部对外文化交流(文化贸易)研究基地成员单位,为绍兴与共建“一带一路”国家开展文化贸易交流创造条件。

(市商务局 周磊晶、茅燕飞)

利用外资

【概况】 2022年,绍兴市实际利用外资10.18亿美元,比2021年增长34%,实到外资数和增速分列全省第五位、第四位。新批外资项目231个,合同外资20.96亿美元,增长7.9%。新引进投资总额3000万美元以上项目12个,合同外资10.5亿美元,其中引进投资总额5000万美元以上项目9个,投资总额1亿美元以上项目5个。全市高技术利用外资24091万美元,占比23.7%,制造业实际利用外资35512万美元,占比34.9%。全市新批二产项目28个,合同外资5.21亿美元,增长70%,实到外资3.55亿美元,增长136%;新批三产项目202个,合同外资14.8亿美元,实到外资6.6亿美元,增长8.37%。

【招商引资体系创新】 2022年,市委、市政府印发《进一步加强招商引智工作实施办法》,成立市招商引智工作领导小组,加强对招商工作体系化顶层设计,加快形成市区联动招商机制,推进实战化运作。编制5G+8K超高清产业链招商方案、集成电路产业链空间布局招商导引等;开展产业项目“季度比、半年看、全年干”晒比活动;建立新引进项目落地协调机制;招商引智考核纳入县(市、区)目标责任制考核市重点工作;制定《关于进一步规范招商引资流程管理的若干意见》,不断完善招商引资监督管理机制。市县两级主要领导带头接待客商、外出招商、研究招商、推进招商,“一把手”招商机制逐渐成为绍兴招商工作的新品牌。对重点头部企业项目的跟踪盯引,成为绍兴招商重大项目的主要来源。鼎捷智创芯基地、敏捷智慧能源等一批新兴产业链上项目成功签约。印发《鼓励外资企业增资扩股奖励办法实施细则》《关于鼓励境外资本返程投资的指导意见(试行)》《支持稳外资工作的若干措施》《鼓励支持开放型经济发展若干政策》等政策。持续跟踪列入国家和省级重大项目清单的外资项目、重大展会签约外资项目,市有关部门开展“一对一”走访服务,推动外资项目加快到资。市投资促进中心参与承办第五届中日韩工商大会等,做好投资环境推介、项目签

2022年绍兴市各县(市、区)实际利用外资情况统计表

表59

地　区	项目数（个）	合同外资		实到外资	
		1—12月（万美元）	同比增长（%）	1—12月（万美元）	同比增长（%）
全　市	231	209631	7.9	101773	34.0
越城区(滨海新区)	40	50955	117.9	18855	43.1
柯桥区	126	45713	−33.3	50719	97.4
上虞区	25	58254	−27	19697	1.0
诸暨市	22	28634	37.3	7535	−44.2
嵊州市	11	16632	769.9	2358	28.9
新昌县	7	9443	5992.3	2609	17.8

注:原市直管企业已于2013年11月按企业所在地划归当地主管部门管理,相关外资变动计入当地主管部门的实绩数。

(市投资促进中心 董 潇)

约工作。召开全市外资招引工作推进会，举行外资招引工作早餐会、对接会，挖掘央企、行业龙头企业、重点外资企业的招商资源。

【招商队伍建设】2022年，绍兴市在北京、上海、深圳、成都设立4个驻外招商引智办事处，有专职驻外招商引智干部113名。制定《绍兴市驻外招商引智管理办法》，开发辅助驻外招商的“AI招商掌中宝”，落实驻外办公用房和工作经费，推行国企招商，提高驻外招商引智员国企人员比例。举办驻外招商引智业务能力专题培训班、网络大城市产业链精准招商专题研修班、外资招商干部实操业务培训班，组织招商项目模拟谈判实操培训14次，成立5个产业研学小组，提高招商干部业务能力。

【市外商投资企业协会第七次代表大会】

2022年11月23日，绍兴市外商投资企业协会第七次会员代表大会暨2022外商投资政策宣讲会召开。会议听取《绍兴市外商投资企业协会第六届理事会工作报告》，审议通过《绍兴市外商投资企业协会章程》，选举产生市外商投资企业协会第七届理事会理事单位、副会长单位及新一届领导班子。市商务局局长金立耿当选新一届协会会长，绍兴福清卫生用品有限公司等10家企业当选副会长单位。市政府领导、市县有关部门负责人，市外商投资企业协会会员代表等近190人参会。会议同期举办“稳外资 强信心 促发展”2022外商投资政策宣讲会，“绍兴利用外资大事记——从党的十二大到党的二十大(1984—2022年)”主题展览。

（市投资促进中心 董 潇）

对外贸易

货物贸易

【概况】2022年，绍兴市实现货物进出口总额3691.93亿元，比2021年增长23.34%，其中，出口总额3408.98亿元，增长23.67%，增速高于全省9.67个百分点，增速居全省第三位。出口总额占全国出口总额的14.22‰，提高1.54个千分点；进口总额282.9亿元，增长19.5%。进出口增速、出口增速、进口增速分列全省第3、3、5位。有出口实绩企业11566家，其中，出口1亿美元以上企业31家，出口5000万～1亿美元企业64家，3000万～5000万美元以上企业190家。全市前100强出口企业共出口652.92亿元，占全市出口总额的20.94%，增长13.75%，拉动全市出口4.56个百分点。

【出口主力国家(地区)】至2022年末，绍兴市有货物出口国家和地区218个，比2021年增加3个，其中出口超6500万元的国家和地区136个。前五大出口国家分别为美国(334.19亿元)、印度(154.4亿元)、越南(148.6亿元)、巴西(129.24亿元)、印度尼西亚(125.54亿元)，合计出口额891.96亿元，占全市出口总额的24.16%。其中，对美国出口下降3.31%。东盟是绍兴市第一大出口市场，出口613.25亿元，增长45.42%。《区域全面经济伙伴关系协定》(RCEP)正式生效后，绍兴市对域内国家出口总额728.57亿元，增长39.30%。

新兴市场方面，对欧盟出口额423.6亿元，增长10.72%；对拉美出口额451.92亿元，增长37.17%；对非洲出口额399.86亿元，增长28.07%；对大洋洲出口额44.2亿元，增长23.98%。

【出口商品结构】2022年，从绍兴市出口商品看，纺织服装类产品是主要出口产品，出口总额1690.43亿元，占全市出口总额的49.59%，比2021年增长16.76%，增幅高于全省、全国同类产品4.56个百分点和11.86个百分点。纺织面料受产品价格影响明显，如化纤布、棉布、麻布出口量分别增长13.92%、0.15%和31.74%，出口金额分别增长21.17%、9.3%和55.73%。机电产品累计出口653.66亿元，增长14.3%，占全市出口总额的19.17%，增幅分别高于全省、全国同类产品8.07个和12.17个百分点，受东南亚订单回流影响，纺织机械及零件出口37.88亿元，增长56.98%；化工医药类产品出口额265.73亿元，增长12.84%，占全市出口总额的7.88%，受浙江新和成股份有限公司产业转移等因素影响，维生素下降30.89%；高新技术产品出口83.89亿元，增长14.05%，占全市出口总额的2.46%，其中新兴的集成电路增长势头强劲，实现出口5.91亿元，增长28.18%。受大宗商品价格影响，贱金属及其制品出口434.44亿元，增长71.88%。

【出口贸易方式】2022年，按出口贸易方式分，全市一般贸易出口额3003.87亿元，占出口总额的88.12%，增长20.63%。加工贸易出口额100.18亿元，下降17.96%，占全市出口总额的2.94%。其他贸易出口304亿元。市场采购累计出口303.9亿元，占出口总额的8.9%，拉动全市出口5.8个百分点。

【进口国家(地区)】2022年，绍兴市有涉及进口业务的国家和地区144个，比2021年减少2个。进口市场排名前三位的国家分别是日本、美国、刚果(金)，进口额分别为62.33亿元、57.59亿元和27.28亿元，占全市进口额的22.03%、20.35%和9.64%。从欧盟进口21.41亿元，下降4.12%；从RCEP域内国家进口101.95亿元，增长22.19%。非洲、拉丁美洲和北美洲保持高增长，分别增长73.51%、33.05%、27.28%，分别拉动全市增长5.34、2.18和5.47个百分点。

【市场采购贸易试点】2022年，绍兴市推进中国轻纺城市场采购贸易方式试点建设，推动外贸发展和对外开放。场站管理不断完善，深化“一点两站”运转模式，健全车辆预约管理制度，与海关高效协作，基本实现货柜日清。建立市场采购贸易“白名单”制度，加强“白名单”企业指导帮扶。至年末，全市市场采购贸易方式实现出口303.9亿元，比2021年

2022年绍兴市主要出口、进口产品情况统计表

表60

主要出口产品					
类 别	出口额（万元）	增长（%）	类 别	出口额（万元）	增长（%）
一、纺织品及服装	16904263	16.76	纺织机械及零件	378775	56.98
（一）纺织纱线、织物及制品	13973211	17.7	汽车零件	407132	18.87
其中：纺织纱线	556014	1.72	滚动轴承及零件	155589	7.67
纺织面料	11426003	20.32	摩托车及自行车零附件	121553	8.24
化纤布	10326467	21.17	太阳能电池	0	−100
棉布	854061	9.3	阀门	334551	21.74
麻布	64819	55.73	三、化工及相关产品	2657309	12.84
纺织制品	1991194	8.84	维生素	335272	−30.89
刺绣品	404162	39.95	医用敷料	109859	37.08
成品家纺	884363	1.15	有机合成染料	243148	12.78
（二）服装及衣着附件	2931052	12.49	氮化合物	222732	30.09
其中：织物制服装	1680599	12.26	四、农副产品	539980	21.37
衬衫	219021	44.95	其中：珍珠及制品	24685	9.46
裤子	295643	5.16	茶叶	147357	13.15
T恤衫、汗衫、背心等	72663	0.56	水果罐头	24498	23.36
套头衫	154704	12.67	黄酒	11397	25.4
织物制袜子	960151	7.92	五、其他产品		
领带及领结	87756	62.38	铜管	146276	−7.5
织物制手套	105278	9.8	弹簧床垫、寝具及类似品	189423	4.4
二、机电产品	6536625	14.3	高新技术产品	838893	14.05
其中：灯管、灯泡	334560	−15.52	集成电路	59083	28.18
主要进口产品					
类 别	进口额（万元）	增长（%）	类 别	进口额（万元）	增长（%）
铜废碎料	620091.91	4.84	钴湿法冶炼中间产品	79423.74	−5.67
精炼铜阴极(铜含量超过99.9935%)	432368.44	38.13	其他制造半导体器件设备	69169.3	64.02
液化丙烷	123961.46	−23.99	铜矿砂及其精矿	59292.42	–
丙烯	89007.65	17.62	初级形状的聚丙烯	58728.41	18.1
半导体CVD设备	79534.98	199.48	光学仪器及器具	57666.67	197.73

（市商务局 董涵）

增长112.5%，拉动出口增长5.8个百分点，出口规模、出口增速均列同批试点第一位。

【公共海外仓建设】 2022年，绍兴市加大政策支持力度，支持企业加快重点市场海外仓布局。推进海外智慧物流平台建设，引导8家海外仓企业18个海外仓、5511家外贸企业上线平台，推动海外仓供需对接。培育公共型海外仓，卧龙电气驱动集团股份有限公司越南海城仓获评省第七批公共海外仓。

【进口促进战略】 2022年，绍兴市实施扩大进口战略，着力优化进口结构，全市实现进口282.9亿元，比2021年增长19.5%，增速列全省第五位。其中，高新技术产品进口76.05亿元，增长116.70%，占全市进口总额的26.88%。组织企业参加第五届中国国际进口博览会，共有1087家企业、2300名采购商报名参加洽谈采购，达成进口意向采购金额1.11亿美元，采购主要集中在医疗器械及医药保健、技术装备、食品及农产品、服务贸易等领域。浙江海亮股份有限公司在省进口采购集中签约式上分别与托克集团、韩国三星、LS等3家公司签订电解铜进口意向采购协议，达成进口意向采购金额65亿元。

2022 年 6 月 27 日，以“丝路柯桥，赶集古镇”为主题的第二届柯桥外商集市在柯桥古镇景区开市
（柯桥区商务局　供图）

服务贸易

【概况】 2022 年，绍兴市实现服务贸易进出口总额（剔除外管数据）138.57 亿元，比 2021 年增长 24.23%。其中，服务贸易出口 132.89 亿元，增长 24.50%；服务贸易进口 5.68 亿元，增长 18.21%。服务贸易总额占全市对外贸易总额的比重为 3.62%。有绍兴高新区离岸服务外包综合园区、柯桥国际服务外包示范园区、新昌生物医药离岸服务外包特色园区 3 个省服务贸易发展基地。

【服务贸易结构】 2022 年，在全市服务贸易进出口总额中，运输服务、个人、文化和娱乐服务以及电信、计算机和信息服务列进出口总额前三位，占比分别为 59.0%、16.6% 和 11.9%。

【服务外包】 2022 年，绍兴市承接服务外包离岸合同 3.88 亿美元，增长 45.0%。其中离岸执行额 2.41 亿美元，增长 36.4 %。发包地主要来自新加坡、美国等国家和地区，接包企业注册地主要集中在新昌县、越城区。

【共建“一带一路”国家和地区服务出口】 2022 年，全市对共建“一带一路”国家和地区服务出口总额 51.44 亿元，占全市服务出口总额的 38.71%。其中，建筑服务出口 2.70 亿元，占对共建“一带一路”国家市场服务出口总量的 5.26%；服务外包出口 5.32 亿元，占对“一带一路”沿线市场服务出口总量的 10.33%。服务出口总额前三位的国家为印度、印度尼西亚、阿联酋，分别出口 7.07 亿元、3.98 亿元和 3.64 亿元。

【服贸发展基地建设】 2022 年，绍兴市结合芯片、布片、药片等块状经济特色，依托“招引企业 + 培育企业 + 深耕企业 + 做强企业”的发展模式，深入推进绍兴高新技术产业开发区、绍兴柯桥国际服务外包示范园区、新昌县生物医药离岸服务外包特色园区 3 个省级服务贸易发展基地建设，从拓市场、聚人才等多角度努力，提升服务出口能力，扩大服务贸易规模，优化服务贸易结构。2022 年，3 个服务贸易发展基地服务外包执行额 1.99 亿美元，比 2021 年增长 29.08%，离岸执行额占全市总量的 82.0%。

（市商务局　沈　炜、周磊晶、邓　刚）

经贸促进

【内外贸一体化改革】 2022 年，绍兴市外贸企业通过多种形式探索出口转内销。同时，一批起家于外贸代工路线的内贸企业，不断拓展出口业务。据统计，有 47.6% 的外贸企业通过传统展会、自建渠道、数字贸易平台等方式开展国内市场营销。内贸限额以上批发企业中有 899 家同时开展出口业务，占比 42.6%。年内，绍兴市有 29 家企业入选省第三批内外贸一体化“领跑者”企业培育名单，2 家产业基地入选省内外贸一体化改革试点产业基地培育名单。累计有省级内外贸一体化“领跑者”企业 47 家，省级改革试点培育产业基地 4 个。

【法律服务】 2022 年，中国国际贸易促进委员会 / 中国国际商会浙江调解中心绍兴办事处升格为中国国际贸易促进委员会 / 中国国际商会绍兴调解中心，开通法律服务热线、微信公众号咨询平台，全面受理绍兴企业在“走出去”过程中遇到的纠纷案件。至年末，绍兴调解中心共受理涉外商事纠纷案件 21 起，涉案金额约 2275 万元，主要为货款纠纷、合同履行纠纷，其中和解 13 起，占全部案件的 61.9%，和解金额约 1025 万元。

【出证认证】 2022 年，绍兴市贸促会系统新增备案企业 562 家，为企业签发各类证书 14.74 万份。其中一般原产地证 114964 份，比 2021 年增长 0.14%，涉及货物金额 66.87 亿美元；区域优惠原产地证 24853 份，增长 12.19%，涉及货物金额 10.51 亿美元，预估境外可减免关税超 4000 万美元；加工装配证明书 687 份，增长 2.38%，涉及货物金额 8856 万美元；商事证明 6890 份，减少 37.80%；自由销售证明书 8 份；疫情事实性证明书 4 份，涉及合同金额 134 万美元。

【外贸主体培育】 2022 年，绍兴市按照外贸企业不同发展阶段的特征和需求，建立“龙头企业”“潜力企业”“种子企业”三个层级的外贸企业培育库，市县两级商务部门协同联动，合力推动外贸主体队伍建设上新台阶。制定“一对一”帮扶措施，帮助企业开展自营进出口业务；借助“极速版”监测调查、商务运行调查监测、“订单＋清单”等数字化平台，及时了解企业发展情况，动态调整政策支持；利用好开放型经济服务联盟平台作用，凝聚商务、税务、人行、海关、中信保等多部门合力，常态化为外向型企业提供个性化“一站式”服务。制定新一轮《鼓励支持开放型经济发展政策》，全年兑现激励奖金 3.86 亿元，完成率 165.7%。至年末，绍兴市共有出口实绩企业 11566 家，较 2021 年增加 570 家。

2022 年 8 月 24 日，绍兴海关工作人员到辖区内危化品企业对其出口的危险品及其包装进行现场检验　（李宁洁　摄）

【第五届中日韩工商大会】 2022 年 7 月 13 日，以“融合变革，合作共赢”为主题的第五届中日韩工商大会在绍兴举行，近 400 名中日韩工商界代表出席会议。在开幕式上，进行了射频集成电路 EDA（电子设计自动化）分析测试平台研究与产业化项目、MEMS（微机电系统）麦克风声音传感器芯片的研发及产业化等项目合作签约仪式，2022 中日韩经贸交流突出贡献奖和 2022 中日韩营商环境示范城市奖颁奖仪式。开幕式后，举行“共享 RCEP 新机遇”主题交流，中国科学院院士、中国科学院医学所所长谭蔚泓等嘉宾作主旨演讲，绍兴及日韩方面代表分别做交流推介。中日韩健康产业论坛、中日韩集成电路产业创新论坛同期开幕。

（市商务局　周磊晶、俞国海，市贸促会　冯　铮、商　飞）

海关监管

【概况】 2022 年，绍兴市实现外贸进出口 3691.9 亿元，比 2021 年增长 23.3%，占全省 7.9%，居全省第五位，其中出口 3409.0 亿元，增长 23.7%；进口 282.9 亿元，增长 19.5%。绍兴海关审核报关单量增长 42.6%，征收税款增长 148.2%，监管货运量增长 50.2%，新增备案企业增长 16.1%，获评 2021 年度浙江省稳外贸成绩突出集体。

【通关监管】 2022 年，绍兴海关加强监管执法精准度，提升通关便利化水平，进、出口整体通关时间优于全国、全省平均水平，“多证合一”比例提升至 60% 左右。迭代升级促进外贸保稳提质“20+18+10”项措施，深化绍兴市“开放型经济服务联盟”作用，推动出台海关高级认证企业“优先检测”等便利举措，推进杭州海关支持绍兴开放型经济发展八项事项落地。

【检验检疫】 2022 年，绍兴海关强化进境粮食、原羊毛和木质包装等重点货物检疫查验，开展“国门绿盾 2022”和“异宠”综合治理专项行动，截获检疫性有害生物 8 种 17 批，在杭州关区首次截获检疫性有害生物细茎野燕麦、平滑苍耳、不实野燕麦等。开展“口岸危险品综合治理”百日专项行动，检出不合格危化品 91 批。落实食品安全“四个最严”要求，连续 5 年获评“绍兴市食品安全工作优秀单位”。市场采购贸易渠道查发涉嫌濒危物种制品出口案件 1 起、危险品瞒报案件 2 起、侵犯知识产权 7 起。

【新型贸易业态监管】 2022 年，绍兴海关保障新型贸易业态健康发展，柯桥、诸暨“一体两翼”市场采购平台出口 302.5 亿元、比 2021 年同期增长 1.1 倍；海关跨境电商管理平台出口同比增长 1.7 倍。指导分期纳税、企业集团财务公司担保业务落地绍兴，加工贸易监管改革推广至 2 个集团 5 家企业。

【查缉走私】 2022 年，绍兴海关开展“国门利剑 2022”等专项行动，保持打击走私高压态势，立案侦查走私犯罪案件 14 起、案值 2300 余万元，立案数比 2021 年增长 27%；立案调查行政案件 25 起、案值 3462 万元，分别增长 39%、2.65 倍。坚持靶向发力，依托数据赋能、多警种合成、全员打私、地方综治等手段，持续强化反走私多元共治。

【绍兴综合保税区（一期）封关运作】 2022 年，绍兴海关助力绍兴综保区封关运作，推动一般纳税人试点、入区退税、分送集报、即进即出、网购保税进口业务落地，保障区内首家外资保税加工企业投产。绍兴综合保税区（一期）实现一线进出口 18.9 亿元。

表61

2022年绍兴市及各县（市、区）进出口情况统计表

地区	项目	1—12月（万元）	同比增长（%）
绍兴市	出口	34089751	23.67
	进口	2829592	19.51
	合计	36919343	23.34
市区（大三区）	出口	24640073	24.53
	进口	1952812	28.32
	合计	26592885	24.80
越城区	出口	7159744	21.65
	进口	1220918	59.33
	合计	8380662	25.99
柯桥区	出口	13385520	23.03
	进口	198097	−14.98
	合计	13583616	22.23
上虞区	出口	4094810	35.54
	进口	533798	2.15
	合计	4628607	30.62
诸暨市	出口	6184015	14.97
	进口	795476	1.34
	合计	6979491	13.23
嵊州市	出口	1015019	41.95
	进口	25858	45.21
	合计	1040877	42.03
新昌县	出口	2250645	33.61
	进口	55445	28.64
	合计	2306090	33.48

（绍兴海关　俞羽童）

【柯桥铁路口岸海关监管作业场所启用】

2022年，柯桥铁路口岸海关监管作业场所完成项目开工、系统调试、班列发行等环节，开展铁路转关、多式联运业务研究，畅通与上级职能部门、地方相关单位联络对接和联动联调。11月14日，柯桥铁路口岸海关监管作业场所通过杭州海关验收。

【《区域全面经济伙伴关系协定》实施】

2022年，绍兴海关助力绍兴企业抢抓《区域全面经济伙伴关系协定》（RCEP）战略机遇，推行“线上申请＋智能审核＋自助打印”服务，推广RCEP“经核准出口商”制度，指导2家企业获得RCEP经核准出口商资格。全年，共签发RCEP原产地证书6750份，金额约18亿元，按平均1%关税减免计算，为绍兴企业在目的国享受关税减让约1800万元。推广RCEP“经核准出口商”制度，指导2家企业获得RCEP经核准出口商资格。

【出口非洲茶叶质量专项治理】 2022年，绍兴海关加强出口非洲茶叶监管，对752批出证茶叶100%实施现场查验，检出不合格出口茶叶19批。开展2轮全覆盖突击检查，出具整改通知单19份、不符合项80个。组织茶叶生产企业开展质量安全风险自查行动，与企业签署质量安全承诺书，加强《进出口食品安全管理办法》宣传，走访企业60余家，召开茶叶主产区行业协会座谈会1次，承办杭州海关走进中国出口茶叶之乡“十地百团助千企”活动。

（绍兴海关　俞羽童）

功能区建设

综 述

【功能区发展】 至2022年末，绍兴市有省级以上经济开发区7家，其中国家级经济技术开发区3家。全市省级以上经济开发区实现规模以上工业总产值8266.5亿元，占全市规模以上工业总产值的92.0%；规模以上工业企业营业收入7476.8亿元，占全市规模以上工业企业营业收入的91.1%；财政收入564.7亿元，占全市财政收入的68.7%；进出口总额2654.9亿元，占全市进出口总额的71.9%；实际使用外资100157万美元，占全市实际使用外资的98.4%。

【开发区进位争先】 2022年，绍兴经开区继续保持进位争先态势，在2021年度商务部国家级经开区综合发展水平考核评价中，柯桥经开区入列全国前四十强。袍江经开区入选2022年省级两业融合区域试点名单，柯桥经开区入选全省高能级战略平台培育名单，杭州湾上虞经开区获2022年度省制造业五星级园区（制造业高质量发展示范园区），诸暨经开区智能视觉产业入围省“万亩千亿”新产业平台，嵊州经开区上榜全省2022年一季度投资“赛马”激励，新昌经开区省级循环化改造示范试点验收通过并获优秀评价，上虞曹娥江经开区实体化运作。

【开发区产业链“链长制”】 2022年，绍兴市持续推进开发区产业链“链长制”试点工作，实现“链”式赋能、“长”责明晰和“制”出长效的产业链“链长制”发展格局，推动产业链价值链不断向高端延伸。引导各开发区依托各自资源禀赋，构建功能布局合理、主导产业明晰、特色错位竞争的产业体系。杭州湾上虞经开区（新材料）入选2021年度浙江省开发区产业链“链长制”优秀示范单位，诸暨经开区（智能视觉）入选2022年浙江省开发区产业链“链长制”示范试点增补单位。

【开放平台共建】 2022年，绍兴市以共同富裕为切入口，参与全省山区26县开放平台共建活动。袍江经开区“山海协作再升级，产业飞地奔共富”入选省2022年开放平台共建发展“优秀实践案例”，与开化、仙居产业飞地建设加快推进，新型建材智能制造生产基地项目、钠创年产8万吨钠离子电池项目等陆续落地与开工建设。柯桥经开区—江山经开区入选全省“双链长制”试点单位，产业飞地建设全面启动，宇越新材料年产60万吨光学级膜制造项目已经动工，并实现从土地摘牌到动工建设用时17天的“开发区速度”。杭州湾上虞经开区与景宁经开区签订共建协议，成功牵线年产20万套精密机械装备制造项目。

【全市域建设高能级战略平台的指导意见】 2022年10月，市委办、市府办印发

2022年绍兴市省级以上开发区主要指标统计表

表62

名　称	新增企业个数（个）	实际使用外资		进出口总额		其中：出口总额	
		实绩（万美元）	同比增长（%）	实绩（万元）	同比增长（%）	实绩（万元）	同比增长（%）
合计	118	100157	—	26548979	—	23943554	—
绍兴袍江经济技术开发区	40	18854	43.1	8351838	25.6	7155284	21.7
绍兴柯桥经济技术开发区	18	49107	172.7	7424701	9.4	7327731	10.7
杭州湾上虞经济技术开发区	20	19153	10.0	2878359	14.7	2420696	16.3
浙江诸暨经济开发区	21	7535	3.7	4727042	26.9	3959231	30.3
浙江嵊州经济开发区	11	2357	28.8	804707	17.7	786075	17.6
浙江新昌经济开发区	5	2609	18.6	385856	6.5	372757	8.1
浙江上虞曹娥江经济开发区	3	543	—	1976476	—	1921780	—

注：浙江上虞曹娥江经济开发区为2021年12月新设经开区，无同比数。

（市商务局　程素国）

《关于全市域建设高能级战略平台的指导意见》,引领各类功能平台质量变革、效率变革、动力变革,为建设高水平网络大城市提供平台支撑。实施路径:在纳入省开发区(园区)目录的"2+7"平台体系基础上继续整合提升,形成"2 (2)+6+N"平台体系。"2"指绍兴滨海新区、杭绍临空经济一体化发展示范区绍兴片区2个引领型平台;"(2)"指海峡两岸(绍兴)数字经济产业合作区、义甬舟嵊新临港经济区2个跨区域合作型平台;"6"即柯桥经济技术开发区、杭州湾上虞经济技术开发区、上虞曹娥江经济开发区、诸暨经济开发区、嵊州经济开发区、新昌高新技术产业园区6个骨干型平台;"N"即全市网络大城市特色基础型平台,包括人才科创、开放城市、文旅生态平台及特色小镇、小微企业园、城市街区、创新创业园等。重点任务:一是构建网络化平台布局;二是打造高端化产业集群;三是塑造复合化功能单元;四是优化全周期便利服务;五是强化全要素精准保障。

(市商务局　程素国)

绍兴滨海新区

【概况】 绍兴滨海新区位于杭州湾南岸、绍兴市北部,2019年11月25日获省政府批准设立,2019年11月29日正式揭牌,是浙江省首批省级新区之一。新区规划面积430平方千米,常住人口约60万人,包括江滨、袍江、高新和镜湖等四大片区,托管10个街道。新区总体定位为大湾区发展重要增长极、全省传统产业转型升级示范区、杭绍甬一体化发展先行区、杭州湾南翼生态宜居新城区。2022年,滨海新区完成地区生产总值869亿元,比2021年增长5%;规模以上工业增加值365.89亿元,增长11.2%;固定资产投资740.49亿元,增长13.5%。被省发展和改革委员会认定为2022年省级"双创"示范基地,列城市新区发展潜力百强榜第12位。绍兴袍江经济技术开发区列入省级先进制造业和现代服务业融合发展试点名单。

【开发区域】 2022年,绍兴滨海新区编制袍江区域产城融合及更新片区规划,开展沥海城市副中心等重点区域控规编制。江滨片区、袍江片区、高新片区政府投资项目分别实施23个、20个和26个,共完成投资62.3亿元,15个亚运城市项目于4月底完成。肿瘤医院、金融学院、未来社区、城市水街等重大项目顺利推进。在11平方千米马海区块规划建设以"泛半导体+"产业为主体的"绍芯谷"。

【项目引进】 2022年,绍兴滨海新区围绕集成电路、生物医药及高端装备3个主导产业,实行全员、全域、全过程招商,创新实施"隔离招商",共签约10亿元以上项目28个,协议总投资超700亿元,引进比亚迪功率半导体、万向钱潮汽车零部件、数字经济产业合作园3个百亿级重大项目。全年,198个重点产业项目开工181个,开工率91.4%,完成投资205亿元,年度投资完成率108%。15个省"4+1"重大项目、5个省市县长项目全部开工,3个项目列入第一批省重大产业项目。中芯模组项目全面开工建设,中芯二期(一阶段)9月中旬实现试投片,长电绍兴9月实现主要产品量产。

【人才招引】 2022年,绍兴滨海新区推进人才管理改革试验区建设,制定出台人才新政4.0版及实施细则,研究制定"人才强企"助力经济稳进提质若干政策举措。至年末,有顶尖人才2人,国家级领军人才49人,省级领军人才38人,绍兴"名士之乡"英才计划296人。

【资金、用地保障】 2022年,绍兴滨海新区筹措新增建设用地指标317.67公顷,累计完成产业项目做地30宗,做地面积137.07公顷。全年累计完成融资659.3亿元,申报地方政府专项债资金129.56亿元,申报项目23个,已落地36.58亿元。

【"全生命周期"服务】 2022年,绍兴滨海新区实施产业项目"全生命周期"管理服务制度,新区范围内所有产业项目纳入"全生命周期"管理服务。项目从签约、拿地、开工、建设、竣工,到投产、达产,每个环节都明确牵头单位,率先实行工业项目"带方案出让",审批时间由6个月压缩至1个月。比亚迪项目土地摘牌当天项目用地规划许可证、不动产权证、工程规划许可证、施工许可证"四证齐发",从签约到拿地开工仅用时89天。全年,服务产业项目开工20个,竣工20个。

【平台建设】 2022年,绍兴滨海新区集成电路、生物医药两大"万亩千亿"新产业平台,在2021年度全省20个平台考核中分列第一位、第四位。国家级袍江经开区、绍兴高新区排名第140位、第79位。3月3日,绍兴综合保税区正式封关运作,"一日游"业务、一线进口业务、首单跨境电商"1210"通关,实现外贸进出口额18.96亿元;累计入区企业33家,实际利用外资1036万美元。

【科技创新】 2022年,绍兴滨海新区集成电路产业创新中心获批全省第四个、全市首个省级产业创新中心,成立绍芯实验室、浙江省宽禁带半导体特色工艺产业创新中心、宽禁带半导体技术国家工程研究中心绍兴分中心3个集成电路创新平台。钠离子电池技术浙江省工程研究中心、上海交通大学绍兴新能源与分子工程研究院正式揭牌、绍兴现代医药产业创新服务综合体获市级考核优秀。新增共建研究院2家,省级研发中心10家,省级企业研究院4家,院士专家工作站3家。

【与富士康举行合作签约仪式】 2022年10月31日,绍兴滨海新区管委会与富士康工业互联网股份有限公司举行合作签约仪式,双方合作共建工业富联系统封装自动化服务平台项目。该项目是绍兴数字经济产业合作园建设重要先导项目,计划总投资10亿元。

【国际生命健康产业新城建设】 2022年7月16日,首届浙江生命健康大会暨第三届中国(绍兴)生命健康产业峰会在绍兴滨海新区举行。会上，签约 10 个生物医药重大产业项目，总投资达 170 亿元。

【比亚迪项目落户】 2022 年 5 月，绍兴滨海新区管委会与比亚迪集团在深圳签订比亚迪功率半导体项目落户协议，从首次对接到正式签约用时 46 天。项目总投资 100 亿元，全部达产后预计年产值超 150 亿元。

【万向钱潮汽车零部件数智产业项目落户】 2022 年 2 月 14 日，绍兴滨海新区管委会与万向钱潮股份有限公司汽车零部件数智产业项目战略合作签约仪式举行。根据协议，项目总投资约 100 亿元，总规划面积 66.67 公顷，打造浙江大湾区汽车零部件产业新制造模式、新投资模式，成为全球顶尖的世界级汽车零部件创新和智造中心。

（绍兴滨海新区　何　适）

绍兴综合保税区

【概况】 绍兴综合保税区位于绍兴滨海新区袍江片区，2020 年 9 月 10 日国务院批复设立，总规划面积 1.72 平方千米，分两期建设，其中一期 0.91 平方千米，二期 0.81 平方千米。绍兴综合保税区以打造具有全球核心竞争力的外向型高端研发制造中心、跨境贸易集聚中心和国际开放交流中心为目标，建设成为浙江链动全球关键极核，长三角开放创新平台枢纽，国内国际双循环重要节点。2022 年 3 月 3 日，一期正式封关运营。至年末，实现外贸进出口额 18.96 亿元，其中出口 1.88 亿元，进口 17.08 亿元，完成离岸贸易额 5356 万美元。

【产业导向】 2022 年，绍兴综合保税区围绕集成电路、生物医药两大“万亩千亿”产业平台，集聚发展外向型加工制造、研发设计、检测维修、物流分拨、销售服务等产业，探索跨境电商、融资租赁、城市货站等新模式、新业态。至年末，两岸集成电路产业园项目、OLED（有机发光二极管）研发制造项目落地，另有研发设计、物流分拨、跨境电商等 10 余个意向项目。

2022 年 3 月 3 日，绍兴综合保税区正式封关运作　（绍兴滨海新区　供图）

【增值税一般纳税人资格试点】 2022 年 11 月 1 日，绍兴综合保税区增值税一般纳税人资格试点申请获国家税务总局复函同意。试点企业可被赋予保税、非保双重身份，不仅可以抵扣相应税额降低成本，还有助于拓展国际国内两个市场，实现国内国际两大市场“两条腿”走路，推动区内高端制造、新型服务贸易等新型功能业态快速发展，加快优质企业和重大项目招引。

【首个加工制造项目投产】 2022 年 11 月 1 日，科迪华显示技术（绍兴）有限公司 OLED 半导体显示装备项目建成投产，是绍兴综保区引进的首个保税加工制造项目。科迪华是半导体显示行业高精密喷墨打印解决方案的全球领军企业，项目总投资 6000 万美元，主要从事半导体显示设备的研发生产和 OLED 高精密喷墨打印设备的制造销售，年产值预计 1 亿美元。在项目建设之初，申请“提前适用政策”，成为全省综保区首个案例，为企业节省税费 1300 余万元。该项目的投产为综保区招引高附加值、高科技含量的加工制造型项目发挥了重要的引领示范作用。

（绍兴综合保税区管委会　诸永波、王森舜）

中国（绍兴）跨境电商综试区

【概况】 中国（绍兴）跨境电子商务综试区于 2019 年 12 月 15 日获批改立，为绍兴首个全国性对外开放平台。2022 年，绍兴市跨境电商总体呈现稳步发展，实现跨境电商进出口额 158.1 亿元，增速 30% 以上，累计培育跨境电商企业 4500 余家，省级跨境电商产业园 3 个，省级电子商务产业示范基地 3 个。

【“跨境电商 + 原产地制造”融合】 2022 年，绍兴市推动“跨境电商 + 原产地制造”深度融合，鼓励传统外贸企业转型跨境电商。在阿里巴巴国际站和中国制造网上有签约企业超过 2000 家。鼓励企业通过跨境电子商务境外注册和国际认证等方式加强品牌化建设。有 27 家跨境电商企业被认定为高新技术企业，省级跨境电商出口名牌 6 个，跨境电商企业海外商标注册超 300 个。

【“跨境电商 + 产业集群”融合】 2022 年，绍兴市通过创新融合、引优聚强等模式，推进“跨境电商＋产业集群”深度融合。发挥越城休闲纺织、柯桥纺织、上虞伞业、诸暨珍珠、嵊州领带五大产业集群跨境电商优势，按照“一县（市、区）一园区”原则推进跨境电商园区建设，越城（滨海）跨境电商产业园、柯桥轻纺城跨境电商产业园、嵊州云电商产业园被评为省级跨境电商产业园。至年末，柯桥轻纺城跨境电商产业园已入驻企业324家，越城跨境电商园区入驻企业28家，完成好货中心建设，展示具有特色品牌的绍兴好货。

【跨境电商综试区数字化建设】 2022年，绍兴市建成中国（绍兴）跨境电子商务综合试验区线上综合服务平台（e企跨）1.0版本，完成智能物流、金融服务、电商信用、统计监测、信息共享、风险监控六大体系建设，为全市跨境电商企业提供全方位、“一站式”的跨境出海服务。完善企业服务平台，整合政策申报、线上展会、人才培训、数字金融等服务资源，已上线6项金融产品，20余个政策事项，40余款跨境服务产品，为企业提供全方位、全流程的跨境出海服务。打造“1+6”电商公共服务体系，已基本实现集孵化、培训、项目招引等功能于一体的公共服务全覆盖。

【省级跨境电商产业园】

越城（滨海）跨境电商产业园 位于越城区洋泾湖科创园，总建筑面积8200平方米，2021年3月投入运营。重点打造“一个展厅四个中心”（越城区跨境电商展示厅、好货中心、人才培训中心、跨境电商孵化中心、物流分拨中心）。建立以政府为指导、专业队伍为骨干、中介组织为辅助、企业为主体的常态化招商机制，引进跨境电商领域核心优势突出、行业影响力大的优质企业（平台）入驻园区。创新搭建集“一站式”物流服务、海外网红主播信息、独立站运营中心及跨境电商综合服务于一体的“跨友”跨境“一站式”专业服务平台。以园区人才管理中心建设为契机，建立校企长效合作机制，与在绍高校达成联合培养协议，覆盖学生200余人。打通“人才培养＋输送”闭环渠道，推进人才供给侧和产业需求侧结构要素全方位融合。至2022年末，已累计入驻（培育）各类跨境电商企业68家，基本形成以纺织、面料产业为主的跨境电商产业集群。

中国轻纺城跨境电商产业园 位于柯桥区中纺CBD核心区，总建筑面积19万平方米，2019年2月投入使用。由政府、地方国资企业、园区运营方及优质电商专业培训机构四方组建，以线上线下共享服务资源，联动跨境平台、产业园区、高等院校、行业协会、投融机构、科研院所等资源，为跨境电商业态发展提供“一站式”解决方案。至2022年末，园区入驻跨境电商企业430余家，入驻率常年保持在95%以上，其中阿里国际服务商浙江天玺网络技术有限公司、新三板上市企业浙江沐家家居科技股份有限公司等优质企业已全面进驻园区，形成了较为完备的跨境产业链。

嵊州云电商产业园 位于嵊州市黄泽镇，建筑面积4.1万平方米，2014年9月成立，是集传统电商、跨境电商、代运营服务、人才培训、金融服务、仓储物流等电商模块于一体的综合性电商园区。产业园建立了园区建设与创业实训基地建设相结合、创业者主导与专家指导相结合、项目营运与创业实训相结合、线上与线下相结合、孵化与投资相结合的发展模式，为电商从业人员提供“一站式”的“双创”平台。通过政府引导、市场运作、政策支持的方式打造创业工作区、创客培训区、创储物流区等六大功能区，为全市电商创业者提供人才、融资、知识产权、市场推广、云计算大数据等服务。引进工商、财务、人事、企业咨询、政策申报、法律及投融资等第三方服务机构，为企业提供全方位、“一站式”、“保姆式”服务。相继签约绍兴市职业技术学院与嵊州市职业技术学校，共建电商人才中心实训基地和孵化中心。至2022年末，园区入驻跨境电商企业50余家，入驻率常年保持在90%以上。

【市跨境电商学院建设】 2022年，绍兴市整合内外资源，推进绍兴市跨境电商学院建设。跨境电商学院新吸纳专家12名，联动电商企业、协会、在绍高校等90名代表开展第二期绍兴市跨境电商学院跨境大讲堂。举办“绍兴市首届跨境电商仿真技能竞赛”“越企出海 电商赋能”2022绍兴市跨境电商服务季活动等活动。举办2021、2022“之江创客”全球电子商务创业创新大赛总决赛暨颁奖典礼。

【市首届跨境电商仿真技能竞赛】 2022年5—6月，以“赋能跨境 共赢蓝海”为主题的绍兴市首届跨境电商仿真技能竞赛举办，来自12所高校的54支团队共200余名学生参赛报名。6月22日，市首届跨境电商仿真技能竞赛总决赛在浙江工业职业技术学院（镜湖校区）举行，21支团队晋级总决赛。总决赛采用“路演展示＋技能实操”综合竞技模式，经过比拼，浙江工业职业技术学院的天天向上队和少年先锋队获大赛一等奖。

【市跨境电商服务季】 2022年9—12月，绍兴市举办“越企出海 电商赋能”2022绍兴市跨境电商服务季活动。服务季聚焦“训”“才”“台”“展”“媒”五大赋能点，整合6个县（市、区）跨境电商公共服务资源，通过线上线下结合方式，助力越企出海，推动全市跨境电商高质量发展。9月23日，“越企出海 电商赋能”2022绍兴市跨境电商服务季启动仪式举行。在启动仪式上，市商务局发布绍兴综试区跨境电商综合服务体系，助力“越企出海”；向6家绍兴跨境电商优秀合作服务商代表授牌；9名专家学者被聘为绍兴市跨境电商学院专家；“绍兴制造 数字出海”“赋能制造 品牌出海”“独立站领航”三大跨境电商项目签约。同期举办圆桌会议，5名跨境电商行业的专家学者及企业代表，围绕“当前国际形势下的跨境电商企业合规出海与破局之道”主题，展开讨论交流。

（市商务局 全佳丽）

杭绍临空经济一体化发展示范区绍兴片区

【概况】 杭绍临空经济一体化发展示范区绍兴片区，是杭州、绍兴两市共同谋划建设一体化合作先行示范平台，空间范围包括柯桥区华舍街道、钱清街道、杨汛桥街道的全部区域，夏履镇被纳入辐射区，共166平方千米。2022年5月24日，省人民政府发文设立，列入浙江省社会发展"十四五"规划。2022年，区域内常住人口30.5万人，实现地区生产总值346亿元，规模以上工业产值378亿元，财政总收入46亿元，其中，一般公共预算收入30亿元，出口总额356亿元。

【招商引资】 2022年，杭绍临空示范区绍兴片区签约引进半导体光罩等5亿元以上产业项目10个，总投资约170亿元，计划用地面积约42.67公顷。中科大绍兴新材料产业研究院建成投运，中科大创新产业园动工建设，12个高层次人才项目完成落地。

【资金、用地保障】 2022年，杭绍临空经济一体化发展示范区绍兴片区通过发行境外债券融资、政府专项债、续发企业专项债、新增融资授信、银行贷款等途径，融资近100亿元。与国开行合作48亿元银团贷款、与兴业银行合作50亿元城市更新项目完成前期工作。全年，完成经营性用地做地20.2公顷，完成经营性用地出让7公顷，完成工业用地出让24公顷，累计完成土地出让金14.32亿元。

【项目建设】 2022年，杭绍临空经济一体化发展示范区绍兴片区启动新建群贤路西延萧山南秀路（一期）、钱杨大道，改造提升瓜渚路、万绣路，新建临空保障房等十大工程项目，总投资约60亿元，当年完成投资27亿元。

【杭绍临空经济一体化发展示范区绍兴片区揭牌】 2022年10月9日，杭绍临空经济一体化发展示范区绍兴片区揭牌仪式在柯桥区举行。市委书记盛阅春，市委副书记、市长施惠芳，市人大常委会主任谭志桂，市政协主席魏伟为示范区绍兴片区揭牌。示范区绍兴片区按照"一个平台、一个主体、一套班子、多块牌子"体制架构，与柯桥区综合设置管理机构，实行统一管理、统一规划、统一招商。

（杭绍临空示范区绍兴片区管委会 俞仙炯）

2022年10月9日，杭绍临空经济一体化发展示范区绍兴片区揭牌仪式在柯桥区举行

（杭绍临空示范区绍兴片区管委会　供图）

中国（浙江）自由贸易试验区绍兴联动创新区

【概况】 2021年6月，省政府发文同意设立中国（浙江）自由贸易试验区绍兴联动创新区。中国（浙江）自由贸易试验区绍兴联动创新区实施范围119.86平方千米，涵盖环杭州湾、诸暨、嵊新3个片区，将开发区重点区域及中国轻纺城、华东国际珠宝城等专业市场纳入其中。2022年5月，中国（浙江）自由贸易试验区绍兴联动创新区工作领导小组办公室制定并印发《中国（浙江）自由贸易试验区绍兴联动创新区建设实施方案》，提出更高起点复制推广自贸区改革经验、更高水平扩大对外开放、更高质量推动传统与新兴产业融合发展、更高效率提升投资自由化与贸易便利化、更高层次深化金融领域开放创新、更高标准营造国际化营商环境等主要任务，扎实推进并常态化跟踪建设实施方案和《复制推广》《自主创新》《联动创新》3张清单共计47个改革、探索、联动事项落地落实情况。

【体制机制建设】 2022年4月，市府办发文成立中国（浙江）自由贸易试验区绍兴联动创新区工作领导小组，由市长担任组长、常务和分管商务的副市长担任副组长，36个部门（单位）为成员单位，领导小组下设办公室，办公室设在市商务局。6月，召开自贸试验区绍兴联动创新区工作领导小组办公室联络员会议，市级部门成员单位相关业务处室负责人，各县（市、区）商务局分管领导和业务科室负责人，省级以上经开区管委会副主任及相关业务科室负责人共60余人参会，会议邀请省自贸办相关领导作专题授课。

【绍兴市"一码找订单"应用】 2022年11月，中国（浙江）自由贸易试验区工作领导小组办公室评选并印发2022年中国（浙江）自由贸易试验区最佳集成性制度创新成果和联动创新区优秀案例，自贸试验区绍兴联动创新区选送的外贸"一码找订单"应用经公开征集、省级现场评审、专家点评打分等环节，入选中国（浙江）自由贸易试验区联动创新区优秀案例。“一码找订单”应用是全省首创的数字化境外代参展新模式,应用聚焦展会数字化转型,运用数字化理念、思维和技术,采集政府侧企业侧数据,全面分析境外市场需求特征、企业接单画像特征以及地方产业发展特征,系统性重塑境外参展流程,助力企业不出国门参加境外展会,促进订单成交,实现外贸订单闭环管理。

(市商务局　程素国)

柯桥经济技术开发区

【概况】 2022年,柯桥经济技术开发区入驻企业4万余家,其中规模以上工业企业780家,上市企业14家,国家高新技术企业384家,省级以上研发机构108个。开发区(含马鞍街道、齐贤街道、安昌街道、钱清街道、华舍街道、柯桥街道)实现财政总收入110亿元,规模以上工业总产值1845亿元,规模以上工业增加值425亿元,全社会固定资产投资202亿元,自营出口1084亿元,实到外资46269万美元。国家级开发区综合排名位列全市第一位、全省第五位、全国第36位。

【开发区域】 2022年,柯桥经济技术开发区实施城市更新提质行动,推进健康岛、柯北科创新城、阳嘉龙片区规划建设。明确“双创+文旅+商贸”开发建设导向,启动8.3平方千米柯北科创新城城市设计和柯北东昌、国际区块、安华区块、有机更新区3个区域控规编制,柯北城市有机更新加速。

【招商引资】 2022年,柯桥经济技术开发区签约引进宝武碳纤维、建信佳人新材料等重大产业项目18个,总投资378.5亿元。其中,宇越新材料、宝武碳纤维、建信佳人新材料项目列入全省特别重大产业项目、引领性重大产业项目,获土地指标奖励128.93公顷。新开工入库项目19个,新增投产项目25个。完成有效投资78亿元,实到外资1.6亿美元,落地投产项目数量创历史新高。

【新兴增长极构建】 2022年,柯桥经济技术开发区围绕柯桥区“1+3”支柱性产业(“1”即现代纺织产业,“3”即新材料、生物医药、泛半导体产业),做强“1+3”产业平台(“1”即蓝印时尚小镇,“3”即生物医药健康岛、杭州湾数智港、新材料产业园)加快建设生物医药“健康岛”、杭州湾数智港、新材料产业园等新兴产业平台。至年末,生物医药“健康岛”签约引进大健康项目16个,总投资69亿元;杭州湾数智港签约引进项目27个,总投资150亿元,其中15个项目已竣工投产,越剑智能、梅轮电梯、金道科技3家企业成功上市;新材料产业园签约引进百亿级项目3个。

【项目“全生命周期”服务】 2022年,柯桥经济技术开发区深化项目服务联动,推动项目审批、规划设计、场地“三通一平”等前期准备工作,项目一旦土地摘牌,即可实现建设用地规划许可证、土地证、建设工程规划许可证、施工许可证等“四证齐发”,实现“落地即动工”。宇越新材料、宝武碳纤维2个百亿级项目实现土地摘牌到开工建设仅用时17天。

【产城融合发展】 2022年,柯桥经济技术开发区加速布局完善蓝印时尚小镇、马鞍片区、柯北片区等“3+X”(“3”即蓝印时尚小镇、马鞍片区、柯北片区3个产业区块的商贸集中配套,“X”即建成多个邻里中心)城市发展格局,新出让蓝印·万达广场、开元观堂宴会厅、羊山民生工程3个地块,交付君临名都、彩虹府、彩虹墅3个商品房项目,新滨广场于年底开业投用,勤业未来城商业广场加速建设。建设浙江大学医学院附属第二医院柯桥院区、绍兴市中心医院医共体齐贤分院重建项目、柯北高中等医疗、教育项目,区域“3+X”城市发展格局日臻完善。

【重点产业链】 2022年,柯桥经济技术开发区依托中国轻纺城、蓝印时尚小镇“市场+基地”优势,建设形成全国最完整时尚纺织产业链和市场营销体系。依托新材料产业园,构建覆盖“研发—制造—应用—检测—服务”先进纤维及复合材料全产业链,集聚70余家新材料企业,落地宇越新材料、宝武碳纤维、建信佳人新材料标志性项目3个,总投资超过200亿元。

【入选全省高能级战略平台培育名单】 2022年12月27日,柯桥经济技术开发区入选省第二批高能级战略平台培育名单,成为绍兴市“2+7+N”开发区(园区)体系7个高质量骨干平台中首家上榜开发区。开发区控股集团主体信用等级升级为AA+,系柯桥区近3年来唯一升级为AA+的区属国有企业。

(柯桥经开区　王月芳)

杭州湾上虞经济技术开发区

【概况】 2022年2月,杭州湾上虞经济技术开发区(浙江省上虞经济开发区)更名为杭州湾上虞经济技术开发区,规划面积175平方千米,拥有落地企业1402家,规模以上工业企业311家,集聚上市挂牌企业45家。开发区实现经济总量2150亿元,其中规模以上工业产值和增加值分别为1654亿元和399.6亿元,比2021年分别增长16.33%和14.53%;高新技术产业产值和投资分别为1163亿元和60.21亿元,分别增长19.73%和59.6%。创建国家生态文明建设示范区(生态工业园区),晋级中国化工园区前十强,氟精细化工入选国家中小企业特色产业集群。获省制造业高质量发展“五星示范园区”、省高质量发展示范园区、第一批省级“新星”产业群、第二批省现代服务业创新发展区、省级标杆工业园区“污水零直排区”等称号。

【开发区域】 2022年,杭州湾上虞经济技术开发区构建“一轴两片八大板块”空间布局(“一轴”即都市产业发展轴;“两片”即经开区北片、南片区;“八大板块”即绿色化工提升板块、高端装备集聚板块、医药新材料集聚板块、新能源汽车培育板块、新兴产业拓展板块、未来社区服务板块、半导体装备智造板块、青春未来之城板块),制订新一轮产业规划,形成新材料、高端装备、生物医药、半导体装备及材料、新能源汽车及零部件"3+2"产业体系,梳理产业链鱼骨图,打造新材料、生物医药、高端装备、半导体、核心零部件产业5个主导产业特色园中园,总投资超530亿元。

【精准招商】 2022年,杭州湾上虞经济技术开发区完成签约项目28个,总投资超470亿元,其中10亿元以上项目13个,百亿元级项目时光新能源意向落地。

【引才聚智】 2022年,杭州湾上虞经济技术开发区实施多元引智育才工程和人才礼遇优待工程,入选省"鲲鹏计划"顶尖人才1名,新增国家级海外引才计划人才20名、省级海外引才计划6名,国家级特支计划2人、省级特支计划1人。

【文化赋能】 2022年,杭州湾上虞经济技术开发区建设"凤凰领航、蓝海红湾"党建品牌、"白浪清沙"清廉品牌,实施"清廉发展助推工程""清廉队伍建设工程""清廉强企培育工程""清廉文化润心工程"四大工程,将围涂纪念平台、党建研习馆、大企业集团连点成线打造"红湾大学堂"本土化教育示范线路,开展相关文化活动20余次。

【能级提升】 2022年,杭州湾上虞经济技术开发区完成协同创新中心(二期)、天津大学研究院及实训中心、危化品综合运输服务中心建设,邵逸夫医院绍兴院区结顶,智慧园区(一期)基本建成,卫生服务站、矛调中心启用,首个城市社区澜海社区获批成立。完成工业用地出让41宗255.31公顷,经营性用地出让1宗6.67公顷。杭州湾经控集团设立总规模50亿元经开区产业发展基金。

【项目建设】 2022年,杭州湾上虞经济技术开发区新入库项目58个,其中6个"市县长工程"项目、11个省"4+1"重大项目、8个集中开工项目提前实现100%入库;投产60个项目,新增释放产能115.7亿元。新增市场主体958家,其中工业企业115家。

【被授予生态文明建设示范区(生态工业园区)】 2022年,杭州湾上虞经济技术开发区实施"科学治气"专项行动,全国首创空气异味评价体系,实时监测企业的臭气、VOCs(挥发性有机物)排放情况,实现精准溯源、精准治理,获得"工业互联网+危化安全生产""减污降碳,协同增效"等6个省部级数字化改革试点。11月,在第十届中国生态文明论坛上,生态环境部、商务部、科学技术部联合授予杭州湾上虞经济技术开发区"生态文明建设示范区(生态工业园区)"称号,为全国第二个获得该称号涉化国家级开发区。

(杭州湾上虞经济技术开发区 朱华忠、单雯瑶)

浙江上虞曹娥江经济开发区

【概况】 浙江上虞曹娥江经济开发区2021年12月由浙江省人民政府批复成立,2022年2月正式运行,规划面积为32.14平方千米,分为江西区块、江东区块和虞东区块3个片区。发展形成风机、伞业、环保设备、仪器仪表、智能家居5个特色产业,拥有规模以上工业企业469家,2022年规模以上工业产值为484.85亿元,占全区比重22.33%。

【开发区域】 2022年,浙江上虞曹娥江经济开发区打造以装备制造、都市产业和新材料应用为主导的现代产业体系和"一核、一区、两谷"(一核:品质名城产业核心;一区:江东未来产业先导区;两谷:两条核心产业绿谷,即江西高端智造产业绿谷和虞东新材料产业绿谷)的产业空间新格局。制定《经开区发展三年行动方案(2022—2024)》,发布《上虞区开发区(园区)工业全域治理实施细则》《关于推进工业全域治理规范存量工业用地有机更新项目管理的实施意见》,以百官、道墟地块为重点,启动开展核心区块配套基础设施专项规划的编制制定,确定区域发展建设方案、产业主攻方向、产城融合方向。

【招商引资】 2022年,浙江上虞曹娥江经济开发区制定招商机制和专项政策,实现12个镇(街道)招商统筹,累计签约项目17个,计划总投资20.1亿元,用地14.4公顷,实到外资3312.3万美元。开展可供项目落地的地块信息摸排,累计摸排闲置及批而未供土地22宗30.8公顷(不含化工退出地块),开展"三区三线"重大项目补报工作,为项目招引储备资源要素。

【聚才引智】 2022年,浙江上虞曹娥江经济开发区承办第二届中国·绍兴"万亩千亿"新产业平台人才全球创业大赛装备制造系列赛专场暨"海创人才"国际创新创业大赛,加速集聚打造人才和创新项目。全年,共储备人才项目13个,洽谈对接团队约150人次。深化"C4I"数控农业智能制造创新示范平台合作,推动新动能创投产业园、万里科创产业园和中鑫产业园发展。

【工业全域治理】 2022年,浙江上虞曹娥江经济开发区依托全域治理"一码管地双码治企"平台,推进新一轮制造业"腾笼换鸟、凤凰涅槃"攻坚行动,完成工业全域治理企业2217家,其中亩均5万元以下288家,其他问题企业1929家;完成治理面积约1003.22公顷。

(浙江上虞曹娥江经济开发区 陆钰露)

浙江诸暨经济开发区

【概况】 2022年,浙江诸暨经济开发区有规模以上工业企业863家,其中产值超亿元企业194家、高新技术企业344家、上市公司13家。全区(含暨阳街道、陶朱街道、大唐街道、店口镇、姚江镇)制造业投资117.7亿元,比2021年增长30.9%;规模以上工业总产值1059.3亿元,增长10.1%;规模以上工业增加值238亿元,增长14.5%,连续27个月保持两位数增长。9月,浙江帕瓦新能源股份有限公司成为绍兴首家科创板上市企业。

【开发区域】 2022年4月,浙江诸暨经济开发区和诸暨现代环保装备高新技术产业园区深化整合,整合后区域范围调整为北部、中部、南部3个片区,划定重点开发区,剔除部分建成区,共计59.2平方千米。制定新一轮产业规划,形成"1+2+1"产业体系(1个未来产业即智能视觉产业,2个新兴产业即新材料和生命健康产业,1个系列配套现代服务业含科技金融、检验检测、现代物流等)。启动商务区及高教园区新一轮城市设计,完成对艮塔西路北侧工业区、迎宾大道北侧洁丽雅周边区域16户约40万平方米房屋征收工作。

【招商引资】 2022年,浙江诸暨经济开发区实施招商引智"一号工程",聚焦智能视觉、新材料、生命健康等新兴产业,签约项目56个(智能视觉产业占70%),总投资超300亿元,其中50亿元以上4个,20亿~50亿元3个,10亿~20亿元8个,1亿元以上19个。科大讯飞、奥思伟尔、弘飞空天等重大项目落地。

【资金、土地保障】 2022年,浙江诸暨经济开发区入选国家及省级引才计划人才6名,入选绍兴"名士之乡"英才计划、诸暨英才计划人才28名,浣江实验室、中俄(诸暨)国际实验室、西交网络空间安全研究院等高能级科创平台落地。完成11宗工业用地出让,共35.62公顷;诸暨市新城投资开发集团有限公司累计完成融资131.2亿元,发行2022年度第一期绿色债券,发行利率创全国区县级主体同评级同期限历史最低(3.73%)。

【项目建设】 2022年,浙江诸暨经济开发区新建项目285个(其中亿元以上项目21个),总投资131.89亿元;续建项目307个,总投资361.12亿元。诸暨篮球中心、都拓"一带一路"交流合作中心项目参加全省重大项目集中开工,诸暨天链飞控中心基地项目、老鹰半导体光电子器件项目等重大产业项目开工建设,协鑫换电、海亮生物、芯云半导体等18个亿元以上项目建成投产。

【"诸暨岛""杭州港"建设】 2022年,浙江诸暨经济开发区整合诸暨岛、杭州港等双向飞地,升级"一个飞地+一个产业+一个基金+一个园区"发展模式,新设紫金港诸暨岛(面向智能视觉产业),建成杭州港二期,签约入驻项目18个,投产12个。至年末,经开区在杭州、上海、深圳、西安等地设立"诸暨岛"6个,在诸暨建立"杭州港"2个,物理空间超10万平方米,引聚科技型企业80余家、省级以上人才30余名,推动"异地研发孵化—本土转化生产"区域联动产业培育。"诸暨岛"获评省数字经济飞地示范基地、"杭州港"创成省级科技企业孵化器,"诸暨岛—杭州港区域联动创新塑造共富样板"获评第四届省高质量发展智库论坛县域优秀案例。

【智能视觉"万亩千亿"新产业平台】 2022年3月,智能视觉产业园一期首批厂房建成交付,累计签约入驻企业30余家。6月,智能视觉产业平台入选省第四批"万亩千亿"新产业平台培育名单。6—9月,举办第二届中国·绍兴"万亩千亿"新产业平台人才全球创业大赛——智能视觉系列赛(海外赛、杭州分站赛、北京分站赛、深圳分站赛),征集参赛项目250余个,最终14个项目在诸暨进行总决赛。9月23日,2022智能视觉产业峰会暨第二届中国·绍兴"万亩千亿"新产业平台人才全球创业大赛智能视觉系列赛专场颁奖典礼在浙江诸暨经济开发区举行,8个获奖项目全部签约落地诸暨,会上发布诸暨智能视觉产业平台品牌logo(标志)及宣传片。全年智能视觉产业平台新引进项目40余个,总投资超200亿元,平台总产值124.8亿元,比2021年增长136.8%,累计落户科大讯飞、朗迅科技等龙头企业90余家。

(诸暨市史志室 张卓杰,诸暨市府办 祝添乐)

浙江嵊州经济开发区

【概况】 2022年,浙江嵊州经济开发区建置面积168.18平方千米,核心区域(三界镇、浦口街道、剡湖街道、三江街道)面积106.57平方千米,人口约28万人,拥有工业企业2386家,其中规模以上企业388家,产值超亿元以上企业95家,上市公司7家。全区规模以上工业产值417.8亿元,比2021年增长12.6%;新能源、新材料、生物医药等战略性新兴产业产值突破70亿元,增长90.4%。总投资6.5亿元嵊州漕河泾长三角协同发展产业园揭牌。浙江嵊州经济开发区获评2021年度省级先进开发区、2022年度省制造业四星级园区。

【开发区域】 2022年9月,浙江嵊州经济开发区整合提升,233.11平方千米面积精简至168.18平方千米,管理面积78.5平方千米,以领带服饰、厨电电器、机械电机三大主导产业和新能源、新材料、生命健康、新一代信息技术四大新兴产业体系初具雏形。

【招商引资】 2022年,浙江嵊州经济开发区新招引亿元以上项目24个,总投资282.2亿元,其中50亿元以上项目2个、20亿元以上项目2个、10亿元以上项目5个,包括新能源汽车配套企业5家、5G产业链企业4家、生物医药产业链企业4家、新材料企业5家、厨具产业链企业3家,新兴产业项目占比85%以上。全年实际利用市外境内资金52.9亿元。

【项目建设】 2022年,浙江嵊州经济开发区实施重点建设项目69个,新投产项目14个。完成固定资产投资96.7亿元,比

2021 年增长 42.8%；工业性投资 78.7 亿元，增长 96.3%。比亚迪新能源动力电池生产基地项目，仅 10 个月完成从签约落地到建设通线，嵊州市成为绍兴唯一入选全省产业投资类红旗奖的地区。

【资金、土地保障】 2022 年，浙江嵊州经济开发区申报绍兴"名士之乡"英才计划项目 9 个。与浙江经济职业技术学院签订嵊州校区战略合作协议。推进城北化工园区整治提升，整治问题企业 193 家，通过省级安全风险评估复核。盘活闲置土地、工业用地出让、经营性用地出让、存量用地盘活分别完成 77 公顷、48 公顷、42 公顷、66 公顷。嵊州市经济开发区投资有限公司累计完成融资 91.3 亿元，发行非公开公司债券 5.65 亿元，创嵊州市有史以来同级别同期限所有信用债品种最低票面利率（票面利率 3.28%）；争取政府专项债 15.2 亿元，占全市政府专项债发行额度的 50.8%。

【产城融合】 2022 年，浙江嵊州经济开发区打造艇湖科技未来城，艇湖新兴产业园基础 EPC 项目完成总工程量的 45%，艇湖教育中心完成行政楼、科学馆等 8 个单体基础工程，嵊州市妇幼保健院（嵊州市第二人民医院）及疾控中心异地新建工程结顶。6 月 30 日，嵊州漕河泾长三角协同发展产业园揭牌，与绍兴文理学院达成共建绍兴文理学院嵊州市开发区（高新园区）研究院合作意向。中物锐境科技园入园孵企业 26 家。

【新能源装备万亩千亿新产业平台】 2022 年，浙江嵊州经济开发区规划新能源装备"万亩千亿"新产业平台，总规划面积约 9.84 平方千米，分为南北两个片区，其中北片区规划面积约 8.87 平方千米，南片区规划面积约 0.97 平方千米，聚焦新能源动力电池、氢能源、先进半导体器件等新能源装备重点产业领域，有比亚迪、海威汽车等规模以上企业 83 家，涵盖动力电池系统、新能源汽车零部件等领域，全年规模以上工业产值突破 88 亿元，占全市工业总产值的 14.17%。

（嵊州市府办 金明洋）

新昌高新技术产业园区（浙江新昌经济开发区）

【概况】 2022 年，新昌高新技术产业园区以高端智能装备、生命健康和汽车零部件为主导产业，有规模以上工业企业 307 家（其中 A 股上市企业 14 家），规模以上工业企业实现工业总产值 628.51 亿元，比 2021 年增长 13.46%；完成工业投资 54.89 亿元，增长 43.42%；完成制造业投资 46.68 亿元，增长 35.88%；实现利润总额 92.72 亿元，增长 29.89%，利润占营业收入比重 15.10%。新昌高新技术产业园区连续 3 年入围省高新区"亩均效益领跑者"名单。

【开发区域】 2022 年，新昌高新技术产业园区规划总面积 198.68 平方千米，管辖塔山片区、南岩片区、潜溪片区、梅澄片区、拔茅片区、沃洲片区、大明市片区和儒岙片区等八大片区，完成新一轮国土空间规划"三区三线"调整，位于城镇开发边界内面积 4429.48 公顷，其中城镇集中建设区 4245.28 公顷，城镇弹性发展区 184.20 公顷。

【招商引资】 2022 年，新昌高新技术产业园区签约亿元以上项目 31 个，其中 50 亿元项目 2 个，新项目落地率 51.6%。三大主导产业营业收入占比超 70%，高新技术产业增加值占规模以上工业比重 91.79%。培育出全球市占率第一产品 16 个、国内市占率第一产品 25 个。

【要素保障】 2022 年，新昌高新技术产业园区开展工业全域治理和土地回购回租，梳理可用地块 1085.73 公顷，其中城镇开发边界内工业用地 516.93 公顷；完成供地 35 宗、清表交地 50 个地块，完成回购回租 71.07 公顷，重新利用回租厂房 21.2 万平方米。回租厂房保障康佳、湖南鑫视界、宁波瑞能等 11 家招商企业落地，力促全域治理工作走在全市前列。

【项目建设】 2022 年，新昌高新技术产业园区完成政府投资项目投资 27.05 亿元，新建项目 25 个、续建项目 23 个，其中高新科企后溪智造园、智能小镇产业园建设项目——小微产业园（二期）、新昌智能装备小镇——人才公寓项目等 16 个项目完工。

（新昌县府办 王家乐）

交通

公路运输

【概况】 至2022年末，绍兴市公路总里程1.05万千米，按行政等级分：国道（含高速）681.79千米，省道（含高速）466.01千米，县道2440.60千米，乡道1622.56千米，专用公路14.93千米，村道5254.37千米。按技术等级分：高速公路564.68千米；一级公路582.25千米，二级公路1079.47千米，三级公路476.50千米，四级公路7777.37千米；二级及以上公路里程为2226.39千米，占公路总里程的21.2%。全市综合客运（公路、水路）总体低位运行，共完成客运量801.8万人、旅客周转量8.1亿人千米，比2021年分别下降4%和6.8%。累计完成货运量1.97亿吨、货物周转量188亿吨千米，增长0.8%。综合货运以公路货运为主，但公转水成效有所体现，公路、水路货运量分别占比90.5%和9.5%，分别增长-0.2%和0.2%。城市公共交通（含公共汽电车、城市轨道交通和出租车）客运量共计2.6亿人次，下降8.7%。其中城市公共汽电车客运量1.7亿人次，下降15.2%；出租汽车客运量0.4亿人次，下降20.9%；城市轨道交通客运量2379.1万人次。全市国家高速公路机动车日均当量7.27万辆，下降5.2%。省道高速公路机动车日均当量3.79万辆，下降12.2%。普通国道机动车日均当量2.37万辆，下降12.2%。普通省道机动车日均当量1.83万辆，下降9.6%。

【高速公路建设与养护】 至2022年末，绍兴市境内共有高速公路9条，里程共计550.7千米，所辖路段高速公路经营单位5家、收费站57个、服务区10对、停车区4对，主线桥梁793座，隧道92条。在建高速公路项目3个。杭绍甬高速公路绍兴段主线形象进度83.3%；杭金衢高速至杭绍台高速公路联络线形象进度27%；柯诸高速公路全线开工。年内，完成高速公路路面大中修工程（含预防性养护和病害处治）132.3千米、护栏提升改造206.2千米、桥隧维修加固135处。2月10日，杭绍台高速公路齐贤枢纽至柯岩互通段建成通车，全市高速运营里程突破500千米，在全省率先实现“县县通三条以上高速”。

【普通国省道建设与养护】 2022年，全市完成普通国道路面大中修57.6千米、桥梁维修加固7座；完成普通省道路面大中修13.32千米。2022年度国省道公路路况质量PQI（路面技术指数）均值94.1，普通国省道公路路况质量PQI均值93.02，分别比全省均值高出0.45和0.38，两项名列全省第三位。绍兴市公路与运输管理中心获评“十三五”全省干线公路养护

2012—2022年绍兴市及各县（市、区）年末公路通车里程统计表

表63　　单位：千米

年份	全市	越城区	柯桥区	上虞区	诸暨市	嵊州市	新昌县
2012	9587	451	1608	1511	2532	2176	1309
2013	9786	651	1416	1559	2604	2231	1324
2014	9893	663	1417	1573	2638	2278	1325
2015	9959	672	1424	1575	2646	2306	1337
2016	10068	674	1424	1582	2710	2316	1360
2017	10136	665	1439	1595	2735	2324	1377
2018	10137	652	1466	1578	2737	2329	1377
2019	10222	652	1487	1583	2763	2352	1383
2020	10381	647	1523	1611	2776	2399	1424
2021	10443	685	1565	1482	2796	2500	1415
2022	10480	649	1587	1483	2803	2515	1444

（市统计局　徐琼瑛）

管理突出集体。

【农村公路建设与养护】 2022年,全市完成新改建农村公路52.04千米,完成农村公路养护提升工程365.75千米,完成农村公路亮化工程369.16千米。诸暨市获评"四好农村路"全国示范县,嵊州市获评"四好农村路"省级示范县。上虞区、新昌县被确定为2022年度"四好农村路"全国示范县创建单位。柯桥区平王线获评浙江省首批"十大最美农村路"。绍兴"四好农村路"三级"路长制"管理体系建设获2021年度优秀交通强国试点。

【"四好农村路"省级示范市建设】 2022年8月,经省交通运输厅、省财政厅等部门联合审核,绍兴市成功创建2021年度"四好农村路"建设市域优秀单位。至年末,全市6个县(市、区)中有5个为全国、省级示范县。至年末,全市农村公路总里程9309千米,占全市公路总里程的89.1%,农村公路路网密度每平方千米1.13千米。全市农村公路列养率100%,乡镇和行政村公路通畅率均为100%,形成"畅、安、舒、美"的农村公路路网格局。

【527国道新昌大市聚至嵊州黄泽段工程】 2022年10月27日,527国道新昌大市聚至嵊州黄泽段工程新昌段通车,该路段起于沃州镇东南,终于新嵊交界处,主线全长19.58千米,是全市首个干线公路EPC(设计采购施工总承包)模式项目,是新昌县域内投资单体最大的公路项目。2022年12月25日,527国道新昌大市聚至嵊州黄泽段工程嵊州段通车,该路段起于新嵊交界处,终于甬金高速黄泽互通出口与嵊张线交叉口,主线全长4.28千米,是嵊州市"三横四纵"高等级公路网中的关键"一横"。至此,527国道新昌大市聚至嵊州黄泽段全线通车。

【萧山至磐安公路(金浦桥至三江口大桥段)快速化改建工程】 2022年,萧山至磐安公路(金浦桥至三江口大桥段,也称店口高架)快速化改建工程完工,是诸暨市境内第一条高架公路,也是全省第一个采用全过程工程咨询服务模式的交通项目。项目主线全长6.26千米,起点位于萧山金浦桥,接塘湄线连杭州通城高架,终点位于店口三江口,接诸店线快速路连柯诸高速。高架道路及地面道路均采用双向四车道一级公路兼顾城市道路功能标准。

【柯诸高速工程】 2022年9月28日,柯桥至诸暨高速公路项目全线动工仪式在诸暨店口南互通举行。该工程是国家高速公路规划网和省级重点建设项目。项目起于杭绍台高速福全枢纽,终于诸暨暨阳街道浦阳新村附近接诸暨北二环互通,全长39.27千米,设福全、姚江枢纽,设漓渚、店口、店口南、姚江、大侣互通,同步建设漓渚互通连接线、店口互通连接线。

【104国道东湖至蒿坝段上虞段工程】 2022年12月24日,104国道东湖至蒿坝段上虞段开工。工程是省综合交通"十四五"规划实施项目,主线长28.8千米,建设人民东路连接线长2.2千米、329国道及站前大道连接线长4.4千米,采用双向六车道一级公路标准设计。

【104国道新昌莊前至关岭段工程】 2022年6月17日,104国道新昌莊前至关岭段改建工程初步设计获批,进入全面建设阶段。该项目主线起于新昌南明街道莊前村,顺接104国道新昌后溪至桃树坞段,向南延伸,终于儒岙镇关岭隧道口,与104国道新昌关岭至天台响堂段相接,长21.27千米,同步建设104国道与527国道、209省道连接线4.53千米。全线设互通2处、综合公路服务站1处。主线和连接线均采用双向四车道一级公路标准。

2022年,上虞区、新昌县被交通运输部确定为"四好农村路"全国示范县创建单位。图为上虞区上浦镇石井至象田公路 (市交通运输局 供图)

【道路安全监管】 2022年,全市交通运输系统实施除险保安行动,抓好交通安全隐患排查整治。健全安全责任体系和工作机制,制定年度全市交通运输安全管控指数。被列入省级试点全市行业上报道路亡人事故1起,死亡1人(次责),发生水上交通事故2起,死亡2人,未发生较大以上事故,安全生产形势总体保持平稳。强化道路、水路、驾培、公交、工程等领域专项治理,完成全市危货车辆,司、押人员全覆盖检查,推进常压液体罐车治理,开罐检查率、合格率均达到100%。针对"双百"车辆开展大规模集中整治行动,普通公路超限率0.51%,高速公路超限率持续低于0.01%。

【普货行业分类整治】 2022年，绍兴市制定《道路普通货物交通安全专项治理行动实施方案》，细化落实五方面44项具体要求，累计出动6900余人次检查普货企业2277家、货运代理企业634家、货运场站8家，整改问题隐患712处。根据安全风险程度，将213家企业纳入重点监管，对12家重点运输单位联合多部门进行挂牌督办，直至问题销号；累计注销“不符合条件”的业户2472家、营运车辆3383辆；41家应接入称重和视频监控的重点货运源头单位，全部完成接入。推广应用普货信息化管理平台，开展网上安全培训4117人次、网上巡查企业安全生产台账60家，面向企业的问题反馈率100%。

【机动车驾驶员培训专项整治】 2022年，绍兴市启动驾培行业“先培后付”落实情况审核比对制度，对全市驾校的考试合格率、学员违章事故率、学员满意率及驾校投诉、违章、负面事件等情况进行综合评分。实施驾培行政处罚334件，处罚金额12.9万元，11家驾培机构列入重点关注名单。“学驾一件事”应用场景建设获评绍兴市数字化改革“最佳应用”。

【“两客一危”行业监管】 2022年，绍兴市继续开展“两客一危”智控指数县级评价，深化“制度管、系统看、联合查”的工作模式，依托“浙运安”“越安行”等系统开展巡查监管，查处客运班车站外上客、驾驶员不规范作业等行为。“见人见车”检查重点车辆2800余辆，全市所有“两客一危”驾驶员实现“安全码”100%申领，危化品装卸环节扫码作业率由年初的67%提升至年末的98.41%。联合处罚危险货物运输企业32家、查处客运违法行为11起，取缔违规组客点2处，接收处置线索移交函9份。累计注销“小弱散”危货运输企业7家，淘汰重点大型客车123辆。

（市交通运输局 王奕楚）

铁路运输

【概况】 绍兴为铁路过境地区，既有运营铁路5条，普速铁路为萧甬铁路(62.6千米)、浙赣铁路(56.7千米)，高速铁路为杭甬高铁(64.9千米)、沪昆高铁(54.2千米)、杭绍台高铁(113千米)。有在建铁路2条，分别是金甬铁路(63.6千米)，机场高铁(10.4千米)。至年末，通车铁路总里程数351.4千米，在全省率先实现“县县通高铁”。

【铁路设施】 至2022年末，绍兴市有铁路客运站场8个，分别是绍兴站、绍兴北站、绍兴东站、上虞站、上虞南站、嵊州新昌站、嵊州北站、诸暨站。有货运站场4个，分别为上虞站、皋埠站、钱清站、诸暨东站。

【铁路运输】 2022年，全市铁路客运总发送量约824.3万人次，总到达量约833.2万人次。货运总发送量约155.8万吨，总到达量约590.7万吨。

【杭台高速铁路全线开通】 2022年1月，杭台高速铁路建成通车。杭绍台高铁是国家首批8个社会资本投资铁路示范项目之一，是中国首个民营资本控股的高铁PPP项目。绍兴境内全年发送旅客105.3万人次。

杭台高铁线路由绍兴北站引出，经绍兴市的柯桥区、越城区、上虞区、嵊州市、新昌县和台州天台县、临海市、椒江区，引入既有甬台温铁路温岭站，线路全长267千米，设计时速为350千米，绍兴市境内设有绍兴北站（既有）、上虞南站（新建）、嵊州北站（新建）、嵊州新昌站（新建）。项目总投资438亿元，绍兴市投资约196亿元，资本金比例30%。项目股比为复星牵头的民营联合体51%，国铁集团15%，浙江省（交通投资集团）13.6%，台州市10.2%，绍兴市10.2%。绍兴市的万丰集团、梅轮电梯股份有限公司参与民营联合体出资，分别出资1.78亿元。

【绍兴城际线迪荡站开通】 2022年12月30日，绍兴城际线（风情旅游新干线）二期迪荡站正式开通运营，开通运营站点5座，其中绍兴境内4座、杭州境内1座，并与宁波贯通运营。城际列车开行共8对16趟，其中，连接杭州南站车次5对10趟，连接宁波站车次2对4趟，方便杭绍甬三地市民交通出行。

绍兴城际线迪荡站是利用既有萧甬铁路富余运能新增城际车站开行城际列车项目。迪荡站位于绍兴市迪荡新城，紧邻越城区迪荡CBD、商业中心、迪荡湖公

2022年，绍兴高铁北站建设现场 （镜湖新区 供图）

园和住宅区。项目于2019年开工建设，总投资2.7亿元。迪荡站站房建筑面积1900平方米，站场规模两台四线。

【绍兴北站】 至2022年末，扩建后的绍兴北站由原有的2（站）台6线，增加至4（站）台12线，新建站房面积约3万平方米，原有面积约2万平方米，扩建后绍兴北站总面积5万平方米。年内，绍兴北站发送旅客420万人次，到达旅客428万人次。

2019年，绍兴市启动绍兴北站扩建工程。按照设计要求，新建站房采用线下式落地布置（室内设架空层），其中一层为候车厅，二层主要用于布置商业服务。同时，新建站房设置到发线6条（含正线2条）。

（市发展改革委 赵国庆、王 刚）

2022年9月30日，绍兴港嵊州港区中心作业区码头通过交工验收（市交通运输局 供图）

水路运输

【概况】 至2022年末，绍兴市共有航道117条，航道总里程1121.17千米。其中，等级航道735.92千米，准七级以下航道385.25千米。等级航道中四级航道196.10千米，五级航道15.23千米，六级航道263.42千米，七级航道261.17千米。有港口经营企业38家，码头27个。完成货物吞吐量1975.3万吨，比2021年增长6.1%，其中进港1841.7万吨、出港133.6万吨。完成港口集装箱吞吐量9.21万标箱，增长1.2%；其中进港4.64万标箱、出港4.58万标箱。全市共有营运船舶829艘，内河船舶平均吨位558吨。

【航道养护】 2022年，全市实施航道专项养护项目10个、例行养护项目17个，确保干支航道畅通和设施完好，实现等级航道年通航保证率90%以上，骨干航道年通航保证率98%以上，护岸、绿化完好率95%以上，助航标志维护正常率99%以上。

【渔船检验】 2022年，全市完成检验船舶1678艘次、36.34万总吨，其中建造检验客货船20艘、9359总吨；完成船舶图纸审查27套，船用产品检验300套；完成内河渔船检验912艘次。

【清风船闸及航道建设】 曹娥江清风船闸及航道工程位于嵊州市。2022年，新建Ⅳ级船闸1座（水工结构按通航1000吨级船舶设计），按天然和渠化河流Ⅳ级航道通航标准整治改造航道长约16.4千米，新建锚地1处、桥梁防撞墩9座，设计年单向过闸货运量通过能力为470万吨。至年末，总体形象进度45.2%。

【港航安全监管】 2022年，绍兴市交通运输系统开展水路泥浆运输安全、主干航道碍航捕捞、船舶碰撞桥梁等八大专项整治，累计出动3400余人次开展各类督查检查380余次，排查整改各类问题隐患210余处，8座存在安全风险隐患的桥梁已落实整改7座，剩余1座将拆除后新建。查处未批临时水上泥浆装卸点5处，清退8艘不符合泥浆载运标准的船舶；取缔游艇游乐设施非法经营点1个、无证游览排筏4艘，查扣水上游乐设施3艘、无证游艇1艘；查获杭甬运河非法捕捞渔船117艘，扣留捕鱼船只10艘。承担内河水上搜救中心职责，实施24小时应急备勤，累计发布安全预警信息43.6万条，处置水上交通突发事件137次。推动12客位以下内河小型客船纳轨管理，推进348艘小型客船运输经营许可及营运证配发。在全省率先开展内河渔船技术状况专项提升行动，累计完成专项检查912艘次，384艘检验不合格的不予签发渔船检验证书。

（市交通运输局 王奕楚）

水 利

综 述

【水利投资】 2022年，绍兴市完成水利投资55.9亿元，完成率110.7%，较2021年同期增长28.2%。计划更新改造农村供水管网100千米，全年累计完成189千米。水利民生实事6项任务提前超额完成全年任务，完成率146%，列全省第一位。

“数字孪生曹娥江流域防洪应用”项目获评水利部优秀应用案例。市曹娥江流域中心获水利部“第二届水利系统基层单位文明创建案例”荣誉称号。

【水利规划】 2022年，《绍兴市曹娥江治理流域治理体系和治理能力现代化规划》实施，通过依法治理、系统治理、综合治理、科学治理，健全流域现代化治理制度、织绘流域现代化水网架构、提升流域现代化管理效能、激发水利现代化发展活力。《绍兴市“十四五”期间解决防洪排涝突出薄弱环节实施方案》完成编制并实施，明确“十四五”期间全市解决防洪排涝突出薄弱环节的工作目标、主要任务以及有关保障措施等。推进《绍兴水网建设规划》《曹娥江流域防洪规划(2021—2035年)》编制修编。

【水土保持综合治理】 2022年，绍兴市以生产建设项目水土保持监督管理专项行动为抓手，实现生产建设项目扰动范围动态监督，部、省下发图斑全面完成核查整改。推广数字赋能、生态富民做法，激励各县(市、区)开展示范创建、项目治理，推动全市水土保持工作向规范化、法治化转变。年内，全市完成水土流失综合治理49.64平方千米，是省下达任务数的150.42%，新昌横渡桥、嵊州贵门片等生态清洁小流域治理项目完成完工验收。加强小水电生态流量日常监管，逐站落实生态流量泄放。

绍兴市获2021年度全省水土保持目标责任制考核优秀，新昌县获评全国水土保持工作先进集体，越城区获评国家水土保持生态文明示范县，新建杭州经绍兴至台州铁路获评国家水土保持生态文明工程。

【城乡饮水工程建设】 2022年，《绍兴市较大偏远自然村供水规划(送审稿)》完成编制，启动《绍兴市农村供水共富提质行动规划(2023—2025年)》编制，改造农村供水管网189千米，新增受益人口5.26万人，水质达标率保持在95%以上，城乡供水同质化率稳定在96%以上。健全农村供水县级统管机制，持续推动运行管理信息化、水费收缴常态化、应急处置专业化，创建规范化水厂3座，实现千人以上供水工程实时在线监测全覆盖，持续巩固农饮水达标提标成果。

（市水利局　孟宇婕）

水利工程建设

【概况】 至2022年末，全市13个重大水利工程前期进展有序，镜岭水库先行段澄潭江上游分洪洞工程、安华水库扩容提升先行工程开工建设。绍兴市获水利工程专项债券额度29亿元，额度全省排名第一位；汤浦水库发行公募REITs试点扎实推进；上虞区获省内首单用于支持海塘安澜工程的国家政策性开发性基金2.2亿元。

【杭州湾南翼平原排涝及配套工程】 2022年，杭州湾南翼平原排涝及配套工程列入《长江三角洲区域一体化发展水安全保障规划》《浙江省水安全保障“十四五”规划》，是国家级规划重点项目。至年末，已完成可行性研究报告审查。

杭州湾南翼平原排涝及配套工程主要涉及“一湖六江”，即镜湖、潞庄横江、梅山江、横湖河、泮河江、立岱江和盐长江，建设内容包括镜湖整治工程、河道整治工程和闸站工程，以排涝为主，兼顾改善区域水生态环境。工程实施后，可新增调蓄容积650万立方米，恢复水域面积98.32公顷。既能提升绍虞平原排涝能力，又能改善区域水生态环境，提升大运河文化底蕴和城市文化软实力。

【海塘安澜工程】 2022年，绍兴市完成所有海塘安澜工程可研审查。其中，柯桥区海塘安澜工程初设报批周期比常规缩减20天，并实现主体开工建设。上虞区海塘安澜工程可研评估会至财评报告审核办结仅用9天，实现开工建设。市本级、越城区段海塘安澜工程完成可行性研究报告审查。

海塘安澜工程涉及市本级、越城区、柯桥区和上虞区。其中，绍兴市本级海塘安澜工程(曹娥江大闸段)列入《浙江省海塘安澜工程建设规划》《浙江省水安全保障“十四五”规划》，工程任务以防潮排涝为主，提升曹娥江大闸段防潮标准至300年一遇，完善钱塘江南岸高标准御潮防灾体系，显著改善沿线海塘生态环境和人居环境。计划在“十四五”期间全省率先全面完成海塘安澜工程建设任务。

【镜岭水库工程】 2022年，绍兴市成立以市委书记、市长为组长的领导小组，设立市镜岭水库工程建设指挥部、市镜岭水库建设运行中心、浙江镜岭水库有限公司，形成“三位一体”横向协同、纵向联动的运作机制，30家市级部门(单位)以及越城区、柯桥区、上虞区、嵊州市、新昌县合力攻坚，协同开展工作。推动BIM(建筑信息模型)三维正向设计在省内水利工程首次应用，实现以数字化手段管理工程建设，提升建设管理的精细化水平，探索镜岭水库数字化交付新模式。至年末，完成可行性研究报告，通过省水利厅初审、报送水利部审查。同时，先行段澄潭江上游分洪洞工程在12月7日开工建设。

镜岭水库工程于1952年由省水利厅勘测规划，是曹娥江流域规划内最后一座尚未建成的大型水库。镜岭水库工程是浙江省“十四五”期间单体投资最大、移民人口最多的水利工程，是《曹娥江流域综合规划修编(2015—2030年)》确定的流域控制性骨干工程，列入《“十四五”水安全保障规划》《长江三角洲区域一体化发展水安全保障规划》，被水利部列入重点推进前期工作的66项重大水利工程清单，被省政府列入省主导的23项重大项目清单。工程任务以防洪、供水为主，结合灌溉、发电，为改善流域水生态环境创造条件。

【安华水库扩容提升工程】 2022年，诸暨市加快推进安华水库扩容提升工程前期工作，12月29日举行先行工程开工仪式。安华水库工程列入《长江三角洲区域一体化发展水安全保障规划》《浙江省水安全保障“十四五”规划》项目，是诸暨市投资规模最大的水利项目，估算总投资88.15亿元。

（市水利局 孟宇婕）

水政管理

【水利安全生产】 2022年，绍兴市水利部门组织实施水利行业“防风险、保稳定”专项行动，推进风险分级管控和隐患排查治理“双重预防机制”建设。推广“透明工程”数字化应用，发出风险预警103条、风险提醒7条。推行“质监移动”App，共开展质监活动363次，出具质监意见书376份。年内，完成2个示范项目建设和235家水利施工企业安全生产标准化创建，实现全市水利安全生产“零事故”目标。

【水利工程运行监管】 2022年，绍兴市水利部门推动水库安全鉴定、除险加固、配套提升和运行管护常态化。曹娥江大闸工程全年运行140天，共完成调度166次，累计排水32.57亿立方米；曹娥江引水工程全年运行296天，累计水量1.58亿立方米。

【水利工程管理改革】 2022年，绍兴市水利系统推进水利工程管理“三化”改革，在省内率先制定《关于推进绍兴市水利工程不动产权登记工作的指导意见》，推进水利工程确权登记。“以大带小”等管护模式，加快形成水利工程物业管理良性循环。实施水库视频监控全覆盖和水库大坝安全监测自动化建设，实现重要水利工程数字化管理。深化标化管理，印发《绍兴市深化水利工程标准化管理实施方案》，确保水利工程标准化管理实现常态长效。

【水库山塘治理】 2022年，全市水利系统按照《绍兴市水库山塘系统治理实施方案(2022—2025年)》，推进水库山塘安全鉴定工作，完成水利工程安全鉴定65座，山塘安全评定3109座。病险水库除险加固完成31座，完成率106.9%；病险山塘整治完成71座，完成率112.7%。开展存量三类坝水库治理，完成水库配套设施改造提升49座，水库降等报废技术审查2座，创新开展水库溢洪道提升改造12座，创建美丽山塘100座。越城区开展翻板闸门式溢洪道提升改造工程得到省水利厅推广。

【行业管理服务】 2022年，绍兴市水利部门深化“最多跑一次”改革，推进区域水影响评价“三合一”(水土保持、水资源论证、防洪评价合一)改革延伸扩面，政务服务2.0平台94个办事事项完成上线配置。开展水资源管理、取用水审批、涉河审批、水库山塘验收等水利“三服务”共计997余人次，解决事件820余件，办结率和满意率均为100%。

【饮用水水源地安全保障评估】 2022年，市水利局部署开展省重要饮用水水源地安全保障达标评估工作，全市7个县级以上饮用水水源地参与评估。经评估，平水江水库、汤浦水库、陈蔡水库、石壁水库、南山水库、长诏水库6个县级以上集中式饮用水水源地评估等级为优，钦寸水库水源地评估等级为良，县级以上集中式饮用水水源地评估安全保障达标率100%。

【水资源费征收】 2022年，绍兴市共征收水资源费11214万元，落实水资源费阶段性减免政策，减征水资源费3642万元。

【灌区运行管理】 2022年，绍兴市加强灌区运行管理，完成25个大中型灌区80处计量设施建设、80处计量设施信息化改造。开展农田灌溉水有效利用系数测算分析和培训，提升灌区管理能力和服务水平，农田灌溉水有效利用系数提升至0.61。新昌县巧英水库灌区入围2023—2024年中央财政中型灌区现代化改造储备项目库。上浦闸灌区入选省级2022年节水型灌区名录。

（市水利局 祁一鸣）

城市建设

城市规划

【概况】 2022年，绍兴市着眼提升城市功能品质，启动曹娥江两岸风光带规划研究，开展高铁北站周边等交界融合区域、重点区块及轨道交通沿线用地规划研究，支持柯诸板块融合、嵊新组团协同，推进福全兰亭、章镇三界等联动发展，助推绍兴全市域协同发展、大市区融合发展、主城区联动发展。推进袍江西南片区等位于市区城镇开发边界内且功能已明确的集建区片区的控规编制工作，提高效率、提升覆盖率，促进区域建设发展。推进“多规合一”村庄规划编制工作。

绍兴市城市展示馆　　（市自然资源和规划局　供图）

【片区融合更新规划研究】 2022年，绍兴市自然资源和规划部门按照“一核六心多节点”的网络大城市空间发展战略，从区域融合、市区融合、三区融合层面，对钱清—杨汛桥、迪荡湖科创CBD片区等重点区域进行深层次研究。结合82个特色精品片区建设，启动跨乡镇全域土地综合整治的实践和探索，研究起草《绍兴市高质量推进全域土地综合整治工作方案》，谋划49个重点片区，首批择优确定迪荡科创片区、青甸湖片区等5个试点申报项目。

（市自然资源和规划局　徐　伟、骆丁冲）

【绍兴市城市展示馆】 绍兴市城市展示馆位于绍兴市越城区横湖路277号，占地面积6500平方米，建筑面积2.01万平方米。2022年，完成绍兴市城市展示馆总体布展工作。全馆设常设展览空间、灵活展览空间、互动休闲空间、共享功能空间、建筑配套空间五大类功能空间。常设展览空间包括城市记忆馆、城市规划馆、城市动力馆、友城和侨情展区等三馆两区，其中城市记忆馆讲述绍兴山水古城的发展变迁；城市规划馆展示规划引领、生态塑韵的新时代新绍兴；城市动力馆展示绍兴聚焦高质量发展的先进制造业强市之路；友城和侨情展区展示绍兴侨务工作及绍兴与54个国际友好城市的交流往来。灵活展览空间主要用于各类主题的临时展览；互动休闲空间包括图书阅览区、读城咖啡；共享功能空间，包括公共门厅、VIP休息区公共廊道、公用设施、办公区域；建筑配套空间包括设备用房、物业用房、建筑管井。

（市自然资源和规划局　喻荣胜）

镜湖新区

【概况】 镜湖新区西邻杭州、东连宁波、北接上海，区域面积约50平方千米，规划范围为西至大越路，东至中兴大道，北至杭甬客运专线（于越路），南至山会大道，涉及越城区灵芝、东浦、斗门3个街道。2018年6月，经绍兴市人民政府批复，设立绍兴市镜湖新区开发建设办公室，为市政府派出机构（正县处级）负责镜湖新区范围内规划布局、开发建设和招商引资等工作的统筹协调和统一管理，集中行使发改、经信、规划、国土等涉及项目建设的相关行政审批职能。2022年，镜湖新区深化完善《镜湖大城市核心区城市设计》各项内容，建立健全“1+3+N（25）+1”规划管理体系，高效率推进总投资超1800亿元的“本级项目＋社会项目”建设，投资合计超 300 亿元的绍兴国际金融活力城、龙湖天街、元垄美好之城康养综合体等项目陆续落地，全面优化营商环境，推行“联合竣工验收”新模式，变“多头申报”为“一站直达”，被《环球时报》社主办的第二届中国城市高质量发展与国际合作大会评为“2022 高质量发展十佳园区”。

【片区开发建设】 2022 年，镜湖新区在建新片区总计 8.5 平方千米，镜湖梅山及周边区域片区、高铁北站 TOD 片区、湖东片区、植物园片区、镜湖环湖核心区（中央公园片区）五大重点片区的规划建设推进。高铁北站 TOD 片区（综合交通枢纽 + 城市门户形象 + 双创未来社区）和湖东片区（科创金融活力区）已分别落地总投资近 100 亿元、总建筑面积超 123 万平方米的高铁北站 TOD 综合体项目，总投资超 200 亿元、总建筑面积超 175 万平方米的绍兴国际金融活力城项目，并分别完成 45% 和 89% 总体形象进度。两片区新建项目群已达 170 幢，其中 145 幢主体结顶，总建筑面积超 387 万平方米；市政道路桥梁景观管线已建成 8.34 千米、8 座、64.5 万平方米、43 千米和在建 4.6 千米、2 座、12.6 万平方米、21.8 千米。以“打造市区最高标准的城市公共客厅”为目标定位，完成梅山及周边片区 3.71 平方千米空间规划概念方案研究，植物园片区完成控制性详细规划编制并批复。

【重点项目建设】 2022 年，镜湖新区推进总投资超 1800 亿元的“本级项目 + 社会项目”建设。本级项目 43 个，完工 18 个，开工建设 11 个，8 个项目完成 50% 以上进度，完成投资 64.2 亿元，完成率 100.31%。镜湖直江公园、中心广场、市人民医院镜湖总院、新博物馆等项目基本建成。社会项目 42 个，竣工 12 个，完成主体工程建设 13 个，进入主体施工阶段 15 个，完成投资 324 亿元。镜湖新区现有大小工地 100 余个，塔吊 400 余架、塔吊指数全市领先，达到省内中等县（区）年度投资规模。

【建设空间拓展】 2022 年，镜湖新区新增城市发展空间约 20.5 平方千米（含道路、绿地、水系）、城市可建设用地 1133.33 公顷。完成 12 宗 144.73 公顷做地工作，完成市定年度任务的 128%，列市级平台第一位、全市第二位。山泉、西山头两村完成房屋拆除及地块清理；外谷社居在年底前启动签约。申请跨省增减挂钩指标 33.07 公顷；与常山县、龙游县签订指标调剂协议；完成 14 个批次 103.47 公顷土地报批和 13 个批次 94.2 公顷土地组件上报。

【产城融合项目招引】 2022 年，镜湖新区形成《镜湖新区产业创新发展行动计划》，提前启动高铁北站 TOD 综合体内自持各业态物业的运营招商，配套招引五星级酒店、商务酒店、商业、会议会展优质运营公司。推进并完成绍兴古城首批 8 家金融机构疏解入驻湖东 01 单元金融活力城；依托钱塘江金融港湾绍兴联动区平台，会同市国资委、市国资经营公司规划“金融机构 + 基金小镇”为载体的金融全生态链“一园两区”基地建设，促进绍兴国际金融活力城金融服务业创新集聚与拓展延伸。龙湖天街、元垄美好之城康养综合体等项目引进落地建设；华发投资控股公司区域总部签约落户金融活力城。

【科创平台建设】 2022 年，位于镜湖新区内的上海大学绍兴研究院揭牌成立，创成省博士后工作站、省新型研发机构等高能级平台，有核心研究员、副教授及工程师以上人才 89 人，获批“名士之乡”英才计划项目 12 个，建成 11 个科技创新团队、1 家院士研究所，累计申请发明专利 47 项、PCT（专利合作条约）专利 3 项；中关村翠湖科创平台首个政府投资的绿色建材设备采购交易数字化服务平台“绿筑采”落地成立。设立镜湖新区优质教育发展专项基金，每年出资 5000 万元，重点用于提升新区教育水平，与浙江师范大学签约开展合作办学，全面促进新区教育事业高质量发展。

2022 年，镜湖新区风貌 （市建设局 供图）

【优化营商环境】 2022 年，镜湖新区制定《关于加强建设项目测绘（复核）数据共享工作的通知》，实现减少重复测绘、减轻企业负担、提高工作效率的改革目标。推行“联合竣工验收”新模式，实现装配式建筑评定、建设工程竣工规划核实、消防验收、人防工程验收、建筑质量竣工验收、配套设施（包括红线外代建设施）交接验收等多个验收环节联合验收，变“多头申报”为“一站直达”，项目验收时间由 80 天压缩至 30 天，压缩比 62%。完善“一窗进出、集成服务”机制，累计受理行政审批业务 1100 余件，均在承诺日前办结。

（镜湖新区开发办 王 爻）

城市更新

【概况】 2022年，绍兴市按照省委、省政府统一部署，按照一线城市标准，全力推进现代市政基础设施网络建设，持续提升城市功能和城市品质，不断改善人居环境，为“两个先行”提供绍兴经验。

【海绵城市建设】 2022年，绍兴市全域推进海绵城市建设。印发《绍兴市海绵城市建设项目质量管理办法（试行）》，明确海绵城市建设从规划、设计、图审、监理、施工至验收全过程管控，保障新建项目落实海绵城市建设要求。推进海绵城市项目建设，40个省级专项资金支持项目全部完工，总投资13.79亿元。至年末，完成海绵城市建设面积24.753平方千米，建成海绵城市示范性工程14个。

【交通治堵】 2022年，绍兴市通过加快立体交通建设，有序推进城市道路畅通。全市新增停车位15291个，其中公共停车位4340个。新增停车位中，越城区3703个、柯桥区2485个、上虞区3337个、诸暨市2739个、嵊州市1840个、新昌县1187个。大树江5号地块配套道路庙西港路西侧段、千梭路（鉴湖路—瓜渚路）、镜湖锦帆路建设工程3条联网路连通工程全部建成。

【棚户区改造】 2022年，绍兴市坚持因城施策、因地制宜、量力而行标准，稳步推进棚户区改造。全年新开工棚改安置房建设10198套，基本建成7433套。

2022年，绍兴市持续提升城市功能和城市品质，人居环境不断改善。图为诸暨市“东揽湖光·盛景浦江”城市新区风貌区 （市建设局 供图）

【老旧小区改造提升】 2022年，绍兴市建设部门先后制定老旧小区改造工作规程、安全与文明施工管控规程、片区规划技术要点、分类改造标准、老旧小区综合改造提升技术导则修订版、老旧小区数字化建设指南、老旧小区设计方案技术要点等10个技术文件，规范老旧小区改造，提升改造水平。开展第三方技术服务，实施第三方满意度民意调查和绩效评价，全面客观评价建设成效。至年末，全市完成城镇老旧小区改造项目建设89个，累计完成投资额20.63亿元。

【绿色社区建设】 2022年，绍兴市继续推进绿色社区创建行动。至年末，全市68.7%以上的城市社区参与建设行动并达到要求，累计创建完成绿色社区215个，其中越城区69个、柯桥区55个、上虞区34个、诸暨市29个、嵊州市16个、新昌县12个。

2022年绍兴市棚户区改造完成情况统计表

表64　　单位：套

地区	新开工	基本建成	竣工	交付入住
越城区（滨海新区）	2720	2349	2349	2349
柯桥区	0	0	0	0
上虞区	0	0	0	0
诸暨市	4856	2462	2462	2462
嵊州市	2622	2622	2622	2622
新昌县	0	0	0	0
全　市	10198	7433	7433	7433

（市建设局　宣哲琦）

【亚运城市基础设施提升】 2022年，绍兴市作为承办亚运赛事项目最多的协办城市，研究制定《新一轮亚运城市基础设施提升行动方案（2022—2023年）》。市建设部门根据行动方案，开展推进城市快速路攻坚、配套设施提升、道路整治提升、绿化提档升级、国际标识改造、城市洁净美化、特色空间构建等十大行动，实现全域有机更新。至年末，完成第一轮亚运城市基础设施提升项目38个，完成道路环境整治项目41个。

【未来社区建设】 至2022年末，全市有57个社区入选省级未来社区试点（创建）名单，其中第一批试点项目1个，第二批试点项目4个，第三批5个，第四批8个，第五批19个，第六批20个。8月16日，绍兴全域未来社区试点列入“浙江省高质量发展建设共同富裕示范区试点建设”，是全省唯一的全域未来社区创建试点城市。诸暨东盛社区、柯桥大渡社区、越城外滩社区、柯桥下市头社区、柯桥新末庄社区、上虞南丰社区项目通过省级验收。诸暨东盛社区、越城区外滩社区、上虞南丰社区获浙江 2022 年度数字社会系统“最暖家园”称号。

【城乡风貌整治提升推进】 2022 年,《绍兴市城乡风貌整治提升行动计划》印发,从工作目标、工作任务、时间安排和工作要求四方面为创建工作明确技术指引和行动方向。至年末,完成全市 15 个首批城乡风貌样板区创建,落实建设项目 109 个,完成当年投资 27 亿元。12 个风貌区创建成为 2022 年度市级城乡风貌样板区,7 个风貌区创建成 2022 年度省级城乡风貌样板区。越城“越子城”传统风貌样板区、柯桥水韵纺都特色产业风貌样板区、上虞曹娥江一江两岸特色产业风貌样板区、诸暨“枫江明珠·榧乡古镇”县域风貌样板区入选 2022 年度“新时代富春山居图样板区”。启动枫桥—兰亭跨区域风貌带规划研究编制工作。

(市建设局 宣哲琦)

市政建设

【路桥建设】

道路建设 至 2022 年末,绍兴市区快速路基本成环成网。越东路、二环北路、G329、二环西路、越东路北延、二环南路、绿云路等 10 条智慧快速路推进续建,有 6 条快速路通车,累计通车 66.2 千米。其中,于越快速路(鉴水中路—海南路)依托 329 建设高架,通车里程 20.9 千米;越东路快速路(杭甬高速出口至涂山路以南)通车里程 17.1 千米;山会高架(越东路至绿云路)依托二环北路建设高架,通车里程 7.1 千米;轻纺城高架(绿云路至越州大道)通车里程 11 千米;绿云路高架(山会大道至洋江西路)依托二环西路建设高架,通车里程 6.5 千米;上虞区南北中心大道(南段)通车里程 3.6 千米。印发《绍兴市区快速路二期建设规划(2022—2026 年)》,按照“加强三区融合”“加快衔接高速”“提升联杭效率”“推进湾区发展”原则,启动快速路二期规划建设,规划快速路建设项目 16 个,总里程 113 千米,总投资 595 亿元。

2022 年绍兴市新建城市道路项目一览表(竣工验收项目)

表 65 单位:千米

序号	责任单位	项目名称	道路起讫点	长度	完工时间
1	越城区	庙西港路东段(上大路至凤林西路段)新建工程	上大路至凤林西路	0.763	2022.9.2
2		嵩湾路	马山路至启圣路	0.5	2022.10.15
3		两湖 7 号支路	两湖 8# 支路至敬敷路	0.8	2022.10.28
4		庙西港路东段(上大路至凤林西路段)新建工程	上大路至凤林西路	0.763	2022.9.2
	小计			2.06	—
1	镜湖开发办	锦帆路建设工程	适南路至本觉路	0.704	2022.5.30
2		官渎区块配套工程二期	支纵一路南起山会大道,北至凤林西路;支横一路西起官渎路,东至支纵一路	1.884	2022.10.20
3		梅南路西延工程(环城西路—31 省道)	西起 31 省道,东至官渎路	1.741	2022.6.7
4		后墅路(梅南路—群贤路)道路工程	梅南路至群贤路	1.339	2022.11
	小计			5.668	—
1	柯桥区	镜水路南延工程	起点位于镜水路与杨绍线交叉处,沿杭绍台走廊带,终点位于绍大线与下白线平交处	9	2021.9.23
2		镜水北路(镜水大桥北坡—柯海公路)工程	南起镜水大桥北侧桥头,北至柯海公路	2.3	2022.6.15
3		上方山大道(金柯桥大道—绍齐公路)工程	起始于金柯桥大道茶口江桥南侧,终点与绍齐公路交叉口相接	2.9	2022.6.20
4		群贤路(西沙路—镜水路段)改造升级工程	起点为 2# 桥东桥头,终点至镜水路交叉口	11.1	2022.7.20
	小计			23.3	—
1	上虞区	江西路(运河东路至极客路)道路工程	运河东路至极客路	0.769	2022.7.29
2		杭州湾上虞经济技术开发区服务发展区湖沁路建设工程(康阳大道至滨海大道段)	康阳大道至滨海大道段	1.892	2022.11
3		杭州湾上虞经济开发区高端智造集聚区创五路(科二路至长海公路)建设工程	科二路至长海公路	0.726	2022.6.9
4		称山南路(市民大道至英台路)道路建设工程	市民大道至英台路	0.658	2022.8.11
5		杭州湾上虞经济技术开发区服务发展区环湖南路及环湖北路建设工程(观海大道至湖沁路段)	观海大道至湖沁路段	1.234	2022.6.10
6		杭州湾经济开发区高端智造集聚区创五路(长海公路至科八路)建设工程	长海公路至科八路	0.950	2022.7.13
	小计			6.229	—

续表 65

序号	责任单位	项目名称	道路起讫点	长度	完工时间
1	诸暨市	诸暨市东江路(东三环路—暨东路)道路工程	西起东三环路,东至暨东路	2.46	2022.10.25
	小计			2.46	—
1	嵊州市	高铁新城启动区块道路工程(含坊前路改造)	中爱路、站前北路、高新路、坊前路	2.3	2022.1
2		茶坊路工程	茶坊路、环南路	1.51	2022.1
3		站前南路工程	站前南路	0.52	2022.5
4		小砩区块市政配套设施项目	纵一路、城南大桥南辅路、横一路、澄潭江路	2.12	2022.8
	小计			6.45	—
1	新昌县	凤凰路南延至连接线道路桥梁建设工程	北起沿江路(凤凰城以东),南至 219 省道(甘棠村路口)	0.44	2022.7.15
2		文华路新建工程	南起金市路,北至南山路	0.49	2022.1.20
3		新北路新建工程	南起滨江北路,北至新城大道	0.45	2022.1.20
4		临江北路主干路新建工程	西起新西线,东至新城大道	2.12	2022.1.20
5		鼓山东路道路拓宽工程	起点接环城西路,终点接横街	0.56	2022.2.28
	小计			4.06	—
	合计			50.227	

(市建设局　宣哲琦)

道桥维护　2022 年,绍兴市城市管理局开展自然灾害风险普查,完成市政道路普查 1723 条(1766.19 千米)、市政桥梁 1314 座(102.35 千米)。推动道路平整、桥头跳车整治,试点道路浅层注浆新工艺、桥头跳车整治新技术,整治起伏不平道路 75 千米、桥头跳车 25 座、人行盲道 65 千米,改善城区主要道路通行环境。市综合执法局发布《城市快速路养护技术规范(试行)》,提升全市智慧快速路道路设施管养水平,提高了城市综合承载能力。

【供水】 2022 年,全市供水总量 6.33 亿立方米。其中,生产运营用水 3.68 亿立方米,公共服务用水 4877.76 万立方米,居民家庭用水 1.72 亿立方米,其他用水 501.80 万立方米,漏损水量 4006.57 万立方米。用水户数 165.26 万户,其中,居民家庭 146.79 万户,非居民用水户 18.47 万户。至年末,全市有城镇生活用水水厂 22 家(其中,越城区 2 家,柯桥区 2 家,上虞区 5 家,诸暨市 7 家,嵊州市 2 家,新昌县 3 家);有工业用水水厂 5 家(其中,越城 1 家,柯桥 3 家,嵊州市 1 家);有景观水厂 1 家。总供水设计规模为日供水 336.1 万立方米,DN75 以上供水管道长度约 1.66 万千米。

【绍兴市区供水智能化建设试点项目】

2022 年 12 月 6—7 日,住建部"新城建"——绍兴市区供水智能化建设试点项目总验收系列活动举行,并召开"水润万家　数智绍兴"项目验收会。评审验收专家组认为,绍兴市区供水智能化建设试点项目过程管理规范、验收资料完整,项目研发并形成了控漏智治、智享服务、智能化管理指南等成果,经过连续测试,平台使用稳定、用户体验较好,且根据业务使用需求能不断完善管理平台辅助决策能力,并积极进行成功推广,总体达到了预期效果,同意项目通过验收并举行项目交付仪式。

2020 年 10 月,绍兴市区供水智能化项目被住建部列为"新基建"国家试点项目之一。自项目开展以来,绍兴市围绕物联网设施普及应用、老旧管网更新改造、水质运行安全管理、供水智能化体系建设、智慧城市信息共享、人才培训中心建设 6 个子项目,实现试点区域物联设施全域接入、急险管道更新改造、水质安全有效管控、智能体系多跨协同、城市信息智慧共享、培训基地可学可看的试点成效,形成渗漏预警、智能巡检、智能检漏、智慧服务、物联网平台、数据平台、水质安全及管网安全保障 8 大创新亮点。形成"一套数据标准、一组信息架构、一本工作指南、一个标准规范、一种节水模式、一座培训基地"的"6 个 1"可复制经验成果。

【供气】 至 2022 年末,绍兴市有实际经营的管道燃气企业 13 家。其中,越城区 3 家,柯桥区 2 家,上虞区 1 家,诸暨市 2 家,嵊州市 2 家,新昌县 3 家。燃气管网总长度约 7984.95 千米,其中,高 / 次高压 197.58 千米,中压 3344.91 千米,低压 4442.46 千米。居民用户数约 82.78 万户、年用气量约 1.3 亿立方米,非居民用户数 7277 户、年用气量约 19.96 亿立方米。有瓶装燃气储配站 20 家,其中,越城区 5 家,柯桥区 6 家,上虞区 1 家,诸暨市 4 家,嵊州市 1 家,新昌县 3 家。二级供应站 27 家,瓶装燃气登记居民用户数约 109.78 万户、年用气量约 7.29 万吨,非居民用户数约 1.32 万户、年用气量约 3.76 万吨。车用燃气企业 8 家,其中,越城区 3 家,柯桥区、上虞区、诸暨市、嵊州市、新昌县各 1 家,车用燃气用户约 1.0 万户、年用气量约 2.04 万吨。

【城市照明】 至 2022 年末,全市约有路灯 16.5 万盏。大部分路灯采用 LED 节能灯,实施 24 小时智能监控,根据夏、冬季日照时间变化及晴、雨天亮度高低等情况及时调整,并按照《城市道路照明设施运行维护技术标准》进行养护。

【城市垃圾处理】2022年，绍兴市推进生活垃圾分类处理工作，无害化处理率100%，全年共处理生活垃圾207.6万吨，其中焚烧处理185.35万吨（占比89.28%），餐厨垃圾资源化利用22.25万吨（占比10.72%）。推进垃圾分类"越分越美"行动，提升生活垃圾后端处置能力，完善易腐垃圾处理设施。至年末，全市新增设施日处理能力150吨，各县（市、区）易腐垃圾处置能力达到生活垃圾清运处置量的18.99%，总处置能力达到每日1080吨。建成1个大件、园林、装修垃圾处置项目，总处置能力达到每日2876吨。至年末，全市垃圾处理能力达到每日1.07吨。

【城市雨污水处理】2022年，市市政公用部门完成建设雨水管道65.18千米、提标改造管网61.52千米、雨污分流管网72.47千米、清淤排水管网2953.7千米，分别完成年度任务的100.3%、123%、111.5%和147.7%。提升应急抽排能力每小时0.7万立方米、新建改造排水防涝智慧化项目16个、改造易涝区域5个、改造积水点22处，分别完成年度任务的233%、100%、125%和367%。全市新建改造城镇生活污水管网77.9千米，完成率110.4%；开工建设城镇生活小区"污水零直排区"21个，完成率140%；新建改造污水智慧化项目28处，完成率140%。

（市综合执法局　韩文强，市建设局宣哲琦）

公共交通

【概况】2022年，绍兴市开展国家绿色出行城市创建，中心城区绿色出行比例74.1%、服务满意率90%，早晚高峰期公共汽电车平均运营速度为每小时20.46千米。入选"十四五"国家公交都市建设示范工程创建城市名单。城乡交通运输一体化发展水平继续保持AAAAA级，平均得分102.51分（部标），居全省第一位。推动客运市场转型，鼓励运输企业采用"客运＋旅游""客运＋医疗"等形式开拓新兴市场，累计培育定制客运班线18条，24条客运班线、27辆班线剩余运力调整为包车运力。

【公共汽车】2022年，全市新建公交候车亭161个、公交电子站牌55个，新增（更新）公交车387辆。新增（调整配套）高铁站和地铁站周边公交站点42个、接驳公交线路29条。新增融杭联甬公交2条，推出23条绿色守时公交和2条"敬老爱老"公交，开通"鲁迅外婆家景区"定制旅游公交专线，在棒垒球体育文化中心试点启用L4级别无人驾驶巴士。修订《市区公交客运部分票价优惠措施》，新昌县在全市率先推出70周岁以上老年人刷脸免费乘车服务。

【巡游车】2022年，全市有营运巡游出租汽车2542辆，新增（更新）新能源出租车619辆，出租车（含网约车）新能源车辆占比68.05%。所有县（市、区）均开通95128出租汽车电召服务热线，新增出租车爱心服务车队35辆。制定出租车新能源补助操作细则，落实首轮巡游出租汽车行业气价补助政策，制定完成第二轮巡游出租汽车气价补助办法，累计发放巡游出租车加气补助、新能源车补助1484.8万元。结合《浙江道路运输条例》要求，废止《绍兴市网约车合规化工作实施方案》。

【公共交通数字化改革】2022年，绍兴市交通运输局与市金融办、人行绍兴市中心支行等部门联合，推动数字人民币在交通运输领域的推广应用。在566辆（市区163辆，新昌县403辆）公交车上实现数字人民币支付。在27个地铁站布置的54台绍兴市民卡自助售卡充值设备上实现直接使用数字人民币App扫码购卡及充值，成为绍兴首批上线的数字人民币场景化应用，自动售票机实现使用数字人民币App购票。滴滴出行、美团打车已接入数字人民支付场景，美团、哈啰单车App内单车场景均实现数字人民币支付功能。

【绍兴地铁1号线主线开通运营】2022年4月29日，绍兴地铁1号线主线正式开通，与已投运1号线柯桥段贯通运营，实现与杭州地铁5号线在姑娘桥站同站"无缝换乘"，构建杭绍城区1小时交通圈。绍兴地铁1号线由主线和支线构成，线路全长34.1千米，设站23座，工程投资约238.73亿元。其中，主线起点为中国轻纺城站（不含）、终点为芳泉站，该段长26.8千米，设车站18座。绍兴地铁1号线主

2022年，绍兴市开展城市雨污水管网改造工作。图为城市污水管改造现场

（市行政执法局　供图）

2022年10月20日，绍兴地铁2号线一期工程实现全线“长轨通”（轨道交通集团 供图）

线列车选用B型车，最高运行时速为每小时100千米，列车设计体现水乡、桥乡、书法之乡元素，车站名由20位绍兴书法家手书，并运用在车站装修中。绍兴地铁1号线由绍兴京越地铁有限公司负责运营，全年累计完成客运量2374.56万人次，较2021年增长469.6%，单日最高客流量16.24万人次。

【绍兴地铁2号线一期工程建设】 2022年，绍兴地铁2号线一期工程完成所有车站主体结构封顶，克服梅山广场站—后墅路站区间穿越市行政中心南侧三处过街通道所涉区间盾构磨桩技术难点，磨削桩基47根，完成全线盾构区间施工难度最大部分，实现全线“洞通”。机电施工全面进场，首列全自动运行电客车下线并完成阶段性调试，实现轨通、电通、传输通、无线通，启动信号系统正线动车调试。

【国家绿色出行城市创建】 2022年，交通运输部、国家发展改革委受理北京等103个绿色出行创建城市提出的考核评价申请，并在8月至11月组织开展专家评审和省际交叉复核。经综合评价，共有97个城市达到绿色出行创建目标，绍兴榜上有名。绍兴市推进高水平交通强市建设，倡导并加快推动形成绿色出行方式，满足群众对更高品质生活的需求。2021年，“‘绿色出行、品质交通’提升行动”纳入市政府十大民生实事工程；2022年，“中心城区绿色出行比例70%以上”写入政府工作报告，印发《绍兴市绿色出行创建实施方案》，建立跨部门、跨领域的绿色出行协调机制。建设以轨道交通与快速公交为骨架、普通公交为重要支撑、公共自行车等辅助性公共交通为有益补充的多层次、多方式、一体化绿色出行网络。初步建成“布局合理、生态友好、清洁低碳、集约高效”的绿色出行服务体系，绿色出行环境明显改善。4月，绍兴地铁1号线主线正式开通，实现杭绍轨道“一张网”“一票制”“一卡通”、安检互信，开创全国先例。公共自行车(互联网租赁自行车)与轨道交通站点100米接驳率100%。推进城市大脑数字交通建设项目，已归集公共汽电车、巡游出租车、网约出租车、共享单车、公共自行车等10个行业数据。公交移动支付实现三区全覆盖。开展“绿色出行宣传月”“公交出行宣传周”“1元乘地铁”、公交地铁“开放日”等活动。

【轨道交通建设数字化成果通过国家级鉴定】 2022年，绍兴市根据轨道交通工程项目行业特点和技术标准，培育形成一批工程信息化数字化创新成果。其中，“软土地层城市轨道交通隧道韧性结构体系及数字化技术”成果通过中国城市轨道交通协会专家学术委员会专家鉴定。“绍兴市城市轨道交通1号线工程数字化技术应用”项目获2022年全国第四届“市政杯”BIM应用技能大赛综合组一等奖。《绍兴市城市轨道交通工程数字化应用实践与研究》项目在第三届中国城市轨道交通科技创新创业大赛全国总决赛中获“创新奖”以及2022年第四届市政杯BIM应用技能大赛综合组一等奖。《绍兴市城市轨道交通网络化顶层规划咨询项目成果》通过结题评审。

（市交通运输局 王奕楚，轨道交通集团 陈 杰）

园林绿化

【绿化景观提升】 2022年，绍兴市加强绿地管理和优质园林项目创建，提升城市生态环境水平。改建口袋公园、布置节日绿化节点，设置各类微景观点缀城市角落，完成城市入城口、广场公园等52个重要门户节点的花境、小品布置。加强植被土壤的检测和把控，全市共检测2442个点位，投入资金154万元，抽样检测土壤pH值、质地、可视杂物、石砾含量、有机质等。加强病虫害防治，提高绿化的质量和可持续性。

【市区主干道绿化】 2022年，绍兴市综合行政执法部门编制完成《快速路等高架桥下空间利用规划》，全面推进于越快速路、越东路、山会大道、大禹快速路等多条高架道路花箱设施提档升级，安装滴灌排水装置等。开展现有隔离栏花箱提档升级，丰富绿化品种，对已建高架路桥下空间绿化美化实施提档升级，高架桥绿化花箱提升项目总计126.16千米。

【省级园林绿化创建工作】 2022年，上虞区盖北镇、上虞区上浦镇、上虞区驿亭镇、新昌县儒岙镇、嵊州市仙岩镇、嵊州市长乐镇创建成省级园林城镇；宝业四季园、天圣大越府、亚厦阳光海岸、新天龙文惠苑、祥生铂悦湾一期二期、玉兰花园、御

2022 年，绍兴市开展省级园林绿化创建工作。图为省级园林城镇——上虞区驿亭镇

（市综合执法局　供图）

园、越城区公安局、柯桥区行政中心、e 游小镇管理委员会、上虞园林市政集团有限公司、宏发诸暨基地产业园、嵊州中学、鼓山小学创建成省级园林式居住区（单位）。群贤路（解放大道—绿云路）、群贤路（育才路—金柯桥大道）、春晖大道、艮塔西路（环城西路—友谊路）、浦南大道、体育场路创建成省级绿化美化示范路。梅江风情公园、瓜渚湖西岸公园、虹蝉公园、诸暨市城市广场、剡湖公园、湖莲谭公园创建成省级优质综合公园。

（市综合执法局　韩文强）

城市管理

【市容环境治理】 2022 年，绍兴市开展迎亚运“洁美行动”。完成 18 个地铁站点环境秩序提升及配套设施复建新设。整治重点污染路段 117 条，清洗“城市家具”413.4 万件（处），改造提升公厕 103 座，完成 1141 个非正规垃圾堆放点整治。查处渣土运输违法案件 4091 起，罚款 1353 万元。实施机动车违停三色码管理，推动机动车停放秩序更趋规范。开展城市户外广告和招牌设施安全隐患集中排查整治，对 191 块 25 平方米以上大型户外广告电子屏进行台账管理并制定应急预案。清理非法小广告 30444 起，违规户外广告 6741 起，发现疑似诈骗类非法小广告 28 起，均处置到位。完成“浙里办数字社会浙里民生关键小事宠物犬证服务”系统升级，同时在“浙里办”、“浙政钉”、微信等平台运行。在乡镇（街道）建设城管驿站 63 座（街道 14 座、建制镇 49 座）。创建成 6 个“省级高品质街区”和 6 条“省级街容示范街”。

【违法建筑治理】 2022 年，全市累计处置违法建筑 317.39 万平方米，完成率 211.59%，居全省第一位。诸暨市、嵊州市入围“无违建”创建创先争优考评全省前 20 名。完成“三改”面积 1119.87 万平方米，完成率 406.67%，居全省第一位。柯桥区历史文化街区拆改项目（一期）获评省“十佳拆改示范典型”。开展阳光房、雨棚安全隐患“百日攻坚”行动，摸排阳光房、雨棚 5.18 万个，其中涉及安全隐患、群众反映强烈的 664 个全部完成整治。

【垃圾分类工作】 2022 年，全市城市管理部门开展生活垃圾“越分越美”行动（源头减量深化行动、分类投放提质行动、分类收运整治行动、分类处置提升行动、农村垃圾分类攻坚行动、执法督导亮剑行动、宣传引导造势行动），提升易腐垃圾收集量占比、回收利用率、全市域主题活动频次等短板指标。召开全市生活垃圾治理工作推进会议 2 次，开展“绍兴越分越美”垃圾分类主题宣传活动 2 期。至年末，全市生活垃圾分类知晓率 100%，生活垃圾总量增幅 -1.24%，分类覆盖率、无害化处理率 100%。绍兴市生活垃圾分类工作在住建部评估排名从 2021 年的大城市第 3 档提升至第 2 档，在全国 76 个大城市中排名由第 33 位上升至第 26 位。

【燃气安全管理】 2022 年，全市排查 20 年以上燃气管道 445.59 千米。完成老旧燃气管网改造 50.75 千米，其中，越城区 22.6 千米，柯桥区 2 千米，诸暨市 20 千米，嵊州市 3 千米，新昌县 3.15 千米。完成老旧表箱改造 476 个，其中，柯桥区 200 个，上虞区 80 个，诸暨市 80 个，新昌县 116 个。组织开展城镇燃气安全“百日攻坚”专项行动，排查整改一般隐患 4020 个、重大隐患 17 个，印发各类通报 16 期，市政府主要领导、分管领导作出重要批示 10 次。全市城镇燃气领域共开展执法检查 3442 次，立案查处 282 起，处罚金额 238.86 万元。推动使用燃气的餐饮经营单位安装可燃气体报警装置 1.6 万家，安装率 100%，教育（学校）、卫健（医院）、民政（养老机构）、市监（农贸市场）、文旅（风景区）五大领域同步推进，安装率均为 100%。推进城镇燃气数字化改革，对原有数据系统进行升级改造，满足全省统一监管库要求，做好关键业务环节的核实验证。发放燃气安全宣传册 22 万余册，推送燃气安全公益宣传片 5 万余次、安全提示信息 250 万余个，组织燃气安全宣传进社区、进学校、进企业 1728 家。组织全市业务骨干参加城镇燃气领域管理与执法业务技能培训；组织城镇燃气行业从业人员培训考核和从业人员继续教育培训，新持证上岗考核合格 215 人，从业人员继续教育培训测试合格 1526 人。对绍兴市 12 家管道燃气公司开展特许经营评估初审及专家评审工作。上虞区、嵊州市、新昌县基本完成瓶装燃气规模化改革任务，诸暨市 11 家储配站已有 7 家储配站去功能化并暂停充装业务。

【供水节水管理】 2022 年，市综合执法局督促各地做好每日出厂水指标（3 项），每月出厂水常规指标(42项)、管网水指标(7项),每半年出厂水非常规指标(64项)水质情况上传审核工作。在政府网站、微信公众号、报纸等媒体进行每月水质公开。市政公用部门及时修复供水设备、制定抗旱保供水"一企一策"实施方案等,确保特殊时期的供水保障。通过国家节水型城市省级复查。全市改造节水器具2310套,完成年度任务的100.4%;创建省级节水型单位(小区)52个,完成年度任务的162%。完成二次供水设施改造项目163个,其中,越城区21个,柯桥区51个,上虞区22个,诸暨市56个,嵊州市7个,新昌县6个,年度目标任务完成率100%。新建改造智能化水表1.76万只,完成年度目标任务的135%。

2022年,绍兴市开展公厕改造提升工作。图为改造提升后越城区胜利路与中兴路交叉口的公共厕所 (市综合执法局 供图)

【城市管理数字化改革】 2022年,市综合行政执法局推进城市"综管服"平台省级试点工作,实现省、市、区(县)三级城市管理数据联网,汇聚专题数据352万余条,基础数据108万余条,运行数据2.5亿余条。全市共立案派遣各类城市管理问题60.61万件,结案率、按时结案率分别为99.5%和98.4%。实现城市管理和综合执法线上融合,向省执法办案系统推送案件1941件。推进重点场所片区化共治,32个地铁站和5个亚运场馆实现数字化监管。全市"场所码"扫码量最高超过每日500万人次,基本实现"应扫尽扫"。按照35类44种重点场所的分类标准开展巡查,发现并交办问题7145个。"搬家一件事"应用实现全市贯通,获省数字创新案例优胜奖,入选全省数字社会系统2022年度"最佳应用"。

【城市基础设施运行监测省级试点】 2022年,绍兴市以柯桥区主城区为省级试点先行区,通过物联感知"慧眼"发现、城市运行"智脑"处置等举措,对城市基础设施和地下空间进行安全运行监测,实现城市安全监测"一张网",城市风险运行"一张图",城市风险处置"一件事"。运行数据"全监测",打造汇聚各专项场景的物联网立体监测体系,物联感知体系已覆盖柯桥主城区重点区域3.5平方千米和3座亚运场馆周边;部署燃气、桥梁、供水、内涝等专项12类283套感知设备,外接燃气、水务等单位原有3200余个物联设备。平均每分钟采集监测数据10504条,累计整合数据近29亿条。重大风险"全接报",将人工巡检模式转变为"智能监测+人工巡检",地下管网风险排查效率提高75%;将被动处置转变为提前预警主动预防,事故发生率下降65%,形成"监测、发现、分析、预警、处置、反馈、总结"防控闭环机制,实现对城市安全事故事前风险预警、事中风险化解、事后研判分析的全过程风险管理。风险管控"全覆盖",建立城市生命线在线预警体系,制定平台管理制度,开展7×24小时监测值守,建立分级的预警接报处置体系,已预警防范突发险情84起。年内,相关工作被推荐为数字政府"一地创新、全省共享"应用,获中国信息协会"2022数字政府创新成果与实践案例"。

【环卫设施改造】 2022年,全市完成17座生活垃圾中转站提升改造,完成1座易腐垃圾处理设施扩建项目,完成7座生活垃圾填埋场"一场一策"综合治理方案制定,完成105座公厕服务便利化、智慧化、人性化、特色化和规范化提升改造。

【城市防灾抗灾设备】 2022年,市城市管理部门新增强排车等防汛防台设备,修改完善《绍兴市区排水防涝应急预案》。至年末,全市共有内涝强排车19辆,其中排量在每小时1000立方米以上的有16辆,强排车总排量在每小时2.25万立方米以上。应对冬季冰冻雨雪天气,部分县(市)新增清(铲)雪车和融雪剂撒布车。全市累计有清(铲)雪车19辆、融雪剂撒布车32辆。

【供水、供气减免政策】 2022年,绍兴市有4.8万余家小微企业和个体工商户享受供水、供气"欠费不停供""水价气价下调10%"政策,共缓缴水费、气费2932万余元。6.2万余户特困人群及低保对象享受水气费用减免,减免水费、气费174万余元。

(市综合执法局 韩文强)

乡村振兴

综　述

【乡村"强帮扶促共富"行动】 2022年，绍兴市持续巩固提升村级集体经济，建立市领导联系制度，实施部门结对、"一镇一行"等帮扶行动，建立全市675个相对薄弱村名录库，实施村级集体经济"消薄"增收项目206个，全年投资18.3亿元，增加集体经营性收入1.7亿元，受益村1255个次，全面消除年经营性收入50万元以下行政村。

【"三农"政策资金兑现】 2022年，绍兴市梳理农业、林业、水利等79项政策条款，细化形成150个"最优颗粒度"事项，实现所有事项全部上线"越快兑"平台。至年末，全市"三农"政策预估兑现资金1.2亿元。

【低收入农户防返贫监测】 2022年，绍兴市聚焦助业、助学、助医、助资，落实低收入农户"一户一策一干部"结对，实现镇级以上结对干部对全市低收入农户全覆盖，全市9772名结对干部每月走访结对低收入农户1次以上。至2022年末，绍兴市有低收入农户约2.98万户4.04万人。

【低收入农户增收】 2022年，绍兴市根据社会经济发展情况，动态提高低保标准。全市低保标准由每人每月890元提高到1050元；修订《绍兴市低收入农户产业帮促基地认定办法》，扩大创建对象，创建帮促基地7个。至年末，全市低收入农户人均可支配收入2.12万元，占农民收入的46.4%，增长14.7%，全市域消除低收入农户年家庭人均收入1万元以下现象。

（市农业农村局　马月夏）

农村改革

【概况】 2022年，绍兴市稳步推进全国农村宅基地制度改革整市试点，组合推进"宅基地改革＋乡村建设"，加快宅基地整合利用试点、"闲置农房激活"等重点项目建设，创新开展宅基地"三权三票"确权赋权活权试点；推进农村承包地改革，推行"土地流转＋农业标准地"模式，新流转土地提高2%。加快推进数字化改革。实现"浙农"系列应用市、县贯通，累计赋码用码量超950万次。打造"一码管宅"，完成宅基地数字化管理服务系统建设，"新昌茶卫士"被列为全省数字经济领域"一地创新、全省共享"应用，建成省级数字农业工厂（未来农场）20家。

【"强村富民"乡村集成改革】 2022年，《绍兴市强村富民行动方案(2022—2025年)》制定，设立绍兴市强村富民乡村集成改革工作专班与常态化工作机制。柯桥区、上虞区列为省强村富民乡村集成改革实践试点。实施《绍兴市城乡公益性岗位扩容提质行动实施方案》，突破公益性岗位年龄限制，允许向超龄低收入农户提供公益性岗位。实现村级集体经济经营性收入31.09亿元，比2021年增长15.15%，农民人均可支配收入4.57万元，增长7.2%。城乡居民收入倍差1.67。

【农村宅基地制度改革】 2022年，绍兴市制定关于加强农村宅基地管理工作的若干意见、关于农村宅基地整合退出和利用的指导意见、农村宅基地资格权人认定办

2022年，绍兴市开展低收入农户增收工作。图为新昌县沙溪镇低收入农户通过"共富农场"增收

（市农业农村局　供图）

法等16个制度,起草关于进一步深化农村闲置宅基地和闲置农房激活改革的实施意见等4个文件,基本构建"1"(市级实施方案)+"20"(市级制度)+"X"(县级创新制度上升为全市推广应用制度)制度体系。实施改革重点项目36个,打造典型案例30个。诸暨市开展"三权三票"实践探索,创多项"全国第一";柯桥区福全街道开展农村宅基地跨村有偿选位竞价,11户农户市内跨县实现资格权。完成1515个村、106.77万户农户宅基地基础信息调查;建设完成全市农村宅基地数字化管理服务系统,推进农村"人、户、地、房"信息一体化管理。深化"闲置农房激活"改革,全年引入开发建设项目1149个,吸引社会资本21.45亿元,激活闲置农房2516幢、87.83万平方米。绍兴市宅基地工作获省政府通报表扬,宅基地制度改革工作获评全省高质量发展建设共同富裕示范区第一批最佳实践,有关改革经验3次刊发在农业农村部《宅基地改革与管理》,诸暨市农村住房保障相关经验得到农业农村部和省委、省政府批示肯定。

【农业标准地改革】 2022年,绍兴市开展农业标准地改革试点,越城区、诸暨市列入省农业标准地改革试点县。制定土地流转激励政策,全市土地流转率70.9%,百亩以上集中连片适度规模经营比例54.9%。争取农业农村发展用地纳入"三区三线"1193.33公顷,开展土地经营权流转和二轮承包到期调查,实施土地流转履约保证金试点。

【"浙农"系列应用市县贯通】 2022年,绍兴市实现"浙农"系列应用市、县全面贯通,提高"浙农码"使用效率,累计赋码用码量超937.2万个。上线"浙农码"平台本地特色场景9个,应用服务22个,"新昌茶卫士应用"作为农业农村领域"一地创新、全省共享"5个应用之一完成全省推广落地,"越宅通""柯桥古榧保护和利用集成应用""新昌茶业一件事(茶产业大脑)"获评全省农业农村数字化改革优秀应用。"'越茶香'保险一键办"作为全省第一个地方特色政策性农业保险数字化平台,投保茶农注册应用实现100%全覆盖。

(市农业农村局 陈 丰、周永亮、马国江)

产业发展

【概况】 2022年,绍兴市列入省农业农村系统重大农业农村项目36个,年度投资38.4亿元,完成投资计划的106.0%。农业产业提升"双十大"项目年度投资19.7亿元,完成年度投资计划的134.9%。开展绿色优质农产品建设,新增绿色食品28个,绿色优质农产品认证率59.97%。市级茶叶区域公用品牌"越茗"发布,首批10家茶企获品牌授权。乡旅产业融合发展,实现休闲农业观光976.8万人次,休闲农业总产值15.3亿元。

【乡村旅游精品线路】 2022年,绍兴市富盛诸葛仙山之旅(绿色康养,越城区)、日铸茶文化休闲体验之旅(农事体验,柯桥区)、东山励志精品线(教育研学,上虞区)、"茶菇话语"研学之旅(教育研学,诸暨市)、越剧寻根和唐诗之旅(教育研学,嵊州市)、澄潭田园亲子休闲游精品线(田园村韵,新昌县)、丝茶古道星空夜游带精品线(乡村夜游,新昌县)7条线路入选"浙里田园"休闲农业与乡村旅游精品线路。柯桥区湖塘街道香林村入选"2022年中国美丽休闲乡村",新昌县镜岭镇雅庄村入选2022年全国"一村一品"示范村镇。

【农村电子商务】 2022年,绍兴市发挥嵊州市、新昌县国家级电子商务进农村综合示范县优势,推动农村电商集聚发展。持续开展电商直播"共富工坊"的建设培育工作,挖掘一批具有创新性、引领性、示范性的电商直播"共富工坊"。至年末,全市已创建淘宝镇13个、淘宝村77个、电商专业村92个。

2022年,柯桥区湖塘街道香林村入选"2022年中国美丽休闲乡村"。图为群众在香林村桂花树下休闲娱乐 (沈浩根 摄)

【乡村产业发展平台】2022年，绍兴市继续实施农业产业平台梯度建设，建成国家级现代农业产业园1个、国家级农业产业强镇2个、省级现代农业园区4个、省级特色农业强镇9个、省级示范性农业全产业链7条。基本建成茶叶、水稻、菊花、兰花四大品种园，培育省级以上特色农产品优势区10个。

【农创客培育】2022年，绍兴市新增农创客2108名，累计培育3908名，评选吕建林等10名农创客为2022年度全市"十佳农创客"。开设市级农创客专题研修班，选送30名农创客参加全省农创客调训，选送60名农创客参加农业农村部乡村产业振兴带头人培育"头雁"项目培训。组织农创客组团参加省、市农博会及各类大型农产品展销会，对新创办农业组织的农创客、提供社会化服务农创客进行资金奖补。绍兴市农创客联合会选举产生新一届理事会，成立裕农通·农创学堂。

【中国·绍兴首届"乡村人才振兴"全球创新创业大赛总决赛】2022年6月29日，中国·绍兴首届"乡村人才振兴"全球创新创业大赛总决赛在中关村·绍兴水木湾区科学园举行。大赛由市委组织部、市农业农村局主办，浙江赛创未来创业投资管理有限公司承办。自2021年9月启动以来，共有158个海内外创新创业项目报名参赛。其中，博士带头项目占比36.1%，硕士带头项目占比58.2%，海外人才项目占比38.6%。大赛分农业机械、农业科技、乡村新兴产业、海外项目四场分站赛，最终14个项目入围决赛，决出一等奖1名、二等奖3名、三等奖8名。中国兰花产业核心技术集成与市场开发项目获大赛一等奖。大赛特设人才政策直通车。获得一、二、三等奖项目如符合人才认定条件，可直接认定为绍兴市"名士之乡"英才计划相应A、B、C类，项目落地后分别可获得最高500万元、300万元、200万元的资助。

（市农业农村局　马月夏、谢　军）

乡村建设

【概况】2022年，绍兴市美丽乡村建设深入推进，累计创建"五星达标村"1579个，"3A示范村"197个，"乡村振兴先行村"48个。新昌县创建成省级新时代美丽乡村示范县。创建成省级美丽乡镇9个，累计62个；省级特色精品村29个，累计184个；省级新时代美丽乡村达标村261个，累计1523个；累计建设省级新时代美丽乡村共同富裕示范带3条，完成诸暨市"十亩之间"共同富裕示范带建设。全市美丽庭院累计建成42.6万户，创建比例43.6%。全市农村生活垃圾分类处理、农村公共厕所规范化管理、"三线"整治实现规划保留村全覆盖。

（市农业农村局　褚文蔚）

【镇村建设投资】2022年，绍兴市完成美丽城镇"五美"项目298个，完成投资额255亿元，启动15个乡镇（街道）的美丽城镇样板创建。启动美丽宜居示范村创建13个，完成投资额7537.5万元。开展传统村落保护系列宣传活动和传统村落保护宣传片拍摄。至年末，获评美丽城镇建设省级样板9个，创建成美丽宜居示范村13个，获省级优秀示范村4个，入选第六批国家级传统村落4个。

（市建设局　宣哲琦）

【未来乡村建设】2022年，绍兴市围绕"三化九场景"，推行"微改造、精提升"，挖掘文化内涵，打造村庄品牌；探索市场化运营机制，重塑乡村价值空间，激活乡村内生动力；实施公共服务集成行动，打造适老化场景，数字赋能民生服务，全面推进未来乡村建设。至年末，全市共建成省级未来乡村25个，柯桥区王化村、上虞区东澄村、嵊州市雅璜村、新昌县梅渚村等入选省未来乡村建设十大模式典型案例。

【"四好农村路"建设】2022年，绍兴市全力推进"四好农村路"建设，成功创建省"四好农村路"建设市域优秀单位；6个县（市、区）中有5个成功创建"四好农村路"全国、省级示范县；"四好农村路"三级"路长制"建设体系被交通强省办评为交通强国优秀试点。全市农村公路总里程9335千米，占全市公路总里程的89.1%；乡镇和行政村公路通畅率100%；推出一批"四好农村路+"乡村休闲、特色经济等主题

表66

2022年绍兴市建成省级未来乡村一览表

等　次	县（市、区）	村　名
优秀	柯桥区	漓渚镇棠棣村
	新昌县	澄潭街道梅渚村
	上虞区	岭南乡东澄村、谢塘镇晋生村
	诸暨市	枫桥镇枫黄新村
良好	越城区	孙端街道安桥头村
	柯桥区	湖塘街道香林村
	诸暨市	枫桥镇枫源村
	新昌县	镜岭镇雅庄村
	嵊州市	石璜镇雅璜村
合格	越城区	鉴湖街道坡塘村、皋埠街道坝头山村
	柯桥区	夏履镇莲东村、漓渚镇九板桥村、平水镇剑灶村
	上虞区	丁宅乡丁宅村（片区）、崧厦街道祝温村
	诸暨市	五泄镇十四都村、山下湖镇枫江村、山下湖镇新桔城村
	嵊州市	崇仁镇温泉湖村、贵门乡贵门村、谷来镇王院村
	新昌县	澄潭街道棠村村、澄潭街道梅屏村

（市农业农村局　褚文蔚）

延伸阅读

王化村(城乡一体的服务优享模式):柯桥区王化村依托稽山舜源优越的生态优势和大量闲置农房,招引乡贤回乡投资、建设和运营"金秋家园·长塘头"共富项目,延伸"养老+"产业链,初步探索出一套以解决乡村养老问题为切入点,以吸引乡贤回归和资本回流为契机,全面盘活山区农村闲置农房、闲置农田和闲置劳动力的"王化模式",有效促进村集体经济发展、农民增收。

东澄村(强村富民的产业振兴模式):上虞区东澄村位于覆卮山半山腰,自然环境优美,有"天然氧吧"之称。东澄村以打造"乡村振兴样板地·共同富裕示范村"为目标,大力发展乡村旅游产业,做大做强文化体验、乡村旅游、田园娱乐、休闲度假等四大产品体系,获中国最美乡村、国家级生态环保村、国家级美丽宜居示范村等6项国字号荣誉。

雅璜村(党建统领的四治融合模式):嵊州市雅璜村是"民情日记"发源地,2004年12月14日,时任浙江省委书记习近平在嵊州考察期间,作出"让'民情日记'更有生命力,取得更好的实效"的重要指示。雅璜村始终牢记总书记嘱托,坚持"串百家门、知百家情、解百家难、连百家心、办百家事、致百家富"的"六百"精神,突出"民情日记"基层智治优势,开发"浙里民情"场景应用,推进"民情日记"发源地全区域建设,架起了干群之间的"连心桥"。

梅渚村(产村融合的乡村经营模式):新昌县梅渚村地处两大省级AAAA级风景区大佛寺和穿岩十九峰中间,地理位置优越。通过全面创新运营模式,梅渚村以"国企+村"的合作模式为蓝本,不断完善村企合作机制,着力构建"村集体、村民、企业"三方共赢模式建设未来乡村。以"古今融合,宋风美学"文旅生活小镇为建设目标,以产业为引领,以富民为导向,以文化为依托,打造符合古村实际的未来乡村"九大场景",让这座乡村露天博物馆,以崭新的方式,活起来、火起来,带动一方百姓富起来。

的示范线路,全市城乡交通运输一体化水平居全省前列。

【城乡交通运输一体化】 2022年,绍兴市交通运输部门组织开展省城乡交通运输一体化发展水平自评估工作,城乡交通运输一体化发展水平继续保持AAAAA级,平均得分102.51分(部标)。改造城乡站立式公交226辆,新建县级共同配送中心2个、乡镇客货邮融合综合服务站8个、村级农村物流服务点21个,优化农村客货邮融合发展线路10条。嵊州市农村物流模式入选全国农村物流服务品牌。

【农村供水】 2022年,绍兴市立足城乡同质饮水,持续推进城乡水厂规范建设、城市供水管网延伸、单村水站提标改造、水站运维管理升级,积聚力量推进城乡供水一体化,打造安全饮水全覆盖。至年末,累计更新改造农村供水管网189千米,新增受益人口5.26万人,上虞丰树坪、泰山供水站等3座水厂入选省级规范化水厂名录。

【农村历史文化保护】 2022年,绍兴市以《浙江省历史文化(传统)村落保护利用项目管理办法》为指导,重点推进第八、第九批历史文化村落3个重点村、9个一般村保护建设,启动第十批保护利用工程建设。至年末,完成顶瓦修补4512万平方米,墙体加固703万平方米,立面改造3184平方米,构建修复188个,古道修复3.62千米。

【农村人居环境整治】 2022年,绍兴市修订《2022年度绍兴市农村人居环境整治提升常态化评估办法》,常态化开展以"一分两清三化"("一分":农村生活垃圾分类;"两清":清理空倒房,清理乱堆乱放;"三化":"三线"序化,庭院美化,公厕洁化)为重点的整治提升活动,完成144个次镇街572个次行政村的常态化检查。继续开展公厕服务提升工作,建立健全农村公厕"所长制",新建省级星级公厕240座、省级示范性公厕20座,累计建成省星级公厕720座、省级示范性公厕57座。

(市农业农村局 褚文蔚)

【农村生活污水治理】 2022年,全市农村生活污水治理建设项目开工建设46个,完成省定一类目标任务的127%。全市农村生活污水治理行政村覆盖率90.91%,其中越城区87.69%、柯桥区86.25%、上虞区96.52%、诸暨市91.61%、嵊州市89.08%、新昌县91.6%。完成农村生活污水处理设施标准化运维4506个,启动改造项目269个,完成率分别为107.6%和128.1%,出水水质达标率94.79%,超额完成年度任务值(71.44%)。柯桥区推进全国农村生活污水治理示范县建设;新昌县创新政府专项债形式,累计发放专项债6亿元,加大对农村生活污水终端改造力度,

省级规范化水厂——泰山供水站鸟瞰

(上虞区水利局 供图)

提高行政村覆盖率和出水达标率。

（市建设局　宣哲琦，市综合执法局　韩文强）

【农村改水改厕】2022年，绍兴市设置饮用水水质监测点405个，其中农村水监测点245个、城市水监测点160个，农村水监测点乡镇覆盖率100%。全年，采集城市饮用水水样321份，合格水样321份，水样合格率100%；采集农村饮用水水样492份，合格水样483份，水样合格率98.2%。推进厕所革命，全市有农户992888户，完成改厕986833户，农村无害化卫生厕所普及率99.99%。

（市卫生健康委　王栩栩）

【农村生活垃圾分类】2022年，绍兴市完成农村生活垃圾分类处理三年行动，累计创建省、市农村生活垃圾分类示范村119个、169个，市垃圾分类示范片区18个，市农村生活垃圾分类准确村973个，创建比例63.6%。农村生活垃圾分类处理覆盖率、资源化利用率、无害化利用率均为100%。

（市农业农村局　褚文蔚）

【农村自建房安全排查整治】2022年，绍兴市全面启动城乡自建房安全专项排查整治，在8月底前分别完成重点区域经营性自建房排查、经营性自建房排查和存在安全隐患生产经营性自建房全面管控。至年末，累计排查录入城乡自建房136.37万栋（其中，经营性自建房4.99万栋），经鉴定确认C、D级危房181栋（其中，经营性自建房30栋），并全面完成管控整治。

（市建设局　宣哲琦）

【乡村电力服务】2022年，绍兴电力局在叶家堰村启动浙江省首个公共充电桩“村村通”示范工程。开展台区低压侧设备智能延伸改造，加快农村地区老旧采集终端改造。绍兴乡村电网智能电能表安装率100%，乡村用户采集终端覆盖率99.99%。电力赋能鲁迅外婆家孙端安桥头村文旅发展等做法在中央电视台、新华社客户端等媒体传播。

（绍兴电力局　何毓勤）

【乡村气象服务】2022年，绍兴市气象部门新创建106个气象防灾减灾标准化村（社区），总结推广气象服务美丽乡村示范成效。新昌县打造以茶叶气象指数为特色的茶产业大脑，茶叶气象指数应用纳入省委数字化改革一本账。

（市气象局　李丹丹）

【“五星达标”“3A争创”迭代升级行动】2022年，绍兴市实施“五星达标”“3A争创”迭代升级行动，全域推进农村人居环境整治和新时代美丽乡村建设，打造整体大美格局。至年末，全市创建成“五星达标村”70个，“3A示范村”23个，“乡村振兴先行村”40个。

（市农业农村局　褚文蔚）

乡风文明

【概况】2022年，绍兴市围绕农村文化丰富供给和精准送达机制改革，以数字化推动文化礼堂迭代升级，加快培育文明乡风、良好家风和淳朴民风，建立“建、管、用、育、评、奖”工作长效机制，以品质文化重塑农村文化供需格局，激发共同富裕的精神支撑力。新命名绍兴市级文明镇5个、文明村94个。至年末，全市有全国文明镇4个、文明村21个；省文明镇16个、文明村118个；市文明镇29个、文明村449个。

【农村文化礼堂建设】2022年，绍兴市委宣传部运用数字化技术手段对农村文化礼堂进行系统性重塑和创新性变革。挖掘绍兴戏曲资源优势，打造“戏曲曲艺”专栏，整合绍兴五大剧种以及京剧、黄梅戏等戏曲资源，累计上传戏曲视频1021部。全市1569家文化礼堂，开展“奋进新征程、礼堂大学习”活动276场次。至年末，全市累计建成农村文化礼堂1645家。

【“行走乡村·文化润乡”文艺志愿服务活动】2022年9月25日，绍兴市文艺界“行走乡村　文化润乡”主题活动基层行启动仪式在柯桥区赵建村举行。来自市、区两级9个艺术门类的50余名文艺工作者实地走访了解赵建村，并为赵建村的村民提供形式多样的文艺服务。绍兴市文联“心连心”艺术团在赵建村举办融戏曲、音舞、朗诵等多种舞台形式的演出。文艺志愿服务活动采用市、县两级文联联动、多艺术门类参与的方式，走进全市6个县（市、区）的镇村，把文艺的欢乐和幸福送到更多的美丽乡村。

【“一村一品、一堂一景”建设】2022年，绍兴市通过鼓励基层创新“礼堂+”机制，以部门合力、结对聚力、名家助力等形式，

2022年11月8日，“绍兴有戏·文艺播撒乡镇行”走进诸暨市文化馆　（市文化馆　供图）

拓展文化礼堂新功能。探索“驻村艺术家”“文艺村长”等形式参与“行走乡村文化润乡”主题“艺术乡建”，首批55名艺术家驻村，助力打造“一村一景、一堂一色”文化品牌。推行“e起学艺”机制，市本级推出不少于20门课程，各县（市、区）推出不少于15门课程，营造“线上抢课报名、线下拜师学艺”的文化氛围。激活礼堂空余场地，开发“农创服务”“文艺培训”“乡村天团”功能，把农村文化礼堂打造成年轻人的创业空间，吸引青年创业群体、社会培训机构等，开展网红营销、电商授课等活动160余场次。实施以“百名艺术家驻村、千支文艺队伍走亲，万名志愿者下乡”为重点的“百千万”礼堂激活行动，组织371家院校、机关、企事业单位与礼堂结对。

（市委宣传部　陶佳楠，市文明指导中心　王凌霞）

乡村治理

【概况】 2022年，绍兴市开展村经济合作社运行问题专项治理，重点整治机构设置、民主决策、收益分配、并村并账等方面不规范问题，查出并整改问题4919个。全面消除年经营性收入50万元以下行政村，创建省善治（示范）村175个。至年末，累计创成全国乡村治理示范镇1个、示范村9个，省善治（示范）村798个。

（市农业农村局　陈　丰）

【乡村治理体系建设】 2022年，绍兴市制定《全市网格划分管理办法16条》，明确城市社区、行政村、专属网格3类基础网格和微网格划分标准，组织召开网格划分交流会，开展全市网格划分调度和督导，覆盖76个乡镇（街道）241个城乡社区，反馈整改问题339个。组建技术专班，完成网格矢量坐标数据与基本情况信息全量编码匹配，完成全市网格、人员、组织等信息线上落图，同步贯通对接“基层治理四平台”与“浙里兴村治社”应用，实现事项一口归集、数据交互共享。研究分析网格事项和网格员履职范围，探索网格运行考评办法，在柯桥区试点基础上，形成《网格事项（任务）清单》《网格员工作职责清单》《专属网格划分管理实施方案》《网格规范化建设验收标准》《关于开展网格管理等级评定的指导意见》《网格事项准入机制》。至年末，全市有网格7218个（其中专属网格837个，村社网格6381个）、微网格4.29万个。

（市委政法委　章利丰）

【村级党组织建设】 2022年，绍兴市深入实施“百县争创、千乡晋位、万村过硬”工程，全面推进党建引领“五星3A”创建迭代升级，围绕打造深具绍兴韵味的共同富裕现代化基本单元建设新要求，按照“抓两头带中间”思路，分层分类推进先行示范创建，持续推进44个乡村振兴先行村培育建设。至年末，全市有乡镇党委56个，街道党工委47个，行政村党组织1585个。

【民生协商议事】 2022年，绍兴市加强基层协商议事平台建设。市政协成立“民生议事堂”建设工作领导小组，召开全市推进“民生议事堂”“协商驿站”建设现场会。各地按照“六统一”（统一摘录宣传习近平总书记关于人民民主真谛的重要论述内容，统一使用省政协文件规定的“请你来协商·民生议事堂”标识，统一宣传民生议事堂的功能定位，统一上墙民生议事堂的召集人和委员履职小组成员名单，统一公布民生议事堂年度协商议事内容，统一配置社情民意信息收集箱）要求，推进“民生议事堂”“协商驿站”建设工作，政协委员编入各乡镇（街道）委员履职小组。至年末，全市103个乡镇（街道）实现“民生议事堂”建设全覆盖，建成“协商驿站”2028个，实现村（社区）全覆盖。全年全市“民生议事堂”开展协商活动864次，“协商驿站”开展活动3300次，采纳群众意见建议5991条。

（市政协办公室　徐翱翔）

【清廉村居建设】 2022年，绍兴市健全村居治理、监督机制、数智管理、示范培育、考核评价体系，累计创建清廉村居1520个，认定市级清廉村居建设示范单位109个，诸暨市枫桥镇枫源村被评为省级清廉单元建设基层成绩突出单位，柯桥区、诸暨市枫桥镇、越城区鉴湖街道坡塘村等12个单位被评为省级清廉村居建设示范单位，柯桥区村级物资“一网采购”制度被列为全省清廉村居小微权力监管制度清单。

（市农业农村局　陈　丰）

区域发展

接轨上海

【概况】 绍兴市委、市政府贯彻落实习近平总书记在浙江工作期间对绍兴作出的绍兴要放在长三角的范围来审视发展地位的重要指示精神，围绕“融入长三角、接轨大上海、拥抱大湾区”战略，做深做实长三角一体化、接轨上海等工作，从战略协同、产业协作、开放互联、服务共享等方面，与上海保持密切的交流与合作。制定《绍兴市推进长三角一体化发展行动计划》《绍兴深度接轨上海行动计划(2019—2022年)》等，提出绍兴要成为上海制造协作区、上海服务拓展区、上海创新转化地、上海文化交融地的发展定位。举办长三角一体化·绍兴(上海)合作推介活动、“上海·绍兴周”等活动。市政府与上海虹桥商务区、松江区政府签订战略合作协议，与紫光展锐集团签订集成电路(设计)产业链项目合作协议，与上海大学签订战略合作协议，与国家技术转移东部中心签订共建绍兴分中心战略合作协议等。成立上海市绍兴商会；建立上海引才联络站并开设引才专列，承接沪杭甬高端产业和技术人才外溢；对接长三角综合交通的整体规划，全面融入上海“90分钟经济圈”；滨海新区作为接轨上海的桥头堡，推动中芯国际、张江生物等一批重大制造业项目落户绍兴。2022年，举办上海(夏季)珠宝首饰展览会(诸暨站)活动，诸暨珍珠媒体总曝光量达6000万余次，累计客流量40万人次，各类珠宝销售额5亿元。

【跨湾交通体系建设】 绍兴市突出跨杭州湾交通体系建设，参与构建环杭州湾智慧交通系统，建成铁路杭州萧山机场站枢纽及接线工程等重大项目。依托嘉绍大桥、杭绍台高速、杭绍甬高速和城市轨道交通等重大项目的建设，形成集高速公路、高速铁路、快速干道、市域铁路和轨道交通于一体的综合交通网，全面融入上海“90分钟经济圈”。开通绍兴至上海火车南站、浦东机场客运直达班车。加强与上海洋山港的接轨，推进与上海大都市圈空间协同。2022年8月18日，诸暨至上海洋山港首趟海铁联运班列开行，标志着绍兴诸暨至上海洋山港海铁联运班列线路正式开通。海铁联运班列实行固定线路、当日送达的“到站即到港”运行模式，为客户提供从铁路诸暨东站到上海芦潮港中心站的铁路运输，以及从上海芦潮港中心站到上海洋山港的短驳运输，具有固定装车地点、固定班列车次、固定到发时间、固定线路运行、固定运输价格“五固定”特点。

【产学研合作】 绍兴与上海的产业协同不断深化，推进“研发总部在上海，二级研发和制造基地在绍兴”模式，承接上海高端产业和技术人才溢出，先后引进总部位于上海的中芯国际、张江生物、长电科技、德琪医药等一批重大项目，参与部署长三角协同优势产业基金合伙协议。加快绍兴科创走廊建设，对接G60科创大走廊，先后加入长三角区域技术市场联盟、长三角人才联盟，合作共建上海高校绍兴产学研协同创新中心、长三角科技金融产学研协同创新基地。其中，2019年，“大院名校绍兴行”系列活动之上海大学创新成果对接会在绍兴市举办；2020年，上海大学与绍兴市政府共建上海大学绍兴研究院正式揭牌，是镜湖新区引入的首个“大院名所”建设项目；2021年，上海大学绍兴

2022年8月26日，2022上海(夏季)珠宝首饰展览会(诸暨站)在商贸城举办

(诸暨市山下湖镇　提供)

研究院高性能纤维及复合材料研发项目在绍兴完成成果转化。2022年,继续推进和上海同济大学建筑碳中和研究院的平台搭建,编制"水乡客厅"近零碳专项规划和建设导则。5月16日,"越心守'沪' 同'申'共长"系列活动启动仪式暨绍兴—上海高校招才引智云对话活动在绍兴举行。11月22日,诸暨市人民政府与华东政法大学签署合作框架协议在上海举行。

【产融沟通与合作】 2022年,绍兴市加强与长三角母基金和所投子基金管理团队的沟通对接,长三角基金共投资底层项目709个,以长三角基金为起点放大的社会资本对长三角地区投资总量超过730亿元,完成在绍兴返投超过19亿元。在2月、9月,组织上海证券交易所专家到绍兴调研走访拟上市企业,重点针对人才企业、集成电路企业开展专项走访调研。至年末,实现科创板上市企业1家,报会企业2家。成立长三角资本市场服务基地绍兴分中心,开展产融沟通与合作。

(市发展改革委 汤力扬)

【文旅接轨】 绍兴、上海地缘相近、人缘相亲、文脉相通,区域文化合作先天优势明显,是绍兴旅游客源的主市场。绍兴与上海共同推进古越文化、大禹文化、书法文化等文化遗产研究阐释、当代利用,共同传承鲁迅情怀、发展鲁迅文化。与上海加强旅游市场合作,设计面向上海游客旅游线路,开展绍兴古城上海推介活动。与上海虹桥商务区管委会签订战略合作协议,建设绍兴城市展示平台,打造长三角会商旅文体联动示范区。围绕"时尚纺织之都"等特色品牌,打造长三角特色会展城市,组织绍兴企事业单位参加中国国际进口博览会观展采购。借助增设中国上海自由贸易试验区的新片区和中国(浙江)自贸试验区"一区多片"布局,设立绍兴保税区,加快贸易、商务、会展、供应链发展。2022年,绍兴市文广旅游部门按照"合作共赢"原则,全方位、多渠道加强与上海等周边城市的旅游、文化、文艺等方面的交流合作,强化区域合作与品牌推广,共同构筑文旅融合"黄金链"。全市7家公共图书馆、12家国有博物馆、6家景区已实现支持社保卡实体卡和电子卡入园、线上预约功能,全面提高长三角文旅一体化工作。

(市文广旅游局 蔡 彦)

【公共服务互惠共享】 绍兴加快推动与上海实现交通、医疗、旅游、养老等应用的一卡结算,加强人才资源互认共享、社会保障互联互通、区域养老融合发展,共享普惠便利的公共服务。在医疗方面,引入上海优质医疗资源,与上海医院重点学科合作共建。2019年,绍兴市开通长三角地区门诊费用异地就医直接结算服务,实现在上海就医门诊费用直接结算。同时,上海医保参保人员也可在绍兴相关医院刷卡结算。2022年,实现门诊慢特病跨省异地就医直接结算服务。深化疫情联防联控,完善跨区域公共卫生应急管理体系。

【2022世界珍珠大会】 2022年8月26日至28日,以"美美与共 珠耀未来"为主题的2022世界珍珠大会在诸暨市举行。大会包含2022(世界)珍珠发展高峰论坛、诸暨产品设计大赛——"2021珍珠大赛"颁奖典礼、淡水珍珠标准化研讨会、首届云上珍珠节、全国首届珍珠电商直播大赛、西施传说光影秀暨赫呗啤酒音乐节等一系列活动。在高峰论坛上,来自国际、国内的8位行业专家通过线上、线下形式,探讨交流世界珍珠产业概况和淡水珍珠可持续发展等相关议题。并举行云上珍珠节启动仪式、国际珍珠品牌中心(诸暨)签约仪式、自然资源部珠宝玉石首饰检验评价技术创新中心产学研创新基地(诸暨)授牌仪式等活动。

(市地方志编纂室 整理)

杭绍一体化合作先行区建设

【概况】 2021年6月,绍兴市和杭州市共同印发实施《杭绍一体化合作先行区建设方案》,提出绍兴与杭州围绕萧东—柯西、萧南—诸北两个板块,以临空经济一体化发展为重点打造杭绍一体化合作先行区,总规划面积约1080平方千米。其中,位于萧绍平原的萧东—柯西板块包括杭州临空经济示范区、萧山区衙前镇、益农镇和钱塘区的临江街道(含围垦区),柯桥区的杨汛桥、钱清、安昌、华舍、齐贤和马鞍6个街道,规划面积约650平方千米。萧南—诸北板块包括萧山区的浦阳镇、河上镇和楼塔镇,诸暨市的次坞镇、店口镇,规划面积约430平方千米。明确两地要实施生态环境共保、临空经济共育、现代纺织共链、产业赋能共推、交通设施共联、服务同城共享六大工程,全面推进杭绍一体化合作先行区实现同城化。2022年,"支持绍兴融杭联甬打造网络大城市"被写入省第十五次党代会报告。绍兴市围绕融入"双城记"、当好"金扁担",紧扣省十大标志性工程、十大改革事项,全面参与杭甬"双城记"工作专班。制定《绍兴市落实〈唱好杭州、宁波"双城记"五年行动计划〉推进杭绍甬一体化发展"四个重大"工作清单》。

【重大基础设施互联互通】 绍兴市以交通基础设施一体化为先导,锚定"杭绍30分钟交通圈"目标,不断推进基建项目建设,加快实现杭绍全域一体的交通网络跨越式升级。2020年,绍兴城际线进入杭州南站,实现"进杭";2021年,绍兴地铁1号线柯桥段正式开通,无缝衔接杭州地铁5号线姑娘桥站;2022年,绍兴地铁1号线主线正式通车,两市地铁线网实行"一次购票、一轮安检、一票换乘";杭台高铁正式开通运营,嵊州、新昌结束不通铁路的历史,绍兴市实现"县县通高铁";开行柯桥安昌公交站至杭州钱塘新区公交专线,融杭公交线路达到5条;杭绍甬智慧高速、杭州中环先行段等建成。

【产城融合】 2022年,萧山区、柯桥区、诸暨市发展和改革部门协商一致,相关部门联合印发《杭绍一体化合作先行区产业导向指引》。依据指引,杭州临空经济示范区将打造成长三角南翼空港经济中心和交通枢纽，杭州大都市空港产业集聚区，国际化、生态化、现代化的新型航空区；浙江绿色智造基地（益农）将建设成绿色生态、高端智造集聚的产业基地；杭州新材料产业园（河上）定位为科创新材料绿谷、智慧产学研社区，打造集研发办公、生产生活配套为一体的新型产业园区；浦阳江·桃源智谷（浦阳）将以产业数字化为主导，培育数字产业化新制造，提供产业社区配套服务支撑；杭州会展新城将以打造一个配套齐全的大型会展综合体及钱塘江畔新的城市地标建筑群为目标，推动实现"以会立城、以展兴城、产城融合"。绍兴着力推进轻纺数字物流港等20个临空重点项目，加快培育总部经济、跨境电商、航空物流，主攻招引产业链高端项目，打造全国一流临空智造区、杭绍同城合作创新区。

【产学研合作】 绍兴市深度融入长三角科创走廊，推进绍兴科创走廊与杭州城西科创大走廊创新协同，承接杭州优质创新资源外溢、产业转移、服务覆盖和高校拓展，引进浙江大学绍兴研究院、杭州电子科技大学绍兴院区等产业研究院，共建集成电路和新材料省级实验室，推进建设杭州"诸暨岛"等一批"飞地型"研发基地。2022年，探索建立人才评价和互认体系，迭代升级杭绍甬三地统一"人才码"，推广绍兴"浙里工程师"等数字化应用，合力打造杭绍"基础研究＋人才培育＋技术攻关＋成果产业化"全过程创新生态链。

（市发展改革委　汤力扬）

【旅游区域合作】 2022年，绍兴市文广旅游部门按照"合作共赢"原则，全方位、多渠道加强与杭州的旅游、文化、文艺等方面的交流与合作，强化区域合作与品牌推广，共同构筑文旅融合"黄金链"。组织参加"2022杭州都市圈夏季文旅惠民大联展活动"，整合推出夏季惠民举措30多项，文旅产品优惠套餐近50款。参加"2022杭州都市圈文旅东北市场联合推介会""第四届大运河文化旅游博览会"，指导举办"2022杭州都市圈市民体验日暨柯桥区第十二届'夏日欢乐冰雪节'"活动。

（市文广旅游局　蔡　彦）

2022年8月13日，2022杭州都市圈市民体验日暨柯桥区第十二届"夏日欢乐冰雪节"在乔波冰雪世界启动　（章　斌　摄）

【公共服务互惠共享】 杭州与绍兴同为首批国家历史文化名城，两地山水相依，交通便捷，往来密切。两市根据"共建都市区推进文化旅游一体化合作协议"，挖掘和提升城市文化内涵，促进文旅产业转型升级，打响两地文化旅游品牌。2022年，"杭绍同城　地铁同行　研学同游"——2022"名城绍兴　越来越好"绍兴文化旅游（杭州）推介活动举办，通过绍兴文旅资源的展示，两座城市的了解进一步加深，"双城故事"开启新的篇章。两市围绕"长江三角洲区域一体化发展"的总体目标，探索两市毗邻区域产业、交通、公共服务等跨区域深度融合机制和生态环境、社会治安等协同机制，实现高频事项杭绍通办。实施杭绍基础教育同推共享计划，扩大"杭绍普通高中联盟学校"在特色多样发展上的教育交流合作。至2022年末，绍兴市已有73所中小学与杭州的学校签约合作或组建联盟，柯桥中学、鲁迅中学、春晖中学、新昌中学等与杭二中、学军中学、杭州高级中学等名校结成联盟或建立合作关系。开展杭绍医疗资源共享计划，推动县级以上医疗机构接入省健康数据数字化互认共享平台。邵逸夫医院绍兴院区、中国科学院大学附属肿瘤医院绍兴院区、浙大医学院附属第二医院柯桥院区、浙江省人民医院绍兴医院正加快建设。

【杭绍临空经济一体化发展示范区绍兴片区】 2022年5月24日，浙江省人民政府正式批复同意设立杭绍临空经济一体化发展示范区绍兴片区。片区规划面积115平方千米，范围包括柯桥区华舍街道、钱清街道、杨汛桥街道的全部区域，辐射区包括安昌、齐贤、马鞍3个街道，总面积约305平方千米，打造全国一流临空智造区、杭绍同城合作创新区和绍兴未来城市实践区。杭绍临空经济一体化发展示范区，是杭绍一体化合作先行区的重要组成部分，是纳入浙江省"十四五"规划纲要的重点区域合作平台。杭绍两地围绕产业、交通、空间、设施等领域重点对接，协同推进杭绍临空经济一体化发展示范区先导区块建设。至年末，杭绍临空示范区绍兴片区签约引进半导体光罩、路维光电、创新激光设备制造等5亿元以上产业项目10个，总投资约170亿元，计划用地面积42.67公顷。中科大绍兴新材料产业研究院建成投运，中科大创新产业园动工建设，12个高层次人才项目完成落地。

（市发展改革委　汤力扬）

甬绍一体化合作先行区建设

【概况】 2021年6月,绍兴市和宁波市共同印发实施《甬绍一体化合作先行区建设方案》。提出围绕"甬绍联动"发展导向,聚焦设施互联先行,深化科创、开放、文旅、生态、公共服务五个领域的合作,助推甬绍两市构建全方位、宽领域、多层次的联动发展格局。甬绍一体化合作先行区范围以甬绍两市毗邻区域为重点,辐射宁波、绍兴全市域,协同打造前湾新区—滨海新区高端产业协作联动区、甬绍四明山生态文旅休闲体验区和义甬舟开放大通道甬绍合作先行区。2022年7月,甬绍合作发展座谈会举行,双方签署《宁波市绍兴市共融长三角共建都市区合作框架协议》,奉化、嵊州、新昌三地签署特别合作区框架协议,宁波石化技术开发区和杭州湾上虞经济技术开发区达成战略合作。"支持绍兴融杭联甬打造网络大城市"被写入浙江省第十五次党代会报告。绍兴市围绕融入"双城记"、当好"金扁担",紧扣省十大标志性工程、十大改革事项,全面参与杭甬"双城记"工作专班。制定《绍兴市落实〈唱好杭州、宁波"双城记"五年行动计划〉推进杭绍甬一体化发展"四个重大"工作清单》,打造具有绍兴辨识度的"双城计"硬核成果。

【重大基础设施互联互通】 绍兴市以交通基础设施一体化为先导,与宁波的交通运输部门签订综合交通合作框架一揽子协议,加强轨道交通、公路、快速路、水运协同规划建设,加快构建"绍甬30分钟交通圈"。至2022年末,绍兴城际线接入铁路宁波站并实现杭绍甬贯通,金甬铁路、杭绍甬高速等重点项目加快推进;宁波栎社国际机场新昌航站楼开通运营,杭甬运河宁波段实现双层集装箱通航。

【产学研合作】 至2022年末,宁波甬江科创大走廊与绍兴科创走廊创新协同加快推进,合力争创国家级新材料、集成电路等创新中心。汇聚杭州、宁波、嘉兴、绍兴等地50余家研究院的环杭州湾创新联盟启动,前湾新区—滨海新区高端产业协作联动区建设提速。2021年,位于嵊州市浦口街道的联甬产业园开工建设,首批7家宁波企业落户,项目涉及新能源汽车零部件制造、智能电力设备制造、人工智能系统制造等领域。

(市发改委 汤力扬)

【旅游区域合作】 2022年,绍兴市文广旅游部门按照"合作共赢"原则,全方位、多渠道加强与宁波的旅游、文化、文艺等方面的交流合作,强化区域合作与品牌推广,共同构筑文旅融合"黄金链"。组织参加"第四届大运河文化旅游博览会""宁波国际旅游展"。联合台州市开展3组高铁"2022年首发主题冠名"活动。

(市文广旅游局 蔡 彦)

【公共服务互惠共享】 2021年3月,宁波、绍兴、舟山、台州公安机关推出三大类33项户籍业务"圈内通办"。至2022年末,绍兴、宁波两市实现异地就医市民卡直接结算和政府服务一体化;汤浦水库、钦寸水库成为宁波饮用水源,其中钦寸水库实现新昌—宁波通水,成为长三角跨区域资源调配标志性项目;甬绍城际公交开行。两市开展"互联网+人社"一体化平台对接,实施绍甬优质教育资源同推共享,镇海中学嵊州分校签约落户。共同推动大运河文化带和浙东唐诗之路文化带保护利用。

(市发展改革委 李诗洁)

2022年,绍兴、宁波两市加快构建"30分钟交通圈"。图为8月18日,甬绍首条跨市公交690路开通

(章 斌 摄)

市域融合发展

【概况】 1983年7月,绍兴撤地设市,辖越城区、绍兴县、上虞县、嵊县、新昌县、诸暨县。市政府驻在越城区。1989年9月,所辖诸暨县改设诸暨市(县级市);1992年8月,所辖上虞县改设上虞市(县级市);1995年12月,所辖嵊县改设嵊州市(县级市)。2013年11月,国务院作出《关于同意浙江省调整绍兴市部分行政区划的批复》,撤销绍兴县、上虞市,设立绍兴市柯桥区、绍兴市上虞区。绍兴市从原来的"一区五县(市)"调整为"三区三县(市)",市区的面积从362平方千米扩大到2942平方千米,成为浙江省市区面积第二大城市。2014年,《绍兴市城市发展战略纲要》制定,明确绍兴城市规划区范围包括越城区、柯桥区、上虞区的全部行政区域范围,总用地面积为2942平方千米。提出到2030年,全市城市人口规模

达到 280 万人。绍兴的城市定位是国家历史文化名城、江南生态宜居水城、长三角区域中心城市。市域城镇的空间结构为"一个中心、二大组群、三条轴线"，即绍兴中心城市，诸暨、嵊新两个城镇组群和绍北、绍西及绍东三条城镇发展轴。中心城市的空间结构为"一城三片、一江两岸"。"一城三片"指中心城市由主城片、上虞片、滨海片组成，其中主城片包含越城区(含镜湖、袍江、高新区)、柯桥城区；"一江两岸"指曹娥江及曹娥江两岸纵深地带。按照生活、生产、生态空间结构合理的要求，确定中心城市的形态功能为"一轴两带"，即中部城镇发展轴、北部产业发展带和南部生态休闲带。采取集中紧凑的发展原则，越城区向东向西向北、柯桥区向东向北、上虞区向西向北发展，促进三区相互融合、提升发展，增强城市的集聚力和辐射力。2022 年 7 月，《关于加快建设高水平网络大城市的实施意见》经市委九届二次全会审议通过，绍兴城市发展方向为"拥湾发展、中心引领、两翼提升、全域美丽"，对内推动市域一体协同，对外深化融杭联甬接沪，有力提升了网络大城市的位势能级。至 2022 年末，绍兴市有常住人口 535.3 万人，城镇化率 72.1%。

【"一核六心多节点"空间布局体系】 2022 年，以越城区为基础，推动古城、新区双轮驱动。在绍兴古城，阳明故里及纪念馆建成开放，徐渭故里文商旅项目栩栩初具规模。在镜湖新区，绍兴国际金融活力城、绍兴高铁北站 TOD 综合体、镜湖中心广场等项目持续推进。在滨海新区，以"泛半导体 +"产业为主的"绍芯谷"，正全力打造"腾笼换鸟"样板。以柯桥、上虞、诸暨、嵊州、新昌县域中心城区和越城区(滨海新区)江滨区为重点的六心，不断提级扩能。在网络大城市的架构下，越城"中心崛起"，柯桥"东融西同"，上虞"拥江西进"，诸暨"杭绍同城"，嵊新协同发展。钱清—杨汛桥发挥融杭区位和临空优势，打造融杭桥头堡、临空主战场；店口—次坞—应店街深化"北融赋能"，建设诸暨市域副中心，打造"杭绍同城"桥头堡；小越—驿亭以历史文化、休闲度假为特色，以工贸业为主导，打造联甬经济协作区桥头堡，21 个功能节点特色鲜明。

【重点片区建设】 2022 年，绍兴市按照近、中、远时序安排，分层推进 82 个重点片区建设，因地制宜突出公共交通、科技服务、公共设施、产业集聚、文旅特色等开发导向，支撑了"一核六心多节点"高质量发展。8 月，新昌县启动东门如城片区开发，一期总投资 74.77 亿元，将扭转新昌县"东西失衡"局面。11 月，纬一路、中环路、中央运动公园、浙工院新昌学院等项目动工。越城棒球未来社区片区、柯桥未来之城片区、上虞大运河风貌提升曹娥片区、诸暨城西商务区核心片区、嵊州高铁新城片区等重点片区，各项建设扎实推进。46 个片区已完成详细规划，30 个片区已完成城市设计。

【重点平台建设】 2022 年，绍兴市立足"2+6+N"城市产业平台体系，突出整合、提升两条路径，平台建设正加快推进：杭绍临空经济一体化发展示范区绍兴片区获批并在 2022 年 10 月 9 日揭牌，空间总体规划基本完成；义甬舟嵊新临港经济区内，联甬产业园、三界大宗货物港、新昌数字物流产业园等重点项目启动建设；集成电路、高端生物医药、高分子新材料、智能视觉四个"万亩千亿"新产业平台强势崛起。

【立体多元廊道建设】 2022 年，《绍兴科创走廊发展规划》印发实施，四大实验室顺利推进，六大科技城建设提速。文创大走廊和三大文化带串联起绍兴的历史文脉和产业链条，运河博物馆、美术馆、鲁迅文学奖中心、新博物馆、城市规划馆等文化地标基本建成。以"4151"计划为抓手打造先进制造业强市，2022 年先进制造业百强榜单上，绍兴居全国第 24 位、全省第三位。曹娥江、浙东运河、西小江等跨区域风貌带整治提升行动深入开展，绍兴成功创建国家生态文明建设示范区。

【基础设施网络建设】 2022 年，绍兴市统筹交通、水利、能源和新型基础设施建设，高标准构建交通设施网、水利设施网、信息能源网。穿越绍兴的杭台高铁正式运营，杭绍台高速全线贯通；于越快速路、越东快速路、山会高架路、绿云高架路先行段等智慧快速路陆续通车，互联互通；绍兴地铁 1 号线主线开通运营，与杭州地

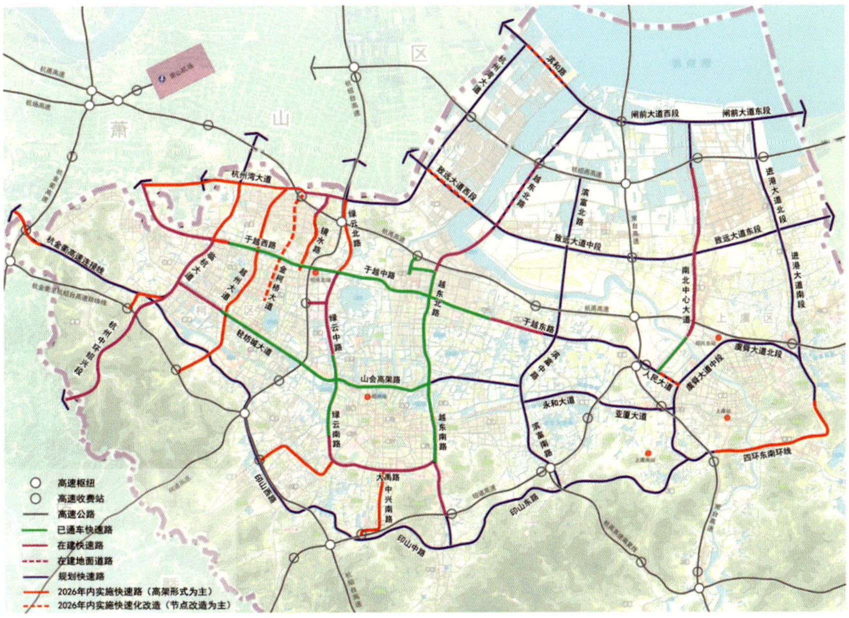

2022 年，绍兴市统筹交通、水利、能源和新型基础设施建设，高标准构建交通设施网。图为全市快速路规划图

（市交通局　供图）

铁无缝衔接。基本实现“县县通高铁、融杭快速路、杭甬通勤线”。推进防洪排涝体系、水资源保障、美丽河湖建设、水利智慧管理、水文化建设，水利基础设施体系基本完备，形成曹娥江、浦阳江、平原河网“两江一网”的绍兴水网雏形。镜岭水库工程进展超预期，先行工程（澄潭江上游分洪洞工程）在12月7日动工。加快“双千兆”城市建设，推动5G在多领域创新应用。聚焦“一区域一平台、一行业一朵云”目标，实现产业链、供应链、创新链数据融通。加强电力、燃气、热电等能源类基础设施建设，全国首个35千伏中压直挂式储能电站——上虞区35千伏红墟储能电站并网运行，全国首个利用谷电进行发电的熔盐储能项目——柯桥区天圣集团熔盐储能项目产汽。

【未来社区、未来乡村和城乡风貌样板区建设】 2022年，绍兴市突出空间重塑、品质生活、模式创新、智慧互联、共建共享，全力推进重点未来社区、未来乡村和城乡风貌样板区建设。至年末，全市有37个未来社区进入全省试点创建名单。诸暨东盛未来社区、柯桥大渡未来社区入选首批省级未来社区名单，越城外滩未来社区、柯桥下市头未来社区、柯桥新未庄未来社区、上虞南丰未来社区跻身第二批榜单。重点推进28个省级未来乡村创建，新昌梅渚村、上虞东澄村入选省首批未来乡村名单，23个村庄入选省第二批未来乡村名单。15个风貌样板区加快建设，落实建设项目109个。越城区“越子城”传统风貌区、上虞区曹娥江“一江两岸”特色产业风貌区、柯桥区“舜源古忆”县域风貌区，成功创建为省级城乡风貌样板区。

（市发展改革委　汤力扬）

对口支援

【概况】 2022年，绍兴市协调安排对口援助项目54个，拨付对口援助资金12004万元。其中，对口支援新疆项目33个，资金9755万元；对口支援西藏项目13个，资金1950万元；对口支援青海项目4个，资金894万元；对口支援落实重庆涪陵项目4个，资金299万元。选派援疆、援藏、援青干部14人，专技人才116名，赴结对地区开展帮扶工作。

表67

2022年绍兴市对口支援结对关系一览表

类　型	支援方	受援方
对口支援	绍兴市	新疆阿克苏地区阿瓦提县
		西藏那曲市比如县
		青海海西州大柴旦行委
对口支援三峡库区（涪陵区）	绍兴市	涪陵区
	柯桥区	荔枝街道
	诸暨市	南沱镇
	上虞区、嵊州市、新昌县	珍溪镇

（市发展改革委　刘素芬）

【民生支援】 2022年，绍兴市在对口支援工作中重点聚焦民生工程建设。支持阿瓦提县葡萄村、红旗村等4个村创建乡村振兴示范村，改善农村人居环境，完善旅游配套设施，发展效益规模农业，县域乡村振兴示范引领作用进一步发挥；推进1个乡镇、9个村（社）党群服务中心和新时代文明实践所（站）示范点建设，促进基层社会治理能力进一步提升。支持比如县实施学校教育信息化升级、乡村振兴示范村打造等项目建设。支持大柴旦城市书屋（“三味书坞”）、智慧旅游、援青人才公寓、援青林等项目建设。

【智力支援】 2022年，绍兴市在对口支援工作中持续强化医疗教育柔性帮扶。在阿瓦提县，实施“大爱越医”“11211医疗专列”行动，新改扩建医院2家，推进绍兴6家医院以“院包科”模式结对帮扶县人民医院6个科室，“医疗大巴扎”义诊活动惠及群众1000余人；持续擦亮“鲁迅文化”等教育援疆品牌，建设阿瓦提县名师发展中心，成立绍阿“基础教育联盟”“名校长名班主任名师”工作室，助力21个学科工作室提档升级。选派3名医护人员到比如县开展“组团式”精准帮扶；推进绍兴—比如信息化共同体、比如一中智能教务系统建设，开展“情暖羌塘筑爱寒冬”“微心愿”等系列活动。选派9名医护人员组成专家团，到大柴旦开展为期1～4个月的医疗帮扶；依托绍兴北海小学教育集团大柴旦分校优质资源，开展“空中课堂”远程教育活动，发挥名师名校长工作室和结对帮扶学校的示范带动作用，提升当地教育教学质量。

【产业支援】 2022年，绍兴市在对口支援工作中不断提升当地产业发展内生动力。在援疆工作中深化“十城百店”2.0版本，拓展“线下门店”，在绍兴各县（市、区）综合商超累计设立新疆农副产品专柜34个，“驿疆南”门店达到46家；创新扩展“线上+线下”销售渠道，累计帮助销售新疆农林产品10306吨，销售额2.83亿元；优化“冷链物流”体系，建设阿瓦提县后置仓、绍兴前置仓。深化“百村千厂”2.0版，以棉纺产业链发展为关键，牵线搭桥引进项目15个、协议资金40亿元、到位资金10.5亿元，建设全省最大对口支援棉纺供应基地，每年为绍兴市场供应优质棉纱5万吨、坯布3亿米。深化“万亩亿元”2.0版，引进绍兴“甬优”等5个优质品种葡萄苗，试种羊肚菌，推广使用牛性控冻精技术，促进农户增收致富。在援藏工作中通过提升旅游基础设施、援建萨普景区精品酒店、举办旅游推介会等，延长当地文旅产业链。提升比如县羊秀乡藏药基地发展水平，扩大藏贝母和绿萝花种植规模，指导培育藏药材基地发展，促进当地群众增产增收。在援青工作中以数字化改革赋能旅游产业，实现智慧旅游项目全面上线。结合大柴旦盐湖化工、新能源等资源优势，做好招商对接和项目服务工作。由绍籍企业投资50亿元的大柴旦锡铁山新能源园区一期100万千伏光伏能储建设项目即将落地，镜湖田园综合体项目正式签约。

【交流交往】 2022年，绍兴市在对口支援工作中全力推动民族“交往、交流、交融”工作。在援疆工作中组织开展文化民俗走亲活动，助力阿瓦提不断做优做强刀郎文化品牌；推进民族团结融情工程，实施浙阿“百校十万‘石榴籽’”青少年融情工程，组织学生到绍兴开展“疆浙情”夏令营，组织各类考察团互访交流，促进民族交往交流交融；全面实施“头雁疆浙行”，组织6批次258名村（社）负责人到绍兴考察学习，推动绍阿60对村（社）结成“契约化”共建关系。在援藏工作中开展绍兴诸暨——那曲比如两地学校（初中）“同为江南”主题家乡文化介绍巡回展等活动。在援青工作中开展两地党政代表团互访活动、旅游宣传推介活动等，促进支援地、受援地干部群众交往交流。

（市发展改革委　刘素芬）

东西部协作

【概况】 2022年，绍兴围绕打造产业合作、数字化转型、消费帮扶、文化交流和干部人才援派五张“金名片”，推动绍兴市—乐山市、上虞区—金口河区、诸暨市—沐川县、柯桥区—峨边彝族自治县、越城区—马边彝族自治县东西部协作走深走实，助力结对地区经济社会发展和群众就业增收。

【资金支持】 2022年，绍兴拨付东西部协作计划内援助资金1.67亿元，以产业为重点推进53个援建项目建设。依托绍乐经济互补性强的特点，推动特色产业向乐山复制转移，拓展新兴行业领域合作，全年引导48家企业赴四川省投资，实际到位投资额40.18亿元。浙江蓝美、云舟（浙江）供应链等企业在乐山落地生根。

表68　2022年绍兴市东西部协作结对关系一览表

对口类型	支援方	受援方
东西部协作	绍兴市	四川省乐山市
	越城区	马边县
	柯桥区	峨边县
	上虞区	金口河区
	诸暨市	沐川县

（市发展改革委　刘素芬）

【产业合作】 2022年，绍兴与合作地共建沐川魔芋科技示范园等8个产业园区，扶持原有的越城—马边、嵊州—马尔康、新昌—小金“飞地”产业园，全力扶持当地特色产业发展。其中，沐川魔芋出口创汇居全国魔芋行业第一位；金口河区获评“中国川牛膝之乡”“中国乌天麻之乡”；帮助乐山成为绍兴最大的出口茶基地，出口量接近全国10%。帮助稳岗拓岗，促进农村劳动力就近就业，援建帮扶车间累计35个，吸纳就业1053人；开发东西部协作公益性岗位累计1411个，优先聘用脱贫家庭劳动力。

【消费帮扶】 2022年，绍兴通过鼓励设立“消费帮扶馆”营销、“商超专柜”助销、“食堂专供”购销、“专场推介”展销等“五进五专”举措，借力“越嘉”系列品牌建设，打好消费帮扶组合拳。帮助四川省销售农特产品超3.5亿元；建成绍兴市消费帮扶综合体验馆，实现市县消费帮扶展示中心全覆盖；爱媛果冻橙等农特产品和乐山大佛等旅游线路受到绍兴市民热捧。探索实施以“一品两仓”为主要内容的消费协作新模式，注册“越嘉有味”公共品牌，搭建高标准“两地仓”，引进云舟（浙江）供应链管理有限公司，实现“货畅其流、地尽其利、物显其值”。至年末，产地仓联结农民专业合作社18家、带动农户1100余户，销售额近2000万元。

【劳务协作】 2022年，绍兴深度对接乐山人力社保部门、劳动就业机构和人力资源服务企业，构建起劳务合作对接桥梁。至年末，帮助四川省农村劳动力到绍兴市就业累计超5万人，其中帮助脱贫人口就近就业约6000人。引导职校、龙头企业与乐山职校开展校校联盟、校企合作、基地共建、产教融合，订单式联合培养“蓝领雄鹰”，两地共有9所学校、15家龙头企业（协会）参与，订制培养学生690名，其中389名学生到浙江顶岗实习，25人直接就业，实现“一人高质量就业，带动一个家庭高质量脱贫”。“蓝鹰工程”入选全国东西部协作示范培训班典型案例。

【智力支援】 2022年，绍兴市选派干部8名，教师、医师、工程师等各类专业技术人才87名赴结对地区开展帮扶工作。开展“越马青鸟”慢性病防治、残疾儿童“融爱”计划等组团式医疗帮扶，全年新增医院结对35对，新增输出医疗技术16项。以“鲁迅班”“元培班”办班思路在结对地区打造特色班级，建设“名师名校长工作室”，依托云课堂等加强优质教育资源共享，新增学校结对61对。动员乡镇、村社、企业、慈善组织等各方力量参与协作，开展帮扶捐资助学、慈善公益、医疗救助、社会工作和志愿服务等帮扶活动，新增乡镇（街道）结对、村（社区）结对、村企结对、社会组织与村结对共144对。

（市发展改革委　刘素芬）

对口合作

【概况】 2022年，绍兴市贯彻落实省对口工作领导小组第十五次会议及吉浙两省对口合作座谈会精神，按照“互利共赢、突出特色”“重点突破、示范带动”原则，推

2022 年绍兴市对口合作结对关系一览表

表 69

对口类型	支援方	受援方
对口合作	绍兴市	吉林省辽源市
	越城区	龙山区(市定结对)
	柯桥区	西安区(市定结对)
	诸暨市	东辽县(市定结对)
	嵊州市、新昌县	东丰县(市定结对)
	上虞区	辽源经济开发区(市定结对)

(市发展改革委　刘素芬)

动绍兴市—辽源市对口合作工作向更广领域、更深层次、更高水平迈进。

【产业合作】 2022 年,绍兴市推进实施辽源—浙江(绍兴)产业园合作平台建设、辽源市智能交通管理综合服务平台、绍兴黄酒原料种植基地、中国·吉浙东丰松籽产业园和东辽县智能仓储冷链物流建设项目等吉浙重点合作项目 6 个。两地联合打造的辽源—浙江(绍兴)产业园已落户投资 2 亿元的诸暨邦月针织氨纶加工项目。越商投资的双天(辽源)现代农业产业园,年内猪出栏数超 5 万头,鲜肉、冷鲜肉、礼盒等近百项产品畅销浙江、上海等地;在绍兴市设有自营门店 18 家,当年采购黑猪 33999 头、销售额 6202 万元,并形成“猪领鲜”“猪锦记”等品牌。

【产销合作】 2022 年,绍兴、辽源依托两地供销系统的销售网络和渠道,借力吉林优质特色农产品浙江展销会等展会活动,把更多优质东北农产品送到绍兴。同时依托吉浙文化旅游节等重大节会平台,推动文化交流、旅游推介,丰富合作内容、增进两地情谊。

【合作互访】 2022 年,绍兴、辽源产业精准对接取得新进展。健全双向干部交流挂职长效机制,新选派副处级干部 1 人到辽源市挂职,接收辽源市 2 名副处级干部到绍兴挂职。依托吉浙对口合作高端智库绍兴小组,开展常态化经济社会发展交流。以两地经贸合作为纽带,组织两地企业家协会、商会开展互访交流合作。推动“枫桥经验”“河长制”等绍兴经验在辽源市复制落地,加快社会、生态等多领域治理能力提升。

(市发展改革委　刘素芬)

山海协作

【概况】 2022 年,绍兴市落实山海协作援建资金 2661 万元,完成省定任务的 166.31%。选派干部挂职 14 人,有效推进双方人才交流。

【平台合作建设】 2022 年,绍兴市贯彻执行省政府有关文件精神,打造“产业飞地”金名片。优化布局滨海新区—开化、滨海新区—仙居、柯桥—江山、上虞—文成 4 个“产业飞地”,其中滨海新区—开化“产业飞地”系全省新一轮首个签约,清华大学建筑设计院建筑产业化项目系全省首个签约落户项目。上虞区投资 60 亿元的卧龙智慧新能源装备产业化项目和滨海新区投资 15 亿元的钠离子电池正极材料项目在省山海协作推进会上签约,签约项目数量居全省首位。

【乡村振兴扶助】 2022 年,绍兴市按照“产业兴旺、生态宜居、乡风文明、治理有效、生活富裕”目标,按照“生态、生产、生活”三生融合发展要求,在协作地建设乡村振兴示范点 15 个。其中,上虞区打造景宁县秋炉村运动小镇“升级版”,助力“运动休闲小镇”品牌建设,小镇成为丽水市唯一(浙江省仅 2 家)的省级民族传统体育教育基地。

【消费帮扶】 2022 年,绍兴市通过消费帮扶陈列馆、消费帮扶专柜等形式,帮助协作地打开销售市场,促进优质农产品扩大销量。建成全市山海协作农特产品体验馆(玛格丽特店)及县(市、区)消费帮扶馆全覆盖体系,展示衢州、丽水产品 50 余款。累计帮助销售衢州、丽水农副产品超 4362.75 万元,完成年度任务计划的 124.65%。

【社会事业合作】 2022 年,绍兴、衢州两地围绕推动科技、教育、医疗、文化资源共享,结合“校际结对帮扶”“两下沉、双提升”等活动载体,开展联合办学和远程教育,利用数字化手段,推进“互联网 + 医疗”“互联网 + 教育”,实施科教文卫交流 24 次,签订合作协议 44 项。开展干部人才交流、专技人才衢州行等活动,举办农村带头人、劳务职业技能培训。

(市发展改革委　刘素芬)

2022 年绍兴市对口协作结对关系一览表

表 70

对口类型	支援方	受援方
山海协作	绍兴市	衢州市
	越城区	衢州市开化县
	柯桥区	衢州市江山市
	上虞区	丽水市景宁县
	诸暨市	丽水市遂昌县
	嵊州市	丽水市青田县
	新昌县	衢州市衢江区

(市发展改革委　刘素芬)

生态环境建设

综　述

【生态环境建设情况】 2022 年，绍兴市实施“1+10+30”工作体系（1 个中心：“绿色、低碳、数字、示范”；10 个大行动、30 项重点工作），整改生态环保督察问题，深化数字化改革，推动绿色低碳发展。$PM_{2.5}$浓度每立方米 29 微克，AQI 优良天数比例 84.4%；128 个县控及以上断面Ⅰ～Ⅲ类比例和达标率均为 100%，县级及以上饮用水水源地水质达标率 100%；重点建设用地安全利用率 100%。绍兴市连续第三年获美丽浙江建设考核优秀市，成功创建国家生态文明建设示范区，全市 6 个县（市、区）实现省级生态文明建设示范区“全覆盖”。绍兴御茶村茶业有限公司、诸暨市香榧博物馆入选第十二批浙江省生态文明教育基地。生态环境质量公众满意度得分 86.59 分，创历史新高。

【全域“无废城市”建设】 2022 年，绍兴市完成全域“无废城市”四张清单工作任务，完成 661 个“无废细胞”建设，柯桥区润昇新能源有限公司生物质高温热解汽化和中温热解汽炭联产技术获省级优秀案例。绍兴市及下辖上虞区、新昌县成为全省第一批三星级标准“无废城市”，获“清源杯”。绍兴奥体中心体育馆被省无废办正式授牌成为全省首批 6 个“无废亚运场馆”之一。绍兴市与省生态环境厅共同建设“浙里无废城市”应用场景，建设 11 个“浙里无废”二级子场景，数量居全省第一位。打造新昌“互联网＋医废”，越城区“越回收”等 3 个本地特色新场景，并在全省推广使用。通过平台申报“无废细胞”9275 个，收录“无废之窗”252 篇，开设“无废课堂”29 堂，归集法律法规、各级政策制度、技术标准 618 项。

【环保服务经济高质量发展】 2022 年，绍兴市生态环境部门开展环保服务企业“十百千”行动，针对重大项目实行“局领导＋牵头处室”跟踪服务机制，完成问题收集、交办、跟踪、销号等全过程闭环管理。年内，全市生态环境部门服务企业 1293 家次，帮助企业解决问题 778 个。全面开展环保服务经济高质量发展成效评估，企业满意度 99.3%。

【生态环境问题发现机制】 2022 年，绍兴市通过建立人防、物防、技防结合的生态环境问题发现机制，增强生态环境问题发现能力，通过主动排查发现和闭环整改，实现“一般问题进全量库即知即改，重大问题进清单库限时整改”。开展扬尘源数字化监管，录入扬尘源 1642 个，发现问题 3.1 万个，完成整改 2.8 万个。开展风险源企业巡查 1040 家次，发现并整改问题 507 个。

【生态环境督察反馈问题整改】 2022 年，绍兴市完成销号第二轮中央生态环境保护督察交办信访件 588 件；整改第二轮中央生态环境保护督察反馈共性问题 6 项，整改个性问题 2 项。整改完成省委生态环境保护专项督察交办信访件 37 件。

【小微源危险废物精细化管理国家试点】 2022 年，绍兴市承接生态环境部固体废物与化学品管理技术中心小微源危险废物精细化管理试点工作，编制试点方案，调研小微源危废收运单位收运情况，选取印染行业和机加工行业典型企业作为示范，探索小微源危废收运、鉴别和特征码管理，形成小微源危险废物精细化管理综合试点及评估。

（市生态环境局　陈　樑、章佳颖）

【生态保护红线监管】 2022 年 6 月，绍兴市生态保护红线划定成果随“三区三线”成果报省自然资源厅审查，并根据反馈意见进行修改完善。9 月，修改完善后的生态保护红线划定成果报省自然资源厅和自然资源部，并通过审查正式启用。11 月，省政府办公厅发布《关于加强生态保护红线监管的实施意见》，对生态保护红线管控进行详细规定。其中，绍兴市以“双评价”结果为基础，划定生态保护红线 1465 平方千米，生态保护极重要区域划入生态保护红线的比例为 65.58%。

（市自然资源和规划局　骆丁冲）

生态环境质量

【水环境质量】 2022 年，绍兴市主要河流水质总体状况为优，70 个市控及以上断面水质均达到或优于 III 类标准（其中，Ⅰ类水质断面 2 个，占 2.9%；II 类水质断面 39 个，占 55.7%；III 类水质断面 29 个，占 41.4%），水质类别满足水域功能要求。与 2021 年相比，I～III 类水质断面比例持平，保持无劣Ⅴ类水质断面，满足水域功能要求断面比例持平，总体水质保持稳定。曹娥江水系、浦阳江及壶源江水系、鉴湖水

2022年，绍兴市成功创建国家生态文明建设示范区。图为白鹭在湿地觅食、嬉戏

（石冠千　摄）

系和绍虞平原河网四大水系水质状况均为优，总体水质保持稳定。全市27个跨行政区域河流交接断面中，Ⅱ类水质断面16个，占59.3%；Ⅲ类水质断面10个，占37.0%；Ⅳ类水质断面1个，占3.7%。

【环境空气质量】 2022年，绍兴市环境空气质量综合指数平均为3.34。各县（市、区）环境空气质量综合指数分别为：越城区3.60、柯桥区3.75、上虞区3.39、诸暨市3.28、嵊州市3.11、新昌县2.86。各县（市、区）环境空气质量指数（AQI）达到优良的天数比例分别为：越城区84.7%、柯桥区83.6%、上虞区83.5%、诸暨市93.7%、嵊州市95.3%、新昌县95.6%。全市大气中二氧化硫（SO_2）年均浓度为6微克/立方米，与2021年持平；二氧化氮（NO_2）年均值24微克/立方米，下降14.3%；可吸入颗粒物（PM_{10}）年均值46微克/立方米，下降2.1%；细颗粒物（$PM_{2.5}$）年均值28微克/立方米，上升3.7%；臭氧（O_3）第90百分位浓度154微克/立方米，上升11.6%；一氧化碳（CO）第95百分位浓度0.9毫克/立方米，与2021年持平。

【土壤环境质量】 2022年，绍兴市完成234家企业用地土壤污染状况调查超标点销号，开展建设用地土壤污染风险管控和修复质控试点，实现印染、电镀等行业腾退地块建设用地安全利用率100%。

【声环境质量】 2022年，绍兴市区域环境噪声（昼间）平均等效声级值（面积计权）为55.8分贝，与2021年相比下降1.4分贝，总体水平等级为“一般”；市区平均等效声级值56.6分贝，下降1.3分贝，总体水平等级为“一般”。全市声环境功能区噪声昼间达标率范围在88.9%～96.2%，合计为93.6%，夜间达标率在41.7%～89.7%，合计为77.1%，昼间达标率总体好于夜间。与2021年相比，昼间达标率下降0.5个百分点，夜间上升5.8个百分点。各类功能区中，2类区（居住、商业、工业混杂区域）达标率相对较好，AAAA类区（城市道路干线两侧）相对较差。全市城市道路交通噪声（昼间）平均等效声级值（路长计权）为66.9分贝，低于国家70分贝的控制要求，总体水平为“好”，下降0.7分贝。路长超标率为22.8%，比2021年上升0.5个百分点。市区平均等效声级值为68.3分贝，下降0.5分贝，路长超标率为29.4%，上升0.5个百分点。

【生态质量指数】 2022年，绍兴市对2021年度全市卫星遥感影像进行野外核查和解译。2021年，全市生态质量指数（EQI）66.6，列全省第九位，生态质量类型为二类，与2020年相比，生态质量指数变化幅度（ΔEQI）为0.2，列全省第一位，生态质量变化等级和变化类型基本稳定。各县（市、区）的EQI值分布在51.0～71.2，按EI值降序排列依次为：诸暨市、新昌县、嵊州市、柯桥区、上虞区和越城区。其中，诸暨市、新昌县、嵊州市EQI值高于全市EQI值。诸暨市和新昌县生态质量类型为一类，嵊州市、柯桥区和上虞区为二类，越城区为三类。

【辐射环境质量】 2022年，绍兴各县（市、区）环境γ辐射空气吸收剂量率（瞬时）平均值范围在48.5～111纳戈瑞/小时之间，平均值81.4纳戈瑞/小时，与全国天然放射性水平调查时绍兴市的测量值处于同一水平。环境电磁辐射水平和电磁辐射设施周围电磁辐射水平均低于相关标准要求。

【生活用水水源地水质】 2022年，全市8个县级以上集中式生活饮用水水源地（实测7个，陈蔡水库自2022年停测），水质类别均为Ⅱ类，水质达标率100%。对7个水源地开展109项水质指标监测，基本项目及特定项目指标全部达标。

（市生态环境局　陈　樑、章佳颖）

土地资源保护

【概况】 至2022年末，绍兴市共完成41个、计划形成6251公顷“百千万”永久基本农田集中连片整治项目选址、设计和立项，整治区总规模7908公顷。完成建设用地复垦155公顷，新增耕地149公顷。全年矿山修复项目20个（含2021年完成需再提升8个），修复面积81.47公顷，投入资金约2.92亿元。2021年土地例行督察发现的543个问题全部完成整改（其中，附条件完成79个）。国家和省级交办积案289件已全部化解，化解率100%；省自然资源厅交办积案127件已全部化解，化解率100%。

【耕地保护】 2022年，绍兴市自然资源和规划部门以数字化改革为引领，全面推行“耕地智保”应用场景，安装高位铁塔摄像头1263个。在越城区陶堰街道等地开展“耕地智保”应用场景与“基层治理四平台”融合试点，探索发现问题处置乡镇街道闭环管理路径。建立市、县、乡、村四级“田长制”责任体系，落实田长2323名、巡查员3191名、乡镇专职人员134名。

（市自然资源和规划局　施鸿菲）

【土地节约集约利用】 2022年，绍兴市通过加大低效工业用地整治力度、推进城镇低效用地整治再开发、推动土地兼容复合利用等形式，推进土地节约集约利用，提高城镇用地空间价值。至年末，全市消化批而未供土地719公顷，处置闲置土地111公顷，完成低效用地再开发684公顷，盘活存量建设用地920公顷。

（市自然资源和规划局　李张萍）

【后备土地资源开发利用】 2022年，绍兴市自然资源和规划部门在第三次全国国土调查成果基础上，深化成果后备资源开发潜力评价等领域的分析研究，规划至2027年，通过实施土地综合整治项目42个，实现永久基本农田集中连片整治3333.33公顷，新建和改造提升高标准农田2666.67公顷，复垦农村建设用地333.33公顷，落实补充耕地数量指标800公顷、水田指标466.67公顷，整治盘活低效建设用地866.67公顷。

【跨乡镇全域土地综合整治】 2022年，绍兴市针对空间资源不足、建设布局无序、土地利用低效、生态质量退化等突出问题，开展跨乡镇全域土地综合整治，提高国土空间治理水平。越城区东湖街道与皋埠街道全域土地综合整治项目，东浦街道与北海街道全域土地综合整治项目，柯桥区柯岩街道、湖塘街道、福全街道土地综合整治项目，新昌县南明街道、羽林街道、城南乡土地综合整治项目入选省首批跨乡镇全域土地综合整治试点名单，数量居全省第一位。试点项目共涉及10个乡镇（街道）41个行政村，整治范围1377公顷，计划投资451亿元，拆迁面积154万平方米，永久基本农田集中连片整治面积726公顷，新增高标准农田建设面积358公顷，建设用地复垦面积216公顷，低效建设用地整治盘活面积143公顷。

（市自然资源和规划局　徐　伟）

水资源保护

【概况】 2022年，全市总用水量17.37亿立方米，比2021年减少0.6%。钦寸水库向宁波市供水0.80亿立方米，汤浦水库向慈溪市供水0.60亿立方米，上虞区从四明湖水库调水0.05亿立方米。万元地区生产总值用水量（可比价）为25.6立方米，万元工业增加值用水量（可比价）为16.8立方米，用水效率不断提升。

【水资源管理】 2022年，绍兴市水利局贯彻落实《浙江省水资源条例》，持续实施水资源消耗和强度双控行动，联合市发展改革委下达各县（市、区）“十四五”用水总量和强度双控目标。贯彻省委、省政府稳企惠企确保经济稳中求进决策部署，落实水资源费阶段性减免政策，全年水资源费按规定标准80%征收；落实省节水型企业水资源费减征政策，对获省级节水型企业、省级节水标杆企业称号取水户水资源费按规定标准80%和50%征收。发挥金融要素在提高水资源集约节约利用水平中的作用，引导金融机构加大对实体经济绿色低碳发展的支持。会同人行绍兴市中心支行开展“节水贷”推广工作，为节水企业、节水项目和节水服务提供金融支持，全市发放贷款金额超140亿元。绍兴市获2022年度全省实行最严格水资源管理制度考核优秀，已连续8年获该项考核优秀。

【节水行动】 2022年4月，绍兴市水利局等12个部门联合印发《绍兴市节水行动2022年度实施计划》，明确年度工作任务，落实工作责任。至年末，完成45家节水型企业创建、94家企业清洁生产审核和24家省级节水标杆（酒店4家、校园4家、社区7家、企业9家）创建，完成省水利厅下达的建设任务。完成市水利局等23家单位水利行业节水型单位创建工作。越城区“数字化赋能农业高质量发展”入选省2022年度“节水行动优秀实践案例”；柯桥区入选全国典型地区再生水利用配置试点城市，试点方案通过省政府审批后组织建设实施；新昌县开展区域合同节水工作。

【节约用水宣传活动】 2022年，绍兴市结合“世界水日”“中国水周”开展节水宣传进机关、进企业、进社区、进学校、进农村等活动，开展各项节约用水宣传活动210次，有关内容上传“节水中国”网站活动专区，累计点赞量超12万次。市水利局获全国公民节约用水行为规范主题宣传活动优秀组织单位。

【全民治水工作】 2022年，绍兴市持续深化全民治水工作，举办市实施“河长制”10周年社会公益宣传活动，开展“最美河湖长”“最美河湖卫士”评选，以“清河”“碧水”系列行动为载体发动公众参与护水行动。组建“企业河长”“乡贤河湖长”“村嫂河湖长”等各类护水志愿者队伍532支。“碧水联盟”护水志愿者注册人数60万余人，累计发现上报涉水问题5.1万余个。柯桥区基层河长宋晓被水利部评为第二届“最美河湖卫士”。

【全域“美丽河湖”建设】 2022年，绍兴市发布全省首个市级“总河长令”，实现市、县两级“总河长令”全覆盖。完成县级水域保护规划编制。强化水质“黄、橙、红”三色预警，70个市控及以上断面Ⅰ～Ⅲ类水比例保持100%，曹娥江、浦阳江两大干流水质总体达到Ⅱ类水。市水利局、市治水办、市公安局联合印发《全市“清河”行动方案》，组织联合执法活动126次，排查发现行洪问题462个，整改率100%；清除施工围堰（便道）83条、2.57万平方米。组织开展4轮“碧水”督查行动，全面排查违法排污、黑臭水体反弹、河湖长履职等10个方面问题。越城区建成全省首个无人机全域自动巡河、高位视频监控系统。上虞区建设“河湖长制”智慧监管平台。至年末，全市建成市级水美乡镇18个，创建市级美丽河湖17条（个），入选省级美丽河湖16条（个），入选数量居全省第二位。累计建成省级美丽河湖55条（个）、市级美丽河湖68条（个）。

绍兴市获国务院2022年度河湖长制工作激励（浙江省唯一地市）。诸暨市全国水系连通和水美乡村试点县和越城区、上虞区全省第二批幸福河湖试点县建设工作推进。诸暨市通过全省首批幸福河湖试点县验收，美丽幸福河湖建设工作获

2022年,绍兴市开展全域"美丽河湖"建设。图为美丽河湖——上虞石井湖(水库)
(市水利局　供图)

2021年省政府督查激励。

【河湖管理与保护】 2022年,绍兴市完成中小河流综合治理8.17千米;新开工提标加固海塘13.58千米,病险水库除险加固完工40座,山塘整治完工71座。完成6个县(市、区)水域保护规划报告编制、政府报批及公示工作。以镇街为单位,实施河湖蓝藻管控行动,利用无人机技术,对重点区域、重点河湖开展为期2个月的集中巡检、打捞保洁。

(市水利局　祁一鸣)

鉴湖保护

【概况】 鉴湖,曾名庆湖、镜湖、贺家湖、贺监湖、贺鉴湖、照湖、南湖、长湖、大湖、带湖等。东汉永和五年(140),会稽太守马臻主持修建,位于东汉时会稽郡山阴县境内(属今柯桥区、越城区、上虞区),是中国长江以南最古老的大型蓄水、航运等综合性水工程之一。现鉴湖西起湖塘西跨湖桥,东至亭山东跨湖桥,河网水面面积30.44平方千米,蓄水量约6100万立方米。

【鉴湖水域保护】 鉴湖历史悠久,是绍兴黄酒的主要水源地,是绍兴母亲湖。鉴湖水域是绍兴市经济最发达的地区之一。保护和治理鉴湖水域环境直接影响绍兴城市建设和经济可持续发展。鉴湖保护的法治化道路:1988年7月23日,省七届人大常委会第四次会议通过《浙江省鉴湖水域保护条例》,鉴湖成为绍兴市唯一由省人大常委会立法保护的名湖,鉴湖保护进入法治时代。2009年4月,省十一届人大常委会第十次会议对条例进行第五次修订。2009年8月,绍兴市人民政府印发《绍兴市实施〈浙江省鉴湖水域保护条例〉工作方案》。2016年11月1日,《绍兴市水资源保护条例》正式施行,从责任明确、治理举措、监督考核等方面进行细化规定,重塑水乡形象,传承水文化精神,健全水资源保护长效机制。鉴湖水环境整治工程:2009年,绍兴市启动鉴湖水环境整治工程,该工程分三期展开。一期工程东起漓渚铁路桥,西至壶觞大桥,整治长度3.35千米,整治面积81.58公顷,总投资2.38亿元。二期工程东起偏门桥,西至漓渚铁路桥,整治长度2千米,总投资3.55亿元。三期陆游故里工程,位于胜利西路北侧,绍齐公路东侧,规划实施面积12.8公顷,总投资3.8亿元。鉴湖水环境整治工程2017年竣工。2022年,为筹备陆游900周年诞辰纪念活动,对"陆游故里"建成区实施封闭管理。

【鉴湖国家湿地公园(试点)】 鉴湖国家湿地公园位于越城区东部,公园规划总面积约7.24平方千米,水域面积400公顷,湿地率72.86%(不含水田)。周边近代以来远离工业污染源,一直以农田耕作为主,人与自然和谐共处。2016年6月,启动"鉴湖国家湿地公园"筹建。2017年12月,经国家林业局审议,获批国家级湿地公园试点建设。根据总规划设计要求,鉴湖湿地公园规划分"一带、三心、五区"。"一带":以世界文化遗产浙东古运河为基底的运河生态保育带;"三心":以古鉴湖埋废后的遗址——洋湖泊、百家湖和白塔洋"三湖"为代表的三大湖泊;"五区":湖泊生态修复区、农耕文化体验区、艺趣稻田体验区、水乡风貌浏览区、科普宣教展示区。

绍兴市在鉴湖国家湿地公园(试点)建设中,坚持"保护优先、科学修复、适度开发、合理利用"原则,以保护生物多样性、发挥湿地的生态功能为核心,全力打造集湿地生态保护保育、科教观光、合理利用示范于一体的国家级湿地公园。以越城区政府行政规范性文件形式制定《浙江绍兴鉴湖国家湿地公园保护管理办法(试行)》,对湿地公园的管理、建设、保护、利用等方面进行规范。落实"河湖长"管理制度,清淤疏浚约20万立方米,清理界箔约15000米、水葫芦40余公顷,水质总体稳定在Ⅲ类水以上;举行增殖放流活动,投放鱼苗3000万尾以上。通过系列保护修复措施,公园生物多样性日渐丰富。至2022年末,公园内有动物245种,其中鸟类141种,植物325种,国家重点保护动植物从2018年的8种增加至20种。数字赋能助力智慧监管,推行乡村旅游景区监管一件事——"鉴湖国家湿地公园数字化应用"。构建"服务+监管+执法"融合新模式,组建综合性、一体化的综合行政执法队,成立湿地公园执法分队。编制形成鉴湖国家湿地公园(试点)行政处罚事项清单,探索跨部门、跨区域执法,联合区级有关部门及属地镇街开展生态环境、自然资源等多跨协同执法,打击禁渔期违法捕捞人员2人,收缴违禁渔具地笼等5000余套。

（市水利局　孟宇婕）

曹娥江保护

【概况】 曹娥江古名舜江，属钱塘江水系，是钱塘江下游主要支流之一，主流长197千米，主河道平均坡降3.0‰，流域面积6080平方千米。主流澄潭江，流经新昌、嵊州，纳新昌江后称曹娥江，继续流经三界、章镇、百官，在新三江闸下游15千米处注入钱塘江河口段。曹娥江主要一级支流（自上而下）有左纡江、小乌溪、新昌江、长乐江、黄泽江、嵊溪、隐潭溪、下管溪、小舜江等，以长乐江为最大。曹娥江流域主要属绍兴市境内，曹娥江在市内主流长156.6千米，流域面积5169.8平方千米，此外流域还包括天台县、余姚市、磐安县和东阳市部分。

【曹娥江保护及开发】 2022年，绍兴市水利部门根据《曹娥江流域水利治理体系和治理能力现代化试点》总体要求，开展《绍兴市曹娥江流域管理办法》立法调研和草案起草，基本完成调研报告、立法指引、《草案建议稿》及起草说明。年内，未收到涉及曹娥江保护及开发的行政复议和行政诉讼案件。

【曹娥江流域水利治理工作】 2022年，绍兴市推进流域治理现代化建设，印发实施《曹娥江流域水利治理体系和治理能力现代化规划》，市曹娥江流域中心获市编委办批复成立。推进水利工程“三化”改革，联合自然资源等部门，完成《关于推进绍兴市水利工程不动产权登记工作的指导意见》，全市规模以上水利工程物业化管理覆盖率87%，产权登记率57.4%。

（市水利局　祁一鸣）

森林资源保护

【概况】 2022年，绍兴市落实林长制工作，推进城乡环境绿化美化，全面开展森林质量精准提升行动。发布2022年第1号总林长令《关于加强森林湿地资源保护发展工作的通知》，切实做好森林湿地资源保护发展工作。通过山地造林、城镇公园建设、绿道建设、乡村“四旁”植树等多途径开展国土绿化工程，完成国土绿化新造林729.53公顷，完成率121%；完成新增森林管护995.8公顷，完成率104%；完成千万亩森林质量精准提升6987公顷，完成率144%。至年末，全市有森林面积38.88万公顷（国家核定口径），覆盖率46.97%（国家核定口径）。柯桥区“森防天眼”、上虞区野生动植物本底调查、诸暨市野猪综合防控工作列入省级试点。

【林长制工作】 2022年，绍兴市全面推行林长制改革，制定《林长制市级会议制度》等5项配套制度，在全省创新建立市领导联系重要生态功能区（自然保护地）的林长制联系点模式。以网格化治理为抓手，建立健全市县乡村四级林长体系，构建“林长＋警长＋护林员”管护机制。至年末，设立各级林长2114名、林区警长462名，有护林员1650名。各级林长开展巡林履职和协调林业重点问题3638人次，巡护山林46.8万公顷。6月15日，召开绍兴市第一次市级总林长会议。绍兴市获2022年度全省林长制工作考核（设区市）优秀，柯桥区、上虞区、新昌县被评为优秀县。市自然资源和规划局（市林业局）被评为省林长制工作表现突出单位。

【林地保护】 2022年，绍兴市成立森林资源保护工作专班，严格落实林木采伐限额和林地定额管理，在内业调查和现地核查基础上，完成全市631.67公顷补充林地申请入库。实施省级以上公益林生态补偿制度。推进森林督查案件查处整改，严厉打击破坏森林资源和侵害野生动物违法行为。开展“2022清风行动”联合执法，巡查相关场所398处，查办案件29起，处理违法人员53人，收缴、救护野生动物68只。嵊州市林场创建成省现代国有林场，至年末，全市累计有省级现代国有林场3家，省级现代国有林场创建比率50%，高于全省平均水平。

（市自然资源和规划局　周　润）

【植树造林】 2022年，绍兴市累计完成国土绿化新造林729.53公顷，完成率121%；完成新增森林管护995.8公顷，完成率104%。深入推进千万亩森林质量精准提升工程，累计完成森林质量精准提升6987公顷，完成率144%。深化森林系列创建，建成省级森林城镇4个，“一村万树”示范村26个。开展“我为亚运种棵树”活动，累计参与义务植树等活动273.5万人次，植树345.2万株（含折算株数）。

（市自然资源和规划局　杨佩颖）

【古树名木保护】 2022年，绍兴市开展古树名木资源调查3次，印发《绍兴市自然资源和规划局关于加强全市古树名木

2022年9月3日，台风“轩岚诺”期间，曹娥江大闸开闸预泄　（市水利局　供图）

保护工作的通知》,开展古树名木巡查检查工作,投入资金近170万元,健康体检古树名木3726株次。根据古树名木健康体检结果,实施保护240株、病虫害防治200株、堵洞修补37株、清理地面杂物126株、改善硬化18株、恢复原状31株。组织开展古香榧群保护公益诉讼、依法打击破坏古树名木资源违法犯罪等活动。年内,有7处公园开展全省第一批"浙江省古树名木文化公园"申报。

(市自然资源和规划局　吕　娅)

【林业执法监督】 2022年,绍兴市建立综合检疫执法体系,定期对市域内的疫木处理定点企业和木材加工企业进行监督检查,遏制松材线虫病在市内蔓延。推进森林督查案件销号工作,2021年森林督查案件253件已全部销号。办理涉林业行政处罚案件178件,其中盗伐、滥伐林木40件,毁坏林木、林地36件,违法使用林地64件,违反野生动物保护案件23件,违反森林草原防火法规1件,违反林草有害生物防治检疫法规1件,违反林草种苗及植物新品种管理法规2件,违反野生植物保护管理法规10件,其他林业和草原行政案件1件,有效打击破坏森林资源违法行为。

(市自然资源和规划局　何兴华)

【松材线虫病防控】 2022年,全市林业部门除治松材线虫病松林面积16260公顷,清理枯死松树16.52万株,完成率分别为132%和120%,打孔注药保护松树约7.38万株;建立病虫害监测点52个,累计完成有害生物监测面积144.53万公顷。开展全市松材线虫病疫木检疫执法专项行动,组织行动87次,出动执法人员313人次,检查涉松企业60个,查处案件5件。

(市自然资源和规划局　吕　娅)

【会稽山古香榧群保护管理】 2022年,绍兴会稽山古香榧群与意大利阿西西—斯波莱利陡坡橄榄种植系统之间达成初步合作意向。开展绍兴会稽山古香榧群保护公益诉讼专项活动。诸暨市发布《关于香榧产业高质量发展的实施意见》,投入财政资金2000万元,加强古树保护、挖掘古树价值、建设主题村庄等行动。嵊州市谷来镇对香榧省级森林公园核心区开展白蚁防治工作,共治理古榧树300多棵;修缮香榧文化博物馆;建设香榧种质资源库。绍兴柯桥区会稽山香榧古道获省第二批大花园耀眼明珠称号。

(市自然资源和规划局　王家源)

生物多样性保护

【概况】 2022年,绍兴市建立野生动植物保护联席会议制度,开展"清风行动"野生动植物保护联合执法,全市国家重点野生动植物保护率高于95%。中国香榧自然博物馆入选全省第一批生物多样性体验地培育名单。诸暨市完成全域生物多样性调查评估省级试点,实地调查并记录1946多种生物,其中列入中国物种红色名录的珍稀濒危物种42种;国家一级、二级重点保护野生植物28种,重点保护野生动物17种;浙江省重点保护野生植物19种,重点保护野生动物25种;鉴出大型真菌中国新纪录22种,省新纪录41种。上虞区启动野生动植物资源本底调查。

【江河流域生态修复和生物多样性保护行动方案】 2022年8月,市政府办公室印发《绍兴市江河流域生态修复和生物多样性保护行动方案(2022—2025年)》。方案提出,在钱塘江水系绍兴段(含曹娥江、浦阳江)集水区域,涉及曹娥江流域、浦阳江及壶源江流域、甬江流域实施江河流域开展生态修复和生物多样性保护;到2025年,全部11个国控断面和25个省控断面稳定达到III类及以上水质,128个县控以上断面水质100%达标;打造60条美丽河湖,修复河湖生态缓冲带100千米,岸坡生态化改造80千米,湿地保护率达到省定目标,曹娥江及浦阳江(绍兴市境内)干支流主要控制断面生态流量达标率达95%以上;开展珍稀濒危物种种群恢复和土著鱼类资源修复,加快推进曹娥江干流、浦阳江干流、鉴湖等7大区域河湖缓冲带修复等目标。明确严控生态空间、深化水环境综合治理、强化生态保护与修复、推进生物多样性保护、提升数字化监管水平等具体任务。

(市生态环境局　陈　樑、章佳颖)

【水生生物增殖放流】 2022年,市农业农村局组织开展夏季和冬季水生生物增殖放流活动。7月1日和7月6日,分两次在镜湖、东鉴湖等水域开展以"养护水生生物资源,建设美丽绍兴"为主题的夏季水生生物增殖放流活动,共计放流夏花鱼苗2068.56万尾(鲢鱼1016.42万尾、鳙鱼587.94万尾、草鱼464.2万尾)。12月1日,在柯桥区鉴湖水域开展以"养护水生生物资源,建设美丽绍兴"为主题的冬季水生生物增殖放流活动,向鉴湖水域投放鲢鱼、鳙鱼、黄尾密鲷等鱼苗41万尾。

【钱塘江水系禁渔】 2022年,绍兴市在钱塘江干流绍兴段及壶源江(壶源溪)、浦阳江、曹娥江、开化江绍兴段实行禁渔期,禁渔时间为3月1日0时至6月30日24时。其中,曹娥江四环大桥至城南大桥、上浦闸至指石山江段,禁渔时间延至9月30日24时。在绍兴市外荡水域(指非封闭的荡漾、河道、抖河和溇浜等)实行禁渔期,禁渔时间为4月1日0时至5月31日24时。其中,上虞区皂李湖、小越湖、驿亭东泊和西泊,禁渔时间提前从3月15日0时起实施(禁止捕捞鲫鱼、鲤鱼等自然产卵鱼类);新昌县澄潭江镜岭大桥上至石门水库大坝,禁渔时间延至6月30日24时。全市各级渔政执法部门开展禁渔期专项执法行动,累计开展执法行动433次,出动执法人员1357人次,查办渔业行政处罚案件73起,罚没款13.48万元,查扣涉渔"三无"船舶24艘,清理整治违规渔具11066张;开展保护渔业资源宣传教育,累计发放禁渔宣传材料逾10951份,开展媒体宣传58次。

(市农业农村局　伍媛媛)

2022年诸暨市列入中国生物多样性红色名录物种一览表

表71

序号	科名	属名	中文正名	红色名录等级
1	石松科	石杉属	蛇足石杉	濒危(EN)
2	水韭科	水韭属	中华水韭	濒危(EN)
3	柏科	水松属	水松	易危(VU)
4	松科	金钱松属	金钱松	易危(VU)
5	木兰科	玉兰属	天目玉兰	易危(VU)
6	樟科	樟属	天竺桂	易危(VU)
7	薯蓣科	薯蓣属	细柄薯蓣	易危(VU)
8	藜芦科	重楼属	华重楼	易危(VU)
9	兰科	白及属	白及	濒危(EN)
10	兰科	兰属	春兰	易危(VU)
11	石蒜科	石蒜属	稻草石蒜	易危(VU)
12	莎草科	薹草属	发秆薹草	濒危(EN)
13	金缕梅科	牛鼻栓属	牛鼻栓	易危(VU)
14	豆科	红豆属	花榈木	易危(VU)
15	豆科	马鞍树属	浙江马鞍树	濒危(EN)
16	胡桃科	胡桃属	胡桃	易危(VU)
17	无患子科	槭属	鸡爪槭	易危(VU)
18	芸香科	花椒属	朵花椒	易危(VU)
19	列当科	地黄属	天目地黄	易危(VU)
20	忍冬科	七子花属	七子花	濒危(EN)
21	银杏科	银杏属	银杏	极危(CR)
22	罗汉松科	罗汉松属	罗汉松	易危(VU)
23	柏科	水杉属	水杉	濒危(EN)
24	木兰科	玉兰属	紫玉兰	易危(VU)
25	小鲵科	小鲵属	义乌小鲵	易危(VU)
26	叉舌蛙科	虎纹蛙属	虎纹蛙	濒危(EN)
27	叉舌蛙科	棘胸蛙属	棘胸蛙	易危(VU)
28	鳖科	华鳖属	中华鳖	濒危(EN)
29	平胸龟科	平胸龟属	平胸龟	极危(CR)
30	地龟科	拟水龟属	黄喉拟水龟	濒危(EN)
31	地龟科	拟水龟属	乌龟	濒危(EN)
32	陆龟科	闭壳龟属	黄缘闭壳龟	极危(CR)
33	水蛇科	沼蛇属	中国水蛇	易危(VU)
34	游蛇科	锦蛇属	王锦蛇	濒危(EN)
35	游蛇科	锦蛇属	黑眉锦蛇	濒危(EN)
36	游蛇科	鼠蛇属	乌梢蛇	易危(VU)
37	游蛇科	鼠蛇属	滑鼠蛇	濒危(EN)
38	游蛇科	环游蛇属	赤链华游蛇	易危(VU)
39	银环蛇科	环蛇属	银环蛇	易危(VU)
40	眼镜蛇科	眼镜蛇属	舟山眼镜蛇	易危(VU)
41	蝰科	尖吻蝮属	尖吻蝮	濒危(EN)
42	鳗鲡科	鳗鲡属	鳗鲡	濒危(EN)

（市生态环境局　陈　樑、章佳颖）

节能减排

2022 年 9 月 19 日，2022 年公共机构节能宣传活动在市行政中心举行

（市机关事务服务中心　供图）

【概况】 2022 年，绍兴市单位地区生产总值能耗下降 3.5%，规模以上工业增加值能耗下降 10.9%，均居全省首位。深入提升产业能效，印发《绍兴市严格能效约束推动重点领域节能降碳工作实施方案》，各职能部门指导、督促钢铁、水泥、玻璃等重点行业、重点企业加快实施节能降碳技术改造，年内投入技改资金 14.62 亿元，累计完成投资 21.87 亿元，技改完成后预计节约能耗 1.44 万吨标准煤。

【市二氧化碳达峰实施方案制定】 2022 年，绍兴市制定并实施碳达峰实施方案、碳达峰碳中和责任清单，统筹推进能源、工业、建筑、交通、农业、居民生活、科技等“6+1”领域碳达峰行动方案编制，加快推进配套政策方案，制定形成任务明确、责任清晰、协同推进、保障到位的实施体系。

【响应风光倍增计划】 2022 年，全市域加快推进光伏项目建设。新增分布式光伏用户 1401 户，并网容量 79.9 万千瓦，比 2021 年增长 206.99%，已完成全年光伏并网任务的 228.29%，完成率居全省第一位；光伏发电量 16.81 亿千瓦时，增长 68.32%。各县（市、区）均超额完成年度任务，其中，越城区 11.23 万千瓦、柯桥 24.19 万千瓦、上虞区 10.74 万千瓦、诸暨 11.35 万千瓦、嵊州 13.30 万千瓦、新昌县 8.92 万千瓦。

【工业节能】 2022 年，绍兴市制定加快推进工业经济高质量发展若干政策等 8 个政策，明确加快构建绿色制造体系，对列入市级“循环经济 850 工程建设计划”示范项目并验收通过的项目，最高给予 100 万元扶持资金，培育绿色低碳（用地集约化、原料无害化、生产洁净化、废物资源化、能源低碳化）工厂，涉及纺织印染、生物医药、高端装备制造等领域，对当年获得国家级、省级、市级认定绿色企业，分别奖励 50 万元、30 万元和 10 万元。至年末，全市创建市级绿色工厂 59 家、省级绿色工厂 5 家、国家级绿色工厂 2 家，全市规模以上工业能耗总量比 2021 年下降 1.9%，单位工业增加值能耗下降 10.9%。

【公共机构节能管理】 2022 年，市机关事务服务中心围绕垃圾分类、节能降碳，持续推进公共机构创建达标活动。至年末，全市机关单位累计创建垃圾分类示范单位 323 家，无废机关 415 家，节约型机关 463 家，分别占公共机构总数的 66.87%、79.71% 和 84.34%。公共机构人均能耗每人 71.67 千克标准煤，比 2021 年下降 2.97%；单位建筑面积综合能耗每平方米 3.29 千克标准煤，下降 1.79%；人均用水量每人 16.33 立方米，下降 1.63%。2022 年市机关事务服务中心、绍兴市第一中学、绍兴市口腔医院入选国家级生活垃圾分类示范单位，市行政中心机房入选首批国家级绿色数据中心。

【建筑节能】 2022 年，绍兴市实施绿色建筑 224 项，建筑面积 1373.9 万平方米。其中，实施二星级以上绿色建筑 142 项，建筑面积 996.6 万平方米，实施三星级以上绿色建筑 24 项，建筑面积 149.17 万平方米。完成既有公共建筑节能改造 12.96 万平方米，完成可再生能源建筑应用 262.64 万平方米，超额完成年度建筑节能考核目标任务。

【绿色建材全国试点】 2022 年，绍兴市持续推进国家级“政府采购支持绿色建材促进建筑品质提升试点”工作，修订《绿色建筑和绿色建材政府采购基本要求》，累计含 3 个大项、10 个中项、79 个小项 204 种建材，其中，新增 25 个小项 77 种建材。依托“绍兴市绿色建材采信应用与数据监管服务平台”，组织建材企业开展建材产品检测与认证工作，鼓励申报入驻绍兴市绿色建材产品库，累计 182 家建材企业共 714 个建材产品入库。结合 62 个试点项目的实施，探索碳减排技术路线和碳排测算研究，编制形成绍兴市政府采购绿色建材试点项目碳减排实施路径研究报告。

【建筑领域“双碳”工作】 2022 年，绍兴市以市棒球未来社区建设项目为依托，将“双碳”工作融入未来社区“三大价值坐标”“九大场景”营建中，开展“碳中和”试点研究，初步形成调研报告、指标体系、实施方案等研究成果。其中，绍兴市龙山书院培训中心入选第一批“中国—瑞士零碳建筑合作项目示范工程”（全国共 3 个）。

（市建设局　宣哲琦）

【亚运城市绿色与智慧交通年建设行动】 2022 年，绍兴市以亚运通勤线路为重点，推进两路两侧“三化一平”专项整治行动，整改完成63处高速公路两侧问题点位、1处省级交通事故多发点和6处市级交通事故多发点整治。完成公路桥下空间管理“省七张问题清单”销号，常态化整治公路“马路市场”、占道经营（作业）等违规行为。所有高速公路服务区均完成视频监控、卡口监测、数据互联等功能建设，杭甬高速绍兴等3对服务区完成智慧服务区试点建设任务；新增高速公路服务区充电桩35桩42枪。新增四星级高速服务区1个、三星级服务区1个。杭甬高速绍兴服务区“司机之家”获交通运输部认定，柯岩、崇仁服务区“司机之家”通过省级部门验收。

2022年，绍兴市开展省级清新空气示范区建设。图为整治后的绍兴大坞岙垃圾填埋场（何　雯　摄）

【能源低碳发展战略高层论坛（绍兴）】 2022年9月15日，以“赋能双碳战略，引领绿色能源”为主题的2022首届能源低碳发展战略高层论坛（绍兴）在会稽山阳明酒店举行。论坛由市委人才办、浙江清华长三角研究院、绍兴文理学院主办，越城区科学技术协会、绍兴文理学院化学化工学院承办。专家学者、企业家聚焦纳米多孔金属在高效能源转化中的应用、分子筛催化材料设计合成、介观动力学视角下的催化剂设计、苛刻环境电催化材料与电极研究、纳米合成方法学探索、光化学能转换功能材料、MXene材料的表/界面结构设计及储能应用研究、工业反应过程开发的思考和实践等专题进行主旨报告和主题演讲，并进行专家、企业交流。

（市发展改革委　茹一弋、金　艳，市建设局　宣哲琦，市机关事务服务中心　王绣敏）

污染防治

【概况】 2022年，绍兴市开展污染防治攻坚，打好蓝天保卫战，成功创建省级清新空气示范区；巩固水环境质量，争创国务院河长制、湖长制工作激励市；推进土壤污染防治，开展风险管控和质控修复试点，污染防治工作取得较好成效。

【水污染防治】 2022年，绍兴市开展“污水零直排区”建设，建成8个乡镇（街道）190个项目、提升19个乡镇（街道）79个项目以及15个城镇居民小区“污水零直排”建设。2个工业园区入选省级“污水零直排区”标杆园区培育名单。完成全市17条（个）美丽河湖和18个水美乡镇建设。续建甘霖镇污水处理厂、长乐镇污水处理厂、崇仁镇污水处理厂，新建改造污水管网77.9千米。推动农业面源污染治理，建设9条农田氮磷生态拦截沟，对4506个农村生活污水处理设施开展标准化运维。全市8个县级以上集中式饮用水源地保护区、29个千吨万人水源地完成勘界定标工作。

【大气污染防治】 2022年，绍兴市实施《绍兴市2022年大气污染防治行动方案》《2022年绍兴市大气污染防治考核办法》，定期发布《绍兴市空气质量周报》《绍兴市空气质量月报》《全市大气污染防治工作进展情况的通报》，按月公布全市各县（市、区）空气质量数据排名情况，向有关县（市、区）政府发送空气质量提醒函。深化印染废气治理，出台《绍兴市纺织印染工业废气管控技术指南》，柯桥区出台纺织后整理小微企业园区和小微企业治理标准，在纺织品复合行业实施固体胶替代试点。推进移动源污染防治，出台《绍兴市柴油动力移动源排气污染防治办法》，配套制定《绍兴市柴油动力移动源排气分级划分方案（试行）》，省内率先实施非道路移动机械“电子围栏”监管试点，累计完成5172台机械定位安装联网，开出全省首张非道路机械“电子围栏”闯禁罚单。全市淘汰老旧柴油货车613辆，更新新能源叉车替代485台，查处不合格新车85辆，处罚超标车辆363辆次，累计完成非道路移动机械编码登记23762台，抽测机械排气2696台，处罚超标机械或未编码登记机械98台次。

【土壤污染防治】 2022年，绍兴市推动建设用地管控和修复“一件事”改革，印发《建设用地土壤污染调查报告评审规程（试行）》《绍兴市建设用地土壤污染风险管控和修复质控工作方案》。原绍兴海尔曼斯实业有限公司污染地块和原绍兴县新士化工助剂厂地块2个污染土壤治理修复项目完工并通过验收。全市重点建设用地安全利用率100%。督促265家土壤重点单位落实土壤自行监测、隐患排查、有毒有害物质地下储罐报备等要求。调查3个重点化工园区地下水污染情况，评估3个危险废物处置场和垃圾填埋场的地下水环境状况。对3条已整治农村黑臭水体开展“回头看”，确保不反弹。各县（市、区）出台农村小微水体水质维护方案。

【固体废物管理】 2022年，绍兴市构建小微产废企业危废统一收运体系和一般工业固废统一收运体系，全市9家小微产废企业危废统一收运点共签约小微产废企业5227家，收运危险废物7251吨；一般工业固废收运体系覆盖企业2214家，收集一般工业固废19.8万吨。深化危险废物“点对点”利用，有8家企业13.6万吨危险废物实现综合利用。开展“无废印染”试点。

【辐射源防治】 2022年，绍兴市通过核技术利用单位自查、监督性监测和“双随机”检查相结合模式，开展放射源专项核查、放射性废物（源）“清零”行动和辐射安全隐患排查治理行动，检查企业352家次，排查问题101个，下发整改通知书3个，全部问题整改到位。安全收贮废旧放射源132枚，未发生辐射安全事故。

【危险废物趋零填埋】 2022年，绍兴市梳理研究全市各类危险废物产生情况，规划利用处置能力匹配性，编制《绍兴市危险废物“趋零填埋”实施方案（2022—2025年）》。完成全市34家危险废物持证经营单位分档评估。

【受污染耕地“源解析”工作】 2022年，绍兴市推进耕地土壤污染溯源和管控。越城区、柯桥区根据耕地土壤环境质量类别划分结果，分别在辖区内划分31个和30个排查单元，通过现场踏勘与访谈，检测分析大气沉降、灌溉水、底泥和农业投入品状况，形成受污染耕地污染成因分析报告和污染源管控清单。上虞区、诸暨市、嵊州市、新昌县均启动成因排查工作并完成耕地土壤污染“源解析”工作方案制定。

【地下水国控点位水质现状监测】 2022年，绍兴市印发《关于要求对地下水国考点位和国控土壤风险监控点加强监管的通知》，4个地下水国考点位均已编制水质巩固（提升）方案，严格按照水质巩固（提升）方案要求，确保4个地下水国考点位水质基本保持稳定。新昌县水文站年均值为Ⅳ类水质，嵊州市姜家村年均值为Ⅳ类水质，诸暨市郑家偃年均值为Ⅴ类水质，上虞经开区风险点位年均值为Ⅴ类水质，水质保持稳定，未出现恶化。

【秋冬季大气污染防治攻坚行动】 2022年，绍兴市出台《2022—2023年秋冬季大气污染防治攻坚行动方案》《空气质量敏感点“一点一策”管控方案》，市、区、街道三级联动，每周召开“一点一策”精细管控对接会，运用通报、曝光、约谈、驻点帮扶等方式，提升治理水平。加强重点区域精细管控，落实绍兴中专、树下王、袍江中学、城东开发委、柯桥区政府、柯桥妇保医院、上虞中学、重华小学大气环境质量国家监测点位精细管控要求，强化“冲洗+清扫”协同作业，确保主要道路和背街小巷精细保洁。以扬尘、露天焚烧等为重点开展攻坚治理，印发《关于强化秋冬季期间秸秆禁烧巡查的通知》，督促区（县）、镇（街道）、村居层层签订禁烧责任状。加大宣传教育，组建专项巡查组，对上虞区4个镇街实施约谈、9个镇（街道）实施驻点帮扶。实行空气质量日晾晒、周通报、月考核，每日编制秋冬季大气污染防治攻坚战快报，做好污染高值提醒和污染预警预报，引导工地、企业在污染天气时采取应急减排措施。

（市生态环境局　陈　樑、章佳颖）

生态环境监管

【概况】 2022年，绍兴市加大环境执法监管力度，严厉打击各类生态环境违法行为，立案查处511件，处罚款4475万元，办理五类案件（查封扣押、限产停产、按日计罚、移送公安行政拘留、移送公安刑事犯罪案件）48件，责令整改企业1744家，关停取缔企业15家。组织污染源“双随机、一公开”执法检查，抽查企业2952家次，发现问题891个。对196家重点环境风险源企业开展定期巡查1040家次，发现并整改环境问题949个。组织开展突发环境事件应急演练7次。

【环评许可】 2022年，绍兴市审批（含备案）建设项目2091个，其中审批环境影响报告书的项目91个，环境影响报告表的项目647个，登记表网上备案项目1353个。办理排污许可证964本，其中首次申请137本、重新申请155本、整改后申请6本、变更476本、延续121本、注销69本。审批涉辐射建设项目4个，办理辐射安全许可证221本，其中首次申请60本、重新申请47本、变更62本、延续46本、注销6本；办理放射性同位素转让审批3件；办理放射源省内跨设区市异地使用报告2份。受理完成危险废物经营许可证申请事项18项。至年末，有34家企业取得省生态环境厅发放的危险废物经营许可证。

【生态损害赔偿】 2022年，绍兴市落实环境资源案件违法责任与损害赔偿责任“一案双查”，每月通报各县（市、区）线索摸排和案件启动情况，核查案件线索129个，对其中15个污染严重、损害较大案件线索实行损害赔偿。健全行政、司法联动机制，完善调查程序，通过第三方鉴定评估机构，对生态环境损害事实清楚、责任无异议、影响较小案件，快速启动鉴定评估程序，全年有14个案件实施快速鉴定评估，占办结案件数的42.4%。受理生态环境损害赔偿案件34件，其中案件磋商33件，赔偿金额593万余元。浙江嘉业化工有限公司污水池渗漏污染环境损害赔偿诉讼案，由于磋商失败，启动诉讼程序，被判赔偿生态环境损害费5101万元，此案为浙江省涉及金额最大生态环境损害赔偿案件，也是全省首起由行政机关提起的诉讼案件。

【环境执法】 2022年，绍兴市在6个县（市、区）重点区域开展蓝天强化专项、秋冬季大气强化专项等三轮交叉执法检查，累计出动执法人员723人次，检查企业346家次，发现问题530个，立案调查98起。

【“绿剑2022”行动】 2022年，绍兴市开展“绿剑2022”专项执法行动，通过县（市、区）自查、全域交叉检查、第三方无人机巡查等形式，在全市范围内排查环境污染问题。行动期间，出动执法人员20390人次，检查企业8715家次，发现环境污染问题1466个，立案处罚342起，处罚款3007.08万元，办理5类案件15起，其中移送公安案件6起。

【涉环境信访】 2022年，绍兴市受理涉环境信访3241件，比2021年下降22.48%，其中大气污染信访1818件、噪声污染信访530件、水污染信访353件、固废污染信访57件、建设项目类信访93件、其他类（环境保护建议等）信访390件。

（市生态环境局　陈　樑、章佳颖）

2022年6月2日，"全民动员 创建国家生态文明建设示范市"暨纪念六五环境日主题活动在越城区鉴湖街道云松村举行　（市生态环境局　供图）

生态文明建设

【体制机制改革】 2022年，绍兴市探索建设"减污降碳协同"应用取得突破，首创"减污降碳协同"指数，创新富余排污权二次分配制度，核算富余指标3961吨，产生经济效益超3900万元。建立供应链协同关系167类，促成危废资源化利用9173吨，节省处置费用1900万元。开展企业环境信息依法披露制度改革，确定环境信息依法披露企业656家。探索环境污染责任保险制度，有7家保险机构开展环境污染责任险业务，签单数量100笔，保险费161.19万元。

【美丽绍兴建设】 2022年，绍兴市全面深化新时代美丽绍兴建设，开展推动绿色低碳高质量发展、加强生态修复和生物多样性保护、打好污染防治攻坚战、推进美丽城乡建设、加快生态环境治理能力现代化、培育共建共享美丽生态文化。市人大常委会听取并审议生态环境状况报告，市政协主席会议对生态文明示范创建工作开展专题协商调研。开展高质量发展建设共同富裕示范区绩效考评，与衢州市签订"山海协作"战略合作框架协议。新昌县入选省第一批生态文明建设实践体验地，《新昌县梅渚村打造无废乡村助力共同富裕》获评第二批全省生态环境系统共同富裕最佳实践。上虞区完成省级"山水林田湖草"生态保护修复试点。7月，绍兴市被省委省政府评为美丽浙江建设（生态文明示范创建行动计划）工作考核优秀市。

【生态环境宣传教育】 2022年，绍兴市加强新闻宣传和舆论引导，在各级媒体上发布生态环境新闻报道688篇，其中《新华每日电讯》《人民日报》《经济日报》等国家级媒体发表报道9篇，省级及以上媒体刊登248篇。在"中国环境""浙江新闻"客户端，开设"美好生态，我为绍兴代言"环保专栏。"绍兴生态环境"微信公众号发布信息422篇，在抖音官方账号和视频号发布短视频83条，总点击量过万次。监测环境舆情106条，调处反馈27条，编制舆情周报47期。

【生态文明教育基地】 2022年，绍兴市结合本地特色推进生态文明教育基地场馆建设，完善基地场馆基础设施，建设现代化生态文明教育基地新样板。至年末，全市共创建成省级生态文明教育基地22家，其中自然生态类教育基地6家、场馆类教育基地3家、环保设施类教育基地7家、绿色学校类教育基地3家、绿色社区类教育基地3家。

【国家生态文明建设示范市创建】 2022年，绍兴市开展国家生态文明建设示范市创建。3月16日，召开全市动员部署大会，印发实施《绍兴市生态文明建设规划（修编）（2021—2030年）》《绍兴市创建国家生态文明建设示范市行动计划（2022—2023年）》。11月18日，绍兴市创建成国家生态文明建设示范市，越城区被浙江省人民政府命名为省级生态文明建设示范区，全市6个县（市、区）实现省级示范区全覆盖，上虞区列入"绿水青山就是金山银山"实践创新基地省级储备库。

（市生态环境局　陈　樑、章佳颖）

科学技术

科技创新

2022 年绍兴市科技创新情况一览表

表 72

指　标	完成情况	全省排名
科技创新能力指数(2022 年)	199.3	4
全社会 R&D 经费占 GDP 比重(%)(2022 年)	3.01	4
规模以上工业研发费用(亿元)	312.08	4
规模以上工业研发费用占营业收入比重(%)	3.8	1
高新技术产业投资额增速(%)	48.2	3
高新技术产业增加值增幅(%)	10.4	3
高新技术企业新申报数(家)	502	5
新认定科技型中小企业数(家)	1262	5

(市科技局　陈家楠)

【科技创新主要指标】 2022 年,绍兴市落实“315”省域创新体系,建设充满活力的创新之城,科技创新能力指数居全省第四位,科技创新工作首次获省政府督查激励。全社会(科学研究与试验发展)经费占地区生产总值比重的 3.01%,首次突破 3.0 大关;规模以上工业研发费用占营业收入比重 3.8%,列全省第一位;新认定高新技术企业 502 家、省科技型中小企业 1262 家;高新技术产业投资增长 48.2%,列全省第三位;高新技术产业增加值增长 10.4%,列全省第三位,高新技术产业增加值占规模以上工业增加值比重 61.5%,比 2021 年提高 3.7 个百分点,提升幅度列全省第三位。

【科技投入】 2022 年,绍兴市建立科技财政资金投入稳步增长机制,市本级财政科技拨款 3.65 亿元,比 2021 年增长 39.2%,增速居全省第一位;市本级财政科技拨款占财政经常性支出比重 2.76%。全市基础研究经费 2.59 亿元,比 2021 年增长 2.5 倍,全省排名上升 2 位至第 5 位,增速高于全省平均 178 个百分点;基础研究经费占 R&D 经费比重提升至 1.17%,全省排名上升 5 位至第六位。

【全域创新体系建设】 2022 年,《绍兴科创走廊发展规划》经省人民政府同意后印发实施,绍兴科创走廊纳入省级重大创新平台布局。绍兴高新区在全国评价中上升 14 位,首次进入全国前 50%;诸暨高新区被认定为省级高新区,实现省级以上高新区县(市、区)全覆盖。实验室体系建设取得突破性进展,现代纺织入选全省首批技术创新中心,聘请国内外院士 5 名,入驻研究院 4 家;绍芯实验室引进北大信息技术科创中心等创新平台;曹娥江实验室 3 个研究中心挂牌运行;浣江实验室与浙江大学签署合作协议。新培育省重点实验室 2 家,列全省第二位。

【科技体制改革】 2022 年,市委科创委印发《绍兴市科技体制改革攻坚实施方案》,试点开展经费包干制、科技成果赋权等 9 大改革;构建新型实验室、技术创新中心、科研院所服务等 6 大体系,完善科技型企业梯队培育、龙头企业创新引领等 5 项机制。支持新昌科技创新支撑共同富裕试点建设,“新昌打造科技人员创富新样板,探索共富扩中新路径”做法入选省共富第一批最佳实践案例。迭代升级“科研仪器设备开放共享一指办”“成果转化追踪”“企业 + 人才揭榜挂帅”试点应用,“科研仪器设备开放共享一指办”列入“一地创新、全省共享”S0 一本账和省数字经济系统最佳应用。

【创新创业生态系统建设】 2022 年,市委科创委发挥牵头抓总作用,通过召开全体会议、加强考核评价等方式,健全各成员单位协同联动机制。加强科创办、人才办合作,完善县委书记抓人才、科技工作述职评议制度,推动科技与人才相关规划、政策、资源融通共享;通过召开全市创新大会、制定任务分工方案等方式,全面落实全省科技创新大会精神。新昌县创建成国家首批创新型县市,新昌县、上虞区获省“科技创新鼎”。

【科技型企业培育】 2022 年,绍兴市实施科技企业“双倍增”计划,完善科技企业培育机制,大力培育科技型中小企业,鼓励规模以上企业申报高新技术企业,支持企业建设研发机构,遴选优质高新技术企业发展为科技“小巨人”企业、科技领军企业。完善科技企业的政策奖补。至年末,全市培育科技领军企业 1 家,科技“小巨

政策解读

政策名称:《加快科技创新若干政策的实施细则》。

目的意义:为贯彻落实《绍兴市人民政府办公室关于印发加快推进工业经济高质量发展若干政策等八个政策的通知》,保障政策落地,市科技局根据该政策办法,结合绍兴市实际,制定《加快科技创新若干政策的实施细则》。

政策依据:《绍兴市人民政府办公室关于印发加快推进工业经济高质量发展若干政策等八个政策的通知》。

主要内容:明确加快科技创新若干政策中,每一条政策操作细则,包括政策条款、扶持对象、扶持标准、申请材料、审批程序等内容。其中,第一条,更大力度实施科技企业“双倍增”计划:(一)对当年新认定的规模以上、规模以下高新技术企业,分别给予40万元、30万元奖励,重新认定的减半奖励;(二)对有效期内的规模以下高新技术企业,当年首次进入规模企业的,在现有政策基础上再给予一次性奖励10万元;(三)对当年新认定的省科技型中小企业,给予3万~5万元奖励;(四)对首次小升规且研发投入占比达到3%的,奖励3万~5万元。第二条,完善创新型领军企业培育机制:(一)对新认定的省级科技“小巨人”企业,给予50万元奖励;对当年新认定的省级创新型领军企业,给予100万元奖励,培育的减半。第三条,推动规模以上工业企业研发机构全覆盖:对当年新认定的国家级重点实验室、省级重点实验室(工程研究中心、工程实验室),分别给予最高500万元、100万元奖励;对当年绩效评价优秀的省级重点实验室(工程技术研究中心),按获得的上级资助金额给予1∶1奖励;对当年新认定的市级重点农业企业研究院给予10万元奖励;对经认定的省级重点企业研究院,按获得的上级资助金额,给予1∶1奖励等。

实施时间:自2022年5月12日起施行。

人”企业10家,规模以上工业企业研发活动覆盖面83.1%,提高6.6个百分点。

【企业创新联合体建设】 绍兴市于2021年在全省范围内率先启动企业创新联合体培育建设工作。至2022年末,共建成市级创新联合体11家,精准对接现代纺织、绿色化工、金属加工、珍珠、黄酒、集成电路、生物医药、高端装备、现代建筑等十大重点产业。11家市级创新联合体牵头单位联合相关企业及高校院所承担国家、省、市级科技计划项目40多项,项目总投入近7亿元。

【“科技创新券”应用】 2022年,绍兴市推进“大型科研仪器设备开放共享一指办”数字应用省级试点建设,实施《绍兴市科技创新券改革先行试点方案》,推动创新券“无感直兑”首笔资金完成兑付。至年末,全市累计发放创新券3522万元,确认使用1977万元,为500余家中小企业提供检验检测、科技查新等技术创新服务1500余次。

【科技助力经济发展】 2022年,绍兴市制定《加快科技创新若干政策》《关于进一步助企纾困推进科技政策扎实落地的实施意见》等政策,实现纾困资金100%线上直兑,市县联动兑现资金9.1亿元。开展“科技助力经济稳进提质服务八条”“科技助企服务月”系列服务,组织市、县两级百名科技干部和421名技术专家,帮助企业解决难题139个。设立绍兴市首批科技银行6家,推动40家银行为科技型企业落实政策配套信贷优惠241亿元。搭建科技金融信息服务平台推广“浙科贷”专属产品,探索成果转化、大仪共享等保险,开出全省首单成果转化保险10万元,为112台科研仪器投共享保。

【新昌县推动县域科技创新发展】 2022年,新昌县制定实施《新昌县科技创新引领企业“专精特新”发展五年行动计划》,设立“专精特新”重大科技攻关项目,通过“揭榜挂帅”、合作研发等途径引导企业加大研发投入,加强新型高端材料、核心智能元器件等领域技术攻关和产品研发,突破一批关键核心技术难题。深化“企业出题、高校解题、政府助题”的产学研协同创新长效机制、校地研究院“1+2”工程硕士联合培养模式,健全完善多学科专业研究生协同创新机制。创设“云上科创局”,推进教育科技人才“三位一体”融合发展,跨界整合26个部门创新职能,汇集103宗创新事项、302项创新资源。推动人才引育模式改革,编制出台《科技人员收入倍增行动计划》,引导上市公司扩大科研人员、高技能人才等持股范围和持股份额,建立管理职务和专业职级并行的晋升机制。至年末,规模以上工业研发费用占营业收入比重4.51%,新认定高新技术企业

2022年,新昌县深化“企业出题、高校解题、政府助题”的产学研协同创新长效机制。图为新和城研究院实验室
（市委党史室　供图）

40家、省科技型中小企业96家;高新技术产业投资增长22.3%,高新技术产业增加值增长8.2%,高新技术产业增加值占规模以上工业增加值比重90.2%,创建成首批国家创新型县(市)。

【大型科研仪器设备开放共享"一指办"应用】 2022年,绍兴市为解决仪器管理单位"不愿享""被动享""共享效率低",科研主体、企业仪器资源"找不到""约不上"等问题,通过制度重塑、流程再造,建设"大型科研仪器设备开放共享一指办"应用,提高大仪使用率和共享率。至年末,"一指办"应用累计归集全省301家单位、134家科研院所、55个高校、35个新型研发机构的大型仪器1.64万台,仪器总价值153亿元,服务用户6258家,服务次数8.9万余次。

【全市科技创新大会】 2022年9月20日,绍兴市召开科技创新大会,对2021年度绍兴市高新技术企业创新能力10强、企业研发投入10强、共建研究院绩效评价优秀单位和产业创新服务综合体建设优秀单位进行颁奖,一批重大科技攻关项目、领军人才和创新平台进行签约。市委书记盛阅春出席会议并讲话。市委副书记、市长施惠芳主持会议。

(市科技局 陈家楠、全 瑜、王文涛)

科创走廊建设

【全市域协同创新空间格局构建】 2019年,绍兴科创走廊实质性启动建设,编制实施第一轮科创走廊建设规划和三年建设行动计划。2022年10月,经浙江省政府批复,市政府、省发展改革委、省科技厅联合印发《绍兴科创走廊发展规划》。

首轮科创走廊建设规划提出,聚焦创新主题,突出协同联动,强化应用落地,发挥政策集成、要素集聚和空间集约效应,协同对接G60沿线科创资源,在更高层次优化全市域创新链空间布局,全面提升区域创新力和竞争力。规划按照"核心驱动、点轴推进、协同联动、错位发展"原则,依托发展基础、区位条件、发展潜力和比较优势,完善功能分区,优化资源配置,按照一县一平台思路,串珠成链,连片成廊,构建"一核引领、七平台联动、多点支撑"的全市域协同创新空间新格局。

第二轮科创大走廊建设规划提出,根据绍兴市科技创新资源空间分布现状和未来城市发展战略要求,在市区凝聚科创走廊核心发展动力,规划建设一条科创发展带,串联镜湖科技城、越城智汇芯城、滨海科技城、金柯桥科技城、曹娥江科技城、东鉴湖科技城6个科技城,建设一批重大科创基地,形成"一带六城多点"的高效能科创空间新格局。

【科创走廊重点项目建设】 2019年至2022年,绍兴科创走廊累计推进建设重点项目401项,其中标志性工程38项,完成投资额822亿元。2022年,实施重点项目100个,年度计划投资235.42亿元,全年完成总投资273亿元,年度计划投资完成率116%。艇湖未来科创城、镜湖创研科技园、绍兴滨海科技城核心区(二期)3个标志性工程分别完成年度计划投资的323%、148%和120%,示范引领带动作用显著。中芯绍兴晶圆制造二期、高端集成电路产品FT测试、安华欧意数字家电家居智造产业园、嵊州厨电产业数字化平台等一批投资大、进展快的科创产业项目,对打造产业链创新链引领作用明显。

【科创走廊关键创新要素集聚】 绍兴科创走廊聚焦重点产业布局,走出大院名校共建研究院之路。2019年至2021年,绍兴科创走廊培育了迪荡高创园、洋泾湖科创园、上海大学绍兴研究院、杭州湾产业协同创新中心、东盛慧谷产业创新园、绍兴集成电路小镇等一批重大创新平台。2022年,绍兴市科创走廊各子平台引进西交网络空间安全研究院、中俄(诸暨)国际实验室、豪宇生物炭研究院、复旦科技园柯桥创新中心等创新平台近20家,签约落地白俄罗斯科学院院士瓦列里、清华大学黎维彬、郑钢铁等领军团队人才项目,引进国际氢能专家张久俊院士、乌克兰国家工程院马利亚加院士为代表高层次人

延伸阅读

《绍兴科创走廊发展规划》(以下简称《规划》),明确了绍兴科创走廊的总体布局、目标定位、产业导向、建设重点和发展指标。绍兴科创走廊规划核心区面积约338平方千米,按照"一县一平台"思路,重点推进"六城三地"子平台,建设一批重大科创设施和基地,形成"一带串联、六城聚力、三地联动、多点支撑"的全域科创空间格局。一带,以"群贤路—越兴路—杭绍甬高速"交通干线为主轴,建设集聚绍兴主要高能级科创平台和高层次创新创业人才项目的科创发展带。六城三地,以镜湖科技城、越城智汇芯城、滨海科技城、金柯桥科技城、曹娥江科技城、东鉴湖科技城为重要支撑建设六大科技城,同时,发挥走廊辐射带动作用,协同推进诸暨G60创新港、嵊州剡溪创新带、新昌智造科创带建设。多点,在科创走廊沿线谋划布局十大重点创新基地和十大重点创新设施,每年滚动实施十大标志性工程和"百项千亿"重点项目,集聚建设一批重点科创平台和重大科创项目。

在功能定位方面,《规划》以推动科创资源要素高水平集聚整合为牵引,致力于将绍兴科创走廊打造成为国内一流特色产业创新先行区、长三角重大科技成果转化承载区、杭绍甬一体化创新联动区。同时,聚焦绍兴集成电路、生物医药、新材料、现代纺织等科创产业,加快布局创新要素资源,全面提升战略产业科技竞争力。实验室、研究院、科技园是科技创新的重要平台,也是绍兴市科创走廊的建设重点。全市将以迪荡湖科技CBD为引领,以绍芯集成电路实验室、鉴湖现代纺织实验室、曹娥江新材料实验室、浣江实验室四大实验室为支撑,一体化、集群式建设产业创新研究院、科技园、产业创新综合体等,打造区域创新新高地和高质量发展主引擎。《规划》明确了22项科创发展指标。到2025年,力争科创走廊核心区内高新技术企业达1000家以上、规模以上工业企业增加值达800亿元以上、规模以上企业研究与试验发展经费支出占营业收入比重达到3.0%。到2035年,全面形成具有国际竞争力的创新生态体系,汇聚一批全球知名科研院所、创新型企业和创新团队,高水平建成世界级产业创新策源地。

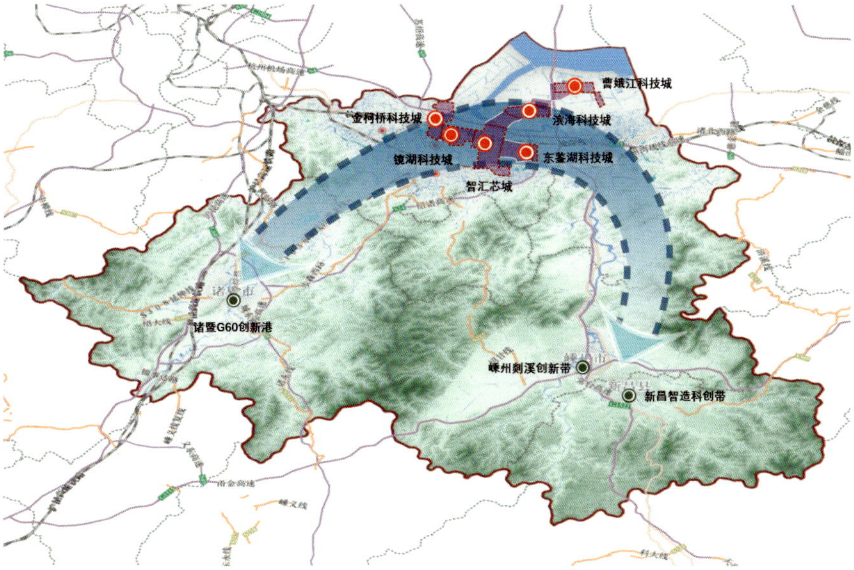

2022 年，二轮科创规划六城联动图　　（市科技局　供图）

才团队，招引比亚迪半导体、康佳集团半导体科技园等创新项目落地。

【金融支撑科创走廊建设】 2022 年，绍兴市科创走廊建设办公室加强与中国科技金融促进会、省创业投资协会、中关村股权创投协会的对接。会同人行绍兴市中心支行实施金融支持科创走廊三年计划，落实 3 年 1000 亿元信贷政策。联合银保监绍兴分局、人行绍兴市中心支行、市金融办成立建设银行绍兴迪荡支行、绍兴银行高新开发区支行等 6 家科技银行。推动金融机构对接企业融资需求，年内向全市 1841 家享受科技政策企业配套发放贷款 241 亿元。

【越城智汇芯城】 2022 年，越城智汇芯城高标准编制“258”科创三年行动计划和智汇芯城三年行动方案，推进迪荡湖科技 CBD、“大两湖”科技城建设。加快绍芯实验室建设，推进海圣医疗研发中心大楼、侨商科创大厦、迪荡高创园、集成电路产业园、“绍芯谷”等重大平台建设。大型科研仪器设备开放共享“一指办”平台入选 2022 年全省改革突破提名奖。培育中芯、长电、豪威等标杆性企业，认定高新技术企业 114 家，申报省级创新联合体 2 家，入选省 2023 年度“尖兵”“领雁”研发攻关计划 3 项。

【金柯桥科技城】 2022 年，金柯桥科技城推进标志性工程——浙江省现代纺织技术创新中心（鉴湖实验室）一期建设，聘请国内外院士 7 名，入驻创新团队 20 个，牵头及参与申报省尖兵领雁项目 21 个，开展关键核心技术攻关 60 多项。共建天津工业大学绍兴柯桥研究院、科大绍兴新材料产业技术研究院。推进壹迦产业园、中意联合人才科技创新中心等优质民营创业园和东盛慧谷产业创新园、恒生·凤凰数字经济产业园等民营科技园建设，推动产业项目研发和孵化，助力培育优势产业集群。

【曹娥江科技城】 2022 年，曹娥江科技城完成编制《曹娥江科创走廊发展规划》，构筑形成“一廊统筹、双轮驱动、多点支撑”的区域创新空间布局。推进曹娥江实验室建设，打造具有全国影响力的新材料应用基础研究科创高地。累计引进高校 2 所，大学研究院 10 家，引进项目团队 108 个、教授（副教授）288 人，全年招引科技型企业 61 家。对接杭州城西、宁波甬江和 G60 科创走廊，深化区域战略协同协作，招引并落地曹娥江科技城项目 6 个。

【诸暨 G60 创新港】 2022 年，诸暨 G60 创新港围绕新材料、航空航天、网络安全等国家战略发展高新技术领域，引进浙江大学、浙江大学控股集团、中俄联合实验室、西安交通大学管晓宏院士团队与诸暨市人民政府共建浣江实验室、中俄（诸暨）国际实验室、诸暨西交网络空间安全研究院。智能视觉产业平台入选省第四批“万亩千亿”新产业平台培育名单，“诸暨岛”获评省数字经济飞地示范基地、“杭州港”成为省级科技企业孵化器，帕瓦新能源成为绍兴首家科创板上市企业。

【嵊州剡溪创新带】 2022 年，嵊州剡溪创新带重点推进嵊州澧河泾长三角协同发展产业园、绍甬合作先行区、义甬舟嵊新临港经济发展区、中国集成智能厨房先行区等平台建设，加快形成“串珠成链、连片成廊”科创廊道。推进科创中心、北航（嵊州）科创园 2 个国家级孵化（众创）平台建设。厨具电器、真丝·领带 2 个省级产业创新服务综合体支撑作用不断提高，嵊州特色优势产业提档升级和企业创新发展。实施先进制造业强市建设“4173”专项行动，培育形成以比亚迪弗迪电池、海威汽车等为代表的新能源汽车及零部件产业集群，以亿田厨电、帅丰电器、森歌电器等为代表的智能家居产业集群，以双鸟机械、来福谐波等为代表的高端装备产业集群，以巴贝集团、盛泰色织等为代表的现代纺织产业集群，以长鸿生物、晶越半导体为代表的新材料产业集群，以昂利康制药、贝达药业、湃肽生物等为代表的生命健康产业集群和以金达视讯、蔚星科技等为代表的新一代信息技术产业集群七大百亿级产业集群。

【新昌智造科创带】 2022 年，新昌智造科创带制定《关于高水平推进新昌智造科创带建设的实施意见》，优化科创带功能布局，围绕科技创新引领企业“专精特新”发展主线，明确“13351”实施路径（迭代 1 个云上科创局；专注专精特新 3 大环节创新；打造公共创新、企业研发、政企共建 3 大高能级科创平台；健全智库咨询、议事决策、专项服务、科技人才共富、知识产权保护 5 项机制；构筑 1 个高品质人才生态圈），增强新昌智造科创带对全县科技创新工作的引领和支撑作用。举办中国县域创新大会、中国·新昌"天姥英才"第四届高层次人才创新创业大赛等创新创业活动。

【镜湖科技城】 2022年,镜湖科技城培育镜湖创研科技园、湖东金融创新基地、上海大学绍兴研究院等多个创新平台。提升上海大学绍兴研究院平台能级。围绕新能源(碳中和与氢能源)、新材料和生命健康等研究方向,加强研究院科研和成果转化能力。推进中关村翠湖创新平台项目,启用位于梅江风情C区2000平方米新场地,招引新能源、新材料、数字产业、电子信息等领域10余家科创企业对接洽谈。谋划镜湖金融小镇建设,集聚发展金融总部、消费金融、科技金融、互联网金融等金融业态,促进产业集聚效应。

【滨海科技城】 2022年,滨海科技城推进滨海科技城核心区、国际生命健康科技产业新城、国科生命健康创新园、国家检验检测高技术产业园建设等重点科创平台建设。加快浙江大学绍兴研究院生命科学分中心、上海交通大学绍兴新能源与分子工程研究院、浙江理工大学绍兴生物医药研究院等高校研究院建设。推进滨海新区人才管理改革试验区建设,发布试验区2022年度重点改革举措,研究制定"人才强企"助力经济稳进提质若干政策举措。

(市科技局 钱信军)

科技平台载体建设

【概况】 2022年,绍兴市加快构建以"科创走廊、高新园区、实验室、产业创新服务综合体、共建研究院"为主体的创新平台体系,打造区域科技创新高地。绍兴科创走廊正式纳入省级重大创新平台布局。全市16家产业创新服务综合体在省绩效评价中均为良好以上,其中医疗器械、现代纺织2家综合体获评优秀,优秀数列全省第三位。新认定高新技术企业502家,科技型中小企业1262家,11家企业入围全省高新技术企业创新能力百强。新增市级新型研发机构5家、市级新型研发机构培育对象2家。新建设国家级孵化器1

表73

至2022年末绍兴市国家级科技企业孵化器、众创空间一览表

科技企业孵化器			
孵化器名称		认定时间	属地
绍兴市高新技术创业服务中心		2005年	越城区
绍兴市越城区科技创业中心有限公司		2011年	越城区
绍兴市科技创业中心		2014年	越城区
柯桥区科技园孵化器		2020年	柯桥区
嵊州市科技创业中心		2021年	嵊州市
众创空间			
众创空间名称	建设单位	认定时间	属地
微巢空间	绍兴颐高电子商务有限公司	2016年	越城区
嵊州北航投星空众创空间	嵊州北航投星空众创科技有限公司	2019年	嵊州市
贰捌和辑众创空间	绍兴市上虞区贰捌和辑网络科技有限公司	2019年	上虞区
越客创业社区	杭州彩虹物业管理有限公司绍兴分公司	2019年	越城区
嘉禾地带上虞众创空间	绍兴上虞嘉量科技发展有限公司	2021年	上虞区
新昌白云文化众创空间	新昌县白云文化艺术村有限公司	2021年	新昌县
e游良仓众创空间	绍兴市良仓乐客投资管理有限公司	2021年	上虞区

(市科技局 任春颖)

表74

2022年绍兴市省级产业创新服务综合体一览表

综合体名称	批次	属地	综合体名称	批次	属地
浙江省绍兴柯桥现代纺织产业创新服务综合体	第一批	柯桥区	浙江省诸暨珍珠产业创新服务综合体	第三批	诸暨市
浙江省诸暨大唐袜业创新服务综合体	第一批	诸暨市	浙江省嵊州真丝·领带产业创新服务综合体	第三批	嵊州市
浙江省上虞绿色环保化工产业创新服务综合体	第二批	上虞区	浙江省绍兴越城节能环保产业创新服务综合体	第四批	越城区
浙江省嵊州厨具电器产业创新服务综合体	第二批	嵊州市	浙江省绍兴现代医药产业创新服务综合体	第四批	滨海新区
浙江省新昌轴承产业创新服务综合体	第二批	新昌县	浙江省绍兴柯桥现代建筑产业创新服务综合体	第四批	柯桥区
浙江省绍兴黄酒产业创新服务综合体	第三批	市直	浙江省绍兴上虞数字文娱产业创新服务综合体	第四批	上虞区
浙江省集成电路产业创新服务综合体	第三批	越城区	浙江省诸暨铜材精密制造产业创新服务综合体	第四批	诸暨市
浙江省绍兴越城医疗器械产业创新服务综合体	第三批	越城区	浙江省新昌茶产业创新服务综合体	第四批	新昌县

(市科技局 全瑜)

家，省级孵化器1家，市级孵化器3家，省级众创空间15家，市级众创空间16家。至年末，全市累计建设众创空间155家，其中国家级7家，省级及以上104家；建设科技企业孵化器40家，其中国家级5家、省级及以上10家。全市孵化器（众创空间）孵化场地总面积约80万平方米，在孵企业2612家，从业人员2.2万余人，累计毕业企业838余家，其中培育国家高新技术企业160余家，省科技型中小企业300余家，获各类风险投资55亿元。定期开展市级孵化器、众创空间绩效评价，2022年共认定市级优秀孵化器5家，优秀众创空间14家。

【“强基提能造峰”工程】 2022年，绍兴市实施共建研究院“强基提能造峰”工程，建立健全研究院“一个行动计划、一个联盟、一个联系领导、一个服务专员、一项绩效考评、一项季度例会、一套赛比”的“七个一”工作机制。制定《绍兴市共建研究院强基提能造峰三年行动计划(2022—2024年)》等政策；对接长三角国创中心建立环杭州湾创新联盟。配备联系市领导和服务专员，每季度由市领导牵头召开研究院专项服务例会，帮助研究院解决各类问题37个。每年开展研究院成果展示评比活动，构建创新星、人才星、转化星和服务星等标准体系，形成研究院比学赶超的雁阵格局。共建研究院创新体系整体效能提升相关做法先后在人民网、新华网、《中国组织人事报》、《浙江日报》等媒体报道，阅读点击量近200万人次。至年末，全市新建研究院5家，累计共建研究院35家、引进重点产业领域人才1279人，获授权发明专利130件，与企业签订技术合同315项，总金额1.49亿元。

【实验室体系建设】 2022年，绍兴市加快推进绍芯集成电路、鉴湖现代纺织、曹娥江新材料、浣江航空航天4个实验室建设。推动绍芯实验室建设，市长任领导小组组长，编制实验室建设三年行动计划，聘任王跃林（“973”项目首席科学家）为执行主任，吴汉明（中国工程院院士）为名誉主任、学术委员会主任，引进郝跃、邱爱慈院士团队，设立绍兴市通越宽禁带半导体研究院；鉴湖实验室谋划启动二期项目建设，获省“尖兵”“领雁”项目2项，获批省级新型研发机构。曹娥江实验室修订完善建设方案，通过市委科创委会议审议，成立筹建工作专班，完成实验室揭牌和机构注册。浣江实验室成立运行公司，推进实验室场地装修与人才团队引进。推进省重点实验室建设，组织做好年报填报和绩效评价自评工作，加强省重点实验室提质增效。加强实验室建设梯队培育，组织开展市级重点实验室申报及认定工作。年内，新认定市级重点实验室22家，培育6家，累计建设市级重点实验室38家。

【产业创新服务综合体建设】 2022年，绍兴市加强产业创新服务综合体运行管理与业务培训，梳理综合体技术攻关、服务企业等“四张清单”，开展全市综合体年度考评，配合省科技厅组织全市16家省级综合体做好建设任务书签订工作。年内，全市产业创新服务综合体累计为1.5万余家中小微企业提供技术咨询、检验检测、技术开发等服务10万次以上，帮助企业解决技术难题300多项。根据省委科技强省建设领导小组办公室公布的结果，全市有2家产业创新综合体获绩效评价优秀，优秀数量居全省第三位；1家获建设期满考评优秀，优秀数量并列全省第一位。

（市科技局　全　瑜、任春颖、李鸿骏）

科技成果

【概况】 2022年，绍兴市以产业链需求为导向，细化深化技术路线图编制，积聚力量开展关键核心技术攻坚，实施中央引导资金项目8项，省“尖兵领雁”研发攻关计划28项，向上争取财政资金1.42亿元；实施市级科技计划项目90项，其中技术创新计划项目27项、基础公益研究计划项目63项。科技部门会同项目归口管理单位组织验收市级科技项目35项，项目验收通过率77%，验收通过项目获财政资金支持1469.29万元。28项成果获省科学技术奖，增长40%，其中14项成果以第一完成单位获省科技奖。

【获省科技奖情况】 2022年，绍兴市获2021年度浙江省科学技术奖28项（以第一完成单位牵头完成的奖项14项），其中一等奖2项，列全省第二位，创10年来最好成绩。浙江新和成特种材料有限公司“高性能聚苯硫醚制造成套技术开发及产业化”获浙江省技术发明一等奖；浙江晶盛儿点股份有限公司“大尺寸半导体级直拉硅单晶生长装备关键技术研发及产业化”获浙江省科技进步一等奖。

【科技成果转化应用】 2022年，绍兴市依据《浙江省科技成果登记实施细则》，做好科技成果登记工作，共完成科技成果登记1090项。举办全市技术经纪人、创新方法等培训，共培训技术经纪人83名，创新方法工程师200名。落实全省发明专利产业化工作会议精神，实施发明专利产业项目221项，完成年度计划的111%。

（市科技局　李鸿骏）

2022年绍兴市实施省级以上科技计划项目一览表

表75

序号	项目名称	项目承担单位	类别
1	浙江古纤道新材料省级企业研究院建设	浙江古纤道绿色纤维有限公司	中央引导
2	浙江省精工绿筑装配式集成建筑企业研究院建设	浙江绿筑集成科技有限公司	中央引导
3	浙江省智能线性驱动重点企业研究院建设	浙江捷昌线性驱动科技股份有限公司	中央引导
4	精细化工超临界反应绿色制造技术国家重点实验室建设	浙江新和成股份有限公司	中央引导

续表 75

序号	项目名称	项目承担单位	类别
5	浙江省绍兴柯桥现代纺织产业创新服务综合体建设	绍兴市柯桥区科技创新服务中心	中央引导
6	陀曼工业信息工程省级重点企业研究院建设—轴承行业智能制造技术的研发和推广	浙江陀曼智能科技股份有限公司	中央引导
7	浙江万安智能汽车底盘重点企业研究院建设	浙江万安科技股份有限公司	中央引导
8	天津大学浙江绍兴研究院建设	天津大学浙江绍兴研究院	中央引导
9	高密度异构系统集成高性能芯片封装技术	长电集成电路(绍兴)有限公司	尖兵领雁
10	肝癌筛查与早诊的新靶标集多模态高敏检测	浙江大学绍兴研究院	尖兵领雁
11	灵芝作为免疫佐剂治疗新冠后遗症的合作研究与药食同源产品开发	浙江理工大学绍兴生物医药研究院有限公司	尖兵领雁
12	钠离子电池制造及其在电动工程车辆应用中的关键技术研究	浙江钠创新能源有限公司	尖兵领雁
13	全自动高通量分子 POCT 系统及多重 qPCR 微流控检测芯片关键技术	浙江普施康生物科技有限公司	尖兵领雁
14	高阻隔高通透医用防护膜复合材料的产业化研究与应用示范	振德医疗用品股份有限公司	尖兵领雁
15	碳纤维预制体的成型、浸渍及树脂复合关键技术与产业化	绍兴宝旌复合材料有限公司	尖兵领雁
16	节能降碳型生态液体染料关键制备与染整技术及应用示范	现代纺织技术创新中心(鉴湖实验室)	尖兵领雁
17	海洋工程用聚酯工业丝绳索研发及产业化	现代纺织技术创新中心(鉴湖实验室)	尖兵领雁
18	水开纤阻燃抗菌透气宽幅生物基水性聚氨酯超纤革的研发及产业化	浙江梅盛新材料有限公司	尖兵领雁
19	绿色关键染色工艺装备开发及其智能生产示范	浙江迎丰科技股份有限公司	尖兵领雁
20	高性能催化剂及其产业化应用	上虞新和成生物化工有限公司	尖兵领雁
21	光刻胶显影液用特种表面活性剂研发及产业化	浙江皇马科技股份有限公司	尖兵领雁
22	精细氟化工行业废物资源化利用关键技术研发及产业化应用示范	浙江吉泰新材料股份有限公司	尖兵领雁
23	特种钢瓶用高性能合金钢及应用研发	浙江金盾压力容器有限公司	尖兵领雁
24	12 英寸硅片最终抛光设备的研制及应用	浙江晶盛机电股份有限公司	尖兵领雁
25	加氢站用无缝不锈钢内胆碳纤维全缠绕高压储氢容器	浙江蓝能燃气设备有限公司	尖兵领雁
26	高性能细旦聚苯硫醚(PPS)纤维开发及产业化	浙江新和成特种材料有限公司	尖兵领雁
27	高性能飞秒激光直写双光子光刻胶研发及应用	浙江扬帆新材料股份有限公司	尖兵领雁
28	抗精神分裂症小分子创新药物 JX11502MA 的临床研究	浙江京新药业股份有限公司	尖兵领雁
29	高精度数控立式磨齿机	浙江陀曼智能科技股份有限公司	尖兵领雁
30	乙烯法合成 MMA 关键技术及在高端 PMMA 树脂中的应用示范	浙江新和成股份有限公司	尖兵领雁
31	钢铁行业碳减排关键技术和装备研发	浙江菲达环保科技股份有限公司	尖兵领雁
32	多智能体协同控制多色弦丝刺绣成套生产线的研发及产业化	浙江镨美科智能刺绣设备有限公司	尖兵领雁
33	基于智能柔性控制技术的刺绣装备“智能一代”技术开发及应用	浙江越隆缝制设备有限公司	尖兵领雁
34	高品质再生氨纶纤维的绿色制备关键技术及产业化示范	诸暨华海氨纶有限公司	尖兵领雁
35	新能源汽车零部件的绿色智能压铸关键技术和装备研发	浙江海威汽车零件有限公司	尖兵领雁
36	轻量化大型一体化铝合金结构件绿色智能铸造关键技术与产线研发	浙江万丰科技开发股份有限公司	尖兵领雁

(市科技局　张楚奇)

2022 年绍兴市获浙江省科学技术奖情况一览表

表 76

序号	成果名称	完成单位	奖项	是否第一完成人	属地
1	高性能聚苯硫醚制造成套技术开发及产业化	浙江新和成特种材料有限公司,浙江大学,浙江新和成股份有限公司	技术发明一等奖	是	上虞区
2	大尺寸半导体级直拉硅单晶生长装备关键技术研发及产业化	浙江晶盛机电股份有限公司,浙江大学,杭州慧翔电液技术开发有限公司	科技进步一等奖	是	上虞区
3	高活性钴锰系催化剂绿色制备及循环关键技术和应用	浙江上虞利星化工有限公司,济南朝晖科技有限公司	技术发明二等奖	是	上虞区
4	淀粉基载体稳定固载脂溶性营养素的关键技术创新及产业化	浙江新和成股份有限公司,宁波工程学院,浙江大学	科技进步二等奖	是	新昌县

续表 76

序号	成果名称	完成单位	奖项	是否第一完成人	属地
5	可重复用 PET/PTEF 系列医用防护面料的技术开发与产业化	中纺院(浙江)技术研究院有限公司,北京中纺化工股份有限公司,浙江中海印染有限公司,绍兴文理学院,上海英之杰纺织品有限公司	科技进步三等奖	是	越城区
6	基于化学法废旧纺织品循环再生的改性聚酯纤维制备关键技术及应用	浙江佳人新材料有限公司,绍兴文理学院	科技进步三等奖	是	越城区
7	双高抗干扰软磁铁氧体磁芯及其智能传感器件应用技术研发	浙江春晖磁电科技有限公司,中国计量大学,宁波希磁电子科技有限公司,绍兴市上虞区标准化研究院	科技进步三等奖	是	上虞区
8	精准控制多头减振高速刺绣机关键技术与产业化	浙江越隆缝制设备有限公司	科技进步三等奖	是	诸暨市
9	新能源无人驾驶辅助转向电液泵的研发及产业化	全兴精工集团有限公司,浙江大学,新昌衢州职业技术学院	科技进步三等奖	是	诸暨市
10	工业烟气多污染物脱除及节水节能技术装备	浙江菲达环保科技股份有限公司,浙江大学,浙江浩普环保工程有限公司	科技进步三等奖	是	诸暨市
11	电子膨胀阀关键技术开发及应用	浙江盾安禾田金属有限公司,浙江盾安人工环境股份有限公司	科技进步三等奖	是	诸暨市
12	多头宽幅超高速刺绣装备创制及产业应用	浙江信胜科技股份有限公司,浙江理工大学	科技进步三等奖	是	诸暨市
13	工业车辆用智能多功能集成四驱越野变速箱装置	浙江中柴机器有限公司	科技进步三等奖	是	新昌县
14	新能源汽车滚动轴承制造关键技术及产业应用	浙江五洲新春集团股份有限公司,宁波财经学院,安徽工程大学	科技进步三等奖	是	新昌县

(市科技局　李鸿骏)

产学研合作

【概况】 2022 年,绍兴市实施创新驱动发展战略,深化高校院所与企业在科研、创新、技术等方面合作力度,开展环杭州湾创新联盟成果展示对接活动等产学研合作交流活动 20 余场,拓宽区域创新合作渠道,促进科技成果转移转化,实现技术交易额 212.2 亿元。开展“百院千企引万才”活动,摸排共建科研院所、企业人才需求,面向全国推出高层次人才需求2549个岗位。组织 20 余场院企对接会等产学研合作对接活动,促进科技成果转移转化。

【科技大市场】 2022 年,绍兴市以技术交易、人才引进、服务企业等为核心,强化科技大市场入驻机构绩效考核;以“互联网 + 技术交易”为核心,发布高校、科研院所科技成果。全市网上技术市场发布技术难题 1259 项,发布科技成果 2092 项,完成技术交易额 212.2 亿元,比 2021 年增长 46.5%。

【环杭州湾创新联盟成果展示对接活动】

2022 年 6 月,绍兴市牵头组建环杭州湾创新联盟并成功举办联盟成果展示对接活动,打造区域创新最强共同体。邀请长三角国家技术创新中心主任、上海长三角技术创新研究院院长刘庆,浙江清华长三角研究院党委书记、院长黄开胜及省科技厅,杭州市、宁波市、嘉兴市科技局领导,汇聚上海、杭州、宁波、嘉兴、绍兴等地 51 家研究院 100 余名院长、专家及全市 30 家相关创新企业代表对接洽谈,共商合作、共谋发展。人民网图文直播同时在线 50 余万人次,新华网阅读量近 100 万人次,浙江新闻网、中新网、《杭州日报》等媒体作报道。

【首场“绍兴拍”科技成果竞价(拍卖)会】

2022 年 11 月,2022 年首场“绍兴拍”科技成果竞价(拍卖)会在浙江工业大学之江校园举办。绍兴市有关知识产权运营平台(中心)、科创企业、高校院所、服务机构、技术经理人等 70 余人参会。11 项科技成果现场成交,成交额 995 万元,增值率 38.19%,涵盖先进制造、新材料、节能环保、数字经济等技术领域。其中,一项起拍价为 100 万元的“新型导热耐老化环保聚氨酯合成革技术”项目,产业契合度高,应用前景好,引起众多企业的关注,在 3 分钟内经过多轮角逐,最终以 165 万元成交,增值率 65%。

(市科技局　李鸿骏)

【首辆自主研发氢能大巴获市场准入】

2022 年 9 月 9 日,绍兴首辆自主研发的氢能大巴(厦门金龙客车)进入工信部发布的《道路机动车辆生产企业及产品公告》(第 362 批),获得市场准入。该款车型由厦门金龙联合汽车工业有限公司绍兴分公司生产,装配上海大学绍兴研究院、绍兴市上绍畔星科技有限公司自主研发的 85 千瓦电堆、65 千瓦燃料电池系统,为绍兴首辆可以正式投入使用的氢燃料城市客车,标志着绍兴市产学研结合取得新突破。

(市发展改革委　陈　帆)

高新技术产业

【概况】 至 2022 年末,绍兴市有省级以上高新区 6 个,实现规模以上工业总产值 6226 亿元,比 2021 年增长 9.32%;营业收入 7228 亿元,增长 8.6%;实现高新技术产业增加值 1151 亿元,占高新区规模以上工业增加值比重 88%。高新区以全

表 77

2022 年绍兴市省级以上高新技术产业开发区一览表

单位：平方千米

名　称	级　别	批复时间	占地面积
绍兴高新技术产业开发区	国家级	2010 年 11 月	493
柯桥高新技术产业园区	省　级	2010 年 11 月	198.7
上虞高新技术产业园区	省　级	1998 年 6 月	161.09
诸暨高新技术产业园区	省　级	2023 年 1 月	55.6
嵊州高新技术产业园区	省　级	2010 年 8 月	233.11
新昌高新技术产业园区	省　级	1999 年 9 月	198.68

表 78

2022 年绍兴市“浙江省高新技术产业园区综合评价”情况统计表

名　称	综合得分	综合排名	创新能力与创业活力		产业升级与结构优化		开放联动与要素配置		绿色发展与生态宜居		特色亮点加分项
			得分	排名	得分	排名	得分	排名	得分	排名	
新昌高新技术产业园区	76.61	8	23.35	14	24.08	13	10.98	13	17.19	5	1
上虞高新技术产业园区	76.45	9	22.49	16	24.76	8	13.55	3	15.65	25	0
柯桥高新技术产业园区	73.29	13	24.98	7	21.06	28	11.32	12	15.93	22	0
绍兴高新技术产业开发区	72.89	15	23.32	15	21.81	24	10.75	16	17.01	6	0
诸暨高新技术产业园区	68.47	22	20.10	28	22.01	23	10.03	25	16.34	12	0
嵊州高新技术产业园区	62.42	42	19.36	35	16.86	46	8.32	44	17.88	1	0

（市科技局　李鸿骏）

市 16% 的土地面积，贡献了全市超六成的规模以上工业增加值(61.7%)，超八成的高新技术产业增加值(88.3%)。

【综合评价实现争先进位】 2022 年，绍兴高新技术开发区在全国国家高新区排名中列第 79 位。近年来，绍兴高新区在国家排名中争先进位，从 115 位跃升至 79 位。全市首次实现所有 6 家高新区进入 2021 年度全省综合排名前 50%（全省唯一）。其中，上虞高新区综合排名全省第四位，并获 2020 年度省高新区建设突出贡献集体；柯桥、新昌、绍兴、嵊州、诸暨高新区分别排名第 12、13、14、19 和 20 位。

【体制机制实现重塑重构】 2022 年，绍兴市围绕整合提升、平台创建两大路径，突出改革赋能、提升聚能、环境优能三大重点，全市高新区功能布局合理、主导产业明晰、资源集约高效、产城深度融合、特色错位竞争的平台体系。其中，绍兴滨海新区、绍兴袍江经济技术开发区、绍兴高新技术产业开发区整合形成空间相对集中连片的“一个平台”、管理运行独立权威的“一个主体”、集中统筹协同高效的“一套班子”，得到省科技厅的认可和推荐。

（市科技局　李鸿骏）

科技服务

【关键核心技术“揭榜挂帅”工作】 2022 年，绍兴市深化关键核心技术“揭榜挂帅”工作，优化“发榜、揭榜、评榜、奖榜、验收”闭环流程，构建“重点攻关”“自主”两类榜单。全年围绕集成电路、高端生物医药、高分子材料、高端装备制造等重点产业发布重点攻关榜单 10 项，企业自主发布榜单 112 项，其中 76 项成功揭榜，揭榜总金额超 1 亿元。经评榜，27 项予以立项奖榜，奖榜资金 3100 万元，带动全社会研发投入 2.38 亿元。

【科技人才对接活动】 2022 年，绍兴市抢抓海外引才工作窗口期，开展“外国专家绍兴行”系列科技人才对接活动。首次在“名士之乡”人才峰会开幕式设立外国专家表彰环节，一批外国专家被授予“创新之城友谊纪念章”，并播放外专主题宣传片。举办“外国专家绍兴行 · 碳达峰碳中和”科技人才对接活动，市科技局与省科技交流和人才服务中心签订外国专家联络站共建协议，全省首家“外国专家书屋”揭牌，20 余位专家与绍兴市企业开展项目路演和交流洽谈。

【“名士之乡”人才高地建设】 2022 年，绍兴市围绕国家重大人才工程引育科技领军人才开展“名士之乡”人才高地建设工作。国家级科技领军人才入选数居全国同类城市第一位、全省第一位；科技部高端外专项目入选数居全省第一位；国家高层次人才入选数创历年新高，居全省第三位；1 名专家入选国家友谊奖。省领军型团队、省领军人才及省海外工程师入选数创历年新高，省外专工作站入选数居全省第一位，持 AB 类工作许可外籍人才数量实现两位数增长，增幅居全省设区市第一位。开展第 26 批“名士之乡”英才计划领军型团队遴选。

【外籍科技人才服务】 2022 年，绍兴市深化外国人工作许可、居留许可“一件事”服务事项，优化高端人才承诺制、“容缺后补”以及全流程在线办理等便利举措，办理外国人工作许可 2858 件，为 170 名高端人才提供工作许可绿色通道服务。开展外籍人才入境需求摸排与专项服务行动，其中柯桥区外籍人才工作许可证数居省内县（市、区）前列。

【香港科技人才专场活动】 2022 年 9 月 23 日，举办庆祝香港回归 25 周年“畅想越港 共谋新篇”香港科技人才专场活动。香港特区政府驻浙江联络处主任刘铭德、浙江省香港商会会长汤耀光、市政府副市长胡敏、副市长陈伟军出席活动，在浙香港有关机构负责人、商会会员、在绍兴港商代表共计 30 人与会。

（市科技局 徐彬彬，市外办 屠国芳）

科学普及

【概况】 2022 年，全市新确定国家级科普教育基地 3 个，省级科普教育基地 15 个，国家级科学家精神教育基地 1 个，省级科学家精神教育基地 5 个，市级基层特色科普馆 12 个，市级农村科普示范基地 22 个。举办中国科学院老科学家巡回科普报告 125 场。组织开展全国科普日系列活动。绍兴市科协被中国科协评为 2022 年全国科普日活动优秀组织单位。

【科技活动周】 2022 年 5 月 21—28 日，由市科技局牵头，市委宣传部、市发改委、市自然资源和规划局、市生态环境局、市农业农村局、市卫健委、市应急管理局、市市场监管局、市气象局、市科协、绍兴文理学院、各县（市、区）科技局共同参与，以线上线下模式举办 2022 年绍兴市科技活动周。活动周期间，举办科技创新和科普海报展、科技成果推介、公共安全特色科普、全民科普知识网络挑战赛、科普影片展映等活动，在全市广泛宣传科技创新成果，营造绍兴科学普及惠民的浓厚氛围。

【全国科普日活动】 2022 年全国科普日期间，市科协围绕“喜迎二十大 科普向未来”主题，组织各县（市、区）科协、市级有关部门、单位，市级有关学会开展“绍兴云上科普日”、广场科普宣传咨询、“科学大讲堂”专题科普报告、“科技赋能乡村振兴”“走进科普教育基地”“院士进校园”“红色印记”科学家精神寻访打卡活动、“银龄跨越数字鸿沟”等科普活动 180 余场次。

【地方特色科普展】 2022 年，绍兴科技馆推出“东方织彩”纺织印染科普展、“点石成金 芯创未来”集成电路科普展。纺织印染科普展以“布”的一生为主线，从绍兴传统文化和纺织印染产业发展中挖掘素材，科普纺织印染知识，吸引观众 3 万余人次。集成电路科普展普及集成电路相关知识，介绍产业发展，吸引观众近 2 万人次。引进“华夏之光”中国古代科技展、“神秘海洋”科普展，参观人合计 5.38 万人次。

【青少年科技教育】 2022 年，市科协组织开展浙江“科学玩家”青少年科学才能挑战赛、绍兴市青少年科技创新大赛、校园科学达人比赛、航天创新比赛、中小学生编程比赛、青少年机器人竞赛、科技辅导教师培训等活动。组织参加第 36 届浙江省青少年科技创新大赛，获一等奖 5 个、二等奖 25 个、三等奖 23 个。

【首届长三角青少年科普盛典】 2022 年 8 月 22 日，由省科协、长三角科普场馆联盟主办，市科协、省科技馆承办，绍兴科技馆组织执行的首届长三角青少年科普在绍兴举办。活动围绕航空、深海等领域，通过前沿技术手段，AR 复活恐龙，裸眼 3D 特效，展示长三角青少年科技创新、科学实践成果，长三角科普场馆联盟主题歌《科学传承，今日少年》发布，邀请李兰娟、都有为、杨利伟、申行运等 20 余位院士、航天员和专家，近 40 家场馆、机构和企业参加，在长三角各省电视台和相关媒体、中国科协、人民网等 10 余个平台同步播出，210 万人次观看。中国科协、中国自然科学博物馆学会刊登专题报道首届青少年科普盛典。

【防震减灾科普宣传】 2022 年，绍兴市科学技术部门组织开展防震减灾知识宣传“六进”活动，重点加强“5·12”全国防灾减灾日、国际减灾日等重大纪念活动期间防震减灾科普宣传。共举办各类科普活动 40 场次，校园科普知识讲座 6 场，发放各类防震减灾科普资料 5000 多份。承办全省防震减灾科学传播培训班，获全省防震减灾科普讲解大赛一等奖 1 人、三等奖 2 人，4 所高校 6 项作品获首届浙江省大学生防灾减灾科普作品大赛奖励。绍兴科技馆获评“国家防震减灾科普教育基地”。

【气象科普活动】 2022 年，绍兴市气象局以绍兴气象博物馆为主平台，构建全方位、多层次气象科普宣传体系。绍兴气象博物馆常年向社会公众免费开放，年接待参观 10 万人次；推出“气博宝藏”“风云讲堂”两大气象科普系列，开展“竺可桢气候变化线上展”、气象科普实践课、“志愿者进博物馆”等系列科普活动，吸引 2 万人次参与。开展科技活动周、“3·23”世界气象日等主题科普活动。利用微博、微信、抖音等媒体发布《专家说天气》《气象首席说天气》等短视频和《梅雨你知多少》《暴雨天气安全须知》等系列科普文章，累计阅读人数近万人次。绍兴气象博物馆被中国气象学会认定为“全国气象科普教育基地”。在“3·23”世界气象日期间，联合市科协举办“2022 年绍兴市全民科普知识网络挑战赛”世界气象日专场，吸引 3000 余人次参与活动。与 FM93 浙江交通之声、浙江天气合作，在绍兴气象博物馆联合开展“世界气象日，跟着气象主播天天打卡全国最大的气象博物馆”直播活动。与市科协联合在绍兴 E 网直播平台举办“直播云讲堂”，增强群众气象知识和灾害防范意识。

【科普助力“双减”】 2022 年 5 月 23 日，由绍兴科技馆策划实施的“双减”之下全国科普场馆教育创新与发展论坛在绍兴举行。论坛邀请中国自然科学博物馆学会理事长程东红、中国科学院院士周忠和等领导和院士参加，吸引来自各省、直辖

2022年7月，上虞区长塘镇桃园村举办"银龄跨越数字鸿沟"老年人智能手机应用培训班 （市科协　供图）

市、自治区和长三角地区的科普场馆、教育部门、高等院校和科研院所的领导、专家代表共500余人参加。新浪新闻客户端全程同步直播，线上观看49万人次。人民论坛网、中国蓝新闻、《都市快报》等10余家新闻媒体和科协官网对论坛进行宣传报道。

【老科学家绍兴巡回科普报告】 2022年10月24日至27日，市科协、市教育局联合开展2022年中国科学院老科学家科普演讲团绍兴巡回科普报告活动。邀请陈光南、何林、傅前哨、陈洪、方念乔、夏青、吴瑞华、许木启、卢汉青、王文利10位中科院老科学家科普演讲团成员走进绍兴市直及6个县（市、区）有关单位、学校，开展专题报告125场，线上线下受益观众近25万人次。

【"银龄跨越数字鸿沟"科普专项行动】

2022年，绍兴市科协联合相关部门开展"银龄跨越数字鸿沟"科普专项行动，依托老年大学、老年活动中心、社区学院等场所，开展老年人线上就医、网上消费等智能服务应用培训。至年末，全市建立"银龄跨越数字鸿沟"教学网点295个，注册科技志愿者989名，开展培训活动6679场次，累计培训30.6万余人次。

（市科技局　徐彬彬，市气象局　朱哲君，市科协　宣懿范、赵　琴）

行业科技

【农业科技】 参见"农业·农业科技"。

【水利科技】 2022年，绍兴市重点抓好水利部和省4期遥感图斑应用，做到生产建设项目违规问题早发现、早通报、早整改。完成越城区水土保持率阈值研究，开展生产建设项目水土保持措施调查评估508个，复核遥感图斑696个，完成9个不合规项目整改。推进曹娥江数字流域预报调度一体化应用建设，实现最小化上线试运行，在"轩岚诺""梅花"台风防御期间实战运用。数字孪生曹娥江入选水利部数字孪生流域建设先行先试试点，获评优秀应用案例。市域版"九龙联动治水"试点实现业务场景贯通，上虞区"水利工程项目大数据监督"应用理论成果在省数字化改革简报刊发、小流域山洪灾害预报预警"一件事"应用列入市委改革办典型试点经验推广，越城区县域版"九龙联动治水"试点"数智鉴水"应用、诸暨市小流域山洪灾害预警数字孪生试点应用、新昌县小流域山洪"御"应用取得实效。全市建成各类水文测站1117个，覆盖"两江一网"（曹娥江、浦阳江，绍兴平原河网）、中小流域等重点区域，涵盖流量、水位等7种监测要素，构建水文全要素监测网络。2022年全市40多条流域面积50平方千米以上河流水雨情监测覆盖率达92%以上。小(2)型以上水库水雨情监测覆盖率100%以上。

（市水利局　祁一鸣）

【交通科技】 2022年，绍兴市交通系统参与省交通厅科技研究课题8项，总研究经费1137万元，补助经费180万元，其中新立项2项，结题3项，召开中期评审会2项。参与地方标准制定1项。开展科技成果推介、召开标准宣贯培训，组织申报部重点科技项目清单、省级科技成果推广目录，上虞区港航管理中心参与课题项目"曹娥江上虞段交旅融合智慧航道应用技术研究"入选2021年度交通运输行业重点科技项目清单。上虞区港航管理中心参与《内河航道网运行监测关键技术研究》获2022年度中国航海学会科技进步奖二等奖，市城投建筑工业化制造有限公司参与"复杂山区高速公路预制装配式立柱盖梁关键技术研究与应用"获中国交通运输协会科技进步奖二等奖，市公路与运输管理中心"桥梁拉吊索耐久性检测评价与维修技术研究"获中国交通运输协会科技奖三等奖，市交通建设有限公司申报的杭绍台高速绍兴至金华段工程项目入选中国公路学会2022年度智慧高速。市轨道交通集团牵头编制的"软土地层城市轨道交通隧道韧性结构体系及数字化技术"成果通过中国城市轨道交通协会专家学术委员会的专家鉴定，成果总体技术达到国际先进水平。

（市交通运输局　王奕楚）

【建设科技】 2022年，绍兴市建设系统参与省建设科研项目24项，其中新立项10项，结题14项，新增省级重点企业研究院1家，新增加市级企业技术中心2家，参与制定工程建设地方技术规程1项。开展科技成果推介活动、召开标准宣贯培训会、组织申报省级建设科学技术奖。华汇工程设计集团股份有限公司参与的课题项目"装配式住宅建筑水平预制结构构件标准化研究"获省建设科学技术奖三等奖；绍兴市城投再生资源有限公司参与的课题项目“弃置泥浆干化土在路基填筑中应用研究”获省建设科学技术奖三等奖；浙江精工钢结构集团有限公司参与的课题项目“超大平面航站楼工程建造关键技术研究与应用”获工程建设科学技术奖特等奖；浙江精工钢结构集团有限公司参与的课题项目“大开口轮辐式索承网格钢结构成套施工技术研究”获省建设科学技术奖三等奖；绍兴文理学院主持的课题项目“沿海岛礁吹填钙质砂的纳米材料和微生物复合改性技术研发与应用”获中国商业联合会科学技术奖一等奖；绍兴文理学院参与的课题项目“大宗固体废弃物在道路工程建设中综合利用关键技术研究”获中国公路学会科学技术奖二等奖；绍兴文理学院参与的课题项目“特殊性土复合边坡浅层失稳治理关键技术研究与应用”获淮河水利委员会科学技术奖一等奖。

（市建设局　宣哲琦）

【自然资源科技】 2022年，绍兴市自然资源系统做好林木新品种选育和良种认定，越橘属“蓝美88号”“蓝美119号”被国家林草局授权为植物新品种；香榧“嵊珠”“小籽象牙榧”被认定为省级林木良种。市勘察测绘院“绍兴市1：2000基础地理信息资源更新（重大要素DLG动态更新）项目”获中国测绘地理信息产业协会优秀工程金奖，“无人机航空摄影及三维成果制作项目”获铜奖，“地理信息公共服务平台更新维护项目”获市优秀测绘地理信息工程奖银奖。绍兴市地质环境绿化工作站、诸暨市环境绿化工作站、嵊州市林业技术服务中心参与的“毛竹笋用林高效培育关键技术示范与推广项目”获第二十二届浙江省“科技兴林奖”推广应用类二等奖。

（市自然资源和规划局　陈晓艳、程团结）

【气象科技】 2022年，绍兴市气象部门完成5个省气象局科研项目结题验收，推进6个省气象局科技项目、3个市级科技项目、13个市局“揭榜挂帅”项目，与省气科所、南信大联合完成科研项目1个。

（市气象局　朱哲君）

【医学科技】 2022年，绍兴市围绕公立医院综合改革，以创建研究型医院为核心，推进医学科技创新提升。2022年奖补卫生健康科技创新和人才培养扶助资金389.7万元，至年末，累计奖补资金5684万元。立项国家自然基金项目2项，省基础公益性项目10项。立项省医药卫生（中医药）科技计划158项，卫健领域厅（局）科技立项数比2021年增加43项，并连续两年位居全省地市第三位。开展市级卫生健康科技计划项目124项。推进医学重点学科建设，提升学科临床服务能力，遴选培育8个市级重点学科申报第三批省市共建医学重点学科，胸外科学等6个学科列入省级建设计划。推进科技创新平台建设，联合市科技局开展市级医卫类重点实验室建设工作，新建市级重点实验室2家，累计建设4家。新建省级博士后工作站1个，两位博士入站，新建市级博士创新站1个。在2022年度中国医学科学院中国医院（1644家）科技量值（STEM）排名中，绍兴市烧伤学、麻醉学两个学科进入全国前百，其中，烧伤学列第33位，麻醉学列第75位。

（市卫生健康委　王栩栩）

【高校科技】 至2022年末，在绍兴12所高校获国家和省部级科研成果奖80项，获批国家级科研项目203项。在绍高校探索“亲产业”办学、“融职业”育人、“联企业”用才教育理念，深入实施职业院校产教融合评价，全力打造教育服务区域经济社会高质量发展新局面。围绕绍兴市现代特色产业体系，形成“一校一园一企”校企合作格局，在技术攻关、人才培养和实验资源共享等方面开展深度合作。浙江大学绍兴研究院微电子研究中心、杭州电子科技大学集成电路产业学院等研发机构，与绍兴集成电路“万亩千亿”新产业平台产学研深度融合。构建“专业＋平台＋人才＋项目”的教育服务经济体系，校地共建国家级重点实验室和国家工程中心分中心5个、省部科研平台16个，并在各县（市、区）设立技术转移中心（研究院）。校企联建各类产业学院65个、智库19个，全市累计招引国家和省级引才计划入选者765人。在绍高校、中职学校与2000余家企业校企深度合作，构建“研究院—协同创新中心—创新团队”三级科研组织体系。

（市教育局　石聪聪）

教育

综述

【教育发展】 至2022年末，绍兴市有各级各类全日制学校和幼儿园1106所，其中，普通高校12所，各类中等职业学校17所，普通高中55所，初中140所，小学302所，幼儿园573所，特殊教育学校7所，另有职业培训机构349所。有教职工73933人，专任教师59643人，幼儿园、小学、初中、高中、中职专任教师学历本科率分别为68.62%、90.18%、98.79%、99.94%和98.16%。有在校全日制大、中、小学生和在园幼儿825433人，其中，全日制普通高校在校学生132849人（含研究生1711人），中等职业学校在校学生41816人（含有技工生7065人），普通高中在校学生86708人，初中在校学生127188人，小学在校学生287195人，在园幼儿141491人，特殊教育学校在校学生1121人。幼儿园、小学、初中、高中、职校校均规模分别为250人、902人、982人、1691人和2323人。义务教育段外来务工人员随迁子女小学在校生81101人，比2021年增加2864人；在初中就读的随迁子女29152人，增加866人。义务教育段学龄人口入学率、巩固率均为100%，盲、聋哑、智障少儿入学率100%。初中毕业生升入高中段比率99.27%。普通高校毕业37299人。全市实施75个中小学和幼儿园校舍改（扩）建项目，完成项目总投资27.5亿元，秋季学期投用中小学幼儿园学位13345个。绍兴市教育局党委出台《关于深入学习宣传贯彻党的二十大精神的通知》，开展"六学六进六争先"学习实践、"七学五讲四研"学习宣讲和"七个一"学习活动，推动党的二十大精神进课堂。7月，省委编办批复同意设立中共绍兴市委教育工作委员会，作为中共绍兴市委派出机关与绍兴市教育局合署办公。绍兴辖内各县（市、区）委相继设立教育工委，市、县两级实现教育工委全覆盖。

【教育经费】 2022年，绍兴市教育经费总收入236.11亿元，比2021年增长6.98%。国家财政性教育经费总投入182.41亿元，其中一般公共预算安排的教育经费169.75亿元，政府性基金预算安排的教育经费12.45亿元，民办学校中举办者投入873.9万元，捐赠收入1222.7万元，事业收入41.24亿元，其他国家财政性教育经费12.25亿元。

【学校建设】 2022年，绍兴市推进校舍新建、续建、改扩建项目75个，当年竣工投用项目30个，其中9月投用新增学位项目23个。完成改造教室灯光照明2000间，采购课桌椅5.4万套。投入7000余万元，完成176所中学（中职学校）校园安全防护提升工程。

【校园安全】 2022年，绍兴市修订完善《绍兴市校园突发事件应急预案》，编印《绍兴市校园突发事件应急预案操作手册》，全市教育系统修（增）订校园安全应急预案2962个，组织应急演练（含推演）1448场次，组建应急护校队825支。开展校园安防建设，校园智慧安防建设一键报警与视频监控安装率和联网率均为100%。建立校园安全网格6.8万余个，拥有网格员3.25万人，排查整改各类安全隐患2576处。坚持"食堂自办、食材统配、数字监管"，升级校园食品安全智治3.0版，打造校园"阳光厨房"。

【教育评估】 2022年，嵊州市、新昌县通过国家学前教育普及普惠县省级评估验收。柯桥区被确定为国家义务教育优质均衡发展先行创建区，诸暨市、上虞区通过省级评估，义务教育"优质均衡"验收县比例达50%，列全省第一位。累计创建省现代化学校110所，有7个乡镇通过市教育优质均衡示范乡镇评估，全市实现教育优质均衡示范乡镇全覆盖。

【教育考试】 2022年，绍兴市组织高考、中考、学考选考、成考、研考、自考、教师资格及各类专业、等级考试20余种，涉及考生近51.6万人，考试科次116.5万科次，考点次数477个。其中，2022年浙江省普通高校招生考试绍兴报名31144人，设44个考点，1059个考场；浙江省单独招生考试绍兴报名5835人，设7个考点，199个考场；绍兴市初中毕业生学业水平考试绍兴报名44018人，设109个考点，1525个考场。累计投入3698万元新建3111个标准化试场，建成使用中考网上巡查系统，实现考场全覆盖全联网。

【教育开放互联平台】 2022年，绍兴市建成教育开放互联平台，平台以"1库1平台1屏N应用"为总架构，汇聚省市校级应用104个，教育资源7个，整合汇聚绍兴教育基础数据275余万条，专题数据460余万条，视频数据4.56万余条，基本实现教育系统数据互联共享。

2022年绍兴市投入使用学校项目一览表

表79

序号	县（市、区）	学校名称	项目名称	类别
1	越城区	越城区两湖小学	两湖西侧小学建设工程	新建
2	越城区	越城区实验幼儿园兴望轩园区	兴望轩小区配套幼儿园装修、开办	其他
3	越城区	越城区东浦街道中心幼儿园春江天境园区	春江天境配套幼儿园装修、开办	其他
4	越城区	越城区灵芝街道中心幼儿园花语江南园区	花语江南配套幼儿园装修、开办	其他
5	越城区	越城区马山街道中心幼儿园观澜园区	悠步观澜配套幼儿园装修、开办	其他
6	柯桥区	柯桥区鲁迅外国语学校	鲁迅外国语学校华齐路校区(暂名)新建工程	新建
7	柯桥区	柯桥区柯岩中心小学	柯岩中心小学扩建改造工程	改扩建
8	柯桥区	柯桥区柯桥小学	柯桥小学拆建改造工程(一期)	改扩建
9	柯桥区	柯桥区六一幼儿园	六一幼儿园小佐园区新建工程	新建
10	柯桥区	柯桥区浙光幼儿园	钱清街道中心幼儿园新建工程	新建
11	柯桥区	柯桥区漓渚镇中心幼儿园	漓渚镇中心幼儿园扩建改造工程	改扩建
12	上虞区	上虞区实验中学	实验中学校舍建设工程	改扩建
13	上虞区	上虞区丰惠镇中心小学	丰惠镇中心小学改扩建工程	改扩建
14	上虞区	上虞区爱弥儿幼儿园云栖园区	云栖龙山小区配建幼儿园装修工程	新建
15	诸暨市	诸暨市店口镇杨梅桥小学	诸暨市杨梅桥小学扩建工程	扩建
16	诸暨市	诸暨市西子幼儿园	诸暨市西子幼儿园新建工程	新建
17	诸暨市	诸暨市三江幼儿园	诸暨市三江幼儿园扩建工程	新建
18	嵊州市	嵊州市莲塘小学	莲塘小学改扩建工程	扩建
19	嵊州市	嵊州市马寅初小学	马寅初小学改扩建工程	扩建
20	新昌县	新昌县沃西中学	沃西中学迁建工程	新建
21	新昌县	新昌县拔茅幼儿园	拔茅幼儿园迁建工程	新建
22	新昌县	新昌县沃洲幼儿园	沃洲幼儿园迁建工程	新建
23	新昌县	新昌县梅渚小学	梅渚小学扩建一期	扩建

（市教育局　石聪聪）

【校外培训机构管理】 2022年2月，绍兴市教育局内设机构职业教育与成人教育处增挂校外教育培训监管处牌子。3月，发布《关于进一步加强非学科类培训机构监管工作的通知》，明确文广旅游部门负责文化艺术类机构审批与监管，科技部门负责科技类机构审批与监管，体育部门负责体育类机构审批与监管。全市1040家非学科类培训机构纳入绍兴市校外培训一体化管理平台进行监管。至6月底，全市249家学科类培训机构通过注销、转型等方式全部压减。

（市教育局　石聪聪）

学前教育

【概况】 2022年，绍兴市有幼儿园573所，其中公办幼儿园384所，民办幼儿园189所；有省三级及以上幼儿园573所，占比100%；有3个班级及以上幼儿园543所，占比94.8%。全市在园幼儿141520人，3～6岁幼儿入园率99.92%；有教职工2015人，其中园长500人，专任教师10948人，园长及专任教师学历合格率100%，持教师资格证者100%，大专及以上学历占比99.62%。

【优质幼儿园资源供给】 2022年，绍兴市加快公办幼儿园建设，新建公办幼儿园18所，新增公办学位8610个。新增省一级幼儿园11所、省二级幼儿园33所，全市省二级以上幼儿园在园儿童覆盖面79%。增加省一级分园10所，增加优质学位4610个。

【农村幼儿园建设】 2022年，绍兴市完善学前教育质量评估体系，优化全市农村幼儿园提质评估系统平台，指导各地制定出台《农村幼儿园提质二十条实施方案》，聚焦区域内农村学前教育短板问题，提高农村优质学前教育资源总量和水平，全市有农村幼儿园271所。

【公办幼儿园非在编教师待遇】 2022年，绍兴市加大财政性投入，全市公办幼儿园生均公用经费达到小学生生均财政拨款标准。公办幼儿园劳动合同制教师年收入均不低于同职级在编教师基础工资与绩效工资之和，全市幼儿园劳动合同制教师平均年收入10.12万元，比2021年上涨10%。

【学前教育优质发展共同体建设】 2022年，制定出台《绍兴市教育局关于共同富裕示范区建设背景下学前教育优质发展共同体建设的指导意见》，成立“绍兴市农村学前教育质量提升长效机制研究”课题组，探索“行政牵头、高校引领、园所实践”三位一体幼儿园优质发展共同体建设模式，鼓励各地探索多种学前教育城乡共同体建设途径，办好农村幼儿园，缓解“城区挤、农村空”学前教育资源供需不对称现象。

【全国学前教育普及普惠县省级评估】 2022年，绍兴市根据教育部《关于县域学前教育普及普惠督导评估办法》和省督导评估细则，指导各县（市、区）开展国家学前教育普及普惠县创建。越城区、柯桥区、上虞区和诸暨市通过国家学前教育普及普惠县省级评估，完成全国评估平台数据录入，准备迎接国家级评估；嵊州市和新昌县完成评估指标自评，并接受省级评估。

（市教育局　石聪聪）

2022年9月8日，柯桥区“幼小衔接”专题研讨活动暨“品质课堂”深化行动在柯桥区实验小学坂湖校区举行

（市教育局　供图）

义务教育

【概况】 2022年，绍兴市有初中140所，在校学生127188人，专任教师11955人；小学302所，在校学生287195人，专任教师15950人；特殊教育学校7所，在校学生1121人，专任教师242人。义务教育段流动人口随迁子女入学110253人，其中小学81101人、初中29152人。根据2021年浙江省教育现代化发展水平监测评估报告，全市教育现代化指数升至80.05，所属6个县（市、区）监测结果为4A、2B，A等率居全省第一位。

【教育共同体建设】 2022年，绍兴市加快市域教共体建设，通过名校领办新校，促进优质资源共享，推动教共体学校在师资培养、学生交流、学术研讨方面开展合作。全市实现公办义务教育学校融合型、共建型、协作型教共体建设全覆盖，其中融合型、共建型教共体比例88.17%，推进义务教育阶段学校优质均衡发展。

【跨地区教共体建设】 2022年，绍兴市有29所学校参与省民生实事跨地区教共体结对帮扶建设，整合支援、受援两地教学资源基础与优势，依托“云上教研”“云端教室”实现资源共享，累计开展同步课堂589节，开展教学共研482次，共享“茶艺”等特色线上课程308节5390分钟，96名教师到受援校支教2周及以上。

【初中基础课程分层走班】 2022年，绍兴市制定分层走班试点学校三年规划，组织开展初中分层走班专题调研和三年规划研讨会，实施《绍兴市初中基础学科分层走班教学管理指引》，组建市级和县（市、区）级分层走班学校联盟，在17所试点学校基础上增加18所县（市、区）级联盟学校。编制《绍兴市初中基础学科分层走班教学主题教学论文集》，选树基础性课程分层走班初中典型20个，《绍兴市分层走班教学实验的教研策略》入选省2022年度教研工作亮点。

【优化学业评价】 2022年，绍兴市组织实施中考命题、阅卷工作，抽取教师27人组成语文、社会、数学、英语、科学5个命题组，每个命题组另设审题教师2人。5月20日至6月1日，完成五门学科A、B两套试卷命制，其中，语文、社会两门学科中考卷被评为省一类卷。12月，组织绍兴市小学生综合评价改革和作业改革研讨活动。

【二轮“品质课堂”推进】 2022年，绍兴市指导、审查首批区域性品质课堂深化行动研究项目，召开绍兴市“品质课堂”深化行动推进会，推介《绍兴市“品质课堂”深化项目研究成果集》，指导二轮“绍兴市‘品质课堂’深化行动项目”实践研究，开展品质课堂优质课评比，评选出市级一等奖44节、二等奖42节。

【劳动教育】 2022年，《绍兴市关于全面加强新时代中小学劳动教育的实施意见》印发，明确劳动教育课程设置、基地培育、评价体系等14个方面建设要求，分两批遴选市级劳动教育实验学校63家，开展3年培育。指导学校建设劳动教育校本课程，组织评选劳动教育优秀课程100门。加强校外劳动基地培育，认定市级劳动实践教育基地36家。9月1日，绍兴中小学40余万名师生与四川省马边彝族自治县民族小学1420名学生通过视频连线同上“开学第一课”，3位劳模工匠走进绍兴市北海小学梅山校区分享劳模故事。11月，全市劳动教育现场推进会在越城区柯灵小学举办，189名与会人员交流分享劳动教育工作经验。

【心理健康教育】 2022年，绍兴市发布《中小学加强“四特”学生管理及干预工作指引》，指导学校开展春秋季开学“四特”学生100%筛查上报，实现“一人一案”“一人一档”全覆盖。以网格化管理、个性化疏导和专业化治疗相结合方式，建立“1+6+N”市、县两级心理健康共育体系，市级中小学心理健康指导中心完成一期建设，6个县级心理辅导中心投入使用。畅通24小时心理咨询热线，新设市级心理服务微信公众号“相约绍心”，提供“成长课堂”“心理咨询”“专题活动”等专项服务。

【义务教育“双减”工作】 2022年，绍兴市丰富课后服务拓展课程，创新实施“准入审核、契约服务、过程考核、业绩评价、定期晾晒”5项校外资源引入机制，公布入校“白名单”3579项，其中课程1589门，教师1910人，公益机构80家，创建课后服务（作业管理）示范化学校50所，在全省率先推出“名师网上课堂”，惠及4个省560所学校42万名师生。

【“明眸亮睛”工作】 2022年，绍兴市建立综合防控工作联席会议机制，组建近视综合防控专家指导委员会，发布《绍兴市儿童青少年近视防控指南》。2019—2022年，累计投入资金1.4亿元，改造公办中小学校教室灯光12475间，更换升降课桌椅26.5万套，设立近视防控服务站点108个。邀请眼视光专家对532名视觉专兼职教师开展培训。实现学生视力健康档案建档率、健康教室照明率、健康教室可调节课桌椅配备率、学校视觉健康专兼职教师配备及培训率全覆盖，街道社区卫生服务中心（乡镇卫生院）近视防控服务站点设立全覆盖。实施义务教育段学校卫生（保健室）升级改造工程，创建视力健康指导站362所。落实中小学生“一年两次”常态化视力普查工作，建立全市3～18岁儿童青少年视力健康管理信息平台，实现“一人一档、升学随迁、学段对接”，构建“医院—学校—家长—学生”视力健康实时监测工作体系。全市儿童青少年近视率53.53%。

【经典诵读】 2022年，绍兴市组织选手参加“诵读中国”经典诵读大赛，获一等奖4个、二等奖3个、三等奖20个、优秀奖43个；参加“笔墨中国”汉字书写大赛，获一等奖22个、二等奖25个、三等奖41个。市、县两级语委及相关部门运用官网、微信公众号、公益广告、城市电子屏等载体，宣传推广普通话和规范汉字。开展2022年全市语言文字专项监测。11月，绍兴市语委办、汶川县语委办联合举办汶川县语言文字骨干培训，由诸暨市语委办承办，汶川县语委办成员、教育研究培训中心人员及各中小学校（幼儿园）语言文字骨干教师48人参加培训。

【研学实践教育】 2022年，绍兴市推荐申报第三批省级研学实践基地认定，会稽山研学国际营地、新昌十九峰诗路研学实践教育基地、绍兴市“稽山鉴水”研学基地、上虞瓷源文化小镇研学实践教育营地、绍兴市大禹陵研学实践教育基地入选省级研学实践基地。组织第四批市级中小学研学实践教育基（营）地评选，认定市级研学实践教育基（营）地13家。完成第三批非物质文化遗产教学性传承基地申报认定工作，25家单位被列为市级非物质文化遗产教学性传承基地创建单位。

【德育品牌建设】 2022年，绍兴市开展德育微创新“4+1”（即主题德育、课程整合、实践体验和未来素养4项行动，构建区域推进展示学校德育微创新激励机制）评比活动，评选出优秀成果48个。印发《绍兴市“五好学生”评价指导性意见》，选树全市首批“五好学生”典型100名，该项工作入选省深化新时代教育评价改革试点项目。成立市级班主任工作联盟，开展班主任基本功比武，在省班主任基本功大赛中绍兴市获奖数量列全省第三位。新命名25所市级文明校园，市级及以上文明校园创建率达40.9%，其中全国文明校园2所、省级文明校园（含中小学类省级文明单位）43所、市级文明校园173所。

2022年绍兴市第四批中小学生研学实践教育基（营）地一览表

表80

序号	基地、营地名称	所在地域	基地、营地法人单位全称
1	大禹陵研学游营地	越城区	绍兴大禹开发投资有限公司
2	会稽山研学国际营地	柯桥区	绍兴市柯桥区会稽山研学文化发展有限公司
3	鑫泰消防教育基地	越城区	绍兴市鑫泰消防安全职业技能培训学校
4	顺浩农业研学实践教育基地	越城区	浙江顺浩农业开发有限公司
5	花满棠中小学研学实践教育基地	柯桥区	绍兴花满棠研学文旅有限公司
6	拼布研学实践教育基地	柯桥区	浙江民艺拼布博物馆
7	白马春晖诗路驿站研学基地	上虞区	绍兴市上虞驿兴乡村建设发展有限公司
8	谢晋故里研学实践教育基地	上虞区	绍兴市上虞晋润乡村建设发展有限公司
9	上虞章镇红色研学实践基地	上虞区	上虞区国防教育训练中心
10	山下湖珍珠小镇研学基地	诸暨市	诸暨市山下湖珍珠小镇投资发展有限公司
11	诸暨城市馆	诸暨市	诸暨市公益场馆服务中心
12	新昌县梁柏台红色教育基地	新昌县	新昌县公共文化创意有限公司
13	天功坊研学基地	新昌县	新昌县天功坊砖瓦有限公司

（市教育局　石聪聪）

【棒垒球运动进校园】 2022年,绍兴市认定并命名绍兴市梅山小学等32所学校为首批“棒垒球运动进校园试点学校”,推进棒垒球运动普及,打造绍兴棒垒球之城。

【中小学艺术节】 2022年5—7月,绍兴市教育局组织“民族魂·中国梦——阳光下成长”中小学生艺术节活动,共评出艺术表演类(声乐、器乐)获奖节目121个、艺术作品类获奖作品440件。11月21—25日,浙江省中小学生艺术节现场赛在绍兴市柯桥区举行,全市参加表演类节目45个,获得省一等奖28个,获奖率62%。

普通高中教育

【概况】 2022年,绍兴市有普通高中55所,2101个教学班,在校生86708人,平均班额为41.2人,当年度招生28940人,专任教师8705人。建立普通高中多元特色发展联盟,在诸暨市12所学校开展普通高中多元特色发展区域试点工作。全市高中招生实现“一网管理”,市区公办普通高中统招生和中职学校招生实现“同平台、同批次、同时间”打通招生。

【学科竞赛】 2022年,绍兴全市高中生数学、物理、化学、生物、信息学、天文学、计算机等学科竞赛获奖人数创新高。从省复赛到国际竞赛中共获奖297人次。全国赛(浙江赛区)获一等奖117人次,其中,数学11人、物理2人、生物9人、信息学41人、计算机CSP-JS 54人。在全国初赛中,化学获一等奖11个。全国决赛中,信息学、天文学获金牌3枚,银牌9枚。在第十六届亚洲和太平洋地区信息学奥林匹克竞赛(APIO2022)中获金牌1枚、银牌8枚、铜牌10枚,入选国家集训队5人。天文学获国际金牌1人。

【高三学生体质抽测】 2022年10月,绍兴市开展高三学生体质抽测,检测对象覆盖全市68所高中学校,随机抽取2662名学生。抽测总成绩平均分为78.5分,合格率97.1%,优良率45%,比2021年分别提高0.93%、0.35%和3.32%,高三学生体质总体平稳提升。柯桥区、上虞区、诸暨市获高三体质测试综合得分团体前三名。

【绍兴市第一中学】 绍兴市第一中学创办于清光绪二十三年(1897),位于绍兴市越城区站前大道1898号,占地13.4公顷,总建筑面积7.92万平方米。1954年被认定为省级重点中学,1995年成为省首批13所一级重点中学之一。学校获省级文明单位、先进学校、绿色学校、现代教育技术实验学校等荣誉称号,是全国信息学奥林匹克竞赛特色学校。2022年,获评省首批清廉学校建设示范校。学校联合中国卫星导航定位协会、北斗办、北京大学,创建“北斗元培学苑”,创设“北大名师工作室”,设立“北斗科技班”。学校有专任教师203人,曾涌现2位北大校长、19位中外院士。至年末,学校累计获得国际奥赛金牌13枚。

【绍兴鲁迅中学】 绍兴鲁迅中学位于绍兴市柯桥区,毗邻瓜渚湖公园,学校占地面积11.2公顷,有教师200余人,学生1800余人。学校被评为全国民主管理先进学校、第三批国防教育特色学校、空军招收飞行学员工作“先进单位”、省一级重点中学、省文明单位、省一级普通高中特色示范学校等。开发“走近鲁迅”课程群、“修身”课程群、“人生规划”课程群、“创意写作”课程群、“创新实验”课程群和“实践技能”课程群6个。学校连续4年获市中学生军体运动会体质测试普通高中组第一名。2022年,学校被评为省现代化学校、绍兴市德育先进集体,小合奏《敦煌新语》获省中小学生艺术节一等奖,1名学生被录取为空军飞行学员。

【浙江省春晖中学】 浙江省春晖中学位于上虞区白马湖畔,前身是创办于清光绪三十四年(1908)的春晖学堂,曾涌现夏丏尊、丰子恺、朱自清、朱光潜等学者,成为中国现代新教育和新文学发源地之一。春晖中学(旧址)被确立为全国重点文物保护单位。学校先后获省一级重点中学、省文明单位、全国精神文明建设工作先进单位、全国教育系统先进集体、全国重点文物保护单位、省首批一级普通高中特色示范学校等称号。2022年,毕业生在大一新生体康测试中合格率居全省第一位,1名教师获评省特级教师,1名教师获评省最美教师,面向浙大、北师大、华师大等高水平大学教师招聘取得突破,《“五育并举”工作实施方案》入选省教研室德育工作目录。

(市教育局　石聪聪)

特殊教育

【概况】 2022年,绍兴市有持证适龄儿童少年2263人,其中学前段317人、义务教育段1375人、高中段571人。通过特殊教育就读(或康复)、普通学校随班就读和送教上门服务方式安置入学。全市3～18岁持证残疾儿童学前段、义务教育段和高中段入学率分别为99.37%、100%和95%。

【特校高中段职业教育】 2022年,绍兴市特殊教育学校面向完成义务教育残疾学生实施高中段职业教育,开发“大拇指”“最美花雕”等特色校本课程,创建校内外残疾人职业教育实训基地,为残疾学生平等参与社会生活和生产劳动提供基本能力支持。

【普特融合教育推进】 2022年,绍兴市在乡镇中心幼儿园、省一级幼儿园新增资源教室24个,实现全市乡镇(街道)及随读学生5人以上资源教室建设全覆盖。以“一校多点”培育卫星班,实现卫星班学段全覆盖。市特殊教育中心学校深化校企合作,打造“最美花雕”职业教育课程,实现聋哑学生一毕业即就业,“教育+就业聋生不出校门就进企业”被评为特殊教育2022年十大亮点。

【送教上门】 2022年，绍兴市健全医、教、家三方联动机制，降低全市3～18岁持证残疾儿童送教上门比例，通过摸排走访，了解残疾学生情况，发挥专家委员会和专业医生力量进行精准评量，以“随班就读为主体，特教学校为骨干，送教上门和卫星班”为补充方式进行合理安置。全市送教上门学生比例比2021年下降4.42个百分点。

【残疾儿童随班就读保障】 2022年，绍兴市构建以“随班就读为主体、特殊教育学校为骨干、送教上门和卫星班为补充”特殊教育入学保障体系，全市建设随班就读资源教室138个、示范性资源教室22个，实现学前教育、义务教育、职高学段卫星班建设全覆盖。加强随班就读巡回指导教师、资源教师队伍建设，提高资源教师个别化教育能力。

【特教师资配备】 2022年，绍兴市实行特教教师单招单考，落实特教人才专项奖励政策，招聘专业型优秀特教教师6名。全市特殊教育学校师资师生比基本达到省定1∶3标准。建立特教教师培训计划，共建特教培训基地，对特殊教育校(园)长、资源教师、骨干教师开展分类培训。特教专任教师本科及以上学历占比93.2%。实施“青蓝工程”，聘请知名特教教师为导师，提升青年教师专业水平和实践能力，在2022年省级优质课评比中，绍兴两名教师获听障组和智障组一等奖。

【数字特教推进】 2022年，绍兴市推进特教数字化改革，柯桥区投入200万元(一期)建成“护翼天使”特殊学生关爱应用平台，平台整合教育、残联、卫健、民政等部门资源，对3～18岁特殊学生教育生涯进行全流程跟踪、全周期服务、全过程关爱。建立送教队伍137支，整合学校资源26所，爱心结对49组，惠及特殊学生家庭300余个。“‘护翼天使’呵护特殊学生成长”入选省2022年度十大特色亮点项目，并作为市发改、教育重点项目推荐参评省改革突破奖。

(市教育局 石聪聪)

中等职业教育

【概况】 2022年，绍兴市有中等职业学校17所，其中国家级改革发展示范校4所，省级改革发展示范校7所，省中职名校6所，省现代化学校7所，省高水平学校建设单位5所，省高水平专业建设项目16个。毕业学生16684人，招收新生15653人。至年末，在校学生共48881人。

【中职专业设置】 2022年，绍兴市17所中职学校招生计划设16个大类100个中职专业和9个大类52个技工专业，其中新增10个中职专业，分别为大数据技术应用、网络安防系统安装与维护、药品食品检验、新能源汽车运用与维修、戏曲音乐、直播电商服务、茶艺与茶营销、中医护理、中西面点专业、工业机器人应用与维护专业。

【省中职双高建设】 2022年，绍兴市中职学校推进各类改革试点，实施项目全生命周期闭环管理，形成绍兴经验17项(省教学成果奖4项，省优秀教科研成果一等奖4项，教育部产教融合校企合作典型案例5项，教育部“五个一批”产教融合工程项目4个)。

【新兴产业工人倍增行动】 2022年，绍兴市出台《服务地方经济发展，培育新兴产业工人倍增行动方案(2022—2024年)》，围绕增设对口专业、扩大培养规模、形成培养梯队、推动融合发展、引导留绍工作5个方面提出20项任务，设置量化工作清单。全年，新兴产业中职招生4577人，高职院校招生8083人，合计12660人。新兴产业中职毕业生3585人，留绍率62.1%，比2021年增长53.83%，高职院校毕业生6303人，留绍率35%，增长1.4%。培训新兴产业技术类工人67751人次。

【职业教育提质培优行动】 2022年，绍兴市有16所中职学校提质培优行动建设项目进入第二年建设期，有1所学校入选教育部中德先进职业教育合作项目首批试点院校，2所学校入选首批全国职业院校数字校园建设试点单位，1所学校入选国家智慧教育平台试点学校。

【职业技能大赛】 2022年，绍兴市中职学生在全国职业院校技能大赛中，获金

2022年绍兴市中等职业学校毕业生数、招生数、学生数统计表(不含技工院校学生)

表81

县(市、区)	校数(所)	毕业生数(人)	招生数(人)	在校学生数(人)					
				合计	现代学徒制	一年级	二年级	三年级	四年级及以上
合计	17	15924	12984	41816	7583	12985	12836	15959	36
其中：女		7392	6455	20200	3204	6455	6255	7460	30
市本级	5	3311	2470	7912	986	2470	2345	3097	—
柯桥区	2	3114	2726	8661	336	2726	2702	3233	—
上虞区	2	2423	2198	6795	530	2198	2392	2205	—
诸暨市	4	3762	3227	10550	3723	3227	3413	3910	—
嵊州市	3	1882	1672	5127	518	1672	1398	2021	36
新昌县	1	1432	691	2771	1490	692	586	1493	—

牌10枚、银牌7枚、铜牌6枚,金牌数居全省第一位。在省中等职业学校职业能力大赛创新创业比赛中,获一等奖2件、二等奖7件、三等奖12件。在省"多彩课堂"遴选活动中,获一等奖2个、二等奖5个、三等奖6个,获奖率81.2%,居全省第一位。

【产教融合评估】 2022年,市教育局围绕《绍兴市深化产教融合推进职业教育高质量发展重点任务分工方案》,组织辖区中职学校申报产教融合项目计划,有48个项目入选省"五个一批"产教融合项目。绍兴中专、柯桥职教中心、上虞职教中心等申报的5个案例被评为省级现代学徒制典型案例。在教育部开展产教融合校企合作案例征集中,绍兴市有5所中职学校产教融合典型案例入选,数量居全省第一位。

【区域中高职一体化改革】 2022年,绍兴市柯桥区职教中心联合浙江金融职业学院、绍兴市柯桥区电子商务促进会、中国轻纺城跨境电商产业园入选首批区域中高职一体化试点学校,开展电子商务专业群五年制人才培养改革试点,将最后2年大专教学设在中职学校,培养地方优势产业所需复合型高端技术技能人才,实现职业教育长学制人才培养和产教融合新模式,为绍兴优势产业集群发展升级提供人力支持。

【中职教师技能大赛】 2022年,绍兴市在省中职教师教学能力大赛中获金牌7枚、银牌5枚、铜牌3枚,有7支队伍进入全国比赛。在全国职业院校技能大赛教学能力比赛中,获金牌5枚、银牌1枚,金牌数居全省第一位。在全省中职学校班主任职业能力大赛中,获金牌2枚、银牌4枚,有3名选手入围全国比赛。在全国职业院校技能大赛中职班主任能力比赛中,获金牌1枚、铜牌2枚。在2022年省"创新杯"中职教师信息化说课中,获得一等奖5个。

(市教育局 石聪聪)

普通高等教育

【概况】 2022年,绍兴市有全日制普通高校12所,其中本科院校7所、高职院校5所。在绍高校数量在全省11个地市中仅次于杭州、宁波,居第三位。

【高校内涵建设】 2022年,绍兴市开展全市高等教育内涵建设项目评审立项工作,共立项110个。新增进入ESI全球排名前1%学科1个,新增国家级一流本科专业建设点5个,新增省级一流本科专业建设点11个。

【高校引进与建设】 2022年,嵊州市人民政府与浙江经济职业技术学院签订战略合作协议,共建"浙江经济职业技术学院嵊州校区",新昌县人民政府与浙江工业职业技术学院签署合作协议,共建"浙江工业职业技术学院新昌学院",绍兴市在全省率先实现"县县有高校"。绍兴文理学院河西中心区改造提升一期工程基本完工;浙江农业商贸职业学院会稽山校区开工建设。

【高校德育工作】 2022年,绍兴市组织召开全市课程思政建设联盟工作推进会,开展全市高校课程思政教学改革活动,深化绍兴特色大中小学思政课一体化建设,组织绍兴市第七届大学生寝室文化节活动。

【绍兴文理学院】 2022年,绍兴文理学院有全日制本科生13341人、专科生1190人、研究生1710人。获批博士学位授予立项建设单位,新增化学学科进入ESI学科排名全球前1%,总量达到2个。遴选推荐6个学科为"十四五"省一流学科,首次有7个学科进入全国高校第五轮学科评估榜。完成2022版人才培养方案制订,获省教学成果奖一等奖2项、二等奖4项,获批省一流课程40门、省级教改项目

2022年绍兴市获"教育部产教融合校企合作典型案例"一览表

表82

序号	单位	成果名称
1	绍兴市职教中心	三位共体·四维共育:基于产教融合平台的微电子学院专业建设的实践探究
2	绍兴市职业教育教学研究室	"链—桥—网"层进:跨界融合教改模式的构建与实践
3	绍兴技师学院	守正创新:职业院校培育新时代"鲁班工匠"的行动研究
4	绍兴市上虞区职业中等专业学校	中职建筑专业渐进式人才培养模式的创新与实践
5	绍兴市中等专业学校	党建育人·师资互补·技术互动,"红芯齿轮双师流动工作站"助力产教融合

2022年绍兴市获"教育部'五个一批'产教融合工程项目"一览表

表83

序号	单位	成果名称
1	绍兴柯桥职业教育中心	专业链对接产业链,打造复合创新人才培养新高地
2	嵊州市职业教育中心	中职专业实训"产教融合一体化"有效教学体系的架构与实践
3	绍兴市职教中心	抱团互助,打造"一体双管三链"模式
4	诸暨技师学院	弘扬古越文化、传承非遗民艺、培育工匠精神、践行产教融合——古越葫芦民艺人才培养基地

(市教育局 石聪聪)

2022 年在绍兴普通高校基本情况统计表

表 84 单位：人

学校名称	毕业生数					招生数				
	计	其中：女	研究生	本科	专科	计	其中：女	研究生	本科	专科
合计	37299	20283	283	17085	19931	45519	24331	660	23661	21198
绍兴文理学院	3408	2235	283	2784	341	5038	2970	660	3924	454
浙江树人学院杨汛桥校区	1184	764	—	37	1147	3297	2085	—	3045	252
浙江越秀外国语学院	4297	3298	—	3917	380	4697	3320	—	4150	547
浙江建设职业技术学院上虞校区	1718	658	—	—	1718	2249	886	—	—	2249
浙江工业职业技术学院	5970	2194	—	—	5970	5652	2219	—	—	5652
绍兴职业技术学院	5122	2390	—	—	5122	5638	2674	—	—	5638
浙江工业大学之江学院	2571	1420	—	2571	—	3309	1713	—	3309	—
浙江理工大学科技与艺术学院	2810	1736	—	2810	—	3325	1988	—	3325	—
浙江农林大学暨阳学院	2136	1294	—	2136	—	3870	2320	—	3870	—
绍兴文理学院元培学院	2830	1866	—	2830	—	2038	1262	—	2038	—
浙江邮电职业技术学院	2387	889	—	—	2387	2830	971	—	—	2830
浙江农业商贸职业学院	2866	1539	—	—	2866	3576	1923	—	—	3576

注：数据来源于 2022 年高校教育事业统计。

（市教育局 石聪聪）

31 项。新增国家一流专业建设点 2 个、省一流专业建设点 3 个，3 个专业通过教育部认证。推进产教、科教融合，申报新兴专业 3 个，恢复招生专业 2 个。引进海内外高层次人才 62 人，其中国家级人才 3 人、省部级人才 2 人。入选俄罗斯自然科学院院士 1 人，入选“浙江省高校领军人才培养计划”高层次拔尖人才 1 人、青年优秀人才 7 人。专任教师博士占比超 54%，学校获评市爱才重才“伯乐奖”。获批省科普教育基地 1 个、市级哲社重点研究基地 10 个、市级重点实验室 4 个。立项省部级以上课题 98 项(其中国家级 33 项)，获省部级以上科研成果奖 12 项。获评省高校网络信息化建设“数字化改革先进单位”，4 个平台入选省级试点或优秀案例。推进校园改扩建工程，累计完成投资 42.24 亿元。与浙江大学绍兴研究院、浙江震元集团开展合作，与绍兴中芯集成电路制造股份有限公司共建微机电系统浙江省工程研究中心，新结构经济学长三角研究中心入选省数字化改革研究智库联盟成员单位。参与绍芯实验室建设，1 名教授受聘担任执行主任。发起成立绍兴宋文化研究会，完成《浙江通志·越文化专志》。开展“高水平网络大城市与推进共同富裕研究”，推进松阳研究院建设。附属医院在国家公立

2022 年，绍兴文理学院河西新校区 （胡 睿 摄）

医院绩效考核中全国排名上升 47 位，启动二期工程建设。中外合作办学项目实现“零的突破”，新增国(境)外合作院校 3 所，海外“兰亭书法学堂”增至 10 个。学校成为全省高校党建“四个融合”行动试点单位，入选全国党建工作样板支部培育创建单位 1 个，获评省抗击新冠肺炎疫情先进集体 1 个、市先进基层党组织 1 个、市担当作为好支书 1 人、市优秀共产党员 1 人。

【浙江越秀外国语学院】 2022 年，浙江越秀外国语学院有全日制本科生 15355 人、专科生 1601 人、联合培养研究生 19 人、外国留学生 301 人。综合实力居全国民办高校第九位(“软科”中国大学排名)。新增 2 个国家级一流本科专业建设点、2 个省级一流本科专业建设点，新增 2 个本科专业，新增省级一流本科课程 38 门。在艾瑞深校友会“中国大学一流专业排行榜”中，2 个专业被评为六星级专业，8 个专业被评为五星级专业。学生获国家级 A 类学科竞赛奖项 59 项，其中一等奖 13 项。新增省部级以上课题 27 项(其中国家级 9 项)。C 刊发文量位列全国应用型本科高校第六位。“校企协同就业创业创新示范实践基地”通过工信部和教育部联合专家组验收，大学生创业园获评第五批省级创业孵化示范基地。引进高层次人才 65 人。国际化办学水平位居全省非硕博高校第一名，举办国际和港澳台学术会议 8 次，获国际科研项目 3 项。代表浙江省参加第六届全国红十字应急救护大赛，并获得一等奖。

【浙江工业职业技术学院】 2022 年，浙江工业职业技术学院有全日制专科生 15512 人。入选浙江工匠 2 人、浙江青年工匠 3 人，全职引进高层次人才 4 人，柔性引进俄罗斯外籍院士 1 人、国家领军型 B 类人才 1 人、国务院政府特殊津贴专家 1 人。3 门课程入选职业教育国家在线精品课程，新增入围数居全省高职院校第六位。在 2022 年全国职业院校技能大赛中，获一等奖 1 项(第一名)、二等奖 1 项。在金砖国家技能大赛中获二等奖 2 项。入选 2022 年全国高等职业院校治理体系建设典型院校。机电工程学院教工第一党支部入选第三批“全国党建工作样板支部”。牵头制定教育部职业本科专业《食品工程技术》简介标准 1 个。获省高职院校教学能力比赛一等奖 3 项。获省部级科技成果奖 6 项，立项省部级项目 7 项。与新昌县人民政府签约共建浙江工业职业技术学院新昌校区。获批中国食品工业黄酒产业产教融合示范基地，牵头成立全国智慧建造人才培养创新联盟和全国黄酒产业产教融合人才培养联盟。与保时捷浙江公司共建保时捷人才培养基地。与中国绍兴黄酒集团续签共建黄酒学院；与浙江康思特动力机械有限公司、特斯拉公司分别共建企业学院。获批第二个中外合作办学专业“云计算技术应用”、教育部来华留学生招收和培养单位资格、教育部中外人文交流中心基地(项目)2 项；与尼日利亚埃邦伊州立大学共建中国—尼日利亚“丝路学院”。在绍兴市职业院校产教融合评价中排名第一位。

(市教育局　石聪聪)

继续教育

【概况】 2022 年，绍兴市发挥中职学校及社区教育机构作用，完善面向各类技能培训体系，开展老年教育工作，入选教育部“智慧助老”优质工作案例和教育培训项目 8 个，优质课程资源 11 个。有 1 门优质课程资源获教育部“能者为师”课程资源称号。越城区外滩社区“学在外滩幸福越城——打造全融立体未来社区教育场景”获省 2022 年未来社区(乡村)教育场景优秀案例。在省 2022 年度服务终身学习相关项目评比中，绍兴市入选示范性职工培训基地 1 个、示范性继续教育(社会培训)基地 5 个，社区教育示范基地 7 个，学习型社区 5 个。

【职业技能培训】 2022 年，绍兴市各职业学校组织职业培训 102534 人次，其中面向“两后生”(未升学初、高中毕业生)职业技能培训 2178 人次，面向农村转移就业劳动力培训 6024 人次，面向企业职工培训 71370 人次。

【老年教育】 2022 年，绍兴市各职业学校、社区学院和成人学校面向老年人群体，开展智能技术培训专场 2878 场，参与培训 132488 人次，志愿者服务 79881 人次。全市建设完成视频教学资源 141 个，在建 335 个，累计投入工作经费 157.1 万元。

【成人双证制教育】 2022 年，绍兴市继续做好成人“双证制”教育培训工作，全市毕业 10241 人，完成省定培训任务的 110.4%。

【开放大学】 2022 年 5 月 10 日，绍兴市召开专题会议，研究绍兴开放大学组建事宜。6 月上旬，浙江开放大学审核同意《绍兴广播电视大学独立设置并更名为绍兴开放大学的工作方案》，市政府批复同意绍兴广播电视大学独立设置并更名为绍兴开放大学。6 月 24 日，举行绍兴开放大学揭牌仪式。

(市教育局　石聪聪)

教师队伍建设

【概况】 2022 年，绍兴市贯彻落实《关于全面深化新时代教师队伍建设改革的实施意见》，强化教师队伍建设。“五权下放”(下放教师招聘权、岗位设置权、职称评聘权、干部任用权、绩效考核权)改革继续纳入各县(市、区)和市直学校年度考核。组织全市中小学班主任基本功大赛、市直高中段教师基本功比武。讲好师德故事、弘扬师德楷模，组织开展绍兴市庆祝第 38 个教师节暨“最美教师”风采展示活动。

【“最美教师”选树】 2022 年，绍兴市公布“最美教师”人选名单，共评选“爱岗敬业”“关爱学生”“志愿服务”“教育世家”4

2022 年绍兴市第十三批“浙江省特级教师”一览表

表 85

姓名	性别	工作单位	姓名	性别	工作单位
沈　强	男	绍兴市越城区孙端中学	楼秀萍	女	诸暨市陶朱街道西湖小学
孙国标	男	浙江省柯桥中学	周叶萍	女	嵊州市鹿山街道中心小学
张幼琴	女	绍兴市柯桥区教师发展中心	裘海燕	女	嵊州市红旗幼儿园
金利萍	女	绍兴市柯桥区华舍中学	周　旺	男	新昌职业高级中学
张文军	男	浙江省春晖中学	蔡　红	女	绍兴市第一中学
刘雅萍	女	绍兴市上虞区华维文澜小学	郑春红	女	绍兴市稽山中学
傅智红	女	绍兴市上虞区百官重华小学	吴文中	男	越州中学
陈勇刚	男	浙江省上虞中学	蔡菊琴	女	绍兴市中等专业学校
郭桂红	女	浙江省诸暨市海亮初级中学	邵红祥	男	绍兴市教育教学研究院
郦　丹	女	诸暨市东白湖镇斯民小学			

（市教育局　石聪聪）

类 40 名“最美教师”。

【名师培育】 2022 年，绍兴市推荐命名浙江省网络名师工作室 25 个，新建市名师工作室 31 个。选派 100 余名校级骨干参加 2022 年“国培计划”示范性项目校(园)长培训班、浙派名师名校长培养工程培养对象、长三角中小学名校长联合培训。1 位教师被推荐参加国家级人才项目评选，19 位教师获评第十三批浙江省特级教师，入选率 65.52%。绍兴市塔山中心小学叶燕芬被授予 2022 年浙江省杰出教师称号。

【教师招引】 2022 年，绍兴市实施千博万硕“奔越”计划，近 3 万人应聘教师岗位，实际招引博士 141 人、硕士 365 人。全市初中研究生教师绝对人数增长 17.66%，高中研究生教师绝对人数增长 16.87%。柯桥区试点推行校长职级制度改革。推进赴沪杭甬名校挂职举措，选派 11 人赴异地名校挂职锻炼。组织市直学校管理干部培训班，市直学校 35 周岁以下中层及以上干部占比 33.67%。

【职称自主评聘】 2022 年，绍兴市推进中小学教师职称自主评聘改革，有自主评聘委员会 65 个，实现城乡、学段、公民办和县域试点 4 个“全覆盖”。完成职称自主评聘工作，评聘高级 216 人，中级 339 人。绍兴教师自主评聘改革经验被省教育厅作为“可复制、可推广的改革样本”在全省推广。开展中小学正高级职称评审推荐工作，全市有 14 位教师取得正高级职称，通过率 63.64%。开展中小学校专业技术二级、三级岗位推荐竞聘，2 人竞聘为二级岗，6 人竞聘为三级岗。

【师德师风建设】 2022 年，绍兴市推进师德师风正风肃纪，开展“敢管善治”明察暗访，下发廉政风险预警通知，开展在职中小学教师暑期有偿家教违规补课专项治理，查处违规补课 6 起。开展中小学(幼儿园)拟聘用教职员工准入查询，出台全省首份《关于加强预防校园性侵害工作十条意见》。

【教师能力建设】 2022 年，绍兴市组织实施高中学科教学改进培训，邀请省内外近 20 名学科专家授课，全市各学科教师参加培训。组织全市 97 名教师参加国家德育、国家安全、心理健康、班主任网络培训。组织 13 名思政课骨干教师参加省教育厅思政教师专项培训。落实国家级全员师德培训、国家级义务段课程方案及学科标准培训。组织 30 名学校干部参加市直学校干部培训。组织全市信息技术 2.0 培训，完成第二期优秀案例和经验等征集评比及上报工作，1 项案例在全国展示，开展第三期培训。

（市教育局　石聪聪）

绍兴古城保护

综　述

【古城演变】 绍兴古城始建于越王勾践七年(前 490),勾践以卧龙山今府山一带为城址,授命范蠡筑城,《越绝书》称此城为“勾践小城”。小城既成,范蠡在小城以东筑“山阴大城”(史称“蠡城”)。山阴大城周长 10 倍于勾践小城,城内有怪山、蕺山、火珠、鲍郎、蛾眉、彭山、白马等山,与小城的卧龙山形成“八山中藏”的雄伟气势。范蠡自称:“承天门制城,合气于后土”,后人称之为“负卧龙山脊,面秦望,带鉴湖,玉架天柱,诸峰环峙左右”,“得山水之利而无旱涝之忧,能攻易守而基业可据”,成为越国的政治、经济、文化中心。

此后,绍兴城在范蠡奠定的基础上,代有修葺。隋开皇年间(581—600),越国公杨素修郡大城(史称“罗城”)。同时,以原勾践小城为基础,扩建成周十里的子城,并使子城与罗城相衔,今绍兴古城的轮廓基本确定。唐乾宁中,钱镠修罗城,城市格局依旧。北宋嘉祐中,越州知州刁约重修子城。南宋建炎年间(1127—1130),高宗赵构曾驻跸越州。嘉定十六年(1223),郡守汪纲复按罗城重加缮治,并修诸城门,俗称“宋城”。南宋之后,宋城代有修葺,主要集中于城墙修缮、道路铺设、河道疏浚以及园林、古迹修复等方面。绍兴古城建城之后,曾为越国都城、吴越国东府、南宋临时首都、明末鲁王监国之所,又是郡治、州治、府治、山会县治。在东晋,有“海内剧邑”之称,唐为“浙东七州之首城”,南宋时与金陵并称为“天下巨镇”,明清时期仍有“浙东巨邑”之称。

仓桥直街历史街区　　　　(袁　云　摄)

【古城格局】 勾践小城周 2 里 223 步,一圆三方。西北立龙飞翼之楼,以象天门,东南伏漏石窦,以象地户,陵门四达,以象八风。外廓筑城而缺西北,以服事吴。城设陆门 4 个、水门 1 个。城内设宫台,周 620 步,柱长 3 丈 5 尺 3 寸,溜高 1 丈 6 尺。宫有百户,高 1 丈 2 尺 5 寸。山阴大城周 20 里 72 步,设陆门 3 个,水门 3 个。城内及城周围建有游台、灵台、离台、中宿台、驾台、斋戒台、燕台等。

隋开皇年间修筑的罗城,周围加广至 24 里 250 步,设陆门 4 个,水门 1 个,城不为壕。以原勾践小城为基础,扩建成周 10 里的越子城,子城西北两面以卧龙山为城,不设壕堑,东南两面建城垣。子城与罗城相衔。北宋嘉祐中,刁约重复修子城,城高 20 尺,长 9800 尺,设镇东军门、秦望门、常禧子城门、酒务桥门 4 个陆门和酒务桥北水门 1 个。南宋嘉定年间,汪纲按罗城重加缮治,时郡城周长 24 里,至此,罗城与子城会合。新建或扩建库房、场局、馆驿等。城内厢坊建置、街衢布局、河渠网络,井然有序。据嘉泰《会稽志》载:北宋大中祥符年间(1008—1016),越中城内仅设 32 坊,而嘉泰年间已扩大至 5 厢 96 坊,并设照水坊市、清道桥市、大云桥市、大云桥西市、龙兴寺前寺、古废市、驿地市、江桥市等集市,形成城内商业网络。至此,古城的主要格局基本奠定。清末,古城内尚有 33 条河道,纵横交错。

至 20 世纪 70 年代末,存河道(含护城河)18 条和桥梁 84 座,形成“三纵、二环、六线、八池”的河湖水系。“三纵”即府河(咸欢河口至南门段尚存,咸欢河口至大江桥段为暗渠)、金刚庙前河—汲水弄河、东环城内河,“二环”即城区内环形河道,分别为西小河—环山河—咸欢河—缪家桥河—稽山河—萧山街河—上大路河,

绍兴古城内的“一河一街” （钱琦珺 摄）

其中亦有部分为暗渠；外环城河即护城河，包括横河、城北河、东护城河、淡江、凤则江。“六线”即鲁迅路河、蕺山河、投醪河—罗门江、都泗河、环山河南段、南环城内河。“八池”即北海池、东大池、蜻蜓池、石家池、寺池、乌山塘、庞公池和儿童公园内双池。旧时位于古城中心的南北向河道——府河，一直以防洪排涝为主；东西向的上大路河和萧山街河以交通运输为主，三河均为水城的主脉。各河道南北、东西互通，且连通东、西、南、北4条内外护城河，并辅以若干支河水港，构成水城四通八达的河道网络，还与城周的水路、农村的众多河湖相衔接，从而在很长时期内解决全城居民生产生活用水以及城市水上交通、运输、消防、地面雨水排泄、调节小气候、美化环境等诸多需要。河道宽度根据需要而定，交通性河道宽度在8米以上，水深在2.5米以上；生活性河道宽度4～8米，水深1.5～2.5米，适宜于洗涤和脚划船通行。古城的路网多与河网相依，并受城内外河流等地理环境制约。其结构形态主要有3种，即沿河路、丁字街（巷）、前后街。沿河路以河流为骨架、街坊临河、街随河走、河连桥路，宅第傍水的城市布局，形成“一河一街”“一河二街”和“有河无街”等多种形式，实体或名称保存至今的有渔化桥河沿、九节桥河沿、东双桥河沿、缪家桥河沿、保佑桥河沿、营桥河沿等20余处。自1952年起，随着古城内城市建设的需要，有16条河道成为道路，但仍有部分路巷与河网相依，保存较好的有西小河、上大路下大路河、萧山街河、鲁迅路河和西咸欢河、八字桥河“一河一街”；稽山河、缪家桥河、府河南段、环山河北段“一河二街”以及环山河东段、蕺山河“有河无街”。丁字街（巷）的形成与历史上绍兴城内府、县同治，一府两县相关。当时以南北向府河为界，河东属会稽县，河西为山阴县，府河两侧分建山阴大街（俗称前街）和会稽大街（俗称后街），均为南北走向。而两县所属街巷，绝大多数为东西向，山阴县东西向街延伸至山阴大街，会稽县东西街延伸至会稽大街，形成独特的丁字街。直到20世纪80年代以后，随着城市交通发展的需要，这种情况有所突破，旧为丁字街的人民路、胜利路、鲁迅路都先后东西贯通，但仍保留县前街、东街、延安路（旧称南街）、投醪河路、和畅堂路等数量不少的丁字街。除沿河路、丁字街外，古城内尚有前后街、山阴大街（今解放路）、会稽大街（今东街以北尚有北后街一段）。此外，至今尚留名称的前观巷、后观巷也为前后街。

【古城功能】 范蠡筑小城及稍后筑大城时，是根据“立国树都，并敌国之境”的规划指导思想，着眼于攻防、安全、对外交通以及生产、生活，安排城市功能区建设。其中，为防外患，外郭筑城而缺西北，以示服吴；在西北今府山山顶立如龙飞翼之楼，以作瞭望之用；在小城、大城设水城门，以利于水上交通；在山阴大城东南围入大片耕地，以供耕种粮食蔬菜；在城内及城东南设越王观天象、议国事以及游乐的专门场所。此后，隋开皇间杨素修筑罗城、子城，五代十国时钱镠修葺罗城、子城，南宋绍兴府城的扩建完善，以及元、明、清各代的府城修缮，基本承袭了范蠡的城市规划思想。

绍兴古城城市功能区形成于南宋时期。南宋嘉定十六年（1223）起，知府汪纲按隋代罗城规模重加缮治并修诸城门，且调整府城内厢坊建置，促成绍兴城市格局和城市功能区的形成。其后的元、明、清、民国直到中华人民共和国成立后，基本延续“宋城”的城市格局和功能区布局，其功能区分布基本为官廨、民居、市肆及作坊等既交错分布，又相对集中。官廨区：府属官廨主要集中在卧龙山（今府山）周围越子城范围内，山阴县廨集中在宝林山（今塔山）西南，会稽县廨集中在县西桥（今县前街）一带。居民区：主要分布在旧子城外，今仓桥直街以东各厢、坊内。商业区：主要分布在环山河以东即今仓桥直街两侧，府河两侧和城区河巷交汇处。作坊区：多在城北及城东北，其地街河相对狭窄，且临三江门及运河，大量锡箔、酿酒等手工作坊设于此。农业区：分布在城市四隅，主要集中在古城东南隅，沿蕺山、白马山以东及东南，东护城河以西，南街（今延安路）以南，南护城河以北。今地名中仍有草籽田头、十三亩头、罗门畈等名称。

绍兴古城建城之后，一直是越地的政治、经济、文化中心，历经2500余年，城址未变、人文荟萃。但随着经济社会的飞速发展，城区配套逐渐难以撑起飞速壮大的实体经济。近年来，绍兴全面深化改革聚焦高质量发展，实施千年古城改革振兴行动，疏解非古城功能，在活态传承中延续历史文脉，打造“活着的千年古城”，让绍兴古城成为江南风、国际范、绍兴味交相辉映的品质之城。

（市名城办 陶 俊）

古城资源

【概况】 绍兴古城，指绍兴环城河外侧、河沿以内约9.09平方千米的历史城区，为历史文化名城核心区。古城内分布着丰富的历史遗存,有48处各级文物保护单位,河流18条,古桥84座,台门100余处,各级非物质文化遗产849项(国家级24项),越子城、八字桥、书圣故里(蕺山街)、鲁迅故里、西小河、新河弄、石门槛、前观巷等八大历史文化街区及作楫坊、团箕巷两个历史地段,面积近200万平方米,也包括古城格局和风貌、山体、河道、池塘等物质文化遗产。

【城垣】 越王勾践七年(前490),范蠡筑勾践小城,据《越绝书》记载:“周二里二百二十三步。”又于小城东筑大城,俗谓“蠡城”。“大城周二十里七十二步,不筑北面。”隋开皇年间(581—600),越国公杨素修郡大城,史称“罗城”。罗城周围加广至24里250步,是蠡城建成以来第一次有记载的城垣修葺,城不为壕。杨素又以勾践小城为基础,扩建成周10里的子城,子城西北两面以卧龙山为城,不设壕堑。东南两面建城垣,并使子城与罗城相衔。今绍兴环城路与罗城城垣基本相合。南宋嘉定十六年(1223),郡守汪纲重加缮治,并修诸城门,史称“宋城”,城周长24里,设都泗门、五云门、东郭门、稽山门、殖利门、西偏门、常禧门、迎恩门、三江门等九门。自此,绍兴城市格局基本确定,直至清末几无变化。到民国时,城墙仍保存完整,总长13566米。1922年,以修筑萧绍公路,拆除西郭门至昌安门段城墙为路基,长1836米。1938年,抗日战争爆发后,拆除其余城墙,以使日本侵略军侵城后亦难以固守,拆除城墙11730米。中华人民共和国成立后,以城墙旧址建环城公路。今水偏门至大校场半壁弄口段,仍保存明清城垣残基。素土,内表错缝条石砌筑,呈梯形斜面;外表原砌青砖,今不存。

【河道 桥梁】 绍兴古城内河道,范蠡筑城之后,代有挖掘、疏浚之举。至南宋已形成街随河走,河随街流的“一河一街”“一河两街”“有河无街”的水城格局。康熙《绍兴府志》载:“郡城中河道错若绘画,自通衢至委巷,无不有水环之。”明及明以后代有保护、疏浚与整修。至光绪十八年(1892),绍兴城内河网结构完备,排放畅通,内外联网,自成体系。城内以南北向府河为中心,从南门引鉴湖水,经大江桥东折,至香桥向北,出昌安门流入山会平原。又配以城东稽山河、城西环山河两条南北向主河道,使鉴湖水与山会平原水网相连接。民国时期,绍兴城内河道仍保持清末格局。中华人民共和国成立后,城内河道时有疏浚,同时也填河筑路。1980年后,为保护历史文化名城,停止填河筑路,陆续疏浚现存河道,部分河道砌坎,并于城西、城南、城东分别新建鉴湖、偏门、南门、东郭门4个翻水站,引鉴湖水冲刷城内河道,改善水质。至1990年,绍兴城区有河道17条,总长约20.2千米。至2022年,有河道18条,总长约32.2千米。

绍兴古城处于水网平原之中,城内河道纵横,桥梁鳞次栉比。历代方志多有记述,嘉泰《会稽志》记有桥99座,明万历《绍兴府志》记及21座,清乾隆《绍兴府志》记100座。清光绪《绍兴府城衢路图》标明者229座。按当时绍兴城区面积计算,每平方千米内分布桥梁31座。这些桥梁中,最早的建于晋代,如光相桥、题扇桥等。此后,历唐、宋、元、明、清各代,代有新建,又时有改建。清宣统以前所建桥梁,多为石桥,少有木桥、竹桥。桥形有梁桥、拱桥等,拱桥中又有半圆拱、马蹄拱、三边拱、多边拱等。民国期间,以新建萧(山)绍(兴)公路之需,城区段首批建成砼梁桥的有越王桥、都泗桥、五云桥等。中华人民共和国成立后,先后在环城河上新建、改建桥梁24座;在城内干道中改建桥梁30座,同时拆除一批桥梁。至1990年,共增建桥梁30座,改建42座,拆除92座,存167座。2022年,绍兴古城内仍有古桥84座。

【街巷 民居】 至明代,绍兴府城内有记载的主要街道有紫金街、横街、江桥至南堰门、坊口大街、南街、火珠巷、水澄巷、西小路等。据清《越中杂识》载,明代绍兴府城内建有牌坊,是为官衔标志,多建于万历、崇祯年间。又每坊必有四柱,中二柱在街心,外二柱跨街傍屋,“街衢宽坦,虽委巷悉以石甃,故有‘天下绍兴路’之谣。国朝以来,生齿日繁,阛阓充斥,居民日夕侵占,以广市里。街之存者,仅容车马。每当久雨积雪,道路泥泞,肩趾相挤,人甚苦之。”民国初年,绍兴城内街道基本保持清代风貌。1922年,萧(山)绍(兴)公路通入城区,环城北路建成。1933年,建筑大青马路(大江桥至清道桥段),是为绍兴城内第一条柏油马路。至1938年7月,绍兴城区有道路面积0.37平方千米,占城市总面积的4.6%,其中柏油马路3条,约

绍兴古城内的广宁桥 (俞李峰 摄)

2050米。至1949年,绍兴城区有沥青路2927米,面积17032平方米。中华人民共和国成立后,绍兴城区道路除维护带修外,以改善路面结构、增设下水道、扩大路幅为主。至1990年,城区共有道路531条,长119.9千米。至2020年,绍兴古城内有主要道路137条,长386千米。主要道路有解放路、中兴路、胜利路、人民路、鲁迅路、延安路、环城路、东池路、稽山路、云东路、府山西路、投醪河路等。主要支路及里弄小巷有:府河街、仓桥直街、龙山后街、新河弄、西小路、蕺山街、笔飞弄、东双桥河沿、八字桥河沿、广宁桥直街、缪家桥河沿、咸欢河沿等。

据考古发现,春秋战国时期越地民居采用土竹木结构,部分房屋有板瓦、筒瓦。东汉以后,以砖木结构民居为主。到明清时期,绍兴民居的建筑造型多为中国江南传统建筑式样,粉墙黛瓦,砖木结构,多为砖墙立柱、木椽屋面。绍兴城内河网交错,交通主要靠船,街临河而设、屋临河而建乃普遍现象。河边的屋有背河、面河、跨河等多种形式。屋旁的河边一般都筑有通向水面的石阶,称"踏道""河埠"。

台门是绍兴城乡民居的主要建筑形式,格式也大致相同。民谚"绍兴城里十万人,台门足有三千零",说明绍兴台门之多。台门的形制,前有台门斗,而后依次是天井、堂屋、侧厢、座楼、园地,组成一个独立的宅院。台门大抵按纵轴线布局,以门斗作为第一进,入内则分别为第二进、第三进,也有五进,最多为七进。每一进之间都有一个小天井,俗称"明堂"。明堂两侧有的建廊,有的建屋(称厢房)。进宽不尽相同,有三开间、五开间、七开间,甚至有九开间的,有的为平屋,有的为楼屋。无论平屋还是楼屋,正中一间,都叫"堂前",是一家人的主要活动场所。如果是聚族而居的,堂前就是公用的,祭祖敬神,必须在堂前举行。台门的名称,有以姓氏著称的,如周家台门、高家台门、杜家台门、凌家台门等;有以官职为号的,如状元台门、探花台门、翰林台门、大夫台门等;有以建筑构造命名的,如石鼓台门、竹丝台门、狮子台门、黑漆台门等。古城内现存最大的明代台门建筑吕府,共有13厅堂,布局严谨,讲究对称,无亭台园苑,其中永恩堂建筑空间特大,七开间,用长11米、腹径0.8米的七架梁承重,用材硕大,制作规整。建筑外部以黑、白、灰为主色调。在仓桥直街历史街区、鲁迅故里历史街区、书圣故里历史街区、西小河历史街区、八字桥历史街区、石门槛历史街区、新河弄历史街区、前观巷历史文化街区等,都有大量台门建筑。

【寺观　教堂】 至汉时,绍兴古城就有佛、道教活动,唐宋时古刹林立,高僧云集,是江南佛教中心。至明末清初,基督教、天主教开始传入古城。古城内寺庙主要有:戒珠寺、龙华寺、开元寺(今尚存大殿,位于国金大悦城内)、长庆寺、长寿寺、清凉寺。大善寺、大能仁寺、宝林寺、禹迹寺、大庆尼寺、圆通寺、光相寺,因年久失修、战火损毁、改建他用等原因而废寺。清乾隆《绍兴府志》记载绍兴古城内有祠堂43座,今仅存重建的范蠡祠(范大夫祠)。古城及周边建有长春观、天庆观、明真观、太清蓬莱道院等多座道观,至明、清时道教活动渐次衰微,至民国道观几近废弃,今已不存。16世纪,传教士、学者利玛窦的同行罗明坚、麦安东曾短期到绍兴,有传道活动。清中后期,传教士在绍兴境内布道说教,广建教堂,传播西方宗教文化。清同治三年(1864)美籍牧师秦镜夫妇、同治五年(1866)美国传教士恣道生夫妇先后在绍兴古城开始租房布道。现留存的天主教堂和真神堂为清末时所建。

【古迹名胜】 据《吴越春秋》载,越王勾践曾于怪山"起游台其上,东南为司马门,立增楼冠其山巅,以为灵台",并"起离宫于淮阳,中宿台在于高平,驾台在于成丘,立苑于乐野,燕台在于石室,斋台在于襟山",此为绍兴园林之最早雏形。魏晋南北朝时,大批北人南下,一批名流学士驻足绍兴,寄情山水,营造园林别墅,出现兰亭、始宁园、小隐山园等名园。唐宋时期,建园盛行。出现西园、沈氏园、曲水园、齐氏园、快园、赐荣园等名园及清白堂、蓬莱阁、清凉阁、满桂楼、杜鹃楼、鉴湖一曲等亭台楼阁,并且逐步形成文人园林的风格。明清以后,绍兴园林屡有兴废,但治园之风一直很盛,造园艺术日臻完善,有祁彪佳《越中园亭记》等园林专著问世,其中所载:从春秋战国到明末之际,绍兴先后出现过287处庭园。民国时期,因日本发动侵华战争,绍兴园林大多已毁,仅存兰亭、沈园、东湖、省园(今儿童公园)、青藤书屋等少数处。中华人民共和国成立后,绍兴先后建立园林管理处、文物管理处等机构,专事园林管理建设,陆续拨出专款,修复兰亭、禹陵、东湖、府山、百草园、青藤书屋

绍兴古城内的台门建筑(章学诚故居)　（市名城办　供图）

等园林名胜,新建儿童公园、府山公园。进入20世纪80年代,又重修沈氏园、塔山、东湖、府山等公园。20世纪90年代,随着城市建设步伐的加快,绍兴市区恢复新建一些园林名胜,并扩大部分公园,塔山、府山、蕺山开始显山露水。

绍兴古城风景名胜以山水风光为主体,以粉墙黛瓦小桥流水为特色,以名人文化及故居为亮点。多次对名人故居进行保护修缮,故居的文物保护等级也在不断提高,古城内有6处名人故居(鲁迅故居、青藤书屋、秋瑾故居、蔡元培故居、吕府、大通学堂)被国务院公布为全国重点文物保护单位。后又相继修复了章学诚、陈建功、王阳明等故居。

(市名城办　陶俊)

保护利用

【概况】 绍兴古城历史悠久,风貌独特,遗存丰富,被称作"一座没有围墙的博物馆"。自春秋末期建立越国都城至今,2500余年来城址未变。灿若星辰的历史文化名人,更使绍兴钟灵毓秀。1982年,绍兴被国务院列入全国首批历史文化名城,名城保护的探索之路由此开启。1982年,以《绍兴市城市总体规划》为指导,文化、城建部门在越城区开展文物普查工作,核实包括古建筑、古水利设施、名人遗迹、革命遗址等在内文物史迹900余处,并根据市首次党代会报告中提出建设"一园、二湖、三山、八馆"的要求,对沈园、兰亭、蔡元培故居、吕府、禹陵、青藤书屋、快阁等历史遗存收归、维修等工作作出具体安排。1985年,划定城区11处省级文保单位和24处市级文保单位的保护范围和建设控制地带。1989年,确定文物古迹、河道水系与古城传统风貌保护的总体框架。但随着经济发展、人口增长等,城市建设与名城保护之间的矛盾日益尖锐,古城保护工作相对滞后。2001年,省政府批准实施《绍兴市历史文化名城保护规划》,划定绍兴古城(古城护城河包围的地域)范围,实行"点、线、面"保护的总体框架,使绍兴古城保护与发展走上规范化道路。古城保护的重心开始真正向保证历史真实性、风貌完整性、生活延续性的全城保护方向转移。绍兴对古城保护"点、线、面"结合的做法被誉为名城保护的"绍兴模式"。2008年,绍兴市在提升"点、线、面"保护与古城格局和风貌保护相结合的基础上,加强古城水系保护,形成"三纵、二环、六线、八池"的河湖水系,在结构上进一步明确了名城保护的整体层次。2018年,省十三届人大常委会第五次会议通过《绍兴古城保护利用条例》。绍兴古城保护工作取得了令人瞩目的成绩。2003年,仓桥直街获"亚太地区文化遗产保护优秀奖";2008年,绍兴市获"联合国人居奖";2009年,越王城保护整合工程、石门槛历史文化街区保护修缮工程获"中国民族建筑事业杰出贡献奖";2015年,书圣故里历史街区获"中国历史文化街区"称号。2022年,绍兴市确定古城保护利用清单项目53项,"古城有机更新项目群"有序实施。绍兴市在城乡历史文化保护传承高峰论坛向全国分享"绍兴模式"。《鲁迅故里更新规划设计》项目获2022IDA国际设计城市设计类大奖,徐渭艺术馆获2022年AZ　Awards最佳建筑奖,越子城入围省首批"新时代富春山居图样板区"。

【保护规划】 绍兴的古城保护规划始于1982年的《绍兴市城市总体规划》,规划将绍兴城市性质定位为"具有水乡风光的历史文化名城和旅游城市,以酿造为特色的轻工业城市"。1989年,对《绍兴市城市总体规划》进行修订。1999年,市四届人大常委会第九次会议通过《关于绍兴市历史文化名城保护规划的决议》。2001年,省政府批准实施《绍兴市历史文化名城保护规划》,划定8.32平方千米的绍兴古城(古城护城河包围的地域)为历史地段保护、古城格局、传统风貌的保护与延续的重点地区。随后,旧城改造办公室、历史文化名城保护管理办公室成立,《绍兴历史文化名城保护规划实施意见》《绍兴市区历史街区保护办法》相继出台。2008年,结合城市总体规划调整,绍兴市再次对历史文化名城保护规划进行修编。规划在提升"点、线、面"保护与古城格局和风貌保护相结合的基础上,加强古城水系保护。2018年9月,省十三届人大常委会第五次会议通过《绍兴古城保护利用条例》,为绍兴名城保护工作提供地方法律保障。2022年,绍兴市贯彻落实《绍兴古城保护利用条例》,科学编制区块规划研究,完成古城水系、团箕巷及周边规划研究编制,有序开展历史文化名城保护规划编制及古城地下空间、古城全域未来社区、古城智慧复兴、中兴路下穿等专项规划。

【古城格局保护】 2022年,根据《绍兴古城保护利用"十四五"规划》,明确以古城历史文化资源、街区、水系为基础,打造"一轴二环"古城发展框架,构建起"一城一桥三故里"的整体格局。"一轴"指解放路发展轴,在现有公共交通体系的基础上,提升和完善解放路两侧公共服务职能,向外延展核心文化展示功能,以枝状布局,提升商务、文化功能。"两环"指古城文化核心展示环与生态景观休闲环:文化核心展示环是以鲁迅故里、书圣故里、阳明故里、越子城、八字桥等历史街区为基础,串联绍兴古城内历史文化资源价值较高、文物分布较为集中、旅游亲和度较高的点或片,形成古城历史文化旅游环线;生态景观休闲环是延续护城河作为绍兴古城的空间边界,维护好"水清可游、岸绿可闲、街繁可贸、景美可赏"的环城河风光,作为水上旅游和灯光秀载体。

【古城保护"绍兴模式"】 自《绍兴古城保护利用条例》颁布实施以来,绍兴市建立起"一部法规、一个机构、一项基金、一张清单"的"四个一"工作体系。"一部法规"即《绍兴古城保护利用条例》,从法律层面为古城保护利用确立边界、提供遵循。"一个机构"即成立绍兴市历史文化名城保护委员会,市长任主任,相关市领导任副主任,下设绍兴市历史文化名城保护办公室,为市政府派出机构。"一项基金"即古城保护利用基金,每年从越城、柯桥、上虞三区土地出让金计提一定比例,用于保障古城基础研究、规划编制、项目建设、基础设施提升等。“一张清单”即古城保护利用年度工作清单，年初经市名城委会议审议后，以市名城委名义发文，由名城办协调各主体落实推进。由此，依托“四个一”工作体系，推进落实课题研究、政策制定、规划引领、项目群实施、数字赋能等具体工作，探索“法治保障、政府带动、社会参与、智库支撑、数字赋能”等古城保护“绍兴模式”，古城保护利用迈入常态化、专业化、制度化轨道。2022 年 6 月 11 日，城乡历史文化保护传承高峰论坛暨国家历史文化名城保护制度建立 40 周年学术会议在北京召开，绍兴市历史文化名城保护传承经验在会上做分享。

【古城保护日】 2022 年 7 月 15 日是第四个绍兴“古城保护日”。绍兴市举办以“名城绍兴　越来越好——初心如磐名城之路　近悦远来品质家园”为主题的绍兴古城保护日活动。在活动现场，向首批古城青年创客代表授牌，举行塔山人防综合体项目奠基仪式。《人民日报》《浙江日报》《美国侨报》《欧洲时报》等海内外媒体作专题报道。

【古城保护利用数字化工作】 2022 年，绍兴市名城办依托绍兴古城信息管理平台，开发历史文化名城保护传承应用，覆盖保护利用、规划建设、经济发展、民生服务及社会管理等领域。该应用获省数字文化系统第一批优秀应用。制定《绍兴古城保护利用数字管理平台共建共享实施方案》。研究开发古城智治综合集成展示、闲置房屋管理、全域未来社区等应用，深化完善地下管线综合管控应用。至年末，完成全域航飞，更新三维底图，重点区块每月织补更新，地下空间完成建模 90.5 万平方米。基于大数据平台整合绍兴古城各类旅游资源和便民服务资源，开发“绍兴古城”App，集成古城漫游、文化传承、虚拟感知(VR 和全景浏览)、信息发布等 41 个专题模块，实现一键知古城，一屏游古城，推动古城生活便利性和“文商旅”深度融合发展。至年末，“绍兴古城”App 下载用户 1.6 万人，上架“浙里办”，累计访问量近 10 万次。

2022 年 1 月 25 日，“2022 祝福 · 绍兴古城过大年”活动启动　（市文广旅游局　供图）

【祝福 · 绍兴古城过大年】 2022 年 1 月 25 日，“2022 祝福 · 绍兴古城过大年”主题系列活动启动。在仓桥直街、八字桥街区、西小路等地进行灯笼及氛围布置，摆放绍兴文旅 IP 小师爷和兰小白，同步开展年俗图文展进商场、祝福绍兴 · 宋韵年味展、绍兴银饰品展、夜颂古城街头艺术展演等活动，并开展“迎除夕·贴窗花”“新年祝福语”“过元宵 · 猜灯谜”3 场线上互动，展示绍兴年味与风采。

【古城青年创客项目】 2022 年 9 月 9 日，由越城区政府、市人社局、名城办、团市委联合印发《绍兴“古城青年创客”项目实施方案》，每年对带动就业、经营指标良好、网络风评综合评价优的优秀创客进行租金奖励，并筹备打造“一站式”创客服务中心。按照项目规定，在古城 9.09 平方千米范围内取得个体户、小微企业等法人执照，且在 18 ~ 35 周岁之间，经申请核准可成为“古城青年创客”成员。2022 年 11 月 6 日，绍兴“古城青年创客”沙龙暨首届古城咖啡节在青藤广场启动。至年末，创客服务中心已登记加盟创客数近 200 家，汇聚了越是我故乡、影子建筑、朵云轩等一批中小微企业。

（市名城办　陶　俊）

古城更新改造

【概况】 2022 年，市名城办围绕“风貌肌理保护、资源活化利用、设施配套完善”等目标，统筹协调古城保护利用清单工作 53 项，主要由市文旅集团、市名城办、越城区政府等联合推进，完成基金计提约 7.96 亿元，累计保障 13.19 亿元。“古城有机更新项目群”陆续建成投运。组织开展全域未来社区建设、老旧小区改造提升、基础设施微改造、古城重要台门保护利用等一批民生实事工程，完成老旧小区改造提升工程 18 个、推进 7 个，完成古城基础设施微改造 6 个，推进台门改造利用工程 11 个。至年末，累计完成老旧小区改造提升工程 118 个，古城基础设施微改造工程 13 个。

【孑民图书馆项目】 2022 年 12 月 15 日，由孑民图书馆、孑民剧院和蔡元培广场三部分组成的孑民图书馆项目建设竣工。该项目总用地面积 12107 平方米，总建筑面积 13656 平方米。图书馆内部以公共阅读、展厅为主，融入了书吧、研讨、交流等功能，孑民剧院经改造提升后将融入小型话剧、音乐剧剧场等功能。

【阳明故里工程】 2022 年 10 月 31 日是王阳明 550 周年诞辰纪念日，在遗址重建的王阳明伯府第、阳明纪念馆正式开放。阳明故居及纪念馆项目总建筑面积 12769

平方米。阳明故居及纪念馆项目以打造“阳明文化高地、心学朝拜圣地”为目标，依据伯府遗址考古发掘成果，复建王阳明故居，再现遗址环境大格局，新建王阳明纪念馆、阳明广场，保存伯府大埠头、石坊残基、石门框、饮酒亭等历史遗存，最大程度还原历史本真性。征收周边老旧台门及老旧建筑，打造高品质民宿酒店，整修原有老旧民宅，改造立面，疏解街区密度，铺装道路，建设成一个以阳明故居为核心综合文化艺术展示与居民生活融合的新空间。

2022 年，绍兴古城内塔山景观亮化提升工程　（虞子安　摄）

【古城入口改造提升项目（一期）】 2022 年 12 月，古城入口改造提升项目（一期）完工。该项目总投资 9.16 亿元，用地面积 20747 平方米，总建筑面积 40935.66 平方米，其中地上建筑面积 19937.24 平方米，地下建筑面积 20998.42 平方米。建设内容主要包括新建古运河文化公园、商业建筑、地下停车场、场外环境改造提升。

【“三山一河”景观与亮化提升工程】 2022 年 3 月 10 日，府山公园提档升级（二期）项目竣工，建设内容包括夜景亮化，景观节点提升 6135 平方米，绿化面积约 7479 平方米，园路改造约 1500 米，并配套城市家具、互动设施及给排水、消防、电气等公用设施。10 月 1 日，绍兴古城北入口文化公园游步道和蕺山栈道开放。游步道总长 435 米，平均高度 8.6 米，最宽处 11.66 米，最窄处 1.3 米，由 26.5 万块青砖砌筑而成。蕺山栈道用于连接古城北入口文化公园游步道和蕺山山体，总长约 170 米，平均高度约 8 米，步道宽 2.3 米。文化公园游步道和蕺山栈道东连书圣故里，西接阳明故里。10 月 21 日，环城河景观亮化工程（三期）完成竣工验收。该工程主要对环城河及周边区域进行亮化提升改造，包括两岸河道、景观、道路、建筑及广场照明，环城河沿线桥梁夜间光环境的提升修复以及鉴水苑大屏的提升修复。改善环城河岸线及景观照明效果。10 月 26 日，塔山景观亮化提升工程竣工。该项目占地面积约 3 万平方米，主要对塔山进行公园入口改造，山体景观、亮化提升等。

【柴场弄地块更新改造】 2022 年 12 月 14 日，柴场弄地块更新改造工程竣工。对柴场弄片区进行有机更新改造，规划用地面积 19573 平方米，总建筑面积 23921 平方米，其中新建建筑面积 8168 平方米，改造建筑面积 15753 平方米，对朱赓故居遗迹、冯家台门、东弄堂九号等文保建筑和传统民居进行修缮保护。

【古越藏书楼建筑项目】 古越藏书楼位于胜利西路，紧邻大通学堂。项目包括完成藏书楼门楼建筑修缮，改善藏书楼破损陈旧现象；在保持文物原貌的基础上，设置古越藏书楼专题展陈，重现藏书楼文化场景；编辑出版“百廿树兰”主题书籍《斯楼不朽》，传承和彰显绍兴深厚的藏书文化和公共精神。至年末，项目已基本完成。

【老旧小区改造】 2022 年，绍兴古城内老旧小区改造以街道为实施主体，以居民需求为导向，重点提升小区功能，优化小区环境，包括截污纳管、雨污分流、路面更新、立面改造、智安防控等，同时增设“适老化设计”，统筹建设邻里中心、“口袋”公园、休闲步道，改善小区环境面貌。年内，完成 18 个老旧小区改造，已累计完成改造 118 个老旧小区，惠及居民 2.6 万户。

【古城基础设施微改造】 2022 年，绍兴市立足于“微改造、微治理”理念，在不影响居民日常生活的前提下，实施古城基础设施微改造，具体包括内河防洪排涝工程、消防救援站建设、公厕改造提升项目、内环绿道及新建改建停车场等工程。至年末，实施古城基础设施微改造项目 20 个（新建 9 个、续建 11 个），完成竣工验收 13 个。

【“台门微更新”项目】 2022 年，绍兴市以“修旧如故”理念，结合利用，推进“台门微更新”项目。绍兴市文史研究馆在张马弄 17 号开馆，馆舍总面积 1190 平方米，是一个集研究、创作、展览、讲座于一体的综合性文化场所。实施台门活化利用项目，推进实施李家、缪家台门保护利用工程，李家台门位于鲁迅中路 841 号西侧，建筑面积 783 平方米。缪家台门位于草藐弄 5 号，建筑面积 1766 平方米。项目至年末已完成总形象进度的 92%。启动孟家桥河沿 1 号、2 号、3 号台门征收工作，建筑面积 2376 平方米。

【文物建筑消防改造提升】 2022 年，绍兴市依据《文物建筑防火设计规范》等要求，对古城范围内 37 处文物建筑进行消防改造提升。在改造过程中，利用安消物联网感知设备，引入智慧用电管理，纳入不可移动文物信息管理平台，实现 24 小时监控，构建文物安全线上线下一体推进的工作模式。至年末，已完成一期改造 11 处，二期 26 处开展招投标工作。

（市名城办　陶　俊，市文旅集团　吴　帆）

文化

文化场馆

图书馆

【概况】 2022年，绍兴市公共图书馆围绕公共服务优质共享、精神生活共同富裕两大主题，以建设城乡区域一体化的高质量公共服务体系为目标，全面深化“服务大提升”行动。以第七次全国县级以上公共图书馆评估定级为契机，办馆条件、设施设备、制度建设等软硬件建设稳步提升，读者服务设施配套齐全，无障碍设施符合标准，安全管理有序，环境整洁明亮，均符合评估指标要求。推进城市书房、主题分馆、乡镇分馆、馆外流通点建设。年内，新建主题分馆2个、城市书房24个、乡镇(街道)分馆26个、馆外流通点42个，提升30家乡村图书馆的数字化水平，实现城乡公共文化、城乡阅读同质一体化发展。至年末，全市有公共图书馆7家，主题分馆19家、乡镇(街道)分馆103个、馆外流通点327个、城市书房97个、乡村图书馆58家。

【绍兴图书馆建馆120周年】 1902年，绍兴乡绅徐树兰创建古越藏书楼，开启中国近代公共图书馆先河。2022年，举办绍兴图书馆建馆120周年系列活动：2月25日，召开“百廿绍图：提升公共文化，助力共同富裕”媒体恳谈会。在“4·23”世界读书日期间举办以“百廿薪火·阅享未来”为主题的2022绍兴市公共图书馆阅读节。12月30日，举办纪念古越藏书楼创建120周年暨“图书馆的存古与开新”主题研讨会；由国家图书馆指导举办的“‘典籍里的绍兴’越中文脉典籍特展”在徐渭艺术馆开展；《绍兴图书馆史》《斯楼不朽——百廿树兰纪念特辑》《树兰文丛——绍图百廿周年特辑》等相继出版。

【走进越史系列讲座】 2022年，绍兴图书馆邀请越文化研究专家，举办“南宋绍兴十八年状元王佐史话”“绍兴戏曲亮点选介讲座暨会稽山歌咏会”“探索鲁迅文化密码”“漫谈绍兴山岭古道”“王阳明心学智慧”等“走进越史”系列讲座5场，激发广大读者深入阅读绍兴历代文化名人名作，增强“读绍兴、品绍兴、爱绍兴”文化自觉。

【图书馆员业务培训】 2022年9月16日，绍兴市图书馆学会、绍兴图书馆举办以“聚焦‘十四五’、着力智慧化”为主题的“2022年绍兴市图书馆员业务培训班”，全市各系统图书馆100余名会员参加培训。培训邀请浙江图书馆党委副书记、副馆长胡海荣，浙江图书馆业务办公室主任胡东分别就“‘十四五’规划相关问题探讨与智慧图书馆建设”“从评估标准看基层图书馆发展需要关注的几个问题”作专题讲座。

【绍兴图书馆暑期阅读季】 2022年，绍兴图书馆举办“暑期阅读季”活动。活动以“读一本好书”为切入点，联合畅想之星电子阅读平台，邀请150余名同学参加。在必选活动“读一本好书”中，人均每日的阅读时长为41分钟，发布读后短评125条。

7月1日至8月20日，绍兴图书馆举办3场“树兰品读”活动，包括李青《罗大佑和崔健谁厉害？》、科普区块链——从区块链到元宇宙、董亮摄影作品展《凡生素影》。2场线上活动：你不得不知的党代会知识小竞答、七夕热场阅读分享会(长沙图书馆联动)。通过每年举办暑期阅读季活动，帮助更多的学生读者享受阅读的乐趣。

【绍兴图书馆成立标准化科普基地】 2022年7月31日，绍兴图书馆联合市标准化研究院成立“标准化科普基地”，并举行揭牌仪式。科普基地内配置标准文献225册，涉及生活垃圾分类、道路交通、食品安全、灯具、纺织产品、插头插座、尿不湿、安抚奶嘴、校服、校车、玩具、教科书、课桌等标准文本89种。年内，绍兴图书馆借助标准化科普基地，开展介绍少儿身边的标准化趣味活动、举办标准化知识宣传展览等，致力于更贴近实际、贴近生活、贴近群众的科普宣传活动。

（图书馆　朱燕平）

博物馆

【概况】 2022年，绍兴市新增登记备案非国有博物馆3家。至年末，共有登记备案国有博物馆12家、非国有博物馆42家，国有博物馆收藏可移动文物87261件(套)，其中珍贵文物3157件(套)；非国有博物馆备案藏品36717件(套)。年内，完成绍兴纺织馆展陈项目、诸暨市博物馆展陈提升工程，上虞博物馆新馆建成开放。绍兴博物馆新馆、浙东运河博物馆、越剧博物馆新馆建设顺利推进。绍兴“博物馆之城”建设列入省文化和旅游厅支持计划。绍兴市博物馆联盟成立。

绍兴博物馆获评2022年“浙江省最具创新力博物馆”；绍兴周恩来祖居(纪念馆)入选第六批浙江省红色旅游教育基地；上虞博物馆入选第八批“浙江省科普教育基地”。

【重要展览活动】 2022年，全市各博物馆共举办各类展览(活动)823场，接待观众300余万人次。“5·18”国际博物馆日期间，围绕共同富裕主题策划推出各类文物展览、乡村博物馆推介巡展、研学体验活动、文化专题讲座等五大系列共15项子活动。绍兴博物馆举办的“畸人青藤——徐渭书画作品展”获第十六届(2021年度)全省博物馆陈列展览精品奖、全省博物馆展览海报十佳案例推介活动优秀奖。绍兴鲁迅纪念馆举办的“山河赤子心 岁月峥嵘行——鲁迅与共产党人专题展”入选2022年度“弘扬中华优秀传统文化，培育社会主义核心价值观”主题展览重点推介项目。

“风雅宋——最是宋韵在绍兴”文物大展 2022年5月18日，“风雅宋——最是宋韵在绍兴”文物大展在绍兴博物馆临展一厅、二厅开展，展期为5月18日至7月18日。大展以宋代绍兴历史为脉络，分“宋城风韵”“皇陵余韵”“胜迹神韵”“名士和韵”“名篇清韵”“风物雅韵”6个单元，展出宋代瓷器、陶器、金器、银器、铜器、玉器，以及砖瓦、印章、钱币、碑刻拓片、古籍文献等各类文物332件(套)，其中一级文物38件，省文物考古研究所提供的宋六陵、兰若寺大墓最新考古发掘的文物近百件，70%以上的文物展品首次与观众见面。

魏晋风度展 2022年6月29日，全国首个魏晋文化展览“魏晋风度展”在新昌县博物馆开展，展期为6月29日至10月23日。展览根据文化历史脉络，通过文物和相关场景系统地展示魏晋时期的文化盛况，展出来自全国20家博物馆的268件精品文物，其中，一级文物12件(套)，二级文物60件(套)，三级文物140件(套)，多件文物在国内属首次亮相。

铮铮越吟——越文化精品文物展 2022年7月21日，“铮铮越吟——越文化精品文物展”在诸暨市博物馆开展，展期为7月21日至10月7日。展览以时间为序，分“越源”“越兴”“越绝”3个单元，钩沉越国兴衰融合、精勤耕战的历史脉络。展品荟萃上海博物馆、湖北省博物馆、浙江省博物馆、苏州博物馆、绍兴博物馆等省内外19家文博机构珍藏，有从商周至西汉武帝时期的越文化代表性精品文物158件(套)，其中珍贵文物107件(套)。

会稽壁韵——汉六朝会稽砖精品展 2022年8月26日，“会稽壁韵——汉六朝会稽砖精品展”在绍兴博物馆临展二厅开展，展期为8月26日至9月26日。共展出汉六朝时期会稽砖约150件、拓片70幅，反映了汉六朝时期会稽地区政治、经济、社会文化等诸多方面。

高古奇骇——陈洪绶书画作品展 2022年9月28日，“高古奇骇——陈洪绶书画作品展”在绍兴博物馆(徐渭艺术馆)开展，展期为9月28日至12月20日。绍兴博物馆携手故宫博物院、中国国家博物馆、中国国家图书馆、中国美术馆、上海博物馆、南京博物院等国内35家文博单位，汇聚展出陈洪绶书画作品、文献手稿、碑刻拓片，以及其师友和后学书画、版画、古籍等相关文物100件(套)。

梦华录——宋代宫廷金银器窖藏展 2022年11月22日，“梦华录——宋代宫廷金银器窖藏展”在绍兴市上虞博物馆开展，展期为11月22日至2023年3月31日。展览共展出文物242件(套)，第一次整体展出河北易县大北村出土窖藏金银器，内有北宋“元丰四年”“政和六年”纪年银铤两件。配套展览出版图录《梦华录——宋代宫廷金银器窖藏》。

2022年5月18日，2022年绍兴市“5·18”国际博物馆日活动暨乡村博物馆助力共同富裕启动仪式在柯桥区举行 (市文广旅游局 供图)

守望——两宋皇陵考古成果展　2022年11月30日，“守望——两宋皇陵考古成果展”在绍兴博物馆临展一厅、二厅开展，展期为11月30日至2023年2月28日。这是绍兴南宋皇陵(宋六陵)与巩义北宋皇陵考古出土文物的首次联展。展览分“规制承继”“刻度承合”“匠心承韵”“护陵承继”4个部分11个单元，展出两宋皇陵考古出土文物371件(套)，其中，首次对外公开展出宋六陵三号和四号陵园最新考古发掘文物13件(套)。

【乡村博物馆建设】　绍兴市的乡村博物馆类别丰富，有鲜明的在地性，突出“一村一馆一品”地方特色。2022年，共评定市级乡村文化博物馆60家；越城区鲁迅外婆家朝北台门陈列馆、柯桥区福全农耕博物馆、诸暨市俞秀松纪念馆等26家乡村博物馆建设列入省政府“浙文惠享”民生实事项目，并全部通过省级验收。越城区鲁迅外婆家朝北台门陈列馆、上虞区许岙战斗展陈馆列入全省优秀示范案例。“用精品博物馆示范引领乡土文化窗口建设”的绍兴市乡村博物馆建设经验在全省推广。至年末，全市已建成红色印记、非遗保护、乡土记忆、民俗风情等各种主题的乡村博物馆200余个，乡村博物馆面积8万余平方米，拥有各类藏品2万余件。

（市文广旅游局　娄佳清）

2022年绍兴市省级乡村博物馆名录一览表

表86

序号	名　称	属地
1	鲁迅外婆家朝北台门陈列馆	越城区
2	绍兴市荷湖乡土文化博物馆	越城区
3	绍兴黄酒酒器展示馆	越城区
4	岭下党史陈列馆	柯桥区
5	剑灶村史馆	柯桥区
6	福全农耕博物馆	柯桥区
7	中共绍兴独立支部纪念馆	柯桥区
8	宝善桥村史馆	柯桥区
9	安昌古镇石雕馆	柯桥区
10	兰亭侨文化馆	柯桥区
11	许岙战斗展陈馆	上虞区
12	丰惠文史馆	上虞区
13	上虞革命史迹陈列馆	上虞区
14	宣侠父故居陈列馆	诸暨市
15	俞秀松纪念馆	诸暨市
16	西路乱弹陈列展示馆	诸暨市
17	戴氏历史文化陈列馆	诸暨市
18	黄家店村金萧支队纪念馆	诸暨市
19	诸暨市裕昌号民间艺术馆	诸暨市
20	中共浙江省工委旧址	嵊州市
21	王羲之家训馆	嵊州市
22	嵊州市茶文化—茶壶陈列馆	嵊州市
23	越剧诞生地陈列室	嵊州市
24	外婆坑博物馆	新昌县
25	横板桥乡村记忆馆	新昌县
26	大坪头村乡愁记忆馆	新昌县

（市文广旅游局　娄佳清）

文化馆(站)

【概况】　至2022年末，全市有文化馆7个，建筑面积7.79万平方米，全部对外免费开放。有各级文化馆从业人员232人，其中专业技术人才148人，正高级职称14人、副高级职称33人、中级职称53人。全市各级文化馆组织品牌节庆活动42个，组织文艺活动1179次，其中为老年人组织专场120次、为未成年人组织专场63次、为残障人士组织专场30次、为农民工组织专场63次。全年举办培训班2705次，培训9.87万人次；举办展览453个，参观57.2万人次；组织公益讲座239次，参加3.4万人次。“市、县、乡镇、村(社区)”四级公共文化设施网络实现全覆盖。全市103家乡镇(街道)文化分馆普及率、综合文化站面积达标率均为100%。

【文化站】　至2022年末，全市有文化站103个，建筑面积23.63万平方米，其中乡镇文化站56个，街道文化站47个。各级文化站从业人员635人，其中专业技术人才87人。全年提供文化服务90665次，其中，组织文艺活动6046次，参加人次424.9万人次；举办展览1818个，参观人数320.4万人次。全市有社区文化服务中心407个，室内面积23.87万平方米；村文化服务中心1587个，室内面积120.01万平方米。至年末，建成一级以上文化站73个，其中特级25个，一级站覆盖率70%。

【绍兴市文化馆】　2022年，绍兴市文化馆牵头全市7家公共文化馆完成幸福文化馆创建工作，以推进文化馆服务大提升。

开展全民艺术普及　组织开展“绍兴有艺”全民艺术普及系列活动。开设“我的艺时光”午间文化一小时公益性艺术培训活动，共开设培训班37门，培训学员7865人次。每周六下午固定时间“水乡戏台周周演”戏剧曲艺综合演出准点放送。至年末，百姓剧场举办演出53场，举办展览59期。全年进馆服务9万余人次。

群众文艺精品创作　完成表演艺术类作品11件，视觉艺术类作品75件，理

2022年9月20日,"越韵雅集"活动在市非遗馆举行　　(市文广旅游局　供图)

论调研类作品29件。选送的作品获省级及以上奖项63个,其中国家级奖项3个。绍兴莲花落《新"盘夫"》、舞蹈《酿》获2022年浙江省"群星奖";绍兴莲花落《新"盘夫"》获全国第十九届群星奖"入围奖",并入选国家艺术基金(一般项目)2022年度资助项目名单;短视频《群文舞者的初心》入展中国文化馆协会组织的"时代·文化·传承——首届群文影像大展";绍剧小戏《烽火春晖》获省第十一届群众戏曲小戏大赛金奖;期刊《青藤》获省群众文化报刊金奖。

群众文化展演赛事　举办全市首届全民艺术普及才艺展示抖音大赛等市级比赛展演10场;组织举办祝福绍兴·宋韵年味、书之大者——中国书法史上的绍兴书家图文展、澄怀味象——绍兴历代名画家图文展、看画写画——端午菖蒲展书画展览,承接对外展览48期。策划实施"喜迎二十大　同走共富路"群众文化系列活动。

群众文化品牌创建　推动"绍兴有艺"特色品牌创建。组织完成"街艺角"演出220余场,服务群众近2万人次;推出"街艺角——你和你的故事"专访栏目14期,拓展线上展示空间,挖掘街头艺人。全年举办"越韵雅集——传承中国书法之绍兴风韵"等7场。推出"书法门诊高校行"活动4次,服务师生200余人次。"文艺播撒乡镇行"活动入选省文旅厅公共文化服务高质量发展典型案例。

群众文化交流合作　市文化馆继续拓展"绍兴有戏"公共文化服务品牌的内涵,做好文化走亲之"醉美绍兴"品牌,组织各类培训及演出90期。与杭州市上城区文化馆开展书画交流活动,组织"喜迎二十大　同走共富路"下基层文艺演出。与有关单位联合成立绍兴市科技文化场馆联盟、绍兴市校外教育公益行动联盟,全年进校园、进社区开设课程19次,累计服务2000余人次。

开展非遗传承保护　开展《绍兴市越剧保护传承条例》立法调研工作;修订与完善市级非遗代表性项目、传承人、基地等管理办法;策划"祝福·绍兴古城过大年""我们的节日"等系列文旅融合品牌活动;推进绍兴非遗形象门店建设;组织首届绍兴市非遗旅游商品(食品类)包装设计比赛;开展首批浙江省非遗主题旅游线路的遴选和推荐,"稽山鉴水——非遗主题之旅""走唐诗之路——探寻越音芳华之旅"等两条线路入选首批省非遗主题旅游线路;组织开展2022年绍兴曲艺传承振兴系列主题活动;联合举办"与非遗共兴"2022绍兴菜发展研讨会。

实施文化志愿服务　市文化馆推出的"文艺播撒乡镇行"系列活动,先后进诸暨、新昌、嵊州、柯桥。"书法专家门诊"推出"高校行""乡村行"特色活动,提供精准服务。

创新性开展数字化传播　建成预约取票、刷码入场等数字应用体验场景,有效提升群文活动辐射面。至年末,市文化馆数字资源共计5.5TB(太字节)以上,单场直播平台最高点赞18933人次,最高观看129244人次。

(市文化馆　邱燕琦)

其他文化场馆

【绍兴美术馆】　绍兴美术馆位于越城区横湖路镜湖中心广场,总建筑面积2.3万平方米,包括展览区、公共教育区、典藏区、备展区及配套区等,展览区共设各种规格的展厅7个,是绍兴市首家市级公立美术馆,承担全市美术事业发展的学术研究、创作交流、美术展览、美术作品征集、藏品保护修复鉴定及公共美术教育等社会服务工作。绍兴美术馆建设工程于2020年初开工,至2022年末已完成建筑主体建设。

【张桂铭艺术馆】　张桂铭艺术馆位于绍兴古城内的仓桥直街,建筑面积1040平方米,是五开间、四进、二层古建筑。2011年5月开馆。馆区一楼为面积600平方米的展厅,分为主展区和临展区,主展区常年用于展出张桂铭捐赠作品以及个人资料的介绍,临展区用于举办各类艺术品的交流展出。馆区二楼设有艺术创作区、会议室、嘉宾接待室、美术资料室及办公室等。张桂铭艺术馆依托绍兴历史老街的老台门特色,配以现代的展览展示设施,形成其古朴典雅与现代精致相统一的风格,是书画家以及艺术人士观展、学习、交流、创作的平台。

【何水法美术馆】　何水法美术馆是以当代绍兴籍书画家何水法名字命名的公立美术展览馆,位于绍兴市越城区人民中路26号,2012年12月开馆。美术馆占地近1000平方米,由展览厅、陈列厅、接待室、封闭式天井等组成。自建馆以来,举办近百场展览、座谈和公教活动,接待游客20万人次。2022年11月11日至12月11日,由市文广旅游局主办的"何水法美术馆建馆十周年展”在美术馆开幕，何水法为此次展览专门创作的50余幅全新作品，与10余幅近年代表作品一起参展。

（美术馆　钱妙华）

公共文化服务

【公共文化服务布局】 2022年，绍兴市重点推进绍兴美术馆、绍兴博物馆新馆、浙江越剧博物馆等重大文化地标建设，每万人拥有基层公共文化设施面积1800平方米，建成农村文化礼堂1645家、城市书房97家、博物馆61家、乡村博物馆和展示馆200余家。推进“浙文惠享”民生实事项目，建成“15分钟品质文化生活圈”700个，新建城市书房16家、文化驿站9家。持续打造文化礼堂、乡村戏台、文化广场、非遗传习所等主题功能空间。城乡协同发展机制逐步健全，城乡公共文化服务差距进一步缩小。

【公共文化服务能力建设】 2022年，绍兴市文化部门共组织送戏下乡1815场、送书下乡68.48万册、送展览（讲座）下乡1175场，文化走亲128场，文化大巴70场，“越乡莲歌”48场。举办各类主题性群众文化活动近3000场。实施公共图书馆、文化馆服务大提升行动，出台错时开放、延时开放政策，在全省“满意图书馆”100%覆盖基础上，实现全省“幸福文化馆”100%覆盖。新增基层文艺团队和“三团三社”3366支。加强全市1000余家校外艺术类培训机构的监管与服务，组建校外文化艺术类培训机构联盟，深化“双减”改革背景下的全民艺术普及。绍兴市文旅志愿者支队下辖12个大队，共有队伍1831支，总人数5.8万人，为群众提供乡土文化、非遗展示等形式多样的志愿服务。

【“绍兴有艺”全民艺术普及系列活动】

2022年，绍兴市文广旅游局组织开展“绍兴有艺”全民艺术普及系列活动。

文化进校园社区　成立绍兴市科技文化场馆联盟、绍兴市校外教育公益行动联盟，形成服务合力，联合开展流动服务进校园、进社区。年内，进校园、进社区课程19次，累计服务2000余人次。

群文赛事展览　举办全市首届全民艺术普及才艺展示抖音大赛等市级比赛展演10场。对接省首届青少年艺术大赛（舞蹈）、群众舞蹈大赛相关工作，组织征集省第十一届群众戏曲小戏大赛、省第三十二届群众舞蹈大赛绍兴地区录像作品。组织举办祝福绍兴·宋韵年味、书之大者——中国书法史上的绍兴书家图文展、澄怀味象——绍兴历代名画家图文展、看画写画——端午菖蒲展书画展览，承接对外展览48期。

红色主题活动　策划实施系列“喜迎二十大 同走共富路”群众文化活动，包括喜迎二十大·颂歌献给党——红歌演唱会、喜迎二十大·绍兴群文精品展演展示、喜迎二十大·绍兴非遗手工艺展等。组织“礼赞二十大”绍兴市省级视觉艺术创作群体书法作品展和绍兴市文化馆美术团队创作群体展。

【“绍兴有戏”公共服务品牌建设】 2022年，绍兴市继续拓展“绍兴有戏”公共文化服务品牌内涵，提升服务效能。做好文化走亲之“醉美绍兴”品牌，共组织各类培训及演出90期。市文化馆、市图书馆、市博物馆、市科技馆等公共文化机构联合成立市科技文化场馆联盟；市青年联合会、市青少年活动中心、市文化馆、市科技馆、市图书馆、市博物馆等联合成立绍兴市校外教育公益行动联盟。

【“书香中国万里行·绍兴站”活动】 2022年9月9日，由中国新闻出版传媒集团、中国全民阅读媒体联盟、市委宣传部等共同举办的“书香中国万里行·绍兴站”暨2022年绍兴市全民阅读盛典启动。在活动现场，举办全民阅读“红沙发”系列访谈，“书香中国万里行·绍兴站”采访活动授旗仪式等。采访团在绍兴期间采访榧香书舍、柯桥新华书店、笛扬读书会等阅读基地和阅读组织，多层面、多视角关注绍兴书香社会建设情况，推广全民阅读典型事迹，深入挖掘千年古城历史文脉。举行“学党史·读经典”主题征文等颁奖仪式，“光明书吧”授牌和赠书仪式。

【“喜迎二十大，扬帆新征程”系列巡演巡展】 2022年，绍兴市文旅系统推出以“绍兴文艺喜迎二十大”为主题的“文旅大餐”。举办“享美好生活”收集摄影展、“宋韵风华”主题扇面书法展、“领航新时代 奋进新征程”书画展等群众喜闻乐见的文化活动，其中莲花落《喜迎二十大》登陆央视频道。

（市文广旅游局　常守林）

2022年6月28日，越城区灵芝街道天和社区组织开展“喜迎二十大、书写共同富裕”题扇活动

（黄　霄　摄）

文学艺术

【概况】 2022年，绍兴市文联按照“浓墨重彩唱响时代主旋律、用心用情服务人民群众、守正创新打造文艺高峰、矢志不渝追求德艺双馨”要求，持之以恒抓创作，门类齐全策展览，用心用情惠民生，为在高质量发展中加快建设高水平网络大城市贡献出绍兴文艺的力量。至年末，市文联有团体会员23家，其中市级文艺家协会16家，县（市、区）文联6家，市级行业文联1家；所属市级文艺家协会有会员6055人，其中中国文联所属各文艺家协会会员621人，省文联所属各文艺家协会会员1948人。

【文学创作】 2022年，绍兴籍作家创作成果获奖颇丰。其中，绍籍作家艾伟、钟求是创作的中篇小说《过往》、短篇小说《地上的天空》分获第八届鲁迅文学奖。短篇小说《传灯》获第十三届《小说选刊》年度大奖短篇小说奖，短篇小说《回向》入选《收获》2022年文学榜榜单、中篇小说《苔藓》入选2022中国中篇小说年选（花城出版社）。

2022年，在《野草》杂志首发的10部作品获郁达夫小说奖、三毛散文奖等2个奖项，入选《收获》年度文学榜、人民文学出版社年度作品选集等17次，被《小说选刊》等杂志转载14次。

【艺术创作】 2022年，绍兴市文艺界人士以“写一首好歌”“排一出好戏”“拍一部好片”“制一部好剧”“写一本好书”为目标，立足文艺精品创作生产全生命周期，多门类文艺精品不断涌现。其中，由市文联选推的纪录片《王阳明》《我住江之头》、越剧《核桃树之恋》、广播剧《民族的号手——任光》《孙端之战》、歌曲《故乡》6部作品入选省“五个一工程”奖。涉及书法、美术、摄影、戏剧、曲艺等门类的10件作品入选国家级常设性重要展赛，民间文艺4件作品获省级重要奖项“映山红奖”。

2022年8月1日，“致敬越剧改革80周年研讨会暨袁雪芬诞辰100周年纪念”活动举行

（市文联　供图）

【重大节会活动】 2022年，绍兴市文联挖掘绍兴厚重的历史文化底蕴，依托“历史＋人文”优势和核心竞争力，通过“资源植入、向上争取、横向协同”工作模式，联合承办第三十八届兰亭书法节，“致敬越剧改革80周年研讨会暨袁雪芬诞辰100周年纪念”活动，第四届、第五届中国戏曲电影展；联合举办高古奇骇——陈洪绶书画作品展、兰亭书会成立40周年纪念暨“抚今追昔”书法作品展，参与宋韵文化节绍兴主体及配套活动。节会、展览活动吸引近15万人次现场参与，近40万人次同时观看线上直播，媒体点击量突破2000万次。

【“艺术乡建”样板村落建设】 2022年，全市广大文艺工作者以“助力共富、促进振兴”为目标，以“行走乡村　文化润乡”为主题，探索文艺赋能乡村振兴的绍兴模式，开展百场“艺术行走乡村”进文化礼堂、进新时代文明实践中心的志愿活动，打造鉴湖街道云松自然村等12个“艺术乡建”样板村落，创作完成《八八战略谱新篇》《青山绿水就是金山银山》等300余件作品。“驻村艺术家”项目代表绍兴市参加省委宣传部“浙江农村文化礼堂赋能共同富裕引领计划”直播活动，项目获评2022年全市宣传思想文化系统“十佳创新项目”；上虞区东山村“艺路共富”摄影小镇建设项目列入“艺术乡建”省示范村案例；新昌县“实施艺术乡建解锁共富密码”列入县高质量发展推动共同富裕示范区首批试点项目。

【“双年计划”等专业艺术展赛】 2022年，市文联组织举办首届绍兴美术双年展暨第二届绍兴美术新锐展、第二届绍兴书法双年展、第二届绍兴摄影艺术作品展、首届绍兴市民间工艺美术大展、第二届绍兴戏剧兰花奖评选、第二届绍兴原创曲艺作品大赛、绍兴市第二届原创音乐作品大赛、我和我的时代——首届绍兴市短视频大赛、“诗路踏迹，宋韵今吟”宋韵文化诗词作品大赛等全市性的专业文艺展示、比赛活动10场，收到投稿作品5000余件。同时，通过巡演、巡展的形式第一时间送到广大基层，发挥文艺“强信心、暖人心、聚民心”作用。

（市文联　陆　乐）

社会科学

【概况】 2022年，绍兴市社科界坚持以习近平新时代中国特色社会主义思想为指导，立项哲学社会科学规划课题232项，完成市委、市政府委托调研报告36个，出版2021卷《绍兴社科智库文选》。组织高校社联、社科研究基地出版研究成果49本、专著32部，指导科研基地主持开展横向课题研究95项。全市社科共编印《社科要报》20期，其中被市领导批示17次；组织各类学术研讨、学术沙龙、学术讲座和交流活动100余场次；深耕宣讲品牌，汇集宣讲课题200余项，累计开展讲座1000余场。5家社科研究基地、10家科普基地被命名为市级社科示范基地；命名第五批市级社科普及基地15个。至年末，绍兴市社会科学界联合会有下属学会、协会、研究会43家，有在绍高校社联9家，县(市、区)社联6家，市级社科研究基地23家，科普基地县级165家、市级78家、省级21家。编发《绍兴学刊》6期，在绍兴社科网、"社科越读"微信平台发布信息600余条。绍兴市社联获浙江省社联理论研究先进单位。

【社科研究】 2022年，绍兴市梳理习近平总书记关于绍兴文化的指示精神，组织实施重大课题招标，向部门和相关专家征集选题，经研究最终确定"'五个率先'推进绍兴共同富裕取得突破性成果的路径研究"等10个选题，内容涵盖产业转型、文化建设、网络大城市建设等领域，形成10篇《社科要报》。

【社科成果】 2022年，绍兴市编撰出版《忠实践行"八八战略"奋力打造"重要窗口"绍兴市卷》。组织召开全市社科理论界学习贯彻党的二十大精神理论研讨会，编发学习专题5期。指导诸暨"重要窗口"省级社科调研基地，组织撰写《以文明实践彰显"人文之美"——诸暨以新时代文明实践拓展共同富裕新路径》获省委主要领导批示。启动绍兴市社科赋能共同富裕行动，确定10项调研课题，组建13支专家团队赴各县(市、区)开展调研，总结各县(市、区)实践创新经验，形成"培育壮大数字经济助推柯桥经济高质量发展研究""民营经济领域促进共同富裕的实践路径和模式研究"等10份调研报告。

【绍兴文化研究工程】 2022年，绍兴市确定10个研究系列，其中"浙东唐诗之路研究(19个子课题)""浙东运河文化研究(11个子课题)""黄酒文化研究(8个子课)""宋韵文化研究(22个子课题)"4个系列项目启动招标。《浙东唐诗之路研究》项目阶段性研究成果《唐代浙东政坛与浙东唐诗之路关系研究》获2022年度国家社科基金年度项目立项。《绍兴宋韵文化研究》

2022年绍兴市第19届哲学社会科学优秀成果一览表

表87

序号	成果名称	作者	成果形式	作者单位	出版社/刊物
			一等奖		
1	浙江通志·越文化专志	潘承玉	著作	绍兴文理学院	浙江人民出版社
2	日藏宋刻《释氏六帖》研究	钱汝平	著作	绍兴文理学院	上海交通大学出版社
3	绍兴制造业集群人才支撑体系建设研究——以集成电路和生物医药产业为例	杨宏翔 宋潞平 田海燕	研究报告	中共绍兴市委党校	领导批示
4	具身认知心理学：大脑、身体与心灵的对话	陈　巍	著作	绍兴文理学院	科学出版社
5	"十四五"期间浙江省民办教育发展	徐绪卿	研究报告	浙江树人大学杨汛桥校区	领导批示
			二等奖		
1	历史社会地理视野下的徽商及徽州社会——以清民国时期的绩溪县为中心	周炫宇	著作	绍兴文理学院	安徽大学出版社
2	《燕丹子》研究	叶　岗	著作	绍兴文理学院	中华书局
3	绍兴城市文化论丛	任桂全	著作	绍兴市文史研究馆	中国文史出版社
4	中国国家形象在法国媒体《世界报》的建构与变迁	李　敏	著作	浙江越秀外国语学院	中国社会科学出版社
5	Direct and indirect effects of climate aid on carbon emissions in recipient countries	吴肖丽	论文	绍兴文理学院	*Journal of Cleaner Production*
6	食品质量安全风险研究——以长三角地区为例	晚春东	著作	绍兴文理学院	经济科学出版社
7	中国轻纺城发展口述史	郑雅萍	著作	浙江工业大学之江学院	浙江大学出版社
8	健康有道　从"心"开始——心血管科普500问	陈丽娜	著作	绍兴市柯桥区中医医院	浙江工商大学出版社
9	诠释学视角下马克思主义中国化的文化价值	李　颖	著作	绍兴文理学院	浙江大学出版社
10	基于制度变迁的农民土地权益保护问题研究	付达院	著作	浙江越秀外国语学院	中国纺织出版社
			三等奖		
1	中国书法与碑帖文化对外译介研究：以浙江省代表性场所为例	杨晓波	著作	浙江越秀外国语学院	浙江大学出版社
2	"文明戏"概念辨正及其戏曲史意义	林存秀	论文	绍兴文理学院	戏剧
3	梅尧臣研究	涂序南	著作	浙江越秀外国语学院	凤凰出版社
4	新学、新眼与近代文人新知识统系的建构——以夏曾佑的阅读记录为中心	梁苍泱	论文	绍兴文理学院	中华文史论丛

续表 87

序号	成果名称	作者	成果形式	作者单位	出版社 / 刊物
5	王羲之集校释	丁太勰	著作	浙江越秀外国语学院	浙江大学出版社
6	诗意叙事与现实批判:科幻小说家雷·布拉德伯里研究	刘 义	著作	绍兴文理学院元培学院	兰州大学出版社
7	魏晋南北朝民间信仰研究	储晓军	著作	绍兴文理学院元培学院	四川大学出版社
8	从《重访边城》看 1960—1980 年代张爱玲的创作心境与语境——兼谈张爱玲的自译与改写	任茹文	论文	浙江越秀外国语学院	中国比较文学
9	浙江堕民研究	谢一彪	著作	绍兴文理学院	中国社会科学出版社
10	杨维桢传稿	徐晓刚	著作	诸暨市人大	浙江教育出版社
11	鲁迅早期思想的本土语境	孙海军	著作	绍兴文理学院	中国社会科学出版社
12	刘宗周思想研究	余 群	著作	浙江越秀外国语学院	上海人民出版社
13	长三角纺织业创新网络的演化特征与影响因素研究——基于社会网络分析方法和空间计量模型的实证	孙春晓	论文	浙江工业大学之江学院	工业技术经济
14	“一带一路”文化产业合作:重点领域与发展路径	冯根尧	著作	绍兴文理学院元培学院	经济科学出版社
15	Impacts of store-brand introduction on a multiple-echelon supply chain	程 蓉	论文	绍兴文理学院	*European Journal of Operational Research*
16	KIBS 企业服务创新研究	高孟立	著作	浙江树人大学杨汛桥校区	浙江大学出版社
17	绍兴城乡居民茶叶消费行为调查与分析	梁秀华等	论文	绍兴市茶叶学会	中国茶叶
18	关于着眼打造世界级纺织产业集群　办好世界布商大会的建议	董 勇 唐根年 陶佳苹 罗雯慧	研究报告	浙江工业大学之江学院	领导批示
19	“五水共治”多中心治理模式研究	胡保卫 程 隽	著作	绍兴文理学院	中国环境出版社
20	“四季仙果之旅”推动共同富裕的上虞实践与启示	顾利民	研究报告	中共绍兴市上虞区委党校	领导批示
21	新时代企业战略转型与绿色创新管理研究——基于系统建模与创新实践视角	赵 江	著作	绍兴文理学院	经济管理出版社
22	“垂足距离”测算下城商行经营效率的比较分析	王 钢 张 恬	论文	浙江工业职业技术学院	金融与经济
23	一体化视野下长三角医药产业高质量发展研究	袁建伟	著作	绍兴文理学院	浙江工商大学出版社
24	乡村振兴进程中乡村教师绩效薪酬偏好研究	畅铁民	著作	绍兴文理学院	经济科学出版社
25	疫情下的社会民众心态调查	李 萍	研究报告	中共绍兴市委党校	领导批示
26	坚持和发展新时代“枫桥经验”全面建设共同富裕示范区的对策建议	刘开君 沈费伟	研究报告	中共绍兴市委党校	领导批示
27	我省未来社区空间复合利用的问题和对策——以新加坡社区建设经验为鉴	尹晓敏	研究报告	浙江树人大学杨汛桥校区	领导批示
28	基层治理中民意回应机制研究	宋坚刚	著作	中共绍兴市委党校	中国社会出版社
29	数字图书馆用户的行为偏好隐私保护方法研究	吴宗大	著作	绍兴文理学院	电子工业出版社
30	重塑公共精神:发达地区乡村社会治理探索	祝丽生	著作	中共绍兴市委党校	浙江大学出版社
31	以文明实践彰显“人文之美”——诸暨以新时代文明实践拓展共同富裕新路径	省建设“重要窗口”社科调研基地诸暨课题组	研究报告	诸暨市社科联	领导批示
32	Exploring Sustainable Measurements of Academic Research : How Do Faculty Members in Teaching-Oriented Universities of China Evaluate Good Research in Tourism　and Hospitality?	周 婷	论文	浙江越秀外国语学院	*Sustainability*
33	学术的治理:高校学术委员会制度研究	魏小琳	著作	浙江越秀外国语学院	上海交通大学出版社
34	马克思主义作为科学哲学在国外的历史与现状	张 军 安维复	论文	绍兴文理学院	自然辩证法通讯
35	民办高校思想政治教育协同机制研究	宋 斌	著作	浙江树人大学杨汛桥校区	人民出版社

(市社联　陈杨军)

项目阶段性研究成果《幕府视域下的南宋文人与文学研究》获2022年度国家社科基金青年项目立项。《绍兴诗路未刊珍稀文献七种》《徐渭集诗文辑佚》等13个一般项目完成书稿撰写。

【市哲学社会科学规划重点课题】 2022年，绍兴市发动各社科组织参与课题申报，有36家单位申报课题623项，最终评审立项197项。其中，指南课题100项，社科研究基地专项课题27项，智库专项课题6项，思政专项课题23项，地方特色课题31项。探索课题研究跨部门合作模式，修订《绍兴市哲学社会科学规划课题管理办法》，发布《校地融合视域下"浙江有礼·德润越地"新时代文明实践品牌构建路径研究》等重点委托课题10项，扩大规划课题覆盖面。

【社科青年学者能力提升培养工程】 2022年7月4—8日，绍兴市社联开展第七期绍兴市社科青年学者能力提升培训班。绍兴市第四、五、六届社科新入职人员及各县(市、区)社科工作者60余人参加培训。重点培训贯彻落实省党代会精神、共同富裕示范区建设、数字化改革等内容，并组织学员赴良渚古城遗址和云栖小镇开展现场教学。

【哲学社会科学优秀成果评审】 2022年，绍兴市按照《绍兴市哲学社会科学优秀成果评奖办法》《绍兴市哲学社会科学优秀成果评奖办法实施细则》，组织实施第19届哲学社会科学优秀成果奖评比，历时3个月，评出优秀成果50项，其中，一等奖5项，二等奖10项，三等奖35项。

【社团研学活动品牌建设】 2022年，绍兴市做好年度社团重点扶持项目遴选工作。绍兴市浙东唐诗之路研究会"浙东唐诗之路与共同富裕建设高峰论坛"，绍兴市越文化研究会"宋韵文化如何助力'乡村振兴与共同富裕'——南宋御河及东鉴湖保护利用研讨会"，绍兴市家庭教育研究会"'双减'和疫情背景下，家长如何助力孩子成长和升学"，绍兴市秋瑾研究会"'弘扬秋瑾革命精神，实现中华民族伟大复兴'学术研讨会"，绍兴市新四军研究会"浙东抗日根据地政权建设研究"5项活动列为2022年度重点扶持项目。绍兴市社科学会组织研讨"习近平在省部级主要领导干部专题研讨班上重要讲话"精神，绍兴市秋瑾研究会举办"弘扬秋瑾精神，助力精神共富"纪念秋瑾英勇就义115周年暨秋瑾研究学术研讨会，绍兴市虞舜文化研究会召开绍兴舜王庙会口述史调研及写作进展中期汇报会，绍兴市青少年生涯发展研究会开展"科学填报志愿 圆满理想大学"高考志愿填报专家公益直播，绍兴市企业形象研究会主持开展帮困共富签约仪式活动，发挥社团组织服务地方作用。

2022年9月28日，宋韵文化的传世价值第七届绍兴文化峰会在绍兴饭店举行

（市社联　供图）

【《绍兴大典》编纂出版工程】 2022年，绍兴市成立《绍兴大典》编纂工作领导小组，由市委书记、市长任组长，下设编纂工作推进委员会、编纂委员会和编纂工作办公室，制定出台《〈绍兴大典〉编纂出版工作实施方案》。《绍兴大典》编纂研究项目（第一辑）、《绍兴大典》编纂出版项目（第一辑）完成招标，启动史部文献整理编纂。

【宋文化研究会成立】 2022年8月29日，绍兴市宋文化研究会成立大会暨首届学术年会在绍兴博物馆举行。大会选举高利华为会长，刘亮、何鸣雷、周玉儿为副会长，邢蕊杰为秘书长，选举产生第一届理事会15人，审议通过《绍兴市宋文化研究会成立大会选举办法》《绍兴市宋文化研究会章程》《绍兴市宋文化研究会会费收取标准及管理办法》。宋文化研究会立足挖掘、整理、研究宋文化文献史料，组织开展宋文化课题研究，编纂宋文化研究书籍，主办宋文化研究学术会议，开展国内外文化交流活动。

（市社联　陈杨军）

越文化研究

【概况】 绍兴是古越文化发源地，拥有2500余年建城史，为国务院公布首批国家历史文化名城。绍兴市拥有绍兴市文史研究馆、绍兴文理学院越文化研究院、绍兴文理学院大学生越文化研究会、浙江越秀外国语学院大禹与中国传统文化研究中心、市越文化研究会、市王阳明研究会、市陆游研究会、市虞舜文化研究会、市浙东唐诗之路研究会、市鲁迅研究会、市秋瑾研究会、市周恩来研究会、市蔡元培研究会、市乡土文化研究会、市酒文化研究会、市越医文化研究会等官方及民间越文化研究机构20余家。越文化研究机构致力于越文化弘扬和传承，研究范围包括越地历史、越城变迁、越族发展等，侧重文史研究、文化创意、政策咨询、旅游策划，为地方经济社会提供智力服务。

【绍兴文理学院越文化研究院】 绍兴文理学院越文化研究院前身为绍兴文理学院越文化研究所，成立于1999年。2002年，越文化研究所升格为绍兴文理学院越文化研究院，为正处级建制。2006年，越文化研究院获批省第一批哲学社会科学重点研究基地"一地多点式"越文化研究中心。2010年，越文化研究中心批准升格为省哲学社会科学重点研究基地。2017年，越文化研究院再次获批省哲社重点研究基地(B类基地)——"浙江省越文化传承与创新研究中心"。越文化研究院研究范围包括越文化与地域文学艺术研究、越文化历史与文献研究、越文化与浙学研究、越文化当代化研究，有国家级人才2人，特聘浙江省特级专家1人、其他国内知名专家2人。2006—2022年，研究院共举办(含主办、联合主办、承办)全国性以上学术会议44次，获批国家社科基金重大招标项目2项，获批国家社科基金重点项目2项，获批"浙江文化研究工程"重大项目1项，获批省社科规划重点项目14项、省社科规划一般项目27项，获省哲学社会科学重点研究基地课题82项，出版《越国史稿》《越文化通论》《广义吴越文化通论》《越中现代知名作家系列研究丛书》等丛书专著，发表学术论文400余篇。联办《绍兴文理学院学报》"越文化研究"专栏，累计发文600余篇，编辑出版栏目丛书4部，曾蝉联三届"全国社科学报优秀栏目"和"特色栏目"。2022年，浙江省越文化传承与创新研究中心通过新一轮基地建设期满检查，组织出版"十四五"时期国家重点图书出版专项规划项目"调腔传统珍稀剧目集成"。

【绍兴文理学院大学生越文化研究会】 绍兴文理学院大学生越文化研究会成立于2019年6月，为越文化研究院和校团委共同领导下的大学生学术研究机构，旨在传承与推动越文化学术研究，打造学生学术研究平台，设会长1名、副会长2名、指导老师1名，有会员70余人。2019—2022年，研究会累计组织学生开展越文化科研课题72项。

（绍兴文理学院越文化研究院 吕永生、黄宁宁）

【绍兴市文史研究馆】 绍兴市文史研究馆成立于2019年9月，由市政府委托市政协筹建管理，是集荣誉性、咨询性、统战性于一体的学术性平台，在存史资政、以文化人、统战联谊等方面发挥积极作用，为浙江省设区市成立的第一家文史研究馆，有馆员24人。2022年5月18日，绍兴市文史研究馆于鲁迅故里张马弄17号正式对外开放，馆舍总面积1190平方米，设有展览室、文史讲堂、知行书房、收展室、会议室、创作室等区域。2022年，文史研究馆组织编写《二十五史中立传的绍兴人》《浙江文史记忆丛书·绍兴市卷》等文史专著10部，组织书画展4次，举行学术讲座84次，现场听众超65万人次，发布"绍兴文史"微信公众号文章125篇，单篇最高阅读量超114万人次，接待参观、访问、考察200余批1300余人次，围绕古城保护、公祭大禹陵、运河博物馆建设、徐渭故里修复等重大文化项目提出建议方案，相关方案被市委、市政府采纳。

【绍兴市越文化研究会】 绍兴市越文化研究会前身为绍兴越文化研究所，成立于1994年8月16日。2005年10月29日，经市社科联、市民政局批准，改"所"为"会"，为非营利性社会研究机构，由越文化研究者和爱好者自愿组织，以越地、越族、越国、越城为时空范畴和研究范围，从事绍兴地方文化研究、交流、传承和智力服务。市级社科研究重点基地绍兴市越文化研究中心设在该会。学会有会员近300人，下设名士、越国、黄酒、鉴湖、师爷、旅游、越兰、禹舜、戏曲、方言、宗教、建筑、书画、越茶14个文化专门委员会，组织出版"越文化研究丛书"8辑52册，主办"大禹与越文化""浙东唐诗之路与文旅开发"等研讨会36场次，举办讲座159场次，定期出刊《越文化通信》报纸和《越风》年刊。学会发挥重点社科基地研究中心智库优势，先后承担鲁镇、大香林、绍兴师爷馆、绍兴城市记忆馆、柯桥区唐诗之路e游馆等展陈策划，组织专家23批120余人次，开展"社科专家重走唐诗之路"系列活动。

（绍兴市越文化研究会 鲁锡堂，市地方志编纂室 整理）

党史·地方志·档案

党史编研

【概况】 2022年，中共绍兴市委党史研究室以习近平新时代中国特色社会主义思想为引领，深入学习贯彻党的二十大精神和全省第十次党史工作会议精神，推动党史研究编撰宣教工作向中心聚焦。市委常委会2次听取党史工作情况汇报，分管市领导10余次听取工作汇报。市委党史研究室获全省党史系统先进集体、全省党史和文献部门数字化改革工作成绩突出单位表彰，2人获评全省党史系统先进个人。

【《中国共产党绍兴历史》第三卷编撰】

2022年，市委党史研究室推进《中共绍兴历史》第三卷编写工作。至年末，形成三卷修改稿。加强对县(市、区)党史三卷编撰工作指导，帮助完善编写纲目、指导组建写作班子、定期进行业务指导，"一县一策"进行精准帮带，各县(市、区)党史编撰全面启动。

【党史资政】 2022年，市委党史研究室围绕市委中心工作，以《史志参阅》为主要阵地，全年撰写重点专题研究报告10余篇，其中1篇资政专报获省委主要领导批示、3篇资政文章获市委主要领导批示、3篇资政成果获省市有关领导批示。

【党史宣传教育】 2022年，市委党史研究室开展党的二十大精神、党的十九届六中全会精神、省第十五次党代会、市第九次党代会精神专题宣讲66场次，获省市"共同富裕青年说"党课大赛特等奖1项、二

2022年10月15日，"喜迎二十大　最美绍兴人"笑脸摄影大展暨"行走乡村　文化润乡"摄影巡展在越城区新时代文明实践中心启动　（市委党史室　供图）

等奖3项。举办"喜迎二十大　最美绍兴人"图片展。评定授牌第四批党史教育基地26家。通过"学习强国"学习平台、"绍兴史志"微信公众号等平台发布绍兴本地党史故事100余则。开展"红色书架"活动，与绍兴文理学院、浙江农商贸职业学院、浙江医药有限公司、上虞区盖北镇等14家单位共建"红色书架"，赠送党史书籍，宣传党史知识。

【党史重大课题研究】 2022年，市委党史研究室完成"以党建引领绍兴基层治理"国家级课题，形成主报告1篇、子报告6篇。"习近平文化建设重要论述的绍兴萌发研究"获省哲学社会科学规划课题立项支持，完成中央党研院"脱贫攻坚口述史"项目绍兴市代表人物筛选、访谈和口述资料整理。

【党史主题微电影拍摄】 2022年，市委党史研究室精选绍兴党史上经典瞬间，拍摄《百年征程》微电影、《追寻光明》纪录片，探索使用青年群体喜闻乐见传播方式，营造党史学习氛围。

【党史数字化工作】 2022年，绍兴市汇集全市党史地情核心著作58部、5000余万字，开发"掌上绍兴史志"应用场景，上线"浙里办"、"浙政钉"、微信平台，实现全市史志珍藏文献一站检索、一屏通阅，为干部群众学习"四史"提供准确、权威、便捷载体。以69个省市级党史教育基地为重点，启动中共绍兴历史展陈、俞秀松故居教育基地等设施数字展馆建设，打造多跨集成的"绍兴红色胜迹地图"应用，提升全市红色资源集成度、知晓率。

（市委党史研究室　李　军）

地方志工作

【概况】 2022年，绍兴市地方志编纂室以习近平新时代中国特色社会主义思想为引领，贯彻省政府办公厅《关于加快推进新时代地方志事业发展的意见》，加快推进重点志书编纂、重要项目建设以及研究成果转化利用。启动"浙里修村志"应用开发，为村志编修提供"一站式"服务平台，该应用被列为省级重大应用"浙里有志"试点建设子场景。绍兴市地方志编纂室获全省地方志工作先进集体表彰，全市4人入选省首批地方志工作"151"人才名单，3人获评全省地方志工作先进工作者。

【志书编修】 2022年，绍兴市加强全市综合志书和各类专题志书编纂，全年组织开展10部乡镇（街道）志、19部村（社区）志、4部部门（专业）志、3部专题志（扶贫志、小康志、抗疫志）、7部综合年鉴、8部部门（专业）年鉴编纂，开展4部旧志点校影印整理、3部地情文献编纂出版。《越城区志》启动编纂并被列入浙江省三轮修志试点。

【地方志资源开发利用】 2022年，绍兴市地方志编纂室研究确定绍兴方志馆建设选址和建设方式，争取相关建设资金，加快建设项目立项。创新推出《绍兴月鉴》，实时记录绍兴发展大事要事，全年编发12期，阅读量20万余人次，在市内多家媒体定期同步推送。新昌县史志研究室《方志为用——地方志助力新昌县打造"浙东唐诗之路"精华地》成果入选全省市县地方志成果转化应用"十佳"典型案例。

【《绍兴年鉴(2022)》编纂】 2022年，市地方志编纂室组织开展《绍兴年鉴(2022)》编纂工作，该卷年鉴是《绍兴年鉴》创刊以来的第23卷。3月，举办全市年鉴撰稿业务培训会，全市100余家年鉴供稿单位相关人员与会。至年末，《绍兴年鉴(2022)》出版，全鉴由卷首、百科、卷尾三部分组成，按类目、分目、条目框架编排，卷首设彩页、地图、目录、特载、专记、大事记和市情概要；百科部分按事物属性设36个类目、247个分目、3001个条目，收录表格89张、图2张、随文照片224幅；卷尾设索引。全书112.5万字，翔实记述2022年绍兴市中心工作和年度新事、特事、大事、要事。

【《绍兴抗日战争志》启动编写】 2022年1月19日，市地方志编纂室启动编纂《绍兴抗日战争志》。该志从军事、政治、经济、文化、社会等方面，客观记述从1931年"九一八事变"至1945年9月3日抗战胜利纪念日之间，抗日战争在绍兴地区的基本情况。至年末，完成资料长编收集100余万字。

【《绍兴市志(简本)》出版】 2022年5月，《绍兴市志(简本)》由中国文史出版社发行。该书由市地方志编纂室编纂，全书

43.36万字，379页，15篇55章185节，上限为有历史记载以来，下限至2019年，突出展现绍兴地域特色、时代特点和文化特征。

（市地方志编纂室 李 军）

档案管理

【概况】 2022年，全市档案馆馆藏档案共2262个全宗、3636366卷，音像影片档案11981盘，照片档案328878张。其中，绍兴市档案馆馆藏档案共576个全宗、1116340卷，音像影片档案368盘，照片档案85896张。全市档案馆共有机读目录约3752.7万条（案卷级目录352.0万条、文件级目录3400.7万条）。馆藏纸质档案数字化成果共2579341卷，其中绍兴市档案馆馆藏纸质档案数字化成果共429310卷。

全年累计开放档案459719卷，其中绍兴市档案馆全年累计开放档案8242卷。累计利用档案79763人次、243403卷（册、件）次，其中绍兴市档案馆全年累计利用档案12589人次、4788卷（册、件）次。共编写参考资料11种约329.7万字，举办档案文化展览30次（绍兴市档案馆3次），接待观众43570人次（绍兴市档案馆6000人次）。

全市档案局（馆）总建筑面积102742.6平方米，其中库房面积37972平方米。全市综合档案行政管理部门有专职档案干部14人，其中大专以上文化程度14人；全市综合档案馆共有专职档案干部122人，其中大专以上文化程度121人。

【档案数字化工作】 2022年，绍兴市以数字化转型示范区创建为抓手，推动档案核心业务迭代升级。加快融入全省档案系统整体智治，在全省档案工作整体智治“6个跑道”指数评价中，上虞区档案馆列全省第一位。市档案馆承担并实施全省“浙里数字档案”“电子档案四性检测公共组件”开发重大应用试点，该项目纳入全市党建统领、整体智治多跨场景应用“一本账S1”目录。开展市域数字档案管理服务一体化平台建设，推进所有核心业务的网上协同。持续抓好政务服务事项电子化归档，升级档案远程利用系统，推动与政务服务2.0、省档案系统电子出证平台对接。参与全省档案数据共享中心建设，加快推进档案数据治理和归集工作。21家市级部门（单位）开展单套制归档试点，协同大数据局推动公文全流程线上办理归档。实施基层单位规范化档案室指数化评价工作，新创建示范数字档案室6家，14家普通数字档案室创建为规范化以上数字档案室。

【档案服务民生】 2022年，绍兴市档案馆完成1993年至1996年，共2.5万卷存量档案开放审核工作；与政务服务中心协同，规范全市115个镇（街道）出证点管理；参与长三角及华东地区民生档案“一网通办”工作，与山东省济南市签订民生档案互查协议；深化机关内部“最多跑一次”“一件事”集成改革，推进“云协同零纸质”档案出证服务、“机关查档直通车”，方便部门和群众查档“零次跑”。围绕老小区改造、拆迁安置、退役军人优待证申领等工作，做好档案基础服务保障工作。至年末，完成越城区8个街道退役军人档案出证工作。举办重点建设项目档案管理培训班，为市建设、交通、交投、城投等单位培训专业档案人才40余名。

【档案文化宣传】 2022年，市档案馆编研出版《记忆绍兴2021》《绍兴近现代名人手札遗存》。市档案馆编撰的《绍兴台门》《绍兴市红色档案选粹》分获全省编研成果一等奖、二等奖。推出由全市档案馆协同合作的《越里乡愁·绍兴特藏》档案文化宣传品牌，推出微信公众号42期；围绕“喜迎二十大，档案颂辉煌”主题，向社会征集“见证城市发展与个人成长”照片资料，推出“绍兴这十年”档案文化宣传栏目。与绍兴电视台公共频道、越牛新闻合作开展“云游档案馆”录播和线上直播、档案知识进机关、档案馆“开放周”等“6·9”国际档案日系列宣传活动，线上互动与线下参与人数超百万人次，相关做法被新华网等国家级媒体报道。

（市档案局 王晓云）

考古

【概况】 2022年，绍兴市实施考古发掘8项，累计发掘面积16.16万平方米。其中绍兴宋六陵陵园遗址入选“新时代浙江考古十大发现”，绍兴大湖头遗址、嵊州下方山及周边墓群考古发掘入选2022年度浙江考古重要发现。按要求落实建设项目考古前置工作，全年完成考古调查勘探86项，累计勘探面积约1311万平方米。

【宋六陵三、四号陵园遗址考古发掘】

2022年3月至12月，绍兴市文物考古研究所联合省文物考古研究所、北京大学对宋六陵三、四号陵园遗址开展考古发掘，于二号陵园（2019—2021年发掘）西侧和南侧，先后发现2组陵园建筑（编号三号、四号陵园）和3座帝后陵石藏墓葬（编号为宋陵M2、M3、M4）等重要的遗迹。

【大湖头遗址考古发掘】 至2022年末，为配合人民路1号地块出让工作，越城区文广旅游局联合省文物考古研究所对该地块进行考古发掘，发掘区域共13500平方米，已清理遗址面、灰坑等500余个，发现大量木制建筑构件、船桨等，发现巨量炭化植物和稻米，出土器物3000余件（套）。大湖头遗址是绍兴地区第一次大面积考古发掘的春秋战国时期越国聚落遗址。

【南山遗址考古发掘】 为配合坡塘路以西地块出让工作，越城区文广旅游局联合省文物考古研究所、市文物考古研究所对该地块进行考古发掘。至2022年末，发掘区域共2万平方米，发现大量木制建筑构件、巨量炭化植物和稻米，出土器物3000余件（套），主要包括陶器、原始瓷器、青铜器等。

2022 年 6 月 9 日，嵊州市下方山及周边墓群考古发掘现场　　（市文广旅游局　供图）

【嵊州下方山及周边墓群考古发掘】 经调查勘探，嵊州市 527 国道部分规划路段发现墓葬、窑址和红烧土堆积等遗迹。2021 年 10 月至 2022 年 6 月，嵊州市文物保护中心联合省文物考古研究所对项目涉及的下方山、苔苔山、郯城、白塔湾地块开展考古发掘，发现不同历史时期墓葬 150 余座，出土文物 1200 余件。

【群贤遗址考古发掘】 为配合友邦涤纶项目建设工作，越城区文广旅游局联合省文物考古研究所对该地块进行考古发掘。至 2022 年末，发掘区域共 100 平方米，已清理灰坑 1 个，发现竹编织物及河姆渡文化典型夹炭黑陶，出土器物约 40 件（套），群贤遗址是绍兴北部地区首次发现的新石器时代河姆渡文化遗址。

【考古遗址公园建设】 2022 年，绍兴市继续推进宋六陵考古遗址公园、小黄山考古遗址公园建设。

宋六陵考古遗址公园建设　5 月，设立绍兴市宋六陵遗址公园保护中心，核定编制 10 名。6 月，组建绍兴市宋六陵考古遗址公园建设领导小组；公布《宋六陵考古遗址公园规划》《宋六陵保护规划》。12 月 29 日，宋六陵考古遗址公园入选第四批国家考古遗址公园立项名单。

小黄山考古遗址公园建设　5 月，嵊州与浦江、义乌、永康、龙游、仙居举行联合申遗签约仪式，正式启动上山文化遗址群申报世界文化遗产工作。至年末，完成《关于加快推进小黄山考古遗址公园建设暨上山文化遗址群保护和申报世界文化遗产实施方案（初稿）》起草，小黄山考古遗址公园规划设计和相关建设工作顺利推进。

（市文广旅游局　娄佳清）

文化遗产保护

物质文化遗产保护

【概况】 2022 年，绍兴市不断健全文物保护体制机制建设，建立《绍兴市文物安全工作联席会议制度》，新设立绍兴市宋六陵遗址公园保护中心，绍兴市文化广电旅游局内设机构文物安全监管处、革命文物处和绍兴市文物保护所正式挂牌。至年末，绍兴市共有各级文物保护单位 436 处，其中国家级 32 处、省级 73 处、县（市）级 331 处，文物保护点 559 处，其他普查登录文物 3828 处。

【不可移动文物保护和管理】 2022 年，全市实施各类不可移动文物保护修缮和安、消防工程 80 余项，其中涉及绍兴古桥群、兰亭、曹娥庙、崇仁村建筑群、大佛寺石弥勒像和千佛岩造像等全国重点文物保护单位 11 处，鲍氏旧宅建筑群、回山建筑群、丰惠钱氏大宅院、灵鹅王氏纯节坊、越剧诞生地旧址等省级文物保护单位 17 处。继续推进名人故居激活三年行动计划，实施鲍氏旧宅建筑群、钱氏大宅院等名人故居保养修缮工程 14 处，其中章学诚故居、陶成章故居等 4 处已完成；实施徐锡麟故居、陶成章故居等展陈提升项目 15 处，新增开放陈建功旧居、钱氏大宅院等 10 处。

【文物安全保卫与执法督察】 至 2022 年末，全市文物部门共实施文物安全检查 1405 次，累计检查文物单位 1722 家，发现并整改安全隐患 484 项。委托专业机构每季度对全市 428 处各级文物保护单位、6 家国有博物馆进行文物与博物馆消防和安防设备技术情况、文物环境风貌保存情况等进行监测评估。协助公安部门破获文物犯罪案件 125 起，打掉文物犯罪团伙 9 个 119 人，追缴各类文物 2583 件，其中三级以上珍贵文物 58 件。全市执法队对不可移动文物保护单位、文物经营单位及馆藏文物共巡查出动检查 3606 人次，检查 2251 家次，对文物违法立案并作出行政处罚 6 起，罚款 160 万元。开展文物安全大排查大整治大提升行动，印发《关于印发全市文物安全大整治行动重点工作任务清单的通知》，累计发现安全隐患 503 处，已完成整改 471 处，正在整改中 32 处。督促指导大禹陵周边违法建设、二环北路智慧快速路跨浙东运河违法建设、诸暨市省级文保单位俞秀松故居“两划”范围内一建筑被拆等案件做好后续整改工作，完成 2 项“七张问题清单”销号，推进文物法人违法案件整改清零。

【文博人才队伍建设】 2022 年，绍兴市聚焦专业人才引进，面向全国招引考古发掘项目负责人 4 名，招聘文博专业应届硕士研究生 6 名，不断壮大文博专业力量。筛选具有专业素养、责任担当的社会人士，聘任组建绍兴市文物安全监督员队伍、绍兴市柯桥区文物“护宝”志愿队伍，鼓励和引导社会公众共同参与文物保护工作。组织举办2022“讲好绍兴故事——全市博物馆优秀讲解案例推介活动”，承办2022“讲好浙江故事——全省博物馆讲解员大赛”，3位绍兴选手获职业组和业余组“十佳”。中国共产党第二十次全国代表大会期间，推荐2名优秀讲解员在北京展览馆举办的“奋进新时代主题成就展”中担任讲解员。新昌县博物馆馆长张斯鸿获“全国文物系统先进工作者”称号，绍兴博物馆胡秀苇获评“浙江革命文物青年说”短视频大赛“最佳讲解员”。绍兴市柯桥区文物“护宝”志愿队获评省文物工作成绩突出集体。

【不可移动文物数字化管理系统建设】 2022年，绍兴市以数字化改革理念推进文物安全管理工作，争创第二批“一地创新，全省共享”应用和省“文物安全”工作应用场景揭榜挂帅，研发并正式上线预防文物法人违法、古桥安全监测、文物建筑白蚁监测预防处置、火灾监测处置、“文物+城建”5个多跨场景工作应用。由市文化广电旅游局牵头开发的“文物守望者”应用平台围绕项目立项事前审批、事中巡检、事后闭环三大应用场景，在全省首创空间治理（文保范围和规划范围自动比对）、遥感监测等功能模块，实现了与发改、自然资源规划、建设、执法等部门的多跨协同，在防范、发现、处置文物法人违法事件过程中实现高效闭环，成功入选全市数字化改革“最佳应用”。越城区开发的“文物智慧管家”应用平台获“全省文化和旅游数字化改革最佳应用”。

【革命文物保护利用】 2022年，绍兴市文物管理部门梳理近五年全市革命文物工作情况，完成《绍兴市革命文物保护利用工程实施情况报告》。组织开展红色标语类革命文物专项调查及第二批革命文物专项调查和补充调查申报工作。实施革命文物保护利用项目，精选“1939年周恩来为陆与可题‘前途光明’手迹”“1907年徐锡麟在安徽刺恩铭用过的手枪”等10件珍贵革命文物拍摄制作微视频。

（市文广旅游局　娄佳清）

【水文化遗产保护】 绍兴市水利局按照省水利厅统一部署，启动绍兴市重要水文化遗产调查工作，首次全面挖掘梳理绍兴境内的水文化遗产，共计500余项，其中世界级遗产2项。调查成果在2021年12月、2022年3月，分2批次通过省级验收。在普查基础上，市水利局于2022年开展《浙水遗韵·理水绍兴》编纂出版工作，汇集全市精选的61项重要水文化遗产，挖掘治水事迹、治水理念、治水方略、治水精神等文化内涵，打造富有水城越韵特色的绍兴水文化。

（市水利局　孟宇婕）

非物质文化遗产保护

【概况】 2022年，全市非物质文化遗产保护工作聚焦非遗高水平保护、高质量发展的要求，加强基础建设、制度建设和机制保障，促进融合发展，构建新时代非遗传承发展新局面。市文广旅游局根据市人大立法工作安排，完成《绍兴市越剧传承保护条例》立法调研工作。国家级越剧文化生态保护区创建工作作为浙江省唯一的创建项目上报文旅部，并在7月组织专家考察组对创建工作进行实地评估。吴凤花等18人申报第六批国家级非遗代表性传承人、云门寺传说等25个项目申报第六批省级非遗代表性项目。谢安故事等11个项目入选第六批省级非遗代表性项目名录。在

表88　至2022年绍兴市国家级非物质文化遗产一览表

序号	申报地区	项目名称	项目类别
1	绍兴市	绍兴童谣	民间文学
2	绍兴市	徐文长故事	民间文学
3	绍兴市	目连戏	传统戏剧
4	绍兴市	绍剧	传统戏剧
5	绍兴市	绍兴鹦哥班	传统戏剧
6	绍兴市	绍兴平湖调	曲艺
7	绍兴市	绍兴词调	曲艺
8	绍兴市	绍兴黄酒酿制技艺	传统技艺
9	绍兴市	绍兴石桥建造技艺	传统技艺
10	绍兴市	调吊	传统体育、游艺与杂技
11	绍兴市	大禹祭典	民俗
12	绍兴市	绍兴水乡社戏	民俗
13	绍兴市	王羲之的故事	民间文学
14	绍兴市	越医文化	传统医药
15	柯桥区	舜王庙会	民俗
16	柯桥区	绍兴莲花落	曲艺
17	柯桥区	绍兴宣卷	曲艺
18	上虞区	越窑青瓷烧制技艺	传统技艺
19	上虞区	梁祝传说	民间文学
20	诸暨市	草塔抖狮	传统舞蹈
21	诸暨市	西路乱弹	传统戏剧
22	诸暨市	西施传说	民间文学
23	嵊州市	越剧	传统戏剧
24	嵊州市	嵊州竹编	传统美术
25	嵊州市	嵊州吹打	传统音乐
26	新昌县	新昌调腔	传统戏剧

（市文广旅游局　陈　莹）

至2022年绍兴市国家级非遗代表性传承人一览表

表89

序号	项目类别	项目名称	申报地区	姓名
1	传统戏剧	绍剧	绍兴市	章宗义
2	曲艺	绍兴平湖调	绍兴市	王玉英
3	曲艺	绍兴平湖调	绍兴市	郑关富
4	曲艺	绍兴鹦哥戏	绍兴市	宋小青
5	传统技艺	绍兴黄酒酿制技艺	绍兴市	王阿牛
6	传统体育、游艺与杂技	调吊	绍兴市	金寿昌
7	民间文学	王羲之传说	绍兴市	杨乃浚
8	民间文学	徐文长故事	绍兴市	吴传来
9	传统戏剧	绍剧	绍兴市	刘建杨
10	传统戏剧	绍剧	绍兴市	姚百青
11	曲艺	绍兴莲花落	柯桥区	胡兆海
12	曲艺	绍兴莲花落	柯桥区	倪齐全
13	曲艺	绍兴宣卷	柯桥区	何云根
14	民间文学	梁祝传说	上虞区	陈秋强
15	传统戏剧	诸暨西路乱弹	诸暨市	蒋桂凤
16	传统舞蹈	草塔抖狮子	诸暨市	赵伯林
17	传统音乐	嵊州吹打	嵊州市	尹功祥
18	传统美术	嵊州竹编	嵊州市	俞樟根
19	传统戏剧	新昌调腔	新昌县	蔡德锦
20	传统戏剧	新昌调腔	新昌县	章华琴
21	传统戏剧	新昌调腔	新昌县	吕月明

2022年绍兴市获第六批省级非遗代表性项目一览表

表90

序号	项目类别	项目名称	申报地区
1	传统技艺	绍兴传统木船制作技艺	越城区
2	传统技艺	安昌腊肠制作技艺	柯桥区
3	传统医药	景岳中医药文化	柯桥区
4	民间文学	谢安故事	上虞区
5	传统技艺	次坞打面制作技艺	诸暨市
6	传统技艺	紫阆黄公糕制作技艺	诸暨市
7	传统技艺	嵊州小笼制作技艺	嵊州市
8	传统美术	骨木镶嵌	嵊州市
9	传统医药	新昌张氏伤科	新昌县
10	传统体育、游艺与杂技	叠罗汉	新昌县
11	传统医药	肝胆科中草药疗法（新昌郑氏）	新昌县

（市文广旅游局　陈　莹）

省文旅厅印发的《浙江省非物质文化遗产保护发展指数评估指标数据(2021年度)》中，绍兴市位列设区市第二位，绍兴市本级排名第三位，柯桥区、诸暨市、嵊州市在全省88个县(市、区)中，分列第四、第13和第19位。其中，设区市和市本级排名连续5年居全省前三位。至年末，全市共有国家级非物质文化遗产名录26项、省级名录97项、市级名录261项；国家级非遗代表性传承人21人、省级代表性传承人134人、市级代表性传承人365人。

【非遗传承和成果转化】 2022年，绍兴市通过推广"非遗我来演"品牌，推动曲艺传承振兴工作，做好"把根留住"绍兴地方曲艺传承创新团队建设，继续办好绍兴莲花落、绍兴摊簧、绍兴词调、绍兴平湖调等传习班和培训班。举办"喜迎二十大　曲艺放光彩"2022绍兴曲艺传承振兴主题活动。组织完成全市省级非遗代表性项目短视频制作22个，并开展转化利用与传播服务。加强非遗数据库的建设和运用，实施非遗数字化传播。市本级报送的《越年味》、越城区报送的《"歪果仁"的绍兴年》获2022浙江非遗年俗短视频大赛一等奖。推动非遗形象门店建设，促进非遗利用与传播。计划在三年内，在绍兴古城打造30家非遗形象门店，提升绍兴非遗产品的品牌形象，凸显绍兴非遗产品的魅力和特色。年内，依据《非遗形象门店管理规范》地方标准，绍兴黄酒馆等首批10家形象门店正式亮相。绍兴非遗logo和形象IP发布。

【非遗兴乡大巡游系列活动】 2022年9月9日，2022年第四届"绍兴有戏——非遗兴乡大巡游"首站(柯桥站)活动在柯桥古镇正式启动，草塔抖狮、南洲叠罗汉、拔茅舞龙、赵家拳棒等十余支非遗巡游队伍分水陆两路进行巡游表演。杭州市国家级非遗代表性项目余杭滚灯首次亮相"绍兴有戏——非遗兴乡大巡游"。柯桥本土的安昌水龙会队重现了古时消防救火场景；由绍剧、越剧、曲艺演员组成的戏曲曲艺队展现柯桥作为中国曲艺之乡、戏曲之乡的特色。年内，第四届"绍兴有戏——非遗兴乡大巡游"相关活动在其他县(市、区)相继举行。

【第十一届"绍兴师爷讲故事"大讲赛】

2022年10月29日，由绍兴市文广旅游局主办，绍兴市非遗保护中心承办，各县(市、区)非遗保护中心协办的第十一届"绍兴师爷讲故事"比赛在市非遗馆举行。比赛讲述题材范围主要是绍兴市级以上民间文学类非遗代表性项目，如王羲之传说、西施传说、徐文长故事、梁祝传说、绍兴师爷故事、大禹传说等。比赛成人组和少儿组共评选出一等奖5名、二等

2022 年 11 月 11—13 日，第八届绍兴非遗集市在越城区迪荡街道举行。图为非遗集市现场
（市文广旅游局　供图）

奖 9 名、三等奖 15 名；越城区非遗保护中心、柯桥区非遗保护中心、上虞区非遗保护中心、诸暨市非遗保护中心、嵊州市非遗保护中心、新昌县非遗保护中心获得优秀组织奖。

【绍兴非遗集市】 2022 年 11 月 11—13 日，由市文化广电旅游局主办，市文化馆（市非遗保护中心），各县（市、区）文化广电旅游局承办的宋韵腔调·非遗新潮——第八届绍兴非遗集市在越城区迪荡街道举行。该届非遗集市集戏曲展演、非遗推介、展示展销、图文展览等于一体，除近 80 个传统美术类、传统技艺类、非遗美食项目展销摊位外，还增设两场传统音乐、传统舞蹈、传统体育游艺与杂技展演，嵊州吹打、水龙会、狴犴龙舞、桌凳农具花、大头荷等 10 个存于老一辈记忆中、鲜为年轻人所知的非遗民俗表演。

（市文广旅游局　陈　莹）

大众传媒

【报纸】

《绍兴日报》 系中共绍兴市委机关报，创刊于 1984 年 2 月 12 日，初为 4 开 4 版，1994 年 1 月起改出对开 4 版，现周一至周五为对开 8 版，周六周日为对开 4 版。第一版为要闻版、第二版为综合新闻版，其他还有国际国内新闻、理论、社会、生态、副刊等版面，还办有《新周刊》专刊。2022 年，绍兴日报社做好主题宣传，头版推出《喜看"重要窗口"的绍兴风景——迎接市第九次党代会特别报道》《喜迎党的二十大》专栏、"诗路飞越　胆剑新篇——沿着总书记的足迹前行"系列报道等。强化时政报道。头版推出《办好一个会提升一座城——喜迎杭州亚运会》专栏，《舆论直击·深化全国文明城市创建》栏目，配合做好全国文明城市复评工作。加强创新创优。持续抓好"当好河长""政在身边""与你同行""稽山新语"等栏目的提升工作。《上虞加油》《上虞能行》《上虞必赢》系列报道获浙江新闻奖一等奖。2022 年，《绍兴日报》日发行 7.5 万份。

《绍兴晚报》 1994 年 8 月 26 日创刊。现为四开十二版，日发行量 10 万份。2022 年，推出《二十岁·奔跑的青春》《探索共富一年间》《名城绍兴 越来越好》《跟着代表委员去调研》等重大主题报道。启动《美一周》栏目，聚焦平凡人，讲好美故事，传播正能量，全年刊发 52 个版面。2022 年获浙江新闻奖一等奖 1 件，二等奖 1 件；获赵超构新闻奖一等奖 1 件，二、三等奖若干。

《树人导报》 是绍兴市新闻传媒中心旗下的教育周报，首期创刊号于 2016 年 9 月 28 日正式发行。报纸以大德育为核心，为学校德育工作和学生的全面发展服务。每周三出版，全彩，分为小学版与中学版，每期 12 个版，拥有中小学生读者 40 多万。《树人导报》主要分为时政新闻、德育教育、家庭教育、科普人文四大版块，包括嗨校园、慧学、彗玩、慧生活、彗规划、朝花有约、立体阅读、心灵空间、头脑风暴等版面和专栏。2022 年推出"关注'双减'下的新变化""我们的课堂"专栏，以及《将冬奥精神注入新学期》《2022 年中高考升学服务手册》等专题报道，多角度呈现"双减"后的绍兴校园新气象。同时，加强版上版下互动，和绍兴市教育教学研究院合作，共同成立三位一体指导团队，推出《为未来的自己努力》等专题报道，并推出相关线下公益指导课。

（市新闻传媒中心　何　用、林　荣）

【广播电视】 至 2022 年末，绍兴市拥有广播电视台 6 家（绍兴市广播电视台，柯桥区、上虞区、诸暨市、嵊州市、新昌县广播电视台），各广播电视台自办广播节目频率 8 个、电视节目频道 8 个，通过无线有线同步播出。有线电视网络公司 6 家，分别为中广（绍兴）有线信息网络有限公司、中广（绍兴柯桥）有线信息网络有限公司、中广（绍兴上虞）有线信息网络有限公司、新昌华数数字电视有限公司、诸暨广电信息工程建设有限公司、嵊州市广电信息网络有限公司。信息网络传播视听节目服务机构 7 家；广播电视节目制作经营单位 171 家。全市有线电视用户保有量 160.39 万户，总入户率 91.58%。其中，乡镇农村用户 71.98 万户，入户率 90.7%，广播电视综合覆盖率 100%；城乡有线网络双向化率 94.9%，其中城区双向化率 99.77%、农村双向化率 90.48%。有线网络双向化覆盖用户 178.92 万户，开通交互式用户 26.23 万户，开通互联网用户 17.35 万户。全市有线电视网络业务创收 92355.48 万元，广播电视台广告等业务创收 14860.34 万元，其他收入 15774.65 万元。

2022 年，市新闻传媒中心成立“90 后记者二十大精神宣讲团” （市新闻传媒中心　供图）

新闻综合频道　频道立足“主流媒体权威资讯”的定位，主要有《绍兴新闻联播》《全媒体时空》《今日焦点》《绍兴党建》《绍兴正能量》《三农一线》《方圆视点》等自办栏目。2022 年，围绕迎接、宣传、贯彻党的二十大，《绍兴新闻联播》《全媒体时空》栏目先后开设《奋进新征程　建功新时代》《喜迎二十大》等专栏，推出《“越”进这十年》《我，这十年》等系列报道。完成市第九次党代会开幕式直播任务等。消息《为候鸟让道　上虞弃建投资 9000 万元的光伏项目》、新闻专题《留下更多“水心庵”才能更心安》获 2022 年度浙江省广电新闻奖一等奖。

公共频道　频道遵循“树立民本意识，体现民本精神，服务百姓生活”的理念，以本土化民生新闻、信息资讯和生活服务类节目为框架，节目编排关注民生百态，倾听百姓呼声，反映社情民意，评说是非公义，提供生活资讯，解决百姓难题，长期以来稳居绍兴落地电视频道收视榜首，收视份额遥遥领先。2022 年，频道下设 4 个栏目编辑部，1 个后期制作部和综合管理部等部门。频道目前在播栏目有《有房有车》《新老娘舅》《师母来哉》《真话难听》《七点强档》《师爷说新闻》《好剧夜排档》。其中《师母来哉》《真话难听》《师爷说新闻》为自办栏目。每天上午 7：00 开播至晚上 12 ：30 结束，全天播出 17.5 小时。

文化影视频道　频道主要自办节目有《小兰花》《新莲花剧场》《七咕咙咚呛》《文化绍兴》及大型活动栏目，全天播出 18 小时，已实现高清化播出。

绍兴综合广播、绍兴交通广播、绍兴戏曲广播　2022 年，在国内权威第三方调查机构赛立信发布的 2021—2022 年度全国广播收听市场风云榜中，FM93.6 绍兴综合广播跻身城市电台新闻资讯频率 TOP5，实现新突破。全年广播先后开设《奋进新征程　建功新时代》《名城绍兴越来越好》《探索共同富裕一年间》《省党代会精神在基层》《喜迎党的二十大》等 10 余个专题专栏，共播出相关报道 200 余篇，唱响主旋律。广播共有 11 件作品获省级奖项，广播剧《孙端之战》获省第十五届精神文明建设“五个一工程”奖，其他一等奖 1 件、二等奖 5 件、三等奖 4 件。

（市文广旅游局　李　斌，市新闻传媒中心　何　用、林　荣）

【媒体融合发展】 2022 年，全市“移动优先”战略持续推进，实现“越牛新闻”客户端装机量突破 800 万次，日活跃度稳定在 30 万次左右，媒体融合指数长期保持全省第一位。“地市级媒体融合改革的‘绍兴样板’”入选广电总局年度全国广播电视媒体融合典型案例，“越牛新闻”入选广电总局年度广电媒体融合新闻品牌；县级融合成效持续放大，开启市县媒体融合步伐，6 个县（市、区）新媒体客户端总下载量累计超 320 万次。

【获奖情况】 2022 年，绍兴市广电系统获 2021 年度省级新闻奖、政府奖以上获奖作品共 51 件（一等奖 13 件、二等奖 18 件、三等奖 18 件），另有中国广播电视大奖提名荣誉 1 件，浙江飘萍奖 1 件。

（市委宣传部　刘　向）

2022 年绍兴市获省级新闻奖、政府奖以上获奖作品一览表

表 91

序号	作品（项目）名称	奖　项	作　者
1	“非粮化”困局如何破解？	中国广播电视大奖 2019—2020 年度广播电视节目奖提名荣誉	（广播事业部）集体（曹婷、严锋、周婵瑾、庞雯娜、钮世君、李晓） 编辑：冯立中、商一兵、倪婷
2	梦与路：东方的觉醒——纪念辛亥革命 110 周年	2021 年度浙江新闻奖重大主题报道奖优秀作品奖一等奖	（专题部）集体（单滨新、沈卫莉、裴金红、钟宏娇、童波、徐霞鸿、於泽锋、金米、王琨杰） 编辑：袁越菲、周圆、丁兴根
3	跨越千里的共富“协奏曲”	2021 年度浙江新闻奖重大主题报道奖优秀作品奖二等奖	（广播事业部）庞雯娜、樊冯飞、王颖、杨晨、孙明、陈逸楠 编辑：袁越菲、周婵瑾、茹学农
4	绍兴战“疫”日与夜	2021 年度浙江新闻奖重大主题报道奖优秀作品奖二等奖	（数字传媒事业部）集体（魏璐芳、胡刚、舒文、厉燕军、许文超、金哲楠、谢媛、王丽丽、倪妮、冯古川、章期豪、徐静怡、张衔男、曹技） 编辑：集体（单滨新、王存瑞、商一兵、王薇、余晓华、潘晓华）

续表 91

序号	作品(项目)名称	奖 项	作 者
5	共富路上——你好！90后书记	2021年度浙江新闻奖重大主题报道奖优秀作品奖三等奖	《绍兴晚报》许程丽、陈乙炳、李颖、胡安娜、吴可蒙、严竹萍、张梦洁 编辑:集体(杨燕萍、蔡毅、俞朝盈、郑可欣、张超、雷彦平)
6	《绍兴日报》"与你同行"专栏	2021年度浙江新闻奖新闻名专栏	《绍兴日报》集体(何超群、林佳萍、周梦琪、汤桂平、潘晓华、范文忠、杜静静、陈松、杜珊珊、何丹、翁佳美、俞其军、张峰、俞颖颖) 编辑:集体(单滨新、何国永、胡杨、秦德胜、袁一倩、沈奎东)
7	空心红包不是问题 空心慰问才是问题	2021年度浙江新闻奖评论一等奖	《绍兴晚报》俞朝盈 编辑:栗爱平、杨燕萍、雷彦平
8	"群"上医院	2021年度浙江新闻奖通讯一等奖	《绍兴晚报》陈乙炳 编辑:杨燕萍、俞朝盈、栗爱平
9	《上虞加油》《上虞能行》《上虞必赢》	2021年度浙江新闻奖系列报道一等奖	《绍兴日报》集体(何瑛儿、何超群、钟兰花、徐晶锦、周梦琪、杜静静、范文忠、黎欣) 编辑:集体(单滨新、丁兴根、胡杨、何用、秦德胜、郭巍)
10	桃园村,一盒录音带的回响	2021年度浙江新闻奖通讯二等奖	《绍兴日报》钟兰花、诸丹萍、范文忠 编辑:丁兴根、胡杨、郭巍
11	新昌在全省率先启用"一照通用"系统	2021年度浙江新闻奖文字消息三等奖	《绍兴日报》俞颖颖、潘逸舟 编辑:秦德胜、袁一倩、曹本松
12	"12345"满意度考核,为何各方都不满意?	2021年度浙江新闻奖、浙江省广播电视新闻奖广播新闻评论一等奖	(广播事业部)曹婷、宋微、严锋、钮世君 编辑:袁越菲、周婵瑾、庞雯娜
13	光明信使	2021年度浙江新闻奖、浙江省广播电视新闻奖电视连续(系列)报道一等奖	(新闻综合频道)张天羽、潘涛、吕鹏、邵剑锋 编辑:王勇、何璇
14	陋室画家位光明:有梦不怕迟	2021年度浙江新闻奖、浙江省广播电视新闻奖电视社教专题一等奖	(新闻综合频道)朱丽、魏文锋、胡燕 编辑:何璇、王勇、吴斌
15	楼建勇:浙D12362已到曹娥街道	2021年度浙江新闻奖、浙江省广播电视新闻奖电视新闻专题二等奖	(新闻综合频道)李佳、余斌、朱丽、李斯承、邵剑锋 编辑:王勇、何璇、傅明
16	"版权AI智审"系统面世!花样版权保护进入数字化时代	2021年度浙江新闻奖、浙江省广播电视新闻奖广播消息三等奖	(广播事业部)庞雯娜、严锋、何敏 编辑:周婵瑾、茹学农、李晓
17	赵锷和他的朋友们	2021年度浙江新闻奖、浙江省广播电视新闻奖广播社教专题三等奖	(广播事业部)曹婷、赵莹、孙明、张志强、宋微 编辑:周婵瑾、庞雯娜、茹学农
18	核桃树之恋	2021年度浙江新闻奖新媒体新闻专题一等奖	(数字传媒事业部)魏璐芳、胡刚、厉燕军、王丽丽、张亮宗、许文超、谢媛 编辑:王存瑞、商一兵、徐静怡
19	H5| 同行,鲁迅的红色朋友圈	2021年度浙江新闻奖新媒体创意互动一等奖	(数字传媒事业部)胡刚、施妍静、谢媛、方嘉华、张衍男、严心愉、王丽丽、杨乐 编辑:单滨新、王存瑞、李晓
20	光明的世界	2021年度浙江新闻奖新媒体页(界)面设计一等奖	(数字传媒事业部)厉燕军、冯古川、方嘉华、舒文 编辑:王存瑞、商一兵、胡刚
21	折腾版示范工程,该停了	2021年度浙江新闻奖新媒体新闻评论二等奖	(数字传媒事业部)舒文、厉燕军、许文超 编辑:王存瑞、商一兵、胡刚
22	绍兴诸暨突降百年一遇暴雨,直击救援一线	2021年度浙江新闻奖新媒体移动直播二等奖	(数字传媒事业部)厉燕军、舒文、胡刚、冯古川、黄霄、王薇、曹技、施妍静 编辑:王存瑞、商一兵、余晓华
23	浙江首位!绍兴一线"老焊工"获评正高级职称	2021年度浙江新闻奖新媒体文字消息三等奖	(数字传媒事业部)厉燕军、胡刚、冯古川 编辑:王存瑞、商一兵、余晓华
24	64号摊位,4000斤瓜突然卖火了!	2021年度浙江新闻奖新媒体短视频现场新闻三等奖	(数字传媒事业部)厉燕军、舒文、冯古川、章期豪、施妍静 编辑:王存瑞、胡刚、余晓华
25	收废品的"陋室画家":怀揣 理想 好梦不怕晚(组照)	2021年度浙江新闻奖新闻摄影三等奖	(新视觉部)何雯 编辑:魏璐芳、王丽丽
26	12年跟拍一项生态修复工程:昔日填埋场 今日大花园(组照)	2021年度浙江新闻奖新闻摄影三等奖	(新视觉部)魏璐芳、何雯 编辑:王存瑞、余晓华
27	巧取	2021年度浙江新闻奖新闻漫画二等奖	《绍兴晚报》姚月法 编辑:杨燕萍、俞朝盈、栗爱平
28	绍兴日报7月2日1、8版	2021年度浙江新闻奖新闻版面三等奖	《绍兴日报》郭巍 编辑:单滨新、丁兴根、郭巍

续表 91

序号	作品（项目）名称	奖 项	作 者
29	蘑菇云升起后，他到爆心抢收自记仪	2021 年度浙江新闻奖新闻副刊二等奖	（专题部）周圆、徐霞鸿 编辑：沈卫莉
30	越城区东湖街道五和村发放防疫补贴弄虚作假	2021 年度浙江省广播电视新闻奖文字内参二等奖	（公共频道）王平元、俞袁景、孙益勇、施国权 编辑：纪立峰、王勤
31	那一曲《青藤狂歌》	2021 年度浙江省广播电视文艺奖广播戏曲曲艺节目三等奖	（广播事业部）汪海东、周婵瑾、李晓、孙明、茹学农、徐继承
32	故乡	2021 年度浙江省广播电视文艺奖电视音乐节目三等奖	（文化影视频道）朱於越、俞文超、王未、王洁、李琪、谢亮
33	核桃树之恋	第六届(2021 年度)浙江省纪录片“丹桂奖”优秀短纪录片	（影视投资公司）林斌、李俊奇、周志丽、王存瑞
34	“船”承	第六届(2021 年度)浙江省纪录片“丹桂奖”优秀长纪录片	（影视投资公司）丁志刚、金利泳、邹建松、钱毅君、金明勇、茹斐然
35	农村低效地“破题”的先行探索	2021 年度浙江省广播电视对农节目奖广播对农节目二等奖	（广播事业部）庞雯娜、周婵瑾、樊冯飞、孙明、杨晨、茹学农
36	红领巾公益课堂	2021 年度浙江省广播电视少儿节目奖电视少儿栏目二等奖	（文化影视频道）丁杰、孟亚尔、赵子豪、金王盛、陈燕、王未、樊静
37	“高举队旗跟党走　红色基因代代传”——绍兴市少先队庆祝建党 100 周年主题队日	2021 年度浙江省广播电视少儿节目奖电视少儿节目三等奖	（文化影视频道）丁杰、俞文超、安骆钟、王未、王洁、许逸菲
38	上虞，全域解封！	2021 年度浙江省广播电视新媒体奖新闻直播三等奖	（数字传媒事业部）舒文、许文超、胡刚、余晓华、章期豪、王存瑞、商一兵、王薇、厉燕军、曹技
39	电视媒体“Vlog+ 新闻”的创新应用与思考	2021 年度浙江省广播电视学术论文奖节目研究三等奖	（公共频道）王平元、徐杭璐
40	越剧《映日骄阳》	2021 年度浙江省广播电视节目技术质量金鼎奖广播戏曲类二等奖	胡鹏程、王炜、朱佳引
41	绍兴市新闻传媒中心	2021 年度浙江省广播电视节目技术质量金鼎奖广播播出奖二等奖	周晓亮、胡鹏程、朱佳引、王炜、王毓敏
42	越剧《祝福》（选段）	2021 年度浙江省广播电视节目技术质量金鼎奖广播戏曲类三等奖	周晓亮、王炜、朱佳引
43	夏季宣传片	2021 年度浙江省广播电视节目技术质量金鼎奖广播片花类三等奖	王炜、周晓亮、胡鹏程
44	绍兴市新闻传媒中心	20201 度浙江省广播电视节目技术质量金鼎奖电视播出奖一等奖	张朝正、胡烽、陆光明、裘良健、章立峰、施宇良
45	绍兴新闻联播	2021 年度浙江省广播电视节目技术质量金鼎奖电视高清新闻类二等奖	方静、周峰、范天立、徐梦莹
46	城市形象宣传片	2021 年度浙江省广播电视节目技术质量金鼎奖高清视频图形短片类二等奖	邵剑锋、傅亚婷、张骞
47	绍兴系列宣传片	2021 年度浙江省广播电视节目技术质量金鼎奖高清视频图形短片类三等奖	张朝正、王文成、黄光明
48	全媒体时空	2021 年度浙江省广播电视节目技术质量金鼎奖高清视频图形片头类三等奖	邵剑锋、支晓峰、朱光明
49	绍兴市新闻传媒中心 4K IP 超高清电视转播车项目	2021 年度浙江省广播电视科技创新项目金潮奖工程技术类一等奖	陈大可、范天立、吴浩军、方静、张朝正、周峰、唐晓、孙冬江
50	绍兴市新闻传媒中心智能媒资项目	2021 年度浙江省广播电视科技创新项目金潮奖科技成果与应用类二等奖	陈大可、张朝正、吴浩军、方静、黄光明、支晓峰、王文成、邵剑锋

（市委宣传部　刘　向）

【电影放映】 2022年,绍兴市共有电影院64家、影厅445个,全年播放电影69.56万场次,379.81万人次观影,年票房收入1.61亿元。公益播放农村电影2.56万场次。通过发放电影观影消费券、影院补贴等举措开展电影院纾困工作,累计发放补助资金200余万元。

(市委宣传部　朱正浩)

【出版工作】 2022年,全市有908家印刷企业通过年度核验。其中,出版物印刷企业19家,包装装潢印刷品印刷企业639家,其他印刷品印刷企业240家,数字印刷企业10家。按区域分,越城区187家,柯桥区117家,上虞区178家,诸暨市225家,嵊州市124家,新昌县77家。全市参加年度核验出版物发行单位644家,其中出版物批发单位28家,零售单位616家。零售单位中,有实体书店482家(网上书店82家),其他134家。绍兴市持续加强内部资料性出版物监管,全面部署开展"秋风""净网""护苗"等"扫黄打非"五大专项行动,严厉打击非法出版物、印刷品及有害信息传播活动,突出互联网主战场,开展"网络游戏和网络文学有害内容专项整治"等八大专项整治行动。查处"扫黄打非"类行政案件64起,"扫黄打非"类刑事案件49起,其中7起案件成功申报全国挂牌督办,柯桥区侦办的"姚某等人跨境传播淫秽物品牟利案"被评为2022年度全国"扫黄打非"十大案件之一。

(市委宣传部　黄　亮)

"一廊三带"建设

绍兴文创大走廊

【概况】 绍兴文创大走廊是指越城区、柯桥区、上虞区范围内鉴湖流域沿线,依托绍兴深厚的文化资源和现有产业基础,以"绍千年名城·兴中国文化"为总体定位目标的高知识性、高附加值、高融合性的带状文化创意产业集合区。文创大走廊统领涵盖浙东运河文化带、浙东唐诗之路文化带、古越文明文化带,统称"一廊三带",总体呈现"π"形布局。自2019年绍兴市提出文创大走廊概念以来,成立以书记、市长为组长的市文化产业发展暨文创大走廊建设领导小组,办公室设在市委宣传部;组建文创大走廊工作专班,专人专职负责政策制定、项目规划、组织协调、督查考核;编制《绍兴文创大走廊概念性规划》《绍兴市文化产业发展"十四五"规划》《文创大走廊三年行动计划(2019—2021)》等;文化产业政策纳入全市"1+9"政策体系,每年进行修订完善,不断提高政策的针对性及覆盖面;立足"一廊三带"的文脉格局,一批重量级的文化项目被成功引入,黄酒小镇等重点招引项目快速推进,中南兰亭旷谷、华昌铜矿主题文旅项目等完成签约;实施项目143个、建成项目64个,完成投资483亿元。2022年,绍兴市启动新一轮《绍兴文创大走廊三年行动计划》编制,统筹推进年度文化体制改革重点项目。实施重点文化产业建设项目101个。

【文创产业发展平台】 2022年,绍兴市加快文创园区发展速度,金德隆文创园、轻纺城广告创意园等文创集聚区陆续涌现,浙江明牌珠宝股份有限公司(柯桥区)入选2022年浙江省文化产业示范基地。累计获评省重点文化产业园区2个、省文化创意街区5个。推动文化类特色小镇建设,坚持文化和旅游产业两大发展架构,在功能上实现生产、生活、生态"三生融合",机制上以政府为主导、以企业为主体、社会共同参与,打造"产城人文"一体化文化产业功能聚集区。

【文化企业引进和培育】 2022年,绍兴市继续加大文化企业培育力度,开展重点企业优质服务专项行动,新获评省重点文化企业3家、省成长性文化企业32家;全力培育规模以上企业,扎实推进文化企业"小升规"专项竞赛活动;扶持小微企业,深化文化金融改革试验区建设,全市首家文创特色银行正式营业。

(市委宣传部　赵晔超)

【上虞区e游小镇】 上虞区e游小镇于2016年1月被列入省级特色小镇创建名单,2019年9月命名为省级特色小镇(第三批)。小镇自创建以来,培育游戏、动漫、影视等数字经济产业,吸引有效投资65.09亿元,入驻数字经济企业809家,聚集创客11000余名,培育高新技术企业18家、科技型中小企业42家。2022年,大通e享城正式运营、江西路实现连通、青春公寓投用,惠普文创园入选"绍兴市服务小微企业成长优秀平台",e游数字小微园获2021年度市级特色产业园。e游小镇承办举办"2022中国游戏产业创新发展论坛"、2022游茶对接会上海站、全国高校数字艺术大赛浙江赛区比赛、"CG大赛"等活动。上线运营游戏作品5款,获得版号3款;有9部影视作品上线,推出动漫作品24部,其中未蓝文化《桃花猫与东海鱼》摘获"玉猴奖·年度十佳新锐动漫IP奖"。新增数创产业链优势企业51家,储备优质项目15个,入驻盛世青春、弋戈美趣等百人团队5家,实现税收6.48亿元,实现数字经济总产出125亿元,规模以上服务业营业收入42.7亿元,获评省特色小镇考核优秀,入围第二批省级广播电视和网络视听产业基地(园区)培育名单。

(e游小镇管委会　金　杉)

浙东运河文化带

【概况】 浙东运河(绍兴段)历史悠久,始建于春秋,基本形成于晋代,西自钱清镇入境,经柯桥、绍兴市区、皋埠、陶堰至曹娥江,过曹娥江后分为南北两线,北线经驿亭至五夫长坝出境,南线经梁湖、丰惠至安家渡出境,全长101千米。2500余年来,持续发挥着交通、水利功能,是全国运河中历史最悠久的河段之一。2014年,由通济渠段、卫河(永济渠)段、淮扬运河段、江南运河段、浙东运河段、通惠河段、北运河段、南运河段、会通河段、中河段等十大河段组成的"中国大运河"申报世界遗产成功。浙东运河(绍兴段)成为绍兴市的第一个世界文化遗产,也是绍兴最

表 92

2022 年浙东运河(绍兴段)遗产要素类型一览表

组成部分名称	遗产要素	遗产要素类型	
		大类	小类
浙东运河杭州萧山—绍兴段	浙东运河杭州萧山—绍兴段	运河水工遗存	河道
	西兴过塘行码头	运河水工遗存	水工设施
	八字桥	运河水工遗存	水工设施
	八字桥历史文化街区	运河相关遗产	历史文化街区
	古纤道	运河水工遗存	水工设施
浙东运河上虞—余姚段	浙东运河上虞—余姚段(虞余运河)	运河水工遗存	河道

表 93

浙东运河申报遗产区在十大河段中所具有的典型性和代表性一览表

	河段特点	遗产区名称	遗产区在十大河段中所具有的典型性和代表性
浙东运河	连通了大运河与海上丝绸之路的段落	浙东运河杭州萧山—绍兴段	见证了运河沟通钱塘江与曹娥江的重要交通枢纽,是大运河沿用时间最长的段落之一
		浙东运河上虞—余姚段	沟通了曹娥江与姚江的重要河段,对两岸的经济繁荣具有重要影响

(市地方志编纂室 整理)

具历史文化价值的“金名片”。绍兴市自 1999 年起,先后发布《关于绍兴历史文化名城保护规划的决议》《绍兴历史文化名城保护规划和绍兴市城区防洪与环城河综合整治规划》《绍兴古城保护利用条例》《绍兴市大运河世界文化遗产保护条例》,在大运河沿线城市中较早出台有关运河遗产保护利用传承的实施意见。绍兴市坚持文旅融合发展,以浙东运河文化园建设为契机,以古镇为明珠,以运河为轴,串珠成链,努力将大运河文化带(浙江段)建成文化和旅游示范带和“重要窗口”。

【大运河(绍兴段)世界文化遗产保护】 绍兴市贯彻落实国家《大运河文化保护传承利用规划纲要》和省《大运河文化保护传承利用实施规划》要求,于 2019 年制订并颁布《绍兴市大运河世界文化遗产保护条例》,编制《绍兴市大运河世界文化遗产保护名录》,修编《大运河绍兴段遗产保护管理规划》。大运河保护利用纳入“历史文化遗产与风貌特色保护利用专题研究”“文物保护专项研究”进行专题研究,成果纳入国土空间规划。2022 年,绍兴市不断加强大运河沿线出让地块的规划管控,自然资源、建设、交通运输、水利、生态环境、文广旅游等部门严格执行大运河相关保护规划规定,从源头上控制沿线地块的土地利用、建筑高度、建筑风貌及体量等,把好项目准入关。结合《浙江省大运河核心监控区国土空间管控通则》编制工作,全面梳理大运河绍兴段沿线各层次遗产,实地调查核心监控区内保护开发利用现状以及相关规划情况,做到既保护传承好大运河历史文化遗产,又促进绍兴经济社会发展。

【浙东运河文化园】 浙东运河文化园位于越城区、柯桥区交界处,南临浙东运河、北至凤林西路、东至大越路、西至四江口,是高标准打造运河文化建设浙江金名片的省级重点工程。项目总投资 15 亿元,规划建设运河博物馆主馆、运河博物馆副馆(淡水鱼水族馆)、国际垂钓竞技中心、文商旅和公园等功能区域用房等合计 7.5 万平方米,其中新建 7.2 万平方米(博物馆主馆 1.82 万平方米、副馆 1 万平方米、垂钓中心 2000 平方米、文商旅用房 4.18 万平方米),保留 3000 平方米(蓬莱水驿 1800 平方米、文旅商区 1200 平方米),配套建设地下建筑 4.5 万平方米(博物馆区 2 万平方米、文旅商区 2.5 万平方米),同时配套进行布展、景观、文化建设。工程以“水波为笔,帆船为墨,水墨丹青,千年画卷”为设计理念,运用“古韵今作”的建筑手法,传承和展示“烟雨江南,千帆竞过”的古运河形象,隐喻大运河的繁华,以及运河文化的生生不息。至 2022 年末,已完成主馆、副馆、垂钓中心、文商旅用房建设。

(市文广旅游局 陈宗祥)

浙东唐诗之路文化带

【概况】 “浙东唐诗之路文化带”是以唐诗为纽带,将丰富多样的单个自然和文化资源串接在一起的独特整体,是浙江诗路文化带的领头羊,具有十分重要的历史积淀和文化底蕴。绍兴市围绕“变盆景为风景”,以“快进慢出”的诗路黄金游线为线,以“展现唐诗诗意场景”项目实施为珠,以“数字化、机制化”推动“城、山、水、村”风情融合为针,串珠成线,重点打造“越台揽胜、禹陵怀古、镜湖泛舟、兰亭思贤、东山抚云、娥庙问孝、浣江寻芳、五泄观瀑、剡溪伴月、艇湖访戴、天姥寻梦、石城礼佛”为代表的唐诗之路绍兴十二胜景,组织开展全国媒体“跟着唐诗游绍兴”活动。2022 年,诗路古道体验游——稽山鉴水诗路柯桥古道体验之旅、山水诗画自驾游——稽山鉴水唐诗之旅、文化高地研学游——匠心研学精品游线、文化高地研学游——越剧寻根之旅、文化高地研学游——寻梦唐诗研学之旅入选浙江省“诗路精品旅游线路”。至年末,全市有唐诗之路研究机构(学会、协会)1个,通过绍兴市浙东唐诗之路研究会建立各研究机构联席会议机制,实现资源和信息共享。累计向全国公开征集"浙东唐诗之路研究(绍兴区域)"课题19个,"浙东运河文化研究"课题10个,组织开展一批学术交流活动。

【浙东唐诗之路文化立法保护工作】2021年,在省人大常委会法工委牵头组织下,绍兴、台州两地人大常委会在全省首次开展协同立法。2022年4月,《绍兴市浙东唐诗之路文化资源保护和利用条例》正式纳入市人大常委会2022年立法计划初次审议项目。

【浙东唐诗之路遗迹景点】2022年,市文广旅游局组织开展浙东唐诗之路遗迹图标识工作,在原有"绍兴十二胜景"基础上,增加浙东唐诗之路遗迹景点至60个。对60个遗迹景点分别完成学术考证、诗歌选择、地理定位、图片选择、故事整理、视频拍摄、导览导航等工作,实现遗迹景点内容展示与可视化体验的有机结合,全方位展现遗迹的全貌,立体化呈现遗迹的真实场景。为了方便阅读者和使用者,进行了小程序设计,可直接导航到遗迹景点。

【诗路文化带建设案例】新昌,古称剡东,素有"东南眉目"之美誉。"一座天姥山,半部全唐诗",李白、杜甫等460余位诗人曾在新昌留下诗篇1500多首。作为浙东唐诗之路首倡地和精华地,新昌始终把高标准打造浙东唐诗之路精华地作为诗画浙江大花园建设的标志性工程,相继创成国家全域旅游示范区、省首批AAAAA级景区城、省大花园典型示范单位。2022年,共接待游客429.54万人次,实现旅游总收入62.2亿元。

赓续文脉,焕发诗城新活力。编制《新昌县浙东唐诗之路战略规划》,按照"一年有声、三年有形、五年有效"目标,每年安排专项资金上亿元、统筹各线资金30余亿元保障诗路精华地建设。先后成立全国首家有法人资格的民办唐诗学术研究机构、全省首个唐诗之路研究中心、唐诗之路研究会,全面系统开展诗路文化学术研究,深入挖掘"诗心自在"文化内涵。累计举办全国唐诗之路与天姥山学术研讨会、"一带一路"天姥山唐诗国际交流活动等国际国内学术会议及活动18次,出版《唐诗之路唐代诗人行迹考》《浙东唐诗之路学术文化编年史》等著作20余部,发行《天姥山唐诗三百首》12万册。摄制《浙东唐诗之路专题片》等人文地理片30余部,联合浙江卫视拍摄《还有诗和远方·诗画浙江篇》,获新华网、"学习强国"学习平台等权威主流媒体平台推荐。与甘肃敦煌、西安未央联手打造"诗路一号产品"。上线"诗画浙江 诗意新昌"高铁专列广告。

重塑山水,激活诗景新生机。全力打造诗路核心景区,统筹60亿元启动天姥山景区基础配套工程、天姥山沿线重点村提升等项目建设,已完成青云梯、古驿道、三关六铺修缮复建,建成天姥隐、云之台、大草坪等可听、可观、可游、可拍的景观,天姥山景区于2022年6月24日正式开园,并入选首批文化基因解码成果转化利用示范项目。围绕"诗城、茶城、佛城"主题,做强"浙东唐诗之路精华地"IP,强化唐诗元素培植,投资75亿元推进浙东唐诗名城AAAAA级景区城创建工程,建成唐诗公园、唐诗之路博物馆、唐诗文化广场、唐诗文化街区等唐诗风韵地标性项目。传承文脉,守护诗路遗产,开展大佛寺石弥勒像等文物修缮工程,为活化利用历史文化遗产筑牢基础。浙东唐诗名城(AAAAA级景区城)列入全省首批大花园耀眼明珠和"文化标识"培育项目。开辟唐诗之路霞客古道、谢公古道等5条主题游线,创建省级旅游风情小镇2个、AAA级景区村32个、省A级以上景区村175个。

文旅惠民,培育诗路新业态。推进天姥山西麓—丹霞风情景区建设,启动总投资45亿元的丹霞风情旅游综合体项目已完成十九峰景区提升子工程40个,建成狐巴巴星球乐园、韩妃江安岚度假酒店、安缇缦生态康养旅游度假区一期、大古云延旅游度假区主体建设等工程,打造"水墨山城""梅棠雅集""下岩贝·金山上"等片区化品牌IP。开展文旅招商推介,累计招引梅溪湖民俗文化及休闲养生园、"云水禅居"养生度假谷、碳银、拾玖郡等高端项目近100个,总投资超200亿元。做深"旅游+"文章,推进旅游与工业、农业等产业融合发展,招引县内10余家上市企业投资诗路文旅产业,建成万丰航空小镇、智能装备小镇等工业旅游示范基地。激活闲置农房资源,招引建设"尚诗堂""生田社""山中来信"等诗情诗景文旅项目,每年带动村集体和农户增收近8000万元。以"诗意新昌"IP打造为核心,开发"百县千碗·浙东唐诗天姥宴"系列

表94

2022年浙东唐诗之路遗迹景点一览表

所属县(市、区)	遗迹景点名称
越城区	会稽山、宛委山、禹穴、石帆山、若耶溪、禹寺、禹庙、禹井、禹陵、阳明洞天、越王台、望海亭、龙瑞宫、香炉峰、贺知章故里
柯桥区	秦望山、云门山、云门寺、法华寺(天衣寺)、兰亭、鉴湖(即镜湖)、柯亭、柯岩山寺、安昌寺、龟山(印山)、兰渚
上虞区	东山、东山寺(国庆寺)、东山瀑布、曹娥江、曹娥庙、小舜江、称心寺、曹娥碑、刘樊二真人祠、越窑青瓷
诸暨市	苎萝山、西施滩、五泄山、范蠡祠、浣纱石、浣纱庙
嵊州市	剡中、剡山、剡溪、金庭观、金庭山(金庭洞)、王羲之宅居
新昌县	天姥山、沃洲山、沃洲湖、水帘洞、石城山(南明山)、石城寺(南明寺)、碧涧别墅、南岩寺、沃洲精舍(沃洲寺)、水帘、关岭

(市文广旅游局 陈宗祥)

产品，注册“李梦白”商标并开发系列文创产品，形成吃有“天姥唐诗宴”、住有“天姥山居”、游有“新昌十二时辰”、购有“天姥农味”、娱有“诗路芳菲”特色品牌。其中，“天姥唐诗宴”以诗入菜，带动农民增收，入选首批浙江省文化和旅游促进共同富裕最佳实践案例。

（市文广旅游局　陈宗祥）

古越文明文化带

【概况】 绍兴地区早在新石器时代晚期已有人类活动足迹。越王勾践十年（前490），勾践在此建城立国。南宋时曾两次成为临时都城，高宗赵构取“绍奕世之宏休，兴百年之丕绪”之意，于公元1131年改元绍兴，升越州为绍兴府，绍兴从此得名。绍兴古城历经2500余年城址未变、文脉不绝，各处遗迹丰存，被誉为“一座没有围墙的博物馆”。古越文明文化带串联绍兴古城、平水、兰亭、西施故里、古香榧群等核心景点和旅游度假区。绍兴市着力打造“古越文明文化带”建设。启动古越探源工程，规划推进古越文化遗址公园建设，推进小黄山、印山越国王陵、平水越国王陵、凤凰山等考古遗址公园建设。巩固和突出绍兴越文化中心的学术高地地位，建设和推进越国遗址公园项目，实现古越文明带从学术资源到旅游资源的转化。

【古越文明文化带西轴建设】 绍兴市着力开展古越文明文化挖掘提炼工程，挖掘提炼浙东唐诗之路西轴原始诗路文化，初步梳理诗画文化、佛道文化、名人文化。文化纪录片《诸暨三贤》在央视上映。实施古越文明文化带产业融合开发工程，创成天使之泪、东方缘针织等一批省级工业旅游示范基地。推出西施眼（香榧）、西施茗（茶叶）等“西施十美”产品。打造越红茶博物馆、新灿粽编、西路乱弹等一批研学游实践基地。推进古越文明文化带设施修缮改造工程，以“微改造，精提升”为抓手，对古道古村古镇等开展改造提升。恢复建成香榧森林古道、秦皇古道等登山游步道53条，总长度近1000千米。推进五泄十四都周敦颐AAA级景区村、枫桥王冕廉政文化馆等一批古建保护、古村开发、文化展陈工程。实施古越文明文化带市场营销推广工程，举办西湖西施荷花会、西施文化节、文化旅游美食节、“香榧开摘仪式”等节会活动。

【名人故居激活工作】 2022年，绍兴在全省率先全面开展名人故居激活工作，以“绍兴名人文化年”活动品牌为统摄，高规格举办兰亭书法节、公祭大禹陵典礼、“致敬越剧改革80周年研讨会暨袁雪芬诞辰100周年纪念”、“‘人口、经济与共同富裕’主题研讨暨马寅初诞辰140周年纪念”、阳明心学大会等大型文化节会活动，以高规格、集群式的系列活动持续打响“绍兴名人”文化品牌。

【“千年古城”复兴计划】 绍兴市对标世界文化遗产标准，实施“千年古城”复兴计划，优化古城功能布局，持续推进肌理风貌修复、基础设施提升，探索古城保护与城市创新开发、有机更新的平衡点。加强“一城一桥三故里”等“古城项目群”建设，引进一批新型文创企业，通过文商旅深度融合，让古城散发新的活力和魅力，成为全国乃至世界古城保护发展“绍兴样板”。2021年2月，绍兴古城保护利用信息管理系统正式启用。2022年，绍兴古城入口周边配套工程、鲁迅故里综合保护项目、阳明故里综合保护利用项目落地推进。上大路特色文化街区一期项目顺利完工。

【宋六陵遗址】 绍兴宋六陵是南宋帝、后陵园，位于越城区富盛宝山南麓，占地2.25平方千米。宋六陵包括宋高宗永思陵、宋孝宗永阜陵、宋光宗永崇陵、宋宁宗永茂陵、宋理宗永穆陵、宋度宗永绍陵六帝陵寝。此外，还有北宋徽宗永佑陵、宋哲宗后陵、宋徽宗后陵、宋高宗后陵。它是反映宋代皇家陵寝制度及其演变的重要遗址，宋六陵继承了北宋皇陵规制，又开创了明清皇陵规制的先河。2013年，国务院公布宋六陵为全国重点文物保护单位。2021年，绍兴宋六陵被列入“十四五”国家大遗址保护利用专项规划，是绍兴唯一一处入选的遗址。2022年，市文物考古研究所联合省文物考古研究所、北京大学对宋六陵三、四号陵园遗址开展考古发掘。

宋六陵考古遗址公园建设。已设立绍兴市宋六陵遗址公园保护中心，组建绍兴市宋六陵考古遗址公园建设领导小组；公布《宋六陵考古遗址公园规划》《宋六陵保护规划》。宋六陵考古遗址公园入选第四批国家考古遗址公园立项名单。

（市文广旅游局　陈宗祥）

文化产业

【概况】 2022年，绍兴市按照“产业文化化、文化产业化”思路，推动文化产业再发展、再提升，助推城市文化体系构建，持续抓好政策保障、项目建设，做好活动创新、宣传推介等工作。修订文化产业扶持政策，出台疫情专项扶持政策。发挥重大文化产业项目引领作用，谋划陆游故里片区建设等项目，建成开放阳明故里、古城北入口，加速推进孑民图书馆、浙东运河文化园落地，“中国近代教育文献数据库”入选“国家文化产业发展项目库”，全年101个重点文化项目完成投资219.5亿余元。至年末，全市有规模以上文化企业497家，实现规模以上文化产业增加值295.77亿元，增长15.12%。

【文化产业政策】 2022年，绍兴市推进文化产业年度岗位目标责任制考核县（市、区）任务分解落实。启动《绍兴文创大走廊三年行动计划》编制，制定印发《清风诗路文化廉路提升推广三年行动计划（2022—2024）》。统筹推进2022年文化体制改革重点项目，推动完善浙江大学绍兴研究院—亚洲文明研究中心运营机制，制定《应对疫情绍兴市文化产业定向补助政策》，修订《关于促进文化产业发展的若干政策及实施细则》，完成文化产业政策“最优颗粒度”梳理及数字化改造，实现100%线上兑现，累计兑现资金8000万

2022 年绍兴市省重点文化产业园一览表

表 95

序号	名称	属地
1	绍兴金德隆文化创意园	越城区
2	中国轻纺城创意园	柯桥区
3	浙江诸暨珍珠产业园区	诸暨市

2022 年绍兴市省重点文化创意街区一览表

表 96

序号	名称	属地
1	绍兴金德隆文化创意街区	越城区
2	鲁镇文化创意街区	柯桥区
3	柯桥创 e 工场文化创意街区	柯桥区
4	绍兴市上虞区文化旅游风情街	上虞区
5	兰亭文化创意街区	柯桥区

(市文广旅游局　赵晔超)

元。做好新政策条款“越快兑”系统上线，完成文化产业政策绩效评价。

【重点文化产业项目】 2022 年，绍兴市实施重大项目带动战略，强化项目储备和招引，集中一批成熟度高、成长性好、先导性和牵引性强的优势项目，进行重点扶持、优先支持，增强产业发展的活力。共实施重点文化产业项目 101 个，实现投资 219.5 亿余元，完成年度计划的 126.2%。其中，整体推进古城保护、利用、创新和建设，实施总投资超过 300 亿元的“古城项目群”建设，鲁迅故里步行街、仓桥直街步行街、书圣故里步行街、迎恩门水街等重要历史文脉节点连成一片，成为文商旅融合发展的新平台，使绍兴古城形成宜居宜游、主客共享的文化休闲旅游空间。

【阳明故里开放】 2022 年 10 月 31 日，绍兴市举行王阳明 550 周年诞辰纪念暨阳明故里开放仪式。举行“知行合一——王阳明诞辰 550 周年”个性化邮票首发、国际儒联阳明研修基地揭牌、王阳明雕像揭幕仪式。阳明故里规划面积 40 公顷、总投资约 80 亿元。采用“泛博物馆”理念，修缮阳明故居，保留大埠头、石门框、饮酒亭等遗迹，建设阳明纪念馆、阳明广场等设施，最大限度还原历史本真、体现时代特色，与周边融为一体。

2022 年，绍兴市开展高铁首发主题冠名活动。图为 1 月 8 日，杭台高铁首发列车冠名为“浙东唐诗之路”号

(市文广旅游局　供图)

【中国戏曲电影展】 2022 年 11 月 2 日至 4 日，由中国影协、省文联、市政府联合主办，影协戏曲电影专委会、省影协、市委宣传部、市文联共同承办的第四届、第五届中国戏曲电影展在绍兴举行。包括京剧、越剧、淮剧、豫剧、绍剧、粤剧等 10 余个剧种的 35 部影片参展，来自戏曲界、电影界的专家学者及导演、剧作家、编剧、戏曲电影演员等参加电影展。影展期间，举办影视文化产业与戏曲电影高峰论坛、电影和戏曲电影拍摄交流推介会、中国戏曲电影推优表彰盛典等活动。

【浙江文化标识建设项目】 2022 年，绍兴市在文化标识建设上取得新进展，形成《文化基因解码报告》。在此基础上，开展浙江文化标识建设工作。1 月，省文旅厅公布首批“浙江文化标识建设”培育项目，绍兴市的“阳明文化”“黄酒文化”“鲁迅文化”“孝德文化”“西施文化”“中国越剧之乡”“西施文化”“浙东唐诗名城”等 8 个项目入选。10 月，省文旅厅公布“首批文化标识建设创新项目”(共 10 个项目)，绍兴市申报的“阳明文化”“黄酒文化”入选。12 月，省文旅厅公布“首批文化基因解码成果转化利用示范项目”，绍兴市申报的曹娥庙历史文化街区修复改造建设工程、西施故里“一江两岸”文化旅游项目、天姥山景区等 3 个项目入选。

【公祭大禹陵典礼】 2022 年 4 月 20 日，2022 年公祭大禹陵典礼在大禹陵祭禹广场举行。公祭典礼包括现场祭祀和网上公祭，现场祭祀典礼由原先 9 项仪程改为 13 项仪程，分别为肃立雅静、鸣号、敬献花篮、敬香、击鼓撞钟、奏乐、献酒、敬酒、恭读祭文、行礼、颂唱大禹纪念歌、献祭舞、礼成。礼成后，主祭人、主参祭人等前往享殿谒陵。港澳同胞、台湾同胞、海外侨胞和部分大禹后裔、越商代表通过线上形式，参与祭祀。省人大常委会副主任姒健敏，省人民政府副省长徐文光，省政协副主席裘东耀、省水利厅厅长马林云，绍兴市委书记盛阅春，市委副书记、市长施惠芳，市人大常委会主任谭志桂，市政协主席魏伟，省海促会台商台企专委会主任委员、敏实控股集团董事会主席秦荣华等出席。市委常委、常务副市长陶关锋担任祭典司仪。

【第三十八届兰亭书法节】 2022 年 4 月 28 日，第三十八届兰亭书法节在兰亭景区开幕，中国书法家协会主席孙晓云为书法节题词，市委书记盛阅春宣布开幕。开幕式前，晋圣仪式在兰亭景区王右军祠举行。在开幕式上，介绍第六届中国书坛兰亭书法双年展“宋诗宋韵”全国名家百家展暨兰亭雅集 42 人展有关情况，宣布“兰亭七子”获奖名单；举行“兰亭研学营地”揭牌仪式；发布“兰亭杯”全国中小学生书法大奖赛征稿启事。中国文联终身成就书法家沈定庵云开笔，赵雁君现场开笔。省文联党组书记、副主席陈瑶，市长施惠芳，省文联副主席、省书法家协会主席赵雁君，市人大常委会主任谭志桂，市政协主席魏伟，省书法家协会副主席、秘书长何涤非，省书法家协会副主席、学术委员会主任胡小罕及第六届中国书坛兰亭书法双年展“宋诗宋韵”全国名家百家展暨兰亭雅集 42 人展参展作者代表，绍兴文理学院兰亭书法学院负责人，绍兴书法家代表等领导、嘉宾出席书法节活动。书法节期间，第六届中国书坛兰亭书法双年展在兰亭博物馆开展。

（市委宣传部　朱正浩）

【2022 阳明心学大会】 2022 年 11 月 23 日，由省政府和国际儒学联合会共同主办的世界阳明学大会——2022 阳明心学大会活动在绍兴举行。来自全国的阳明学研究专家、全国阳明史迹地、行迹地单位代表等 400 余人参会。大会以“阳明心学与共同富裕”为主题，设有稽山论道、互联网时代的阳明心学与乡村振兴圆桌对话、天泉会讲——阳明心学的当代价值、第三届全国大学生知行合一传习论坛等子活动。“阳明心学大会”永久会址落户绍兴。

（市委宣传部　赵晔超）

2022 年 11 月 23 日，世界阳明学大会——2022 阳明心学大会举行　（市委宣传部　供图）

【第五届中国越剧艺术节】 2022 年 7 月 31 日至 8 月 20 日，由文化和旅游部、省政府主办，文化和旅游部艺术司、省文化和旅游厅、市政府承办的第五届中国越剧艺术节在绍兴举行。越剧节期间，15 部优秀越剧剧目展演，并举办“绍兴有戏 青春致敬经典”展演、第七届戏迷嘉年华、第二十届越剧大展演等活动。

7 月 31 日，举行开幕式，文化和旅游部党组成员、副部长卢映川，浙江省副省长成岳冲，绍兴市委书记盛阅春致辞。13 位中国越剧名家代表共同发布《中国越剧传承创新发展绍兴倡议》。8 月 20 日，越剧艺术节闭幕式在嵊州市举行。省文旅厅厅长褚子育宣布闭幕，15 个参演的越剧院团被授予展演纪念盘。举行“越耀剡溪　成就未来”文艺晚会。

（市文广旅游局　倪晓雪）

【文化金融改革试验区创建】 绍兴市在 2019 年发布《文化金融改革试验区总体方案》，启动文化金融改革试验区创建工作。至 2022 年末，全市文化金融服务体系基本构建，金融保障不断增强。全市文化及延伸产业贷款余额 1570 亿元，较 2019 年增加 577 亿元，占全市贷款总量的 12.1%。同时，文化企业直接融资渠道不断拓宽，2022 年全市已有 5 家企业在主板上市，累计在资本市场募集资金 34.1 亿元，债券融资超 100 亿元，其中银行间市场债务融资工具发行 66.7 亿元。其中，人行绍兴市中心支行先后组织文化产业政银企对接会 6 次，促成文化金融合作项目 61 个，累计融资超 600 亿元。人行绍兴市中心支行、市文广旅游局联合印发《关于深化文旅金融合作　全力做好企业纾困解难工作的通知》，全力支持文化和旅游企业纾困发展。累计向全市 512 家文旅小微企业发放贷款 13.8 亿元，为 180 家文旅企业办理延期还本付息 3.96 亿元。

（人行绍兴市中心支行　许江枫）

文化交流

【对外交流合作活动】 2022 年，绍兴充分发挥千年历史文脉优势，探索建立以美景、美食、美酒和名人、名艺、名城“三名三美”为重点的工作机制，深入实施“外国人眼中的绍兴”项目。结合七夕、中秋、阳明心学等节日节会，以及宋韵、黄酒等特色文化标识，策划组织“穿越时空古桥相会”“老酒新香中秋酒会”“走近阳明知行正心”等活动，相关宣传短视频或短文在油管、推特、抖音等海内外平台发布，全网阅读量超 4160 万人次。组织 2022 年汉学青年学者研习营活动，来自日本、印度、加拿大等 18 个国家的 15 名在华高校汉学相关专业的专家学者到绍兴实地走访、考察学习中华优秀传统文化。

【国际人文交流基地建设】 2022年,绍兴市发挥绍兴文理学院兰亭书法学院(国内高校首个书法学专业)优势,加强与海外著名大学的合作,开设海外“兰亭书法学堂”,通过派遣教师、学生赴国外开展中国书法标准化教学,打造以中国书法为媒介的中华文化国际交流传播中心,取得良好对外文化传播效应。在乌克兰西部国立大学建立第10个海外书法学堂,累计已在美国、加拿大、瑞士、波兰等9个国家建立10个海外书法学堂,覆盖海外学生超万人。“国际传播新视角——‘外国人眼中的绍兴’”被列为2022年度省委宣传部创新项目申报案例。

(市委宣传部 俞 宏)

文化市场管理

【概况】 2022年,绍兴市文化市场管理部门落实法治政府建设工作,围绕“亮剑铸盾 护航2022”主题,组织开展专项整治行动,举办全市文化和旅游行业安全生产和疫情防控应急演练,多维度全方位守护文旅行业运行秩序。至年末,绍兴市有登记在册的文化市场经营单位4221家。其中,网吧301家,游艺娱乐场所65家,歌舞娱乐场所283家,文物经营22家,印刷业1183家,出版物1224家,广播电视经营232家,电影75家,艺术品经营35家,文艺表演团体349家,演出经纪机构16家,演出场所44家,打字复印189家,艺术水平考级1家,网络文化52家,地卫18家,新闻出版企业报121家,其他11家。

【文化市场“放管服”改革】 2022年,绍兴市文广旅游部门继续深化“最多跑一次”改革和“放管服”改革,进一步规范行政审批,优化服务流程,提升服务效能。全面实行政务服务2.0平台审批服务,实现全程网办件、承诺服务制,共审批办结706件,群众测评满意率100%。以“一网办、全城办、掌上办”改革为突破口,推进所有事项一网办工作达到“五星级”标准。推动群众办事从“跑一次”向“零跑腿”的升级。

【文旅市场整治】 2022年,市文广旅游局加强对文旅市场的管理工作,围绕“亮剑铸盾 护航2022”主题,组织开展护航党的二十大文旅市场保障行动、除险保安专项行动、打击整治养老诈骗专项行动、“扫黄打非”专项行动、“绿叶”专项行动、省级以上文保单位执法巡查专项督察等专项整治行动,举办全市文化和旅游行业安全生产和疫情防控应急演练,多维度全方位守护文旅行业运行秩序。全市共出动执法人员26249人次,检查各类文旅经营单位11400家次,发现违规294家次;举报(督查)受理4件,属实案件4件;行政处罚立案调查95件,办结案件100件,警告42家次,罚款4212040元,停业整顿1家次,没收非法所得14.4万元,没收违法物品1739件,重大案件2件,听证2家次,无行政复议和行政诉讼案件。

【行政执法三项制度落实】 2022年,市文广旅游局加强依法行政工作,全面实施行政执法公示、行政执法全过程记录、重大行政执法决定法制审核三项制度。市文化执法队对每件案件一案三审,最后报局审查批准。以季度为单位编撰全市文化市场行政执法工作情况通报,综合点评全市日常检查情况和执法办案情况。市文化执法队获全国查处重大侵权案件有功单位、全省文化执法工作成绩突出集体,省岗位练兵技能团体二等奖,1个案件获评全国文化市场综合执法重大案件;市文广旅游局获评省广播电视安全播出工作成绩突出集体。

【“双随机、一公开”监管】 2022年,市文广旅游局梳理法律法规规章赋予的监督检查职责,明确抽查事项名称、内容、抽查依据、抽查主体、抽查覆盖率等,制定“双随机、一公开”年度计划。合理确定随机抽查比例和频次。使用“浙江省行政执法监管”平台,组织开展全市文化旅游市场“双随机”抽查工作,共抽查场所2530家次,并落实对抽查发现问题的整改。

【文化市场综合行政执法改革深化】 2022年,绍兴市文广旅游部门继续推进“大综合一体化”行政执法改革,确定4个领域16项执法事项划转到综合执法事项;优化市与市辖区执法层级调整,派驻“三区”的执法机构划归区业务主管部门管理;启动完成执法力量下沉工作,下沉县乡比例82%,下沉乡镇(街道)比例68.35%;完成执法人员服装换发,实现执法服装、执法证件、执法文书、执法标识“四统一”。

(市文广旅游局 冯碧君)

卫生健康

健康绍兴建设

【概况】 2022年，绍兴市开展健康中国和健康浙江行动，推进健康绍兴建设，连续两年获评全国健康城市建设样板市，连续4年实现健康浙江考核市县两级优秀“满堂红”。在省健康办公布2020年、2021年健康发展指数中，绍兴市以82.52分和84.78分，居全省第三位和第二位。群众满意率95.54%，居全省第一位。

【医疗卫生机构】 至2022年末，绍兴市有卫生机构2914个(含村卫生室978个)、医院102家、乡镇卫生院和社区卫生服务中心103家、社区卫生服务站546家。有公立医院32家，其中三级以上公立医院17家。卫生机构床位数33405张，其中医院床位26461张。医生数19453人，注册护士数20319人。每万人拥有医疗床位74.93张，每万人拥有医生43.63人。新(改、扩)建规范化村卫生室(社区卫生服务站)35家，定向培养村医103人，全市基层就诊率65.09%，县域就诊率90.28%。

【医药卫生体制改革】 2022年，绍兴市按照“控总量、腾空间、调结构、保衔接、强监管”改革路径，调整医疗服务价格6141项。2月，在全省率先出台基层卫生健康综合改革实施方案，改革完善“用引留守干”5项机制，创新深化数字家医、能力提升、职称晋升、薪酬激励、村医补助等16条政策举措。绍兴市入选省中医药综合改革先行市创建单位，在全省率先实现三级公立中医医院县(市、区)全覆盖。

【公立医院综合改革】 2022年，绍兴市推动公立医院“三医联动”(医疗、医保、医药改革联动)集成改革，强化公立医院主体地位和公益属性，促进优质医疗资源扩容和合理布局。开展公立医院综合改革重点目标考核及监测，严控医药费用不合理增长，加强高值耗材和辅助用药管理，市直和各县(市、区)公立医院医疗费用控制重点考核指标基本达到控制目标。

【分级诊疗工作】 2022年，绍兴市依托县域医共体建设，建立“基层首诊、双向转诊、急慢分治、上下联动”分级诊疗体系，市县级医院向基层医疗卫生机构下转患者37.87万人次，基层向市县级医院上转患者16.64万人次，县域就诊率90.28%，基层就诊率65.09%。

【民生实事工程】 2022年，绍兴市开展省民生实事4项，新增托位5006个(其中普惠托位3750个)、新改扩建规范化村卫生室(社区卫生服务站)30家、新增县级公立三级医院床位1020张、建设国家临床重点专科1个(绍兴市人民医院神经外科)。为175236名老年人免费开展结直肠癌筛查，筛查阳性27476例，筛查阳性率15.68%，动员结直肠癌镜检查9941例，发现结直肠癌120例，癌前病变1041例，其他良性病变4089例。为70周岁及以上老人免费接种省、市民生实事项目流感疫苗143196剂次、肺炎疫苗70188剂次。免费为65岁以上老年人开展老年痴呆筛查151825人次，完成率108.45%；精筛完成人数22741人次，其中阳性3535人次，阳性报告率2.3%。免费为60岁以上老年人开展前列腺癌筛查203814例，完成率101.91%，筛查阳性24987人，发现前列腺癌确诊1370人。

【重点医疗卫生项目建设】 2022年，绍兴市加强与省卫生健康委、浙江大学合作，推进浙江大学医学院附属邵逸夫医院、中国科学院大学附属肿瘤医院、浙江大学医学院附属第二医院、浙江省人民医院4家省级医院在绍院区建设，推进市人民医院镜湖总院、市妇幼保健院(市儿童医院)新院建设，启动新昌县人民医院迁建。全市42个医疗卫生健康项目完成年度投资60.16亿元，其中柯桥未来医学中心建设(浙江大学附属第二医院柯桥院区)等7个项目开工建设，上虞区公共卫生科技实验楼等11个项目竣工投用。

【健康影响评价工作启动】 2022年，绍兴市印发《绍兴市人民政府办公室关于开展健康影响评估工作的通知》，成立绍兴市健康影响评价专家委员会，将健康影响评价工作纳入市对县(市、区)政府和部门岗位目标责任制考核，市县两级启动健康影响评价制度，完成重要公共政策、重大项目健康影响评价和健康审查50余个，评选市级优秀案例7个，其中绍兴文理学院附属医院二期工程项目健康评价案例被评为省首个十佳案例，居全省第一位。

【“无废医院”创建】 2022年，绍兴市制订“无废医院”省级标准并被省无废办认可采纳，在全省推广使用。组织全市医疗机构开展“无废医院”创建，进行“无废城市”信息化平台网上申报，市县两级卫生

表 97

2022 年绍兴市卫生机构、床位、从业人员情况统计表

指标	全市	越城区	柯桥区	上虞区	诸暨市	嵊州市	新昌县
一、卫生机构数（个）	352	71	57	46	66	73	39
1. 医院	102	25	17	14	21	16	9
综合医院	38	8	4	5	7	8	6
中医医院	12	2	2	2	3	1	2
专科医院	43	11	10	6	9	6	1
口腔医院	17	5	6	3	2	—	1
眼科医院	7	2	1	2	1	1	—
精神病医院	4	2	—	1	—	1	—
传染病医院	—	—	—	—	—	—	—
皮肤病医院	—	—	—	—	—	—	—
康复医院	9	—	2	—	4	3	—
麻风病医院	1	—	1	—	—	—	—
美容院	2	1	—	—	1	—	—
妇产（科）医院	2	1	—	—	1	—	—
骨科医院	1	—	—	—	—	1	—
护理院	9	4	1	1	2	1	—
2. 乡镇卫生院（社区卫生服务中心）	103	17	16	20	23	15	12
3. 门诊部	92	14	18	6	11	31	12
4. 急救中心	5	1	—	1	1	1	1
5. 采供血机构	2	1	—	—	1	—	—
6. 妇幼保健院	9	3	2	1	1	1	1
7. 专科疾病防治院	2	—	1	1	—	—	—
8. 疾病预防控制中心	7	2	1	1	1	1	1
9. 卫生监督所	7	2	1	1	1	1	1
10. 医学在职培训机构	4	—	1	1	1	—	1
11. 健康教育所	—	—	—	—	—	—	—
12. 其他卫生机构	8	6	—	1	1	—	—
13. 疗养院	—	—	—	—	—	—	—
14. 计划生育技术服务机构	2	—	—	—	—	1	1
二、卫生机构床位数（张）	33405	7880	6415	4308	8005	4052	2745
1. 医院	26461	6899	4940	3619	5188	3229	2586
2. 卫生院	4925	501	875	455	2217	718	159
3. 妇幼保健院	1840	450	500	210	600	80	—
4. 专科疾病防治院	124	—	100	24	—	—	—
5. 其他卫生机构	55	30	—	—	—	25	—
三、每万人拥有总床位（张）	74.93	95.28	91.39	60.32	74.37	57.09	64.00
每万人拥有医院床位	59.35	83.42	70.37	50.68	48.20	45.50	60.30
四、每万人拥有卫生技术人员（人）	105.95	139.11	126.67	81.33	109.04	72.82	96.20
每万人拥有医生	43.64	55.37	53.81	34.63	46.28	28.91	37.14

（市统计局　徐琼琰）

健康行政部门通过资料审核和现场抽查，确定年度“无废医院”建设单位。全市创建“无废医院”32 家。加强医疗废物监管，全市医疗卫生机构医疗废物收集处置覆盖率 100%，医疗废物安全处置率 100%。全市医疗卫生机构可回收物资源回收率 99.9%。开展集中隔离点、方舱医院（实验室）等临时场所医疗废物管理规范化整治行动，确保涉疫医疗废物安全处置。

【健康浙江建设考核再获市县全优】 2022 年 8 月，省委、省政府健康浙江建设领导小

组办公室发布2021年健康浙江建设考核结果，绍兴市及越城区、柯桥区、上虞区、诸暨市、嵊州市、新昌县获优秀等次。绍兴市本级和各县（市、区）连续4年获得优秀。

【市健康绍兴建设工作会议】 2022年10月27日，全市健康绍兴建设暨国家卫生城市巩固工作会议召开。市健康办通报健康绍兴建设和常态化巩固国家卫生城市工作情况。市红十字会、嵊州市人民政府、新昌县卫生健康局做交流发言。会上举行健康绍兴行动首批“健康形象大使”和“健康达人”聘任颁证仪式。

（市卫生健康委　王栩栩）

疾病预防与控制

【概况】 2022年，绍兴市报告突发公共卫生事件51起，处置聚集性疫情189起。报告甲、乙类传染病8177例，死亡12例，报告发病率153.60/10万，报告死亡率0.28/10万，病死率0.18%。报告登革热0例。

【新冠疫情防控】 2022年，绍兴市利用卫生健康数字化改革成果，做好健康调查和分级分类健康服务。发挥家庭医生作用，做到应签尽签。第一时间按要求发放爱心防疫包122.02万份。共拨付公立医院周转金9.07亿元，医保基金保障新冠患者救治费用585.08万元。

【传染病】 2022年，绍兴市报告甲、乙、丙类传染病19种52885例，年报告发病率993.44/10万，受新冠感染影响，较2021年上升47.33%。死亡12例，死亡率0.23/10万，比2021年下降20.80%，病死率0.02%，下降46.24%。甲、乙类传染病中发病数前五位依次为新冠感染、肺结核、梅毒、淋病和乙肝。丙类传染病中发病数前五位依次为流行性感冒、其他感染性腹泻病、手足口病、流行性腮腺炎和急性出血性结膜炎。

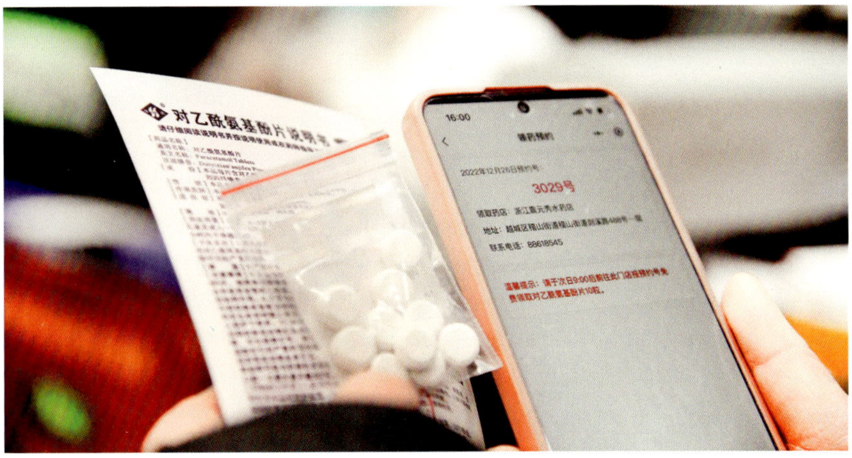

2022年12月27日，浙江震元股份公司免费发放退热药品给有需要的市民（何　雯　摄）

【霍乱】 2022年，绍兴市未报告霍乱疫情。全市设肠道门诊医疗机构登记腹泻病人15386例，培养霍乱弧菌15181例，检测率98.67%，未检出霍乱阳性标本。全市采集海产品、水样、熟肉制品等外环境标本1513份，检测结果均为阴性。

【手足口病】 2022年，绍兴市报告手足口病例4484例，无重症、死亡报告。实验室确诊手足口病例223例（EV71 5例、Cox A16 24例、其他肠道病毒194例）。全市报告发病率84.23/10万，比2021年下降33.35%。

【流感】 2022年，绍兴市报告流行性感冒病例24836例，报告发病率466.54/10万，比2021年上升960.43%。3家哨点医院采集流感样病例标本3375份，开展核酸检测3375份，其中阳性729份，阳性率21.60%。检出阳性标本中甲型H3N2型占61.04%，乙型Victoria系占38.96%。

【艾滋病监测与干预】 2022年，绍兴市各类人群HIV检测1348720人次，占常住人口数的25.59%；累计报告艾滋病病毒感染者和病人（HIV/AIDS）3271例，报告死亡264例。当年新增报告HIV/AIDS 270例，比2021年下降10.60%。传播途径以性接触传播为主，其中异性传播占72.22%，同性传播占27.04%。“治疗在医院、随访在社区、指导在疾控”的“三位一体”HIV/AIDS随访管理模式得到全面落实。至年末，现住址为绍兴市的现存活在随访HIV/AIDS 2553例，随访检测比例96.11%，符合治疗标准的HIV/AIDS治疗覆盖率94.44%，HIV/AIDS配偶检测率94.40%。全市共设立各类艾滋病监测哨点17个，其中国家级监测点7个，省级监测点2个，市级监测点8个，完成监测5799份，检出HIV抗体阳性10例，阳性检出率0.2%，检出梅毒抗体阳性125例，阳性率2.2%，检出HCV抗体阳性42例，阳性率0.7%。建立完善男男性接触人群“互联网+”干预检测模式，探索“一次也不用跑”HIV口腔黏膜检测试纸“家中自测”服务，全年完成检测1645人次。以农村地区中老年MSM人群干预检测为突破口，开展线下干预检测，完成2569检测人次。

【血吸虫病防控】 2022年，绍兴市查螺647.47万平方米，查出有螺面积约3.96万平方米，药物灭螺面积172.57万平方米。全市血清学查病9414人，查出血清学阳性12人，对血清学阳性者进行粪检，未发现粪检阳性病例。

【结核病防控】 2022年，绍兴市报告结核病患者1727例，其中报告肺结核患者1711例（含结核性胸膜炎），报告肺结核发病率32.14/10万，报告涂阳肺结核患者1031例。疑似肺结核患者转诊总体到位率98.52%。全市管理肺结核病人中治疗满一年者1596例（含结核性胸膜炎），成功治疗1491例，成功治疗率93.42%。全市普通肺结核患者纳入管理率 96.25%,规则服药率 96.48%。初治菌阳肺结核患者耐药筛查率 94.89%。全市耐药可疑者中耐药筛查结果为利福平耐药的患者 23 例,耐药患者纳入治疗率 95.65%,治愈率 63.33%,完成治疗率 66.67%。

【麻风病防治】 2022 年,绍兴市转诊麻风可疑线索症状者 538 人,新发现麻风病人 1 例,转出 1 例,判愈 0 人,有现症病人 4 人,检查密切接触者人数 50 人,访视社会治愈存活者 747 人。

【慢性病综合防治】 2022 年,绍兴市在柯桥区、诸暨市开展高血压未控制患者社区规范化管理试点,通过远程血压监测和智能诊断平台,调查社区高血压未控制现状及其影响因素,4 个项目点共筛选出 765 例未控制高血压患者,并开展三高共管强化管理。启动老年期重点疾病预防和干预项目,计划通过 3 年时间对越城区东湖街道 1000 余名 60 岁以上老年人进行宣教培训、筛查诊断、管理干预。收集全市户籍死亡个案 37049 例,估算年报告死亡率 830.07 /10 万。4 种慢性病全市户籍当季发病个案 75662 例,其中恶性肿瘤(不包括中枢神经系统良性肿瘤)28428 例,糖尿病 24486 例,冠心病急性事件 3205 例,脑卒中 19543 例,估算年报告发病率分别为 636.92/10 万、548.60/10 万、71.81/10 万和 437.85/10 万。全市登记高血压患者 628922 人,社区高血压患者报告发现率 11.96%;管理患者数 540054 人,规范管理患者 408458 人,规范管理率 75.63%。全市登记血压控制患者 407757 人,血压控制率 75.50%。全市糖尿病登记患者 195628 人,报告发现率 3.72%,管理患者 156305 人,规范管理患者 117597 人,规范管理率 75.24%,空腹血糖控制患者 101551 人,空腹血糖控制率 64.97%。

【适龄儿童窝沟封闭】 2022 年,绍兴市完成第九轮窝沟封闭项目,覆盖 363 所学校,检查二年级学生 44128 人,复查三年级学生 27895 人。二年级应实施窝沟封闭学生 10670 人,实际封闭学生 10475 人,合计封闭牙齿 41565 颗,学校覆盖率 100%,学生覆盖率 98.6%,封闭率 97.2%,完好率 89%。

【精神障碍患者管理】 2022 年,绍兴市登记在册严重精神障碍患者 25567 人,报告患病率 4.85‰,管理率 99.89%,规范管理率 99.75%,面访率 99.42%,服药率 99.27%,规律服药率 94.25%。开展严重精神障碍患者排查和社区管理工作,全年增加社区纳管患者 1183 人。至年末,全市严重精神障碍综合管理评分列全省第四位。在全省率先为在册患者参加城乡居民医保提供全额财政补助。

(市卫生健康委　王栩栩)

基层医疗卫生

【概况】 至 2022 年末,绍兴市共有基层医疗卫生机构 2757 家,其中社区卫生服务中心 47 家,乡镇卫生院 56 家,社区卫生服务站 546 家,村卫生室 978 家,门诊部、诊所等 1130 家。全市基层医疗卫生机构(含社区卫生服务中心、乡镇卫生院、社区卫生服务站、村卫生室)在岗共 12575 人,其中医师 4955 人,护士 3401 人,药剂和医技 2907 人,乡村医生 746 人,管理工勤人员 566 人。高级职称占比 10.4%、中级职称占比 29.7%、初级职称占比 46.8%、无职称占比 13.1%,本科及以上学历占比 68.1%。出台深化基层卫生健康综合改革实施方案,创新职称晋升、薪酬激励、村医补助等多项政策。至年末,全市 18.5% 乡镇卫生院(社区卫生服务中心)达到"社区医院或二级综合医院医疗服务能力水平"。创建社区医院 12 家,居全省第二位;基层医疗卫生机构绩效考核评价排名全省第一位。"数字家庭医生"应用被省委改革办纳入全省"一地创新、全省共享"项目,并获得省级最佳应用和最优理论。

【县域医共体建设试点】 2022 年,绍兴市建成县域医共体 12 个,牵头医院均为二甲及以上综合医院或中医院,其中三级医院占比达 91.7%。县域医共体成员单位实现基层医疗卫生机构全覆盖。

【乡镇(街道)医疗卫生机构建设】 2022 年,绍兴市卫生健康部门推进优质服务基层行活动和社区医院建设,组织专家对基层医疗卫生机构进行现场指导,推荐标准单位和社区医院的市级审核,"回头看"基层医疗卫生机构 34 家。至年末,全市 94 家基层医疗卫生机构达到基本标准,36 家达到推荐标准,12 家通过社区医院建设。

【村级医疗卫生机构建设】 2022 年,绍兴市实施医疗卫生服务乡村"网底"工程,推进村级医疗卫生网点全覆盖。至年末,全市新增标准化村级医疗卫生机构 35 家,基层就诊率 65.1%,村卫生室规范化率 91.8%,居全省第四位。

【家庭医生签约服务】 2022 年,绍兴市集合卫健、公安、民政、医保等 7 个部门数据资源,贯通浙江省、绍兴市、嵊州市三级全民健康信息平台,重塑慢病管理和家庭医生服务流程。至年末,全市组建家庭医生团队 1591 个,居全省第三位;参与签约乡村医生 648 名,居全省第四位。常住人口家庭医生签约率 52.06%,居全省第二位;十类重点人群签约率 94.30%,居全省第一位;高血压患者签约覆盖率 97.49%,居全省第三位;糖尿病患者签约覆盖率 97.06%,居全省第三位。

【全人群全周期健康管理】 2022 年,绍兴市推行城乡居民"三免三惠"健康行动,实行城乡居民同质同标免费健康体检,开展重点人群免费流感疫苗接种,结直肠癌、肺癌和慢阻肺等重点疾病免费筛查。至年末,全市完成城乡居民同质同标免费健康体检 128.21 万人。基层医疗卫生机构开展项目从 10 类扩展至 12 类,每年为高血压、糖尿病、肺结核等重点疾病患者和 0 ~ 6 岁儿童、孕产妇、65 岁及以上老年人等重点人群提供健康管理服务。

(市卫生健康委　王栩栩)

妇幼保健

【概况】2022年，绍兴市孕产妇“零死亡”。推进婴幼儿照护工作，5岁以下儿童死亡率和婴儿死亡率稳定在低水平。拓展“智慧托育应用”。

【婴幼儿照护服务发展】2022年，绍兴市有3岁以下婴幼儿托位数18764个，千人托位数由2020年的1.29个增加到2022年底的3.52个，总托育机构(含幼儿园办托)镇(街道)覆盖率100%。出台《绍兴市3岁以下婴幼儿照护服务高质量发展整体解决方案》《绍兴市“一老一小”整体解决方案》，包含8项重大改革、7项重大平台、23项重大政策、20项重大项目，建设普惠托育服务体系。市、县两级妇幼保健机构启动建设托育综合服务中心，建成市级示范儿童健康管理中心6家，婴幼儿照护服务实训基地实现县(市、区)全覆盖。

【出生缺陷三级干预】2022年，绍兴市完成妇女增补叶酸预防神经管畸形16065人，婚检人数33933人，婚检率91.84%。国家免费孕前优生健康检查30379人，覆盖率129.90%。产前筛查24120人次，筛查率97.65%，产前诊断3991人次，经产前诊断共确诊异常胎儿505例，终止妊娠186例，跟踪随访319例。新生儿遗传代谢病筛查26979例，筛查率100%，其中多项筛查26902例，多项占比99.71%，检出遗传代谢病75例。新生儿听力筛查26813例，筛查率99.79%，查出阳性患儿41人。为25247名新生儿进行先天性心脏病筛查，完成B超检查5475人，发现异常新生儿454例，对筛查发现异常患儿进行干预和跟踪随访，加强健康管理。

【预防艾滋病、梅毒和乙肝母婴传播】2022年，绍兴市完成孕产妇艾滋病、梅毒、乙肝免费筛查2.6万人次，对7例艾滋病感染孕产妇及所生儿童实施母婴阻断，为95例梅毒感染孕产妇及所生儿童进行母婴阻断，为乙肝感染孕产妇所生1018名新生儿及时注射乙肝免疫球蛋白和及时接种乙肝疫苗。

【城乡妇女免费“两癌”检查】2022年，绍兴市实施全市城乡妇女免费“两癌”检查项目。全市完成宫颈癌检查9.05万例，乳腺癌检查9.33万例。查出宫颈癌33例、宫颈癌前病变289例、乳腺癌69例，对发现阳性患者进行治疗和随访管理。

【儿童早期发展服务工作】2022年，绍兴市开展养育风险筛查，完善市、县、乡镇三级筛查转诊网络，实现基层医疗卫生机构发育筛查全覆盖。全年，0～3岁发育筛查人数52916人，筛查率93.39%，发现可疑异常人数6138人。

【0～6岁儿童眼保健和视力检查】2022年，绍兴市完成20.08万名0～6岁儿童眼保健和视力检查，覆盖率97.76%。对3.79万名6岁儿童进行视力检查，检出视力不良儿童1608名。

【婴育服务数字化改革】2022年，绍兴市协同“智慧生育应用”，归集产前、产中、产后等生育全周期数据信息，提供母子健康集成服务，全年服务孕产妇3.61万人。创新“智慧托育应用”，实现入托全智慧、办托全流程、评级全闭环、监管全覆盖等四项改革突破。

（市卫生健康委　王栩栩）

职业卫生

【概况】2022年，绍兴市保护劳动者职业健康，掌握职业病发病特点、规律和趋势，提升职业病防治工作水平，落实职业病防治综合监管和各项职业健康保护行动计划，推进国家职业防治项目工作。

【尘肺病患者管理】2022年，绍兴市存活尘肺病患者随访211例，失访11例。呼吸系统门诊尘肺病筛查35133人，拍摄DR、CT 9758人，接尘工人数1853人，接尘工人尘肺病筛查出尘肺样改变44人。3月，建成诸暨市应店街镇尘肺病康复站，位于诸暨市应店街镇中心卫生院内，配有主任中医师1名、副主任医师1名、主管护师1名，康复治疗师1名，设有康复诊室、中医针灸室、康复治疗室、氧疗室、肺功能检测室、6分钟步行试验区、宣教室，可为患者提供常见疾病诊治、慢性病管理、心理评估与干预。至年末，诸暨市在册存活尘肺病人62人，已建档54人，参与康复人员14人，其中完成全周期6人。

【职业病防治项目开展】2022年，绍兴市监测重点职业病9个大类121种，监测接触重点职业病危害因素劳动者1007人，监测金属制品业等4类行业劳动者职业健康素养620名，调查职业病相关死因个案51例，监测职业病危害因素企业242家，调查放射诊疗机构基本情况224家，调查非医疗机构基本情况125家。

【职业病防治技术支撑体系建设】2022年，绍兴市疾控中心具备职业卫生技术服务机构资质，检测项目121项。举办全市首届职业健康技能大赛，参加全省首届职业健康技能大赛，获得团体优胜奖及个人二等奖2名、个人三等奖2名。对全市21家职业健康检查机构和2家职业病诊断机构开展质量控制考核，提升职业病发现、诊断能力。全市职业健康检查176835人，其中制造业等重点行业劳动者职业健康检查164396人。

【职业健康宣传活动】2022年，绍兴市开展第20个《中华人民共和国职业病防治法》宣传周活动，通过报刊、微信、微博等渠道，开展职业病防治法律法规及防护知识主题宣讲活动23场次，组织宣传咨询活动20场次，开展网络公开课18场次，举办警示教育活动40场次，印发宣传材料7630份，制作视频18个，制作标语315份，辐射人员18.32万人次。结合全市职业病防治专家库，举办职业病防治培训进企业活动107场。2家职业病诊断机构职业病诊断咨询解答1000余人。

2022 年 4 月 28 日，第 20 个《中华人民共和国职业病防治法》宣传周，一台无人机飞进浙江精工重钢结构有限公司生产车间，用喇叭向工人们宣讲职业病防治知识　　（黄　霄　摄）

【职业病防治与职业放射卫生监督】 2022 年，绍兴市组建市级职业病防治专家库，公布市级职业病防治专家 55 人，制订绍兴市职业病示范企业标准，创建职业病防治示范企业 129 家。组织举办全市上市（拟上市）公司负责人暨职业卫生管理员培训班 1 期，驻企指导员线上培训 1 期。全市新诊断职业病 21 例，职业病鉴定 4 例。组织开展全市铸造行业职业病危害专项整治、高温作业和高温天气作业防暑降温检查、职业健康检查机构督查行动。对 96 家铸造行业用人单位开展监测采样，督促用人单位改善职业卫生环境、落实劳动者职业卫生防护。全市共查处职业卫生违法案件 369 起，罚款 451.48 万元。对全市 3577 家用人单位开展分类监管，完成分类 2710 家，其中，甲类 1723 家、乙类 678 家、丙类 309 家。组织全市医疗机构放射工作人员职业健康检查 1266 人，放射防护与法律知识线上培训 817 人。查处放射卫生违法案件 45 起，罚款 6.63 万元。

（市卫生健康委　王栩栩）

老龄健康

【概况】 2022 年，绍兴市构建健康教育、预防保健、疾病诊治、康复护理、长期照护、安宁疗护等老年健康服务体系。全市有 127 家医院建成老年友善医疗机构，二级及以上综合性医院实现老年医学科设置全覆盖。基层医疗卫生机构康复、护理床位占比 31.8%。在越城区、新昌县试点开展老年健康服务专项行动，完成口腔、营养健康监测档案 37569 人，完成情感、认知功能评定 37053 人。在越城区迪荡街道世禾社区、新昌县羽林街道羽东社区开展老年人心理关爱项目，完成心理健康评估 1132 人。

【老年友好环境建设】 2022 年，绍兴市越城区灵芝街道天和社区、柯桥区柯桥街道立新社区获评 2022 年全国示范性老年友好型社区。

【老年健康管理】 2022 年，绍兴市建立全民健康数字化管理新模式，包括患者管理、人群管理、健康管理、业务管理 4 个管理体系，33 项核心指标实现老年数字健康新服务县（市、区）全覆盖。至年末，全市老年人健康管理率 74.61%。

【医养结合】 2022 年，绍兴市开展医养结合机构服务质量提升三年行动和社区医养结合服务提升行动，新增医养结合机构 4 家，累计有医养结合机构 23 家。其中，综合医院 5 家，护理院 6 家，精神病专科医院 1 家，诊所 2 家，医务室 8 家，护理站 1 个。绍兴市社会福利院、诸暨颐和康复护理院 2 家国家级医养结合机构试点入驻全国老龄健康医养结合远程协同服务管理平台。

（市卫生健康委　王栩栩）

爱国卫生

【概况】 2022 年，绍兴市开展卫生创建、病媒生物防制等爱国卫生工作，推进健康教育和健康促进工作，通过国家卫生城市省级综合评估。绍兴市入选全国健康城市建设样板市，诸暨市通过省健康县（区）建设评估。

【国家卫生城镇创建】 2022 年 4 月 29 日，《绍兴市国卫复审办关于建立绍兴市国家卫生城市常态化巩固提升工作机制的通知》印发，组建常态化巩固国家卫生城市督导检查组，全年开展暗访督查 23 次。利用出租车车载视频、公交车电视、公交车站、室外宣传栏等渠道加强宣传，对农贸市场及周边、城中村、城郊接合部等重点位置强化督查，督促做好环境卫生、健康教育宣传、病媒生物防制。10 月，绍兴市通过省爱卫办组织的国家卫生城市综合评估。

【病媒生物防制】 2022 年，绍兴市开展春秋季灭鼠、夏秋季灭蚊蝇蟑、冬春季越冬蚊消杀，开展病媒生物防制效果评估，对各县（市、区）下辖 45 个“除四害”村进行现场督查，其中有 40 个村建成“除四害”村，9 个达到省级“除四害”样板村，创建数量居全省第三位，符合率居全省第一位。分别于 3 月、5 月、8 月、10 月和 12 月对全市 34 个街道 5 期越冬蚊防制效果与春季灭鼠、夏季蚊蝇消杀效果开展评估，34 个街道均达 C 级标准，其中 10 个街道达 B 级标准。

【爱国卫生与控烟监督】 2022 年，绍兴市开展第 34 个爱国卫生月活动，组织“爱卫礼赞”主题宣传活动，组织市文明办、市市场监管局、市卫生健康委等 26 个部门（单位）对推广文明餐饮、打造绿色环境、践行绿色生活、提升健康素养进行中期评估，自评得分率90%。开展“群众文明健康绿色环保生活方式知晓率和行为养成”微信有奖竞答,2024人参与活动,有效问卷1720份。加强爱国卫生监督和控烟执法,承办爱国卫生行政处罚案件10起,罚款1万元,承办控烟执法行政处罚141起,罚款9.8万元。围绕“烟草威胁环境”世界无烟日主题,通过宣传栏、电子屏、宣传手册开展控烟宣传,推出“‘5·31’世界无烟日线上特别直播节目”在线讲座。

【健康教育促进工作】 2022年,绍兴市居民健康素养水平39.02%,比2021年提升2.9%。通过电视、公交车等渠道播放健康素养宣传片66条,编制方言版视频2部,于4月21日和5月26日在线播放《疫情防控,从我做起》《保护青少年,远离电子烟》健康教育宣传视频,全市458个学校40余万中小学生同步在线收看。

(市卫生健康委　王栩栩)

卫生监督

【概况】 2022年,绍兴市各级卫生健康行政部门和执法机构推进医疗卫生行业综合监管,加大卫生行政执法力度,优化卫生监督指导服务。全市卫生行政处罚3330起,罚没款1625万元,移送公安机关10起,初次轻微违法行为不予处罚67起。绍兴市卫生健康行政执法队被评为“全国行政执法先进集体”,受到司法部通报表彰。

【公共卫生监督】 2022年,绍兴市组织公共场所卫生“双随机”监督检查2135家,其中国抽886家,省抽1249家,完成率100%。开展游泳场所夏季保健康卫生监督监测行动,共抽检游泳池水595份,浸脚池水样品308份,行政处罚存在违法问题游泳场所58家,罚款26.66万元。开展重点公共场所监督检查,检查婴儿沐浴场所、星级宾馆、大型商超等单位1602家,立案处罚125起,罚款4.2万元。对亚运场馆和酒店现场监督指导,落实亚运会测试赛期间卫生监督驻点保障。分级管理9488家公共场所,信息公示率100%。加强生活饮用水卫生监督监测,抽检末梢水水样456份、二次供水48份,均合格。落实绍兴市居民龙头水监测数据公示制度,对103个市政供水末梢水监测点每季度进行检测并结果公示。组织开展涉水产品卫生安全“百日攻坚”行动,完成“双随机”检查39家,监测样品27份,合格26份,行政处罚监测不合格单位1家,罚款0.48万元,督查未列入“双随机”单位45家,责令整改11家,行政处罚7家,罚款2万元。

【学校卫生监督】 2022年,绍兴市组织学校卫生“双随机”监督检查126家,其中国抽96家、省抽30家,完成率100%,行政处罚45起。开展开学季学校卫生执法专项行动,共检查学校169所、托幼机构127所。开展中高考卫生监督保障行动,对全市52所考点学校和周边重点公共场所开展卫生监督检查。建设浙江省学校卫生监督实训基地,举办全省学校卫生监督骨干实训班1期。创建绍兴市学校卫生工作示范点10家。组织“六一护苗”托幼机构卫生监督行动,全市检查托育机构33家、幼儿园27家,发现问题33个。组织托育机构备案管理执法检查。全市行政处罚托育机构87起,罚款6.7万元。

【医疗卫生监督】 2022年,绍兴市组织“双随机”检查和非法医疗美容整治行动,共查处医疗卫生类案件385起,罚没款813万余元,其中查处有证医疗机构192户次,卫技人员78人,无证行医115户次。开展养老机构内设医疗机构执法检查,监督检查养老机构、医养结合机构293家次,责令整改4家,行政处罚3家。组织传染病防治“双随机”检查,共抽取传染病防治监督对象131家,依法查处违法行为46起,罚款5.8万元。开展全市重点医疗机构污水监督监测行动,抽取纳入重点排污单位名录及部分床位数在200张以上医疗机构42家,行政处罚10家。开展违规添加违禁物质抗(抑)菌制剂核查行动,抽查经营单位309家,核查产品803件,行政处罚7家。开展治理抗(抑)菌制剂乱象专项监督,检查各类经营使用单位250家,行政处罚12家。

【新冠疫情防控监督】 2022年,绍兴市根据疫情动态变化,采取驻点制、巡查制、督查制,督查中小医疗机构等重点场所疫情防控。选派7名卫生监督员赴西安、湖州、河北等省内外开展疫情防控督导。组织开展定点收治医院、医疗废物集中处置单位等专项监督检查,组建6个督查组,共督查各类单位7520家次,发现问题1923个,行政处罚72起。

【“双随机”抽查监管】 2022年,绍兴市、县两级卫生健康行政执法机构受领“双随机”监管任务3943家,完成率100%,移动执法终端录入率100%。对存在违法行为的2008家单位给予行政处罚。将医疗卫生行业领域信用等级评定结果纳入“双随机”抽查监管,实施分级分类监管,应用信用规则率100%。

【“互联网+”卫生监督】 2022年,绍兴市应用省行政执法监管平台和浙政钉“掌上执法”系统,开展卫生行政执法监管,“掌上执法”率100%。绍兴市医疗废物智慧监管系统覆盖全市242家乡镇卫生院、街道社区卫生服务中心。住宿场所消毒保洁智能监管系统接入宾馆酒店145家。餐饮具集中消毒智能监管系统接入餐饮具集中消毒服务企业16家,覆盖率100%。“口腔诊疗机构监督在线”接入357家口腔诊疗机构。“诊疗行为监督在线”接入医疗机构1759家。实施游泳场所水质卫生智能监管系统省级试点项目,有62家游泳场所安装水质在线监测设备。

【食品安全风险监测】 2022年,绍兴市卫生健康部门开展食品污染物监测6011份,每千人口风险监测量1.14件。医疗机构上报5831例特定病原体食源性疾病信息,可疑食物暴露史报告5831例,暴露信息史收集率100%。7家承担病原体检测哨点医院共上报2330例特定病原体食源性疾病信息，可疑暴露信息史报告2330例，暴露信息史收集率100%，共采集病例样本2293份，实验室检测出阳性病原体382例，阳性率为16.7%。调查处置15起食源性聚集性疫情。每季度开展集中消毒餐饮具卫生质量检测1次，全年共抽检餐饮具640份，合格638份，合格率99.69%。

【卫生行政许可】 2022年，绍兴市本级有135项卫生健康政务服务事项实现“最多跑一次”，120项事项实现即办，占全部事项的88.9%。全市各级卫生窗口共办理各类行政审批和服务事项19324件，其中市本级办理1680件，监督疾控线业务490件，医政线业务1190件，及时办结率100%，群众满意率100%。

（市卫生健康委　王栩栩）

中医中药

【概况】 2022年，绍兴市入选浙江省中医药综合改革先行市。绍兴市中医院在国家绩效考核排名中列全国第80位，连续两年等级A。绍兴市柯桥区中医医院、嵊州市中医院、新昌县中医院完成省第四周期公立中医医院等级评审现场等级评审。全市6家公立中医医院开展省“中医处方一件事”改革工作。中医药深入参与疫情防控和医疗救治工作。申报并获省卫健委中医药创新团队培育项目1个。市级以上中医药科技计划立项48项，其中国家自然科学基金面上项目1项。

【国遗丛书《绍派伤寒》撰写完成】 2022年，绍兴市组织力量完成《浙派中医丛书·绍派伤寒》、第五批国遗丛书《绍派伤寒》书稿撰写。《当代越医经验方集萃》由上海科技出版社出版。绍兴市中医院被文旅部确定为国家级非遗项目绍派伤寒保护单位。

【中医药人才队伍建设】 2022年，绍兴市有中医类别执业（助理）医师2935人。3名中医师获第七批全国老中医药专家学术经验继承工作指导老师称号。开展省中医护理优秀人才项目结业理论考试及省基层名中医培养项目第二年度年末考试。完成中医全科医生转岗培训结业考核55人。

2022年7月1日，“健康红契约——数智健康实践基地”项目发布仪式暨浙江省中医护理专家送健康活动在越城区斗门街道社区卫生服务中心举行　（市卫生健康委　提供）

【省中医药综合改革先行市建设】 2022年，经省政府同意，绍兴市被明确为省中医药综合改革先行市。召开全市中医药大会，明确绍兴市建设省中医药综合改革先行市工作任务清单。绍兴市中医院连续两年居国家绩效考核A等。三级甲等中医医院增至2家。推进省“中医处方一件事”数字化改革，公立中医医院全部落实中医处方数字化改革任务。

（市卫生健康委　王栩栩）

医政药政管理

【概况】 2022年，绍兴市深化公立医院综合改革，推进县域医共体建设，加强医疗质量安全管理，做好常态化疫情防控及医疗救治工作。至年末，全市医院数102家，医疗卫生机构数2914家，机构床位数33405张，每千户籍人口床位数7.49张。

【医疗质量管理】 2022年，绍兴市提高二级以上医院及规模较大社会办医疗机构病案首页质量和编码管理水平。开展DRGs质量绩效（疾病诊断相关分组，衡量医疗服务质量效率的重要工具）分析排名，重点对CMI值（病例组合指数）、疑难病例治疗能力、外科能力、重点专科能力、临床学科发展均衡性等开展分析，医疗机构CMI指数、三四级手术占比、RW ≥ 2的手术占比等持续提升，绍兴市中心医院、绍兴市上虞人民医院、嵊州市人民医院综合CMI指数位列全省三乙综合医院前10位。开展全市各级医疗机构医疗质量联合检查及病历点评工作，加强麻醉药品和精神药品购用管理，加强对药品化妆品不良反应和医疗器械不良事件监测评价管理工作。加大合理用药评价和处方点评，提高抗菌药物临床应用和细菌耐药监测水平。

【医疗卫生行业综合监管】 2022年，绍兴市组织开展医疗卫生行业风险排查和评估，组织召开医疗卫生行业综合监管联席会议。整治医疗乱象，查处医疗机构258家次，罚没款金额939万余元，退还款金额3616万余元。市卫健委与市医保局开展“联合查一次”行动，对绍兴市妇幼保健院、绍兴文理学院附属医院开展联合检查。绍兴市被省卫健委评定为“职业健康多元监管成效明显地区”。

【院感防控】 2022年，绍兴市组织各级医疗机构医院感染管理专职人员进行医院感染管理相关知识与技能培训，举办2022年绍兴市院感管理质控年会暨知识技能竞赛。对全市各级各类医疗机构首诊负责制落实情况，预检分诊处、发热门诊、住院病房、门（急）诊等医疗机构重点部位开展督导检查。

【血液管理】 2022年，绍兴市无偿献血56246人次、献血量1813.09万毫升。全市驰援上海、杭州、乌鲁木齐等地血液制剂363.57万毫升，用于疫情期间临床血液保障。新昌献血屋正式启用，实现各县（市、区）有效献血屋全覆盖。启动“血小板基因库”建设，完成初期119名的名库建设和首例临床应用，开展血小板输注无效患者精准配型服务。血液安全监测在全市二级以上用血医疗机构全覆盖。绍兴市再获“全国无偿献血先进市”荣誉称号。

【院前急救管理】 2022年，绍兴市打造5G智慧急救，配置5G急救背包、5G远程急救指导、5G车辆状态实时监控，开通绿波带，实现有危重患者急救车途经道路一路绿灯，快速送往目标医院。打通“呼救者、志愿者、AED”三大信息链，为患者争取“黄金4分钟”。全市域贯通应用省统建电子病历，开展院前医疗急救统一电子病历书写，实现精准快建电子病历各县（市、区）全覆盖。

【基本公共卫生服务项目管理】 2022年，绍兴市各基层医疗机构加强项目培训，创新服务方式，嵊州市“数字家庭医生”应用被列为“一地创新、全省共享”。至年末，全市建立城乡居民规范化电子健康档案430.27万份，规范化电子健康档案覆盖率81.63%，动态使用率75.24%，开放率85.38%。65周岁以上老年人健康管理率74.61%，高血压患者规范管理率75.63%，糖尿病患者规范管理率75.24%。

【医疗机构依法执业情况督查】 2022年9月19日至29日，市卫健委组织开展全市医疗机构依法执业市级层级稽查工作，现场检查6个县（市、区）20家医疗机构，稽查通报违法违规问题186项，责令限期整改到位，并移交属地依法查处。推进医疗机构依法执业自查系统应用，全市2757家医疗机构完成自查任务，完成率100%。

【实验室生物安全管理】 2022年，绍兴市规范病原微生物实验室生物安全监督管理，启用省病原微生物实验室生物安全评价系统。在3月、6月、8月和12月4次组织专家对备案实验室进行生物安全现场检查，单位层面发现问题99个，实验室层面发现问题188个，并督促完成整改。8月，举办疫情防控常态化下基层实验室生物安全管理学习班，培训生物安全上岗人员167名。开展实验室“生物安全在线”数智监管系统建设，全市6家医疗卫生机构13个病原微生物实验室接入全省“生安眼”实验室监管系统、生物样本运输系统。做好常态化新冠疫情防控下实验室生物安全备案，年度内生物安全备案单位227家，备案BSL-2实验室469个，加强型BSL-2实验室4个。

【医卫人员管理】 2022年，绍兴市参加执业医师实践技能考试1127人，技能免考282人，合格率82.34%。参加理论考试1191人，合格率59.70%。完成护士资格考试1727名，合格人数1683名，合格率97.45%。

【高层次医卫人才培养】 2022年，绍兴市启动实施“千名硕博”全球引才计划，全市引进医学类人才1347名，其中硕博士及高级专家473名，比2021年增长73.26%。实施“委市共建”“市校合作”机制，申报国家临床重点专科1个，省市共建医学重点学科8个。入选省级卫生人才14人、全市青年英才30强1人，落实高层次人才政策兑现300万元。市人民医院国际门诊部挂牌开诊，为高层次人才提供医疗保障。

（市卫生健康委　王栩栩）

【药品、医用耗材带量采购制度】 2022年，绍兴市落实药品、医用耗材带量采购制度，指导、督促定点医疗机构严格执行集采政策，降低群众药品耗材费用负担，为患者节约支出5.59亿元。督促指导全市做好国家谈判药品落地保障工作，全市国家谈判药品配备182种，配备药品占比66.2%，国谈药医保报销人次527791人，为患者节约支出2.36亿元。

（市医保局　李宗迎）

2022年10月27日，绍兴市医保局开展“五进”活动宣传医保政策　（市医保局　供图）

体　育

综　述

【体育发展】 2022年，绍兴市加快杭州亚运会筹备、国家全民运动健身模范市创建和体育消费试点城市建设，实施《绍兴市全民健身实施计划(2022—2025年)》，推进群众体育、竞技体育、体育产业协同发展。"越运动"场景入选数字社会全省第九批最佳案例集，成为全省数字社会体育领域第2个最佳案例。与中国棒球协会、中国垒球协会、省体育局签订《联合打造"中国棒垒球之城"，推进浙江棒垒球项目发展，支持棒球垒球国家队建设合作框架协议》，绍兴棒垒球体育文化中心列为"国家棒球队训练基地""中国棒球赛事基地""国家垒球队训练基地""中国垒球赛事基地""浙江省棒球队和浙江省垒球队基地"。绍兴市连续两年获省体育工作考评优秀，并获"竞技体育突出贡献的市"。

【亚运会筹办工作】 2022年，绍兴市完成场馆新建、改造验收，健全5个亚运场馆(4个竞赛场馆、1个训练场馆)日常运行维护，实施惠民开放。牵头开展"平安、洁美、清朗"三大领域"百日攻坚"行动("平安行动"包括交通安全隐患源头治理等33个项目，"洁美行动"包括道路保洁提标等20个项目，"清朗行动"包括拔钉清障等20个项目)，共攻坚73项任务。开展"我为亚运办一件事"行动，完成"破难事"6件、"创新事"4件、"做有意义的事"41件。实施新一轮亚运城市行动计划，涉及7大行动95个项目。举办"韵味杭州，名城绍兴"亚运会棒球和垒球项目测试赛，历时11天，参赛队伍16支，参赛人数497人，

表98

2022年绍兴市体育事业发展情况统计表

指标	全市	越城区	柯桥区	上虞区	诸暨市	嵊州市	新昌县
县级以上运动会次数(次)	4	1	1	1	—	—	1
参加的运动员人数(人)	12608	3600	1008	6000	—	—	2000
举办全民健身活动次数(次)	1478	303	341	200	224	204	206
参加人数(人)	446571	187000	43044	25000	36527	45000	110000
等级运动员发展人数(人)	334	58	47	64	79	41	45
女(人)	123	22	21	28	21	18	13
等级裁判员发展人数(人)	179	24	35	42	23	40	15
女(人)	65	13	15	7	8	15	7
社会体育指导员发展人数(人)	2218	301	220	263	312	66	106
省级及以上的比赛成绩							
金牌(枚)	224	32	70	33	24	38	27
银牌(枚)	199	17	51	41	28	32	30
铜牌(枚)	269	33	75	61	36	47	17
体育场(个)	74	17	11	20	12	5	9
体育馆(个)	151	29	30	27	15	12	38
游泳池(个)	147	29	27	30	37	14	10
室内(个)	88	22	24	10	17	9	6
少体校(个)	8	3	1	1	1	1	1
在校学生数(人)	2018	136	782	167	350	305	278
专职教练员(人)	146	14	58	12	18	20	24

(市统计局　徐琼瑛)

比赛45场，投入各类保障服务人员676人，接待观众1.3万人、各级嘉宾83批次1800余人，发布各类新闻报道150余篇，为亚运延期后最高规格、最大规模亚运测试赛，被亚组委作为后续各亚运项目测试赛样板进行宣传和推广。

【体育设施建设】 2022年，绍兴市体育类民生实事工程(基层体育场地设施建设和"水乡孩子会游泳"公益培训)纳入全市十大民生实事工程，新建足球场10个、多功能体育场10个、"体育+公园"20个、百姓健身房50个、健身步道300千米。至年末，全市有体育场71个，体育馆151个，游泳池147个(室内88个)。

【"一地一品"赛事培育】 2022年，绍兴市各县(市、区)根据自身实际和体育事业发展规划，推进"体教"深层次融合，办好基层赛事，形成"一县一品"特色赛事体系，如越城区的国际象棋、羽毛球，柯桥区的攀岩、赛车、滑雪，上虞区的游泳、田径，诸暨市的篮球、马拉松，嵊州市的围棋、铁人三项，新昌县的越野跑、航空运动等。

【体育消费试点城市建设】 2022年，绍兴市体育消费总规模150.7亿元，体育产业机构6507家，居民人均体育消费2859.4元，人均体育消费占人均消费支出比重为8.15%。城镇居民人均体育消费3129.3元(485.2美元)，已接近欧美发达国家体育消费水平。

群众体育

【概况】 2022年，绍兴市开展各级各类赛事活动2000场以上。公共体育场地设施指标继续保持全省前列，其中人均体育场地面积3.07平方米，居全省第二位。全市有社会体育指导员16782人，每千人拥有3.17人，指导员激活率、履职率居全省首位。经常性参与体育锻炼人口占41.9%，国民体质合格率94.1%，居全省前列。《2021年浙江省全民健身发展指数报告》，绍兴市总分排名列全省第三位。柯桥区、上虞区创建成省第一批体育现代化区，越城区、诸暨市申报省第二批体育现代化区。

2022年7月，"迎亚运 共参与"绍兴市攀岩嘉年华活动举行　　(市体育局 供图)

【群众体育赛事活动】 2022年，绍兴市在办好各类专业竞技类体育赛事的同时，推出接地气的群众性体育赛事活动。在8月8日组织开展全民健身日主题活动，全市各体育场馆免费向大众开放；开展免费体质监测，发放首批体育消费券600万元。

【学校体育】 2022年，《绍兴市进一步深化体教融合促进青少年健康发展的十条意见》实施，推进体教资源融合、体质健康管理、体育赛事组织、体育场馆开放和社会资源引入等工作。制定《绍兴市学生体质健康规范化管理评估标准》，开展对县(市、区)学生体质健康规范化管理评估。对五、八年级和高三学生体质健康进行抽测并纳入年度考核，将大一新生体质健康测试纳入县(市、区)履职评议考核。在2022年省青少年排球锦标赛中，绍兴市阳明中学、绍兴市第一初级中学教育集团、绍兴市鲁迅小学排球队均获冠军，羽毛球队获省第十七届运动会3枚金牌、2枚铜牌，4人入选省集训队，取得历史性突破。有28人入选省校园足球最佳阵容，入选人数居全省第一位。柯桥中学乒乓球队获全国中学生乒乓球锦标赛团体冠军，全市创建棒垒球运动试点学校32所，19名棒球少年分获国家一、二级运动员等级证书。绍兴市中小学校组织两次运动会、每月组织一次小型比赛，县(市、区)打造青少年阳光体育竞赛体系，全年组织比赛30余项。举办绍兴市第五届中学生军体运动会、首届中学生田径运动会等13项全市中小学生阳光体育赛事，推进"一校一品""一校多品"体育特色建设。

【绍兴获评全国第一批"全民运动健身模范市(区)"称号】 2022年12月，国家体育总局发布《关于命名第一批全民运动健身模范市(区)和全民运动健身模范县(市、区)的决定》，授予绍兴市等12个地区"全民运动健身模范市(区)"称号，绍兴市成为浙江省唯一获此称号的城市。绍兴市把创建全国全民运动健身模范市作为打造共同富裕市域范例、建设现代化体育强市的重要抓手，全方位构建高水平的全民健身公共服务体系。全市6个县(市、区)全部建成省体育强县(市、区)，绍兴柯桥区、上虞区是首批省体育现代化县(市、区)。体育设施建设纳入市政府民生实事工程，基本建成"城乡10分钟健身圈"。全市人均体育场地面积3.07平方米，居全省第二位。全市社会体育指导员16782人，每千人拥有3.17人，激活率、履职率居全省首位。围绕打造"国际赛会目的地城市"目标，每年举办国际性、国家级赛事超过70项。承办杭州亚运会棒球、垒球、攀岩、篮球、排球5个项目，是除杭州外承办赛事最多的地市。

(市体育局 王 瑜)

竞技体育

【概况】 2022年,绍兴籍运动员在年度全国性赛事中获金牌35枚、银牌17枚、铜牌10枚。在第十七届省运会上,绍兴市代表团获金牌榜第五名、总分榜第四名和奖牌榜第五名成绩,获"竞技体育突出贡献的市"称号。

【体育人才引进培育及安置】 2022年,绍兴市结合第十七届省运会筹备工作,引进足球、篮球、体操、拳击、田径、射击、高尔夫球等项目运动员30人,其中越城区2人、柯桥区5人、上虞区3人、诸暨市13人、嵊州市3人、新昌县4人。安置优秀退役运动员29人,其中越城区5人、柯桥区5人、上虞区5人、诸暨市5人、嵊州市4人、新昌县5人。向省队输送试训及以上运动员12人,7名冬季项目运动员在国家队集训。

【运动员培养】 2022年,绍兴市加强体育后备人才培养,出台《绍兴市进一步深化体教融合促进青少年健康发展的十条意见》,申报国家级体育后备人才基地7所,创建"浙江省体育传统项目学校阳光体育后备人才基地"学校5所,命名棒垒球进

2022年绍兴籍运动员参加全国级比赛成绩(前三名)一览表

表99

序号	姓名	比赛名称	项目	组别	名次	比赛时间
1	陈鑫丽	2022年全国拳击锦标赛	51千克级	女子组	1	2022年11月
2	陈鑫丽	2022年全国女子拳击冠军赛	50千克级	女子组	3	2022年12月
3	丁　欣	2022年全国陆上赛艇锦标赛	女子竞速划艇陆上赛艇10000米接力	乙组	1	2022年1月
4	丁依楠	2022年全国技巧锦标赛	技巧	少年9～16岁组2级大集体	3	2022年12月
5	董　瀛	2022年全国帆船冠军赛	混合诺卡拉17级团体	女舵组	1	2022年4月
6	董　瀛	2022年全国帆船冠军赛	混合诺卡拉17级场地赛	女舵组	1	2022年4月
7	傅烨铭	2022年全国技巧锦标赛	技巧	少年9～16岁组1级混合双人平衡套	1	2022年12月
8	傅烨铭	2022年全国技巧锦标赛	技巧	少年9～16岁组1级混合双人动力套	1	2022年12月
9	傅烨铭	2022年全国技巧锦标赛	技巧	少年9～16岁组1级混合双人全能套	1	2022年12月
10	傅烨铭	2022年全国技巧锦标赛	技巧	少年9～16岁组2级大集体	3	2022年12月
11	葛迦立	2022年全国竞速皮划艇比赛暨春季冠军赛	男子龙舟水上	500米	2	2022年3月
12	葛迦立	2022年全国赛艇比赛暨春季冠军赛	男子八人单桨	甲组水上500米	2	2022年3月
13	葛迦立	2022年全国赛艇比赛暨春季冠军赛	男子八人单桨	甲组水上2000米	2	2022年3月
14	吕陆辉	2022年全国皮划艇激流回旋比赛暨春季冠军赛	男子激流皮艇LOOP赛(SA)	乙组	1	2022年3月
15	吕陆辉	2022年全国皮划艇激流回旋比赛暨春季冠军赛	男子激流皮艇水上单人皮艇(SA)	乙组	1	2022年3月
16	吕陆辉	2022年全国皮划艇激流回旋比赛暨春季冠军赛	男子激流皮艇陆上赛艇2000米	乙组	1	2022年3月
17	吕陆辉	2022年全国皮划艇激流回旋比赛暨春季冠军赛	男子激流划艇乙组(U18)陆上赛艇30分钟	乙组	1	2022年3月
18	吕陆辉	2022年全国皮划艇激流回旋锦标赛	男子单人皮划无门竞速赛(U19)	乙组	1	2022年11月
19	吕陆辉	2022年全国陆上赛艇锦标赛	男子激流皮艇陆上赛艇10000米接力	甲组	2	2022年1月
20	吕陆辉	2022年全国皮划艇激流回旋比赛暨春季冠军赛	男子单人皮艇LOOP赛	甲组	2	2022年4月
21	吕陆辉	2022年世界陆上赛艇锦标赛	男子激流皮艇陆上赛艇2000米	乙组	3	2022年2月
22	吕明芳	2022年全国U18射击锦标赛	射击	女子25米运动手枪团体	2	2022年11月
23	潘之怡	2022年全国赛艇锦标赛	水上2000米	U19混合四人双桨	1	2022年11月
24	裘　艺	2022年全国竞速皮划艇比赛暨春季冠军赛	女子竞速皮艇水上2000米	甲组	1	2022年3月
25	裘　艺	2022年全国竞速皮划艇比赛暨春季冠军赛	女子竞速皮艇陆上赛艇30分钟	甲组	1	2022年3月
26	裘　艺	2022年全国竞速皮划艇比赛暨春季冠军赛	女子竞速皮艇陆上赛艇2000米	甲组	1	2022年3月
27	裘　艺	2022年全国竞速皮划艇比赛暨春季冠军赛	女子竞速皮艇水上500米(SA)	甲组	1	2022年3月
28	裘　艺	2022年全国竞速皮划艇比赛暨春季冠军赛	女子竞速皮艇水陆划跑12000米(SA)	甲组	1	2022年3月

续表 99

序号	姓名	比赛名称	项目	组别	名次	比赛时间
29	袁 艺	2022 年全国陆上赛艇锦标赛(中国站)	女子皮艇甲组 500 米	甲组	2	2022 年 2 月
30	宋学智	2022 全国陆上赛艇锦标赛	男子赛艇	乙组陆上赛艇 1000 米接力	1	2022 年 1 月
31	王青蕴	2022 年全国技巧锦标赛	技巧	少年 9～16 岁组 1 级混合双人平衡套	1	2022 年 12 月
32	王青蕴	2022 年全国技巧锦标赛	技巧	少年 9～16 岁组 1 级混合双人动力套	1	2022 年 12 月
33	王青蕴	2022 年全国技巧锦标赛	技巧	少年 9～16 岁组 1 级混合双人全能套	1	2022 年 12 月
34	王青蕴	2022 年全国技巧锦标赛	技巧	少年 9～16 岁组 2 级大集体	3	2022 年 12 月
35	吴子奥	2022 年全国青年 U 系列沙滩排球锦标赛(U15)	沙滩排球	初中男子组	2	2022 年 11 月
36	谢天峰	2022 年全国赛艇春季冠军赛	水上 2000 米	男子八人单桨甲组	2	2022 年 3 月
37	谢天峰	2022 年全国皮划艇春季冠军赛	水上 500 米	男子龙舟	2	2022 年 3 月
38	谢天峰	2022 年全国赛艇春季冠军赛	水上 500 米	男子八人单桨甲组	2	2022 年 3 月
39	谢天峰	2022 年全国赛艇春季冠军赛	水上 12000 米	男子双人单桨甲组	3	2022 年 3 月
40	徐磊	2022 年全国青年拳击锦标赛(U18)	拳击	男子 81 千克级以上	2	2022 年 12 月
41	徐娅妮	2022 年全国帆船冠军赛	场地赛	混合 470 级	1	2022 年 4 月
42	徐娅妮	2022 年全国帆船冠军赛	团体赛	混合 470 级	1	2022 年 4 月
43	徐娅妮	2022 年全国帆船冠军赛	男舵组场地赛	混合 470 级	1	2022 年 4 月
44	徐娅妮	2022 年全国帆船锦标赛	混合 470 级场地赛	混合 470 级	1	2022 年 12 月
45	徐娅妮	2022 年全国帆船冠军赛	混合 470 级长距离赛	混合 470 级	2	2022 年 12 月
46	严 卉	2022 年全国青年拳击锦标赛(U18)	拳击	66 千克	3	2022 年 12 月
47	杨再林	2022 年全国技巧锦标赛	技巧	少年 9～16 岁组 2 级大集体	3	2022 年 12 月
48	叶依妮	2022 年全国赛艇锦标赛	水上 2000 米	甲组混合八人单桨有舵手	2	2022 年 11 月
49	俞 波	2022 年全国陆上赛艇锦标赛(中国站)	男子激流划艇乙组(U18)陆上赛艇 2000 米	乙组	1	2022 年 2 月
50	俞 波	2022 年全国陆上赛艇锦标赛(中国站)	男子激流划艇乙组(U18)陆上赛艇 500 米	乙组	1	2022 年 2 月
51	俞 波	2022 年中国杯全国竞速皮划艇比赛暨春季冠军赛	男子激流划艇乙组(U18)水上 2000 米	乙组	1	2022 年 3 月
52	俞 波	2022 年中国杯全国竞速皮划艇比赛暨春季冠军赛	男子激流划艇乙组(U18)陆上赛艇 30 分钟	乙组	1	2022 年 3 月
53	俞 波	2022 年中国杯全国竞速皮划艇比赛暨春季冠军赛	男子激流划艇乙组(U18)陆上赛艇 2000 米	乙组	1	2022 年 3 月
54	俞 波	2022 年中国杯全国竞速皮划艇比赛暨春季冠军赛	男子激流划艇乙组(U18)水上单人划艇(SA)	乙组	1	2022 年 3 月
55	俞 波	2022 年全国皮划艇激流回旋比赛暨春季冠军赛	男子激流划艇乙组(U18)LOOP 赛(SA)	乙组	1	2022 年 3 月
56	俞 波	2022 年全国陆上赛艇锦标赛(中国站)	男子激流划艇乙组(U18)陆上赛艇 5000 米	乙组	2	2022 年 2 月
57	俞智灏	2022 年全国陆上赛艇锦标赛	男子 10 千米接力	乙组	3	2022 年 1 月
58	张燕华	2022 年全国赛艇锦标赛	水上 2000 米	甲组混合八人单桨有舵手	2	2022 年 11 月
59	章佳洁	2022 年全国拳击锦标赛	拳击	女子 81 千克级以上	2	2022 年 9 月
60	朱嘉栋	2022 年全国皮划艇静水锦标赛	男子单人划艇 1000 米	甲组	1	2022 年 11 月
61	竺项怡	2022 年全国皮划艇静水锦标赛	女子 500 米四人皮艇	乙组	1	2022 年 11 月
62	竺项怡	2022 年全国陆上赛艇锦标赛(中国站)	女子皮艇乙组(U18)500 米	乙组	3	2022 年 2 月

（市体育局 王 瑜）

2022年7月7日,绍兴市青少年跆拳道锦标赛在上虞区实初集团百官中学举行
(市体育局 供图)

校园试点学校32所。申报国家一级运动员105人次、国家二级运动员136人次。完成年度青少年运动员注册工作。其中省注册运动员25575人,新增全国注册运动员617人。

【教练员培养】 2022年,绍兴市培训各类教练员60人次。参加省级和国家级教练人员、竞技体育管理人员培训班,参训人员50余人次。完成裁判员注册工作,注册认定2178人,其中,国际级5人,国家级38人,荣誉级2人,国家一级618人,国家二级1220人,国家三级295人。

【参加省运会成绩】 2022年11月28日,省第十七届运动会在金华闭幕。绍兴代表团组织1200余名运动员,参加29个大项、45个分项比赛。获得193.75枚金牌、87.25枚银牌、144.5枚铜牌,金牌总数和奖牌总数均居全省第五名。团体总分4518.75分,居全省第四名,创造历史最好成绩。排球、射击、游泳、羽毛球项目取得重大突破,超额完成参赛目标任务。

【体育赛事培育】 2022年,绍兴市越城区承办"华颐杯"中国国际象棋冠军赛。柯桥区承办2022中国赛艇大师系列赛之浙江绍兴·柯桥站暨国内名校赛艇挑战赛,CTCC中国汽车场地职业联赛,2022中国攀岩联赛揭幕战。上虞区承办2022年诗画曹娥江·全国拳击锦标赛。诸暨市承办2022—2023赛季CBA联赛第二阶段比赛及全明星赛。嵊州市承办第三届"嵊州杯"中国王中王围棋争霸赛。

【第五届"喜临门"绍兴马拉松】 2022年11月12日,绍兴市第五届"喜临门"绍兴马拉松在市奥体中心开跑,1万余名选手参赛,绍兴籍知名运动员俞觉敏、陈刚、徐东香、范雪飞、陆敏佳、裘丹泓领跑。比赛由市政府主办,中国田径协会技术认证,省体育局指导,市体育局、越城区政府、柯桥区政府承办,分为马拉松、半程马拉松、迷你跑3个项目,其中马拉松、半程马拉松设置名次奖项。张立钢以2小时32分42秒成绩获全程马拉松男子组冠军;赵亚丽以2小时55分24秒成绩获全程马拉松女子组冠军。傅煜杰以1小时13分39秒成绩获半程马拉松男子组冠军;商卫丽以1小时28分25秒成绩,获半程马拉松女子组冠军。

【中国绍兴皮划艇邀请赛】 2022年11月20日,绍兴地铁·2022中国绍兴皮划艇邀请赛暨东方水城嘉年华在越城区迪荡湖公园举行。110名运动员参加比赛。比赛设男子单人皮艇、男子双人皮艇、女子单人皮艇、女子双人皮艇4个组别。吕炜悟、王伟、吴冈凌获男子单人皮艇前三名,王欣欣、顾忠英、潘春雷获女子单人皮艇前三名,唐亮、朱一春、储佳迪、胡江华、陈辉、孙宝奎获男子双人皮艇前三名,王路路、许财红、陈芳、范慧、居凌燕、葛欣宜获女子双人皮艇前三名。

(市体育局 王 瑜)

体育产业

【概况】 2022年,绍兴市打造体育消费城市品牌,推进体育消费试点建设工作。入选省重点培育体育品牌赛事名录库5项。创建省运动休闲旅游示范基地、精品线路、优秀项目,获评1条精品线路、4个优秀项目。

【体育产业引导资金】 2022年,绍兴市拨付体育产业发展专项引导资金1951万元,涉及101个项目单位,包括市级体育品牌赛事16项,体育服务业示范项目70项。

【体育消费券发放】 2022年,绍兴市投入3000万元开展"迎亚运·越运动"绍兴体育消费券活动,自8月8日起分5轮发放,惠及体育商户超过500家,活动累计核销1941万元,带动消费5920万元。

【体育彩票】 2022年,绍兴体育彩票引进扶持商贸综合体"网红"渠道建设,全市体育彩票实现销售16亿元,比2021年增长40.36%,增幅居全省第一位。

【国家体育产业示范项目全覆盖】 2022年5月,"绍兴马拉松"被国家体育总局认定为国家体育产业示范项目。至此,绍兴实现国家体育产业示范基地(柯桥区2020年获评)、国家体育产业示范单位(绍兴上虞大康体育健身设施制造有限公司、万丰航空工业有限公司2021年获评)、国家体育产业示范项目(绍兴马拉松2022年获评)三类体育产业领域最高规格荣誉全覆盖。

(市体育局 王 瑜)

社会生活

人口家庭

【人口监测】 2022年，绍兴市有户籍人口总户数1658947户，总户籍人口4458228人，其中男性2211712人，女性2246516人，分别占总户籍人口的49.61%和50.39%，性别比为98.45（女=100），平均每户2.69人，总户籍人口比2021年减少10251人，年增长-0.23%；全市省外迁入12506人，省内迁入5222人，迁往省外4279人，迁往省内10211人，人口机械增长3238人，机械增长率为0.73‰；全市出生登记22158人，全市死亡注销35708人，自然增长-13550人，自然增长率为-3.04‰；按公安部统计口径统计，全市城镇人口2333369人，占总户籍人口的52.34%；全市总户籍人口按年龄段分布构成为：0～17岁613481人、18～34岁810677人、35～59岁1762807人、60岁及以上1271263人，分别占总人口的13.76%、18.18%、39.54%和28.51%。全市市区总户籍人口2243172人，其中，越城区827044人，柯桥区701970人，上虞区714158人；全市县户籍人口2215056人，其中诸暨市1076438人，嵊州市709739人，新昌县428879人。

【家庭状况】 据第七次全国人口普查资料，至2020年末，绍兴市有家庭户200.54万户，其中，一人户55.09万户，二人户69.51万户，三人户41.83万户，四人户19.46万户，五人户9.74万户，六人户4.03万户，七人户5975户，八人户1561户，九人户570户，十人及以上户648户，平均家庭户规模2.38人。有家庭户人口477.05万人，其中，男性240.31万人，女性236.74万人。

至2022年末，每百户居民家庭拥有家用汽车68.8辆，比2021年末增加2.6辆；拥有计算机74.2台，增加0.3台；拥有移动电话260.4部，持平；拥有洗衣机98.8台，减少3.1台；电冰箱（柜）112.3台，减少0.5台；彩色电视机190.7台，减少7.1台；空调234.2台，增加0.4台；热水器103.0台，减少0.4台。

（市地方志编纂室　整理）

【出生人口】 2022年，全市出生登记22158人，全市死亡注销35708人，自然增长-13550人，自然增长率为-3.04‰。

【流动人口服务】 2022年，绍兴市持续提高流动人口管理服务能力，全市域完成“电子居住证+互认转换”集成改革。“浙

表100　绍兴市近三次人口普查情况统计表

指标	第五次	第六次	第七次
总户数（户）	1455049	1830205	2140538
户规模（人/户）	2.96	2.68	2.46
总人口（人）	4304241	4912239	5270977
按性别分			
男（人）	2155557	2469399	2696152
女（人）	2148684	2442840	2574825
按城乡分			
城镇人口（人）	2095350	2877624	3743366
乡村人口（人）	2208891	2034615	1527611
按年龄分			
0～14岁（人）	792934	627880	626699
15～59岁（人）	3094180	3796217	3790100
65岁及以上（人）	417127	488142	854178
按受教育程度分			
研究生（人）	609	5422	22339
大学（人）	96751	338269	781391
高中（人）	467420	674792	803302
初中（人）	1524197	2013907	1916959
小学（人）	1559185	1453125	1358921
文盲（15岁及以上人口）（人）	238373	156950	68410
流动情况			
市外来人口（人）	330727	1018525	1113683

（市统计局　徐琼琰）

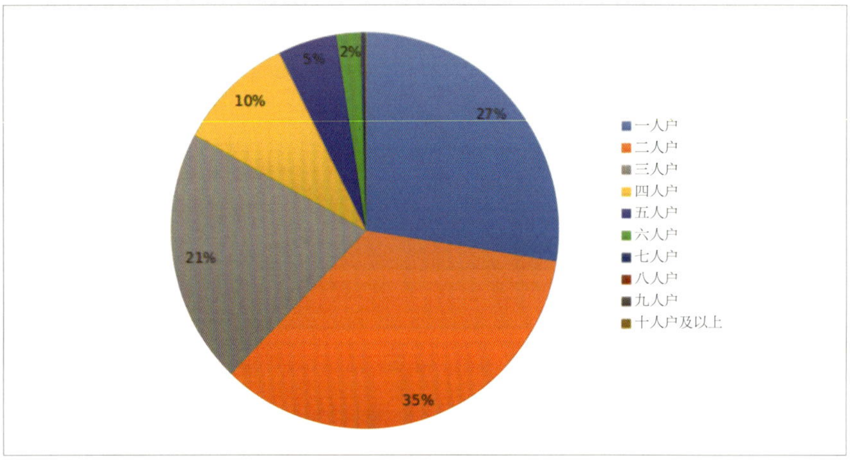

图7　绍兴市家庭规模图(2020)

里人口全息管理平台"获评省数字法制2022年第二批好应用,在全省第一批"公安大脑"治安类核心应用项目"揭榜挂帅"申报亮晒活动中获第一名。至年末,全市共登记流动人口1922679人。其中,越城区420262人,柯桥区688367人,上虞区228890人,诸暨市424051人,嵊州市103578人,新昌县57531人。

(市公安局　斯校坤)

【生育政策落实】2022年6月,市卫生健康委印发《关于加强优化生育政策宣传工作的通知》,组织开展优化生育政策宣传。10月27日,市人口均衡发展领导小组组织成员单位、市卫生健康委相关人员共40余人,参加优化生育政策培训,解读习近平总书记关于人口工作重要论述。

【母婴室建设】2022年,绍兴市加强公共场所母婴室标准化建设,母婴室达标率100%。累计建成母婴室203家,其中四星级以上母婴室47家。上虞区和诸暨市作为第二批全省母婴室标准化建设县(市、区),达到母婴室省级标准。

【计划生育家庭扶助】2022年,绍兴市确认奖励扶助对象19万余人,全年发放扶助金1.8亿元。其中,新纳入农村计划生育"双女户"对象5.2万人。实行计划生育特殊家庭"双岗"联系人、家庭医生签约服务和就医绿色通道3项制度。

2022年,绍兴市重视人口高质量均衡发展,印发实施《绍兴市"一老一小"整体解决方案》等政策,加快构建全链条、一体化善育服务体系。图为9月1日,新昌县梅湖中心"一老一小"综合体托育中心开展幼托服务　(市卫生健康委　供图)

【生育关怀保险】2022年,绍兴市生育关怀系列保险总保费1372.8万元,投保13.5万人,理赔1580人次,理赔金额959.8万元。成立"越健康"生育关怀系列保险品牌,吸纳4家保险公司开展生育关怀系列保险,保险品种数量从4种拓展到10种,保险对象从针对育龄群众扩展到"一老一小"。

【生育关怀项目】2022年,绍兴市新承接1个国家级高校青春健康项目,6个省级生育关怀项目,吸纳国家、省级资金72万元,推进实施2个国家级项目。投入50多万元成立绍兴市"越健康"生育关怀和家庭健康促进项目市级基金。

【生育关怀品牌】2022年,绍兴市实施家庭健康促进行动,挖掘传统健康家风和新时代健康家风故事,共收集"健康家味道"6个,健康家风故事41个,其中沈丽燕家庭"戒烟限酒故事"入选国家典型案例并被评为卓越美案例。组织主题推进活动65场次,开展线上线下家庭知识竞赛10场,覆盖人群2999人次。11月3日至8日,市本级开展为期6天"好家风健康行"家庭健康知识线上答题竞赛。组织249人参加家庭健康指导员知识和技能培训,其中107人被评为省级指导员,213名成绩合格学员被聘为绍兴市第一批家庭健康指导员。

(市卫生健康委　王栩栩)

【婚姻登记】2022年,绍兴市办理结婚登记37083对,比2021年增加6824对,上升35.75%;办理离婚登记5936对,增加382对,上升6.88%;补发婚姻证37083件,减少2277件,减少5.79%;出具(无)婚姻登记记录证明8份,与2021年持平。办理内地居民结婚登记25884对,上升35.79%,其中,初婚42734人,再婚9034人(含复婚2256人)。办理内地居民离婚登记5928对,上升6.83%。办理涉及外国人、华侨(出国人员)及港澳台居民的结婚登记27对,上升8%,其中,涉及外国人19对,涉及香港居民2对,涉及澳门居民2对，涉及台湾居民4对；初婚34人，再婚20人。办理涉及外国人、华侨（出国人员）及港澳台居民离婚登记8对，上升60%，其中，涉及外国人7对，涉及台湾居民1对。

【离婚冷静期制度实施】 自2021年1月1日《中华人民共和国民法典》实施以来，绍兴市民政部门认真落实离婚冷静期政策。2022年，绍兴市各婚姻登记机关共受理离婚申请9928对，实际办理离婚登记手续5936对，离婚登记比2021年上升6.88%。

（市民政局　顾莉莉）

【收养管理】 2022年，绍兴市按照《中华人民共和国民法典》《中国公民收养子女登记办法》《华侨以及居住在香港、澳门、台湾地区的中国公民办理收养登记的管辖以及所需要出去的证件和证明材料的规定》等要求，规范办理儿童收养业务74件，其中收养登记64件，解除收养登记10件。

（市民政局　李　峰）

【殡葬管理】 2022年，绍兴市创建完成8个省级节地生态安葬示范点，乡镇（街道）节地生态安葬点建有率100%；市级生态公益性公墓（绍兴官山生态陵园）投入使用，市殡仪馆升级改造工程开工建设。开展“两路两侧‘青山白化’”整治及巩固和深化“活人墓”等突出问题整治，全市共整治裸露坟墓229座、“活人墓”136座。

（市民政局　顾莉莉）

就业创业

【概况】 2022年，绍兴市新增城镇就业23.18万人，首次来浙新增就业9.8万人，城镇调查失业率4.6%，城镇失业人员实现再就业6.19万人，其中就业困难人员实现再就业1.17万人。新增高技能人才3.54万人，开展技能培训19.33万人次，新增全国技术能手1人，6人入选浙江杰出工匠，48人入选浙江工匠，166人入选浙江青年工匠。

【高校毕业生就业】 2022年，绍兴市新增大学生14.5万人。举办绍兴招才引智专列启动暨驻外招商引智出征仪式、教育卫生系统“千名硕博”全球引才行动。开辟局长直播带岗，组织主播云逛企业、校地云端对话活动，开行2022年度招才引智“人才专列”，收到简历18.9万份。完善离校未就业高校毕业生实名制管理和精准帮扶机制，全年对10311名离校未就业高校毕业生开展就业帮扶，就业率96.71%，帮扶率100%。推出“越心守沪”人才消费券服务，向上海高校应届毕业生、在校生等定向发放人才消费券2000万元。创新推出校园代理、海外直面、平台直投等线上“无接触”招聘模式。

【公共就业服务活动】 2022年，绍兴市举办招聘活动954场，服务企业1.7万家次。开展用工保障月专项行动，春节前后帮助企业接返云南、贵州等地务工人员295人。建立重大项目重点企业用工保障服务机制，成立工作专班，制定“一企一策”服务方案，指导县（市、区）举办重大项目重点企业专场招聘会，通过全市公共招聘网站、微信公众号推送招聘信息，为重点企业在人流密集地设立固定招聘点提供支持。协助绍兴比亚迪项目招聘员工6800余人，满足项目正常运转需求。

【就业帮扶】 2022年，绍兴市通过“重点群体就业帮扶在线”应用对登记失业人员开展动态跟踪服务、精准推送岗位，帮扶重点群体10.22万人次，帮扶率100%，重点群体实现就业8.87万人，就业率98.89%，“零就业”家庭实现动态清零。承办2022年浙江省就业援助“暖心活动”启动仪式暨专场招聘会，开展“就业援助月”“春风行动”活动，组织离校未就业高校毕业生、就业困难人员、退役军人、残疾人等专场帮扶活动。实施公益性岗位提质扩容行动，在全省率先创设城乡公益性岗位1220个。

【劳动监察】 2022年，绍兴市劳动监察机构受理各类举报投诉案件2136件，维护8695名劳动者工资权益，做出行政处罚案件19件，罚款金额64万元。受理部、省欠薪线索平台欠薪线索件10835件，动态办结率100%。通过企业工资支付监管平台监管在建项目1269家，银行签约率97.71%，线上发薪率93.62%。开展“除险保安”排查整治欠薪隐患专项检查、集

2022年2月19日，新昌县就业大巴在寻甸站接送返绍就业人员　（市人力社保局　供图）

2012—2022年绍兴市按三次产业划分的就业人员数及构成情况统计表

表101

年份	从业人员数（万人）				构成（%）		
	合 计	其中：第一产业	第二产业	第三产业	第一产业	第二产业	第三产业
2012	321.71	42.49	156.43	122.79	13.20	48.60	38.20
2013	321.29	39.25	156.98	125.06	12.20	48.90	38.90
2014	322.48	36.23	157.21	129.04	11.20	48.80	40.00
2015	323.32	33.01	157.02	133.29	10.20	48.60	41.20
2016	322.54	29.94	156.94	135.66	9.30	48.70	42.10
2017	322.68	27.18	157.42	138.08	8.40	48.80	42.80
2018	321.52	23.68	156.67	141.17	7.40	48.70	43.90
2019	325.03	20.81	157.10	147.12	6.40	48.30	45.30
2020	328.38	17.71	158.36	152.31	5.40	48.20	46.40
2021	330.00	17.72	159.90	152.38	5.40	48.50	46.20
2022	328.66	17.52	161.01	150.13	5.30	49.00	45.70

（市统计局　徐琼琰）

中整治拖欠农民工工资问题专项行动、根治欠薪冬季专项行动，对重大工程和重点企业开展“拉网式”排查，全年开展“无欠薪”“双随机”执法检查68次。

【专业技术人员职称评定】 2022年，绍兴市新晋升专业技术职务26536人，其中高级以上2836人。推进职称社会化评价改革，下放18项评审权限至各县（市、区），建立社会化评价机构和企业17个，其中行业协会等第三方社会化评价机构11个，民营企业6家。畅通高级职称直接申报渠道，全市有7人通过省高层次创新型人才职称“直通车”获评正高级与高级职称。全年新建省级博士后科研工作站27家，3家省级工作站晋级国家级工作站，引进培养博士后212名。至年末，绍兴市博士后工作站总数、国家级站总数、博士后累计招收培养数、2022年博士后新招收培养数均列全省第三位。

【职业技能竞赛】 2022年，绍兴市举办职业技能竞赛110场，其中市级职业技能竞赛68场（一类竞赛11场、二类竞赛57场），6个县（市、区）共举办职业技能竞赛42场，8000余名选手参赛，产生绍兴市技术能手92人。

（市人社局　洪伟伟）

【绍兴市人才创业股权投资基金成立】

2022年11月28日，绍兴市设立市人才创业股权投资基金，由市人才发展集团有限公司、市国有资本运营有限公司及其下属子公司市富越私募基金管理有限公司联合组建，总规模50亿元，首期规模2亿元，由市富越私募基金管理有限公司担任基金管理人。基金围绕绍兴市人才发展目标，按照市场化运作机制，通过直接投资或子基金投资模式，择优投向发展前景好、盈利预期强的人才类创业企业股权项目，发挥国有资本的引领和培育功能。

（市委组织部　张天雄）

收入与消费

【居民收入】 2022年，据居民收支与生活状况调查，绍兴市全体居民人均可支配收入65760元，比2021年增长5.2%。其中，城镇常住居民人均可支配收入76199元，增长4.2%；农村常住居民人均可支配收入45709元，增长7.2%。

【四项收入】 2022年，绍兴市全体居民人均工资性收入37184元，比2021年增长5.5%；人均经营净收入13991元，增长4.7%；人均财产净收入6247元，增长3.9%；人均转移净收入8339元，增长5.6%。

【居民消费】 2022年，绍兴市全体居民人均生活消费支出40371元，比2021年增长7.8%。其中，城镇常住居民人均生活消费支出45889元，增长7.3%；农村常住居民人均生活消费支出29772元，增长8.4%。全体居民恩格尔系数27.4%，下降0.1个百分点。其中，城镇常住居民恩格尔系数26.6%，持平；农村常住居民恩格尔系数29.8%，下降0.1个百分点。

【八大类消费支出】 2022年，绍兴市全体居民八大类消费支出全面增长。交通通信支出增长最快，人均支出6334元，比2021年增长9.6%；生活用品及服务、医疗保健、其他用品和服务支出快速增长，人均支出分别为1847元、2724元和993元，均增长8.3%；食品烟酒、居住、衣着支出平稳增长，人均支出分别为11062元、10352元和2763元，增长7.5%、7.4%和7.1%；教育文化娱乐支出4295元，增长6.9%。

【“共同富裕”指标监测分析】 2022年，绍兴市城乡收入倍差1.67，列全省第四位，较2021年同期缩小0.04。分区域看，居民人均可支配收入最高为柯桥区74770元，最低为新昌县58265元，地区收入倍差为1.28，与2021年持平。绍兴调查队在柯桥

2022 年绍兴市全体居民家庭收支基本情况统计表

表 102　　单位:元

	全市	越城区	柯桥区	上虞区	诸暨市	嵊州市	新昌县
人均可支配收入	65760	64412	74770	63461	67810	59111	58265
1. 工资性收入	37184	37989	39926	43165	33774	27005	35394
2. 经营净收入	13991	11108	21428	10346	21106	15805	10878
3. 财产净收入	6247	6862	6950	3496	5237	6987	5041
4. 转移净收入	8339	8452	6467	6453	7693	9314	6952
人均生活消费支出	40371	39517	42323	38051	39287	30555	34453
1. 食品烟酒	11062	10898	11421	11507	11181	8774	9700
2. 衣着	2763	2889	3217	4248	2177	2065	2259
3. 居住	10352	9827	10056	6999	9845	7638	7513
4. 生活用品及服务	1847	1932	1981	2058	1798	1772	1829
5. 交通通信	6334	5961	6526	5545	7026	5274	5887
6. 教育文化娱乐	4295	4478	4767	4659	3791	2505	3632
7. 医疗保健	2724	2585	2753	2173	2702	2041	2692
8. 其他用品和服务	993	947	1603	862	767	486	940

（市调查队　黄亚丽）

区、新昌县设立省首批共同富裕观察点。

（市调查队　黄亚丽）

【市场物价】 2022 年，绍兴居民消费价格总水平上涨 1.7%，涨幅较 2021 年同期扩大 0.3 个百分点，低于全国 0.3 个百分点，低于全省 0.5 个百分点。分类别看，消费品价格上涨 2.5%，服务价格上涨 0.6%，工业品价格上涨 3.0%。全市各月 CPI（消费者物价指数）与 2021 年同月相比指数分别上涨 1.1%、0.9%、1.2%、2.2%、1.9%、2.1%、2.2%、2.1%、2.6%、1.7%、1.3% 和 1.6%，总体呈现温和上涨趋势。其中，1 月至 2 月，由于元旦、春节“双节”效应，食品和服务需求节日性增加，价格环比分别上涨 0.6% 和 1.0%；3 月，节日因素消散，食品和服务需求减弱，价格环比下降 0.3%；4 月，国内多地疫情散发、频发，叠加国际能源价格高企，价格环比上涨 0.6%；5 月，疫情防控形势稳固向好，生产生活陆续恢复，价格环比下降 0.6%；6 月至 7 月，价格环比分别上涨 0.2% 和 0.7%；8 月，受国内疫情反复居民出行意愿降低，汽柴油价格下行影响，价格环比下降 0.2%；9 月，中秋、国庆“双节”效应显现，价格环比上涨 0.5%；10 月至 11 月，天气渐凉，秋季进入收获季节，鲜活食品供应增加，价格环比都下降 0.4%；12 月，各类商品服务供需较为稳定，价格环比与 11 月持平。从八大类商品及服务价格涨跌构成看，交通通信类价格上涨对全年 CPI 影响最大，实现上涨 0.71 个百分点；食品烟酒类对 CPI 影响次之，为 0.56 个百分点；生活用品及服务类对全年 CPI 影响 0.14 个百分点；教育文化娱乐类对全年 CPI 影响 0.12 个百分点；其他用品及服务类对全年 CPI 影响 0.1 个百分点；居住类对全年 CPI 影响 0.08 个百分点；医疗保健类对全年 CPI 影响 0.04 个百分点；衣着类影响全年 CPI 下降 0.03 个百分点。

（市调查队　周　理）

社会保险

【概况】 2022 年，绍兴市基本养老保险参保 374.65 万人（其中，企业职工基本养老保险参保 270.34 万人，城乡居民基本养老保险参保 86.83 万人），户籍人口基本养老保险参保率 99.52%。全市工伤保险、失业保险参保分别为 181.58 万人和 138.73 万人。

推进医保数字化改革、医保领域共同富裕、“15 分钟医保服务圈 2.0 版”建设，升级“越美医保”党建品牌，打造“枫桥式”医保基层治理新模式，健全覆盖全民、统筹城乡、公平统一的多层次医疗保障体系。年末，基本医疗保险参保人数 456.89 万人，比 2021 年末下降 4.7%。

【养老保险】 2022 年，绍兴市调整企业职工基本养老保险和机关事业基本养老保险退休人员养老待遇，其中企业职工基本养老保险基本养老金实现 18 连涨，惠及全市 84.17 万名退休职工。自 1 月 1 日开始，城乡居民基础养老金每人每月上调 45 元，为 290 元 / 月。5 月，企业职工基本养老保险全国统筹系统在绍兴正式上线，月均办结业务 46 万笔。

【失业保险】 2022 年 8 月 1 日起，绍兴市失业保险金标准提升至最低工资标准的 90%（即 1863 元），全市累计发放失业保险金 4.41 亿元，发放失业补助金 5205.11 万元。全年发放稳岗返还补贴 5.12 亿元、一次性留工补助 1.4 亿元、一次性扩岗补贴 1367.1 万元、职业技能提升补贴 1154 万元、服务业稳岗就业补贴 2558 万元。

【工伤保险】 2022 年，绍兴市新增新业态人员参加工伤保险 2030 人。实施全市危化品企业工伤预防能力提升培训工程，调整更新绍兴市劳动能力鉴定委员会医疗卫生专家库。

【社会保险管理提升】 2022年，绍兴市加强社会保险内控管理，通过数字稽核，累计核查养老保险待遇享受2.79万人，核查工伤保险参保840户1.27万人、享受待遇0.1万人，追回违规领取待遇。

【社保基金监督检查】 2022年，绍兴市深化专项检查和第三方审计，开展社保基金管理提升年行动，追回冒领资金474.49万元。加强经办人员教育管理，完善稽核机制和系统，柯桥区推出“工伤安心云”场景，新昌县推出“就业资管家”场景，诸暨市推出“退休小管家”场景。

（市人社局　潘洲彬、陈　琴）

【基本医疗保险市级统筹】 2022年，绍兴市完成2021年度全市总额预算决算、基本医保基金绩效评价、两定单位决算清算，确定2022年职工医保和城乡居民医保总额预算指标。全面推行DRGs（疾病诊断相关分组）支付方式改革，推进市级统筹下医保基金精细化管理。全省巩固基本医保市级统筹工作座谈会在绍兴召开。

【大病保险】 2022年，绍兴市出台《绍兴市医保领域推进共同富裕建设实施方案》，实施医保公平保障、精准保障、赋能保障、数字保障、绩效保障、信用保障6项行动。将大病保险支付比例提高10个百分点，扩大支付范围，减轻重特大疾病患者医疗费用负担。完善门诊规定病种政策，调整重性精神障碍性疾病门诊规定病种现行诊断标准，明确癫痫、儿童孤独症门诊规定病种诊断标准和治疗范围。

【生育保险】 2022年，绍兴市职工生育保险女性参保73.63万人，出台助力“浙有善育”促进优生优育相关政策，首次将参加职工医保灵活就业人员纳入生育保险参保范围，并享受与单位职工相同生育医疗费用和生育津贴待遇，减轻灵活就业人员生育负担，惠及全市31.63万人。将产前检查、分娩镇痛等多个诊疗项目纳入报销范围，提供从孕早期到分娩全方位医疗保障。

【“浙里惠民保·越惠保”】 2022年，绍兴市“越惠保”参保325.81万人，参保率71.15%，为全市近13万个家庭、56万余人次减轻医疗费用负担2.93亿元，资金赔付率90.08%。其中，困难人员在就医过程中个人负担医疗费用5万元以上部分全部予以帮扶化解；高额外购药品从37种升级为48种。出台《惠民型商业补充医疗保险全流程经办管理工作规程》，填补全省惠民型商业补充医疗保险制度空白。

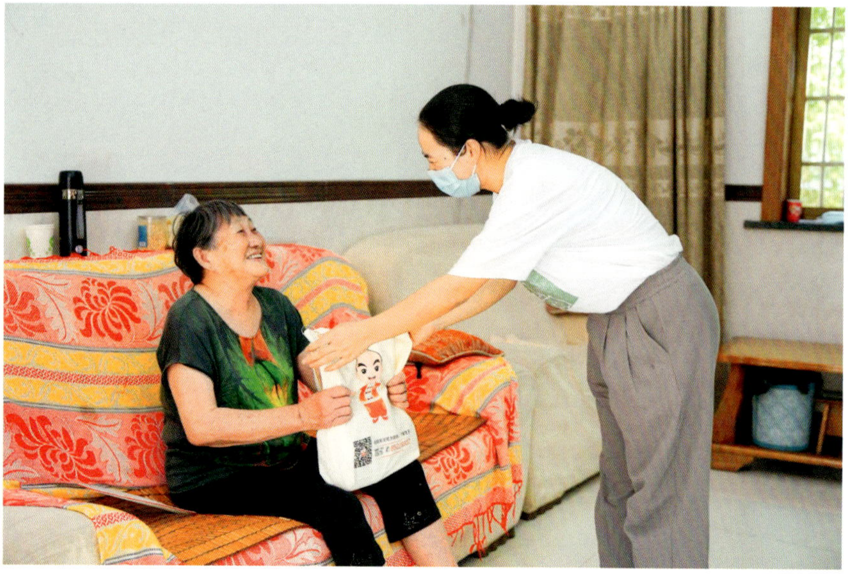

2022年，“浙里惠民保·越惠保”为参保的困难人员提供托底服务。图为5月23日，市“越惠保”工作人员慰问困难群众

（市医保局　供图）

【开展医保基金监督检查】 2022年，绍兴市建立“136综合智治”医保基金监管新体系（建立分管市长为组长的领导小组，明确党委、政府、定点医药机构三方职责，健全“六位一体”医保基金监管体系），出台公立定点医疗机构领导班子及成员医保违规领导责任追究办法。开展县域医共体医保行业自律示范点建设省级试点。开展打击欺诈骗保专项整治、“三大领域”专项治理、定点医药机构自查自纠及交叉互检等专项行动，开展基金监管集中宣传月活动。全年，全市共处理违规医药机构261家、参保人员475人，移交线索17起，行政处罚104起，全市医疗保障基金监管和协议处理金额逾7500万元。11月，全省医保行业自律省级示范点建设现场会在绍兴召开。

【医疗保险基金收支】 至2022年末，绍兴市职工医保（生育保险）基金收入127.97亿元、支出98.30亿元、当年结余29.67亿元，累计结余211.12亿元，支付能力25.77个月。城乡居民医保基金收入39.03亿元、支出35.44亿元，当年结余3.59亿元，累计结余27.20亿元，支付能力9.21个月。大病保险基金收入2.64亿元，支出2.27亿元，当年结余0.37亿元，累计结余6.30亿元，支付能力33.25个月。开展医疗救助114.94万人次，医疗救助资金13776万元，资助困难人员参保79171人，金额4466.39万元。

【“医保专员”制度探索】 2022年，绍兴市率先在全省探索实施“医保专员”制度，全市115名在编干部作为“医保专员”，实现镇（街道）派驻全覆盖，每月驻点指导医保工作不少于2天，为基层解决事项1400余个，政策性信访比2021年下降26%。

【医保经办创新服务】 2022年7月13日，绍兴市印发《关于开展全市医保经办“15分钟服务圈2.0”暨市级医疗保障服务示范点建设的通知》，落实“县—乡—村”三级医保经办，确保医保服务到村（社区）、病贫防范早介入。诸暨市医保中心、新昌县澄潭街道便民服务中心创成省级示范点，其中诸暨市医保中心被国家医保局评为国家级医保服务优秀案例。全市医保“网上办”“掌上办”可办率100%，办结率稳定在80%以上。医保电子凭证申领、基本医保参保信息变更、城乡居民基本医疗保险参保登记、基本医疗保险关系转移接续、异地就医结算备案、门诊费用跨省直接结算、医保定点医疗机构基础信息变更、生育保险待遇核定与支付8项政务服务事项“跨省通办”全部实现。完成门诊慢特病异地就医直接结算和定点零售药店省内异地联网结算试点。

（市医保局　李宗迎）

社会福利

【概况】 2022年，绍兴市民政系统以数字化改革为牵引，落实落细“现代社区、浙有众扶、浙里康养、善行浙江、暖心服务”五张“金名片”各项任务，全力解决群众急难愁盼问题，切实增进群众获得感、幸福感、安全感、认同感。

【孤儿及困境儿童基本生活保障】 2022年6月1日，市民政局、市财政局联合印发《关于调整市区孤儿基本生活费标准的通知》，市区机构孤儿、社会散居孤儿每月基本生活费分别提高至2424元、1939元，比2021年提升17.5%，提前实现省民政厅“十四五”目标。全市民政部门定期排查机构孤儿、社会散居孤儿、困境儿童、农村留守儿童四类群体信息，明确3281名服务对象，实现精准化管理。绍兴市未成年人救助保护中心等7个中心实现实体化运行。

【残疾人福利】 至2022年末，共发放困难残疾人生活补贴19606人，累计发放6879.40万元；共发放重度残疾人护理补贴54789人，累计发放13573.61万元。

【老年人福利】 至2022年末，绍兴市有60周岁以上老年人口127.7万人，老龄化程度28.66%，列全省第二位。养老服务补贴惠及18.27万人，投入资金5496万元。发挥福彩公益金“扶老、助残、救孤、济困”的“扶老”作用，2022年福彩公益金用于老年福利方面的投入4778.85万元。财政支持养老服务事业发展，助推“老有所养”事业高质量发展。市民政局、市人社局等8个部门联合印发《关于加强养老服务队伍建设的实施意见》，明确加强养老服务从业人员培养培训等8个方面、12项具体任务，落实经费投入等三大保障机制，提出到2025年，全市每万名老年人口拥有持证养老护理员达27人，其中高级工、技师比例达18%。以健康数字化管理新模式推进老年人慢病全周期管理，深化医疗卫生机构与养老服务机构签约合作，提高失能、重残、高龄、空巢、计生特殊家庭等老年人家庭医生签约服务覆盖率和服务质量。持续推进阿尔茨海默病、高危人群肺癌、前列腺癌、结直肠癌筛查和早期干预，强化老年人群流感和肺炎球菌疫苗接种服务，全面开展老年口腔健康、老年营养改善等专项行动，让老年人少得病、晚得病、不得大病，筑好老年健康坚固防线。

（市民政局　李　峰）

【福利彩票】 2022年，绍兴市累计销售各类福利彩票9.484亿元，其中电脑票7.136亿元、即开票2.348亿元，完成年度考核任务目标的102.530%。筹集公益金2.906亿元，其中全市筹集可用公益金0.799亿元，市本级筹集可用公益金5135.294万元。发布《2021年绍兴福利彩票社会责任报告》。

（市福利中心　丁奇超）

【水库移民后期扶持】 2022年，绍兴市

政策解读

政策名称：《关于加强养老服务队伍建设的实施意见》。

制定背景：是贯彻执行上位法的具体行动，《“十四五”国家老龄事业发展和养老服务体系规划》《中共浙江省委办公厅　浙江省人民政府办公厅印发〈关于加强康养体系建设推进养老服务发展的意见〉的通知》等国家、省、市相关文件对加强养老服务人才队伍建设有明确规定。是推进养老服务高质量发展的现实需要，截至2021年底，全市户籍人口446.85万人，其中老年人口122.09万人，老龄化程度达到27.32%，远高于全省23.7%和全国18.9%的平均水平。伴随老龄化程度的持续加深，高龄老人和失能失智老人的比例也都随之增长，加上居民家庭小型化发展趋势日益明显，全市平均每个家庭户的人口仅为2.38人，家庭风险抵抗能力和照护能力相对不足，养老照护将更普遍地依赖社会化供给，养老服务市场对养老人才的需求大大增加，且对养老服务队伍的专业性提出了更高要求。《实施意见》的出台，有利于吸引年轻优秀的服务人员从事养老服务工作，壮大养老服务队伍，提高养老服务从业人员的专业化水平，推进绍兴市养老服务高质量发展。

制定及参考依据：《关于加强康养体系建设推进养老服务发展的意见》《关于印发浙江省养老服务专业人员入职奖补办法的通知》《绍兴市居家养老服务条例》《关于加强全市养老服务人才队伍教育培训工作的意见》《丽水市养老人才培养实施办法》《台州市养老护理员特殊岗位津贴制度实施细则》。

主要内容：《关于加强养老服务队伍建设的实施意见》主要内容包括目标、重点任务、保障措施三方面，对2022年和2025年分阶段提出了主要目标，明确“四大重点任务、12项具体工作”的任务措施。包括加强养老服务从业人员培养培训、健全养老服务人员职业发展体系、落实养老服务人员政策待遇、加强养老服务从业人员监督管理等。

共有大中型水库后期扶持移民100636人,其中直补移民69791人,项目扶持移民30845人,共发放直补资金4201.84万元。越城区有后扶移民5193人,包括直补移民4607人,项目扶持移民586人,发放直补资金276.42万元;柯桥区有后扶移民8211人,包括直补移民7293人,项目扶持移民918人,发放直补资金437.58万元;上虞区有后扶移民9991人,包括直补移民7686人,项目扶持移民2305人,发放直补资金461.16万元;诸暨市有后扶移民34724人,包括直补移民25182人,项目扶持移民9542人,发放直补资金1525.30万元;嵊州市有后扶移民11399人,包括直补移民9994人,项目扶持移民1405人,发放直补资金599.64万元;新昌县有后扶移民31118人,包括直补移民15029人,项目扶持移民16089人,发放直补资金901.74万元。全市共计划实施移民扶持项目159个,总投资1.47亿元,其中移民资金1.07亿元。至年末,项目完工150个,支付移民资金8538.24万元。诸暨市东白湖农特产品交易服务中心项目入选第一期省水库移民共同富裕示范项目,项目合计补助移民资金450万元,其中2022年补助150万元,2023年补助300万元。

绍兴市完成1753人次的移民培训,其中越城区87人次、柯桥区150人次、上虞区180人次、诸暨市600人次、嵊州市236人次、新昌县500人次。

根据《浙江省水库移民安置办公室关于开展移民直补人口信息专项清查行动的通知》,全市开展移民直补人口信息专项清查行动,共发现应核减未核减人员12人,包括因犯罪服刑人员10人、财政供养人员2人,应追缴超发直补资金14400元,实际追缴14700元。全市完成全部追缴金额,相关追缴凭证上报省水库移民安置办公室。

(市民政局 李 萍)

【春节慰问困难群众】 2022年春节期间,绍兴市领导走访敬老院和困难群众,发放慰问金19.5万元。对在册困难家庭进行节前慰问,全市共支出慰问金3996万元。

(市民政局 周 斌)

社会救助

【概况】 2022年,绍兴市围绕高质量发展助推共同富裕示范地建设,着力推动社会救助提质增效,织密困难群众兜底保障安全网。至年末,有在册困难群众4.64万人,共支出基本生活救助资金4.2亿元,实施专项救助141.74万人次。发放“绍兴有爱”实体消费券2348.3万元,增发一次性生活补贴1951.75万元,发放基本生活价格补贴1244.68万元。

【城乡居民最低生活保障】 至2022年末,绍兴市有低保对象37509人,支出低保金3.72亿元。其中,收入型低保30446人,支出型低保712人,残疾单列施保6131人,重病单列施保220人。稳步提高城乡低保标准,由每月890元提高到1050元,增幅17.97%,居全省第四位。低保最低补差额由人均267元提高到315元。调整低收入家庭救助准入机制,低保边缘认定标准由1.5倍低保标准放宽到2倍,年增1143人。

【特困供养】 到2022年末,全市有特困供养对象1616人,支出供养金3527.47万元。启动特困保障标准调整机制,按不低于2021年城镇人均消费支出50%调整特困人员基本生活保障标准,其中市区(越城区、柯桥区、上虞区)提高到1905元,诸暨市提高到1721元,嵊州市提高到1383元、新昌县提高到1592元。健全照料制度,将护理等级调整为四级,参照最低工资标准给予集中供养对象每人1656元、828元、414元和207元照护费,分散供养对象按照集中供养照护标准的50%发放照护费。

(市民政局 周 斌)

【流浪乞讨人员救助】 2022年,绍兴市6个救助管理站共救助流浪乞讨人员1569人次,其中救助精神障碍、危重病人、肢体残障人员1201人次。提供返乡乘车凭证、现金后自行离站236人次,自愿离站66人次。联系其亲属、单位、流出地民政部门接领44人次,各县(市、区)救助管理站工作人员护送返乡90人次。当地政府安置92人,滞留14人。未发生流浪乞讨人员非正常死亡事件。

(市民政局 顾莉莉)

【临时救助】 至2022年末,绍兴市共临

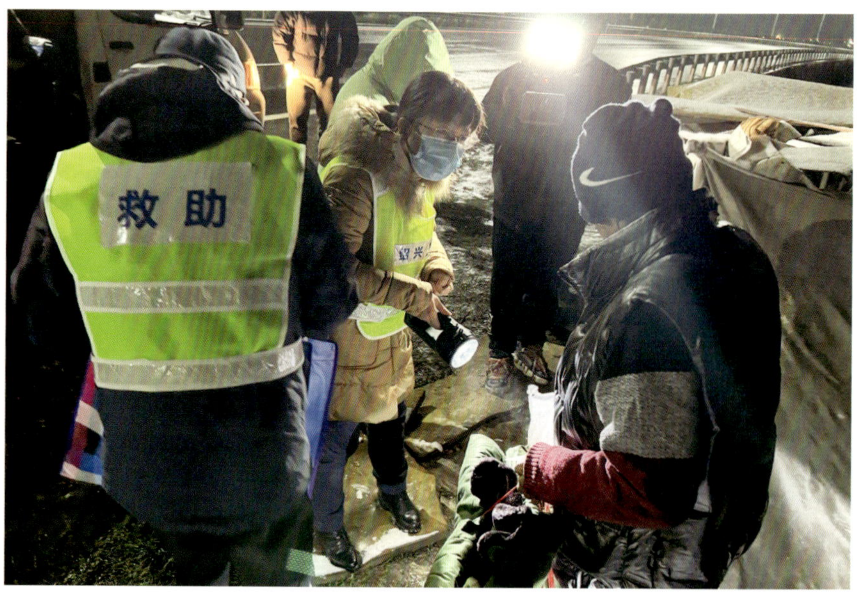

2022年12月1日,绍兴市救助管理站工作人员在汤公路旁救助流浪露宿人员

(市救助管理站 供图)

时救助4120人次，其中，救助本市户籍4045人，救助市外户籍75人，累计支出资金870.66万元。全年救助支出型困难对象4020人，救助急难型困难对象100人，年人均救助水平2113.26元。完善临时救助制度，新冠疫情期间困难对象急难救助统一按3倍低保标准执行。

（市民政局　周　斌）

【慈善募捐救助】2022年，全市慈善总会系统通过慈善冠名基金、定向基金、项目化捐赠、网络捐赠等形式切实推动慈善资金募集，共收到捐赠款物2.33亿元，其中，市本级收到捐赠款物5813.17万元。按照“救助项目化、服务精准化、项目品牌化”要求，通过合作、独立运作等形式积极拓展慈善项目，推动慈善项目化、品牌化运作进程，全市慈善系统救助支出1.68亿元，救助481775人次，其中，市本级救助支出4195.2万元，救助15867人次。全市新增慈善组织23家，累计76家。实现市县两级慈善信托全覆盖，慈善信托本地备案突破，全年新增慈善信托资金700万元。有14个组织、个人和项目获第七届“浙江慈善奖”。绍兴城市慈善发展指数列全省第五位，柯桥区在全省县（市、区）慈善发展指数排名中列第一位。

（市民政局　谢　晶）

【教育资助】2022年，绍兴市学前教育实行保育费减免，共资助幼儿3239人次，资助金额719.47万元。义务教育实行“两免一补”政策和营养餐补助政策，营养餐资助16430人次，资助金额1300.31万元；非寄宿生生活补助学生16490人次，资助金额442.11万元；寄宿生生活补助1373人次，资助金额84.53万元。普通高中教育实行免学杂费政策，落实国家助学金政策，资助学生7953人次，资助金额816.62万元，其中普通高中国家助学金3119人次，资助金额343.66万元；普通高中免学费2630人次，享受资助金额395.42万元；普通高中免杂费2204人次，资助金额77.54万元。中职教育免学费、落实国家助学金政策，其中享受中职国家助学金学生4058人次，资助金额405.14万元。全市累计资助各级各类学校学生49543人次（不含义务教育免教科书费、免杂费和中职免学费），累计金额3768.18万元。完成市政府奖学金（中职）的申报，有475人获奖，总计金额47.5万元，全市共有84人获得中职国家奖学金。

（市教育局　石聪聪）

【医疗救助】2022年，绍兴市救助流浪乞讨精神障碍患者176位、1618人次，累计住院床日23221天，住院金额778.3万元。救助社区肇事肇祸精神障碍患者（危险性3级及以上）232人次，救助后危险性等级均降至0级和1级。开展艾滋病患者救助，完成重点人群检测1317685人次，占常住人口的23.11%，比2021年同期上升23.43%，新增报告艾滋病感染者/病人270例。全年艾滋病新诊断病例治疗覆盖率94.44%，及时治疗率91.77%。开展孕产妇健康救助，对贫困重症孕产妇（新生儿）实施关爱救助项目，住院医疗费用自负部分超过1.5万元者，予以资金补助。完善市县两级贫困危重孕产妇和新生儿救助政策，将孕产妇列为重点签约对象，救助59例，救助金额37.75万元，全市孕产妇家庭医生签约16814人，签约率77.74%。开展结核病患者救助，新发单耐利福平/耐多药肺结核患者纳入治疗率95.65%，新政惠及耐药患者49人，诊疗减免费用63.43万元。

（市卫生健康委　王栩栩）

【寒冬送温暖活动】2022年12月，市民政局、市新闻传媒中心、市慈善总会开展“大爱绍兴·善行越地”寒冬送温暖活动。除民政部门针对服务的低保对象、低边人员、特困供养人员、孤儿、困境儿童、特困老人、流浪乞讨人员等开展元旦春节慰问、救助外，由市慈善总会筹措5000份御寒物品大礼包，赠给全市5000名困难群众。

（市民政局　谢　晶）

【红十字会工作】2022年，绍兴市红十字会围绕“三救、三献”［重大自然灾害和突发事件应急救援、人道救助、应急救护培训；造血干细胞和人体器官（遗体、组织）捐献、无偿献血宣传］、人道传播、红十字青少年等工作职责，“浙里博爱”应用平台建设、“全民应急救护能力提升工程”、应急救护“救在身边”九大行动等工作走在全省前列。“浙里博爱”应用平台先后入选省委改革办重点特色应用建设清单、省红十字会试点项目、绍兴市“一本账S2”目录；完成应急救护持证培训4.9万人，建

2022年，绍兴市红十字会参与重大自然灾害应急救援工作。图为9月15日，绍兴市红十字救援队抗击台风“梅花”

（市红十字会　供图）

成标准化应急救护基地 18 个、校园“救护培训工作坊”7 个、“博爱校医室”14 个、AAAA 级景区救护站 4 个，公共场所增设 AED 173 台，一键呼救 AED 智慧应用场景开发纳入省级试点；建立“师生应急救护知识普及 100%”“校医、体育教师应急救护持证培训 100%”等“6 个 100%”长效机制，在省内率先将应急救护培训纳入小学生课后托管服务及社会实践课程，教育系统完成普及培训 21.4 万人次，应急救护持证培训 2.4 万人；代表浙江省参加第六届全国红十字应急救护大赛决赛，获全国第一名，创省红十字系统历史最佳成绩；新设“绿色生态基金”“爱心筑梦，鲜奶同行”等公益项目，全市红十字会系统接受捐赠款物 4008.48 万元，救助帮扶 6 万余人次。拨付捐赠款物 1108.02 万元支援上海、香港、新疆、西藏疫情防控及对口协作，比 2021 年增长 3.5 倍；建成“博爱家园”119 个，其中 7 个纳入总会省会试点，列全省第一位。市县两级红十字救援队实现全覆盖，开展抗击台风“梅花”等救灾救援和日常志愿服务 1338 场次，服务群众 35.17 万人次；绍兴市“生命礼敬园”建成开园。

（市红十字会　傅亮微）

【法律援助】 2022 年，绍兴市开展审查起诉阶段律师辩护全覆盖全省试点，全年办理审查起诉阶段全覆盖案件 240 件。健全市、县、镇、村四级法律援助服务体系。7 月 29 日，设立新昌县法律援助中心县退役军人服务中心工作站；9 月 7 日，设立诸暨市法律援助中心退役军人服务中心工作站。优化“12345”热线与“12348”热线双线并行，招募 245 名律师入驻“律动浙里”平台，受理热线电话 4 万余个。推行法律援助申请受理“全容缺、全代办、全市通办”工作机制，打破案件受理区域限制，法律援助审批权限下放至乡镇（街道）工作站，授权村（社区）法律顾问代办，应援尽援率、全市通办率均为 100%。开展未成年人法律援助宣传活动 51 场、普法讲座 57 场，受众 2.9 万余人次。拓展农民工讨薪救助绿色通道，办理司法部中国法律服务网“绿色通道”转办件 42 件，比 2021 年增长 600%。

（市司法局　金　凯）

住房保障

【概况】 2022 年，绍兴市缴存住房公积金 131.43 亿元，比 2021 年增长 6.7%；提取住房公积金 96.82 亿元，下降 1.2%；发放住房公积金贷款 11859 户、47.64 亿元，分别下降 8.0%、5.8%。至年末，全市实缴职工 63.80 万人；缴存总额 1066.26 亿元、余额 307.61 亿元；贷款总额 543.18 亿元、余额 261.74 亿元，逾期贷款 111.07 万元，

2022 年绍兴市住房公积金缴存情况统计表

表 103

地区	缴存单位（个）			缴存人数（人）			当年缴存额（万元）	历年累计缴存额（万元）	缴存余额（万元）
	实缴单位数	当年新开户单位数	当年净增数	实缴职工数	当年新开户职工数	当年净增数			
市本级	5072	5524	352	195773	41931	4041	417408	3522559	955334
柯桥区	3203	8089	347	90179	15592	2284	198056	1653827	476930
上虞区	3992	3921	204	115550	23456	6096	214508	1619314	497231
诸暨市	3071	7451	218	105432	19926	3342	262299	2067098	605195
嵊州市	1478	2220	53	59089	12934	5922	104139	879897	259828
新昌县	1484	1720	103	72001	12331	2983	117918	919910	281535
合　计	18300	28925	1277	638024	126170	24668	1314328	10662605	3076053

2022 年绍兴市住房公积金提取情况统计表

表 104　　单位：万元

地区	住房消费提取额				非住房消费提取额				当年提取总额
	购买、建造、翻建、大修自住房	偿还购房贷款本息	租赁	其他	离退休	完全丧失劳动能力并与单位终止劳动关系	户口迁出或出境定居	其他	
市本级	56020.87	170383.04	18497.11	4449.66	32934.68	485.55	3851.15	14195.26	300817.32
柯桥区	23050.77	81512.45	9397.49	2891.14	14661.35	1806.78	943.56	3566.21	137829.75
上虞区	32931.78	86393.53	9588.74	2817.73	20444.17	498.64	1152.15	5204.46	159031.20
诸暨市	35712.24	121112.38	9105.33	1228.81	24946.42	901.01	1419.77	5260.78	199686.74
嵊州市	15267.41	43020.37	3546.45	1272.63	11658.83	203.42	503.18	2649.35	78121.64
新昌县	21359.79	47288.65	5868.07	1152.53	12934.85	945.13	788.16	2386.06	92723.24
合　计	184342.86	549710.42	56003.19	13812.50	117580.30	4840.53	8657.97	33262.12	968209.89
占比(%)	19.04	56.78	5.79	1.43	12.14	0.50	0.89	3.43	100

逾期率 0.04‰；资金存贷比 85.09%；个人贷款风险准备金余额 24.69 亿元，风险准备金充足率 9.4%；自 2022 年 10 月 1 日起，下调首套个人住房公积金贷款利率 0.15 个百分点，5 年以下（含 5 年）和 5 年以上利率分别调整为 2.6% 和 3.1%。第二套个人住房公积金贷款利率政策保持不变，即 5 年以下（含 5 年）和 5 年以上利率分别不低于 3.025% 和 3.575%。年内，全市职工住房公积金单位和个人月缴存上限分别为 3683 元、下限分别为 307 元；鉴于疫情影响，为切实减轻负担，有困难的企业和灵活就业人员允许继续按 2021 年度月缴存下限执行（即 209 元）。

【公积金惠民政策】 2022 年，绍兴市住房公积金管理中心出台企业缓缴、职工贷款缓还、租房提取时间灵活选择、提取标准涨 50% 等纾困解难政策。出台“三升两降”惠民政策（最高贷款额度、保底贷款额度、可贷基准额度倍数提升，贷款首付比例、贷款利率降低），保障缴存职工家庭购买首

2022 年绍兴市住房公积金贷款情况统计表

表 105

项目	市本级	柯桥区	上虞区	诸暨市	嵊州市	新昌县	合计
当年贷款发放笔数（笔）	1690	460	3608	3456	1780	865	11859
累计个贷发放笔数（笔）	47735	15779	29824	33638	17934	17945	162855
当年个贷发放额（万元）	96059	24555	132850	135252	53003	34660	476379
累计个贷发放总额（万元）	1654341	616364	966642	1167271	528861	498286	5431765
当年个贷回收额（万元）	95164	34872	60634	76200	40721	34552	342143
个贷余额（万元）	742220	278479	502673	614653	250316	229107	2617448
个贷率(%)	77.69	58.39	101.09	101.56	96.34	81.38	85.09
逾期贷款（万元）	28.75	0	0	67.84	14.47	0	111.07
个贷逾期率（‰）	0.04	0	0	0.11	0.06	0	0.04

2022 年绍兴市住房公积金业务收支情况统计表

表 106

项目	市本级	柯桥区	上虞区	诸暨市	嵊州市	新昌县	合计
一、业务收入（万元）	33770	12848	15994	19962	8874	8562	100010
二、业务支出（万元）	15292	7106	8645	11523	4803	4334	51703
三、增值收益（万元）	18478	5742	7349	8439	4071	4228	48307
增值收益率(%)	2.07	1.29	1.58	1.47	1.65	1.58	1.67

2022 年绍兴市住房公积金增值收益分配情况统计表

表 107　　单位：万元

项目	市本级	柯桥区	上虞区	诸暨市	嵊州市	新昌县	合计
可分配增值收益	18478	5742	7349	8439	4071	4228	48307
提取风险准备金	11087	3445	4409	5063	2443	2537	28984
提取管理费	1568	586	978	633	436	600	4801
提取廉租房补充资金	5823	1711	1962	2743	1192	1091	14522

2022 年绍兴市住房公积金“扩面”任务完成情况统计表

表 108

地区	2022 年完成情况		
	新增职工人数（人）	净增正常缴存职工人数（人）	净增率（%）
市本级	41931	4041	2.11
柯桥区	15592	2284	2.60
上虞区	23456	6096	5.57
诸暨市	19926	3342	3.27
嵊州市	12934	5922	11.14
新昌县	12331	2983	4.32
合　计	126170	24668	4.02

（市公积金中心　孟冬青）

套和改善性自住房。出台导向性扶持政策，包括三孩家庭首套首次自住房公积金贷款可贷额度上浮20%、无房租赁提取公积金额度提高50%，拆迁职工公积金贷款不轮候、账户余额可提取且提取总额与贷款额度不超过房屋总价、提取对象可覆盖至直系亲属和共同购房人，唯一住房被征收且未购房期间可申请无房租赁提取等。年内，全市申请缓缴企业17家，享受租房提取新标职工9711人、涉及资金1.66亿元；惠民政策受益家庭6108户、涉及资金32.38亿元。

【公积金管理数字化改革】 2022年，绍兴市推广市内跨归集点转移接续、"浙里办"异地公积金贷款还贷提取等网上办理服务，"无忧租赁""惠你购房""金心惠企"等项目接入核心业务系统。全年，办理异地贷款职工住房公积金缴存使用证明等"跨省通办"业务5279笔，个人账户跨归集点转移业务12748笔。

（市公积金中心　孟冬青）

【公租房保障】 2022年2月，绍兴市人民政府办公室印发《关于加快发展保障性租赁住房的实施意见》，明确"十四五"期间筹建保障性租赁住房6.5万套（间）目标任务。至年末，累计筹集建设保障性租赁住房3.2万套（间），缓解新市民、青年人住房困难。发挥公租房保障"扩中""提低"作用，全面覆盖城镇中等偏下及低收入住房困难家庭，实现社会救助家庭依申请应保尽保。至年末，公租房在保1万户，发放租赁补贴1522万元。

【既有住宅加装电梯】 2022年，绍兴市推进整体既有住宅加装电梯小区4个，既有住宅加装电梯300台。遴选并建立24家A级既有住宅加装电梯总包单位备选名录及12家加梯图审机构推荐名单。

【城乡危旧房整治】 2022年，绍兴市共动态新增困难家庭危房161户（其中，C级144户，D级16户，无房户1户）。至年末，完成治理改造160户，1户无房户得到救助，改造完成率100%。

（市建设局　宣哲琦）

妇女儿童事务

【儿童友好城市建设】 2022年，绍兴市申报国家儿童友好城市建设试点，召开全市儿童友好城市创建工作部署会，制定《绍兴市儿童友好城市试点建设方案》，"争创国家儿童友好城市试点"写入市第九次党代会报告，并纳入全市社会建设领域拟重点打造的标志性成果。绍兴市城市展示馆儿童友好场馆、上虞区第一实验幼儿园儿童友好幼儿园入选省妇女儿童发展规划2023年示范项目。

【推动实施妇女儿童发展规划】 2022年9月2日，市政府妇儿工委全体（扩大）会议召开，部署儿童友好城市建设、妇女儿童"两纲""两规"示范县创建、家庭教育促进法落地等重点工作，推动"十四五"妇女儿童发展规划高标准实施。县（市、区）开展妇女儿童"两纲""两规"示范县创建，柯桥区、上虞区、新昌县上报创建方案。

【妇女儿童权益维护】 2022年，绍兴市以婚姻家庭纠纷预防化解为重点，加强妇女儿童维权工作。调整改组市婚姻家庭纠纷人民调解委员会。市县两级婚姻家庭纠纷调解工作室100%备案，省妇联命名的10家品牌工作室100%备案，县派驻镇村两级婚调工作室备案率全面达标。全年累计化解婚姻家庭纠纷2791起，化解率95.75%。市妇联指导处置重点舆情案件11起。举办全市妇联系统维权干部培训班。组建市县两级"八五"普法巾帼讲师团，推出128堂巾帼普法课下基层。

【生育友好型社会建设】 2022年，市妇联梳理"浙有善育"相关制度体系意见建议，起草《"三孩"生育政策下打造婚生养教全链条的15条建议》。开展"不想婚"现象的调研，形成《关于适龄女性不想婚现象的分析报告》，召开"浙有善育"工作意见听取会，听取相关部门、基层和各界代表对托育服务的意见建议。

【妇女儿童家庭公共服务】 2022年，绍兴市全域推进妇女儿童驿站建设，迭代升级妇女之家、儿童之家等妇联基层工作阵地，向广大妇女儿童和家庭提供教育培训、权益保障、创业帮扶、公益关爱、儿童服务、课后服务等"5+X"多元化服务，线

表109

2022年绍兴市政府投资建设公租房分配、退出及租赁补贴发放情况统计表

地　区	政府投资公租房实物分配（套）	年度公租房保障情况		
		新增保障（户）	退出保障（户）	补贴发放（户）
越城区（滨海新区）	4386	122	1388	537
柯桥区	2499	2299	577	73
上虞区	1250	99	17	577
诸暨市	3607	0	11	1340
嵊州市	734	19	2	611
新昌县	650	411	324	1763
合　计	13126	2950	2319	4901

（市建设局　宣哲琦）

2022年，绍兴市全域推进妇女儿童驿站建设。图为12月28日，诸暨市浣东街道东盛社区妇女儿童驿站开展元宵节亲子活动
（市妇联 供图）

上融入省“浙里家·连心桥”应用场景，线下融入未来乡村、未来社区建设服务阵地，打造妇女儿童“家门口”的公共服务品牌。全市共创建妇女儿童驿站261个，其中乡镇（街道）33个，村（社区）217个，驿站覆盖30%的乡镇（街道）和10%的村（社区），建成首批省级三星妇女儿童驿站7家，首批市级二星驿站60家，县级一星驿站194家。

【困难妇女儿童关心关爱】 2022年，全市妇联系统落实“四必访四必应”工作机制，妇联执委累计走访7.5万人次，办结群众“急难愁盼”1047件。为低保女性开展“两癌”保险，筹资16.3万余元为1630名低保女性办理“康乃馨女性健康公益保险”。实施省妇女儿童发展规划示范项目，与市妇幼保健院联合开展“蓓蕾行动”儿童成长关护项目，服务覆盖879人。持续助力“双减”落地，实施“共同富裕 美好家庭”项目，常态化开展“共沐书香”亲子阅读等公益服务200余场次，参与5000余人次；开设各类课程104门，参与2万余人次。在疫情防控期间，关爱援沪医护人员家庭、快递行业女员工和货车司机，开展活动432场，赠送物资8万余份。

（市妇联）

老龄事务

【养老服务联席会议】 2022年9月15日，“浙里康养”工作例会暨绍兴市养老服务联席会议召开，市“浙里康养”工作专班和市养老服务联席会议成员单位分管负责人，各县（市、区）政府分管负责人和民政局主要负责人参加会议。会议听取“浙里康养”工作推进情况专题汇报，部署全面落实《绍兴市居家养老服务条例》及实施意见的各项工作。

【养老服务机构等级评定】 至2022年末，绍兴市有养老服务机构2194家。市民政局委托江苏华誉信用评估有限公司，按照《浙江省养老机构等级评定管理办法》《浙江省养老机构等级评定工作实施细则》《绍兴市民政局关于印发乡镇（街道）级居家养老中心星级评定的通知》要求，对全市申报的13家养老机构和97家乡镇（街道）级居家养老中心进行综合评估，确定三级养老机构3家，五星级乡镇（街道）级居家养老中心23家，四星级乡镇（街道）级居家养老中心46家。

【家庭适老化改造和康养联合体建设】

2022年，绍兴市落实市居家养老服务条例工作要求，加快改善老年人的居家生活环境，推进存量困难老年人家庭适老化改造工作，全市共完成困难老年人家庭适老化改造549户。

康养体系建设是浙江省打造“幸福颐养标杆区”的重要工程。绍兴市以“有设施、有器材、有队伍、有标准、有数据”为重点，因地制宜开展康养联合体建设。市县级康养联合体以大中型养老机构为主体，依托医疗机构为老年人提供稳定期康复、出院后护理等服务；乡镇级康养联合体以乡镇（街道）居家养老服务中心为主体，联合基层医疗卫生机构为老年人提供个性化、专业化康养服务。至年末，建成各级康养联合体试点单位16家，累计建成32家。

【市居家养老服务条例实施意见制定】 2022年8月，《贯彻落实〈绍兴市居家养老服务条例〉的实施意见》经市政府第九次常务会议审议通过，以市政府办公室名义发文，自

政策解读

政策名称：《贯彻落实〈绍兴市居家养老服务条例〉的实施意见》。

制定背景：2021年12月1日起，《绍兴市居家养老服务条例》正式施行，为绍兴市居家养老服务规范化发展提供了法律保障。制定《贯彻落实〈绍兴市居家养老服务条例〉的实施意见》，进一步对居家养老服务相关内容进行细化和明确，确保《绍兴市居家养老服务条例》得到顺利推进和有效实施，推动绍兴市居家养老服务持续健康发展，更好地贯彻落实积极应对人口老龄化的国家战略。

主要内容：《贯彻落实〈绍兴市居家养老服务条例〉的实施意见》分指导思想、主要目标、重点任务、保障措施四方面内容，对当前和今后绍兴市居家养老服务发展提出了主要目标，部署了高质量推进居家养老服务设施建设、多样化满足居家养老服务需求、高水平推进医养康养深度融合、全方位加强居家养老服务监管、加大居家养老服务扶持保障等五大任务措施。

2022年绍兴市老干部系统“家门口老年大学”建设情况统计表

表110

名称	分校(所)	教学点(个)	班级(班)	学员(人)
市本级	4	13	62	3352
越城区	0	16	26	1384
柯桥区	16	36	105	5100
上虞区	9	3	38	1528
诸暨市	4	13	113	2375
嵊州市	3	2	13	560
新昌县	9	7	29	683
合　计	45	90	386	14982

(市老干部局　徐梦蝶)

2022年10月1日起施行。同步下发《重点工作清单》,细化73项2022年重点工作。

(市民政局　李　峰)

【“银龄跨越数字鸿沟”专项行动】 2022年,绍兴市开展“银龄跨越数字鸿沟”专项行动,做好“浙里老干部”“银领云支部”“云上老年大学”应用场景推广。全年,协助老干部安装使用“浙里老干部”人数13788人,教学培训4.8万人次。

【“家门口老年大学”建设】 2022年,绍兴市完善“家门口老年大学”布局,建成“家门口老年大学”135所,开设班级386个,有学员近1.5万人。柯桥区柯桥街道老年学校、柯桥区平水镇老年学校、诸暨市老年大学城西教学点被授予全省首批优质老年大学分校(教学点)。

【老年教育联盟】 2022年,绍兴市组建绍兴老年教育联盟,承办省老年教育资源整合试点工作推进会议,副省长王文序出席会议,市、县、镇(街)三级老年教育工作在会上做经验介绍。申报首批省级试点,柯桥区、新昌县入选并启动省级试点工作。

(市委老干部局　徐梦蝶)

残疾人事务

【概况】 2022年,绍兴市在全省率先制定《关于进一步加强残疾人工作促进共同富裕的若干措施》,推出八大系列专项行动和十方面助残促富新政,梳理残疾人全生命周期“十大关爱”政策清单,打造残疾人共同富裕的先行区示范区,取得引领性、突破性成效。市残联本级数字化改革实现“零的突破”,助残服务事项全面纳入“关键小事、智能速办”清单。在省内率先完成70个重要公共服务场所无障碍改造、17家残疾人之家提升改造、3家残疾儿童定点康复机构规范化提升三项省政府助残民生实事;嵊州市公共场所无障碍改造“三个明确”做法在全省推广。至年末,全市入中残联档案库持证残疾人11.2万人。市县乡共有残联110个,其中,市级残联1个、县(市、区)残联6个、乡镇(街道)残联103个、社区(村)已建残协2145个。市县乡残联工作人员259人,乡镇(街道)残联、村(社区)残协专职委员2269人。市级、县级残联配备残疾人干部。全市共建立各类残疾人专门协会34个,其中,市级5个,县级29个。助残社会组织27个。已竣工的各级残疾人综合服务设施6个,总建设规模2.94万平方米,总投资6554.2万元;已竣工的各级残疾人康复设施4个,总建设规模2.6万平方米,总投资5503万元;已竣工的各级残疾人托养服务设施1个,总建设规模1000平方米,总投资2000万元。

【残疾人托养】 2022年,绍兴市残疾人托养服务工作取得新进展。7月20日,市委办公室、市政府办公室印发《关于进一步加强残疾人工作促进共同富裕的若干措施》的通知,推出八大系列专项行动和十方面助残新政,提出到“十四五”末,下辖县(市、区)各有1家公益性、规范化的重度残疾人托养机构;适度提高重度残疾人

2022年绍兴市残疾人基本情况统计表

表111　　单位:人

残疾类别	一级		二级		三级		四级		合　计	
	男	女	男	女	男	女	男	女	男	女
视力	1533	1573	730	840	722	720	3055	2403	6040	5536
听力	1677	1375	1154	885	1954	1362	2175	1657	6960	5279
言语	796	559	291	195	117	114	362	236	1566	1104
肢体	2759	2139	5219	3841	8587	5197	17464	9917	34029	21094
智力	771	537	1468	996	2228	1643	2331	1704	6798	4880
精神	390	339	1572	1461	3896	4551	1179	1786	7037	8137
多重	885	670	518	349	436	288	160	95	1999	1402
小计	8811	7192	10952	8567	17940	13875	26726	17798	64429	47432
合计	16003		19519		31815		44524		111861	

(市残联　沈东军)

托养政府补助标准,加强托养机构管护人员政策保障等。至年末,全市有残疾人托养服务机构 118 个,其中寄宿制服务机构 11 个,日间照料机构 107 个,1768 名残疾人通过寄宿制和日间照料服务机构接受托养服务。

【残疾人康复】 2022 年,绍兴市制定“十四五”残疾预防指标体系,清单式推进五大残疾预防行动,完善残疾预防政策体系,提升全民残疾预防素养。开展残疾儿童早期干预试点,推动出生缺陷患儿早筛、早诊、早治,建立筛查、诊断、康复救助衔接机制,总结推广诸暨市“康复之家”经验。推动残疾人康复工作高质量发展,诸暨市被确定为全省孤独症人士全生命周期关爱支持先行区。全市 60619 名残疾人得到基本康复服务,1789 名残疾人得到基本辅助器具适配服务。全市儿童康复服务 524 人,辅助器具适配 1813 件,残疾人家庭无障碍改造 702 户,完成省定年度任务的 129%、131% 和 140%;残疾人之家照料智力、精神残疾人和其他重度残疾人 1640 人。至年末,有残疾人康复机构 14 个。康复机构在岗人员 572 人,其中,管理人员 28 人,业务人员 508 人,其他人员 36 人。

【残疾人就业】 2022 年,全市残联系统落实 15 项举措,助力稳经济、稳就业、促发展、促民生。线上线下结合组织 10 场残疾人专场招聘会,提供岗位 5220 个;落实 2 个公务员、3 个事业单位、2 个国有企业残疾人单招单考岗位和 130 个公益性岗位;完成残疾人职业技能培训 1985 人;新增残疾人就业 1222 人,残疾人就业率 74.99%,比 2021 年提高 3 个百分点,列全省第三位。绍兴市在全省促进残疾人就业部署会上做经验交流。至年末,全市持证残疾人就业人数 28134 人。“80 后”残疾人创业者张奇奇创业带动就业事迹入选省残联“学百年党史 庆百年盛典”系列展播。

表 112

2022 年绍兴市残疾人得到基本康复服务情况统计表

残疾类别	人数(人)	百分比(%)
视力	7250	12.0
听力	7508	12.4
言语	1026	1.7
肢体	27049	44.6
智力	5946	9.8
精神	9939	16.4
多重	1666	2.7
非持证残疾儿童	235	0.4
合计	60619	100

表 113

2022 年绍兴市持证残疾人就业情况统计表

就业类别	人数(人)	百分比(%)
按比例就业	10365	36.8
集中就业	2114	7.5
个体就业	2787	9.9
公益性就业	377	1.3
辅助性就业	718	2.6
灵活就业(含社区、居家就业)	7020	25
农业种植养殖	4753	16.9
合计	28134	100

(市残联 沈东军)

【残疾人文体】 2022 年,绍兴市组队参加省第十一届残运会,提前项目中获金牌 18 枚、银牌 5 枚、铜牌 3 枚,成绩居全省第四位。群体项目比赛中首次获全省第三位的成绩,创历史新高。在省内率先探索成立“与你同行”爱心讲师团,签约启动“戏曲新风尚”“绘本故事会”“体验漫生活”等文化助残项目。线上线下开展读书会(绘本故事会)38 场、游园踏青 46 场、在线艺术展播 36 场、无障碍观影 47 场,服务残疾人 1.1 万人次。推荐 3 家机构入选杭州亚残运会展示点。《新华每日电讯》首次报道绍兴残疾人工作。至年末,有地级残疾人专题广播节目 1 个、电视手语栏目 1 个。市县两级公共图书馆设立盲文及盲文有声读物阅览室 7 个,开展残疾人文化周活动 24 场次,有各类残联艺术团 2 个。

【残疾人权益保障】 2022 年,绍兴市制定残疾人全生命周期“十大关爱”政策清单;在省内率先减免自身残疾或父母残疾的中小学生“双减”校内托管费用,惠及学生近 4000 人次;创建省级无障碍社区 6 个,实施残疾人家庭无障碍改造 7994 户,无障碍培训 1156 人次;发放残疾人机动轮椅车燃油补贴 969 人。联合电信运营商推出 11 个残疾人通信优惠套餐。至年末,全市享受困难残疾人生活补贴 19606 人、重度残疾人护理补贴 54789 人,累计发放资金 2.05 亿元;残疾人参加城乡居民基本养老保险人数 60778 人,60 岁以下参保的残疾人中,9962 名重度残疾人和 15750 名非重度残疾人得到参保缴费资助;33627 名残疾人领取养老金;有残疾人托养服务机构 118 个,其中寄宿制服务机构 11 个,日间照料机构 107 个,1768 名残疾人通过寄宿制和日间照料服务机构接受托养服务。

【手语播报首次亮相市两会直播】 2022 年 3 月 30 日,绍兴市第九届人民代表大会直播视频的右下角首次增设手语播报窗口,两会声音实时传递到全市 1.2 万名听障残障人士。

2022年，绍兴市开展残疾人创业产品“进超市”行动。图为6月25日，市残疾人创业产品免费进驻浙江供销超市门店
（市残联　提供）

【市首家“圆梦家园”快递爱心驿站开业】 2022年7月25日，绍兴市首家“圆梦家园”快递驿站在位于越城区东光路的市残疾人创业就业孵化基地揭牌运营。至年末，全市共建成5家“圆梦家园”快递驿站，招录1名残疾人云客服岗位。

【促进残疾人共同富裕专项行动】 2022年，绍兴市印发省内地市中第一个助残共富新政策《关于进一步加强残疾人工作促进共同富裕的若干措施》。每年增加政策性惠残资金5000余万元，开展残疾人就业创业增收、托养照护升级、精准康复服务、精神富有、权益保障、智慧助残、特殊教育质量提升、残疾预防等八大行动。建立残疾人就业保障金专项调剂金制度，实行统一管理、统筹调剂，统筹比例为各县(市、区)残保金的5%年内共统筹2349万元，用于对各县(市、区)残疾人就业创业、服务机构建设和助残民生实事项目补助。打造残疾人全生命周期服务、就业创业增收致富、全市域无障碍环境建设、越商爱心助残促富、残疾人精神富有、“枫桥式”基层残联创建6张共富“金名片”。首创残疾人创业产品“进超市”行动，首期有6名残疾人创业者的42件创业产品免费进驻浙江供销超市10家门店；市残联与建设银行、浙江供销超市、浙江圆通速递公司签订战略合作协议，支持残疾人就业创业；发动企业投资创办残疾人之家、残疾儿童康复机构等；全市爱心企业和社会人士助残捐资捐物450余万元。

（市残联　沈东军）

社区建设

【概况】 至2022年末，绍兴市共有城市社区337个，其中，越城区109个，柯桥区82个，上虞区57个，诸暨市41个，嵊州市28个，新昌县20个；共有居委会226个，其中，越城区42个，柯桥区44个，上虞区27个，诸暨市77个，嵊州市23个，新昌县13个；共有行政村1585个，其中，越城区201个，柯桥区214个，上虞区279个，诸暨市397个，嵊州市241个，新昌县253个。

【城乡社区治理】 2022年，绍兴市现代社区建设工作推进，每万名城镇常住人口配备专职社区工作者18.4人。开展社区工作人才选树推荐，1人获评省级“最美社区工作者”，8人获评省级“社区工作领军人才”。诸暨市开展全国村级议事协商创新实验试点并形成村级重大事项“三上三下三公开”村级议事协商制度、“创新五社联动机制”升级为省民政厅现代社区建设金名片；柯桥区“乐善码头”第三批省级社区治理和服务创新实验区建设结项；上虞区开展省智慧社区试点；越城区创新工业社区“三化”体系入选第四批省级社区治理和服务创新实验区；柯桥区柯桥街道玉兰社区、新昌县七星街道西岭社区入选城市社区议事协商创新试点。32个村入选第五批省级引领型农村社区。

【社区服务】 2022年，绍兴市加强城乡社区综合服务设施标准化建设，完成10个“居民会客厅”建设，创建省级三星级以上社区服务综合体27个。开展首届社区邻里节活动，全市开展邻里节活动超300场。

（市民政局　汪雅群）

【社会工作】 2022年，绍兴市继续推进社会工作发展，壮大人才队伍，做好全国社会工作者职业水平考试，全市报名人员9264人，通过免费发放教材、提供考前培训等举措，落实考试保障，新增持证人员2486人。新建成20家乡镇(街道)社会工作站，实现103个乡镇(街道)全覆盖，已建成的社工站聚焦困难家庭、老年人、未成年人等民政服务对象，当年度累计走访住户3.8万户，开展服务项目443个，服务10万人次。制定《关于“枫桥式”乡镇(街道)社会工作站建设的实施意见(试行)》，成功创建6家“枫桥式”社工站。新增社工岗位1343个，新增社会工作服务机构16家。开展第二批省内社会工作服务机构“牵手同行计划”，柯桥区、嵊州市与宁波市社工机构牵手结对。开展社工人才系列培训，1184名社工参加培训，培养出省级社会工作领军人才1人、高级社工师2人、市级督导6名，评选出全市优秀社会工作案例10个。加强对社会工作协会的联系指导，开展社会工作主题宣传活动。

【志愿工作】 2022年，绍兴市有被标识的志愿服务组织61家，已全部进行标识并发文公告，其志愿者、志愿服务活动已全部在系统平台录入，实现100%纳入信息化管理。开展教育培训，对经标识公告的志愿服务组织负责人、业务操作人员进行志愿服务业务培训，覆盖405名优秀志愿者，提升志愿服务工作专业性。加强宣传引导，充分运用微信公众号、新闻报纸、各地民政官网等新媒体影响力和传播力，做好志愿日活动宣传，促进志愿服务活跃度，形成社会广泛关注、支持、参与志愿活动的良好氛围。动员志愿者投身社区志愿服务，探索激励保障，激发群众参与热情。

（市民政局　肖冰卿）

2022 年 3 月 5—6 日，"我在窗口写青春"杭州 2022 年亚运会赛会志愿者招募活动举行

（团市委　供图）

社会组织管理

【概况】 至 2022 年末，全市共有登记和备案的社会组织 25238 家，其中，登记注册的社会组织 5530 家（市本级 571 家），备案的社区社会组织 19708 家。在登记注册的社会组织，有社会团体 2009 家（市本级 435 家），民办非企业单位 3483 家（市本级 118 家），基金会 38 家（市本级 18 家）。全市依法登记的枢纽型、支持型社会组织实现乡镇（街道）全覆盖。全市社会组织有专职工作人员 20478 人，固定资产 18.8 亿元，每个城市社区平均拥有社区社会组织 20.2 个，每个农村社区平均拥有社区社会组织 9.3 个，社区发展基金会 5 家，市级以上品牌社会组织 34 家，市级以上社会组织领军人物 77 名，市级以上社会组织品牌项目（活动）20 个，每万人拥有登记社会组织数 12.1 个。绍兴市民政局开展行业协会商会收费专项清理"回头看"工作，共 401 家行业协会商会进行自查自纠，均无违法违规收费问题。

表 114

2022 年绍兴市本级新登记社会团体一览表

序号	单位名称	法定代表人	住　所	业务主管单位
1	绍兴市舞蹈家协会	李天羚	绍兴市越城区绿云南路 500 号	绍兴市文学艺术界联合会
2	绍兴市会计文化研究会	杨智杰	浙江省绍兴市凤林西路 151 号	绍兴市社会科学界联合会
3	绍兴市规划学会	曹鼎臣	绍兴市越城区凤林西路 135 号交通投资大厦	绍兴市自然资源和规划局
4	绍兴市宋文化研究会	刘　亮	浙江省绍兴市越城区城南大道 900 号（元培综合楼）415 室	绍兴市社会科学界联合会
5	绍兴市马拉松及路跑协会	杜月青	浙江省绍兴市越城区劳动路 99 号	绍兴市体育局
6	绍兴市退役军人就业创业促进会	虞学泽	浙江省绍兴市越城区曲屯路 151 号 S403 室	绍兴市退役军人事务局
7	绍兴市衢州商会	毛利强	绍兴市越城区梅龙湖 56 号财源中心 22 楼 2203 室	绍兴市工商业联合会
8	绍兴市民营口腔医疗协会	黄林江	浙江省绍兴市越城区马臻路 205 号五楼	直接登记
9	绍兴市女科技工作者协会	沈振芳	浙江省绍兴市越城区洋江西路 589 号 6 号楼	绍兴市科学技术协会

表 115

2022 年绍兴市本级注销社会团体一览表

序号	单位名称	法定代表人	住　所	业务主管单位
1	绍兴市农民专业合作社联合会	阮国海	绍兴市越城区人民东路叽山路口	绍兴市农业农村局
2	绍兴市畜牧兽医学会	李　骏	绍兴市凤林西路 169 号	绍兴市科学技术协会
3	绍兴市社会福利企业协会	王志丽	绍兴市人民中路 628 号	绍兴市民政局
4	绍兴市民营企业互助联合会	裘建荣	绍兴市越城区中兴南路 215 号	绍兴市商务局
5	绍兴市建设副产品绿色运输行业协会	钱建良	绍兴市越城区天姥路 18 号（三号楼）	绍兴市综合行政执法局
6	绍兴市京剧票友协会	施律民	绍兴市越城区市子民电影院内	绍兴市文广局
7	绍兴市妇女创业就业促进会	叶锦茹	绍兴市越城区区中兴南路 94 号（市妇联内）	绍兴市妇联

2022 年绍兴市本级新登记民办非企业单位一览表

表 116

序号	社会服务机构名称	法定代表人	住　所	业务主管单位
1	绍兴市望烟艺术馆	黄　震	浙江省绍兴市越城区迪荡街道梅龙湖路 82 号	绍兴市文化广电旅游局
2	绍兴市恩次方社会创新发展中心	阎军楠	浙江省绍兴市越城区越西路 199 号	绍兴市民政局
3	绍兴市通越宽禁带半导体研究院	冯　科	浙江省绍兴市越城区平江路 2 号绍兴水木湾区科学园 3 号楼 19 层 1901	绍兴市科学技术局
4	绍兴市晚晴公德志愿服务中心	寿　利	绍兴市环山路 2 号市退休干部活动中心内	绍兴市民政局

2022 年绍兴市本级注销民办非企业单位一览表

表 117

序号	单位名称	法定代表人	住　所	业务主管单位
1	绍兴市新世纪青少年体育俱乐部	朱老虎	绍兴市城东涂山路 155 号	市体育局
2	绍兴市秀治绍剧团	赵秀治	市区森海豪庭花园 7 幢 101 室	绍兴市文化广电旅游局
3	绍兴市“一米阳光”爱心服务社	宣学军	诸暨市城北路 33 号	市民政局
4	绍兴市春秋书画院	曾瑞辉	市区大教场沿 24 号老体校内	绍兴市文化广电旅游局
5	绍兴市长三角新结构经济学研究中心	黄海燕	浙江省绍兴市越城区环城西路 508 号 绍兴文理学院 2 号专家楼	绍兴市教育局

2022 年绍兴市本级新登记基金会一览表

表 118

序号	单位名称	法定代表人	住　所	业务主管单位
1	绍兴市阳明中学教育基金会	徐　斌	绍兴市越城区胜利西路 1199 号绍兴市阳明中学	绍兴市教育局
2	绍兴市中成慈善基金会	王　寅	浙江省绍兴市越城区凤林西路 123 号中成大厦 502 室	绍兴市民政局
3	绍兴职业技术学院教育发展基金会	黄柏江	浙江省绍兴市越城区山阴路 526 号行政楼 204、206 室	绍兴市教育局

（市民政局　陈海英）

【社会组织党建工作】 2022 年，绍兴市在社会组织登记、年检、评估工作中同步推进党建工作，将党建有关内容写入社会组织章程，实现党的组织与党的工作全覆盖。开展上虞区童装协会行业党群服务中心、嵊州市民营剧团演出协会党群服务中心省级社会组织党群服务中心示范点建设。绍兴市社会组织党群服务中心正式运行。至年末，全市有各级社会组织综合党委 7 个、社会组织党支部 320 个，党员 5414 人，党的组织和工作覆盖率 100%。

【“僵尸型”社会组织专项清理工作】 2022 年，全市各级民政部门筛选“僵尸型”社会组织 431 家，完成撤销登记 33 家，注销登记 75 家，拟撤销登记 163 家，拟注销登记 59 家，32 家处于整改阶段，69 家社会组织与业务主管单位、行业管理部门协调已经完成整改，“僵尸型”社会组织整治比例 41.06%。

【社会组织培育】 2022 年，绍兴市完成培育扶持绍兴市品牌社会组织 10 家、市级品牌项目（活动）10 个、市级社会组织领军人物 20 名。获省品牌社会组织 6 家，省社会组织领军人物 11 名。获绍兴市社会组织等级评估 AAAAA 级社会组织 3 个、获 AAAA 级社会组织 5 个、获 AAA 级社会组织 14 个、获 AA 级社会组织 2 个。至年末，全市在有效期内的 AAAA、AAAAA 级社会组织 159 家。市民政局完成《绍兴市本级社会组织承接政府转移职能和购买服务推荐性目录》编制工作，全市 2022 年度有 232 家社会组织进入目录。开展社会组织能力提升培训，组织能力建设网上培训 6 场，开展线下社会组织培训 7 场，超 1000 人次。

【“邻里守望”关爱行动】 2022 年，绍兴市民政局印发《关于推动社会组织开展“邻里守望”关爱行动的通知》，切实解决社区群众急难愁盼问题，打通便民服务“最后一公里”。年内，全市 4340 家社会组织参与“邻里守望”，共承接政府购买服务 130 个，涉及购买资金 479 万元；开展 181 个公益创项目，涉及资金 463.3 万元。“邻里守望”关爱行动服务人群 50.43 万人，其中，服务低保低边 2.8 万人、老年人 13.25 万人、儿童 8.15 万人、残疾人 2.78 万人。

【社会组织变动情况】 2022 年，全市新登记社会团体 9 家。市本级注销社会团体 7 家、新登记民办非企业单位 4 家、注销民办非企业单位5家、新登记基金会3家。

（市民政局　陈海英）

地名管理

【地名命名、更名】2022年，全市民政部门开展地名命名、更名工作，共命名更名建筑物及住宅区64个、道路107条、桥梁及其他4座，设置地名标志26135块。

表119

2022年绍兴市各县（市、区）地名命名、更名一览表

类别	建筑物及住宅区（个）	道路（条）	桥梁及其他（座）	小计[个（条、座）]
越城区	7	15	4	26
柯桥区	32	2	0	34
上虞区	11	32	0	43
诸暨市	7	10	0	17
嵊州市	0	38	0	38
新昌县	7	10	0	17
合计	64	107	4	175

（市民政局　孙　洁）

【地名文化建设】2022年，绍兴市民政局根据民政部发布的《地名文化遗产鉴定》行业标准，结合绍兴实际，启动《绍兴市地名文化遗产保护规划(2023—2035)》编制。以近现代重要地名中的红色地名为主，形成20个第三批地名文化遗产名录，包括越城区大通学堂、后堡村、上旺村、稽山中学；柯桥区中国轻纺城、下方桥、谢家坞村、海涂六九丘、车头村；上虞区谢桥村、春晖中学、汤浦水库；诸暨市滴水道院、枫桥大庙、西斗门民众图书馆、桥亭村；嵊州市沃基村、雅璜村；新昌县回山村、外婆坑村。同时结合《绍兴市地名文化遗产保护规划(2023—2035)》编制，筛选出濒危地名18个，拟列入第四批地名文化遗产名录。

（市民政局　孙　洁）

民族宗教事务

【概况】绍兴市是少数民族散杂居地区，无民族镇（乡）、村。至2022年末，全市有少数民族人口30余万人，其中少数民族户籍人口2.98万人。从县域分布来看，诸暨市、柯桥区、越城区和上虞区较多，占全市少数民族人口的88%。从少数民族成分构成来看，全市49个民族成分中，人口数前三位是苗族、布依族和土家族。其中人数最多的是苗族，有7万余人。从职业分布来看，主要从事商业、交通运输、特色餐饮和其他服务类工作，分布在物流、纺织等工商业发达的镇（街道），如柯桥街道、大唐街道等。绍兴市有佛教、道教、伊斯兰教、天主教和基督教五大宗教。至年末，全市有登记在册宗教活动场所486处，其中佛教场所287处、道教宫观9处、天主教堂点6处、基督教堂点184处，另有伊斯兰教临时聚会点5处和登记编号民间信仰活动场所1458处。全市有宗教教职人员756人，其中佛教543人、道教121人、伊斯兰教4人、天主教3人、基督教85人。全市有宗教团体24个，其中市级宗教团体5个，分别为市佛教协会、市道教协会、市天主教爱国会、市基督教协会、市基督教“三自”爱国会。

【民族团结进步创建工作】2022年，浙江医药股份有限公司、绍兴市柯桥区柯桥街道入选第十批全国民族团结进步示范单位，绍兴市越城区民族团结进步促进会等13家单位入选第五批省级民族团结进步创建重点培育单位，兰亭书法博物馆入选省级民族团结进步教育基地。

【宗教场所安全管理】2022年，绍兴市推进枫桥式宗教治理现代化建设，完善宗教工作基层社会治理体系，落实网格员日常巡查机制，实施宗教活动场所安全第三方专业化监管。

【“浙里宗教中国化在线”应用建设】2022年，绍兴市承接省民宗委“浙里宗教中国化在线”应用试点建设，负责应用场景建设开发与先行试用工作。9月，在绍兴正式贯通上线。“浙里宗教中国化在线”归属的“浙里宗教智治”应用获评2022年省数字化改革最佳应用。

（市委统战部　徐露洁）

应急管理

综　述

【自然灾害损失】 2022年，绍兴市各种自然灾害造成97494人次受灾，紧急避险转移50546人，紧急转移安置32407人；农作物受灾面积4608.30公顷；倒塌房屋7间，不同程度损坏30间；直接经济损失6923.86万元，其中农林牧渔业损失占比最高，为4861.16万元。

【全国自然灾害综合风险普查】 2022年，绍兴市自然资源和规划系统根据《浙江省第一次全国自然灾害综合风险普查实施方案（总体方案）》《绍兴市第一次全国自然灾害综合风险普查落实方案》等的要求，完成10个乡镇（街道）地质灾害风险调查，累计完成17个乡镇（街道）风险调查。

（市自然资源和规划局　潘远见）

【应急物资保障】 2022年，绍兴市以防汛防台为重点，逐级量化市、县、乡、村四级应急物资装备配备标准，全市共储备物资装备526类3584万件，38个多灾易灾乡镇（街道）821个村（社区）实现“三大件”（排水泵、发电机、卫星电话）、“四小件”（头盔、救生衣、应急照明灯、防护雨具）配备全覆盖。制定市级应急物资储备调拨使用管理制度。

【避灾安置场所建设】 2022年，绍兴市累计建成1898个避灾安置场所，总面积80.12万平方米，可安置15.63万人，其中规范化避灾安置场所1418个。

【基层应急消防融合】 2022年，绍兴市出台《关于坚持和发展新时代“枫桥经验”加强基层应急和消防力量一体化规范化建设的实施意见》《关于切实加强全市基层应急和消防安全管理“四大体系”建设的实施意见》，以现场推进会、研讨论证会、督导通报等方式，推进全市基层应急和消防安全管理体系建设。全市103个乡镇（街道）均成立应急和消防安全委员会，有76个乡镇（街道）通过“撤一设一”实体化运行应急和消防管理办公室，柯桥区、嵊州市、新昌县三地76个乡镇（街道）全部单独建设。

（市应急管理局　杨　丹）

【应急管理数字化改革】 2022年，绍兴市完成市级应急管理综合指挥平台（一期）建设平台以“应急一张图”为可视化载体，接入自然灾害、安全生产、城市安全等多领域感知监测数据，实现对全市应急管理空间数据综合动态展示、分析。平台已匹配工商登记信息20余万条，甄别工业企业5.73万家，集成录入日常管理、转型升级、设施改造等全过程信息数据，打造全市工业企业安全底数“数据池”。以柯桥区为试点，探索有限空间数字化监管模式。对接省防指，依托防汛防台在线，完善指挥体系、监测预警、风险管控、应急救援、灾后恢复、过程复盘等功能模块，实现“一网”全过程指挥调度。依托“浙里办”安全生产考培管理应用平台，实现特种作业考培网上报名“自由选”、档案“一网汇”，累计发布培训考试183场次、考核发证2900余人，收录特种作业信息6.13万条。

【数字孪生曹娥江流域建设】 2022年，水利部启动数字孪生流域建设先行先试工作。由市水利局提出建设的数字孪生曹娥江列入全国先行先试任务。数字孪生曹娥江流域防洪业务应用以“科学预

2022年8月26日，2022年“浙江医药杯”绍兴市社会应急力量技能竞赛在新昌县举行

（市应急管理局　供图）

报、系统预防、避险管制、精准减灾”为总目标，汇集水利、气象、自然资源、应急管理等多部门数据，打造跨区域（上、下游不同县区）、跨部门（气象、应急等）、跨业务（气象预报—洪水预报—干流洪水演进—工程调度—风险研判一体化—风险提示单—风险管控）的多跨应用场景，建设“预报、预警、预演、预案”+“驾驶舱”一舱四场景，实现流域防洪减灾研判精细化、过程可视化和决策科学化。围绕试点工作总目标，市水利局构建闭环工作机制，改变过去洪水预报、工程调度、风险研判业务相对独立的工作模式，重构气象预报—洪水预报—工程调度—风险研判—风险提示—风险管控的一体化闭环协同机制；赋能精准防洪减灾，通过夯实算据、创新算法，在预报效率上，实现从过去数小时一次预报到1小时出多个方案的飞跃；在预报方式上，实现从过去基于水文要素的单点数值预报向点、线、面结合的风险影响预报的跨越；建立跨区域、跨部门、跨业务的流域洪水预报、预警、调度、风险研判和应急联动机制，形成高效协同、齐抓共管的防洪减灾应急体系。至年末，“数字孪生曹娥江”已打通气象预报数据，初步完成流域预报调度一体化工作平台和驾驶舱开发，构建了“一舱四场景”（防洪驾驶舱 + 预报、预警、预演、预案场景），上线“三图一清单”（概化图、剖面图、风险图及风险清单）在线分析，完成“最小化”系统上线试运行，实现流域预报调度一体化作业和水库群优化调度，并在“轩岚诺”“梅花”台风防御期间实战运用，获评市数字政府系统最佳应用，理论成果在市数字化改革简报刊发。

（市水利局　陈平安）

【应急演练】 2022年，绍兴市新建乡镇（街道）综合性应急救援队伍16支，培育城市消防、医疗、高速公路等航空救援队伍3支，完成上虞龙盛危化专业救援队省级提标建设。组织社会应急队伍队员救护员培训，取证率90%。建立社会应急力量参与灾害事故抢险救援行动现场协调机制，为960名社会应急队伍骨干队员统一购买人身意外保险。健全市级“1+X”应急预案体系建设，编制《绍兴市生产安全事故应急预案》；完成县级“1+X”应急预案修编全覆盖，乡镇（街道）综合应急预案修编覆盖率90%以上。建立杭州亚运会专项应急预案，检查指导4个亚运场馆预案编制情况。开发“一键启动、全域响应”应急预案数字管理系统。承办全省地震地质灾害综合应急救援演练，举办市级演练41场，督促指导县级演练104场、基层演练3500余场。

【应急救援】 2022年，绍兴市武警、消防救援、乡镇综合救援队伍、社会救援队伍等救援力量共出动人员13.35万人次，处置险情1.2万余起，解救或疏散群众13.1万余人。其中，消防队伍出动人员11万余人次，处置警情8787起，抢救疏散905人，抢救财产价值5643万元；社会救援队伍出动人员1.4万人次，救援救助6538人。

【应急宣传】 2022年，绍兴市推进安全生产宣传教育，开展安全生产月、森林防火宣传日、防汛防台日、防灾减灾日等主题宣传，拓展公交车载电视、丰巢快递柜等宣传渠道，开展“五进”（进企业、进农村、进学校、进社区、进家庭）宣传活动。在《绍兴日报》推出市级专委办公开述职专版。在“越牛客户端”上线“应急频道”，上架《生命重于泰山》电视专题片，开展系列安全宣教专栏、直播，累计阅读、观看超过200万人次。

（市应急管理局　杨　丹）

气象防灾减灾

【概况】 2022年，绍兴市完成气象灾害综合风险普查，应用平台开展基于影响的气象灾害风险预估服务业务。制定“梯次化”预报预警服务业务流程，优化分级叫应服务机制。推动完善气象预警为先导的“首席预警官”联防联动机制，配套制定分行业、分层级、分角色的预警联动责任清单。深化“网格 + 气象”工作，加快基层气象防灾减灾体系融入式发展，提高预警的基层触达率、联动及时性和处置高效化。深化气象灾害预警信号公众指引应用，强化气象灾害避险科普。市气象局获人力资源社会保障部、中国气象局“全国气象工作先进集体”称号；获评省局创新工作1项、创优工作1项；智能网格晴雨准确率、晴雨订正技巧、暴雨订正技巧列全省第一位。市气象局代表队在全省气象行业监测预警职业技能竞赛中获团体第三名，2人获中国气象局表彰，2人获省政府防汛防台指挥部表彰。

【气象测报】 2022年，绍兴市实施极端天气“村安工程”三年行动计划(2022—2024年)，织密驻村气象站网，精密监测天气变化。年内，绍兴市气象站数据传输及时率99.78%，数据可用性99.99%，稳定运行率99.87%，列全省第二位。

【人工影响天气】 2022年，绍兴市气象部门持续完善“1+4+U”人影作业指挥业务，优化市县一体化人影数智平台，完成汤浦水库、诸暨石壁水库人影补水保供水作业基地建设。形成人工增雨立体化作业矩阵，建成新一批地面火箭作业点和烟炉点建设。全年实施地面火箭和烟炉协同增雨作业86次，发射火箭弹308枚、燃烧烟条107根。

【“风雨哨兵”气象防灾智慧叫应系统】

2022年，绍兴市气象部门首创“风雨哨兵”气象防灾智慧叫应系统，打造全天候智能监测、及时预警、精准叫应数智化平台，全年叫应人数达2760万人次。

【新一代双偏振天气雷达建设】 2022年，位于嵊州市西白山的绍兴新一代双偏振天气雷达建设全面完工并投入业务应用。在台风“轩岚诺”“梅花”移动过程中，气象雷达准确捕捉台风外围螺旋云带，为精准把握台风强降水的强度、落区、极值分布等精细化预报提供关键支撑。

2022 年 4 月，位于西白山上的绍兴新一代双偏振天气雷达建成 （市气象局 供图）

【极端天气“村安工程”】 2022 年，绍兴市气象局启动实施极端天气“村安工程”三年行动，加密建设驻村气象站 400 个，气象监测触角延伸至村级。新建 5 部 X 波段相控阵仪组网观测，建成 3 部多频段天气雷达。“村安工程”建设成果在防范应对台风等灾害天气时提供关键技术支撑。其中，在“梅花”台风过程中，靶向预警叫应674次，助力成功转移12.9万余人。

【公共气象服务】 2022 年，绍兴市气象部门采用“双叫应”服务，在台风“轩岚诺”“梅花”等重大天气事件中“点对点”叫应超 2 万人次，全年启动应急响应 15 次，累计时长 1915 小时，发布气象预警信息 1234 条(红色 132 条)。联合水利部门印发山洪灾害预报预警工作方案，常态化开展山洪灾害联合预警。联合发布地质灾害、森林火险、城市内涝等气象风险预警140次。启动红色预警“五停”机制9次。联合市防指办制定省内首个全灾种的公众防御指引。完成亚运会绍兴赛区棒垒球测试赛、“两节一典礼”等重大活动气象保障服务。

【气象为农服务】 2022 年，绍兴市建立农业气象灾害风险预警服务体系，开展农业气象灾害预警和智慧农业气象直通式服务 275 次。新建上虞丁宅大通农场和柯桥漓渚棠棣村两个省级新时代美丽乡村气象服务示范点，完善提升越城“树童部落”示范点。打造气候品牌资源，助力生态旅游服务工作，成功创建省级避暑胜地 2 处、气候康养乡村 1 处，累计创建省级气候品牌 13 个。

（市气象局 王洪勋、李丹丹、严佩文）

防汛防台抗旱

【概况】 2022 年，绍兴市遭遇梅雨强降雨、高温干旱和“轩岚诺”“梅花”台风等袭击。全市水利部门提前部署，及时预警，精细调度，实现全市流域性洪水、重大险情“零发生”，人员“零伤亡”。在防御“轩岚诺”台风期间，曹娥江大闸候潮抢排 1.9 亿立方米，19 座大中型水库开展全拦调度，累计拦蓄洪水 9100 万立方米。“梅花”台风期间，曹娥江大闸候潮抢排 2.45 亿立方米，汤浦、长诏、钦寸等拦蓄能力较强的水库全力拦蓄，错峰调度，19 座大中型水库较台风前增蓄 1.41 亿立方米，彻底解除前期旱情，有效发挥水利工程防灾减灾效益。年内，全市灾害信息员队伍扩增至 4006 人，实现市县乡村灾害信息员 A、B 岗配置。完成避灾安置场所规范化建设任务 190 个，全市避灾安置场所规范化率 80% 以上。新增国家级综合减灾示范社区 3 个、省级 5 个。

【防汛】 2022 年，市水利局完成《水旱灾害防御应急工作预案》《水旱灾害防御工作规则》修编，专题开展水旱灾害防御形势分析。全面落实水库大坝、水闸、泵站、堤防和引调水工程安全管理责任制，分级公布 8820 名各类责任人。汛前，全市水利系统共派出 9204 人次，检查工程 3755 处，发现并整改问题 156 处。在 5 月、7 月、8 月开展 3 次隐患排查行动，累计出动人员 13343 人次，检查工程 6850 处，发现并整改问题 277 处。梅汛期和台风防御期间，全市累计投入工程检查巡查 4.84 万人次，检查水利工程 3.19 万处次。调整充实市县两级防汛抢险技术专家库，落实抢险技术专家 131 名，在梅雨台风期间全市共派出专家组 63 组次、151 人次。全市水利系统共储备防汛草包(麻袋、编织袋、草袋) 45.7 万条、土工布(编织布)13.2 万平方米、防汛舟(艇)类 63 艘等各类防汛抢险物资。组织开展山洪灾害防御演练、水旱灾害防御业务线上培训等，市县两级共组织各类培训 47 次，培训人数 4354 人，组织各类演练 35 场，参演人数 1891 人。

各县(市、区)完成县级山洪灾害防御预案修编，并首次以县级人民政府的名义印发实施，同时做好山洪灾害重点村“一村一预案”全覆盖。完成风险区清单核定更新，确定全市山洪防御重点村落 692 个、影响区人员 14977 人，实现防御对象全部有名有姓有联系电话，信息同步更新录入山洪防御数字化平台，实现省、市、县三级数据同步。建立水利气象山洪灾害预警联合发布机制，市、县两级均已印发《联合发布山洪灾害预报预警工作方案》。建立预报预警、监测预警、现地预警（声光电预警、预警员预警）互为补充的山洪灾害预警体系，完成52套声光电预警设备安装。建立小流域山洪灾害预警和应急响应联动机制，市县两级在汛期发布山洪灾害预警49期，全市共触发山洪预警2181次，累计推送各类预警短信7.3万条次。台风"梅花"期间，落实预警、转移闭环管理，做到危险区人员应撤必撤、应撤尽撤、应撤早撤、不落一人，全市共转移15452人，在上虞陈溪、嵊州下王等地暴发小流域山洪的情况下实现人员"零伤亡"。

【防台】 2022年，绍兴遭遇"轩岚诺""梅花"台风。第11号"轩岚诺"台风沿浙江近海北上，受其影响全市普降大到暴雨，局部大暴雨。第12号"梅花"台风9月16日12时40分在浙江省舟山普陀沈家门登陆，受其影响全市普降大到暴雨，局部大暴雨。

2022年汛期，全市共启动及调整市水利局水旱灾害防御应急响应12次，其中11号台风"轩岚诺"期间提升应急响应至Ⅲ级、12号台风"梅花"期间提升应急响应至Ⅰ级，下发各类文件通知18个，调度令8份。在防御台风"轩岚诺"期间，曹娥江大闸分别累计排水1.9亿立方米，绍虞平原分别排水7590万立方米，全市19座大中型水库开展全拦调度，共拦蓄9100万立方米，既确保了"两江"流域汛期平稳，又为后续抗旱保供打下基础。防御台风"梅花"期间，平原河网提前预排，曹娥江大闸全力候潮抢排2.45亿立方米，绍虞平原排水1.24亿立方米，使得台风影响期间河网水位始终处于3.6～3.8米之间，为拦蓄台风暴雨腾出足够纳蓄能力；诸暨陈蔡、石壁、安华、永宁及嵊州辽湾、坂头、剡源、前岩等部分拦蓄能力相对较小的大中型水库提前预泄，腾库拦洪，累计预泄近2600万立方米；汤浦、长诏、钦寸等拦蓄能力较强的水库全力拦蓄，错峰调度，充分发挥拦洪削峰作用，使得曹娥江嵊州站水位始终处于警戒水位以下，利用雨洪资源，变拦蓄洪水为宝贵的水资源，至台风影响结束，全市19座大中型水库较台风前增蓄1.41亿立方米，解除前期旱情。

市防指开展3轮防汛防台风险隐患排查和7轮次督查检查，累计出动4.81万人次，检查3.11万处，整改问题隐患1700多条，累计梯次转移13.5万人，实现灾害损失轻、人员"零伤亡"。开展台风防御复盘总结，落实提升防台防汛能力措施87项。制定应对极端天气灾害"五断"（断水、断电、断网、断路、断气）、"五停"（停止户外集体活动、停课、停工、停业、停运）工作指导意见和重大灾害应急工作方案，提升极端情况下应急处置能力。

2022年6月15日，曹娥江大闸防汛应急演练举行。图为管涌抢险演练现场

（市水利局　供图）

【抗旱】 2022年6月26日出梅后，绍兴市持续晴热高温少雨，6月26日至9月1日，全市平均降水量188.4毫米，比多年同期（385.9毫米）偏少51.2%。全市19座大中型水库蓄水量最低降至4.54亿立方米，蓄水率52.9%，较常年同期偏少23.8%。面对严峻的抗旱保供形势，市水利局动态分析水库蓄水和供水能力，制定2022年抗旱应急供水预案并于8月9日发布绍兴市水利旱情蓝色预警；做好引调水和水利工程调度工作，浙东引水累计向绍兴方向引水1.92亿立方米，市区曹娥江引水工程累计向市区引水0.58亿立方米；加强农饮水保供，通过限时供水、消防车应急送水、适时启用备用水源应急供水等措施，确保供水安全，9月5日解除水利旱情蓝色预警。

（市水利局　陈平安）

地震和地质灾害防治

【震灾预防能力建设】 2022年，绍兴市科技部门加强建设工程地震安全性评价和建设工程地震安全监管，完成全市当年新建工程和区域地震安全性评价抗震设防要求落实情况检查，开展建筑工程等防震减灾联合执法4次，指导完成镜岭水库场地地震安全性评价及水库诱发地震评价，参与编制《绍兴市城市轨道交通运营突发事件应急预案》，落实《杭州亚运会地震安全保障服务工作方案》。

【浙江省暨绍兴市地震地质灾害综合应急演练】 2022年6月23日，2022年浙江省暨绍兴市地震地质灾害综合应急演练在诸暨市举行。此次演练模拟在强降雨和地震的双重影响下，出现房屋倒塌、山体滑坡、人员受困、断电、断网、断路等险情灾情，省、市、县、乡、村五级指挥部通力协作开展救援。演练设置地质灾害风险防控、地震应急处置、地震应急指挥、地震应急救援、群发性地质灾害救援、危化品储罐泄漏处置、恢复生产生活等7个部分，实现风险研判、预报预警、指挥调度、紧急救援、灾后恢复等预案体系的全流程检验。应急管理部地震地质司、省级有关部门以及全省应急管理系统、自然资源系统、地震主管部门近200人观摩演练。

（市科技局　沈德胜）

【地质灾害“整体智治”三年行动】 2022年，全市完成10个乡镇（街道）地质灾害风险调查，累计完成17个乡镇（街道）风险调查。新建30处专群结合监测点和300个雨量筒，累计建成112处地质灾害专业监测点。完成地质灾害综合治理26处，三年累计完成综合治理68处（隐患点综合治理13处，即查即治类项目55处），完成绍兴市地质灾害“整体智治”三年行动。

【地质灾害隐患防治】 2022年，全市接报灾险情3起，其中，越城区灾情1起，嵊州灾情1起、险情1起，无人员伤亡。全市发布地质灾害气象风险预警预报75次，发送短信近3万条。市、县自然资源系统和乡镇（街道）累计组织地质灾害风险隐患排查3596组6945人次16249点次。“地质灾害智防”App风险防范区实时预警累计发布13582次，各级防灾责任人应用“地质灾害智防”App处置巡查任务5361人次，出动群测群防员18454人次，预警任务（转移）2822次，处置率100%。“风雨哨兵”叫应系统在台风“轩岚诺”“梅花”防御期间，第一时间电话“叫应叫醒”党政领导和基层防灾责任人488人次，指导乡镇完成撤离4310人次；开展地质灾害防治知识进文化礼堂活动，走进农村文化礼堂285家，进行宣传培训10224人次。

（市自然资源和规划局　程团结、潘远见）

安全生产监管

【概况】 2022年，绍兴市打好“除险保安”攻坚战，推动全市安全形势稳定。全市共发生各类生产安全事故54起，死亡48人，比2021年分别下降36.50%和35.10%。其中，较大事故1起、死亡4人。

【安全生产责任体系建设】 2022年，绍兴市优化调整市安委会组织架构，梳理专委会履职清单和重点工作清单。组织制定市、县、乡、村（企）履职清单，出台乡镇（街道）安全生产风险管控指数管理办法，建立“市考县、市考乡”考评机制，以量化指数和“绿蓝黄红”四色晾晒乡镇（街道）安全生产工作实绩，每月发布指数通报。市安委办约谈重大隐患整改不到位、国庆期间安全生产工作落实不到位乡镇（街道）4个。

【安全生产目标责任制考核】 2022年，绍兴市制定全市年度安全生产和消防工作目标管理责任制考核办法，通过全过程动态评价、实地核查、总体事故灾害等情况，对6个县（市、区）、103个乡镇（街道）、杭州湾综管办及31个市级部门（单位）进行考核。经考核，有优秀县（市、区）政府2个，良好3个，合格1个；有优秀部门（单位）20个、良好11个；有优秀镇（街）32个、良好52个、合格17个、不合格3个。

【重大安全生产隐患督查】 2022年，绍兴市建立安全生产问题基础“数据库”，上报列入省级问题25个、市级问题100个，“重大安全生产问题清单”指数保持全省前列。制定“除险保安百日攻坚行动”安全生产专项整治方案，部署道路交通、建设施工、危化品、工矿、城市运行、农业、消防、旅游等8个重点领域132项工作任务。全市累计发现问题隐患82.1万处，整改完成率100%。安全生产“除险保安”累计指数列全省第二位。推进第二轮安全生产综合治理三年行动，完成657项行动任务。市本级组织开展6轮次暗访督查，通过绍兴电视台《今日焦点》栏目曝光安全隐患25期。

【危险化学品企业安全监管】 2022年，绍兴市推进化工园区安全整治，越城区、上虞区、新昌县3个化工园区消除较高风险。制定危化品建设项目进区入园指导意见，入园危化品生产企业增至96家，入园率79.3%。摸清硝化、氟化、有机硅等高危细分领域企业底数，整改问题隐患812条。开展化工企业老旧装置评估，识别6家企业老旧装置7套，落实风险管控。开展重大危险源“消地协作＋交叉互查”检查，排查整改隐患541条，建立62家重大

表120

2022年绍兴市生产安全事故统计表

地区	道路运输		建设施工		工商贸		水上运输		高速		其他		合计			
	事故（起）	死亡（人）	事故（起）	死亡（人）	事故（起）	死亡（人）	事故（起）	死亡（人）	事故（起）	死亡（人）	事故（起）	死亡（人）	事故（起）	均比（%）	死亡（人）	均比（%）
合计	31	23	3	3	8	8	2	2	8	9	2	3	54	−37.0	48	−34.5
越城区	7	7	1	1	1	0	1	1	0	0	0	0	10	−50.0	9	−53.4
柯桥区	2	2	0	0	2	5	0	0	0	0	1	1	5	−31.8	8	−11.1
上虞区	3	2	0	0	2	0	1	1	0	0	0	0	6	−28.0	3	−47.1
诸暨市	9	5	0	0	2	2	0	0	0	0	1	2	12	−43.8	9	−37.2
嵊州市	5	3	1	1	0	0	0	0	0	0	0	0	6	−43.8	4	−42.9
新昌县	5	4	0	0	1	1	0	0	0	0	0	0	6	−50.0	5	−50.0
市直	0	0	1	1	0	0	0	0	8	9	0	0	9	—	10	—

（市应急管理局　傅　敏）

危险源企业三类包保责任人实名制清单。将硝化企业安全整治、化工企业承包商整治纳入省级重大安全生产问题清单管理，21 家硝化企业完成自动化改造，立案处罚承包商 5 家、清退 3 家。推进部级危化品安全培训网络建设试点，完成试点园区、企业网络空间建设并投入使用。

【矿山企业安全监管】 2022 年，绍兴市强化非煤矿山风险防控，停产尾矿库闭库、露天矿山边坡风险问题纳入省级重大安全生产问题清单管理，在线监测数据 100% 接入全国平台。开展边坡稳定性分析评估，安装线位移监测系统 2 套、视频监控 120 余路。开展非煤矿山安全生产排查，累计检查矿山企业 36 家，立案处罚 12 起，注销安全生产许可证 2 本，暂扣 2 本。

【一般工矿企业安全监管】 2022 年，绍兴市开展三类"园区、企业、设施"专项整治，整治园区 168 个、企业 4821 家，评估环保设施 7037 个，整改问题隐患 8386 条，立案处罚 382 起，关闭企业 26 家。加强有限空间作业安全监管，改造压减涉自建燃气设施企业 71 家。加强重点企业火灾爆炸事故防范，摸排 7 类重点行业企业 3099 家，整改问题隐患 2568 条。完成钢铁、铝加工深井铸造、粉尘涉爆企业重大隐患"清零"。

（市应急管理局　杨　丹）

【特种设备安全监管】 2022 年，绍兴市聚焦公众聚集场所电梯、大型游乐设施、观光车和燃气压力管道等重点特种设备安全，开展"护航亚运""除险保安"、电梯"百日执法"和燃气特种设备安全整治等专项行动，累计出动特种设备安全检查人员 1.91 万人次，检查相关单位 9911 家，发出安全监察指令书 405 份，消除事故隐患 2889 个，立案查处违法案件 191 起，罚没款 530.7 万元。

（市市场监管局　王　洁）

【安全生产事故调查处置】 2022 年，全市发生各类生产安全事故 54 起、死亡 48 人，比 2021 年分别下降 36.5%、35.1%。其中工矿商贸事故 10 起，死亡 12 人。各级政府牵头调查事故 13 起，追究刑事责任 13 人。由纪委监委部门追责问责政府、部门（单位）10 家次，公职人员 18 人；行政处罚公司 24 家次，个人 37 人次。

【安全生产专项执法行动】 2022 年，绍兴市梳理安全生产执法事项 278 项，将 34 项简易执法事项委托至乡镇（街道），配套下沉执法人员 62 人。强化安全生产监察执法，组织开展 4 轮安全生产"除险保安"专项执法行动，应急管理部门共检查生产经营单位 3148 家次，立案处罚 1741 起、罚款 4479 万元，比 2021 年分别增长 46.67%、15.38%，人均执法检查次数列全省第二位，人均行政处罚次数列全省第三位。编制《工业企业安全生产现场执法检查手册》，制定 16 个高频处罚事项标准化办案指引和自由裁量细化基准，规范各级执法行为。规范涉刑事案件危险物品处置，制定《绍兴市涉刑事案件危险物品先行处置办法》。上线使用工业企业安全生产违法行为线索案源数字化系统，自动比对特种作业安全码赋码信息 2346 条，梳理线索 252 条，查实持假证 35 人，立案 26 起。

【安全生产培训考核】 2022 年，绍兴市推进安全培训"走过场"专项整治，复核培训机构 21 家、考试点 9 个，整改问题 72 条，撤销培训机构备案 1 家、不予备案 1 家，取消考试点 2 个，立案处罚安全培训教育类案件 94 起。开展"企业十万员工安全大培训""百场安全培训进企业"行动，全市共培训企业员工 10.33 万人，完成率 127.6%。组织监考员、考评员全员签订考风考纪和廉洁承诺书，建立安全生产考试巡考制度，开展现场巡考 10 场，视频巡检 86 场。全市"三类人员"（高危企业负责人、安管员和特种作业人员）参加考试 41398 人，合格发证 32417 人，整体合格率 78.31%，处理作弊 10 人，取消成绩 5 人。

（市应急管理局　杨　丹）

消防安全

【概况】 2022 年，绍兴市审议通过《关于坚持和发展新时代"枫桥经验"切实加强消防安全工作的实施意见》，制定《消防服务经济社会九项措施》，推行轻微违法行为不予处罚制度，优化火灾事故调查服务。全市发生火灾 2504 起，死亡 4 人，直接经济损失 2700 万元，比 2021 年分别下降 41.2%、33.3% 和 17.9%。绍兴市消防救援支队获省消防产品监督业务比武团体第一名、战勤保障拉练团体第一名、"火焰蓝"执勤岗位练兵比武团体第三名、政工岗位练兵比武团体第三名、宣传岗位练兵比武团体第三名，连续 10 年夺得全市行风评议第一名。举办全市首届消防奉献奖评比表彰活动，5 个先进集体和 10 个先进个人获表彰。

【消防安全隐患综合治理】 2022 年，绍兴市将年度火灾超 50 起的 24 个镇（街道）列为重点整治对象。至年末，24 个镇（街道）火灾总数比 2021 年下降 47.4%，未发生亡人火灾事故。全市 51 家省、市重大火灾隐患区域（单位）全部摘牌。

【消防安全标准化建设】 2022 年，绍兴市部署消防安全标准化建设，教育、民宗、民政、文旅、卫健等部门把消防安全纳入法规政策、规划计划、应急预案和培训教育内容，制定行业领域消防安全标准化建设指导意见和消防安全"正、负面"清单。推动绍兴轻纺产业消防安全标准化省级试点建设，完成标准体系专家论证及发布。

【消防安全教育培训】 2022 年，绍兴市开展消防安全"进百镇上千课入万家"活动，组织消防员分片负责 103 个乡镇（街道）消防安全，每周开展 2 次消防知识宣讲活动；组织消防站、乡镇专职消防队、村志愿消防队每周进村入户开展消防知识宣传。依托全市 56 个安防馆、126 个消防科普场馆基地（体验点）、260 个消防安全宣传教育"五进"（进企业、进社区、进学校、进家

2022年2月16日,市消防支队在绍兴市元培中学开展"开学第一课"活动(余昌龙 摄)

庭、进农村)示范点、478个村文化礼堂,招募18394名志愿者,开展消防安全知识千场宣讲活动。建立"消防副校长"机制,60名消防副校长结对227家中小学及幼儿园,开展"十佳消防雏鹰""十佳消防家庭"争章活动,指导学校消防安全服务工作。依托越城文化"云课堂",开展消防安全互动直播,做到足不出户学消防。越城大队镜湖消防站被命名为省应急消防科普教育基地。

【消防安全民生实事】 2022年,绍兴市开展消防安全提升工程,提档升级一批消防设施,投入1.3亿元,安装330个高层智能防控设备、5306套电梯"电瓶车管控系统"、6000套农村漏电保护装置、200个农村消防取水口,改造60套电气线路和消火栓系统,升级500个村级义务消防队。

【森林防灭火工作】 2022年,绍兴市全面开展森林防火"五大能力提升"行动,持续提升防火巡护能力、火情早期处理能力、"引水灭火"能力、林火阻隔能力、防火数字化能力,推广使用省"护林巡查"系统,实现划分护林网格1406个、配备护林员1432人、全市林地范围内护林网格全覆盖。年内,完成护林巡护11万余次、26.5万余千米,举办"护航二十大,忠诚保平安"绍兴市森林火情早期处理暨汤浦水库森林火灾实战演练,聘任森林防火专家10名,建设森林防火蓄水设施385个(处)、防火应急道路17千米、生物防火林带28千米,新增高位监控108个。未发生重特大森林火灾和人员伤亡事件、森林火灾受害率为0。1人被评为全国森林草原防火工作先进个人、13人被评为全省优秀护林员,绍兴市林业局、诸暨市五泄林场获评省护林先进单位,嵊州市林场创成省现代国有林场。

【森林火灾隐患排查整治专项行动】 2022年,绍兴市林业部门组织开展森林防火和林业安全生产督查检查、林区输配电森林火灾隐患排查、森林火灾隐患排查整治和查处违规用火行为、森林火灾隐患排查整治"百日攻坚"等专项行动,全市自然资源系统内出动督察组224组684人次,排查消除隐患338处(个)。完成森林火灾风险普查工作,形成《绍兴市森林火灾风险普查评估与区划报告》。

【基层消防力量建设】 2022年,绍兴市派驻103名辅助执法文员到重点乡镇(街道),在1587个行政村建立消防驻村指导员制度,记录消防民情日记。新建消防站8个,投入使用10个,改造提升8个,建成鲁迅故里消防站。组建12支"小快灵"消防轻骑兵,配备26辆消防摩托车及便携式灭火救援器材。

【消防应急救援】 2022年,绍兴市升级消防指挥中心,增加指挥作战网点,推行"母子站"(消防中心站结对帮扶单编执勤站)帮带执勤、防消联勤、前置执勤等模式,实现"防前防初、救早救小",处置警情8787起,营救疏散被困群众828人,保护抢救财产近14亿元。

(市自然资源和规划局 陈 慧,市消防救援支队 马文杰、徐天锋、叶孙佳)

县(市、区)概况

越城区

【概况】 越城区地处宁绍平原西部、会稽山北麓、杭州湾南岸,是绍兴市委、市政府所在地,辖1个镇、16个街道,实辖面积643平方千米,年末总户数299367户,户籍人口82.70万人。2022年,越城区实现地区生产总值1271.04亿元,其中第一产业增加值17.48亿元、第二产业增加值547.38亿元、第三产业增加值706.18亿元,三次产业结构1.4∶43.1∶55.6。一般公共预算收入86.2亿元。城乡居民人均可支配收入分别为70525元、45540元。全市首条轨道交通1号线通车。年内获得"2022中国最具幸福感城区""2022中国投资环境质量十佳县(市、区)""2022中国十大最具投资价值县(市、区)""第三批浙江省全域旅游示范县(市、区)"称号。绍兴集成电路产业平台、绍兴滨海新区高端生物医药产业平台分列2022年度"万亩千亿"新产业平台建设考评全省第一位、第四位。

【经济发展】

农业 2022年,越城区农林牧渔业产值38.43亿元,农林牧渔业增加值17.82亿元,比2021年增长3.4%。全区粮食播种面积1.49万公顷,粮食总产量9.64万吨。年末生猪存栏5.76万头,水产品产量4.3万吨。推进"非粮化"整治优化工作,累计清理腾退耕地346.67公顷,建设高标准农田1493.33公顷,改造提升高标准农田(粮功区)606.67公顷。开展闲置农房激活工作,吸引社会资本1.6亿元,安桥头村"宅基地+乡村建设"入选省农业农村厅强村富民集成改革典型案例,消除年经营性收入50万元以下经济薄弱村。

工业 2022年,越城区实现规模以上工业总产值1622.52亿元,实现规模以上工业增加值406.49亿元,比2021年增长8.3%。全年,规模以上工业企业等价能源消费量226.28万吨标准煤,盘活土地348.07公顷。数字经济核心产业制造业增加值22.38亿元。实现规模以上新产品产值647.94亿元,新产品产值率39.1%。规模以上高新技术产业、战略性新兴产业增加值分别为251.74亿元、190.24亿元。157个项目列入年度市级智能化改造重点项目计划,新增振德医疗、长电绍兴2家省级未来工厂试点,数量居全省第一位,其中长电绍兴获评第一批省级未来工厂。

商贸流通 2022年,越城区实现社会消费品零售额748.36亿元,实现网络零售额146.0亿元。限额以上批发业663家,销售额1410.53亿元;限额以上零售业175家,销售额282.38亿元;限额以上住宿业43家,营业额10.18亿元;限额以上餐饮业69家,营业额17.65亿元。规模以上服务业189家,营业收入229.64亿元。开展"越"系列消费促进活动,累计发放汽车及购物消费补贴超2800万元。

对外经济 2022年,越城区实现进出口总额835.18亿元,全区实到外资1.89亿美元。完成上亿美元外资项目落地4个,高新技术利用外资占比52%。新招引10亿元以上项目27个、总投资735亿元,招引数、投资额均居全市第一位。国家级绍兴综合保税区正式封关运营。

【科技创新】 2022年,越城区财政支持科技人才投入比2021年增长27.4%、突破10亿元。全区高新技术产业投资额增速66.1%,规模以上工业实现高新技术产业增加值增速7.2%。新认定国家高新技术企业203家、省科技型中小企业233家。第三代半导体入选全省首批未来产业先导区创建培育名单,绍芯实验室列入省政府重点支持产学研一体化科创平台,中芯集成科创板IPO过会。浙江古纤道绿色纤维有限公司1项专利获得第23届中国专利奖。引进硕博人才1300余人、高校毕业生3.5万人,新建省级博士后工作站6家、国家级博士后工作站1家。

【基础建设】 2022年,越城区完成固定资产投资882亿元,拆迁285万平方米,释放土地空间200多公顷。轨道交通一号线、山会高架路、绿云高架路、越东快速路、于越智慧快速路、二环西路智慧快速路一期(山会大道—城南大道段)建成通车,绍兴城际线迪荡站正式投用。完成中兴大道改造、阳明路提升等41个亚运配套项目,越子城风貌区入选全省首批"新时代富春山居图样板区",灵芝街道外滩社区、鉴湖街道坡塘村、孙端街道安桥头村、皋埠街道坝头山村入选省级未来社区、未来乡村,斗门街道、富盛镇创成美丽城镇省级样板。新建和改建社区健身苑点11处。新建成住宅小区配套建设体育设施6处。新增体育场地面积超17万平方米。

【生态建设】 2022年,越城区空气质量综合指数3.60,$PM_{2.5}$浓度30微克/立方米,AQI优良率84.7%。完成国土绿化

2022年，越城区鉴湖街道坡塘村入选省级未来乡村　（越城区府办　供图）

造林38.33公顷。完成水生态缓冲带10千米，水生态修复作业面积14万平方米，37个市级考核断面达标率和水质Ⅰ～Ⅲ类占比均为100%，污染地块安全利用率100%，省控及以上断面水质达标率100%，获2021年度全省"五水共治"工作优秀县(市、区)"大禹鼎"，入选省级生态文明示范区。

【社会事业】 2022年，越城区民生事业投入69.1亿元，新增城镇就业4.3万人。全区职工(城乡居民)基本养老保险、工伤、失业保险参保人数分别为61.46万人、45.91万人和32.84万人，基本医疗保险参保94.02万人，生育保险参保39.94万人。全区参保"越惠保"63.32万人。完成老旧小区改造43个，推出保障性房源1.3万套。全年教育总投入28.42亿元。全区17个乡镇(街道)均创成绍兴市教育均衡示范乡镇，省教育现代化水平监测实现A等，创成全国学前教育普及普惠区。建成"15分钟品质文化生活圈"161个，举办文化惠民演出253场，开展"百姓学堂"公益培训716课时。承办2022诗路文化大型诗歌音乐朗诵会，线上观看65.83万人次。完善区图书馆、区文化馆等公共文化设施。全区有综合性公立医院1家，社区卫生服务中心(卫生院)17家，社区卫生服务站113个，村卫生室32个。已审批开业民营医疗机构201家，开放床位2818张。全区卫生健康系统共有专业技术人员1901人。全年基层医疗机构门急诊435.6万人次，出院病人数8055人次。浙江省人民医院越城院区入选国家区域医疗中心试点，"健康浙江"考核连续4年保持优秀。

【入选省级数字经济创新发展试验区】

2022年7月，在全省数字经济高质量发展大会上，越城区入选全省首批数字经济创新发展试验区。越城区编制和实施《2022省数字经济创新发展试验区建设提升行动》《绍兴市越城区数字经济"十四五"发展规划》，实现规模以上数字经济核心产业制造业企业37家，其中百亿元级企业1家，亿元以上企业20家，国家级专精特新"小巨人"企业3家，上市企业1家，准上市企业2家，新增市级智能工厂3个。

（越城区府办　张　斌）

柯桥区

【概况】 柯桥区位于绍兴市西北部，为绍兴市市辖区，区域面积1066平方千米，辖5个镇、11个街道，340个村(居、社区)，拥有1个国家级开发区、2个省级开发区，拥有1个中国聚合度最高的大纺织产业集群和1个全球规模最大的轻纺市场。至2022年末，全区户籍人口70.2万人，暂住人口68.83万人。2022年，实现地区生产总值1901.36亿元，其中第一产业增加值42.35亿元、第二产业增加值970.57亿元、第三产业增加值888.45亿元，三次产业结构2.2∶51.0∶46.7。全年财政总收入187.54亿元，其中一般公共预算收入132.59亿元。财政支出137.27亿元。年末，金融机构本外币存款余额3147.23亿元，金融机构本外币贷款余额3300.63亿元。全区居民人均可支配收入74770元，其中城镇常住居民人均可支配收入82528元、农村常住居民人均可支配收入51605元。全区新增城镇就业6.89万人。柯桥区蝉联中国全面小康十大示范区、全国综合实力"十强区"。

【经济发展】

农业 2022年，柯桥区实现农林牧渔业总产值60.85亿元。年末，生猪存栏9.43万头，生猪出栏9.99万头。创建未来乡村省级试点村5个，区级共富星村试点村8个、五星3A先行村7个、3A示范村6个、五星达标村10个。柯桥区入选"国家乡村振兴示范县"创建名单，建成全省首批新时代美丽乡村示范县。新增国土绿化造林面积91.67公顷，建成"一村万树"示范村6个。

工业 2022年，柯桥区实现规模以上工业增加值497.00亿元，其中高新技术产业增加值246.52亿元，战略性新兴产业增加值167.50亿元，装备制造业增加值58.88亿元。纺织印染产业改造提升，柯桥区已成为全国最大印染产业基地。全年规模以上工业亩均税收19.53万元/亩，规模以上工业亩均增加值160.83万元/亩。创建国家级智能制造试点企业2家，省级未来工厂试点企业1家。完成"个转企"719家，"小升规"171家。规模以上工业企业万元产值综合能耗0.29吨标准煤，耗能千吨以上企业万元产值能耗0.41吨标准煤。

建筑业 2022年，柯桥区实现建筑业总产值1439.39亿元，完成建筑产业现代化产值902亿元。全区新开工装配式建筑项目233万平方米，新开工钢结构装配式住宅25.55万平方米。新建民用建筑二星级以上绿色建筑40项，实施绿色建筑面积444万平方米，完成太阳能等可再生能源应用建筑面积151.6万平方米。共创省级以上优质工程62个，其中国家级优质工程23个，包括"鲁班奖"4个、"詹天佑奖"1个。

投资 2022年,柯桥区实现固定资产投资比2021年增长10.1%。其中,高新技术产业投资增长12.9%,交通运输投资增长35.8%,生态环境和公共设施投资增长54.7%,民间投资增长1.6%;制造业投资占比为31.6%。新增3个项目列入省重大产业项目,其中,宝万碳纤维、宇越光学膜2个项目列入省特别重大产业项目。19个项目列入省重点建设项目。

商贸 2022年,柯桥区实现社会消费品零售总额401.1亿元,全年批发和零售业商品销售额4726.6亿元。商品交易市场76家,全年商品交易市场成交额2562亿元,亿元以上市场成交额2549亿元。创建省级夜间经济样板城市,开展"网上年货节"、暑期和国庆"城市购物节",举办商旅文游购娱一体化促销费活动。

进出口 2022年,柯桥区实现货物进出口总额1361.19亿元。全年出口国家和地区达206个,对共建"一带一路"国家出口增长27.4%、RCEP成员国出口增长33.5%。拓展海外营销渠道,阿里巴巴国际站、亚马逊等B2B、B2C平台活跃卖家2250家。全年合同外资8.2亿美元,实到外资5.07亿美元。

旅游 2022年,柯桥区接待国内外旅游者687.03万人次,实现旅游总收入81.26亿元。推进国家全域旅游示范区创建,获评2022年全国最美全域旅游典范区、文旅融合创新典范区等荣誉。至年末,全区共有国家级旅游景区23个,其中国家AAA级旅游景区5个、国家AAAA级旅游景区5个。

【科技创新】 2022年,柯桥区运营省现代纺织技术创新中心,启动建设杭州湾科创中心,绍兴光电研究中心签约落户。新增国家高新技术企业87家、省科技型中小企业335家,新增科技"小巨人"企业3家。入选"科创中国"省级试点。新增全职院士团队3个,引育省级以上高层次人才51名。省级数字化改革应用场景"成果转化追踪"试点运营完善,全年技术交易额48.65亿元。高新技术产业、战略性新兴产业增加值分别增长16.1%和5.1%。

【基础建设】 2022年,柯桥区完善国土空间总体规划,科学划定"三区三线",城镇开发边界延展至196平方千米。鉴湖旅游度假区创成国家级旅游度假区。启动若耶·铜谷小镇项目,推进兰亭度假区新一轮大开发。建成省级风貌样板区、未来社区各3个,完成拆迁300万平方米,改造老旧小区10个。杭绍台高速开通,杭甬高速柯桥互通完成改建,杭州中环柯桥段、杭绍台西线、群贤路西延、镜水路北段等重大交通项目加快推进。

【生态建设】 2022年,柯桥区开展美丽绍兴建设(生态文明示范创建行动),制定《2022年度柯桥区美丽绍兴建设(生态文明示范创建行动)工作任务书》《深化生态文明示范创建 高水平建设新时代美丽柯桥规划纲要(2021—2035年)》。加强生态环境综合治理,创建"污水零直排区"标杆镇(街道)2个、美丽河湖3条,区控断面水质100%达到功能区要求。$PM_{2.5}$年平均浓度32微克/立方米,空气质量优良率83.6%。全区生态环境质量公众满意度调查得分创历史新高,全省排名比2021年上升19位。2个镇(街道)、7个村(社区)入选第二批省级低(零)碳试点乡镇、村(社区)。组织开展国际生物多样性日、六五环境日和全国低碳日主题活动。

2022年,柯桥区鸟瞰图 (柯桥区府办 供图)

【社会事业】 2022年,柯桥区"共富星村"列入全省共同富裕试点,驻村指导员制度、强村富民集成改革入选全省最佳实践。获得省农业"双强"行动"赛马"激励,创成省新时代美丽乡村示范县。全面消除年经营性收入100万元以下相对薄弱村。民生支出108亿元。"越惠保"参保率71.4%。建成康养联合体养老机构5家,完成适老化改造500户,新增标准化托育驿站60个、婴幼儿托位1291个。慈善发展指数位居全省第一,发放各类救助金0.8亿元。浙医二院柯桥院区加快建设,区老年康复医院正式启用,健康浙江考核连续3年优秀。改(扩)建学校13所、新增学位5340个,成为全国义务教育优质均衡先行创建区、全省首批体育现代化区,教育现代化发展水平监测成绩居全省第一位。打造"15分钟品质文化生活圈"122个。送戏下乡400余场。实现村社文化礼堂、镇街综合文化站全覆盖。

【居2022年全国综合实力百强区第10位】 2022年11月18日,中国中小城市发展指数研究课题组和国信中小城市指数研究院发布2022年全国综合实力和投资潜力百强区榜单,该榜单范围为全国793个含有乡镇、相对独立发展的市辖区(含副省级城市),柯桥区居2022年全国综合实力百强区第10位。

(柯桥区府办 祝申达)

上虞区

【概况】 上虞区地处绍兴市东北部,区域面积1362平方千米,辖7个街道、10个镇、3个乡,281个行政村,62个社区,21个居委会。至2022年末，全区有户籍人口71.42万人。2022年，实现地区生产总值1241.76亿元，其中第一产业增加值56.33亿元、第二产业增加值647.71亿元、第三产业增加值537.72亿元。实现财政总收入140.95亿元，其中一般公共预算收入91.01亿元。全年城镇常住居民人均可支配收入77890元，农村常住居民人均可支配收入44946元。综合实力跃升至全国百强区第33位。

【经济发展】

农业 2022年，上虞区实现农林牧渔业总产值78.21亿元。全区粮食播种面积3.75万公顷，粮食总产量19.51万吨，获评"省产粮大县"。生猪出栏10.06万头，牛出栏156头，羊出栏1.79万头，禽肉总产量0.14万吨，水产品产量2.37万吨，园林水果产量11.03万吨，茶叶产量1652吨。全区财政对农林水事务投入10.92亿元，完成2113.33公顷粮食生产功能区"非粮化"整治任务，建成高标准农田333.33公顷、省级绿色农田试点200公顷，新建省级水稻千亩高产创建示范区6个、区级百亩高产创建示范区8个，杂交稻精量机插秧及全程机械化技术集成研究与应用项目列入2022年全省农业"双强"重点突破试点项目。创成省级肥药两制综合改革试点县、省级渔业健康养殖示范县、省综合性农业"机器换人"高质量发展先行县。

工业 2022年，上虞区实现规模以上工业产值2171.63亿元，规模以上工业增加值527.21亿元。工业用电量60.54亿千瓦时。实现新产品产值1033.90亿元，实现数字经济核心产业制造业增加值70.48亿元，新引进10亿元以上项目13个，完成固定资产投资301.81亿元。上虞区创成全省制造业高质量发展示范区，列入全省新一轮制造业"腾笼换鸟、凤凰涅槃"攻坚行动考评激励名单，列入全省第二批中小企业数字化改造试点县（市、区）创新培育名单。杭州湾上虞经济技术开发区位列全国化工园区10强，创成国家生态文明建设示范区，氟精细化工产业集群列入工信部2022年度中小企业特色产业集群名单。

建筑业 2022年，上虞区实现建筑业总产值1254.08亿元，实现建筑业税收14.9亿元。商品房销售面积94.41万平方米，房屋施工面积652.33万平方米。获国家级奖项29项，其中"鲁班奖"7项、国家优质工程奖5项、全国优秀建筑工程装饰奖17项。全年规模以上工业企业万元产值能耗0.0866吨标准煤/万元，规模以上单位工业增加值能耗下降4.2%。

商贸流通 2022年，上虞区实现社会消费品零售总额416.03亿元，其中限额以上社会消费品零售总额114.25亿元。限额以上批、零、住、餐销售额（营业额）分别增长32.4%、21.3%、19.0%和22.1%。全年新增（跨境）电商主体88家，实现网络零售额84.48亿元。数字文娱、新材料科技服务业入选省级现代服务业创新发展区。

进出口 2022年，上虞区实现进出口总额462.91亿元，其中进口总额53.34亿元、出口总额409.57亿元。全区累计拥有境外企业166家，新批境外投资项目14个，实现境外投资额8159.6万美元，增长540.5%。

旅游业 2022年，上虞区接待游客411.32万人次，旅游总收入58.52亿元。曹娥江旅游度假区列入国家级旅游度假区意向名单，岭南乡创成全国乡村旅游重点镇，丰惠、盖北、下管镇被命名为省AAAA级景区镇，岭南乡东澄村入选全省首批金AAA级景区村培育名单，长塘镇桃园村、上浦镇东山村获评省级乡村旅游重点村。

【科技创新】 2022年，上虞区挂牌运营曹娥江实验室，新增国家技术创新示范企业2家，新认定国家高新技术企业83家、省科技型中小企业181家，新申报省级以上研发机构13家、市级研发中心19家，新增省"尖兵""领雁"项目8个，列入省级新产品试制计划297项。累计引进应用型大学3所、大学研究院12家、院士专家工作站42家。新获批省级众创空间3家，国家级众创空间2家，累计27家。入选国家级、省级以上领军人才6名，国家"引才计划"人才24名，新增市级以上海外工程师12名，获得省科学技术奖4项，登记科技成果295项。全年专利授权数7410件，连续两年省党政领导科技进步目标责任制考核优秀，获得"科技创新鼎"。

【基础建设】 2022年，上虞区交通建设重大项目完成投资52亿元。启用杭绍台高铁上虞南站，首条城市高架快速路南北中心大道快速路（人民西路至五甲渡大桥段）、舜江大桥拼宽工程建成通车，曹娥江上浦船闸建成通航。新（改）建农村公路8.1千米，亮化70千米，创成"四好农村路"全国示范县。

【生态建设】 2022年，上虞区完成20家重点涉气企业"科学治气"行动，$PM_{2.5}$浓度26.28微克/立方米，AQI优良天数比例83.5%，22个县控以上断面Ⅰ～Ⅲ类水比例和达标率100%。创新开发建设减污降碳协同增效平台，连续两年美丽浙江建设考核优秀，获得省首批"清源杯"。

2022年5月22日，杭州湾上虞经济技术开发区全景图 （上虞区府办 供图）

【社会事业】 2022年,上虞区启动"一江两岸三城多片区"建设,启用新博物馆,改造老旧小区42万平方米,征收房屋180万平方米,创成省级高标准垃圾分类示范小区20个,南丰社区入选省第二批未来社区,曹娥江"一江两岸"特色产业风貌区入选省首批城乡风貌样板区。创成省美丽乡村示范乡镇14个,建成乡村振兴先行村8个,激活闲置农房面积35.8万平方米,消除年经营性收入80万元以下行政村,获全国农村集体产权制度改革工作先进集体、省实施乡村振兴战略实绩考核优秀单位、省深化"千万工程"建设新时代美丽乡村工作优胜县,列入省深化新时代教育评价改革综合试点区。启动城南医用综合中心二期、疾控中心实验大楼、妇幼保健院改造,改建村卫生室(站)17家,新建名医(专家)工作室(站)4个,连续4年获"健康浙江"考核优秀。获评省首批体育现代区。新增就业3.51万人。

【上虞区e游小镇居浙江特色小镇传播指数榜首】 2022年,上虞区e游小镇举办创意集市、电竞赛、趣味运动会、春日摄影比赛等活动30余场次。开设"e游青年说"栏目25期,在"学习强国"学习平台、人民网、《中国青年报》、浙江在线平台播出。推出动漫、影视原创作品33部,登陆央视媒体及优酷、爱奇艺、腾讯等网络平台。上虞e游小镇全年在浙江特色小镇传播指数榜单上6次排名第一。

(上虞区府办 陈仕清)

诸暨市

【概况】 诸暨市位于绍兴市西南,区域面积2311平方千米。辖5个街道、17个镇、1个乡。至2022年末,全市有户籍人口107.64万人。2022年,实现地区生产总值1658.84亿元,其中第一产业增加值57.54亿元、第二产业增加值809.28亿元、第三产业增加值792.02亿元,三次产业增加值结构为3.5∶48.8∶47.7。城镇常住居民人均可支配收入80438元,人均生活消费支出44138元;农村常住居民人均可支配收入49695元,人均生活消费支出32327元。财政总收入131.66亿元,其中一般公共预算收入90.28亿元。

【经济发展】

农业 2022年,诸暨市农林牧渔业增加值增长3.7%。实现粮食种植面积34480公顷,粮食总产量21.58万吨,获评"第四届'河姆渡杯'粮食生产先进县"金奖。年末,生猪出栏16.46万头,家禽出栏192.83万羽。落实种业振兴行动,试验示范作物新品种50余个。成功申报省重点农业企业研究院1家,新增补贴机具3458台(套),诸暨里联现代化农事服务中心入选首批省级现代化农事服务中心创建单位,诸暨市成为省级"赛马"激励表彰13个县(市、区)之一。

工业 2022年,诸暨市规模以上工业增加值359.32亿元,规模以上工业实现利税83.55亿元。规模以上工业企业新产品产值805.78亿元。从工业主导行业看,环保新能源、智能装备制造、铜加工及新型材料、纺织服装、袜业和珍珠业等主导行业企业978家,合计产值增长9.5%,占全市规模以上工业企业总产值的74.1%;六大主导行业合计利润31.3亿元。

建筑业 2022年,诸暨市实现建筑业上缴税收11.19亿元,全市新开工装配式建筑项目32个,建筑面积72.59万平方米,其中新开工民用建筑装配式占比60.5%,二星级及以上绿色建筑占新建民用建筑比达63.1%,荣呈建设、八达建设获评市建设行业市级企业技术中心。

商贸流通 2022年,诸暨市实现社会消费品零售总额526.35亿元,其中限额以上社会消费品零售总额157.76亿元。限额以上批发业372家,实现商品销售额1320.43亿元;限额以上零售业204家,实现商品销售额152.38亿元。全市网络零售额283.2亿元,新增纳统电商企业25家,新增1个省级直播基地(新动能直播基地),1个数字生活新服务特色镇(安华镇),36家省级电商专业村。

旅游业 2022年,诸暨市旅游总人次417.86万人次,旅游总收入61.95亿元。启动诸暨市文化和旅游资源普查工作,摸排全市资源单体394个。建成AAA级景区村4家、AAAA级景区镇1家、智慧景区1家、浙江省三级旅游驿站2家。推进珍珠小镇、西施故里"一江两岸"等27个重点文旅项目建设,"云溪九里"浙江文旅康养小镇、春风十里、三贤文化馆等14个项目列入2022年省"四十百千"文化和旅游重大项目库。

【科技创新】 2022年,诸暨市完成高新技术产业投资118.07亿元,新认定高新技术企业91家、省科技型中小企业256家。建成投运浣江实验室、中俄(诸暨)国际实验室。新增省级研发机构15家、绍兴市级企业研发机构56家。浙江诸暨经济开发区获评省级高新区,智能视觉"万亩千亿"新产业平台入选省级培育名单。新增绍兴市级以上众创空间3家,建成(珍珠、金属加工)创新联合体2家,推进碳足

2022年9月25日,诸暨市首条高架公路店口高架夜景 (何伟江 摄)

迹碳标签创新联合体建设。发放创新券1096.04万元,向27家科技型和人才创业企业发放“科创贷”1.7亿元。开展首届诸暨市关键核心技术“揭榜挂帅”项目攻关,带动科研攻关项目总投入超3亿元。

【基础建设】 2022年,诸暨市交通建设重大项目完成投资36亿元,235国道项目被评定为省“红旗”项目。店口高架建成通车,合温高速诸暨段、诸义高速、诸建高速、诸永高速改扩建工程、柯诸高速等项目纳入国家“十四五”规划102重大工程项目库。3个数字化改革应用场景入选省级试点,创建“四好农村路”示范乡镇2个,新改建农村公路8.6千米,修缮农村公路88千米,新建农村公路亮化约60千米。

【生态建设】 2022年,诸暨市$PM_{2.5}$年平均浓度27.83微克/立方米,优良天数比率93.7%,臭氧浓度142微克/立方米,均优于年度考核目标。17个县控及以上断面水质全部达到或优于Ⅲ类水,功能区达标率100%,2个县级以上和7个千吨万人及乡镇级集中式饮用水水源地水质达标率100%;重点建设用地安全利用率100%;环境质量总体保持稳定。印发《诸暨市山塘系统治理工作方案》,开展水库除险加固20个,山塘综合整治33个,创建美丽山塘19个。中小河流综合治理4.17千米,提升改造泵站堰坝70座,农村供水管网改造22.37千米。省级幸福河湖试点县项目通过验收,创建水美乡镇6个、美丽池塘16个,新增征天水库、珍珠湖、浦阳江上游、马剑溪4条省级美丽河湖,累计创建数量居全省县(市、区)第一位。全年完成国土绿化223.93公顷,管护新增森林588.47公顷,建成“一村万树”示范村5个,建成油茶基地33.33公顷,创建省级森林城镇1个、森林人家2个、生态文化基地2个、森林氧吧1个。

【社会事业】 2022年,诸暨市东盛未来社区、西子社区、友谊未来社区入选全省首批“一老一小”服务场景名单。创成省级城乡风貌样板区2个、省级美丽城镇8个、省级美丽宜居示范村2个。完成房屋征收面积119余万平方米,建设城镇生活小区“污水零直排区”2个改造、老旧小区6个、建设邻里中心3个。新增绿地30.7公顷,建设精细保洁示范区2个。新增优质普惠托幼学位1470个,县域教育现代化发展水平监测位列全省A等。开展阅读推广活动370场,举办讲座及展览123场,送书下乡3.4万册。完成市博物馆提升改造工程,建成文化驿站1个、城市书房4个、“15分钟品质文化生活圈”140个,创成省乡村博物馆6家。诸暨市拥有各类医疗卫生机构920家(所),开放床位8005张,有卫生专技人员10049人,引进省名医工作室5家。诸暨市人民医院二期、暨南分院开工建设。

【新时代“枫桥经验”写入党的二十大报告】 2022年10月16日,新时代“枫桥经验”写入中国共产党第二十次全国代表大会报告。报告第十一部分第四点中指出:“在社会基层坚持和发展新时代‘枫桥经验’,完善正确处理新形势下人民内部矛盾机制,加强和改进人民信访工作,畅通和规范群众诉求表达、利益协调、权益保障通道,完善网格化管理、精细化服务、信息化支撑的基层治理平台,健全城乡社区治理体系,及时把矛盾纠纷化解在基层、化解在萌芽状态。”

(诸暨市府办 祝添乐)

嵊州市

【概况】 嵊州市位于绍兴市东南部,东邻奉化,南毗东阳,西连诸暨,北接上虞,总面积1789平方千米,下辖15个乡镇(街道)、241个行政村、35个城市社区、15个居委会,居全国高质量发展百强县第68位,跻身全国综合实力百强县第91位。2022年末,嵊州市户籍总人口70.97万人。2022年,实现地区生产总值711.08亿元,其中,第一产业增加值44.52亿元,第二产业增加值330.52亿元,第三产业增加值336.03亿元;三次产业增加值结构为6.3∶46.5∶47.3。财政总收入和一般公共预算收入分别为69.40亿元和47.28亿元。城乡居民人均可支配收入分别为72865元和40495元。金融机构本外币存贷款余额分别为1321.03亿元和1078.61亿元。

【经济发展】

农业 2022年,嵊州市实现农林牧渔业增加值增长3.5%。完成“非粮化”整治5286.67公顷,粮食播种面积1.9万公顷,粮食总产量10.4万吨,年末生猪存栏60.56万头。建成省级数字农业工厂2家、市级未来农场4家,陌桑高科入选省首批未来农场十强。越乡龙井跻身2022年中国绿茶区域公用品牌价值20强。

工业 2022年,嵊州市672家规模以上工业企业实现产值620.37亿元,实现工业增加值149.38亿元。腾出用地133.33公顷,挖掘能耗3.2万吨标煤,城北化工园区通过省级复核。完成“小升规”99家,新增产值亿元以上工业企业24家、国家级专精特新“小巨人”企业6家、省级隐形冠军2家。新增IPO辅导备案企业3家、股份制公司35家。完成企业数字化改造103家,新增工业机器人284台,森歌、金帝、迪贝、钜丰被列入省智能工厂培育库,“亿田智能”被列入未来工厂培育名单,智能厨电产业大脑列入第二批省级建设名单,嵊州市入选全省首批中小企业数字化改造试点县,成功申报“中国集成智能厨房产业转型先行区”。

商贸流通 2022年,嵊州市社会消费品零售额增长4.5%,网络零售额增长11.9%。完成“下升上”企业45家,发放消费券1315万元,带动消费超亿元。嵊州市居中国服务业百强县第58位。建立外贸企业培育库,外贸出口额和RCEP出口额分别增长42.0%和66.2%。

【科技创新】 2022年,嵊州市新认定国家高新技术企业50家、省科技型中小企业161家、省级以上企业研发机构12家,新入选省科技“小巨人”企业1家。新引进浙江理工大学嵊州创新研究院,科创中

2022 年 11 月,嵊州市马寅初文化公园　　（张亮宗　摄）

心被认定为国家级科技企业孵化器。科创中心、北航(嵊州)科创园新增入驻企业 48 家,杭州研发“飞地”累计引进落户科技(人才)项目 16 个。新入选国家引才计划 10 人、绍兴“名士之乡”英才计划创业创新人才项目 22 个、省领军型创新(创业)团队 3 个,新增海外院士 2 名,新增省级博士后工作站 5 家。

【基础建设】 2022 年,杭台高铁正式通车,金甬铁路基本贯通,527 国道黄泽段建成通车,杭州萧山国际机场嵊州航站楼建成投用,三界码头建成,金庭互通动建,嵊州市获评“四好农村路”省级示范县。嵊州澧河泾长三角协同发展产业园挂牌,嵊新奉特别合作区框架协议签订,义甬舟嵊新临港经济区列入首批省级义甬舟开放大通道综合性战略平台,嵊州市列入全省首批“四港”联动交通强国试点县市。

【生态建设】 2022 年,嵊州市整治山塘水库 37 座,扩容三界水厂、长乐水厂,第四水厂通水。全市 15 个县级及以上考核断面水质达标率、跨行政区域河流交接断面水质达标率均为 100%,创成省级美丽河湖 1 条、省级美丽山塘 5 个。空气质量指数优良率 95%,$PM_{2.5}$ 平均浓度 26 微克/立方米,获评“省清新空气示范区”。开展“林权碳汇”省级试点,获农发行全省首单 GEP 授信贷款 9.5 亿元。城乡生活垃圾分类收集覆盖率、资源化利用率均为 100%,被列为省级资源循环化利用示范基地创建试点。推进整县屋顶分布式光伏开发试点县市建设,累计安装光伏 9.86 万千瓦、建成充电桩 137 个。

【社会事业】 2022 年,嵊州市提升改造老旧小区 28.21 万平方米,丹桂社区等 4 个社区列入省第五批未来社区创建名单。新建“口袋公园”3 个、健身步道 50.69 千米、城市绿道 6.6 千米。创成省级美丽乡村示范乡镇 1 个、未来乡村 4 个,新培育乡村振兴先行村 7 个,“一路嵊风”农村物流项目被评为部级农村物流服务品牌,农村宅基地改革试点获全国通报表扬。

浙江经济职业技术学院嵊州校区成功签约,新城实验学校、蛟镇幼儿园建成开学。新建小区养老服务用房 31 处,建成康养联合体 3 个,每千人口拥有 3 岁以下婴幼儿托位数增加至 3.81 个。智慧健康管理行动列入省级示范试点。户籍人口基本养老保险和基本医保参保率均达 99%。成立规模 2 亿元上市公司公益基金,动建人民医院二期,中医院通过三乙中医医院评审。全市有各类医疗卫生机构 447 家、床位 4052 张,全市有卫生技术人员 5168 人。成立马寅初研究院,建成傅全香故居,建设新越剧博物馆、袁雪芬大剧院,越剧小镇被评为省示范级文化和旅游 IP。小黄山遗址纳入上山文化遗址群保护和申报世界文化遗产预备名单,下方山及周边墓群被列为 2022 年浙江考古十大重要发现。嵊州市获评中国文旅融合创新典范城市,居“2022 年全国县域旅游综合实力百强县”第 55 位。

【嵊新临港经济区列入省首批义甬舟开放大通道综合性战略平台】 2022 年,嵊州市聚焦领带服饰、厨具电器、机械电机优势产业和数字 5G、新材料、生物医药战略性新兴产业,谋划建设联甬产业园、澧河泾长三角协同发展产业园、高铁新城数字经济园。全年完成亿元以上项目签约 52 个、开工 35 个、投产 30 个。12 月 15 日,嵊新临港经济区获评义甬舟综合性战略平台,为首批授牌的两家平台之一。

（嵊州市府办　金明洋）

新昌县

【概况】 新昌县位于绍兴市东南部,东邻奉化、宁海,南界天台,西南与东阳、磐安接壤,西、北两面与嵊州毗邻,总面积 1213 平方千米。全县下辖羽林、南明、七星、澄潭 4 个街道,镜岭、回山、儒岙、沃洲、小将、沙溪 6 个镇,城南、东茗 2 个乡,23 个社区、253 个村、13 个乡村居民区。2022 年末,全县户籍总人口 42.89 万人。2022 年,实现地区生产总值 564.75 亿元,其中,第一产业增加值 25.23 亿元,第二产业增加值 290.63 亿元,第三产业增加值 248.9 亿元;三次产业增加值结构为 4.4∶51.5∶44.1。财政总收入 67.97 亿元。一般公共预算收入 41.65 亿元,一般公共预算支出 71.07 亿元。新引进亿元以上项目 28 个,总投资 117 亿元,争取省级重点项目 11 个,资金 86.52 亿元。金融机构存款余额 1928.55 亿元,贷款余额 946.60 亿元。

【经济发展】

农业　2022 年,新昌县实现农林牧渔业总产值 33.45 亿元。全年粮食播种面积 7273.33 公顷,粮食总产量 3.89 万吨。年末生猪出栏 6.84 万头,家禽出栏 19.12 万羽。“大佛龙井”品牌价值 50.04 亿元,连续第 14 年跻身中国茶叶区域公用品牌价值十强。

工业　2022 年,新昌县实现工业增加值 258.98 亿元,其中规模以上工业增加值 180.09 亿元。规模以上工业企业新产品产值 346.37 亿元,规模以上工业企业营业收入 645.07 亿元。

建筑业 2022 年,新昌县建筑业实现省内总产值 61.05 亿元,建筑业总产值 65.77 亿元。全年新增加施工总承包三级企业 9 家,有建筑业资质企业 78 家。

商贸流通 2022 年,新昌县实现社会消费品零售总额 195.98 亿元,限额以上社会消费品零售总额实现 30.64 亿元。其中,城镇限额以上社会消费品零售额 30.34 亿元,乡村限额以上社会消费品零售额 0.30 亿元。

旅游业 2022 年,新昌县接待游客 443.8 万人次,实现旅游总收入 62.6 亿元。新昌县入选省级促进人民群众精神富有试点县、文旅产业融合优秀试验区。大佛寺景区和新昌丝绸世界旅游区接受国家 AAAA 级旅游景区评定性复核考评。全县创建 A 级景区村 175 个(其中 AAA 级景区村 32 个),景区村覆盖率占行政村总数的近 70%。

【科技创新】 2022 年,新昌县有国家单项冠军企业(产品)4 个、上市企业 14 家、国家高新技术企业 292 家、专精特新"小巨人"企业 11 家。建设高端科创园,一期项目总投资约 9.9 亿元。运营杭州滨江双城国际科创飞地、新昌—北京中关村科技人才港,组建总规模 10 亿元高层次人才科创投资基金。新昌县创新指数居全省第四位,规模以上工业企业 R&D 经费支出占比居全省第二位,成功创建国家首批创新型县市,蝉联全省"科技创新鼎"。

【基础建设】 2022 年,新昌县投资实施项目 262 个,完成投资 128 亿元。完成城市拆改 55.8 万平方米,改造 12 个老旧小区、8 条城市道路。建业大厦、建设技术服务中心、里江北历史文化街区、南街城市记忆街区建成投用,中央运动公园、浙工院新昌学院、新昌妇幼保健院、新民未来社区、纬一路、中环路动工建设。527 国道新昌段(一期)、南岩路过江隧道建成通车,杭台高铁嵊州新昌站正式运营,太下线、南互通连接线路口平改立建成投用。

2022 年 10 月 30 日,新昌县里江北历史文化街区开街运营 (新昌县南明街道 供图)

【生态建设】 2022 年,新昌江、澄潭江、黄泽江"三江"交接断面水质均达Ⅱ类水质标准,市级 14 个水环境质量考核断面均达Ⅱ类或Ⅲ类功能区要求,县城、乡镇饮用水源地水质均达Ⅱ类功能区要求。全县空气质量综合指数 2.86,细颗粒物($PM_{2.5}$)平均浓度 22 微克/立方米,AQI 优良天数比例 95.6%,生态环境公众满意度居全市第一位。新昌县获美丽浙江建设(生态文明示范创建行动计划)工作考核优秀县,创成首批全省全域"无废城市"、首批生态文明建设实践体验地,居全国"2022 年度县市绿色高质量发展百佳样本"榜单第三位、全国"两山"发展百强县榜单第八位。

【社会事业】 2022 年,新昌县新建社区级活动健康之家 6 个、"乡理乡亲"服务集市 183 个,新建体育公园 3 个、健身步道 50 千米。人力资源服务产业园建成开园,新增城镇就业 7235 人,城镇登记失业率 2.48%。基本养老保险参保率 99.6%,基本医保参保率 99.9%,"越惠保"参保率 70.5%。整合农村小规模学校 8 所,新设立寄宿制学校 4 所,组建滨江小学,建成沃西中学、拔茅幼儿园、南星幼儿园、沃洲幼儿园,引进落地第一所大学——浙江工业职业技术学院新昌学院。建成全市首家公办公营"一老一小"服务综合体(梅湖中心),新昌县入选全省老年健康服务专项行动和全省普惠托育基本公共服务试点县,连续 4 年获健康浙江考核优秀,夺得健康浙江铜奖。举办魏晋风度展、浙东唐诗之路文化季系列活动,非遗馆、方志馆建成开放,入选全省促进人民群众精神富有试点县。

【杭台高铁嵊州新昌站正式运营】 2022 年 1 月 8 日,杭台高铁嵊州新昌站正式运营,该站地面积约 2.5 万平方米,地上 2 层、地下 1 层,是全国首座不对称设计、垂直交叉"零换乘"车站,经停列车 62 趟,可直达北京、上海、杭州等地。全年,累计发送旅客 67 万人,到达旅客 71 万人。

(新昌县府办 王家乐)

人物·荣誉

先进集体

【全国五一劳动奖状】
浙江新和成股份有限公司

【全国工人先锋号】
国网浙江省电力有限公司绍兴市上虞区供电公司电力调度控制分中心
浙江盛泰服装集团股份有限公司计划部
中国石化销售股份有限公司浙江绍兴石油分公司绍兴油库生产运行班

【全国三八红旗集体】
嵊州市村嫂志愿服务队

【全国巾帼文明岗】
绍兴第二医院医共体总院心血管内科护理组
新昌县公安局出入境接待大厅
绍兴市人民医院重症医学科
国家税务总局诸暨市税务局店口税务分局办税服务厅

【全国巾帼建功先进集体】
诸暨市暨阳街道江新社区江大姐调解室

【全国五四红旗团委】
浙江省绍兴市快递物流行业团工委

【全国五四红旗团支部】
上虞区自然资源和不动产登记中心团支部
新昌县农村商业银行股份有限公司机关团支部

【第十三届全国五好家庭】
金永生家庭　绍兴市越城区孙端街道
何源远家庭　新昌县七星街道
徐爱华家庭　绍兴市越城区北海街道

【2022 年全国最美家庭】
姚阳潮家庭　绍兴市上虞区百官街道
蔡国英家庭　嵊州市三江街道
吕旭平家庭　诸暨市次坞镇

【浙江省五一劳动奖状】
绍兴市城市建设投资集团有限公司

【浙江省工人先锋号】
镜水路南延公路工程项目工程管理组
曹娥江上浦船闸及航道工程第 2 标段项目部中交上航局 235 国道杭州至诸暨公路萧山河上至诸暨安华段改建工程联合体项目部三工区
四川中富晟建筑工程有限公司浙江交工集团股份有限公司 527 国道新昌大市聚至嵊州黄泽段工程(新昌段)第 EPC01 标段项目部
二环西路智慧快速路鉴湖大桥支架班组
绍兴市轨道交通集团有限公司机电管理部
浙江友地安顺安防科技有限公司项目部

【绍兴市模范集体】
绍兴市高速公路运营管理有限公司
绍兴银行股份有限公司
绍兴市第七人民医院
中国移动通信集团浙江有限公司上虞分公司
绍兴市公安局情指行合成作战中心
长电集成电路(绍兴)有限公司
浙江七色彩虹控股集团有限公司
浙江医药股份有限公司
越城区鉴湖街道坡塘村村民委员会

浙江天圣控股集团有限公司
浙江海丰生物科技股份有限公司
上虞中医医院
上虞环境卫生管理集团有限公司
浙江展诚建设集团股份有限公司
浙江米果果生态农业集团有限公司
全兴精工集团有限公司
嵊州市越剧艺术保护传承中心
嵊州陌桑高科股份有限公司
浙江京新药业股份有限公司
新昌县农业农村信息化中心

【第四届绍兴青年五四奖章集体】
绍兴市公安局侦查（反诈）中心接警处置岗
绍兴文理学院附属医院隔离五病区青年团队
浙江新和成特种材料有限公司新材料研究院
浙江震元医药供应链管理有限公司防疫物资志愿队
诸暨市检馨未成年人司法保护中心

【绍兴市首届消防奉献奖（先进集体）】
绍兴市越城区斗门街道应急和消防管理办公室
绍兴市柯桥区福全街道应急和消防管理办公室
嵊州市三界镇专职消防队
诸暨市“护苗坚盾”安全名师工作室
新昌县南明小学

（市总工会　徐丽萍，团市委　邵砺冰，市妇联　罗慧婷，市消防救援支队　马文杰）

先进个人

【中国好人】
崔煜忠　生前为上虞区委全面深化改革委员会办公室常务副主任
鲁江锋　国网绍兴供电公司越城供电分公司抢修班副班长

【全国五一劳动奖章】
张晓鸿　绍兴市柯桥区柯桥街道大渡社区党总支书记、居委会主任
赵维岳　浙江吉峰农业科技服务有限公司服务部部长
张洁慧　绍兴市第一中学高级教师
阮海良　中国邮政集团有限公司绍兴市分公司投揽员

【全国巾帼建功标兵】
沈振芳　振德医疗用品股份有限公司副董事长、绍兴市女科技工作者协会会长
诸妙茵　绍兴市越城区府山街道越都社区党委书记、居委会主任
沈红平　嵊州市两头门餐饮管理有限公司总经理、嵊州市两头门爱心志愿服务队理事长

【全国优秀共青团员】
何国燕　浙江省诸暨市枫桥镇霞朗桥村股份经济合作社职工

【第二十六届中国青年五四奖章】
蒋裕燕

【第十三届全国家庭工作先进个人】
斯建国

【浙江好人】
成　峰　绍兴市戎马汽车零部件有限公司经理
陈银娣　绍兴市妇保医院医护人员
楼建勇　生前为绍兴市汽车运输集团有限公司客运驾驶员
崔煜忠　生前为上虞区委全面深化改革委员会办公室常务副主任
梁天雄　新昌公安局城南派出所民警
鲁江锋　国网绍兴供电公司越城供电分公司抢修班副班长
周　峰　越城区陶堰街道人武部副部长
徐建康　柯桥区北辰物业服务集团有限公司总经理
成明华　上虞区百官街道城南社区党总支书记、主任
周泽华　绍兴市公安局刑侦支队三级警长
朱　丽　绍兴市新闻传媒中心新闻综合频道记者
王文娟　绍兴市柯桥区王大姐志愿服务队队长
蔡祖宁　诸暨市住房和城乡建设局退休干部
陈月辉　柯桥区柯岩街道居民
吴列洪　省农科院作物与核技术利用研究所薯类育种与栽培学科带头人
邱国庆　柯桥区夏履镇中心小学副校长、湖塘街道宾舍村驻村指导员
何茂泰　越城区东浦街道居民
盛斌江　柯桥区柯桥街道新双梅社区居民
王明法　绍兴市柯桥区浙光中学教师
郑待赎　嵊州新昌光明牛奶随心订分店员工
商朝阳　嵊州市公安局情指中心民警
任彩娣　上虞区盖北镇丰富村村民
天姥电工光明志愿服务队（国网新昌县供电公司）

【浙江省五一劳动奖章】

竺慧江　新昌县公路与运输管理中心

【浙江工匠】

张文炯　嵊州市中等职业技术学校
蔡　瑜　新昌县留白文化发展有限公司
张利缘　绍兴技师学院(绍兴市职业教育中心)
任智艳　绍兴市社会福利院
徐　杰　浙江华发茶业有限公司
谢小义　浙江同山醉美人酒业有限公司
傅雨露　浙江省诸暨市职业教育中心
祁海江　浙江水管家环境服务股份有限公司
陈　罡　绍兴市水环境科学研究院有限公司
吴家雄　浙江世纪华通车业有限公司
陈光明　新昌技师学院
潘晓峰　绍兴市上虞区技工学校
吴立丙　浙江申科滑动轴承科技有限公司
丁文琼　绍兴技师学院(绍兴市职业教育中心)
陈赢荣　诸暨市陈宅陈赢荣家庭农场
马金星　绍兴水乡纺织科技有限公司
赵　敏　浙江迪艾智控科技股份有限公司
赵　盈　华纬科技股份有限公司
楚　领　浙江精工钢结构集团有限公司
陈素娟　浙江闰土股份有限公司
许　波　浙江申发轴瓦股份有限公司
郭海鹏　诸暨快涂美装饰工程有限公司
王　剑　浙江中益机械有限公司
安　吉　嵊州市中等职业技术学校
杨春艳　浙江新宝汽车电器有限公司
王银友　绍兴市柯桥区富丽华大酒店
黄学忠　中化蓝天氟材料有限公司
杭美丽　浙江素茗茶文化发展有限公司
洪伟伟　绍兴市职业技能开发指导中心
张水江　浙江盛洋科技股份有限公司
樊剑峰　中粮孔乙己酒业有限公司
许以清　绍兴市柯桥区柯桥标榜美发店
李　铭　嵊州元途汽车有限公司
徐岳正　浙江古越龙山绍兴酒股份有限公司
陈　云　浙江新柴股份有限公司
余铁均　浙江海亮股份有限公司
卢　鑫　新昌县新明实业有限公司
顾洪波　浙江龙盛染料化工有限公司
杨红芳　绍兴市咸亨酒店食品有限公司
严冬霞　浙江古越龙山绍兴酒股份有限公司
叶小江　浙江双鸟机械有限公司
梁剑锋　浙江医药股份有限公司
许志铭　浙江医药股份有限公司新昌制药厂
徐方良　浙江五洲新春集团股份有限公司
胡一初　万丰奥威汽轮股份有限公司
沈雪峰　浙江震元制药有限公司
周统鉴　浙江越青堂文化传播有限公司
李　明　浙江古纤道绿色纤维有限公司

【绍兴籍军人荣立二等功及以上】

胡玉蛟　某部少校参谋
俞耀南　某部少校参谋

【绍兴好人】

楼建勇　生前为绍兴市汽车运输集团有限公司客运驾驶员
詹雷邦　浙江山川科技股份有限公司
吴珍珍　绍兴市越城区斗门街道斗门居委会居民
屠伟平　绍兴市上虞人民医院党委委员、内分泌科主任
章琴娟　新昌县城南乡大山庄村村民
章永坚　绍兴市上虞区舜水公益社社长
梁天雄　新昌县公安局城南派出所民警
黄祖茂　诸暨市安华镇华松袜业公司机修工
韩银霞　绍兴市公安局柯桥分局夏履镇派出所辅警
吴冬钢　国网电力新昌供电公司带电作业班副班长
王李勇　嵊州市金庭镇金兰村村民
沈卫仙　绍兴市越城区皋埠镇牌口村村民
张庆俊　浙江南方水泥有限公司杭州营销分公司职员
王国庆　绍兴市佳诚酒类饮料有限责任公司负责人
周雅琴　绍兴市中心医院医共体马鞍分院主管护师
申苗闪　绍兴市消防救援支队诸暨大队浣东站分队长
丁祥君　嵊州市三江街道圳塍村村民
耿海潮　越城区鉴湖街道社区卫生服务中心驾驶员
王文娟　柯桥区王大姐志愿服务队队长
何　伟　浙里有爱公益基金会执行会长
高亚玲　柯桥区少年儿童业余体育学校游泳教练
丁浩鹏　新昌县南明小学体育老师、新昌县红十字户外救援队队员
王明法　绍兴市柯桥区浙光中学教师
蔡祖宁　诸暨市住房和城乡建设局退休干部
王铁锋　诸暨市浣东街道东兴村村民
张奇奇　绍兴安奇鞋业有限公司总经理
陈月辉　柯桥区柯岩街道鲁镇社区居民
余钦权　中国残疾人盲人门球运动员、越城区东浦街道青龙村村民
盛国庆　绍兴市公安局柯桥区分局钱清派出所社区民警
裘友军　生前为绍兴市公安局上虞区分局经济犯罪侦查大队辅警

郑黎明　新昌县天姥中医博物馆负责人
张土根　古越龙山股份公司酿酒一厂黄酒车间主任兼首席技工
江庆珍　越城区迪荡街道龙洲花园社区居民
茹银忠　柯桥区兰亭街道阮港村村民
黄小容　嵊州市下王镇大青山村平坑自然村村民
商朝阳　嵊州市公安局情指中心民警
吴关校　诸暨市次坞镇吴高坞村乡风文明理事会会长
姚立军　诸暨长运集团客运旅游出租有限公司驾驶员
石小锋　新昌万丰科技开发股份有限公司员工
童海标　浙江上建风机有限公司董事长、上虞区四驱救援理事
吴建鑫　绍兴市上虞区水务物资贸易有限公司职工
董国方　柯桥区王坛镇沙地村村民
胡坚强　中广(绍兴)有线信息网络有限公司员工
陆明华　艾美纺织品有限公司职员
黄　波　嵊州市公安局石璜派出所副所长
邱国庆　柯桥区夏履镇中心小学副校长、湖塘街道宾舍村驻村指导员
何茂泰　越城区东浦街道居民
王　泽　诸暨市公安局陶朱派出所所长
胡嘉俊　新昌县消防救援大队七星消防救援站班长、三级消防士
毛奇英　绍兴市公共交通集团第一有限公司 2 路线驾驶员
罗紫萍　绍兴市柯桥区税务局第一税务所一级主办
张建琴　柯桥区福全街道峡山村蒋家池村民
张财娟　新昌县羽林街道三联村村民
侯丽秀　诸暨市马剑镇马剑社区居民
陶水娟　绍兴市人民医院“孺子牛”志工服务队志愿者
何渭江　柯桥区金德雅驾校保洁服务部负责人
俞　佳　诸暨市实验初级中学德育主任
顾小平　上虞区丁宅乡丁宅村村民
郑待赎　嵊州新昌光明牛奶随心订分店员工
盛斌江　柯桥区柯桥街道新双梅社区居民
周碧涛　诸暨市安华镇个体经营户
陈祖善　柯桥区王坛镇肇湖村村民
何行东　诸暨市蒂碧珠宝有限公司总经理
潘伯松　新昌县沃洲镇严丹赤村党支部书记
黄长江　浙江中绍律师事务所党支部书记、主任、专职律师
俞秋红　新昌县天功坊砖瓦有限公司总经理
俞兴峰　绍兴市公安局柯桥区分局兰亭派出所副所长
胡正涛　诸暨市融媒体中心总编室副主任
许训涌　国网绍兴市上虞区供电公司下管供电所员工
姜调调　越城区马山街道马山居委会原主任
胡钊顺　柯桥区杨汛桥街道园里湖居委会居民
任彩娣　上虞区盖北镇丰富村村民
王加庆　新昌县羽林街道渡皇山村村民
天姥电工光明志愿服务队(国网新昌县供电公司)

【绍兴工匠】

马群飞　绍兴市人才市场服务有限公司
王　力　浙江灏宇科技有限公司
王　林　诸暨菲达环保设备制造有限公司
王　浩　绍兴技师学院
王小明　浙江万丰科技开发股份有限公司
王丹瑛　绍兴市水环境科学研究院有限公司
王旭超　浙江医药昌海生物分公司
王沛军　卧龙采埃孚汽车电机有限公司
王沛忠　浙江万丰奥威汽轮股份有限公司
王博桦　嵊州市职业教育中心
王斌斌　浙江医药股份有限公司新昌制药厂
龙　彪　浙江精工重钢结构有限公司
田果加　嵊州市广利机械有限公司
田金成　绍兴防雷安全检测有限公司
冯　刚　诸暨市沁露茶叶专业合作社
冯一康　绍兴市上虞区百官优绍食品厂
冯善波　绍兴市上虞区水处理发展有限责任公司
边立君　浙江同山醉美人酒业
吕　成　绍兴市小篾匠竹木工艺有限公司
吕永祥　浙江五洲新春集团股份有限公司
吕佳鑫　浙江陀曼智能科技股份有限公司
吕海翔　新昌县新明实业有限公司
朱素玉　绍兴尚荣堂文化创意有限公司
任　良　绍兴市上虞区职业教育中心
任建新　浙江省嵊州市长运集团有限公司公共交通分公司
闫向东　浙江露笑电子线材有限公司
阮华林　浙江铭仕兴新暖通科技有限公司
孙　刚　浙江佳人新材料有限公司
孙叶芳　诸暨市茶文化研究会
孙梁飞　浙江新中港热电股份有限公司
李文春　浙江精工钢结构集团有限公司
李志炳　嵊州市新起点焊接科有限公司
李苗德　新昌县养殖业技术推广中心
李建良　绍兴市诚和品珍楼
李溶溶　浙江嘉绍跨江大桥投资发展有限公司
吴　刚　浙江捷昌线性驱动科技股份有限公司
吴莲莲　新昌县白云文化艺术村有限公司
汪　磊　绍兴建元电力集团有限公司
宋　晓　绍兴市柯桥区茶叶产业协会
宋晓涛　达利丝绸(浙江)有限公司
张　磊　绍兴华立电子有限公司
张荣江　嵊州市佛光艺术品有限公司
陈　军　浙江海亮股份有限公司
陈　杨　嵊州市职业教育中心

陈　斌　浙江镨美科智能刺绣设备有限公司
陈立峰　绍兴市上虞区立峰餐饮管理有限公司
陈江彪　浙江勤业建工集团有限公司
陈宇艳　浙江迪艾智控科技股份有限公司
陈学强　绍兴太和农业开发有限公司
陈剑锋　申科滑动轴承股份有限公司
陈骏杰　国网绍兴供电公司
陈培洋　绍兴宝城建筑工业化制造有限公司
陈雷刚　中芯集成电路制造(绍兴)有限公司
邵国权　柯桥区职业教育中心
罗叶枫　浙江晶盛机电股份有限公司
金明光　绍兴市上虞区舜畅新能源汽车服务有限公司
金莉英　浙江越秀外国语学院
周永祥　浙江古越龙山绍兴酒股份有限公司酿酒一厂
郑丹萍　绍兴市汤浦水库有限公司
郑邓飞　浙江越隆缝制设备有限公司
孟金土　浙江申发轴瓦股份有限公司
封佳维　绍兴京越地铁有限公司
赵飞彩　浙江盾安机电科技有限公司
赵正旺　浙江越宫钢结构有限公司
胡森林　嵊州市宝钿金属制品有限公司
郦　萍　枫叶控股集团有限公司
俞柳新　浙江新和成股份有限公司
俞惠琦　浙江恒业成有机硅有限公司
俞赛君　浙江昌海制药有限公司
施国财　绍兴柯桥永泰望湖酒店
闻燕艳　绍兴柯桥环境技术服务有限公司
宣利君　诸暨市福田大酒店股份有限公司
袁兴华　绍兴柯桥宝誉行汽车服务有限公司
钱赛斌　绍兴市职业技能开发指导中心
徐苗法　诸暨市紫阆黄公食品公司
徐津锋　绍兴市柯桥区阿锋形象管理中心
奚晓东　绍兴水处理发展有限公司
凌　军　绍兴市职业技能开发指导中心
郭　杰　浙江金科日化原料有限公司
郭曙晖　浙江省诸暨市职业教育中心
黄　胜　浙江明牌珠宝股份有限公司
黄均生　诸暨技师学院
曹秀苗　浙江塔牌绍兴酒有限公司
章东升　绍兴市水务产业有限公司
章东耀　浙江安盛爆破工程有限公司
章陈立　国网绍兴供电公司
梁志成　新昌县长城空调部件股份有限公司
蒋海炎　中广(绍兴柯桥)有线信息网络有限公司
程朝辉　浙江大唐国际绍兴江滨热电有限责任公司
傅　彬　绍兴职业技术学院
傅建钢　绍兴职业技术学院
傅家奇　绍兴中科通信设备有限公司
童啸霄　国网浙江省电力有限公司嵊州市供电公司
谢惠民　绍兴外婆烧餐饮发展有限公司
阚　拓　国网浙江省电力有限公司诸暨市供电公司
翟梅菊　中化蓝天氟材料有限公司
黎　哲　中芯集成电路制造(绍兴)有限公司
滕家胜　浙江盛洋科技股份有限公司
潘益松　新昌县七星街道梅苑茶座
魏秋萍　柯桥区职业教育中心

【绍兴劳动模范】

董学君　绍兴市人民医院首席专家
马　岩　绍兴市疾病预防控制中心传染病防制科科长
阮海良　中国邮政集团有限公司绍兴分公司快递员
张　峰　绍兴鲁迅纪念馆党总支副书记
伍法权　绍兴文理学院教师
王月琴　绍兴市第一中学党委委员、年级长
曹本松　绍兴市新闻传媒中心绍兴日报执行副总编
汤　隽　绍兴市人民检察院第一检察部副主任
叶建军　绍兴市中国旅行社有限责任公司导游
吴冬钢　国网浙江省电力有限公司绍兴供电公司带电作业中心工程技术专职
王志新　浙江古越龙山绍兴酒股份有限公司沈永和酒厂车间主任兼首席技师
潘岳锋　浙江震元制药有限公司车间主任
陈　胜　绍兴市燃气产业有限公司安检班班长
沈建华　绍兴市基础设施建设投资有限公司副总经理
钱荷根　浙江绍兴恒信农村商业银行股份有限公司董事长
诸妙茵　越城区府山街道越都社区党委书记、居委会主任
方明江　绍兴市北海小学教育集团党委书记、总校长
鲁照兴　绍兴越乔苗木专业合作社副社长
徐兴江　越城区稽山街道办事处总工会主席、城建办负责人
虞伟庆　浙江点金律师事务所律师
陈卫刚　越城区城南街道社区卫生服务中心主任
金小燕　越城区塔山街道办事处妇联主席、社事办主任
孟红娟　振德医疗用品有限公司车间主任
寿志明　越城区灵芝街道办事处纪工委副书记
张　锋　绍兴中新电器有限公司模具设计
顾水根　越城区孙端街道村头村党总支书记、村委主任
章伟东　浙江绍兴瑞丰农村商业银行股份有限公司董事长
傅双利　浙江迎丰科技股份有限公司董事长
沈为民　柯桥区教师发展中心主任
张长江　绍兴鲁迅高级中学校长、党委副书记

任胜芳　柯桥区疾病预防控制中心传染病防制科科长
张　帆　绍兴市自然资源和规划局柯桥分局修复利用中心工程师
罗紫萍　国家税务总局绍兴市柯桥区税务局一级主办
陈　泉　浙江精工钢结构集团有限公司高级工程师
周而花　柯桥区华舍街道金城社区党总支书记、居委会主任
黄　成　柯桥区畜牧兽医所党支部书记
陈志芳　柯桥区兰亭街道谢家坞村党总支书记、村委主任
程　彬　浙江梅轮电梯股份有限公司维保员
阮静波　浙江闰土股份有限公司董事长
刘秋红　浙江龙盛染料化工有限公司化学检验工
柴立丰　卧龙控股集团有限公司维修电工
陈坚锋　上虞人民医院党委委员
经建美　上虞区实验小学教育集团总校长、党总支书记
王园园　上虞区下管镇春蕾粮食专业合作社理事长
任永夫　绍兴市公安局上虞区分局小越派出所社区民警
宋惠清　上虞区百官街道大通社区党总支书记
谢惠珍　浙江舜江建设集团有限公司副总经理
张武超　浙江新和成药业有限公司车间主任
黎国良　上虞区章镇镇泰山村党总支书记、村委主任
赵惠珍　上虞横塘富硒杨梅专业合作社理事长
王黎红　海亮集团有限公司董事长、党委书记
楼芬娣　浙江伊思灵双第弹簧有限公司总经理
赏冠军　富润控股集团有限公司工会联合会主席、安全生产主管
许永利　浙江申发轴瓦股份有限公司总工程师
胡正涛　诸暨市融媒体中心总编室副主任
王海军　诸暨市枫桥镇杜黄新村党总支书记、村委主任
姚纪松　诸暨市浬浦镇陶姚村村委会副主任
黄银燕　诸暨市水务集团有限公司化学检验工
何　杰　中国电信诸暨分公司综合支撑中心主任
张　顺　诸暨市公安局巡特警大队一级警长
郦　丹　诸暨市东白湖镇斯民小学教师
黄学涛　浙江国伟科技有限公司技术总监
黄燕银　诸暨市恒发农机专业合作社理事长
鲁　宁　浙江盾安禾田金属有限公司调机师、焊工
周　健　华汇建设集团有限公司董事长
方燕雁　嵊州市初级中学校长
陈剑红　嵊州市中医院妇科主任
杨曙东　嵊州市良种繁育场党支部书记、场长
李　波　浙江帅丰电器股份有限公司实验室主任
骆悟君　浙江伟发钢网制造有限公司工程技术部副经理
邓伟林　浙江双鸟机械有限公司钳工
刘景越　浙江新中港热电股份有限公司副总经理
郑小英　浙江高精装备有限公司技术主管
胡苗忠　嵊州市五石头岗茶叶专业合作社社长
包红瑛　浙江新宝汽车电器有限公司总经理
王育英　新昌阳光福利中心党支部书记、院长
伍　勇　斯凯孚(新昌)轴承与精密技术有限公司车间主任
吴少英　浙江万丰奥威汽轮股份有限公司副总经理
张纪东　新昌县南明街道鼓山社区党委书记、居委会主任
方　健　新昌县人民医院眼科主任
高　勇　新昌技师学院党委书记、院长
于丽丽　浙江新和成股份有限公司研究院院长助理
黄黎明　新昌县澄潭街道梅渚村党总支书记、村委主任
梁良峰　三花控股集团有限公司冰箱部品事业部副部长

【第四届绍兴青年五四奖章】

万济圆　北京体育大学学生、浙江体育职业技术学院运动员
阮海良　中国邮政集团有限公司绍兴市分公司揽投员
李安原　绍兴文理学院土木工程学院副教授
初　宁　浙江上风高科专风实业股份有限公司首席科学家、副总工程师、党支部副书记
倪锦锦　嵊州市越剧艺术保护传承中心副主任

【绍兴市首届消防奉献奖(先进个人)】

郑勇刚　绍兴市元培中学教育集团安全管理办公室主任
孟　栋　绍兴市新闻传媒中心记者
邱宏珍　柯桥区柯岩街道党工委副书记
金一锋　上虞区教体局安全监督管理科科员
李　铭　上虞区崧厦街道应急和消防办公室主任
孙浙丽　诸暨市暨阳街道消防工作站副站长
钱小秦　嵊州市长乐镇消防队队长
袁灵江　嵊州市崇仁镇应急和消防管理办公室负责人
张纪东　新昌县南明街道鼓山社区党委书记兼主任
池炳杨　浙江邮电职业技术学院保卫处处长

(市总工会　徐丽萍,团市委　邵砺冰,市妇联　罗慧婷,市文明指导中心　王凌霞,绍兴军分区　朱小强,市消防救援支队　马文杰)

逝世人物

【罗新璋】(1936—2022.02.22),男,上虞人。1957年毕业于北京大学西方语言文学系法语专业,法语翻译家。先后在外文局《中国文学》杂志社、中国社会科学院外国文学研究所工作。1986年加入中国作家协会。著有论文《我国自成体系的翻译理论》《中外翻译观之"似"与"等"》等,校读《傅雷译文集》十五卷,译著《列那狐的故事》等,编辑《翻译论集》。

【潘仲连】(1932—2022.04.09),男,新昌人。浙江园林高级工程师,曾任中国盆景艺术家协会第一、二、三、四届理事会副会长,《中国盆景赏石》书系高级顾问。1994年被建设部城建司和中国盆景艺术家协会授予"中国盆景艺术大师"称号。代表作品有《刘松年笔意》《自然之子》等。

【周勤之】(1927.11.23—2022.06.07),男,上虞人。机械制造工艺与设备专家,是中国静压轴承开创人之一,东华大学教授、博士生导师,上海机床厂高级工程师、副总工程师,上海市机械工程学会名誉理事长。1995年当选中国工程院院士。是中国静压轴承开创人之一,开创中国镜面磨削先河。

【郭荣熙】(1924.11—2022.08.02),男,诸暨人。1945年2月参加革命,同年加入中国共产党。曾参加抗日战争、解放战争、抗美援朝战争,先后获华东野战军二级人民英雄、三级人民英雄和三级战斗英雄荣誉称号,荣立一、二、三等功多次。1956年,从部队转业,担任诸暨电厂厂长、党支部书记。1959年,响应祖国号召,到宁夏回族自治区支援建设。1972年回诸暨工作,1984年离休。

【陈祖楠】(1936—2022.08.25),男,越城人。1957年毕业于南京大学中文系。全国优秀教育工作者、浙江省功勋教师(首届)、著名养成教育专家。绍兴文理学院首任院长。曾任绍兴师专中文系主任、副校长、校长,绍兴市人民政府副市长、绍兴市政协副主席,担任过中国教育学会语文教学法专业委员会学术委员会副主席。

【李锡胤】(1926.05—2022.09.05),男,绍兴人。黑龙江大学教授、研究员、博士生导师、博士后合作导师,著名语言学家、辞书编纂家、翻译家、全国人大代表、国务院特殊津贴获得者。历任黑龙江大学俄语系研究员、辞书研究所所长等职务。先后参与或主持《俄汉成语词典》《俄汉详解大词典》等重要辞书的编纂工作;翻译《伊戈尔出征记》《聪明误》《老人与海》等文学作品和学术著作;著有《李锡胤论文选》《李锡胤集》。

【徐光春】(1944.11—2022.10.21),男,绍兴人。中国人民大学新闻系新闻专业毕业,大学学历。1973年5月加入中国共产党,1969年9月参加工作。曾任新华社安徽分社党组书记、副社长,新华社上海分社社长、党组书记,新华社北京分社社长、党组书记,光明日报社总编辑,中宣部副部长,国家广播电视总局局长、党组书记,河南省委书记、省人大常委会主任,第十一届全国人大财政经济委员会副主任委员等职。中共第十六届、十七届中央委员会委员,第十五届中央纪律检查委员会委员,中共十五大、十六大、十七大、十八大、十九大、二十大代表,第十一届、十二届全国人大代表。

【王阿牛】(1925.09—2022.10.28),男,越城人。1954年加入中国共产党。首批国家非物质文化遗产项目绍兴黄酒酿制技艺代表性传承人,全国评酒会黄酒委员,浙江省劳动模范。1959年,编写《绍兴酒操作规程》,为稳定和提高绍兴酒质量,推进行业发展作出重要贡献。王阿牛从酒坊学徒到绍兴酿酒总厂党委副书记、绍兴东风酒厂书记,积累了丰富的酿酒技艺,被称为"中国黄酒泰斗",为绍兴酿酒业发展作出了贡献。

【梁永璋】(1936.12.26—2022.11.01),男,新昌人。中国越剧表演艺术家、戏曲导演、国家一级演员。工老生,擅唱范派、毕派,融韵味美与阳刚美为一体。代表作有《金沙江畔》中的金万德、《战斗的青春》中的李铁等。执导的戏曲电视剧有《汉武之恋》《大义夫人》《一鸟九命》《天之骄女》《仇家姑娘》等。

【陈章方】(1936—2022.11.15),男,宁波人。1958年10月参加工作,1979年2月加入中国共产党。曾任嵊县副县长,绍兴市副市长、诸暨县委书记(兼),绍兴市委常委、副市长,金华市委副书记、市长,绍兴市委副书记、市人大常委会副主任、党组副书记,绍兴市人大常委会主任、党组书记等职。

【魏道政】(1929—2022.11.26),男,诸暨人。1953年毕业于复旦大学数学系,中国最早从事计算数学和计算机应用研究的学者,中国计算机辅助设计、辅助测试和容错计算领域的主要开拓者之一。曾获第二届国家自然科学奖、中国计算机学会"中国计算机事业60年杰出贡献特别奖"和"终身成就奖"。

【陈惟于】(1925.08—2022.12.12),男,绍兴人。1949年5月参加工作,1953年9月加入民革。历任绍兴专署税务局科员、副股长,民革绍兴市委会专职副秘书长,市文物管理委员会干部,民革绍兴市委会专职副主委、主委,绍兴市第一、第二、第三届政协副主席等职。

(市地方志编纂室、市科协 整理)

附 录

组织机构及负责人名录

（2022 年 12 月）

中共绍兴市第九届委员会

书　　记　盛阅春

副 书 记　施惠芳

常务委员　盛阅春　施惠芳　王　涛　陈　灿　叶卫红（女）　丁如兴　王琴英（女）　沈志江　蒋明球　陶关锋

委　　员　丁如兴　丁松勇　王　涛　王永明　王宏达　王奇洲　王琴英（女）　毛红卫　方林苗　石剑晗　叶卫红（女）　冯立中　朱润晔　孙　君　孙建焕　孙爱保　杨　娣（女）　何　建　何坚刚　汪俊昌　沈志江　张永明　张昆仑　张荣社　陈　灿　陈　豪　陈伟军　陈泉标　金一鸣　金水法　金进富　周树森　胡　敏（女）　俞流江　施惠芳　姚海涛　袁　建　钱林江　徐　军　徐丽东　徐建役　徐凯盛　诸妙茵（女）　陶关锋　黄伟英（女）　黄旭荣（女）　黄奇凡　黄浙平　盛阅春　蒋明球　傅青春　鲁霞光　裘建勇　谭志桂　魏　伟

候补委员　黄立枫　潘益民　徐　洪　马海明　黄美菊（女）　钱　程　陈建勇　华　珺（女）　周　巍　丁美玲（女）　金立耿　张永春

秘 书 长　孙　君

市委工作机构及直属部门

市纪律检查委员会（市监察委员会）

书记（主任）　陈　灿

副书记（副主任）　孙建焕　陈　可　柴凌凌（女）

常务委员　陈　灿　孙建焕　陈　可　柴凌凌（女）　叶伟明　徐晓军　赵　毅

委　　员　丁　飞　叶伟明　田　欣　许新康　孙国强　孙建焕　李　东　李英豪　李海裕　沈平江　宋越琳（女）　陆　骏　陈　可　陈　灿　陈雪军（女）　金　燕（女）　周剑敏　赵　毅　胡玲萍（女）　俞志平　柴凌凌（女）　徐文娟（女）　徐晓军　徐惠子（女）　郭伟江　黄爱芬（女）　戚建文　董学强　董慧珍（女）　蒋永娟（女）　韩洪江　程许东　舒　畅

监委委员　徐晓军　俞志平　宋越琳

市委办公室（市委政策研究室）

主　　任　冯立中

市委组织部（市委“两新”工委）

部　　长　王琴英（女）

市委宣传部（市新闻办、市新闻出版局）

部　　长　丁如兴

市委统战部

部　　长　叶卫红（女）

市委政法委

书　　记　杜旭亮（至 2022 年 7 月）

市委编办

主　　任　王　辉

市台办

主　　任　周巧米（女）

市直机关工委

常务副书记　黄伟英（女）

市委巡察办

主　　任　叶伟明

市信访局（市统一政务咨询投诉举报平台管理办公室）

局　　长　潘海波

市委老干部局

局　　长　邢南艳（女）

市委党史室（市地方志编纂室）

主　　任　朱全红

市文明指导中心

主　　任　金立锋

市委党校

常务副校长　黄奇凡

绍兴市新闻传媒中心（传媒集团）

主任、书记、董事长、总经理　魏建东

市档案局（市档案馆）

党组书记、局长（馆长）　茹福军

绍兴市第九届人民代表大会常务委员会

主　　任　谭志桂

副 主 任　邵全卯　余利明（女）　傅陆平　金　辉　朱建和　马国灿　袁立江

秘 书 长　闻小锋

委　　员　马国灿　王　欣　王文伟（女）

王利民 王法根 王秋丽(女)
方朝阳 石 璐(女) 吕永江
吕智飞(女) 朱如华 朱建和
朱耿才 李宗怿 李爱军
杨 娣(女) 吴绍庆 吴勤波
余利明(女) 陈 扬 陈泉标
陈爱莲(女) 邵全卯 罗继红
金 星 金 辉 金一鸣
金德财 周树森 郑晓丹(女)
郑德均 单国君 项 良
胡仲飞 胡妙丹(女)
俞乐女(女) 俞继抗 俞锦宾
阎小锋 袁立江 袁海平(女)
钱建军 徐金泉 徐建璋
唐国忠 涂智高 黄文刚
董友庆 傅陆平 裘红波
谭志桂
党组书记 谭志桂
党组副书记 邵全卯

绍兴市第九届人民代表大会专门委员会
法制委员会
主任委员 吴绍庆
监督和司法委员会
主任委员 胡仲飞
财政经济委员会
主任委员 董友庆
教育科技文化卫生委员会
主任委员 吕智飞(女)
民族宗教外事侨务委员会
主任委员 俞锦宾
农业与农村委员会
主任委员 王法根
城乡建设与环境资源保护委员会
主任委员 唐国忠
社会建设委员会
主任委员 徐建璋

绍兴市第九届人民代表大会常务委员会各工作机构和工作委员会
市人大常委会办公室
主 任 项 良
研究室
主 任 王利明
法制工作委员会
主 任 吴绍庆
监察和司法工作委员会
主 任 胡仲飞
财政经济工作委员会
主 任 董友庆
教育科学文化卫生工作委员会
主 任 吕智飞(女)
民族侨务工作委员会
主 任 俞锦宾
农村经济工作委员会
主 任 王法根
城乡建设环境保护工作委员会
主 任 唐国忠
社会建设工作委员会
主 任 徐建璋
代表工作委员会
主 任 黄文刚

绍兴市人民政府
市 长 施惠芳
副 市 长 陶关锋(常务) 王 涛
俞流江 胡 敏(女) 罗延发
鲁霞光 陈伟军
党组书记 施惠芳
秘 书 长 王永明

市政府工作机构及派出机构
市政府办公室
党组书记 王永明
主 任 朱润晔
市发展改革委(市物价局、市粮食局)
党组书记、主任 何坚刚
市经信局
党组书记、主任 张永明
市教育局
党委书记、局长 姚国海
市科技局
党组书记、局长 徐丽东
市公安局
党委书记、局长、督察长 俞流江
市民政局
党委书记、局长 华 珺(女)
市司法局(市行政复议局)
党组书记、局长 梁 中
市财政局
党委书记、局长 金水法
市人力社保局
党组书记、局长 张荣社
市自然资源和规划局(市林业局)
党组书记、局长 马海明
市生态环境局
党组书记、局长 方林苗
市建设局
党委书记、局长 毛红卫
市交通运输局
党委书记、局长 何 建
市水利局
党组书记、局长 张建良
市农业农村局
党委书记、局长 陈建勇
市商务局
党委书记、局长 金立耿
市文广旅游局(市文物局)
党委书记、局长 何俊杰
市卫生健康委
党委书记、主任 王宏达
市退役军人事务局
党组书记、局长 陈永葆
市应急管理局
党组书记、局长 俞少楼
市审计局
党组书记、局长 周 巍
市外办(市港澳办)
党组书记、主任 金 莉(女)
市国资委
党委书记、主任 徐 洪
市市场监管局(市知识产权局)
党委书记、局长 黄立枫
市金融办
党组书记、主任 夏九英(女)
市体育局
党组书记、局长 钱勇军
市统计局
党组书记、局长 丁美玲(女)
市医保局
党组书记、局长 裘凯音(女)
市国动办(市人防办)
党组书记、主任 王 凯

市综合执法局
党委书记、局长　丁松勇
市大数据局
党组书记、局长　孙　彦
滨海新区管委会
党工委副书记、管委会常务副主任　严　钢
镜湖新区开发办
党组书记、主任　赵建国
驻北京联络处
主　　任　冯国强
驻上海联络处
主　　任　赵文栋
市政务服务办
党委书记、主任　楼　芳(女)

政协绍兴市第八届委员会
主　　席　魏　伟
副 主 席　吕　丙　华小洋　陈德洪
凌　芳(女)　王浩萍(女)
张宪疆　王芬祥　徐　泳
高建国
常务委员　丁立清　王　佳(女)　王　健
王少军　王永苗　王旭波
王芬祥　王浩萍(女)　王惠中
王晶晶(女)　亓旭晨　吕　丙
任洁芳(女)　华小洋　刘伯福
刘国铭　江　波　汤晓幸
寿景兴　严建国　李仲辉
李维萍(女)　余　波　张宪疆
张爱武(女)　张震华　陆国庆
陈　巍　陈文华(女)
陈丽娜(女)　陈国芬(女)
陈皆烨　陈海挺　陈德洪
邵国利(女)　邵德夫　范　里
金剑栋　金海燕(女)
周　萍(女)　周永利　周志刚
周筱芳(女)　单　磊
官莉莉(女)　赵　奇　赵　洪
赵秀芳(女)　胡云进
胡少羿(女)　俞　平(女)
姜链平(女)　姚良火
袁　敏(女)　钱荷根　钱增扬
倪　婷(女)　倪森林
倪锦锦(女)　徐　泳
徐爱华(女)　徐善斌　高建国
唐志坚(女)　凌　芳(女)
陶关兴　黄旭东　黄柏江
黄浙平　章颖芳(女)　释净芳
虞伟庆　潘亚军　魏　伟
秘 书 长　王旭波
党组书记　魏　伟
党组副书记　吕　丙

政协绍兴市委专门委员会及办公室、研究室
提案委员会
主　　任　江　波
经济委员会
主　　任　钱增扬
人口资源环境委员会
主　　任　姚良火
教文卫体委员会
主　　任　陈文华(女)
法制和民族宗教委员会
主　　任　张爱武(女)
文化文史和学习委员会
主　　任　陈皆烨
港澳台侨委员会
主　　任　潘亚军
农业农村委员会
主　　任　周筱芳(女)
委员工作委员会
主　　任　王少军
政协绍兴市委办公室
主　　任　倪森林
政协绍兴市委研究室
主　　任　黄显勇

市中级人民法院
院　　长　姚海涛
市人民检察院
代检察长　黄世根

绍兴市民主党派、工商联
民革绍兴市委员会
主　　委　余利明(女)
民盟绍兴市委员会
主　　委　凌　芳(女)
民建绍兴市委员会
主　　委　陈德洪
民进绍兴市委员会
主　　委　华小洋
农工党绍兴市委员会
主　　委　徐　泳
九三学社绍兴市委员会
主　　委　张宪疆
市工商联(总商会)
党组书记　周志刚
主　　席　徐爱华(女)

部分群众团体
市总工会
主　　席　王芬祥(兼)
党组书记　陈泉标
团市委
书　　记　金一鸣
市妇联
党组书记、主席　杨　娣(女)
市科协
党组书记　孟志军
主　　席　俞　平(女)
市侨联
党组书记　金海燕(女)
主　　席　刘伯福
市文联
党组书记、主席　杨颂周
市残联
党组书记、理事长　徐善斌
市红十字会
党组书记　肖理生
常务副会长、执委会主任　陈　洁(女)
市社科联
党组书记、主席　王静静(女)

其他部门和单位
市国安局
党委书记、副局长　王祖茂
市税务局
党组书记、局长　边宏庆
绍兴海关(海关缉私分局)
党组书记、关长　梁　升
市气象局
党组书记、局长　王德鸿
绍兴电力局
党委书记　方旭初

局　　长　黄武浩
市烟草局(省烟草公司绍兴分公司)
党组书记、局长(经理)　沈伏恒
绍兴调查队
党组书记、队长　张国苗
市邮政管理局
党委书记、总经理　丁　亮
市公积金管理中心
党委书记、主任　陈百中
市机关事务服务中心
党组书记、主任　周国强

市供销总社
党委书记、主任　周晓东

部分金融机构
人行绍兴市中心支行
党委书记、行长　孔祖根
绍兴银保监分局
党委书记、局长　林祖松
工商银行绍兴分行
党委书记、行长　张仕乾
农业银行绍兴分行
党委书记、行长　陈　洲
中国银行绍兴市分行
党委书记、行长　韩惠良
建设银行绍兴分行
党委书记、行长　邢国亮
农发行绍兴市分行
党委书记、行长　琚建蓓(女)
交通银行绍兴分行
党委书记、行长　沈建伟
省农信联社绍兴办事处
主　　任　俞俊海

(市委组织部　全国东)

文献选编

中共绍兴市委关于加快建设高水平网络大城市的实施意见

为深入学习贯彻习近平总书记关于"推动城市组团式发展,形成多中心、多层级、多节点的网络型城市群结构"的重要指示精神,全面贯彻落实省第十五次党代会关于"支持绍兴融杭联甬打造网络大城市"的重大决策,按照市第九次党代会总体部署,现就加快建设高水平网络大城市制定如下实施意见:

一、总体要求

(一)指导思想

高举习近平新时代中国特色社会主义思想伟大旗帜,全面贯彻党的十九大、二十大精神和省第十五次党代会精神,忠实践行"八八战略"、奋力打造"重要窗口",全面对标"两个先行",奋力推进"五个率先",认真落实市第九次党代会决策部署,锚定市域一体化、城乡一体化目标导向,聚焦空间重整和空间治理,以多中心协同、多层级联动、多节点支撑、多特色互补、多空间拓展为基本形态,以未来社区、未来乡村、城乡风貌样板区为共同富裕现代化基本单元,以科创走廊、文创走廊、城市产业带、城乡风貌带和基础设施网络为纽带,突出片区开发,坚持城市基础设施片区化,开展全域土地综合整治,全面推行面向未来城市的开发建设管理模式,不断增强网络大城市聚合力、吸引力、创造力、竞争力、影响力,为全国全省提供网络大城市和网络城市群建设的"绍兴经验"。

(二)基本原则

——坚持面向未来、先行示范。找准长三角一体化中的城市定位,充分挖掘比较优势,突出创新驱动,转变城市发展方式,先行先试、大胆探索,以未来城市理念建设高水平网络大城市。

——坚持统筹规划、片区开发。突出精明增长、有机更新、集约发展,以片区开发为主抓手,坚持城市基础设施片区化理念,以"规、建、投、管、运"全生命周期资金平衡为目标,实现片区统筹规划建设管理运行"一盘棋"。

——坚持一体融合、多层互动。注重整体性、系统性、协同性有机统一,处理好多层级、多中心、多节点之间的承接互动关系,优化网络化资源协同配置,形成体系竞争力,提高综合承载力,推动发展模式由"单兵作战"向"一体发展"转变。

——坚持整体智治、高效协同。以"绣花功夫"开展城市精细化建设管理服务,突出党建统领,用好"枫桥经验",提升"城市大脑"功能,推动跨层级、跨地域、跨系统、跨部门、跨业务高效协同,形成纵向扁平化、横向网络化、全域智慧化治理格局。

——坚持以人为本、共富共享。深入践行"人民城市人民建、人民城市为人民"理念,在高水平网络大城市建设中打造新时代共同富裕地,激发全市人民的主动性创造性。

(三)主要目标

设定"一三五"发展目标,即一年出成效、三年大变样、五年成典范:

2022年,搭建形成高水平网络大城市的"四梁八柱",明确总体布局、功能节点、重要片区、基本单元,构建完善全市域协同目标体系、工作体系、政策体系、评价体系,推进一批先行片区,建设成效初步显现。

到2024年,高水平网络大城市布局完善、功能凸显,形成内聚外联的城市空间结构,管理制度、标准规则、法规政策与一线城市进一步接轨,高端资源要素集聚和配置能力显著增强,城市综合竞争力和治理能力现代化水平显著提高。

到2026年,城市气质、城市活力、城市温度、城市颜值在长三角、杭绍甬城市群中脱颖而出,成为充满活力的创新之城、内聚外联的开放之城、温暖幸福的生活之城、近悦远来的品质之城、高效和谐的善治之城,未来城市初现雏形,打造成为网络大城市全国样板。

二、空间格局

坚持全市"一盘棋",统筹市域空间布局,推动基础设施联通、公共服务共享、城市功能耦合,实施"拥湾发展、中心引领、两翼提升、全域美丽"城市发展战略,构建"一核六心多节点"网络大城市空间布局体系。

(一)做强"一核"。以越城为基础,以古城、镜湖新区为重点,联动周边区域,强化辐射带动,打造"引领全市、服务湾区"的网络大城市发展核心引擎。对标世界文化遗产标准,推进绍兴古城格局、风貌、肌理保护,加强重点区块织补更新和激活利用,推进非古城功能疏解,传承优秀历史文化,升级生活配套设施,加强文化遗产保护,创造条件启动古城申遗。坚持以"一线城市"标准打造城市核心功能,推进镜湖国际化品质新城建设,集聚金融、科创、教育、医疗、高端商贸设施,优化城市景观大道、中央商务区、城市阳台、绿道游憩网等现代城市功能要素配置,打造长三角一流中央活力区。做好"腾笼换鸟"后半篇文章,深化袍江三江口区域有机更新,建设以"泛半导体+"产业为主体的"绍芯谷",打造工业区城市有机更新绍兴模式。

(二)壮大"六心"。以柯桥、上虞、诸暨、嵊州、新昌县域中心城区和越城区(滨海新区)江滨区为重点,强化提级扩能,打造"链接核心、辐射区域"的网络大城市次级中心。柯桥中心城区以柯桥、柯岩、华舍等街道为重点,推进城市、市场、产业融合发展,加快打造"柯桥未来城",引领柯桥"国际纺都、杭绍星城"建设。上虞中心城区以百官、曹娥、梁湖等街道为重点,加快城市"拥江西进",培育城市经济新形态,提升高端要素集聚力,引领上虞"创新活力都市、融湾品质新城"建设。诸暨中心城区以暨阳、陶朱、浣东、暨南四个街道为重点,优化主体板块功能,东西南北中五大板块整体拓展跃升,引领诸暨"融杭品质城、都市金南翼"建设。嵊州中心城区以浦口、剡湖、三江、鹿山四个街道为重点,做强开发区、高铁新城"双核动力",引领嵊州"四港联动"枢纽节点城市建设。新昌中心城区以七星、南明两个街道为重点,传承弘扬历史文脉,强化高端要素供给,引领新昌创新策源之城和唐诗文化之城建设。越城区(滨海新区)江滨区深化产城融合,加快打造沥海城市副中心、滨海产业中心,全面提升科产城功能,引领滨海新区高能级战略平台建设。

(三)培育"多节点"。以边界融合区、小城市、中心镇为重点,强化活力特色,打造"服务周边、带动乡村"的网络大城市功能节点。首批重点打造21个功能节点。钱清—杨汛桥发挥融杭区位和临空优势,打造融杭桥头堡、临空主战场;店口—次坞—应店街深化"北融赋能",建设诸暨市域副中心,打造"杭绍同城"桥头堡;小越—驿亭以历史文化、休闲度假为特色,以工贸业为主导,打造联甬经济协作区桥头堡;黄泽—金庭依托临甬区位优势,打造甬绍一体化先行区桥头堡;陶堰—富盛—东关依托鉴湖国家湿地公园和高铁南站,打造国家级乡村旅游示范区、越乡原生态风貌展示地、区域联动新平台;孙端—道墟发挥交通区位和平台优势,打造边界融合示范区;兰亭—鉴湖—漓渚深挖文旅资源优势,打造文旅融合大平台、康养共富示范地;三界—章镇发挥相邻整体协同优势,共同打造绍兴市区联结嵊新的新枢纽;平水依托生态人文天然本色,打造南部生态康养共富带;崧厦以"伞业提质"为核心,建设品质名城副中心、打造全球伞业智造高地;丰惠做强虞南大花园中心节点功能,打造千年古城、运河枢纽、江南名镇;山下湖依托珍珠产业升级,打造世界一流的轻奢珠宝小镇;枫桥持续擦亮"枫桥经验"金名片,努力成为新时代基层治理示范窗口;牌头—安华壮大智能家居、环保装备、"夜经济"等产业,打造区域产业中心、消费中心;璜山立足轴承轴瓦制造和生态绿色产业"两大优势",打造诸暨东南门户乡镇;崇仁全力创建省级现代农业示范园区,打造古镇旅游目的地、绿色农旅名镇;甘霖推进"中国冷链物流设备制造基地"、越剧小镇建设,打造义甬舟开放大通道重要枢纽城镇;长乐以甬金铁路为纽带,承接金义甬产业优势,积极打造义甬舟大通道上的"嵊西重镇、电机之城";儒岙围绕天姥山景区开发,打响"诗路小镇"品牌;沃洲立足两湖生态优势和智能制造优势,打造滨湖新镇;镜岭抓住镜岭水库建设重大契机,激发生态新优势,加快打造科创新湖区、休闲目的地。

在构建"一核六心多节点"空间布局体系基础上,强化内聚外联,对内推动市域一体协同,加快越城(滨海新区)、柯桥、上虞三区相向融合,提升市区、诸暨、嵊新组群之间的紧密度。对外深化融杭联甬接沪,积极融入环杭州湾现代产业带,扎实推进杭绍临空经济一体化发展示范区绍兴片区、杭绍一体化萧诸绿色发展先导区、义甬舟嵊新临港经济发展区建设,全域承接上海龙头辐射带动,提升网络大城市位势能级。

三、主要载体

(一)打造特色精品片区。依托片区特色优势,因地制宜突出公共交通、教育设施、体育设施、科技服务、公共设施、产业集聚、文旅特色等开发导向,明确功能定位,找准发展方向,做好顶层设计,科学布局生产、生活、生态空间,形成具有实操性的建设路径。充分利用政策驱动、资本驱动、产业驱动,按照近、中、远时序安排,实行片区开发封闭运作、分期实施,推动基础设施片区化,实现全生命周期资金平衡,形成片区融资、投资、建设、营运良性循环,不断增强网络大城市张力。越城区重点开发高铁北站TOD、湖东片区、棒球未来社区片区等23个片区;柯桥区重点开发杭绍特别合作区智造产业片区、未来之城片区、华舍小赭片区等17个片区;上虞区重点开发"一江两岸"核心段城市风貌片区、绿色化工转型承接片区、拥江西进高端智造片区等14个片区;诸暨市重点开发萧诸绿色发展先导区片区、智能视觉"万亩千亿"片区、城西商务区核心片区等11个片区;嵊州市重点开发新能源产业片区、艇湖科技城片区、高铁新城片区等9个片区;新昌县重点开发东门如城片区、大明市境外并购园片区、梅渚智能装备产业园片区等8个片区。(牵头单位:市

自然资源和规划局、市建设局、市国资委）

（二）打造活力高能平台。立足“2+6+N”城市产业平台体系，突出整合、提升两条路径，开展全市域高能级战略平台建设。加快建设海峡两岸（绍兴）数字经济产业合作区，创建未来产业先导区和数字经济发展先行区。做强滨海新区、杭绍临空经济一体化发展示范区绍兴片区引领型平台，做精柯桥经开区、杭州湾上虞经开区、曹娥江经开区、诸暨经开区、嵊州经开区、新昌高新区骨干型平台。提升集成电路、高端生物医药、高分子新材料、智能视觉等“万亩千亿”新产业平台。提升开放平台发展能级，推动综合保税区、跨境电商综试区、市场采购贸易方式试点、外贸转型升级基地联动发展，争创中国（浙江）自由贸易试验区绍兴片区。（牵头单位：市发展改革委、市商务局）

（三）打造立体多元廊道。提升绍兴科创走廊发展能级，高水平建设迪荡湖科创CBD、镜湖科技城、智汇芯城、滨海科技城、金柯桥科技城、曹娥江科技城、东鉴湖科技城、诸暨G60创新港、嵊州剡溪创新带、新昌智造科创带，重点打造绍芯集成电路、鉴湖现代纺织、曹娥江新材料、长三角碳中和、浣江航空航天等实验室，加快推进共建研究院强基提能造峰，深化建设滨海新区人才管理改革试验区，打造杭绍临空人才合作创新区、海峡两岸数智创新人才培育发展样板区，加快布局建设一批高层次人才创业创新园。深化绍兴文创大走廊建设，推进“浙东运河文化带、浙东唐诗之路文化带、古越文明文化带”产业布局，重点突出黄酒、戏曲、青瓷、纺织、珍珠等经典传统文化产业和越文化、大禹文化、书法文化、宋韵文化、阳明文化、西施文化、孝德文化等绍兴代表性文化品牌，加快发展新型文化业态，推进文化数字化战略，以文化产业化、产业文化化理念高质量推进文商旅融合发展，着力打造空间交融、产业联动、功能贯通的文化经济带。拓展城市产业带，按照“上下游链接、全市域联网、多产业融合”原则，深入实施“双十双百”集群制造培育行动，重点打造“泛半导体+”和大材料、大时尚、大装备、大健康五大产业链群，培育前沿功率半导体IGBT、高端光电子、5G+8K超高清视频、氢能源及燃料电池、钠离子电池等未来产业，提高市域产业网络韧性。打造全域美丽城乡风貌带，结合绍兴山水人文特色，重点开展曹娥江、浙东运河、西小江等跨区域风貌带整治提升行动，推动会稽山、龙门山、天姥山、四明山和沿杭州湾等区域生态绿廊建设，加快绘就融合自然之美、人文之美、和谐之美的整体大美“新时代富春山居图”。［牵头单位：市委组织部（人才办）、市委宣传部、市发展改革委、市经信局、市科技局、市自然资源和规划局、市建设局、市文广旅游局］

四、基本单元

（一）建设品质时尚未来社区。突出高品质生活主轴，以人本化、生态化、数字化为导向，注重传承“绍兴气质”“绍兴韵味”，推进全域未来社区建设，强化邻里活动、养老托幼、健康管理、社区治理等公共服务和共享食堂、超市、健身等商业服务，打造15分钟公共服务圈、15分钟社区生活圈，重点关注“一老一小”，构建网络化、无障碍、功能复合的公共生活网络，打造有归属感、舒适感、未来感的新型城市功能单元。坚持把城市基础设施项目纳入社区规划体系，统筹规划建设区域交通网络、供排水、燃气、污水处理、园林绿化等设施体系，因地制宜推进海绵城市、韧性城市和地下综合管廊工程，持续开展市容街景、沿街建筑立面美化行动，实现社区功能复合共享。（牵头单位：市建设局）

（二）建设精致韵味未来乡村。统筹推进未来乡村和“五星3A”迭代升级，构建形成具有绍兴特色的“村庄布点规划+村庄规划+村庄设计+农房设计”联动机制，集成“美丽乡村+数字乡村+共富乡村+人文乡村+善治乡村”，打造宜居、宜业、宜游、宜养、宜学的未来乡村共同体。推动未来乡村理念广泛植入美丽乡村建设，做强村庄品牌、农产品区域品牌，培育具有市场竞争力的主导产业，加快推进三产融合、产村融合。完善农村基础设施配套和公共服务空间优化，形成公共服务系统化解决方案。实施“百镇千点”微改造行动，联动提升城乡风貌。实施强村富民集成改革，激活乡村资源要素活力，开拓农村集体经济发展新路径，探索建设“共富工坊”助力扩中提低，持续拓宽富民增收渠道。加快数字技术与未来乡村建设深度融合，实现乡村产业共兴、生态共美、文化共融、服务共享、区域共治。（牵头单位：市农业农村局）

（三）建设独特气质城乡风貌样板区。聚焦城乡空间立体性、平面协调性、风貌整体性、文脉延续性，坚持示范创建与普遍提升相结合，重视地标建设，围绕入城门户、历史地段、特色街道、中心广场、滨水空间等城市重要节点，打造整体风貌协调、地域文化突出、空间体验丰富、功能活力十足的城市风貌样板区。坚持全域规划与点式创建相结合，健全乡村规划建设体系，强化乡村规划许可管理，推动美丽河湖、美丽公路、浙派园林、美丽绿道建设，实现美丽城镇、美丽乡村串珠成链，打造县域风貌样板区。（牵头单位：市建设局）

五、基础设施

（一）构建综合立体交通设施网。构建“336”交通圈，打造“杭州—绍兴”联合枢纽，构建“镇镇联高速、县县通高铁、三区有地铁、融杭快速路、杭甬通勤线”现代交通网络体系，形成多中心网络化路网格局。布局“干线铁路—城际铁路—市域（郊）铁路—城市轨道交通”多网融合轨道，加快建设金甬铁路、杭州萧山机场站接线工程、轨道交通二期，积极推动杭诸城际，谋划推进沪嘉绍金城际铁路。建成杭绍甬高速、柯诸高速、杭州中环柯桥段、诸义高速、诸嵊高速、甬金高速扩容、甬金衢上高速及新昌联络线、杭甬高速部分段抬升、市区智慧快速路网等重大工程。高品质建设国省道和“四好农村路”，推进杭甬运河三级航道整治（一期）等重大工程。深化海铁联运、公铁联运、海河联运，构建现代集疏运体系。积极争创国家绿色出行城市、国家公交都市。构建城市立体智慧交通管理体系，持续打好交通治堵组合拳，有序建设停车设施，完善智慧路内停车、智慧停车场、立体停车库、共享停车、新能源充电桩等系统，推动自动驾驶技术应用。（牵头单位：市发展改革委、市公安局、市建设局、市交通运输局）

（二）构建保障有力水利设施网。统筹推进海塘安澜、“两江”固堤、平原高速水路等重大水利工程建设，基本解决防洪排涝突出薄弱环节。开工建设镜岭水库、三溪水库、安华水库扩容提升等工程，建立健全全市域水资源联网联调。大力实施“十江百河千溪”水美工程。建设曹娥江数字孪生流域，构建水灾害防御、水资源管理、水生态保护、水事务监管等多跨协同场景，打造“九龙联动治水”市域样板。加强治水遗产遗迹保护，建成浙东运河文化园，打造水文化引领精品工程，树立现代治水理念与价值观，加快形成“江河安澜、饮水安全、河湖幸福、水利智管、水文交融”的绍兴现代水网。（牵头单位：市水利局）

（三）构建智慧高效信息能源网。加快“双千兆”网络建设和5G规模部署应用，实现镇乡建成区优质覆盖，行政村连续覆盖，千兆光纤网络具备覆盖全部家庭能力。加大IPv6应用创新与推广，完成全市城域网、接入网骨干设备的IPv6升级改造。聚焦“一区域一平台、一行业一朵云”目标，打造企业级、行业级、区域级工业互联网平台，构建高质量工业互联网平台体系。实施云上企业培育行动，逐步打造企业内外部、产业链上下游的云上数字化协同生态。推动5G在生产制造、交通运输、教育、医疗、城市治理等领域创新应用。扎实推进碳达峰碳中和战略，实施天然气管道、成品油管道、抽水蓄能电站、输变电工程、光伏以及综合能源服务项目，加快城市公共交通氢能应用，打造清洁低碳的能源供给体系。（牵头单位：市发展改革委、市经信局）

六、城市治理

（一）推动城市大脑建设迭代升级。做强做优“城市大脑”，数字赋能城市治理，广泛运用大数据、云计算、区块链、人工智能等前沿技术，推动城市管理手段、管理模式、管理理念创新。丰富“大脑”智能模块、组件和算法，推进数据集成、知识集成、工具集成、模块集成、生态集成、案例集成，构建“决策—控制—反馈—改进”工作闭环，提升城市治理监测评估、预测预警、实时感知和战略目标管理能力，打造“数字城市有机生命体”。（牵头单位：市大数据局）

（二）推动城市治理数据互联互享。完善全市一体化数据资源体系，推进算法、模型、视联网等数字资源全量覆盖，迭代完善业务协同和数据共享网关，探索构建“数字孪生城市”，打造“物联感知城市、数联驱动服务、智联引领决策”的城市数字底座。推进数据要素市场化配置改革，探索数字化基础制度和标准规范，健全数据治理运营和产权保护机制，加快培育数据要素市场，促进公共数据资源深度开发利用。（牵头单位：市大数据局）

（三）推动城市运行管理精密协同。坚持和发展新时代“枫桥经验”，深化党建统领网格智治，推广“浙里兴村治社”应用，增强基层组织战斗力执行力，不断提升城乡社区现代化建设水平。举办“枫桥经验”60周年纪念活动。科学精准做好疫情防控，健全“平战一体化”高效指挥决策机制，保障人民群众的身体健康和生命安全。推进政务服务“一网通办”、城市运行“一网统管”、社会管理“一网共治”协同发展，实现城市运行管理各类事件及时发现、快速响应、高效处置。全域构筑“15分钟应急救援圈”，推进城镇“135应急救援圈”建设，提升城市应急救援能力。推进大综合一体化行政执法改革，建立“条线+区块”一体化运转体系，实现“一支队伍”管执法、综合执法“查一次”全覆盖。（牵头单位：市委组织部、市委政法委、市卫生健康委、市应急管理局、市综合执法局、市大数据局、市政务服务办）

七、推进机制

（一）健全全域协同工作体系。坚持和加强党的全面领导，成立绍兴市高水平网络大城市建设工作领导小组，市委书记、市长任双组长，每两月召开一次领导小组会议进行专题研究，统筹协调推进全局性工作。领导小组办公室设在市建设局，组建实体化工作专班，牵头建立健全目标体系、工作体系、政策体系、评价体系，明确时间表、路线图，挂图作战、压茬推进。加强督查考核，建立赛马机制，实施双月通报、半年观摩、年度考核，强化争先创优。各县（市、区）要加强组织领导，建立沟通对接机制，明确年度工作目标、推进措施和责任分工，确保各项任务有力有序有效推进。

（二）健全多方参与建设体系。坚持有为政府和有效市场相结合，发挥国有平台公司片区开发主体作用，激发各类投资建设主体积极性，打造政府主导、市场调配、企业主体、商业化运作、规建管营一体化的城市开发建设新模式。加强典型引领和舆论引导，最大限度凝聚全社会共识和力量，营造人人参与网络大城市建设的浓厚氛围。各地各部门要充分发挥比较优势，坚持资源共享、优势互补，强化各板块的特色功能和个性特征，打造一批有标识度的网络大城市建设亮点。

（三）健全要素支撑保障体系。探索多元化、多渠道、多层次的投入机制，强化人才、用地、资金、数字等要素支撑体系。开展全域土地综合整治，激活配优各类自然资源要素。创新投融资模式，用好城市有机更新资金，发挥政府基金引导作用，撬动社会资本和金融资本参与城市建设，专项债资金优先用于支持片区开发建设项目，保障关键领域和重大项目建设投入。各地各部门要积极整合要素资源，建立完善项目库，坚持要素跟着项目走，项目化、清单化落实网络大城市建设任务。

中共绍兴市委关于忠实践行“八八战略”坚决做到“两个维护”奋力争当“两个先行”排头兵的决议

（2022年7月29日中国共产党绍兴市第九届委员会第二次全体会议通过）

省第十五次党代会，是我省迈入高水平全面建设社会主义现代化、高质量发展建设共同富裕示范区新征程，豪情满怀喜迎党的二十大的重要时刻召开的一次具有里程碑意义的重要会议。大会系统梳理阐释习近平总书记对浙江工作的重要指示精神，科学绘就“两个先行”的宏伟蓝图，彰显了高度的政治自觉、宽广的战略视野、深厚的为民情怀、鲜明的浙江特色，必将凝聚起全省上下干在实处、走在前列、勇立潮头的磅礴力量。全市各级党组织和广大党员干部要持续深入学习贯彻省党代会精神，切实把思想和行动统一到省党代会决策部署上来，以学促思、以学促行，在忠实践行“八八战略”、坚决做到“两个维护”中，奋力争当“两个先行”排头兵。

一、准确理解“五大战略指引”和“十一方面重要遵循”，牢牢守住“红色根脉”，在拥护“两个确立”笃行“两个维护”上当示范作表率。“五大战略指引”“十一方面重要遵循”，集中体现了习近平总书记赋予浙江的重大使命、擘画的重大战略，是浙江发展的战略指引和根本遵循。我们要深刻认识“红色根脉”是党在浙江百年奋斗最鲜明的底色；习近平新时代中国特色社会主义思想是新时代中国共产党人的思想旗帜，是当代中国马克思主义、二十一世纪马克思主义，是中华文化和中国精神的时代精华；习近平新时代中国特色社会主义思想在浙江萌发实践赋予“红色根脉”新内涵和新时代标识。全市上下必须以绝对忠诚之心牢牢守住“红色根脉”，推进党史学习教育常态化长效化，把习近平新时代中国特色社会主义思想与在浙江工作期间留下的丰富思想、红色印记贯通起来学习领会，牢记重托、对标对表，学懂弄通做实，进一步打开科学思想转化为真理力量、精神旗帜转化为奋进动力的通道，坚定不移做“两个确立”忠诚拥护者、“两个维护”示范引领者，不断提高政治判断力、政治领悟力、政治执行力，以更高站位、更强自觉、更深感情，始终紧跟总书记、奋进新征程、建功新时代。

二、准确理解“九方面历史性成就”和“八方面规律性认识”，坚持总纲领总方略，在践行“八八战略”上当示范作表率。“九方面历史性成就”“八方面规律性认识”，生动展示了省委带领全省上下交出的精彩浙江答卷，充分彰显了“八八战略”的思想伟力和时代价值。我们要深刻认识“八八战略”是全面系统开放的理论体系，既涵盖了习近平同志在浙江工作时作出的一系列重大决策部署，又与时俱进融汇集合了党的十八大以来习近平总书记重要指示、党中央重大部署在浙江贯彻落实的战略要求，是总书记留给浙江取之不尽、用之不竭的宝贵财富。全市上下必须坚定不移地沿着“八八战略”指引的路子走下去，学好用好习近平总书记对绍兴工作重要指示批示这一宝贵财富，坚持不懈从中找思路、找答案、找办法，一张蓝图绘到底、一年接着一年抓，着眼迎接“八八战略”实施20周年、“重要窗口”建设5周年，按照“体系化、全贯通、可衡量、闭环式”的要求，深化“八八战略”抓落实机制，感恩奋进、接续奋斗，不断取得新的重大标志性成果。

三、准确理解“两个先行”奋斗目标和“八个高地”具体目标，聚焦聚力“五个率先”，在推进共同富裕和市域现代化上当示范作表率。“两个先行”奋斗目标、“八个高地”具体目标，集中展现了继续干在实处、走在前列、勇立潮头的浙江责任、浙江担当、浙江示范。我们要深刻认识“两个先行”的深远影响、内涵特征、目标任务、重大举措，牢牢把握绍兴在时代发展中的历史方位、在全国全省发展中的重要地位，围绕省委赋予的“五个率先”重大使命，找准主攻方向和实践路径，深入谋划突破性抓手和重大改革举措，率先走出争创社会主义现代化先行省市域发展之路，以实际行动当好“两个先行”的参与者、实践者、推动者。全市上下必须完整准确全面贯彻新发展理念，始终保持永不懈怠的精神状态和一往无前的奋斗姿态，牢固树立“没有走在前列也是一种风险”的使命感和紧迫感，坚持“腾笼换鸟、凤凰涅槃”，坚持“面向全国、走向全球”，坚持“以人为本、全面进步”，坚持“人文为魂、生态塑韵”，坚持“全域覆盖、上下贯通”，努力在综合实力上争先进位、在发展格局上争当节点、在共同富裕上争树标杆、在人文生态上争做样板、在发展环境上争创一流，抢占走向未来、引领未来、赢得未来的制高点，答好“浙江要先行，绍兴怎么干”的时代考卷，奋力把“五个率先”答卷写在绍兴大地上。

四、准确理解“五大工作导向”和“十方面主要任务”，加快打造“五个之城”，在建设高水平网络大城市上当示范作表率。“五大工作导向”“十方面主要任务”，既指明了前进方向，又提供了“船”和“桥”，为各地各部门打开新思路、解决新问题、干出新业绩提供了“金钥匙”。我们要深刻认识“推动城市组团式发展”“构建网络型城市群结构”“加快建设世界级大湾区”是浙江走向世界的新的“金字招牌”，支持绍兴融杭联甬打造网络大城市是省委优化城市空间格局、塑造引领未来新的增长极的重大战略，市委关于网络大城市的谋划与省党代会精神一脉相承、高度契合，要通过一系列更加具体有力的举措推进高水平网络大城市建设，加快形成高质量发展、竞争力提升、现代化先行和共同富裕示范的发展格局。全市上下必须把握大势、厚植优势、乘势而上，树立世界级眼光、世界级标准，坚定不移建设高水平网络大城市，加快打造充满活力的创新之城、内聚外联的开放之城、温暖幸福的生活之城、近悦远来的品质之城、高效和谐的善治之城，特别是要按照“一年出成效、三年大变样、五年成典范”分步实施计划，锚定市域一体化、城乡一体化目标导向，聚焦空间重整和空间治理，以多中心协同、多层级联动、多节点支撑、多特色互补、多空间拓展为基本形态，以未来社区、未来乡村、城乡风貌样板区为共同富裕现代化基本单元，以科创走廊、文创走廊、城市产业带、城乡风貌带和基础设施网络为纽带，突出片区开发，坚持城市基础设施片区化，开展全域土地综合整治，全面推行面向未来城市的开发建设管理模式，不断增强网络大城市聚合力、吸引力、创造力、竞争力、影响力，努力把绍兴打造成为世界级大湾区的闪亮明珠。

五、准确理解党的全面领导和全面从严治党，大力推动自我革命，在塑造变革上当示范作表率。高水平推进以自我革命引领社会革命的省域实践，是“两个先行”的政治保障。我们要深刻认识中国共产党领导是中国特色社会主义制度的最大优势，勇于自我革命是我们党最鲜明的品格，在新征程中要时刻保持全面从严治党永远在路上的政治自觉，不断增强自我净化、自我完善、自我革新、自我提高能力，在自我革命中把党锻造得更加坚强有力，推动党建优势转化为治理效能、发展胜势、人民福祉。全市上下必须坚持党对一切工作的领导，坚决扛起管党治党政治责任，不断提高党的建设质量，一以贯之全面从严治党，一体推进不敢腐、不能腐、不想腐，持之以恒加强作风建设，弘扬“胆剑精神”、涵养“四气”境界，提升塑造变革能力，推动建设变革型组织，加快打造与“两个先行”“五个率先”相适应的高素质专业化现代化干部队伍，全面塑造具有绍兴辨识度的工作作风、工作标准、工作状态，唱响实干争先最强音，以党建统领重大决策落地、重大工作推进、重大风险防控，促进各级党组织领导力、组织力、执行力整体跃升，带动全市上下形成砥砺前行、勇毅奋进、争先创优的浓厚氛围，不断推进以党的自我革命引领社会革命在绍兴生动实践。

全市各级党组织和广大党员干部群众要更加紧密地团结在以习近平同志为核心的党中央周围，以省第十五次党代会精神为引领，扛起先行之责，走好率先之路，奋力争当“两个先行”排头兵，不断开创高水平网络大城市建设新局面，以优异成绩迎接党的二十大胜利召开，为实现第二个百年奋斗目标、实现中华民族伟大复兴的中国梦作出新的更大贡献！

（市委办　傅　江）

绍兴市“枫桥经验”传承发展条例

（2022年8月31日，绍兴市第九届人民代表大会常务委员会第五次会议通过 2022年9月29日浙江省第十三届人民代表大会常务委员会第三十八次会议批准）

第一条　为了传承发展“枫桥经验”，在高质量发展中推进共同富裕和市域现代化，根据有关法律、法规，结合本市实际，制定本条例。

第二条　本市行政区域内“枫桥经验”传承发展及其相关工作，适用本条例。

第三条　本条例所称“枫桥经验”，是指源于二十世纪六十年代初由诸暨枫桥干部群众创造的化解矛盾的工作方法，其内涵是坚持和贯彻党的群众路线，在党的领导下，充分发动群众、组织群众、依靠群众解决群众自己的事情，做到小事不出村、大事不出镇、矛盾不上交。

传承发展“枫桥经验”，应当结合本地历史文化传统、经济社会发展实际，守正创新，与时俱进，坚持和发展新时代“枫桥经验”，践行以人民为中心的发展思想，贯彻全过程人民民主理念，做到系统治理、依法治理、综合治理、源头治理，推进基层社会治理现代化。

第四条　市、县（市、区）“枫桥经验”传承发展领导机构组织协调、指导推动“枫桥经验”传承发展工作，做好下列工作：

（一）编制规划和制定工作计划，研究“枫桥经验”传承发展重大问题；

（二）组织开展理论研究、文化交流和宣传教育；

（三）组织开展考核评估、品牌建设和表彰奖励工作；

（四）其他“枫桥经验”传承发展相关工作。

“枫桥经验”传承发展领导机构各成员单位按照职责开展相关工作，其办事机构负责日常工作。

第五条　市、县（市、区）人民政府应当将“枫桥经验”传承发展纳入国民经济和社会发展规划纲要，完善工作落实机制，建立基层创新激励制度，并将相关经费列入同级财政预算。

乡镇人民政府、街道办事处按照职责做好辖区内“枫桥经验”传承发展工作。

村（居）民委员会协助乡镇人民政府、街道办事处开展“枫桥经验”传承发展工作。

第六条　鼓励、支持、引导公民、法人以及其他组织依法有序参与“枫桥经验”传承发展工作。

第七条　各级人民政府和有关部门应当健全驻村指导员制度，建立驻村（社区）指导员、驻企服务员常态化联系服务机制。驻村（社区）指导员、驻企服务员应当主动了解所驻村（社区）、企业情况，及时处置群众、企业反映的困难和问题。

第八条　各级人民政府和有关部门应当健全民情日记制度，建立民情收集、上报、交办、反馈闭环机制，加强社情民意分析研判，及时处理民意诉求，增强服务群众工作能力，提高精准化服务水平。

第九条　各级人民政府和有关部门应当为健全社区党建“契约化”共建制度提供保障，引导共建单位发挥各自优势，建立需求、资源、项目清单双向认领服务机制，统筹解决民生需求，促进共建共治共享。

第十条　村（居）民委员会应当依法指导完善村民自治章程、村规民约、居民公约、业主管理规约等行为准则，落实涉村（社区）工作清单制度，按照重大事项决议公开、结果公开要求，促进村（居）民自治。

行业协会、商会等社会组织应当健全完善行业自律规范、职业道德准则、会员章程，加强行业自律和行业信用管理。

各类市场主体应当遵纪守法、诚实守信，自觉履约践诺，主动参与社会治理，履行社会责任。

第十一条　各级人民政府和有关部门应当组织开展民主法治村（社区）建设，弘扬梁柏台红色法治文化，培育村（社区）法治带头人和法律明白人，健全村（社区）法律顾问制度，推进基层治理法治化。

各级人民政府和有关部门应当健全完善公共法律服务体系，合理配置公共法律服务资源，提升公共法律服务能力和水平。

第十二条　各级人民政府和有关部门应当以社会主义核心价值观为引领，加强精神文明建设和思想道德建设，弘扬孝德文化、乡贤文化、诚信文化、廉洁文化等优秀传统文化，培育文明乡风、良好家风、淳朴民风，提升群众精神面貌和社会文明程度。

第十三条 各级人民政府和有关部门应当按照数字化发展要求，完善基层社会治理数据归集共享机制，迭代优化基层智治应用场景，加强乡镇街道党建统领、经济生态、平安法治、公共服务平台建设，推动相关数据跨部门、跨区域、跨层级汇聚融合和分析应用，构建完善新时代“枫桥经验”指数指标体系。

第十四条 市、县(市、区)基层网格工作主管部门按照国家和省有关规定，制定基层网格划分设置、人员配置、职能职责、教育培训、考核管理等办法，建立网格事项准入、事项流转、闭环处置等机制，推进基层网格系统化、标准化建设，提升网格治理效能。

第十五条 各级人民政府和有关部门应当完善矛盾纠纷多元预防调处化解综合机制，加强县级社会治理中心建设，建立健全人民调解、行政调解、司法调解联动工作体系，培育行业性、专业性民间调解组织，依法及时化解矛盾纠纷。

充分发挥人大代表、政协委员在矛盾多元化解中的桥梁纽带作用，加强人大代表联络站、政协民生议事堂规范化建设，听取群众诉求，回应群众关切。

第十六条 各级人民政府和有关部门应当依照各自职责，做好社区矫正、社区戒毒社区康复、刑满释放人员帮扶和失信主体信用修复等工作，保障相关人员及其子女依法享有的人身权利、财产权利和其他权利不受侵犯，在就业、就学和享受社会保障等方面不受歧视。

各级人民政府和有关部门应当采取措施，支持专业组织、机构在农村和城市社区开展社会心理服务，为村民和居民提供精神慰藉、心理疏导、关系调适、社会融入等服务。

第十七条 各级人民政府和有关部门应当建立和完善社会风险防控工作体系，形成监测、预警、处置和反馈的风险闭环管控机制，全面落实重大决策社会风险评估制度，精准、高效防范和处置社会风险。

第十八条 各级人民政府和有关部门应当按照传承发展“枫桥经验”的实际需要，加强人才培养和队伍建设，提高专业素养和能力。

第十九条 宣传、文化、档案等部门和党史、社科、党校、高等学校等机构应当组织开展“枫桥经验”理论研究和对外交流，梳理和挖掘“枫桥经验”历史渊源、发展脉络、思想内涵和时代价值，加强文献档案、口述资料收集整理和利用研究，提升“枫桥经验”理论水平，加快优秀研究成果转化运用。

第二十条 党校、干部教育培训机构应当将“枫桥经验”纳入主体班次教学计划，组织开展教学活动。

高等学校、中小学校应当组织开展传承发展“枫桥经验”相关活动，赓续优秀传统文化。

第二十一条 各级人民政府和有关部门应当加强“枫桥经验”宣传工作，拓展渠道，丰富形式，提高“枫桥经验”知晓度和影响力。

广播、电视、报刊、网站等媒体应当通过新闻报道、专题专栏、公益广告等方式，传播推广“枫桥经验”。

第二十二条 鼓励各类文化团体、文艺工作者、文化场所经营单位开展“枫桥经验”主题文艺作品创作、展演展映等活动。

第二十三条 市人民政府和有关部门应当加强枫桥学院、“枫桥经验”陈列馆建设，开发“枫桥经验”品牌标识、研学线路等，建成教育培训、宣传展示和交流研讨的重要基地。

第二十四条 每年11月为“枫桥经验”宣传月。

第二十五条 任何单位和个人都有依法保护“枫桥经验”的义务，对破坏、损毁“枫桥经验”文化物质资源和歪曲、丑化、亵渎、否定“枫桥经验”的行为进行劝阻、举报。受理举报的有关部门应当及时依法查处。

第二十六条 本条例自2022年11月1日起施行。

（市人大常委会办公室　邵森燕）

政府工作报告

（2023年3月30日在绍兴市第九届人民代表大会第三次会议上）

绍兴市人民政府市长　施惠芳

各位代表：

现在，我代表市人民政府，向大会报告工作，请予审议，并请市政协委员和其他列席人员提出意见。

一、2022年主要工作

2022年是党和国家历史上具有里程碑意义的重要一年，也是本届政府开局之年。一年来，面对错综复杂的宏观形势和多重超预期因素冲击，在市委的坚强领导下，我们坚持以习近平新时代中国特色社会主义思想为指导，以迎接党的二十大、学习宣传贯彻党的二十大精神为主线，全面落实习近平总书记“疫情要防住、经济要稳住、发展要安全”重要指示精神，对标“两个先行”、奋进“五个率先”，以超常规力度和举措，精准有效打好疫情防控、稳进提质、除险保安组合拳，较好完成了市九届人大一次会议确定的目标任务。全年实现地区生产总值7351亿元，增长4.4%，居全省第3位；完成财政总收入821.6亿元、一般公共预算收入540.1亿元；城乡居民人均可支配收入76199元和45709元，增长4.2%和7.2%。

（一）经济稳进提质奋力争先。助企纾困出实招。承接国家、省稳经济一揽子政策，出台稳经济43项措施，创新政策直兑、快兑、预兑机制，兑付惠企资金126亿元，落实退减缓免税费283.6亿元。加大金融支持力度，贷款余额1.4万亿元，增长18.3%。精准招商强突破。强化“一把手”招商、突出乡贤招商、探索驻外招商、创新“隔离招商”，全年新引进10亿元以上产业项目63个，其中比亚迪新能源动力电池及功率半导体等100亿元以上项目5个。实到外资10.2亿美元，列入商务部重点外资项目3个、省重大外资项目8个。项目投资获激励。建立重大项目协调机制，连续四次获省投资“赛马”激励，诸暨、嵊州、新昌也分获省投资“赛马”激励。抢抓政策窗口机遇，争取政府专项债、政策性开发性金融工具等资金支持529.7亿元，获省重大产业项目奖励（预支）土地指标5476亩、居全省首位。实现固定资产投资增长11%，其中高新技术产业投资增长48.2%、居全省第3位。开拓市场稳增长。开展“2335”外贸保稳提质行动，义甬舟嵊新临港经济区入选首批义甬舟开放大通道综合性战略平台，获评省RCEP高水平开放合作示范区，绍兴综保区封关运营，开通中欧班列“柯桥号”，举办第五届中日韩工商大会。外贸出口3409亿元，增长23.7%、居全省第3位。深化“越惠悦生活”品牌，发放消费补贴8.3亿元，拉动消费73.5亿元。落实促进房地产平稳健康发展61条政策，在全省率先设立100亿元房地产稳保基金，积极探索“房票”政策，平稳推进“保交楼、稳民生”。

（二）产业转型升级持续加快。“4151”计划成效明显。承办全省新一轮制造业“腾笼换鸟、凤凰涅槃”攻坚行动现场会，组织实施先进制造业强市“4151”计划，全年规上工业增加值2119.5亿元、增速居全省第2位，连续两年获国务院工业稳增长和转型升级督查激励。聚力攻坚印染、化工企业跨域整合，5大印染组团全面投产，18个化工项目开工建设，着手打造以“泛半导体+”产业为主体的“绍芯谷”。扎实推进开发区（园区）工业全域治理，盘活土地5.66万亩。深入实施智能制造五年提升行动，稳步推进7个省级产业大脑试点，技改投资增长25.7%、居全省第3位。产业平台提能升级。获批海峡两岸（绍兴）数字产业合作区、杭绍临空经济一体化发展示范区绍兴片区。诸暨智能视觉产业平台入选省“万亩千亿”新产业平台，四大新兴产业实现“万亩千亿”平台全覆盖，其中集成电路、高端生物医药产业平台考评分别居全省第1位、第4位。柯桥经济开发区入选第二批省高能级战略平台，越城区第三代半导体纳入省首批未来产业先导区培育名单。创新主体活力增强。绍兴科创走廊纳入省级重大创新平台，成立省现代纺织技术创新中心，设立全省首家宽禁带半导体特色工艺产业创新中心，引进浙江大学等研究院5家，新昌县成为国家首批创新型县。新增规上工业企业659家、专精特新“小巨人”企业56家、高新技术企业380家，过会上市企业5家并实现科创板“零的突破”。入选“鲲鹏计划”顶尖人才2人，入选国家引才计划人才123人、居全省首位并领跑全国同类城市。

（三）网络大城市建设扎实开局。城乡空间布局不断优化。完成“三区三线”划定，优化“一核六心多节点”布局，设立100亿元城市更新基金，实施棒球未来社区等40个重点片区建设，创成省级城乡风貌样板区7个、未来社区4个、未来乡村25个。深化古城保护利用总体设计方案，建成开放阳明故居及纪念馆，“完善千年古城保护传承体系”在中央改革办《改革情况交流》上刊发。镜湖新区加快开发，高铁站前片区项目群、国际金融活力城等建设进展顺利，城市展示馆等29个项目竣工。综合立体交通加快发展。落实亚运城市绿色与智慧交通年建设行动，成功创建国家绿色出行城市、“四好农村路”省级示范市。杭绍甬智慧高速、柯诸高速、金甬铁路等加快建设，于越快速路等6条高架顺利通车。轨道交通1号线主线开通运营，2号线一期实现“轨通”“电通”。城市精细管理全面加强。实施打造国内最清洁城市“410行动”，落实“洁美行动”“越分越美”等管理措施，创建省级“高品质示范街区”6个、“席地而坐”精细保洁示范区域12个，修整绿地175万平方米，新建绿道80公里。城市“综管服”平台实现省市县三级联网，贯通搬家、养犬、违停处理等“一件事”应用，无物业管理小区实现清零。

（四）重点领域改革纵深推进。数字化改革集成突破。与之江实验室合作打造数字化改革“城市大脑、产业大脑”。“网络安全智治”等13个应用入围首批“一地创新、全省共享”一本账S0、居全省首位；36个应用列入省重大改革（重大应用）一本账S2；“浙里兴村治社”等4个应用入选省“最佳应用”；执行“一件事”等7项改革获省改革突破奖。政务服务事项“一网通办”率达94.5%。“大综合一体化”改革攻坚突破。构建“1+8”行政执法队伍体系，综合执法事项覆盖率达70%，91.8%执法力量下沉县乡。全年开展“综合查一次”1.8万余次，办理案件2.4万件，“改革指数”“效能指数”居全省第一方阵。其他领域改革多点突破。深化“放管服”等重大改革，入选首批国家知识产权强国建设试点市，市场主体突破73.3万户。柯桥区“共同富裕基本单元——共富星村”项目入选省级第二批共同富裕试点，7个案例获评全省高质量发展建设共同富裕示范区最佳实践，对口支援和东西部协作取得新成效。国企改革三年行动高质量收官，推动汤浦水库公募REITs申报发行。

（五）乡村全面振兴成效明显。稳产保供扎实有力。严格落实粮食生产党政同责，完成粮食生产功能区“非粮化”整治28.68万亩，新建高标准农田6.8万亩。深入实施“科技强农、机械强农”行动，柯桥区、诸暨市获全省农业“双强”赛马激励。强村富民系统推进。实施农民增收共富“五大行动”，建成“共富工坊”567家、“强村公司”150家，实施集体经济发展项目206个，消除年经营性收入50万元以下行政村，低收入农户人均收入增长14.7%。扎实推进农村宅基地制度改革全国试点，激活闲置农房72.3万平方米。美丽乡村加快建设。深化“千村示范、万村整治”工程，提前完成“五星3A”迭代升级三年任务，新增美丽乡村示范乡镇9个、特色精品村29个，建成新时代美丽乡村共同富裕示范带2条。

（六）生态文明示范全域提升。示范创建深化推进。成功创建国家生态文明建设示范区，实现省级生态文明建设示范区县域全覆盖。全域建设“无废城市”，加强生物多样性保护，连续3年获美丽浙江建设考核优秀。环境质量巩固提升。抓好第二轮中央生态环境保护督察反馈问题整改，开展环保专项执法，$PM_{2.5}$浓度29微克/立方米，县控及以上断面、县级及以上饮用水源地水质达标率均为100%，重点建设用地安全利用率100%。低碳转型步伐加快。推进印染行业环境统计与排污许可管理、环评审批与排污许可证发放衔接融合国家试点。实施节能降碳技改项目270个，淘汰“两高一低”企业447家，规上工业单位增加值能耗下降10.9%。

（七）社会事业发展全面进步。社会保障提标扩面。出台“稳岗留工”十条举措，城镇新增就业23.2万人。加大欠薪整治力度，迭代升级“业安薪”平台。深化基本医保市级统筹，户籍人口基本医保参保率99%以上。织牢社会保障网，城乡居民基础养老金、低保标准分别增加到每人每月290元、1050元，未成年人救助保护机构实体化运行率达100%。完成89个老旧小区改造，筹集保障性租赁住房8432套。文体事业提速发展。积极实施亚运城市行动计划，建成开放5个亚运场馆，精心组织“水陆双马”和全国棒垒球冠军杯赛，省运会团体排名创历史最好成绩，成为全国首批全民运动健身模范市。宋六陵国家考古遗址公园立项，《绍兴大典》启动编纂，公祭大禹陵典礼、兰亭书法节、绍兴黄酒节、中国越剧艺术节、阳明心学大会成功举办。鉴湖旅游度假区晋升国家级旅游度假区，率先实现省级全域旅游示范县（市、区）全覆盖。公共服务提质增效。高质量完成省、市民生实事。成立绍兴开放大学，在全省率先实现国家义务教育优质均衡发展县省级验收超50%、国家学前教育“普及普惠县”省级验收全覆盖。积极创建省中医药综合改革先行市，连续两年获评全国健康城市建设样板市，基层医疗卫生机构绩效考核居全省首位。扎实推进“浙里康养”，完成老年人自理能力筛查，建成老年友善医疗机构127家。创建婴幼儿照护服务示范城市，千人托位数达3.52。加快建设城乡现代社区，每万城镇常住人口拥有专职社工18.4人。工会、妇女儿童、青少年、慈善、残疾人、红十字等事业取得新进步。

（八）平安绍兴建设不断加强。平安护航党的二十大。深入开展“除险保安”“金盾”“雷霆”等系列行动，纵深推进“枫桥式”系列创建，精心组织信访积案“百日攻坚”，在全省率先实现积案清零。精准做好疫情防控。因时因势优化防控战术打法，精密智控指数稳定在全省前列。加强医疗救治能力建设，强化医疗物资储备供应，推动疫情防控从“防传染”向“保健康、防重症”平稳转换。不断筑牢安全屏障。加强“公安大脑”建设，完善现代警务体系，命案、五类案件全部告破，电诈发案数、损失数同比下降16%、26%。在全省率先推行基层应急消防管理融合新模式，生产安全事故起数、亡人数较前三年平均值下降37%、34.5%，成功防御台风“轩岚诺”“梅花”。构建食品安全包保责任体系，国家食品安全示范城市创建取得阶段性成果。做好民族宗教、审计统计、外事侨务、档案等工作，支持驻绍部队建设，国家安全、国防动员、双拥共建、人民防空、退役军人事务等工作得到新加强。

一年来，我们坚持把政治建设摆在首位，深入开展“六学六进六争先”学习实践活动，扎实推动党的二十大精神落地见效。依法接受人大监督，自觉开展民主协商，认真办理人大代表建议282件、政协提案461件。实施法治政府建设补短提升工程，全市行政诉讼案件败诉率降至2.76%、全省最低，诸暨市获评全国法治政府建设示范地区。加强政府债务管理，严格控制非重点、非刚性支出，财政民生投入资金占比达70.8%。严格落实中央八项规定及其实施细则精神，强化重点领域廉政风险防范，持之以恒、久久为功，努力建设人民满意政府。

各位代表，艰难方显勇毅，磨砺始得玉成。这些成绩的取得，是以习近平同志为核心的党中央领航掌舵、把脉定向的结果，是省委省政府和市委正确领导、科学决策的结果，是市人大、市政协有力监督、全力支持的结果。各地各部门顾全大局、尽责担当，全市人民勤劳付出、共克时艰，形成了团结一心、众志成城的磅礴力量。在此，我代表市人民政府，向全市人民，向市人大代表、政协委员，向老领导、老同志，向各民主党派、工商联、无党派人士和人民团体、社会各界人士，向驻绍部队、武警官兵、公安干警、消防救援指战员，向省部属驻绍单位，向广大企业家，向所有关心和支持绍兴现代化建设的海内外朋友，表示衷心的感谢！

在充分肯定成绩的同时，必须清醒看到，我们的工作仍然存在问题和不足，面临困难和挑战。一是经济运行仍然承压，需求收缩、供给冲击、预期转弱等问题依然存在，经济发展还有诸多不确定性因素。二是动能转换仍需加快，创新能力偏弱，要素制约依然明显，现代产业体系发展瓶颈有待进一步打破。三是城市能级尚需突破，网络大城市建设任重道远，城市精细管理需持续加强。四是公共服务有待提升，文商旅融合特色不够彰显，养老、托幼等民生领域存在不少短板。五是除险保安面临挑战，安全生产、社会治理等领域仍有风险隐患。六是干部素质与发展需要不够匹配，责任担当、创新意识有待提升。我们要高度重视这些问题，并采取扎实有效措施加以解决。

二、2023年主要目标和重点工作

2023年是全面贯彻党的二十大精神的开局之年，是深入实施“八八战略”20周年，也是“十四五”规划承上启下、高水平网络大城市建设全面推进的关键之年，做好政府工作，意义十分重大。

今年政府工作的总体要求是：坚持以习近平新时代中国特色社会主义思想为指导，全面贯彻落实党的二十大精神，坚持稳中求进工作总基调，完整准确全面贯彻新发展理念，强力推进创新深化、改革攻坚、开放提升，全力推动省“十项重大工程”转化落地，全面优化营商环境，大力发展实体经济，加快提升城市品质，切实保障社会民生，有效防范化解重大风险，以建设高水平网络大城市、打造新时代共同富裕地的实干实效，勇闯中国式现代化市域实践新路子。

经济社会发展的主要预期目标是：地区生产总值增长6.5%以上，全社会研究与试验发展经费支出占地区生产总值的比重3.1%左右，规上工业增加值增长10%左右，社会消费品零售总额增长6%，固定资产投资增长10%以上，出口增长10%以上，一般公共预算收入、城乡居民人均可支配收入增速与经济增长基本同步，居民消费价格总水平涨幅控制在3%左右，城镇调查失业率5%左右，节能减排降碳完成省定任务。

为实现上述目标,重点做好九方面工作:

(一)畅通内外循环,着力增强高质量发展动力。充分利用国内国际两个市场、两种资源,强化投资、消费、出口拉动,有力推动经济稳定增长。

狠抓项目扩投资。扩大有效投资既有利于补齐当前短板、拉动经济增长,更能塑造未来优势、支撑长远发展。坚持以项目看发展论英雄,加快实施一批优结构、补短板项目,更好发挥投资对优化供给结构的关键作用,努力为高质量发展增能蓄势。抢抓"十四五"规划中期调整机遇,大抓项目、抓大项目,抓紧谋划一批战略性、支撑性、引领性重大项目,推动更多项目进入国家、省级笼子,争取更多金融、土地、能耗等要素支持。紧盯投资实物量,强化项目协调、要素保障、全程服务,确保省"千项万亿"工程项目、省重点项目、省集中开工项目、省重大产业项目、地方政府专项债项目开工率100%。

激活市场促消费。坚持提升传统消费和培育新型消费并重,积极打造区域消费中心城市。创新"越惠悦生活"消费促进月、金秋购物节等特色活动,培育壮大亚运经济、品牌经济。狠抓接触性消费,推动批零住餐等行业恢复向好,壮大线上消费、夜间经济等新业态,让绍兴大地具有"烟火气"。完善新能源汽车、家居、家电等消费补贴政策,促进大宗消费趋稳回升。围绕稳地价、稳房价、稳预期,精准落实"一城一策",加快城市更新,发挥房地产稳保基金作用,促进房地产市场平稳健康发展。完善县域商业体系,扩大服务消费,构建"15分钟便民生活圈"。积极招引大型商贸企业,支持传统商贸企业数字化改造,加快新零售、直播电商等业态健康发展。推动内外贸一体化发展,培育一批"领跑者"企业和产业基地。加强老字号传承保护,办好中国地方菜发展大会。

扩大开放稳外贸。深入实施地瓜经济提能升级"一号开放工程",扎实抓好"2335"外贸保稳提质行动,出口占全国份额保持14.3‰左右。联动推进综保区、跨境电商综试区、市场采购贸易方式试点、浙江(绍兴)RCEP高水平开放合作示范区建设,争创自贸试验区绍兴片区。积极发展外贸新业态、新模式,做大加工贸易、服务贸易、B2B出口规模。实施外贸主体"三百"工程,大力招引出口型企业和外贸综合服务企业,加快国家级外贸转型升级基地建设。深化"十业百展千企"活动,办好中国会展经济国际合作论坛、中日韩工商大会、世界布商大会暨国际纺联年会,打造中非地方经贸交流合作示范市。

(二)壮大实体经济,着力建设先进制造业强市。坚持把发展经济的着力点放在实体经济上,深入推进传统产业改造提升,加快培育壮大新兴产业,切实构建现代化产业体系。

全面推进"4151"计划。深入实施先进制造业强市"4151"计划,力夺"浙江制造天工鼎"。迭代"2(2)+6+N"开发区(园区)体系,开展高能级战略平台"赛马比拼",做强四大"万亩千亿"新产业平台,推进新产业平台县域全覆盖。深化"10+2"产业集群培育行动,启动产业链伙伴计划,建成投产中芯绍兴二期、开工建设中芯绍兴三期,高标准建设"绍芯谷",争创全省"415X"产业集群核心区和协同区、省级未来产业先导区。加快化工产业跨域集聚提升,推广"一码管地"平台,全年整治工业用地1.5万亩,着力提高规上工业亩均税收。探索"链长+链主"机制,培育一批国家产业链领航企业、省级雄鹰企业,新增上市公司6家、规上工业企业500家、"专精特新"中小企业200家、"小巨人"企业10家。持续推进建筑业高质量发展。深化质量强市建设,新增"品字标浙江制造"标准45项、"品字标"企业30家。

精准抓好招商引智。实施头部链主型企业招引三年行动计划,新引进10亿元以上产业项目75个,其中50亿元以上项目12个、100亿元以上项目5个。选派国企骨干充实力量,打造驻外招商引智2.0版,加力招引专精特新企业。加快建设海峡两岸(绍兴)数字产业合作区,积极引进中欧(上虞)、中日韩(越城)国际产业合作园外资项目。探索设立境外招商引智工作站,实际利用外资10.6亿美元,列入国家和省重大外资项目15个以上。建成招商数字大脑,完善"比看干"机制,签约引进项目两年落地率75%以上。

做优做强数字经济。深入实施数字经济创新提质"一号发展工程",强化数字基建支撑,加快数字产业化、产业数字化。积极争创国家级、省级新一代信息技术与制造业深度融合示范试点,新增省级工业互联网平台5家,支持前沿技术应用、特色场景示范,培育壮大智能视觉、智慧交通、网络安全等数字产业。加快"产业大脑"建设,迭代织造印染、电机等产业大脑功能。深化智能制造五年提升行动,全域开展中小企业智能制造"学样仿样",新增省级未来工厂2家、市级及以上智能工厂(数字车间)200家以上。

加快发展现代服务业。围绕融入全省"四港"联动建设,发展公铁联运、海铁联运,完善城乡配送、冷链物流、供应链管理体系。大力建设国家集成电路产业创新中心,加快发展集成电路设计、工业软件、互联网软件等信息服务业。强化专业市场与块状经济联动,分批推进专业市场升级,致力打造全球轻纺、黄酒、珍珠交易中心。深化国际会展目的地城市建设,做大做强专业会展、咨询评估、人力资源服务等业态。加大服务业项目、企业招引力度,支持服务外包发展,促进科技、文化、供应链与现代金融融合发展。

(三)坚持"三位一体",着力推动创新驱动发展。强化创新核心地位,推进教育、科技、人才一体协同发展,进一步增强高质量发展的内生动力。

建强创新平台。实施科创走廊建设专项行动,着力推进十大创新基地、十大创新设施建设。推动高新区晋级进位,集群式建设科技园、创新服务综合体,新增科技企业孵化器、众创空间15家。加快共建研究院强基提能造峰,高水平建设绍芯集成电路、鉴湖现代纺织、曹娥江新材料、浣江航空航天实验室等创新平台。深化科技体制改革攻坚,开展科技人才项目经费"包干制"试点等探索。加快培育高价值知识产权,持续推进标准创新。

壮大创新主体。实施高新技术企业培

育三年行动计划，新增国家高新技术企业350家、省科技型中小企业800家，高新技术产业增加值占规上工业增加值比重提高到61.8%。支持领军企业建设高水平研发机构，新增省级企业研究院（研发中心）50家，实施50个以上关键核心技术攻关项目，实现技术交易额150亿元以上，不断提升科技成果转化水平。

优化教育体系。实施高等教育内涵提升行动，支持绍兴文理学院更名设置大学，加快杭电绍兴校区建设，力争高校毕业生留绍率25%以上。大力发展现代职业教育，深化产教融合改革，加强中职“双高”建设，争创国家级示范项目。坚持高中阶段多样化发展，培育特色试点学校20所。深化义务教育教共体建设，全面设立乡镇初中名师工作室。扩大“双减”成果，打造体教融合样板，推动学生阳光成长、全面发展。强化学前教育普惠发展，提升省二级及以上幼儿园覆盖面。深化“枫桥式”平安校园建设，打造“智安校园”2.0版。

汇聚创新人才。实施院士智力集聚工程，加快标志性产业链院士级领军人才全覆盖。持续加大海外引才力度，开行招才引智“博士专列”“海外专列”，新增博士生500名、省级博士后工作站18家。迭代“浙里工程师”数字平台，推进浙大工程师学院绍兴基地建设，新增高技能人才2万名。深化滨海新区人才管理改革试验区建设，举办首届世界女科学家（绍兴）大会、国际先进制造青年科学家论坛，进一步打响“名士之乡”人才高地品牌。

（四）统筹区域联动，着力提升网络大城市能级。优化空间布局，强化内聚外联，推行面向未来的城市开发建设管理新模式，推动网络大城市建设取得更大突破。

持续深化“融杭联甬”。支持滨海新区建设全省首批高能级战略平台，深度融入环杭州湾现代产业带。加快杭绍临空经济一体化发展示范区绍兴片区建设，壮大临空产业，打造杭绍同城创新区。推动义甬舟嵊新临港经济区建设，大力发展开放经济、通道经济、枢纽经济。深化萧诸绿色发展先导区建设，促进产业合作、城市融合、民生共享。加快杭绍甬智慧高速、铁路杭州萧山机场站枢纽及连接线、杭金衢高速至杭绍台高速联络线等建设，支持杭诸轨道交通项目建设。

优化重点片区开发。按照“一核六心多节点”布局，健全国土空间规划体系，深化功能节点、重点片区规划研究，抓好城市设计、控制性详细规划编制。加快镜湖新区核心崛起、人气集聚，基本建成国际金融活力城，开工建设高铁站前医院等项目，招引培育商务、金融、创新等新业态，启动镜湖梅山东片区开发，高标准打造“城市公共客厅”。推进越城“大两湖”、滨江副中心，柯桥未来之城、上虞拥江西进高端智造、诸暨科技城（海归小镇）、嵊州艇湖未来科技城、新昌东门如城等56个重点片区建设，打造一批未来社区、城乡风貌样板区，不断增强网络大城市张力。推进跨乡镇土地综合整治试点，形成具有绍兴辨识度的标志性成果。

强化基础设施投入。扎实做好杭甬高速市区段抬升、诸嵊高速前期，加快推进轨道交通二期、智慧快速路二期、甬金高速改扩建工程绍兴段、诸永高速直埠至街亭改扩建工程，推动实现“镇镇联高速”。新建镜岭水库、三溪水库，推进安华水库扩容提升等项目，统筹实施海塘安澜、曹娥江及浦阳江固堤、平原高速水路项目，建立健全全市域水资源联网联调体系。抓好甬绍干线天然气管道、川气东送二线工程浙江段、光伏发电等项目，启动LNG应急调峰气源站工程，促进能源绿色低碳发展和保供稳价。

打造国内最清洁城市。推广越城区“四个环境”建设经验，全面落实打造最清洁城市“410行动”。开展城市功能优化行动，统筹实施桥下空间利用、市政设施提标、景观风貌提升等工程。开展城市单元美化行动，推进城乡生活垃圾精分细管、“席地而坐”精细保洁示范区域及最清洁城市道路等创建。开展城市家具洁化行动，做好标识标牌、雕塑小品、照明设施等更新和保洁。开展城市治理序化行动，扎实推动道路坑洞、“桥头跳”、背街小巷、户外广告等专项治理，打造“一网统管”智慧城管平台。

（五）做深改革文章，着力打造最佳营商环境。坚持系统思维、问题导向，把优化提升营商环境作为“一号改革工程”，推进全面深化改革，激发干事创业活力。

大力优化营商环境。全面落实全省营商环境优化提升行动各项任务。健全顶格承接国家、省集成政策落地工作机制，推进新一轮“1+9”政策直达快享，深入实施融资畅通工程，发挥中小企业投资基金作用，助力企业轻装上阵。完善一般企业投资项目“最多80天”、低风险小型项目“最多15个工作日”机制，推进政务服务2.0建设。深化“减证便民”，加快市场监管、税务、经信、商务等企业年报“多报合一”。推行“综合查一次”联合执法机制，完善“枫桥式”护企优商模式，办好“亲清直通车·政企恳谈会”，依法保障涉企利益，让市场主体放心投资、安心经营、专心创业。

扎实推进共同富裕。抓实共同富裕4个省级试点，推进一批重点改革项目。深化“扩中”“提低”改革，健全普惠性人力资本投入机制，完善“1+8+X”大救助体系，壮大慈善第三次分配力量。聚焦“一老一小”，加快引进高端品牌化、专业化医养结合项目，积极培育本土特色养老机构，稳步增加婴幼儿照护托位。高标准做好山海协作、东西部协作、对口支援及合作等各项工作。

深化各领域重点改革。加快“城市大脑”建设，强化重大应用纵深贯通，推动数字化改革向企业、学校、医院延伸拓展。启动国家社会信用体系建设示范区创建，扩大数字人民币特色场景应用。探索数据要素市场化配置改革，争创“数权交易”平台省级试点。推进招投标集中监管，切实抓好专项整治。深化盘活存量资产扩大有效投资工作，积极开展基础设施REITs项目申报，加快处置低效无效资产。推动国有企业健全市场化经营机制，完善现代企业制度，促进国有企业健康发展。

（六）抓实乡村振兴，着力推进农业农村现代化。坚持城乡融合发展，加强政策支持，畅通要素流动，促进农业全面升级、农村全面进步、农民全面发展。

深化农业“双强”行动。扛起粮食安全责任，巩固“非粮化”整治成果，改造提升高标准农田(粮食生产功能区)6.14万亩。稳定生猪生产、蔬菜种植,加快建设长三角农产品冷链智慧物流及农批市场项目。推动市农科院体制改革,组建市农业科技联盟。加大农业龙头企业扶持力度,加快敏实生物农业、大北农现代农业、省级现代化农事服务中心等重大项目建设。促进香榧产业高质量发展。启动黄酒专用糯稻本土化工程,打造生产示范基地1万亩以上。

全域建设和美乡村。推动20%的行政村建设成为宜居宜业和美乡村。加强历史文化村落与农业遗产保护利用,串联乡村游线,彰显乡村魅力,让群众看得见山水、记得住乡愁。健全农村环境常态化维护机制,推进新时代美丽乡村示范单元创建。完善乡村治理体系,提升乡村善治水平。

拓宽农民增收渠道。推进农民增收共富“五大行动”,支持各类人才下乡返乡、创业创新,培育壮大新型农业经营主体,推动农村电商发展。深化农村宅基地制度改革全国试点,打造“闲置农房激活”3.0版。扩大健康补充保险、公益岗位、农业保险、灾害补助覆盖面,增强低收入农户抗风险能力。启动新一轮村级集体经济巩固提升行动,年经营性收入80万元以上、100万元以上行政村分别达50%、35%以上。

(七)加快文商旅融合,着力擦亮城市文化金名片。抢抓亚运盛会契机,加快古城申遗步伐,推进文创大走廊建设,以文商旅深度融合为抓手,进一步彰显绍兴文化魅力。

认真办好亚运赛事。扎实开展迎亚运城市品质、城市治理、城市文明大提升行动,高标准做好赛前测试、赛事组织、安全保卫等筹办工作,确保亚运赛事精彩圆满、精致经典。深化亚运市场开发,系统策划亚运主题宣传,争取更多绍兴元素融入亚运重要场景。高起点启动建设“中国棒垒球之城”,提升水陆国际“双马”等品牌赛事,办好第十届市运会,打造“一县一品”竞技体育特色项目。制定老年体育发展实施意见,巩固全国全民运动健身模范市创建成果。

加强古城保护利用。精心修编历史文化名城保护规划,高标准推进古城格局、风貌肌理、文物非遗等保护修复。制定出台古城文商旅深度融合高质量发展意见,谋划实施鲁迅故里综合保护等重大文商旅项目。在古城区域内统筹布局“一县一品”高品质特色街区,积极引进高规格专业团队,加大旅游策划营销力度,加快打造长三角最具文化标识度城市。有序推进台门建筑保护修缮,盘活用好台门资源,打造绍兴台门金名片。推进古城全域未来社区建设,优化养老服务、停车场地、老旧小区加装电梯等配套设施和公共服务,提升整体智治水平。

推进全域旅游创建。积极创建国家全域旅游示范区,推进52个重大文旅项目,培育一批特色研学基地、营地。加快建设全国文旅消费试点城市,推进文旅融合“五百五千”工程,扶持开发特色文旅融合产品,举办“爱绍兴·游绍兴”主题旅游年等活动,实现旅游总收入390亿元、接待游客2800万人次。

优化公共文化供给。加强《绍兴大典》编纂工作,加快宋六陵国家考古遗址公园建设,推进亭山、南山等越文化遗址发掘,支持小黄山遗址参与“上山遗址群”申遗。积极打造博物馆之城,建成投用绍兴博物馆新馆、绍兴美术馆、浙东运河博物馆。大力建设“15分钟品质文化圈”,新增文化驿站10个、城市书房20家。支持文艺精品创作与人才引育,持续打造品牌文化赛事。

(八)坚持绿色发展,着力巩固生态文明创建成果。积极创建“绿水青山就是金山银山”实践创新基地,高水平推动人与自然和谐共生的现代化。

全面落实“双碳”战略。认真执行具有绍兴特色的碳达峰政策,严格落实重点企业碳报告制度,推进低(零)碳试点示范建设,确保完成年度主要污染物减排核算,争创省低(零)碳乡镇(街道)10个以上,低(零)碳村(社区)100个以上,力争全省低碳试点县全覆盖。

协同推进污染防治。强化大气污染防治,推进VOCs源头替代工程,$PM_{2.5}$平均浓度低于28微克/立方米,空气质量优良天数90%以上。全面实施不稳定达标断面“一点一策”,统筹推进地下水和农业农村污染防治,保持县控及以上断面水质全面达标。推进危险废物“点对点”利用、小微源危险废物精细化管理等试点,持续擦亮“无废城市”金名片。

加快生态修复保护。落实全省蓝色海湾整治行动任务,推进杭州湾区域海域海岸生态修复。启动曹娥江、浦阳江主干流和重要支流水生态健康评价,推进水生态治理修复,高标准完成各县(市、区)修复试点任务。加强废弃矿山整治修复。严格实行土壤污染状况专业评估,提升受污染土壤安全利用率。

(九)改善民生福祉,着力增强人民群众幸福感。厚植为民情怀,兜牢民生底线,发展社会事业,更好地满足人民群众对美好生活的向往。

落实就业优先政策。强化精准就业帮扶,抓好重点群体就业,新增就业大学生14万名以上。加快县级示范零工市场建设,推动公益岗位扩容、失业保险扩围,就业困难人员实现就业1万名以上。优化创业扶持政策,推进孵化平台建设,扶持创业2200人、带动就业6600人以上。健全人力资源服务业发展政策,打造一批市级人力资源服务产业园。启动“安薪”镇街创建,强化欠薪隐患治理。

健全社会保障体系。推进企业职工基本养老保险提标扩面,巩固提升户籍人口参保率,畅通新就业形态从业人员参保渠道。健全多层次医保体系,扩大基本医保覆盖面,发展惠民型商业补充医疗保险。提升兜底保障水平,低保标准不低于1.32万元/年。实施促进残疾人共同富裕先行示范试点三年行动,完善残疾人社会保障制度和关爱服务体系。

推进健康绍兴建设。落实新冠病毒感染“乙类乙管”措施,坚决保健康、防重症。加快建设市人民医院镜湖院区、绍兴文理学院附属医院二期,完成市中医院扩建、市妇保院迁建工程,启动建设第七人民医院新院区,高标准建设运行省级医院绍兴院区,积极创建国家区域医疗中心。开展公立医院“国考”进位晋级三年行动,制定实施市级龙头医院支持发展计划，加快创建省中医药综合改革先行市。建优高水平县级医院，夯实乡村医疗卫生服务体系。巩固国家卫生城市建设成果，高水平建设国家食品安全示范城市。

维护社会和谐稳定。全力办好纪念毛泽东同志批示学习推广“枫桥经验”60周年暨习近平总书记指示坚持发展“枫桥经验”20周年活动，深化全国社会治安防控体系建设示范城市创建。推进市县镇村四级社会治理中心建设，加强基层网格规范运行，迭代升级“越安行”数字应用。落实政府系统领导干部与信访人见面制度，推进信访突出问题集中治理专项行动。巩固扩大扫黑除恶斗争成果，严厉打击网络诈骗违法犯罪。压紧压实安全生产主体责任，推动涉爆粉尘、有限空间、城乡燃气等领域专项整治，打造全市域应急救援主干网络。

同时，我们将继续加强双拥共建和武装工作，重视做好国家安全、人防、民族宗教、外事侨务、对台事务、气象等工作，积极支持工会、共青团、妇联、科协、残联、红十字会等人民团体建设。

各位代表，人民对美好生活的向往就是我们的奋斗目标！今年，我们将按照“群众提、大家定、政府办”的理念，积极回应群众急难愁盼，认真办好十方面民生实事。这些事项，既涵盖衣食住行，又包含医养学教；既惠及全体市民，又照顾特殊群体。我们一定要把实事办实、好事办好，努力让百姓呼声变为幸福掌声，让百姓笑容成为最美风景！

三、切实加强政府自身建设

各位代表，立足新起点、肩负新使命，我们将以党的二十大精神统领政府各项工作，把抓落实作为政府工作的生命线，带头落实“干部敢为、地方敢闯、企业敢干、群众敢首创”要求，谋在深处、干在实处，依法行政、高效服务，努力在新时代新征程上创造更大辉煌！

突出政治引领，始终做到忠诚履职。深刻认识“两个确立”的决定性意义，增强“四个意识”、坚定“四个自信”、坚决做到“两个维护”。深入开展主题教育，坚持不懈用习近平新时代中国特色社会主义思想凝心铸魂，不断提高政治判断力、政治领悟力、政治执行力。始终胸怀“两个大局”，牢记“国之大者”，把执行重大决策和绍兴发展实际有机结合起来，团结奋斗、真抓实干，奋力交出高分报表。

践行依法行政，始终做到严守法治。深入践行习近平法治思想，强化法治政府建设。推进重点领域政府立法，严格执行行政决策程序。深化“大综合一体化”行政执法改革，全面推进严格规范公正文明执法。加强府院府检联动，全面落实行政机关负责人出庭应诉制度。高质量办好人大代表建议、政协提案，依法接受人大监督，自觉接受政协民主监督，主动接受监察监督、舆论监督、群众监督，不断加强审计监督、司法监督、统计监督，让权力在法治轨道上运行。

强化担当作为，始终做到务实重干。大力弘扬“胆剑精神”，图更强、争一流、敢首创，夙夜在公、领跑竞跑、勇当先锋。按照“既抓业务，又带队伍”的思路，组织开展“政府工作落实年”活动，建立工作溯源复盘机制，推动工作项目化、清单化、责任化、闭环化。大兴调查研究之风，不断提升专业素养，更好推动创新发展。健全容错免责机制，旗帜鲜明鼓励改革、支持创新。深化数字政府建设，迭代“互联网＋政务服务”应用，让企业和群众少跑腿、更省心。

坚持从严治政，始终做到廉洁奉公。坚持严的主基调不动摇，认真履行全面从严治党主体责任，让铁纪铁规内化为公职人员的自觉遵循。坚持政府“过紧日子”、群众“过好日子”，优化支出结构，把更多财力用到改善民生福祉上来。严格落实中央八项规定及其实施细则精神，加强政府系统党风廉政建设，倡导开短会、发短文，干实事、出实招，致力减轻基层负担，努力营造风清气正的政治生态。

各位代表！绍兴正处于“勇挑重担、多作贡献”的新阶段，惟有接续奋斗、埋头苦干，才能把绍兴现代化建设事业不断推向前进。让我们更加紧密地团结在以习近平同志为核心的党中央周围，在中共绍兴市委的坚强领导下，锚定目标不放松、只争朝夕抓落实，踔厉奋发、勇毅前行，以绍兴的“稳”和“进”为全国、全省大局多作贡献！

重要文件目录

【中共绍兴市委及其办公室重要文件目录】

1. 中共绍兴市委关于追授崔煜忠同志为绍兴市优秀共产党员的决定
2. 中国共产党绍兴市第八届委员会第十二次全体会议关于深入学习贯彻党的十九届六中全会精神坚定不移做“两个确立”忠诚拥护者“两个维护”示范引领者的决议
3. 中共绍兴市委 绍兴市人民政府关于表彰2021年度“改革开放创新发展突出贡献奖”先进集体和先进个人的决定
4. 中共绍兴市委 绍兴市人民政府关于公布2021年度工作目标责任制考核优秀单位的通知
5. 中共绍兴市委关于印发《中共绍兴市委常委会2022年工作要点及分工方案》的通知
6. 中共绍兴市委关于印发盛阅春同志在市第九次党代会上的工作报告的通知
7. 中国共产党绍兴市第九次代表大会关于中共绍兴市第八届委员会工作报告的决议
8. 中国共产党绍兴市第九次代表大会关于中共绍兴市第八届纪律检查委员会工作报告的决议
9. 中共绍兴市委关于加强自身建设的决定
10. 中共绍兴市委关于印发《中共绍兴市委常委会议事决策规则》

的通知
11. 中共绍兴市委关于市委常委分工的通知
12. 中共绍兴市委 绍兴市人民政府关于表彰 2021 年度“平安绍兴建设突出贡献奖”先进集体和个人的决定
13. 中共绍兴市委 绍兴市人民政府印发《关于加快建设新时代“名士之乡”人才高地的实施方案》的通知
14. 中共绍兴市委 绍兴市人民政府关于授予董学君等同志、绍兴市高速公路运营管理有限公司等单位绍兴市劳动模范、模范集体称号的决定
15. 中共绍兴市委 绍兴市人民政府关于印发《绍兴市综合立体交通网规划》的通知
16. 中共绍兴市委 绍兴市人民政府关于印发《绍兴市深入推进“五个率先”行动计划(2022—2024 年)》《绍兴市深入推进“五个率先”指标体系(2022-2026 年)(试行)》的通知
17. 中共绍兴市委关于忠实践行“八八战略”坚决做到“两个维护”奋力争当“两个先行”排头兵的决议
18. 中共绍兴市委印发《关于加快建设高水平网络大城市的实施意见》的通知
19. 中共绍兴市委关于废止、宣布失效和修改部分党的规范性文件决定
20. 中共绍兴市委关于认真学习宣传贯彻党的二十大精神的通知
21. 中共绍兴市委 绍兴市人民政府关于印发《绍兴市深化国防动员体制改革实施方案》的通知
22. 中共绍兴市委 绍兴市人民政府关于支持绍兴文理学院高质量发展助推建设高水平网络大城市打造新时代共同富裕地的若干意见
23. 中共绍兴市委印发《关于推进新时代绍兴法院工作高质量发展的实施意见》的通知
24. 中共绍兴市委办公室 绍兴市人民政府办公室关于公布 2021 年度人才工作目标责任制和科技进步目标责任制考核结果的通知
25. 中共绍兴市委办公室 绍兴市人民政府办公室关于印发《绍兴市第 19 届亚运会工作领导小组组建方案》的通知
26. 中共绍兴市委办公室关于召开中国共产党绍兴市第九次代表大会的通知
27. 中共绍兴市委办公室 绍兴市人民政府办公室关于印发《绍兴市“十四五”文化研究工程实施方案》的通知
28. 中共绍兴市委办公室 绍兴市人民政府办公室关于成立市生态文明示范创建工作领导小组的通知
29. 中共绍兴市委办公室 绍兴市人民政府办公室关于印发《“5+4”稳进体质政策体系有关意见》的通知
30. 中共绍兴市委办公室 绍兴市人民政府办公室关于印发进一步加强招商引智工作实施办法的通知
31. 中共绍兴市委办公室印发《关于高水平推进新时代文化绍兴工程的实施意见》的通知
32. 中共绍兴市委办公室 绍兴市人民政府办公室关于印发《加强督查检查考核规范管理工作的十条举措》和《绍兴市 2022 年全年性督查检查考核年度计划》的通知
33. 中共绍兴市委办公室绍兴市人民政府办公室关于印发《绍兴市推进“大综合一体化”行政执法改革方案》的通知
34. 中共绍兴市委办公室 绍兴市人民政府办公室印发《关于进一步加强统计基层基础建设的意见》的通知
35. 中共绍兴市委办公室 绍兴市人民政府办公室关于成立市保障物流畅通促进产业链供应链稳定总指挥部的通知
36. 中共绍兴市委办公室 绍兴市人民政府办公室关于印发《2022 年度重点工作清单》的通知
37. 中共绍兴市委办公室 绍兴人民政府办公室关于印发《2022 年度工作目标责任制考核办法》的通知
38. 中共绍兴市委办公室 绍兴市人民政府办公室关于调整黄酒集团 浙江古越龙山绍兴酒股份有限公司管理体制的实施意见
39. 中共绍兴市委办公室 绍兴市人民政府办公室关于印发《绍兴市人才发展集团有限公司组建实施方案》的通知
40. 中共绍兴市委办公室 绍兴市人民政府办公室关于印发《2022 年党风廉政建设和反腐败工作组织领导与责任分工》的通知
41. 中共绍兴市委办公室印发《关于深化基层党建“三张金名片”统领网格智治的实施方案》的通知
42. 中共绍兴市委办公室关于公布保留的市委议事协调机构名单的通知
43. 中共绍兴市委办公室 绍兴市人民政府办公室印发《关于深化“县乡一体、条抓块统”改革推进基层智治系统建设的实施方案》的通知
44. 中共绍兴市委办公室关于印发《中共绍兴市委党的建设工作领导小组 2022 年工作要点》的通知
45. 中共绍兴市委办公室印发《贯彻落实〈中共浙江省委关于加强党建统领提高党的领导力组织力的若干意见〉责任清单》的通知
46. 中共绍兴市委办公室 绍兴市人民政府办公室关于印发《绍兴市高水平推进新时代思想整治工作责任清单》的通知
47. 中共绍兴市委办公室关于印发《中共绍兴市委巡察工作规划(2022—2026 年)》的通知
48. 中共绍兴市委办公室 绍兴市人民政府办公室印发《关于毛泽东同志批示学习推广“枫桥经验”60 周年暨习近平总书记指示坚持发展“枫桥经验”20 周年纪念活动方案》的通知
49. 中共绍兴市委办公室 绍兴市人民政府办公室关于印发《绍兴市贯彻落实 2021 年省委生态环境保护专项督察报告反馈问题整改方案》的通知
50. 中共绍兴市委办公室 绍兴市人民政府办公室关于调整市本级与越城区交通运输领域相关事权的实施意见
51. 中共绍兴市委办公室关于成立市委全民国防教育工作领导小

组的通知

52. 中共绍兴市委办公室 绍兴市人民政府办公室关于印发《促进社会组织高质量发展助力共同富裕示范区建设若干措施》的通知
53. 中共绍兴市委办公室 绍兴市人民政府办公室关于印发《绍兴市加快农民增收促进共同富裕行动方案(2022—2025 年)》的通知
54. 中共绍兴市委办公室印发《关于当前我市意识形态领域形势的通报》的通知
55. 中共绍兴市委办公室印发《关于推动党史学习教育常态化长效化的实施方案》的通知
56. 中共绍兴市委办公室 绍兴市人民政府办公室关于全市域建设高能级战略平台的指导意见
57. 中共绍兴市委办公室印发《关于进一步加强新时代党史和文献工作的实施方案》的通知
58. 中共绍兴市委办公室印发《关于高质量做好巡察整改工作的九项措施》的通知
59. 中共绍兴市委办公室 绍兴市人民政府办公室关于印发《绍兴市 2023 年"抢开局、稳增长"十二项举措》的通知
60. 中共绍兴市委办公室 绍兴市人民政府办公室关于打造新时代高技能人才高地助力先进制造业强市建设的实施意见(2022—2025 年)

【绍兴市人民政府及其办公室重要文件目录】

1. 绍兴市人民政府关于印发绍兴市新一轮制造业"腾笼换鸟、凤凰涅槃"攻坚行动方案的通知
2. 绍兴市人民政府关于印发绍兴市人民政府工作规则的通知
3. 绍兴市人民政府关于进一步加强政府自身建设的意见
4. 绍兴市人民政府关于实施科技强农机械强农行动大力提升农业生产效率的实施意见
5. 绍兴市人民政府关于市长、副市长分工的通知
6. 绍兴市人民政府关于下达 2022 年绍兴市国民经济和社会发展计划的通知
7. 绍兴市人民政府关于公布绍兴市综合行政执法事项扩展目录的通告
8. 绍兴市人民政府关于印发绍兴市生态文明建设规划(修编)(2021—2030 年)的通知
9. 绍兴市人民政府关于动态调整全市城乡低保标准的通知
10. 绍兴市人民政府关于印发《绍兴市全民健身实施计划(2022—2025 年)》的通知
11. 绍兴市人民政府关于调整部分副市长分工的通知
12. 绍兴市人民政府关于公布《绍兴市新增综合行政执法事项统一目录(2022 年)》和《绍兴市综合行政执法建设领域调整事项目录》的通告
13. 绍兴市人民政府关于实施"4151"计划打造先进制造业强市的意见
14. 绍兴市人民政府关于公布绍兴市区集体建设用地基准地价、农用地基准地价和城镇标定地价成果的通知
15. 绍兴市人民政府　浙江省发展和改革委员会浙江省科学技术厅关于印发《绍兴科创走廊发展规划》的通知
16. 绍兴市人民政府关于印发《绍兴市"2335"外贸保稳提质行动方案(2022—2025 年)》的通知
17. 绍兴市人民政府关于印发《绍兴市"一老一小"整体解决方案》的通知
18. 绍兴市人民政府关于印发《绍兴市区国有土地上房屋征收与补偿实施办法(修订)》的通知
19. 绍兴市人民政府关于印发《绍兴市加快推进数字政府建设实施方案》的通知
20. 绍兴市人民政府办公室关于印发《绍兴市极端天气"村安工程"三年行动计划(2022—2024 年)》的通知
21. 绍兴市人民政府办公室关于印发《绍兴市深化基层卫生健康综合改革实施方案》的通知
22. 绍兴市人民政府办公室关于进一步完善和落实劳动模范医疗补助待遇的通知
23. 绍兴市人民政府办公室关于加快发展保障性租赁住房的实施意见
24. 绍兴市人民政府办公室关于进一步加强行政规范性文件合法性审核和监督管理工作的通知
25. 绍兴市人民政府办公室关于印发《绍兴市全民科学素质行动规划纲要实施方案(2022—2025 年)》的通知
26. 绍兴市人民政府办公室关于金融支持激发市场主体活力的意见
27. 绍兴市人民政府办公室关于做好住户调查大样本轮换工作的通知
28. 绍兴市人民政府办公室关于印发《加快推进工业经济高质量发展若干政策等八个政策》的通知
29. 绍兴市人民政府办公室关于公布 2022 年度市政府重大行政决策事项目录的通知
30. 绍兴市人民政府办公室关于市政府办公室(研究室、机关事务局)班子成员分工的通知
31. 绍兴市人民政府办公室关于贯彻落实《国务院办公厅关于推进医疗保障基金监管制度体系改革的指导意见》的通知
32. 绍兴市人民政府办公室关于贯彻落实《绍兴市居家养老服务条例》的实施意见
33. 绍兴市人民政府办公室关于印发《绍兴市江河流域生态修复和生物多样性保护行动方案(2022—2025 年)》的通知
34. 绍兴市人民政府办公室关于推动绍兴建筑业改革创新高质量发展的实施意见
35. 绍兴市人民政府办公室关于印发《绍兴市新一轮亚运城市行动计划(2022—2023 年)》的通知

36. 绍兴市人民政府办公室关于印发《绍兴市推动外贸保稳提质若干政策》的通知
37. 绍兴市人民政府办公室关于印发《绍兴市盘活存量资产扩大有效投资实施方案》的通知
38. 绍兴市人民政府办公室关于印发《绍兴市全域“无废城市”建设实施方案(2022—2025 年)》的通知
39. 绍兴市人民政府办公室关于印发《绍兴市生产安全事故应急预案》的通知
40. 绍兴市人民政府办公室关于印发《绍兴市创建国家社会信用体系建设示范区工作方案》的通知
41. 绍兴市人民政府办公室关于进一步规范招商引资工作流程管理的若干意见
42. 绍兴市人民政府办公室关于印发《高标准建设绍兴市能源基础设施网络总体方案》的通知
43. 绍兴市人民政府办公室关于印发《绍兴市标准创新贡献奖管理办法》的通知
44. 绍兴市人民政府办公室关于进一步规范土地储备工作的意见
45. 绍兴市人民政府办公室关于印发《绍兴市征收集体所有土地管理办法》的通知
46. 绍兴市人民政府办公室关于印发《绍兴市突发重大动物疫情应急预案》《绍兴市农作物生物灾害防控应急预案》的通知
47. 绍兴市人民政府办公室关于实施绍兴市军人军属、退役军人和其他优抚对象基本优待目录清单的通知

（市委办　傅　江，市府办　期持恒）

统计资料

2022 年绍兴市生产总值统计表

表 121

年份	地区生产总值（万元）	产业增加值（万元）			行业增加值（万元）		
		第一产业	第二产业	第三产业	农林牧渔业	工业	建筑业
2012	36775219	1772070	20103670	14899479	1772070	17461304	2642366
2013	40108363	1823173	21616480	16668710	1838471	18695337	2939885
2014	42351578	1844064	22403855	18103658	1859464	19251474	3173483
2015	44246910	1878346	22790348	19578216	1894514	19496830	3308131
2016	46971537	1948750	23852125	21170662	1966483	20421260	3443605
2017	50274840	1957222	25064231	23253387	1977889	21232326	3841986
2018	53827168	1960418	26296881	25569870	1983887	21900877	4404781
2019	57855103	2083106	27503931	28268066	2109755	22952712	4563053
2020	59637551	2213251	27067768	30356532	2240369	22370825	4707727
2021	68034129	2321127	32165557	33547444	2349004	26809770	5367239
2022	73505510	2435488	35977530	35092493	2466707	30295311	5694459

2022 年绍兴市社会消费品零售总额

表 122

指标	绝对数（亿元）	比 2021 年增长（%）
社会消费品零售总额	2586	4.4
按销售单位所在地分		
1. 城镇	1952	4.5
2. 乡村	634	4.0
按品种分(限额以上)		
1. 金银珠宝类	40	18
2. 石油及制品类	84	-15.9
3. 粮油、食品、饮料、烟酒类	77	22.0
4. 汽车类	334	8.8

2022 年浙江省各市国民经济主要指标统计表

表 123

城市	年末常住人口（万人）	生产总值（亿元）	第一产业（亿元）	第二产业（亿元）	第三产业（亿元）	工业（亿元）	人均生产总值（元）	社会消费品零售总额（亿元）	进口总额（亿元）	出口总额（亿元）	财政总收入（亿元）	一般公共预算收入（亿元）	一般公共预算支出（亿元）	住户存款年末余额（亿元）	城镇居民人均可支配收入（元）	农村居民人均可支配收入（元）
杭州市	1237.6	18753	346	5620	12787	4922	152588	7293.56	2424.16	5140.65	4590.08	2450.61	2542.09	19598.76	77043	45183
宁波市	961.8	15704	382	7413	7909	6682	163911	4896.72	4440.67	8230.59	3358.63	1680.23	2187.81	11749.75	76690	45487
温州市	967.9	8030	177	3381	4471	2706	83107	3944.10	447.55	2502.00	917.10	573.85	1137.74	11095.88	73326	38482
嘉兴市	555.1	6739	144	3720	2876	3379	121794	2342.73	1186.92	3213.08	1029.99	596.47	827.71	6359.20	72096	46276
湖州市	341.3	3850	161	1966	1723	1772	112902	1596.15	129.44	1500.13	674.50	387.30	601.92	3678.70	71044	44112
绍兴市	535.3	7351	244	3598	3509	3030	137522	2585.91	282.96	3408.98	821.64	540.09	804.86	7041.24	76199	45709
金华市	712.7	5562	162	2328	3072	2021	78086	2965.30	882.17	5956.57	779.41	489.16	830.40	7785.28	69626	35630
衢州市	229.0	2003	93	874	1036	716	87544	878.06	210.59	401.93	277.88	173.10	567.70	2118.68	57465	31468
舟山市	117.0	1951	171	950	830	840	167134	575.24	2226.28	1155.50	407.64	156.15	354.27	1544.12	71965	45924
台州市	667.8	6041	330	2639	3072	2239	90572	2585.98	245.15	2526.69	726.54	440.75	834.93	7855.38	70737	37700
丽水市	251.5	1831	118	706	1007	566	72812	804.84	35.32	289.26	280.29	170.86	607.10	2760.23	55784	28470

2022年浙江省各市农、林、牧、渔业总产值统计表

表124　　单位:亿元

城市	农、林、牧、渔业总产值	农业产值	林业产值	牧业产值	渔业产值	农林牧渔专业及辅助性活动产值
杭州市	515.75	321.04	59.89	58.98	51.06	24.77
宁波市	589.82	275.58	17.20	41.71	228.49	26.84
温州市	277.50	124.55	7.48	37.28	101.64	6.55
嘉兴市	235.91	136.80	1.79	34.37	43.22	19.73
湖州市	266.60	112.30	22.80	22.02	93.89	15.59
绍兴市	356.30	237.46	32.12	36.39	44.71	5.62
金华市	259.24	171.21	6.35	55.53	16.39	9.78
衢州市	148.02	76.36	14.26	44.39	9.96	3.05
舟山市	305.52	11.37	0.30	4.02	288.42	1.41
台州市	572.06	193.23	6.31	38.06	326.79	7.66
丽水市	169.86	112.35	24.88	25.02	5.11	2.50

2022年浙江省各市工业企业经济指标统计表

表125　　单位:亿元

城市	流动资产合计	资产总计	营业收入	营业成本	利税总额	税金及附加	应交增值税	利润总额
杭州市	17541.50	27707.42	21288.42	20237.29	2353.25	343.17	467.04	1543.04
宁波市	15474.79	26006.47	25406.41	21855.49	2336.12	494.42	423.70	1418.01
温州市	5177.87	8874.00	7373.72	6237.59	590.02	30.26	194.32	365.44
嘉兴市	9773.25	17209.13	15113.58	13284.80	1035.33	56.05	279.63	699.65
湖州市	4672.19	7666.65	7380.04	6447.39	538.60	36.61	143.27	358.73
绍兴市	6235.77	11349.84	8637.08	7337.52	773.88	35.12	192.91	545.84
金华市	4286.37	7374.93	7033.03	6114.06	433.82	25.07	136.91	271.85
衢州市	2003.55	3590.13	3095.30	2696.82	230.15	10.98	52.94	166.24
舟山市	1686.76	4858.82	3406.17	2929.31	362.18	200.57	75.94	85.67
台州市	4890.03	9373.41	6908.45	5755.02	584.99	39.09	142.15	403.75
丽水市	1332.31	2191.54	2079.02	1794.35	181.91	8.33	57.79	115.80

2022年浙江省各市房地产投资统计表

表126

城市	房地产开发投资	住宅	商品房屋销售面积（万平方米）	商品房屋销售额（亿元）
杭州市	3889.10	2441.88	1393.66	4532.41
宁波市	2131.68	1432.85	1128.80	1937.58
温州市	1540.67	1168.19	673.27	1056.56
嘉兴市	1038.66	815.68	542.45	823.74
湖州市	704.07	555.11	568.91	677.45
绍兴市	1067.89	785.64	783.90	1163.75
金华市	788.41	612.74	460.33	841.21
衢州市	265.57	207.67	146.17	185.23
舟山市	197.86	143.44	104.96	136.65
台州市	972.36	670.04	765.48	1019.58
丽水市	343.25	253.32	247.41	285.99

2022年浙江省各市公路里程、邮电通信和用电量情况统计表

表127

城市	境内公路里程（千米）	高速公路（千米）	民用汽车拥有量（辆）	快递业务收入（万元）	年末移动电话用户数（万户）	固定互联网宽带接入用户数（万户）	电信业务收入（万元）	全年用电量（亿千瓦小时）	工业用电（亿千瓦小时）	城乡居民生活用电（亿千瓦小时）
杭州市	16632	801	3848341	3355474	1849.57	696	2570624	949.85	422.04	194.14
宁波市	11470	584	3357053	1303778	1385.40	518	1539864	972.66	674.67	134.21
温州市	15533	608	2523736	1030664	1254.90	501	1474666	536.45	286.15	138.12
嘉兴市	8246	428	1808274	1053404	725.56	274	793322	653.34	495.84	71.27
湖州市	8222	452	1075164	401789	459.86	175	520972	360.21	247.24	49.37
绍兴市	10480	565	1974312	507834	704.07	257	711235	526.39	383.55	68.83
金华市	13232	408	2486349	3417987	1001.66	369	1057208	505.17	311.65	89.34
衢州市	8735	422	570057	76542	270.41	114	266194	225.05	166.77	28.37
舟山市	1935	70	236200	52793	187.34	69	193027	182.62	142.27	13.84
台州市	13298	500	2104562	732709	955.11	312	936237	410.87	251.02	90.49
丽水市	15135	452	516878	116433	285.05	116	281285	139.08	81.28	29.33

2022年浙江省各市国内贸易情况统计表

表128

城市	社会消费品零售总额（亿元）	限额以上批发零售业商品销售额(亿元）	限额以上批发零售企业数（个）	零售（亿元）
杭州市	7293.56	44511.51	7203	1800
宁波市	4896.72	46799.79	8873	1257
温州市	3944.10	10822.54	3396	867
嘉兴市	2342.73	5910.56	2192	532
湖州市	1596.15	5131.94	1085	343
绍兴市	2585.91	6464.45	3652	650
金华市	2965.30	3979.59	2179	757
衢州市	878.06	1199.21	817	255
舟山市	575.24	5719.31	620	110
台州市	2585.98	4169.44	1913	729
丽水市	804.84	2536.16	613	349

2022年浙江省各市利用外资情况统计表

表129

各 市	企业家数	同比增长（%）	合同外资金额（万美元）	同比增长（%）	实际使用外资金额（万美元）	同比增长（%）	年度目标数（万美元）	目标进度(%）
总 计	2910	−18.0	4339798	12.7	1929978	5.2	1800000	107.2
杭州市	840	−15.1	1348919	35.8	781238	−4.4	772000	101.2
宁波市	410	−27.3	574618	−33.5	372658	13.8	325000	114.7
温州市	81	−29.6	169417	17.4	61244	12.5	50000	122.5
湖州市	165	−35.0	719137	31.5	157713	48.9	130000	121.3
嘉兴市	326	−8.4	630118	6.0	315760	3.8	295000	107.0
绍兴市	231	6.9	209631	7.9	101773	34.0	79600	127.9
金华市	679	−18.8	185984	55.5	46830	9.2	46000	101.8
衢州市	21	−16.0	118193	231.3	10470	36.4	6200	168.9
舟山市	59	−9.2	321788	105.8	46276	11.7	46000	100.6
台州市	67	−17.3	36620	−50.7	24143	−50.0	44000	54.9
丽水市	31	−32.6	25373	−80.3	11873	38.6	6200	191.5

（市统计局　徐琼瑛）

著述书目提要

【人物传记与研究类】

《大道至简：陈忠阳的匠心筑梦路》 陈亚红著，平装16开本，线装书局2022年1月第1版。该书以传记手法刻画新昌中夏建筑发展有限公司董事长陈忠阳的传奇创业人生。

《陆游：一树梅花一放翁》 华籽著，平装32开本，天津人民出版社2022年2月第1版。该书收录陆游大部分重要的诗作，按时间线将陆游的生平与他的作品融合起来进行讲述和诠释，结合当时复杂的时代背景，讲述陆游坎坷的一生。

《清白泉吟：范仲淹在越州》 赵飞霞著，平装16开本，浙江工商大学出版社2022年3月第1版。该书由“一代圣贤”，科普范仲淹其人其事；“泽被越州”，挖掘整理范公知越之政事政绩；“清辉遗韵”，体悟范公思想历史遗韵，探究清白泉时代精神；“廉印古城”，阐述“清白泉”廉政文化品牌引领下，清廉绍兴建设的生动实践四个篇章组成。

《鲁迅的故事》 张梦阳著，平装16开本，华文出版社2022年4月第1版。该书以故事形式讲述鲁迅从出生、上学、成长到接受新学，留学日本、任职教育部，到登上现代文坛成为中国现代文学大师，到上海成为左翼盟主的一生及时代的简传。

《回首之间》 王则信著，平装32开本，香港出版社2022年6月第1版。该书记叙作者在绍兴从政4年的经历。

《周清传》 周国洪、叶芳芳著，平装32开本，上海交通大学出版社2022年8月第1版。该书以绍兴黄酒名人周清家族史为基础，以周清个人成长史为脉络，记述绍兴东浦周溇周氏后裔周清“教育救国”“实业救国”的传奇一生。

【文艺类】

《零空图》 周建达著，平装16开本，宁波出版社2022年1月第1版。该书以书写“弱势人群”的生存现状为主，注视那些在喧嚣中挣扎的底层男女，表现社会运行与个人命运的冲突，再现小人物的苦难和抗争，展示人生与人性的断裂。

《绍剧猴戏》 刘建杨 张钢乐主编 陈丽译，精装16开本，当代中国出版社2022年1月第1版。本书以中英文对照版的形式从绍剧猴戏的发展历史、经典剧目、独特形象、表演技艺、展演足迹，社会评价等角度出发，图文并茂地展现绍剧猴戏。

《妙参造化　心随天籁——我的雕刻艺术生涯》 郑兴国著，平装16开本，浙江摄影出版社2022年2月第1版。本书透过光影镜像的表达方式，诠释郑兴国四十年的艺路跋涉以及他的创作主张和审美取向。

《月在沃洲山上》 娄国耀著，平装16开本，线装书局2022年2月第1版。该书讲述了发生在浙东唐诗之路剡中新昌的故事。

《流觞曲水》 浙江兰亭王羲之艺术研究院编，平装16开本，西泠印社出版社2022年2月第1版。该书是首届“王羲之杯”书法艺术大展260位获奖者和当代书法篆刻名家特约作品的汇集。作品以王羲之“兰亭集序”中的文词或段落为内容，书法篆刻诸体皆备。

《妙参造化　心随天籁》 郑兴国著，平装16开本，浙江摄影出版社2022年2月第1版。该书透过光影镜像的表达方式，诠释作者40年的艺路跋涉以及他的创作主张和审美取向。

《生死对决》 叶坚著，平装16开本，上海文艺出版社2022年3月第1版。该书是一部长篇小说，既有对社会的思考、对亲情的体察、对生死的感悟，也有作者这个年龄段所特有的岁月质感和洞察。

《艳映朝霞——郭利红中国画作品集》 郭利红著，精装6开本，浙江人民美术出版社2022年3月第1版。本画集收录了郭利红近几年创作的90多幅花鸟画作品。其中包括多次在国内各类书画展中展出并获奖的画作。

《悦读余香》 绍兴图书馆编，平装16开本，浙江人民出版社2022年4月第1版。该书是“越读越有味 全民读好书”全民阅读主题活动系列征文集的第二部，收录“学党史　读经典”主题征文中的精粹。

《寻味诗路》 周一农著，平装32开本，海豚出版社2022年4月第1版。该书是一部散文集。作者由生活中的美食切入，向读者介绍食趣背后的生活常识、地理奥秘、历史渊源、文化思考等。

《越剧百年图说》 宓风光绘，俞伟、黄士波文。精装8开本，浙江人民美术出版社2022年5月第1版。该书分越剧的诞生、越剧进上海、越剧大繁荣、越剧的故乡四个部分，以文说图，以图释文，包含100幅原创白描画和约6万字的专业配文。

《浙东唐诗之路唐诗全编》（上、下册） 卢盛江编撰，精装32开本，中华书局2022年6月第1版。该书从《全唐诗》《全唐诗补编》《会稽掇英总集》等文献中辑录与浙东特别是与其人文风光相关的唐、五代诗词，按作者生年先后编成，并简要介绍作者的生卒年代、籍贯或出生地、是否曾游浙东以及何时游浙东等情况。

《绍兴诗歌选(2011—2020)》 绍兴诗歌编委会编，平装32开本，光明日报出版社2022年7月第1版。该书共收集61位诗人的310余首诗歌，均选自省级文学刊物及以书号形式正式出版的有影响的诗歌刊物。书中附录新世纪以来绍兴诗人出版诗集的情况。

《徐渭集诗文辑佚》 余晓栋辑校，平装32开本，浙江古籍出版社2022年7月第1版。该书是对明代文人徐渭诗文的辑佚。除息抄本之“徐文长佚草”五卷外，另有“天池杂稿”中之部分篇章，在编排上前五卷以息抄本为底本，前有张岱、郑梁、徐沁等序文，作为附录一并附于书后。

《一片枫叶的偶然》 汪志成著，平装32开本，九天文学出版社 2022 年 7 月第 1 版。本诗集分“景物卷”“情怀卷”“乡味卷”三部分，收录了作者诗歌创作中的精品力作。

《搜妙创真——张继钟作品集》 张继钟著，平装 16 开本，西泠印社出版社 2022 年 8 月第 1 版。该书收录作者近 10 年来创作的作品和照片资料等。

《高古奇骇——陈洪绶书画作品展》 绍兴博物馆编，精装 16 开本，故宫出版社 2022 年 10 月第 1 版。该书是绍兴市携手国内 35 家文博单位为纪念陈洪绶逝世三百七十周年举办的“高古奇骇——陈洪绶书画作品展”的文本版，以陈洪绶人物画为重点，选取其不同时期、不同题材的书画作品一百件(组)，并兼及其文化背景和师友传承。

《写给陈小姐》 爽心著，平装 32 开本，上海文艺出版社 2022 年 11 月第 1 版。该书选取作者近 5 年创作的诗歌 112 首，记录寻常生活中的美好瞬间。

《绍兴近现代名人手札拾遗》 绍兴市档案馆编，精装 16 开本，西泠印社出版社 2022 年 12 月第 1 版。本书收入自周介孚起，至周海婴止，共四十二位绍兴近现代各界名人的九十通手泽，时间跨度自 19 世纪后期至 20 世纪 70 年代末。既有公函也有私札，内容广泛，包括家政国事、亲友通问、介绍工作、论文说艺、探讨学述等。

【地情资料类】

《名家笔下的老绍兴》 鲍国潮、谢国民主编，平装 16 开本，济南出版社 2022 年 1 月第 1 版。该书分八章，精选历代名家的诗文，展示了绍兴的人文、地理、历史、民俗、特产。

《绍兴市地图集》 绍兴市自然资源和规划局编制，精装 8 开本，中国地图出版社 2022 年 2 月第 1 版。本地图集由序图组、自然资源图组、人文经济图组、区域地理图组和发展规划图组五部分组成，内容涉及交通、区划、水利、人口、气象、经济、旅游、工业、农业等方面。

《绍兴古城地名文化》(上、下册) 屠剑虹著，平装 16 开本，百花文艺出版社 2022 年 2 月第 1 版。该书以环城河之内为选题的基本地域范围，按名人、教育、宗教、军事及其他具有标志性的地名共分 19 类，记载了现存的道路、桥梁、河道、池井、山脉等。

《绍兴名贤与传统法律文化》 余钊飞、范依畴著，平装 16 开本，知识产权出版社 2022 年 4 月第 1 版。该书对勾践、刘宗周、王阳明、梁柏台、蔡元培、周恩来等的法治思想进行提取、凝练。

《新昌彩烟文化志》 该书编纂委员会编著，精装 16 开本，浙江大学出版社 2022 年 4 月第 1 版。该书是新昌县首部乡镇地方文化志。全志设序言、概述、大事记及分志 16 编，共 50 多万字、400 多幅图片，将诸多或散见于稗官野史、或留存于旧址遗迹、或传唱于民间口头、或凝固于生活习俗的传统历史文化串珠成链。

《嵊州家训(上、下)》 施钰兴编注，精装 16 开本，中国文史出版社 2022 年 4 月第 1 版。该书刊载嵊州宗谱或祠堂内的家训、家规、家政、家范，共 80 姓，181 篇。

《浙江省新时代美丽乡村实践研究——以绍兴市“六美”乡村为例》 郑嫣然 刘雷编著，平装 16 开本，中国农业科学技术出版社 2022 年 5 月第 1 版。本书从浙江乡村振兴的理论出发，重点对绍兴市及所辖六区市县区域的新时代乡村建设规划进行分析研究，总结经验。

《二十五史中立传的绍兴人》(上、下册) 绍兴市文史研究馆编，精装 16 开本，中华书局 2022 年 5 月第 1 版。该书甄选现行绍兴行政区划范围内的 367 位传主，包括本籍人士、定居人士、对绍兴作出杰出贡献的人士等，并以历史时代分期、按人物生卒年排序予以编排辑录，汇集成册。

《震元良方:震元堂经典名方集》 吴海明主编，线装 16 开本，科学技术文献出版社 2022 年 5 月第 1 版。该书从《震元堂家传药谱》1942 年手抄本中精选 270 首经典名方，按原书分类方法分成 11 大类，并按原文进行直录和注释，补注功能主治。

《勾嵊山传奇》 诸暨市安华镇勾乘山村村民委员会主编，平装 16 开本，中国国际广播出版社 2022 年 5 月第 1 版。该书由“勾嵊溯源”“越地人文”“山水遗迹”“风物文化”四部分组成，对勾嵊山口口相传的民间故事进行了收集和深度的提炼加工。

《绍兴民国文献小丛书(第一辑)》 绍兴图书馆编，线装本，广陵书社 2022 年 6 月第 1 版。本丛书以线装影印的方式遴选四种民国期间出版的平装本绍兴地方文献，包含《越游便览》《祀禹录》《绍兴酒酿造法之研究》《绍兴之丝绸》，内容涉及民国绍兴的交通、城镇、景致、风俗、技法、名产等。

《浣江觅珠》 周煦凤著，平装 32 开本，云南人民出版社 2022 年 7 月第 1 版。该书梳理诸暨文化艺术的行进足迹，记录历史上发生的文化事象、趣闻逸事和文化人物。

《蜀阜村志》 柯桥区华舍街道《蜀阜村志》编纂委员会编，精装 16 开本，中国广播电视出版社 2022 年 7 月第 1 版。该书在概述、大事记后按事物性质分为村庄、人口、村民生活、村级组织、农业、渔业、工业、商贸服务业、教育、卫生、文化体育、人物、方言俗语民谚、丛录等 14 章，辅以图、表、照、传、录。

《诸暨市科学技术志》 诸暨市科学技术协会编，精装 16 开本，团结出版社 2022 年 8 月第 1 版。该书由概述、大事记、专门志、诸暨籍院士简介及文献资料辑成组成，上限追溯至诸暨出现科技类组织的民国初年，重点记述 1984 年县科协独立建制后到 2021 年七届科协工作。

《书声千载》 张斯鸿编著，精装 8 开本，中国书店 2022 年 8 月第 1 次印刷。本书是新昌鼓山书院修复后，由新昌县博物馆策划、布置的“书声千载——鼓山书院历史文化陈列展”后，辑展览成果而成之书。借助古书院特有的历史重感与文化背景，深度展示新昌儒学文化与教育文化。

《珍珠有泪》 何延东著，平装 32 开本，浙江工商大学出版社 2022 年 8 月第 1 版。该书收录作者文章 13 篇，讲述“一代”珍珠人及“珠二代”的创业历程。

《2022 年绍兴发展研究报告》 中共绍兴市委党校编，平装

16 开本，国家行政学院出版社 2022 年 9 月第 1 版。该书立足绍兴实际，涵盖经济、政治、文化、社会、生态文明和党的建设六大领域，设立市域篇、县域篇、改革篇 3 个篇章 22 个专题，展现 2021 年绍兴市经济社会发展的生动实践，提出 2022 年发展的对策建议。

《越城文物览胜·石上书》 绍兴市越城区文物保护所编，精装 16 开本，浙江摄影出版社 2022 年 9 月第 1 版。该书收录越城区域内的碑刻，以摩崖、巨碑为多，也收集墓志、井圈之外石质类文物。

《越城文物览胜·古桥》 绍兴市越城区文物保护所编，精装 16 开本，浙江摄影出版社 2022 年 9 月第 1 版。该书收录越城区域内的全国重点文物保护单位古桥 9 座，浙江省及县(市、区)级文物保护单位古桥 16 座，文物保护点古桥 29 座。

《越城文物览胜·屋檐下》 绍兴市越城区文物保护所编，精装 16 开本，浙江摄影出版社 2022 年 9 月第 1 版。该书收录越城区域内的老台门、名人故居、宗祠等 57 处，以文字、现状图等形式，记载明清建筑的历史和文化内涵。

《上虞与浙东唐诗之路》 绍兴市上虞区文化广电旅游局编，平装 16 开本，西泠印社出版社 2022 年 9 月第 1 版。本书以运河、曹娥江为纬，以景观为经，收录唐诗 100 首。并编选了 10 位绍兴市专家、学者关于上虞浙东唐诗之路的文稿。

《红色记忆：店口镇革命遗址图志记文》 郦校忠编著，平装 16 开本，中国文化出版社 2022 年 9 月第 1 版。该书记载自 1919 年五四运动爆发到 1949 年诸暨县解放的时间内，在店口镇发生以及店口人在外地的重要革命活动的图、址、记、文。

《安昌的故事》 徐宝堂、吴金鑫主编，平装 32 开本，中国书籍出版社 2022 年 9 月第 1 版。该书分史话安昌、人文安昌、乡贤安昌三篇，反映了安昌历史和现状。

《共同富裕先行的绍兴实践》 中共绍兴市委党校编著，平装 16 开本，浙江人民出版社 2022 年 11 月第 1 版。该书分“创新之城”“开放之城”“生活之城”“品质之城”“善治之城”五个篇章，回顾绍兴聚焦聚力“五个率先”、加快打造“五个之城”的实践探索，总结经验成效、分析短板弱项、提出对策建议。

《绍兴图书馆史》 绍兴图书馆编，精装 16 开本，天津大学出版社 2022 年 11 月第 1 版。该书以编年体的形式记载百年间绍兴图书馆的历史，展示图书馆的历史贡献与获得成就，记述绍兴图书馆在市民服务中的专业性工作和工作成绩。

《新时代枫桥经验论要》 金伯中著，平装 16 开本，浙江人民出版社 2022 年 11 月第 1 版。本书是作者在不同历史时期和发展阶段对“枫桥经验”的认识和思考。

《绍兴年鉴(2022)》 绍兴市地方志编纂室编，精装 16 开本，方志出版社 2022 年 12 月第 1 版。该鉴是《绍兴年鉴》创刊后的第 23 部。全鉴由卷首、百科、卷尾三部分组成，按类目、分目、条目三个层次框架编排。卷首设彩页、地图、目录、特载、专记、大事记和市情概要；百科部分按事物属性设 36 个类目、247 个分目，有表格 89 张，图 2 张，随文照片 224 幅；卷尾设索引。该书记述了 2021 年绍兴市经济、政治、文化、社会、生态建设等方面的基本情况、重大举措、重要经验和重大事件等。

《柯桥年鉴(2022)》 绍兴市柯桥区地方志编纂委员会编，精装 16 开本，方志出版社 2022 年 12 月第 1 版。该书记述柯桥区 2021 年度政治、经济、文化、社会和生态文明的基本面貌及发展状况，重点记述年度内的大事、要事、特事，反映其内在的新变化、新经验、新问题。

《柯桥区慈善志》 绍兴市柯桥区地方志编纂委员会编，精装 16 开本，方志出版社 2022 年 12 月第 1 版。该书对柯桥区慈善机构、慈善人物、慈善事件等如实、完整、全面载录，叙述其始末因由、发展演变等情形。重点记述改革开放以来柯桥区慈善事业的发展历史。

《诸暨“民俗杂识”》 周煦凤著，诸暨市档案馆编，精装 16 开本，中国书籍出版社 2022 年 12 月第 1 版。该书分为生产、生活、商贸、礼仪、艺文、信仰、陋俗、语言等八大类别，记载诸暨地区保持、传承和延续着的民间民俗。

《浙水遗韵·理水绍兴》 王建勇主编，精装 16 开本，杭州出版社 2022 年 12 月第 1 版。本书讲述绍兴水文化的特点、生成背景、基本分类、突出成就、典型代表和对中国及世界的影响。书中描述了绍兴市六百余个各类水利工程遗产及其形成与沿革、地理环境、建筑特色、历史价值、科技价值、艺术价值、社会价值等。

【学术研究类】

《越韵五声》 陈荣力著，平装 16 开本，宁波出版社 2022 年 2 月第 1 版。该书收录作者近 10 年发表的 60 篇散文作品，由美食“越调”、风物“绍板”、岁月“滩簧”、人事“宣卷”、艺文“调腔”五部分组成，展示越地(绍兴)的美食、风物、地理、人文及人物。

《越剧流派演唱艺术》 陈丹丹著，平装 16 开本，浙江大学出版社 2022 年 1 月第 1 版。该书从越剧的诞生开篇，介绍流派形成，介绍流派创始人的表演艺术等。

《浙东唐诗之路学术文化编年史》 李招红编著，精装 32 开本，中华书局 2022 年 3 月第 1 版。该书系统地载录了 1967 至 2020 年间，浙东唐诗之路学术文化产生、发展、勃兴的整个历程。

《越剧服饰设计》 韩燕娜著，平装 16 开本，中国纺织出版社 2022 年 3 月第 1 版。该书分五章，系统梳理越剧服饰设计的特色，分析越剧中典型角色的服饰特点，用现代工业制板的方式总结越剧不同角色服装的结构型制，分析服装在舞台表演中的美学价值。

《中国睡眠研究报告 2022》 喜临门睡眠研究院主编，平装 16 开本，社会科学文献出版社 2022 年 3 月第 1 版。该书解析 2021 年中国睡眠指数和居民睡眠状况的变化，不同群体睡眠调查，及睡眠与心理健康和生活质量的关系。

《陆游与浙江诗路文化研究》 绍兴市陆游研究会主编，平装 16 开本，中国社会科学出版社 2022 年 4 月第 1 版。该书由陆游本体研究、陆游接受研究、唐宋浙江诗路文化研究三部分组成，是“2020 爱国诗人陆游与浙江诗路文化”国际学术研讨会的论文选集。

《堕民消融研究》 谢一彪著，平装 16 开本，浙江大学出版社 2022 年 4 月第 1 版。该书探讨堕民由贱民群体融入平民的历史过程。

《戏剧中的西施》（全二册） 吴五六编选，平装 16 开本，中国书籍出版社 2022 年 5 月第 1 版。该书是“印象·西施”丛书之一，收录包括京剧、越剧、黄梅戏、昆剧、河北梆子、芗剧、滇剧、婺剧、锡剧、话剧、歌剧等 11 个剧种中关于西施的 16 个剧本。

《古越论剑》 绍兴市越城区国防教育委员会办公室编，精装 16 开本，广陵书社 2022 年 6 月第 1 版。该书是“古越论剑”军事文化研讨会论文集。

《阿 Q 一百年》 张梦阳著，精装 16 开本，商务印书馆 2022 年 5 月第 1 版。该书将宏观研究与微观研究相结合，从学史论、典型论、悟性论、历史论等宏观视野入手，剖析阿 Q 的言谈举止；从微观视角深入揭示阿 Q 精神现象活泼而又异常深邃的含意；从各个发展历程考察人性、民族性和阶级性的种种变化。

《地域文化与唐诗之路》 戴伟华著，精装 32 开本，中华书局 2022 年 8 月第 1 版。该书采用文学地理学的理论与方法来建构唐代诗歌创作的动态结构，尝试从文化或文学发生学的角度去探讨唐诗体式和题材的演变，进而呈现唐诗之路的部分面貌。

《圣人之道——阳明心学绍兴基因解码》 慈子编著，平装 16 开本，九州出版社 2022 年 8 月第 1 版。该书分 13 个篇章，探索研究绍兴在阳明心学的发端、成熟及完善上所起到的作用，解码阳明心学的绍兴基因，展现绍兴城市文化中的阳明文化元素。是浙江省稽山王阳明研究院课题成果展示。

《树兰文丛　第二辑》 绍兴图书馆编，平装 16 开本，2022 年 9 月第 1 版。该书集“公共图书馆转型发展与江南藏书文化”主题征文活动作品而成。

《思想与文学——走进王阳明的精神世界》 高利华主编，平装 16 开本，浙江大学出版社 2022 年 9 月第 1 版。该书由“王阳明心学思想研究”“阳明学及阳明文化传播研究”“文学世界中的王阳明”三辑组成，是 2022 年阳明心学大会第三届全国大学生知行合一传习分论坛首发的论文集。

《守望纪程》 高军著，精装 16 开本，上海社会科学院出版社 2022 年 9 月第 1 版。该书包括两部分，一个是作者对从事的文物保护工作的思考，一个是记录作者从事文物保护工作 40 年的人与事。

《中国企业集团财务公司治理监管研究》 马林著，平装 16 开本，中国财政经济出版社 2022 年 9 月第 1 版。该书对财务公司治理监管进行全面解析和系统阐释，提出优化治理监管的具体对策和监管政策建议。

《越国简史》 王进锋编著，平装 16 开本，广陵书社 2022 年 11 月第 1 版。本书从越国的世系、历史、经济、制度、县制、疆域、文化及考古遗迹等方面，用十一个章节阐述了越国的简史。

《新时代“枫桥经验”的实践》 陈京春 潘超英 张芸著，平装 16 开本，中国检察出版社 2022 年 11 月第 1 版。本书以“枫桥经验”为理论指导，进行预防青少年新型违法犯罪数字治理的研究。

《斯楼不朽——百廿树兰纪念特辑》 绍兴市文化广电旅游局编，平装 16 开本，上海文艺出版社 2022 年 12 月第 1 版。该书由“徐树兰先生年谱”“绍兴历代藏书家与藏书楼”两部分组成。“徐树兰先生年谱”，分为世系考略、年谱、谱后、附录；“绍兴历代藏书家与藏书楼”，以绍兴藏书的六个不同发展阶段为线索，选取 45 家最具代表性的藏书家及其藏书楼，记录他们的藏书、刻书、著述事迹。

《越医文化研究文集：绍兴名老中医学术经验集萃》 钱木水主编，精装 16 开本，浙江工商大学出版社 2022 年 12 月第 1 版。该书收录绍兴市名老中医 36 名，征集文章 34 篇（合作 2 篇），由“名医风采”“杏林群贤”“非遗传承”三辑组成，内容涉及名老中医学医从医之路、主要学术观点、临床辨证论治经验及典型医案医方。

《浙江文史记忆》 李永鑫著，王永昌主编，精装 16 开本，浙江人民出版社 2022 年 12 月第 1 版。该书以历史纪年为脉络，以历史典故和重要人物为素材，用 77 则文史故事，反映了绍兴历史悠久，经济繁荣，文化鼎盛，人杰地灵的地域特点和精神风貌。

《中国越学　第十四辑》 汪俊昌 诸凤娟编，平装 16 开本，中国社会科学出版社 2022 年 12 月第 1 版。本书主要包括：论黄宗羲“读书种子”说及其自得精神、新见出土宋代墓志考释二篇、《保越录》中有关“王冕之死”的相关史事辨析、王阳明教育思想的“心学”特质及其当代价值等。

《绍兴社科智库文选 2021 卷》 绍兴市社会科学界联合会 绍兴市社会科学院编，精装 16 开本，群言出版社 2022 年 12 月第 1 版。全书分“经济产业篇”“城市文化篇”“社会政治篇”，收录相关研究文章 39 篇。

（市图书馆　戴晓红）

索引

说明

1. 本索引依照《地方志索引编制规则》(GB/T 36070—2018)的相关规则编制。

2. 采用主题索引方式,以条目为标目和主要来源进行标引。分正文索引和表格索引两部分。索引按标目词第1个字的汉语拼音音序排列(同音按声调),音调相同的按第2个字母音序排列,依次类推。

3. 索引添加标目首字的大写字母为助检符号,标目后的数字表示内容所在页码,数字后的拉丁字母a、b、c表示版面的左、中、右栏。数字开头的款目编制在前。

正文索引

D

E

F

G

H

I

J

K

L

O

P

Q

X

Z

表格索引